Das Europäische Fußballjahrbuch 1996/97

WALKI
Hob nobs
McEWAN'S
LAGER
THISTLE
HOTELS
adidas
euro96

Das Europäische Fußballjahrbuch 1996/97

herausgegeben
von
Hardy Grüne

AGON
Sportverlag

INHALT

Danksagung
Während der Arbeiten an DAS EUROPÄISCHE FUSSBALLJAHRBUCH haben wir zahlreiche Experten im In- und Ausland kontaktiert. Ein besonderer Dank geht an Ernst Hasler (Liechtensteiner Vaterland), Klaudia Kandzia, Fredy Lüscher, Stefan Peters, Till Scholtz-Knobloch, Joe Schwing, Bernd Timmermann, Andreas Werner, dem Fußballverband der Färöer-Inseln und dem SV Arminia Hannover. Für Fotobeiträge danken wir dem Studio Buzzi Photo („Forza Milan!") und Satakunnan Kansa, Helsinki.

Redaktionelle Mitarbeit
Martina Backes, Rolf G. Meyer, Frank Rudolph, Matthias Weinrich

Redaktionsschluß: 12. November 1996

Bilder: Pressebilderdienst Horst Müller
Agon Archiv
Archiv R. Keifu
Achiv Hardy Grüne
und mit freundlicher Genehmigung der vorgestellten Vereine
weitere Bildrechte bei den Autoren

Druck: R+S Color Druck, Kassel
Satz: Creativo!, Kassel
Einband: Weusthoff + Rose, Köln
Repro: EPS, Kassel
Einband-foto: firo, Essen

ISBN 3-89609-108-5

Vereintes Fußballeuropa?

Sitzen Sie auch regelmäßig vor ihrem Fernsehgerät und zappen sich durch die Fernsehkanäle, in der Hoffnung, bewegte Bilder aus der italienischen *Seria A*, der spanischen *Primera Divison* oder der englischen *Premier League* zu erhaschen? Und horchen Sie auch interessiert auf, wenn die Rede auf den norwegischen Dauermeister Rosenborg Trondheim oder die unterkühlt-hitzige Fußballatmosphäre auf den Färöer-Inseln kommt? Dann herzlich willkommen beim EUROPÄISCHEN FUSSBALLJAHRBUCH!

Die rasanten politischen Umwälzungen der neunziger Jahre sowie die zunehmend bedeutendere Rolle der Medien haben auch im Fußball gewaltige Folgen gehabt. Exotische Länder wie Armenien oder Mazedonien rücken über die WM-Qualifikation oder den Europapokal ins öffentliche Interesse, während sich die altbekannten europäischen Spitzenklassen zunehmender Beliebtheit im deutschsprachigen Raum erfreuen.

Dieses Buch soll einerseits die Neugierde auf die „kleinen" Länder befriedigen und andererseits umfassende Einblicke in die Fußballmeisterschaften aller europäischen Länder geben. Journalisten aus über dreißig Ländern haben mitgeholfen, DAS EUROPÄISCHE FUSSBALLJAHRBUCH zu einem „europäischen Gesamtwerk" zu machen. So ganz nebenbei ist es außerdem das erste deutschsprachige europäische Fußballjahrbuch, und wir hoffen, das steigende Interesse damit befriedigen zu können.

Heutzutage ist Europa in aller Munde. Vereint mag es ja sein - ob es aber gleich ist, sei dahingestellt. Im Fußball jedenfalls kann von Gleichheit oder Gleichbehandlung keine Rede sein. Ein Beispiel: Für den maltesischen Landesmeister war es schon immer schwierig, am Europapokal der Landesmeister teilzunehmen. Seit einigen Jahren ist dies gänzlich unmöglich, denn der Titelträger des souveränen und seit 1960 der UEFA angeschlossenen Landes wird gar nicht mehr zum Landesmeisterwettbewerb zugelassen. „Zu schwach", attestiert die berühmt-berüchtigte UEFA-Fünfjahreswertung dem Klub - 1995 war es Hibernians Paola - und gestattet lediglich die Teilnahme am UEFA-Pokal. Dort trifft der maltesische Landesmeister dann auf den Fünften der deutschen Bundesliga oder den Siebten der italienischen *Seria A*. Vereintes Europa?

Man sollte wenigstens so ehrlich sein, und aus dem ehemaligen „Landesmeisterwettbewerb" auch namentlich einen „Elitewettbewerb" machen. 24 Mannschaften nahmen 1995/96 an der *UEFA Champions League*, wie man den liebgewonnenen Europapokal der Landesmeister nun nennen muß, teil. Der UEFA gehören aber 50 Verbände an. Über die Hälfte der europäischen Landesmeister war also aus dem europäischen Landesmeisterwettbewerb ausgeschlossen!

Allerdings können Mannschaft wie Piunik Erevan oder HIT Nova Gorica, die in Armenien bzw. Slowenien Meister wurden, tatsächlich nicht auf eine Stufe mit dem AC Mailand oder Manchester United gestellt werden. Und auch nicht mit HJK Helsinki oder APOEL Nikosia, die in den achtziger Jahren die „Underdogs" waren und inzwischen nicht mehr zu den europäischen Schlußlichtern zählen.

Insofern ist der alte Pokalmodus, wie er vor dem Auseinanderfall der Warschauer Pakt-Staaten die ideale Lösung darstellte, nicht mehr praktikabel. Ein Lösungsansatz könnte es sein, die Meister der kleinen Verbände in

Champions League-ähnlichen Gruppenspielen eine Ausscheidungsrunde bestreiten zu lassen. So könnten beispielsweise die Meister von Malta, San Marino, Albanien, Mazedonien und Zypern um einen Teilnehmer am Landesmeisterwettbewerb spielen. Doch das ist Zukunftsmusik.

Immerhin: Die derzeitige Entwicklung ist positiv. Die sogenannten „Kleinen" holen nämlich allmählich auf, wie das Abschneiden von Slavia Prag im UEFA-Pokal und - natürlich - der tschechischen Nationalmannschaft während der EM beweist. Die Tschechen zeigten: Siege auf dem Rasen sind das Mittel schlechthin, dem Fußball zu dauerhaftem Erfolg zu verhelfen: Dadurch kommt Geld ins Land und die Talente können leichter gehalten werden - Voraussetzung, um eines Tages vielleicht dauerhaft in der europäische Spitze zu spielen.

Kommen wir zur Saison 1995/96, die in vielen Ländern eine spannende Angelegenheit war. Mit Ausnahme von Albanien wurde europaweit erstmals mit der Drei-Punkte-Regel gespielt, zudem stand im Juni 1996 die Europameisterschaft auf dem Speiseplan der Fußballgourmets.

Die Saison hat natürlich auch zahlreiche Geschichten und Anekdoten geliefert. In Moldawien beispielsweise mußte sich ein Erstligist Trikots leihen, weil er kein Geld mehr hatte. In Litauen stockte der Verbandspräsident die Liga auf, weil sein Lieblingsklub abgestiegen war. In Italien mußte man staunend zusehen, wie zum Saisonende plötzlich ein Superstar nach dem anderen die angeblich beste Liga Europas verließ. In England, Frankreich und Deutschland wurden die hocheingeschätzten Top-Teams aus Newcastle, Paris und München gestürzt, während sich anderswo die Favoriten deutlich durchsetzten, so beispielsweise Ajax Amsterdam, der AC Mailand und der FC Porto. Schottlands Abonnementsmeister Glasgow Rangers sicherte sich seinen achten Meistertitel in Folge, während Österreichs Rekordmeister Rapid Wien nach acht langen Jahren endlich wieder den Titel holte und die Zürcher Grasshopper ihrer imposanten Titelsammlung erstmals die Teilnahme an der Champions League beifügten.

Der meistdiskutierte Fußballer der Saison 1995/96 war ein relativ unbekannter Belgier namens Bosman. Durch ihn - oder besser durch die von ihm gerichtlich durchgesetzte Veränderung der Transferbedingungen - wurde Europas Fußball komplett umgewälzt. Ein Blick auf die „Wechselbörse" auf den letzten Seiten dieses Buches zeigt einen kleinen Einblick in die Folgen.

Auf dem grünen Rasen waren es u.a. Namen wie George Weah, Europas Fußballer des Jahres 1995, Karel Poborsky, *die* Entdeckung der EM, oder Davor Suker, der Kroatien zur EM schoß, die Furore machten.

Von all' diesen Klubs, Spielern und Ereignissen wird auf den folgenden 400 Seiten die Rede sein. Die statistischen Grundlagen sind mit Erstligaergebnissen und -tabellen, Zweitligatabellen, Torjägern, Pokal-, Länder- und Europapokal-Spielen aufgeführt. Über dreißig Autoren haben umfassende Einblicke in den Saisonverlauf ihrer Heimatländer gegeben.

Es ist das erste Mal, daß so viele Fachleute aus so vielen Ländern zusammenkommen, um ein deutschsprachiges Jahrbuch über den europäischen Fußball zu erstellen. Es war eine spannende, aber auch lehrreiche Erfahrung, die deutlich machte, daß wir von einem vereinten Europa nicht sehr, von gemeinsamen statistischen Standards aber in jedem Fall noch meilenweit entfernt sind. Allein die zahlreichen unterschiedlichen Möglichkeiten, eine Abschlußtabelle zu erstellen, waren beeindruckend - und bedeuteten viel

Arbeit. In der Kürze der Zeit - in einigen Ländern lief die Saison bis weit in den Juni - mußten eine Menge Dinge organisiert, vereinheitlicht und angepaßt werden. Sollte uns dabei der eine oder andere Lapsus unterlaufen sein, so bitten wir um Vergebung, und geloben für das nächste Jahr Besserung. Eine Schwierigkeit war die Schreibweise der Orts- und Vereinsnamen. Das betraf nicht nur die Länder, in denen nicht-lateinische Schriftzeichen verwendet werden. Man muß nur über die Grenze schauen: Da gibt es das italienische Milano, das im deutschsprachigen Raum als „Mailand" bezeichnet wird. Es gibt das polnische Warszawa, von dem es hierzulande immer „Warschau" heißt.
Im Sinne des EUROPÄISCHEN FUSSBALLJAHRBUCH haben wir versucht, die Namen möglichst im Original zu belassen. Nur in einigen Fällen haben wir uns der deutschen „Übersetzung" bedient, wie beispielsweise beim jugoslawischen Klub Roter Stern Belgrad, der im Serbokroatischen Original *Crvena zvezda Beograd* heißt und unter dieser Bezeichnung vermutlich nur wenigen bekannt ist. Doch wo ist eine Übersetzung nötig und wo nicht? Kann man Lazio Roma schreiben, oder muß es Lazio Rom heißen? Wir haben bei der Beantwortung dieser Frage geschwankt, und hoffen nun auf reichlich Meinungen von Ihnen, liebe Leserin und lieber Leser. Bezüglich der Schreibweise der Spielernamen wurde ebenfalls auf die landesübliche zurückgegriffen, und, sofern möglich, auch die Zeichen verwendet, die im Deutschen nicht üblich sind. Bei kyrillischen und anderen Schriftzeichen haben wir uns der englischen Transkription bedient, wie sie auch von der UEFA und von der FIFA benutzt wird.
Ein ganz anderes Problem war die Beschaffung der statistischen Daten. Obwohl über eineinhalb Jahre intensiv recherchiert wurde, blieben Lücken. Einige Zweitligatabellen konnten nicht aufgetrieben werden, einige Aufstellungen relativ unbedeutender Europapokal-Spiele fehlen. So bedauerlich das ist, hoffen wir dennoch auf Ihr Verständnis. DAS EUROPÄISCHE FUSSBALLJAHRBUCH wurde von europäischen Journalisten zusammengestellt. Jeder einzelne hat einen anderen Blickwinkel in die Fußballwelt, der durch seinen Beitrag deutlich wird. Wir hoffen, damit einen über die reinen Fakten hinausgehenden Einblick in die Fußballmentalität des jeweiligen Landes geben zu können. Zu guter Letzt sei noch gesagt, daß sich die Autoren nicht auf die Erwähnung der rein sportlichen Geschehnisse beschränkt haben, sondern den Fußball in die Gesamtsituation des Landes miteinbezogen. Es darf schließlich nicht vergessen werden, daß Fußball in Albanien eine völlig andere Bedeutung als in Italien hat: Für jeden albanischen Erstligaspieler ist es die Chance, sich für europäische Klubs interessant zu machen und womöglich ins westliche Ausland wechseln zu können! Fußball ist eben weitaus mehr als nur ein Spiel von zweiundzwanzig Männern um eine runde Lederkugel.
Abschließend bleibt mir nur noch, Ihnen viel Spaß beim Stöbern durch die europäischen Spielklassen zu wünschen.

(Hardy Grüne)

Im fünften Versuch endlich sudden death

"Football comes home" hatten die EM-Veranstalter auf ihre Fahnen gedruckt. An sich ein netter Slogan, und auf England auch durchaus zutreffend. Doch wenn bei der Heimkehr des Fußballs auf die bekanntermaßen überaus fußballbegeisterte Insel große Lücken auf den Tribünen verbleiben, dann stimmt etwas nicht. Durchschnittliche Eintrittspreise um 45 Pfund (umgerechnet 120 DM) sprengten das Budget eines jeden Normalsterblichen und hinterließen häßliche Freiräume auf den Rängen. Selbst beim Viertelfinalschlager zwischen Deutschland und Kroatien blieben 12.000 Plätze frei!

Auf dem Rasen sorgte passenderweise Gastgeber England dafür, daß der Slogan seine Berechtigung erhielt. Auch wenn die Heimelf das Finale nach einem mitreißenden Halbfinalspiel gegen Deutschland schließlich verpaßte - sie war eine der positiven sportlichen Überraschungen des Turniers. Ebenfalls zufrieden waren natürlich die zahlreichen deutschen Fans, die Sammer und Co. beim erfolgreichen Rennen um die europäische Fußballkrone begleiteten. Die typischen deutschen Tugenden wie Kampfkraft, Disziplin und Aufopferungsbereitschaft seien es gewesen, die das DFB-Team erneut zum Erfolg geführt hätten. Urteilten zumindest Europas Medien nach dem Finalsieg unisono.

In der Tat war die in der Qualifikation so schwerfällig in Fahrt gekommene Vogts-Elf vor allem über gearbeiteten Fußball zum Erfolg gelangt. Mit Ausnahme der Halbfinalbegegnung gegen England, die als eines der besten Turnierspiele in die Annalen einging, konnten Sammer und Co. weniger durch spielerische Eleganz denn durch Effektivität bestechen. Ein herausragender Torhüter Köpke, der sich auch durch die während des Turniers andauernden Querelen um seinen zukünftigen Arbeitsplatz nicht aus der Ruhe bringen ließ, ein großartiger Alleskönner Dieter Eilts, ein alle mitreißender, kämpferisch starker Matthias Sammer sowie ein effizienter Sturm um den Senkrechtstarter Oliver Bierhoff waren die Garanten für den dritten EM-Sieg Deutschlands.

Andere Mannschaften, die nach Ansicht der Experten schöneren Fußball gespielt hatten, wa-

Ein wirklich „goldenes" Goal

Europameister Deutschland

ren vorzeitig wieder nach Hause gefahren. Portugal beispielsweise, das mit Sá Pinto und João Pinto zwei Ausnahmefußballer in seinen Reihen hatte, erwischte es im Viertelfinale; die seit über zwei Jahren ungeschlagenen Franzosen eine Runde später.

Noch trauriger war man freilich in Italien, Bulgarien und vor allem der Türkei. Die vor dem Turnier zu den Mitfavoriten gezählten Männer vom Bosporus enttäuschten ihre zahlreichen in England "gastarbeitenden" Fans. Nicht ein Tor gelang Hakan und Co., und eigentlich fielen im Zusammenhang mit dem Halbmondteam nur die penetrant bei jedem gegnerischen Ballkontakt pfeifenden Fans auf. Das kam im Gentlemen-Land England gar nicht gut an und verdarb den Türken viele Sympathien der Gastgeber.

Mehr als Sympathien verspielte Vizeweltmeister Italien. Die *Squadra Azzurra* hob sich ihre beste Turnierleistung für das letzte Gruppenspiel gegen Deutschland auf, als die Chancen auf ein Weiterkommen bereits auf ein Minimum reduziert waren. Nach nur drei Auftritten flogen Sacchi und seine Männer wieder gen Heimat, wo enttäuschte Fans ihnen einen heißen Empfang bereiteten.

Kaum weniger freundlich verlief die vorzeitige Heimkehr für das bulgarische Auswahlteam, das bei der WM 1994 noch so positiv überrascht hatte. Der exzentrisch-geniale Spielmacher Hristo Stoichkov fiel mehr durch Eskapaden neben dem Spielfeld denn durch gute Leistungen auf dem Platz auf und leistete sich zudem einen üblen rassistischen Ausfall gegen den dunkelhäutigen Franzosen Marcel Desailly.

Erstmals wurde die seit 1960 alle vier Jahre ausgetragene EM-Endrunde mit sechzehn statt - wie seit 1980 üblich - acht Mannschaften ausgetragen. Das hatte seinen Grund weniger in größerer sportlicher Gerechtigkeit, sondern vielmehr in der verdoppelten Anzahl von Spielen. Dadurch sollte sich - theoretisch - auch die Zuschauerzahl verdoppeln und die ebenfalls verdoppelte Zahl der Fernsehübertragungen sollte schließlich dazu führen, daß sich auch der Gewinn verdoppeln würde.

Um sich für die *Euro 96* zu qualifizieren, hatten sich seit September 1994 47 der inzwischen 49 europäischen Fußballnationen in acht Gruppen gegenübergestanden. Jugoslawien und Bosnien-Herzegowina fehlten aus bekannten Gründen. Echte Sensationen blieben in den Qualifikationsspielen Mangelware. Fast überall setzten sich die Favoriten durch, auch wenn sie mitunter schlecht gestartet waren. Wie Italien, das nach einem enttäuschenden Auftaktunentschieden in Slowenien sogar daheim gegen Kroatien verlor, was zu jenem Zeitpunkt noch als echte Sensation betrachtet wurde. Am Rundenende freilich standen die Kroaten auf Platz 1!

Ungeschlagen blieben Rußland, Spanien und Frankreich, während San Marino und Estland nicht einen einzigen Punkt ergattern konnten.

Der Qualifikationsmodus war ebenso kompliziert wie genial: Neben den acht Gruppensiegern qualifizierten sich die sechs "besten" Gruppenzweiten automatisch für England. Dabei wurden allerdings nur die Begegnungen der Gruppenzweiten gegen die jeweiligen Gruppensieger, -dritten und -vierten berücksichtigt. Nach diesem Rechengang blieben die Niederlande und Irland als "schlechteste" Gruppenzweite übrig - und mußten in einem Entscheidungsspiel im neutralen Liverpool um den letzten freien Platz kämpfen. Die Niederlande ergänzten durch einen 2:0-Sieg das Feld, das durch den kampflos qualifizierten Gastgeber England komplettiert wurde.

Die Gruppenauslosung ergab einige überaus reizvolle Begegnungen. Gruppe 1 präsentierte mit England und Schottland zwei Teams, die die Bezeichnung "Erzrivalen" durchaus verdienen. Dazu kamen die Niederländer, die trotz ihrer späten Qualifikation zu den Mitfavoriten gezählt wurden, sowie die längst im europäischen Fußballoberhaus etablierten Schweizer. Gruppe B führte mit Frankreich und Spanien zwei der in der Qualifikation ungeschlagenen Teams zueinander. Dazu kamen die Bulgaren, die vollmundig von sich als künftige Europameister sprachen sowie die bescheideneren Rumänen, die sich schlicht über ihr Dabeisein freuten. Gruppe C war, nach Ansicht von Deutschlands Trainer Hans-Hubert Vogts, die "Todesgruppe". Neben Deutschland waren Italien, Tschechien und Rußland vertreten, was allerdings nach Meinung der Experten keineswegs eine allzu hochkarätige Zusammenstellung war. Gruppe D führte mit den drei immer wieder als Geheimfavoriten bezeichneten Teams aus Kroatien, Portugal und der Türkei sowie dem amtierenden Europameister Dänemark vier für ihren hochentwickelten und mitunter begeisternden Kombinationsfußball bekannte Mannschaften zusammen.

Die Vorrunde verlief in allen Gruppen durchaus spannend und förderte phasenweise recht guten Fußball zutage. Mit Sicherheit in die Kategorie "Spiele, die man nie vergißt" gehört die Begegnung zwischen England und den Niederlanden, bei der eine wie entfesselt aufspielende Heimelf die niederländischen Ballkünstler zu Statisten degradierte und mit 4:1 düpierte. Paul Gascoigne war der gefeierte Matchwinner. Der durch den Kantersieg zum Gruppensieger avancierte Gastgeber hätte um ein Haar den Erzrivalen Schottland mit ins Halbfinale gezogen, doch das zwölf Minuten vor Schluß von Patrick Kluivert erzielte Ehrentor verschaffte den Niederländern das knapp bessere Torverhältnis - und die Schotten waren einmal mehr bereits in der Vorrunde ausgeschieden. Der abgeschlagene Gruppenletzte Schweiz hatte lediglich im Spiel gegen die Niederlande eine EM-würdige Leistung gezeigt und verabschiedete sich mit nur einem Pluspunkt aus England.

In Gruppe B sorgte ein Schiedsrichter für Furore. Und das war so: Rumäniens Dorinel Munteanu zirkelte das Leder über den bulgarischen Keeper hinweg an die Latte, von wo aus der Ball senkrecht nach unten - und für alle klar ersichtlich hinter die Linie - prallte. Doch Dänemarks Top-Referee Peter Mikkelsen gab Torabstoß für Bulgarien - und Rumänien konnte nach der neuerlichen Niederlage die Koffer packen. Vielleicht war es ein Trost für das als einzige ohne Pluspunkt heimreisende Hagi-Team, das Bulgarien am letzten Spieltag eine 1:3-Niederlage im "Endspiel" gegen Frankreich kassierte und damit ebenfalls die Heimreise antreten mußte.

"Sacked Sacchi", feuert Sacchi, titelten die italienischen Zeitungen am 15. Juni 1996. Tags zuvor hatte die einst so glorreiche *Squadra Azzurra* mit 1:2 gegen den Nobody Tschechien verloren und war dem Ausscheiden bedrohlich nahe gekommen. Fünf Tage später stand zwar eine völlig andere italienische Elf auf dem Rasen, doch an Deutschlands Abwehrbollwerk kamen Donadoni, Zola und Casiraghi nicht vorbei. Und wenn doch einmal ein Italiener durchkam, stand da noch Andreas Köpke zwischen den Pfosten, der in der achten Minute einen Strafstoß von Zola gehalten hatte. Gleichzeitig lieferten sich Tschechien und

Vize-Europameister Tschechien

Rußland ein packendes Spiel, das zwischen einer frühen 2:0-Führung für Tschechien, einem 3:2-Zwischenstand für Rußland und einem in der allerletzten Sekunde von Smicer erzielten tschechischen Ausgleichstreffer alles zu bieten hatte. Die deutsche Mannschaft zog derweil von allem unbeeindruckt ihre Kreise und sicherte sich ohne Gegentor den Platz des Gruppensiegers.

In Gruppe D sorgte Dänemarks Trainer Richard Möller Nielsen im Spiel gegen Kroatien für ein Novum, als er mit einer "5-6-0"-Formation, also ohne Stürmer, antreten ließ. Die Quittung für so wenig Mut kam prompt und fiel mit 0:3 harsch aus für den Titelverteidiger. Davor Sukers verwandelter Elfmeter sieben Minuten nach dem Wiederanpfiff brachte Dänemark spielentscheidend in Rückstand. Das Tor des Tages erzielte Davor Suker eine Minute vor dem Schlußpfiff, als er Torhüter Schmeichel mit einem wunderschönen Heber überwand. Damit waren die Kroaten als erstes Team des gesamten Turniers für das Viertelfinale qualifiziert. Begleitet wurden sie von Portugal, das im direkten Aufeinandertreffen am letzten Spieltag mit 3:0 die Oberhand behielt und damit den vermeintlich leichteren Viertelfinalgegner Tschechien erhielt.

Die Böhmen und Mähren, mit viel Glück überhaupt erst nach England gekommen, hatte trotz des Sieges über Italien noch immer niemand auf der Favoritenrechnung. Sie, oder besser ihr *Euro-96*-Star Karel Poborsky, lieferten im Match gegen Portugal einen weiteren Beweis ihrer Stärke und gingen als 1:0-Sieger vom Platz. Poborskys größter Moment im Spiel war die 52. Minute, als er die portugiesische Abwehr mit einem schon fast an Frechheit grenzenden genialen Schlenzer überwand. Zur gleichen Zeit lieferten sich in Manchester Kroatien und Deutschland eine Begegnung, die in einigen Phasen mehr an eine Schlacht als an ein Fußballspiel erinnerte. Kroatiens Abwehrrecke Stimac sah Rot, weil er Mehmet Scholl förmlich umgesäbelt hatte; Bilic entging einer weiteren roten Karte, weil Schiedsrichter Sundell, der das Spiel nie in den Griff bekam, im entscheidenden Moment die Augen geschlossen hatte. Deutschlands mühsamer 2:1-Sieg kostete einen hohen Preis, denn Mannschaftskapitän Jürgen Klinsmann mußte mit einem Muskelfaserriß ausscheiden. Er war nach Kohler und Basler der dritte Ausfall Deutschlands im Turnierverlauf.

Bis zum Elfmeterschießen trieben es in den beiden anderen Viertelfinalspielen England und Spanien bzw. Frankreich und die Niederlande. Beide Partien kamen über mäßiges Niveau selten hinaus und wurden von Sicherheitsfußball dominiert. England konnte sich bei Torhüter Seaman bedanken, der im Elfmeterschießen den entscheidenden Nadal-Schuß hielt. In Liverpool war Clarence Seedorf der Mann, der mit dem fünften Elfmeter an Bernard Lama scheiterte.

Ebenfalls gescheitert war zu jenem Zeitpunkt das erstmals zu einem bedeutenden Wettbewerb eingeführte "Golden Goal". In beiden Verlängerungen war deutlich geworden, daß die Angst vor jenem entscheidenden Tor so groß war, daß der Angriffsschwung gemindert wurde. Eine Vermutung, die sich in der nächsten Runde bestätigte, denn beide Halbfinalpartien fanden ihre Sieger erst im Elfmeterschießen, nachdem sie zuvor jeweils dreißig "Golden Goal-Minuten" überstanden hatten. Sensationeller Sieger des im altehrwürdigen, zur EM aber top-modernisierten *Old Trafford* ausgetragenen Spiels zwischen Frankreich und Tschechien war die Tschechische Republik, der vor der EM kaum einer das Erreichen des Viertelfinales zugetraut hatte und die nun im Endspiel stand. Dabei waren die Uhrin-Schützlinge aufgrund von Gelbsperren ihrer Schlüsselspieler Latal, Suchopárek, Kuka und Bejbl und einer Verletzung von Patrik Berger mit gewaltigen Sorgenfalten in die Begegnung mit den seit November 1993 ungeschlagenen Franzosen gegangen. Vor nur 35.000 Zuschauern im offiziell mit 43.877 ausverkauften Stadion lieferten sich die beiden Halbfinalisten das schlechteste und langweiligste Spiel der gesamten Europameisterschaft. Beide Mannschaften agierten ängstlich und waren vornehmlich auf die Sicherung des eigenen Tores bedacht. Phasenweise schien es, als warteten sie nur auf das Elfmeterschießen, in dem Tore unvermeidbar waren. Als es soweit war und 120 tor- und spannungslosen Minuten beendet waren, klappte es plötzlich. Abwechselnd trafen Franzosen und Tschechen in die gegnerischen Netze, bis Reynald Pedros an die Reihe kam und der Partie mit einem besseren "Rückpaß" zu Petr Kouba die Wende gab. Tschechiens Kapitän Miroslav Kadlec vollendete die Sensation und stellte den 6:5-Endstand her.

Während die Fans in Manchester vor Langeweile fast eingeschlafen waren, hatten 76.000 Zuschauer im Londoner Wembley-Stadion ein Herzinfarktspiel gesehen. Deutschland gegen England ging als das dramatischste Match der EM in die Annalen ein, ein gutes war es noch dazu. Alan Shearer verpaßte dem deutschen Team bereits in der zweiten Spielminute per Kopfballtor einen Schock, den die Vogts-Elf allerdings souverän wegsteckte. Dem folgenden englischen Sturmlauf trotzend, übernahmen Sammer und Co. rasch die Initiative und kamen in der sechzehnten Minute durch Stefan Kuntz zum Ausgleich. Anschließend hielten sich beide Mannschaften etwas mehr zurück, kamen jedoch immer wieder zu Torchancen und boten dem Publikum ein überaus unterhaltsames Spiel. Daß dennoch keine Tore mehr fielen, lag an zwei stabilen Abwehrreihen, hinter denen die Torhüter Andreas Köpke und Dave Seaman kaum etwas zu tun bekamen. Über mangelnde Beschäftigung konnten sich die beiden vielleicht während der 120 Spielminuten (incl. "Golden Goal-Verlängerung") noch beklagen, nicht aber im abschließenden Elfmeterschießen. Getreu ihren zuvor gezeigten Leistungen steigerten beide Teams die Spannung bis ins Unerträgliche und verwandelten die ersten fünf Elfmeter jeweils sicher. Als sechster Schütze trat Englands ausgezeichneter Verteidiger Gareth Southgate an - und scheiterte an Andreas Köpke. Den Rest besorgte ausgerechnet Andreas Möller, der zuvor seine zweite gelbe Karte erhalten hatte und Deutschland in ein Finale schoß, an dem er selbst nicht teilnehmen durfte.

Für England war die Europameisterschaft damit vorbei und das Land trat zurück in seine Gastgeberrolle. Die Lobeshymnen wegen der vorzüglichen Organisation und der ausgezeichneten Stimmung in den Stadien hatten lediglich Englands Boulevardzeitungen *The Sun* und *Daily Mirror* getrübt, die sich mehrfach in ihrem Ton vergriffen und den englischen Gegnern Spanien und Deutschland sogar den "Krieg" erklärt hatten. Glücklicherweise ließen sich Englands Fußballfans nicht aufstacheln und spülten die Halbfinalniederlage friedlich mit diversen *Pints of Beer* herunter.

Für Tschechien und Deutschland erreichte das Turnier allmählich seinen Höhepunkt. Der Sensationsfinalist Tschechien war glücklich mit dem Erreichten und bereit, auch gegen Deutschland für eine Überraschung zu sorgen. Bundestrainer Berti Vogts zog sich derweil den Unmut zahlreicher Fußballfans zu, als er sich einer Notregel bediente und mit Hinweis auf seine Verletztenliste Jens Todt nachkommen ließ. Daß die Tschechen im Halbfinale klaglos auf fünf Stammspieler hatten verzichten müssen, spielte in diesem Zusammenhang keine Rolle. Vogts bekam seinen Nachrücker (Uhrin übrigens auch) - und setzte den Neu-Bremer nur auf die Tribüne.

76.000 Fans bevölkerten die Ränge des Wembley-Stadions, in dem anläßlich des Ereignisses sogar Queen Elizabeth II. Platz genommen hatte. Nach dem Absingen der Nationalhymnen eröffnete der italienische Schiedsrichter Pairetto eine Partie, die für beide Mannschaften einundzwanzig Tage vorher noch die Auftaktpaarung gewesen war, und die wohl keiner als Endspielpartie zu prognostizieren gewagt hätte. Im Gegensatz zum Gruppenspiel, bei dem die Tschechen versucht hatten, über die Offensive zum Erfolg zu kommen, verlegten sich die Uhrin-Schützlinge im Finale mehr auf die Defensive. Dadurch kam die deutsche Elf zu optischen Vorteilen und erspielte sich vor allem im Mittelfeld ein deutliches Übergewicht. Außer einer Reihe von Eckbällen kam aber nichts Gefährliches in die Nähe des von Petr Kouba gehüteten tschechischen Tores. Torlos endete der erste Spielabschnitt, der Fußballfeinschmecker enttäuscht hatte. Für Deutschlands Anhänger hatte er sogar eine echte Hiobsbotschaft gebracht, denn der neben Andreas Köpke und Matthias Sammer ins "All-Star-Team" berufene Dieter Eilts mußte mit einem Innenbandriß in der zweiten Spielhälfte in der Kabine bleiben.

Nach dem Seitenwechsel suchten die Tschechen in verstärktem Offensivspiel ihre Chance und gingen in der 59. Minute durch einen von Patrik Berger verwandelten Foulelfmeter sogar in Führung. Sammer hatte Poborsky im Strafraum gefoult. Doch kaum war die tschechische Führung gefallen, kamen die vielgerühmten deutschen Tugenden wieder zum Vorschein. Kampf- und nervenstark schlug das Vogts-Team zurück, und vier Minuten nachdem der Italien-Legionär Oliver Bierhoff für Mehmet Scholl ins Spiel gekommen war, stand es bereits 1:1 durch einen Kopfball eben jenes Bierhoff. Die restlichen siebzehn Spielminuten verliefen torlos, so daß zum fünften Mal während der EM die "Golden-Goal-Verlängerung" her mußte. Die meisten Fans hatten womöglich längst vergessen, was Golden Goal denn nun heißt, da zeigte Oliver Bierhoff es allen zum ersten Mal. Fünf Minuten waren gespielt, als der Ex-Uerdinger einen Fehler von Torhüter Kouba ausnutzte und zum 2:1-Siegtreffer in die Maschen köpfte.

Es vergingen einige Sekunden, bis alle begriffen hatten, was passiert war. Das Spiel war aus, Deutschland Europameister, die Tschechen mußten ohne Pokal duschen gehen. Als die Kunde vom "Golden Goal-Sieg" endlich die Runde gemacht hatte, löste sich die Anspannung und der Jubelorkan tausender mitgereister Fans entlud sich in der Londoner Sommernacht. Viele Minuten und unzählige "La-Ola-Wellen" später schritt ein gutgekleideter Herr mit schütterem Haar über den Rasen des Wembley-Stadions, baute sich vor der Kurve mit den deutschen Fans auf und vollzog eine perfekte Ein-Mann-La-Ola! Der vielkritisierte Berti Vogts kostete seinen Erfolg reichlich aus und ließ sich von den siegesbewegten Fans ausgiebig feiern.

Einige Wochen später, als sich die Gemüter längst wieder beruhigt hatten, präsentierten die Veranstalter ihre Bilanz. Sie fiel eindrucksvoll aus. 1.269.884 Fans sollen bei den 31 Spielen anwesend gewesen sein, das entspricht einem Durchschnitt von 40.964. Top-Begegnung war das Vorrundenspiel zwischen England und Schottland, bei dem auch die höchsten Preise im rigoros unterbundenen Schwarzmarkt erzielt wurden. Kompli-

Nur einmal hatten die Schweizer Fans Grund zum Jubeln

Der verdiente Lohn harter Arbeit

mente gingen an die Abwehrreihen der beteiligten Mannschaften, denn 64 Tore in 31 Spielen (durchschnittlich 2,06) sprechen für solide Defensivarbeit. Oder miserable Stürmerleistungen.

Für heftige Kontroversen sorgten die Zuschauerzahlen. Obwohl es regelmäßig zu offiziell ausverkauften Stadien gekommen war, waren ebenso regelmäßig gähnende Lücken auf den Tribünen zu sehen gewesen. Des Rätsels Lösung präsentierte sich in der Kartenverteilungspolitik. Demnach wurden insgesamt 92% der Karten verkauft, doch nur 80% von ihnen auch beansprucht! Der Rest verlor sich in den Kontingenten der Teilnehmerländer, die ihre nicht benötigten Tickets schlicht nicht zurückgeschickt hatten. Sie zu einem günstigeren Preis kurzfristig ein zweites Mal zu verkaufen, davor schreckte die UEFA mit der nicht unberechtigten Begründung, damit andere Fans zu verärgern und womöglich die gefürchteten Hooligans ins Stadion zu locken, zurück. Nichtsdestotrotz bleibt bei der Ticketpolitik ein fader Beigeschmack, denn die günstigsten im Land zu erwerbenden Tickets kosteten 45 Pfund, und das ist eindeutig zuviel.

Neben der Zuschauerpolitik war es die Zunft der schwarzen und inzwischen mitunter recht bunt gekleideten Pfeifenmänner, die für Diskussionsstoff sorgten. Beim Gruppenspiel zwischen Deutschland und Tschechien zückte Schiedsrichter Elleray rekordverdächtige zehnmal die gelbe Karte - und bürdete den beiden Teams damit ein schweres Vorstrafen-Erbe auf. Vom nichtgegebenen Tor Rumäniens im Spiel gegen Bulgarien war schon die Rede, und daß der Herr Sundell aus Schweden beim Viertelfinale zwischen Deutschland und Kroatien einen nicht sonderlich glücklichen Tag hatte, ebenfalls.

Während der Schiedsrichters Schicksale bei der nächsten EM, die im Jahr 2000 in Belgien und den Niederlanden ausgetragen wird, vermutlich ein ähnliches sein wird, wie 1996 in England, steht die Zukunft des "Golden Goals" in den Sternen. Die Meinungen über diese Art der Entscheidungsfindung gehen weit auseinander. Zur Drucklegung dieses Buches lautete die offizielle UEFA-Version gerade "noch einmal probieren". Aber das kann sich schnell ändern. ■

EM-QUALIFIKATION

Gruppe 1

4.4.94	Israel - Polen	2:1
7.9.94	Slowakei - Frankreich	0:0
7.9.94	Rumänien - Aserbaidschan	3:0
8.10.94	Frankreich - Rumänien	0:0
12.10.94	Polen - Aserbaidschan	1:0
12.10.94	Israel - Slowakei	2:2
12.11.94	Rumänien - Slowakei	3:2
16.11.94	Polen - Frankreich	0:0
16.11.94	Aserbaidschan - Israel	0:2
13.12.94	Aserbaidschan - Frankreich	0:2
14.12.94	Israel - Rumänien	1:1
29.3.95	Israel - Frankreich	0:0
19.3.95	Rumänien - Polen	2:1
29.3.95	Slowakei - Aserbaidschan	4:1
25.4.95	Polen - Israel	4:3
26.4.95	Frankreich - Slowakei	4:0
26.4.95	Aserbaidschan - Rumänien	1:4
7.6.95	Polen - Slowakei	5:0
7.6.95	Rumänien - Israel	2:1
16.8.95	Frankreich - Polen	1:1
16.8.95	Aserbaidschan - Slowakei	0:1
6.9.95	Frankreich - Aserbaidschan	10:0
6.9.95	Polen - Rumänien	0:0
6.9.95	Slowakei - Israel	1:0
11.10.95	Rumänien - Frankreich	1:3
11.10.95	Slowakei - Polen	4:1
11.10.95	Israel - Aserbaidschan	2:0
15.11.95	Frankreich - Israel	2:0
15.11.95	Slowakei - Rumänien	0:2
15.11.95	Aserbaidschan - Polen	0:0

Abschlußtabelle

1.	**Rumänien**	**10**	**6**	**3**	**1**	**18: 9**	**+9**	**21**
2.	**Frankreich**	**10**	**5**	**5**	**0**	**22: 2**	**+20**	**20**
3.	Slowakei	10	4	2	4	14:18	-4	14
4.	Polen	10	3	4	3	14:12	+2	13
5.	Israel	10	3	3	4	13:13	0	12
6.	Aserbaidschan	10	0	1	9	2:29	-27	1

Die Torjäger

Andrzej Juskowiak (Polen)	7
Alon Harazi (Israel)	6
Florin Raducioiu (Rumänien)	5
Youri Djorkaeff (Frankreich)	5
Marius Lacatus (Rumänien)	3
Peter Dubovsky (Slowakei)	3
Jancula (Slowakei)	3
Roman Kosecki (Polen)	3
Ronny Rosenthal (Israel)	3

je 2 Tore:
Munteanu (Rumänien), Lebœuf, Zidane (beide Frankreich), Timko (Slowakei), Nowak (Polen), Suleimanow (Aserbaidschan)
je 1 Tor:
Belodedici, Dumitrescu, Hagi, Petrescu, Popescu, Prodan (alle Rumänien), Blanc, Cocard, Desailly, Dugarry, Ginola, Guérin, Karembeu, Lizarazu, Loko, Papin, Pedros (alle Frankreich), Chvila, Moravcik, Rusnak, Tittel, Ijlaky (alle Slowakei), Kowalczyk, Wieszczycki (beide Polen), Banin, Berkowitz, Revivo, Zohar (alle Israel)
Eigentore:
Wandzik (Polen, für Rumänien), Kristofik (Slowakei, für Frankreich)

Gruppe 2

7.9.94	Belgien - Armenien	2:0
7.9.94	Zypern - Spanien	1:2
7.9.94	Mazedonien - Dänemark	1:1
8.10.94	Armenien - Zypern	0:0
12.10.94	Dänemark - Belgien	3:1
12.10.94	Mazedonien - Spanien	0:2
16.11.94	Spanien - Dänemark	3:0
16.11.94	Belgien - Mazedonien	1:1
16.11.94	Zypern - Armenien	2:0
17.12.94	Belgien - Spanien	1:4
17.12.94	Mazedonien - Zypern	3:0
29.3.95	Spanien - Belgien	1:1
29.3.95	Zypern - Dänemark	1:1
26.4.95	Belgien - Zypern	2:0
26.4.95	Armenien - Spanien	0:2
26.4.95	Dänemark - Mazedonien	1:0
10.5.95	Armenien - Mazedonien	2:2
7.6.95	Mazedonien - Belgien	0:5
7.6.95	Spanien - Armenien	1:0
7.6.95	Dänemark - Zypern	4:0
16.8.95	Armenien - Dänemark	0:2
6.9.95	Belgien - Dänemark	1:3
6.9.95	Spanien - Zypern	6:0
6.9.95	Mazedonien - Armenien	1:2
7.10.95	Armenien - Belgien	0:2
11.10.95	Dänemark - Spanien	1:1
11.10.95	Zypern - Mazedonien	1:1
15.11.95	Zypern - Belgien	1:1
15.11.95	Spanien - Mazedonien	3:0
15.11.95	Dänemark - Armenien	3:1

Abschlußtabelle

1.	**Spanien**	**10**	**8**	**2**	**0**	**25: 4**	**+21**	**26**
2.	**Dänemark**	**10**	**6**	**3**	**1**	**19: 9**	**+10**	**21**
3.	Belgien	10	4	3	3	17:13	+4	15
4.	Mazedonien	10	1	4	5	9:18	-9	7
5.	Zypern	10	1	4	5	6:20	-14	7
6.	Armenien	10	1	2	7	5:17	-12	5

Torjäger

Kim Vilfort (Dänemark)	5
Fernando Ruiz Hierro (Spanien)	4
Michael Laudrup (Dänemark)	4
Marc Degryse (Belgien)	4
Julio Salinas (Spanien)	3
Bosko Djurovski (Mazedonien)	3
Marios Agathocleous (Zypern)	3

je 2 Tore:
Caminero, Donato, Guerrero, Higuera, Luis Enrique, Pizzi (alle Spanien), Beck, Nielsen, Schjønberg (alle Dänemark), Grun, Nilis, Schepens, Scifo (alle Belgien), Sotiriou (Zypern), Gregorian (Armenien)
je 1 Tor:
Alfonso, Amavisca, Goicoechea, Kiko, Manjarin, Nadal

(alle Spanien), Jensen, B. Laudrup, Povlsen, Strudal (alle Dänemark), De Bilde, Verheyen, Versavel (Belgien), Boskovski, Christov, Markovski, Micevski, Stojkovski (alle Mazedonien), Fassouliotis (Zypern), Armen, Petrossian, Raznik (alle Armenien)
Eigentore:
Khachatryan (Armenien, für Belgien), Karagiannis (Zypern, für Belgien), Perides (Zypern, für Mazedonien)

Gruppe 3

7.9.94	Island - Schweden	0:1
7.9.94	Ungarn - Türkei	2:2
12.10.94	Schweiz - Schweden	4:2
12.10.94	Türkei - Island	5:0
16.11.94	Schweden - Ungarn	2:0
16.11.94	Schweden - Island	1:0
14.12.94	Türkei - Schweden	1:2
29.3.95	Ungarn - Schweiz	2:2
29.3.95	Türkei - Schweden	2:1
26.4.95	Ungarn - Schweden	1:0
26.4.95	Schweiz - Türkei	1:2
1.6.95	Schweden - Island	1:1
11.6.95	Island - Ungarn	2:1
16.8.95	Island - Schweiz	0:2
6.9.95	Schweden - Schweiz	0:0
6.9.95	Türkei - Ungarn	2:0
11.10.95	Schweiz - Ungarn	3:0
11.10.95	Island - Türkei	0:0
11.11.95	Ungarn - Island	1:0
15.11.95	Schweden - Türkei	2:2

Abschlußtabelle

1.	**Schweiz**	**8**	**5**	**2**	**1**	**15: 7**	**+8**	**17**
2.	**Türkei**	**8**	**4**	**3**	**1**	**16: 8**	**+8**	**15**
3.	Schweden	8	2	3	3	9:10	-1	9
4.	Ungarn	8	2	2	4	7:13	-6	8
5.	Island	8	1	2	5	3:12	-9	5

Torjäger

Sükür Hakan (Türkei)	7
Kubilay Türkyilmaz (Schweiz)	3

je 2 Tore:
Bickel, Ohrel, Sforza, Subiat (alle Schweiz), Saffet, Sergen (beide Türkei), K. Andersson, Brolin, Dahlin (alle Schweden), Halmai, Illes, Kiprich (alle Ungarn)
je 1 Tor:
Hottiger, Knup, Koller (alle Schweiz), Bülent, Emre, Ertugrul, Ogun, Recep (alle Türkei), Alexandersson, Ingesson, J. Pettersson (alle Schweden), Vincze (Ungarn), Bergsson, A. Gunlaugsson, S. Jonsson (alle Island)
Eigentore:
Blomqvist (Schweden, für Schweiz)

Gruppe 4

4.9.94	Estland - Kroatien	0:2
7.9.94	Slowenien - Italien	1:1
7.9.94	Ukraine - Litauen	0:2
9.10.94	Kroatien - Litauen	2:0
12.10.94	Estland - Italien	0:2
12.10.94	Ukraine - Slowenien	0:0
13.11.94	Ukraine - Estland	3:0
16.11.94	Italien - Kroatien	1:2
16.11.94	Slowenien - Litauen	1:2
25.3.95	Italien - Estland	4:1
25.3.95	Kroatien - Ukraine	4:0
29.3.95	Ukraine - Italien	0:2
29.3.95	Litauen - Kroatien	0:0
29.3.95	Slowenien - Estland	3:0
26.4.95	Litauen - Italien	0:1
26.4.95	Kroatien - Slowenien	2:0
26.4.95	Estland - Ukraine	0:1
7.6.95	Litauen - Slowenien	2:1
11.6.95	Ukraine - Kroatien	1:0
11.6.95	Estland - Slowenien	1:3
16.8.95	Estland - Litauen	0:1
3.9.95	Kroatien - Estland	7:1
6.9.95	Italien - Slowenien	1:0
6.9.95	Litauen - Ukraine	1:3
8.10.95	Kroatien - Italien	1:1
11.10.95	Slowenien - Ukraine	3:2
11.10.95	Litauen - Estland	5:0
11.11.95	Italien - Ukraine	3:1
15.11.95	Italien - Litauen	4:0
15.11.95	Slowenien - Kroatien	1:2

Abschlußtabelle

1.	**Kroatien**	**10**	**7**	**2**	**1**	**22: 5**	**+17**	**23**
2.	**Italien**	**10**	**7**	**2**	**1**	**20: 6**	**+14**	**23**
3.	Litauen	10	5	1	4	13:12	+1	16
4.	Ukraine	10	4	1	5	11:15	-4	13
5.	Slowenien	10	3	2	5	13:13	0	11
6.	Estland	10	0	0	10	3:31	-28	0

Torschützen

Davor Suker (Kroatien)	12
Gianfranco Zola (Italien)	7
Timerlan Guseinov (Ukraine)	5
Fabrizio Ravanelli (Italien)	4
Darius Maciulevicius (Litauen)	3
Arunas Suika (Litauen)	3
Primoz Gliha (Slowenien)	3
Saso Udovic (Slowenien)	3
Zlatko Zahovic (Slowenien)	3
Martin Reim (Estland)	3

je 2 Tore:
Boban, Prosinecki (beide Kroatien), Albertini (Italien), Ivanauskas (Litauen), Nowak (Slowenien)
je 1 Tor:
Boksic, Jerkan, Jurcevic, Kozniku, Mladenovic, Stimac (alle Kroatien), Dino Baggio, Casiraghi, Costacurta, Lombardo, Maldini, Panucci (alle Italien), Skarbalius, Slekys, Stonkus, Sukristovas, Zuta (alle Litauen), Gusin, Kaliwintschew, Konowalow, Polonin, Skripnyk (alle Ukraine), Kokol (Slowenien)
Eigentore:
Stonkus (Litauen, für Italien), Kirs (Estland, für Ukraine)

Gruppe 5

6.9.94	Tschechien - Malta	6:1
7.9.94	Norwegen - Weißrußland	1:0
7.9.94	Luxemburg - Niederlande	0:4
12.10.94	Norwegen - Niederlande	1:1
12.10.94	Malta - Tschechien	0:0

12.10.94	Weißrußland - Luxemburg	2:0
16.11.94	Niederlande - Tschechien	0:0
16.11.94	Weißrußland - Norwegen	0:4
14.12.94	Malta - Norwegen	0:1
14.12.94	Niederlande - Luxemburg	5:0
22.2.95	Malta - Luxemburg	0:1
29.3.95	Niederlande - Malta	4:0
29.3.95	Luxemburg - Norwegen	0:2
29.3.95	Tschechien - Weißrußland	4:2
26.4.95	Tschechien - Niederlande	3:1
26.4.95	Norwegen - Luxemburg	5:0
26.4.95	Weißrußland - Malta	1:1
7.6.95	Weißrußland - Niederlande	1:0
7.6.95	Norwegen - Malta	2:0
7.6.95	Luxemburg - Tschechien	1:0
16.8.95	Norwegen - Tschechien	1:1
6.9.95	Niederlande - Weißrußland	1:0
6.9.95	Tschechien - Norwegen	2:0
6.9.95	Luxemburg - Malta	1:0
7.10.95	Weißrußland - Tschechien	0:2
8.10.95	Malta - Niederlande	0:4
11.10.95	Luxemburg - Weißrußland	0:0
12.11.95	Malta - Weißrußland	0:2
15.11.95	Niederlande - Norwegen	3:0
15.11.95	Tschechien - Luxemburg	3:0

Abschlußtabelle

1.	**Tschechien**	**10**	**6**	**3**	**1**	**21: 6**	**+15**	**21**
2.	**Niederlande**	**10**	**6**	**2**	**2**	**23: 5**	**+18**	**20**
3.	Norwegen	10	6	2	2	17: 7	+10	20
4.	Weißrußland	10	3	2	5	8:13	-5	11
5.	Luxemburg	10	3	1	6	3:21	-18	10
6.	Malta	10	0	2	8	2:22	-20	2

Torschützen

Patrik Berger (Tschechien)	6
Sergei Gerasimets (Weißrußland)	5
Marc Overmars (Niederlande)	4
Clarence Seedorf (Niederlande)	4
Radek Drulák (Tschechien)	3
Horst Siegl (Tschechien)	3
Ronald de Boer (Niederlande)	3
Wim Jonk (Niederlande)	3
Youri Mulder (Niederlande)	3
Bryan Roy (Niederlande)	3
Runar Berg (Norwegen)	3
Jan Åge Fjørtoft (Norwegen)	3
Kjetil Rekdal (Norwegen)	3

je 2 Tore:
Skuhravy (Tschechien), Leonhardsen (Norwegen)
je 1 Tor:
Fr´ydek, Kadlec, Kubik, Kuka, Nemecek, Smejkal, Suchoparek (alle Tschechien), Bergkamp, Kluivert, Winter (alle Niederlande), Aase, Bohinen, Brattbakk, Flo, Frigaard, Jakobsen (alle Norwegen), Gurinowitsch, Romantschenko, Taikow (alle Weißrußland), Cardoni, Hellers, Holtz (alle Luxemburg), Carabot, Laferla (beide Malta)

Gruppe 6

20.4.94	Nordirland - Liechtenstein	4:1
7.9.94	Lettland - Irland	0:3
7.9.94	Nordirland - Portugal	1:2
7.9.94	Liechtenstein - Österreich	0:4
9.10.94	Lettland - Portugal	1:3
12.10.94	Österreich - Nordirland	1:2
12.10.94	Irland - Liechtenstein	4:0
13.11.94	Portugal - Österreich	1:0
15.11.94	Liechtenstein - Lettland	0:1
16.11.94	Nordirland - Irland	0:4
18.12.94	Portugal - Liechtenstein	8:0
29.3.95	Irland - Nordirland	1:1
29.3.95	Österreich - Lettland	5:0
26.4.95	Irland - Portugal	1:0
26.4.95	Lettland - Nordirland	0:1
26.4.95	Österreich - Liechtenstein	7:0
3.6.95	Portugal - Lettland	3:2
4.6.95	Liechtenstein - Irland	0:0
7.6.95	Nordirland - Lettland	1:2
11.6.95	Irland - Österreich	1:3
15.8.95	Liechtenstein - Portugal	0:7
16.8.95	Lettland - Österreich	3:2
3.9.95	Portugal - Nordirland	1:1
6.9.95	Österreich - Irland	3:1
6.9.95	Lettland - Liechtenstein	1:0
11.10.95	Irland - Lettland	2:1
11.10.95	Österreich - Portugal	1:1
11.10.95	Liechtenstein - Nordirland	0:4
15.11.95	Portugal - Irland	3:0
15.11.95	Nordirland - Österreich	5:3

Abschlußtabelle

1.	**Portugal**	**10**	**7**	**2**	**1**	**29: 7**	**+22**	**23**
2.	Irland	10	5	2	3	17:11	+6	17
3.	Nordirland	10	5	2	3	20:15	+5	17
4.	Österreich	10	5	1	4	29:14	+15	16
5.	Lettland	10	4	0	6	11:20	-9	12
6.	Liechtenstein	10	0	1	9	1:40	-39	1

Torschützen

Toni Polster (Österreich)	11
Domingos (Portugal)	5
Paulo Alves (Portugal)	5
John Aldridge (Irland)	5
Alain Dowie (Nordirland)	5
Vitas Rimkus (Lettland)	5
Rui Costa (Portugal)	4
Jimmy Quinn (Nordirland)	4
Peter Stöger (Österreich)	4
Figo (Portugal)	3
João Pinto II (Portugal)	3
Niall Quinn (Irland)	3
Philip Gray (Nordirland)	3
Michael O'Neill (Nordirland)	3
Armands Zeiberlins (Lettland)	3

je 2 Tore:
Paulinho (Portugal), Coyne, Sheridan (beide Irland), Herzog, Hütter (beide Österreich)

je 1 Tor:
Cadete, Couto, Folha, Helder, Oceano, Oliveira, Secretario (alle Portugal), Houghton, Keane, McGrath, Townsend, Staunton (alle Irland), Gillespie, Hughes, Hunter, Lomas, McMahon (alle Nordirland), Aigner, Kühbauer, Ogris, Pfeifenberger, Pürk, Ramusch, Sabitzer, Schopp, Stumpf, Wetl (alle Österreich), Astasjevs, Babitschev, Mujaks (alle Lettland), Hasler (Liechtenstein)

Gruppe 7

7.9.94	Georgien - Moldawien	0:1
7.9.94	Wales - Albanien	2:0
12.10.94	Bulgarien - Georgien	2:0
12.10.94	Moldawien - Wales	3:2
16.11.94	Bulgarien - Moldawien	4:1
16.11.94	Albanien - Deutschland	1:2
16.11.94	Georgien - Wales	5:0
14.12.94	Wales - Bulgarien	0:3
14.12.94	Moldawien - Deutschland	0:3
14.12.94	Albanien - Georgien	0:1
18.12.94	Deutschland - Albanien	2:1
29.3.95	Bulgarien - Wales	3:1
29.3.95	Georgien - Deutschland	0:2
29.3.95	Albanien - Moldawien	3:0
26.4.95	Deutschland - Wales	1:1
26.4.95	Moldawien - Bulgarien	0:3
26.4.95	Georgien - Albanien	2:0
7.6.95	Bulgarien - Deutschland	3:2
7.6.95	Wales - Georgien	0:1
7.6.95	Moldawien - Albanien	2:3
6.9.95	Deutschland - Georgien	4:1
6.9.95	Albanien - Bulgarien	1:1
6.9.95	Wales - Moldawien	1:0
7.10.95	Bulgarien - Albanien	3:0
8.10.95	Deutschland - Moldawien	6:1
11.10.95	Wales - Deutschland	1:2
11.10.95	Georgien - Bulgarien	2:1
15.11.95	Deutschland - Bulgarien	3:1
15.11.95	Albanien - Wales	1:1
15.11.95	Moldawien - Georgien	3:2

Abschlußtabelle

1.	**Deutschland**	**10**	**8**	**1**	**1**	**27:10**	**+17**	**25**
2.	**Bulgarien**	**10**	**7**	**1**	**2**	**24:10**	**+14**	**22**
3.	Georgien	10	5	0	5	14:13	+1	15
4.	Moldawien	10	3	0	7	11:27	-16	9
5.	Albanien	10	2	2	6	10:16	-6	8
6.	Wales	10	2	2	6	9:19	-10	8

Torschützen

Hristo Stoichkov (Bulgarien)	10
Jürgen Klinsmann (Deutschland)	9
Emil Kostadinov (Bulgarien)	7
Temur Ketsbaia (Georgien)	4
Sokol Kushta (Albanien)	4
Ulf Kirsten (Deutschland)	3
Andreas Möller (Deutschland)	3
Krassimir Balakov (Bulgarien)	3
Shota Arveladse (Georgien)	3
Georgi Kinkladse (Georgien)	3

je 2 Tore:
Matthäus, Sammer (beide Deutschland), Penev (Bulgarien), Clescenco, Mitrerev (beide Moldawien), Saunders, Speed (beide Wales), Rraklli (Albanien)
je 1 Tor:
Babbel, Häßler, Helmer, Herrlich, Strunz, Ziege (alle Deutschland), Ivanov, Letchkov (beide Bulgarien), A. Arvedladse, Ganaschia, Gogritschani (alle Georgien), Belorus, Curtianu, Oprea, Pogorekov, Rebeja, Secu (alle Moldawien), Blake, Coleman, Giggs, Pembridge (alle Wales), Beloui, Kacaj, Vata, Zmijani (alle Albanien)
Eigentore:
S. Stroenco (Moldawien, für Deutschland), Melville (Wales, für Deutschland), Culibaba (Moldawien, für Georgien), Helmer (Deutschland, für Wales)

Gruppe 8

7.9.94	Finnland - Schottland	0:2
7.9.94	Färöer - Griechenland	1:5
12.10.94	Griechenland - Finnland	4:0
12.10.94	Rußland - San Marino	4:0
12.10.94	Schottland - Färöer	5:1
16.11.94	Schottland - Rußland	1:1
16.11.94	Griechenland - San Marino	2:0
16.11.94	Finnland - Färöer	5:0
14.12.94	Finnland - San Marino	4:1
18.12.94	Griechenland - Schottland	1:0
29.3.95	Rußland - Schottland	0:0
29.3.95	San Marino - Finnland	0:2
26.4.95	Griechenland - Rußland	0:3
26.4.95	San Marino - Schottland	0:2
26.4.95	Färöer - Finnland	0:4
6.5.95	Rußland - Färöer	3:0
16.8.95	Färöer - San Marino	3:0
7.6.95	San Marino - Rußland	0:7
7.6.95	Färöer - Schottland	0:2
11.6.95	Finnland - Griechenland	2:1
16.8.95	Schottland - Griechenland	1:0
16.8.95	Finnland - Rußland	0:6
6.9.95	Schottland - Finnland	1:0
6.9.95	Färöer - Rußland	2:5
6.9.95	San Marino - Griechenland	0:4
11.10.95	Rußland - Griechenland	2:1
11.10.95	San Marino - Färöer	1:3
15.11.95	Rußland - Finnland	3:1
15.11.95	Griechenland - Färöer	5:0
15.11.95	Schottland - San Marino	5:0

Abschlußtabelle

1.	Rußland	10	8	2	0	34: 5	+29	26
2.	Schottland	10	7	2	1	19: 3	+16	23
3.	Griechenland	10	6	0	4	23: 9	+14	18
4.	Finnland	10	5	0	5	18:18	0	15
5.	Färöer	10	2	0	8	10:35	-25	6
6.	San Marino	10	0	0	10	2:36	-34	0

Torschützen

Mika-Matti Paatelainen (Finnland)	7
Igor Kolyvanov (Rußland)	5
Dmitri Radchenko (Rußland)	4
Scott Booth (Schottland)	4

John Collins (Schottland)	4
Alexandros Alexandris (Griechenland)	4
Nikos Mahlas (Griechenland)	4
Panayotis Tsalouhidis (Griechenland)	4
Jari Litmanen (Finnland)	4
Todi Jonsson (Färöer)	4
Sergei Kiryakov (Rußland)	3
Vasil Kulkov (Rußland)	3
Billy McKinlay (Schottland)	3

je 2 Tore:
Bestschastnich, Karpin, Nikoforow, Schalimow (alle Rußland), Jess, McCoist, Nevin (alle Schottland), Donis, Nikolaidis (beide Griechenland), Hjelm, Sumiala (beide Finnland)

je 1 Tor:
Dobrowolski, Kechinow, Kowtun, Mostowoi, Muchamadiew, Onopko, Pisarew, Tscherischew, Tsymbalar (alle Rußland), Calderwood, McGinlay, Shearer (alle Schottland), Apostolakis, Batista, Frantzeskos, Georgiadis, Markos, Saravakos, Tsartas (alle Griechenland), Helin, Lindberg, Suominen (alle Finnland), Hansen, Jarnskor, J. Jonsson, Müller, Rasmussen (alle Färöer), Della, Valentini (beide San Marino)

Eigentore:
Zagorakis (Griechenland, für Rußland), Gobbi (San Marino, für Rußland), Francini (San Marino, für Schottland), Apostolakis (Griechenland, für Färöer)

Rangliste der Gruppenzweiten

Neben Veranstalter England qualifizierten sich die acht Gruppensieger sowie die sechs besten Gruppenzweiten direkt für die EM-Endrunde. Für die Ermittlung der besten Gruppenzweiten wurden nur die Spiele gegen die jeweiligen Gruppensieger, -dritten und -vierten gewertet. Die beiden schlechtesten Zweiten mußten ein weiteres Qualifikationsspiel bestreiten.

1.	**Italien**	6	12: 4	13
2.	**Bulgarien**	6	14: 8	12
3.	**Türkei**	6	11: 8	11
4.	**Schottland**	6	5: 2	11
5.	**Dänemark**	6	9: 7	11
6.	**Frankreich**	6	8: 2	10
7.	Niederlande	6	6: 5	8
8.	Irland	6	8:10	7

Entscheidungsspiel um den 16ten Teilnehmer (Liverpool)

13.12.95	Niederlande - Irland	2:0 (1:0)

ENDRUNDE

Gruppe A:

8.6.96	England - Schweiz	1:1 (1:0)
10.6.96	Niederlande - Schottland	0:0 (0:0)
13.6.96	Schweiz - Niederlande	0:2 (0:0)
15.6.96	Schottland - England	0:2 (0:0)
18.6.96	Schottland - Schweiz	1:0 (1:0)
18.6.96	Niederlande - England	1:4 (0:1)

Abschlußtabelle:

1.	**England**	3	2	1	0	7: 2	7
2.	Niederlande	3	1	1	1	3: 4	4
3.	Schottland	3	1	1	1	1: 2	4
4.	Schweiz	3	0	1	2	1: 4	1

Anmerkung: Zwischen Schottland und den Niederlanden wurde zuerst der direkte Vergleich (0:0), dann die Tordifferenz und letztendlich die Mehrzahl der erzielten Treffer herangezogen.

Gruppe B:

9.6.96	Spanien - Bulgarien	1:1 (0:0)
10.6.96	Rumänien - Frankreich	0:1 (0:1)
13.6.96	Bulgarien - Rumänien	1:0 (1:0)
15.6.96	Frankreich - Spanien	1:1 (0:0)
18.6.96	Frankreich - Bulgarien	3:1 (1:0)
18.6.96	Rumänien - Spanien	1:2 (1:1)

Abschlußtabelle:

1.	**Frankreich**	3	2	1	0	5 : 2	7
2.	**Spanien**	3	1	2	0	4 : 3	5
3.	Bulgarien	3	1	1	1	3: 4	4
4.	Rumänien	3	0	0	3	1: 4	0

Gruppe C:

9.6.96	Deutschland - Tschechien	2:0 (2:0)
11.6.96	Italien - Rußland	2:1 (1:1)
14.6.96	Tschechien - Italien	2:1 (2:1)
16.6.96	Rußland - Deutschland	0:3 (0:0)
19.6.96	Rußland - Tschechien	3:3 (0:2)
19.6.96	Italien - Deutschland	0:0 (0:0)

Abschlußtabelle:

1.	**Deutschland**	3	2	1	0	5: 0	7
2.	Tschechien	3	1	1	1	5: 6	4
3.	Italien	3	1	1	1	3: 3	4
4.	Rußland	3	0	1	2	4: 8	1

Anmerkung: Zwischen Tschechien und Italien wurde der direkte Vergleich (2:1 für Tschechien) herangezogen.

Gruppe D:

9.6.96	Dänemark - Portugal	1:1 (1:0)
11.6.96	Türkei - Kroatien	0:1 (0:0)
14.6.96	Portugal - Türkei	1:0 (0:0)
16.6.96	Kroatien - Dänemark	3:0 (0:0)
19.6.96	Kroatien - Portugal	0:3 (0:2)
19.6.96	Türkei - Dänemark	0:3 (0:0)

Abschlußtabelle:

1.	**Portugal**	3	2	1	0	5: 1	7
2.	**Kroatien**	3	2	0	1	4: 3	6
3.	Dänemark	3	1	1	1	4: 4	4
4.	Türkei	3	0	0	3	0: 5	0

Viertelfinale

Frankreich - Niederlande 0:0 n.V. (0:0), 5:3 n.E.

22. 6. 1996 - Liverpool - 37.456 - Lopez Nieto (Spanien)
Frankreich: Lama - Thuram, Blanc, Desailly, Lizarazu - Karembeu, Deschamps, Guérin - Djorkaeff, Zidane, Loko (62. Dugarry / 80. Pedros)
Niederlande: van der Sar - Reiziger, de Kock, Bogarde - Blind, R. de Boer, Bergkamp (60. Seedorf), Richard Witschge (80. Mulder) - J. Cruyff (69. Winter), Kluivert, Cocu
Elfmeterschießen: 0:1 de Kock, 1:1 Zidane, 1:2 de Boer, 2:2 Djorkaeff; 2:3 Kluivert, 3:3 Lizarazu, Seedorf verschossen (von Lama gehalten), 4:3 Guérin, 4:4 Blind, 5:4 Blanc.
Gelbe Karten: Deschamps, Karembeu - de Kock, Kluivert, Bogard.

Spanien - England 0:0 n. V. (0:0), 2:4 n.E.

22. 6. 1996 - London - 75.440 - Batta (Frankreich)
Spanien: Zubizarreta - Nadal - Alkorta (73. Lopez), Abelardo - Belsue, Manjarin (46. Caminero), Amor, Hierro, Sergi - Salinas (46. Alfonso), Kiko
England: Seaman - G. Neville, Adams, Southgate, Pearce - McManaman (109. Barmby), Platt, Gascoigne, Anderton (109. Fowler) - Shearer, Sheringham (109. Stone)
Elfmeterschießen: 0:1 Shearer, Hierro verschossen (Latte), 0:2 Platt, 1:2 Amor, 1:3 Pearce, 2:3 Belsue, 2:4 Gascoigne, Nadal verschossen (von Seaman gehalten)
Gelbe Karten: Belsue, Alfonso, Abelardo - Neville

Tschechien - Portugal 1:0 (0:0)

23. 6. 1996 - Birmingham - 25.000 - Krug (Deutschland)
Tschechien: Kouba - Kadlec - Suchopárek, Hornák - Latal, Bejbl, Nemecek (90. Berger), Nemec - Poborsky, Smicer (85. Kubik) - Kuka
Portugal: Vítor Baía - Secretario, Hélder, Fernando Couto, Dimas - Oceano (65. Folha), Rui Costa, Paulo Sousa, Figo (82. Cadete) - João Pinto, Sá Pinto (46. Domingos)
Tor: 1:0 (54.) Poborsky
Gelbe Karten: Suchopárek, Bejbl, Smicer, Kuka - Hélder, Sá Pinto, Secretario, João Pinto.

Deutschland - Kroatien 2:1 (1:0)

23. 6. 1996 - Manchester - 43.412 - Sundell (Schweden)
Deutschland: Köpke - Sammer - Babbel, Helmer - Reuter, Scholl (88. Häßler), Eiltz, Möller, Ziege - Klinsmann (39. Freund), Bobic (46. Kuntz)
Kroatien: Ladic - Stimac, Jerkan, Bilic - Stanic, Jarni, Asanovic, Boban - Jurcevic (78. Mladenovic) - Vlaovic, Suker
Tore: 1:0 Klinsmann (21./Elfmeter), 1:1 Suker (51.), 2:1 Sammer (59.)
Gelb-Rote Karte: Stimac (Kroatien, 57.)
Gelbe Karten: Sammer, Klinsmann - /

Halbfinale

Frankreich - Tschechien 0:0 n.V., 5:6 n.E.

26. 6. 1996 - Manchester - 43.877 - Mottram (Schottland)
Frankreich: Lama - Thuram (83. Angloma), Blanc, Roche, Lizarazu - Lamouchi (62. Pedros), Desailly, Guérin - Djorkaeff, Zidane - Loko
Tschechien: Kouba - Kadlec - Hornák, Rada - Nedved, Nemecek, Nemec (84. Kubik), Novotny - Poborsky, Smicer (46. Berger) - Drulak (70. Kotulek)
Elfmeterschießen: 1:0 Zidane, 1:1 Kubik, 2:1 Djorkaeff, 2:2 Nedved, 3:2 Lizarazu, 3:3 Berger, 4:3 Guérin, 4:4 Poborsky, 5:4 Blanc, 5:5 Rada, Pedros verschossen (Kouba hielt), 5:6 Kadlec
Gelbe Karten: Thuram, Roche, Lizarazu - Nedved, Nemecek, Kubik

England - Deutschland 1:1 n.V. (1:1), 5:6 n.E.

26. 6. 1996 - London - 75.882 - Puhl (Ungarn)
England: Seaman - Pearce, Southgate, Adams - Ince, Gascoigne, Platt, McManaman, Anderton - Sheringham, Shearer
Tore: 1:0 Shearer (3.), 1:1 Kuntz (16.)
Deutschland: Köpke - Sammer - Babbel, Helmer (110. Bode) - Reuter, Freund (119. Struntz), Eilts, Ziege - Scholl (77. Häßler), Möller - Kuntz
Elfmeterschießen: 1:0 Shearer, 1:1 Häßler, 2:1 Platt, 2:2 Strunz, 3:2 Pearce, 3:3 Reuter, 4:3 Gascoigne, 4:4 Ziege, 5:4 Sheringham, 5:5 Kuntz, Southgate verschossen (Köpke hielt), 5:6 Möller
Gelbe Karten: Gascoigne - Reuter, Möller

Finale

Tschechien - Deutschland 1:2 n.V. (0:0; 1:1)

30. 6. 1996 - London - 76.000 - Pairetto (Italien)
Tschechien: Kouba - Kadlec - Suchopárek, Rada, Hornák - Nedved, Bejbl, Nemec - Poborsky (88. Smicer), Berger
Kuka
Tore: 1:0 Berger (59./Elfmeter), 1:1 Bierhoff (73.), 1:2 Bierhoff (95.)
Deutschland: Köpke - Sammer - Babbel, Strunz, Eilts (46. Bode), Helmer - Ziege, Häßler, Scholl (69. Bierhoff) - Klinsmann, Kuntz

TORSCHÜTZENLISTE

Alan Shearer (England)	5
Jürgen Klinsmann (Deutschland)	3
Brian Laudrup (Dänemark)	3
Hristo Stoitchkov (Bulgarien)	3
Davor Suker (Kroatien)	3
Oliver Bierhoff (Deutschland)	2
Pierluigi Casiraghi (Italien)	2
Matthias Sammer (Deutschland)	2
Teddy Sheringham (England)	2

je 1 Tor:
Boban, Vlaovic (Kroatien), Nedved, Bejbl, Suchopárek, Kuka, Smicer, Poborsky, Berger (Tschechien), Nielsen (Dänemark), Dugarry, Djorkaeff, Blanc, Loko (Frankreich), Ziege, Möller, Kuntz (Deutschland), Jordi Cruyff, Bergkamp, Kluivert (Niederlande), Chiesa (Italien), Sá Pinto, Couto, Luis Figo, João Pinto, Domingos (Portugal), Raducioiu (Rumänien), Tetradze, Tsymbalar, Beschastnykh, Mostovoi (Rußland), McCoist (Schottland), Alfonso, Manjarin, Amor (Spanien), Türkyilmaz (Schweiz)
Eigentor:(Penev/Bulgarien)

GELBE/ROTE KARTEN

	Gelb	Rot/ Gelb-Rot
Tschechien	18	1
Deutschland	16	1
Spanien	12	1
Kroatien	10	1
Rußland	9	1
Bulgarien	7	1
Italien	5	1
Portugal	12	0
Schweiz	12	0
Frankreich	11	0
England	9	0
Niederlande	9	0
Schottland	8	0
Türkei	8	0
Rumänien	7	0
Dänemark	4	0

SCHIEDSRICHTERBILANZ

	Gelb	Rot/ Gelb-Rot
Ceccarini (Italien)	7	2
Elleray (England)	10	0
van der Ende (Niederlande)	7	0
Diaz Vega (Spanien)	6	0
Mottram (Schottland)	11	0
Krug (Deutschland)	13	1
Muhmenthaler (Schweiz)	4	0
Sundell (Schweden)	7	1
Mikkelsen (Dänemark)	2	0
Ouzounov (Bulgarien)	5	0
Lopez Nieto (Spanien)	11	1
Puhl (Ungarn)	10	0
Pairetto (Italien)	9	0
Zhuk (Weißrußland)	5	0
Nielsen (Dänemark)	4	1
Batta (Frankreich)	7	0
Cakar (Türkei)	6	0
Gallagher (England)	3	0
Durkin (England)*	1	0
Grabher (Österreich)	6	0
Krondl (Tschechien)	7	0
Heynemann (Deutschland)	3	0
Levnikov (Rußland)	5	0
Frisk (Schweden)	6	0
Goethals (Belgien)	2	1

* war im Spiel Frankreich - Bulgarien nach 28. Minuten für den verletzten D. Gallagher eingesprungen

WELCHER KLUB STELLTE WIEVIELE NATIONALSPIELER

Verein	Spieler	in Ländern
FC Barcelona	10	5
Bayern München	9	3
Ajax Amsterdam	8	1
Steaua Bukarest	8	1
AC Parma	7	3
Glasgow Rangers	7	3
Grasshopper- Club Zürich	7	2
Borussia Dortmund	7	3
Juventus FC Turin	7	3
Milan AC Mailand	6	3
Real Madrid	6	1
Lazio Rom	6	3
Werder Bremen	5	2
Besiktas Istanbul	5	2
Brøndby IF	5	1
FC Sion	5	2
Trabzonspor	5	1
FC Porto	5	1
Atlético Madrid	5	2
Blackburn Rovers	5	3
Tottenham Hotspurs	5	2
Paris Saint-Germain FC	5	1
Slavia Prag	5	1
AS Monaco	4	1
Girondins Bordeaux	4	2
Galatasaray Istanbul	4	1
Chelsea FC London	4	3
Benfica Lissabon	4	1
Celtic Glasgow	4	2
Arsenal FC London	4	2
Udinese Calcio	4	3
Fenerbahçe Istanbul	4	2
Croatia Zagreb	4	1
Sparta Praga	4	1

je 3 Spieler (Nationen)
Slavia Sofia (1), Hamburger SV (2), Aberdeen FC (2), Sporting Lissabon (2), Newcastle United (2), Sigma Olomouc (1), Schalke 04 (1), Servette Genf (2), OB Odense (1), Manchester United (2), Nottingham Forest (2), Liverpool FC (1), AJ Auxerre (1), Sampdoria Genua (3), PSV Eindhoven (1), Spartak Moskau (1), CSKA Moskau (1), Neuchâtel Xamax (1),
je 2 Spieler (Nationen)
CSKA Sofia (1), VfB Stuttgart (2), TSV München 1860 (2), Hajduk Split (1), West Ham United (2), Real Oviedo (2), 1. FC Kaiserslautern (1), Petra Drnovice (1), ÅGF Åarhus (1), Middlesbrough FC (2), Racing Straßburg (2), Karlsruher SC (2), Feyenoord Rotterdam (1), Roda JC Kerkrade (1),

Fiorentina AC Florenz (2), Boavista Porto (1), União Leiria (1), Dinamo Moskau (1), Spartak-Alania Wladikawkas (1), Everton FC (2), Hibernians Edinburgh, Deportivo La Coruña (1), Kocaelispor (1)
je 1 Spieler
Reading FC, Rapid Wien, SV Waldhof-Mannheim, Neftochimik Burgas, Denizlispor, KFC Uerdingen, Spartak Varna, Luton Town, Varteks Varazdin, Real Betis Sevilla, SC Freiburg, Hercules Alicante, Derby County, Gamba Osaka, Padova Calcio, Club Brügge KV, FC Sevilla, NK Osijek, Slovan Liberec, Silkeborg IF, Ipswich Town, Lyngby FC, Vissel Kobe, ÅaB Ålborg, Fortuna Köln, Aston Villa, Inter Mailand, Montpellier Hérault SC, Torino Calcio, FC Nantes, Eintracht Frankfurt, Hansa Rostock, Sparta Rotterdam, AS Rom, Sporting Braga, Vitória Guimarães, Dinamo Bukarest, Rapid Bukarest, Real Valladolid, En Avant Guingamp, Cercle Brügge, UD Salamanca, Bayer Leverkusen, 1. FC Köln, Brescia Calcio, Espanyol Barcelona, Tirol Innsbruck, Lokomotiv Moskau, Real Sociedad San Sebastian, Foggia Calcio, AC Reggiana, Partick Thistle, Leeds United, Coventry City, Valencia FC, Real Saragossa, Athletic Bilbao, Sporting Gijon, Lausanne Sports, Stade Rennes, Altay

WM-QUALIFIKATION

Gruppe 1

Bosnien-Herzegowina, Dänemark, Griechenland, Kroatien, Slowenien

24.4.96	Griechenland - Slowenien	2:0
1.9.96	Slowenien - Dänemark	0:2
1.9.96	Griechenland - Bosnien-H.	3:0
9.10.96	Bosnien-H. - Kroatien	1:4
9.10.96	Dänemark - Griechenland	2:1
9.11.96	Slowenien - Bosnien-H.	1:2
10.11.96	Kroatien - Griechenland	1:1
29.3.97	Kroatien - Dänemark	
2.4.97	Kroatien - Slowenien	
2.4.97	Bosnien-H.- Griechenland	
30.4.97	Dänemark - Slowenien	
30.4.97	Griechenland - Kroatien	
8.6.97	Dänemark - Bosnien-H.	
20.8.97	Bosnien-H. - Dänemark	
6.9.97	Kroatien - Bosnien-H.	
7.9.97	Slowenien - Griechenland	
10.9.97	Dänemark - Kroatien	
10.9.97	Bosnien-H. - Slowenien	
11.10.97	Griechenland - Dänemark	
11.10.97	Slowenien - Kroatien	

Tabelle (Stand vom 10.11.96)

1.	Griechenland	4	2	1	1	7:3	7
2.	Dänemark	2	2	0	0	4:1	6
3.	Kroatien	2	1	1	0	5:2	4
4.	B.-Herzegowina	3	1	0	2	3:8	3
5.	Slowenien	3	0	0	3	1:6	0

Gruppe 2

England, Georgien, Italien, Moldawien, Polen

1.9.96	Moldawien - England	0:3
5.10.96	Moldawien - Italien	1:3
9.10.96	Italien - Georgien	1:0
9.10.96	England - Polen	2:1
9.11.96	Georgien - England	0:2
10.11.96	Polen - Moldawien	2:1
12.2.97	England - Italien	
29.3.97	Italien - Moldawien	
2.4.97	Polen - Italien	
30.4.97	England - Georgien	
30.4.97	Italien - Polen	
31.5.97	Polen - England	
7.6.97	Georgien - Moldawien	
14.6.97	Polen - Georgien	
10.9.97	England - Moldawien	
10.9.97	Georgien - Italien	
24.9.97	Moldawien - Georgien	
7.10.97	Moldawien - Polen	
11.10.97	Italien - England	
11.10.97	Georgien - Polen	

Tabelle (Stand vom 10.11.96)

1.	England	3	3	0	0	7:1	9
2.	Italien	2	2	0	0	4:1	6
3.	Polen	2	1	0	1	3:3	3
4.	Georgien	2	0	0	2	0:3	0
5.	Moldawien	3	0	0	3	2:8	0

Gruppe 3

Aserbaidschan, Finnland, Norwegen, Schweiz, Ungarn

2.6.96	Norwegen - Aserbaidschan	5:0
31.8.96	Aserbaidschan - Schweiz	1:0
1.9.96	Ungarn - Finnland	1:0
6.10.96	Finnland - Schweiz	2:3
9.10.96	Norwegen - Ungarn	3:0
10.11.96	Schweiz - Norwegen	0:1
10.11.96	Aserbaidschan - Ungarn	0:3
2.4.97	Aserbaidschan - Finnland	
30.4.97	Norwegen - Finnland	
30.4.97	Schweiz - Ungarn	
8.6.97	Finnland - Aserbaidschan	
8.6.97	Ungarn - Norwegen	
20.8.97	Finnland - Norwegen	
20.8.97	Ungarn - Schweiz	
6.9.97	Schweiz - Finnland	
6.9.97	Aserbaidschan - Norwegen	
10.9.97	Norwegen - Schweiz	
10.9.97	Ungarn - Aserbaidschan	
11.10.97	Schweiz - Aserbaidschan	
11.10.97	Finnland - Ungarn	

Tabelle (Stand vom 10.11.96)

1.	Norwegen	3	3	0	0	9:0	9
2.	Ungarn	3	2	0	1	4:3	6
3.	Schweiz	3	1	0	2	3:4	3
4.	Aserbaidschan	3	1	0	2	1:8	3
5.	Finnland	2	0	0	2	2:4	0

Gruppe 4

Estland, Lettland, Österreich, Schottland, Schweden, Weißrußland

1.6.96	Schweden - Weißrußland	5:1
31.8.96	Österreich - Schottland	0:0
31.8.96	Weißrußland - Estland	1:0
1.9.96	Lettland - Schweden	1:2
5.10.96	Lettland - Schottland	0:2
5.10.96	Estland - Weißrußland	1:0
9.10.96	Schweden - Österreich	0:1
9.10.96	Weißrußland - Lettland	1:1
9.11.96	Österreich - Lettland	2:1
10.11.96	Schottland - Schweden	1:0
29.3.97	Schottland - Estland	
2.4.97	Schottland - Österreich	
30.4.97	Österreich - Estland	
30.4.97	Schweden - Schottland	
30.4.97	Lettland - Weißrußland	
18.5.97	Estland - Lettland	
8.6.97	Lettland - Österreich	
8.6.97	Estland - Schweden	
8.6.97	Weißrußland - Schottland	
20.8.97	Estland - Österreich	
20.8.97	Weißrußland - Schweden	
6.9.97	Österreich - Schweden	
6.9.97	Lettland - Estland	
6.9.97	Schottland - Weißrußland	
10.9.97	Weißrußland - Österreich	
10.9.97	Schweden - Lettland	
11.10.97	Österreich - Weißrußland	
11.10.97	Schottland - Lettland	
11.10.97	Schweden - Estland	

nicht terminiert: Estland - Schottland

Tabelle (Stand vom 10.11.96)

1.	Schottland	3	2	1	0	3:0	7
2.	Österreich	3	2	1	0	3:1	7
3.	Schweden	4	2	0	2	7:4	6
4.	Weißrußland	4	1	1	2	3:7	4
5.	Estland	2	1	0	1	1:1	3
6.	Lettland	4	0	1	3	3:7	1

Gruppe 5

Bulgarien, Israel, Luxemburg, Rußland, Zypern

1.9.96	Israel - Bulgarien	2:1
1.9.96	Rußland - Zypern	4:0
8.10.96	Luxemburg - Bulgarien	1:2
9.10.96	Israel - Rußland	1:1
10.11.96	Zypern - Israel	2:0
10.11.96	Luxemburg - Rußland	0:4
14.12.96	Zypern - Bulgarien	
15.12.96	Israel - Luxemburg	
29.3.97	Zypern - Rußland	
30.3.97	Luxemburg - Israel	
2.4.97	Bulgarien - Zypern	
30.4.97	Israel - Zypern	
30.4.97	Rußland - Luxemburg	
8.6.97	Rußland - Israel	
8.6.97	Bulgarien - Luxemburg	
20.8.97	Bulgarien - Israel	
7.9.97	Luxemburg - Zypern	
10.9.97	Bulgarien - Rußland	
11.10.97	Rußland - Bulgarien	
11.10.97	Zypern - Luxemburg	

Tabelle (Stand vom 10.11.96)

1.	Rußland	3	2	1	0	9:1	7
2.	Israel	3	1	1	1	3:4	4
3.	Bulgarien	2	1	0	1	3:3	3
4.	Zypern	2	1	0	1	2:4	3
5.	Luxemburg	2	0	0	2	1:6	0

Gruppe 6

Färöer Inseln, Jugoslawien, Malta, Slowakei, Spanien, Tschechien

24.4.96	Jugoslawien - Färöer Inseln	3:1
2.6.96	Jugoslawien - Malta	6:0
31.8.96	Färöer Inseln - Slowakei	1:2
4.9.96	Färöer Inseln - Spanien	2:6
18.9.96	Tschechien - Malta	6:0
22.9.96	Slowakei - Malta	6:0
6.10.96	Färöer Inseln - Jugoslawien	1:8
9.10.96	Tschechien - Spanien	0:0
23.10.96	Slowakei - Färöer Inseln	3:0
10.11.96	Jugoslawien - Tschechien	1:0
13.11.96	Spanien - Slowakei	
14.12.96	Spanien - Jugoslawien	
18.12.96	Malta - Spanien	
12.2.97	Spanien - Malta	
31.3.97	Malta - Slowakei	
2.4.97	Tschechien - Jugoslawien	
30.4.97	Jugoslawien - Spanien	
30.4.97	Malta - Färöer Inseln	
21.5.97	Slowakei - Tschechien	
8.6.97	Jugoslawien - Slowakei	
8.6.97	Färöer Inseln - Malta	
8.6.97	Spanien - Tschechien	
20.8.97	Tschechien - Färöer Inseln	
6.9.97	Färöer Inseln - Tschechien	
10.9.97	Slowakei - Jugoslawien	
24.9.97	Slowakei - Spanien	
24.9.97	Malta - Tschechien	
12.10.97	Malta - Jugoslawien	
12.10.97	Tschechien - Slowakei	
12.10.97	Spanien - Färöer Inseln	

Tabelle (Stand vom 10.11.96)

1.	Jugoslawien	4	4	0	0	18:2	12
2.	Slowakei	3	3	0	0	11:1	9
3.	Tschechien	3	1	1	1	6:1	4
4.	Spanien	2	1	1	0	6:2	4
5.	Färöer Inseln	5	0	0	5	5:22	0
6.	Malta	3	0	0	3	0:18	0

Gruppe 7

Belgien, Niederlande, San Marino, Türkei, Wales

2.6.96	San Marino - Wales	0:5
31.8.96	Wales - San Marino	6:0
31.8.96	Belgien - Türkei	2:1

5.10.96	Wales - Niederlande	1:3
9.10.96	San Marino - Belgien	0:3
9.11.96	Niederlande - Wales	7:1
10.11.96	Türkei - San Marino	7:0
14.12.96	Belgien - Niederlande	
15.12.96	Wales - Türkei	
29.3.97	Wales - Belgien	
29.3.97	Niederlande - San Marino	
2.4.97	Türkei - Niederlande	
30.4.97	San Marino - Niederlande	
30.4.97	Türkei - Belgien	
7.6.97	Belgien - San Marino	
20.8.97	Türkei - Wales	
6.9.97	Niederlande - Belgien	
10.9.97	San Marino - Türkei	
11.10.97	Niederlande - Türkei	
11.10.97	Belgien - Wales	

Tabelle (Stand vom 10.11.96)

1.	Niederlande	2	2	0	0	10:2	6
2.	Belgien	2	2	0	0	5:1	6
3.	Wales	4	2	0	2	13:10	6
4.	Türkei	2	1	0	1	8:2	3
5.	San Marino	4	0	0	4	0:21	0

Gruppe 8

Irland, Island, Liechtenstein, Litauen, Mazedonien, Rumänien

24.4.96	Mazedonien - Liechtenstein	3:0
1.6.96	Island - Mazedonien	1:1
31.8.96	Liechtenstein - Irland	0:5
31.8.96	Rumänien - Litauen	3:0
5.10.96	Litauen - Island	2:0
9.10.96	Island - Rumänien	0:4
9.10.96	Irland - Mazedonien	3:0
9.10.96	Litauen - Liechtenstein	2:1
9.11.96	Liechtenstein - Mazedonien	1:11
10.11.96	Irland - Island	0:0
14.12.96	Mazedonien - Rumänien	
29.3.97	Rumänien - Liechtenstein	
2.4.97	Litauen - Rumänien	
2.4.97	Mazedonien - Irland	
30.4.97	Rumänien - Irland	
30.4.97	Liechtenstein - Litauen	
7.6.97	Irland - Liechtenstein	
7.6.97	Mazedonien - Island	
11.6.97	Island - Litauen	
19.8.97	Liechtenstein - Island	
20.8.97	Irland - Litauen	
20.8.97	Rumänien - Mazedonien	
6.9.97	Liechtenstein - Rumänien	
6.9.97	Island - Irland	
6.9.97	Litauen - Mazedonien	
10.9.97	Rumänien - Island	
10.9.97	Litauen - Irland	
11.10.97	Irland - Rumänien	
11.10.97	Island - Liechtenstein	
11.10.97	Mazedonien - Litauen	

Tabelle (Stand vom 10.11.96)

1.	Mazedonien	4	2	1	1	15:5	7
2.	Irland	3	2	1	0	8:0	7
3.	Rumänien	2	2	0	0	7:0	6
4.	Litauen	3	2	0	1	4:4	6
5.	Island	4	0	2	2	1:7	2
6.	Liechtenstein	4	0	0	4	2:21	0

Gruppe 9

Albanien, Armenien, Deutschland, Nordirland, Portugal, Ukraine

31.8.96	Nordirland - Ukraine	0:1
31.8.96	Armenien - Portugal	0:0
5.10.96	Nordirland - Armenien	1:1
5.10.96	Ukraine - Portugal	2:1
9.10.96	Armenien - Deutschland	1:5
9.10.96	Albanien - Portugal	0:3
9.11.96	Deutschland - Nordirland	1:1
9.11.96	Portugal - Ukraine	1:0
9.11.96	Albanien - Armenien	1:1
14.12.96	Nordirland - Albanien	
14.12.96	Portugal - Deutschland	
29.3.97	Nordirland - Portugal	
29.3.97	Albanien - Ukraine	
2.4.97	Albanien - Deutschland	
2.4.97	Ukraine - Nordirland	
30.4.97	Deutschland - Ukraine	
30.4.97	Armenien - Nordirland	
7.5.97	Ukraine - Armenien	
7.6.97	Portugal - Albanien	
7.6.97	Ukraine - Deutschland	
20.8.97	Portugal - Armenien	
20.8.97	Ukraine - Albanien	
20.8.97	Nordirland - Deutschland	
6.9.97	Deutschland - Portugal	
6.9.97	Armenien - Albanien	
10.9.97	Deutschland - Armenien	
10.9.97	Albanien - Nordirland	
11.10.97	Deutschland - Albanien	
11.10.97	Armenien - Ukraine	
11.10.97	Portugal - Nordirland	

Tabelle (Stand vom 10.11.96)

1.	Portugal	4	2	1	1	5:2	7
2.	Ukraine	3	2	0	1	3:2	6
3.	Deutschland	2	1	1	0	6:2	4
4.	Armenien	4	0	3	1	3:7	3
5.	Nordirland	3	0	2	1	2:3	2
6.	Albanien	2	0	1	1	1:4	1

EUROPAPOKAL 1995/96

„Juve" entthront Ajax

Von Matthias Weinrich

Champions League

16 Mannschaften waren in der Saison 1995/96 berechtigt, an der Champions League teilzunehmen. Aufgrund der UEFA-Fünfjahreswertung wurden die Meister Italiens (Juventus Turin), Frankreichs (FC Nantes), Deutschlands (Borussia Dortmund), Spaniens (Real Madrid), Portugals (FC Porto), Rußlands (Spartak Moskau) und Englands (Blackburn Rovers), dazu der Titelverteidiger Ajax Amsterdam, gesetzt.

Die Qualifikationsspiele, in denen sechzehn weitere Klubs antraten, während die restlichen Meister von vorneherein im UEFA-Cup starteten, waren größtenteils hart umkämpft. Selbst die Glasgow Rangers hatten mit „Underdog" Anorthosis Famagusta Mühe - und brachten in 180 Minuten gerade ein Tor von Durie zustande. Die größte Überraschung schaffte Ferencváros Budapest mit dem Sieg über den RSC Anderlecht, auch Rosenborg Trondheim (gegen Besiktas Istanbul) und Legia Warschau (gegen IFK Göteborg) ließen aufhorchen. Der ukrainische Meister Dinamo Kiew setzte sich standesgemäß über Åalborg BK mit zwei Siegen durch. Im ersten Champions League-Spiel gegen

Panathinaikos Athen, das die Kiewer mit 1:0 gewannen, wurde Dinamo allerdings der versuchten Schiedsrichter-Bestechung überführt. Dies hatte den Ausschluß vom laufenden Wettbewerb zur Folge, die in der Qualifikation unterlegene Elf aus Åalborg durfte Kiews Platz in Gruppe 1 einnehmen.

Åalborg BK kam in Gruppe 1 nie über die Rolle als „Lückenfüller“ hinaus und landete auf dem letzten Platz. Immerhin gelang es der Elf von Trainer Sepp Piontek Panathinaikos Athen, dem unerwarteten Gruppensieger, die einzige Niederlage beizubringen - und durch ein 2:2 am letzten Spieltag dem FC Porto den Sprung ins Viertelfinale zu verderben. Diesen schaffte stattdessen der FC Nantes mit einem abschließenden 0:0 gegen Panathinaikos Athen.

Sechs Spiele - sechs Siege! In eindrucksvoller Manier beherrschte Spartak Moskau die Gruppe 2. Die Russen erwischten mit dem 1:0-Erfolg beim eigentlichen Favoriten Blackburn Rovers durch den Treffer von Sergej Juran einen Traumstart. Nach dem 2:1 über Legia Warschau folgte ein 4:2 bei Rosenborg Trondheim, bei dem die bekannt spielstarke Romantsew-Elf auch ihre kämpferischen Qualitäten in die Waagschale warf. Zur Pause führten die Norweger scheinbar sicher mit 2:0, ehe Aleinitschev, Nikiforov und zweimal Ketchinov den Spieß vollends umdrehten. Das Kontrastprogramm zu Spartak Moskau lieferten die hoch gehandelten Blackburn Rovers. Der englische Champion mit Stürmerstar Alan Shearer an der Spitze wirkte lustlos und unmotiviert, fiel vor allem durch Disziplinlosigkeiten auf - und zeigte nur beim 4:1 gegen Rosenborg, als Mike Newell ein Hattrick innerhalb zehn Minuten gelang, eine zufriedenstellende Leistung.

Auch in Gruppe 3 war eine britische Mannschaft die große Enttäuschung. Der schottische Titelträger Glasgow Rangers blieb als einziger der 16 Klubs in der Vorrunde sieglos! Die Vergleiche mit Juventus Turin (1:4 in Turin, 0:4 im Ibrox-Park) legten die Unterschiede zwischen den Rangers und der Spitze des Kontinents schonungslos offen. Die Italiener waren eine Klasse für sich, was zum Auftakt auch Borussia Dortmund im Westfalenstadion erfuhr. Trotz einiger verletzter Stammspieler, trotz eines Rückstandes durch Andreas Möllers Blitztor - Juve behielt kühlen Kopf, besiegte den BVB mit 3:1, und legte damit den Grundstein zum souveränen Gruppensieg. Die Borussia wiederum spielte selten wirklich überzeugend, hangelte sich mit Mühe durch die Gruppenspiele, sicherte sich aber den 2. Platz, der nach der Schlappe gegen Juve das einzige Ziel sein konnte.

Die Rollen in Gruppe 4 waren von vornherein klar verteilt: Titelverteidiger Ajax Amsterdam, der aus seiner Vorjahreself lediglich Clarence Seedorf zu Sampdoria Genua ziehen lassen mußte, und Spaniens Rekordmeister Real Madrid waren hohe Favoriten, die Grasshoppers Zürich und Ferencváros Budapest krasse Außenseiter. Mit einem 1:0 über Real durch ein Tor von Marc Overmars befand sich Ajax sofort auf Gruppensieg-Kurs, die Madrilenen hielten sich in ihren folgenden Heimspielen gegen Grasshoppers (2:0 durch zwei Zamorano-Tore) und Ferencváros (6:1, je zweimal waren Jungstar Raul, Zamorano und Hierro erfolgreich) schadlos. Das zweite Aufeinandertreffen der „Gruppenköpfe“ im Bernabeu-Stadion wurde mit Spannung erwartet, ging es doch um den Gruppensieg. 85.000 Fans gaben diesem Knaller einen würdigen Rahmen. Sie erlebten eine Ajax-Mannschaft, die eine absolute Weltklasseleistung ablieferte und hochverdient mit 2:0 siegte.

Das Viertelfinale im März 1996 brachte zwei absolute Schlagerspiele mit Borussia Dortmund - Ajax Amsterdam und Real Madrid - Juventus Turin, dazu die Aufeinandertreffen der Außenseiter FC Nantes - Spartak Moskau und Legia Warschau - Panathinaikos Athen. Der FC Nantes gewann die Heimpartie gegen Spartak Moskau, das im Winter einige Leistungsträger an westeuropäische Klubs verlor, mit 2:0. Im Rückspiel hatte Spartak durch zwei Tore von Juri Nikiforov zunächst gleichgezogen, ehe Nicolas Ouédec ebenfalls zweimal für die Franzosen traf. Legia Warschau scheiterte bei den Duellen mit Panathinaikos Athen unter anderem an zwei Landsleuten: Athens Torwart Jozef Wandzik hielt beim 0:0 in Warschau seinen Kasten sauber, Krzysztof Warzycha versetzte als zweifacher Torschütze im Rückspiel Legia den Todesstoß.

Für den deutschen Meister Borussia Dortmund bedeutete Ajax Amsterdam eine zu hohe Hürde. Die Niederländer zeigten den Borussen eindrucksvoll ihre Grenzen auf. Im Hexenkessel Westfalenstadion trafen Edgar Davids und Patrick Kluivert zum 2:0-Sieg. Das Rückspiel in Amsterdam hatte fast Freundschaftsspiel-Charakter, der

Treffer von Kiki Musampa in der 75. Minute brachte Ajax letztlich verdient den siebten Sieg im achten Spiel. Weitaus härter umkämpft war der Schlager der Runde zwischen Real Madrid und Juventus Turin. Vor 80.000 Besuchern im Bernabeu-Stadion konnten die „Königlichen" das Hinspiel durch einen Treffer ihres Jungstars Raul in der 20. Minute hochverdient mit 1:0 für sich entscheiden. Vor allem Zamorano versäumte es, die Ausgangsposition gegen einen stark defensiv ausgerichteten Gast zu verbessern. Torwart Peruzzi ließ sich nicht mehr überwinden.

Im Rückspiel mußte „Juve" auf die gesperrten Deschamps, Carrera und Ravanelli sowie den erkrankten Ferrara verzichten, bei Real fehlten der gesperrte Hierro, dazu Torwart Buyo, Stopper Sanchis und Torjäger Zamorano. Die mit Spannung erwartete Partie drohte in Taktik zu erstikken. Abgesehen von Del Pieros 1:0 per Freistoß tat sich vor dem Seitenwechsel sehr wenig. Nach der Pause suchten die Turiner die Entscheidung, die durch Padovanos 2:0 in der 53. Minute recht schnell fiel.

Im Halbfinale hatten die Italiener mit dem FC Nantes recht leichtes Spiel. Daheim kam ihnen der Platzverweis des Franzosen Carotti entgegen, Gianluca Vialli und Jugovic sorgten mit ihren Toren zum 2:0-Sieg für ein beruhigendes Polster. Beim Rückspiel beseitigte erneut Vialli mit seinem Führungstor die letzten Zweifel am Finaleinzug. Im Gefühl des sicheren Sieges ließen die Turiner in der Schlußphase die Zügel etwas schleifen und ermöglichten Nantes einen 3:2-Erfolg, ohne dabei jemals in Gefahr zu kommen, den Weg nach Rom zum Finale zu verlassen. Weitaus schwerer tat sich zunächst Ajax Amsterdam. Als hoher Favorit ging die Elf von Trainer van Gaal in das Semifinale gegen Panathinaikos Athen. Die Amsterdamer waren in 22 Europacup-Spielen unbesiegt geblieben, ihre Verletztenliste hatte sich auf Reuser und Overmars verringert. Doch die Athener gefielen in Amsterdam mit einer geschickten Defensivtaktik, an der sich die Ajax-Stars die Zähne ausbissen. Als dann noch Goalgetter Warzycha in der 87. Minute einen der wenigen Konter zum 0:1 nutzte, war die Sensation perfekt. Doch Ajax wäre nicht Ajax, hätte es sich im Rückspiel keine Chance ausgerechnet. Ein frühes 1:0 durch den Finnen Jari Litmanen machte Ajax sicher, die Athener standen in der Folgezeit unter Schock. Im Endspurt krönten erneut Litmanen und Nordin Wooter eine ausgezeichnete Leistung mit weiteren Toren. Das Traumfinale war doch perfekt geworden: Juve - Ajax!

Juventus hatte den Vorteil, in Rom praktisch ein Heimspiel zu haben, und konnte außerdem die Wunschmannschaft auflaufen lassen, während Ajax auf Reiziger, Overmars, Hoekstra und zunächst Kluivert verzichten mußte. Die Turiner ergriffen denn auch sofort die Initiative und setzten die nervöse Ajax-Hintermannschaft unter Druck. Das 1:0 von Fabrizio Ravanelli nach Mißverständnis zwischen Ajax-Keeper van der Sar und Verteidiger Frank de Boer war nur unzureichender Ausdruck der Turiner Dominanz. Der überraschende Ausgleich durch den „Torschützenkönig" dieses Champions League-Wettbewerbes, Jari Litmanen, entsprang einem schweren Fehler des Juve-Keepers Peruzzi, der einen Freistoß von Frank de Boer vor Litmanens Füße prallen ließ. In den folgenden 78 Minuten einschließlich der Verlängerung standen beide Abwehrreihen sicher, wie so oft in bedeutenden Spielen mußte das Elfmeterschießen über Wohl oder Wehe entscheiden. Und hier wurde Angelo Peruzzi vom Versager zum Helden: Der 26jährige Keeper entschärfte die

Schüsse von Edgar Davids und Sonny Silooy, sicherte damit den Italienern, die alle Elfmeter verwandelten, den zweiten Sieg im Cup der Meister nach 1985 - und den insgesamt sechsten Erfolg in einem europäischen Klubwettbewerb!

Europacup der Pokalsieger

48 Mannschaften starteten im August 1995 im „EC 2". Zunächst waren 16 Qualifikationsspiele notwendig, um die „Spreu vom Weizen" zu trennen. Sileks Kratovo war erster Gegner des deutschen Vertreters Borussia Mönchengladbach. Effenberg & Co. gaben sich mit 3:0 und 3:2 keine Blöße, ebensowenig die anderen Favoriten. Zahlenmäßig machte Feyenoord Rotterdam den besten Eindruck, indem sie DAG Liepaja mit 6:0 und 7:0 abkanzelten.

Die 2. Runde brachte endlich interessante und hart umkämpfte Spiele. Noch nicht für die Gladbacher Borussen, die mit AEK Athen wenig Mühe hatten und erneut zweimal siegten (4:1, 1:0). Wohl aber für den Everton FC und Feyenoord Rotterdam. Den Liverpoolern gelang es im heimischen Goodison Park nicht, das Feyenoord-Bollwerk um Torhüter Ed de Goey und Libero Ronald Koeman zu knacken. Vierzehn Tage später dominierten im „Kuip" erneut die Defensivabteilungen. Regi Blinker, der dunkelhäutige Rotterdamer Angreifer, fand einmal die Lücke - für Everton kam das Ende der Europacup-Träume vorzeitig. Ebenso für Celtic Glasgow, das die Erfahrung machte, daß der Abstand zur europäischen Elite, zu der Gegner Paris Saint Germain zweifellos zählt, erheblich ist. Für die größte Sensation sorgte der schwedische Underdog Halmstad BK, der dem italienischen Millionenklub AC Parma in Stockholm beim 3:0 eine wahre Lehrstunde erteilte. Im Rückspiel konnte Parma die Blamage allerdings ausbügeln: Inzaghi, Dino Baggio, Stoichkov und Tommy Andersson per Eigentor drehten den Spieß mit einem 4:0 um. Auch Rapid Wien schien nach dem 0:2 bei Sporting Lissabon verloren. Dietmar Kühbauer erzielte in Wien in der 25. Minute das 1:0, dem zweiten Tor liefen die Rapidler jedoch vergebens hinterher - bis zur 90. Minute! Da nämlich gelang dem von CSKA Sofia geholten bulgarischen Verteidiger Trifon Ivanov das Verlängerung bedeutende 2:0. In der „Extra-Zeit" waren Christian Stumpf und der Ex-Kölner Carsten Jancker zum 4:0-Endstand erfolgreich.

Die Hoffnungen der Gladbacher „Fohlen" auf weitere europäische Ruhmestaten endeten im Viertelfinale. Beim Heimspiel im Düsseldorfer Rheinstadion, in das die Gladbacher wegen des erwarteten Zuschauerinteresses wie in alten Zeiten umzogen, brachten Peter Wynhoff und Thomas Kastenmaier die Borussen zweimal in Führung, doch Feyenoord hielt jeweils mit dem Ausgleich dagegen (van Gastel und Ronald Koeman). In den Niederlanden sah es lange nach einem 0:0 aus, ehe Orlando Trustfull in der 84. Minute Feyenoord endgültig ins Halbfinale schoß. Mit den Gladbachern verabschiedete sich auch Titelverteidiger Real Saragossa aus dem Wettbewerb - im spanischen Bruderduell reichte ein 1:1 auf eigenem Platz nicht aus, um die 0:1-Hinspielschlappe bei Deportivo La Coruña auszugleichen. Der Siegeszug von Rapid Wien setzte sich gegen Dinamo Moskau fort, Carsten Jancker hatte mit zwei Toren beim 3:0 im Ernst-Happel-Stadion erneut großen Anteil daran. Auch der UEFA-Cup-Sieger des Vorjahres, AC Parma, mußte das Feld räumen. Ein 1:0-Heimerfolg durch den Bulgaren Hristo Stoichkov erwies sich gegen Paris Saint Germain als zu dünnes Polster. Die Franzosen nutzten im Prinzenparkstadion ihren Heimvorteil zu einem 3:1, wobei der Brasilianer Rai mit zwei Foulelfmetern die entscheidenden Tore markierte.

Im Halbfinal-Hinspiel in La Coruña fehlte Rai zwar wegen einer Gelbsperre. Aber auch ohne ihn legte PSG mit einer klugen taktischen Einstellung durch Trainer Fernandez und einem Tor von „Joker" Youri Djorkaeff in der 90. Minute den Grundstein zum Finaleinzug. Die Spanier sahen in Schiedsrichter Markus Merk den Hauptschuldigen für die Niederlage, da er einige aus ihrer Sicht unverständliche Abseitsentscheidungen fällte. Das Rückspiel wurde durch Patrice Loko ebenfalls mit 1:0 für PSG entschieden. Die Pariser standen damit nach dem Halbfinal-Aus in den drei vorherigen Jahren endlich in einem europäischen Pokalfinale! Ihr Gegner wurde zwischen Feyenoord Rotterdam und Rapid Wien ermittelt. Im Rotterdamer „Kuip" wirkten die Gastgeber optisch klar überlegen, vergaben aber eine Reihe Torchancen. Lediglich Ronald Koeman überwand den Rapid-Keeper Michael Konsel - per Foulelfmeter! Die Wiener machten aus wenigen Möglichkeiten einen Treffer und erkämpften sich für das Rückspiel eine glänzende Ausgangslage. Im ausverkauften Ernst-Happel-Stadion war es um die leicht favorisierten Rotterdamer schnell geschehen. Jancker erzielte in der 2. Minute das 1:0, bereitete das 2:0 von Christian Stumpf vor, und machte mit dem 3:0 in der 35. Minute frühzeitig alles klar. Die „Hütteldorfer" standen im Finale!

In das ging Rapid als klarer Außenseiter. PSG ging in der 28. Minute durch einen 28-m-Freistoß seines Vorstoppers Bruno N´Gotty, in Führung. In der Folge spielten die Pariser hoch überlegen, Rapid wurde selten der Raum für erfolgversprechende Konter gegeben, aber Tore fielen nicht mehr. Paris hatte als zweiter französischer Klub nach Olympique Marseille einen Europacup gewonnen - eine Entschädigung für den entgangenen Meistertitel in der heimischen Liga.

UEFA - Cup

Franz Beckenbauer war es, der im Zusammenhang mit dem UEFA-Cup das Wort vom „Cup der Verlierer" prägte, nahmen an diesem Pokalwettbewerb doch die Klubs teil, die in ihren nationalen Meisterschaften maximal den zweiten Platz belegten. Im Mai 1996 sollte sich Beckenbauers Meinung grundlegend ändern - und dazu hatte weniger die Tatsache beigetragen, daß mittlerweile eben doch Landesmeister dabei waren. Die Meister der Nationen nämlich, die in der UEFA-Fünfjahres-Tabelle zuwenig Punkte gesammelt haben, um an der Champions League teilzunehmen. Der Grund für den Meinungsumschwung dürfte eher darin liegen, daß es seinen Bayern gelang, den „Cup der Verlierer", der im weiteren Text UEFA-Cup genannt wird, erstmals an die Säbener Straße nach München zu holen.

Dabei hatte alles so trist begonnen. Am 12. September des Jahres 1995 gastierte Lokomotive Moskau im Olympiastadion, wahrlich kein Vertreter der gehobenen Klasse des Kontinents. Ein gewisser Jewgeni Charlachov erzielte in der 71. Minute das 0:1 - eine Blamage! Vierzehn Tage später zeigten die Münchner allerdings ihr anderes Gesicht. Zwei schnelle Tore Klinsmanns leiteten die Wende ein, am Ende hieß es 0:5. Geglänzt hatten die Bayern nicht, ebensowenig wie der 1. FC Kaiserslautern gegen Slovan Bratislava und Werder Bremen gegen den FC Glenavon aus Nordirland, aber dieses Trio erreichte die 2. Runde - im Gegensatz zum erstmals im UEFA-Cup angetretenen SC Freiburg. Wer die Niederlage gegen Slavia Prag allerdings als Überraschung bezeichnete, sollte durch das weitere Abschneiden der Tschechen eines Besseren belehrt werden. Wirkliche Überraschungen erlebten hingegen Inter Mailand, das beim FC Lugano 1:1 spielte, im Meazza-Stadion durch einen Treffer von José Carrasco aber eine 0:1-Schmach erlitt. Nicht minder unerwartet mußte Manchester United seine Ambitionen begraben - gegen Rotor Wolgograd!

Die Großtaten von Wolgograd und Lugano blieben Eintagsfliegen, in der 2. Runde endete ihr Weg mit jeweils zwei knappen Niederlagen gegen Girondins Bordeaux und Slavia Prag. Ebenfalls beendet war der Auftritt des 1. FC Kaiserslautern, bei dem sich gegen Real Betis Sevilla die Anzeichen einer Krise verdichteten - einer Krise, die ein halbes Jahr später im Bundesliga-Abstieg mündete... Werder Bremen hatte mit dem weißrussischen Meister Dinamo Minsk ebensowenig Mühe wie der FC Bayern mit dem schottischen Liga-Cup-Gewinner Raith Rovers.

Im Achtelfinale blieben die Werderaner hängen. Wie später Dortmund in der Champions League gegen Ajax sowie Gladbach im Cupsieger-Pokal gegen Feyenoord mußten auch die Norddeutschen einem Klub aus dem Nachbarland Niederlande den Vortritt lassen: PSV Eindhoven. Besser machte es der FC Bayern gegen Benfica Lissabon. Einem 4:1 in München folgte ein 3:1 im „Estadio da Luz" (Stadion des Lichts) - die Lichtgestalt hieß Jürgen Klinsmann, der sechs von sieben Toren markierte! Zu einem innerspanischen Vergleich trafen sich Sevilla FC und der FC Barcelona - die Katalanen behielten ebenso die Oberhand wie der große Favorit Milan AC Mailand dank zweier Weah-Tore gegen Sparta Prag.

Der Siegeszug des FC Bayern wurde im Viertelfinale auch von Nottingham Forest nicht aufgehalten. Nach einem mühsamen 2:1 in der bayerischen Metropole wurden Stuart Pearce & Co. im heimischen City Ground mit 1:5 geradezu demontiert - Jürgen Klinsmann traf wieder insgesamt dreimal - und die Bayern stellten ihre Auswärtsstärke fest! Europa staunte über die italienischen Klubs: Milan scheiterte mit einer gehörigen Portion Überheblichkeit nach einem Heim-2:0 mit 0:3 bei Girondins Bordeaux, und der AS

Rom verabschiedete sich gegen Slavia Prag. Die Römer hatten im Olympiastadion den 0:2-Rückstand aus dem Hinspiel ausgeglichen, und als Francesco Moriero in der Verlängerung das 3:0 erzielte, standen sie mit einem Bein im Halbfinale. Doch Jiri Vavras 1:3 in der 115. Minute bedeutete den k. o - erstmals seit 1988 war Italien nicht im Halbfinale des UEFA-Cups vertreten.

Statt AS Rom gegen AC Milan hieß das erste Halbfinale nun Slavia Prag gegen Girondins Bordeaux. Die Franzosen standen in der Verteidigung sicher - ein frühes Tor von Christophe Dugarry in Prag und ein weiteres durch Didier Tholot in Bordeaux genügten zum Einzug ins Finale. Das zweite Semifinale wurde von vielen Experten als „vorweggenommenes Endspiel" bezeichnet. Mit dem FC Bayern München und FC Barcelona trafen zwei Klubs mit großen Namen aufeinander, die in ihren jeweiligen Ligen hinter Borussia Dortmund bzw. Atlético Madrid nur die Rolle des Verfolgers einnahmen. In München zeigten die Katalanen über weite Strecken eine spielerisch hochstehende Mannschaftsleistung, die Bayern setzten dem lediglich Kampfgeist und Einzelaktionen entgegen. Barcas Favoritenstellung im Rückspiel wurde lediglich durch die bisherige Auswärtsbilanz der Bayern beeinträchtigt: 15:2 Toren bei vier gewonnenen Spielen. Und die Serie sollte halten! Im „Estadio Nou Camp" waren die Rollen vertauscht: Die Gastgeber erstarrten in ihrem taktischen Konzept, die Bayern rochierten ständig, standen souverän in der Abwehr, attackierten Barcelona schon im Ansatz, kurzum: Diesmal waren es die Münchner, die die geschlossenere Teamarbeit zeigten. Mehmet Scholl stand noch etwas über allen anderen, bereitete das 0:1 durch Babbel vor und erzielte selbst das entscheidende 0:2. Der Anschluß De la Penas in der 89. Minute fiel zu spät, um dem Spiel noch eine Wende zu geben.

Vor den Finalspielen hatten die Münchner ihren Trainer Otto Rehhagel „gefeuert", Präsident Beckenbauer sollte als Nothelfer eine unbefriedigende Saison zum guten Ende führen. In der Meisterschaft blieb den Bayern der Triumph dennoch versagt, dafür hielten sie sich im UEFA-Cup schadlos. Girondins Bordeaux galt als Außenseiter. Die vom ehemaligen Bayern-Profi Gernot Rohr trainierten Südfranzosen blieben chancenlos. In München fuhren Thomas Helmer und Mehmet Scholl mit ihren Toren die halbe Miete ein, im Rückspiel war es erneut Scholl, der mit dem 0:1 (Endstand 1:3) alles klarmachte. Nach dem Spiel wurde gefeiert: Die Bayern hatten erstmals seit 1976 wieder einen europäischen Pokalwettbewerb gewonnen, Bordeaux hatte sich gut verkauft und in der Liga den Klassenerhalt geschafft. Und Franz Beckenbauer hatte seiner Titelsammlung einen weiteren hinzugefügt: den „Cup der Verlierer", offiziell auch UEFA-Cup genannt.

EUROPAPOKAL DER LANDESMEISTER, (CHAMPIONS LEAGUE)

Direkt für die Champions League qualifiziert:

Ajax Amsterdam, Juventus FC Turin, FC Nantes, Borussia Dortmund, Real Madrid, Blackburn Rovers, FC Porto, Spartak Moskau

Qualifikation (9. und 23. August 1995)

SV Casino Salzburg - Steaua Bukarest	0:0	11.500	
Steaua Bukarest - SV Casino Salzburg	1:0 (1:0)	22.000	1:0 Ilie (32.)
Panathinaikos Athen - HNK Hajduk Split	0:0	45.000	
Hajduk Split - Panathinaikos Athen (Rijeka)	1:1 (1:0)	11.000	1:0 Stimac (4.), 1:1 Borelli (55.)
RSC Anderlecht - Ferencvárosi TC	0:1 (0:0)	20.000	0:1 Kuntics (58.)
Ferencvárosi TC - RSC Anderlecht	1:1 (0:0)	18.000	1:0 Kopunovics (50.), 1:1 De Bilde (65.)
Legia Warschau - IFK Göteborg	1:0 (0:0)	15.000	1:0 Podbrozny (49./Elfmeter)
IFK Göteborg - Legia Warschau	1:2 (1:0)	11.000	1:0 Blomqvist (25.), 1:1 Pisz (73.), 1:2 Bednarz (90.)
Rosenborg Trondheim - Besiktas Istanbul	3:0 (2:0)	14.000	1:0 Hoftun (22.), 2:0 Strand (27.), 3:0 Brattbakk (75.)
Besiktas Istanbul - Rosenborg Trondheim	3:1 (1:0)	35.000	1:0 Kuntz (8.), 1:1 Brattbakk (68.), 2:1 Kuntz (85./Elfmeter), 3:1 Mehmet (87.)
Grasshoppers Zürich - Maccabi Tel Aviv	1:1 (0:0)	11.000	1:0 Ali Ibrahim (50.), 1:1 Kachentsev (55.)
Maccabi Tel Aviv - Grasshoppers Zürich	0:1 (0:1)	15.000	0:1 Comisetti (4.)
Glasgow Rangers - Anorthosis Famagusta	1:0 (0:0)	44.000	1:0 Durie (68.)
Anorthosis Famagusta - Glasgow Rangers	0:0	10.000	
Dinamo Kiew* - Åalborg BK	1:0 (0:0)	61.000	1:0 Pokhlebaiev (82./Elfmeter)
Åalborg BK - Dinamo Kiew*	1:3 (0:1)	10.000	0:1 Kalitvintsev (36.), 0:2, 0:3 Sjevsjenko (49., 76.), 1:3 Rasmussen (86.)

* = Dinamo Kiew wurde nach dem 1. Spiel der Champions League (1:0 gegen Panathinaikos Athen) wegen versuchter Schiedsrichterbestechung disqualifiziert. Åalborg BK nahm als Verlierer des Vorrundenspiels den Platz von Kiew in der Champions League ein.

CHAMPIONS LEAGUE

Gruppe A

1. Spieltag			
(Dinamo Kiew - Panathinaikos Athen	1:0 (0:0)	85.000	1:0 Kosovski (61.)
FC Nantes - FC Porto	0:0	23.000	
Åalborg BK - Panathinaikos Athen	2:1 (1:1)	8.000	1:0 Andersen(8.),1:1 Boye(42./ET),2:1 Madsen(89.)
2. Spieltag			
Panathinaikos Athen - FC Nantes	3:1 (2:0)	65.000	1:0 G.-H. Georgiadis (17.), 2:0 K. Warzycha (30.), 3:0 K. Warzycha (46.), 3:1 N'Doram (88.)
FC Porto - Åalborg BK	2:0 (1:0)	15.000	1:0 Rui Barros (41.), 2:0 Rui Barros (62.)
3. Spieltag			
FC Nantes - Åalborg BK	3:1 (1:0)	29.603	1:0 Ouédec (5.), 1:1 E.-Bo Andersen (46.), 2:1 Pedros (55.), 3:1 Kosecki (74.)
FC Porto - Panathinaikos Athen	0:1 (0:1)	25.000	0:1 Markos (41.)
4. Spieltag			
Åalborg BK - FC Nantes	0:2 (0:1)	8.000	0:1 L. Guyot (10.), 0:2 Ouédec (69.)
Panathinaikos Athen - FC Porto	0:0	63.000	
5. Spieltag			
FC Porto - FC Nantes	2:2 (1:2)	35.000	0:1 Pedros (3.), 1:1 Drulovic (10.), 1:2 Pedros (34.), 2:2 José Carlos (56.)
Panathinaikos Athen - Åalborg BK	2:0 (2:0)	32.352	1:0 Alexoudis (1.), 2:0 G.-S. Georgiadis (38.)
6. Spieltag			
FC Nantes - Panathinaikos Athen	0:0	25.000	
Åalborg BK - FC Porto	2:2 (1:0)	3.950	1:0 E.-Bo Andersen (11.), 1:1 Emerson (62.), 2:1 J.-C. Madsen (69.), 2:2 Emerson (75.)

Abschlußtabelle

1.	Panathinaikos Athen	6	3	2	1	7:3	11
2.	FC Nantes	6	2	3	1	8:6	9
3.	FC Porto	6	1	4	1	6:5	7
4.	Åalborg BK	6	1	1	4	5:12	4

Gruppe B

1. Spieltag			
Blackburn Rovers - Spartak Moskau	0:1 (0:1)	20.000	0:1 (41.) Juran
Legia Warschau - Rosenborg Trondheim	3:1 (0:0)	15.000	0:1 (64.) Jakobsen (Elfmeter), 1:1 (64.) Pisz, 2:1 (70.) Staniek, 3:1 (74.) Pisz
2. Spieltag			
Rosenborg Trondheim - Blackburn Rovers	2:1 (1:0)	12.210	1:0 (30.) Løken, 1:1 (63.) Newell, 2:1 (86.) Stensaas
Spartak Moskau - Legia Warschau	2:1 (1:0)	50.000	1:0 (13.) Nikiforov (Elfmeter), 2:0 (52.) Juran, 2:1 (82.) Jozwiak

3. Spieltag			
Rosenborg Trondheim - Spartak Moskau	2:4 (2:0)	12.216	1:0 (2.) Løken, 2:0 (45.) Brattbakk, 2:1 (59.) Aleinitchev, 2:2 (65.) Nikoforov, 2:3 (74.) Ketchinov, 2:4 (81.) Ketchinov
Legia Warschau - Blackburn Rovers	1:0 (1:0)	17.000	1:0 (26.) Podbrozny
4. Spieltag			
Spartak Moskau - Rosenborg Trondheim	4:1 (3:0)	35.000	1:0 (2.) Chmarov, 2:0 (9.) Juran, 3:0 (19.) Tsymbalar, 4:0 (80.) Tikhonov, 4:1 (90.) Løken
Blackburn Rovers - Legia Warschau	0:0	20.989	
5. Spieltag			
Spartak Moskau - Blackburn Rovers	3:0 (1:0)	25.000	1:0 (28.) Aleinitchev, 2:0 (47.) Nikiforov, 3:0 (54.) R. Mamedov
Rosenborg Trondheim - Legia Warschau	4:0 (2:0)	11.480	1:0 (17.) Strand, 2:0 (45.) Brattbakk, 3:0 (64.) Jakobsen, 4:0 (89.) Heggem
6. Spieltag			
Legia Warschau - Spartak Moskau	0:1 (0:1)	15.000	0:1 (42.) R. Mamedov
Blackburn Rovers - Rosenborg Trondheim	4:1 (4:1)	20.677	1:0 (16.) Shearer (Elfmeter), 1:1 (30.) Iversen, 2:1 (31.) Newell, 3:1 (37.) Newell, 4:1 (40.) Newell

Abschlußtabelle

1.	Spartak Moskau	6	6	0	0	15:4	18
2.	Legia Warschau	6	2	1	3	5:8	7
3.	Rosenborg Trondheim	6	2	0	4	11:16	6
4.	Blackburn Rovers FC	6	1	1	4	5:8	4

Gruppe C

1. Spieltag			
Borussia Dortmund - Juventus Turin	1:3 (1:2)	35.800	1:0 (1.) Möller, 1:1 (12.) Padovano, 1:2 (37.) Del Piero, 1:3 (69.) A. Conte
Steaua Bukarest - Glasgow Rangers	1:0 (0:0)	30.000	1:0 (84.) Prodan
2. Spieltag			
Juventus Turin - Steaua Bukarest	3:0 (2:0)	35.000	1:0 (35.) Di Livio, 2:0 (39.) Del Piero, 3:0 (49.) Ravanelli
Glasgow Rangers - Borussia Dortmund	2:2 (0:1)	40.000	0:1 (18.) Herrlich, 1:1 (62.) Gough, 1:2 (68.) Kree, 2:2 (72.) I. Ferguson
3. Spieltag			
Juventus Turin - Glasgow Rangers	4:1 (3:0)	49.625	1:0 (15.) Ravanelli, 2:0 (17.) A. Conte, 3:0 (23.) Del Piero, 4:0 (74.) Ravanelli, 4:1 (77.) Gough
Borussia Dortmund - Steaua Bukarest	1:0 (0:0)	35.000	1:0 (58.) Ricken
4. Spieltag			
Glasgow Rangers - Juventus Turin	0:4 (0:1)	42.523	0:1 (16.) Del Piero, 0:2 (65.) Torricelli, 0:3 (88.) Ravanelli, 0:4 (90.) Marocchi
Steaua Bukarest - Borussia Dortmund	0:0	12.000	
5. Spieltag			
Glasgow Rangers - Steaua Bukarest	1:1 (1:0)	30.882	1:0 (39.) Gascoigne, 1:1 (55.) A. Ilie
Juventus Turin - Borussia Dortmund	1:2 (0:1)	35.000	0:1 (20.) Zorc, 0:2 (64.) Ricken, 1:2 (90.) Del Piero
6. Spieltag			
Steaua Bukarest - Juventus Turin	0:0	6.200	
Borussia Dortmund - Glasgow Rangers	2:2 (1:1)	35.800	0:1 (11.) B. Laudrup, 1:1 (17.) Möller, 2:1 (48.) Riedle, 2:2 (85.) Durie

Abschlußtabelle

1.	Juventus FC Turin	6	4	1	1	15:4	13
2.	Borussia Dortmund	6	2	3	1	8:8	9
3.	Steaua Bukarest	6	1	3	2	2:5	6
4.	Glasgow FC Rangers	6	0	3	3	6:14	3

Gruppe D

1. Spieltag			
Grasshoppers Zürich - Ferencvárosi TC	0:3 (0:0)	15.300	0:1 (61.) Lisztes, 0:2 (81.) O. Vincze, 0:3 (90.) O. Vincze
Ajax Amsterdam - Real Madrid	1:0 (1:0)	40.000	1:0 (14.) Overmars
2. Spieltag			
Ferencvárosi TC - Ajax Amsterdam	1:5 (0:0)	18.000	0:1 (57.) Litmanen, 1:1 (59.) Nyilas, 1:2 (67.) Kluivert, 1:3 (80. Elfmeter) Litmanen, 1:4 (84.) F. de Boer, 1:5 (86.) Litmanen
Real Madrid - Grasshoppers Zürich	2:0 (0:0)	70.000	1:0 (69.) Zamorano, 2:0 (88.) Zamorano
3. Spieltag			
Ajax Amsterdam - Grasshoppers Zürich	3:0 (1:0)	43.000	1:0 (12.) Kluivert, 2:0 (68.) Kluivert, 3:0 (87.) Finidi
Real Madrid - Ferencvárosi TC	6:1 (3:0)	80.000	1:0 (23.) Raul, 2:0 (24.) Raul, 3:0 (33.) Zamorano, 4:0 (46.) Zamorano, 5:0 (55.) Hierro, 5:1 (62.) Kopunovics, 6:1 (84.) Raul
4. Spieltag			
Ferencvárosi TC - Real Madrid	1:1 (1:0)	17.000	1:0 (36.) Albert, 1:1 (74.) Raul
Grasshoppers Zürich - Ajax Amsterdam	0:0	21.000	

5. Spieltag

Real Madrid - Ajax Amsterdam	0:2 (0:0)	85.000	0:1 (64.) Litmanen, 0:2 (76.) Kluivert
Ferencvárosi TC - Grasshoppers Zürich	3:3 (2:1)	15.000	1:0 (20.) F. Albert, 1:1 (21.) Subiat, 2:1 (25.) Lisztes, 2:2 (48.) Comisetti, 2:3 (64.) Ali Ibrahim, 3:3 (85.) Nyilas (Elfmeter)

6. Spieltag

Ajax Amsterdam - Ferencvárosi TC	4:0 (2:0)	42.000	1:0 (17.) Overmars, 2:0 (22.) R. de Boer, 3:0 (62.) Litmanen, 4:0 (66.) Litmanen
Grasshoppers Zürich - Real Madrid	0:2 (0:0)	20.000	0:1 (56.) Raul, 0:2 (67.) Michel

Abschlußtabelle

1.	Ajax Amsterdam	6	5	1	0	15:1	16
2.	Real FC Madrid	6	3	1	2	11:5	10
3.	Ferencvárosi TC	6	1	2	3	9:19	5
4.	Grasshoppers Zürich	6	0	2	4	3:13	2

Viertelfinale

FC Nantes - Spartak Moskau	2:0 (1:0)	31.500	1:0 (26.) N'Doram, 2:0 (67.) Ouédec
Spartak Moskau - FC Nantes	2:2 (2:0)	30.000	1:0 (32.) Nikiforov, 2:0 (38.) Nikiforov, 2:1 (63.) Ouédec, 2:2 (86.) Ouédec
Borussia Dortmund - Ajax Amsterdam	0:2 (0:1)	35.800	0:1 (8.) Davids, 0:2 (83.) Kluivert
Ajax Amsterdam - Borussia Dortmund	1:0 (0:0)	43.000	1:0 (75.) Musampa
Legia Warschau - Panathinaikos Athen	0:0	12.000	
Panathinaikos Athen - Legia Warschau	3:0 (1:0)	73.000	1:0 (33.) Warzycha, 2:0 (57.) Warzycha, 3:0 (71.) Borelli
Real Madrid - Juventus Turin	1:0 (1:0)	80.000	1:0 (20.) Raul
Juventus Turin - Real Madrid	2:0 (1:0)	62.783	1:0 (17.) Del Piero, 2:0 (53.) Padovano

Halbfinale

Juventus Turin - FC Nantes	2:0 (0:0)	52.000	1:0 (49.) Vialli, 2:0 (66.) Jugovic
FC Nantes - Juventus Turin	3:2 (1:1)	34.210	0:1 (17.) Vialli, 1:1 (43.) Decroix, 1:2 (50.) Paulo Sousa, 2:2 (69.) N'Doram, 3:2 (82.) Renou
Ajax Amsterdam - Panathinaikos Athen	0:1 (0:0)	42.000	0:1 (86.) Warzycha
Panathinaikos Athen - Ajax Amsterdam	0:3 (0:1)	74.000	0:1 (3.) Litmanen, 0:2 (76.) Litmanen, 0:3 (86.) Wooter

Finale (22. Mai 1995, Olympiastadion Rom)

Juventus Turin - Ajax Amsterdam 1:1 n.V. (1:1), 4:2 n.E. 67.000

Juventus: Peruzzi - Ferrara, Pessotto, Vierchowod, Torricelli - Paulo Sousa (57. Di Livio), Deschamps, A. Conte (44. Jugovic) - Vialli, Del Piero, Ravanelli (77. Padovano) - Trainer: Lippi

Schiedsrichter: M. Diaz Vega (Spanien)

Tore: 1:0 Ravanelli (13.), 1:1 Litmanen (41.)

Elfmeterschießen: (verwandelt) Ferrara, Pessotto, Padovano, Jugovic für Juventus, Litmanen, Scholten für Ajax (verschossen) Davids, Silooy für Ajax

Ajax: Van der Sar - Silooy, Blind, F. de Boer (69. Scholten), Bogarde - R. de Boer (91. Wooter), Davids, Kanu, Finidi - Litmanen, Musampa (46. Kluivert) - Trainer: Van Gaal

Gelbe Karten: Jugovic (50.), Deschamps (87.), Torricelli (103.), Di Livio (106.) - Finidi (23.), Blind (83.), Wooter (92.)

Die Torschützen (Champions League)

Litmanen (Ajax Amsterdam)	9
Del Pietro (Juventus Turin)	6
Raul (Real Madrid)	6
Kluivert (Ajax Amsterdam)	5
Ravanelli (Juventus Turin)	5
Ouédec (FC Nantes)	5
Warzycha (Panathinaikos Athen)	5
Nikiforov (Spartak Moskau)	5
Zamorano (Real Madrid)	4
Newell (Blackburn Rovers)	4

EUROPAPOKAL DER POKALSIEGER

Vorrunde (10. August und 24. August 1995)

Direkt für die 1. Hauptrunde qualifiziert: Real Saragossa, Parma AC, Paris Saint Germain, Borussia Mönchengladbach, Deportivo La Coruña, Everton FC, Sporting Lissabon, Dinamo Moskau, FC Brügge, Feyenoord Rotterdam, Trabzonspor, Rapid Wien, AS AEK Athen, Kopenhagen FC, Halmstad BK und Celtic Glasgow

Tiligul Tiraspol - FC Sion	0:0	
FC Sion - Tiligul Tiraspol	3:2 (3:0)	1:0 Moser (23.), 2:0 Herr (29.), 3:0 Bonvin (45.), 3:1 Oprea (79.), 3:2 Popovich (91.)
Váci-FC Samsung - Sileks Kratovo	1:1 (0:0)	0:1 Micevski (58.), 1:1 Romnek (90.)
Sileks Kratovo - Váci-FC Samsung	3:1 (2:1)	1:0 Memedi (15.), 1:1 Orguja (20.), 2:1 Borov (35.), 3:1 Memedi (67.)
TPS Turku - Teuta Durrës	1:0 (1:0)	1:0 Wallden (30.)
Teuta Durrës - TPS Turku	3:0 (2:0)	1:0 Vila (8.), 2:0 Koca (19.), 3:0 Bushi (55.)
FC Vaduz - SK Hradec Králové	0:5 (0:3)	0:1 Cerny (15.), 0:2 Samec (30.), 0:3 Ptácek (32.), 0:4 Samec (49.), 0:5 Samec (59.)
SK Hradec Králové - FC Vaduz	9:1 (5:1)	1:0 Samec (14.), 2:0 Urban (15.), 3:0 Samec (19.), 3:1 Ritter (27.), 4:1 Samec (30.), 5:1 Vrábel (37.), 6:1 Vrábel (50./Elfmeter), 7:1 Samec (53.), 8:1 Smarda (64.), 9:1 Urban (82./Elfmeter)
Apoel Nikosia - Neftci Baku	3:0 (2:0)	1:0 Andoniou (18.), 2:0 Ioannou (44.), 3:0 Ioannou (66.)
Neftci Baku - Apoel Nikosia	0:0	
Wrexham FC - Petrolul Ploiesti	0:0	
Petrolul Ploiesti - Wrexham FC	1:0 (0:0)	1:0 Pirlog (59.)
Valetta FC - Inter ASK Bratislava	0:0	
Inter ASK Bratislava - Valetta FC	5:2 (3:0)	1:0 Rupec (10.), 2:0 Tomko (15.), 3:0 Tomko (39.), 3:1 Doncic (61.), 4:1 Saliba (79./Eigentor), 4:2 Zarb (84.), 5:2 Landerl (85.)
Shaktor Donetsk - Linfield FC	4:1 (3:0)	1:0 Ohtyurkin (10.), 2:0 Matvejev (20.), 3:0 Orbu (31.), 3:1 Wing (48.), 4:1 Orbu (90.)
Linfield FC - Shaktor Donets'k	0:1 (0:0)	0:1 Voskoboynik
Zalgiris Vilnius - Mura Murska Sobota	2:0 (0:0)	1:0 Baltusnikas (53.), 2:0 Tereskinas (67.)
Mura Murska Sobota - Zalgiris Vilnius	2:1 (1:0)	1:0 Kokol (10.), 1:1 Venecevicius (72.), 2:1 Alihod (90.)
GKS Katowice - Ararat Erevan	2:0 (2:0)	1:0 Bilski (26.), 2:0 Karwan (29.)
Ararat Erevan - GKS Katowice	2:0 (2:0) n.V., 5:4 n.E.	1:0 Gspeyan (23.), 2:0 Tonoyan (26./Elfmeter)
Obilic FC - Dinamo Batumi	0:1 (0:0)	0:1 Machutadze (71.)
Dinamo Batumi - Obilic FC	2:2 (0:2)	0:1 Vilotovic (8.), 0:2 Popovic (32.), 1:2 Machutadze (65.), 2:2 Mudzhiri (82./Elfmeter)
Derry City - Lokomotive Sofia	1:0 (1:0)	1:0 McCourt (44.)
Lokomotive Sofia - Derry City	2:0 (2:0)	1:0 Slavchev (6.), 2:0 Hvoinev (29.)
Maccabi Haifa - KI Klaksvík	4:0 (2:0)	1:0 Mizrahi (8.), 2:0 Mizrahi (35.), 3:0 Shitrit (67.), 4:0 Mizrahi (82./Elfmeter)
KI Klaksvík - Maccabi Haifa	3:2 (0:1)	0:1 Revivo (31.), 1:1 Danielsen (53.), 2:1 Danielsen (63.), 3:1 Danielsen (70.), 3:2 Shitrit (84.)
Dinamo-93 Minsk - Molde FK	1:1 (1:0)	1:0 Lobanov (37.), 1:1 Sundgot (85.)
Molde FK - Dinamo-93 Minsk	2:1 (1:1)	1:0 G. Solskjaer (4.), 1:1 Skripchenko (19.), 2:1 Stavsum (57.)
CS Grevenmacher - KR Reykjavík	3:2 (1:0)	1:0 Jungbluth (8.), 1:1 Bibercic (52.), 2:1 Jungbluth (54.), 3:1 A. Silva (58.), 3:2 Egilsson (84.)
KR Reykjavík - CS Grevenmacher	2:0 (1:0)	1:0 Bibercic (45.), 2:0 Porca (67.)
DAG Liepaja - Lantana-Mar. Tallinn	1:2 (1:1) *	1:0 Dobrechev (6.), 1:1 Lapsa (18.), 1:2 Borisov (75.)

* Das Spiel wurde mit 3:0 für DAG gewertet, da Lantana einen gesperrten Akteur aufgeboten hatte

Lantana-Marlekor Tallinn - DAG Liepaja	0:0	

1. Runde (14. und 28. September 1995)

Bor. Mönchengladbach - Sileks Kratovo	3:0 (2:0)	1:0 Pflipsen (6.), 2:0 Effenberg (69.), 3:0 Klinkert (87.)
Sileks Kratovo - Bor. M'gladbach (Skopje)	2:3 (0:1)	0:1 Effenberg (28.), 1:1 Memedi (52.), 1:2 Dahlin (53.), 2:2 Boskovski (60.), 2:3 Nielsen (80.)
SK Rapid Wien - Petrolul Ploiesti	3:1 (1:0)	1:0 Barisic (45.), 2:0 Ivanov (60.), 2:1 Toader (65.), 3:1 Barisic (90./Elfmeter)
Petrolul Ploiesti - SK Rapid Wien	0:0	
AS AEK Athen - FC Sion	2:0 (1:0)	1:0 Vlachos (45.), 2:0 Borbokis (70.)
FC Sion - AS AEK Athen	2:2 (1:0)	1:0 Bonvin (20.), 1:1 Ketsbaja (84.), 2:1 Giallanza (85.), 2:2 Batista (87.)
SK Hradec Králové - Kopenhagen FC	5:0 (1:0)	1:0 Samec (32.), 2:0 Hynek (39.), 3:0 Cerny (53.), 4:0 Samec (76.), 5:0 Ptácek (90.)
Kopenhagen FC - SK Hradec Králové	2:2 (1:2)	0:1 Urbanek (8.), 0:2 Rehar (12.), 1:2 Tengstedt (28.), 2:2 Tur (72.)
Teuta Durres - Parma AC	0:2 (0:0)	0:1 Zola (81.), 0:2 Zola (83.)
Parma AC - Teuta Durres	2:0 (1:0)	1:0 Melli (8.), 2:0 Inzaghi (90.)
Inter ASK Bratislava - Real Saragossa	0:2 (0:1)	0:1 Morientes (43.), 0:2 Oscar (61.)
Real Saragossa - Inter ASK Bratislava	3:1 (1:0)	1:0 Poyet (32.), 2:0 F. Higuera (56.), 3:0 Garcia (67.), 3:1 Martin (76./Elfmeter)
Dinamo Batumi - Celtic Glasgow	2:3 (1:2)	1:0 Machutadze (11.), 1:1 Thom (24.), 1:2 Donnelly (42.), 2:2 Tugushi (68.), 2:3 Thom (87.)
Celtic Glasgow - Dinamo Batumi	4:0 (2:0)	1:0 Thom (18.), 2:0 Thom (20.), 3:0 Donnelly (46.), 4:0 (90.) Walker
Dinamo Moskau - FK Ararat Erevan	3:1 (1:0)	1:0 Teryokhin (45.), 1:1 Stepanyan (71.), 2:1 Safronov (73.), 3:1 Teryokhin (90.)

FK Ararat Erevan - Dinamo Moskau	0:1 (0:0)	0:1 Teryokhin (66.)
Lokomotive Sofia - Halmstad BK	3:1 (2:1)	0:1 Svensson (33.), 1:1 Marinov (40.), 2:1 Petkov (43.), 3:1 Donev (57.)
Halmstad BK - Lokomotive Sofia	2:0 (1:0)	1:0 R. Andersson (22.), 2:0 T. Andersson (75.)
DAG Liepaja - Feyenoord Rotterdam	0:7 (0:1)	0:1 Larsson (1.), 0:2 Blinker (47.), 0:3 Blinker (57.), 0:4 Trustfull (59.), 0:5 Blinker (60.), 0:6 Koeman (76.), 0:7 Obiku (87.)
Feyenoord Rotterdam - DAG Liepaja	6:0 (2:0)	1:0 Heus (38./Elfmeter), 2:0 Trustfull (44.), 3:0 Obiku (57.), 4:0 Obiku (63.), 5:0 Obiku (64.), 6:0 Glaucio (61.)
Club Brugge KV - Schahtjor Donetsk	1:0 (0:0)	1:0 Spehar (87.)
Schachtjor Donetsk - Club Brugge KV	1:1 (0:0)	0:1 Stanic (61.), 1:1 Voskoboinyk (63.)
Zalgiris Vilnius - Trabzonspor	2:2 (1:1)	1:0 Tereskinas (7.), 1:1 S. Arveladze (25.), 1:2 Abdullah (54.), 2:2 Mikuleivas (67.)
Trabzonspor - Zalgiris Vilnius	1:0 (1:0)	1:0 Hami (37.)
Apoel Nicosia - Deportivo La Coruña	0:0	
Deportivo La Coruña - Apoel Nicosia	8:0 (4:0)	1:0 Bebeto (16.), 2:0 Bebeto (21.), 3:0 Radchenko (28.), 4:0 Beguiristain (42.), 5:0 Bebeto (45.), 6:0 Donato (60.), 7:0 Radchenko (66.), 8:0 Aldana (79.)
Sporting Lissabon - Maccabi Haifa	4:0 (2:0)	1:0 Barbosa (7.), 2:0 Barbosa (10.), 3:0 Barbosa (48.), 4:0 Sá Pinto (89.)
Maccabi Haifa - Sporting Lissabon	0:0	
KR Reykjavík - Everton FC	2:3 (1:1)	0:1 Ebbrell (22.), 1:1 Bibercic (36./Elfmeter), 1:2 Unsworth (57./Elfmeter), 2:2 Bibercic (67./Elfmeter), 2:3 Amokachi (88.)
Everton FC - KR Reykjavík	3:1 (0:1)	0:1 Danielsson (20.), 1:1 Stuart (56.), 2:1 Grant (65.), 3:1 Rideout (87.)
Molde FK - Paris Saint Germain	2:3 (0:0)	1:0 Solskjaer (56.), 1:1 Le Guen (76.), 1:2 Djorkaeff (78./Elfmeter), 2:2 A. Stavrum (81.), 2:3 Valdes (84.)
Paris Saint Germain - Molde FK	3:0 (2:0)	1:0 Nouma (7.), 2:0 Nouma (13.), 3:0 Djorkaeff (77.)

Achtelfinale (19. Oktober und 2. November 1995)

Bor. Mönchengladbach - AEK Athen	4:1 (0:0)	1:0 Dahlin (51.), 2:0 Pflipsen (55.), 3:0 Wynhoff (67.), 3:1 Maladenis (79.), 4:1 Dahlin (90.)
AEK Athen - Bor. Mönchengladbach	0:1 (0:0)	0:1 Effenberg (71.)
Sporting Lissabon - Rapid Wien	2:0 (2:0)	1:0 Sá Pinto (13.), 2:0 Alves (25.)
Rapid Wien - Sporting Lissabon	4:0 n.V. (1:0, 2:0)	1:0 Kühbauer (25.), 2:0 Ivanov (90.), 3:0 Stumpf (104.), 4:0 Jancker (110.)
Dinamo Moskau - SK Hradec Králové	1:0 (0:0)	1:0 Kuznetsov (59.)
Hr. Králové - Dinamo Moskau	1:0 n.V. (1:0, 1:0), 1:3 n.E.	1:0 Kaplan (14.)
Halmstad BK - Parma AC (in Stockholm)	3:0 (2:0)	1:0 Gudmundsson (7.), 2:0 Gudmundsson (31.), 3:0 Andersson (75.)
Parma AC - Halmstad BK	4:0 (2:0)	1:0 Inzaghi (1.), 2:0 D. Baggio (38.), 3:0 Stoichkov (52.), 4:0 T. Andersson (69./Eigentor)
Real Saragossa - FC Brügge	2:1 (2:0)	1:0 Aragon (28./Elfmeter), 2:0 Garcia (33.), 2:1 Staelens (62.)
FC Brügge - Real Saragossa	0:1 (0:0)	0:1 Garcia (90.)
Everton FC - Feyenoord Rotterdam	0:0	
Feyenoord Rotterdam - Everton FC	1:0 (1:0)	1:0 Blinker (39.)
Trabzonspor - Deportivo La Coruña	0:1 (0:0)	0:1 Donato (60.)
Deportivo La Coruña - Trabzonspor	3:0 (1:0)	1:0 Donato (21.), 2:0 Bebeto (38.), 3:0 Bebeto (80.)
Paris Saint Germain - Celtic Glasgow	1:0 (0:0)	1:0 Djorkaeff (76.)
Celtic Glasgow - Paris Saint Germain	0:3 (2:0)	0:1 Loko (36.), 0:2 Loko (43.), 0:3 Nouma (68.)

Viertelfinale (7. und 21. März 1996)

Bor. M'gladbach - Feyenoord Rotterdam	(2:2 (2:2)	1:0 Wynhoff (4.), 1:1 Van Gastel (34.), 2:1 Kastenmaier (43./Elfmeter), 2:2 R. Koeman (45./Elfmeter)
Feyenoord Rotterdam - Bor. M'gladbach	1:0 (0:0)	1:0 Trustfull (84.)
Dinamo Moskau - SK Rapid Wien	0:1 (0:1)	0:1 Stumpf (35.)
SK Rapid Wien - Dinamo Moskau	3:0 (1:0)	1:0 Jancker (48.), 2:0 Jancker (75.), 3:0 P. Stöger (63./Elfmeter)
Parma AC - Paris Saint Germain	1:0 (0:0)	1:0 Stoichkov (60.)
Paris Saint Germain - Parma AC	3:1 (2:1)	1:0 Rai (9./Elfmeter), 1:1 Melli (26.), 2:1 Loko (32.), 3:1 Rai (69./Elfmeter)
Deportivo La Coruña - Real Saragossa	1:0 (0:0)	1:0 David Fernandez (69.)
Real Saragossa - Deportivo La Corouña	1:1 (0:1)	1:0 Morientes (37.), 1:1 Bebeto (64.)

Halbfinale (4. und 18. April 1996)

Feynoord Rotterdam - SK Rapid Wien	1:1 (0:0)	1:0 R. Koeman (52./Elfmeter), 1:1 Jancker (66.)
SK Rapid Wien - Feyenoord Rotterdam	3:0 (3:0)	1:0 Jancker (2.), 2:0 Stumpf (32.), 3:0 Jancker (34.)
Dep. La Coruña - Paris Saint Germain	0:1 (0:0)	0:1 Djorkaeff (89.)
Paris Saint Germain - Dep. La Coruña	1:0 (0:0)	1:0 Loko (59.)

Finale (8. Mai 1995, Brüssel, 37.500)

Paris Saint Germain - SK Rapid Wien 1:0 (1:0)

PSG: Lama - A. Roche, Le Guen, N'Gotty - L. Fournier (77. Llacer), Bravo, Rai (11. Dely Valdes), Guérin, Colleter - Loko, Y. Djorkaeff - Trainer: L. Fernandez

Schiedsrichter: M. Pairetto (Italien)

Tor: 1:0 N'Gotty (28.)

Rapid: Konsel - Schöffel, T. Ivanov, Hatz - Heraf, Kühbauer, P. Stöger, Guggi, Marasek - Stumpf (46. Barisic), Jancker - Trainer: Dokupil

Gelbe Karten: L. Fournier (55.), N'Gotty (71.) - Jancker (34.), Schöffel (37.), Hatz (54.), Heraf (65.), P. Stöger (84)

Die Torschützen (ab 1. Hauptrunde)

Jancker (Rapid Wien)	6
Bebeto (Deportivo La Coruña)	5
Djorkaeff (Paris Saint Germain)	4
Loko (Paris Saint Germain)	4
Obiku (Feyenoord Rotterdam)	4
Thom (Celtic Glasgow)	4
Blinker (Feyenoord Rotterdam)	4

UEFA-CUP

Vorrunde (8. und 22. August 1996)

Direkt für die 1. Runde qualifiziert: FC Bayern München, 1. FC Kaiserslautern, SV Werder Bremen, SC Freiburg, AS Rom, SS Lazio Rom, Milan AC Mailand, Internazionale FC Milano, AS Monaco, AJ Auxerre, Olympique Lyon, Racing Club Lens, FC Barcelona, Real Betis Sevilla, Sevilla FC, Manchester United FC, Liverpool FC, Leeds United AFC, Nottingham Forest FC, Benfica Lissabon, Vitória Guimarães, SC Farense, Rotor Wolgograd, Spartak Wladikawkas, Lokomotive Moskau, Standard Lüttich, Eendracht Aalst, PSV Eindhoven, Roda JC Kerkrade

Karlsruher SC - Girondins Bordeaux	0:2 (0:1)	0:1 Dugarry (40.), 0:1 Dutuel (87.)
Girondins Bordeaux - Karlsruher SC	2:2 (2:1)	1:0 Lizarazu (2./Elfmeter), 2:0 Lizarazu (11.), 2:1 Fink (40.), 2:2 E. Schmitt (88.)
FC Tirol Innsbruck - Racing Strasbourg	1:1 (0:1)	0:1 Sauzée (26.), 1:1 Schiener (63.)
Racing Strasbourg - FC Tirol Innsbruck	6:1 (1:0)	1:0 Sauzée (16.), 1:1 Kirchler (51.), 2:1 Sauzée (54.), 3:1 Mostovoi (65.), 4:1 Keller (67.), 5:1 Keller (70.), 6:1 Keller (90.)
Kapaz Ganja - Austria Wien	0:4 (0:2)	0:1 Mjelde (30.), 0:2 Belajic (38.), 0:3 Flögel (49.), 0:4 Pacult (86.)
Austria Wien - Kapaz Ganja	5:1 (4:1)	1:0 Mjelde (10.), 2:0 A. Ogris (18.), 2:1 Suleymanov (26.), 3:1 Mjelde (29.), 4:1 A. Ogris (42.), 4:1 Glatzer (64.)
SK Sturm Graz - Slavia Prag	0:1 (0:0)	0:1 Bejbl (83.)
Slavia Prag - SK Sturm Graz	1:1 (1:0)	1:0 Hysky (45.), 1:1 Haas (54.)
Roter Stern Belgrad - Neuchâtel Xamax	0:1 (0:0)	0:1 Wittl (86.)
Neuchâtel Xamax - Roter Stern Belgrad	0:0	
Jeunesse Esch - Lugano FC	0:0	
Lugano FC - Jeunesse Esch	4:0 (3:0)	1:0 Erceg (18.), 2:0 Esposito (34.), 3:0 Erceg (45.), 4:0 Erceg (54.)
Örebro SK - Avenir Beggen	0:0 *	
Avenir Beggen - Örebro SK	1:1 (1:0)	1:0 Holtz (21.), 1:1 Birgirsson (88.)
* Das Spiel wurde mit 3:0 für Beggen gewertet, da Örebro einen nicht spielberechtigten Akteur eingesetzt hatte		
Tampere PV - Viking Stavanger	0:4 (0:0)	0:1 Gawara (47./Eigentor), 0:2 Østenstad (57.), 0:3 Medalen (72.), 0:4 Sørloth (86.)
Viking Stavanger - Tampere PV	3:1 (2:0)	1:0 Bergersen (4.), 2:0 Bergersen (41.), 3:0 Sørloth (63.), 3:1 Wiss (89./Elfmeter)
Bangor City - Widzew Lódz	0:4 (0:2)	0:1 Czerwiec (25.), 0:2 Czerwiec (42.), 0:3 Koniarek (51.), 0:4 Koniarek (89.)
Widzew Lódz - Bangor City	1:0 (0:0)	1:0 Pikuta (84.)
Shelbourne FC - ÍA Akranes	0:3 (0:1)	0:1 A. Gunnlaugsson (22.), 0:2 A. Gunnlaugsson (83.), 0:3 Reynisson (87.)
ÍA Akranes - Shelbourne FC	3:0 (1:0)	1:0 S. Jonsson (45.), 2:0 O. Thordarsson (58.), 3:0 B. Petursson (89.)
Glenavon FC - FH Hafnafjördur	0:0	
FH Hafnarfjördur - Glenavon FC	0:1 (0:0)	0:1 Johnston (67.)
Brøndby IF - Inkaras-Grifas Kaunas	3:0 (2:0)	1:0 Hansen (12.), 2:0 Bjur (44.), 3:0 Sand (81.)
Inkaras-Grifas Kaunas - Brøndby IF	0:3 (0:0)	0:1 Peter Møller (52.), 0:2 Peter Møller (66.), 0:3 Risager (66.)
Lillestrøm SK - Flora Tallinn	4:0 (1:0)	1:0 Ingelstad (44.), 2:0 Ingebrigtsen (61.), 3:0 Gulbrandsen (69.), 4:0 Gulbrandsen (88.)
Flora Tallinn - Lillestrøm SK	1:0 (0:0)	1:0 O. Korgalidze (52.)
Motherwell FC - MyPa-'47 Anjalankoski	1:3 (1:2)	1:0 McSkimming (9.), 1:1 Gronholm (13.), 1:2 Tiainen (31.), 1:3 Mahlio (55.)
MyPa-'47 Anjalankoski - Motherwell FC	0:2 (0:1)	0:1 Burns (28.), 0:2 (69.) Arnott
FC Skonto Riga - Maribor Braník	1:0 (1:0)	1:0 Babisjevs (12.)
Maribor Braník - FC Skonto Riga	2:0 (2:0)	1:0 Strebal (17.), 2:0 (21.) Fricelj
Slovan Bratislava - NK Osijek	4:0 (3:0)	1:0 Tittel (8.), 2:0 Rusnak (15.), 3:0 Rusnak (41.), 4:0 Faktor (90.)
NK Osijek - Slovan Bratislava (in Zagreb)	0:2 (0:0)	0:1 Rusnak (54.), 0:2 Fabio Luis Gomez (86.)
Crusaders FC Belfast - Silkeborg IF	1:2 (0:1)	0:1 Fernandez (15.), 0:2 Larsen (46.), 1:2 Hunter (67.)
Silkeborg IF - Crusaders FC Belfast	4:0 (1:0)	1:0 M. Larsen (10.), 2:0 Fernandez (61.), 3:0 Sommer (69.), 4:0 Sommer (75.)
Afan Lido - RAF Jelgava Riga	1:2 (1:1)	0:1 Karashauskas (21.), 1:1 Moore (30.), 1:2 Bogdan (58.)
RAF Jelgava Riga - Afan Lido	0:0	
Raith Rovers FC - Gøtu GÍ	4:0 (1:0)	1:0 Dair (21.), 2:0 Rougier (46.), 3:0 McAnespie (77.), 4:0 80.) Cameron
Gøtu GÍ - Raith Rovers FC	2:2 (0:1)	0:1 Lennon (30.), 1:1 H. Jarnskor (77.), 1:2 Crawford (82.), 2:2 M. Jarnskor (87.)
Slavia Sofia - Olympiakos Piräus	0:2 (0:0)	0:1 Ivic (82.), 0:2 Juskowiak (90.)
Olympiakos Piräus - Slavia Sofia	1:0 (1:0)	1:0 Ivic (10.)
Zimbru Chisinau - Hapoel Tel Aviv	2:0 (1:0)	1:0 Gavrilioek (27.), 2:0 Rebeja (70.)
Hapoel Tel Aviv - Zimbru Chisinau	0:0	
Sparta Prag - Galatasaray Istanbul	3:1 (2:0)	1:0 Nedved (18.), 2:0 Lokvenc (23.), 2:1 Saunders (56.), 3:1 Nedved (73.)

Galatasaray Istanbul - Sparta Prag	1:1 (1:1)	1:0 Saunders (4.), 1:1 Nedved (22.)
Omonia Nikosia - Sliema Wanderers	3:0 (1:0)	1:0 Stefan (40./Elfmeter), 2:0 Malekos (52.), 3:0 Malekos (75.)
Sliema Wanderers - Omonia Nikosia	1:2 (1:0)	1:0 Suda (43.), 1:1 Valentin (70.), 1:2 Panayiotou (88.)
1. FC Kosice - Újpestí TE Novabau	0:1 (0:1)	0:1 Tiefenbacher (41.)
Újpestí TE Novabau - 1. FC Kosice	2:1 (0:0)	1:0 Berczy (56.), 2:0 Szanyo (81.), 2:1 Weise (85.)
Univers. Craiova - Dinamo Minsk	0:0	
Dinamo Minsk - Univers. Craiova	0:0 n.V., 3:1 n.E.	
Vardar Skopje - FC Samtredia	1:0 (1:0)	1:0 Nikolovski (6.)
FC Samtredia - Vardar Skopje	0:2 (0:2)	0:1 Serafimovsky (20.), 0:2 Petrovski (39.)
Botev Plovdiv - Dinamo Tiflis	1:0 (1:0)	1:0 Guerov (45.)
Dinamo Tiflis - Botev Plovdiv	0:1 (0:0)	0:1 Vidulov (88.)
Apollon Athen - Olimpija Ljubljana	1:0 (1:0)	1:0 Blendar (41.)
Olimpija Ljubljana - Apollon Athen	3:1 (1:1)	0:1 Kola (2.), 1:1 Bozgo (11.), 2:1 Bozgo (67.), 3:1 Dulic (81.)
Hibernian FC - Cernom. Odessa	2:5 (1:3)	0:1 Guseinov (14.), 0:2 Asjkin (23.), 1:2 Lawrence (28.), 1:3 Darfenov (39.), 1:4 Korniyets (49.), 1:5 Motsyolak (53.), 2:5 Sultana (87.)
Cernomorec Odessa - Hibernian FC	2:0 (1:0)	1:0 Kozakevich (32.), 2:0 Musolitin (78.)
SK Tirana - Hapoel Beer Sheba	0:1 (0:1)	0:1 Zeiberlins (23.)
Hapoel Beer Sheba - SK Tirana	2:0 (2:0)	1:0 Gussev (20.), 2:0 Avigdor (23.)
Dinamo Bukarest - Levski Sofia	0:1 (0:1)	0:1 Ivanov (29.)
Levski Sofia - Dinamo Bukarest	1:1 n.V. (0:0, 0:1)	0:1 Lupu (70.), 1:1 Ivan Vassilev (108.)
Zaglebie Lubin - Shirak Gyumri	0:0	
Shirak Gyumri - Zaglebie Lubin	0:1 (0:1)	0:1 Makhai (24.)
Dundalk FC - Malmö FF	0:2 (0:2)	0:1 Petterson (1.), 0:2 A. Andersson (11.)
Malmö FF - Dundalk FC	2:0 (1:0)	1:0 A. Andersson (22.), 2:0 Fjellstrom (50.)
Fenerbahçe Istanb. - Partizani Tirana	2:0 (0:0)	1:0 Bolic (71.), 2:0 Uygen (87.)
Partizani Tiranë - Fenerbahçe Istanbul	0:4 (0:2)	0:1 Bülent (21.), 0:2 Kemaletin (26.), 0:3 Bolic (60.), 0:4 Aykut (86.)

1. Runde (12. und 26. September 1995)

Slovan Bratislava - 1. FC Kaiserslautern	2:1 (1:0)	1:0 Tittel (28.), 1:1 Hollerbach (64.), 2:1 Sobona (64.)
1. FC Kaiserslautern - Slovan Bratislava	3:0 (2:0)	1:0 Wegmann (27.), 2:0 Wollitz (38.), 3:0 Wegmann (56.)
SC Freiburg - Slavia Prag	1:2 (0:1)	0:1 Novotny (23.), 0:2 Penicka (75.), 1:2 Todt (78.)
Slavia Prag - SC Freiburg	0:0	
Bayern München - Lokomotive Moskau	0:1 (0:0)	0:1 Charlachov (71.)
Lokomotive Moskau - Bayern München	0:5 (0:4)	0:1 Klinsmann (26.), 0:2 Klinsmann (35.), 0:3 Herzog (39.), 0:4 Scholl (45.), 0:5 Strunz (78.)
Glenavon FC Lurgan - Werder Bremen	0:2 (0:0)	0:1 Cardoso (60.), 0:2 Vier (89.)
Werder Bremen - Glenavon FC Lurgan	5:0 (4:0)	1:0 Hobsch (26.), 2:0 Hobsch (36.), 3:0 Basler (37./Elfmeter), 4:0 Hobsch (39.), 5:0 Borowka (66.)
FK Austria Wien - Dinamo Minsk	1:2 (0:2)	0:1 Zhuravel (25.), 0:2 Shukanov (40.), 1:2 Kogler (84.)
Dinamo Minsk - FK Austria Wien	1:0 (0:0)	1:0 Belkevich (90.)
Lugano FC - Internazionale FC Milano	1:1 (0:1)	0:1 Roberto Carlos (12.), 1:1 Carrasco (67.)
Internazionale FC Milano - Lugano FC	0:1 (0:0)	0:1 Carrasco (85.)
Neuchâtel FC Xamax - AS Rom	1:1 (1:1)	1:0 Jeanneret (14.), 1:1 Moriero (20.)
AS Rom - Neuchâtel FC Xamax	4:0 (3:0)	1:0 Balbo (26.), 2:0 Fonseca (32.), 3:0 Balbo (35.), 4:0 Rueda (49./Eigentor)
SS Lazio Rom - Omonia Nikosia	5:0 (2:0)	1:0 Casiraghi (11.), 2:0 Casiraghi (16.), 3:0 Rambaudi (53.), 4:0 Signori (55./Elfmeter), 5:0 Casiraghi (89.)
Omonia Nikosia - SS Lazio Rom	1:2 (0:1)	0:1 Casiraghi (15.), 1:1 Xiourouppas (68.), 1:2 Di Vaio (74.)
AS Monaco - Leeds United	0:3 (0:1)	0:1 Yeboah (3.), 0:2 Yeboah (64.), 0:3 Yeboah (80.)
Leeds United - AS Monaco	0:1 (0:1)	0:1 Anderson (22.)
Viking Stavanger - AJ Auxerre	1:1 (0:1)	0:1 West (14.), 1:1 Ulfstein (55.)
AJ Auxerre - Viking Stavanger	1:0 (0:0)	1:0 Silvestre (47.)
Racing Club Lens - Avenir Beggen	6:0 (2:0)	1:0 Camara (11.), 2:0 Meyrieu (33.), 3:0 Camara (49.), 4:0 Tiéhi (62.), 5:0 R. Boli (70.), 6:0 Tiéhi (74.)
Avenir Beggen - Racing Club Lens	0:7 (0:3)	0:1 Camara (20.), 0:2 Meyrieu (25.), 0:3 R. Boli (40.), 0:4 Delmotte (55.), 0:5 Tiéhi (57.), 0:6 Tiéhi (72.), 0:7 Delmotte (73.)
SC Farense - Olympique Lyon	0:1 (0:1)	0:1 Giuly (5.)
Olympique Lyon - SC Farense	1:0 (0:0)	1:0 Sassus (47.)
Vardar Skopje - Girondins Bordeaux	0:2 (0:1)	0:1 Bancarel (25.), 0:2 Bancarel (75.)
Girondins Bordeaux - Vardar Skopje	1:1 (0:0)	0:1 Serafimovski (58.), 1:1 Lizarazu (61./Elfmeter)
Racing Strasbourg - Újpestí TE Novabau	3:0 (1:0)	1:0 Zitelli (7.), 2:0 Lebœuf (72./Elfmeter), 3:0 Baticle (74.)
Újpestí TE Novabau - Racing Strasbourg	0:2 (0:1)	0:1 Mostovoï (9.), 0:2 Zitelli (77.)
Roda JC Kerkrade - Olimpija Ljubljana	5:0 (4:0)	1:0 Van Galen (2.), 2:0 Roelofsen (23.), 3:0 Babangida (34.), 4:0 Graef (44.), 5:0 De Kock (88./Elfmeter)
Olimpija Ljubljana - Roda JC Kerkrade	2:0 (1:0)	1:0 Bozgo (37./Elfmeter), 2:0 Zulic (74./Elfmeter)
Olympiakos Piräus - NK Maribor Braník	2:0 (0:0)	1:0 Juskowiak (52.), 2:0 Skartados (69./Elfmeter)
NK Maribor Braník - Olympiakos Piräus	1:3 (0:1)	0:1 Ivic (38.), 0:2 Skartados (63./Elfmeter), 1:2 Karic (70./Elfmeter), 1:3 Hantzidis (82.)
Lierse KSK - Benfica Lissabon	1:3 (1:1)	0:1 Valdo (27./Elfmeter), 1:1 Huysmans (38./Elfmeter), 1:2 Marcelo (51.), 1:3 Paulo Bento (63.)
Benfica Lissabon - Lierse KSK	2:1 (1:1)	1:0 Joao Pinto (24.), 1:1 Van Kerkhoven (34.), 2:1 Kenedy (60.)

Milan AC Mailand - Zaglebie Lubin	4:0 (1:0)	1:0 Savicevic (11.), 2:0 Machaj (46./Eigentor), 3:0 Weah (67.), 4:0 Boban (71.)
Zaglebie Lubin - Milan AC Mailand	1:4 (0:0)	0:1 Eranio (51.), 0:2 Simone (63.), 1:2 Krzyzanowski (73.), 1:3 Boban (86.), 1:4 Boban (90.)
Vitória Guimarães - Standard Lüttich	3:1 (1:1)	1:0 Gilmar (21.), 1:1 Schepens (30.), 2:1 Neto (55.), 3:1 Gilmar (88.)
Standard Lüttich - Vitória Guimarães	0:0	
Sevilla FC - Botev Plovdiv	2:0 (2:0)	1:0 Suker (27.), 2:0 Suker (36.)
Botev Plovdiv - Sevilla FC	1:1 (0:0)	0:1 Monchu (57.), 1:1 R. Ivanov (69.)
Cernomorec Odessa - Widzew Lódz	1:0 (0:0)	1:0 Kozakevich (87.)
Widzew Lódz - Cer. Odessa	1:0 (0:0) n.V., 5:6 n.E.	1:0 Michalczuk (80.)
Zimbru Chisinau - RAF Jelgava Riga	1:0 (1:0)	1:0 Testimitanu (40.)
RAF Jelgava Riga - Zimbru Chisinau	1:2 (0:2)	0:1 Gavriluk (5.), 0:2 Gavriluk (25.), 1:2 Zuyev (76.)
MyPa-47 Anjalankoski - PSV Eindhoven (Lahti)	1:1 (1:0)	1:0 Mahlio (29.), 1:1 Ronaldo (50.)
PSV Eindhoven - MyPa-'47 Anjalankoski	7:1 (2:1)	1:0 Ronaldo (15.), 1:1 Keskitalo (16.), 2:1 Ronaldo (45.), 3:1 Jonk (57.), 4:1 Hoekstra (66.), 5:1 Jonk (71.), 6:1 Ronaldo (73.), 7:1 Ronaldo (83.)
Rotor Wolgograd - Manchester United FC	0:0	
Manchester United FC - Rotor Wolgograd	2:2 (0:2)	0:1 Nidergaus (16.), 0:2 Veretennikov (24.), 1:2 Scholes (59.), 2:2 Schmeichel (89.)
Levski Sofia - Eendracht Aalst	1:2 (0:0)	0:1 Markov (58./Eigentor), 1:1 Vasilev (68.), 1:2 Paas (77.)
Eendracht Aalst - Levski Sofia	1:0 (0:0)	1:0 Lamberg (59.)
Raith Rovers FC - ÍA Akranes	3:1 (1:1)	1:0 Lennon (14.), 1:1 O. Thordarsson (44.), 2:1 Lennon (66.), 3:1 Wilson (79.)
ÍA Akranes - Raith Rovers FC	1:0 (0:0)	1:0 A. Gunnlaugsson (51.)
Sp. Wladikawkas - Liverpool FC	1:2 (1:1)	1:0 Kasimov (21.), 1:1 McManaman (33.), 1:2 Redknapp (52.)
Liverpool FC - Spartak Wladikawkas	0:0	
Malmö FF - Nottingham Forest	2:1 (0:1)	0:1 Woan (36.), 1:1 J. Persson (59.), 2:1 A. Andersson (71.)
Nottingham Forest - Malmö FF	1:0 (0:0)	1:0 Roy (69.)
Fenerbahçe Istanbul - Real Betis Sevilla	1:2 (0:1)	0:1 Pier (28.), 1:1 A. Kocaman (75.), 1:2 Sabas (79.)
Real Betis Sevilla - Fenerbahçe Istanbul	2:0 (2:0)	1:0 Alexis (21./Elfmeter), 2:0 Juan Canas (37.)
Hapoel Beer Sheba - FC Barcelona	0:7 (0:2)	0:1 De la Pena (4.), 0:2 Roger (45.), 0:3 Oscar (62.), 0:4 Figo (65.), 0:5 Roger (67.), 0:6 Roger (78.), 0:7 Figo (81.)
FC Barcelona - Hapoel Beer Sheba	5:0 (2:0)	1:0 Guardiola (12.), 2:0 Hagi (27.), 3:0 Toni (51.), 4:0 Carreras (61.), 5:0 Amor (65.)
Brøndby IF - Lillestrøm SK	3:0 (1:0)	1:0 Hansen (38.), 2:0 Eggen (57.), 3:0 Bjur (87./Elfmeter)
Lillestrøm SK - Brøndby IF	0:0	
Sparta Prag - Silkeborg IF	0:1 (0:1)	0:1 Fernandez (6.)
Silkeborg IF - Sparta Prag	1:2 (0:1)	0:1 Lokvenc (21.), 0:2 Nemec (51.), 1:2 Duus (52.)

2. Runde (17. und 31. Oktober 1995)

Raith Rovers - Bayern München (Edinburgh)	0:2 (0:1)	0:1 Klinsmann (6.), 0:2 Klinsmann (73.)
Bayern München - Raith Rovers FC	2:1 (0:1)	0:1 Herzog (43./Eigentor), 1:1 Klinsmann (52.), 2:1 Babbel (64.)
Werder Bremen - Dinamo Minsk	5:0 (0:0)	1:0 Shtanyuk (53./Eigentor), 2:0 Basler (64.), 3:0 Hobsch (73.), 4:0 Basler (83.), 5:0 Bode (88.)
Dinamo Minsk - Werder Bremen	2:1 (0:1)	0:1 Bode (26.), 1:1 Khatskevich (76.), 2:1 Shukanov (90.)
1. FC Kaiserslautern - Real Betis Sevilla	1:3 (0:1)	0:1 Alfonso (45.), 1:1 Koch (46.), 1:2 Alexis (54.), 1:3 Alfonso (73.)
Real Betis Sevilla - 1. FC Kaiserslautern	1:0 (0:0)	1:0 Jarni (55.)
AS Rom - Eendracht Aalst	4:0 (1:0)	1:0 Vanderhaege (6./Eigentor), 2:0 Van der Hoorn (51./Eigentor), 3:0 Balbo (69.), 4:0 Totti (77.)
Eendracht Aalst - AS Rom	0:0	
Lugano FC - Slavia Prag	1:2 (0:2)	0:1 Vagner (19.), 0:2 Penicka (25.), 1:2 Shalimov (83.)
Slavia Prag - Lugano FC	1:0 (0:0)	1:0 Smicer (62.)
Sparta Prag - Zimbru Chisinau	4:3 (2:0)	1:0 Frydek (20.), 2:0 Nedved (45./Elfmeter), 2:1 Suharev (56.), 3:1 Nedved (57.), 4:1 Budka (58.), 4:2 Testimitanu (62.), 4:3 Testimitanu (90./Elfmeter)
Zimbru Chisinau - Sparta Prag	0:2 (0:1)	0:1 Koller (45.), 0:2 Vonasek (64.)
Olympique Lyon - SS Lazio Rom	2:1 (1:1)	1:0 Devaux (15.), 1:1 Winter (22.), 2:1 Deplace (64.)
SS Lazio Rom - Olympique Lyon	0:2 (0:1)	0:1 Maurice (22.), 0:2 Assadourian (59.)
AJ Auxerre - Nottingham Forest	0:1 (0:1)	0:1 Stone (23.)
Nottingham Forest - AJ Auxerre	0:0	
Racing Strasbourg - Milan AC Mailand	0:1 (0:0)	0:1 Simone (79.)
Milan AC Mailand - Racing Strasbourg	2:1 (2:0)	1:0 R. Baggio (29.), 2:0 R. Baggio (44./Elfmeter), 2:1 Sauzée (45.)
Girondins Bordeaux - Rotor Wolgograd	2:1 (0:1)	0:1 G. Huard (40./Eigentor), 1:1 Histilloles (47.), 2:1 R. Witschge (90./Elfm.)
Rotor Wolgograd - Girondins Bordeaux	0:1 (0:0)	0:1 Bancarel (83.)
Cernomorec Odessa - Racing Club Lens	0:0	
Racing Club Lens - Cernomorec Odessa	4:0 (3:0)	1:0 Meyrieu (14.), 2:0 Vairelles (20.), 3:0 Dehu (26.), 4:0 Foe (77.)
Brøndby IF - Liverpool FC	0:0	
Liverpool FC - Brøndby IF	0:1 (0:0)	0:1 Eggen (78.)
Leeds United - PSV Eindhoven	3:5 (1:3)	1:0 Speed (5.), 1:1 Eykelkamp (11.), 1:2 Vink (35.), 1:3 Jonk (39.), 2:3 Palmer (48.), 3:3 McAllister (72.), 3:4 Nilis (83.), 3:5 Nilis (88.)
PSV Eindhoven - Leeds United	3:0 (2:0)	1:0 Cocu (11.), 2:0 Pemberton (43./Eigentor), 3:0 Cocu (74.)
Benfica Lissabon - Roda JC Kerkrade	1:0 (0:0)	1:0 Panduru (78.)
Roda JC Kerkrade - Benfica Lissabon	2:2 (0:0)	1:0 Hesp (60.), 2:0 Trost (72.), 2:1 Hassan Nader (85.), 2:2 Hassan Nader (90.)

FC Barcelona - Vitória Guimarães	3:0 (1:0)	1:0 Kodro (45.), 2:0 Kodro (66.), 3:0 Celades (76.)
Vitória Guimarães - FC Barcelona	0:4 (0:1)	0:1 Kodro (18.), 0:2 Oscar (61.), 0:3 Celades (66.), 0:4 Sergi (76.)
Sevilla FC - Olympiakos Piräus	1:0 (1:0)	1:0 Juanito (45.)
Olympiakos Piräus - Sevilla FC	2:1 n.V. (0:0, 1:0)	1:0 Sapanis (72.), 2:0 Juskowiak (92.), 2:1 Suker (110.)

Achtelfinale (21. November und 5. Dezember 1995)

PSV Eindhoven - Werder Bremen	2:1 (1:0)	1:0 Ronaldo (8./Elfmeter), 1:1 Bode (54.), 2:1 Nilis (83.)
Werder Bremen - PSV Eindhoven	0:0	
Bayern München - Benfica Lissabon	4:1 (3:1)	1:0 Klinsmann (27.), 1:1 Dimas (31.), 2:1 Klinsmann (32.), 3:1 Klinsmann (43.), 4:1 Klinsmann (46.)
Benfica Lissabon - Bayern München	1:3 (1:1)	1:0 Valdo (13.), 1:1 Klinsmann (33.), 1:2 Klinsmann (66.), 1:3 Herzog (82.)
Brøndby IF - AS Rom	2:1 (1:1)	0:1 Fonseca (16.), 1:1 P. Møller (45.), 2:1 Bjur (79.)
AS Rom - Brøndby IF	3:1 (1:0)	1:0 Totti (23.), 2:0 Balbo (71.), 2:1 P. Møller (84.), 3:1 Carboni (89.)
Sevilla FC - FC Barcelona	1:1 (0:0)	1:0 Suker (47.), 1:1 Hagi (65.)
FC Barcelona - Sevilla FC	3:1 (0:0)	1:0 Bakero (61.), 2:0 Popescu (80.), 2:1 Moya (81.), 3:1 Roger (82.)
Milan AC Mailand - Sparta Prag	2:0 (1:0)	1:0 Weah (31.), 2:0 Weah (76.)
Sparta Prag - Milan AC Mailand	0:0	
Slavia Prag - Racing Club Lens	0:0	
Racing Club Lens - Slavia Prag	0:1 n.V. (0:0, 0:0)	0:1 Poborsky (96.)
Girondins Bordeaux - Real Betis Sevilla	2:0 (1:0)	1:0 Dutuel (25.), 2:0 Croci (80.)
Real Betis Sevilla - Girondins Bordeaux	2:1 (2:1)	0:1 Zidane (4.), 1:1 Alexis (30.), 2:1 Stosic (45.)
Nottingham Forest - Olympique Lyon	1:0 (0:0)	1:0 McGregor (82.)
Olympique Lyon - Nottingham Forest	0:0	

Viertelfinale

Bayern München - Nottingham Forest	2:1 (2:1)	1:0 Klinsmann (16.), 1:1 Chettle (17.), 2:1 Scholl (45.)
Nottingham Forest - Bayern München	1:5 (0:2)	0:1 Ziege (29.), 0:2 Strunz (43.), 0:3 Klinsmann (64.), 0:4 Papin (72.), 0:5 Klinsmann (79.), 1:5 Stone (84.)
Milan AC Mailand - Girondins Bordeaux	2:0 (1:0)	1:0 Eranio (29.), 2:0 R. Baggio (75.)
Girondins Bordeaux - Milan AC Mailand	3:0 (1:0)	1:0 Tholot (15.), 2:0 Dugarry (64.), 3:0 Dugarry (70.)
Slavia Prag - AS Rom	2:0 (1:0)	1:0 Poborsky (11.), 2:0 Vagner (51.)
AS Rom - Slavia Prag	3:1 n.V. (0:0, 2:0)	1:0 Moriero (60.), 2:0 Gianni (82.), 3:0 Moriero (99.), 3:1 Vavra (115.)
FC Barcelona - PSV Eindhoven	2:2 (1:1)	0:1 Nilis (4.), 1:1 Bakero (21.), 1:2 Nilis (50.), 2:2 Abelardo (70.)
PSV Eindhoven - FC Barcelona	2:3 (1:2)	0:1 Bakero (4.), 0:2 Figo (23.), 1:2 Zenden (44.), 2:2 Eykelkamp (65.), 2:3 Sergi (80.)

Halbfinale

Bayern München - FC Barcelona	2:2 (0:1)	0:1 Oscar (14.), 1:1 Witeczek (51.), 2:1 Scholl (56.), 2:2 Hagi (75.)
FC Barcelona - Bayern München	1:2 (0:1)	0:1 Babbel (39.), 0:2 Witeczek (84.), 1:2 De la Pena (88.)
Slavia Prag - Girondins Bordeaux	0:1 (0:1)	0:1 Dugarry (8.)
Girondins Bordeaux - Slavia Prag	1:0 (0:0)	1:0 Tholot (47.)

Finale (1. und 15. Mai 1996)

Bayern München - Girondins Bordeaux 2:0 (1:0) 63.000

Bayern: Kahn - Babbel, Kreuzer, Matthäus (53. Frey) - Helmer, Ziege, Hamann, Sforza, Scholl - Klinsmann, Papin (70. Witeczek) - Trainer: Beckenbauer

Schiedsrichter: Muhmenthaler (Schweiz)

Tore: 1:0 Helmer (34.), 2:0 Scholl (60.)

Girondins: G. Huard - Grenet, Dogon, Friis-Hansen, Lizarazu - Lucas, Croci, Dutuel, R. Witschge - Bancarel, Tholot (89. Anselin) - Trainer: Gernot Rohr

Gelbe Karten: Papin (29.) - Lucas (6.), Croci (46.), Witschge (77.)

Girondins Bordeaux - Bayern München 1:3 (0:0) 35.000

Girondins: G. Huard - Bancarel, Dogon, Friis-Hansen, Lizarazu (30. Anselin) - Croci (57. Dutuel), Lucas (80. Grenet), Zidane, R. Witschge - Tholot, Dugarry - Trainer: Gernot Rohr

Schiedsrichter: M. Zhuk (Weissrußland)

Tore: 0:1 Scholl (53.), 0:2 Kostadinov (65.), 1:2 Dutuel (75.), 1:3 Klinsmann (77.)

Bayern: Kahn - Strunz, Babbel, Matthäus, Helmer, Ziege - Frey (61. Zickler), Sforza, Scholl - Kostadinov (75. Witeczek), Klinsmann - Trainer: Beckenbauer

Gelbe Karten: R. Witschge (31.), Croci (35.) - Helmer (41.), Frey (56.)

Die Torschützen (ab 1. Hauptrunde)

Klinsmann (Bayern München)	15
Ronaldo (PSV Eindhoven)	6
Nilis (PSV Eindhoven)	5
Scholl (Bayern München)	4
Hobsch (Werder Bremen)	4
Roger (FC Barcelona)	4
Suker (Sevilla FC)	4
Tiéhi (Racing Club Lens)	4
Casiraghi (Lazio Rom)	4

UI-Cup

Gruppenspiele

Gruppe 1

FC Basel - Sheffield Wednesday 1:0
AGF Åarhus - Górnik Zabrze 4:1
Górnik Zabrze - FC Basel 1:2
Karlsruher SC - AGF Åarhus 3:0
FC Basel - Karlsruher SC 2:3
Sheffield Wednesday - Górnik Zabrze 3:2
Karlsruher SC - Sheffield Wednesday 1:1
AGF Åarhus - FC Basel 2:1
Górnik Zabrze - Karlsruher SC 1:6
Sheffield Wednesday - AGF Åarhus 3:1

Abschlutabelle

1.	Karlsruher SC	4	3	1	0	13:4	10
2.	Sheffield Wednesday	4	2	1	1	7:5	7
3.	FC Basel	4	2	0	2	6:6	6
4.	AGF Åarhus	4	2	0	2	7:8	6
5.	Górnik Zabrze	4	0	0	4	5:15	0

Gruppe 2

Östers IF Växjö - 1. FC Köln 0:0
Tottenham Hotspurs - FC Luzern 0:2
Rudar Velenje - Tottenham Hotspurs 1:2
FC Luzern - Östers IF Växjö 3:2
1. FC Köln - FC Luzern 2:2
Östers IF Växjö - Rudar Velenje 3:1
Rudar Velenje - 1. FC Köln 0:1
Tottenham Hotspurs - Östers IF Växjö 1:2
1. FC Köln - Tottenham Hotspurs 8:0
FC Luzern - Rudar Velenje 1:1

Abschlußtabelle

1.	1. FC Köln	4	2	2	0	11:2	8
2.	FC Luzern	4	2	2	0	8:5	8
3.	Östers IF Växjö	4	2	1	1	7:5	7
4.	Tottenham Hotspurs	4	1	0	3	3:13	3
5.	Rudar Velenje	4	0	1	3	3:7	1

Gruppe 3

HB Tórshavn - Universitatea Cluj 0:0
FC Aarau - Tromsø IL 2:2
Germinal Ekeren - FC Aarau 3:3
Tromsø IL - HB Tórshavn 10:0
Universitatea Cluj - Tromsø IL 0:1
HB Tórshavn - Germinal Ekeren 1:1
Germinal Ekeren - Universitatea Cluj 4:1
FC Aarau - HB Tórshavn 6:1
Tromsø IL - Germinal Ekeren 0:2
Universitatea Cluj - FC Aarau 2:3

Abschlußtabelle

1.	FC Aarau	4	2	2	0	14:8	8
2.	Germinal Ekeren	4	2	2	0	10:5	8
3.	Tromsø IL	4	2	1	1	13:4	7
4.	HB Tórshavn	4	0	2	2	2:17	2
5.	Universitatea Cluj	4	0	1	3	3:8	1

Gruppe 4

Bécéscsabai ESC - União Lerida 2:2
SC Heerenveen - Næstved IF 2:1
Næstved IF - Bécéscsabai ESC 3:3
Ton Pentre FC - SC Heerenveen 0:7
Bécéscsabai ESC - Ton Pentre FC 4:0
União Lerida - Næstved IF 1:1
SC Heerenveen - Bécéscsabai ESC 4:0
Ton Pentre FC - União Lerida 0:3
União Lerida - SC Heerenveen 1:0
Næstved IF - Ton Pentre FC 2:0

Abschlußtabelle

1.	SC Heerenveen	4	3	0	1	13:2	9
2.	União Lerida	4	2	2	0	7:3	8
3.	Næstved IF	4	1	2	1	7:6	5
4.	Békéscsabai ESC	4	1	2	1	9:9	5
5.	Ton Pentre FC	4	0	0	4	0:16	0

Gruppe 5

Bohemians Prag - OB Odense 0:2
IFK Norrköping - HJK Helsinki 1:1
HJK Helsinki - Bohemians Prag 3:2
Girondins Bordeaux - IFK Norrköping 6:1
OB Odense - HJK Helsinki 2:1
Bohemians Prag - Girondins Bordeaux 0:2
Girondins Bordeaux - OB Odense 4:0
IFK Norrköping - Bohemians Prag 5:0
HJK Helsinki - Girondins Bordeaux 1:1
OB Odense - IFK Norrköping 3:2

Abschlußtabelle

1.	Girondins Bordeaux	4	3	1	0	13:2	10
2.	OB Odense	4	3	0	1	7:7	9
3.	HJK Helsinki	4	1	2	1	6:6	5
4.	IFK Norrköping	4	1	1	2	9:10	4
5.	Bohemians Prag	4	0	0	4	2:12	0

Gruppe 6

ÍBK Keflavík - FC Metz 1:2
Linzer ASK - Partick Thistle FC 2:2
Partick Thistle FC - ÍBK Keflavík 3:1
FC Zagreb - Linzer ASK 0:0
FC Metz - Partick Thistle FC 1:0
ÍBK Keflavík - FC Zagreb 0:0
FC Zagreb - FC Metz 0:1
Linzer ASK - ÍBK Keflavík 2:1
FC Metz - Linzer ASK 1:0
Partick Thistle FC - FC Zagreb 1:2

Abschlußtabelle

1.	FC Metz	4	4	0	0	5:1	12
2.	Linzer ASK	4	1	2	1	4:4	5
3.	FC Zagreb	4	1	2	1	2:2	5
4.	Partick Thistle	4	1	1	2	6:6	4
5.	ÍBK Keflavík	4	0	1	3	3:7	1

Gruppe7

Tervis Pärnu - Buducnost Podgorica 1:3
OFI Kreta - Nea Salamina F'gusta 2:1
Nea Salamina - Tervis Pärnu 2:0
Bayer Leverkusen - OFI Kreta 1:0
Tervis Pärnu - Bayer Leverkusen 1:6
Buducnost Podgorica - Nea Salamina 1:1
Bayer Leverkusen - Buducnost Podgorica 3:0
OFI Kreta - Tervis Pärnu 2:0
Nea Salamina - Bayer Leverkusen 0:2
Buducnost Podgorica - OFI Kreta 3:4

Abschlußtabelle

1.	Bayer 04 Leverkusen	4	4	0	0	12:1	12
2.	OFI Kreta	4	3	0	1	8:5	9
3.	Nea Salamina F'gusta	4	1	1	2	4:5	4
4.	Buducnost Podgorica	4	1	1	2	7:9	4
5.	Tervis Pärnu	4	0	0	4	2:13	0

Gruppe 8

Pogon Szczecin - AS Cannes	1:2
FC Becej - Farul Constanta	1:2
Dniepr Mogilev - FC Becej	2:1
Farul Constanta - Pogon Szczecin	2:1
Pogon Szczecin - Dniepr Mogilev	3:3
AS Cannes - Farul Constanta	0:0
Dniepr Mogilev - AS Cannes	2:2
FC Becej - Pogon Szczecin	2:1
AS Cannes - FC Becej	1:0
Farul Constanta - Dniepr Mogilev	2:0

Abschlußtabelle

1.	Farul Constanta	4	3	1	0	6:2	10
2.	AS Cannes	4	2	2	0	5:3	8
3.	Dnepr Mogilev	4	1	2	1	7:8	5
4.	FC Becej	4	1	0	3	4:6	3
5.	Pogon Szczecin	4	0	1	3	6:9	1

Gruppe 9

Boby Brno - FC Groningen	1:2
Ceahl. Piatra Neamt - Etar V. Tarnovo	2:0
Etar Veliko Tarnovo - Boby Brno	3:2
SK Beveren - Ceahl. Piatra Neamt	0:2
FC Groningen - Etar Veliko Tarnovo	3:0
Boby Brno - SK Beveren	3:2
Ceahl. Piatra Neamt - Boby Brno	2:0
SK Beveren - FC Groningen	2:2
Etar Veliko Tarnovo - SK Beveren	1:2
FC Groningen - Ceahl. Piatra Neamt	0:0

Abschlußtabelle

1.	C. Piatra Neamt	4	3	1	0	6:0	10
2.	FC Groningen	4	2	2	0	7:3	8
3.	SK Beveren	4	1	1	2	6:8	4
4.	Etar Veliko Tarnovo	4	1	0	3	4:9	3
5.	Boby Brno	4	1	0	3	6:9	3

Gruppe 10

Beitar Jerusalem - RSC Charleroi	0:1
Wimbledon FC - Bursapor	0:4
Bursapor - Beitar Jerusalem	2:0
1. FC Ko_ice - Wimbledon FC	1:1
Beitar Jerusalem - 1. FC Ko_ice	3:5
RSC Charleroi - Bursaspor	0:2
1. FC Ko_ice - RSC Charleroi	3:2
Wimbledon FC - Beitar Jerusalem	0:0
RSC Charleroi - Wimbledon FC	3:0
Bursaspor - 1. FC Ko_ice	1:1

Abschlußtabelle

1.	Bursaspor	4	3	1	0	9:1	10
2.	1. FC Ko_ice	4	2	2	0	10:7	8
3.	RSC Charlereoi	4	2	0	2	6:5	6
4.	Wimbledon FC	4	0	2	2	1:8	2
5.	Beitar Jerusalem	4	0	1	3	3:8	1

Gruppe 11

Floriana FC - FC Tirol Innsbruck	0:4
Gençlerbirligi - Hapoel Petah Tikhva	4:0
Hapoel Petah Tikhva - Floriana FC	1:1
Racing Strasbourg - Gençlerbirligi	4:1
FC Tirol Innsbruck - Hapoel Petah Tikhva	2:0
Floriana FC - Racing Strasbourg	0:4
Racing Strasbourg - FC Tirol Innsbruck	4:0
Gençlerbirligi - Floriana FC	3:0
Hap. Petah Tikhva - Racing Strasbourg	0:0
FC Tirol Innsbruck - Gençlerbirligi	3:2

Abschlußtabelle

1.	Racing Strasbourg	4	3	1	0	12:1	10
2.	FC Tirol Innsbruck	4	3	0	1	9:6	9
3.	Gençlerbirligi	4	2	0	2	10:7	6
4.	Hapoel Petah Tikhva	4	0	2	2	1:7	2
5.	Floriana FC	4	0	1	3	1:12	1

Gruppe 12

Spartak Plovdiv - Eintracht Frankfurt	0:4
Vorwärts Steyr - Iraklis Saloniki	3:0
Panerys Vilnius - Vorwärts Steyr	1:1
Iraklis Saloniki - Spartak Plovdiv	0:0
Eintracht Frankfurt - Iraklis Saloniki	5:1
Spartak Plovdiv - Panerys Vilnius	3:0
Panerys Vilnius - Eintracht Frankfurt	0:4
Vorwärts Steyr - Spartak Plovdiv	2:0
Eintracht Frankfurt - Vorwärts Steyr	1:2
Iraklis Saloniki - Panerys Vilnius	3:1

Abschlußtabelle

1.	Vorwärts Steyr	4	3	1	0	8:2	10
2.	Eintracht Frankfurt	4	3	0	1	14:3	9
3.	Spartak Plovdiv	4	1	1	2	3:6	4
4.	Iraklis Saloniki	4	1	1	2	4:9	4
5.	Panerys Vilnius	4	0	1	3	2:11	1

Achtelfinale (29. und 30. Juli 1995)

1. FC Köln - FC Tirol Innsbruck	1:3 (1:2)
Girondins Bordeaux - Eintr. Frankfurt	3:0 (0:0)
Bayer 04 Leverkusen - Odense BK	5:2 (2:1)
Bursaspor - OFI Kreta	2:1 (1:1)
FC Aarau - Karlsruher SC	1:2 n.V. (0:0, 1:1)
SC Heerenveen - Farul Constanta	4:0 (2:0)
Ceahlaul Piatra Neamt - FC Metz	0:2 (0:0
Racing Strasbourg - Vorwärts Steyr	4:0 (1:0)

Viertelfinale (2. August 1995)

Tirol Innsbruck - Bayer Leverk. 5:3 n.E. (1:1, 2:2, 2:2)
0:1 Hubner (24.), 1:1 Streiter (31.), 1:2 Völler (49.), 2:2 Baur (84.)

Girondins Bordeaux - SC Heerenveen 2:0 (0:0)
1:0 Dutuel (52.), 2:0 Lizarazu (70.)

FC Metz - Racing Strasbourg 0:2 (0:0)
0:1 Sauzée (79.), 0:2 Mostovoi (90.)

Bursaspor - Karlsruher SC 5:6 n.E. (0:1, 2:2, 3:3)
0:1 Häßler (26.), 1:1 Baljic (56.), 1:2 Yildirim (66./Eigentor), 2:2 Musisi (80.), 3:2 E. Sahin (98.), 3:3 Wittwer (113.)

Halbfinale (gleichzeitig Vorrunde UEFA-Pokal)

Karlsruher SC - Girondins Bordeaux 0:2
0:1 Dugarry (40.), 0:2 Dutuel (87.)

Girondins Bordeaux - Karlsruher SC 2:2
1:0 Lizarazu (2./Elfmeter), 2:0 (11.) Lizarazu, 2:1 (40.) Fink, 2:2 (88.) E. Schmitt

FC Tirol Innsbruck - Racing Strasbourg 1:1
0:1 Sauzée (26.), 1:1 Schiener (63.)

Racing Strasbourg - FC Tirol Innsbruck 6:1
1:0 Sauzée (16.), 1:1 Kirchler (51.), 2:1 Sauzée (54.), 3:1 Mostovoi (65.), 4:1 Keller (67.), 5:1 Keller (70.), 6:1 Keller (90.)

Federata Shqiptarë e Futbollit
Rruga Dervish Hima, Nr. 31,
AL-Tiranë
Telefon: ++355 (42) 27877
Telefax: ++355 (42) 27877
Telex: 2228 bfssh ab

FIFA-Weltrangliste
Juli 1995: 94. Platz, 20,67 Punkte
Juli 1996: 102. Platz, 21.91 Punkte

UEFA-Fünfjahreswertung
1996/97: 40. Platz, 3,666 Punkte

Tirana zittert sich zum Double

Wie so vieles im lange Zeit nahezu völlig abgeschotteten Albanien befindet sich auch der Fußball des Balkanlandes im Umbruch. Harte Westwährungen haben die besten Spieler ins Ausland gelockt, und die Daheimgebliebenen müssen mit maroden Stadien, bedenklicher Infrastruktur und einer erschütternden Armut zurechtkommen. Somit lebt nahezu jeder albanische Erstligaspieler mit der Hoffnung, eines Tages ein lukratives Auslandsangebot zu bekommen - obwohl die Gehälter in den heimischen Spitzenklubs weit über den landesdurchschnittlich Einkommen liegen.

Der seit 1930 existierenden höchsten Fußballklasse (*Kampionati*) gehörten 1995/96 erstmals 18 Vereine an, nachdem in der Vergangenheit zwölf bzw. vierzehn Klubs die Regel gewesen war. Mehr Klubs bedeuten mehr Spiele und damit mehr Einnahmen - auch in Albanien eine einfache und gängige Formel. Darüber hinaus wurde das Punktesystem geändert, wobei der albanische Verband nur zum Teil der FIFA-Forderung "3-Punkte-pro-Sieg" nachkam. Lediglich Auswärtssiege wurden fortan mit drei Zählern belohnt, bei Heimsiegen blieb es dagegen bei deren zwei. Damit sollte der chronischen Angriffsschwäche - 1994/95 hatten fünf Mannschaften weniger als ein Tor pro Spiel markiert, und waren dennoch nicht abgestiegen - beigekommen werden.

Während in der Vorsaison der SK Tirana (ex-17. Nëntori) noch unangefochten Nummer 1 gewesen war, entwickelte sich 1995/96 ein packender Zweikampf zwischen dem Titelverteidiger und Teuta Durrës. Erst am 25. Mai 1996, dem letzten Saisonspieltag, wurde das Rennen entschieden, als Tabellenführer Teuta Durrës seinen 2-Punkte-Vorsprung durch eine 0:1-Niederlage bei Partizani Tirana einbüßte. Das Tor des Tages erzielte Skerdlajd Curri Sekunden vor dem Schlußpfiff. Teutas Fans konnten sich allerdings damit trösten, daß auch ein 0:0-Unentschieden nicht gereicht hätte, denn in dem Fall wäre Titelverteidiger Tirana, der gleichzeitig mit 5:1 gegen Albpetrol Patosi gewann, aufgrund seines hauchdünnen Torvorsprunges Meister geworden.

Fast die gesamte Rückrunde hatte Teuta die Tabelle mit einem knappen Vorsprung angeführt und sich große Hoffnungen gemacht, zum zweiten Mal nach 1994 Meister zu werden. Von Trainer Bashkim Koka großartig eingestellt, gab der amtierende Pokalsieger im eigenen Stadion lediglich einen Punkt ab. Auswärts ließ die Leistung der Männer um Nationalstürmer Alvaro Zalla allerdings zu wünschen übrig, denn lediglich vier Siege verhinderten einen größeren Vorsprung. Dennoch: Als Teuta am 9. März 1996 vor der Saison-Rekordkulisse von 17.000 Fans ein 1:1 beim SK Tirana erzielte (Miloti hatte die Heimelf in Führung gebracht, Furxhi in der 2. Halbzeit für den Ausgleich gesorgt), schien Teuta am Ziel zu sein. Am Ende stand die Mannschaft aus Albaniens wichtigster Hafenstadt jedoch mit leeren Händen da, denn auch der Pokal konnte nach einer Halbfinalniederlage gegen Flamurtari Vlorë nicht verteidigt werden.Im Gegensatz dazu gab es für den haushohen Favoriten SK Tirana trotz eines turbulenten Saisonverlaufs ein Happy-End. Ohne den nach Wien gewechselten Torjäger Fortuzi war das sportliche Aushängeschild Albaniens zwar prächtig aus den Startlöchern gekommen, hatte jedoch nach der ersten Saisonniederlage bei Partizani Tirana am vierten Spieltag völlig seinen Rhythmus verloren. Daß ausgerechnet Partizani mit dem Abschlußsieg über Teuta Durrës schließlich für den erneuten Titelgewinn des Lokalrivalen sorgte, paßte so richtig zu dessen Saison.

Partizanis Saisonverlauf war enttäuschend. "Wir wollen Titel und Pokal", hatte General-

Kampionati	Gesamt Sp	g	u	v	Tore	Diff.	Pkt.	Heim g	u	v	Tore	Pkt.	Auswärts g	u	v	Tore	Pkt.
1. SK Tiranë (M)	34	19	10	5	52:22	+30	55	12	4	1	39:12	28	7	6	4	13:10	27
2. Teuta Durrës (P)	34	20	10	4	50:22	+28	54	16	1	0	38:10	33	4	9	4	12:12	21
3. Partizani Tiranë	34	16	9	9	43:24	+19	46	11	4	2	35:11	26	5	5	7	8:13	20
4. Flamurtari Vlorë	34	17	6	11	42:35	+7	45	12	2	3	29:9	26	5	4	8	13:26	19
5. Olimpik Tiranë [1]	34	15	8	11	42:30	+12	41	12	4	1	33:7	28	3	4	10	9:23	13
6. Apolonia Fier	34	12	9	13	44:44	0	37	8	6	3	28:14	22	4	3	10	16:30	15
7. Besa Kavajë	34	12	9	13	29:31	-2	35	10	4	3	21:9	24	2	5	10	8:22	9
8. Sopoti Librazhd [2] (N)	34	11	9	14	34:47	-13	34	8	6	3	21:13	22	3	3	11	13:34	12
9. Shkumbini Peqin	34	12	9	13	43:40	+5	33	12	4	1	31:8	28	0	5	12	12:30	5
10. Vllaznja Shkodër	34	10	13	11	30:34	-4	32	8	6	3	20:11	22	2	7	8	10:23	10
11. Albpetrol Patos	34	11	7	16	28:48	-20	32	10	5	2	21:9	27	1	2	14	7:39	5
12. KS Laçi	34	13	4	17	49:53	-4	31	12	3	2	38:16	27	1	1	15	11:37	4
13. SK Elbasani	34	10	10	14	35:41	-6	31	9	7	1	24:12	25	1	3	13	11:29	6
14. Tomori Berat	34	11	9	14	34:40	-6	31	11	4	2	23:11	26	0	5	12	11:29	5
15. Shqiponja Gjirokastër	34	11	6	17	34:40	-6	31	8	3	6	21:12	19	3	3	11	13:28	12
16. Skënderbeu Korçë (N)	34	13	3	18	33:49	-16	31	11	2	4	22:10	24	2	1	14	11:39	7
17. Kastrioti Krujë (N) ↓	34	11	6	17	30:38	-8	30	9	5	3	18:10	23	2	1	14	12:28	7
18. Besëlidhja Lezhë ↓	34	9	9	16	24:40	-16	27	9	3	5	18:12	21	0	6	11	6:28	6

Anmerkung: 1= vorher Dinamo Tiranë, 2= ab Sommer 1996 Albania Tabak Librazdh
Wertung: Heimsieg 2 Punkte, Auswärtssieg 3 Punkte
Aufsteiger: Bylis Ballishi, SK Lushnjë
EC 1996/97: CL: -, EC2: Flamurtari Vlorë, UEFA: SK Tiranë, Teuta Durrës, UI: Partizani Tiranë

manager Suleman Starova vor der Saison ausgegeben. Ein Ziel, an das die mit Mittelfeld-As Arben Milori (ehemals Dinamo) verstärkte Mannschaft zu keiner Zeit herankam. Nach dem dritten Spieltag standen erst zwei Punkte auf dem Konto der "*Yllis*" (Roten), denn dem Auftaktsieg gegen Kastrioti waren Niederlagen in Lezhë und gegen Elbasan gefolgt, woraufhin Trainer Hansan Luka seine Papiere bekommen hatte. Nachfolger wurde der langjährige SKT-Spieler Ramadan Shehu, der sein Debüt ausgerechnet gegen seinen Ex-Klub gab. Im Tiraner Qemal Stafa-Stadion bewies sein Team, daß es mehr konnte und drehte einen 0:1-Rückstand (Tor durch Floria Riiza) in der zweiten Halbzeit durch zwei Treffer von Arben Milori noch um.

Am Saisonende reichte es für den 15fachen albanischen Meister dann immerhin zur UI-Cup-Qualifikation, während Lokalrivale Olimpik (so nennt sich der ehemalige Polizeiklub Dinamo Dinamo seit Sommer 1995) seine Fans mit Platz 5 abermals enttäuschte. Seit 1991 hat das ehemalige Spitzenteam Albaniens mehr und mehr den Anschluß verpaßt und geht schweren Zeiten entgegen. Zu Saisonbeginn hatte Olimpik-Trainer Faruk Sejdini mit den Brüdern Eduart und Edmond Ahmetaj (beide Vienna Wien) und Arben Milori (Partizani) erneut drei Stützen ziehen lassen müssen.

Die Torschützen

Altin Çuco	(KS Laçi)	21
Shpëtim Kateshi	(Shkumbini Peqin)	16
Alket Zeqo	(Apolonia Fier)	16

Als gefährliches Pflaster für Trainer erwies sich der Abstiegskampf. Zur Halbserie waren mit Gjergji Mone (Kastrioti), Paulin Dede (Besëlidhja) und Shygyiri Reli (Shkumbini) bereits drei Trainer ihre Posten losgeworden. Für Kastrioti, das immerhin elf Saisonspiele gewann, kam jedoch ebenso wie für Besëlidhja jede Hilfe zu spät. Zufriedenheit herrschte bei den Aufsteigern. Vor allem Sopoti Librazdh, das sich erst in einem Relegationsspiel durch einen 5:1-Sieg über Ilria Fushë-Krujë qualifiziert hatte (dabei hatte es fünf rote und neun gelbe Karten gegeben!), überraschte mit einem ausgezeichneten achten Rang.

Das neue Punktesystem erfüllte die Hoffnungen dagegen nicht. Einmal mehr war Albanien mit lediglich 683 Saisontreffern (2,23 pro Spiel) eine der torärmsten Spielklassen Europas. Der zusätzliche Punkt für einen Auswärtssieg wurde in nur 45 Fällen eingeheimst - die deutschen Bundesligisten schafften im gleichen Zeitraum 68 Auswärtssiege.

Mit ganz anderen Problemen hatte Nationaltrainer Neptun Bajko zu kämpfen. "Wer wird wohl

Kampionati	Sk Tiranë	Durrës	Partizani	Vlorë	Olimpik	Fier	Kavajë	Librazhd	Peqin	Vllaznia	Patos	KS Laçi	Elbasani	Berat	Gjirokastër	Korçë	Krujë	Lezhë
SK Tiranë	•	1:1	1:2	3:0	3:1	2:0	1:0	4:1	1:0	4:1	5:1	2:0	2:1	1:1	1:1	3:1	1:1	4:0
Teuta Durrës	2:0	•	1:0	3:1	3:0	1:1	2:0	3:1	2:1	3:1	1:0	3:0	2:1	1:0	3:1	3:1	4:2	1:0
Partizani Tiranë	0:2	1:0	•	0:0	1:0	6:1	0:0	3:1	3:1	0:0	6:0	3:0	0:2	2:1	3:1	3:0	4:2	0:0
Flamurtari Vlorë	2:0	0:1	0:0	•	0:0	3:0	3:2	1:2	1:0	3:0	1:0	3:1	2:1	1:0	3:0	5:1	0:1	1:0
Olimpik Tiranë	0:1	0:0	2:1	2:0	•	2:0	2:1	5:0	1:0	0:0	5:1	4:0	3:0	1:0	0:0	4:2	1:0	1:1
Apolonia Fier	2:1	1:1	0:1	0:1	1:0	•	1:1	3:2	7:1	2:2	0:0	0:0	3:1	1:1	2:1	0:1	2:0	3:0
Besa Kavajë	1:0	0:0	2:0	1:0	0:1	2:2	•	0:0	1:0	2:2	1:0	1:0	2:1	2:1	0:1	0:1	2:0	4:0
Sopoti Librazhd	0:1	0:1	0:0	4:5	0:0	1:0	1:1	•	0:0	0:0	1:0	2:0	1:1	4:1	3:2	1:0	2:1	1:0
Shkumbini Peqin	0:0	0:0	0:1	2:2	3:0	3:0	2:0	2:1	•	1:0	4:0	2:1	1:0	2:0	3:1	4:1	2:1	0:0
Vllaznja Shkodër	0:2	0:0	0:0	1:2	1:0	1:0	0:0	2:0	0:0	•	1:2	2:1	2:1	1:1	0:0	3:0	2:1	4:1
Albpetrol Patos	0:0	2:1	0:0	0:0	1:0	0:0	3:0	1:0	2:1	2:1	•	2:1	1:0	2:1	0:2	5:1	1:0	1:1
KS Laçi	2:3	3:3	3:0	4:0	2:0	3:2	0:1	2:0	5:3	2:0	0:0	•	4:1	3:1	1:0	1:0	2:1	1:1
SK Elbasani	0:0	0:0	0:0	3:0	2:2	2:1	1:0	1:1	0:0	0:1	1:0	6:5	•	2:2	2:0	1:0	1:0	2:0
Tomori Berat	0:0	1:2	1:0	2:0	2:1	1:3	1:0	1:0	1:1	1:0	2:0	2:0	2:0	•	2:1	1:1	2:1	1:1
Shqiponja Gjirokastër	0:1	0:0	1:2	0:1	0:2	1:3	5:0	1:0	2:0	2:0	4:1	1:0	0:0	3:0	•	2:1	0:1	1:0
Skënderbeu Korçë	1:1	0:1	1:0	0:1	3:0	2:1	0:1	0:1	0:0	1:0	3:1	2:1	2:0	0:0	4:1	•	1:0	2:1
Kastrioti Krujë	0:0	2:1	0:1	1:0	1:1	0:0	2:0	0:2	0:0	2:2	2:1	2:0	1:1	2:1	1:0	1:0	•	1:0
Besëlidhja Lezhë	0:1	1:0	1:0	0:0	0:1	0:2	3:1	1:1	5:4	0:0	2:0	0:1	1:0	1:0	0:1	2:0	1:0	•

kommen?", fragte sich der seit 1994 im Amt befindliche Coach vor jedem Länderspiel, denn für die im Ausland aktiven Nationalspieler war es keinesfalls selbstverständlich, die beschwerliche Reise nach Tirana anzutreten. Da half auch die Euphoriewelle, die seit dem 3:2-Triumph in Moldawien am 7. Juni 1995 - dem ersten Auswärtssieg seit 1948 - herrschte, kaum. Zum Prestigeduell mit dem verlustpunktfreien Tabellenführer Bulgarien aber waren alle da: Die in Griechenland spielenden Strakosha, Xumba, Lekbello, Bellai, Kushta und Demoralli, Boavista Portos Edmond Abazi, Celtic Glasgows Rudi Vata, Freiburgs Altin Rraklli. Der einzige noch im Lande spielende war Partizanis Verteidiger Ilir Shulku. Vor 10.000 begeisterten Zuschauern knöpften die "Adler" dem Favoriten sensationell die ersten Punkte ab (1:1). Zwei Monate später gab es gegen Wales ebenfalls ein 1:1, und das langjährige Prügelkind Albanien beendete die EM-Gruppenspiele auf dem ungewohnten vorletzten Platz! Nebenbei schrieb Albanien Fußballgeschichte, als es am 30. November 1995 Gastgeber für den ersten offiziellen Auftritt der bosnisch-herzegowinischen Nationalmannschaft war. Über 30.000 Zuschauer im Tiraner Nationalstadion Qemal Stafa sorgten für eine angemessene Kulisse, Qendtro und Dobi für die Tore an diesem Festtag für den Frieden.

Demnächst kann Bajko auf größere Resonanz bei Länderspielen hoffen, denn die kürzlich begonnenen Renovierungsarbeiten sollen dem Nationalstadion internationales Format geben. Das 1946 eröffnete Stadion erhält dringend benötigte neue Umkleidekabinen und Sitzschalen für die Tribüne, darüber hinaus wird die Infrastruktur verbessert.

DER POKAL

Achtelfinale (Hin- und Rückspiele)

Partizani Tiranë - KS Laçi	3:0, 1:3
SK Tiranë - Kastrioti Krujë	3:1, 1:0
Teura Durrës - Besa Kavajë	3:0, 0:0
Flamurtari Vlorë - Besëledija Lezhë	1:0, 0:1, 5:4 n.E.
Shqiponja Gjirokastër - SK Elbasani	2:1, 0:2
Albpetrol Patos - Vllaznja Shkodër	1:1, 0:4
Shkumbini Peqin - Apolonia Fier	2:0, 0:0
Olympik Tiranë - Tomori Berat	5:0, 2:1

Viertelfinale

SK Tiranë - SK Elbasani	2:0
Partizani Tiranë - Olimpik Tiranë	0:1
Flamurtari Vlorë - Shkumbini Peqin	4:0
Teuta Durrës - Vllaznja Shkoder	1:1

Anmerkung: Trotz intensiver Bemühungen konnten die Rückspielergebnisse nicht eruiert werden

Halbfinale (Hin- und Rückspiele)

Flamurtari Vlorë - Teuta Durrës	1:1, 2:1
Olimpik Tiranë - SK Tiranë	1:3, 0:1

Finale (15. Mai 1996, Tiranë)

SK Tiranë - Flamurtari Vlorë 1:1 n. V. (0:0, 1:1), 4:3 n. E.

Tore: 1:0 (70.) Domllja, 1:1 (72.) Dader

Internationales Format hatten Albaniens Europapokalteilnehmer wie schon in den Vorjahren nur wenig zu bieten. Lediglich Pokalsieger Teuta Durrës schaffte über TPS Turku den Einzug in die 1. Hauptrunde, wo gegen den AC Parma das vorprogrammierte Aus kam. Besonders enttäuschend war das sang- und klanglose Ausscheiden von Meister Tirane gegen den israelischen Vertreter Hapoel Beer-Sheva.

Dennoch schaut man in dem leidgeprüften Land zuversichtlich in die Fußball-Zukunft. Erstmals seit vielen Jahren kam es zu keinen nennenswerten Ausschreitungen bei Erstligaspielen, die Zahl der Zuschauer steigt stetig an und die Organisationsprobleme werden allmählich weniger, obwohl es noch immer an Telefonen, Faxgeräten u. ä. mangelt und es auch längst nicht überall fließend Wasser und Strom gibt. ■

DER MEISTER

SK Tiranë

Im Vorjahr noch zwölf Punkte Vorsprung, diesmal Zittern bis zur buchstäblich letzten Sekunde - was war los mit Titelverteidiger SK Tiranë? Die junge Mannschaft um die Routiniers Augustin Kola (36) und Arben Minga (35) litt stark unter dem Verlust ihres Torjägers Indrit Fortuzi (Vienna Wien) sowie der Querelen um Trainer Shkëlqim Muça, der das vorzeitige Europapokalaus gegen Hapoel Beer Sheva zum Anlaß genommen hatte, mit Hinweis auf die "unerträglichen Arbeitsbedingungen" seinen Rücktritt zu verkünden. Dabei hatte Präsident Seferi vor Saisonbeginn noch vollmundig verkündet: "Es ist der Beginn einer neuen Ära. Wir haben alle Trumpfkarten, die wir brauchen". Bereits am vierten Spieltag waren alle Trümpfe verspielt, als es gegen den Lokalrivalen Partizani die erste Saisonniederlage setzte, nach der die Mannschaft nur noch ein Schatten ihrer selbst war. Daß es am Saisonende dennoch wieder zum Double reichte, hatte "Tiranë", wie der Klub im ganzen Land genannt wird, seinem für albanische Verhältnisse treffsicheren Sturm um Auren Miloti sowie dem ausgezeichneten Torhüter Blendi Nallbani zu verdanken. Nallbani rettete im Pokalfinale gegen Flamurtari Vlorë mit zahlreichen Glanzparaden die Verlängerung und hielt im Elfmeterschießen den entscheidenden Ball.

Abseits der sportlichen Hektik sorgte der Abschluß eines Sponsorenvertrages mit der italienischen Firma *Parmalat* - ausgerechnet anläßlich des Europapokalspiels zwischen Parma und dem größten SKT-Rivalen Teuta Durrës - für Freude im Qemal Stafa-Stadion. Damit verfügt der inzwischen sechszehnfache albanische Meister neben der seit 1994 sponsernden Firma *Ariston* (ebenfalls aus Italien) über die zweite Geldquelle.

IM BLICKPUNKT

Flamurtari Vlorë

"Ich will Flamurtari wieder in den Europacup bringen", verkündete Shkelquim Selami im Sommer 1995. Um das Ziel zu erreichen, griff der 30jährige Geschäftsmann tief in die Tasche: Mit Bejkush Birçe wurde der frühere albanische Nationalcoach verpflichtet, der das Team aus Albaniens Südwesten sportlich auf Vordermann bringen sollte, während sich Selami um das marode Stadion kümmern wollte. Doch Erfolg ist auch in Albanien nicht käuflich. Flamurtari verlor früh den Anschluß an das Spitzenduo und landete lediglich auf Platz 4. Immerhin gelang dank Tiranës Double der ersehnte Einzug in den Europapokal. Für Selami Grund genug, weiter zu investieren. Im Sommer 1996 gab er die für albanische Verhältnisse astronomische Summe von 250.000 DM aus, um sein Team mit Leonard Perloshi (Lezhë), Adrian Bushi (Durrës), Alfons Gjëloshi (Laçi), Sokol Prenga (SK Tiranë), Sokol Kushta (Olympiakos Nikosia) und Erior Mehili (zuletzt in Slowenien) zu verstärken. "Die Mannschaft muß noch professioneller werden", glaubt er, das Problem erkannt zu haben.

DER NEWCOMER

Rudi Vata (Celtic Glasgow)

Rudi Vata ist mit seinen 27 Jahren schon ziemlich viel herumgekommen. Geboren in Shkodër, kam er 15jährig in eine Fußballschule in Tirana und schloß sich dem Erstligisten Dinamo an. Rasch wurde Vata Stammspieler und gab sein Länderspieldebüt. Dennoch setzte er sich im März 1991 aus dem krisengeschüttelten Albanien ab. „Ich liebe mein Land, aber ich will nicht mehr die

Farben eines Regimes tragen, das ich mißbillige", erklärte er. Er kam beim französischen Sechstligisten Bressuire unter, wo ihn im August 1992 Liam Brady, seinerzeit Trainer von Celtic Glasgow, entdeckte. Für 60.000 Pfund wechselte der Verteidiger nach Schottland. Am Clyde konnte Vata sich jedoch nie durchsetzen. 1992/93 kam er immerhin auf 22 Einsätze, im Folgejahr waren es nur noch zehn, 1994/95 sieben und 1995/96 gar nur fünf. Im Juni 1996 wechselte Vata, der sich in Glasgow „immer ein wenig alleine fühlte", zum zypriotischen Erstligisten Apollon Limassol. „Geld, Autos, das ist nicht alles im Leben, wichtiger sind Freundschaften", erklärte er. Die hofft Vata nun in Zypern zu finden. Und wenn nicht, dann ist es nur ein Katzensprung nach Albanien, wo seine Familie noch immer lebt.

Kujtim Kajemadhi (Shkumbini Peqin)

Torhüter, so sagt man, sollen eine Macke haben. Und, so sagt man ebenfalls, mit zunehmendem Alter besser werden. Kujtim Kajemadhi erfüllt beide Kriterien problemlos. Seit Jahren steht er zuverlässig zwischen den Pfosten von Shkumbini Peqin, mit 40 Gegentoren nicht gerade eines der abwehrstärksten Teams Albaniens. Trotz seiner 41 Jahre - Kajemadhi ist der erste Spieler Albaniens, der in diesem Alter noch erstklassig spielt, wird er von den Journalisten liebevoll noch immer als das "größte Torhütertalent Albaniens" bezeichnet.

DIE LÄNDERSPIELE

Albanian - Bulgarien 1:1 (1:1) **EMQ**

6. 9. 1995 - Tiranë - 10.000 - Agius (Malta) - Strakosha - Abazi, Vata, Xhumba, Shulku - Lekbello, Kushta, Bellai, B. Kola (65. Shehu, 90. Pano) - Rraklli, Bozgo (85. Demollari) - Trainer: Bajko - Torschütze: Rraklli (16./1:1)

Bulgarien - Albanien 3:0 (1:0) **EMQ**

7. 10. 1995 - Sofia - 35.000 - Hirviniemi (Finnland) - Strakosha - Dema, Malko, Xhumba, Shulku - Zmijani, Bellai, Kola, Abazi (86. Demollari) - Kushta, Rraklli - Trainer: Bajko

Albanien - Wales 1:1 (1:1) **EMQ**

15. 11. 1995 - Tiranë - 7.000 - Suheil (Israel) - Strakosha - Zmijani, Shulku, Dema (84. Milori), Vata, Lekbello - Kushta (57. Bushi), Malko, Bozgo (80. Zalla) - Rraklli, Pano - Trainer: Bajko -Torschütze: Kushta (5./1:0/Elfmeter)

Albanien - Bosnien-Herzegowina 2:0 (1:0)

30.11.1995 - Tiranë - 30.000 - Danilovski (Mazedonien) - Nallbani (46. Kapllani) - Tole (46. Novi), Malko, Quendro, Shulu (63. Dede), Alliu (46. Cipi), Haxhi (46. Dobi), Jupi (75. Ruhi), Koca (46. Miloti), Prenga (82. Gallo), Zajmi (77. Cocja) - Trainer: Bajko - Torscvhützen: Quendro (30./1:0), Dobi (50./2:0)

Bosnien-Herzegowina - Albanien 0:0

24. 4. 1996 - Zenica - 18.000 - Poljak (Kroatien) - Nallbani (67. Kapllani) - Behari (86. Begiani), Mergjishi, Dede, Malko - Xumba, Vata (43. Mema), Bozgo (76. Baholli) - Bushi (81. Halili) - Prenga (63. Peco), Kacaci (46. Koca) - Trainer: Bajko

DER EUROPAPOKAL

Europapokal der Landesmeister

Meister SK Tiranë startete im UEFA-Pokal-Wettbewerb

Europapokal der Pokalsieger

Qualifikation

Turku PS - Teuta Durrës **1:0 (1:0)**

10. 8. 1995 - 4.200 - Levnikov (Rußland)

Teuta Durrës - Turku PS **3:0 (2:0)**

24. 8. 1995 - 5.000 - Tivold (Slowenien) - Torschützen: Vila (8./1:0), Koça (19./2:0), Bushi (55./3:0)

1. Runde

Teuta Durrës - AC Parma **0:2 (0:0)**

14. 8. 1995 - 10.000 - Momirov (Bulgarien)

AC Parma - Teuta Durrës2:0 (1:0)

28. 8. 1995 - 10.291 - Mitrovic (Slowenien)

UEFA-Pokal

Qualifikation

SK Tiranë - Hapoel Beer Sheva **0:1 (0:1)**

8. 8. 1995 - 3.000 - Georgiu (Zypern)

Hapoel Beer Sheva - SK Tiranë **2:0 (2:0)**

22. 8. 1995 - 5.000 - Tokat (Türkei)

Fenerbahçe Istanbul - Partizani Tiranë **2:0 (0:0)**

8. 8. 1995 - 20.000 - Ormandjiev (Bulgarien)

Partizani Tiranë - Fenerbahçe Istanbul **0:4 (0:2)**

22. 8. 1995 - 8.000 - De Pandis (Frankreich)

UI-Cup

kein Teilnehmer gemeldet

ARMENIEN 1995 UND 1995/96

Zwischen Querelen und Sensationen

Football Federation of Armenia

9 Abovian street,
375001 Erevan
Telefon: ++374 (2) 527014
Telefax: ++374 (2) 151 573
Telex: 885523376

FIFA-Weltrangliste:
Juli 1995: 130. Platz, 11,14 Punkte;
Juli 1996: 119. Platz, 18,55 Punkte

UEFA-Fünfjahreswertung
1996/97: 45. Platz, 2,5 Punkte

An der Schnittstelle zwischen Europa und Asien, im Westen begrenzt von der Türkei und im Süden vom Iran, liegt Armenien. Ganzer Stolz des Landes ist der Berg Ararat, an dem einst Noahs Arche strandete. Seit 1991 ist die ehemalige Sowjetrepublik eigenständig und hat seitdem vornehmlich durch den Dauerkonflikt um die Region Berg-Karabach für Schlagzeilen gesorgt.

Fußballerisch ist das 4-Millionen-Einwohner-Land bislang nicht sonderlich aufgefallen, was sich allerdings nach dem Willen des im Dezember 1994 zum Verbandspräsidenten gewählten Armen Sarkisyan demnächst ändern soll. Um seine Ziele zu erreichen, krempelte der als autoritär geltende ehemalige sowjetische Nationalspieler Armeniens Fußball mächtig um. Zunächst entließ er Nationaltrainer Eduard Markarov und übergab das Zepter an den Erevaner Erfolgstrainer Samvel Darbinian. Dann wurde der Saisonverlauf vom Ganzjahres- auf das Herbst-/Frühjahrsystem umgestellt, um besser in den europäischen Wettbewerben mithalten zu können. Es dauerte nicht lang, bis sich erste Erfolge einstellten. Am 6. September 1995 gewann die Nationalmannschaft ihr erstes Länderspiel seit der Unabhängigkeit (2:1 in Mazedonien), und im Europapokal erreichte Ararat Erevan durch einen Sieg nach Elfmeterschießen gegen GKS Kattowitz die 1. Runde im Pokalsiegerwettbewerb.

Die Landesmeisterschaft teilte sich aufgrund der Änderungen des Saisonverlaufes in eine Übergangsrunde und die "richtige" Meisterschaft. Zunächst ging es ab März 1995 in zwei Gruppen darum, unter die ersten vier zu kommen, um sich für die "richtige" Saison zu qualifizieren. Die war als acht Mannschaften umfassende Klasse geplant, wurde jedoch, da es im Saisonverlauf zu zahlreichen Protesten gegen diese Regelung kam, später auf zwölf Teilnehmer erweitert. Damit war der Übergangsrunde freilich jeglicher sportlicher Reiz genommen, denn mit Ausnahme der beiden Abstiegsränge waren die Endplazierungen folgenlos. Die Gruppensiege Ararat Erevans (Meister des Jahres 1993) bzw. Shirak Gyumris (Meister von 1992 und 1994) waren also nur für die Statistiker interessant. Immerhin unterstrich Titelverteidiger Gyumri seine Ambitionen und wurde mit acht Punkten Vorsprung ungeschlagener Staffelsieger, während der Traditionsklub aus Erevan nur knapp vor dem überraschend starken Lokalrivalen AOSS durchs Ziel ging.

AOSS, das bis 1993 unter dem Namen Homenetmen spielte und sich vor Beginn der "richtigen" Saison 1995/96 in Piunik Erevan umbenannte, avancierte zur Sensationsmannschaft der Saison. Die vom ehemaligen sowjetischen Nationalspieler Choran Organesyan trainierte Mannschaft setzte sich frühzeitig vom Feld ab und gab bis zur Winterpause lediglich gegen Ararat Erevan und Tsement Ararat Punkte ab. Zur Rückrunde verstärkte Organesyan sein Team zudem mit den beiden Nationalspielern Aramais Tonoyan und Hamlet Mkhitaryan (Libero bzw. Stürmer, beide von Ararat Erevan). Anschließend war Piunik nicht mehr zu bremsen. Erst am viertletzten Spieltag gab es gegen Ararat Erevan erneut einen Punktverlust, doch schon zwei Wochen später stand das Team nach einem 1:0-Erfolg bei Verfolger Shirak Gyumri als Meister fest.

Für die als Top-Favoriten in die Saison gegangenen Teams von Shirak Gyumri und Ararat Erevan eine Katastrophe. Die seit August 1993 in über fünfzig Spielen ungeschlagene Mannschaft aus der armenisch-türkischen Grenzstadt Gyumri erlebte ihr böses Erwachen am 8. Spieltag, als sie mit 0:1 bei Aufsteiger Karabach Erevan verlor. Zwei Wochen später ging das Team von Andranik Adamyan gar mit 0:4 bei Tabellenführer Piunik

Übergangsrunde A 1995	1.	2.	3.	4.	5.	6.	Sp	g	u	v	Tore	Diff.	Pkt.
1. Shirak Gyumri (M)	•	2:0	2:0	4:0	6:1	1:1	10	7	3	0	23:6	+17	24
2. Tsement Ararat	0:1	•	3:0	1:0	5:1	3:2	10	5	1	4	19:12	+7	16
3. Aznavour Novemberyan	0:1	3:2	•	1:0	1:2	2:0	10	4	1	5	10:14	-4	13
4. ASS-SKIF Erevan	3:3	0:0	3:1	•	3:0	1:0	10	3	3	4	11:13	-2	12
5. Zangezur Goris	1:1	3:2	1:2	3:1	•	1:1	10	3	3	4	13:22	-9	12
6. Erezank Erevan ↓	0:2	0:3	0:0	0:0	0:0	•	10	0	5	5	4:13	-9	5

Übergangsrunde B 1995	1.	2.	3.	4.	5.	6.	Sp	g	u	v	Tore	Diff.	Pkt.
1. FK Ararat Erevan (P)	•	1:1	2:3	1:0	5:0	3:4	10	6	2	2	34:11	+23	20
2. AOSS Erevan [1]	1:1	•	0:0	1:1	10:0	7:1	10	5	4	1	31:8	+23	19
3. Kotaik Abovyan	0:4	2:1	•	6:0	0:0	4:1	10	4	3	3	18:13	+5	15
4. Van Erevan	0:6	0:1	2:1	•	2:1	6:0	10	4	1	5	15:21	-6	13
5. Aragats Gyumri (N)	2:3	0:3	0:0	4:2	•	2:2	10	2	3	5	14:31	-17	9
6. Kotaik-II Region [2] ↓	0:8	1:5	2:1	0:2	4:5	•	10	2	1	7	15:43	-28	7

Anmerkung: [1] = benannte sich nach Serienende um in Piunik Erevan, [2] = begann als FC Banants Abovyan und wurde im Saisonverlauf von Kotaik Aboyan übernommen

Aufsteiger: Karabach Erevan, FC Erevan

Erevan unter, und die 0:1-Niederlage im Rückspiel zerstörte Gyumris letzte Titelhoffnung. Immerhin qualifizierte sich das Team als Vizemeister noch für den UEFA-Pokal.

Demgegenüber stand Ararat Erevan nach dem letzten Spieltag mit leeren Händen da. Das bekannteste und beliebteste Team Armeniens hatte nach der 0:1-Niederlage gegen Piunik Erevan (6. Spieltag) bereits neun Punkte Rückstand auf den Spitzenreiter und konnte seine Meisterträume auf die nächste Saison verschieben. Auch ein Trainerwechsel, für Darbinyan kam Arcadi Andreasyan, konnte die Talfahrt nicht stoppen, zumal zur Winterpause neben Tonoyan und Mkhitaryan auch noch Torjäger Vahe Yaghmuryan (zu Flora Tallinn) den Verein verließ. Die Hoffnungen, über den Pokalwettbewerb an die begehrte Europacupqualifikation zu gelangen, zerschlug sich im Halbfinale, als Piunik für das Aus sorgte.

Glückliche Gesichter gab es dagegen bei Kotaik Abovyan. Das Team aus der Kleinstadt nördlich von Erevan schaltete im Pokalhalbfinale überraschend Shirak Gyumri aus und qualifizierte sich dank Piuniks Double für den Europapokal!

Armeniens Länderspielsaison stand im Zeichen des Machtkampfes zwischen Nationaltrainer Darbinyan und Verbandspräsident Sarkisyan. Nach der 0:2-Heimniederlage gegen Belgien, bei der Darbinyan auf Hakop Ter-Petrosyan, den Neffen des allmächtigen armenischen Staatspräsidenten Lewon Ter-Petrosyan verzichtet hatte, wurde die Stimmung zusehens schlechter. Sportlich weist die Bilanz Licht und Schatten auf. Dem unter Ausschluß der Öffentlichkeit erzielten 2:1-Sieg in Mazedonien - der erste Sieg Armeniens! - steht mit 0:6 in Marokko die höchste Niederlage der Verbandsgeschichte gegenüber. Jenes Spiel kam allerdings mitten in der armenischen Winterpause zustande, darüberhinaus fehlten mit Tonoyan und Hovanesyan zwei Stammspieler. Präsident Sarkisyan nutzte schließlich die 1:2-Niederlage in Paraguay, um Samvel Darbinyan durch Piuniks Erfolgscoach Organesyan zu ersetzen.

Der Präsident geriet aufgrund seiner ausschweifenden Reisefreudigkeit selbst in die Kritik. "Der sitzt mehr im Flugzeug als an seinem Schreibtisch", hieß es hinter vorgehaltender Hand. In der Regel ist Sarkisyan mit Generalsekretär Khatchatryan (im Volksmund "die beiden KGBler" genannt) unterwegs, wobei offen ist, aus welchen Mitteln die Reisen finanziert werden. Nicht wenige vermuten, daß es aus dem 430.000 Schweizer Franken starken UEFA-Fonds zum Aufbau des Fußballs im Land ist. ■

IM BLICKPUNKT

Ararat Erevan

Einst schwärmte ganz Armenien für diesen Klub. Benannt nach dem berühmten Berg, an dem Noahs Arche strandete, hat Ararat Erevan inzwischen mehrere Sintfluten über sich ergehen lassen müssen. Vom Zuschauerschnitt von über 50.000 zu sowjetischen Oberligazeiten, als Ararat gleichzeitig Symbol der armenischen Nation war, sind nur wenige tausend übriggeblieben. Und das Ende der Talfahrt ist noch nicht in Sicht, denn

Meisterschaft 95/96	Gesamt							Heim					Auswärts				
	Sp	g	u	v	Tore	Diff.	Pkt.	g	u	v	Tore	Pkt.	g	u	v	Tore	Pkt.
1. Piunik Erevan	22	19	3	0	71:14	+57	60	10	1	0	38:5	31	9	2	0	33:9	29
2. Shirak Gyumri (M)	22	16	3	3	67:23	+44	51	9	1	1	38:8	28	7	2	2	29:15	23
3. FC Erevan (N)	22	13	5	4	43:24	+19	44	8	1	2	35:12	25	6	2	3	19:15	20
4. FK Ararat Erevan (P)	22	12	3	7	58:28	+30	39	7	3	1	24:9	24	6	1	4	26:12	19
5. Tsement Ararat	22	12	3	7	57:33	+24	39	6	2	3	32:16	20	6	0	5	12:16	18
6. Kotaik Abovyan	22	11	3	8	31:33	-2	36	5	3	3	19:17	18	4	2	5	22:21	14
7. Karabach Erevan (N)	22	8	5	9	29:28	+1	29	5	2	4	16:12	17	3	3	5	13:16	12
8. Van Erevan	22	7	3	12	42:42	0	24	5	1	5	29:21	16	3	1	7	10:33	10
9. ASS-SKIF Erevan	22	6	3	13	30:52	-22	21	4	2	5	17:20	14	2	2	7	13:21	8
10. Zangezur Goris	22	5	2	15	26:60	-34	17	4	1	6	24:32	13	2	1	8	13:32	7
11. Aragats Gyumri ↓	22	4	3	15	35:89	-54	15	2	1	8	16:27	7	0	2	9	11:57	2
12. Aznav. Novemberian ↓	22	0	2	20	19:82	-63	2	0	1	10	11:30	1	0	1	10	8:52	1

Aufsteiger: Arabkir Erevan.
Das Relegationssspiel zwischen dem Zweitligavizemeister CSKA Erevan und dem Tabellenelften der 1.Liga Aragats Gyumri gewann CSKA Erevan mit unbekanntem Ergebnis und stieg damit ebenfalls auf.

EC 1996/97: CL: -, EC2: Kotaik Abovyan, UEFA: Piunik Erevan, Shirak Gyumri, UI: -

Meisterschaft 1995/96	Piunik	Shirak	FC Erevan	Ararat E.	Tsement	Kotaik	Karabach	Van	ASS-SKIF	Zangezur	Aragats	Aznayour
Piunik Erevan	•	4:0	1:0	0:0	2:1	5:3	4:0	2:1	4:0	5:0	6:0	5:0
Shirak Gyumri	0:1	•	3:1	2:1	3:1	2:0	1:0	2:2	5:0	4:0	6:2	10:0
FC Erevan	2:2	1:1	•	2:1	1:0	3:0	1:1	2:1	0:2	1:0	6:0	5:1
Ararat Erevan	1:3	1:1	1:3	•	1:3	2:1	1:1	3:1	3:1	8:0	3:2	8:0
Tsement Ararat	0:0	2:4	3:0	2:1	•	3:0	3:5	3:0	4:1	4:0	6:1	5:0
Kotaik Abovyan	0:1	1:7	1:1	0:4	3:1	•	1:0	0:0	4:2	2:0	6:0	1:1
Karabach Erevan	0:3	1:0	1:2	2:1	0:0	0:1	•	1:0	0:0	3:4	6:0	2:1
Van Erevan	1:4	1:4	1:3	0:5	1:1	0:1	2:1	•	4:1	2:0	11:1	6:0
ASS-SKIF Erevan	1:6	0:1	1:1	1:3	3:2	0:1	0:0	4:2	•	1:2	3:1	3:1
Zangezur Goris	0:6	0:1	2:3	1:2	4:5	0:1	1:3	1:2	1:0	•	3:3	3:1
Aragats Gyumri	2:3	4:7	1:3	1:5	1:4	0:2	2:1	3:0	4:2	2:2	•	4:3
Aznavour Novemberyan	2:4	0:3	0:2	1:3	2:4	1:2	0:1	0:4	3:4	1:2	1:1	•

Die Torschützen

Araik Adamyan (Shirak Gyumri)	28
Hovanes Tumbaryan (Tsement Ararat)	24
Yessayan (FC Erevan)	20
Artur Petrosyan (Shirak Gyumri)	13

1995/96 erlebte das Team einen weiteren Rückschlag: Lediglich Platz 4 in der Meisterschaft, im Pokalfinale zwei deutliche Halbfinalniederlagen gegen den lokalen Newcomer Piunik sowie die erstmals verpaßte Europapokalteilnahme lassen Ararats Zukunft düster erscheinen. Trainer Arkadi Andreasyan, elfmaliger sowjetischer Nationalspieler, legte sich zudem mit dem wegen seines Temperaments auch "Cantona von Armenien" genannten Stürmerstar Armen Shahgeldyan sowie Torhüter Harutyun Abrahamyan an. Letzterer erklärte nach der 1:4-Pokalniederlage gegen Piunik, unter diesem Trainer nicht mehr spielen zu wollen. Schwere Zeiten für Ararat.

Hamlet Mkhitarian (ASOA Valence)

Am 5. Juni 1996 trugen Armeniens Nationalspieler Trauerflor. Hamlet Mkhitaryan, einer der bekanntesten Spieler des Landes, war 33jährig einem Gehirntumor erlegen. Der aufgrund seiner unorthodoxen Spielweise auch "Scheibenwischer" genannte Stürmer hatte zu UdSSR-Zeiten 170 Erstligaspiele für Ararat Erevan absolviert und dabei 46 Treffer markiert. 1989 war er zum französischen ASOA Valence gewechselt, in dessen Dreß Mkhitaryan zweimal Torschützenkönig der dritthöchsten Spielklasse Frankreichs geworden war.

DER POKAL

Achtelfinale (Hin- und Rückspiele)

Kapan 81 - FK Ararat Erevan	0:2, 1:6
Naiirit Erevan - Karabach Erevan	0:x
Tsement Ararat - Aznavour Novemberyan	1:6, 0:4
Piunik Erevan - Aragats Gyumri	0:4, 1:6
Kotaik Abovyan - ASS-SKIF Erevan	5:1, 1:0
Zankezur Goris - Van Erevan	0:3, 0:4
Arabkir Erevan - FC Erevan	0:6, 0:4
Astgh - Shirak Gyumri	0:5, 0:3

Viertelfinale (Hin- und Rückspiele)

Karabach Erevan - FK Ararat Erevan	1:3, 0:1
Piunik Erevan - Tsement Ararat	2:0, 2:3
Van Erevan - Kotaik Abovyan	1:0, 0:2
FC Erevan - Shirak Gyumri	0:1, 1:1

Halbfinale (Hin- und Rückspiele)

FK Ararat Erevan - Piunik Erevan	0:2, 1:4
Shirak Gyumri - Kotaik Abovyan	0:1, 1:1

Finale (28. Mai 1996, Erevan)

Piunik Erevan - Kotaik Abovian	3:2

DIE LÄNDERSPIELE

Armenien - Dänemark 0:2 (0:2) **EMQ**

16. 8. 1995 - Erevan - 20.000 - Dardenne (Deutschland) - Petrosyan - Hovsepyan, V. Khachatryan, A. Khachatryan, Oganesyan, Tonoyan, A. Petrosyan, Grigoryan, Tahmazyan (40. H. Ter-Petrosyan), Shakgeldyan, A. Avetisyan (83. A. Avetisyan) - Trainer: Darbinyan

Mazedonien - Armenien 1:2 (1:0) **EMQ**

6. 9. 1995 - Skopje - unter Ausschluß der Öffentlichkeit - Pereira (Portugal) - Petrosyan - Gsepyan, V. Khatchatryan, Vardanyan, Oganesyan - Stephanyan (65. H. Ter-Petrosyan), A. Petrosyan (69. A. Khatchatryan), Mkhitaryan, Hovsepyan - Grigoryan (84. V. Avetisyan), Shakgedyan - Trainer: Darbinyan - Torschützen: Grigoryan (61./1:1), Shakgedyan (78./2:1)

Armenien - Belgien 0:2 (0:2) **EMQ**

7. 10. 1995 - Erevan - 5.000 - Mitrev (Bulgarien) - Abramyan - Sukiasyan, V. Khachatryan, A. Khachatryan, Hovsepyan - Gsepyan, A. Petrosyan, Grigoryan (46. V. Avetisyan), Mkhitaryan (70. Margaryan) - Shahgeldyan, A. Avetisyan - Trainer: Darbinyan

Dänemark - Armenien 3:1 (2:0) **EMQ**

15. 11. 1996 - København - 40.208 - Veisierre (Frankreich) - Abramyan - Artoyan, V. Khachatryan, Hovsepyan, Vardanyan, Gsepyan (80. Krbachyan), A. Petrosyan, V. Avetistyan (71. Margaryan), Mkhitaryan, Nigoyan, A. Avetisyan - Trainer: Darbinyan - Torschütze: A. Petrosyan (47./2:1)

Armenien - Marokko 0:6 (0:4)

17. 1. 1996 - Vitrolles (Frankreich) - 400 - Batta (Frankreich) - Abramyan - Artoyan, Gsepyan (Krbachyan), Hovsepyan, Kocharyan - Vardanyan (V. Khatchtryan), A. Petrosyan, Grigoryan - Mkhitaryan, Shahgeldyan, H. Ter-Petrosyan (V. Avetisyan) - Trainer: Darbinyan

Frankreich - Armenien 2:0 (1:0)

5. 6. 1996 - Lille - 21.486 - Hamer (Luxemburg) - Abrahamyan - Sukiasyan, Khachatryan, Hovsepyan, Oganesyan, H. Ter-Petrosyan, A. Petrosyan, Grigoryan (63. A. Avetisyan), Mkhitaryan, Tonoyan (57. Vardanyan), V. Avetisyan - Trainer: Darbinyan

Peru - Armenien 4:0 (1:0)

20. 6. 1996 - Lima - 12.000 - Abrahamyan - Hovsepyan, Khachatryan, Mkhitaryan, Krbachyan, Mkrtchyan, Minasyan, Fonoyan, Petrosyan, A. Avetisyan, V. Avetisyan - Trainer: Darbinyan

Paraguay - Armenien 1:2 (1:1)

25. 6. 1996 - Asunción - Abramyan - H. Ter-Petrosyan (A.Avetisyan), Adopyan, V. Khachatryan, Hovsepyan, Vardanyan (Yervand), Abrahanyan, A. Avetisyan, A. Petrosyan, Mkhitaryan, Yesayan - Trainer: Darbinyan - Torschützen: V. Avestiyan (33./0:1), Yesayan (56./1:2)

Equador - Armenien 3:0 (1:0)

30. 6. 1996 - Portoviejo - 5.000 - Abrahamyan - H. Ter-Petrosyan, Adopyan, Khachatryan (Vasayan), Hovsepyan - Vardanyan (V. Avetisyan), Mkhitaryan, Minesyan, A. Petrosyan (Gsepyan) - A. Avetisyan, Yesayan - Trainer: Organesyan

DER EUROPAPOKAL

Europapokal der Landesmeister

Meister Shirak Gyumri startete im UEFA-Pokal-Wettbewerb

Europapokal der Pokalsieger

Qualifikation

GKS Katowice - Ararat Erevan 2:0 (2:0)

10. 8. 1995 - 3.000 - Pedersen (Norwegen) - Abrahamyan (57. A. Petrosyan) - Gspeyan, Tonoyan, Mkryan, Nigoyan (82. Berseghyan), H. Ter-Petrosyan, Mkhitaryan, Stepanyan, Aramanyan, Shahgeldyan, Mikaelian (46. Kocanyan)

Ararat Erevan - GKS Katowice 5:4 n. E., 2:0 n.V. (2:0)

24. 8. 1995 - 4.000 - Jakubowski (Weißrußland) - A. Petrosyan - Gspeyan, Tonoyan, Karepetyan, Nigoyan, H. Ter-Petrosyan, Mkhitaryan, Stepanyan, Aramanyan, Shahgeldyan, Voskamyan - Torschützen: Gspeyan (23./1:0), Tonoyan (26./2:0/Elfmeter)

1. Runde

Dinamo Moskau - Ararat Erevan 3:1 (1:0)

14. 9. 1995 - 7.500 - Sedlacek (Österreich) - Torschütze: Stephanyan (71./1:1)

Ararat Erevan - Dinamo Moskau 0:1 (0:0)

28. 9. 1995 - 15.000 - Wegereef (Niederlande)

UEFA-Pokal

Qualifikation

Zaglebie Lubin - Shirak Gyumri 0:0 (0:0)

10. 8. 1995 - 6.000 - Butenko (Rußland) - Oganesyan - Margaryan, Karapetyan, Artoyam, Adamyan, Hodzhoyan (46. Bernetsyan), Yepranosyan (75. Tumasyan), Petrosyan, Tamasyan, Nikolyan (78. Avetisyan), Grigoryan

Shirak Gyumri - Zaglebie Lubin 0:1 (0:1)

24. 8. 1995 - 18.000 - Tatulian (Ukraine) - Oganesyan - Margaryan, Karapetyan, Vardanyan, Adamyan, Bernetsyan (66. Avetisyan), Petrosyan, Yepranosyan (46. Tumasyan), Tahazyan, Grigoryan (73. Hozdhoyan), Nikolyan

UI-Cup

kein Teilnehmer gemeldet

ASERBAIDSCHAN 1995/96:

Endlich ein Heimspiel

AFFA

Azerbaycan Futbol Federasiyalari Assosiasiyasi

42 Gussi Gadjiev,
370009 Baku
Telefon: ++94 (12) 94 49 16
Telefax: ++94 (12) 98 93 93
Telex: 142349 AFFA SU

FIFA-Weltrangliste:

Juli 1995:	150. Platz,	6,35 Punkte
Juli 1996:	132. Platz,	14,73Punkte

UEFA-Fünfjahreswertung

1996/97:	48. Platz,	0,5 Punkte

Eigentlich haben die Menschen in der transkaukasischen Republik Aserbaidschan andere Sorgen, als sich um Fußball zu kümmern: Die weitläufigen Steppenflächen des Landes lassen sich nur mittels kostspieliger künstlicher Bewässerung bewirtschaften, der bewaffnete Konflikt um die Enklave Berg-Karabach kostet viel Geld und jeder, der etwas auf sich hält, nutzt die erstbeste Gelegenheit, um ins Ausland zu gehen. Dennoch strömten am 9. April 1996 über 30.000 Fans ins Stadion "Tofik Bahramov" (benannt nach dem berühmten Linienrichter des WM-Endspiels von 1966, der beim dritten Tor die Fahne hob), um das Ende des zweijährigen Fußballexils Aserbaidschans zu bejubeln.

1994 hatte die FIFA zwar grünes Licht für die Teilnahme an der EM-Qualifikation gegeben, aufgrund des Berg-Karabach-Konfliktes jedoch auf der Austragung der Heimspiele im Ausland bestanden. Aserbaidschan war daraufhin in die gut 1.000 Kilometer westlich von der Hauptstadt Baku liegende türkische Schwarzmeerstadt Trabzon ausgewichen - und hatte seine Heimspiele vor 50 bis 60 Zuschauern austragen müssen.

Nach Aufhebung des Ausnahmezustandes und einer relativen Beruhigung der Situation im Land war der Weg zum ersten "echten" Heimspiel frei, auch wenn es noch immer regelmäßig zu gewalttätigen Auseinandersetzungen zwischen Polizei und Gegnern der von Gaidar Alijev autoritär geführten Regierung kommt. Gegner im ersten Länderspiel auf aserbaidschanischem Boden war - natürlich - die Türkei, die einen glanzlosen 1:0-Sieg davontrug. Sechs Wochen später feierte Aserbaidschan mit einem 2:2 in Weißrußland - erst der zweite Punktgewinn seit Bestehen der Auswahlelf - auch einen sportlichen Achtungserfolg. Nationaltrainer Kazbek Tuayev, der Agasalim Mirdzhavadov nach der 0:2-Niederlage in Israel abgelöst hatte, konnte zufrieden sein. Im ersten Spiel unter seiner Regie hatte es gegen Polen sogar ein torloses Unentschieden und damit den ersten Punktgewinn in der EM-Qualifikation gegeben!

Während das Auswahlteam allmählich an Konstanz und Stärke gewann, wurde Aserbaidschans Landesmeisterschaft im sechsten Jahr ihres Bestehens zum fünften Mal umgekrempelt. Analog zum Schweizer Spielsystem wurde die zwölf Mannschaften starke höchste Spielklasse diesmal nach zweiundzwanzig Runden in eine Meister- und Abstiegsrunde geteilt, wobei lediglich die Punkte und Tore aus den direkten Duellen mitgenommen wurden. Als es im Frühjahr 1996 ernst wurde, waren sämtliche Topteams dabei: Neftci Baku, erster Meister von 1992, Garabag Agdam, Titelträger von 1993, Turan Tovuz, Meister von 1994, und Kapaz Ganja, der amtierende Meister. Dazu kamen als ernstzunehmende Außenseiter der vorjährige Pokalfinalist Kur-Nur Mingecevir sowie der überraschende Tabellenzweite der ersten Saisonhälfte, Khazari Buzovna.

Ernsthafte Titelchancen wurden allerdings lediglich Neftci Baku, Turan Tovuz und Kapaz

Meisterrunde	1.	2.	3.	4.	5.	6.	Sp	g	u	v	Tore	Diff.	Pkt.
1. Neftci Baku	•	2:1	1:0	2:3	2:2	2:1	10	6	2	2	18:12	+6	20
2. Turan Tovuz	1:3	•	0:0	2:1	1:0	3:0	10	6	1	3	12:10	+2	19
3. Khazri Buzovna	0:0	4:1	•	0:0	2:2	2:1	10	4	4	2	10:9	+1	16
4. Kapaz Ganja	2:1	0:1	0:1	•	0:0	2:0	10	4	2	4	10:9	+1	14
5. Garabag Agdam	1:2	0:1	4:0	1:2	•	2:2	10	1	5	4	13:13	0	8
6. Kur-Nur Mingecevir	1:3	0:1	0:1	1:0	1:1	•	10	1	2	7	7:17	-10	5

Ganja eingeräumt. Tabellenführer Kapaz Ganja leistete sich mit zwei Niederlagen in Folge einen klassischen Fehlstart, der den Titelverteidiger sämtliche Titelchancen kostete. Stattdessen avancierte mit Neftci Baku das sportliche Aushängeschild Aserbaidschans (und zudem der einzige Klub des Landes, der einst in der sowjetischen Oberliga vertreten war) zur Mannschaft der Stunde. Neftci ("Kraftstoff") gewann sein Auftaktduell in Tovuz mit 3:1 und übernahm die Tabellenspitze. Am Ende verfügte die Mannschaft des Trainer-Duos Sadygov/Khluchin über drei Punkte Vorsprung vor dem überraschend starken Team aus Buzovna, das Aserbaidschan gemeinsam mit Meister Baku im UEFA-Pokal vertreten darf. ■

Gesamttabelle	Sp	g	u	v	Tore	Diff.	Pkt.
1. Neftci Baku (P)	20	10	6	4	32:20	+12	36
2. Khazri Buzovna	20	8	9	3	22:14	+8	33
3. Turan Tovuz	20	10	3	7	27:27	0	33
4. Kapaz Ganja (M)	20	9	5	6	33:20	+13	32
5. Garabag Agdam	20	4	9	7	25:24	+1	21
6. Kur-Nur Mingevir	20	1	4	15	12:46	-34	7
7. Baki Feklesi Mashtagi	20						n.b.
8. OIK Baku (N)	20						n.b.
9. FK Shamkir (N)	20						n.b.
10. Viliash Masalli	20						n.b.
11. Pambygçi Neftçala	20						n.b.
12. Pambygçi Barda	20						n.b.

Anmerkungen: Weitere Informationen über den Verlauf der Abstiegsrunde konnten nicht eruiert werden

Aufsteiger: Sumqayit FK, Cinar PA Süvalan

Torschützen: Rovszan Ahmedov (Kapaz Ganja) 14

DER POKAL

Finale

Nefi Baku - Garabag Agdam 3:0 (1:0)

DIE LÄNDERSPIELE

Aserbaidschan - Slowakei 0:1 (0:0) **EMQ**

*16. 8. 1995 - Trabzon (Türkei) - 50 - Hamer (Luxemburg) - Sadygov - Getman, Kadirov, T. Ahmedov, Agayev (72. Asadov) - Abusev, J. Guseinov, Diniyev (46. M. Gurbanov), Nosenko - Lichkine, S. Alekberov - Trainer: Mirdzhavadov * Rote: Kadirov (89.)*

Frankreich - Aserbaidschan 10:0 (3:0) **EMQ**

6. 9. 1995 - Auxerre - 15.000 - Micallef (Malta) - E. Gasanov (38. Sadygov) - Asadov, Getman, T. Ahmedov, Agayev, Abusev, Kadirov (75. M. Gusseinov), Dinyev, M. Kurbanov (46. Alekberov), Y. Gusseinov, Lichkin - Trainer: Mirdzhavadov

Israel - Aserbaidschan 2:0 (1:0) **EMQ**

11. 10. 1995 - Tel Aviv - 8.000 - Detrusche (Schweiz) - Jidkov - Asadov, Vahabzadze, Mayorov (52. Agayev), T. Ahmedov - Abusev, Lichkin (70. Mamedov), Kadirov, Rzayev (70. M. Gurbanov) - Souleymanov, Kasumov - Trainer: Mirdzhavadov

Aserbaidschan - Polen 0:0 **EMQ**

15. 11. 1995 - Trabzon (Türkei) - 500 - Mottram (Schottland) - Jidkov - Getman, Gaishumov, T. Ahmedov - Vahabzadze, Abusev, Agayev, Rzayev (69. K. Gurbanov), Gadirov (67. M. Gurbanov) - Suleymanov (82. Lichkin), Kasumov - Trainer: Tuayev - Gelbe Karte: Gaishumov (88.)

Aserbaidschan - Estland 0:0

16. 2. 1996 - Larnaca (Zypern) - 50 - Loizou (Zypern) - E. Gassanov - Getman, Gaishumov, T. Akhmedov, Asadov (29. Agayev) - Abusev (80. Lichkin), Idigov, Rzayev (46. Kadyrov), Nosenko - Y. Gussinov, K. Gurbanov (84. Mamedov) - Trainer: Tuayev

Aserbaidschan - Türkei 0:1 (0:0)

9. 4. 1996 - Baku - 32.000 - Kvaracheliya (Georgien) - E. Gasanov - Getman, Gaysumov, T. Akhmedov, Lichkine - Abusev (46. Nosenko), Agayev, Dinyev (46. Rzayev), Kadyrov - Suleymanov, V. Kasumov (83. Guseynov) - Trainer: Tuayev

Weißrußland - Aserbaidschan 2:2 (0:0)

27. 5. 1996 - Molodechno - 9.000 - Sliva (Litauen) - Zidkov - Asadov, Gaishumov, T. Akhmedov, Lichkin, Abusev, Rzayev (66. Dineiyev), Y. Guseinov - Nosenko, Suleymanov (46. K. Kurbanov), Idigov - Trainer: Tuayev - Torschützen: Kurbanov (53./1:1), Idigov (75./2:2)

Norwegen - Aserbaidschan 5:0 (2:0) **WMQ**

2. 6. 1996 - Oslo - 14.012 - Snoddy (Nordirland) - Zidkov - Gaishumov, Getman, T. Akhmedov - Agayev (40. Nosenko), Idigov, Abuchev (79. Asadov), Rzayev (46. K. Kurbanov) - Y. Gusseinov, Lichkin, Suleymanov - Trainer: Tuayev

DER EUROPAPOKAL

Europapokal der Landesmeister

Meister Kepez FK Ganca startete im UEFA-Pokal-Wettbewerb

Europapokal der Pokalsieger

Qualifikation

Apoel Nicosia - Neftci Baku **3:0 (2:0)**

10. 8. 1995 - 14.000 - Richards (Wales)

Neftci Baku - Apoel Nicosia **0:0**

24. 8. 1995 - 4.000 - Craciun (Rumänien)

UEFA-Pokal

Qualifikation

Kepez FK Ganca - Austria Wien **0:4 (0:2)**

8. 8. 1995 - 5.000 (in Sumgait) - Vad (Ungarn)

Austria Wien - Kepez FK Ganca **5:1 (4:1)**

22. 8. 1995 - 1.700 - Suheil (Israel) - Torschütze: Suleymanov (26./2:1)

UIC-Pokal

kein Teilnehmer gemeldet

Club Brugge holt erstmals das Double

Von Serge van Hoof

Union Royale Belge des Sociètès de Football Association/Koninklijke Belgische Voetbalbond

Avenue Houba
de Strooper 145
B - 1020 Bruxelles
Telefon: ++32 (2) 477 12 11
Telefax: ++32 (2) 478 23 91

FIFA-Weltrangliste
Juli 1995: 28. Platz, 45,84 Punkte
Juli 1996: 43. Platz, 41,55 Punkte

UEFA-Fünfjahreswertung
1996/97: 8. Platz, 27,8 Punkte

In Belgien war von Beginn an ein Kopf-an-Kopf-Rennen zwischen Titelverteidiger RSC Anderlecht und Pokalsieger Club Brugge KV erwartet worden.

Den besseren Start erwischten die Brügger, die am 1. Spieltag das vermeintlich schwere Auswärtsspiel bei Germinal Ekeren mit 2:1 gewannen, während das Star-Ensemble aus Brüssel mit 1:3 bei Eendracht Aalst verlor. Der niederländische Eendracht-Stürmer Edwin Van Ankeren schoß alle drei Tore und stahl seinem früheren Mannschaftskameraden Gilles De Bilde, der zu Saisonbeginn nach Anderlecht gewechselt war, damit die Show.

In Runde 2 traf Brügge auf den VV St. Truiden, der beim 0:2 keine Chance hatte. Auf der anderen Seite patzte der RSC Anderlecht, der seit Saisonbeginn von Herbert Neumann trainiert wurde, erneut und verlor auch gegen Charleroi. Gilles De Bilde vergab einen Elfmeter.

Den dritten Brügger Sieg in Folge vereitelte ausgerechnet der Abstiegskandidat RFC Seraing, der durch einen Edmilson-Treffer im zweiten Spielabschnitt zu einem verdienten 1:1-Unentschieden kam. Anderlecht, dessen Begegnung gegen Ekeren verlegt worden war, kassierte gleichzeitig in der Qualifikation zur Champions League eine 0:1-Heimniederlage gegen Ferencváros Budapest, die

Belgischer Meister 1996: Clb Brugge

Première division	Gesamt							Heim					Auswärts				
	Sp	g	u	v	Tore	Diff.	Pkt.	g	u	v	Tore	Pkt.	g	u	v	Tore	Pkt.
1. Club Brugge KV (P)	34	25	6	3	83:30	+53	81	14	2	1	45:12	44	11	4	2	38:18	37
2. RSC Anderlecht (M)	34	22	5	7	83:37	+46	71	14	1	2	44:14	43	8	4	5	39:23	28
3. KFC Germinal Ekeren	34	15	8	11	53:37	+16	53	12	3	2	34:11	39	3	5	9	19:26	14
4. RWD Molenbeek	34	13	14	7	43:29	+14	53	9	6	2	24:9	33	4	8	5	19:20	20
5. K Lierse SK	34	14	10	10	54:45	+ 9	52	8	4	5	30:21	28	6	6	5	24:24	24
6. Standard Liège [1]	34	13	12	9	51:46	+ 5	51	9	7	1	28:15	34	4	5	8	23:31	17
7. RSC Charleroi	34	13	11	10	59:53	+ 6	50	8	7	2	37:21	31	5	4	8	22:32	19
8. KSV Cercle Brugge	34	13	10	11	51:47	+ 4	49	7	5	5	27:23	26	6	5	6	24:24	23
9. KSK Lommel SK	34	14	6	14	40:45	- 5	48	7	6	4	20:15	27	7	0	10	20:30	21
10. KV Mechelen	34	12	8	14	40:46	- 6	44	8	4	5	20:16	28	4	4	9	20:30	16
11. RC Harelbeke (N)	34	13	4	17	40:48	- 8	43	8	1	8	26:26	25	5	3	9	14:22	18
12. KSC Eendracht Aalst	34	11	9	14	51:58	- 7	42	8	5	4	37:26	29	3	4	10	14:32	13
13. RFC Antwerp	34	11	9	14	38:46	- 8	42	7	4	6	26:23	25	4	5	8	12:23	17
14. KAA Gent	34	10	11	13	39:49	-10	41	8	2	7	21:22	26	2	9	6	18:27	15
15. K St. Truiden VV	34	12	6	16	47:60	-13	40	7	4	6	29:28	25	5	2	10	18:32	15
16. RFC Seraing [1] ↓	34	9	5	20	38:75	-37	32	6	4	7	21:24	22	3	1	13	17:51	10
17. KSK Beveren ↓	34	6	9	19	38:57	-19	27	4	7	6	24:25	19	2	2	13	14:32	8
18. KSV Waregem (N) ↓	34	4	9	21	30:70	-40	21	3	4	10	18:36	13	1	5	11	12:34	8

Anmerkungen: [1] = fusionierten zum Saisonende unter dem Namen Standard Liège

EC 1996/97: CL: Club Brugge KV*, EC2: Cercle Brugge, UEFA: RSC Anderlecht, Germinal Ekeren, RWD Molenbeek, UI: K Lierse SK, Standard Liège, RSC Charleroi. *Club Brugge KV scheiterte in der Qualifikation zur CL an Steaua Bukarest

Die Torschützen

Mario Stanic (Club Brugge KV)	20
Christophe Lauwers (Cercle Brugge)	19
John Bosman (RSC Anderlecht)	15
Gilles De Bilde (RSC Anderlecht)	15
Patrick Goots (KSK Beveren)	14
Marc Wilmots (Standard Liège)	14
N'Gongé (RC Harelbeke)	14

prompt zur Entlassung von Trainer Neumann führte. Der beklagte sich anschließend nicht zu Unrecht über das fehlende Vertrauen der Vereinsführung: Die Bewährungszeit sei einfach zu kurz gewesen.

Nach vier Spieltagen hatten nur noch zwei Mannschaften eine weiße Weste vorzuweisen: Standard Lüttich dank eines 4:0-Kantersieges gegen Cercle Brügge und Eendracht Aalst, das seine Siegesserie mit einem knappen 1:0 gegen den RFC Antwerpen fortgesetzt hatte. Anderlecht kam derweil unter dem 73jährigen Interimstrainer Raymond Goethals beim 4:0 gegen St. Truiden zum ersten Saisonsieg. Eine Woche später setzte es eine schockierende 1:2-Niederlage gegen den Abstiegskandidaten Seraing, und das Allheilmittel Trainerwechsel hatte versagt. Seraing, auch „die Métallos" genannt, hatte auch spielerisch überzeugen können und stand nun vier Punkte vor der Mannschaft aus Brüssel.

Aalst hielt seine Serie auch am 5. Spieltag aufrecht und verteidigte die Tabellenführung durch ein 4:1 gegen den KFC Lommel SK, während Standard hingegen nur zu einem torlosen Unentschieden in Lier kam.

Am 6. Spieltag erwischte es die Aalster Überflieger, die mit 1:3 in Gent verloren. Das Interesse der belgischen Fans hatte aber den Ereignissen im Anderlechter *Vandenstock*-Stadion gegolten, denn dort trafen mit dem RSC Anderlecht und Club Brugge KV die beiden Top-Favoriten aufeinander. Für Anderlecht, das gerade erst Neumanns Vorgänger und Meistertrainer Johan Boskamp auf den Trainerstuhl zurückgeholt hatte, ging es bereits um alles oder nichts. Die Lila-Weißen schienen sich der Bedeutung des Spiels bewußt und gewannen durch zwei in der Schlußphase vom Ghanaer Yaw Preko erzielte Tore mit 2:1.

Auch in der nächsten Runde gab es wieder ein Spitzenspiel, als die beiden Erstplazierten Eendracht Aalst und Standard Lüttich im Aalster *Pierre Cornelis*-Stadion aufeinandertrafen. Die glänzend gestarteten Ceulemans-Schützlinge hatten zwar mehr vom Spiel, mußten sich aber mit einem Remis (1:1) zufriedengeben.

Am nächsten Spieltag gab Aalst mit 1:1 bei Cercle Brügge erneut zwei Punkte ab und mußte die Tabellenführung an Club Brugge abgeben, das den überraschend starken Aufsteiger RC Harelbeke mit 2:0 bezwang. Harelbeke, das 1994/

Prémière division	Aalst	Anderlecht	Antwerp	Beveren	Charleroi	Cercle	Cl. Brugge	Ekeren	Gent	Harelbeke	Lier	Lommel	Mechelen	Molenbeek	Seraing	Standard	St-Truiden	Waregem
Eendracht Aalst	•	3:1	0:0	5:1	3:4	4:3	0:2	2:0	2:2	2:0	1:2	4:1	3:2	1:1	5:0	1:1	0:x	1:1
RSC Anderlecht	4:0	•	1:1	1:0	0:2	3:0	2:1	4:1	3:0	1:3	3:1	3:2	3:1	1:0	7:0	2:1	4:0	2:0
RFC Antwerp	0:1	1:1	•	1:1	1:0	0:1	0:3	0:2	2:1	2:3	3:1	4:1	1:2	1:1	4:2	3:2	1:1	2:0
KSK Beveren	0:2	0:2	4:0	•	1:1	1:3	3:5	3:2	2:2	0:0	2:2	0:1	1:1	1:1	1:0	0:0	0:2	5:1
RSC Charleroi	2:0	1:3	2:0	3:1	•	1:1	1:3	1:1	3:3	0:0	1:1	5:0	4:2	2:2	4:2	2:2	4:0	1:0
KSV Cercle Brugge	1:1	2:1	3:2	2:0	0:2	•	1:2	2:2	0:0	2:1	2:3	0:1	3:2	1:1	0:0	2:3	2:1	4:1
Club Brugge KV	1:3	2:1	2:0	3:1	0:0	2:2	•	3:1	3:0	2:0	2:1	2:0	6:0	3:0	3:1	6:1	2:0	3:1
KFC Germinal Ekeren	5:1	2:2	2:0	1:0	3:1	1:0	1:2	•	2:0	1:1	1:1	1:2	1:0	1:0	5:0	2:0	3:1	2:0
KAA Gent	3:1	1:3	1:0	3:0	1:0	1:5	0:2	0:2	•	1:0	0:2	2:0	0:0	2:0	4:2	2:4	0:1	0:0
RC Harelbeke	2:1	0:4	3:1	1:0	4:0	0:2	0:2	1:2	0:1	•	2:3	0:3	0:0	4:2	2:1	2:3	3:0	2:1
K Lierse SK	3:1	3:2	1:2	3:1	2:1	0:1	2:2	2:1	2:3	0:1	•	3:1	0:3	1:1	4:0	0:0	3:0	1:1
KSK Lommel SK	1:0	2:2	0:0	2:0	1:1	0:1	2:2	2:1	1:1	2:0	0:0	•	2:1	0:1	0:1	1:0	2:3	2:1
KV Mechelen	1:0	1:3	0:1	2:1	1:2	2:1	0:2	1:1	0:0	1:0	0:0	2:0	•	1:1	1:4	2:0	2:0	3:0
RWD Molenbeek	0:0	0:0	0:0	1:0	3:1	2:2	0:0	1:0	1:0	3:1	0:0	0:2	0:1	•	4:0	3:1	2:0	4:1
RFC Seraing	x:0	2:1	0:1	1:0	2:3	1:0	1:1	1:1	2:2	0:1	1:3	2:1	2:1	0:x	•	0:0	1:2	0:2
Standard Liège	2:1	2:4	1:0	2:2	2:2	4:0	1:0	0:0	1:1	2:1	2:0	1:0	2:1	1:1	3:0	•	1:1	1:1
K St. Truiden VV	2:2	0:5	2:3	0:2	4:1	1:1	2:4	2:1	1:0	2:0	3:1	0:2	2:2	0:1	4:1	3:1	•	1:1
KSV Waregem	0:0	1:4	1:1	1:4	4:1	1:1	2:5	1:0	2:2	1:2	1:3	1:3	0:1	0:1	0:3	0:4	2:1	•

Anmerkungen: Seraing - Molenbeek wurde beim Stand von 0:1 in der 75. Minute wegen Zuschauerprotesten abgebrochen und mit 0:5 gewertet. Die Spiele Eendracht Aalst - St. Truiden (0:0) und Seraing - Aalst (2:4) wurden jeweils mit 0:5-Toren gegen Aalst gewertet (Einsatz eines nicht berechtigten Spielers)

95 in der 2. Liga lediglich Fünfter geworden war und sich erst in der Aufstiegsrunde erstmals in der Vereinsgeschichte einen Platz im belgischen Oberhaus gesichert hatte, blieb dennoch in der Spitzengruppe vertreten.

Am neunten Spieltag kassierte Aalst gegen Lier eine 1:2-Heimschlappe, womit sich die Brügger, die gleichzeitig mit 2:0 gegen Antwerpen gewannen, zum alleinigen Meisterschaftsfavoriten aufschwangen. Doch schon im nächsten Spiel mußte der Spitzenreiter zittern, als ein 2:0-Vorsprung gegen den Tabellenletzten aus Lommel nicht reichte, und am Ende nur ein 2:2 heraussprang. Für den neuen Lommelser Trainer Jos Daerden, der wenige Tage zuvor den glücklosen Rik Lavreysen abgelöst hatte, war es ein guter Einstand. Daerden war bereits der fünfte „neue Besen" in der noch jungen Spielzeit! In der gesamten Saison 1994/95 hatte es nur zwei Trainerwechsel gegeben.

Am 11. Spieltag konnten die inzwischen auf den dritten Rang vorgerückten Anderlechter gegen den RFC Antwerpen durch einen Treffer des lange verletzt gewesenen Josip Weber kurz vor Spielende nur einen Punkt holen. Da Club Brügge weiterhin konstante Leistungen zeigte und auch gegen Gent gewann (3:0), betrug der Rückstand der Anderlechter bei einem noch ausstehenden Nachholspiel bereits sieben Punkte. Der Tabellenzweite aus Lier wies nach einem Remis in Ekeren fünf Zähler Rückstand auf.

In Runde 12 war wieder Lommel mit einer Bravourleistung an der Reihe: Auch gegen Anderlecht lagen die Grün-Weißen mit 0:2 in Rückstand und erkämpften sich noch ein 2:2. Spitzenreiter Brügge wurde trotz überlegenen Spiels von Standard Lüttich mit 1:0 geschlagen. Damit hatte Standard sich für das Titelrennen zurückgemeldet!

Am darauffolgenden Spieltag konnten die von Eric Gerets trainierten Lierer nach einem 3:1 in Seraing zum Tabellenführer aufschließen, da sich dieser im Lokalderby gegen Cercle Brügge mit einem 2:2 zufriedengeben mußte.

Am 14. Spieltag trafen die punktgleich führenden Teams aus Lier und Brügge im Lierer *Vanderpoortenstadion* aufeinander. In einem spannenden Spiel gingen die Gäste durch Spehar und Paul Okon bei zwischenzeitlichem Ausgleich durch Zefilho in Führung. Anschließend beherrschte Club Brugge das Spiel und haderte mit dem Schicksal, als Lier kurz vor Schluß nach einem Allerweltsfoul von Renier an Zefilho ein Strafstoß zugesprochen wurde, den Huysmans zum 2:2 verwandelte. Unterdessen holte sich Anderlecht in einem sehenswerten Spiel bei Standard Lüttich die Punkte. Die Afrikaner Preko und der erst 17jährige Babayaro markierten drei der vier Treffer zum 4:2-Sieg.

In Runde 15 reiste Lier zum KV Mechelen und konnte trotz ständiger Angriffsbemühungen nur ein torloses Unentschieden mit nach Hause nehmen. Davon profitierten die Brügger, die zu einem souveränen 3:0-Sieg über den von René Vandereycken trainierten RWD Molenbeek kamen.

Am darauffolgenden Spieltag bezwang Emporkömmling Lier den RSC Anderlecht durch Tore des herausragenden Huysmans sowie von Zefilho (2) - bei gleichzeitiger Glanzleistung von Torhüter Mampacy - mit 3:2. Club Brugge schlug derweil den einstigen Spitzenreiter aus Aalst mit 2:0 und sicherte die Tabellenführung.

Am letzten Spieltag der Hinrunde erreichte der KSK Beveren gegen Lier ein 2:2-Unentschieden. Hieraus konnten die Brügger jedoch kein Kapital schlagen, da Charleroi ihnen ein torloses Remis abtrotzte.

Am 18. Spieltag hielt Lierse SK seine Meisterschaftsträume aufrecht und kehrte mit einem schwer erkämpften 3:2-Sieg aus Harelbeke zurück. Der RSC Anderlecht fegte Eendracht Aalst gleichzeitig mit 4:0 vom Platz und revanchierte sich damit eindrucksvoll für die Auftaktniederlage, während Club Brugge Germinals Hoffnungen mit 3:1 zerstörte. Brügges Torjäger Mario Stanic führte die Torjägerliste mit inzwischen 14 Treffern an.

In Runde 19 kassierte der KSK Lierse erstmals seit August wieder eine Niederlage. Die 1:2-Pleite in Antwerpen hatte auch Dirk Lehmann, der lange verletzt gewesene einzige Deutsche in Belgiens *Première Division*, nicht verhindern können. Tabel-

2. Liga (Deuxième division)		Sp	g	u	v	Tore	Pkt.
1. KSC Lokeren	↑	34	25	4	5	68:27	79
2. KRC Genk	↑	34	22	7	5	60:32	73
3. Excelsior Moeskroen		34	18	8	8	69:45	62
4. KV Kortrijk		34	17	7	10	57:44	58
5. KV Oostende		34	16	10	8	72:46	58
6. K Beerschot VAV		34	15	10	9	52:51	55
7. FC Verbroedering Geel		34	14	6	14	44:49	48
8. RFC Turnhout		34	11	14	9	39:41	47
9. RAA La Louvière		34	12	9	13	45:49	45
10. KSK Deinze		34	9	15	10	36:47	42
11. FC Tielen		34	11	8	15	55:53	41
12. VC Westerlo		34	11	8	15	47:53	41
13. Patro Eisden		34	10	11	13	45:36	41
14. FC Kapellen		34	11	5	18	56:56	38
15. Overpelt VV		34	9	9	16	37:52	36
16. St. Niklase SK		34	7	10	17	43:72	31
17. SK Tongeren	↓	34	7	8	19	33:59	29
18. KTH Diest	↓	34	3	7	24	38:84	16
Aufstiegsrunde							
1. Excelsior Mouscron	↑	6	4	1	1	14:7	13
2. K Beerschot VAV		6	3	0	3	10:13	9
3. KV Oostende		6	2	1	3	13:10	7
4. KV Kortrijk		6	2	0	4	6:13	6

DER POKAL

Sechzehntelfinale

KSC Lokeren - KAA Gent	2:1
Club Brugge KV - Poederlee	1:0
Germinal Ekeren - KV Oostende	1:0
KV Mechelen - RFC Antwerp	n. V. 1:3
KSK Beveren - Excelsior Moeskroen	3:1
V Beerschot VAV - KV Kortrijk	3:0
St. Truiden VV - RC Jet Wavre	3:0
KSV Cercle Brugge - KFC Lommel SK	2:1
VC Westerlo - RTFC Liègeois	n. E. 0:3, n. V. 0:0
RWD Molenbeek - Herentals	2:1
KFC Boom - KSV Waregem	0:3
RC Harelbeke - Eendracht Aalst	0:1
FC Denderleeuw - KRC Genk	1:2
SK Deinze - RFC Seraing	n. E. 4:5, n. V. 1:1
RSC Charleroi - Standard Club Liège	0:1
RSC Anderlecht - K Lierse SK	n. V. 2:1

Achtelfinale

Eendracht Aalst - K Beerschot VAV	n. E. 2:4, n. V. 0:0
KSV Waregem - Standard Club Liège	1:0
RFC Seraing - St. Truiden VV	1:4
RSC Anderlecht - RC Genk	n. V. 3:0
RFC Antwerp - Germinal Ekeren	n. V. 3:2
KSV Cercle Brugge - KSC Lokeren	4:1
KSK Beveren - Club Brugge KV	1:4
RTFC Liègeois - RWD Molenbeek	n. E. 4:3, n. V. 2:2

Viertelfinale

Club Brugge KV - RTFC Liègeois	n. V. 2:1
RFC Antwerp - KSV Waregem	3:0
KSV Cercle Brugge - K Beerschot VAV	n. V. 2:1
RSC Anderlecht - St. Truiden VV	0:1

Halbfinale (Hin- und Rückspiele)

Club Brugge KV - St. Truiden VV	3:1, 3:1
RFC Antwerp - KSV Cercle Brugge	0:3, n. V. 3:3

Finale (26. Mai 96, Brüssel, 25.000)

Club Brugge KV - KSV Cercle Brugge 2:1 (2:1)

Club: Verlinden, Verjans, Renier, Medved, Borkelmans, Vermant (80. De Brul 80), Van der Elst, Claessens (75. Lembi), Staelens, Verheyen (88. Plovie), Stanic.

Cercle: Henneman, Siquet, Camerman, Kooiman, Claeys, Selymes, Lamaire (65. Bwalya), Soenens, Renty (55. Beuken), Cooreman (82. Stan), Torma.

Schiedsrichter: Jeurissen - Tore: 0:1 Torma (4.), 1:1, 2:1 Stanic (24., 41.)

lenführer Club Brugge gewann nach 0:2-Rückstand noch mit 4:2 gegen VV St. Truiden.

Am nächsten Spieltag bewies der RSC Anderlecht Moral, als die Mannschaft aus einem 1:2-Rückstand zwanzig Minuten vor Schluß noch einen 4:2-Sieg über Germinal Ekeren machte. Der Kanadier Radzinski hatte für Germinal zweimal getroffen, Versavel, De Boeck, der Schwede Zetterberg sowie De Bilde für den Titelverteidiger.

In Runde 21 blieb Anderlecht durch das 4:0 gegen St. Truiden auf Tuchfühlung zum Spitzenreiter, der mit 5:2 gegen Aufsteiger Waregem gewann. Lier verabschiedete sich derweil mit einer 2:3-Heimniederlage gegen Gent und einer anschließenden 0:2-Pleite in Lüttich aus der Spitzengruppe. Das erwartete Kopf-an-Kopf-Rennen zwischen Anderlecht und Brügge war perfekt!

Ausgerechnet zu jenem Zeitpunkt kam es zum Spitzenspiel. Das Brügger *Olympiastadion* war rappelvoll, als sich der Club Brugge KV und der RSC Anderlecht zum vorentscheidenden Spiel trafen. Die Anderlechter benötigten mindestens einen Punkt, um im Rennen zu bleiben. Es begann prächtig für die Lila-Weißen, die durch einen von De Bilde verwandelten Strafstoß früh mit 1:0 in Führung gingen. In der zweiten Spielhälfte drehten die Brügger den Spieß jedoch noch um und gingen als glücklicher 2:1-Sieger vom Platz. Fünf Punkte Vorsprung wiesen die Schützlinge von Trainer Hugo Broos nun auf - ein beruhigender Abstand.

Somit hätten die Blau-Schwarzen eigentlich ganz ruhig zum Abstiegskandidaten nach Beveren fahren können. Doch im Beverener *Freethiel*-Stadion entwickelte sich eine hektische Partie, in der die Brügger nach einer 2:0-Führung zunächst wie der sichere Sieger aussahen. Plötzlich schlug jedoch Beverens Sturmtank Patrick Goots zu und markierte binnen einer Minute den vielumjubelten Ausgleich! Im zweiten Spielabschnitt bekam der Tabellenführer vom Schiedsrichter einen Elfmeter "geschenkt", der von Staelens verwandelt werden konnte und die Moral Beverens zu Grunde richtete. Endresultat: 3:5!

Die 26. Runde brachte mit der 1:3-Heimniederlage des RSC Anderlecht gegen Aufsteiger Harelbeke eine faustdicke Überraschung. Harelbekes N'Gonge freute sich über einen lupenreinen Hattrick - Versavel hatte die Anderlechter früh in Führung gebracht. Da Brügge gleichzeitig

Lommel mit 2:0 besiegte, schien das Titelrennen zugunsten der Brügger entschieden zu sein.

Sieben Spieltage vor Saisonende fiel die Vorentscheidung. Während Anderlecht mit 1:1 gegen Antwerpen erneut zwei wichtige Zähler abgab, fuhr Brügge durch einen 2:0-Sieg gegen Gent die volle Miete ein und stand zu 99% als Meister fest.

Auch in den nächsten beiden Begegnungen ließ der Tabellenführer nichts anbrennen: Einem 2:0 gegen Harelbeke durch Treffer von Stanic sowie einem Eigentor folgte ein 6:1-Kantersieg gegen Standard Lüttich.

Der 31. Spieltag bescherte Club Brugge durch einen 2:1-Sieg über Lier dann auch rechnerisch die zehnte Meisterschaftstrophäe (zuletzt 1992).

Am Ende sicherten sich RSC Anderlecht, RWD Molenbeek und Germinal Ekeren die UEFA-Cup-Teilnahme, während Beveren und KSV Waregem den bitteren Weg in die 2. Liga antreten mußten.

Eine Menge Trouble gab es um die Fusion zwischen Standard Lüttich und dem Vorortclub RFC Seraing. Die Fans von Seraing waren mit dem Zusammenschluß, der eigentlich gar keiner ist, denn Name, Spielkleidung und Spielort des „neuen“ Vereins Standard Lüttich bleiben mit denen des berühmten Nachbarn gleich, nicht einverstanden und machten ihrem Ärger beim Heimspiel gegen Molenbeek Luft. In der 75. Minute stürmten sie das Spielfeld und sorgten für einen Spielabbruch.

Im Pokalwettbewerb mußte Anderlecht bereits im Viertelfinale gegen das mittelmäßige Team aus St. Truiden durch ein Nielsen-Tor vorzeitig die Segel streichen. Club Brugge schlich sich in der gleichen Runde mühsam mit 2:1 nach Verlängerung gegen den Drittligisten Tilleur-Liègeois ins Halbfinale. Dort behielt der Meister zweimal gegen St. Truiden die Oberhand, während Cercle Brügge beim Hinspiel gegen Antwerpen eine Galavorstellung bot und mit 3:0 gewann. Unerklärlicherweise erlaubte man dem Gegner im Rückspiel ebenfalls ein 3:0. Das dritte Spiel wurde dann wieder von Cercle gewonnen, und die Brügger zogen ins Finale ein.

Dort trafen sie ausgerechnet auf ihren Ortsrivalen, den frischgebackenen Meister Club Brügge KV. Obwohl der Außenseiter durch den Ungarn Gábor Torma früh mit 1:0 in Führung ging, setzte sich am Ende der Meister durch und gewann nach zwei Treffern des Kroaten Stanic mit 2:1. Die Blau-Schwarzen hatten ihren Triumph komplett gemacht und durch das Double eindrucksvoll unter Beweis gestellt, daß sie das beste Team der Saison 1995/96 waren.

Zur grenzenlosen Enttäuschung der belgischen Fußballfans verpaßte die Nationalmannschaft die Qualifikation zur EM in England. Nach einem unglücklichen 1:3 gegen Dänemark in Brüssel war das Schicksal der *“Diables Rouges”* praktisch besiegelt. Die letzten Begegnungen in Armenien (2:0 durch zwei Nilis-Tore) und gegen Zypern (1:1, De Bilde) hatten nur noch statistischen Wert. Nach der enttäuschenden Bilanz wurde Paul Van Himst durch Wilfried Van Moer ersetzt.

Ernüchternd fiel auch die Bilanz im Europacup aus: Nur Eendracht Aalst brachte es im UEFA-Cup fertig, die 2. Runde zu erreichen, wo der AS Rom den Provinzklub das Fürchten lehrte und ihn rauswarf. Standard Lüttich (gegen Vitória Guimarães) und Lierse SK (gegen Benfica Lissabon) scheiterten bereits in Runde 1. Enttäuschend war auch das Abschneiden von Meister RSC Anderlecht, der in der Qualifikation zur Champions League an Ferencváros Budapest scheiterte.

Im Pokalsieger-Wettbewerb kam Club Brugge KV über Schachtjor Donezk wenigstens ins Achtelfinale, mußte sich dann jedoch Real Saragossa beugen (1:2/0:1). Wahrlich kein großes Jahr für den belgischen Fußball! ■

DER MEISTER

Club Brugge KV

Nach einem hart umkämpften Sieg gegen KSK Lierse wurde der Club Brugge KV - im deutschsprachigen Raum als „FC Brügge“ bezeichnet - bereits im April vorzeitig Meister. Eigentlich war der zehnte Titel bereits im Februar errungen worden, als es im direkten Duell mit Titelverteidiger Anderlecht einen 2:1-Sieg gab.

Der kroatische Internationale Mario Stanic - unter den Club-Anhängern als “Super Mario” tituliert - erwies sich für den Klub als tragende Säule: Gleich am Anfang des Spieljahres traf er beim 6:0-Sieg gegen Mechelen fünfmal und beendete die Saison als Torschützenkönig mit 20 Treffern. Von Beginn an ließ Brügge keinen Zweifel an seinen Ambitionen aufkommen.

Nur im Europacup wurden den Brüggern von Real Saragossa ihre Grenzen aufgezeigt. Was Europapokalerfolge angeht, hofft man im *Olympiastadion* auf die Zukunft.

IM BLICKPUNKT

Royal SC (RSC) Anderlecht

Die Erwartungen beim Brüsseler Aushängeschild, das dreimal in Folge Meister geworden war, waren hoch. Zu hoch: Der neu verpflichtete deutsche Trainer Herbert Neumann wurde noch im August wieder entlassen, den Weg zu den Fleischtöpfen der Champions League verbaute der ungarische Meister Ferencváros Budapest, und in der heimischen Liga mußten sich die *“Mauves et Blancs”* von Mannschaften wie Aalst, Charleroi und Seraing schlagen lassen. Erst mit der Rückkehr des Erfolgstrainers Boskamp erlangte das Team einiges an Achtung zurück, bis dann am 11. Februar im Aufeinandertreffen mit Club Brugge die Titelhoffnungen dahinschwanden.

Am Saisonende gab Anderlechts 81jähriger Vereinspräsident Constant vanden Stock sein Amt nach 25jähriger Tätigkeit an seinen Sohn Roger weiter. Ein Blick in Anderlechts Zukunft gibt zur Hoffnung Anlaß, denn einige vielversprechende Nachwuchsleute stehen vor dem Sprung in die Stammelf.

Gute Jugendarbeit ist die einzige Chance für den RSC, der zu gern eine bedeutende Rolle im europäischen Fußball spielen möchte.

Koninklijke SK Lierse

In der Weihnachtszeit mischte der Außenseiter KSK Lierse zur Überraschung aller Experten noch immer munter im Meisterschaftsrennen mit.

Lier hatte eine stürmische erste Saisonhälfte, die mit zwei Anfangsniederlagen gegen Harelbeke und Antwerpen überaus schlecht begann. Nach dem 17. Spieltag wiesen die so schlecht gestarteten Schwarz-Gelben allerdings nur zwei Punkte Rückstand auf die führenden Brügger auf und belegten stolz Platz 2! In der Rückrunde ließ das Team plötzlich nach und verpaßte sogar noch die UEFA-Pokal-Teilnahme.

Dennoch: Trainer Eric Gerets hat eine starke Mannschaft zusammengestellt, die fähig sein könnte, in den nächsten Jahren einige Lorbeeren zu ernten. Sofern sie aus dem großen Einbruch der vergangenen Spielzeit gelernt hat.

DER TORJÄGER

Mario Stanic (Club Brugge KV)

Mario Stanic wurde vom Club Brügge bei Benfica Lissabon losgeeist, wo er sich keinen Stammplatz hatte erkämpfen können. Für die Brügger erwies er sich als wahrer Matchwinner: Gegen den KV Mechelen beispielsweise hämmerte Stanic fünf Bälle in die Maschen des von Drouguet gehüteten KV-Tores. Im Europacup in Donezk war es ebenfalls der Kroate, der mit seinem entscheidenden Auswärtstor das Weiterkommen sicherte.

Als das Pokalfinale anstand, befand sich der Stürmer zur Vorbereitung auf die EURO ‚96 im Trainingslager der kroatischen Nationalmannschaft. Coach Blazevic gab ihn jedoch frei, so daß der Goalgetter beide Treffer zum Sieg über Cercle beisteuern konnte. Die einzige Frage, die sich die Brügger nach Stanics Durchbruch stellen, ist: „Wie lange können wir diesen exzellenten Angreifer noch halten?“

DER STAR

Christophe Lauwers (Cercle Brügge)

Christophe Lauwers erlebte mit Cercle Brügge eine fantastische Saison. Seine 19 Tore sorgten dafür, daß Cercle in keiner Phase in Abstiegsgefahr geriet und phasenweise sogar von einem UEFA-Cup-Platz träumen konnte. Dank Lauwers‘ kühlem Kopf beim Verwandeln eines entscheidenden Elfmeters im Pokalhalbfinale gegen Antwerpen erreichte der Verein erstmals nach 1986 das Endspiel, wiederum gegen den großen Nachbarn Club Brugge. In jenem vielbeachteten Match durfte der Angreifer allerdings nicht mitwirken, da er zuvor eine gelbe Karte erhalten hatte. Zwar verlor der Außenseiter das Finale erwartungsgemäß, qualifizierte sich aber aufgrund des Doubles des Lokalrivalen dennoch für den Europapokal.

Diese Spiele wird Christophe Lauwers aber nur vor dem Bildschirm erleben, denn der Stürmerstar wechselte zur neuen Saison zu Eendracht Aalst. Eine Nationalmannschaftsberufung hat der Stürmer auch schon erhalten - er könnte einer für die Zukunft sein!

Marc Emmers
(RSC Anderlecht)

DIE LÄNDERSPIELE

Belgien - Deutschland 1:2 (1:1)

23.8.1995 - Brüssel - 30.000 - SR: Van der Ende (Niederlande) - Bodart - Genaux, Medved, Renier, Smidts (46. Léonard) - Bettagno, Van Meir (46. Foguenne), Staelens, Schepens - Goossens, Nilis - Trainer: Van Himst. Tor: Goossens (17./1:1)

Belgien - Dänemark 1:3 (1:2) EMQ

6.9.1995 - Brüssel - 40.000 - SR: Zhuk (Weißrußland) - Bodart - Genaux, Medved, Grün, Smidts (77. Renier) - Staelens (14. Nilis), Karagiannis, Scifo, Schepens (54. Foguenne) - Degryse, De Bilde - Trainer: Van Himst. Tor: Grün (25./1:2)

Armenien - Belgien 0:2 (0:2) EMQ
7.10.1995 - Erewan - 5.000 - SR: Mitrev (Bulgarien) - De Wilde - Genaux, De Boeck, Crasson, Smidts - Staelens, Karagiannis (81. Vermant), Scifo, Schepens - Nilis, De Bilde (63. Goossens) - Trainer: Van Himst. Tore: Nilis (28.,38.)

Zypern - Belgien 1:1 (1:0) EMQ
15.11.1995 - Limassol - 8.000 - SR: Cesari (Italien) - De Wilde - Genaux, De Boeck, Grün, Smidts (80. Schepens) - Staelens, Karagiannis (46. Goossens), Boffin (60. Huysmans), Degryse - Nilis, De Bilde - Trainer: Van Himst. Tor: De Bilde (68./1:1)

Belgien - Frankreich 0:2 (0:2)
27.3.1996 - Brüssel - 24.417 - SR: Stuchlik (Österreich) - De Wilde - Genaux, Medved (46. Verjans), Renier, Smidts - Peiremans, Albert, Scifo, Boffin (74. De Bilde) - Degryse (46. Goossens), Oliveira - Trainer: Van Himst

Belgien - Rußland 0:0
24.4.1996 - Brüssel - 14.459 - SR: Cesari (Italien) - Vande Walle - Genaux, Medved, Renier, Léonard - Peiremans, Albert (67. Verjans), Scifo, Schepens - Nilis, Lauwers (61. Pierre) - Trainer: Van Moer

Italien - Belgien 2:2 (1:2)
29.5.1996 - Cremona - 13.277 - SR: Zuppinger (Schweiz) - Vande Walle - Crasson (46. Verjans), Medved, Renier, Léonard - Verheyen (77. Lauwers), Claeys, Staelens, Van Kerckhoven (63. Snoeckx) - Scifo, Oliveira - Trainer: Van Moer. Tore: Claeys (6./0:1), Carboni (11. Eigentor/0:2)

DER EUROPAPOKAL

UEFA - Champions League

Qualifikation

RSC Anderlecht - Ferencvárosi TC Budapest 0:1 (0:1)
9.8.1995 - 20.000 - SR: Krug (Deutschland) - De Vlieger - Crasson (50. Haagdoren), Grün, Doll, Babayaro - Karagiannis, Walem, Preko, Boffin - Zetterberg (64. Versavel), De Bilde.
Ferencvárosi TC Budapest - RSC Anderlecht 1:1 (0:0)
23.8.1995 - 18.000 - SR: Mottram (Schottland) - De Wilde - Crasson (58. Haagdoren), Grün, Doll, Babayaro - Karagiannis (86. Bosman), Walem, Preko, Boffin - Versavel (58. Zetterberg), De Bilde - Tor: De Bilde (64./1:1)

Europapokal der Pokalsieger

1. Runde

Club Brugge KV - Schachtjor Donezk 1:0 (0:0)
14.9.1995 - 10.000 - SR: Melo Pereira (Portugal) - Verlinden - De Brul, Renier, Medved, Borkelmans - Vermant, Van der Elst, Verjans (58. Verheyen), Claessens - Spehar, Stanic - Tor: Spehar (88.)

Schachtjor Donezk - Club Brugge KV 1:1 (0:0)
28.9.1995 - 39.000 - SR: Constantin (Rumänien) - Verlinden - Medved, Renier, De Brul, Borkelmans - Van der Elst, Staelens, Claessens (80. Van der Heyden), Vermant - Verheyen (87. Lembi), Stanic - Tor: Stanic (60./0:1)

2. Runde

Real Saragossa - Club Brugge KV 2:1 (2:0)
19.10.1995 - 26.000 - SR: Lodge (England) - Verlinden - Medved, Okon, Renier, Borkelmans - Van der Elst, Staelens, Van der Heyden, Vermant - Spehar, Stanic - Tor: Staelens (74. Elfmeter/2:1)

Club Brugge KV - Real Saragossa 0:1 (0:0)
2.11.1995 - 18.000 - SR: Momirov (Bulgarien) - Verlinden - Medved (75. Verheyen), Okon, De Brul, Borkelmans - Van der Elst, Staelens, Vermant, Van der Heyden - Spehar, Stanic.

UEFA-Cup

1. Runde

Levski Spartak Sofia - Eendracht Aalst 1:2 (0:0)
12.9.1995 - 20.000 - SR: Levnikov (Rußland) - Van Steenberghe - Van der Hoorn, De Vleeschauwer, Okpara, Van Riel - Temmerman, Lamberg, Van Wambeke, Meyssen (90. De Meersman) - Van Ankeren, Paas (88. Kanu) - Tore: Markov (57. Eigentor/0:1), Paas (78./1:2)

Eendracht Aalst - Levski Spartak Sofia 1:0 (0:0)
26.9.1995 - 7.500 - SR: Pairetto (Italien) - Van Steenberghe - Van der Hoorn, De Vleeschauwer, Okpara, Lamberg - Van Riel, Temmerman (78. De Meyst), Van Wambeke (89. De Meersman), Meyssen - Van Ankeren (83. Benali), Paas - Tor: Lamberg (57.)

K Lierse SK - Benfica Lissabon 1:3 (1:1)
12.9.1995 - 9.300 - SR: Frisk (Schweden) - Mampaey - Brocken, De Roover, Snelders, Van Kerckhoven - Snoeckx, Bovri (54. Goossen), Serneels, Rekdal - Huysmans, de Sousa (60. Peeters) - Tor: Huysmans (39. Elfmeter/1:1)

Benfica Lissabon - K Lierse SK 2:1 (1:1)
26.9.1995 - 40.000 - SR: Leduc (Frankreich) - Mampaey - Serneels (Bovri), De Roover, Snelders, Goossen - Pauwels, Snoeckx (Brocken), Rekdal, Van Kerckhoven - de Sousa (Peeters), Huysmans - Tor: Van Kerckhoven (35./1:1)

Vitória Guimarães - Standard Liège 3:1 (1:1)
12.9.1995 - 18.000 - SR: McCluskey (Irland) - Bodart (73. Hubart) - Genaux, Kimoni, Rednic, Léonard - Bettagno, Hellers, Ernst, Foguenne - Schepens, Goossens (63. Houlmont) - Tor: Schepens (32./1:1)

Standard Liège - Vitória Guimarães 0:0
26.9.1995 - 12.000 - SR: Sundell (Schweden) - Bodart (46. Hubart) - Genaux, Rednic, Dinga, Léonard - Bettagno (46. Foguenne), Hellers, De Condé (70. Ernst), Schepens - Goossens, Malbasa

2. Runde

AS Rom - Eendracht Aalst 4:0 (1:0)
17.10.1995 - 19.272 - SR: Varga (Ungarn) - Van Steenberghe - De Vleeschauwer, Van der Hoorn, Okpara, Van Riel - Temmerman, Lamberg (32. De Meyst), Vanderhaeghe (80. De Meersman), Meyssen - Paas (67. Benali), Van Ankeren

Eendracht Aalst - AS Rom 0:0
31.10.1995 - 11.000 - SR: Nilsson (Schweden) - Vaesen - De Vleeschauwer, Van der Hoorn (89. Arnaud), Okpara, Van Riel - Temmerman (68. De Meyst), Ebiede, Vanderhaeghe, Meyssen - Paas, Van Ankeren.

UI-Cup

Germinal Ekeren - FC Aarau	3:3
HB Tórshavn - Germinal Ekeren	1:1
Germinal Ekeren - Uni Cluj-Napoca	4:1
Tromsø IL - Germinal Ekeren	0:2
KSK Beveren - Ceahlaul Piatra Neamt	0:2
FC Boby Brno - KSK Beveren	3:2
KSK Beveren - FC Groningen	2:2
Etar Veliko Tirnovo - KSK Beveren	1:2
Beitar Jerusalem - RSC Charleroi	0:1
RSC Charleroi - Bursaspor	0:2
1. FC Kosice - RSC Charleroi	3:2
RSC Charleroi - Wimbledon FC	3:0

Einigung nicht in Sicht

Nogometni Savez Bosna i Herzegovine

FIFA-Weltrangliste:

Juli 1995:		nicht vertreten
Juli 1996:	171. Platz,	1,99 Punkte

UEFA-Fünfjahreswertung:

1996/97:	nicht vertreten

Die Starspieler sind im Ausland, zahlreiche Stadien sind verwüstet oder zu Friedhöfen umgewandelt - und dennoch spielt Fußball in Bosnien-Herzegowina weiterhin eine wichtige Rolle. Nachdem sich die drei Kriegsparteien auf einen allerdings noch überaus wackeligen Frieden geeinigt haben, soll der Nationalsport Nummer 1 nun auch auf internationaler Ebene ein Comeback feiern. Das Abkommen von Dayton (Ohio) enthält eine Klausel zum Sport, nach der die drei Nationalitäten gemeinsame Spielklassen bilden sollen. Angesichts der gegenseitigen Greueltaten der vergangenen Jahre scheint es allerdings fraglich, daß Moslems, Kroaten und Serben demnächst friedlich miteinander Fußball spielen werden.

In der Saison 1995/96 gab es drei verschiedene Spielklassen und zwei Fußballverbände. Der von Moslems gegründete "Fußball-Verband Bosnien-Herzegowina" richtete eine 16 Vereine umfassende erste Liga ein, die kroatischen Klubs traten unter Führung des "Fußball-Verbandes von Herceg-Bosna" in vier Staffeln à zehn Teilnehmern an, während die Serben eine Spielklasse mit 12 Teilnehmern einrichteten.

Alle drei Spielklassen haben mit der weitestgehend zerstörten Infrastruktur des Landes und den immer wieder aufflammenden Auseinandersetzungen zu kämpfen. Darüberhinaus machen Disziplinlosigkeiten der Spieler und Zuschauer Sorgen. Dennoch strömt das kriegsmüde Publikum zu Tausenden in die Stadien. 18.000 Fans sahen beispielsweise im Frühjahr 1996 ein torloses Unentschieden zwischen FK Zenica und Celik Zenica in der moslemischen Spielklasse.

Im Frühjahr 1996 verhandelten Kroaten und Moslems erneut über die Zusammenführung ihrer Verbände und die Bildung einer gemeinsamen Spielklasse. Dabei kam es zwar zur grundsätzlichen Einigung, doch an der Frage nach der Teilnehmerverteilung scheiterte man. Während die Kroaten sechs Teilnehmer für sich reklamieren, fordern die Moslems 16 Plätze in der geplanten 18er Staffel. Nach dem Platzen der Gespräche verweigerte die UEFA für ein weiteres Jahr die Zulassung zu den europäischen Wettbewerben.

Positiv verlief die Entwicklung der Nationalmannschaft, die am 30. November 1995 in Albanien ihr Debüt gab. Höhepunkt war das Rückspiel gegen Albanien, das in Zenica stattfand und damit das erste Spiel auf heimischem Boden war. Nationaltrainer Muzurovic ("Ich bin Trainer eines Landes, das nicht existiert"), hofft, daß demnächst auch in Sarajevo wieder Länderspiele ausgetragen werden können. Die WM-Qualifikationsspiele gegen Slowenien, Kroatien, Dänemark und Griechenland müssen allerdings aus Sicherheitsgründen im italienischen Bologna stattfinden. ■

DIE LÄNDERSPIELE

Albanien - Bosnien-Herzegowina 2:0 (1:0)

30. 11. 1995 - Tiranë - 30.000 - Danilovski (Mazedonien) - Pintol - Music, Duro, Konjic, Begic, N. Fazlogic, Xhafic (80. S. Fazlogic), Demirovic, Musenvic (46. Osmanovic), Turkovic, Hrnjic - Trainer: Muzurovic

Paraguay - Bosnien-Herzegowina 3:0 (1:0)

10. 4. 1996 - Asunción - 8.000 - n.b. - Goran - Skoko, Kordic, Bubalo, Bavic, Rablik, Bogtan, Matan, Marinovic, Musa, Smaruzic - Trainer: Muzurovic

Bosnien-Herzegowina - Albanien 0:0

24. 4. 1996 - Zenica - 15.000 - Poljak (Kroatien) - Omerovic - Varesanovic (66. Music), Begic, Konjic, Katana - A. Susic, Jozic, Demirovic (86. Dedic), Kodro (75. Stufac) - Mujcin (46. Sabanovic), Baljic (78. Bradaric) - Trainer: Muzurovic

Bulgarski Futbolen Sous

ul. Karnigradska 19,
BG-1000 Sofia
Telefon: ++359 (2) 87 74 90
Telefax: ++359 (2) 80 32 37

FIFA-Weltrangliste

Juli 1995:	11. Platz,	53,89 Punkte
Juli 1996:	19. Platz,	52.39 Punkte

UEFA-Fünfjahreswertung

1996/97:	32. Platz,	9,250 Punkte

BULGARIEN 1995/96

Ungewöhnliche Mittel im Kampf gegen Korruption

von Dimtcho Dimitrov Ivanov

In der 76. Minute hatte Tomas Lavchis genug. Alle Mann runter vom Spielfeld", befahl der Präsident von Levski Sofia und sorgte damit für den Abbruch des Pokalfinales. „Ich will gegen die Korruption im bulgarischen Fußball protestieren", begründete Lavchis seine ungewöhnliche Aktion. Hinter vorgehaltener Hand vermutete man freilich etwas anderes. „Der ist neidisch auf Slavia, weil die schon als Meister feststanden und nun dabei waren, auch noch den Pokal zu gewinnen". Genauso kam es, denn einige Tage später entschied der bulgarische Fußballverband, das Pokalfinale mit 4:0 zugunsten von Slavia zu werten (zum Zeitpunkt des Abbruches hatte es 1:0 gestanden), und verschaffte dem Traditionsklub damit das Double.

Trotz des schalen Beigeschmackes eines Sieges am grünen Tisch konnte Slavia stolz auf eine erfolgreiche Saison zurückblicken. 53 Jahre lang war der Klub, der in den dreißiger Jahren Bulgariens Aushängeschild gewesen war, ohne Titel gewesen. Unter den Kommunisten war Slavia nicht sonderlich wohlgelitten und hatte hinter die Lokalrivalen CSKA und Levski-Spartak zurücktreten müssen. „Nun haben wir beide Titel auf einmal", jubelte Slavias Trainer Stoian Kotsev nach der Verbandsentscheidung glücklich.

Den Grundstein für den Titelgewinn legte seine Mannschaft im Frühjahr 1996. Sechs Siege in Folge und ein 1:1 im Spitzenspiel gegen Titelverteidiger Levski Sofia ließen den Vorsprung auf drei Punkte anwachsen. Am Ende waren es sogar fünf Punkte, die den neuen und alten Meister voneinander trennten - und Tomas Lavchis so ärgerten. Slavias Leistungsträger waren der 34jährige Nasko Sirakov, der in den ersten vier Spielen nach der Winterpause sechs Treffer erzielte, und Mittelfeld-As Zoran Ristin, der einst in Antwerpen sein Geld verdient hatte.

Slavia war nur langsam auf Touren gekommen. Die erste Saisonhälfte hatte noch im Zeichen des Newcomers Neftochimik aus der Schwarzmeerstadt Burgas gestanden. Die „Ölscheichs", wie sie wegen ihrer engen Verbindung

Der Meisterkader von Slavia Sofia vor seiner imposanten Trophäen-Sammlung.

1. Liga	Gesamt							Heim					Auswärts				
	Sp	g	u	v	Tore	Diff.	Pkt.	g	u	v	Tore	Pkt.	g	u	v	Tore	Pkt.
1. Slavia Sofia	30	20	7	3	51:14	+37	67	12	3	0	30:3	39	8	4	3	21:11	28
2. Levski Sofia (M)	30	19	5	6	49:22	+27	62	12	1	2	33:8	37	7	4	4	16:14	25
3. Lokomotiv Sofia (P)	30	17	7	6	55:24	+31	58	11	3	1	39:9	36	6	4	5	16:15	22
4. Neftochimik Burgas (N)	30	17	6	7	58:31	+27	57	12	3	0	42:11	39	5	3	7	16:20	18
5. FK CSKA Sofia	30	16	8	6	49:26	+23	56	11	2	2	32:13	35	5	6	4	17:13	21
6. FK Spartak Varna (N)	30	13	2	15	47:52	-5	41	10	1	4	33:15	31	3	1	11	14:37	10
7. Dobrudzha Dobric	30	12	3	15	30:43	-13	39	11	0	4	20:12	33	1	3	11	10:31	6
8. Levski Kjustendil (N)	30	10	7	13	27:37	-10	37	10	5	0	21:3	35	0	2	13	6:34	2
9. FK Montana	30	9	9	12	33:35	-2	36	6	5	4	21:14	23	3	4	8	12:21	13
10. Botev Plovdiv	30	10	6	14	33:38	-5	36	8	3	4	21:12	27	2	3	10	12:26	9
11. Lokomotiv Plovdiv	30	10	5	15	25:50	-25	35	10	2	3	23:15	32	0	3	12	2:35	3
12. Etar Veliko Tarnovo	30	9	6	15	21:37	-16	33	8	2	5	17:11	26	1	4	10	4:26	7
13. Rakovski Ruse (N)	30	9	5	16	33:41	-8	32	9	3	3	27:12	30	0	2	13	6:29	2
14. FK Shumen ↓	30	9	5	16	28:44	-16	32	8	3	4	20:11	27	1	2	12	8:33	5
15. FK Leks Lovech ↓	30	7	9	14	29:40	-11	30	6	7	2	18:7	25	1	2	12	11:33	5
16. Spartak Plovdiv ↓	30	6	4	20	24:58	-34	22	5	4	6	19:20	19	1	0	14	5:38	3
EC 1996/97: CL: -, C2: Levski Sofia, UEFA: Slavia Sofia, Lokomotiv Sofia, UI: CSKA Sofia, Spartak Varna																	

zur Mineralölfirma *Neftochim* genannt werden, legten einen Blitzstart hin und blieben bis zum 8. Spieltag ohne Niederlage. Für die größte Sensation sorgte die von Dimitar Dimitrov trainierte Mannschaft am zweiten Spieltag, als sie mit 2:1 bei Levski Sofia gewann und dem Titelverteidiger damit die erste Heimniederlage seit über fünf Jahren beibrachte! Neftochimik verdankte seinen Traumstart vor allem Mittelstürmer Vesko Petkov, der in der vorangegangenen Saison bei Botev Plovdiv nicht über die Rolle eines Jokers hinausgekommen war und nun in Burgas auftrumpfte.

Titelverteidiger Levski Sofia, seit Bulgariens Wandel zur Demokratie das unbestritten beste Team des Landes, war mit Sorgen in die Saison gegangen. Im Stadion *Georgi Asparuchov* war das Geld knapp, und Präsident Lavchis hatte zahlreiche Leistungsträger verkaufen müssen, um den Spielbetrieb nicht zu gefährden. Yankov (Uerdingen), Borimirov (München 60) und Tsvetanov (Waldhof Mannheim) gingen nach Deutschland, Iliev (Benfica Lissabon) und Stoilov (Campomaiorense) nach Portugal, Ginchev in die Türkei (Denizlispor) und Todorov folgte dem ebenfalls scheidenden Meistertrainer Georgi Vasilev zum zypriotischen Erstligisten Anorthosis Famagusta. „Das Ende einer Ära“, schrieben die lokalen Medien nach dem Ausverkauf und prognostizierten dem neuen Coach eine „schwere Aufgabe“. Doch schon am neunten Spieltag übernahm die neuformierte Mannschaft nach einem 2:1 über Botev Plovdiv erstmals die Tabellenführung, die sie bis zur Winterpause erfolgreich verteidigte.

Die Torschützen

Ivo Georgiev (Spartak Varna)	21
Vesko Petkov (Neftochimik Burgas)	18
Nasko Sirakov (Botev, Slavia Sofia)	16
Simeon Chilibonov (Lokomotiv Sofia)	12
Anatoli Tonov (FK Montana)	11
Dimtcho Beliakov (Leks Lovech)	11
Christo Yovov (Levski Sofia)	10
Vladko Shalamanov (Slavia Sofia)	9
Dimitar Totev (Rakovski, Slavia Sofia)	9
Marian Christov (Levski Sofia)	9
Ilian Simeonov (Levski Sofia)	9
Doncho Donev (Lok Sofia, Levski Sofia)	9
Peter Zhabov (CSKA Sofia)	9
Petar Mikhtarski (CSKA Sofia)	9

Bulgarischer Torschützenkönig Ivo Georgiev (Spartak Varna)

Während es bei Levski noch durchaus zufriedene Minen gab, hatte es in Plovdiv, der mit knapp 400.000 Einwohnern zweitgrößten Stadt Bulgariens, ziemlichen Ärger gegeben. Insbesondere das lokale Aushängeschild FK Botev, das mit annähernd 13 Millionen DM über einen der größten Etats der 1. Liga verfügte, war des öfteren in die Schlagzeilen geraten. Der wegen seiner Brutali-

1. Liga	Slavia	Levski S.	Lokomotiv S.	Neftochimik	CSKA	Spartak	Dobrudzha	Levski K.	Montana	Botev	Lokomotiv P.	Etar	Rakovski	Shumen	Leks	Spartak P.
Slavia Sofia	•	1:1	1:1	2:0	0:0	3:0	2:0	3:0	3:1	1:0	2:0	2:0	2:0	4:0	2:0	2:0
Levski Sofia	0:0	•	0:1	1:2	3:1	4:1	2:0	3:0	2:1	2:1	4:0	2:0	1:0	2:1	4:0	3:0
Lokomotiv Sofia	2:2	0:2	•	3:1	0:0	5:0	2:0	3:0	3:0	2:1	4:0	3:0	4:1	1:1	3:1	4:0
Neftochimik Burgas	1:0	5:1	1:1	•	2:2	5:2	5:1	3:0	1:0	2:0	4:0	3:0	3:2	0:0	5:2	2:0
CSKA Sofia	1:0	1:0	1:5	1:1	•	4:0	2:1	3:0	1:2	3:0	1:0	1:1	2:0	4:2	4:0	3:1
Spartak Varna	0:2	0:0	1:2	3:0	1:3	•	2:3	2:1	2:0	2:1	2:0	3:0	3:1	2:0	2:1	8:1
Dobrudzha Dobric	1:0	2:1	0:1	1:3	2:0	3:2	•	2:1	1:0	1:0	2:0	0:2	2:0	1:0	1:2	1:0
Levski Kjustendil	0:0	2:0	2:1	1:0	0:0	1:0	2:0	•	1:1	2:1	0:0	2:0	3:0	2:0	0:0	3:0
FK Montana	1:1	1:3	0:0	0:0	0:1	2:3	3:0	1:1	•	3:0	2:0	0:0	1:0	3:1	3:2	1:2
Botev Plovdiv	0:1	1:1	3:0	2:1	0:4	1:3	1:0	3:0	0:0	•	5:0	1:0	1:1	0:1	1:0	2:0
Lokomotiv Plovdiv	2:4	0:1	1:0	2:0	2:1	2:1	3:1	2:2	0:4	0:0	•	2:0	2:0	2:0	2:1	1:0
Etar Veliko Tarnovo	0:2	0:1	0:1	0:2	0:0	2:1	2:2	1:0	4:0	1:2	3:0	•	1:0	1:0	1:0	1:0
Rakovski Ruse	2:4	0:1	2:1	2:1	0:1	3:0	3:1	1:0	0:0	1:1	4:1	1:1	•	4:0	2:0	2:0
FK Shumen	0:1	0:2	0:0	2:3	1:0	2:0	1:0	3:1	0:1	1:1	1:0	1:0	2:0	•	1:1	3:1
Leks Lovech	0:1	1:1	2:0	0:2	0:0	0:0	0:0	3:0	1:1	3:0	1:1	0:0	2:1	3:0	•	2:0
Spartak Plovdiv	1:3	0:1	1:2	0:0	2:4	0:1	1:1	1:0	2:1	2:4	0:0	3:0	0:0	4:2	2:1	

tät bei den Spielern gefürchtete Trainer Atanas Dramovdurch leistete sich zahlreiche Eskapaden und mußte am zehnten Spieltag gehen. Da war der selbsternannte Titelfavorit auf den zwölften Rang zurückgefallen. Botevs Nachwuchstrainer Dinko Dermendjiv übernahm das Amt, doch nach nur zwei Monaten wurde auch er entlassen. Am Ende landete Botev nur auf Platz 10 und konnte froh sein, nicht in Abstiegsgefahr geraten zu sein.

Die Rückrunde stand dann ganz im Zeichen von Slavia Sofia. Aus den ersten sechs Spielen ging die Mannschaft sechsmal als Sieger hervor und übernahm am 19. Spieltag nach einem 2:0-Auswärtssieg in Tarnovo den ersten Platz.

Am drittletzten Spieltag fiel die Vorentscheidung. Titelverteidiger Levski kassierte mit 0:1 beim Lokalrivalen CSKA die vierte Saisonniederlage, und Slavia baute seinen Vorsprung dank eines torlosen Unentschiedens in Kjustendil auf drei Punkte aus. Dann kam das Pokalendspiel mit seinem Abbruchskandal, das Levski vollends aus dem Konzept brachte. Der vorletzte Spieltag führte mit Slavia und CSKA sowie Levski und Lokomotiv die vier Topklubs der Hauptstadt zueinander. Für alle ging es um viel: Levski suchte seine letzte Chance, Slavia noch abzufangen, Lokomotiv und CSKA kämpften um einen Platz im UEFA-Pokal-Wettbewerb. Spannung war also garantiert. Um die Brisanz aus den beiden Spielen zu nehmen, ordnete der Verband die Austragung auf neutralen Plätzen an. Das Spiel zwischen Slavia und CSKA fand im Nationalstadion *Vasil Levski* statt. Die Partie Levski gegen Lokomotiv sollte keine 200 Meter davon entfernt im *CSKA-Stadion* stattfinden. Doch Levski wollte unter keinen Umständen auf dem Gelände des verhaßten einstigen Armeeklubs spielen und so wurde das Spiel - ausgerechnet - ins Slavia-Stadion verlegt. Dort sorgte Lok-Stürmer Simeon Chilibonov in der 58. Minute für die Entscheidung, als er einen Freistoß wunderschön ins Levski-Gehäuse setzte. Bei dieser 1:0-Führung blieb es bis zum Ende, und Slavia, das gleichzeitig ein torloses Unentschieden gegen CSKA erreicht hatte, war bulgarischer Meister.

Auf internationaler Ebene mußten Bulgariens Fußballer im Saisonverlauf zahlreiche Nackenschläge einstecken. Das begann schon vor der Saison, als Meister Levski Sofia aufgrund der schlechten Plazierung Bulgariens in der UEFA-Fünfjahreswertung der Zugang zur Champions-League verweigert wurde und der zwanzigfache bulgarische Meister im UEFA-Pokal starten mußte. Dort flog die Mannschaft bereits in der 1. Hauptrunde gegen das belgische Durchschnittsteam von Eendracht Aalst raus. Nicht viel besser erging es Pokalsieger Lokomotiv Sofia, der über Derry City die 1. Runde erreichte, wo gegen den schwedischen Kontrahenten aus Halmstad das Aus kam.Für die größte Enttäuschung sorgte freilich die Nationalmannschaft, die eine Saison voller Querelen und Skandale erlebte, an deren Ende die von Dimitar Penev betreute Mannschaft nicht nur mit leeren Händen dastand, sondern vieles

2. Liga		Sp	g	u	v	Tore	Pkt.
1. Marica Plovdiv	↑	38	23	7	8	68:27	76
2. Minior Pernik	↑	38	24	3	11	60:31	75
3. Spartak Pleven	↑	38	21	5	12	59:39	68
4. Pirin Blagoevgrad		38	20	8	10	56:32	68
5. Akademik Sofia		38	18	8	12	56:49	62
6. Cerno More Varna		38	18	6	14	41:46	60
7. Olimpik Galata		38	16	9	13	46:44	57
8. FK Haskovo		38	16	8	14	58:49	56
9. Çardafon Gabrovo		38	17	5	16	40:34	56
10. Septemvri Sofia		38	17	4	17	61:52	55
11. FK Çirpan		38	16	7	15	41:38	55
12. Lokomotiv Ruse		38	16	7	15	32:51	55
13. Lok Gorna Orjahovica		38	16	6	16	49:46	54
14. Hebar Pazardzik		38	16	5	17	57:51	53
15. Khan Asparuch Isperich	↓	38	14	9	15	47:48	51
16. Belasica Petrich	↓	38	13	3	22	41:57	42
17. Dunav Ruse	↓	38	12	6	20	40:64	42
18. Beroe Stara Zagora	↓	38	10	6	22	38:67	36
19. Storgozia Pleven	↓	38	8	6	24	41:70	30
20. Arda Karadzhali	↓	38	6	8	24	22:67	26

von dem, was sie sich 1994 bei der WM in den USA erworben hatte, wieder verspielt war. Der exzentrische Hristo Stoichkov sorgte während der EM vor allem neben dem Spielfeld für Wirbel, und verkündete nach dem vorzeitigen Ausscheiden, unter Penev nicht mehr spielen zu wollen. Stoichkov bekam seinen Willen, denn am 1. Juli 1996 übernahm Hristo Bonev das Amt des Nationalcoaches. Stoichkov erwies sich damit einmal mehr als der eigentliche mächtige Mann im bulgarischen Fußball.

Ebenfalls zum Saisonende führten die vier Sofiaer Spitzenklubs Slavia, Levski, Lokomotiv und CSKA 24-Stunden-Telefon-Hotlines für ihre Fans ein. Bulgariens Fußball befindet sich zweifelsohne in einem Niemandsland zwischen Zukunft und Vergangenheit. ■

IM BLICKPUNKT

FK CSKA Sofia

Einst war er der Liebling der sogenannten „Volksführer". Siebenundzwanzig Mal wurde CSKA (Zentraler Armeesportverein) zwischen 1948 und 1992 bulgarischer Meister, stellte regelmäßig den Stamm der Nationalmannschaft und galt eigentlich schon immer vor der Saison als ausgemachter Meister. Seit dem Sturz der Kommunisten ist das vorbei. Heute geht es CSKA schlecht. Nur wenige Zuschauer verlieren sich in dem riesigen *Bulgarska Armia*-Stadion, wenn die Erben von Boris Gaganelov und Dimitar Penev antreten. Sportlich ging es ebenfalls bergab. 1993 hatte CSKA mit dem bulgarischen Pokal seinen bislang letzten Titel gewonnen. Ein Jahr später fehlte der Klub erst zum fünften Mal in der Vereinsgeschichte im Europapokal. 1996 gelang immerhin der Einzug in den UI-Cup, doch für das einstige Flaggschiff Bulgariens war das nur ein schwacher Trost.

DER STAR

Hristo Stoichkov (Parma AC)

Nein, eine gute Saison war es garantiert nicht. „Ich träume davon, mit Parma italienischer Meister zu werden und Bulgarien zum Europameister zu machen" meinte Bulgariens Superstar Hristo Stoichkov vor Saisonbeginn. Ergebnis: Mit Parma wurde er lediglich Fünfter und trennte sich anschließend im Zorn, mit Bulgarien flog er bereits in der Vorrunde raus und brach einen Streit vom Zaun.

Ein Jahr nach seiner Wahl zum Europäischen Fußballer des Jahres war Hristo Stoichkov auf den Boden der Tatsachen zurückgekehrt. Der exzentrische Supertechniker, 1966 in Plovdiv gebo-

DER POKAL

1. Runde

Septemvri Sofia - Lokomotiv Gorna Orjahovica	3:2
Cerno More Varna - Minior Pernik	2:1
Akademik Sofia - Pirin Blagoevgrad	2:0
Hebar Pazardzik - Çardafon Gabrovo	0:2
Port 93 Burgas - Lokomotiv Ruse	n. E. 3:4
Atletik Velingrad - Khan Asparuch Isperich	2:0
Olimpik Tvarditsa - Storgozia Pleven	1:2
FK Çirpan - Belasica Petrich	3:1
Vichren Sandanski - Arda Kardzhali	2:1
Spartak Pleven - Dunav Ruse	2:1
Benkovski Biala - Çavdar Biala Slatina	n. E. 6:5
Askent Gurkovo - Beroe Stara Zagora	3:2
Gigant Belene - Olimpik Galata	2:1
Ludigorets Razgrad - FK Haskovo	2:1
Chernomorets Burgas - Marica Plovdiv	n. E. 4:1
Metalurg Pernik - ZSASh Sofia	n. V. 4:1

Freilos: alle 16 Erstligisten

2. Runde

Spartak Pleven - Slavia Sofia	2:5
Gigant Belene - Lokomotiv Plovdiv	0:4
Etar Veliko Tarnovo - Lokomotiv Ruse	4:1
Spartak Varna - Çardafon Gabrovo	6:1
Benkovski Biala - Lokomotiv Sofia	0:7
Askent Gurkovo - CSKA Sofia	1:6
Atletik Velingrad - Rakovski Ruse	7:1
FK Shumen - Akademik Sofia	1:0
Vichren Sandanski - Neftochimik Burgas	0:1
Metalurg Pernik - Botev Plovdiv	1:0
Lugogorets Razgrad - Spartak Plovdiv	0:1
Septemvri Sofia - Leks Lovech	3:1
Storgozia Pleven - Levski Kjustendil	1:2
Levski Sofia - Cerno More Varna	2:0
Marica Plovdiv - FK Montana	3:2
FK Çirpan - Dobrudzha Dobric	2:0

Achtelfinale (Hin- und Rückspiele)

Lokomotiv Sofia - Levski Kjustendil	5:1, 0:2
Spartak Varna - Levski Sofia	2:2, 1:4
Marica Plovdiv - Lok. Plovdiv	2:1, n.V. 1:2, n.E. 7:9
Metalurg Pernik - FK Çirpan	2:0, 3:1
Spartak Plovdiv - Septemvri Sofia	3:0, 2:1
Slavia Sofia - FK Shumen	4:0, 0:0
CSKA Sofia - Etar Veliko Tarnovo	3:0, 3:0
Atletik Velingrad - Neftochimik Burgas	1:1, 0:x

Velingrad trat zum Rückspiel nicht an

Viertelfinale (Hin- und Rückspiele)

CSKA Sofia - Neftochimik Burgas	3:0, 2:2
Spartak Plovdiv - Lokomotiv Plovdiv	0:1, 1:1
Slavia Sofia - Metalurg Pernik	4:1, 0:0
Levski Sofia - Lokomotiv Sofia	2:0, 5:2

Halbfinale (Hin- und Rückspiele)

Lokomotiv Plovdiv - Slavia Sofia	0:2, 1:2
Levski Sofia - CSKA Sofia	1:0, 4:2

Finale (1. Mai 1996, Sofia, 20.000)

Slavia Sofia - Levski Sofia *

** Das Spiel wurde in der 76. Minute beim Stande von 1:0 für Slavia abgebrochen, weil Levski-Präsident Lavchis seinen Spielern das Weiterspielen verbot. Am 2. 5. entschied der Verband, das Spiel mit 4:0 für Slavia (1:0-Spielstand plus 3:0-Wertung am grünen Tisch) zu werten*

Slavia: Zdravkov - V. Ivanov, Tsvetanov, Kolev - Kachmanov, Ristic, Angelov, Sirakov, A. Dimitrov, Dermendzhiev (63. Zakhariev), A. Kirov

Levski: Nikolov - B. Iliev, Dartilov, G. Ivanov - Wasilev, Yonkov - Timnev (46. Zaitsev), H. Christov, Simeonov, Velev (67. P. Penchev), Yovov (62. Donev)

Schiedsrichter: Mitko Mitrev; Tor: 1:0 (35.) Kirov

ren und seit 1986 Stammspieler in Bulgariens Nationalteam, ging zurück nach Barcelona, von wo er 1995 nach einem handfesten Krach mit dem damaligen Trainer Cruyff geschieden war. Stoichkov gilt als „geborener Gewinner, aber schlechter Verlierer". 1985 war er an einer Massenschlägerei beim bulgarischen Pokalendspiel zwischen seinem Klub CSKA Sofia und Levski-Spartak beteiligt. Stoichkov wurde mit einer lebenslangen Sperre bestraft - und trat schon ein Jahr später wieder im Jersey des bulgarischen Armeeteams an. 1990 wechselte er für knapp 7 Millionen DM zum FC Barcelona, den er ein Jahr zuvor mit drei Toren um ein Haar höchstpersönlich aus dem Europapokal der Pokalsieger herausgeworfen hätte. Im Stadion *Nou Camp* avancierte Stoichkov auf Anhieb zum Liebling der Fans und gefeierten Torschützen. Drei Jahre hintereinander schoß er für *Barça* das meisterschaftsentscheidende Tor und spielte eine tragende Rolle beim 1992er Landesmeister-Pokalsieg der Katalanen. 1994 triumphierte er mit Bulgarien während der Weltmeisterschaft in den USA, deren Torschützenkönig er wurde. Mit Barcelona gewann Stoichkov im selben Jahr zum vierten Mal in Folge die spanische Meisterschaft, erreichte das Europapokalfinale - und wurde Europas Fußballer des Jahres.

Nach einer enttäuschenden Saison 1995/96 steht der „reichste bulgarische Sportler", der unter anderem Besitzer einer Bank ist, vor einem Neubeginn.

DER STAR

Krassimir Balakov (VfB Stuttgart)

1994 Stammspieler in der bulgarischen WM-Elf, 1995 portugiesischer Pokalsieger mit Sporting Lissabon, 1996 Bundesligazehnter mit dem VfB Suttgart - eigentlich müßte Krassimir Balakov enttäuscht sein. Doch der geniale Mittelfeldspieler war trotz der schlechten VfB-Position hochzufrieden mit seiner ersten Saison in Deutschland. Gemeinsam mit Bobic und Elber bildete der torgefährliche Supertechniker das „magische Dreieck", das 40 der 59 Stuttgarter Saisontore erzielte und für Begeisterung bei den Fans sorgte. 4 Millionen DM haben die Schwaben für den 30jährigen Lockenkopf ausgegeben - eine bescheidene Summe für den bulgarischen Fußballer des Jahres 1995. „Stuttgart spielt meine Art von Fußball, mit dem Schwerpunkt auf Angriff", verriet der Spielmacher, den Bobby Robson einst als den „begabtesten Techniker, mit dem ich jemals gearbeitet habe", bezeichnete.

Nach großartiger Vorrunde und Platz 3 zur Winterpause fiel er mit dem VfB Stuttgart in der Rückrunde etwas ab und verpaßte den anvisierten UEFA-Cup-Platz um Längen. Balakov blieb dennoch optimistisch. „Wenn wir unsere Defensivprobleme lösen können und Spieler wie Bobic und Elber halten, können wir 1996/97 um die Meisterschaft mitspielen". Und das ist genau das, was er will. Denn weder mit seinem Heimatklub Etar Veliko Tarnovo noch mit Sporting Lissabon wurde Balakov jemals Meister. Er findet, das es „Zeit wird".

Mit Bulgarien bei der EM dabei: Yordan Letchkov

LÄNDERSPIELE

Albanien - Bulgarien 1:1 (1:1) **EMQ**
6. 9. 1995 - Tiranë - 18.000 - Agius (Malta) - Mikhailov - Kremenliev, T. Ivanov, Tsvetanov - Hubchev, Borimirov, Kostadinov, Stoichkov, L. Penev (75. Sirakov), Balakov, Lechkov (75. Chomakov) - Trainer: Penev - Tor: Stoichkov (8./0:1) - Rot: Hubchev (39.)

Bulgarien - Albanien 3:0 (1:0) **EMQ**
7. 10. 1995 - Sofia - 35.000 - Hirviniemi (Finnland) - Mikhailov - Kremenliev, Ivanov, Tsvetanov - Yankov, Kiriakov (88. Borimirov), Kostadinov (86. Sirakov), Stoichkov, Penev, Balakov, Lechkov - Trainer: Penev - Tore: Lechkov (13./1:0), Kostadinov (82./2:0, 84./3:0)

Georgien - Bulgarien 2:1 (1:0) **EMQ**
11.10. 1995 - Tiflis - 40.000 - Meier (Schweiz) - Mikhailov - Kiriakov, Ivanov (58. Chomakov), Tsvetanov - Yankov, Sirakov (58. Borimirov) - Kostadinov, Stoichkov, Penev, Balakov, Lechkov - Trainer: Penev - Tor: Stoichkov (87./2:1)

Deutschland - Bulgarien 3:1 (0:0) **EMQ**
15. 11. 1995 - Berlin - 80.000 - Nikakis (Griechenland) - Popov - Kremenliev, Dartilov, Tsvetanov - Ginchev, Yankov, Kostadinov, Stoichkov, Penev (79. Sirakov), Balakov (82. Borimirov), Lechkov (62. Kiriakov) - Trainer: Penev - Tor: Stoichkov (47./0:1)

England - Bulgarien 1:0 (1:0)
27. 3. 1996 - London - 29.000 - Benkö (Österreich) - Mikhailov (46. Popov) - Kremenliev (84. Kishishev), T. Ivanov, Ginchev (46. Genchev) - Hubchev, Yankov - Kostadinov, Kiriakov, Penev (84. Sirakov), Lechkov, I. Yordanov (46. Borimirov) - Trainer: Penev

Slowakei - Bulgarien 0:0
24. 4. 1996 - Trnava - 15.000 - Vad (Ungarn) - Mikhailov (46. Zdravkov) - Kremenliev, T. Ivanov, Kishishev, Yankov, Kiriakov (61. Genchev) - Kostadinov, Sirakov (73. M. Christov), Borimirov, Balakov, Lechkov (63. I. Yordanov) - Trainer: Penev

Bulgarien - Mazedonien 3:0 (1:0)
28. 5. 1996 - Sofia - 1.000 - Babarogic (Jugoslawien) - Mikhailov (46. Zdravkov, 73. Popov) - Kremenliev, T. Ivanov (46. Ginchev), Kiriakov (46. Kishishev) - Hubchev (46. Tsvetanov), Yankov (46. Borimirov) - Kostadinov (46. I. Yordanov), Stoichkov, Sirakov (46. Donkov), Balakov (62. Genchev), Lechkov (62. I. Georgiev) - Trainer: Penev - Tore: Kostadinov (15./1:0), Stoichkov (67./2:0), Georgiev (77./3:0)

Bulgarien - Ver. Arabische Emirate 4:1 (2:1)
2. 6. 1996 - Sofia - 15.000 - Çelik (Türkei) - Mikhailov (46. Zdravkov) - Kremenliev (46. Kishishev), Hubchev, Kiriakov - Ginchev, Yankov - Kostadinov (46. Borimirov), Stoichkov (58. Donkov), Yordanov (58. Sirakov), Balakov, Lechkov - Trainer: Penev - Tore: Yordanov (6./1:0), Stoichkov (28./2:0), Donkov (69./3:1), Sirakov (80./4:1)

Spanien - Bulgarien 1:1 (0:0) **EM-VR**
9. 6. 1996 - Leeds (England) - 20.100 - Ceccarini (Italien) - Mihailov - Hubchev - Ivanov - Kishishev, Letchkov, Yankov, Balakov, Kiriakov (72. Zvetanov) - Kostadinov (72. Iordanov), L. Penev (78. Borimirov), Stoichkov - Tor: Stoichkov (64. Elfmeter/1:0) - Rot: Hubchev (72.)

Bulgarien - Rumänien 1:0 (1:0) EM-VR
13.6.1996 - Newcastle (England) - 19.107 - Mikkelsen (Dänemark) - Mihailov - Ivanov - Yankov, Zvetanov - Kishishev, Letchkov (90. Guentchev), Iordanov, Balakov - Kostadinov (32. Borimirov), Penev (72. Sirakov), Stoichkov - Tor: Stoichkov (3.)

Frankreich - Bulgarien 3:1 (1:0) EM-VR
18.6.1996 - Newcastle (England) - 26.976 - Gallagher (England, ab 28. Durkin/ England) - Mihailov - Kremenliev, Ivanov, Hubchev, Zvetanov - Letchkov, Yankov (79. Borimirov), Balakov (82. Donkov), Iordanov - Penev, Stoichkov - Tor: Stoichkov (69./2:1)

EUROPAPOKAL

Europapokal der Landesmeister

Meister Levski Sofia startete im UEFA-Pokal-Wettbewerb

Europapokal der Pokalsieger

Qualifikation

Derry City - Lokomotiv Sofia 1:0 (1:0)
10. 8. 1995 - 8.000 - Sandra (Belgien) - Apostolov - Velkov, Yochev, Marinov - Zafirov, Koilov, D. Angelov, Donev, Radivoievich, D. Petkov, Khvoinev (53. Borisov)

Lokomotiv Sofia - Derry City 2:0 (2:0)
24. 8. 1995 - 5.000 - Papaioannou (Griechenland) - Apostolov - Velkov, Koilov, Borisov (84. Marinov), Zafirov, Slavchev, D, Angelov, Khvoinev, Radivoievich, D. Petkov (88. G. Antonov), Donev - Tore: Slavchev (6./1:0), Khvoinev (29./2:0)

1. Runde

Lokomotiv Sofia - Halmstad BK 3:1 (2:1)
14. 9. 1995 - 5.000 - Zuppinger (Schweiz) - Manolkov - Velkov (75. Antonov), Marinov, Naidenov (72. Koilov), Zafirov, Slavchev - Donev, Khvoinev, Radivoievich, Petkov (86. Borisov), Chilibonov - Tore: Marinov (41./1:1), Petkov (43./2:1), Donev (57./3:1)

Halmstad BK - Lokomotiv Sofia 2:0 (1:0)
28. 9. 1995 - 5.000 - Melnichuk (Ukraine) - Apostolov - Velkov (75. Antonov), Marinov, Naidenov - Zafirov, Slavchev, Donev (58. Koilov), Chilibonov, Radivoievich, Petkov (65. Angelov), Petrov

UEFA-Pokal

Qualifikation

Dinamo Bukarest - Levski Sofia 0:1 (0:1)
8. 8. 1995 - 10.000 - Luinge (Niederlande) - Nikolov - Kremenliev, Dartilov, Markov - I. Vasilev, Yonkov - Penchev, Christov, P. Yankov (54. Simeonov), Velev, Ivanov - Tor: Ivanov (30./0:1)

Levski Sofia - Dinamo Bukarest 1:1 n.V. (0:0, 0:0)
22. 8. 1995 - 15.000 - Stafoggia (Italien) - Nikolov - Kremenliev, Dartilov, Markov (106. Rusev) - Vasilev, Yonkov, P. Penchev (65. G. Slavchev), Christov, Simeonov (75. Yovov), Velev, Ivanov - Tor: Vasilev (110./1:1)

Botev Plovdiv - Dinamo Tiflis 1:0 (1:0)
8. 8. 1995 - 8.000 - Nikakis (Griechenland) - Mikhailov - Lukov (81. A. Petrov), G. Petrov, R. Dimitrov - Shopov, Sivinov, Kitanchev (62. Gemedzhiev), Markov, Gerov, P. Petrov, Vidolov - Tor: Gerov (45./1:0)

Dinamo Tiflis - Botev Plovdiv 0:1 (0:0)
22. 8. 1995 - 22.000 - Weber (Deutschland) - Mikhailov - Lukov, G. Petrov, T. Simeonov - Shopov, A. Petrov - Markov, P. Petrov (86. Sivinov), Gerov (58. R. Ivanov), Sadakov (66. Gemedzhiev), Vidolov - Tor: Vidolov (90./0:1)

Slavia Sofia - Olympiakos Piräus 0:2 (0:0)
8. 8. 1995 - 5.000 - Durkin (England) - Zdravkov - Minchev (58. Dimitrov), Atsarov, Kolev - Kachamanov, Urukov, V. Ivanov, I. Dobrevski (80. Dafkov), G. Dobrevski, Shalamanov, Kirov (78. Zheliazkov)

Olympiakos Piräus - Slavia Sofia 1:0 (1:0)
22. 8. 1995 - 18.000 - Muhmenthaler (Schweiz) - Zdravkov - Dafkov, Atsarov, Kolev - Kachamanov, Urukov, Tsvetanov, A. Dimitrov, V. Ivanov (64. Minchev), G. Dobrevski (56. Zheliazkov), Kirov (46. I. Dobrevski)

1. Runde

Levski Sofia - Eendracht Aalst 1:2 (0:0)
12. 9. 1995 - 18.000 - Levnikov (Rußland) - Nikolov - Kremenliev, Dartilov, Markov - Vasilev, Penchev - Timnev (57. Yovov), M. Christov (70. K. Yordanov), Simeonov, Velev, Ivanov (59. Slavchev) - Tor: Vasilev (68./1:1) - Rot: Markov

Eendracht Aalst - Levski Sofia 1:0 (0:0)
26. 9. 1995 - 10.000 - Pairetto (Italien) - Nikolov - Kremenliev, Dartilov, Slavchev (74. Zaitsev), Vasilev, Yonkov - P. Penchev, Christov, Yankov (67. Simeonov), Yordanov, Ivanov (46. Yovov) - Rot: Nikolov (79., für ihn ging Yonkov ins Tor)

FC Sevilla - Botev Plovdiv 2:0 (2:0)
12. 9. 1995 - 40.000 - Merk (Deutschland) - Vasilev - Sivinov, G. Petrov, R. Dimitrov - T. Simeonov, G. Markov, Shopov (68. Lukov), R. Ivanov (85. Gerov), A. Petrov, Sadakov (73. P. Petrov), Vidolov

Botev Plovdiv - FC Sevilla 1:1 (0:0)
26. 9. 1995 - 12.000 - Collina (Italien) - Vasilev - Sivinov, G. Petrov, Shopov - T. Simeonov, G. Markov, A. Petrov (58. P. Petrov), R. Ivanov (85. Zsvetanov), Gerov, Sadakov, Vidolov - Tor: R. Ivanov (69./1:1)

UI-Cup

keine Teilnehmer gemeldet

DÄNEMARK 1995/96

Pionteks Aus bei Åalborg BK

Von Carsten Grønning

Dansk Boldspil-Union

Idrættens Hus,
Brøndby Stadion 20,
DK-2605 Brøndby
Telefon: ++45 / 43 26 22 22
Telefax: ++45 / 43 26 22 45

FIFA-Weltrangliste
Juli 1995: 7. Platz, 56,29 Punkte,
Juli 1996: 10 Punkte, 56,33 Punkte

UEFA-Fünfjahreswertung
1996/97: 12. Platz, 22,0 Punkte

Dänemark zählt zwar spätestens seit seinen guten WM-Auftritten und dem sensationellen EM-Sieg von 1992 zu den besten europäischen Fußballnationen, auf Vereinsebene laufen die Männer aus Jütland, Fünen und Seeland aber weiterhin dem europäischen Standard hinterher. Der Verband tut alles, um die Situation zu verbessern. Zumindest bei den Fans kommt das an, denn mit durchschnittlich 4.998 Zahlenden (in den Play-offs gar 7.471!) verbuchte die 1991 eingerichtete *Superliga* in der Saison 1994/95 ihren bisherigen Rekordbesuch. Das waren 20% mehr Fans als in der Vorsaison!

Dennoch änderte der Verband zur Saison 1995/96 die Ligastruktur. Die *Superliga* wurde auf zwölf Teilnehmer aufgestockt, und weil die Fans nach Ansicht der Verantwortlichen keine Lust mehr hätten, „jedes Spiel viermal zu sehen" (bislang hatte man die zehn Erstligisten viermal pro Saison gegeneinander spielen lassen), erfand man die Formel „einmal daheim, einmal auswärts und einmal auf neutralem Platz". Aufgrund des krassen Leistungsgefälles zwischen den Top-Teams und den restlichen Spitzenmannschaften ist es in Dänemark nicht möglich, eine 16 oder 18 Vereine starke 1. Liga einzurichten.

Erfolgreichste Mannschaft der Dekade ist mit fünf Titeln seit 1985 der Kopenhagener Stadtteilklub Brøndby IF. Allerdings waren die von Ebbe Skovdahl trainierten Blau-Gelben zum letzten Mal 1991 Meister geworden - und die lange Durststrekke sollte 1996 endlich zu Ende gehen.

Der Saisonauftakt für die *Brøndbyernes* war durchwachsen. Nach dem fünften Spieltag stand das Team lediglich auf dem vierten Platz und mußte ausgerechnet gegen den Lokalrivalen FC Kopenhagen antreten. Der 1992 durch Fusion zwischen den Traditionsklubs B 03 und B 1876 (zusammen achtmal Meister) entstandene Profiverein macht Brøndby seit Jahren die Rolle der Kopenhagener Nummer 1 streitig und war 1993 erstmals Meister geworden. Für die Fans auf beiden Seiten ist das Duell normalerweise der Saisonhöhepunkt - am 27. August 1995 war es allerdings ein eindeutig negativer. Nachdem nämlich Brøndby seine bis achtzehn Minuten vor dem Schlußpfiff sicher geglaubten drei Punkte plötzlich verlor, weil aus der 1:0-Führung binnen weniger Minuten ein 1:4-Rückstand wurde, drehten die Fans durch: Es kam zur „Schlacht von Kopenhagen", die auf beiden Seiten zahlreiche Verletzte forderte. Und das im für seine friedlichen Fans so berühmten Dänemark!

Neben den negativen Begleiterscheinungen hatte die Niederlage auch unangenehme sportliche Folgen, denn Brøndby fiel dadurch vorerst

71 Treffer erzielte Meister Brøndby im Saisonverlauf. Hier wird John „Faxe" Jensen für einen Treffer im Spiel gegen Velje bejubelt

Superliga	Gesamt							Heim					Auswärts				
	Sp	g	u	v	Tore	Diff.	Pkt.	g	u	v	Tore	Pkt.	g	u	v	Tore	Pkt.
1. Brøndby IF	33	20	7	6	71:32	+39	67	10	4	3	41:17	34	10	3	3	30:15	33
2. ÅGF Århus	33	18	12	3	61:28	+33	66	9	8	0	31:13	35	9	4	3	30:15	31
3. OB Odense	33	17	9	7	57:33	+24	60	12	3	2	35:13	39	5	6	5	22:20	21
4. Lyngby FC	33	14	11	8	61:35	+26	53	6	4	7	26:20	22	8	7	1	35:15	31
5. ÅaB Ålborg (M)	33	15	6	12	57:38	+19	51	12	1	4	41:13	37	3	5	8	16:25	14
6. Silkeborg IF	33	14	7	12	44:42	+ 2	49	9	4	3	26:16	31	5	3	9	18:26	18
7. FC København (P)	33	13	9	11	48:49	- 1	48	9	4	4	26:22	31	4	5	7	22:27	17
8. Viborg FF (N)	33	9	11	13	48:67	-19	38	7	4	5	28:22	25	2	7	8	20:45	13
9. Vejle Boldklub (N)	33	8	9	16	34:50	-16	33	4	5	7	20:21	17	4	4	9	14:29	16
10. Herfølge Boldklub (N)	33	6	9	18	41:62	-21	27	4	7	5	26:28	19	2	2	13	15:34	8
11. Ikast fS ⬇	33	5	10	18	28:63	-35	25	4	5	7	17:29	17	1	5	11	11:34	8
12. Næstved IF ⬇	33	5	8	20	29:80	-51	23	4	5	7	19:29	17	1	3	13	10:51	6

EC 1996/97: CL: Brøndby IF*, EC2: ÅGF Århus, UEFA: OB Odense, Lyngby FC, UI: ÅaB Ålborg, Silkeborg IF, FC København. * Brøndby scheiterte in der Qualifikation zur CL an Widzew Lódz und startete im UEFA-Cup.

aus der Spitzengruppe heraus. Am 1. September 1995 schlugen abermals Brøndbys Fans zu: Als ihr inzwischen in die Spitzengruppe zurückgekehrtes Team im Gipfeltreffen bei Titelverteidiger ÅaB Ålborg in der neunten Minute durch Møller mit 1:0 in Führung ging, zündeten sie freudig Feuerwerksköper an. Erst als Schiedsrichter Knud Erik Fisker mit einem Spielabbruch drohte, beruhigte sich die Situation wieder. Als jedoch Per Nielsen in der 75. Minute das 2:0 für Brøndby erzielte, waren die Fans nicht mehr zu bremsen und hüllten die Spielstätte mit Rauchschwaden ein. Schiedsrichter Fishker machte seine Drohung daraufhin wahr und brach zum ersten Mal in der Geschichte der *Superliga* ein Spiel ab. Weil nach den dänischen Bestimmungen das Auswärtsteam nicht für die eigenen Anhänger verantwortlich ist konnte Brøndby der Verhandlung gelassen entgegensehen. Tatsächlich wurde zunächst beschlossen, das Spiel mit 2:0 für Brøndby zu werten und auf die fehlenden fünfzehn Minuten zu verzichten. Nach einigen Beratungen revidierte man dies allerdings später und ließ im April 1996 die fehlenden fünfzehn Minuten nachspielen, in denen Brøndby gar noch das 3:0 erzielen konnte.

Brøndby hatte durch den Sieg - ob nun 2:0 oder 3:0 - endgültig zu alter Stärke zurückgefunden und blieb in den darauffolgenden dreizehn Spielen ungeschlagen. Elf Siege und zwei Unentschieden brachten den Favoriten, der sich zur Winterpause mit den beiden Heimkehrern Lars Olsen (FC Basel) und John Jensen (Arsenal London) verstärkte, zurück an die Tabellenspitze.

Dort stand er auch am 12. Mai 1996, als das Duell gegen den hartnäckigsten Verfolger aus Århus anstand, gegen den es zuvor zwei Niederlagen gegeben hatte (1:2 daheim und 1:3 in Århus). Auch an jenem Nachmittag nahm das Spiel zunächst keinen verheißungsvollen Verlauf. Zwar ging Brøndby durch Peter Møller in der Nachspielzeit der ersten Halbzeit mit 1:0 in Führung, doch im zweiten Spielabschnitt brachten zweimal Thomas Thorninger sowie Henrik Mortensen Århus mit 3:1 auf die Siegesspur. Elf Minuten vor dem Spielende markierte Ebbe Sand den Anschlußtreffer für die Hauptstädter, die anschließend vehement das ÅGF-Gehäuse berannten. Sekunden vor dem Schlußpfiff stürmte Brøndbys Torhüter Mogens Krogh bei einem Eckball nach vorn und wuchtete den Ball mit einem tollen Kopfstoß doch noch zum 3:3-Endstand in die Maschen!

Die Torschützen

Thomas Thorninger (ÅGF Århus)	20
Per Pedersen (OB Odense)	16
Steffen Højer (Viborg FF)	16
Peter Møller (Brøndby IF)	15
Erik Bo Andersen (ÅaB Ålborg)	13
Ebbe Sand (Brøndby IF)	12
Henrik Larsen (Lyngby FC)	11
Søren Frederiksen (Viborg FF)	11
David Nielsen (Lyngby FC)	10
Miklos Molnar (Herfølge BK)	10
Håvard Flo (ÅGF Århus)	10

Drei Spieltage vor dem Saisonende verlor der Tabellenführer durch ein enttäuschendes Heimunentschieden gegen Silkeborg seine Spitzenposition wieder an Århus, und alles schien vergeblich gewesen zu sein, zumal im nächsten Spiel der FC Kopenhagen anstand. Doch vor über 30.000 Zuschauern im *Parken*, dem einzigen größeren Stadion der *Superliga*, gewann Brøndby

Superliga	Brøndby	Åarhus	Odense	Lyngby	Ålborg	Silkeborg	København	Viborg	Vejle BK	Herfølge	Ikast	Næstved
Brøndby IF	• •	1:2 -	1:1 -	2:2 1:2	1:0 2:0	4:1 1:1	1:4 -	4:0 1:1	4:0 6:0	3:2 -	1:0 2:0	6:1 -
ÅGF Åarhus	3:1 3:3	• •	2:2 1:1	2:1 -	1:0 -	0:0 -	2:0 2:1	1:1 -	0:0 -	3:0 1:1	3:0 1:1	3:0 3:1
OB Odense	0:3 2:0	1:0 -	• •	2:2 -	1:1 5:1	1:0 -	0:0 2:1	3:1 3:1	1:0 -	0:2 5:1	2:0 2:0	5:0 -
Lyngby FC	1:3 -	0:1 0:2	0:2 0:1	• •	0:0 -	1:2 2:3	2:2 4:0	4:0 -	3:0 1:1	2:0 -	3:2 -	1:1 2:0
ÅaB Åalborg	0:3 -	2:4 2:1	3:0 -	0:1 1:1	• •	4:1 0:1	1:0 -	8:1 -	1:0 2:0	4:0 4:0	3:0 -	4:0 2:0
Silkeborg IF	2:0 -	0:3 2:1	2:1 1:1	1:1 -	2:1 -	• •	3:1 -	0:2 -	1:2 3:1	1:0 1:0	1:1 -	5:0 1:1
FC København	0:3 0:4	1:3 -	2:1 -	2:2 -	2:1 3:1	1:0 1:0	• •	4:1 2:0	1:2 -	0:0 2:1	1:1 -	3:1 1:1
Viborg FF	2:2 -	1:1 0:0	2:1 -	0:2 0:2	4:0 0:2	0:3 2:1	2:2 -	• •	0:2 -	2:1 -	3:1 -	4:0 6:2
Vejle Boldklub	1:3 -	0:0 0:1	1:1 2:0	0:3 -	1:3 -	1:1 -	0:1 1:2	3:3 0:1	• •	2:1 -	1:1 5:0	2:0 -
Herfølge Boldklub	0:1 0:0	1:5 -	1:2 -	2:2 1:1	1:1 -	5:2 -	0:3 -	3:3 2:2	2:4 1:1	• •	1:0 4:1	2:0 -
Ikast fS	1:2 -	2:2 -	1:3 -	0:4 0:5	0:3 1:1	1:0 1:2	4:2 1:1	1:1 0:0	2:1 -	1:0 -	• •	1:2 -
Næstved IF	0:1 0:1	2:4 -	0:4 1:1	1:4 -	1:1 -	1:0 -	2:2 -	6:2 -	0:0 1:0	3:2 0:4	1:1 0:2	• •

souverän mit 4:0 und übernahm wieder die Tabellenführung. Am letzten Spieltag gab es einen 2:0-Sieg über Ålborg, der Brøndby seinen sechsten Meistertitel seit 1985 sicherte.

Brøndbys härtestes Konkurrent war ÅGF Åarhus, der von vornherein zu den Mitfavoriten gezählt worden war. Trainer Peter Rudbaek hatte eine exzellente Mischung aus jungen und erfahrenen Akteuren zusammengestellt, aus der Lars Windfield, Dänemarks Torhüter des Jahres 1995, und der frühere Liverpooler Torben Piechnik herausragten. Schon zu Beginn der Spielzeit wurde deutlich, daß ÅGF mit Thomas Thorninger zudem über einen der besten Ligastürmer verfügte. Thorninger, der 1994 nach einem wenig erfolglosen Engagement beim niederländischen Erstligisten PSV Eindhoven zurückgekehrt war, wurde mit 20 Treffern dänischer Torschützenkönig.

Åarhus erwischte einen Traumstart und übernahm nach sieben Spielen die Tabellenspitze, die bis zum 22 Spieltag gehalten werden konnte.

Im Frühjahr kam die Mannschaft in eine Krise und bezog nach einem 1:1-Unentschieden gegen Herfølge BK sogar eine 1:2-Niederlage in Silkeborg, nach der die Tabellenführung an Brøndby wechselte. Verlustpunkte gegen Viborg und selbst den Tabellenletzten Ikast ließen die Mannschaft entscheidend zurückfallen, so daß am Ende der anstrengenden Saison lediglich der Titel des Vize-Meisters heraussprang. Immerhin blieb Åarhus im heimischen Stadion ungeschlagen und konnte sich über eine stetig wachsende Zahl von Zuschauern freuen.

Darüber hinaus sicherten sich die Blau-Weißen den Pokal. Allerdings war es ein beschwerlicher Weg. Im Halbfinale, das im Gegensatz zu den anderen Runden in Hin- und Rückspielen ausgetragen wurde, gab es ein 2:2 beim Abstiegskandidaten Herfølge und Åarhus konnte beruhigt ins Rückspiel gehen. Doch der Underdog überraschte und ging durch ein Eigentor des ÅGF-Abwehrspielers Gunnar Lind bereits nach fünf Minuten in Führung. Anschließend warf Åarhus alles nach vorn. Ausgerechnet dem Unglücksraben Lind war es vorbehalten, seiner Mannschaft mit dem Ausgleichstreffer den Finaleinzug zu sichern.

Vier Tage nach dem dramatischen 3:3-Unentschieden im Ligaspiel zwischen Ålborg und Brøndby trafen beide Teams im Pokalfinale erneut aufeinander. Spielort war der Kopenhagener *Idrætspark,* in dem sich ÅGF in souveräner Manier 2:0 durchsetzte und zum neunten Mal dänischer Pokalsieger wurde. Nachwuchsspieler Peter Degn und der Ex-HSVer Stig Tøfting, der nach Spielschluß von den Journalisten als bester Spieler des Finales erkoren wurde, markierten die Tore.

OB Odense befand sich vor der Spielzeit auf Grund seines starken Kaders mit Veteran Lars Høgh (Torwart), den ebenfalls international erfahrenen Mittelfeldspielern Michael Schjønberg (früher Hannover 96) und Brian Steen-Nielsen sowie Angreifer Per Pedersen, der von Lyngby zurückgekauft worden war, unter den Favoriten auf die Meisterschaft.

Die Spielzeit begann verheißungsvoll und erreichte mit einem souveränen 5:0-Sieg über

Næstved einen frühen Höhepunkt, bei dem Bo Henriksen binnen 13 Minuten einen lupenreinen Hattrick erzielte.

Dank einer Serie von drei aufeinanderfolgenden gegentorlosen Siegen schob sich OB auf Platz 2. Prunkstück der Mannschaft war die Abwehr um den 37jährigen Lars Høgh, der im Sommer 1996 gemeinsam mit seinen Teamkameraden Michael Schjønberg und Brian Steen-Nielsen zur EM nach England fuhr.

Zum Jahresende kam das Team von der Insel Fünen in eine Krise und gewann von neun Begegnungen lediglich zwei. Resultat war der enttäuschende vierte Platz zum Weihnachtsfest.

Die Winterpause konnte zur Regeneration genutzt werden, so daß sich die Mannschaft in neuer Stärke präsentierte. Dank herausragender Leistungen von Schjønberg, Steen-Nielsen und Michael Hemmingsen befand sich OB plötzlich wieder im Meisterschaftsrennen. Besonders von diesen Akteuren wurde das harte, körperliche Spiel bevorzugt. Dennoch konnte das Team auf Dauer nicht mit Brøndby und ÅGF mithalten, zumal im vorletzten Saisonspiel im Spitzenspiel gegen Åarhus durch ein Gegentor in der Nachspielzeit lediglich ein Unentschieden heraussprang, was die letzten theoretischen Chancen auf den Titel zunichte machte. Immerhin erreichte man Platz 3 und qualifizierte sich damit für den UEFA-Cup. Allerdings verlor OB mit Jess Thorup einen langjährigen Stammspieler an den KFC Uerdingen.

Lyngby FC konnte in der abgelaufenen Saison positiv überraschen. Obwohl eigentlich eher im Mittelfeld erwartet, gelang es dank der Schlüsselspieler Claus Christiansen, Henrik Larsen und Johnny Vilstrup in die Spitzengruppe vorzudringen. Auf Grund der modernen Spielauffassung ihres neuen Trainers Benny Lennartsson wurde Angriffsfußball gespielt, was sich in zahlreichen Torerfolgen auszahlte. Allerdings mußte noch vor der Winterpause der Verlust von Torjäger Johnny Vilstrup hingenommen werden, der zum abstiegsbedrohten englischen Zweitligisten Luton Town wechselte. Nachdem auch er die Nordlondoner nicht aus dem Tabellenkeller schießen konnte, kehrte er zwar im Sommer 1996 nach Dänemark zurück, schloß sich jedoch dem ÅGF Åarhus an.

Mit Claus Christiansen mußten die Lyngbyer noch einem zweiten Leistungsträger „Auf-

2. Liga (Division 1)		Sp	Tore	Diff.	Pkt.
1. Hvidovre IF	↑	30	57:32	+25	64
2. AB København	↑	30	72:24	+48	61
3. Brønshøj BK		30	56:40	+16	52
4. Esbjerg Forende BK		30	56:39	+17	48
5. BK Fremad Herning		30	51:35	+16	48
6. Svendborg		30	47:39	+ 8	48
7. Fremad Amager		30	40:40	+-0	40
8. B 93 København		30	40:47	- 7	37
9. Ølstykke FC		30	49:58	- 9	36
10. Avarta		30	37:47	-10	36
11. Køge BK		30	48:52	- 4	35
12. FC Fredericia		30	51:59	- 8	35
13. Holstebro BK		30	44:45	- 1	33
14. HIK		30	34:51	-17	33
15. B 1909 Odense		30	36:53	-17	27
16. Nørre Aaby		30	30:87	-57	23

wiedersehen" sagen. Dem Routinier wurde eine große berufliche Chance geboten, so daß er seine Profifußballkarriere beendete.

Als Ausgleich für die Verluste wurde das Mittelfeld mit dem Ex-Berner bzw. Compostella-Stürmer Bent Christensen verstärkt sowie der Odenser Edelreservist David Nielsen ausgeliehen. Der einzige übriggebliebene Leistungsträger vom Saisonstart - Kapitän Henrik Larsen - setzte in der Frühserie mit vier Toren in fünf Spielen ein eindrucksvolles Zeichen zum Kämpfen. Neuzugang Nielsen schlug mit zehn Saisontoren prächtig ein, und Lyngby beendet die Saison auf einem hervorragenden 4. Platz, der zur UEFA-Pokalteilnahme berechtigt. Allerdings wurde die Freude beim Kopenhagener Stadtteilklub getrübt, als Lokalrivale FC den nur schwer ersetzbaren Henrik Larsen verpflichtete.

Titelverteidiger ÅaB Åalborg gelang mit drei Siegen, darunter ein 8:1 über Neuling Viborg, ein Traumstart. Anschließend profitierten die vom ehemaligen dänischen Nationaltrainer Sepp Piontek trainierten Åalborger vom Bestechungsversuch Dinamo Kiews und zogen durch die Hintertür in die Champions League ein. Doch der relativ kleine Kader war der Doppelbelastung nicht gewachsen und fiel in nur acht Spielen auf den sechsten Tabellenplatz zurück. Nach dem ersten Saisondrittel war der Titelverteidiger praktisch aus dem Titelrennen ausgeschieden.

Hinzu kam, daß der letztjährige Torschützenkönig Erik Bo Andersen nach zwanzig Spielen, in denen er 13 Treffer erzielt hatte, an den schottischen Meister Glasgow Rangers verkauft wurde.

Als adäquater Ersatz wurde Søren Andersen verpflichtet, der früher beim spanischen Ex-Erstligisten UD Lerida und dem IFK Norrköping in Schweden aktiv gewesen war. Nach überstandener Verletzung konnte der Stürmer mit sieben Treffern durchaus die in ihn gesetzten Erwartungen erfüllen und seinen Namensvetter gleichwertig ersetzen. Beweis dafür war seine Berufung ins dänische EM-Aufgebot, wo er den Platz seines Mannschaftskameraden Peter Rasmussen einnahm, der während der gesamten Saison vergeblich seine Form gesucht hatte.

Sepp Piontek, der zum Saisonbeginn Poul Erik Andreasen auf dem Trainerstuhl abgelöst hatte, versuchte vergeblich, seinem Team die für ein europäisches Top-Team unerläßliche Härte einzuimpfen. Bereits in der Winterpause gab es nach dem relativ schwachen Abschneiden in der Champions League Kritik am früheren Werder-Spieler. Darüber hinaus hatte Piontek Ärger bekommen, weil er Nachwuchstorhüter Lars Winde dem erfahrenen Thomas Gill vorgezogen hatte. Gill wechselte verärgert zu Sturm Graz und ist inzwischen beim MSV Duisburg gelandet.

Nachdem Åalborg am Saisonende sogar die Teilnahme am UEFA-Pokal verpaßte und mit dem UI-Cup vorlieb nehmen nehmen mußte, sahen die Verantwortlichen keine Zukunft für Piontek mehr und entließen den renommierten Coach, obwohl dessen Vertrag noch bis 1997 lief.

Genau wie Åalborg hatte auch Silkeborg IF vor der Saison einen neuen Trainer angeheuert. Für den Schweden Bo Nilsson war der frühere Nationalspieler Preben Elkjaer, der zuvor in Lokeren, Verona und beim 1. FC Köln Profierfahrung gesammelt hatte, gekommen.

Silkeborg war Elkjaers erste Trainerstation - und der Ex-Profi wurde sogleich mit den harten Seiten des Geschäfts konfrontiert. Sein Team, dem man eine „italienische" - also defensive - Spielweise nachsagte, gewann von den ersten 18 Spielen lediglich fünf. Darunter waren allerdings Siege gegen die Top-Teams FC Kopenhagen, OB Odense, Brøndby und Lyngby - Beweis, das Silkeborg besser war, als es sein Tabellenplatz aussagte. Doch die Jutländer kassierten zahlreiche vermeidbare Niederlagen gegen vermeintliche Abstiegskandidaten und rutschten allmählich selbst in die Relegationszone. Zum Jahresende gelang es dem Team, sich durch Siege über Viborg (3:0) und Næstved (5:0) selbst aus dem gröbsten herauszuziehen, und es überwinterte auf dem siebten Tabellenplatz.

Peter Rasmussen und Jan Petersen von Åalborg BK

In der Winterpause entschloß sich die Vereinsführung, das Vollprofitum einzuführen. Die beiden ersten Spieler, die derartige Verträge unterzeichneten, waren Heine Fernandez und Michael Larsen, die aber unglücklicherweise in der gesamten Frühjahrsserie wegen Verletzung ausfielen. Die unerfahrenen Spieler bewiesen in dieser schwierigen Phase jedoch, daß sie gute Ersatzkräfte waren. Silkeborg spielte regelmäßig mit vier bis fünf jungen Akteuren, die ihre Sache ausgezeichnet machten. Sieben der ersten zehn Spiele der Frühjahrsrunde beendete die Mannschaft siegreich und konnte sich allmählich wieder Hoffnungen auf den sechsten Platz machen, der zur UI-Cup-Teilnahme berechtigt. Trotz schlechterer Partien in den drei Abschlußbegegnungen wurde der FC Kopenhagen tatsächlich noch überholt und Silkeborg lief auf Platz 6 ein.

Der FC Kopenhagen konnte die hochgesteckten Erwartungen erneut nicht erfüllen. Seit drei Jahren laufen die Hauptstädter - 1993 zum bis-

Rassiger Luftkampf beim Spiel FC Kopenhagen - OB Odense

lang einzigen Mal dänischer Meister - trotz hochkarätiger Verpflichtungen dem Erfolg hinterher. Leistungsträger sind die kleingewachsenen Zwillinge Michael und Martin Johansen, die optimal aufeinander abgestimmt sind. Instinktiv wissen sie, wohin sich der jeweils andere bewegte, und mit ihrer Geschicklichkeit stürzen sie die Abwehrspieler von einer Verlegenheit in die andere. Einziges Manko ist ihre fehlende körperliche Robustheit, was ihnen bei körperbetonten Gegenspielern arg zu schaffen macht.

Kopenhagen stand zur Winterpause lediglich auf Platz 6 und mußte, sollte das Minimalziel UEFA-Pokal nicht gefährdet werden, handeln. Aus Bordeaux lieh man Abwehrspieler William Prunier aus, der voll einschlug. Doch trotz zahlreicher optisch ansehnlicher Spiele gelang es der Mannschaft nicht, die für Platz 4 nötigen Punkte zu holen. Daß damit selbst die Teilnahme am UI-Cup verpaßt wurde, nahm man im *Parken*-Stadion mit Enttäuschung auf.

Nach Saisonende griffen die Verantwortlichen des finanzschwachen Klubs durch und räumten kräftig auf. Gemeinsam mit Trainer Michael Schäfer verließen Christian Lønstrup (nach Cagliari), Per Frandsen und Michael Johansen (beide Bolton Wanderers) den Verein. Der Ex-Ikaster Kim Brink wurde als neuer Übungsleiter verpflichtet und bekam mit Henrik Larsen (Lyngby), Martin Nielsen (ÅGF Åarhus) und dem Ex-Kölner Bjarne Goldbæk hochkarätige Neuzugänge. Ob das zum Spitzenplatz reicht, steht freilich auf einem anderen Blatt.

Neuling Viborg FF galt vor der Spielzeit als einer der heißesten Abstiegskandidaten - schließlich war er nur als Zweitligadritter aufgestiegen. Die Saison begann auch katastrophal für die Grün-Weißen: Fünf Niederlagen in Folge und ein Torverhältnis von 3:19 ließen nichts Gutes verheißen. Ausgerechnet gegen Titelanwärter ÅGF sicherte sich das Team mit 1:1 den ersten Punkt und tankte Selbstvertrauen, was sich anschließend in Siegen gegen Silkeborg und Herfølge ausdrückte.

Trainer Ove Christensen, der 1995 mit Fortuna Hjørring dänischer Frauenfußballmeister geworden war und anschließend den nach Odense gewechselten Aufstiegstrainer Viggo Jensen ersetzt hatte, war wegen der zahlreichen Niederlagen zwar heftig kritisiert worden, erhielt aber vom Viborger Präsidium das Vertrauen ausgesprochen. Es zahlte sich aus, denn Christensen führte das Team allmählich aus der Abstiegszone heraus.

Mit Steffen Højer und Søren Frederiksen verfügte Viborg über zwei ausgezeichnete Angreifer, die 27 der 48 Saisontore erzielten. Größtes Plus des namenlosen Teams war seine Kampfkraft, durch die es schließlich auf einem ausgezeichneten achten Platz einlief.

Der Vejle Boldklub war 1991 nach fast 35 Jahren in der höchsten dänischen Spielklasse erstmals abgestiegen und brauchte immerhin vier Jahre, um ins Oberhaus zurückzukehren. Seit Jahrzehnten gilt Vejle als Talentschuppen. Allan Simonsen und Ulrik Le Fevre, die einst bei Borussia Mönchengladbach Furore machten, stammen beispielsweise aus der im Osten Jütlands gelegenen Stadt. Gleichzeitig steht Velje für technisch ausgeprägten Fußball. Der neuen Generation, die 1995 den langersehnten Aufstieg geschafft hatte, wurde jedoch eine schwere Saison prophezeit. Der Start gelang mit einem überraschenden Auswärtssieg beim FC Kopenhagen ausgezeichnet, doch anschließend blieb das Team in acht Spielen sieglos und fiel auf den zehnten Tabellenplatz zurück. Zwei Erfolge über Næstved und Silkeborg bannten zunächst die allergrößte Abstiegsgefahr. In der Frühjahrsrunde erkämpfte sich die von den Veteranen John Sivebæk und Finn Christensen geführte Mannschaft Punkt um Punkt und landete am Ende auf Platz 9, obwohl es in den letzten 16 Spielen nur drei Siege gab. Zum Saisonende verabschiedete sich Routinier Sivebæk in Richtung Århus.

Mit Herfølge BK konnte sich auch der dritte Aufsteiger in der *Superliga* behaupten. Bereits im zweiten Saisonspiel sicherte Danny Jung mit zwei Toren gegen Nachbar Næstved den ersten Saisonsieg. Es blieb vorerst der einzige, denn elf Niederlagen in Folge ließen die Herfølger ans Tabellenende abrutschen. Die Wende kam mit einem 5:2-Sieg über Silkeborg, bei dem Miklos Molnar zweimal traf. Eine Woche später trug sich der Ex-Profi erneut in die Torschützenliste ein und sicherte seinem Team beim 2:0 in Odense nicht nur den dritten Saisonsieg sondern sorgte gleichzeitig für eine der größten Sensationen im Saisonverlauf.

Derart gestärkt blieb das Team von Ole Mørch sechsmal ohne Niederlage und kletterte auf den vorletzten Platz. Es folgten erneut elf sieglose Spiele, und Herfølge fiel vier Spieltage vor dem Saisonende wieder auf den letzten Platz zurück. Zwei deutliche Erfolge gegen die unmittelbaren Konkurrenten (4:1 gegen Ikast und 4:0 gegen Næstved) brachten die Wende zum Besseren, an deren Ende tatsächlich noch der Klassenerhalt stand.

Ikast fS begann seine Saison mit einer Katastrophe: Im ersten Spiel lag der Klub, der schon im Vorjahr nur über die Relegationsrunde dem Abstieg entronnen war, nach nur 17 Minuten mit 0:3 gegen Ålborg zurück! Zwar kassierte das Team um den talentierten Kern Lyhne keine weiteren Treffer mehr, doch Ikast stand schon nach dem ersten Spieltag dort, wo man überhaupt nicht hinwollte: Auf dem letzten Tabellenplatz.

Panikartig wurden Leihspieler verpflichtet. Vom frischgebackenen finnischen Meister Haka Valkeakoski holte man die Russen Valery Popovits und Oleg Ivanov, die vertragsgemäß allerdings nur sechs Spiele für Ikast bestreiten durften. Mit ihnen sicherte sich Ikast immerhin fünf Punkte, wobei der finnische Torschützenkönig Popovits drei Treffer markierte.

Für das Frühjahr holte die Vereinsführung den Nigerianer Chima Okorie sowie Christian Lundberg von Skive. Der Afrikaner hatte ein aufsehenerregendes Debüt: Bereits nach zwei Minuten kam er gegen Vejle zum Torerfolg, 32 Minuten später wurde er jedoch des Feldes verwiesen. In der verbliebenen Zeit verlor Ikast zwei weitere Akteure durch rote Karte, so daß acht gegen elf Spieler weiterspielen mußten, bevor auch ein Vejle-Akteur Rot sah. Ikast gewann das Spiel mit 2:1 und schöpfte wieder Hoffnung! Der andere Newcomer Lundberg schien eine gute Investition zu sein, denn er erzielte sechs der neun Ikast-Tore in der Frühjahrsserie.

So hielt man lange den rettenden 10. Tabellenplatz, ehe es im vorletzten Spiel eine 0:5-Schlappe gegen den Mitkonkurrenten Velje gab und der Abstieg besiegelt war.

„Wir werden unter die ersten drei kommen" hatte Peter Bonde, Trainer des Vorjahrsfünften Næstved IF vor dem Saisonstart verkündet. Immerhin trugen mit Alex Nielsen und Mark Strudal zwei altbewährte Recken den grün-weißen Næstved-Jersey. Doch der Saisonauftakt ging mächtig in die Hose. Nur drei Punkte aus den ersten sieben Spielen brachten Næstved ans Tabellenende und rissen den Trainer aus allen Träumen. Als es anschließend vier Siege in nur sechs Spielen gab, schien das Team auf dem Weg zur Besse-

DER POKAL

4. Runde

Køge BK - Helsingør IF	2:0
Skovshoved IF - Lyngby FC	1:7
FC Fredericia - Viborg FF	1:3
Ølstykke FC - Næstved IF	n. E. 4:3, 1:1
Fremad Amager - Herfølge BK	2:3
HIK - AB København	0:1
Ikast fS - Vejle BK	1:4
Fremad Herning - B 1913 København	2:3
Nykøbing F. All. - FC København	1:2
Esbjerg Forende BK - Nr. Aaby	5:0
AC Horsens - Skive	1:3
OB Odense - Randers Freja	1:0

Achtelfinale

ÅaB Ålborg - Vejle BK	4:0
Ølstykke - OB Odense	n. E. 3:4, 2:2
Brøndby IF - AB København	2:1
Esbjerg Forende BK - Køge BK	5:0
Silkeborg IF - Lyngby FC	4:2
Viborg FF - Skive	2:1
B 1913 København - Herfølge BK	1:4
FC København - ÅGF Åarhus	0:2

Viertelfinale

Esbjerg Forende BK - Herfølge BK	2:3
Viborg FF - OB Odense	n. E. 2:4, 2:2
Silkeborg IF - ÅGF Åarhus	1:2
ÅaB Ålborg - Brøndby IF	1:4

Halbfinale (Hin- und Rückspiele)

Brøndby IF - OB Odense	1:0, 1:1
Herfølge BK - ÅGF Åarhus	2:2, 1:1

Finale

(16. Mai 1996, Kopenhagen, 36.103)

ÅGF Åarhus - Brøndby IF 2:0

Åarhus: Lars Windfeld - Torben Piechnik, Martin Nielsen, Gunner Lind - Peter Degn (46. Dennis Siim), Stig Tøfting, Johnny Vilstrup - Henrik Mortensen (55. Nocko Jokovic), Håvard Flo (71. Claus Struck) - Thomas Thorninger, Lennart Bak. - Trainer: Peter Rudbæk.

Brøndby: Mogens Krogh - Søren Colding, Lars Olsen, Per Nielsen, Jens Risager - Kim Vilfort, Allan Ravn (74. Ruben Bagger), Allan Nielsen (63. Kim Daugaard) - Ebbe Sand, Peter Møller, Thomas Thøgersen (59. Ole Bjur). Trainer: Ebbe Skovdahl.

Schiedsrichter: Jørn West Larsen - Tore: 1:0 (32.) Peter Degn, 2:0 (45.) Stig Tøfting

rung zu sein. Dann erwischte die Mannschaft eine Verletzungsserie, und sogar Trainer Bonde mußte im Alter von 37 Jahren reaktiviert werden. Dennoch gelang der Mannschaft in den letzten 20 Spielen lediglich ein Sieg, und Næstved mußte den bitteren Gang in die Zweitklassigkeit antreten.

Die Nationalmannschaft Dänemarks sicherte sich in der EM-Qualifikationsgruppe 2 hinter Spanien Platz 2 und konnte damit das Ticket nach England lösen. Besonders die Auswärtserfolge in Armenien (2:0) und Belgien (3:1) sowie das 1:1 im Heimspiel gegen Spanien sorgten für Zufriedenheit bei Nationaltrainer Richard Møller-Nielsen. Zudem sicherte sich Kim Vilfort die Torjägerkrone in dieser Qualifikationsgruppe. In England trat die Mannschaft weniger überzeugend auf und schied bereits in der Vorrunde aus. Entscheidend war die 0:3-Niederlage gegen Kroatien. Nach der EM verkündete Nationaltrainer Møller-Nielsen seinen Rücktritt und wurde durch den Schweden Bo Johannsen ersetzt, der zuletzt bei HJK Helsinki unter Vertrag gestanden hatte.

Durchwachsen war das Abschneiden der dänischen Klubs im Europapokal. Meister Ålborg, der in der Qualifikation zur Champions League an Dinamo Kiew gescheitert war, wurde für die wegen eines Bestechungsversuches ausgeschlossenen Ukrainer nachnominiert und traf in Gruppe A auf Panathinaikos Athen, FC Nantes und den FC Porto. Obwohl der Auftakt mit einem 2:1-Heimsieg über Athen vielversprechend war, blieben die Piontek-Schützlinge im weiteren Verlauf chancenlos und beendeten die Gruppenspiele auf dem letzten Platz.

Blamabel gestaltete sich der Auftritt von Pokalsieger FC Kopenhagen gegen seinen tschechischen Kontrahenten SK Hradec Králové. Im Hinspiel gab es eine peinliche 0:5-Niederlage, die im Rückspiel natürlich nicht wettgemacht werden konnte. Erfolgreicher waren dagegen die Auftritte von Silkeborg und insbesondere Brøndby im UEFA-Cup. Silkeborg schied gegen Sparta Prag nur aufgrund der Auswärtstoreregel aus, und Brøndby schaltete unter anderem den Ex-Europacupsieger Liverpool aus, ehe im Achtelfinale das unglückliche Aus gegen den AS Rom (2:1/1:3) kam. ■

DER MEISTER

Brøndby IF

Brøndby IF wurde 1964 durch Zusammenschluß zweier kleinerer Vereine gegründet. 1982 gelang der Sprung in die 1. Liga, der der Kopenhagener Stadtteilklub seitdem ununterbrochen angehört. 1985 wurde man erstmals Meister, der Titel von 1996 ist der sechste in der Vereinsgeschichte. Außerdem gewann Brøndby zweimal den Pokal. Seit den frühen neunziger Jahren sorgt das Team regelmäßig im Europapokal für Furore. Eintracht Frankfurt und Bayer Leverkusen, die 1991 an den Blau-Gelben scheiterten, wissen ein Lied davon zu singen. Das war jedoch noch nichts gegenüber den Ereignissen vom 30. Oktober 1995: Nach einem torlosen Unentschieden im Hinspiel mußten die Kopenhagener an jenem Abend an der gefürchteten Liverpooler Anfield Road mindestens einen Punkt ergattern, um eine Runde weiter zu kommen. Es wurden sogar deren drei, denn vor 35.000 staunenden Fans brachte der Norweger Dan Eggen seine Farben elf Minuten vor Schluß mit 1:0 spielentscheidend in Führung!

Im anschließenden Achtelfinalrückspiel fehlten den Dänen beim AS Rom lediglich fünf Minuten zur Verlängerung. Dennoch ging der Auftritt Brøndbys in die Geschichte des dänischen Fußballs ein. Nach Willen der Verantwortlichen sollen bald neue Taten folgen. „Champions League", lautet das Ziel des frischgebackenen Meisters, der über eine gute Mischung aus Erfahrung (Kim Vilfort, Mogens Krogh, Lars Olsen) und Jugend (Ebbe Sand, Allan Ravn, Per Nielsen, Per Daugaard) verfügt. Es dürfte interessant sein, den Weg des Teams zu verfolgen.

DER TORJÄGER

Thomas Thorninger (Åarhus GF)

Thomas Thorninger, geboren am 20. Oktober 1972, startete seine Karriere in Holstebro, von wo aus er noch als Jugendlicher zum PSV Eindhoven wechselte. Später kehrte er für kurze Zeit in sein Heimatland zurück und spielte für Vejle BK, ehe er abermals nach Eindhoven wechselte. 1994 landete der junge Mann bei ÅGF Aarhus, wo er zum Angreifer mit Torinstinkt wurde. Nach sechs Treffern in der Saison 1994/95 war Thorninger 1995/96 kaum zu bremsen und schoß in den ersten zwanzig Saisonspielen 16 Tore! Im Frühjahr traf er jedoch auf einmal das Tor nicht mehr und hatte auch privat einige Probleme. Lediglich viermal gelang ihm noch ein Torerfolg, das langte aber dennoch für die Torjägerkrone. Mit Spannung wird erwartet, ob sich der neue Nationaltrainer Bo Johansson der Dienste des Torjägers bedient.

DIE LÄNDERSPIELE

Armenien - Dänemark 0:2 (0:1) EMQ

16.8.1995 - Erevan - 20.000 - Dardenne (Deutschland) - P. Schmeichel - J. Laursen, M. Rieper, J. Høgh, J. Risager (85. M. Schjønberg) - C. Thomsen, J. Jensen (46. A. Nielsen), B. S. Nielsen - P. Rasmussen, M. Beck, M. Laudrup - Trainer: R. Møller Nielsen. Tore: M. Laudrup (33.), A. Nielsen (46.)

Belgien - Dänemark 1:3 (1:2) EMQ

6.9.1995 - Brüssel - 38.500 - Zhuk (Weißrußland) - P. Schmeichel - J. Laursen, C. Thomsen, J. Høgh, M. Rieper, J. Risager - K. Vilfort, B. S. Nielsen, M. Laudrup (92. M. Schjønberg) - B. Laudrup (76. E. B. Andersen), M. Beck (70. P. Rasmussen) - Trainer: R. Møller Nielsen. Tore: M. Laudrup (20./1:0), Beck (22./2:0), Vilfort (66./3:1)

Dänemark - Spanien 1:1 (0:1) EMQ

11.10.1995 - Kopenhagen - 40.262 - Krondl (Tschechien) - P. Schmeichel - J. Laursen, J. Høgh, M. Rieper, J. Risager - P. Rasmussen, T. Piechnik, K. Vilfort, B. S. Nielsen (67. M. Wieghorst), M. Laudrup - M. Beck - Trainer: R. Møller Nielsen. Tor: Vilfort (47./1:1)

Dänemark - Armenien 3:1 (2:0) EMQ

15.11.1995 - Kopenhagen - 40.208 - Veissiere (Frankreich) - P. Schmeichel - T. Helveg, J. Høgh, M. Rieper, J. Risager - K. Vilfort, B. S. Nielsen, M. Laudrup, M. Schjønberg - M. Beck, P. Rasmussen - Trainer: R. Møller Nielsen. Tore: Schjønberg (20./1:0), Beck (36./2:0), M. Laudrup (58./3:1)

Dänemark - Rumänien 2:2 (1:2)

9.2.1996 - Bangkok - Jingamaj (Thailand) - Krogh - Piechnik, L. Olsen, Laursen, Dethlefsen (46. Boye) - Schjønberg, H. Larsen, B. S. Nielsen, Tøfting (73. A. Nielsen) - E. B. Andersen, P. Rasmussen - Trainer: R. Møller Nielsen - Tore: Laursen (36.), E. B. Andersen (74.)

Dänemark - Finnland 0:0

11.2.1996 - Bangkok - Pemparich (Thailand) - L. Høgh - Tur, L. Olsen, Laursen, Schjønberg Lønstrup, A. Nielsen, Boye, B. S. Nielsen (59. H. Larsen), E. B. Andersen (46. S. Højer), Thorninger (75. P. Rasmussen) - Trainer: R. Møller Nielsen

Thailand - Dänemark 1:3 (0:0)

13.2.1996 - Bangkok - Selearajen (Malaysia) - Krogh - Piechnik, L. Olsen, Schjønberg, Dethlefsen (46. Lønstrup), Tur, H. Larsen, B. S. Nielsen, Tøfting, E. B. Andersen, P. Rasmussen (77. A. Nielsen) - Trainer: R. Møller Nielsen - Tore: P. Rasmussen (55.), E. B. Andersen (69.), Lønstrup (84.)

Dänemark - Rumänien 1:2 (0:2)

16.2.1996 - Bangkok - Jingamaj (Thailand) - L. Høgh - Piechnik, L. Olsen, Schjønberg, Boye, Tur, H. Larsen, B. S. Nielsen (89. A. Nielsen), Lønstrup, E. B. Andersen (46. Thorninger), P. Rasmussen (51. S. Højer) - Trainer: R. Møller Nielsen - Tor: S. Højer (89./1:2)

Deutschland - Dänemark 2:0 (1:0)

27.3.1996 - München - 26.000 - Timmink (Niederlande) - P. Schmeichel - M. Rieper, J. Høgh, J. Risager - T. Helveg, P. Rasmussen (46. A. Nielsen), C. Thomsen, M. Laudrup (79. B. S. Nielsen), M. Schjønberg - B. Laudrup, M. Beck (73. E. B. Andersen) - Trainer: R. Møller Nielsen.

Dänemark - Schottland 2:0 (2:0)

24.4.1996 - Kopenhagen - 23.031 - Wegereef (Niederlande) - P. Schmeichel (46. M. Krogh) - M. Rieper, L. Olsen, J. Risager (81. J. Laursen) - T. Helveg, C. Thomsen, M. Laudrup (86. A. Nielsen), B. S. Nielsen, M. Schjønberg - B. Laudrup, M. Beck - Trainer: R. Møller Nielsen. Tore: M. Laudrup (8.), B. Laudrup (28.)

Dänemark - Ghana 1:0 (1:0)

2.6.1996 - Kopenhagen - 20.653 - Fröhlich (Deutschland) - P. Schmeichel - T. Helveg, M. Rieper, J. Høgh, J. Risager (46. T. Piechnik) - K. Vilfort (61. C. Thomsen), B. S. Nielsen, M. Schjønberg, M. Laudrup - B. Laudrup (77. S. Andersen), M. Beck - Trainer: R. Møller Nielsen. Tor: Helveg (41.)

Dänemark - Portugal 1:1 (1:0) EM-VR

9.6.1996 - Sheffield (England) - 34.993 - van der Ende (Niederlande) - P. Schmeichel - T. Helveg, M. Rieper, J. Høgh, J. Risager - H. Larsen (90. K. Vilfort), C. Thomsen (83. T. Piechnik), B. S. Nielsen, M. Laudrup - B. Laudrup, M. Beck - Trainer: R. Møller Nielsen. Tor: B. Laudrup (22./1:0)

Dänemark - Kroatien 0:3 (0:0) EM-VR

16.6.1996 - Sheffield (England) - 33.671 - Batta (Frankreich) - P. Schmeichel - C. Thomsen, M. Rieper, J. Høgh, T. Helveg (46. J. Laursen) - H. Larsen (68. S. Tøfting), K. Vilfort (58. M. Beck), B. S. Nielsen, M. Schjønberg, M. Laudrup - B. Laudrup - Trainer: R. Møller Nielsen

Dänemark - Türkei 3:0 (0:0) EM-VR

19.6.1996 - Sheffield (England) - 28.951 - Levnikov (Rußland) - P. Schmeichel - T. Helveg, M. Rieper, J. Høgh, - C. Thomsen, A. Nielsen, B. S. Nielsen, M. Laudrup, M. Schjønberg (46. H. Larsen) - B. Laudrup, E. B. Andersen (88. S. Andersen) - Trainer: R. Møller Nielsen. Tore: B. Laudrup (50., 84.), A. Nielsen (69.)

DER EUROPAPOKAL

UEFA-Champions League

Qualifikation

Dinamo Kiew - ÅaB Ålborg 1:0 (0:0)

9.8.1995 - 75.000 - Ulrich (Tschechien) - Gill -Thomsen, Madsen (85. Thomasberg), Kristensen, Boye - Jessen, Simonsen, Pedersen, H. Rasmussen - P. Rasmussen, E. B. Andersen (85. Groenkjaer).

ÅaB Ålborg - Dinamo Kiew 1:3 (0:1)

23.8.1995 - 10.100 - Ouzunov (Bulgarien) - Gill - Boye, Simonsen, Kristensen (46. Facius), Jessen - L. Thomsen, H. Rasmussen, Pedersen (46. Groenkjaer), Madsen (K. Thomsen) - P. Rasmussen, E. B. Andersen. Tor: Rasmussen (86./1:3) Anmerkung: Dinamo Kiew wurde wegen Bestechungsversuchs des Schiedsrichters im Hinspiel von der Champions League ausgeschlossen, Ålborg verblieb im Wettbewerb

Gruppenspiele (Gruppe A)

FC Porto - AaB Aalborg 2:0 (1:0)
27.9.1995 - 30.000 - Mottram (Schottland) - Gill - Boye, Simonsen, Kristensen - Jessen (63. Madsen), Thomsen (17. Thomasberg), H. Rasmussen, Facius, Pedersen - P. Rasmussen (80. Gronkjaer), E. B. Andersen.

FC Nantes - AaB Aalborg 3:1 (1:0)
18.10.1995 - 28.000 - Vagner (Ungarn) - Gill - Boye, Simonsen, Thorst, Madsen (70. Gronkjaer) - Jessen (88. Kruger), H. Rasmussen, Facius (83. Thomasberg), P. Rasmussen, Madsen - E. B. Andersen. Tor: Andersen (46./1:1)

AaB Aalborg - Panathinaikos Athen 2:1 (1:1)
25.10.1995 - 6.100 - Krug (Deutschland) - Gill - Boye, Thomasberg, Jessen, Thorst - Facius, Simonsen, Pedersen (24. Madsen) - E. B. Andersen, H. Rasmussen, P. Rasmussen (83. Gronkjaer). Tore: Andersen (8./1:0), Madsen (90./2:1)

AaB Aalborg - FC Nantes 0:2 (0:1)
1.11.1995 - 6.800 - Elleray (England) - Gill - Boye, Simonsen, Thorst - Jessen, Thomasberg, Madsen (82. Hjermitslev), Facius (75. Thomsen), H. Rasmussen - P. Rasmussen, E. B. Andersen (46. Gronkjaer).

Panathinaikos Athen - AaB Aalborg 2:0 (2:0)
22.11.1995 - 33.000 - Krondl (Tschechien) - Gill - Jonson, Simonsen, Thorst, Madsen (62. Gronkjaer) - Facius, Thomasberg, H. Rasmussen, Pedersen - P. Rasmussen, E. B. Andersen.

AaB Aalborg - FC Porto 2:2 (1:0)
6.12.1995 - 3.950 - Craciunescu (Rumänien) - Winde - Kristensen - Jessen, Thomsen - Kruger, Facius, Madsen (82. Pedersen), Thomasberg - Gronkjaer (75. Nielsen), P. Rasmussen (63. Flue), E. B. Andersen. Tore: Andersen (11./1:0), Madsen (69./2:1)

Europapokal der Pokalsieger

1. Runde

SK Hradec Králové - FC København 5:0 (2:0)
14.9.1995 - 4.532 - Koho (Finnland)

FC København - SK Hradec Králové 2:2 (1:2)
26.9.1995 - 4.432 - Ferry (Nordirland) - Tore: Tengstedt (28.), Tur (72./2:2)

UEFA-Cup

Qualifikation

Brøndby IF - Inkaras-Grifas Kaunas 3:0 (2:0)
8.8.1995 - 6.470 - Constantin (Rumänien) - Tore: Hansen (13.), Bjur (45.), Sand (82.)

Inkaras-Grifas Kaunas - Brøndby IF 0:3 (0:0)
22.8.1995 - 8.000 - Olsen (Norwegen) - Tore: Møller (53.,65.), Risager (62.)

Crusaders FC Belfast - Silkeborg IF 1:2 (0:1)
8.8.1995 - 3.000 - Van Dijk (Niederlande) - Kjaer - Petersen, Larsen, Laursen, Bruun, Katsbjerg, Bordinggaard, Sørensen, Reese, Thygesen (Knudsen), Fernandez (Hansen). - Tore: Fernandez (15./0:1), Larsen (47. Elfmeter/0:2)

Silkeborg IF - Crusaders FC Belfast 4:0 (1:0)
22.8.1995 - 4.339 - Peltola (Finnland) - Kjaer - Knudsen, Larsen, Laursen, Bruun, Duus, Bordinggaard, Sørensen, Reese (Sommer), Thygesen, Fernandez. - Tore: Larsen (10.), Fernandez (61.), Sommer (68.,84.)

1. Runde

Brøndby IF - Lillestrøm SK 3:0 (1:0)
12.9.1995 - 7.686 - Ashman (Wales) - Tore: Hansen (38.), Eggen (57.), Bjur (88./Elfmeter)

Lillestrøm SK - Brøndby IF 0:0
26.9.1995 - 1.090 - Rudy (Polen)

Sparta Prag - Silkeborg IF 0:1 (0:1)
12.9.1995 - 10.171 - Craciunescu (Rumänien) - Tor: Fernandez (6.)

Silkeborg IF - Sparta Prag 1:2 (0:1)
24.9.1995 - 5.162 - Dardenne (Deutschland) - Tor: Duus (51.)

2. Runde

Brøndby IF - Liverpool FC 0:0
17.10.1995 - 37.648 - Uilenberg (Niederlande) - Krogh - Colding, Eggen, P. Nielsen, Risager, Daugaard (Bagger), Ravn (Bjur), Vilfort, A. Nielsen, Sand, Møller (Thøgersen)

Liverpool FC - Brøndby IF 0:1 (0:0)
31.10.1995 - 35.878 - Ihring (Slowakei) - Krogh - Colding, Eggen, P. Nielsen, Risager, Bjur (Bagger), Vilfort, Ravn, A. Nielsen, Thøgersen (Daugaard), Sand (Møller) - Tor: Eggen (79.)

3. Runde

Brøndby IF - AS Rom 2:1 (1:1)
22.11.1995 - 28.379 - Harrel (Frankreich) - Tore: Møller (45./1:1), Bjur (77./2:1)

AS Rom - Brøndby IF 3:1 (1:0)
5.12.1995 - 46.376 - Heynemann (Deutschland) - Tor: Møller (85.)

UI-Cup

ÅGF Åarhus - Gornik Zabrze	4:1
Karlsruher SC - ÅGF Åarhus	3:0
ÅGF Åarhus - FC Basel	2:1
Sheffield Wednesday - ÅGF Åarhus	3:1
SC Heerenveen - Næstved IF	2:1
Næstved IF- Békéscsabai EFC	3:3
União Leiria- Næstved IF	1:1
Næstved IF- Ton Pentre FC	2:0
Bohemians Dublin - OB Odense	0:2
OB Odense- HJK Helsinki	2:1
Girondins Bordeaux - OB Odense	4:0
OB Odense- IFK Norrköping	3:2

Achtelfinale:

Bayer 04 Leverkusen - OB Odense	5:2

Alptraumsaison des Dream Teams

von Thomas Roth

Deutscher Fußball-Bund

Otto-Fleck-Schneise 6,
Postfach 710265,
D-60528 Frankfurt/Main
Telefon: ++49 (69) 678 80
Telefax: ++49 (69) 678 82 66

FIFA-Weltrangliste

Juli 1995:	4. Platz,	58,40 Punkt
Juli 1996:	2. Platz,	64,48 Punkte

UEFA-Fünfjahreswertung

1996/97:	4.Platz,	42,14 Punkte

Spannung - so hieß das große Zauberwort der Bundesligasaison 1995/96. Das Interesse an der höchsten deutschen Spielklasse war außerordentlich groß. Doch ob die gezeigten Leistungen in direkter Relation zu dem Andrang der Zuschauer stand, das bezweifeln die Fachleute stark. Der Zweikampf um den Titel zwischen Borussia Dortmund und Bayern München, überraschende Höhenflüge des Hamburger SV und Schalke 04, der Abstieg der beiden Traditionsvereine 1. FC Kaiserslautern und Eintracht Frankfurt, alle diese Komponenten sorgten dafür, daß der Fußball im Gespräch blieb.

Besonders das Kopf-an-Kopf-Rennen der beiden Giganten aus Dortmund und München elektrisierte die Fans. Am Ende hatte die Borussia die Nase vorn, doch die Beteiligten wußten selbst, daß sie den Titel nicht mit Glanz und Gloria geholt hatten. „Wir waren kein berauschender Meister“, räumte Trainer Ottmar Hitzfeld freimütig ein. Und Präsident Dr. Gerd Niebaum ergänzte: „Am Ende hat sich die Mannschaft durchgesetzt, die die besseren Nerven hatte.“

Bittere Rückschläge wie das 0:5 in Karlsruhe mußten die Dortmunder ein- und wegstecken. Dies gelang freilich nicht ohne Dissonanzen. Doch diese blieben weitgehend unter der Decke, wurden zumeist intern geregelt, trotz der öffentlichen Diskussionen um das Verhältnis zwischen Ottmar Hitzfeld und seinem Leitwolf Matthias Sammer.

Der überaus ehrgeizige Nationalspieler ging besonders nach Niederlagen auch verbal in die Offensive, sparte nicht an öffentlicher Kritik, die sich gegen Spieler und Offizielle richtete. „Mit jeder neuen Äußerung sorgt Matthias für Unruhe“, ärgerte sich Hitzfeld. Doch insgesamt wurden die Störungen des Betriebsklimas gut verarbeitet. Auch das Werben der Bayern um die Dortmunder Galionsfigur brachte Unruhe. Ob es nun ein psychologischer Trick von der Isar oder wirklich ernsthaftes Liebeswerben war - Matthias Sammer gab zu, daß er „lange geschwankt“ habe.

Doch trotz aller negativen Einflüsse von außen und schwankender Leistungen, auch bedingt durch eine extrem hohe Zahl verletzter Spieler, am Ende hieß der Deutsche Meister Borussia Dortmund. Bereits einen Spieltag vor Schluß stand diese Tatsache fest, das Finale zu Hause gegen den SC Freiburg geriet zur gigantischen

Deutscher Meister 1996: Borussia Dortmund

1. Bundesliga	Gesamt							Heim					Auswärts				
	Sp	g	u	v	Tore	Diff.	Pkt.	g	u	v	Tore	Pkt.	g	u	v	Tore	Pkt.
1. Borussia Dortmund (M)	34	19	11	4	76:38	+38	68	12	4	1	45:14	40	7	7	3	31:24	28
2. FC Bayern München	34	19	5	10	66:46	+20	62	11	3	3	35:20	36	8	2	7	31:26	26
3. FC Schalke 04	34	13	15	6	44:36	+8	54	8	7	2	28:16	31	5	8	4	16:20	23
4. Bor. M.-Gladbach (P)	34	15	8	11	52:51	+1	53	8	5	4	29:22	29	7	3	7	23:29	24
5. Hamburger SV	34	12	14	8	52:47	+5	50	7	10	0	29:15	31	5	4	8	23:32	19
6. FC Hansa Rostock (N)	34	13	10	11	47:43	+4	49	7	5	5	23:19	26	6	5	6	24:24	23
7. Karlsruher SC	34	12	12	10	53:47	+6	48	6	6	5	28:23	24	6	6	5	25:24	24
8. TSV München 1860	34	11	12	11	52:46	+6	45	8	7	2	31:15	31	3	5	9	21:31	14
9. SV Werder Bremen	34	10	15	9	39:41	-2	45	7	7	3	22:18	28	3	8	6	17:23	17
10. VfB Stuttgart	34	10	13	11	59:62	-3	43	6	5	6	29:26	23	4	8	5	30:36	20
11. SC Freiburg	34	11	9	14	30:41	-11	42	7	4	6	17:18	25	4	5	8	13:23	17
12. 1. FC Köln	34	9	13	12	33:35	-2	40	5	7	5	18:14	22	4	6	7	15:21	18
13. Fortuna Düsseldorf (N)	34	8	16	10	40:47	-7	40	6	8	3	24:19	26	2	8	7	16:28	14
14. Bayer Leverkusen	34	8	14	12	37:38	-1	38	4	8	5	16:15	20	4	6	7	21:23	18
15. FC. St. Pauli (N)	34	9	11	14	43:51	-8	38	6	4	7	24:28	22	3	7	7	19:23	16
16. 1. FC Kaiserslautern ↓	34	6	18	10	31:37	-6	36	4	9	4	19:16	21	2	9	6	12:21	15
17. Eintracht Frankfurt ↓	34	7	11	16	43:68	-25	32	7	4	6	29:28	25	0	7	10	14:40	7
18. KFC Uerdingen 05 ↓	34	5	11	18	33:56	-23	26	4	6	7	26:32	18	1	5	11	7:24	8

EC 1996/97: CL: Borussia Dortmund, EC2: 1. FC Kaiserslautern, UEFA: FC Bayern München, FC Schalke 04, Borussia Mönchengladbach, Hamburger SV, UI: Karlsruher SC, TSV München 1860, SV Werder Bremen, VfB Stuttgart

Die Torschützen

Fredi Bobic (VfB Stuttgart)	17
Sean Dundee (Karlsruher SC)	16
Jürgen Klinsmann (Bayern München)	16
Giovane Elber (VfB Stuttgart)	16
Michael Zorc (Borussia Dortmund)	15
Martin Dahlin (Bor. Mönchengladbach)	15
Harald Spörl (Hamburger SV)	14
Olaf Bodden (TSV 1860 München)	14
Mario Basler (SV Werder Bremen)	11
Harry Decheiver (SC Freiburg)	11
Anton Polster (1. FC Köln)	11
Stefan Beinlich (FC Hansa Rostock)	11
Martin Max (FC Schalke 04)	11
Erik Meijer (KFC Uerdingen 05)	11

Feier. Das Ergebnis besaß nur noch sekundäre Bedeutung, der inzwischen 42jährige frühere Nationalkeeper Toni Schumacher, in Dortmund Übungsleiter für die beiden Torhüter Stefan Klos und Teddy de Beer, durfte als Anerkennung seiner Arbeit ein kurzes Comeback in der Bundesliga feiern.

Das Ende gehörte Dortmund, der Anfang war klar an die Bayern gegangen. Mit sieben Siegen in Folge stellte die früh mit dem Prädikat „Dream Team" versehene Mannschaft einen neuen Startrekord auf. Doch auch diese Tatsache genügte nicht, um den Deckel auf dem ständig brodelnden Topf zu halten. Jede Niederlage zog öffentliche Vorwürfe nach sich, mal stritten sich Klinsmann und Matthäus, mal war Scholl sauer, mal Herzog oder Sforza eingeschnappt. Cliquenbildung, Eifersüchteleien, Grabenkämpfe - mit allen diesen Störfaktoren war der neue Trainer Otto Rehhagel, lange Jahre an das ruhige Arbeiten im beschaulichen Bremen gewöhnt, überfordert.

Da ihm zudem noch taktische Mängel und Defizite in der Trainingsarbeit vorgeworfen wurden, entschloß sich Präsident Franz Beckenbauer mit seinen Mitstreitern Karlheinz Rummenigge und Uli Hoeneß zur finalen Entscheidung. Vier Runden vor Saisonschluß wurde der ungeliebte „König Otto" seines Amtes enthoben, „Kaiser Franz" übernahm selbst das Zepter. Viele erhofften sich im Zweikampf mit Dortmund von dieser Maßnahme die entscheidende Initialzündung zugunsten der Bayern. Schließlich war bisher noch immer alles zu Gold geworden, was das erklärte Glückskind des deutschen Fußballs angefaßt hatte. Doch eine 2:3-Niederlage in Bremen, nach einer 2:0-Führung, bedeutete das Ende aller Hoffnungen. Als Trost blieb den Münchnern - davon später - der Triumph im UEFA-Pokal.

Starke Leistungsschwankungen bei den beiden Großen, aber auch für den Rest der Liga galt: Das einzig Konstante ist die fehlende Konstanz. Als Paradebeispiel für diese These diente der VfB Stuttgart. Nach Abschluß der Hinrunde standen die Schwaben mit dem neuen Trainer Rolf Fringer und dem sogenannten „magischen Dreieck", den ebenso spielfreudigen wie torgefährlichen Krassimir Balakov, Giovane Elber und Fredi Bobic,

1. Bundeliga	Dortmund	FC Bayern	Schalke	Gladbach	HSV	Rostock	KSC	1860	Bremen	Stuttgart	Freiburg	1. FC Köln	Düsseldorf	Leverkusen	St. Pauli	K´lautern	Frankfurt	Uerdingen
Borussia Dortmund	•	3:1	0:0	2:1	1:1	1:2	4:1	3:1	1:1	6:3	3:2	3:0	3:0	2:0	1:0	1:1	6:0	5:0
FC Bayern München	1:0	•	4:0	1:2	3:2	0:1	1:4	4:2	2:0	5:3	2:0	3:2	2:2	1:0	1:1	2:0	1:1	2:0
FC Schalke 04	1:2	2:1	•	3:3	3:0	1:3	2:1	1:1	2:1	2:0	3:0	0:0	1:1	1:1	2:0	1:1	2:0	1:1
Bor. M.-Gladbach	2:2	3:1	4:1	•	1:2	3:2	1:2	0:2	1:0	1:1	1:0	2:1	1:1	0:0	2:4	1:1	4:1	2:1
Hamburger SV	2:2	2:1	1:1	2:1	•	1:1	0:0	2:2	3:3	3:0	0:0	0:0	4:1	2:2	1:0	1:0	5:1	0:0
FC Hansa Rostock	3:2	0:0	1:2	2:3	2:0	•	1:1	0:3	2:1	3:3	1:0	0:1	0:0	1:2	2:0	3:0	1:1	1:0
Karlsruher SC	5:0	2:6	0:1	4:0	3:1	0:2	•	1:1	1:1	1:2	1:1	1:0	3:1	1:4	2:2	0:0	1:1	2:0
TSV München 1860	2:2	0:2	1:1	4:0	5:0	1:1	1:1	•	1:1	1:1	3:0	2:1	2:1	0:1	2:0	1:1	3:1	2:1
SV Werder Bremen	2:2	3:2	1:2	2:0	2:1	0:2	1:0	2:0	•	2:2	0:2	0:1	1:1	2:1	1:1	1:1	1:1	1:0
VfB Stuttgart	0:5	0:1	2:2	5:0	3:0	1:1	3:1	2:3	1:1	•	3:1	0:1	2:3	1:4	1:1	2:0	3:2	0:0
SC Freiburg	0:1	3:1	1:2	0:0	0:3	2:1	0:3	1:0	0:1	2:1	•	2:0	1:1	2:1	0:2	0:0	2:0	1:1
1. FC Köln	0:0	0:0	0:1	0:2	3:2	3:0	0:1	2:0	1:2	2:2	1:1	•	0:0	2:2	1:0	0:1	3:0	0:0
Fortuna Düsseldorf	1:2	0:2	2:0	3:2	2:2	2:2	2:0	1:1	1:1	1:2	0:0	1:1	•	1:1	2:0	2:1	2:2	1:0
Bayer 04 Leverkusen	1:1	1:2	0:0	0:0	0:1	2:0	1:2	2:1	2:2	0:0	0:1	1:2	0:0	•	1:1	1:1	2:0	2:1
FC St. Pauli	0:3	0:1	2:0	0:2	1:1	3:2	1:1	4:2	1:2	1:3	1:1	3:3	2:1	2:1	•	1:2	2:1	0:2
1. FC Kaiserslautern	1:1	2:3	0:0	1:3	1:2	2:0	2:2	0:0	0:0	1:1	1:2	1:1	2:0	1:0	0:0	•	1:1	3:0
Eintracht Frankfurt	3:4	4:1	0:3	0:2	1:4	1:3	2:2	4:2	1:0	2:2	0:1	1:0	3:0	1:1	2:2	3:1	•	1:0
KFC Uerdingen 05	0:2	1:6	1:1	0:2	1:1	1:1	2:3	2:0	3:0	3:4	3:1	1:1	1:3	3:0	2:5	1:1	1:1	•

auf dem dritten Tabellenplatz. Landauf, landab schwärmten die Fußballfreunde vom herzerfrischenden Angriffsfußball des VfB. Doch in der Rückrunde konnten die Mängel in der Defensive nicht mehr kompensiert werden. Nur Absteiger Frankfurt kassierte mehr Treffer als die Stuttgarter, die diesen Mangel mit dem Sturz ins Niemandsland der Tabelle bezahlen mußten.

Auch die Rostocker konnten ihren Höhenflug nicht bis zum Saisonende durchziehen. Der Aufsteiger schien den gleichen Weg zu beschreiten wie im Vorjahr der Überraschungsdritte SC Freiburg, doch am Ende ging Trainer Frank Pagelsdorf und seinen Spielern ein wenig die Luft aus. Im Kampf um die lukrative Teilnahme am UEFA-Pokal mußte Hansa anderen den Vortritt lassen. Der FC Schalke 04, Borussia Mönchengladbach und der Hamburger SV zogen neben Vizemeister Bayern München in diesen Wettbewerb ein.

Über das ganzen Jahr hinweg beständig präsentierten sich nur der FC Schalke 04 und wurde dafür mit dem dritten Platz in der Endabrechnung und der Teilnahme am UEFA-Pokal belohnt. Im mittelfristigen Plan stand die Rückkehr auf die internationale Bühne eigentlich erst in zwei Jahren an.

Der Grund für die Renaissance des Traditionsvereins: Trainer Jörg Berger und Manager Rudi Assauer hatten es geschafft, das Image des „Skandalklubs" abzulegen. Ruhe, Kontinuität und damit verbunden Erfolg waren die Synonyme für Schalke, die in der Saison 1995/96 erarbeitet wurden.

Doch man muß die Achterbahn der schwankenden Leistungen schnell wieder besteigen, wenn man sich den Verlauf der Hauptrunde im DFB-Pokal vor Augen führt. VfB Stuttgart, FC St. Pauli, 1. FC Köln und Hamburger SV - schon in der ersten Runde mußten drei Bundesligisten gegen unterklassige Mannschaften die Segel streichen. Der HSV immerhin noch bei Arminia Bielefeld, dem späteren Aufsteiger in die erste Liga. Die drei anderen blamierten sich bei Amateurvereinen. Sandhausen, Homburg und Beckum - dieses Trio streifte für eine Momentaufnahme große Fußballgeschichte.

Die ganz Großen erwischte es ebenfalls früh. Für Bayern München bedeutete die Runde zwei mit dem Auswärtsspiel bei Fortuna Düsseldorf ebenso die Endstation wie für Pokalverteidiger Borussia Mönchengladbach, der bei Bayer Leverkusen unterlag. Meister Borussia Dortmund verlor später im Viertelfinale zu Hause gegen den Karlsruher SC.

Die Mannschaft von Winfried Schäfer kämpfte sich bis ins Endspiel vor. Nach der verpaßten Qualifikation im UEFA-Cup war der nationale Pokal der Strohhalm für den KSC, doch noch in einen europäischen Wettbewerb einzuziehen. Dieser galt als sportlich und finanzielle wichtige Trumpfkarte im Kampf um Nationalspieler Thomas Häßler, der immer wieder mit anderen Vereinen, besonders häufig Bayer Leverkusen, in Verbindung gebracht wurde.

Gegner der Karlsruher, die als der erklärte Favorit zum traditionellen Endspielort Berlin reisten, war der 1. FC Kaiserslautern, der bereits als Absteiger in die zweite Liga feststand. Das Finale muß unter die Rubrik „durchschnittlich“ eingeordnet werden. Der KSC konnte der Erwartungshaltung in keiner Phase des Spiels gerecht werden. Kaiserslautern gewann relativ ungefährdet durch einen von Martin Wagner verwandelten direkten Freistoß mit 1:0. Kapitän und Weltmeister Andreas Brehme sagte noch in der Stunde des Erfolges: „Mir wäre es lieber gewesen, der 1. FCK hätte nicht den Pokal geholt und wäre in der Bundesliga geblieben.“ Immerhin konnte Kaiserslautern als Zweitligist im Europapokal spielen. Dies gelang übrigens auch noch dem Karlsruher SC, der sich über den Umweg UI-Cup doch noch für den UEFA-Pokal qualifizierte.

Dies führt direkt zum Abschneiden der deutschen Mannschaften in den europäischen Klubwettbewerben. Auch hier setzte sich der allgemeine Trend durch. Top-Leistungen auf der einen Seite, Durchhänger auf der anderen. So holte der FC Bayern München erstmals seit 1992, als Werder Bremen den Europapokal der Pokalsieger gewann, wieder einen Titel nach Deutschland. Andererseits konnte die Phalanx der sechs teilnehmenden Vereine den schleichenden Verfall der Vergangenheit nicht aufhalten. In der Fünfjahreswertung mußte Deutschland nach Italien und Frankreich nun auch Spanien passieren lassen, damit einher ging der Verlust des vierten Teil-

2. Bundesliga		Sp	g	u	v	Tore	Pkt.
1. VfL Bochum	↑	34	21	6	7	68:30	69
2. DSC Arminia Bielefeld	↑	34	16	9	9	55:45	57
3. MSV Duisburg	↑	34	15	11	8	55:37	56
4. SpVgg. Unterhaching		34	14	10	10	52:38	52
5. FSV Zwickau		34	15	4	15	39:48	49
6. FC Carl Zeiss Jena		34	13	9	12	49:54	48
7. SV 07 Waldhof		34	13	7	14	49:47	46
8. SC Fortuna Köln		34	12	10	12	37:37	46
9. VfB Leipzig		34	13	6	15	35:49	45
10. SV Meppen		34	10	14	10	45:43	44
11. 1. FSV Mainz 05		34	12	8	14	37:41	44
12. VfL Wolfsburg		34	10	14	10	41:46	44
13. VfB Lübeck		34	13	5	16	40:45	44
14. Hertha BSC Berlin		34	11	12	11	37:35	42
15. Chemnitzer FC	↓	34	11	9	14	43:51	42
16. Hannover 96	↓	34	10	7	17	38:48	37
17. 1. FC Nürnberg	↓	34	9	12	13	33:40	33
18. SG Wattenscheid 09	↓	34	8	7	19	38:57	31

Hertha BSC Berlin wurden wegen Verstoßes gegen die Lizenzauflagen drei-, Nürnberg sechs Punkte abgezogen!

DER POKAL

1. Runde

TSG Pfeddersheim - B. Dortmund	n. E. 2:3, n. V. 1:1
SC Fortuna Köln - 1. FC Kaiserslautern	n. V. 3:4
SSV Ulm 1846 - Chemnitzer FC	n. V. 2:3
1. FC Nürnberg - FC Hansa Rostock	2:1
Arminia Bielefeld - Hamburger SV	2:1
MSV Duisburg - Bayer 04 Leverkusen	0:2
FC Homburg 08 - FC St. Pauli	n. V. 2:1
Dynamo Dresden - Fortuna Düsseldorf	1:3
Beckumer SpVgg. - 1. FC Köln	n. E. 4:3, n. V. 0:0
Heider SV - SC Freiburg	1:6
SSV Vorsfelde - FC Schalke 04	0:5
1. FC Nürnberg Am. - Bor. Mönchengladbach	0:3
VfB Gaggenau - TSV München 1860	1:6
FC Bayern München Am. - SV Werder Bremen	0:1
Tennis Borussia Berlin - Karlsruher SC	1:2
1. FC Saarbrücken - Eintracht Frankfurt	n. V. 1:2
SV Sandhausen - VfB Stuttgart	n. E. 13:12, n. V. 2:2
1. FC Köln Amat. - KFC Uerdingen 05	0:2
Stuttgarter Kickers - FC Bayern München	0:1
FV Zeulenroda - FSV Zwickau	0:1
SV Werder Bremen Am. - SpVgg. Unterhaching	0:2
SV Mettlach - Hertha BSC Berlin	0:4
VfL Osnabrück - SV Waldhof-Mannheim	n. V. 0:1
FSV Frankfurt - FC Carl Zeiss Jena	1:3
Greifswalder SC - VfB Lübeck	4:1
Rot-Weiß Essen - Hannover 96	2:0
SC Neukirchen - 1. FSV Mainz 05	n. E. 3:4, n. V. 2:2
1. SC Norderstedt - SG Wattenscheid 09	0:1
FSV Salmrohr - VfB Leipzig	0:2
FC Sachsen Leipzig - VfL Bochum	2:1
FC Energie Cottbus - SV Meppen	1:2
Lok/Alt. Stendal - VfL Wolfsburg	n. E. 4:3, n. V. 0:0

2. Runde

Fortuna Düsseldorf - FC Bayern München	3:1
Borussia Dortmund - KFC Uerdingen 05	3:0
TSV München 1860 - Eintracht Frankfurt	5:1
Bayer 04 Leverkusen - Bor. Mönchengladbach	2:0
VfB Leipzig - FC Schalke 04	0:1
1. FC Kaiserslautern - SG Wattenscheid 09	3:0
SC Freiburg - Arminia Bielefeld	1:0
1. FSV Mainz 05 - SV Werder Bremen	2:3
FC Sachsen Leipzig - Karlsruher SC	0:2
1. FC Nürnberg - SV Meppen	2:1
FC Carl Zeiss Jena - Chemnitzer FC	2:5
SV Waldhof-Mannheim - FSV Zwickau	2:0
Beckumer SpVgg. - SpVgg. Unterhaching	2:3
Lok/Altmark Stendal - Hertha BSC Berlin	n. V. 3:2
Greifswalder SC - Rot-Weiß Essen	1:4
SV Sandhausen - FC Homburg 08	1:2

Achtelfinale

1. FC Kaiserslautern - FC Schalke 04	1:0
SC Freiburg - Borussia Dortmund	n. V. 0:1
1. FC Nürnberg - SV Werder Bremen	3:2
SpVgg. Unterhaching - Karlsruher SC	2:3
Fortuna Düsseldorf - Chemnitzer FC	3:1
FC Homburg 08 - TSV München 1860	2:1
RW Essen - Bayer Leverkusen	n. E. 1:4, n. V. 4:4
Lok/Alt. Stendal - W.-Mannheim	n. E. 5:4, n. V. 2:2

Viertelfinale

Fortuna Düsseldorf - 1. FC Nürnberg	1:0
FC Homburg 08 - 1. FC Kaiserslautern	n. V. 3:4
Borussia Dortmund - Karlsruher SC	1:3
Lok/Alt. Stendal - B. Leverkusen	n. E. 4:5, n. V. 0:0

Halbfinale

1. FC Kaiserslautern - Bayer 04 Leverkusen	1:0
Karlsruher SC - Fortuna Düsseldorf	2:0

Finale

(25. Mai 1996, Berlin, 75.782)

1. FC Kaiserslautern - Karlsruher SC 1:0 (1:0)

Kaiserslautern: Reinke - Kadlec - Koch, Schäfer - Greiner, Hengen, Roos (82. Wegmann), Brehme, Wagner - Kuka (87. Wollitz), Marschall (75. Lutz)
Karlsruhe: Reitmaier - Nowotny - Schuster, Ritter (82. Carl) - Metz (73. Schmitt), Fink, Häßler, Bender, Tarnat - Knup, Dundee
SR: Krug (Gelsenkirchen) - Tor: 1:0 Wagner (42.) - Gelb/Rote Karte: Brehme

nehmers am UEFA-Pokal ab der Saison 1996/97.

In der Champions League setzte sich Borussia Dortmund mit einem zweiten Tabellenplatz in der Gruppe mit Juventus Turin, Steaua Bukarest und Glasgow Rangers durch. Schon zum Auftakt mußte der Deutsche Meister einen herben Rückschlag einstecken, gegen Turin gab es trotz einer 1:0-Führung durch Andreas Möller bereits in der ersten Spielminute eine 1:3-Niederlage. Das Rückspiel gewannen die Dortmunder gegen Juve mit 2:1, womit das Weiterkommen gesichert war. Allerdings war der spätere Titelträger zum Zeitpunkt des Spiels bereits für die K.o.-Runde qualifiziert.

Im Viertelfinale bedeutete dann Titelverteidiger Ajax Amsterdam das Aus für die Dortmunder. „Davids wurde zu Goliath", so titelten die Zeitungen nach der 0:2-Heimniederlage im ersten Spiel. Der kleine Edgar Davids überragte im Westfalenstadion, und als Matthias Sammer die Gelb-Rote Karte sah und somit für den Rückkampf nicht zur Verfügung stehen konnten, sanken die Chancen auf ein Minimum. Das 0:1 in Holland blieb dann auch von beiden Seiten glanzlos und ohne Spannung.

Mit Sileks Kratovo und AEK Athen erwischte Borussia Mönchengladbach im Wettbewerb der Pokalsieger zwei relativ leichte Gegner zum Einstieg. Als dann in Runde drei mit Feyenoord Rotterdam der erste Härtetest auf die Mannschaft von Trainer Bernd Krauss zukam, folgte auch gleich das Aus. 2:2 hieß es im Hinspiel am Bökelberg, wo Stürmer-Star Martin Dahlin sich schon in der vierten Spielminute verletzte und Borussia eine zweimalige Führung nicht in einen Sieg ummünzen konnte. So war das 0:1 in Rotterdam - Dahlin fehlte noch immer, Effenberg besetzte notgedrungen die vakante Position im Angriff - gleichbedeutend mit dem Ausscheiden. Wie die „kleinen Negerlein" verabschiedeten sich die deutschen Teilnehmer in den ersten drei Runden aus dem UEFA-Cup. Zunächst erwischte es den SC Freiburg gegen Slavia Prag. Der Überraschungsdritte der vergangenen Bundesligasaison präsentierte sich im September 1995 völlig außer Form, lag danach in der nationalen Meisterschaft schon fast aussichtslos abgeschlagen auf dem letzten Tabellenplatz. Während der „Oktoberrevolution" holte Trainer Volker Finke mit den beiden Nationalspielern Alain Sutter (Schweiz) und Nikola Jurcevic (Kroatien) sowie dem niederländischen Stürmer Harry Decheiver (Deventer) drei neue Leute, die den Umschwung und den Klassenerhalt schafften. Vom UEFA-Pokal sprach zu dieser Zeit in Freiburg keiner mehr.

In Runde zwei stieg dann der 1. FC Kaiserslautern aus. Auch die Pfälzer befanden sich in

Pech gehabt: Thomas Häßler verlor mit seinem KSC das Pokalfinale

der Bundesliga in der Phase des Niedergangs, der Verlust der beiden herausragenden Einzelspieler Ciriaco Sforza und Stefan Kuntz konnte nicht kompensiert werden. Dem 1:0-Heimsieg über Betis Sevilla folgte eine 1:3-Niederlage in Spanien. Der zweite von vier deutschen Vertretern hatte die Segel gestrichen.

Der dritte folgte wiederum einen Durchgang später. Werder Bremens holländischer Trainer Aad de Mos, wegen fehlenden Erfolges an der Weser längst stark in die Kritik geraten, wollte im Europapokal gegen seine ehemalige Mannschaft PSV Eindhoven die Wende zum Guten erzwingen. Dies mißlang, die Holländer gewannen beide Spiele, und der Trainer mußte wenig später sein Büro und die Kabine räumen. Ihm folgte „Dixie“ Dörner, der Rekordnationalspieler der ehemaligen DDR. Er brachte Werder wenigstens in der Bundesliga auf Kurs und konnten den zeitweise drohenden Abstieg abwenden.

Der vierte deutsche Teilnehmer, Bayern München, umschiffte hingegen alle Klippen und setzte sich in erster Linie aufgrund der Auswärtsstärke bis ins Finale durch. In der ersten Runde wurde Lokomotive Moskau nach einem 0:1 im Olympiastadion mit 5:0 demontiert. Im Halbfinale schien das 2:2 zu Hause gegen den FC Barcelona bereits das Ende aller Hoffnungen, ehe durch Tore von Babbel und Witeczek in Spanien ein 2:1 und damit der Einzug in die beiden Finalspiele erreicht wurde. Dort setzten die Bayern mit zwei Siegen den positiven Schlußpunkt unter eine internationale Saison, die für die deutschen Mannschaften auch einige negative Überraschungen bereit gehalten hatte.

Schönster Tag auf internationaler Ebene war sicherlich der 30. Juni 1996, als Oliver Bierhoff mit seinem „Golden Goal“ in der 95. Spielminute des Endspiels um die Europameisterschaft Deutschland zum dritten Mal nach 1972 und 1980 zum Europameister machte. ■

DER TORJÄGER

Fredi Bobic (VfB Stuttgart)

Die Torjägerkanone wurde am letzten Spieltag in Stuttgart in einem direkten Zweikampf ausgeschossen.
Nachdem sich der Mönchengladbacher Martin Dahlin unfreiwillig aus dem Rennen geworfen hatte - der Schwede war wegen einer Tätlichkeit vom Platz gestellt worden und konnte daher nicht mehr eingreifen - stritten die beiden VfB-Stürmer Fredi Bobic und Giovane Elber um den Titel „Erfolgreichster Torschütze der Saison 1995/96“.

Beide hatten vor dem Saisonfinale gegen den Karlsruher SC 15 Treffer auf ihrem Konto. Bobic traf zweimal, Elber einmal - so war die Sache entschieden.

Allerdings hauchdünn, denn einen weiteren Einschuß des Brasilianers erkannte der Schiedsrichter nicht an. Die ganze Mannschaft hat versucht, Giovane noch ein Tor aufzulegen. „Mit ihm gemeinsam Torschützenkönig zu werden, hätte mir noch viel mehr Spaß gemacht“, sagte Bobic nach dem Spiel.

Doch trotz aller Uneigennützigkeit - der Bundesliga-Torschützenkönig der Saison 1995/96 wird bis in alle Ewigkeit Fredi Bobic heißen. Ein weiterer Meilenstein in der Geschichte des zu diesem Zeitpunkt gerade 24 Jahre alten Stürmer. Erst im Sommer 1994 war er vom Zweitliga-Absteiger Stuttgarter Kickers zum Nachbarn VfB und damit in die Erstklassigkeit gewechselt. Danach verlief seine Karriere im Expreßtempo. Nach nur acht Einsätzen in der Bundesliga bestritt Bobic am 12. Oktober 1994 beim 0:0 gegen Ungarn sein erstes Länderspiel.

Die Leistungen des Stürmers ließen natürlich auch die Stuttgarter Konkurrenz aufhorchen. Doch die ersten Adressen in Deutschland - Borussia Dortmund, Bayern München und Borussia Mönchengladbach - bemühten sich vergeblich um die Dienste des Fredi Bobic. Denn der verlängerte im Herbst 1995 seinen Vertrag beim VfB bis ins Jahr 1999.

DIE STARS

Andreas Köpke (Eintracht Frankfurt)

Ein beständiges Auf und Ab war das Synonym für das gesamte Bundesligajahr, und es galt auch für den deutschen Nationaltorhüter, Andreas Köpke. Die gesamte Saison wurde für ihn zu einem Wechsel zwischen Talfahrten und Höhenflügen.

Talfahrt I: Auch ein exzellenter Keeper wie Andreas Köpke konnte den Frankfurter Sturz in die Zweitklassigkeit nicht verhindern. Mit 68 Gegentreffern setzte die Eintracht die negative Rekordmarke aller 18 Bundesligisten. Für Köpke war es bereits der vierte Abstieg während seiner Karriere. Die vorherigen Betriebsunfälle: 1983 mit dem SC Charlottenburg, 1986 mit Hertha BSC und 1994 mit dem 1. FC Nürnberg. „Kann Bundestrainer Berti Vogts mit einem Absteiger in England bestehen", fragten einige Boulevardblätter in dicken Lettern.

Höhenflug I: Bei der Europameisterschaft in England war ein hervorragend aufgelegter Andreas Köpke Garant für den Titel. Mit einer beeindruckenden Konstanz, denn ihm unterlief während des Turniers kein einziger ernsthafter Fehler. Und mit herausragenden Einzelleistungen, wie zwei gehaltenen Elfmetern in brenzligen Situationen. So in der Anfangsphase des Gruppenspiels gegen Italien. Schon nach neun Minuten scheiterte Gianfranco Zola bei der Exekution an Köpke. Das Spiel endete 0:0, was gleichbedeutend war mit der Scheitern der Südeuropäer in der Vorrunde. Die zweite Heldentat des Torhüters war gleichbedeutend mit dem Einzug ins Finale. Im Elfmeterschießen gegen England parierte Köpke den Schuß Garry Southgates, Veranstalter England mußte den kurzen Weg nach Hause antreten.

Talfahrt II: Die unendliche Wechselgeschichte während und nach der EM. Noch während des Turniers präsentierten VfB-Präsident Gerhard Mayer-Vorfelder und der Torhüter das neue Stuttgarter Trikot mit der Nummer 1 und dem Namenszug Köpke auf dem Rücken. Doch als diesen ein lukratives Angebot des FC Barcelona erreichte, ging das Theater los. Es seien keine verbindlichen Zusagen erteilt worden, so Köpke, er gehe auf keinen Fall zum VfB. Der Transfer sei rechtskräftig, argumentierte der Verein, der Torhüter könne international gesperrt werden, wenn er seinen Dienst in Schwaben nicht antrete. Die Sache wurde schließlich den Spaniern zu heiß. Sie verpflichteten den portugiesischen Nationaltorhüter Vítor Baía, Köpke stand auf der Straße.

Höhenflug II: Köpke hielt sich bei seinem ehemaligen Verein 1. FC Nürnberg fit und wartete lange auf Angebote. Sehr lange, das vorherige Transfertheater hatte die Interessenten am Torhüter des Europameisters abgeschreckt. Der Juli war fast schon vorbei, als sich doch noch ein attraktiver Verein meldete: der französische Erstligist Olympique Marseille. Am 21. Juli 1996 unterschrieb Köpke seinen neuen Vertrag und ging anschließend gleich zu seinem ersten Training.

Jürgen Klinsmann (Bayern München)

Als Jürgen Klinsmann zu Beginn der Saison 1995/96 von Tottenham Hotspurs zu Bayern München ging, gab er als einen der Gründe für seinen Wechsel an, daß er zum Ende seiner Karriere noch „ein paar Titel einfahren" wolle. Dies gelang dem blonden Stürmer auch in zwei von drei Fällen. Lediglich die geplante Deutsche Meisterschaft mit dem FC Bayern München blieb ihm versagt. Mit seinem Verein holte er den UEFA-Pokal, mit der Nationalmannschaft die Europameisterschaft in England.

Dabei vollbrachte Klinsmann einen bemerkenswerten Spagat. „Der Star ist die Mannschaft" - so lautete der Slogan der EM, den vor allem Titelträger Deutschland eindrucksvoll vorlebte. Nicht der Einzelspieler stand im Vordergrund, sondern das Kollektiv, in das sich exzellente Einzelspieler wie Matthias Sammer und Jürgen Klinsmann um des Erfolgs willen persönlich und taktisch integrierten.

Andererseits schaffte der Bayernstürmer im UEFA-Pokal eine Bestmarke, die in der 40jährigen Geschichte der europäischen Klubwettbewerbe noch kein anderer vor ihm erreicht hatte. Kein

Puskas und kein Di Stéfano von Real Madrid in den späten 50ern. Kein Eusebio mit Benfica Lissabon in den frühen 60ern. Auch nicht Gerd Müller in der 70ern oder die holländischen Superstars des AC Mailand zu Beginn der 90er, Ruud Gullit und Marco van Basten. 15 Treffer erzielte Jürgen Klinsmann im Verlauf des Wettbewerbs und war mit seiner Rekordquote der Garant dafür, daß der FC Bayern München erstmals seit 20 Jahren wieder einen internationalen Titel feiern durfte.

Für seinen zweiten Triumph, den Gewinn der Europameisterschaft, mußte Jürgen Klinsmann zwei Stolpersteine aus dem Weg räumen. Den ersten vor dem Turnier, als es galt, einen öffentlichen Streit mit Lothar Matthäus beizulegen. Den anderen während der Zeit in England, als der Torjäger im Eiltempo mit Hilfe der medizinischen Abteilung eine Verletzung überwand und so überraschend doch im Finale auflaufen konnte.

Doch der Reihe nach: Einen öffentlichen Machtkampf trugen die beiden Bayern-Heroen Lothar Matthäus und Jürgen Klinsmann aus. Der Rekordnationalspieler machte seinen Kollegen mit dafür verantwortlich, daß Berti Vogts ihn nicht für die EM nominierte und später sogar endgültig die Tür zur Nationalmannschaft für ihn zuschlug. Dem Erfolg wenig dienliche Spannungen während des Turniers waren mit dieser Konstellation programmiert. Doch die beiden Superstars setzten sich zusammen, anläßlich des Spiels einer Weltauswahl in New York am 14. Juli 1996. In einem Zimmer des Hotels Sheraton Meadowland wurde während einer knapp einstündigen Aussprache ein Burgfrieden geschlossen.

Auf nach England, hieß es danach für Klinsmann, der wegen zweier Gelben Karten in den Qualifikationsspielen zum Auftakt gegen Tschechien gesperrt war. Doch in der zweiten Partie zeigte der Kapitän der Nationalmannschaft seinen Wert für das Team. Die beiden Treffer „Klinsis" gegen Rußland stellten die Weichen auf Gruppensieg, der zweite davon wurde europaweit unter der Rubrik „Traumtor" geführt.

Doch im Viertelfinale gegen Kroatien folgte der Schock: Muskelfaserriß in der Wade, gleichbedeutend mit zehn Tagen Pause. Bis dahin wäre das Endspiel vorbei gewesen. Doch mit einer beispiellosen Energieleistung und der Mithilfe der Mediziner wurde das Unmögliche möglich. Am Tag vor dem Endspiel absolvierte Klinsmann einen Lauftest und sagte danach: „Ich bin bereit, ein großes Risiko einzugehen, um im Finale dabei zu sein."

Rund 24 Stunden später führte er die deutsche Nationalmannschaft im Londoner Wembley-Stadion auf den Platz, und wiederum 120 Minuten danach nahm er den Siegerpokal aus den Händen von Queen Elizabeth II. entgegen und damit den verdienten Lohn für die Schinderei zuvor. Der herausragende Einzelspieler hatte sich wieder einmal erfolgreich in den Dienst der Mannschaft gestellt und so ungewollt wieder einmal das Prädikat „Star" für sich reklamiert.

IM BLICKPUNKT

Hamburger SV

Es war der 21. Oktober 1995. Im Freiburger Dreisamstadion erwartete der Tabellenletzte SC den Vorletzten, den Hamburger SV. Die Norddeutschen gewannen das Kellerderby mit 3:0, der erste Auswärtssieg des Vereins seit dem 30. Oktober 1994 brachte erst einmal Ruhe für Felix Magath, der als ehemaliger Assistent von Benno Möhlmann inzwischen Nachfolger auf dessem Posten als Cheftrainer geworden war. Und für Uwe Seeler, den noch kommissarischen Präsidenten, der den hanseatischen Traditionsverein nach den Jahren des Niedergangs wieder nach oben führen sollte.

Es war der 18. Mai 1996. Im Frankfurter Waldstadion erwartete der designierte Absteiger Eintracht den Hamburger SV. Die Norddeutschen gewannen mit 4:1, der fünfte Auswärtssieg der Saison brachte die Emotionen zum Überkochen. Präsident Uwe Seeler konnte sich gerade noch retten, Felix Magath nicht mehr. Die Spieler warfen ihren Trainer in voller Montur in ein gefüll-

tes Entmüdungsbecken. Nach der Rückkehr in die Hansestadt feierten alle zusammen bis in die frühen Morgenstunden auf der Reeperbahn. Der Grund für die Ausgelassenheit: Erstmals seit 1991 hatte sich der HSV wieder für einen europäischen Wettbewerb qualifiziert.

Rudi Völler in seiner letzten Bundesligasaison

Vom Abstiegskandidaten zum UEFA-Pokal-Teilnehmer. Diesen erstaunlichen Wandel hatten die Norddeutschen in erster Linie zwei Männern zu verdanken: Uwe Seeler und Felix Magath.

Der Ehrenspielführer der deutschen Nationalmannschaft folgte im Herbst 1995 dem jahrelangen Werben um seine Person in der Hansestadt und dem Beispiel von Franz Beckenbauer in München. Bei den Bayern hatte der frühere Fußballer auf dem Präsidentenstuhl eine neue Ära eingeleitet. Beim HSV gelang dies ebenso. Der Präsident Seeler stand für Werte, die früher auch mit dem Spieler Seeler in Verbindung gebracht wurden. Ehrlichkeit, Einsatz, Arbeitswille, Volksnähe. „Ich will, daß endlich wieder Ruhe in diesen Verein einkehrt“, forderte er bei seiner Amtsübernahme. Dies gelang eindrucksvoll.

Felix Magath, der dem HSV mit seinem Treffer zum 1:0 über Juventus Turin im Finale des Europapokals der Landesmeister am 25. Mai 1983 letztmals europaweiten Ruhm gesichert hatte, führte als Trainer seinen Verein wieder zu internationalen Meriten. Er sprach die Sprache der Spieler, ohne dabei an Autorität zu verlieren. „-Die Profis sollen das tun, was ich sage“, lautete seine wenig demokratische, aber erfolgreiche Maxime. So wurde sein Vorname von den Gazetten in den Überschriften mit Vorliebe aus dem Lateinischen ins Deutsche übersetzt: Felix, der Glückliche.

1. FC Kaiserslautern

Wenn vor der Saison 1995/96 die Trainer der 18 Erstligisten nach den Anwärtern auf die begehrten UEFA-Pokal-Plätzen gefragt wurden, so wurde in der Regel unter anderem auch der 1. FC Kaiserslautern genannt. Doch am Ende des 33. Bundesligajahres mußte das Urgestein der deutschen Eliteliga erstmals den Gang in die Zweitklassigkeit antreten. Monate der Konzeptionslosigkeit, der Schönrederei und der personellen Fehlentscheidungen hatten zum Desaster geführt.

Der Anfang vom Ende begann bereits vor der Saison. Mit Mittelfelddirigent Ciriaco Sforza und Stürmer-Star Stefan Kuntz hatten zwei Leistungsträger und Integrationsfiguren den Verein verlassen. Mit ihrer beider Namen verbanden die Fans Erfolg und Professionalität, mit dem Schweizer Nationalspieler zudem spielerische Kultur, mit dem deutschen bedingungslosen Einsatz.

Investiert wurde zwar fürstlich, insgesamt 15 Millionen Mark gaben die Pfälzer aus. Doch ihre Rechnung, Masse gleich Klasse, ging nicht auf. Statt die Schlüsselpositionen gleichwertig und gezielt zu ersetzen, holten Trainer Friedel Rausch und Manager Rainer Geye gleich zehn neue Spieler an den Betzenberg.

Als einziger genügte ausgerechnet Harry Koch den Ansprüchen, der vom Drittligisten Vestenbergsgreuth für kleines Geld geholt worden war.

Für zusätzliche Unsicherheit sorgte, daß Friedel Rausch kein Grundkonzept für sein Team präsentierte und auf Schlüsselpositionen ständig Umstellungen vornahm. Mal stand Gerry Ehrmann im Tor, mal Andreas Reinke. Mal spielte Andreas Brehme Libero, mal Miroslav Kadlec. Erst im Dezember versuchten die Verantwortlichen die Kurskorrektur. Der Brasilianer Arilson, mit über vier Millionen Mark Ablöse der teuerste Einkauf der Vereinsgeschichte, kam für die zentrale Mittelfeldposition, und der Leipziger Frank Rische sollte die Probleme im Sturm beheben.

Kurzfristig hatten diese beiden Maßnahmen Erfolg. Zum Vorrunden-Finale gewann Kaiserslautern gegen Leverkusen mit 1:0. Arilson feierte einen guten Einstand, Rische erzielte den Treffer. Doch es sollte sein einziger bleiben, und der Brasilianer wurde noch während der Rückrunde für 500.000 Mark wieder an seinen ehemaligen Verein Porto Alegre ausgeliehen.

Eine zweite personelle Kurskorrektur erfolgte im Frühjahr, als die erfolglosen Friedel Rausch und Rainer Geye entlassen wurden. Doch der Zeitpunkt der Trennung erwies sich als zu spät. Eckhard Krautzun, Nachfolger auf dem Trainerposten, konnte den Verein zwar noch zum Pokalsieg führen, den Abstieg aber nicht verhindern. Auch er mußte nach der Saison völlig überraschend seinen Hut nehmen.

Otto Rehhagel war sein Nachfolger, der in der zweiten Liga den Betriebsunfall korrigieren und den 1. FC Kaiserslautern wieder dorthin führen sollte, wo er 33 Jahre lang hingehörte: in die Bundesliga.

Andreas Brehme stieg mit dem 1. FC Kaiserslautern ab

DIE LÄNDERSPIELE

Belgien - Deutschland 1:2 (1:1)
23.8.1995 - Brüssel - 33.000 - Van der Ende (Niederlande) - Köpke - Helmer - Kohler (57. Haber, 80. Labbadia), Babbel - Strunz (46. Eilts), Häßler, Freund, Möller, Heinrich - Bobic, Scholl - Trainer: Vogts. Tore: Möller (6./0:1), Bobic (84./1:2)

Deutschland - Georgien 4:1 (1:1) EMQ
6.9.1995 - Nürnberg - 44.500 - McCluskey (Schottland) - Kahn - Helmer - Kohler - Babbel, Strunz, Häßler, Freund, Möller, Ziege - Klinsmann, Kirsten - Trainer: Vogts. Tore: Möller (39./1:1), Ziege (57./2:1), Kirsten (62./3:1), Babbel (72./4:1)

Deutschland - Moldawien 6:1 (3:0) EMQ
8.10.1995 - Leverkusen - 18.500 - Ziober (Polen) - Köpke - Sammer (83. Wörns) - Babbel, Helmer - Freund, Häßler, Eilts, Möller (78. Scholl), Ziege - Klinsmann, Herrlich (64. Bobic) - Trainer: Vogts. Tore: Stroenco (16. Eigentor/1:0), Helmer (18./2:0), Sammer (24./3:0, 72./6:0), Möller (47./4:0, 61./5:0)

Wales - Deutschland 1:2 (0:0) EMQ
11.10.1995 - Cardiff - 21.000 - Craciunescu (Rumänien) - Köpke - Sammer - Babbel (46. Wörns), Helmer - Freund, Häßler, Eilts, Möller, Ziege - Klinsmann, Herrlich (74. Kuntz) - Trainer: Vogts. Tore: Melville (75. Eigentor/0:1), Klinsmann (81./1:2)

Deutschland - Bulgarien 3:1 (0:0) EMQ
15.11.1995 - Berlin - 75.841 - Nikakis (Griechenland) - Köpke - Sammer - Babbel, Kohler (46. Strunz), Freund - Basler, Eilts, Helmer, Häßler (87. Reuter) - Klinsmann, Kuntz (82. Bobic) - Trainer: Vogts. Tore: Klinsmann (50./1:1, 76. Elfmeter/3:1), Häßler (56./2:1)

Südafrika - Deutschland 0:0
15.12.1995 - Johannesburg - 30.000 - Gallagher (England) - Köpke - Helmer - Kohler (77. Kuntz), René Schneider - Haber (63. Wörns), Häßler, Reuter, Möller, Bode - Bobic, Klinsmann - Trainer: Vogts

Portugal - Deutschland 1:2 (0:1)
21.2.1996 - Lissabon - 25.000 - Boggi (Italien) - Köpke - Sammer - Kohler, Helmer - Babbel, Häßler (69. Basler), Freund, Möller, Ziege (46. Albertz) - Kuntz (46. Bierhoff), Klinsmann - Trainer: Vogts. Tore: Möller (14./0:1, 65./1:2)

Deutschland - Dänemark 2:0 (1:0)
27.3.1996 - München - 26.000 - Temmink (Niederlande) - Kahn (18. Köpke) - Helmer - Kohler - Reuter (46. Babbel), Häßler, Freund (85. Albertz), Eilts, Scholl (76. Basler), Ziege - Bierhoff, Klinsmann - Trainer: Vogts. Tore: Bierhoff (44., 61.)

Niederlande - Deutschland 0:1 (0:1)
24.4.1996 - Rotterdam - 27.000 - Collina (Italien) - Köpke - Sammer (46. Helmer) - Reuter, Kohler, Ziege - Basler (84. Scholl), Eilts (79. Babbel), Freund, Häßler (90. Kuntz) - Klinsmann, Bierhoff - Trainer: Vogts. Tor: Klinsmann (19. Elfmeter)

Nordirland - Deutschland 1:1 (0:0)
29.5.1996 - Belfast - 10.000 – Young (Schottland) - Kahn - Kohler, Helmer, Ziege (46. Bode) - Basler, Möller, Strunz, Scholl, Eilts - Klinsmann (46. Bobic), Bierhoff (46. Kuntz) - Trainer: Vogts - Tor: Scholl (77./1:1)

Deutschland - Frankreich 0:1 (0:1)
1.6.1996 - Stuttgart - 53.135 - Wojcik (Polen) - Köpke - Sammer - Babbel - Reuter, Häßler (46. Basler), Eilts (46. Freund), Helmer, Möller, Ziege (83. Scholl) - Bobic, Klinsmann - Trainer: Vogts

Deutschland - Liechtenstein 9:1 (4:0)
4.6.1996 - Mannheim - 25.000 - Müller (Schweiz) - Reck - Sammer - Kohler - Reuter (76. Freund), Häßler (46. Basler), Eilts (46. Strunz), Helmer (46. Bode), Möller (64. Scholl), Ziege (76. Klinsmann) - Bierhoff, Kuntz - Trainer: Vogts. Tore: Möller (4./1:0, 64./7:0), Kuntz (18./2:0, 90./9:1), Bierhoff (22./3:0), Ziege (38./4:0), Sammer (48./5:0), Kohler (53./6:0), Klinsmann (86./8:1)

Deutschland - Tschechien 2:0 (2:0) EM-VR
9.6.1996 - Manchester (England) - 42.000 - Elleray (England) - Köpke - Sammer - Kohler (14. Babbel), Helmer - Reuter, Häßler, Eilts, Möller, Ziege - Bobic (65. Strunz), Kuntz (83. Bierhoff) - Trainer: Vogts. Tore: Ziege (26.), Möller (32.)

Rußland - Deutschland 0:3 (0:0) EM-VR
16.6.1996 - Manchester (England) - 50.760 - Nielsen (Dänemark) - Köpke - Sammer - Babbel, Helmer - Reuter, Häßler (66. Freund), Eilts, Möller (87. Strunz), Ziege - Bierhoff (85. Kuntz), Klinsmann - Trainer: Vogts. Tore: Sammer (56.), Klinsmann (77., 90.)

Italien - Deutschland 0:0 EM-VR
19.6.1996 - Manchester (England) - 53.000 - Goethals (Belgien) - Köpke - Sammer - Freund, Helmer - Strunz, Häßler, Eilts, Möller (89. Bode), Ziege - Klinsmann, Bobic - Trainer: Vogts. Gelb/Rote Karte: Strunz (60.)

Deutschland - Kroatien 2:1 (1:0) EM-VF
23.6.1996 - Manchester (England) - 43.412 - Sundell (Schweden) - Köpke - Sammer - Babbel, Helmer - Reuter, Scholl (88. Häßler), Eilts, Möller, Ziege - Klinsmann (39. Freund), Bobic (46. Kuntz) - Trainer: Vogts. Tore: Klinsmann (21. Elfmeter/1:0), Sammer (59./2:1)

Deutschland - England n. E. 6:5, n. V. 1:1 EM-HF
26.6.1996 - London (England) - 75.862 - Puhl (Ungarn) - Köpke - Sammer - Babbel, Helmer (110. Bode) - Reuter, Scholl (77. Häßler), Freund (119. Strunz), Eilts, Möller, Ziege - Kuntz - Trainer: Vogts. Tor: Kuntz (16./1:1)

Deutschland - Tschechien n. V. 2:1 (1:1, 0:0) EM-F
30.6.1996 - London (England) - 76.000 - Pairetto (Italien) - Köpke - Sammer - Babbel - Strunz, Scholl (69. Bierhoff), Eilts (46. Bode), Helmer, Häßler, Ziege - Klinsmann, Kuntz - Trainer: Vogts. Tore: Bierhoff (73./1:1, 95./2:1)

DER EUROPAPOKAL

Europapokal der Landesmeister

Champions League (Gruppe C)

Borussia Dortmund - Juventus Turin 1:3 (1:2)
13.9.1995 - 35.800 - Röthlisberger (Schweiz) - Klos - Sammer - Cesar, Kohler, Reinhardt - Reuter, Zorc (46. Tanko), Freund, Möller, Herrlich - Tretschok (46. Sosa) - Tor: Möller (1./1:0)

Glasgow Rangers - Borussia Dortmund 2:2 (0:1)
27.9.1995 - 33.200 - Uilenberg (Niederlande) - Klos - Cesar (54. B. Schmidt) - Kohler, Reuter - Freund, Sammer, Zorc, Ricken (80. Berger), Kree, Möller (84. Tretschok) - Herrlich - Tore: Herrlich (19./0:1), Kree (70./1:2)

Borussia Dortmund - Steaua Bukarest 1:0 (0:0)
18.10.1995 - 35.800 - Mikkelsen (Dänemark) - Klos - Sammer - Cesar, Kohler - Reuter, Ricken (88. Kutowski), Freund, Berger (89. Tretschok), Reinhardt - Tanko (46. Zorc), Herrlich - Tor: Ricken (58.)

BAYERN MÜNCHEN
16
HAMANN
Diebels

Steaua Bukarest - Borussia Dortmund 0:0
1.11.1995 - 15.000 - Piraux (Belgien) - Klos - Kohler, Cesar, Kree - Zorc, Freund, Sammer, Berger (87. Reinhardt), Möller - Ricken, Sosa (73. Tretschok)

Juventus Turin - Borussia Dortmund 1:2 (0:1)
22.11.1995 - 35.000 - Frisk (Schweden) - Klos - Sammer - B. Schmidt, Kohler - Reuter, Zorc, Freund, Kree, Möller (89. Sosa) - Herrlich (76. Riedle), Ricken (68. Berger) - Tore: Zorc (30./0:1), Ricken (65./0:2)

Borussia Dortmund - Glasgow Rangers 2:2 (1:1)
6.12.1995 - 35.800 - Diaz Vega (Spanien) - Klos - Franck - Freund, Kree, Wolters - Zorc, Möller, Berger, Reinhardt (82. Sosa) - Herrlich, Riedle (66. Kutowski)
Tore: Möller (17./1:1), Riedle (49./2:1)

Viertelfinale

Borussia Dortmund - Ajax Amsterdam 0:2 (0:1)
6.3.1996 - 35.800 - Gallagher (England) - Klos - B. Schmidt (46. Herrlich), Kohler, Cesar - Sammer - Reuter, Freund, Berger, Reinhardt - Ricken (77. Zorc), Riedle - Gelb/Rote Karte: Sammer (66.)

Ajax Amsterdam - Borussia Dortmund 1:0 (0:0)
20.3.1996 - 43.000 - Krondl (Tschechien) - Klos - Kohler, Cesar, Kree, Freund - Wolters (61. Möller), Ricken, Zorc, Tretschok (62. Reinhardt) - Riedle, Chapuisat (80. Sosa)

Europapokal der Pokalsieger

1. Runde

Bor. Mönchengladbach - FC Sileks Kratovo 3:0 (2:0)
14.9.1995 - 14.000 - Varga (Ungarn) - Kässmann - Hoersen, Klinkert, Andersson, Neun - Hochstätter, Effenberg, Pflipsen (90. Frontzeck), Wynhoff (61. Huiberts) - Sternkopf (76. Schneider), Dahlin - Tore: Pflipsen (6.), Effenberg (19.), Klinkert (87.)

FC Sileks Kratovo - Bor. Mönchengladbach 2:3 (0:1)
28.9.1995 - 11.000 (in Skopje) - Meese (Belgien) - Kässmann - Kastenmaier, Klinkert, Andersson, Neun - Hochstätter, Nielsen, Effenberg (78. Hoersen), Wynhoff - Sternkopf (54. Pflipsen), Dahlin (70. Frontzeck) - Tore: Effenberg (29./0:1), Dahlin (53./1:2), Nielsen (80./2:3)

2. Runde

Bor. Mönchengladbach - AEK Athen 4:1 (0:0)
19.10.1995 - 21.200 - Monteiro Coroado (Portugal) - Kamps - Kastenmaier (75. Hoersen), Klinkert, Andersson, Neun (86. Huiberts) - Schneider, Wynhoff, Pflipsen, Frontzeck - Effenberg, Dahlin - Tore: Dahlin (51./1:0, 90./4:1), Pflipsen (55./2:0), Wynhoff (68./3:0)

AEK Athen - Bor. Mönchengladbach 0:1 (0:0)
2.11.1995 - 23.000 - Mottram (Schottland) - Kamps - Kastenmaier, Klinkert, Andersson, Neun - Schneider, Sternkopf, Pflipsen (65. Hochstätter), Wynhoff - Dahlin (83. Wolf), Effenberg (89. Eichin) - Tor: Effenberg (71.)

Viertelfinale

Bor. Mönchengladbach - Feyenoord Rotterd. 2:2 (2:2)
7.3.1996 - 51.000 (in Düsseldorf) - Vagner (Ungarn) - Kamps - Kastenmaier, Stadler, Andersson, Neun - Effenberg, Schneider (63. Eichin), Pflipsen, Wynhoff - Nielsen, Dahlin (4. Sternkopf) - Tore: Wynhoff (4./1:0), Kastenmaier (42. Elfmeter/2:1)

Feyenoord Rotterd. - Bor. Mönchengladbach 1:0 (0:0)
21.3.1996 - 48.000 - Nielsen (Dänemark) - Kamps - Eichin (74. Hochstätter), Klinkert, Andersson, Schneider - Kastenmaier, Wynhoff, Nielsen (65. Pflipsen), Wolf (46. Huiberts) - Sternkopf, Effenberg

UEFA - Cup

Qualifikation

Karlsruher SC - Girondins Bordeaux 0:2 (0:1)
8.8.1995 - 16.000 - Lopez Nieto (Spanien) - Walter - Wittwer - Bilic, Schuster - Metz, Häßler, Fink, Bender (76. Wück), Tarnat (59. Kirjakow) - Schmitt, Knup

Girondins Bordeaux - Karlsruher SC 2:2 (2:1)
22.8.1995 - 20.000 - Pairetto (Italien) - Reitmaier - Bilic - Reich (66. Carl), Schuster - Metz (30. Wück), Häßler, Fink, Bender (5. Schmitt), Tarnat - Knup, Kirjakow - Tore: Fink (40./ 2:1), Schmitt (87./2:2)

1. Runde

Slovan Bratislava - 1. FC Kaiserslautern 2:1 (1:0)
12.9.1995 - 17.000 - Nilsson (Schweden) - Reinke - Koch, Roos, Kadlec, Greiner (63. Flock) - Hamann, Brehme, Wollitz (32. Schäfer), Hollerbach, Wagner (81. Wegmann) - Kuka - Tor: Hollerbach (64./1:1)

1. FC Kaiserslautern - Slovan Bratislava 3:0 (2:0)
26.9.1995 - 13.500 - Cakar (Türkei) - Reinke - Brehme, Roos (81. Schäfer), Koch - Wollitz, Kadlec, Hengen, Wagner (15. Hollerbach), Wegmann - Kuka, Marschall (76. Flock) - Tore: Wegmann (27., 56.), Wollitz (37.)

SC Freiburg - Slavia Prag 1:2 (0:1)
12.9.1995 - 18.000 - Fisker (Dänemark) - Schmadtke - Sundermann, Vogel, Spanring, Kohl - Zeyer (80. Borodjuk), Heidenreich, Todt, Freund - Spies, Rath (46. Rraklli) - Tor: Todt (78./1:2)

Slavia Prag - SC Freiburg 0:0
26.9.1995 - 9.300 - Valdivieso (Spanien) - Schmadtke - Sundermann (46. Buric), Vogel, Spanring, Kohl (54. Seretis) - Zeyer, Heidenreich, Todt, Heinrich - Spies (78. Rraklli), Wassmer

Glenavon FC Lurgan - Werder Bremen 0:2 (0:0)
13.9.1995 - 4.200 - Temmink (Niederlande) - Rost - Scholz, Baiano, Borowka, Bode - Wiedener, Votava, Eilts, Cardoso (84. M. Schulz) - Hobsch (85. Neubarth), Bestschastnich (14. Vier) - Tore: Cardoso (59.), Vier (88.)

SV Werder Bremen - Glenavon FC Lurgan 5:0 (4:0)
27.9.1995 - 13.700 - Hamer (Luxemburg) - Reck - Scholz, Wolter, Borowka (67. Beiersdorfer), Bode - Basler (67. Albayrak), Wiedener, Eilts, Votava - Hobsch (67. Vier), Bestschastnich - Tore: Hobsch (26., 36., 39.), Basler (37. Elfmeter), Borowka (66.)

FC Bayern München - Lokomotive Moskau 0:1 (0:0)
12.9.1995 - 16.000 - Goethals (Belgien) - Kahn - Strunz (16. Nerlinger), Babbel, Helmer - Zickler (46. Sutter), Hamann, Sforza, Herzog (70. Witeczek), Ziege - Klinsmann, Scholl

Lokomotive Moskau - FC Bayern München 0:5 (0:4)
26.9.1995 - 20.000 - Nilsson (Schweden) - Kahn - Strunz (84. Frey), Babbel, Helmer - Hamann (72. Zickler), Scholl, Herzog, Sforza, Ziege - Klinsmann, Kostadinov - Tore: Klinsmann (26., 35.), Herzog (39.), Scholl (45.), Strunz (78.)

2. Runde

1. FC Kaiserslautern - Real Betis Sevilla 1:3 (0:1)
18.10.1995 - 18.300 - Agius (Malta) - Reinke - Brehme, Koch, Roos (27. Lutz) - Flock, Hengen (57. Anders), Wegmann (86. Hamann), Wollitz, Wagner - Kuka, Marschall - Tor: Koch (46./1:1)

Real Betis Sevilla - 1. FC Kaiserslautern 1:0 (0:0)
1.11.1995 - 35.000 - Pairetto (Italien) - Reinke - Brehme, Schäfer, Lutz - Greiner (61. T. Riedl), Wollitz, Hengen (64. Anders), Wegmann (67. Flock), Wagner - Hollerbach, Marschall

Werder Bremen - Dinamo Minsk 5:0 (0:0)
17.10.1995 - 16.500 -Leduc (Frankreich) - Reck - Scholz (61. Borowka), Wolter, Baiano, Bode - Wiedener, Votava, Eilts, Basler - Hobsch, Bestschastnich - Tore: Schtanjuk (52. Eigentor), Basler (64., 83.), Hobsch (72.), Bode (88.)

Dinamo Minsk - Werder Bremen 2:1 (0:1)
31.10.1995 - 8.000 - Fällström (Schweden) - Rost - Ramzy, Borowka, Baiano, Wiedener - M. Schulz (86. Neubarth), Basler, Votava (72. Unger), Cardoso - Bode, Hobsch (72. Vier) - Tor: Bode (26./0:1)

Raith Rovers FC - FC Bayern München 0:2 (0:1)
17.10.1995 - 14.500 in Edinburgh - Harrel (Frankreich) - Kahn - Strunz - Kreuzer, Helmer - Zickler, Hamann, Sforza, Herzog (63. Nerlinger), Ziege - Klinsmann, Scholl (63. Papin) - Tore: Klinsmann (6., 73.)

FC Bayern München - Raith Rovers FC 2:1 (0:1)
31.10.1995 - 27.000 - Melnichuk (Ukraine) - Kahn - Strunz - Babbel, Helmer - Zickler, Hamann, Sforza (77. Frey), Herzog (46. Witeczek), Nerlinger - Papin, Klinsmann - Tore: Klinsmann (50./1:1), Babbel (64./2:1)

3. Runde

PSV Eindhoven - SV Werder Bremen 2:1 (1:0)
21.11.1995 - 25.000 - Cakar (Türkei) - Rost - Eilts, Wiedener, Baiano, Ramzy - Scholz (46. Basler), Votava, Cardoso, M. Schulz - Bode, Neubarth (68. Vier) - Tor: Bode (55./1:1)

Werder Bremen - PSV Eindhoven 0:0
5.12.1995 - 30.000 - Trentalange (Italien) - Rost - Eilts, Baiano, Ramzy (55. Beiersdorfer), Wiedener - Votava (80. Vier), Borowka, Basler, Cardoso - Bode, Neubarth

FC Bayern München - Benfica Lissabon 4:1 (3:1)
21.11.1995 - 30.000 - Gallagher (England) - Kahn - Matthäus (68. Witeczek) - Babbel (46. Kreuzer), Helmer - Hamann, Zickler (83. Kostadinov), Strunz, Sforza, Ziege - Klinsmann, Scholl - Tore: Klinsmann (26./1:0, 31./2:1, 44./3:1, 46./4:1)

Benfica Lissabon - Bayern München 1:3 (1:1)
5.12.1995 - 20.000 - Mikkelsen (Dänemark) - Kahn - Matthäus (55. Kostadinov) - Kreuzer, Helmer (87. Grill) - Frey, Sforza, Scholl (75. Herzog), Nerlinger, Witeczek - Zickler, Klinsmann - Tore: Klinsmann (32./1:1, 68./1:2), Herzog (83./1:3)

Viertelfinale

FC Bayern München - Nottingham Forest 2:1 (2:1)
5.3.1996 - 38.000 - Nieto (Spanien) - Kahn - Matthäus - Kreuzer, Helmer - Strunz, Scholl, Sforza, Nerlinger, Ziege - Zickler, Klinsmann - Tore: Klinsmann (16./1:0), Scholl (44./2:1)

Nottingham Forest - FC Bayern München 1:5 (0:2)
19.3.1996 - 28.800 - Ceccarini (Italien) - Kahn - Matthäus - Babbel, Helmer (80. Kreuzer) - Strunz (61. Frey), Sforza (46. Nerlinger), Herzog, Ziege, Papin - Klinsmann, Scholl - Tore: Ziege (30./0:1), Strunz (43./0:2), Klinsmann (65./0:3, 79./0:5), Papin (73./0:4)

Halbfinale

FC Bayern München - FC Barcelona 2:2 (0:1)
2.4.1996 - 63.000 - Piraux (Belgien) - Kahn - Matthäus - Kreuzer (46. Sforza), Helmer, Ziege - Babbel, Herzog (46. Witeczek), Nerlinger, Scholl - Papin, Klinsmann - Tore: Witeczek (52./1:1), Scholl (57./2:1)

FC Barcelona - FC Bayern München 1:2 (0:1)
16.4.1996 - 115.000 - Ouzounov (Bulgarien) - Kahn - Helmer - Babbel, Kreuzer, Ziege - Hamann (74. Strunz), Sforza, Nerlinger, Scholl - Witeczek (85. Papin), Klinsmann - Tore: Babbel (40./0:1), Witeczek (84./0:2)

1. Finale

FC Bayern München - Girondins Bordeaux 2:0 (1:0)
1.5.1996 - 63.000 - Muhmenthaler (Schweiz) - Kahn - Matthäus (54. Frey) - Kreuzer, Helmer, Babbel - Hamann, Sforza, Ziege, Scholl - Papin (69. Witeczek), Klinsmann - Tore: Helmer (34.), Scholl (60.)

2. Finale

Girondins Bordeaux - FC Bayern München 1:3 (0:0)
15.5.1996 - 36.000 - SR: Zhuk (Weißrußland) - Kahn - Matthäus - Babbel, Helmer - Frey (60. Zickler), Strunz, Sforza, Ziege, Scholl - Kostadinov (75. Witeczek), Klinsmann - Tore: Scholl (53./0:1), Kostadinov (66./0:2), Klinsmann (78./1:3)

UI-Cup

Karlsruher SC - ÅGF Aarhus	3:0
FC Basel - Karlsruher SC	2:3
Karlsruher SC - Sheffield Wednesday	1:1
Gornik Zabrze - Karlsruher SC	1:6
Östers IF Växjö - 1. FC Köln	0:0
1. FC Köln - FC Luzern	2:2
Rudar Velenje - 1. FC Köln	0:1
1. FC Köln - Tottenham Hotspur	8:0
Bayer 04 Leverkusen - OFI Iraklion	1:0
Tervis Pärnu - Bayer 04 Leverkusen	1:6
Bayer 04 Leverkusen - Buducnost Podgorica	3:0
Nea Salamis Famagusta - Bayer 04 Leverkusen	0:2
Spartak Plovdiv - Eintracht Frankfurt	0:4
Eintracht Frankfurt - Iraklis Saloniki	5:1
Panerys Vilnius - Eintracht Frankfurt	0:4
Eintracht Frankfurt - Vorwärts Steyr	1:2

Achtelfinale

Girondins Bordeaux - Eintracht Frankfurt	3:0
FC Aarau - Karlsruher SC	n. V. 1:2
1. FC Köln - FC Tirol Innsbruck	1:3
Bayer Leverkusen - OB Odense	5:2

Viertelfinale

Bursaspor - Karlsruher SC	n. E. 5:6, n. V. 3:3
FC Tirol Innsbruck- Bayer Leverkusen	n. E. 5:3, n. V. 2:2

The Football Association

16 Lanaester Gate
GB-London W2 3LW
Telefon:++44(171)26245 42
Telefax: ++44 (171)40204
86

FIFA-Weltrangliste

Juli 1995:	22. Platz,	48,91 Punkte;
Juli 1996:	13. Platz,	55,18 Punkte

UEFA-Fünfjahreswertung

1996/97:	7 Platz,	30,166 Punkte

ENGLAND 1995/96

Newcastles Einbruch und Uniteds Double

von Andy Morris

In der englischen Premier League war es 1995/96 oben wie unten bis zum Schluß spannend. Es gab zahlreiche Highlights, von denen die wichtigsten nachstehend chronologisch aufgeführt sind.

Jubel über das Double

1. Spieltag (19.-21. August)

Der amtierende Vizemeister und Double-Gewinner von 1994, Manchester United, startete denkbar schlecht in die neue Saison und verlor mit 1:3 bei Aston Villa. United, das auf die verletzten Ryan Giggs und Andy Cole sowie die gesperrten Steve Bruce und Eric Cantona verzichten mußte, lag bei Halbzeit bereits mit 0:3 zurück.

Meister Blackburn besiegte die Queens Park Rangers mit 1:0, doch Englands Nationalkeeper Tim Flowers wurden wegen Foulspiels vom Platz gestellt. Der englische Nationalstürmer Alan Shearer schoß per Elfmeter das Siegtor.

2. Spieltag (22./23. August)

Newcastle United, mit guten Chancen auf den Gewinn des ersten Meistertitels seit 1927, rechtfertigte das Vertrauen durch einen 3:1-Erfolg in Bolton. Englands Nationalstürmer Les Ferdinand, für eine Ablöse von 6 Millionen Pfund von den Queens Park Rangers unter Vertrag genommen, traf zweimal und übernahm damit gemeinsam mit Matthew Le Tissier und Leeds' ghanaischen Nationalspieler Tony Yeboah die Spitze der Torschützenliste.

3. Spieltag (26.-28. August)

Wimbledon erlitt die erste Saisonniederlage gegen die immer reifer werdenden Youngster von Manchester United. Da Andrej Kanchelskis ebenso wie Mark Hughes und Paul Ince den Verein verlassen hatte, entschied sich United-Boss Alex Ferguson, seine talentierten Eigengewächse vorzustellen und sah sie mit 3:1 gegen Wimbledon siegen.

7. Spieltag (23.-25. September)

Bereits dafür kritisiert, daß er nach seinem kostspieligen Wechsel von Inter Mailand noch nicht getroffen hatte, war der holländische Nationalspieler Dennis Bergkamp endlich erfolgreich.

Premier League	Gesamt							Heim					Auswärts				
	Sp	g	u	v	Tore	Diff.	Pkt.	g	u	v	Tore	Pkt.	g	u	v	Tore	Pkt.
1. Manchester United	38	25	7	6	73:35	+38	82	15	4	0	36:9	49	10	3	6	37:26	33
2. Newcastle United	38	24	6	8	66:37	+29	78	17	1	1	38:9	52	7	5	7	28:28	26
3. Liverpool FC	38	20	11	7	70:34	+36	71	14	4	1	46:13	46	6	7	6	24:21	25
4. Aston Villa FC	38	18	9	11	52:35	+17	63	11	5	3	32:15	38	7	4	8	20:20	25
5. Arsenal FC	38	17	12	9	49:32	+17	63	10	7	2	30:16	37	7	5	7	19:16	26
6. Everton FC (P)	38	17	10	11	64:44	+20	61	10	5	4	35:19	35	7	5	7	29:25	26
7. Blackburn Rovers (M)	38	18	7	13	61:47	+14	61	14	2	3	44:19	44	4	5	10	17:28	17
8. Tottenham Hotspur	38	16	13	9	50:38	+12	61	9	5	5	26:19	32	7	8	4	24:19	29
9. Nottingham Forest	38	15	13	10	50:54	- 4	58	11	6	2	29:17	39	4	7	8	21:37	19
10. West Ham United	38	14	9	15	43:52	- 9	51	9	5	5	25:21	32	5	4	10	18:31	19
11. Chelsea FC	38	12	14	12	46:44	+ 2	50	7	7	5	30:22	28	5	7	7	16:22	22
12. Middlesbrough FC (N)	38	11	10	17	35:50	- 5	43	8	3	8	27:27	27	3	7	9	8:23	16
13. Leeds United	38	12	7	19	40:57	-17	43	8	3	8	21:21	27	4	4	11	19:36	16
14. Wimbledon FC	38	10	11	17	55:70	-15	41	5	6	8	27:33	21	5	5	9	28:37	20
15. Sheffield Wednesday	38	10	10	18	48:61	-13	40	7	5	7	30:31	26	3	5	11	18:30	14
16. Coventry City	38	8	14	16	42:60	-18	38	6	7	6	21:23	25	2	7	10	21:37	13
17. Southampton FC	38	9	11	18	34:52	-18	38	7	7	5	21:18	28	2	4	13	13:34	10
18. Manchester City ↓	38	9	11	18	33:58	-25	38	7	7	5	21:19	28	2	4	13	12:39	10
19. Queen´s Park Rangers ↓	38	9	6	23	38:57	-19	33	6	5	8	25:26	23	3	1	15	13:31	10
20. Bolton Wanderers (N) ↓	38	8	5	25	39:71	-32	29	5	4	10	16:31	19	3	1	15	23:40	10

EC 1996/97: CL: Manchester United, EC2: Liverpool FC, UEFA: Newcastle United, Aston Villa FC, Arsenal FC, UI: -

Die Torschützen

Alan Shearer (Blackburn Rovers)	31
Robbie Fowler (Liverpool FC)	28
Les Ferdinand (Newcastle United)	25
Dwight Yorke (Aston Villa)	17
T. Shearingham (Tottenham Hotspurs)	16
Andrej Kanchelskis (Everton FC)	16
Ian Wright (Arsenal FC)	15
Chris Armstrong (Tottenham Hotspur)	15
Eric Cantona (Manchester United)	14
Stan Collymore (Liverpool FC)	14
Dion Dublin (Coventry City)	14

Er schoß beim 4:2-Sieg von Arsenal über Southampton zwei Tore. Die größte Tat vollbrachte jedoch Liverpools exzellenter Stürmer Robbie Fowler, der beim 5:2 der „Reds“ über Bolton vier Tore schoß.

8. Spieltag (30. September - 1. Oktober)

Der exzentrische französische Starspieler Eric Cantona erzielte bei seinem Comeback für Manchester United nach achtmonatiger Sperre sofort große Wirkung. Er bereitete in der ersten Minute gleich ein Tor vor und bediente Nicky Butt, der zur Führung gegen Liverpool einschoß. Nach der unsäglichen “Kung Fu“-Attacke auf einen Zuschauer, der ihn mit rassistischen Äußerungen belegt hatte, kehrte Cantona vor nahezu ausverkauftem Haus, darunter viele Zuschauer mit französischen Fahnen, zurück.

13. Spieltag (18.-20. November)

Manchester United arbeitete sich zwei Punkte an Newcastle heran, doch die beste Leistung des Tages ging auf das Konto von Nationalstürmer Alan Shearer, der bei Blackburns 7:0-Kantersieg über Nottingham Forest einen Hattrick erzielte. Dieses Resultat beendete Nottinghams Serie von 25 Spielen ohne Niederlage.

14. Spieltag (25.-27. November)

Der Brasilianer Juninho gehörte bei seinem Debüt zur siegreichen Mannschaft aus Middlesbrough (2:1 zu Hause gegen Liverpool). Nottingham Forest erholte sich von der gegen Blackburn erlittenen Demütigung und versetzte Manchester Uniteds Titelhoffnungen beim 1:1 einen Dämpfer.

16. Spieltag (9.-10. Dezember)

Newcastle rutschte erstmals in dieser Saison aus - Dan Petrescu schoß das einzige Tor bei Chelseas 1:0 vor eigenem Publikum. Immerhin blieb Kevin Keegans Mannschaft der Trost, daß sich auch Manchester United einen Schnitzer erlaubte und nur dank eines späten Tores von Eric Cantona zu Hause gegen Sheffield Wednesday einen Punkt gewann. United war durch ein Cantona-Tor in Führung gegangen, doch Mark Bright und Guy Whittingham besorgten das 2:1 für Wednesday.

18. Spieltag (24.-26. Dezember)

Liverpools Robbie Fowler schoß Arsenal praktisch im Alleingang ab, und der Merseyside-Klub unterstrich seine Titelambitionen. Für Manchester City wurde die Lage nach der Heimniederlage gegen Chelsea, für das Gavin Peacock in der zweiten Halbzeit traf, immer düsterer.

Von weitaus größerer Bedeutung war das Duell am „Boxing Day“ in Manchesters Stadion „Old Trafford“ zwischen den beiden großen Rivalen Manchester United und Newcastle United. Andy Cole, schon als teurer Fehleinkauf abgestempelt, schoß das erste Tor und Roy Keane das zweite bei Manchester Uniteds 2:0, das die Mannschaft von Alex Ferguson in Lauerstellung beließ.

Manchesters Derby: United gewann das Double, City stieg ab

19. Spieltag (30. Dezember - 1. Januar)

Die Buchmacher weigerten sich, Wetten darauf anzunehmen, daß Newcastle die Meisterschaft holen würde, nachdem die Mannschaft von Kevin Keegan am Ende des Neujahrstages sieben Punkte Vorsprung auf Manchester United aufwies - bei einem noch auszutragenden Nachholspiel.

27. Spieltag (24.-26. Februar)

Ein dramatisches Wochenende an der Spitze der „Premiership“: Manchester United deutete an, daß es zu einem bemerkenswerten Comeback und einem erneuten Titelgewinn in der Lage war. United schlug Everton im Stadion „Old Trafford“ durch Tore von Roy Keane und Ryan Giggs mit 2:0, während Newcastle durch eine 0:2-Niederlage bei West Ham geschockt wurde. Tony Cottee machte hier acht Minuten vor dem Abpfiff alles klar.

30. Spieltag (16.-18. März)

Eric Cantona und Lee Sharpe schossen die Tore für Manchester United beim 2:0 gegen Southampton im Old Trafford - das bedeutete den Einzug in das Halbfinale des FA-Cups. Aston Villa gesellte sich nach einem 1:0 bei Nottingham Forest hinzu. In der „Premiership“ erhielt Manchester City einen moralischen Schub nach vorn und setzte sich dank zweier Tore von Georgi Kinkladze mit 2:1 gegen den ebenfalls gefährdeten FC Southampton durch.

31. Spieltag (23.-25. März)

Newcastles Meisterschaftshoffnungen erhielten bei der 0:2-Niederlage bei Arsenal London einen gewaltigen Dämpfer. Scott Marshall und Ian Wright schossen die folgenreichen Tore für Arsenal. Eric Cantonas Tor am nächsten Tag reichte zum Sieg über die Spurs aus und beließ Manchester United in einer guten Ausgangsposition. Es war Cantonas 15. Saisontor (in allen Wettbewerben) und das fünfte im fünften Spiel nacheinander.

33. Spieltag (6.-8. April)

Der walisische Starstürmer Ryan Giggs schoß in der 77. Minute das unbezahlbare Siegtor im Manchester-Derby gegen City. Die Mannschaft von Alan Ball war zweimal in Führung gegangen, wobei der erste Treffer durch den georgischen Nationalstürmer Mikhail Kavelashwili bei dessen Debüt gefallen war. Jedoch war auch Newcastle entschlossen, seine eigenen Chancen zu wahren und siegte dank zweier später Tore von Peter Beardsley mit 2:1 gegen die Queens Park Rangers.

Das bewahrte sie vor einer Riesenpleite, nachdem Ian Holloway die Rangers kurz nach Wiederanpfiff in die bessere Ausgangsposition gebracht hatte. Dagegen waren nach der 0:1-Niederlage gegen Coventry die Titelhoffnungen von Liverpool auf den Nullpunkt gesunken.

Premier League	Man. United	Newcastle	Liverpool	Aston V.	Arsenal	Everton	Blackburn	Tottenham	Nottingham	West Ham	Chelsea	Middlesb.	Leeds	Wimbledon	Sheffield	Coventry	Southampton	Man. City	QPR	Bolton
Manchester United	•	2:0	2:2	0:0	1:0	2:0	1:0	1:0	5:0	2:1	1:1	2:0	1:0	3:1	2:2	1:0	4:1	1:0	2:1	3:0
Newcastle United	0:1	•	2:1	1:0	2:0	1:0	1:0	1:1	3:1	3:0	2:0	1:0	2:1	6:1	2:0	3:0	1:0	3:1	2:1	2:1
Liverpool FC	2:0	4:3	•	3:0	3:1	1:2	3:0	0:0	4:2	2:0	2:0	1:0	5:0	2:2	1:0	0:0	1:1	6:0	1:0	5:2
Aston Villa	3:1	1:1	0:2	•	1:1	1:0	2:0	2:1	1:1	1:1	0:1	0:0	3:0	2:0	3:2	4:1	3:0	0:1	4:2	1:0
Arsenal FC London	1:0	2:0	0:0	2:0	•	1:2	0:0	0:0	1:1	1:0	1:1	1:1	2:1	1:3	4:2	1:1	4:2	3:1	3:0	2:1
Everton FC	2:3	1:3	1:1	1:0	0:2	•	1:0	1:1	3:0	3:0	1:1	4:0	2:0	2:4	:2:2	2:2	:2:0	2:0	2:0	3:0
Blackburn Rovers	1:2	2:1	2:3	1:1	1:1	0:3	•	2:1	7:0	4:2	3:0	1:0	1:0	3:2	3:0	5:1	2:1	2:0	1:0	3:1
Tottenham Hotspur	4:1	1:1	1:3	0:1	2:1	0:0	2:3	•	0:1	0:1	1:1	1:1	2:1	3:1	1:0	3:1	1:0	1:0	1:0	2:2
Nottingham Forest	1:1	1:1	1:0	1:1	0:1	3:2	1:5	2:1	•	1:1	0:0	1:0	2:1	4:1	1:0	0:0	1:0	3:0	3:0	3:2
West Ham United	0:1	2:0	0:0	1:4	0:1	2:1	1:1	1:1	1:0	•	1:3	2:0	1:2	1:1	1:1	3:2	2:1	4:2	1:0	1:0
Chelesa FC London	1:4	1:0	2:2	1:2	1:0	0:0	2:3	0:0	1:0	1:2	•	5:0	4:1	1:2	0:0	2:2	3:0	1:1	1:1	3:2
Middlesbrough FC	0:3	1:2	2:1	0:2	2:3	0:2	2:0	0:1	1:1	4:2	2:0	•	1:1	1:2	3:1	2:1	0:0	4:1	1:0	1:4
Leeds United	3:1	0:1	1:0	2:0	0:3	2:2	0:0	1:3	1:3	2:0	1:0	0:1	•	1:1	2:0	3:1	1:0	0:1	1:3	0:1
Wimbeldon FC	2:4	3:3	1:0	3:3	0:3	2:3	1:1	0:1	1:0	0:1	1:1	0:0	2:4	•	2:2	0:2	1:2	3:0	2:1	3:2
Sheffield Wednesday	0:0	0:2	1:1	2:0	1:0	2:5	2:1	1:3	1:3	0:1	0:0	0:1	6:2	2:1	•	4:3	2:2	1:1	1:3	4:2
Coventry City	0:4	0:1	1:0	0:3	0:0	2:1	5:0	2:3	1:1	2:2	1:0	0:0	0:0	3:3	0:1	•	1:1	2:1	1:0	0:2
Southampton FC	3:1	1:0	1:3	0:1	0:0	2:2	1:0	0:0	3:4	0:0	2:3	2:1	1:1	0:0	0:1	1:0	•	1:1	2:0	1:0
Manchester City	2:3	3:3	2:2	1:0	0:1	0:2	1:1	1:1	1:1	2:1	0:1	0:1	0:0	1:0	1:0	1:1	2:1	•	2:0	1:0
Queen`s P. Rangers	1:1	2:3	1:2	1:0	1:1	3:1	0:1	2:3	1:1	3:0	1:2	1:1	1:2	0:3	0:3	1:1	3:0	1:0	•	2:1
Bolton Wanderers	0:6	1:3	0:1	0:2	1:0	1:1	2:1	2:3	1:1	0:3	2:1	1:1	0:2	1:0	2:1	1:2	0:1	1:1	0:1	•

36. Spieltag (2.-5. Mai)

Das Titelrennen wurde entschieden: Manchester United, das noch einen Punkt aus dem letzten Spiel bei Middlesbrough benötigte, siegte bei dem vom früheren United-Star Bryan Robson trainierten Klub mit 3:0. Die Bolton Wanderers und die Queens Park Rangers waren bereits abgestiegen, doch der dritte Absteiger wurde erst mit dem letzten Anstoß entschieden. Sheffield Wednesday, Coventry, Southampton und Manchester City hießen die Kandidaten, und es war die City, die in Alan Balls erster Saison als verantwortlicher Trainer den Gang in die Zweitklassigkeit antreten mußten.

37. Spieltag (11. Mai)

Manchester United komplettierte das „Double" und gewann ein schwaches FA-Cupfinale mit 1:0. Liverpool, das die Saison nach dem Zurückfallen in der Meisterschaft unter allen Umständen mit dem Gewinn einer Trophäe beenden wollte, zeigte nie die Form, mit der es hätte United gefährlich werden können. Nicht einmal der Einsatz von Ian Rush - der Mann, der im FA-Cup in diesem Jahrhundert mehr Tore als jeder andere Spieler (42) erzielte und damit Dennis Law als Rekordinhaber ablöste - konnte den Finaltag retten. Eric Cantona schnappte sich eine Faustabwehr von Liverpools Keeper David James, die noch von Rushs Schulter abgeprallt war, und schoß drei Minuten vor Abpfiff das einzige Tor des Tages. ■

DER TORJÄGER

Alan Shearer (Blackburn Rovers)

Nur eingefleischte Fans erwarteten von Alan Shearer, daß er bei der EURO '96 einen derart nachhaltigen Eindruck hinterlassen würde. Shearers Trefferbilanz für die englische Nationalmannschaft war zu Turnierbeginn dürftig, aber er schloß die EURO mit fünf Toren, darunter zwei gegen die Niederlande, als bester Goalgetter ab. Plötzlich wurde über ihn nicht nur als den besten Stürmer Englands geredet, sondern als besten in ganz Europa. Sein Wert wurde mit neun Millionen Pfund beziffert, und Blackburn war entsetzt darüber, daß der Stürmer den Verein verlassen wollte. Manchester United wurde als erster Kandidat gehandelt, Shearer zu verpflichten. Wenn Shearer zu United gehen würde, dachte die Fußballöffentlichkeit, dann wäre die Meisterschaft 1996/97 so gut wie gewonnen.

Stattdessen entschloß er sich dazu, in seine Heimatstadt Newcastle zurückzukehren. Dabei brach er den Transferrekord mit einem 15 Millionen-Pfund-Deal, was fast doppelt so viel war wie der bis dahin höchste Transfer (Stan Collymore). Shearer hatte in der Heimat eine weitere herausragende Saison und beendete die „FA Carling Premiership" als bester Torschütze (31 Treffer). Im Laufe der Spielzeit schaffte er es, als erster Spieler 100 Tore in der „Premiership" zu erzielen. Seine Reaktion auf das Durchbrechen dieser Schallmauer war: „Es ist schön, eine solche Marke zu erreichen, aber gleichzeitig sind andere Leute genauso verantwortlich für das von mir Erreichte. Ohne meine Mannschaftskameraden wäre ich nicht so weit gekommen." Teddy Sheringham, Sturmpartner in der Nationalmannschaft, meinte: „Ich hatte das Glück, in meiner Laufbahn mit einigen angesehenen Stürmern zusammenzuspielen. Darunter befand sich Jürgen Klinsmann, und ich stelle Alan auf die gleiche Stufe mit meinem früheren Teamkameraden bei den Spurs."

DIE STARS

Tony Yeboah (Leeds United)

Es ist ein seltenes Ereignis, wenn ein bereits im August erzieltes Tor die Juroren zu der Erklärung veranlaßt, daß die Entscheidung über das „Tor des Jahres" bereits gefallen sei. Wenig Debatten gab es nach dem Vorschlag, daß Tony Yeboahs Treffer gegen Liverpool - ein unglaublicher Volleyschuß aus knapp 25 Metern - zum besten Tor der Saison gewählt werden solle. Doch nur einen Monat später war das Tor auf Platz zwei abgerutscht - Yeboah hatte erneut einen sensationellen Treffer erzielt. Der ghanaische Nationalspieler führte den Ball wie ein Magier, als er auf das Gehäuse von Wimbledon zusteuerte und dann schließlich den hilflosen Keeper des Gegners überwand. Mit diesen beiden denkwürdigen Toren in den ersten beiden Monaten der Saison schien für Yeboah und Leeds United der Weg für eine erfolgreiche Saison frei. Es stimmte etwas traurig, daß es in einer für Leeds enttäuschend verlaufenen Saison nur noch wenig weitere Höhepunkte gab, und noch vor Ende der Meisterschaftsrunde wurde die Entlassung von Trainer Howard Wilkinson erwartet. Ein guter „Lauf" im Coca-Cola-Ligapokal - Yeboah schoß zwei Tore im Halbfinalspiel gegen Birmingham - gab der Mannschaft die Chance, noch eine Trophäe zu erringen. In Wembley wurde Leeds jedoch von Aston Villa mit 3:0 deklassiert. Yeboah, der in der Vorsaison 13 Tore in 17 Spielen erzielt hatte, bewies 1995/96 schon früh seinen Torriecher. Im UEFA-Cup gelang ihm beim AS Monaco ein Hattrick, der den Grundstein zum 3:1-Erfolg und damit zum Weiterkommen legte. Der Afrikaner glänzte auch in den folgenden Wochen in einem farblosen Leeds-Team, in dem ein anderer namhafter Import, der Schwede Tomas Brolin, niemals richtig zur Geltung kam.

Trotz anfänglicher Anpassungsprobleme nach sieben Jahren in Deutschland war der 3 Millionen Pfund teure Yeboah-Transfer ein Geschäft. Die Fans von Leeds, 1992 nach dem Wechsel des Volkshelden Eric Cantona zu Manchester United am Boden zerstört, hatten nun einen neuen Star, den es zu behüten galt. Der Fanartikel-Shop von Leeds konnte der großen Nachfrage nach Yeboah-Trikots gar nicht nachkommen. Der Spieler jedoch beschwerte sich bald über fehlende Unterstützung im Team. „Es wird immer schwieriger zu spielen, weil mich die Abwehrspieler genau decken", sagte er, „da ich allein in vorderster Front bin, brauche ich die Hilfe von meinen Mitspielern".

Wilkinson holte am Saisonende Ian Rush als Partner für Yeboah, und der Ghanaer freute sich auf die Zusammenarbeit mit einem der besten europäischen Stürmer. Doch im Sommer sollten schlechte Nachrichten folgen: Es wurde bekannt, daß Yeboah an einer schmerzhaften Knieverletzung litt, die nicht kuriert werden konnte. Howard Wilkinson sagte: „Es wird eine Frage von spielen, nicht zu viel zu trainieren und genügend Erholungspausen sein. Er wird damit weiterspielen und nicht aufgeben."

1. Division		Sp	g	u	v	Tore	Pkt.
1. Sunderland FC	↑	46	22	17	7	59:33	83
2. Derby County	↑	46	21	16	9	71:51	79
3. Crystal Palace		46	20	15	11	67:48	75
4. Stoke City		46	20	13	13	60:49	73
5. Leicester City	↑	46	19	14	13	66:60	71
6. Charlton Athletic		46	17	20	9	57:45	71
7. Ipswich Town		46	19	12	15	79:69	69
8. Huddersfield Town		46	17	12	17	61:58	63
9. Sheffield United		46	16	14	16	57:54	62
10. Barnsley FC		46	14	18	14	60:66	60
11. West Bromwich Albion		46	16	12	18	60:68	60
12. Port Vale FC		46	15	15	16	59:66	60
13. Tranmere Rovers		46	14	17	15	64:60	59
14. Southend United		46	15	14	17	52:61	59
15. Birmingham City		46	15	13	18	61:64	58
16. Norwich City		46	14	15	17	59:55	57
17. Grimsby Town		46	14	14	18	55:69	56
18. Oldham Athletic		46	14	14	18	54:50	56
19. Reading FC		46	13	17	16	54:63	56
20. Wolverhampton Wand.		46	13	16	17	56:62	55
21. Portsmouth FC		46	13	13	20	61:69	52
22. Millwall FC	↓	46	13	13	20	43:63	52
23. Watford FC	↓	46	10	18	18	62:70	48
24. Luton Town	↓	46	11	12	23	40:64	45

Play-offs 1. Division
Direktaufsteiger: Sunderland FC und Derby County
Charlton Athletic - Crystal Palace 1:2, 0:1
Leicester City - Stoke City 0:0, 1:0
Crystal Palace - Leicester Cityn. V. 1:2
Leicester steigt in die Premier League auf

Eric Cantona (Manchester United)

Eric Cantona, das „enfant terrible", begann die Saison mit der Forderung nach einem Transfer und beendete sie als Zuschauer am Spielfeldrand, weil Frankreichs Auswahltrainer Jacquet ihn nicht ins EM-Aufgebot nominierte. Aber das, was dazwischen lag - was für eine Saison! Viel von Manchester Uniteds Erfolg in Gestalt des „Double"-Gewinns war ein Verdienst von Cantonas Fähigkeiten und Trainer Alex Fergusons Glaube an ihn. Ferguson, der auch nach der Kung-Fu-Attacke auf einen Zuschauer zu Cantona hielt, wußte, daß er die Saison ohne ihn beginnen würde. Erics Bedeutung veranlaßte Ferguson, nach Paris zu fliegen, um den Spieler davon zu überzeugen, bei Manchester zu bleiben und damit der weit verbreiteten Meinung entgegenzutreten, er wäre bei United unglücklich. Nach Ende seiner Sperre machte sich Cantona daran, dem englischen Fußball zu zeigen, was diesem gefehlt hatte. Bei seinem Comeback, einem wichtigen Heimspiel gegen Titelanwärter Liverpool, schoß er das erste Tor und verwandelte noch einen Strafstoß zum 2:2-Endstand. Er spielte in diesem Stil weiter, verhalf United im Dezember zu einem 2:0-Heimsieg über Newcastle - ein Resultat, das letztlich den Weg dafür ebnete, daß der Titel nach Old Trafford. Typisch, daß es Cantona war, der United das „Double" sicherte und das einzige Tor im Cup-Finale gegen Liverpool erzielte. Torhüter David James war verwundbar, doch befanden sich noch vier Spieler zwischen dem Franzosen und dem Tor, als er das Leder an sich nahm und abzog. Cantona sagte nach dem Cupgewinn: „Ich bin stolz für jeden, der zu Manchester United gehört: Die Spieler, die Fans, Angestellte und Kinder. Der Gewinn des Double ist etwas Besonderes, aber wir müssen jetzt nach vorne schauen und den Europacup gewinnen."

Uwe Rösler (Manchester City)

Manchester City stieg aus der „Premiership" ab - zum ersten Mal seit 1987. Und das trotz der Anstrengungen eines Uwe Rösler, der Publikumsliebling an der Maine Road blieb und von der Kritik der Fans verschont wurde. Traurig, daß der frühere DDR-Nationalspieler Zielscheibe des Zorns von Trainer Alan Ball wurde. Es dauerte bis zum Sommer, ehe sich die beiden aussöhnten. Ball sagte: „Wir hatten nicht das beste Verhältnis. Der Druck war da, die Bemerkungen wurden im Eifer des Gefechts gemacht und ich hätte diplomatischer sein sollen." Rösler beendete die Saison mit neun Toren und war damit Citys bester Torschütze, aber gemessen an seinen Maßstäben war das ein Leistungsrückgang. In den beiden vorangegangenen Spielzeiten hatte er im Durchschnitt in jedem zweiten Spiel ein Tor erzielt und war nun

Gilt als größtes Talent Englands: Matthew Le Tissier (links)

bei einem Treffer alle vier Spiele angelangt. Das war darauf zurückzuführen, daß die Unterstützung nachließ und manchmal auch sein eigenes Selbstvertrauen. Der frühere Spieler von Dynamo Dresden, von den Klubanhängern in der Vorsaison zum Spieler des Jahres auserkoren, hatte es besonders im frühen Stadium der Saison schwer - City gewann bis Oktober kein Spiel. Der erste Erfolg war das 4:0 im Ligapokal über die Wycombe Wanderers, mit zwei Toren von Uwe Rösler. Der Klub machte sich Sorgen darüber, völlig die Moral zu verlieren, und legte Rösler schnell einen Dreijahres-Vertrag vor. Das war wichtig, weil City - trotz des Bosman-Urteils und damit verbunden der Regelung, mehr als drei ausländische Spieler in der Mannschaft zu haben - merkte, daß die talentierten Einzelspieler aus den eigenen Reihen als Mannschaft nicht zusammenpaßten. Rösler war Citys größte Hoffnung, am Ende doch zu überleben - ein spätes Tor beim Punktgewinn in Southampton im Januar war der Beweis dafür. Zu oft aber sorgten seine Tore für wenig Trost. Er war in zwei Derbys gegen Manchester United erfolgreich - in der Meisterschaft und im FA-Cup -, stand aber am Ende auf der Seite des Verlierers. Röslers Tor in der zweiten Halbzeit gegen Sheffield Wednesday im April bedeutete seinerzeit drei möglicherweise sehr wichtige Punkte, denn die übrigen Mannschaften in der Abstiegszone hatten Schwierigkeiten, sich von dort unten zu entfernen. Am Ende stellte sich jedoch heraus, daß seine letzte Großtat der Saison vergeblich war. Im letzten Saisonspiel gegen Liverpool, in dem ein Sieg her mußte, lag die Mannschaft zur Pause mit 0:2 zurück. Rösler behielt danach seine Nerven und glich per Elfmeter aus, doch ihm gelang kein weiteres Tor, und City mußte knapp geschlagen den Gang in die Zweitklassigkeit antreten.

DER MEISTER

Manchester United

Zum zweiten Mal binnen drei Jahren Gewinner des „Double“, beeindruckte Manchester United alle Welt mit seiner Entschlossenheit und seinem fußballerischen Können. Nachdem Schlüsselfiguren wie Paul Ince und Mark Hughes den Verein verlassen hatten, standen die jungen Spieler in Old Trafford in Zugzwang, schnell zu reifen. Sie taten dies mit Bravour. David Beckham und Paul Scholes ragten bei United heraus, während Roy Keane in der Zeit von Eric Cantonas Zwangspause zu Saisonbeginn eine zentrale Rolle spielte. Beide Hauptanwärter auf den Titel, United und Newcastle, mühten sich zu Hause mit Erfolg, aber durch vier Auswärtsniederlagen vor Weihnachten verlor die Mannschaft von Alex Ferguson wertvollen Boden an die „Geordies“. Einer Niederlage gegen Arsenal im November folgten zweiweitere, die United schon bedrohlich weit zurückfallen ließen. Die Mannschaft verlor jeweils mit zwei Toren in Liverpool und Leeds, schlug dann aber zum richtigen Zeitpunkt zurück und besiegte Newcastle am 26. Dezember im Stadion „Old Trafford“ mit 2:0. In der zweiten Saisonhälfte bot United schließlich den besten Fußball seit Jahren. Dank eines Tores von Cantona siegte United erneut gegen Newcastle, nur drei Tage nach dem Kantersieg bei den abstiegsgefährdeten Bolton Wanderers. Mite März übernahm United erstmals seit September wieder die Tabellenführung. Abgesehen von einer schwachen Partie und einer damit verbundenen 1:3-Niederlage in Southampton war ein 1:1 bei den Queens Park Rangers der letzte Punktverlust für United, das die Saisonendphase beherrschte. Neutrale Beobachter erwarteten, daß Uniteds früherer Kapitän Bryan Robson sein Middlesbrough-Team am letzten Spieltag noch einmal aufbauen und Newcastle eine Titelchance geben würde. Am Ende jedoch gewann United mit 3:0 und ließ sich als würdiger Meister krönen. Der einzige Rückschlag der Saison erfolgte im Ligapokal, als die Mannschaft im zweiten Spiel gegen den Drittligisten York City ausschied. Da dachten einige, der Gewinn aller drei Trophäen auf nationaler Ebene wäre eben zuviel des guten gewesen - aber vielleicht ist das ja in der nächsten Saison möglich?

IM BLICKPUNKT

Newcastle United

Die am meisten gestellte Frage der Saison 1995/96 lautete: „Wie konnte Newcastle einen Zwölf-Punkte-Vorsprung verspielen?“ An Weihnachten schien das Titelrennen gelaufen. Im Überfluß ausgestattet mit Fähigkeiten eines Top-Stürmers wie Les Ferdinand oder des französischen Magiers David Ginola, zog Newcastle die Bewunderer ebenso an sich wie die Meisterschaftspunkte. Die Kombination von Beardsleys Kreativität und Ferdinands Killerinstikt gehörte zu den Faktoren, die Newcastle an die Spitze brachten. Von fast ebenso großer Bedeutung war die Begeisterung der United-Anhänger, die nach einhelliger Meinung ein Tor Vorgabe bedeuteten, wenn Kevin Keegans Spieler daheim aufliefen. Mit Multimillionär Sir John Hall im Rücken scheute sich Newcastle nicht, Geld auszugeben, wenn die Mannschaft Verstärkungen brauchte. Der explosive Stürmer Faustino Asprilla, kolumbianischer Nationalspieler, wurde für 6,7 Millionen Pfund (ca. 17 Mio DM) gekauft und ergänzte die Vollstreckerfähigkeiten eines Ferdinand. Fragezeichen standen hinter der Abwehr, besonders nach der 3:4-Niederlage in Liverpool, die den Titelhoffnungen von Newcastle einen Dämpfer versetzte. Die Heimform der „Magpies“ war jedoch herausragend - bis zum entscheidenden Aufeinandertreffen mit dem Hauptrivalen Manchester United, das mit 0:1 verloren wurde. Newcastle spielte die meisten Chancen an jenem Abend heraus, doch der Ausgang war nach einem späten Tor von Cantona unglücklich. Die Geschichte der Saison war ein klassisches „Spiel mit zwei Halbzeiten“. Newcastle

DER POKAL

3. Runde

Arsenal FC - Sheffield United	1:1, 0:1
Aston Villa FC - Gravesend & Northfleet	3:0
Barnsley FC - Oldham Athletic	0:0, 1:2
Birmingham City - Wolverh. Wanderers	1:1, 1:2
Bradford City - Bolton Wanderers	0:3
Charlton Athletic - Sheffield Wednesday	2:0
Chelsea - Newcastle United	1:1, n. E. 4:2/n. V. 2:2
Crewe Alexandra - West Bromwich Albion	4:3
Crystal Palace - Port Vale FC	0:0, n. V. 3:4
Derby County - Leeds United	2:4
Everton FC - Stockport County	2:2, 3:2
Fulham FC - Shrewsbury Town	1:1, 1:2
Grimsby Town - Luton Town	7:1
Hereford United - Tottenham Hotspur	1:1, 1:5
Huddersfield Town - Blackpool FC	2:1
Ipswich Town - Blackburn Rovers	0:0, n. V. 1:0
Leicester City - Manchester City	0:0, 0:5
Liverpool FC - Rochdale FC	7:0
Manchester United - Sunderland FC	2:2, 2:1
Millwall FC - Oxford United	3:3, 0:1
Norwich City - Brentford FC	1:2
Notts County Nottingham - Middlesbrough FC	1:2
Peterborough United - Wrexham FC	1:0
Plymouth Argyle - Coventry City	1:3
Reading FC - Gillingham FC	3:1
Southampton FC - Portsmouth FC	3:0
Stoke City - Nottingham Forest	1:1, 0:2
Swindon Town - Woking FC	2:0
Tranmere Rovers - Queen's Park Rangers	0:2
Walsall FC - Wigan Athletic	1:0
Watford FC - Wimbledon FC	1:1, 0:1
West Ham United - Southend United	2:0

4. Runde

Bolton Wanderers - Leeds United	0:1
Charlton Athletic - Brentford FC	3:2
Coventry City - Manchester City	2:2, 1:2
Everton FC - Port Vale FC	2:2, 1:2
Huddersfield Town - Peterborough United	2:0
Ipswich Town - Walsall FC	1:0
Middlesbrough FC - Wimbledon FC	0:0, 0:1
Nottingham Forest - Oxford United	1:1, 3:0
Queen ´s Park Rangers - Chelsea FC	1:2
Reading FC - Manchester United	0:3
Sheffield United - Aston Villa FC	0:1
Shrewsbury Town - Liverpool FC	0:4
Southampton FC - Crewe Alexandra	1:1, 3:2
Swindon Town - Oldham Athletic	1:0
Tottenham Hotspur - Wolverh. Wanderers	1:1, 2:0
West Ham United - Grimsby Town	1:1, 0:3

5. Runde

Grimsby Town - Chelsea FC	0:0, 1:4
Huddersfield Town - Wimbledon FC	2:2, 1:3
Ipswich Town - Aston Villa FC	1:3
Leeds United - Port Vale FC	0:0, 2:1
Liverpool FC - Charlton Athletic	2:1
Manchester United - Manchester City	2:1
Nottingh. Forest - T. Hotspur	2:2, n. E. 3:1, n. V. 1:1
Swindon Town - Southampton FC	1:1, 0:2

Viertelfinale

Chelsea FC - Wimbledon FC	2:2, 3:1
Leeds United - Liverpool FC	0:0, 0:3
Manchester United - Southampton FC	2:0
Nottingham Forest - Aston Villa	0:1

Halbfinale

Aston Villa - Liverpool FC (in Manchester)	0:3
Chelsea - Manchester United (in Birmingham)	1:2

Finale

(11. Mai 1996, London, 79.007)

Manchester United - Liverpool FC 1:0 (0:0)

United: Schmeichel - Irwin, P. Neville, May, Keane - Pallister, Cantona, Beckham (81 G. Neville), Cole (63. Scholes) - Butt, Giggs

Liverpool: James - McAteer, Jones (85. Thomas), Scales, Wright - Babb, McManaman, Redknapp, Collymore (79. Rush) - Barnes, Fowler

Schiedsrichter: D. Gallagher (Banbury) - Tor: 1:0 Cantona (85.)

Tony Yeboah beobachtet staunend einen Luftkampf

war um Weihnachten herum so deutlich in der Favoritenposition, daß die Leute nur darüber nachdachten, ob denn Liverpool oder Manchester United an zweiter Stelle einlaufen würde. Im neuen Jahr begannen sich die Dinge langsam gegen Newcastle zu wenden, mit schmerzlichen Auswärtsniederlagen in West Ham und bei Arsenal. Als der Vorsprung geschmolzen war und Manchester United sich deutlich an die Tabellenspitze setzte, lernte man die andere Seite von Trainer Kevin Keegan kennen. Durch Kommentare von Alex Ferguson zornig geworden, konnte Keegan seine Emotionen bei einem Interview nach dem Sieg gegen Leeds nicht zurückhalten. Es wurde die Frage aufgeworfen, ob Newcastle seine Nerven in entscheidenden Situationen im Griff haben würde - ein paar Tage später setzte sich die Mannschaft gegen Nottingham Forest durch. Doch die Antwort lautete letztlich: Sie konnte es nicht. Und am letzten Spieltag, als die Hilfe von Middlesbrough im Spiel gegen Alex Fergusons Team benötigt wurde, geschah kein Wunder. Die Anhänger von Newcastle weinten und zerbrachen sich den Kopf darüber, wie die Mannschaft vielleicht Englands Top-Team werden könnte. Und nicht zum ersten Mal versuchte man es dann mit der Lösung, Geld auszugeben, und sicherte sich im Juli die Euphorie auslösende Unterschrift von Alan Shearer.

Manchester City

Es kann im Fußball keine schlimmeren Erfahrungen geben, als ein Manchester-City-Fan am Ende der Saison 1995/96 gewesen zu sein. Der letzte Spieltag brachte Citys Abstieg aus der „FA Carling Premiership“, während am anderen Ende der Stadt Alex Fergusons United das Unmögliche möglich gemacht hatte und den Titel gewann. Als Brian Horton im Sommer 1995 gefeuert wurde und Klubchef Francis Lee seinen Freund, den 1966er Weltmeister Alan Ball, als Trainer installierte, mußten die Fans das Schlimmste berfürchten. Balls Erfolgsbilanz als Trainer war dürftig, der Aufstieg mit Portsmouth sein einziger offensichtlicher Erfolg mit früheren Vereinen. Obwohl er bis zum Saisonende Optimist blieb, gab es anders als in der Vorsaison kein Entkommen. Balls Herrschaft an der Maine Road begann mit dem schlechtesten Saisonstart in der Vereinsgeschichte. Nach einem Unentschieden im ersten Spiel vor eigenem Publikum gegen die Spurs wurden die nächsten acht Ligaspiele verloren - ein weiterer Vereinsrekord. Es dauerte bis November, ehe der erste Sieg unter Dach und Fach war - in jenem Monat schien die Wende vollbracht. City ließ nur ein Gegentor zu, schaffte drei Siege und ein Remis aus vier Spielen, was Ball die Auszeichnung als „Trainer des Monats“ sicherte. Ball versuchte, sich aus den Schwierigkeiten „herauszukaufen“ und ließ Michael Frontzeck, Kit Symons und Nigel Clough kommen. Doch die psychologische Wirkung aus den Niederlagen gegen United und Liverpool war immens. City wurde im Ligapokal mit 4:0 und sofort darauf in der Meisterschaft mit 6:0 von Liverpool besiegt. Das Team verlor auch alle drei Derbys gegen United, darunter eins im FA-Cup. Die letzte Niederlage gegen United setzte es an Ostern, gefolgt von einer 0:3-Schlappe in Wimbledon. Obwohl die Mannschaft sieben Punkte aus den letzten drei Spielen holte, gelang ihr der entscheidende Sieg am letzten Spieltag, der den Klassenerhalt bedeutet hätte, nicht. Drei andere Mannschaften kämpften noch mit ihr gegen den Abstieg, und keine gewann. Auch City tat dies nicht, man lief einem Rückstand hinterher und gewann am Ende noch einen Punkt gegen Liverpool. Ein Tor mehr an jenem Tag hätte gereicht, doch stattdessen erlebte Alan Balls Mannschaft einen Abstieg, der mit einem großen finanziellen Schaden verbunden ist.

Liverpool FC

Über weite Strecken der Saison war Liverpool der Verein, der am ehesten dazu in der Lage schien, Manchester United und Newcastle den Titel vor der Nase wegzuschnappen. Das traf besonders an jenem Abend zu, als Liverpool an der Anfield Road dank eines Tores von Stan Collymore in letzter Sekunde mit 4:3 gegen Newcastle gewann. Am Saisonende stand der Klub jedoch mit Ausnahme eines UEFA-Cup-Platzes mit leeren Händen da.

Die neue Partnerschaft zwischen Collymore und Robbie Fowler produzierte allerdings viel Gutes. Liverpool-Legende Ian Rush wurde ein Einjahresvertrag als Kapitän angeboten, doch Rush wußte, daß regelmäßige Einsätze nicht garantiert waren, wenn Trainer Roy Evans für Collymore 8,5 Millionen Pfund (ca. 20 Millionen DM) an Nottingham Forest zahlte. Collymore war von Beginn an in Form und schoß zusammen mit Fowler, der den Sprung in die englische Nationalmannschaft für die EURO '96 schaffte, 42 Tore in Ligaspielen. Fowler war sofort in herausragender Form, erzielte beim 5:2 gegen Bolton vier Tore und war beim 6:0 gegen Manchester City und beim 2:0-Heimsieg über Manchester United - danach hegte Liverpool Titelhoffnungen - jeweils zweimal erfolgreich. Er beendete die Saison als Dritter bei der Wahl zum „Spieler des Jahres", hinter Eric Cantona und Ruud Gullit. Zu den weiteren Stars der Saison gehörten Mark Wright im zentralen Mittelfeld und John Barnes, der fast wieder zu alter Form zurückkehrte, nachdem er eine zentralere Rolle in der Mannschaft erhalten hatte. Steve McManamans unglaubliche Flankenläufe bereiteten viele Tore für die „Reds" vor, aber er übertraf seine Form im Klubdreß noch als wichtiger Teil von Terry Venables' Mannschaft bei der Europameisterschaft. Das UEFA-Cup-Abenteuer der „Reds" war nur kurz: Sie schieden gegen den dänischen Vertreter Brøndby in der 2. Runde aus. Und Newcastle, das Liverpool letztlich den zweiten Platz in der Liga wegnahm, siegte an der Anfield Road und warf die Gastgeber aus dem Coca-Cola-Ligacup, den der Liverpool FC zu verteidigen hatte. In der Meisterschaft ging Liverpool Anfang April der Dampf aus, doch bedeutete das nur, daß die Mannschaft für das Finale im FA-Cup noch stärker motiviert war. Der Weg ins Endspiel war eindrucksvoll. In der dritten Runde kanzelten die Männer von der *Anfield Road* Rochdale mit 7:0 ab, wobei Ian Rush den Jahrhundertrekord von Dennis Law brach und sein 43. Tor in diesem Wettbewerb erzielte. Während Liverpool in der sechsten Runde ein Wiederholungsspiel benötigte, um Leeds auszuschalten, warfen sie im Halbfinale Aston Villa dank zweier Tore von Fowler mit 3:0 aus dem Wettbewerb. Trotz zweifellos vorhandener Fähigkeiten und Engagement spielte die Mannschaft beim Finale in Wembley einfach keinen richtigen Fußball und konnte sich über die 0:1-Niederlage nicht beschweren. Der schwärzeste Tag in Liverpools Saison war erreicht, als der frühere Trainer Bob Paisley, der den Verein zu sechs Meistertiteln und drei Siegen in europäischen Wettbewerben geführt hatte, nach langer Krankheit im Alter von 77 Jahren verstarb.

Aus dem Hauptstadtderby zwischen Tottenham und Chelsea

DIE LÄNDERSPIELE

England - Kolumbien 0:0
6.9.1995 - London - 20.000 - Batta (Frankreich) - Seaman, G. Neville, Le Saux, Redknapp (74. Barnes) - Adams, Howey, Barmby, Shearer (74. Sheringham), McManaman, Gascoigne (74. Lee), Wise - Trainer: Venables

Norwegen - England 0:0
11.10.1995 - Oslo - 21.006 - Nilsson (Schweden) - Seaman - G. Neville, Pearce, Redknapp, Adams - Pallister, Barmby (68. Sheringham), Lee, McManaman - Shearer, Wise (68. Stone) - Trainer: Venables

England - Schweiz 3:1 (1:1)
15.11.1995 - London - 29.874 - Puhl (Ungarn) - Seaman, G. Neville, Pearce, Redknapp (7. Stone), Adams - Pallister, Lee, Gascoigne, Shearer - Sheringham, McManaman - Trainer: Venables - Tore: Pearce (45./1:1), Sheringham (56./2:1), Stone (78./3:1)

England - Portugal 1:1 (1:0)
12.12.1995 - London - 28.592 - Pedersen (Norwegen) - Seaman - G. Neville, Pearce (79. Le Saux), Wise (79. Southgate), Adams - Howey, Barmby (79. McManaman), Gascoigne - Shearer, Ferdinand (68. Beardsley), Stone - Trainer: Venables - Tor: Stone (44./1:0)

England - Bulgarien 1:0 (1:0)
27.3.1996 - London - 29.708 - Benkö (Österreich) - Seaman - G. Neville, Southgate, Howey, Pearce - Stone, Ince, Gascoigne (76. Platt), McManaman - Ferdinand (76. Lee), Sheringham (76. Fowler) - Trainer: Venables - Tor: Ferdinand (7.)

England - Kroatien 0:0
24.4.1996 - London - 33.650 - Przesmycki (Polen) - Seaman - G. Neville, Wright, Pearce, Stone - Gascoigne, Ince, Platt, McManaman - Sheringham, Fowler - Trainer: Venables

England - Ungarn 3:0 (1:0)
18.5.1996 - London - 34.184 - Merk (Deutschland) - Seaman (65. Walker) - Pearce, Anderton, Ince (65. Campbell), Wilcox - Ferdinand (77. Shearer), G. Neville, Wright (12. Southgate), Lee - Platt (65. Wise), Sheringham - Trainer: Venables - Tore: Anderton (38., 62.), Platt (52.)

China - England 0:3 (0:1)
23.5.1996 - Peking - 65.000 - Collina (Italien) - Flowers (64. Walker) - G. Neville, P. Neville, Redknapp, Adams (77. Ehiogu) - Southgate, Barmby (73. Beardsley), Gascoigne (73. Fowler) - Shearer, McManaman (80. Stone), Anderton - Trainer: Venables - Tore: Barmby (30.), Gascoigne (53., 64.)

England - Schweiz 1:1 (1:0) EM-Vorrunde
8.6.1996 - London - 76.567 - Diaz Vega (Spanien) - Seaman - G. Neville, Adams, Southgate, Pearce - Anderton, Gascoigne (77. Platt), Ince, McManaman (67. Stone) - Sheringham (67. Barmby), Shearer - Trainer: Venables - Tor: Shearer (23./1:0)

England - Schottland 2:0 (0:0) EM-Vorrunde
15.6.1996 - London - 76.864 - Pairetto (Italien) - Seaman - G. Neville, Adams, Pearce (46. Redknapp, 85. Campbell), Anderton - Ince (80. Stone), Southgate, Gascoigne, McManaman - Sheringham, Shearer - Tore: Shearer (53.), Gascoigne (79.)

England - Niederlande 4:1 (1:0) EM-Vorrunde
18.6.1996 - London - 76.798 - Grabher (Österreich) - Seaman - G. Neville, Adams, Southgate, Pearce - Ince (67. Platt), McManaman, Gascoigne, Anderton - Sheringham (75. Fowler), Shearer (75. Barmby) - Trainer: Venables - Tore: Shearer (23. Elfmeter/1:0, 57./3:0), Sheringham (51./2:0, 62./4:0)

England - Spanien n E. 4:2, n. V. 0:0 EM-Viertelfinale
22.6.1996 - London - 75.447 - Batta (Frankreich) - Seaman - G. Neville, Adams, Southgate, Pearce - McManaman (109. Stone), Platt, Gascoigne, Anderton (109. Barmby) - Sheringham (109. Fowler), Shearer - Trainer: Venables

England - Deutschland n. E. 5:6, n. V. 1:1 (1:1, 1:1) EM-Halbfinale
26.6.1996 - London - 75.862 - Puhl (Ungarn) - Seaman - Pearce, Adams, Southgate - Platt, Ince, Anderton, Gascoigne, McManaman - Shearer, Sheringham - Trainer: Venables - Tor: Shearer (3./1:0)

DER EUROPAPOKAL

UEFA - Champions League

Gruppe B

Blackburn Rovers - Spartak Moskau 0:1 (0:1)
13.9.1995 - 20.940 - Piraux (Belgien) - Flowers - Berg, Le Saux, Sherwood, Hendry - Pearce, Ripley (46. Makel), Batty - Shearer, Newell, Atkins (73. Sutton)

Rosenborg BK Trondheim - Blackburn Rovers 2:1 (1:0)
27.9.1995 - 12.000 - Benkö (Österreich) - Flowers - Berg, Pearce, Hendry, Kenna - Batty, Newell, Sherwood (85. Warhurst), Makel (46. Ripley) - Shearer, Sutton - Tor: Newell (63./1:1)

Legia Warschau - Blackburn Rovers 1:0 (1:0)
18.10.1995 - 15.000 - Frisk (Schweden) - Flowers - Berg, Kenna, Sherwood, Hendry - Pearce, Warhurst (81. Newell), Batty - Shearer, Sutton, Holmes

Blackburn Rovers - Legia Warschau 0:0
1.11.1995 - 20.897 - Meier (Schweiz) - Flowers - Berg, Pearce, Hendry, Kenna - Batty, Sherwood, Warhurst (61. Le Saux), Ripley - Shearer, Newell (73. Sutton).

Spartak Moskau - Blackburn Rovers 3:0 (1:0)
22.11.1995 - 35.000 - Pairetto (Italien) - Flowers - Kenna, Le Saux (56. Holmes), Sherwood, Hendry - Berg, Ripley (78. Sutton), Batty - Shearer, Newell, Warhurst

Blackburn Rovers - Rosenborg BK Trondheim 4:1 (4:1)
6.12.1995 - 20.677 - Pouchard (Frankreich) - Flowers - Berg, Kenna, Sherwood, Marke - Sutton, Ripley, Warhurst - Shearer, Newell, Holmes (73. Gallacher) - Tore: Shearer (16. Elfmeter/1:0, Newell (31./2:1, 38./3:1, 40./4:1)

Europapokal der Pokalsieger

1. Runde

KR Reykjavík - Everton FC 2:3 (1:1)
14.9.1995 - 6.000 - Philippi (Luxemburg) - Southall - Jackson (61. Holmes), Ablett, Unsworth, Watson - Hinchcliffe, Amokachi, Parkinson, Rideout - Limpar, Ebbrell - Tore: Ebbrell (22./0:1), Unsworth (57. Elfmeter/1:2), Amokachi (88./2:3)

Everton FC - KR Reykjavík 3:1 (0:1)
28.9.1995 - 18.422 - Gadosi (Slowakei) - Southall - Barrett, Hinchcliffe, Unsworth, Short - Ebbrell, Grant, Parkinson, Limpar - Amokachi (38. Stuart), Rideout - Tore: Stuart (56./1:1), Grant (65./2:1), Rideout (87./3:1)

2. Runde

Everton FC - Feyenoord Rotterdam 0:0
19.10.1995 - 27.526 - Weber (Deutschland) - Southall - Jackson (81. Barlow), Ablett, Unsworth, Short - Barrett, Stuart, Rideout, Samways - Horne, Limpar (81. Holmes)

Feyenoord Rotterdam - Everton FC 1:0 (1:0)
2.11.1995 - 40.000 - Nicchi (Italien) - Southall - Jackson, Hinchcliffe, Short, Watson - Ablett (67. Barlow), Stuart, Ebbrell (64. Grant), Rideout - Horne, Amokachi

UEFA-Cup

1. Runde

AS Monaco - Leeds United 0:3 (0:1)
12.9.1995 - 15.000 - Garcia-Aranda (Spanien) - Lukic - Kelly, Dorigo (45. Beesley), Palmer, Pemberton - Wetherall, Whelan, Yeboah, Deane -McAllister, Speed - Tore: Yeboah (2., 65., 81.)

Leeds United - AS Monaco 0:1 (0:1)
26.9.1995 - 24.501 - Muhmenthaler (Schweiz) - Lukic - Kelly, Wetherall, Pemberton (80. Couzens), Beesley - White (53. Tinkler), Palmer, McAllister, Speed - Deane, Yeboah

Malmö FF - Nottingham Forest 2:1 (0:1)
12.9.1995 - 12.486 - Krug (Deutschland) - Crossley - Lyttle, Pearce (23. Bart-Williams), Cooper, Chettle - Gemmill, Phillips, Stone, Campbell (53. Lee) - Roy, Woan - Tor: Woan (36./ 0:1)

Nottingham Forest - Malmö FF 1:0 (0:0)
26.9.1995 - 23.817 - Batta (Frankreich) - Crossley - Lyttle, Pearce, Cooper, Chettle - Bart-Williams, Stone, Bohinen (88. Gemmill), Lee - Roy (88. Silenzi), Woan - Tor: Roy (69.)

Rotor Wolgograd - Manchester United 0:0
12.9.1995 - 40.000 - Mikkelsen (Dänemark) - Schmeichel - Neville, Irwin, Bruce, Sharpe - Pallister, Beckham, Butt, Scholes (71. Parker) - Keane (23. Davies), Giggs

Manchester United - Rotor Wolgograd 2:2 (0:2)
26.9.1995 - 29.724 - Heynemann (Deutschland) - Schmeichel - O'Kane (26. Scholes), Neville, Bruce, Sharpe - Pallister, Beckham (82. Cooke 82), Butt, Cole - Keane, Giggs - Tore: Scholes (59./1:2, Schmeichel (89./2:2)

Spartak Wladikawkas - Liverpool FC 1:2 (1:1)
12.9.1995 - 43.000 - Harrel (Frankreich) - James - Jones, Harkness, Babb, Wright - Ruddock, McManaman, Collymore (78. Fowler), Thomas - Barnes, Redknapp - Tore: McManaman (32./1:1), Redknapp (53./1:2)

Liverpool FC - Spartak Wladikawkas 0:0
26.9.1995 - 35.042 - Ulrich (Tschechien) - James - Jones, Harkness, Babb, Wright - Ruddock, McManaman, Redknapp, Fowler (76. Rush) - Barnes, Thomas

2. Runde

AJ Auxerre - Nottingham Forest 0:1 (0:1)
17.10.1995 - 20.000 - Collina (Italien) - Crossley - Lyttle, Pearce, Cooper, Chettle - Haaland, Bart-Williams, Gemmill, Stone - Lee (71. Silenzi), Woan - Tor: Stone (23.)

Nottingham Forest - AJ Auxerre 0:0
31.10.1995 - 28.064 - Khusainov (Rußland) - Crossley - Lyttle, Pearce, Cooper, Chettle - Bart-Williams, Stone, Gemmill (67. Haaland), Lee - Roy (89. McGregor), Woan

Brøndby IF - Liverpool FC 0:0
17.10.1995 - 37.648 - Uilenberg (Niederlande) - James - Jones, Scales, Wright, Babb - Harkness, McManaman, Redknapp, Barnes - Rush, Fowler (83. Thomas)

Liverpool FC - Brøndby IF 0:1 (0:0)
31.10.1995 - 35.878 - Ihring (Slowakei) - James - Jones (79. Collymore), Scales, Wright, Babb - Harkness (77. Kennedy), McManaman, Redknapp, Barnes - Rush, Fowler

Leeds United - PSV Eindhoven 3:5 (1:3)
17.10.1995 - 24.846 - Lopez Nieto (Spanien) - Lukic - Kelly, Dorigo (78. Beesley), Palmer, Pemberton - Wetherall, Whelan (79. Wallace), Yeboah, Deane - McAllister, Speed (26. Couzens) - Tore: Speed (6./1:0), Palmer (48./2:3), McAllister (72./3:3)

PSV Eindhoven - Leeds United 3:0 (2:0)
31.10.1995 - 25.750 - Batta (Frankreich) - Lukic - Kelly, Beesley (76. Ford), Palmer, Pemberton - Wetherall, Bowman, Yeboah, Whelan (59. White) - McAllister, Speed (56. Sharp)

3. Runde

Nottingham Forest - Olympique Lyon 1:0 (0:0)
21.11.1995 - 22.141 - Puhl (Ungarn) - Crossley - Lyttle, Pearce, Cooper, Chettle - Bart-Williams, Stone, Gemmill, Silenzi (71. Howe) - Roy (71. McGregor), Woan - Tor: McGregor (83.)

Olympique Lyon - Nottingham Forest 0:0
5.12.1995 - 37.000 - van der Ende (Niederlande) - Crossley - Lyttle, Pearce, Cooper, Chettle - Bart-Williams, Stone, Gemmill (73. Haaland), Lee (85. Silenzi) - Howe, Woan

Viertelfinale

FC Bayern München - Nottingham Forest 2:1 (2:1)
5.3.1996 - 35.000 - Lopez Nieto (Spanien) - Crossley - Phillips, Haland, Chettle, Pearce - Stone, Gemmill, Bart-Williams, Woan - Campbell, Roy - Tor: Chettle (18./1:1)

Nottingham Forest - FC Bayern München 1:5 (0:2)
19.3.1996 - 28.444 - Ceccarini (Italien) - Crossley - Lyttle (73. Haland), Pearce, Cooper, Chettle - Phillips, Stone, Bart-Williams (64. McGregor, 64), Campbell (64. Lee) - Woan, Roy - Tor: Stone (84./1:5)

UI-Cup

FC Basel - Sheffield Wednesday	1:0
Sheffield Wednesday - KS Górnik Zabrze	3:2
Karlsruher SC - Sheffield Wednesday	1:1
Sheffield Wednesday - ÅGF Århus	3:1
Tottenham Hotspurs - FC Luzern	0:2
NK Rudar Velenje - Tottenham Hotspurs	1:2
Tottenham Hotspurs - Östers IF Växjö	1:2
1. FC Köln - Tottenham Hotspurs	8:0
1. FC Kosice - Wimbledon FC	1:1
Wimbledon FC - Bursaspor	0:4
Wimbledon FC - Beitar Jerusalem	0:0
RSC Charleroi - Wimbledon FC	3:0

Eesti Jalgpallo Liit

Voidu 16, Tallinn EE 0012
Telefon: ++372 (6) 54 27 15
Telefax: ++372 (6) 54 27 19

FIFA-Weltrangliste

Juli 1995:	123. Platz,	12.32 Punkte
Juli 1996:	124. Platz,	17,72 Punkte

UEFA-Fünfjahreswertung

1996/97:	46. Platz,	2,0 Punkte

ESTLAND 1995/96

Lantana gewinnt mit Stil

Von Margus Luik

Letzte Saison war Flora Tallinn noch eine Klasse für sich gewesen. Ungeschlagen hatte die mit dem estnischen Nationalteam fast identische Mannschaft die Meisterschaft nach Belieben dominiert und sich zum zweiten Mal in Folge den Titel gesichert. Keine Frage, daß Flora auch 1995/96 wieder Favorit war.

Floras Auftaktgegner war Neuling Tevalte-Marlekor, der eine bewegte Geschichte hat. 1994 hieß der Klub noch schlicht FC Tevalte, hatte als ausgemachter Titelfavorit gegolten - und war nach einem 24:0-Sieg über Kalev Sillamäe wegen dringenden Korruptionsverdachts aus dem Oberhaus herausgeschmissen worden. Nun war er unter dem Namen FC Tevalte-Marlekor wieder ins Oberhaus aufgenommen worden und wollte seine Erstklassigkeit diesmal mit sportlichen Mitteln unter Beweis stellen.

Es gelang großartig, denn der 2:1-Debütsieg gegen Flora Tallinn katapultierte den ehemaligen Skandalsünder auf Anhieb in die positiven Schlagzeilen.

Nach dem siebten Spieltag stand der Neuling mit 13 Punkten gemeinsam mit dem Vorjahrsdritten FC Trans Narva auf Platz 1. Titelverteidiger Flora Tallinn und der im Vorjahr unter dem Namen Nikoll Tallin Vizemeister gewordene nunmehrige FC Lantana folgten mit je 12 Punkten. Eine Woche später sorgte Lantana mit einem 10:0-Sieg über Pärnu JK für den höchsten Saisonsieg. Der lettische Jugendnationalspieler Dmitri Nalivaiko war mit vier Treffern an dem

Estnischer Meister 1996: FC Lantana Tallinn. Hinten von links: Olegas Bobrickis, Igor Prins, Maksim Gruznov, Urmas Hepner, Andrei Krasnopjorov, Sergei Bragin. Vorn: Andrei Lapuskin, Juri Lebret, Sergei Ussoltsev, Andrei Borissov, Juri Tsurilkin

Qualifikationsrunde	Gesamt							Heim					Auswärts				
	Sp	g	u	v	Tore	Diff.	Pkt.	g	u	v	Tore	Pkt.	g	u	v	Tore	Pkt.
1. FC Lantana Tallinn	14	10	3	1	37: 8	+29	33	5	1	1	20: 3	16	5	2	0	17: 5	17
2. Trans Narva	14	6	4	4	22:16	+ 6	22	4	2	1	13: 6	14	2	2	3	9:10	8
3. FC Flora Tallinn (M, P)	14	6	4	4	37:19	+18	22	4	1	2	20: 9	13	2	3	2	17:10	9
4. Tallinna Sadam	14	6	3	5	23:16	+ 7	21	3	2	2	11: 6	11	3	1	3	12:10	10
5. FC Tevalte-Marlekor	14	6	2	6	20:19	+ 1	20	4	2	1	14: 9	14	2	0	5	6:10	6
6. Tervis Pärnu (N)	14	5	2	7	25:29	- 4	17	2	1	4	15:17	7	3	1	3	10:12	10
7. EP Jõhvi	14	3	8	3	13:17	- 4	17	2	4	1	7: 6	10	1	4	2	6:11	7
8. JK/Kalev Pärnu	14	0	2	12	8:61	-53	2	0	1	6	5:24	1	0	1	6	3:37	1

Anmerkung: Die Mannschaften auf den Rängen 1-6 spielen im Frühjahr in der Finalrunde den Meister aus (die Punkte werden halbiert). Die Klubs auf den Rängen 7 und 8 spielen in einer Relegationsrunde mit den vier Erstplazierten der 2. Liga um den Auf-/Abstieg.

Premier Division (Herbst)	Lantana	Trans	Flora	Tallinna	Tevalte-M.	Tervis	EP Jõhvi	JV/Kalev
FC Lantana Tallinn	•	1:0	1:1	2:1	0:x	2:0	4:1	10:0
Trans Narva	1:1	•	1:1	2:1	1:0	0:3	4:0	4:0
FC Flora Tallinn	1:5	0:1	•	3:0	2:1	7:0	2:2	5:0
Tallinna Sadam	0:2	1:0	2:2	•	1:0	0:1	0:0	7:1
FC Tevalte-Marlekor Tallinn	0:3	4:2	2:1	1:1	•	2:1	0:0	5:1
Tervis Pärnu	2:4	2:2	2:6	1:2	3:1	•	0:2	5:0
EP Jõhvi	1:1	0:0	2:1	1:3	2:0	0:0	•	1:1
JK/Kalev Pärnu	0:1	2:4	0:5	0:4	1:4	1:5	1:1	•

Anmerkung: Das Spiel FC Lantana - FC Tevalte-Marlekor (2:0) wurde wegen fehlender Spielberechtigung für einen Spieler vom FC Lantana mit 0:0-Toren für Tevalte-Marlekor gewertet

Die Torschützen (Gesamtmeisterschaft)	
Lembit Rajala (FC Flora Tallinn)	16
Maksim Gruznov (FC Lantana Tallinn)	12
Ivan O'Konnel-Bronin (Tervis/FC Flora)	8
Andrei Borissov (FC Lantana Tallinn)	8
Aleksandr Olerski (FC Tevalte-Marlekor)	8
Boris Nejolov (Trans Narva)	8
Dmitri Ustritski (Tallinna Sadam)	8
Olegas Bobrockis (FC Lantana Tallinn)	7
Andrei Lapuskin (FC Lantana Tallinn)	7
Sergei Bragin (FC Lantana Tallinn)	7

Schützenfest beteiligt. Gleichzeitig verlor Tabellenführer Trans Narva mit 0:1 bei Lantana Tallin und schied vorerst aus der Spitzengruppe aus.

Das Gipfeltreffen zwischen Titelverteidiger Flora Tallinn und dem allmählich zum ernstzunehmenden Herausforderer avancierten Lokalrivalen FC Lantana fand am 21. September 1995 im Tallinner Stadion *Kadriorg* statt. Der Spielplan deklarierte die Begegnung zwar als Heimspiel für Flora, doch da die Anlage ebenfalls vom FC Lantana genutzt wird, genossen beide Klubs Heimrecht. Unter Flutlicht - zum ersten Mal fand ein Erstligaspiel unter künstlichem Licht statt - fegte Lantana seinen einst übermächtigen Lokalrivalen mit 1:5 vom Platz! Mittelfeldregisseur Andrej Borissov hatte mit einem lupenreinen Hattrick Floras Abwehr ein ums andere Mal düpiert. Torhüter Toomas Tohver, der den nach Kopenhagen gewechselten Litauer Algimantas Briaunys ersetzte, hatte einen rabenschwarzen Tag erwischt und ziemlich schlecht ausgesehen. Lantanas Sieg hatte Folgen, denn Flora geriet anschließend völlig aus dem Rhythmus und verlor auch gegen EP Jõhvi (1:2) und Trans Narva (0:1). Erstmals wurde Kritik an Floras Erfolgstrainer Roman Ubakivi laut, die zum Ende der Hinserie in der Entlassung des gleichzeitigen Nationaltrainers mündete.

Zum Abschluß der Hinserie führte der FC Lantana das Feld mit elf Punkten vor Trans Narva und Flora Tallinn an. Nicht einmal hatte das Team von Trainer Belov verloren, denn die einzige „Niederlage" war am „grünen Tisch" entstanden, weil Belov beim 2:0-Erfolg gegen Tevalte-Marlekor versehentlich einen nicht spielberechtigten Akteur aufgeboten hatte.

Vor der Finalrunde, in die alle Klubs mit geteilter Zahl der bislang erreichten Punkte gingen, blies Titelverteidiger Flora Tallinn noch einmal zum Angriff. Für Trainer Ubakivi kam der 39fache isländische Nationalspieler Teitur Thórdarson, der zuvor den norwegischen Erstligisten Lillestrøm SK trainiert hatte. Thórdarson flog mit seiner Mannschaft zunächst in zwei längere Trainingslager ins warme Zypern und anschließend nach Dänemark, um optimal für die entscheidende Finalrunde gerüstet zu sein.

Spannung kam dort freilich nicht mehr auf. Am zweiten Spieltag gab Lantana beim 0:0 in Narva zwar zwei wichtige Punkte ab, doch Flora verspielte seine Chancen durch Heimniederlagen gegen Tevalte-Marlekor und Trans Narva selbst.

Finalrunde	1.	2.	3.	4.	5.	6.	Sp	g	u	v	Tore	Diff.	Pkt.
1. FC Lantana Tallinn	•	0:1	2:0	3:4	4:2	3:0	10	6	2	2	21:7	+14	37(17)
2. FC Flora Tallinn	0:0	•	0:1	1:0	0:1	2:0	10	6	2	2	14:3	+11	31(11)
3. Tevalte-Marlekor Tallinn	0:3	0:4	•	2:0	2:0	2:0	10	7	0	3	13:10	+3	31(10)
4. Tallinna Sadam	0:3	0:0	1:3	•	3:2	2:5	10	4	1	5	17:19	-2	24(11)
5. Trans Narva	0:0	0:1	0:3	0:2	•	1:1	10	2	2	6	11:16	-5	19(11)
6. Tervis Pärnu	0:3	1:5	0:x	0:5	0:5	•	10	1	1	8	7:28	-21	13(9)

Anmerkung: Das Spiel Tervis Pärnu - FC Tevalte-Marlekor wurde wegen Einsatzes eines nicht spielberechtigten Juniorenspielers mit 0:0-Toren für Tevalte-Marlekor gewertet In Klammern: Bonuspunkte aus der Vorrunde

EC 1996/97: CL: - , EC2: Tallinna Sadam, UEFA: FC Lantana Tallinn, FC Flora Tallinn, UI: Trans Narva.

Play-Off-Runde		Sp	g	u	v	Tore	Diff.	Pkt.
1. EP Jõhvi	↑	10	7	0	3	23: 7	+16	21
2. JK Vall Tallinn	↑	10	7	0	3	18: 9	+ 9	21
3. FC Norma Tallinn		10	5	2	3	13:11	+ 2	17
4. Pärnu JK		10	4	2	4	12:20	- 8	14
5. JK Dünamo Tallinn		10	2	2	6	8:14	- 6	8
6. Tallinna Jalgpallikool		10	1	2	7	9:22	-13	5

Die 2.Liga	Sp	g	u	v	Tore	Diff.	Pkt.
1. FC Norma Tallinn	14	13	0	1	59: 5	+54	39
2. JK Vall Tallinn	14	9	1	4	36:20	+16	28
3. Tallinna Jalgpallikool	14	7	1	6	19:30	-11	22
4. JK Dünamo Tallinn	14	7	1	6	35:30	+ 5	21
5. FC Lelle	14	6	2	6	32:30	+ 2	20
6. JK Tulevik Viljandi	14	6	0	8	28:34	- 6	19
7. FC Arsenal Tallinn	14	5	0	9	26:31	- 5	15
8. DAG Tartu	14	0	1	13	12:67	-55	1

Die ersten vier Mannschaften kamen in die Play-Off-Runde

Immerhin gelang es Flora, dem designierten Meister eine empfindliche 0:1-Niederlage beizubringen, die Lantana Tallinn jedoch nicht mehr daran hinderte, zum ersten Mal in der Vereinsgeschichte estnischer Meister zu werden.

Der Titelgewinn sorgte für einen Glanzpunkt unter Lantanas Saison, die mit einem Fiasko begonnen hatte: Am 10. August 1995 hatten die Blau-Schwarzen ihr Qualifikationsspiel im Europapokal der Pokalsieger mit 2:1 beim lettländischen Vizemeister DAG Liepaja gewonnen und waren, nach einem 0:0 im Rückspiel, in die 1. Runde eingezogen. Doch Lantanas Verantwortliche hatten vergessen, daß Mittelfeldspieler Andrei Borisov vor zwei Jahren eine Strafe von drei Spielen erhalten hatte. Die UEFA wertete das Spiel mit 3:0 für Liepaja, und die Tallinner waren ausgeschieden.

Im UEFA-Pokal war Meister Flora Tallinn ausgerechnet auf Lillestrøm getroffen, deren Trainer Thórdarson nach der Winterpause nach Tallinn kommen sollte. Gegen die erfahreneren Norweger setzte es bereits im Hinspiel eine uneinholbare 0:4-Niederlage. Immerhin betrieb Flora mit einem 1:0-Rückspielsieg erfolgreich Ergebniskorrektur.

Das Nationalteam mußte unter Trainer Ubakivi, der seit Mai 1994 im Amt war, heftige Niederlagen gegen Kroatien und den Nachbarn aus Litauen hinnehmen.

Im Januar 1996 übernahm Floras neuer Trainer Teitur Thórdarsson auch das Amt des Nationaltrainers und feierte mit einem torlosen Unentschieden gegen Aserbaidschan einen akzeptablen Einstand. Höhepunkt der Länderspielsaison war ein torloses Unentschieden über den EM-Teilnehmer Türkei. ■

DER MEISTER

FC Lantana Tallinn

In der vergangenen Saison glaubten viele Experten, daß die Mannschaft - damals noch Nikol genannt - wegen ihres hohen Durchschnittsalters nicht mehr auf hohem Niveau spielen könne. Dabei bringt ein höheres Alter doch Erfahrung mit - Erfahrung, die sich 1995/96 auszahlte. Lantana spielte äußerst diszipliniert und hatte seine Stärken in Abwehr und Mittelfeld. Das Kernstück der Abwehr bilden der frühere Nationalmannschaftskapitän Urmas Hepner - er spielt auf der Vorstopperposition - und Ex-Nationalspieler Igor Prins in der Innenverteidigung. Die Verteidiger Andrej Krasnopjorow und Jurij Lebret gelten ebenfalls als erfahren und zuverlässig. Das Mittelfeld besteht aus dem technisch beschlagenen Russen Andrej Lapuschkin, dem derzeit besten estnischen Fußballer Andrej Borissow und dem früheren Torjäger Bragin. Borissows Überblick und Technik sind für estnische Verhältnisse herausragend, und haben bereits das Interesse einiger Klubs aus der Ukraine und Israel erweckt. Der talentierte, erst 17 Jahre alte Oleg Gorjatschow hinterließ im Mittelfeld ebenfalls einen guten Eindruck.

DER POKAL

Achtelfinale:

Baltika Narva - EP Jõhvi	0:4
Devia Tallinn - FC Lantana Tallinn	0:9
Kompanii Märjamaa - Tallinna Sadam	0:11
Merkuur Tartu - Trans Narva	0:3
JK Dünamo Tallinn - Tervis Pärnu	0:2
Kalev Sillamäe - FC Flora Tallinn	0:6
Veteran Kohtla-Järve - JK/Kalev Pärnu	2:0
Kiviõli JK - FC Tevalte-Marlekor Tallinn	2:8

Viertelfinale (Hin- und Rückspiele):

Tervis Pärnu - FC Tevalte-Marlekor Tallinn	0:0, 0:2
Tallinna Sadam - FC Flora Tallinn	2:0, 0:0
Trans Narva - FC Lantana Tallinn	0:2, 0:1
EP Jõhvi - Veteran Kohtla-Järve	3:0, 3:3

Halbfinale (Hin- und Rückspiele):

FC Lantana Tallinn - Tallinna Sadam	0:1, 0:0
FC Tevalte-Marlekor Tallinn - EP Jõhvi	1:0, 0:2

Finale(21. Juni 1996, Tallinn)

Tallinna Sadam - EP Jõhvi	2 : 0 (1:0)

DIE LÄNDERSPIELE

Estland - Litauen 0:1 (0:0) EMQ

16.8.1995 - Tallinn - 1.500 - K.-E. Nilsson (Schweden) - Mart Poom, Marek Lemsalu, Urmas Kirs, Alari Lell, Janek Kiisman (46. Arvo Kraam), Risto Kallaste, Meelis Lindmaa, Martin Lepa, Marko Kristal, Martin Reim, Ivan O'Konnel-Bronin (73. Gert Olesk) - Trainer: Roman Ubakivi.

Kroatien - Estland 7:1 (4:1) EMQ

3.9.1995 - Zagreb - 16.000 - Huzu (Rumänien) - Mart Poom, Marek Lemsalu, Urmas Kirs, Toomas Kallaste, Risto Kallaste, Janek Kiisman (43. Alari Lell), Meelis Lindmaa (76. Indro Olumets), Martin Lepa (46. Tarmo Linnumäe), Marko Kristal, Martin Reim, Lembit Rajala - Trainer: Roman Ubakivi. Tor: Reim (17./1:1)

Litauen - Estland 5:0 (4:0) EMQ

11.10.1995 - Vilnius - 3.000 - Pauchard (Frankreich) - Mart Poom, Gert Olesk, Martin Lepa (46. Martin Reim), Toomas Kallaste, Alari Lell (46. Marko Kristal, 79. Toomas Krõm), Indrek Zelinski, Meelis Lindmaa, Risto Kallaste, Tarmo Linnumäe, Lembit Rajala, Andres Oper - Trainer: Roman Ubakivi

Estland - Aserbaidschan 0:0

16.2.1996 - Larnaca (Zypern) - 50 - Loizou (Zypern) - Mart Poom, Marek Lemsalu, Urmas Kirs (90. Argo Arbeiter 90), Sergei Hohlov-Simson, Indro Olumets, Meelis Lindmaa, Tarmo Linnumäe, Toomas Kallaste, Marko Kristal (72. Lembit Rajala), Toomas Krõm, Indrek Zelinski - Trainer: Teitur Thordarson

Zypern - Estland 1:0 (1:0)

20.2.1996 - Limassol - 500 - Kapitanis (Zypern) - Mart Poom, Marek Lemsalu, Urmas Kirs (80. Argo Arbeiter), Sergei Hohlov-Simson, Indro Olumets, Meelis Lindmaa, Tarmo Linnumäe (55. Lembit Rajala), Toomas Kallaste, Marko Kristal, Toomas Krõm, Indrek Zelinski - Trainer: Teitur Thordarson

Estland - Färöer Inseln 2:2 (2:2)

24.2.1996 - Pyla (Zypern) - 50 - Kiprianidis (Zypern) - Mart Poom, Marek Lemsalu, Urmas Kirs, Sergei Hohlov-Simson, Indro Olumets, Meelis Lindmaa, Indrek Zelinski, Toomas Kallaste, Marko Kristal, Toomas Krõm, Lembit Rajala (75. Tarmo Linnumäe) - Trainer: Teitur Thordarson. Tore: Kristal (13./1:0), Rajala (45./2:2)

Estland - Island 0:3 (0:3)

24.4.1996 - Tallinn - 1.000 - Lajuks (Lettland) - Mart Poom, Marek Lemsalu, Meelis Lindmaa, Sergei Hohlov-Simson, Indrek Zelinski (79. Toomas Krõm), Tarmo Linnumäe (58. Toomas Kallaste), Indro Olumets, Martin Reim, Urmas Kirs, Marko Kristal, Lembit Rajala - Trainer: Teitur Thordarson

Estland - Türkei 0:0

29.5.1996 - Tallinn - 1.700 - Keltanen (Finnland) - Mart Poom, Marek Lemsalu, Sergei Hohlov-Simson, Meelis Lindmaa, Viktor Alonen (84. Liivo Leetma), Toomas Kallaste, Risto Kallaste, Marko Kristal, Martin Reim, Andres Oper (90. Lembit Rajala), Urmas Kirs - Trainer: Teitur Thordarson

DER EUROPAPOKAL

Europapokal der Landesmeister

Meister Flora Tallinn startete im UEFA-Pokal-Wettbewerb

Europapokal der Pokalsieger

Qualifikation

DAG Liepaja - FC Lantana Tallinn 1:2 (1:1)

10.8.1995 - 2.426 - Mikulski (Polen) - Sergei Ussoltsev, Andrei Krasnopjorov, Igor Bahmatski, Igor Prins, Juri Lebret, Urmas Hepner, Sergei Bragin (86. Juri Tsurilkin), Andris Lapsa, Andrei Borissov, Andrei Lapuskin, Sergei Leontjev (42. Maksim Gruznov, 84. Dmitri Nalivaiko) - Tore: Lapsa (17./ 1:1), Borissov (75./1:2).

Das Spiel wurde mit 3:0 für Liepaja gewertet, da Lantana den gesperrten Andrei Borissov eingesetzt hatte

FC Lantana Tallinn - DAG Liepaja 0:0

24.8.1995 - 1.100 - Benedik (Slowakei) - Sergei Ussoltsev, Andrei Krasnopjorov, Igor Bahmatski, Igor Prins, Juri Lebret, Urmas Hepner, Sergei Bragin, Andris Lapsa, Maksim Gruznov (37. Oleg Gorjatsov), Andrei Lapuskin, Sergei Leontjev (66. Dmitri Nalivaiko).

UEFA CUP

Qualifkation

Lillestrøm SK - FC Flora Tallinn 4:0 (1:0)

8.8.1995 - 2.000 - Gerner (Dänemark) - Toomas Tohver, Marek Lemsalu, Urmas Kirs, Janek Kiisman, Alari Lell, Viktor Alonen (22. Indro Olumets, 66. Andres Oper), Meelis Lindmaa, Lembit Rajala, Otar Korgalidze (55. Marko Kristal), Martin Reim, Vahe Jagmurjan.

FC Flora Tallinn - Lillestrøm SK 1:0 (0:0)

22.8.1995 - 1.000 - Shmolik (Weißrußland) - Toomas Tohver, Marek Lemsalu, Urmas Kirs, Toomas Kallaste, Janek Kiisman (46. Alari Lell), Martin Lepa (46. Lembit Rajala), Meelis Lindmaa, Otar Korgalidze, Marko Kristal, Martin Reim, Vahe Jagmurjan (76. Andres Oper).-Tor: Korgalidze (54.).

UI-Cup

Tervis Pärnu - Buducnost Podgorica	1:3
Nea Salamina Famagusta - Tervis Pärnu	2:0
Tervis Pärnu - Bayer 04 Leverkusen	1:6
OFI Kreta - Tervis Pärnu	2:0

Fotboltssamband Føroya
Postboks 3028
FR-110 Tórshavn
Telefon: ++298 16707
Telefax: ++298 19079
Telex: 81332 itrott fa

FIFA-Weltrangliste
Juli 1995: 124. Platz, 11,97 Punkt
Juli 1996: 134. Platz, 14,21 Punkte

UEFA-Fünfjahreswertung
1996/97: 42. Platz, 3,0 Punkte

Minuten der Ekstase

Am 6. September 1995 standen die Färöer-Inseln Kopf. Zehn Minuten nach Beginn der zweiten Halbzeit des EM-Qualifikationsspiels gegen Rußland bekam Julian Johnsson den Ball im Mittelkreis zugespielt und stürmte aufs russische Tor zu. Kurz vor der Strafraumgrenze zog er ab und brachte die Färöer-Auswahl mit 2:1 in Führung! Knapp 2.000 Zuschauer im Toftirer Nationalstadion hofften auf eine Sensation. Vergeblich, denn am Ende gewann der Favorit mit 5:2. „Die letzten 30 Minuten waren sehr hart", meinte Färöer-Torhüter Jens Martin Knudsen nach dem Schlußpfiff und ärgerte sich über die „vermeidbare Niederlage".

Fünf Wochen später trösteten sich die Nordeuropäer mit einem 3:1-Erfolg in San Marino, erst der dritte Sieg seit dem Beitritt des Fußballverbandes zur UEFA im Jahre 1988. Allan Simonsen, einst in Mönchengladbach gefeierter dänischer Stürmer und seit 1994 färöerischer Nationaltrainer, war dennoch zufrieden: "Wir haben guten Fußball gespielt. Natürlich braucht das alles viel Zeit, aber wir sind auf dem richtigen Weg."

Auf dem richtigen Weg war garantiert die Mannschaft von Titelverteidiger GÍ Gøta. Mit acht Punkten Vorsprung sicherte sie sich ihren sechsten Meistertitel seit 1983 und wurde damit zum besten Team der Dekade. Traditionsgemäß war das Team von der Insel Eystruroy überaus schlecht aus den Startlöchern gekommen. Nur sechs Punkte aus den ersten sieben Spielen und der vorzeitige Pokal-K.-O. ließen in Gøta die Alarmglocken schrillen. Zehn Spieltage vor Saisonende drehte die Truppe jedoch auf. Lediglich ein Punkt wurde noch abgegeben (1:1 in Toftir). Am viertletzten Spieltag stand der Titelverteidiger erstmals an der Tabellenspitze. Zwei Wochen später war die Titelverteidigung perfekt, da der wochenlange Tabellenführer HB Tórshavn in Klaksvík patzte und mit 0:2 verlor.

Färöerischer Meister 1995: GÍ Gøta

1. Liga	Sp	g	u	v	Tore	Diff.	Pkt.	g	u	v	Tore	Pkt.	g	u	v	Tore	Pkt.
	Gesamt							Heim					Auswärts				
1. GÍ Gøta (M)	18	13	2	3	41:16	+25	41	8	0	1	24:8	24	5	2	2	17:8	8
2. HB Tórshavn	18	9	6	3	34:14	+20	33	6	3	0	20:3	21	3	3	3	14:11	12
3. B68 Toftir	18	10	3	5	43:21	+22	30	6	2	1	21:7	20	4	1	4	23:13	13
4. B71 Sandur	18	9	2	7	35:27	+8	29	6	0	3	19:13	18	3	2	4	16:14	11
5. B36 Tórshavn	18	8	2	8	23:35	-12	26	5	0	4	11:17	15	3	2	4	12:18	11
6. FS Vágar (N)	18	6	5	7	30:38	-8	23	4	2	3	21:22	14	2	3	4	9:16	9
7. TB Tvøroyri	18	5	4	9	23:29	-6	22	4	3	2	12:8	15	1	1	7	10:22	4
8. KÍ Klaksvík (P)	18	5	4	9	31:44	-11	22	3	3	3	15:19	12	2	1	6	14:14	7
9. Sumba/VB Vágur (N)	18	7	2	9	26:39	-13	20	3	2	4	15:20	11	4	0	5	12:19	12
10. NSÍ Runavík ↓	18	2	2	14	13:37	-24	8	0	1	8	5:20	1	2	1	6	8:17	7

EC 1996/97: CL: -, C2: HB Tórshavn, UEFA: GÍ Gøta, B68 Toftir, UI: B71 Sandur

Die Torschützen

Suni Fridi Johannesen (B68 Toftir)	24
Jan Allan Müller (Sumba/VB)	11
Eli Hentze (B71 Sandur)	10
Magni Jarnskor (GÍ Gøta)	10
Kurt Mørkøre (B36 Sandur/KÍ Klaksvík)	10

1. Liga	GÍ Gøta	HB	B68 Toftir	B71	B36	FS Vágar	TB Tvøroyri	KÍ Klaksvík	Vágur	Runavík
GÍ Gøta	•	2:1	0:2	3:2	2:0	2:1	2:0	5:1	3:0	5:1
HB Tórshavn	0:0	•	3:1	1:0	5:1	0:0	4:1	5:0	2:0	0:0
B68 Toftir	1:1	1:2	•	1:1	2:0	5:0	1:2	2:1	3:0	4:1
B71 Sandur	2:3	2:0	2:1	•	1:2	2:0	2:1	1:4	5:1	2:1
B36 Tórshavn	0:2	0:5	0:4	3:1	•	3:2	1:0	2:1	1:2	1:0
FS Vágar	3:2	3:5	1:5	1:1	1:1	•	3:1	5:3	2:4	2:0
TB Tvøroyri	1:0	0:0	1:1	2:0	3:2	1:2	•	2:2	2:0	0:1
KÍ Klaksvík	1:6	2:0	4:3	1:3	2:2	0:0	2:2	•	1:2	2:1
Sumba/VB Vágur	0:2	1:1	2:1	2:6	1:2	2:2	4:1	1:2	•	1:3
NSÍ Runavík	0:1	0:0	0:5	0:2	1:2	1:2	2:3	1:2	0:3	•

2. Liga	Sp	g	u	v	Tore	Pkt.
1. HB Tórshavn II	18	11	3	4	56:32	36
2. ÍF Fuglafjördur ↑	18	11	2	5	48:28	35
3. EB/Streymur ↑	18	10	1	7	32:32	31
4. Sumba/VB Vágur II	18	9	2	7	31:29	29
5. FS Vágar II	18	8	4	6	35:40	28
6. LÍF Lorvik	18	8	2	8	37:29	26
7. KÍ Klaksvík II	18	6	6	6	44:36	24
8. SÍ Sumba	18	5	4	9	34:47	19
9. Royn	18	5	2	11	28:45	17
10. GÍ Gøta II	18	2	4	12	20:47	10

Aufstiegsspiele zur 1. Liga: Sumba/VB Vágur - EB/Streymur 0:0, 0:8

Beim 14fachen Meister HB war die Trauer entsprechend groß. Bis zum 12. Spieltag war der bedeutendste der vier Hauptstadtklubs ungeschlagen geblieben und schien auf dem Weg zum Titel nicht zu stoppen zu sein. Dann setzte es eine 1:2-Niederlage im Gipfeltreffen in Gøta, und der HB-Express geriet ins Stottern. In Sandur und Klaksvík wurden beide Punkte abgegeben, gegen Sumba und Absteiger NSÍ langte es nur zu Teilerfolgen, und schon war der Meisterschaftszug ohne die Tórshavner abgefahren.

Immerhin gelang HB durch den 3:1-Endspielsieg über B68 Toftir der Einzug in den lukrativen Europapokal der Pokalsieger, während B68 Toftir ebenso wie Meister GÍ Gøta im UEFA-Pokal antreten wird.

B68, das als einziges färöerisches Team auf Naturrasen spielen kann (im Toftirer Nationalstadion Svangaskard, alle anderen Klubs verfügen über witterungsbeständige Astro-Turf-Plätze), gelang damit erstmals seit 1993 wieder der Einzug in einen europäischen Wettbewerb. Lange Zeit hatte es sogar so ausgesehen, als könne sich der Meister von 1992 Titelhoffnungen machen. Doch nur drei Punkte aus den letzten fünf Spielen waren zuwenig, und die Schwarzroten verloren den Anschluß an das Spitzenduo. Eine große Enttäuschung bereitete Pokalsieger KÍ Klaksvík seinen Fans. Das Team von der Insel Bordoy steckte lange Zeit im Abstiegskampf und sicherte sich erst durch zwei abschließende Siege über HB (2:0) und in Sandur (4:1) den Klassenerhalt.

Mit Aussicht auf die lukrativen Europapokalbegegnungen hat sich der färöerische Fußball binnen weniger Jahre gewaltig verändert. Gøta und HB Tórshavn werden inzwischen massiv von Shell bzw. der Føroya Banki (Nationalbank) gesponsert und haben sich von der Masse der 22 Vereine der achtzehn Inseln umfassenden Färöers entfernt. Die Trainer Johan Nielsen (HB) und Simun Petur Justinussen (GÍ) können inzwischen sogar unter Halbprofibedingungen arbeiten - für die gewöhnlich nur auf Feierabendbasis kickenden färöerischen Erstligisten eine Sensation. Fußball ist die Sportart Nummer 1 der knapp 1.400 km2 großen Inselgruppe, die in den letzten Jahren stark unter der Fischereikrise litt. Rund 5.000 der 45.000 Färöerer sind aktive Fußballer. Die Zuschauerzahlen bewegen sich zwischen 500 und 1.000, lediglich zu Spitzenspielen erscheinen 2.000 und mehr Fans, was im Verhältnis zur Gesamteinwohnerzahl allerdings außerordentlich viel ist. International scheint sich die Professionalisierung allmählich auszuzahlen, denn Gøtas 2:2 im UEFA-Cup-Rückspiel gegen den schottischen Vertreter Raith Rovers und Klaksvíks sensationeller 3:2-Sieg über Maccabi Haifa im Europapokal der Pokalsieger sorgten für viel Freude und Stolz. ■

DER POKAL

Viertelfinale

B71 Sandur - HB Tórshavn	1:2
B68 Toftir - NSÍ Runavík	3:2
KÍ Klaksvík - Sumba/VB Vagur	2:1
TB Tvøroyri - GÍ Gøta	1:0

Halbfinale (Hin- und Rückspiele)

KÍ Klaksvik - B68 Toftir	0:3, 2:0
HB Tórshavn - TB Tvøroyri	1:2, 4:0

Finale (17. September 1995, Tórshavn)

HB Tórshavn - B68 Toftir	3:1 (1:0)

DIE LÄNDERSPIELE

Färöer - Rußland 2:5 (1:1) **EMQ**

6. 9. 1995 - Toftir - 1.652 - Snoddy (Nordirland) - Knudsen - O. Johannesen, T. E. Hansen (81. A. Joensen), J. Rasmussen, J. C. Hansen, Ø. Hansen, K. Mørkøre, J.Johnsson, H. Jarnskor, Müller (15. J. E. Rasmussen), T. Jonsson - Trainer: Simonsen - Torschützen: H. Jarnskor (12./1:1), T. Jonsson (55./2:1)

San Marino - Färöer 1:3 (0:2) **EMQ**

11. 10. 1995 - Serraville - 1.100 - Beck (Liechtenstein) Knudsen - A. Hansen, J. C. Hansen, J. Rasmussen, H. Jarnskor (85. Bertholdsen) - A. Mørkøre, M. Jarnskor, Ø. Hansen (82. Reynheim) - Dam, Müller, T. Jonsson (75. J. Petersen) - Trainer: Simonsen - Torschützen: T. Jonsson (42./0:1, 45./0:2, 60./ 1:3)

Griechenland - Färöer 5:0 (0:0) **EMQ**

15. 11. 1995 - Iraklion - 12.000 - Mitrev (Bulgarien) - J. Mikkelsen - O. Johannesen, T. E. Hansen, H. Jarnskor, J. E. Hansen (89. Bertholdsen) - A. Mørkøre, M. Jarnskor, Ø. Hansen, Reynheim (55. J. Jonsson), Müller (84. J. Petersen), Dam - Trainer: Simonsen

Färöer - Estland 2:2 (2:2)

24. 2. 1996 - Pyla (Zypern) - 2.000 - Kipriandis (Zypern) - Knudsen - O. Johannesen, J. C. Hansen (66. J. Rasmussen), Dam, K. Mørkøre - A. Mørkøre, M. Jarnskor (72. J. Johnsson), H. Jarnskor, Ø. Hansen, J. E. Rasmussen (72. Arge), Müller - Trainer: Simonsen - Torschützen: O. Johannesen (30:71:1), H. Jarnskor (50./2:2)

Jugoslawien - Färöer 3:1 (3:0) **WMQ**

24. 4. 1996 - Belgrad - 25.000 - Beck (Liechtenstein) - Knudsen - O. Johannesen, J. C. Hansen, A. Hansen, A. Mørkøre, J. Jonsson, H. Jarnskor, Dam, Müller, J. Petersen, J. E. Rasmussen (75. M. Jarnskor) - Trainer: Simonsen - Torschützen: Petersen (53./3:1)

DER EUROPAPOKAL

Europapokal der Landesmeister

Meister GÍ Gøta startete im UEFA-Pokal-Wettbewerb

Europapokal der Pokalsieger

Maccabi Haifa - Kì Klaksvík **4:0 (2:0)**

10. 8. 1995 - 8.000 - Toth (Ungarn) - Joensen - J. Jacobsen, S. E. Poulsen, H. Bertholdsen, J. Andreassen, J. Hansen - A. Mørkøre, J. Joensen, S. W. Høgnesen (56. F. Baldvinsson), A. Joensen, O. Danielsen (78. E. Klakkstein)

KÍ Klaksvík - Maccabi Haifa **3:2 (0:1)**

24. 8. 1995 - 295 (in Toftir) - O'Hanlon (Irland) - G. á Steig - S. E. Poulsen, A. Joensen, H. Bertholdsen, J. Andreassen, J. Hansen - J. Joensen, A. Mørkøre (88. S. Eliasen), S. W. Hgnesen - J. Lützen (46. O. Danielsen), H á Lakjuni (46. A. Joensen) - Tore: Danielsen (53., 63., 70)

UEFA-Pokal

Raith Rovers - GÍ Gøta **4:0 (1:0)**

8. 8. 1995 - 5.082 - Bergmann (Island) - Knudsen - A. Justinussen, H. Jarnskor, Rasmussen, Enniggard (Hansen), Olsen, M. Jarnskor (Tvorfoss), P. Jarnskor, S. Justinussen, J. Petersen, R. Justinussen

GÍ Gøta - Raith Rovers **2:2 (0:1)**

22. 8. 1995 - 350 (in Toftir) - Howells (Wales) - Knudsen - A. Justinussen, H. Jarnskov, Rasmussen, Tvorfoss, Olsen, M. Jarnskor, P. Jarnskor (Enniggard), S. Justinussen, Petersen, R. Justinussen - Torschützen: H. Jarnskor (70/1:1.), M. Jarnskov (87./2:2)

UI-Cup

HB Tórshavn - Unversitatea Craiova	0:0
Tromsø IL - HB Tórshavn	10:0
HB Tórshavn - Germinal Ekeren	1:1
FC Aarau - HB Tórshavn	6:1

Der Titelverteidiger stieg ab

Von Kari Hallio

Suomen Palloliito -
Finlands Bollfoerbundet

Läntinen Brahenkatu 2,
PL 179, 00511 Helsinki
Telefon: ++358 (0) 70 10 101
Telefax: ++358 (0) 70 10 10 98

FIFA-Weltrangliste

Juli 1995:	37. Platz,	42,21 Punkte
Juli 1996:	73. Platz,	32,29 Punkte

UEFA-Fünfjahreswertung

1996/97:	31. Platz,	9,582 Punkte

Fußball hat im eishockeyverrückten Finnland einen schweren Stand. Daran haben auch die jüngsten Erfolge der Nationalmannschaft und der Aufstieg von Jari Litmanen zu einem der Leistungsträger bei Ajax Amsterdam kaum etwas geändert. 1994 sank die Zahl der Besucher in der höchsten Spielklasse des Landes (*Veikkausliiga*) erstmals seit vielen Jahren wieder auf unter 2.000 pro Spiel. 1995 verstärkte sich der Abwärtstrend: Traditionsklub HJK Helsinki lockte in seinen 26 Heimspielen insgesamt 44.431 Neugierige an - das entspricht einem Schnitt von 1.708 zahlenden Zuschauern. Damit waren die Hauptstädter finnischer Zuschauermagnet! Lokalrivale Ponnistus, der seine Heimspiele vor durchschnittlich 425 Zuschauern austragen mußte, bildete das Schlußlicht. Der neue Meister Haka Valkeaskoski kam auf einen Schnitt von knapp 1.200 Fans und ist damit auch in der Zuschauergunst in der Spitzengruppe zu finden.

Eines der größten Probleme im Verlauf der finnischen Saison sind die Lichtverhältnisse. Ganze sechs Monate stehen im Jahr zur Austragung der Freiluftsaison zur Verfügung, dann ist es vor allem im nördlichen Landesteil, in dem es mit dem exakt auf dem Polarkreis liegenden

Rosen, Sekt und der Meisterpokal - Haka Valkeakoski nach dem entscheidenden 3:0-Sieg gegen Mikkeli.

Veikkausliiga		Gesamt							Heim					Auswärts				
		Sp	g	u	v	Tore	Diff.	Pkt.	g	u	v	Tore	Pkt.	g	u	v	Tore	Pkt.
1. Haka Valkeakoski		26	18	5	3	56:17	+39	59	8	4	1	30:8	28	10	1	2	26:9	31
2. MyPa Anjalankoski		26	16	5	5	45:20	+25	53	9	3	1	28:8	30	7	2	4	17:12	23
3. HJK Helsinki		26	14	10	2	44:18	+26	52	7	5	1	23:5	26	7	5	1	21:13	26
4. Jazz Pori		26	12	6	8	43:29	+14	42	7	2	4	27:12	23	5	4	4	16:17	19
5. Jaro Jakobstad		26	11	5	10	37:32	+ 5	38	7	0	6	26:18	21	4	5	4	11:14	17
6. TPS Turku (P)		26	10	6	10	33:32	+ 1	36	6	3	4	15:11	21	4	3	6	18:21	15
7. Ilves Tampere		26	9	7	10	36:39	- 3	34	4	5	4	17:16	17	5	2	6	19:23	17
8. FinnPa Helsinki		26	9	5	12	40:40	+-0	32	5	2	6	26:19	17	4	3	6	14:21	15
9. RoPS Rovaniemi		26	8	8	10	29:30	- 1	32	4	5	4	20:16	17	4	3	6	9:14	15
10. VPS Vaasa (N)		26	10	2	14	26:34	- 8	32	7	2	4	15:10	23	3	0	10	11:24	9
11. Mikkeli MP		26	7	7	12	23:35	-12	28	5	2	6	15:15	17	2	5	6	8:20	11
12. TPV Tampere (M)	↓	26	6	6	14	33:48	-15	24	4	3	6	20:21	15	2	3	8	13:27	9
13. Kuusysi Lahti	↓	26	6	5	15	23:50	-27	23	4	3	6	14:17	15	2	2	9	9:33	8
14. Ponnistus Helsinki (N)	↓	26	6	3	17	19:63	-44	21	5	1	7	12:23	16	1	2	10	7:40	5

EC 1996/97: CL: -, EC2: MyPa Anjalankoski, UEFA: Haka Valkeakoski, HJK Helsinki, Jazz Pori, UI: Jaro Jakobstad

Relegationionsspiele: MP Mikkeli - KTP Kotka 1:0, 2:0 (MP Mikkeli bleibt in der Veikkausliiga)

Rovaniemi eine Erstligastadt gibt, schlicht zu dunkel. 1995 begann die Saison am 30. April und endete am 28. Oktober.

Sportlich stand sie im Zeichen von **Haka Valkeakoski**. Die Mannschaft aus der knapp 100 Kilometer nördlich von Helsinki gelegenen 20.000 Einwohner-Stadt wurde mit sechs Punkten Vorsprung zum sechsten Mal in der Vereinsgeschichte Meister. Haka hat seinen Erfolg der Unterstützung durch eine ortsansässige Papierfabrik zu verdanken. Trainer Jukka Vakkila, der von 1987 bis 1992 Finnlands Nationaltrainer war, hatte sich vor Saisonbeginn seine Wunschmannschaft zusammenstellen können. Zu den vorhandenen Routiniers gesellten sich das exzellente russische Duo Igor Iwanow und Valeri Popovits vom konkursbedrohten FC Ilves Tampere sowie eine Gruppe guter Nachwuchsspieler aus dem finnischen Olympia-/U21-Team. Daher war es keine Überraschung, daß Haka zu den Favoriten zählte. Der Saisonstart verlief mit einigen Unentschieden und zwei Niederlagen gegen die Titelkonkurrenten HJK Helsinki und MyPa Anjalankoski enttäuschend. Erst als es am 12. Juli 1995 einen 4:2-Sieg im Ligapokalfinale bei HJK Helsinki gab, lief es bei Haka rund. Das Finale wurde übrigens als das beste Spiel der finnischen Fußballsaison 1995 bezeichnet.

Anschließend gewann Haka elf der verbleibenden 13 Spiele, verlor nur gegen Ilves Tampere und gestattete HJK in der letzten Minute den Ausgleich in einer Begegnung, die bei einem Haka-Sieg bereits drei Spieltage vor Schluß für die Entscheidung im Titelrennen gesorgt hätte. Eine

Die Torschützen

Valeri Popovits (Haka Valkeakoski)	21
Luis Antonio (Jazz Pori)	14
Miikka Kajander (Ilves Tampere)	13
Jari Vanhala (Jaro Jakobstad)	12
Ari Hjelm (HJK Helsinki)	11
Kalle Lehtinen (FinnPa Helsinki)	11
Niclas Grönholm (MyPa Anjalankoski)	10
Oleg Ivanov (Haka Valkeakoski)	9
Rodrigo (Jazz Pori)	9
Saku Puhakainen (Kuusysi Lahti)	9
Jari Jäväjä (Vaasa PS)	9

Woche später gewann Haka mit 3:0 in Mikkeli und konnte sich nach 18 langen Jahren wieder finnischer Meister nennen. Die Schlüsselspieler waren Torhüterveteran Huttunen, Abwehrspieler (und Kapitän) Heikkinen, Spielmacher Iwanow und Valeri Popovits, der zudem finnischer Torschütze wurde.

Vizemeister wurde **MyPa Anjalankoski**, das erst seit 1992 erstklassig ist und inzwischen zu den besten finnischen Teams gehört. Das Team hat seinen Sitz nahe der westfinnischen Hafenstadt Vaasa und wird von einer ortsansässigen Firma finanziell unterstützt. Mit dem Geld aus der Industrie schnappte Trainer Harri Kampman 1990 dem übermächtigen Hauptstadtverein HJK Helsinki den seinerzeit in Lahti spielenden Jari Litmanen vor der Nase weg. Der Wechsel zahlte sich auf Anhieb aus: 1992 gewann MyPa den Pokal und wurde Vierter der Meisterschaft. Anschließend setzte Litmanen seine Karriere in Amsterdam fort, und MyPa scheiterte zweimal unglücklich in der finnischen Meisterschaft. Nachdem es

Veikkausliiga	Haka	MyPa	HJK	Jazz	Jaro	TPS	Ilves	FinnPa	RoPS	VPS	MP	TPV	Kuusysi	Ponnistus
Haka Valkeakoski	•	3:0	2:2	5:0	1:1	1:1	0:1	0:0	4:2	2:0	4:0	1:0	4:1	3:0
Mypa Anjalankoski	3:1	•	1:0	1:1	2:0	3:0	4:0	1:2	0:0	3:1	1:0	1:1	3:2	5:0
HJK Helsinki	2:0	1:1	•	1:2	0:0	0:0	4:0	2:0	1:0	4:1	0:0	1:1	2:0	5:0
Jazz Pori	0:1	0:0	1:2	•	2:0	4:1	2:2	3:1	4:0	1:2	0:2	4:1	3:0	3:0
Jaro Pietarsaari	1:3	1:3	1:2	0:2	•	4:2	1:2	3:1	0:1	1:0	4:0	4:2	3:0	3:0
TPS Turku	1:3	1:3	0:0	2:1	3:0	•	2:1	0:1	1:0	2:1	0:0	3:0	0:1	0:0
Ilves Tampere	0:1	0:2	1:1	0:0	2:3	1:4	•	0:0	1:0	1:0	5:1	4:2	1:1	1:1
FinnPa Helsinki	1:3	0:2	0:1	4:0	1:1	1:5	1:3	•	0:1	3:2	1:1	3:0	5:0	6:0
RoPs Rovaniemi	0:1	3:1	2:3	1:1	1:1	0:1	3:2	0:0	•	2:0	0:0	3:4	1:1	4:1
VPS Vaasa	1:1	1:0	0:1	1:0	1:0	1:0	1:0	1:3	0:0	•	0:1	2:1	4:0	2:3
MP Mikkeli	0:3	0:1	2:2	1:3	0:1	3:1	1:1	3:0	2:1	2:0	•	0:1	0:1	1:0
TPV Tampere	0:2	1:0	2:4	1:1	0:1	1:1	1:2	4:3	1:3	0:1	1:1	•	4:1	4:1
Kuusysi Laathi	0:1	1:3	1:1	0:3	1:1	0:1	3:2	3:0	0:1	0:1	2:1	0:0	•	3:1
Ponnistus Helsinki	0:6	0:1	0:2	0:2	0:2	2:1	0:3	1:2	0:0	3:2	2:1	1:0	3:1	•

1994 wieder nicht geklappt hatte, fiel die Mannschaft auseinander, und die besten Spieler verließen den Klub, um im Ausland mehr Geld zu verdienen. Somit waren die Erwartungen zu Beginn der Saison nicht allzu hoch - doch der treugebliebene Harri Kampman bewies Geschick beim Einbau junger Spieler.

MyPa besaß in Kolkka und Hyypiä (beide wechselten nach Saisonende zum niederländischen Erstligisten Willem II Tilburg) zwei neue Stars und hatte in Routinier Tiainen (früher Ajax) einen weiteren Klassespieler. Die Mannschaft startete sehr gut und übernahm früh die Führung, ehe sie durch einen dichtgedrängten Terminplan zurückgeworfen wurde. Im August lag das neuformierte Team noch immer aussichtsreich im Titelrennen, kämpfte um den Cup und hatte im UEFA-Pokal den schottischen Vertreter Motherwell FC ausgeschaltet.

Dann erwischte MyPa die Krise. Drei aufeinanderfolgende Niederlagen, darunter ein 0:3 in Valkeakoski, ließen den Rückstand auf Spitzenreiter Haka auf fünf Punkte anwachsen. Einziger Lichtblick war das 1:1 im UEFA-Pokal-Hinspiel gegen den PSV Eindhoven, doch MyPa konnte nicht mehr gewinnen. Gegen TPV Tampere und Jazz Pori gab es nur Unentschieden, beim Abstiegskandidaten VPS Vaasa verlor man sogar mit 0:1.

Die Folge war das Zurückfallen auf Platz drei mit sechs Punkten Rückstand auf den Tabellenführer. Damit war der Titel weg, und im UEFA-Pokal sorgte eine 1:7-Demontage in Eindhoven für das schmerzhafte Aus.

MyPa schaffte es jedoch, seinen Rhythmus wieder zu finden. Die letzten drei Punktspiele wurden gewonnen, und am Ende stand das Team zum dritten Mal in Folge auf der Position des Vizemeisters, die gleichbedeutend mit einem Platz im UEFA-Pokal ist. Wichtiger aber war der 1:0-Pokalfinalsieg über Jazz Pori, der MyPa zum zweiten Mal in der Vereinsgeschichte den *Suomen Cupin* bescherte.

Der finnische Rekordmeister **HJK Helsinki** nahm vor der Saison große Investitionen vor, um nach drei titellosen Jahren endlich wieder etwas zu feiern zu haben. Bo Johansson löste Jari-Pekka Keurulainen auf dem Trainerstuhl ab, und mit Ari Hjelm kam ein ganz schillernder Star ins Olympiastadion. Der finnische Nationalkapitän und Rekordinternationaler hatte bei den Stuttgarter Kickers und dem FC St. Pauli immerhin schon Bundesligaluft geschnuppert.

Die Mannschaft kam nur mäßig aus den Startlöchern und trat im Sommer zudem im UI-Cup an. HJK erreichte immerhin einen 3:2-Sieg über Bohemians Dublin und trotzte dem IFK Norrköping sowie bemerkenswerterweise Girondins Bordeaux jeweils ein Unentschieden ab. In der *Veikkausliiga* spielte HJK jedoch schlecht und mußte seine Titelambitionen früh begraben. Trainer Johansson gelang es nicht, sein Team guten und attraktiven Fußball spielen zu lassen. Als dann im Pokalhalbfinale gegen Jazz Pori das Aus kam, war die Saison für HJK gelaufen. Immerhin schafften die Hauptstädter als Tabellendritter noch den Sprung in den UEFA-Pokal, weil Vizemeister MyPa Pokalsieger wurde und dadurch einen Platz freimachte.

Jazz Pori, der Klub aus der Jazz-Festival-Metropole im Westen Finnlands, hatte 1993 seinen bislang letzten Erfolg feiern können. Obwohl der Stammkader der Meisterelf noch immer im rot-

2. Liga		Sp	g	u	v	Tore	Pkt.
1. FC Inter Turku	⬆	26	17	5	4	63:20	56
2. Kotka TP		26	11	9	6	45:37	42
3. Joutsenon Kullervo		26	12	5	9	29:33	41
4. Reipas Lahti		26	11	7	8	34:36	40
5. Kemin Palloseura		26	9	11	6	48:35	38
6. Pallo-Iirot Rauma		26	11	5	10	44:48	38
7. FC Hämeenlinna		26	8	10	8	42:37	34
8. FC Kontu Itä-Helsinki		26	7	13	6	39:38	34
9. IF Gnistan Helsinki		26	7	13	6	28:27	34
10. Gamlakarleby BK		26	8	10	8	36:44	34
11. Jalkapalloseura Rakuunat		26	8	7	11	34:38	31
12. Kuopio Palloseura		26	6	7	13	27:36	25
13. PV Kokkola	⬇	26	5	9	12	28:36	24
14. Tampere Peli-Pojat-70	⬇	26	3	7	16	24:56	16

weißen Jazz-Trikot steckt, war in Pori seitdem nicht mehr als Mittelmaß herausgekommen. Zur Saison 1995 verpflichtet man mit Pertti Lundell einen neuen Trainer, der TPV Tampere im Vorjahr zum Titelgewinn geführt hatte. Obwohl die Mannschaft von schweren Verletzungen verschont blieb, konnte sie nie ernsthaft ins Titelrennen eingreifen. Jazz besitzt ein starkes brasilianisches Trio (Piracaia, Rodrigo und Luis Antonio), das maßgeblich am Gewinn des Meistertitels von 1993 beteiligt war.

Viele Akteure sind erst Mitte 20, scheinen aber nicht mehr den Siegeswillen der vergangenen Jahre zu besitzen. Zudem hat Spielmacher Alatensiö (31 Jahre) seinen Leistungszenit überschritten. Somit war es eine sehr wechselhafte Saison, die ihren Höhepunkt im Erreichen des Pokalfinales fand, in dem es allerdings eine 0:1-Niederlage gegen MyPa Anjalankoski gab. Jazz qualifizierte sich trotz seines vierten Ranges für den UEFA-Pokal, denn im Frühjahr 1996 erhielt Finnland von der UEFA einen Fair-Play-Preis, der mit einem zusätzlichen Platz im UEFA-Cup verbunden war.

Seit Jahren bewegt sich **Jaro Jakobstad** brav im Mittelfeld der Tabelle und braucht sich weder Abstiegssorgen noch Titelhoffnungen zu machen. 1995 war da keine Ausnahme. In dem 31jährigen Alexej Jeremenko, der während der Saison 1994/95 sechs Monate lang an den griechischen Klub Athinaikos ausgeliehen war, besitzt die Mannschaft den wohl besten Mittelfeldspieler der Liga. Der 21 Jahre alte Torhüter Teuvo Moilanen verließ den Verein zum Saisonende und unterschrieb beim englischen Zweitligaaufsteiger Preston North End.

1994 war **Turku PS** noch gefeierter Pokalsieger. 1995 stand der Klub kurz vor dem finanziellen Aus und mußte notgedrungen kleinere Brötchen backen. Junge Spieler im Alter zwischen 19 und 23 Jahren bildeten den Stamm der Mannschaft. Nur Kapitän Petri Sulonen und der walisische Stürmer John Allen hatten die Dreißig schon überschritten. Doch die Youngster sind vielversprechend, viele von ihnen spielten schon in finnischen Nachwuchs-Auswahlmannschaften. Bleibt die Mannschaft zusammen, wird der sechste Ligaplatz von 1995 in den kommenden Jahren sicherlich verbessert werden.

Ilves Tampere war die Überraschungsmannschaft des Jahres. Nach dem Meistertitel von 1983 ging es mit dem Klub trotz des Pokalsieges von 1990 ständig bergab. Und nachdem Ari Hjelm, Mitglied der 83er Meistermannschaft, Kapitän und Symbolfigur, den einzigen finnischen Verein, für den er bislang gespielt hatte, in Richtung Helsinki verließ, galt Ilves allgemein als Abstiegskandidat Nummer 1. Der Verein hat nach einigen Jahren in Saus und Braus kein Geld mehr und verpflichtete in Esa Kuusisto einen unbekannten, jungen Trainer, der nicht einmal die für die Liga erforderliche Trainerlizenz besaß. Ilves konnte keine neuen Spieler kaufen, so daß sie sich überwiegend Akteure aus unteren Klassen ausliehen. Einer davon, der Mittelfeldspieler Miikka Kajander, war ein Volltreffer. Der 23jährige hatte zu Saisonbeginn erst zwei Ligaspiele auf seinem Buckel - aus der Saison 1993 beim Lokalrivalen TPV - und Ilves war der einzige Klub der Liga, der ihn unter Vertrag nehmen wollte. Kajanders gefürchtete Distanzschüsse und seine Spielmacherqualitäten retteten Ilves vor dem Abstieg. Nach Saisonende wechselte Kajander zum schwedischen Klub Motala IF.

Der von der Fluggesellschaft *Finnair* gesponserte **FinnPa Helsinki** ist hinter HJK die Nummer zwei in der finnischen Hauptstadt. FinnPa versuchte 1995 sein Glück mit jüngeren Spielern, doch weder aktuelle Nationalspieler wie Torhüter Kari Laukkanen (Ex-Waldhof-Mannheim), die Abwehrspieler Janne Mäkelä und Erik Homgren sowie Stürmer Petri Järvinen (ebenfalls Ex-Waldhof-Mannheim) noch die ehemaligen „Internationalen“ Kimmo Tarkkio und Jari Rantanen konnten die Mannschaft in höhere Tabellenregionen führen. Der Trainerwechsel zur Saisonmitte mit dem erfahrenen Keijo Voutilainen - er führte Kuusysi in den 80er Jahren dreimal zum Titelgewinn - als neuem Mann zog immerhin eine Leistungssteigerung der Mannschaft nach sich.

Ende 1994 verlor **RoPs Rovaniemi** einige gute Spieler, fand jedoch angemessenen Ersatz. Die Abwehr zog sich gut aus der Affäre, doch das Toreschießen war bei Rovaniemi über die ganze Saison hinweg ein großes Problem. Aus diesem Grund entließ der Klub den Trainer und holte den Waliser Graham Williams, der früher schon einmal bei RoPS gearbeitet hatte. Der Verein entging dem Abstieg, obwohl wichtige Spieler wie Zeddy Saileti und Emanuel Siwale (beide aus Sambia) und der Pole Jacek Perczyk keine Bäume ausrissen. Stattdessen zeigte der 21jährige Mittelfeldspieler Samuli Yliaska vielversprechende Ansätze und glänzte unter anderem als vierfacher Torschütze.

2:2 trennten sich Jazz Pori und Ilves Tampere am 16. Juli 1995

Dem Neuling **Vaasa PS**, der seit 1977 nicht mehr in der höchsten Klasse gespielt hatte, gelang überraschend früh der Klassenerhalt. Stützen des Teams waren die beiden polnischen Routiniers Tomasz Arseusz (35) und Kazimierz Buda (34), die Vaasas Abwehr ausgezeichnet organisierten. Höhepunkte der Saison war das Comeback des 27 Jahre alten Kapitäns und früheren Nationalspielers Jyrki Huhtamäki, der wegen einer 1992 erlittenen Verletzung - damals noch für Mikkeli MP spielend - zwei Jahre lang außer Gefecht gewesen war. Die Entdeckung der Saison war der 22jährige Jari Jäväjä, der neun Tore erzielte und später in die Nationalmannschaft berufen wurde. Vaasa PS besitzt ein hübsches Stadium, in dem eine gute Atmosphäre herrscht.

Mikkeli MP ist ein Klub mit beschränkten Möglichkeiten, der auch 1995 wieder an den Rand seiner Leistungsfähigkeit stieß. Erst in zwei Relegationsspielen gegen den Zweitligavizemeister KTP Kotka sicherten sich die Blau-Weißen für ein weiteres Jahr die Erstligazugehörigkeit. MP setzte auf eine Mischung aus erfahrenen Spielern, die ihre besten Jahre bei anderen Vereinen erlebt haben, und Youngster. Gemeinsam entwickelten sie genügend Kampfgeist, um in der *Veikkausliiga* zu bleiben. Nach Saisonende verlor der Verein erneut einige vielversprechende junge Spieler an andere Klubs.

Für Titelverteidiger **TPV Tampere** endete die Saison mit einer Katastrophe, denn der Klub aus der drittgrößten finnischen Stadt wurde Drittletzter und stieg ab! Meistertrainer Lundell hatte den Verein in Richtung Jazz Pori verlassen und offen-

DER POKAL

8. Runde

Kontu - Reipas Lahti	n. E. 4:6, n. V. 2:2
ÅIFK - Gnistan	3:2
Kultsu - RoPS Rovaniemi	0:1
Ilves Tampere - FinnPa Helsinki	1:0
Ponnistus Helsinki - Mikkeli MP	0:1
EuPa - Inter Turku	0:2
KajHa - PP-70	5:2
Kotka TP - TPS Turku	2:1
VaKP - Jaro Jakobstad	1:4
TP-55 - Vaasa PS	2:1

Freilos für die 9. Runde: MyPa Anjalankoski, Haka Valkeakoski, HJK Helsinki, TPV Tampere, Jazz Pori, Kuusysi Lahti

9. Runde

Kotka TP - Ilves Tampere	0:4
KajHa - Haka Valkeakoski	0:3
HJK Helsinki - RoPS Rovaniemi	2:1
ÅIFK - Jaro Jakobstad	0:9
Inter Turku - TPV Tampere	n. E. 5:3, n. V. 1:1
MyPa Anjalankoski - Kuusysi Lahti	2:0
Jazz Pori - Mikkeli MP	2:0
TP-55 - Reipas Lahti	2:0

Viertelfinale

Jazz Pori - Haka Valkeakoski	2:1
MyPa Anjalankoski - Jaro Jakobstad	2:1
HJK Helsinki - Ilves Tampere	4:2
TP-55 - Inter Turku	0:6

Halbfinale (Hin- und Rückspiele)

Jazz Pori - HJK Helsinki	2:0, 0:0
MyPa Anjalankoski - Inter Turku	4:0, 1:2

Finale

(28.10.1995, Helsinki, 6.140)

MyPa Anjalankoski - Jazz Pori	1:0 (1:0)

MyPa: Jakonen - Huttunen, Viljanen, Hyypiä, Koskinen - Roth, Mahlio, Tiainen, Grönholm - Pohja, Keskitalo (85. Hernesniemi)

Jazz: Viitanen - Nieminen, Koskikangas (46. Rodrigo), Sulonen, Rantanen - Riippa, Puputti, Piracaia, Laaksonen (56. Alatensiö) - Ruhanen, Luiz Antonio

sichtlich den Kampfgeist, der TPV im Vorjahr zum Meister gemacht hatte, mitgenommen. Der neue Coach Keurulainen versuchte vergeblich, der Mannschaft nett anzuschauenden, attraktiveren Fußball mit mehr Kombinationsspiel zu verordnen. Obwohl sich der Klub mit einigen potentiell starken Spielern verstärkte, ging die Rechnung nicht auf. Entscheidend waren jedoch die Ladehemmungen des Brasilianers Dionisio, der 1994 mit 17 Toren noch finnischer Torschützenkönig geworden war. 1995 traf er ganze dreimal. TPV hatte nach der blamablen 0:4-Heimniederlage in der UEFA-Pokal-Qualifikation gegen Viking Stavanger zum Allheilmittel Trainerentlassung gegriffen, doch auch Jussi Ristimäki, der schon mit Ilves und Jazz den Titel gewonnen hatte, konnte das Steuer nicht mehr herumreißen.

In den achtziger Jahren war **Kuusysi Lahti** der Top-Klub des Landes. Vier Meistertitel und zwei Pokalsiege gab es zwischen 1982 und 1989 zu verzeichnen. 1991 wurde das Team erneut Meister, doch anschließend brach die Erfolgsmannschaft auseinander. Zahlreiche Spieler verließen den Klub oder beendeten ihre Laufbahn. Der Niedergang nahm anschließend dramatische Formen an: Fast alle guten Spieler gingen, und das aus erfolgreicheren Zeiten stammende Geld wurde nicht sinnvoll für Ersatz ausgegeben. Der Deutsche Sako Gulewski (1. FC Köln) wurde spät in der Saison gekauft, doch bei seinen sieben Einsätzen (kein Tor) war er keine große Hilfe. Die wenigen Überlebenden der „goldenen Ära" stehen am Ende ihrer Karriere und die Nachwuchsspieler haben noch nicht das Format für höheren Aufgaben.

Ponnistus Helsinki überraschte allein schon durch den Aufstieg in die oberste Spielklasse, hatte aber als dritter Hauptstadtklub mit einem kleinen Etat und überwiegend Eigengewächsen kaum eine Chance auf den Klassenerhalt. Der einzige Spieler, der bei anderen Vereinen Erfolg hatte, war Tommi Paavola (ehemals Hessen Kassel). Er wurde 1988 Meister mit HJK und spielte bereits für TPS Turku, Haka Valkeakoski und FinnPa Helsinki. Das Team gewann immerhin sechs Spiele, wurde von Spitzenmannschaften jedoch ausgespielt und deutlich geschlagen. Der direkte Wiederabstieg stellte keine Überraschung dar. ■

DER TORJÄGER

Valeri Popovits (Haka Valkeakoski)

Popovits wurde am 18. Mai 1970 in Gorki, dem heutigen Nischni Nowgorod, geboren. Bis 1987 spielte er für Lokomotive Gorki, ehe er zu CSKA Moskau wechselte. Für die Dauer seines Militärdienstes (1988-89) stürmte er im CSKA-Jersey, schloß sich anschließend aber dem leistungsstärkeren FK Spartak Moskau an. Zuvor hatte er mit den sowjetischen Nachwuchsnationalmannschaften viel erreicht: 1986 Rang 3 bei der U16-Europameisterschaft, 1988 U18-Europameister und 1989 Halbfinalist bei der U19-Weltmeisterschaft, wo die Sowjetunion gegen Nigeria bereits mit 4:0 führte, ehe die Partie abgebrochen werden mußte und für den Gegner gewertet wurde.Popovits' derzeitiger Mannschaftskamerad bei Haka, Oleg Iwanow, hatte schon 1989 den Sprung in die erste Mannschaft von Spartak geschafft. Obwohl Popovits 1991 mit Spartak das Europacup-Halbfinale erreichte, schafften beide Spieler nicht den Sprung in die sowjetische A-Nationalmannschaft. Als die UdSSR 1991 zusammenbrach und niemand so recht wußte, was nun im Fußballgeschäft passieren sollte, wechselten Popovits und Iwanow liebend gern nach Finnland. Sie schlossen sich dem TPV Tampere an und schafften auf Anhieb den Aufstieg in Finnlands höchste Spielklasse. In der Saison 1993 wurde TPV Fünfter, doch das russische Duo war nicht länger glücklich im *Tammela*-Stadion. Nach einem langen Streit vor Gericht durften sie zum Lokalrivalen Ilves wechseln. Dieses Intermezzo währte jedoch nicht lange: Nach sechs Monaten befand sich Ilves am Rande des finanziellen Ruins und konnte die Gehälter der beiden Russen nicht mehr zahlen. Haka nutzte die Gunst der Stunde und mußte es nicht bereuen. Popovits ist mit Frau und Kind in Valkeakoski seßhaft geworden. Er ist 1,85 m groß und wiegt 80 kg, ist nicht gerade schnell, verfügt aber über eine gute Technik. Auch schirmt Popovits den Ball gut ab und ist auf engem Raum sehr beweglich, was ihn im Strafraum unerhört gefährlich macht

DIE LÄNDERSPIELE

Finnland - Rußland 0:6 (0:3) EMQ

16. 8. 1995 - Helsinki - 14.000 - Sandor Puhl (Ungarn) - Laukkanen, Mäkelä (46. Souminen), Kanerva, Holmgren, Nieminen, Lindberg, Sumiala, Rantanen (65. Grönlund), Hjelm, Tiainen, Paateainen (46. Järvinen) - Trainer: Ikäläinen

Schottland - Finnland 1:0 (0:0) EMQ

6. 9 1995 - Glasgow - 37.000 - Melnichuk (Ukraine) - Laukkanen, Rissanen, Kanerva, Holmgren, Suominen, Lindberg (64. Grönlund), Myyry, Hjelm, Litmanen, Järvinen - Trainer: Ikäläinen

Finnland - Türkei 0:0

4. 10 1995 - Helsinki - 3.140 - Hallung (Norwegen) - Jakonen (46.Niemi), Mäkelä, Nuorela, Hyryläinen, Heinola (58. Jäväjä), Lindberg, Grönlund, Hyypiä (71. Mahlio), Hjelm (85. Rissanen), Myyry, Kangaskorpi (58. Väisänen) - Trainer: Ikäläinen

Rußland - Finnland 3:1 (1:1) EMQ

15. 1. 1995 Moskau - 7.000 - Merk (Deutschland) Niemi, Rissanen, Nourela, Hyryläinen, Nieminen, Lindberg, Sumiala (76. Kangaskorpi), Suominen (88. Ylönen), Hjelm, Myyry, Grönlund (70. Koskinen) - Trainer: Ikäläinen - Tor: Suominen (44./1:1)

Thailand - Finnland 1:0 (0:0)

16. 2. 1996 - Bangkok - keine Aufstellung bekannt

Finnland - Dänemark 0:0

11.2. 1996 Bangkok (Thailand) - Pemparich (Thailand) - Laukkanen, Rissanen, Hyryläinen, Karjalainen, Ylonen, Järvinen, Jalonen (82. Mahlio), Souminen, Grönlund, Hjelm, Wiss (61. Koskinen) - Trainer: Ikäläinen

Finnland - Rumänien 1:1 (1:1)

13. 2. 1996 Bangkok (Thailand) - Un-Prasert (Thailand) - keine Aufstellung bekannt - Tor: Koskinen (15.)

Thailand - Finnland 5:2 (1:1)

16. 2. 1996 - Bankog - keine weiteren Daten bekannt

Frankreich - Finnland 2:0 (2:0)

29. 5. 1996 - Strasbourg - Steinborn (Deutschland) - Niemi, Ylonen, Hyryläinen, Karjalainen, Heinola, Hyypiä, Suominen, Litmanen, Grönlund, Vaisänen, Kolkka (81. Jäjävä) - Trainer: Ikäläinen

Finnland - Türkei 1:2 (1:1)

2. 6. 1996 - Helsinki - Larsen (Dänemark) - Niemi (46. Laukkanen), Ylonen, Hyryläinen, Karjalainen, Ylonen, Järvinen, Jalonen (82. Mahlio), Suominen, Grönlund, Hjelm, Wiss (61. Koskinen) - Trainer: Ikäläinen - Tor: Litmanen (25.)

DER EUROPAPOKAL

Europapokal der Landesmeister

Meister TPV Tampere startete im UEFA-Pokal-Wettbewerb

Europapokal der Pokalsieger

Qualifikation

TPS Turku - Teuta Durres 1:0 (1:0)

10. 8. 1995 - 4.000 - Levnikov (Rußland) - Toivonen, Casagrande, Keula, Sulonen, Oinas, Wallden, Jalonen, Enberg, Alllen (88. Savolainen), Johanssson (79. Virtanen), Pylkäs, Torschütze: Wallden(29./1:0)

Teuta Durres - TPS Turku 3:0 (2:0)

24. 8. 1995 - 5.000 (in Tirana) - Tivold (Slowenien) - Toivonen, Casagrande, Miettinen (46. Jalonen), Sulonen, Keula (68. Virtanen), Savolainen, Wallden, Enberg, Allen, Johansson (81. Peltola), Pylkäs

UEFA-Pokal

Qualifikation

Motherwell FC - MyPa Anjalankoski 1:3 (1:2)

8. 8. 1995 - 8.280 - Temmink (Niederlande) - Jakonen, Huttunen, Viljanen, Hyypia, Jukka Koskinen, Mahlio, Gronholm (Keskitalo) (Hellsten), Kautonen, Tiainen, Kolkka, Pohja, Tore: Grönholm (13./1:1), Tiainen 31./1:2), Mahlio (55./1:3)

MyPa Anjalankoski - Motherwell FC 0:2 (0:1)

22. 8. 1995 - 3.880 - Kjelbroti (Norwegen) - Jakonen, Huttunen, Viljanen, Hyypiä, Jukka Koskinen, Mahlio, Tiainen (87. Jarkko Koskinen), Kautonen, Grönholm, Kolkka, Keskitalo (89. Hellsten)

1. Runde

MyPa Anjalankoski - PSV Eindhoven 1:1 (1:0)

12. 9. 1995 - 5.000 - Pianikh (Ukraine) - Jakonen, Huttunen, Viljanen, Hyypiä, Jukka Koskinen, Mahlio, Jarkko Koskinen, Kautonen, Tiainen (85. Pohja), Keskitalo (63. Kolkka), Grönholm

PSV Eindhoven - MyPa Anjalankoski 7:1 (2:1)

26. 9. 1995 - 10.800 - Reed (England) - Jakonen, Huttunen, Viljanen, Hyypia,Mahlio, Jukka Koskinen, Kautonen, Tiainen (74. Jarkko Koskinen), Keskitalo (68. Pohja), Kolkka (60. Vuorinen), Grönholm - Tor: Keskitalo (16./1:1) - Rot: Jakonen (59.)

TPV Tampere - Viking Stavanger 0:4 (0:0)

8. 8. 1995 - 2.198 -Sten Johansson (Schweden) - Koivistoinen, Granholm, Gawara (75. Grandi), Mäkinen, Levola, Juntunen, Listenmaa (69. Karatajev), Wiss (Lindholm), Niemi, Aaltonen, Dionisio

Viking Stavanger - TPV Tampere 3:1 (2:0)

22. 8. 1995 - 2.354 - Durkin (England) - Vahla, Gawara, Levola (75. Listenmaa), Lindholm, Mäkinen, Tuomela, Wiss, Juntunen, Aaltonen (Kuula), Jari Niemi (45. Pellikka), Dionisio, Torschütze: Wiss (89./3:1,Elfmeter)

UI-Cup

IFK Norrköping - HJK Helsinki	*1:1*
HJK Helsinki - Bohemians Dublin	*3:2*
Odense BK - HJK Helsinki	*2:1*
HJK Helsinki - Girondins Bordeaux	*1:1*

Fédération Française de Football

60bis, av. d'Iéna
F-75783 Paris Cédex 16
Telefon: ++33(1)44317300
Telefax: ++33(1)47208296

FIFA-Weltrangliste

Juli 1995:	18. Platz,	50,71 Punkte
Juli 1996:	3. Platz,	60,73 Punkte

UEFA-Fünfjahreswertung:

1996/97:	2. Platz	45,40 Punkte

AJ Auxerre schaffte Double

von Jean-Michel Cazal

Auxerre ist klein (knapp 40.000 Einwohner), bekannt für seinen Wein (Burgund) und hat eine sehenswerte Altstadt. Knapp 100 Kilometer südlich der Metropole Paris geht das Leben am Flüßchen Yvonne noch einen eher gemütlichen Gang. In diesem idyllischen Fleckchen Erde kochte im Verlauf der Saison 1995/96 regelmäßig die Stimmung über. Immer dann, wenn der örtliche Fußballverein *Association de la Jeunesse Auxerroise* (Jugendvereinigung von Auxerre) zum samstagabendlichen Match bat, geriet die Stadt in einen Erfolgsrausch. Als AJA am Saisonende seine Trophäen zusammenzählte, waren die beiden wichtigsten, die ein Verein in Frankreich gewinnen kann, dabei: Der Meistertitel und der Pokal. Auxerres Double war das herausragende sportliche Ereignis einer turbulenten Saison, in der Frankreich auf europäischer Ebene auftrumpfte wie noch nie.

Insgesamt acht Klubs nahmen an den drei europäischen Vereinswettbewerben teil - Rekord für das Ausrichterland der Weltmeisterschaft 1998. Doch Frankreichs Top-Teams bestachen nicht nur durch Quantität, sondern auch durch Qualität. Paris Saint-Germain gewann den Cup-Sieger-Pokal, Girondins Bordeaux drang bis ins UEFA-Pokal-Finale vor, und der FC Nantes sorgte in der Champions-League für einige faustdicke Überraschungen. Belohnung war der Sprung auf Platz 3 der FIFA-Weltrangliste.

Die nationale Meisterschaft bestach durch eine lang nicht mehr erlebte Spannung. Zunächst sah alles nach einem Durchmarsch von Paris Saint-Germain (PSG) aus. Die Rot-Blauen führten nach

Frankreichs Double-Sieger AJ Auxerre:

Division 1		Gesamt							Heim					Auswärts				
		Sp	g	u	v	Tore	Diff.	Pkt.	g	u	v	Tore	Pkt.	g	u	v	Tore	Pkt.
1. AJ Auxerre		38	22	6	10	66:30	+36	72	14	1	4	37:11	43	8	5	6	29:19	29
2. Paris Saint-Germain (P)		38	19	11	8	65:36	+29	68	12	4	3	41:16	40	7	7	5	24:20	28
3. AS Monaco		38	19	11	8	64:39	+25	68	12	4	3	30:13	40	7	7	5	34:26	28
4. FC Metz		38	18	11	9	42:30	+12	65	11	3	5	28:15	36	7	8	4	14:15	29
5. Racing Club Lens		38	16	15	7	45:31	+14	63	11	7	1	27:10	40	5	8	6	18:21	23
6. Montpellier Hérault SC		38	17	9	12	51:40	+11	60	12	5	2	32:15	41	5	4	10	19:25	19
7. FC Nantes (M)		38	14	13	11	44:42	+ 2	55	10	7	2	27:13	37	4	6	9	17:29	18
8. Stade Rennes		38	13	15	10	44:41	+ 3	54	12	4	3	33:19	40	1	11	7	11:22	14
9. Racing Strasbourg		38	14	12	12	46:44	+ 2	54	12	5	2	32:13	41	2	7	10	14:31	13
10. En Avant Guingamp (N)		38	13	14	11	34:33	+ 1	53	9	9	1	20:5	36	4	5	10	14:28	17
11. Olympique Lyon		38	10	18	10	41:41	+-0	48	7	11	1	27:18	32	3	7	9	14:23	16
12. OGC Nice		38	12	9	17	37:44	- 7	45	9	3	7	25:21	30	3	6	10	12:23	15
13. AC Le Havre		38	11	12	15	33:45	-12	45	8	8	3	20:16	32	3	4	12	13:29	13
14. AS Cannes		38	12	8	18	45:51	- 6	44	10	3	6	29:20	33	2	5	12	16:31	11
15. SC Bastia		38	12	8	18	45:55	-10	44	10	6	3	28:14	36	2	2	15	17:41	8
16. Girondins Bordeaux		38	11	9	18	44:52	- 8	42	10	6	3	35:17	36	1	3	15	9:35	6
17. OSC Lille		38	9	12	17	27:50	-23	39	5	8	6	12:19	23	4	4	11	15:31	16
18. FC Gueugnon (N)	↓	38	8	14	16	27:46	-19	38	5	8	6	15:17	23	3	6	10	12:29	15
19. AS Saint-Etienne	↓	38	6	16	16	36:59	-23	34	5	11	3	26:22	26	1	5	13	10:37	8
20. FC Martigues	↓	38	9	7	22	31:58	-27	34	7	2	10	22:27	23	2	5	12	9:31	11

EC 1996/97: CL: AJ Auxerre, EC2: Paris-Saint-Germain (TV), Olympique Nîmes, UEFA: AS Monaco, FC Metz, Racing Club Lens, Montpellier Hérault SC, UI: FC Nantes, Stade Rennes, Racing Strasbourg, En Avant Guingamp

dem letzten Hinrundenspieltag mit sieben Punkten Vorsprung und galten allgemein als nicht mehr aufhaltbar. Ganze zweimal hatte das von Luis Fernandez im zweiten Jahr trainierte Team in den ersten neunzehn Spielen verloren, und sich weder vom 0:1 in Montpellier noch vom 1:3 in Lens stoppen lassen.

Neben PSG war der FC Metz positiv aufgefallen. Bis zum fünfzehnten Spieltag blieben die Elsässer ungeschlagen, dann setzte es eine 0:3-Heimniederlage gegen PSG und die Tabellenführung ging nach Paris. Von Auxerre hatte man dagegen recht wenig gesehen. Am letzten Hinrundenspieltag kassierten die Roux-Schützlinge gegen Aufsteiger Guingamp bereits ihre siebte Niederlage, und es schien, als müßten die Burgunder ihre Titelhoffnungen auf die nächste Saison verschieben.

In der Rückrunde ging zunächst alles seinen gewohnten und auch prognostizierten Gang: PSG gewann Punkt um Punkt und schien unaufhaltsam auf dem Weg zum dritten Meistertitel nach 1986 und 1994. Doch im Windschatten der Pariser hatte Auxerre allmählich zu alter Stärke zurückgefunden. Als die Pariser am 7. Februar 1996 in Monaco ihre dritte Saisonniederlage kassierten, betrug der Abstand nur noch sechs Punkte. Vier Tage später verlor PSG sensationell im heimischen Prinzenparkstadion mit 2:3 gegen Montpellier, und der Rückstand schrumpfte auf drei Punkte. Am folgenden Wochenende leistete sich PSG mit 0:1 in Straßburg die dritte Niederlage in Folge, doch Auxerre patzte in Rennes ebenfalls, und es blieb beim alten Abstand. Vor dem 32. Spieltag hatte PSG seinen Vorsprung wieder auf fünf Punkte ausbauen können. Abermals schien die Entscheidung gefallen zu sein, als Auxerre und PSG vor 20.000 Zuschauern im prallgefüllten *Stade de l'Abbé-Deschamps* zum vorentscheidenden Duell aufeinandertrafen. Jener 24. März 1996, ein Sonntag, war der Tag, an dem der Saisonverlauf auf den Kopf gestellt wurde. Mit 3:0 entzauberten die heimischen Auxerroises die Pariser Starelf um Daniel Bravo und machten die

Die Torschützen

Sonny Anderson (AS Monaco)	22
Anton Drobnjak (SC Bastia)	20
Florian Maurice (Olympique Lyon)	18
Julio César Dely Valdes (Paris SSG)	15
Japhet N´Doram (FC Nantes)	15
Sylvain Wiltord (Stade Rennes)	15
Rai De Oliveira (Paris Saint-Germain)	14
Youri Djorkaeff (Paris Saint-Germain)	13
Corentin Martins (AJ Auxerre)	13
James Debbah (OGC Nice)	12
Christophe Horlaville (AS Cannes)	12
Lilian Laslandes (AJ Auxerre)	12

Division 1	Auxerre	Bastia	Bordeaux	Cannes	Gueugnon	Guingamp	Le Havre	Lens	Lille	Lyon	Martigues	Metz	Monaco	Montpell.	Nantes	Nice	Paris	Rennes	Etienne	Strasb.
AJ Auxerre	•	3:0	2:0	5:1	4:0	1:2	1:0	0:1	1:2	2:0	4:0	0:0	1:2	1:0	2:1	2:1	3:0	2:1	2:0	1:0
SC Bastia	1:1	•	2:0	2:1	1:2	0:1	1:0	3:2	4:0	0:0	2:0	1:0	2:1	1:0	4:1	1:2	2:2	0:0	0:0	1:1
Girondins Bordeaux	0:1	1:3	•	2:1	3:1	2:0	3:1	0:0	1:0	1:1	1:1	4:0	2:4	3:0	3:0	4:1	2:2	0:0	2:0	1:1
AS Cannes	0:1	1:0	1:1	•	2:0	3:0	0:0	5:2	2:1	3:0	2:1	1:2	1:1	2:1	0:2	1:3	0:2	3:0	2:0	0:3
FC Gueugnon	0:0	1:0	2:2	1:1	•	2:2	0:1	0:1	3:1	0:0	0:0	0:0	2:2	0:2	0:1	1:0	1:3	1:0	1:0	0:1
En Avant Guingamp	1:1	1:0	1:0	2:0	0:0	•	2:2	1:0	0:1	1:0	2:0	0:0	0:0	0:0	3:1	0:0	0:0	0:0	3:0	3:0
AC Le Havre	0:4	1:0	1:0	0:0	0:2	1:0	•	1:1	4:1	2:1	1:0	0:0	2:1	2:2	0:1	0:0	1:1	0:0	2:2	2:0
Racing Club Lens	0:0	3:1	0:0	1:1	2:0	0:1	2:0	•	1:1	2:2	1:0	2:0	2:1	2:1	2:1	0:0	3:1	1:0	3:0	0:0
OSC Lille	0:4	0:2	0:2	0:2	2:0	0:3	2:0	1:3	•	2:1	0:0	0:0	0:0	1:1	0:0	1:0	0:0	0:0	1:1	2:0
Olympique Lyon	0:1	1:1	1:0	1:0	0:0	1:1	3:2	0:0	1:1	•	5:1	1:1	3:3	3:2	1:1	1:0	0:0	2:2	2:1	1:1
FC Martigues	1:2	3:1	3:1	2:1	3:0	2:1	0:1	0:1	1:0	1:2	•	0:1	0:4	0:1	0:4	0:0	2:4	1:2	1:1	2:0
FC Metz	3:1	2:0	2:0	0:0	1:2	3:0	2:1	2:0	2:0	0:1	2:0	•	0:3	1:0	0:0	4:0	0:3	0:0	1:2	3:2
AS Monaco	2:2	0:0	2:0	1:0	0:0	1:0	2:1	1:1	2:1	0:2	0:1	0:1	•	3:1	4:1	1:0	1:0	3:1	2:0	5:1
Montpellier Hérault SC	3:1	4:3	3:0	3:1	2:2	2:1	2:0	0:0	0:0	2:1	2:0	1:2	0:0	•	1:0	0:1	1:0	3:1	1:0	2:2
FC Nantes	1:0	3:1	2:0	2:0	1:0	0:0	1:1	1:1	1:2	0:0	3:0	1:0	2:2	1:0	•	1:0	1:2	2:2	2:2	2:0
OGC Nice	1:3	3:1	1:0	1:2	3:1	2:1	1:2	1:1	2:1	1:0	1:0	0:1	1:2	1:2	1:0	•	1:2	0:0	2:0	2:2
Paris-Saint Germain FC	3:1	5:1	3:0	2:1	1:1	1:1	2:0	1:0	0:1	2:0	0:0	2:3	2:1	2:3	5:0	3:2	•	1:1	4:0	2:0
Stade Rennes	2:1	2:0	4:3	3:2	2:1	3:0	1:0	2:1	3:1	1:0	1:3	0:0	2:3	1:1	2:2	1:0	0:1	•	3:0	0:0
AS Saint-Etienne	0:5	3:0	2:0	2:2	2:0	4:0	1:1	1:1	1:1	1:1	2:2	1:1	2:4	0:2	0:0	1:1	1:1	0:0	•	2:0
Racing Strasbourg	1:0	4:3	3:0	1:0	0:0	0:0	3:0	1:2	2:0	2:2	2:0	1:2	2:0	1:0	1:1	1:1	1:0	3:1	3:1	•

Saison noch einmal so richtig spannend. Allerdings hatten die Pariser weiterhin alle Trümpfe in ihren Händen, denn von den verbliebenen sechs Saisonspielen fanden vier im heimischen Prinzenparkstadion statt. Doch schon sieben Tage später waren die Trümpfe verspielt: Ohne die verletzten Leistungsträger Raj und Djorkaeff verlor PSG daheim mit 2:3 gegen Metz. Auxerre gewann gleichzeitig in Lille und stand zum ersten Mal in der Saison auf Platz 1! Auf dem standen die weißgekleideten Burgunder auch nach dem 38. Spieltag, nachdem sie sich eine Woche zuvor durch ein 1:1 in Guingamp endgültig den Titel gesichert hatten. Auxerres Traumsaison war bereits am 4. Mai 1996 komplettiert worden, als die Roux-Truppe sich durch einen allerdings schmeichelhaften 2:1-Finalsieg über den Drittligisten Olympique Nîmes zum zweiten Mal nach 1994 den Pokal gesichert hatte.

In Paris war anschließend die Hölle los. Erst am 8. Mai 1996 wurden die geschundenen Seelen der Hauptstädte wieder etwas beruhigt, als ein Freistoßtor des Abwehrreckens Bruno Ngotty den Europapokal der Pokalsieger an die Seine brachte. Paris' berüchtigte Anhänger sorgten allerdings für einen Wermutstropfen, als sie allzu heftig feierten und dabei einiges zu Bruch ging. Für Luis Fernandez hieß es anschließend *A bientôt*, denn nach einem Jahr der Zwietracht wurde der umstrittenen Coach vom Brasilianer Ricardo Gomez Raimundo abgelöst. Immerhin war Fernandez der erste französische Trainer, der einen Europapokal holte, denn Marseilles Triumph aus dem Jahre 1993 war unter dem Belgier Goethals errungen worden.

Titelverteidiger FC Nantes spielte im Rennen um den Titel des Jahres 1996 keine Rolle. Dabei waren *les Canaries* (die Kanarienvögel), die mit Christian Karembeu (Sampdoria Genua) und kurz vor Saisonbeginn auch noch Patrice Loko (PSG) zwei Stammspieler verloren hatten, verheißungsvoll in die Saison gestartet. Als Nantes am 2. Spieltag die Tabellenführung übernahm, herrschte ausgesprochene Zufriedenheit bei den Grün-Gelben. Anschließend ging es jedoch bergab. Schlüsselspieler wie Nicolas Ouedec und der aus Rennes ins wunderschöne *Stade Beaujoire* gewechselte Spielmacher Jocelyn Gourvennec verletzten sich und fielen lange aus. Der von Atlético Madrid verpflichtete polnische Nationalspieler Roman Kosecki konnte Patrice Loko nie ersetzen und schoß lediglich vier Saisontore. Nantes kam zu keiner Zeit über eine Mittelfeldrolle hinaus und verpaßte am Ende sogar den UEFA-Pokal. Einziger Lichtblick war das Erreichen des Halbfinales der Champions League, in dem die Bretonen unglücklich an Juventus Turin scheiterten.

Girondins Bordeaux trumpfte ebenfalls auf europäischer Ebene auf - und enttäuschte in der nationalen Meisterschaftsrunde. Das Team um

2. Liga (Division 2)		Sp	g	u	v	Tore	Pkt.
1. SM Caen	↑	42	24	9	9	59:34	81
2. Olympique Marseille	↑	42	23	11	8	69:35	80
3. AS Nancy	↑	42	20	16	6	56:23	76
4. Stade Laval		42	21	9	12	52:46	72
5. Toulouse FC		42	18	9	15	40:34	63
6. Le Mans UC		42	15	17	10	37:36	62
7. AS Red Star 93 Paris		42	16	13	13	56:38	61
8. Perpignan FC		42	17	10	15	44:53	61
9. Berrichonne de Châteauroux		42	16	12	14	40:35	60
10. FC Sochaux-Montbéliard		42	15	14	13	49:40	59
11. CS Louhans-Cuiseaux		42	16	10	16	57:49	58
12. FC 56 Lorient		42	16	10	16	44:46	58
13. Amiens Sporting CF		42	13	15	14	43:49	54
14. FC Mulhouse		42	13	12	17	44:45	51
15. ASOA Valence		42	11	18	13	34:42	51
16. Chamois Niortais FC		42	13	11	18	48:50	50
17. Olympique Charleville		42	11	15	16	34:54	48
18. SA Epinal		42	9	18	15	41:46	45
19. Stade PEPP Poitiers		42	9	18	15	36:50	45
20. USL Dunkerque	↓	42	9	16	17	30:43	43
21. SCO Angers	↓	42	7	16	19	31:53	37
22. Olympique d'Alès	↓	42	4	13	25	29:72	25

Spielmacher Zinedine Zidane qualifizierte sich über den kräfteraubenden UI-Cup für den UEFA-Pokal, in dem der Siegeslauf der Südfranzosen erst im Finale von Bayern München gestoppt wurde. Zuvor hatte Girondins unter anderem den AC Mailand ausgeschaltet. Im Ligaspielbetrieb zeigt die Mannschaft jedoch ein anderes Gesicht. Platz 16 und die lange Zeit zu spürende Abstiegsangst sorgten für Unruhe an der Garonne. Slavoljub Muslin, der die Bordelaise in der Vorsaison aus der Abstiegszone geführt hatte, mußte schon im Winter seinen Sessel räumen und wurde vom Ex-Offenbacher Gernot Rohr ersetzt. Der langjährige Jugendtrainer von Girondins wurde zum Saisonende ebenfalls abgelöst. Sein Nachfolger ist der Weltenbummler Rolland Courbis, der allerdings vor einer schwierigen Saison steht, denn mit Witschge (Ajax Amsterdam), Zidane (Juventus Turin) und Lizarazu (Bilbao) hat Bordeaux hochkarätige Abgänge zu verzeichnen.

Der FC Metz gilt als positive Überraschung. Lange Zeit spielten die von Joël Muller trainierten Elsässer ernsthaft um den Titel mit, ehe am Ende die Kräfte fehlten und lediglich Platz 4 heraussprang. Dafür sicherte sich der FCM durch einen 5:4-Sieg nach Elfmeterschießen über Olympique Lyon den Ligapokal, dessen Gewinn erstmals mit einem UEFA-Cup-Platz belohnt wurde.

Neben Metz überraschte Aufsteiger En Avant Guingamp, der 1994 noch in der dritten Liga gespielt hatte. Trainer Francis Smerecki führte sein namenloses Team auf Rang 10, der zur Teilnahme am UI-Cup berechtigte, über den sich die Bretonen für den UEFA-Pokal qualifizierten.

Weniger glücklich endete das Erstliga-Abenteuer für den zweiten Neuling FC Gueugnon. Das Team aus dem kleinen Örtchen im Loire-Tal konnte die Abstiegsränge nie verlassen und wurde vom Marseiller Vorortklub FC Martigues sowie dem einst berühmtesten französischen Klub AS Saint-Etienne in die Zweitklassigkeit begleitet. Für die finanziell gebeutelten Saint-Etienner, die nach wie vor zu den beliebtesten Vereinen Frankreichs zählen, brechen harte Zeiten an, und der sofortige Wiederaufstieg scheint ein unmögliches Unterfangen für *les Verts* (Die Grünen) zu sein.

Dafür gelang mit Olympique Marseille einem ebenfalls in ganz Frankreich beliebten Klub der langersehnte Wiederaufstieg. Beim Ex-Europacupsieger sind die Nachwirkungen der Bestechungsaffäre inzwischen überstanden und Bernard Tapie ausgeschaltet. Kurioserweise unterschrieben die Verantwortlichen im *Stade Vélodrome* bereits vor dem endgültig feststehenden Aufstieg einen Fernsehvertrag für künftige Europapokalspiele Marseilles! Mit dem irischen Goalgetter Tony Cascarino, den Altmeistern Manuel Amoros, Bernard Casoni und Jean-Philippe Durand hatte Olympique schon zu Zweitligazeiten ein ausgesprochenes Starensemble, das nach dem Aufstieg durch die Zugänge von Andreas Köpke, Yordan Letchkov und Jean-Pierre Papin noch schillernder wurde. Dagegen wirken die beiden anderen Aufsteiger SM Caen und AS Nancy eher bescheiden.

Im französischen Pokalwettbewerb war es der Drittligist Olympique Nîmes, der für eine Sensation nach der anderen sorgte. Der abgestürzte Ex-Erstligist - dem Abstieg aus der *Division 1* im Jahr 1993 war 1995 der Sturz in die Drittklassigkeit gefolgt - schaltete mit Saint-Etienne, Straßburg und Montpellier immerhin drei

Erstligisten aus und lag im Pokalfinale gegen Auxerre nach fünfundvierzig Minuten sensationell mit 1:0 in Front. Im zweiten Spielabschnitt fehlte den *Crocodiles* (Krokodilen) allerdings die Kraft, und Laurent Blanc sowie Lilian Laslandes sicherten dem Favoriten doch noch den Pokalsieg.

Frankreichs Nationalmannschaft knüpfte in der Saison 1995/96 an ihre in der Vorsaison gezeigten Leistungen an und blieb ungeschlagen. Aimé Jacquet, der die Mannschaft nach ihrem peinlichen Ausscheiden aus der WM-Qualifikation im Dezember 1993 übernommen hatte, konnte nach dem 3:1-Sieg in Rumänien beruhigt mit den EM-Vorbereitungen beginnen. Stirnrunzeln verursachte seine Entscheidung, auf die in England spielenden Eric Cantona und David Ginola zu verzichten. Jacquet vertraut auf ein 4-4-2-System, bei dem Laurent Blanc die Vierer-Abwehrkette organisiert, Zinedine Zidane das Spiel gestaltet und Christian Karembeu, Didier Deschamps und Vincent Guérin im defensiven Mittelfeld agierten. Im Sturm baute er auf den glänzend aufgelegten Youri Djorkaeff, der Eric Cantona fast vergessen ließ sowie wahlweise auf Christophe Dugarry oder Patrice Loko. In den Gruppenspielen überzeugte das Team und qualifizierte sich durch einen überzeugenden 3:1-Sieg über Bulgarien für das Viertelfinale, in dem die Niederlande der Gegner war. In jenem Spiel nahm Frankreichs Schicksal seinen Lauf. Zwar endete die Begegnung nach 120 torlosen Minuten im Elfmeterschießen glücklich zugunsten der Jacquet-Elf, doch eine Knieverletzung von Christophe Dugarry sowie eine vermeidbare zweite gelbe Karte für Karembeu ließen für das Halbfinalspiel gegen Tschechien nichts Gutes verheißen. Tatsächlich boten die beiden Teams den Zuschauern eines der schwächsten Spiele im gesamten Turnierverlauf und kamen kaum zu Torchancen, geschweige denn zu Toren. Im Elfmeterschießen war der Glücksvorrat der Franzosen dann aufgebraucht, als Reynald Pedros den fünften Elfmeter verschoß und Miroslav Kadlec für das Aus sorgte. „Frankreich hat sich durch eigene Auswahlfehler selbst geschlagen", kommentierte das Fachblatt *World Soccer* und spielte auf den Ausfall von Dugarry an, für den Jacques keinen geeigneten Ersatz parat hatte.

Dennoch: 1995/96 war die bislang erfolgreichste Saison Frankreichs auf der europäischen Fußballbühne. ■

DER POKAL

1. Runde

FC Saint Lô-Manche - SCO Angers	1:3
Olympique Lyon - AJ Auxerre	0:1
CS Blénod - SC Bastia	1:0
FC Pont-de-Roide-V. - Girondins Bordeaux	1:4
SM Caen - Amiens Sporting CF	n. V. 3:2
AS Cannes - Perpignan FC	5:1
SG Marienau - Cercle Dijon Football	1:4
Toulouse-Fontaines Club - FC Istres-Ville Nouv.	0:1
Stade Laval - Stade PEPP Poitiers	4:1
AS Salbris - AC Le Havre	0:3
UC Le Mans 72 - US Créteil	1:0
FC Saint Leu - OSC Lille	0:1
US Marseille-Endoume - Olympique Marseille	0:2
US La Flèche - FC Martigues	1:3
US Charnay - FC Metz	1:3
AS Monaco - Racing Club Lens	1:0
ES Pacy-sur-Eure - Montpellier Hérault SC	1:2
FC Mulhouse - FC SR Haguenau	n. V. 3:2
Stade Rennes - AS Nancy	1:2
Olympique Saint-Quentin - FC Nantes	1:7
Stade Brest 29 - OGC Nice	n. E. 3:4, n. V. 1:1
Olympique Nîmes - AS Saint Priest	3:1
Chamois Niort - EA Guingamp	n. E. 7:6, n. V. 2:2
Paris-SG - Berrichonne de Châteauroux	3:1
US Raon-l´Etape - AS Poissy	0:1
Stade Pontivy - FC Trélissac-Maurilloux	2:0
AS Saint-Etienne - US Saintes et Cheminots	5:0
USL Dunkerque - FC Sochaux-Montbéliard	1:3
US Valenciennes-Anzin - Racing Strasbourg	n. V. 1:2
Nozay Omni-Sports - CS Cheminots Thouars	0:2
SC Toulon 83 - Pau FC	2:1
FC Gueugnon - ASOA Valence	1:2

2. Runde

UC Le Mans - AJ Auxerre	0:2
CS Blénod - AC Le Havre	n. E. 4:3, n. V. 1:1
FC Metz - SM Caen	0:1
OGC Nice - Stade Laval	n. V. 0:1
AS Nancy - OSC Lille	n. E. 2:4, n. V. 0:0
Stade Pontivy - Olympique Marseille	0:2
FC Nantes - AS Monaco	n. E. 4:5, n. V. 2:2
Montpellier Hérault SC - FC Istres-Ville Nouvelle	2:1
Olympique Nîmes - AS Saint-Etienne	3:1
Chamois Niort - FC Mulhouse	n. E. 4:2, n. V. 1:1
Paris-Saint Germain FC - SCO Angers	2:0
AS Cannes - FC Sochaux-Montbéliard	0:1
AS Poissy - Racing Strasbourg	n. E. 2:4, n. V. 0:0
CS Cheminots Thouars - FC Martigues	n. V. 1:0
SC Toulon 83 - Girondins Bordeaux	n. V. 3:2
ASOA Valence - Cercle Dijon Football	3:0

Achtelfinale

AJ Auxerre - Paris-Saint Germain FC	3:1
SM Caen - FC Sochaux-Montbéliard	5:0
OSC Lille - AS Monaco	n. E. 5:4, n. V. 1:1
CS Blénod - Olympique Marseille	0:2
SC Toulon 83 - Montpellier HSC	n. E. 1:4, n. V. 1:1
CS Cheminots Thouars - Olympique Nîmes	0:2
Chamois Niort - Racing Strasbourg	0:1
ASOA Valence - Stade Laval	1:0

Viertelfinale

ASOA Valence - AJ Auxerre	0:2
Olympique Marseille - OSC Lille	1:0
Montpellier Hérault SC - SM Caen	1:0
Olympique Nîmes - Racing Strasbourg	n. V. 3:2

Halbfinale

Olympique Marseille - AJ Auxerre	n. E. 1:3, n. V. 1:1
Olympique Nîmes - Montpellier Hérault SC	1:0

Finale (4. Mai 1996, Paris, 44.921)

AJ Auxerre - Olympique Nîmes 2:1 (0:1)

AJ Auxerre: Charbonnier - Goma, Blanc, West, Rabarivony - Violeau, Saib (87. Cocard), Martins - Lamouchi, Laslandes, Diomède.
Nîmes Ol.: Sence - Touron, Bochu, Preget, Ecker - Belbey, Jeunechamp (90. Gros), Zugna (35. Vosalho), C. Perez - Ramdane (69. Sabin), Marx.
Schiedsrichter: Saules - Tore: 0:1 Belbey (26.), 1:1 Blanc (53.), 2:1 Laslandes (88.)

DER MEISTER

AJ Auxerre

Zwei Männer sind es, die der über neunzigjährigen Geschichte von AJ Auxerre (AJA) ihren Stempel aufgedrückt haben. Priester Ernest Deschamps, der den Klub 1905 gründete und nach dem später das Stadion benannt wurde, und Guy Roux, der seit unfaßbaren fünfunddreißig Jahren Cheftrainer in Auxerre ist. Der als rigoros geltende Elsässer (1938 in Colmar geboren) führte den Provinzklub 1974 in die zweite und 1980 sogar in die erste Liga. Stars wie Roger Boli und Eric Cantona entstammen aus der berühmten Jugendschule der Burgunder, die sich nun erstmals in der Vereinsgeschichte Pokal und Meisterschaft sicherten. Trainer Roux schwört wie eh und je auf das altehrwürdige 4-3-3-System mit zwei herkömmlichen Flügelzangen, einem altmodischen Spielmacher, einem Ausputzer sowie einer engen Manndeckung für die gegnerischen Angreifer. Mit Cocard, Lamouchi, Diomede, Martins und Blanc stehen ihm dafür ausgezeichnete Akteure zur Verfügung.

Guy Roux' Vorstellungen werden in Auxerre nicht nur auf dem Spielfeld umgesetzt. Der gemütlich wirkende Dauerbrenner unter Frankreichs Erstligatrainern fungiert „nebenbei" als Manager und Seelendoktor für die Spieler. Ohne Roux geht in Auxerre nichts, und AJA steht genauso wie die Stadt Auxerre voll hinter dem charismatischen Trainer, dem man so viel zu verdanken hat. Nach der Erfolgssaison gab Auxerres Bürgermeister Jean-Pierre Soisson sofort grünes Licht für die Herrichtung des kleinen und gemütlichen Stadions Abbé-Deschamps, zur Champions-League. In Burgund ist die Welt trotz des Erfolges noch normal.

IM BLICKPUNKT

Paris Saint-Germain FC

Sie hatten sich soviel vorgenommen! 1995 vom FC Nantes überraschend an der Titelverteidigung gehindert, wollte der Paris Saint-Germain Football-Club, von allen nur „PSG" genannt, 1996 wieder in die Erfolgsspur zurückkehren. Doch das Vorhaben konnte nur zum Teil verwirklicht werden. Der seit 1991 massiv vom Privatfernsehkanal *Canal+* unterstützte Klub landete am Saisonende lediglich auf Platz 3, nachdem es zur Saisonhalbzeit noch nach einem Durchmarsch ausgesehen hatte.

PSG hatte vor Saisonbeginn mit George Weah (AC Mailand), David Ginola (Newcastle) und dem Brasilianer Valdo (Benfica) drei Leistungsträger abgeben müssen, dafür mit dem Panamaer Julio Cesar Dely Valdes (aus Cagliari), Allroundstürmer Youri Djorkaeff (Monaco) und Patrice Loko von Meister Nantes aber hochkarätigen Ersatz bekommen.

Im Pariser Prinzenparkstadion kehrte jedoch nie Ruhe ein. Schon früh geriet Trainer Fernandes in die Kritik, weil er angeblich zu defensiv spielen ließ. Dann gab es Ärger um Neuzugang Loko, der nach einer Schlägerei kurzzeitig im Gefängnis landete. Zunächst zeigte sich die Mannschaft davon allerdings unbeirrt und marschierte an der Tabellenspitze. Als dann auch noch Mittelfeldspieler Vincent Guérin zum besten Akteur des Jahres 1995 gewählt wurde, herrschte in Paris breite Zufriedenheit.

Im Februar kam die Krise. Ständig wechselnde Aufstellungen brachte den PSG-Motor ins Stottern und auch der nie kompensierte Verlust von Spielmacher Valdo zeigte allmählich Wirkung. Der katastrophale Frühlingsauftakt mit den Heimniederlagen gegen Lille und Metz sowie dem Punktverlust gegen Abstiegskandidat Martigues sorgten dann urplötzlich für das Aus im Meisterrennen und dem ambitionierten Klub blieb lediglich der Europapokalwettbewerb. Dort setzten die Pariser freilich Akzente und schalteten unter anderem Celtic Glasgow, den AC Parma und Deportivo La Coruña aus. Ein hochverdienter 1:0-Finalsieg über Rapid Wien brachte die Trophäe schließlich in die Seine-Metropole.

Anschließend folgte das Großreinemachen. Der umstrittene Trainer Fernandez verließ den Klub in Richtung Bilbao, Bravo und Djorkaeff wechselten nach Italien Der neue Coach Ricardo Gomez Raimundo bekam zwar zahlreiche Zweitligaspieler, mit Benoît Cauet und dem von Benfica Lissabon losgeeisten Daniel Kenedy zunächst nur zwei „fertige" Spieler. Damit soll er PSG nun nach Willen des Präsidentenduos Bernard Brochand und Pierre Lescure in die High Society des europäischen Fußballs lotsen.

En Avant Guingamp

Vor drei Jahren reisten die Fußballfans aus dem bretonischen Départementstädtchen Guingamp noch nach Rennes oder Nantes, wenn sie Erstligafußball sehen wollten. Ihr heimisches Team En Avant (Vorwärts) sorgte zwar dann und wann im Pokal für Furore, doch über biedere Zweitklassigkeit waren die Männer aus dem Stadion Roudourou nie hinausgekommen. Deshalb war es auch keine Katastrophe, als EAG 1993 plötzlich in die Drittklassigkeit absteigen mußte. Nur daß der Lokalrivale Saint-Brieuc damit eine Klasse höher spielte, wurmte die Fans in dem 8.000-Einwohner-Städtchen. Trainer Francis Smerecki, der 1993 mitten im Abstiegskampf verpflichtet worden war und dem Klub auch in der Drittklassigkeit die Treue hielt, wollte jedoch mehr. Er stellte sich ein Team zusammen, das nicht nur problemlos den Wiederaufstieg schaffte, sondern direkt in die erste Liga durchmarschierte. Plötzlich stand das für seine Kathedrale berühmte Guingamp im Mittelpunkt. Der Verein des derzeitigen französischen Ligapräsidenten Noël Le Graët ging gelassen an die große Aufgabe. Sogar der Abgang von Torjäger Guivarc'h nach Auxerre wurde hingenommen, denn Smerecki vertraute auf seinen Aufstiegskader. Erfolgreich, denn En Avant geriet nie in Abstiegsgefahr und qualifizierte sich am Ende über den Umweg UI-Cup sogar für den UEFA-Pokal. Guingamps Erfolgsgeheimnis ist seine Bodenständigkeit und Konstanz. 13 Spieler stammen aus der Bretagne, Hauptsponsor *Rippoz* unterstützt den Klub bereits seit zwölf Jahren. Für die Region Côte d'Armor ist Guingamps Aufstieg jedenfalls ein Glücksfall. Aus allen Himmelsrichtungen strömen sie, wenn En Avant die Starklubs aus Paris, Nantes oder Lyon empfängt. Und dann ist da noch ein interessanter Nebeneffekt, denn „mit jedem Erfolg wird die Zahl der Franzosen, die Guingamp auf der Landkarte finden können, größer". So zumindest Noël Le Graët. Und der ist immerhin Bürgermeister von Guingamp.

DER STAR

Laurent Blanc (AJ Auxerre)

Der am 19. November 1965 geborene Laurent Blanc war 1991 von seinem Stammverein Montpellier zum SSC Neapel gewechselt. Nach Abstechern zu Olympique Nîmes und AS Saint Etienne landete er 1995 bei AJ Auxerre, wo er auf Anhieb Meister und Pokalsieger wurde. In Auxerre agierte der technisch starke offensive Mittelfeldspieler als Ausputzer hinter einem oder zwei Stoppern. Bei Eckbällen ist er häufig im Strafraum zu finden, wo er seine Kopfballstärke desöfteren in Tore ummünzt. „Intelligent, gelassen und immer am richtigen Platz", beschreibt die *France Football* den vierundfünfzigfachen Nationalspieler. Nach der für ihn überaus erfolgreichen EM in England wechselte der großgewachsene Defensivkünstler zum FC Barcelona.

Marcel Desailly (AC Mailand)

Für Frankreichs Fachpresse bestand kein Zweifel. „La palme à Desailly", frei übersetzt „Desailly war der Beste", befanden sie unmittelbar nach dem EM-Aus Frankreichs. „Desailly ist mit Sicherheit der beste Verteidiger Frankreichs, und auch in Italien kann keiner mit ihm mithalten".

1986 hatte der gebürtige Ghanaer seine Erstligakarriere beim FC Nantes begonnen und war 1992 zu Olympique Marseille gewechselt, mit denen er 1993 Europapokalsieger wurde. Im November desselben Jahres verließ er das sinkende Marseiller Schiff und wechselte zum AC Mailand, mit dem er schon sieben Monate später erneut den Europapokal gewann.

Zu Beginn seiner Karriere wurde Desailly lediglich als 100%iger Kämpfer und körperbetonter Verteidiger ohne größeres Talent betrachtet. Nach seinem Wechsel ins Stade Vélodrom kamen seine technischen Fähigkeiten auf der Manndeckerposition wesentlich deutlicher zum Vorschein. In Mailand tauchte der anpassungsfähige Desailly plötzlich im Mittelfeld auf - und erfüllte auch diese Rolle zur höchsten Zufriedenheit. Milans Fans schlossen den kämpfenden Spielmacher sofort in ihre Herzen, und Desailly wurde als der „neue Rijkaard" bezeichnet. Der großgewachsene Verteidiger wirkt wie ein unüberwindlicher Hüne, wenn er vor der Viserer-Abwehrkette steht. Neben seinen technischen Fähigkeiten überzeugt Desailly immer wieder durch seinen bedingungslosen Siegeswillen und kann seine Mannschaftskameraden großartig mitreißen.

Youri Djorkaeff
(Paris Saint-Germain)

Djorkaeff - der Name steht in Frankreich für ausgesprochene Fußballklasse. Vater Jean streifte sich zwischen 1964 und 1969 48mal das französische Nationaltrikot über und wurde 1970 mit Olympique Marseille Vizemeister. Sohn Youri begann seine 1984 beim Zweitligisten FC Grenoble und wechselte im November 1990 nach einem kurzen Intermezzo bei Racing Straßburg zum AS Monaco. Zweiundzwanzigjährig gab er sein Erstligadebüt für die Monegassen, mit denen er 1991 französischer Pokalsieger wurde.

Der am 9. März 1968 in Lyon geborene Torjäger (1993/94 wurde er mit 20 Treffern Torschützenkönig) wechselte 1995 zu Paris Saint-Germain, und gewann dort auf Anhieb den Europapokal der Pokalsieger. Djorkaeff spielt am liebsten hinter zwei Spitzen als rochierender Angreifer, ohne zu sehr in ein taktisches Schema eingebunden zu werden. Im französischen Nationalteam muß er allerdings den Part des zweiten Angreifers übernehmen, denn Nationalcoach Jacquet bevorzugt das defensive 4-4-2. In seinen bislang 22 Länderspielen hat Djorkaeff elf Tore erzielt und landete 1995 bei der Wahl zum "Fußballer des Jahres" hinter Zinedine Zidane auf Platz 2. Seit der Saison 1996/97 spielt Djorkaeff bei Inter Mailand.

DER NEWCOMER

Zinedine Zidane
(Girondins Bordeaux)

Er war die Enttäuschung Frankreichs. Nach einer langen Saison mit Girondins Bordeaux (inkl. UI-Cup) und dem Schock eines Autounfalles kurz vor Beginn der EM war Zinedine Zidane schlicht zu müde, um wirklich Akzente setzten zu können. Der begnadete Ballkünstler und gefürchtete Freistoßschütze begann seine Karriere beim AS Cannes, den er 1992 nach dem Abstieg aus der ersten Liga in Richtung Bordeaux verließ. Bei den Südfranzosen wurde er rasch zur tragenden Säule und feierte 1994 sein Debüt in der Nationalelf. Daß er bei der EM enttäuschte, wurde Zidane, der im Sommer 1996 zu Juventus Turin wechselte, rasch verziehen. Die *France Football* schrieb nach dem Halbfinal-Aus gegen Tschechien: „Zidane ist bereits ein großer Spieler, aber noch kein Superstar. In der italienischen Schule wird er sicherlich die Feinheiten, die ihm dazu noch fehlen, lernen. Man darf nicht vergessen, daß Zidane erst 24 ist. Ein Alter, in dem Michel Platini seine Karriere gerade erst begann."

DIE LÄNDERSPIELE

Frankreich - Polen 1:1 (0:1) EMQ
16.8.1995 - Paris - 40.296 - SR: Diaz (Spanien) - Lama - Angloma (66. Karembeu), Thuram, Leboeuf (70. Djorkaeff), Lizarazu - Deschamps, Desailly, Zidane, Guérin - Dugarry, Ginola (64. Pedros) - Trainer: Jacquet. Tor: Djorkaeff (86./1:1).

Frankreich - Aserbaidschan 10:0 (3:0) EMQ
6.9.1995 - Auxerre - 15.000 - SR: Micallef (Malta) - Lama - Angloma (57. Thuram), Leboeuf, Desailly, Lizarazu - Guérin, Zidane, Deschamps, Pedros (67. Ginola) - Djorkaeff, Dugarry (70. Cocard) - Trainer: Jacquet. Tore: Desailly (13.), Djorkaeff (18., 78.), Guérin (35.), Pedros (49.), Leboeuf (53., 74.), Dugarry (66.), Zidane (72.), Cocard (90.)

Rumänien - Frankreich 1:3 (0:2) EMQ
11.10.1995 - Bukarest - 24.000 - SR: Pairetto (Italien) - Barthez - Angloma, Leboeuf, Desailly, Di Meco - Karembeu, Deschamps, Zidane (85. Thuram), Guérin - Djorkaeff (75. Lizarazu), Dugarry (63. Madar) - Trainer: Jacquet. Tore: Karembeu (29./0:1), Djorkaeff (41./0:2), Zidane (73./1:3).

Frankreich - Israel 2:0 (0:0) EMQ
15.11.1995 - Caen - 20.822 - SR: Grabher (Österreich) - Lama - Angloma, Leboeuf, Desailly, Di Meco (63. Lizarazu) - Karembeu (91. M. Keller), Deschamps, Zidane, Guérin - Djorkaeff, Madar (63. Loko) - Trainer: Jacquet. Tore: Djorkaeff (69.), Lizarazu (89.).

Frankreich - Portugal 3:2 (1:2)
24.1.1996 - Paris - 25.000 - SR: Gallagher (England) - Lama - Angloma (70. Lamouchi), Leboeuf, Desailly, Di Meco - Karembeu, Deschamps, Zidane, Guérin (46. Pedros) - Djorkaeff, Loko (78. Pouget) - Trainer: Jacquet. Tore: Djorkaeff (24./1:1, 75./2:2), Pedros (77./3:2).

Frankreich - Griechenland 3:1 (1:1)
21.2.1996 - Nîmes - 23.454 - SR: Philippi (Luxemburg) - Lama - Angloma (46. Leboeuf), Thuram, Desailly, Petit (77. Pouget) - Deschamps, Djorkaeff (46. Zidane), Karembeu, Pedros - Lamouchi (70. Laigle), Loko - Trainer: Jacquet. Tore: Loko (30./1:1, 47./2:1), Zidane (49./3:1).

Belgien - Frankreich 0:2 (0:0)
27.3.1996 - Brüssel - 18.000 - SR: Stuchlik (Österreich) - Lama - Thuram (46. Angloma), Blanc, Roche, Di Meco - Karembeu, Martins, Deschamps, Pedros (73. Laigle) - Lamouchi (82. Pouget), Dugarry - Trainer: Jacquet. Tore: Albert (66. Eigentor), Lamouchi (71.).

Frankreich - Finnland 2:0 (0:0)
29.5.1996 - Strasbourg - 29.304 - SR: Steinborn (Deutschland) - Martini - Angloma, Thuram, Leboeuf, Di Meco (67. Lizarazu) - Desailly, Martins, Guérin, Pedros - Lamouchi (69. Karembeu), Loko (46. Dugarry) - Trainer: Jacquet. Tore: Loko (15.), Pedros (18.).

Deutschland - Frankreich 0:1 (0:1)
1.6.1996 - Stuttgart - 53.135 - SR: Wojcik (Polen) - Lama - Thuram, Blanc, Desailly, Di Meco (66. Lizarazu) - Karembeu (84. Angloma), Deschamps, Zidane (46. Loko), Guérin (81. Lamouchi) - Djorkaeff, Dugarry (73. Pedros) - Trainer: Jacquet. Tor: Blanc (6.).

Frankreich - Armenien 2:0 (1:0)
5.6.1996 - Villeneuve D'Ascy - 21.486 - SR: Hammer (Luxemburg) - Lama - Angloma (46. Thuram), Blanc, Desailly, Lizarazu - Deschamps, Zidane, Guérin (46. Karembeu) - Lamouchi, Madar, Djorkaeff (46. Loko) - Trainer: Jacquet. Tore: Angloma (16.), Madar (71.).

Frankreich - Rumänien 1:0 (1:0) EM-VR
10.6.1996 - Newcastle (England) - 26.323 - SR: Krug (Deutschland) - Lama - Thuram, Blanc, Desailly, Di Meco (68. Lizarazu) - Karembeu, Deschamps, Zidane (80. Roche), Guérin - Djorkaeff, Dugarry (69. Loko) - Trainer: Jacquet. Tor: Dugarry (24.).

Frankreich - Spanien 1:1 (0:0) EM-VR
15.6.1996 - Leeds (England) - 35.626 - SR: Zhuk (Weißrußland) - Lama - Angloma (65. Roche), Blanc, Desailly, Lizarazu - Karembeu, Deschamps, Zidane, Guérin (81. Thuram) - Djorkaeff, Loko (74. Dugarry) - Trainer: Jacquet. Tor: Djorkaeff (48.).

Frankreich - Bulgarien 3:1 (1:0) EM-VR
18.6.1996 - Newcastle (England) - 26.976 - SR: Gallagher (England), ab 28. Durkin (England) - Lama - Thuram, Blanc, Desailly, Lizarazu - Karembeu, Deschamps, Zidane (62. Pedros), Guérin - Djorkaeff, Dugarry (70. Loko) - Trainer: Jacquet. Tore: Blanc (20./1:0), Penev (63. Eigentor/2:0), Loko (90./3:1).

Frankreich - Niederlande n.E. 5:4, n.V. 0:0 EM-VF
22.6.1996 - Liverpool (England) - 37.465 - SR: Lopez Nieto (Spanien) - Lama - Thuram, Blanc, Desailly, Lizarazu - Karembeu, Zidane, Deschamps, Guérin - Djorkaeff, Loko (62. Dugarry, 80. Pedros) - Trainer: Jacquet.

Tschechien - Frankreich n.E. 6:5, n.V. 0:0 EM-HF
26.6.1996 - Manchester (England) - 43.877 - SR: Mottram (Schottland) - Lama - Thuram (83. Angloma), Blanc, Roche, Lizarazu - Lamouchi (62. Pedros), Desailly, Zidane, Guérin - Loko, Djorkaeff - Trainer: Jacquet.

DER EUROPAPOKAL

Europapokal der Landesmeister

Champions League Gruppe A

FC Nantes - FC Porto 0:0
13.9.1995 - 16.873 - Weber (Deutschland) - Marraud - Le Dizet, Decroix, Guyot, Pignol - Makélélé, N'Doram, Cauet, Carotti - Kosecki, Renou (63. Garcion).

Panathinaikos Athen - FC Nantes 3:1 (2:0)
27.9.1995 - 62.000 - Zhuk (Weißrußland) - Marraud - Le Dizet, Decroix (69. Chanelet), Guyot, Pignol - Makélélé (77. Renou), N'Doram, Cauet, Carotti - Kosecki, Ouédec (69. Peyrelade) - Tor: N'Doram (88./3:1)

FC Nantes - Åalborg BK 3:1 (1:0)
18.10.1995 - 29.603 - Vagner (Ungarn) - Casagrande - Chanelet, Decroix, Guyot, Pignol - Makélélé, N'Doram, Cauet, Pedros - Kosecki (90. Da Rocha), Ouédec (79. Carotti) - Tore: Ouédec (5./1:0), Pedros (57./2:1), Kosecki (75./3:1).

Åalborg BK - FC Nantes 0:2 (0:1)
1.11.1995 - 6.800 - Elleray (England) - Casagrande - Carotti, Decroix, Guyot, Cauet (76. Pignol) - Makélélé (58. Chanelet), N'Doram, Ferri, Pedros - Kosecki, Ouédec (87. Peyrelade) - Tore: Guyot (11.), Ouédec (69.).

FC Porto - FC Nantes 2:2 (1:2)
22.11.1995 - 28.000 - Uilenberg (Niederlande) - Casagrande - Chanelet, Decroix, Guyot, Le Dizet - Makélélé, Carotti, Ferri, Cauet - Kosecki (77. Renou, 90. Peyrelade), Pedros (70. Ouédec) - Tore: Pedros (3./0:1, 34./1:2).

FC Nantes - Panathinaikos Athen 0:0
6.12.1995 - 25.000 - Sundell (Schweden) - Casagrande - Chanelet, Decroix, Guyot, Le Dizet - Makélélé, N'Doram, Ferri, Pedros - Kosecki (86. Renou), Ouédec.

Viertelfinale

FC Nantes - Spartak Moskau 2:0 (1:0)
6.3.1996 - 31.500 - Krug (Deutschland) - Casagrande - Le Dizet (71. Chanelet), Decroix, Guyot, Pignol - Makélélé, N'Doram (64. Ferri), Cauet, Pedros (Platzverweis 78.) - Kosecki, Ouédec (83. Gourvennec) - Tore: N'Doram (28.), Ouédec (69.)

Spartak Moskau - FC Nantes 2:2 (2:0)
20.3.1996 - 30.000 - Muhmenthaler (Schweiz) - Casagrande - Le Dizet, Capron, Decroix, Carotti, Pignol - Makélélé, Cauet, Gourvennec (63. Ferri) - Kosecki (85. Chanelet), Ouédec - Tore: Ouédec (63./2:1, 86./2:2).
Halbfinale

Juventus Turin - FC Nantes 2:0 (0:0)
3.4.1996 - 50.425 - Gallagher (England) - Casagrande - Le Dizet, Capron, Decroix, Carotti (Platzverweis 45.), Pignol - Cauet, Ferri, Gourvennec (46. Chanelet) - Kosecki (69. Guyot), Ouédec (86. Peyrelade).

FC Nantes - Juventus Turin 3:2 (1:1)
17.4.1996 - 34.210 - Puhl (Ungarn) - Casagrande - Chanelet, Capron, Decroix, Pignol (87. Peyrelade) - Makélélé, N'Doram, Ferri, Cauet - Kosecki (62. Renou), Ouédec (38. Gourvennec) - Tore: Decroix (43./1:1), N'Doram (68./2:2), Renou (82./3:2).

Europapokal der Pokalsieger

1. Runde

Molde FK - Paris Saint-Germain 2:3 (0:0)
14.9.1995 - 3.379 - Robowtham (Schottland) - Dutruel - Cobos (68. Llacer), Ngotty, Dieng, Colleter - L. Fournier (81. Allou), Djorkaeff, Le Guen, Guérin - Dely Valdes, Gravelaine (61. Nouma) - Tore: Le Guen (76./1:1), Djorkaeff (78. Elfmeter/1:2), Dely Valdes (84./2:3)

Paris Saint-Germain - Molde FK 3:0 (2:0)
28.9.1995 - 16.898 - Pillier (Ungarn) - Dutruel - Llacer, Ngotty, Dieng, Colleter (57. Mahé) - Guérin (46. Fournier), Djorkaeff, Bravo (73. Allou), Le Guen - Loko, Nouma - Tore: Nouma (7./1:0, 13./2:0), Djorkaeff (78./3:0)

2. Runde

Paris Saint-Germain - Celtic FC Glasgow 1:0 (0:0)
19.10.1995 - 30.010 - Benkö (Österreich) - Lama - Cobos, Le Guen, Mahé, Colleter - L. Fournier (80. Llacer), Djorkaeff (90. Allou), Bravo, Guérin - Rai De Oliveira (81. Nouma), Loko - Tor: Djorkaeff (76.)

Celtic FC Glasgow - Paris Saint-Germain 0:3 (0:2)
2.11.1995 - 34.822 - Röthlisberger (Schweiz) - Lama - Cobos, Le Guen, Mahé (28. Dieng), Colleter - L. Fournier (68. Llacer), Djorkaeff, Bravo, Guérin - Rai De Oliveira, Loko (60. Nouma) - Tore: Loko (36., 42.), Nouma (68.)

Viertelfinale

AC Parma - Paris Saint-Germain 1:0 (0:0)
7.3.1996 - 22.000 - Puhl (Ungarn) - Lama - Cobos (77. Llacer), Ngotty, Le Guen, Colleter - Rai De Oliveira, Bravo, Mahé - Djorkaeff (43. Nouma), Loko, Dely Valdes.

Paris Saint-Germain - AC Parma 3:1 (2:1)
21.3.1996 - 43.686 - Sundell (Schweden) - Lama - Ngotty, Roche, Le Guen, Colleter (67. Guérin) - L. Fournier (75. Mahé), Bravo, Rai De Oliveira - Loko, Dely Valdes, Nouma (70. Llacer) - Tore: Rai De Oliveira (9. Elfmeter/1:0, 69. Elfmeter/3:1), Loko (38./2:1)

Halbfinale

Deportivo La Coruña - Paris Saint-Germain 0:1 (0:0)
4.4.1996 - 29.000 - Merk (Deutschland) - Lama - Ngotty, Le Guen, Roche, Colleter - L. Fournier (85. Mahé), Bravo, Guérin - Loko (47. Llacer), Dely Valdes (81. Djorkaeff), Nouma - Tor: Djorkaeff (90.)

Paris Saint-Germain - Deportivo La Coruña 1:0 (0:0)
18.4.1996 - 43.965 - Trentalange (Italien) - Lama - Ngotty, Le Guen, Roche, Colleter - L. Fournier (81. Llacer), Bravo, Guérin - Loko, Djorkaeff (79. Dely Valdes), Nouma (57. Rai De Oliveira) - Tor: Loko (59.)

Finale

Paris Saint-Germain - Rapid Wien 1:0 (1:0)
8.5.1996 in Brüssel - 37.500 - Pairetto (Italien) - Lama - Roche, Le Guen, Ngotty, Colleter - L. Fournier (78. Llacer), Djorkaeff, Bravo, Guérin - Loko, Rai De Oliveira (12. Dely Valdes) - Tor: Ngotty (28.)

UEFA-Cup

Qualifikation

FC Tirol Innsbruck - Racing Strasbourg 1:1 (0:1)
8.8.1995 - 7.000 - Reed (England) - Vencel - Raschke, Régis, Leboeuf, Djétou, Pouliquen - Mostovoï, Dacourt (66. Rott), Sauzée - M. Keller, Zitelli (38. Frankowski, 78. Thys) - Tor: Sauzée (26.).

Racing Strasbourg - FC Tirol Innsbruck 6:1 (1:1)
22.8.1995 - 13.556 - Van den Wijngaert (Belgien) - Vencel - Raschke, Régis, Leboeuf, Djétou, Pouliquen - Mostovoï, Garde (83. Rott), Sauzée (80. Thys) - M. Keller, Baticle (74. Gohel) - Tore: Sauzée (16./1:0, 53./2:1), Mostovoï (65./3:1), M. Keller (67./4:1, 70./5:1, 90./6:1)

Karlsruher SC - Girondins Bordeaux 0:2 (0:1)
8.8.1995 - 14.500 - Lopez Nieto (Spanien) - Huard - Croci, Dogon, Prunier, Lizarazu - Dutuel, Lucas, Zidane, Witschge - Tholot, Dugarry - Tore: Dugarry (41.), Dutuel (88.)

Girondins Bordeaux - Karlsruher SC 2:2 (2:1)
22.8.1995 - 11.500 - Pairetto (Italien) - Huard - Croci, Dogon, Prunier, Lizarazu - Dutuel, Lucas, Zidane (Platzverweis, 25.), Witschge (56. Bancarel) - Tholot (46. De Blasiis), Dugarry (65. Varesanovic). - Tore: Lizarazu (3. Elfmeter/1:0, 11./2:0)

1. Runde

Viking FK Stavanger - AJ Auxerre 1:1 (0:1)
12.9.1995 - 4.097 - Durkin (England) - Cool - Goma, Silvestre, West, Rabarivony (52. Rémy) - Lamouchi, Saib, Martins - Tasfaout, Laslandes, Diomède (64. Violeau) - Tor: West (14./0:1)

AJ Auxerre - Viking FK Stavanger 1:0 (0:0)
26.9.1995 - 11.000 - Marcal (Portugal) - Cool - Goma, Silvestre, West, Rémy - Lamouchi, Saib, Martins - Cocard, Laslandes, Diomède (69. Violeau) - Tor: Silvestre (48.)

Vardar Skopje - Girondins Bordeaux 0:2 (0:1)
14.9.1995 - 20.000 - Ihring (Slowakei) - Huard - Fischer, Dogon, Prunier, Lizarazu - Dutuel, Grenet, Lucas, Witschge - Bancarel, Dugarry (74. Croci) - Tore: Bancarel (26.,76.)

Girondins Bordeaux - Vardar Skopje 1:1 (0:0)
28.9.1995 - 6.000 - Irvine (Nordirland) - Huard - Fischer, Dogon, Prunier, Lizarazu - De Blasiis (74. Toyes), Grenet, Lucas, Witschge - Bancarel, Histilloles (63. Castant) - Tor: Lizarazu (62. Elfmeter/1:1)

Racing Club Lens - Avenir Beggen 6:0 (2:0)
14.9.1995 - 13.347 - Beusan (Kroatien) - Warmuz - Sikora, Magnier, Wallemme (56. Tiehi), Adjovi Boco - Debève, Dehu (76. Delmotte), Meyrieu, Laigle - A. Camara, Vairelles (68. R. Boli) - Tore: A. Camara (11., 49.), Meyrieu (33.), Tiehi (62.,74.), R. Boli (70.)

Avenir Beggen - Racing Club Lens 0:7 (0:3)
27.9.1995 - 1.200 - Hauge (Norwegen) - Warmuz - Delmotte, Magnier (57. Sikora), Wallemme, Adjovi Boco (72. Foe) - Debève, Oruma, Meyrieu - A. Camara (57. Vairelles), Tiehi, R. Boli - Tore: A. Camara (23.), Meyrieu (28.), R. Boli (42.), Delmotte (55.,74.), Tiehi (57.,72.)

SC Farense - Olympique Lyon 0:1 (0:1)
13.9.1995 - 10.500 - Meier (Schweiz) - Olmeta - Sassus, Marcelo Kiremitjian, Laville, Deguerville - Deplace, Roy, Giuly (64. Devaux), Gava - Rivenet, Maurice (84. Assadourian) - Tor: Giuly (6.)

Olympique Lyon - SC Farense 1:0 (0:0)
26.9.1995 - 14.000 - Wieser (Österreich) - Olmeta - Devaux, Sassus, Marcelo Kiremitjian, Laville, Deguerville - Deplace, Roy, Giuly (83. Patouillard) - Assadourian (76. Rivenet), Bardon (68. Gava) - Tor: Sassus (48.)

AS Monaco - Leeds United AFC 0:3 (0:1)
12.9.1995 - 10.000 - Garcia (Spanien) - Piveteau (46. Delaroche, 82. Puel) - Valéry, Thuram, B. Boli, Di Meco - Legwinski (72. Henry), Dumas, Scifo, Dos Santos - Andersson, Wreh.

Leeds United AFC - AS Monaco 0:1 (0:1)
26.9.1995 - 24.501 - Muhmenthaler (Schweiz) - Barthez - Thuram, B. Boli, Dumas, E. Petit - Puel, Viaud (63. D. Petersen), Scifo, Dos Santos (83. Wreh) - Anderson, Madar - Tor: Anderson (23.)

Racing Strasbourg - Újpestí TE Budapest 3:0 (1:0)
12.9.1995 - 22.579 - Pratas (Portugal) - Vencel - Djétou, Leboeuf, Régis, Raschke - Mostovoï, Pouliquen, Sauzée - M. Keller, Baticle, Zitelli (80. Gohel) - Tore: Zitelli (8.), Leboeuf (72. Elfmeter), Baticle (75.)

Újpestí TE Budapest - Racing Strasbourg 0:2 (0:1)
28.9.1995 - 3.000 - Strampe (Deutschland) - Vencel - Raschke (65. Ismaël), Djétou, Garde, Régis, Rott - Mostovoï, Pouliquen, Sauzée (46. Dacourt) - M. Keller, Baticle (58. Zitelli) - Tore: Mostovoï (9.), Zitelli (77.).

2. Runde

AJ Auxerre - Nottingham Forest 0:1 (0:1)
17.10.1995 - 17.000 - Collina (Italien) - Cool - Goma, L. Blanc (58. Rabarivony), Silvestre, West - Lamouchi, Saib, Martins - Cocard, Laslandes (78. Guivar'ch), Diomède (68. Tasfaout).

Nottingham Forest - AJ Auxerre 0:0
31.10.1995 - 28.064 - Khusaïnov (Rußland) - Cool - Goma, Silvestre, West, Rabarivony - Violeau, Lamouchi, Saib, Martins - Cocard (76. Tasfaout), Laslandes (81. Guivar'ch).

Girondins Bordeaux - Rotor Wolgograd 2:1 (0:1)
17.10.1995 - 8.073 - Przesmycki (Polen) - Huard - Toyes (84. Grenet), Dogon, Prunier, Varesanovic - Dutuel, Lucas, Croci, Witschge - Bancarel, Histilloles - Tore: Histilloles (48./1:1), Witschge (90. Elfmeter/2:1)

Rotor Volgograd - Girondins Bordeaux 0:1 (0:0)
31.1W.1995 - 10.000 - Trentalange (Italien) - Huard - Toyes, Dogon, Fischer, Lizarazu - Dutuel, Lucas, Croci, Witschge (77. Grenet) - Bancarel, Zidane - Tor: Bancarel (83.).

Tchernomoretz Odessa - Racing Club Lens 0:0
17.10.1995 - 15.000 - Kefalas (Griechenland) - Warmuz - Sikora, Magnier, Wallemme, Adjovi Boco - Debève, Dehu, Laigle, Delmotte (75. Vairelles) - A. Camara, Meyrieu.

Racing Club Lens - Tchernomoretz Odessa 4:0 (3:0)
1.11.1995 - 29.306 - Irvine (Nordirland) - Warmuz - Sikora, Magnier, Wallemme (62. Foe), Adjovi Boco - Debève, Dehu, Meyrieu (78. R. Boli), Laigle - A. Camara (71. Delmotte), Vairelles - Tore: Meyrieu (14.), Vairelles (19.), Dehu (25.), Foe (77.)

Olympique Lyon - Lazio Rom 2:1 (1:1)
17.10.1995 - 30.000 - Merk (Deutschland) - Olmeta - Deguerville, Laville, Marcelo Kiremitjian, Devaux, Anselmini (52. Chavrondier) - Deplace, Roy, Giuly - Assadourian (83. Bardon), Maurice - Tore: Devaux (16./1:0), Deplace (63./2:1)

Lazio Rom - Olympique Lyon 0:2 (0:1)
31.10.1995 - 40.000 - Ansuategui (Spanien) - Olmeta - Sassus, Laville, Marcelo Kiremitjian, Devaux, Deguerville (87. Chavrondier) - Deplace, Roy, Giuly (80. S. Roche) - Assadourian (72. Bardon), Maurice - Tore: Maurice (22.), Assadourian (59.)

Racing Strasbourg - Milan AC Mailand 0:1 (0:0)
17.10.1995 - 26.000 - McCluskey (Schottland) - Vencel - Raschke, Régis, Leboeuf, Djétou, Garde - Mostovoï, Dacourt (72. Pouliquen), Sauzée - M. Keller, Zitelli

Milan AC Mailand - Racing Strasbourg 2:1 (2:1)
2.11.1995 - 13.652 - Nikakis (Griechenland) - Vencel - Raschke, Régis (82. Ismaël), Leboeuf, Djétou, Garde (82. Pouliquen) - Mostovoï, Dacourt (71. Gohel), Sauzée - M. Keller, Zitelli - Tor: Sauzée (45./2:1)

3. Runde

Girondins Bordeaux - Real Betis Sevilla 2:0 (1:0)
21.11.1995 - 18.000 - Ouzounov (Bulgarien) - Huard - Fischer (68. Toyes), Dogon, Prunier, Lizarazu - Dutuel, Lucas, Zidane, Witschge - Bancarel, Grenet (72. Croci) - Tore: Dutuel (24.), Croci (81.)

Real Betis Sevilla - Girondins Bordeaux 2:1 (2:1)
6.12.1995 - 37.000 - Pedersen (Norwegen) - Huard - J. Fernandez, Dogon, Prunier, Toyes - Dutuel, Zidane, Croci, Witschge (71. Histilloles) - Bancarel (66. De Blasiis), Grenet - Tor: Zidane (4./0:1)

Slavia Prag - Racing Club Lens 0:0
21.11.1995 - 8.032 - Benkö (Österreich) - Warmuz - Sikora, Magnier, Wallemme, Adjovi Boco - Debève, Dehu, Laigle, Delmotte - A. Camara, Meyrieu (76. Vairelles)

Racing Club Lens - Slavia Prag n. V. 0:1 (0:0, 0:0)
7.12.1995 - 27.680 - Wojcik (Polen) - Warmuz - Sikora, Magnier, Wallemme, Adjovi Boco (106. Arsène) - Debève (106. R. Boli) , Foe, Meyrieu, Laigle (46. Delmotte) - A. Camara, Vairelles

Nottingham Forest - Olympique Lyon 1:0 (0:0)
21.11.1995 - 22.141 - Puhl (Ungarn) - Olmeta - Moulin, Sassus, Marcelo Kiremitjian, Laville (Platzverweis 81.), Devaux - Deplace, Roy, S. Roche (82. Deguerville) - Maurice, Giuly

Olympique Lyon - Nottingham Forest 0:0
5.12.1995 - 35.513 - van der Ende (Niederlande) - Olmeta - Moulin, Sassus, Marcelo Kiremitjian, Devaux - Deplace, Roy, Giuly (86. S. Roche) - Rivenet (76. Assadourian), Maurice (Platzverweis 87.), Bardon (76. Chavrondier).

Viertelfinale

Milan AC Mailand - Girondins Bordeaux 2:0 (1:0)
5.3.1996 - 22.740 - Zhuk (Weißrußland) - Huard - Toyes, Friis-Hansen, Dogon, Lizarazu - Lucas (81. Dutuel), Zidane, Croci, Witschge - Bancarel, Dugarry (88. Tholot).

Girondins Bordeaux - Milan AC Mailand 3:0 (1:0)
19.3.1996 - 32.500 - Çakar (Türkei) - Huard - Toyes, Dogon, Friis-Hansen, Lizarazu - Dutuel (62. Grenet), Lucas, Zidane, Witschge - Tholot (86. J. Fernandez), Dugarry - Tore: Tholot (15.), Dugarry (64.,70.)

Halbfinale

Slavia Prag - Girondins Bordeaux 0:1 (0:1)
2.4.1996 - 17.523 - van der Ende (Niederlande) - Huard - Toyes, Dogon, Friis-Hansen, Lizarazu - Croci, Zidane, Lucas, Witschge - Bancarel (87. J. Fernandez), Dugarry - Tor: Dugarry (9.)

Girondins Bordeaux - Slavia Prag 1:0 (0:0)
16.4.1996 - 31.500 - Nikakis (Griechenland) - Huard - Toyes, Dogon, Friis-Hansen, Lizarazu - Croci (73. Grenet), Zidane, Lucas, Witschge - Tholot (82. Dutuel), Dugarry (88. Bancarel) - Tor: Tholot (47.)

Finale

Bayern München - Girondins Bordeaux 2:0 (1:0)
1.5.1996 - 62.500 - Muhmenthaler (Schweiz) - Huard - Grenet, Dogon, Friis-Hansen, Lizarazu - Croci, Dutuel, Lucas, Witschge - Bancarel, Tholot (90. Anselin).

Girondins Bordeaux - Bayern München 1:3 (0:0)
15.5.1996 - 35.000 - Zhuk (Weißrußland) - Huard - Bancarel, Dogon, Friis-Hansen, Lizarazu (31. Anselin) - Croci (58. Dutuel), Zidane, Lucas (81. Grenet), Witschge - Tholot, Dugarry - Tor: Dutuel (76./1:2).

UI-Cup

Girondins Bordeaux - IFK Norrköping	6:2
Bohemians FC Dublin - Girondins Bordeaux	0:2
Girondins Bordeaux - Odense BK	4:0
HJK Helsinki - Girondins Bordeaux	1:1
MKS Pogon Szczecin - AS Cannes	1:2
AS Cannes - FC Farul Constanta	0:0
Dnepr Mogilev - AS Cannes	2:2
AS Cannes - FK Becej	1:0
ÍBK Keflavík - FC Metz	1:2
FC Metz - Partick Thistle FC Glasgow	1:0
NK Zagreb - FC Metz	0:1
FC Metz - Linzer ASK	1:0
Racing Strasbourg - Genlerbirligi SK	4:1
Floriana FC - Racing Strasbourg	0:4
Racing Strasbourg - FC Tirol	4:0
Hapoel Petah Tikva - Racing Strasbourg	0:0

2. Runde

Ceahlaul Piatra Neamt - FC Metz	0:2
Racing Strasbourg - SK Vorwärts Steyr	4:0
Girondins Bordeaux - Eintracht Frankfurt	3:0

3. Runde

Racing Strasbourg - FC Metz	2:0
Girondins Bordeaux - SC Heerenveen	2:0

Guy Roux

Football Federation of the Republic of Georgia
5 Shota Iamanidze Str.,
Tbilisi 380012
Telefon: ++995(32)96 07 50
Telefax: ++995(32)00 11 28

FIFA-Weltrangliste

Juli 1995:	85. Platz,	23,66 Punkte
Juli 1996:	85. Platz,	27,65 Punkte

UEFA-Fünfjahreswertung

1996/97:	29. Platz,	1,0 Punkte

GEORGIEN 1995/96

Freundschaftsspiel als Top-Ereignis

Georgiens Nationaltrainer Alexander Chivadze weiß wirklich nicht, ob er nun lachen oder weinen soll. Einerseits macht ihn die zunehmende Akzeptanz georgischer Fußballer in den europäischen Spitzenligen natürlich stolz, andererseits schwächt der ständige Exodus die nationale Liga und sorgte auch 1995/96 wieder für ein Fiasko auf europäischer Klubebene. Insbesondere Meister Dinamo Tiflis enttäuschte und flog bereits in der Qualifikation gegen das bulgarische Durchschnittsteam von Botev Plovdiv raus. Allerdings hatte der ehemalige Europapokalsieger zu Saisonbeginn mit Mittelfeld-As Georgi Kinkladze (zu Manchester City), Torhüter Akaki Devadze (zum russischen Aufsteiger Rotselmash Rostov), Georgi Nemsadze (FC Homburg) und Otar Korgalidze (Flora Tallinn) auch erneut vier Stammspieler verloren.

Von Georgiens höchster Spielklasse als "Zweiklassengesellschaft" zu sprechen, ist ziemlich untertrieben. Tatsächlich muß es "Dinamo Tiflis und der Rest" heißen, denn auch im siebten Jahr ihres Bestehens hieß der unangefochtene Meister Dinamo Tiflis. Elf Punkte Vorsprung und ein sagenhaftes Torverhältnis von 109:16 machen deutlich, wie sehr der ehemalige Polizeiklub dem "Rest des Landes" überlegen ist. Dabei zeigte Dinamo in der Hinrunde sogar ungewöhnliche Schwächen und leistete sich drei Unentschieden und eine Niederlage!

Der einzige Klub, dem man vor der Saison die Rolle eines Herausforderers zugetraut hatte, war der FC Samtredia aus Westgeorgien. Doch der vorjährige Vizemeister wurde von internen Krisen geschüttelt und verpaßte am Ende sogar den UEFA-Pokal. Samtredias Präsident Balanchivadze sorgte für ein Novum, als er Trainer Kurtsilava bereits nach vier Spielen entließ, obwohl der mit seinem Team optimale zwölf Punkte eingefahren hatte. Balanchivadze war sauer über das frühe UEFA-Pokal-Aus gegen den mazedonischen Meister Vardar Skopje. Wenige Tage später verließen Regisseur Gia Jishkariani und Verteidiger David Tsomaia erbost den Klub, weil ausgemachte Vertragsbedingungen nicht eingehalten worden waren. Zu Saisonbeginn hatte Samtredia bereits den 21jährigen Stürmer Zaza Janashia an Lokomotive Moskau verloren.

Spannender als das vorzeitig entschiedene Rennen um den Titel war der Kampf um Platz 2, der zur UEFA-Pokal-Teilnahme berechtigte. Margveti Zestafoni, Kolkheti Poti und der FC Samtredia lieferten sich einen bis zum letzten Spieltag hochspannenden Kampf, der mit einem Patt endete: Alle drei Klubs verfügten über 68 Punkte und der Rechenschieber mußte herhalten. Die georgische Eigenart, bei Punktgleichstand die Anzahl der Siege entscheiden zu lassen, verbannte Samtredia auf den undankbaren vierten Rang, während zwischen Zestafoni und Poti auch noch das Torverhältnis herangezogen werden mußte, welches den Ausschlag für Margveti Zestafoni gab. Erstmals qualifizierte sich das Team von Trainer Zaur Chubinidze, das Dinamo Tiflis die einzige Saisonniederlage beibrachte (0:1 am neunten Spieltag) und mit Zviad Endeladze den georgischen Torjäger stellt, damit für einen europäischen Wettbewerb. Als dritter Klub vertritt Dinamo Batumi Georgien im Europapokal. Die Mannschaft aus der autonomen Republik Adscharien im Südwesten Georgiens verlor das Pokalfinale mit 0:1 nach Verlängerung gegen Dinamo Tiflis, das zum fünften Mal in Folge das Double holte.

Auf europäischer Ebene enttäuschten die georgischen Teams ihre Fans und schieden frühzeitig aus. Dabei hatte Georgien mit Tiflis, Samtredia und Batumi erstmals drei Eisen im Feuer gehabt, nachdem 1993 und 1994 lediglich der Landesmei-

1. Liga		Gesamt						Heim					Auswärts				
	Sp	g	u	v	Tore	Diff.	Pkt.	g	u	v	Tore	Pkt.	g	u	v	Tore	Pkt.
1. Dinamo Tbilisi (M,P)	30	25	4	1	109:16	+ 93	79	14	1	0	65:5	43	11	3	1	44:11	36
2. Margveti Zestafoni	30	22	2	6	85:36	+ 49	68	13	2	0	50:8	41	9	0	6	35:28	27
3. Kolketi-1913 Poti	30	22	2	6	69:38	+ 31	68	12	2	1	36:11	38	10	0	5	33:27	30
4. FC Samtredia	30	20	8	2	94:35	+ 59	68	12	3	0	54:15	39	8	5	2	40:20	29
5. Metalurgi Rustavi	30	22	0	8	70:36	+ 34	66	13	0	2	42:14	39	9	0	6	28:22	27
6. Dinamo Batumi	30	16	6	8	68:28	+ 40	54	11	1	3	52:13	34	5	5	5	16:15	20
7. Torpedo Kutaisi	30	15	7	8	70:49	+ 21	52	10	4	1	33:13	34	5	3	7	37:36	18
8. Dila Gori	30	12	4	14	52:55	- 3	40	10	2	3	40:23	32	2	2	11	12:32	8
9. Sioni Bolnisi (N)	30	11	0	19	39:64	- 25	33	9	0	6	31:20	27	2	0	13	8:44	6
10. Odischi Sugdidi	30	10	3	17	42:61	- 19	33	6	3	6	29:28	21	4	0	11	13:33	12
11. Iveria Khashuri	30	10	3	17	31:57	-26	33	8	2	5	20:22	26	2	1	12	11:35	7
12. Shevardeni Tbilisi	30	9	3	18	40:61	- 21	30	7	0	8	25:24	21	2	3	10	15:37	9
13. Kakheti Telavi	30	8	3	19	29:68	- 39	27	7	2	6	19:22	23	1	1	13	17:51	4
14. Guria Lanchkhuti	30	8	0	22	30:73	- 43	24	7	0	8	20:27	21	1	0	14	10:46	3
15. Egrisi Senaki (N) ↓	30	5	2	23	41:90	- 49	17	4	1	10	24:39	13	1	1	13	17:51	4
16. Duruji Kvareli ↓	30	1	1	28	22:124	-102	4	1	1	13	16:51	4	0	0	15	6:73	0

Anmerkungen: Bei Punktgleichstand wurde zunächst die Anzahl der Siege berücksichtigt, dann erst das Torverhältnis. Dadurch wurde Margveti Zestafoni vor Kolkheti Poti und FC Samtredia Vizemeister und qualifizierte sich für den UEFA-Pokal

Aufsteiger: Samgurali Tskhaltubo, Merani-91 Tbilisi

EC 1996/97: CL: -, EC2: Dinamo Batumi. UEFA: Dinamo Tbilisi, Margveti Zastafoni, UI: -

ster starten durfte. Einziger Hoffnungsschimmer war Dinamo Batumi, das im Pokalsiegerwettbewerb den jugoslawischen Underdog Obilic Belgrad ausschaltete und in der 1. Runde auf Celtic Glasgow traf. Vor 18.000 begeisterten Zuschauern lieferten die Blau-Weißen ein tolles Spiel und mußten sich erst drei Minuten vor Schluß durch einen Treffer von Andreas Thom geschlagen geben. Samtredia und Tiflis scheiterten bereits in der Qualifikation an Vardar Skopje bzw. Botev Plovdiv, ohne ein einziges Tor erzielt zu haben.

Besser machte es die georgische Nationalmannschaft, die mit berechtigten Hoffnungen auf Platz 2 in der EM-Qualifikationsgruppe 7 in die Saison gegangen war. Obwohl das Ziel nach der 1:4-Auftaktniederlage im Nürnberger Frankenstadion in weite Ferne rückte, sorgten Siege über Bulgarien und Moldawien für einen ausgezeichneten dritten Platz für Kinkladze und Co.

Das Top-Fußballereignis der Saison 1995/96 allerdings war weder ein Liga-, noch ein Länderspiel. Über 70.000 Zuschauer - mehr als Dinamo in allen seinen dreißig Ligaspielen zusammen gehabt hatte - strömten ins Tifliser Stadion Boris Paichadze, um dem Freundschaftsspiel gegen den russischen Meister Spartak-Alania Wladikawkas beizuwohnen. Anlaß der Begegnung war ein Treffen zwischen dem georgischen Präsidenten Pazazija und einem Vertreter der im Norden an Georgien angrenzenden russischen Provinz Nordossetien, deren Hauptstadt Wladikawkas ist.

Der Torschützenkönig
Zviad Endeladze (Margveti Zestafoni) 22

Tiflis bewies, das es durchaus internationales Format hat und führte bis zwei Minuten vor Schluß mit 3:1. Anschließend gelangen Wladikawkas noch zwei Treffer zum 3:3-Endstand. ■

DER MEISTER

Dinamo Tiflis (Tbilisi)

Dinamos neuer Trainer David Kipiani und Vereinspräsident Merab Jordonia waren sich einig: “Wir wollen in die Champions-League”, verkündeten sie im August 1995. Doch von den vollmundigen Versprechungen blieb nicht viel übrig. Schon in der Landesmeisterschaft kam der Hauptstadtklub nur schwer auf Touren und zeigte ungewohnte Schwächen. Die größte Enttäuschung war freilich das vorzeitige UEFA-Pokal-Aus gegen das bulgarische Durchschnittsteam von Botev Plovdiv.

Für Dinamo ist der Europapokal überlebenswichtig. Gegner wie Kakheti Telavi oder Duruji Kvareli locken nur wenige Fans in das 75.000 Plätze bietende Stadion “Boris Paichadze” (früher Dinamo-Stadion genannt) und sind außerdem keine sportliche Herausforderung. Einzig

1. Liga	D. Tbilisi	Magveti	Kolketi	Samtredia	Metalurgi	D. Batumi Tpr.	Kutaisi	Dila Gori	Sioni Sugdidi	Iveria	Khashuri	Shevardeni	Kakheti	Guria	Egresi	Duruji
Dinamo Tbilisi	•	6:1	4:0	3:1	4:0	1:1	5:1	1:0	1:0	8:0	5:0	3:0	7:1	3:0	3:0	11:0
Margveti Zestafoni	1:0	•	4:2	0:0	3:0	2:0	5:3	1:1	5:1	4:0	3:0	4:0	3:0	3:0	5:1	7:0
Kolkheti-1913 Poti	1:1	3:1	•	0:2	2:1	1:1	3:2	3:0	1:0	1:0	3:0	5:1	5:2	3:0	1:0	4:0
FC Samtredia	0:0	3:1	4:0	•	3:0	2:2	2:2	4:1	5:0	5:2	4:0	4:2	4:1	8:3	3:1	3:0
Metalurgi Rustavi	0:2	0:1	3:1	0:2	•	1:0	4:3	5:1	3:1	5:0	2:1	3:2	3:0	3:0	4:1	4:0
Dinamo Batumi	1:3	3:1	0:1	3:4	2:1	•	1:1	2:0	5:0	3:0	3:1	7:0	5:0	3:0	3:1	11:0
Torpedo Kutaisi	0:1	2:1	3:2	2:2	2:0	0:0	•	2:0	4:2	3:0	1:0	2:2	3:1	5:0	2:2	2:0
Dila Gori	1:6	4:2	0:1	1:1	2:3	2:0	3:2	•	1:0	3:0	4:1	1:1	5:0	2:0	4:3	7:3
Sioni Bolnisi	0:1	1:3	0:2	0:3	0:2	0:1	3:1	4:2	•	5:2	2:0	3:1	3:0	3:0	3:0	4:2
Odischi Sugdidi	1:5	3:4	1:3	2:2	1:3	1:3	3:4	1:0	3:0	•	0:0	0:0	2:1	2:0	5:3	4:0
Iveria Khashuri	1:1	0:4	2:3	2:5	1:2	1:0	1:1	2:1	2:1	1:0	•	2:1	1:0	2:1	1:2	1:0
Shevardeni-1906 Tbilisi	1:5	0:1	1:3	1:4	0:2	2:3	2:3	3:0	0:1	2:1	3:1	•	1:0	3:0	2:0	4:0
Kakheti Telavi	1:5	1:3	0:2	1:1	0:2	0:2	0:2	2:2	2:1	1:0	1:0	1:0	•	2:1	4:1	3:0
Guria Lanchkhuti	0:3	0:4	1:4	1:6	0:3	1:0	2:0	2:0	0:1	0:1	1:2	1:0	2:1	•	8:2	1:0
Egrisi Senaki	1:3	0:2	3:6	1:2	1:4	1:3	2:6	0:3	0:1	3:2	1:0	1:4	2:2	1:0	•	7:1
Duruji Kvareli	2:8	2:6	1:3	1:6	1:5	0:0	0:6	0:1	0:1	1:3	2:5	0:1	0:1	3:5	3:0	•

europäische Spitzenklasse füllt die Arena. So kamen zum Rückspiel gegen Plovdiv immerhin 22.000 Fans - viermal mehr als zu einem gewöhnlichen Ligaspiel. Finanziell geht es Dinamo dennoch gut. Jedes Jahr verlassen zwei bis drei Spieler den Klub ins westliche Ausland und füllen die Kassen mit Devisen; Kinkladzes Transfer zu Manchester City brachte die georgische Rekordsumme von 5 Millionen Mark! Seine eigenen Reihen stockt Dinamo mit Talenten anderer georgischer Klubs auf. Im Juli 1995 beispielsweise kam mit dem Mittelfeldspieler Kakhaber Gogichaishvili aus Samtredia immerhin ein georgischer Nationalspieler nach Tiflis. Das alles hilft jedoch nichts, solange die Erfolge im Europapokal ausbleiben. Und da sieht es für den siebenfachen georgischen Meister, der seit 1993 niemals über die 1. Runde hinausgekommen ist, nicht gut aus. ■

DER POKAL

Halbfinale (Hin- und Rückspiele)

Dinamo Tbilisi - FC Samtredia 3:0, 1:1
Margveti Zestafoni - Dinamo Batumi 1:2, 0:1

Finale (26. Mai 1996, Tbilisi, 40.000)

Dinamo Tbilisi - Dinamo Batumi n.V. 1:0 (0:0, 0:0)
Torschütze: Inalishvili

DER STAR

Kachaber Tskhadadze (Eintracht Frankfurt)

"Ich kann schon wieder ohne Krücken gehen", meinte Kachaber Tskhadadze mit hoffnungsvollem Blick, "aber mit dem Fußballspielen wird's noch ein bißchen dauern". Sprach's und nahm Platz auf der Tribüne des Nürnberger Frankenstadions, wo seine Mannschaftskameraden im Spiel des Jahres gegen Deutschland antraten. Traurig verfolgte der seit 1992 für Eintracht Frankfurt spielende Verteidiger die 1:4-Niederlage, die Georgiens Hoffnungen auf das Erreichen der EM-Endrunde endgültig zunichte machte. Für Tskhadadze nur ein weiterer Dämpfer in einer katastrophalen Saison. Zunächst verletzte sich der georgische Kapitän in einem UI-Cup-Spiel mit der Frankfurter Eintracht und mußte über sechs Monate aussetzen. Währenddessen rutschten seine Mannschaftskameraden immer tiefer in den Bundesligakeller. Als Tskhadadze wieder fit war, hatte Frankfurt längst den Anschluß verloren. Dreimal kam der Georgier noch zum Einsatz, dann stand der Bundesligaabstieg fest. Dafür gab es im März 1996 ein Comeback im georgischen Nationalteam, dessen Abwehr er beim 2:0-Sieg in Zypern deutlich stabilisierte.

Georgi Kinkladze (Manchester City)

Wahrscheinlich ärgern sie sich beim FC Bayern noch heute. Im Winter 1994 erhielten sie Besuch von einem Georgier namens Georgi Kinkladze, der zu gerne für den deutschen Rekordmeister spielen wollte. Kinkladze, der im Alter von 19

Jahren zum Fußballer des Jahres 1993 gewählt worden war, brachte aussagekräftige Empfehlungen mit: 14 Saisontore für Dinamo Tiflis, dazu zwei atemberaubende Treffer in den EM-Qualifikationsspielen gegen Wales. Doch die Münchener schickten den 22jährigen Mittelfeldspieler unbesehen wieder nach Hause - und begingen einen Riesenfehler. Sechs Monate später wechselte Kinkladze, der zwischenzeitlich Angebote von Real Madrid und den Boca Juniors aus Buenos Aires erhalten hatte, für die Rekordsumme von 5 Millionen Mark zu Manchester City in die englische Premier-League. Dort avancierte der technisch versierte und schußstarke Linksfüßer rasch zum Publikumsliebling und stellte auch Trainer Alan Ball zufrieden. "Kinkladze wirkt mit seinen technischen Fähigkeiten im Vergleich zu den meisten englischen Spielern wie jemand von einem anderen Stern". Den Abstieg der Blues konnte der kleine und untersetzt wirkende Georgier allerdings auch nicht verhindern. Anschließend standen die Interessenten Schlange an der Manchester Maine Road. Barcelona, Real Madrid, Arsenal, Newcastle und Tottenham waren unter den Bewerbern, doch Manchesters Boss Alan Ball blieb hart. "Wir haben immer gesagt, das wir uns von Kinkladze nicht trennen, selbst wenn wir absteigen", erklärte er und erwarb mit Mikhail Kavashvili sogar noch einen zweiten georgischen Nationalspieler (von Spartak-Alania Wladikawkas). Gemeinsam wollen sie nun die Blues wieder in die englische Eliteklasse zurückbringen - und in der WM-Qualifikationsgruppe 2 Georgien zum Sieg über England verhelfen

DIE LÄNDERSPIELE

Deutschland - Georgien 4:1 (1:1) EMQ
6. 9. 1995 - Nürnberg - 40.000 - McCluskey (Schottland) - A. Devadze - Kudinov, Gujabidze, Shelia, Chikhradze - Gogichaishvili (67. A. Arveladze), Nemsadze, Kinkladze - Ketsbaia, S. Arveladze, Kavelashvili (46. Kilasonia) - Trainer: Chivadze - Tor: Ketsbaia (28./0:1)

Georgien - Bulgarien 2:1 (1:0) EMQ
11. 10. 1995 - Tbilisi - 45.000 - Meier (Schweiz) - A. Devadze - Kudinov, Shelia, Chikhradze, Nemsadze - Gudushauri (46. Beradze), Jamarauli, Kinkladze, A. Arveladze (46. Kavelashvili) - S. Arveladze, Gogichaishvili - Trainer: Chivadze - Tore: S. Arveladze (1./1:0), Kinkladze (46./Elfmeter/2:0)

Moldawien - Georgien 3:2 (2:0) EMQ
15. 11. 1995 - Chisinau - 9.000 - van der Ende (Niederlande) - Zoidze - Chikhradze, Kudinov, Gudushauri, Beradze, Gogichaishvili (75. Tskitishvili), Ketsbaia, Jamarauli, Kinkladze, S. Arveladze, Janashia - Trainer: Chivadze - Tore: Janashia (68./2:1), Culibaba (82./3:2/Eigentor)

Zypern - Georgien 0:2 (0:0)
27. 3. 1996 - Limassol - 2.000 - Georgiu (Zypern) - Zoidze - Kudinov, Shelia, Nemsadze - Gudushauri (85. Makhavariani), Tskhadadze, Gogichaishvili, Jamarauli, Ketsbaia - S. Arveladze, Kavelashvili (70. Khaladze) - Trainer: Chivadze - Tore: Ketsbaia (53./0:1), Jamarauli (64./0:2)

Rumänien - Georgien 5:0 (3:0)
24. 4. 1996 - Bukarest - 11.500 - Zachariadis (Griechenland) - A. Devadze - Revishvili, Tshadadze (77. Sepashvili), Kudinov, Chikradze, Jamarauli (46. Guchua), Nemsadze (46. Gogrichiani), Gogichaishvili (63. Ionanidze), S. Arvedladze (46. Tskitishvili), Ketsbaia, Kinkladze - Trainer: Chivadze

Griechenland - Georgien 2:1 (0:1)
8. 5. 1996 - Ionannia - 13.000 - Zylfo (Albanien) - Zoidze (17. Togonidze) - Gudushauri (46. Dimitradze), Lombanidze, Kudinov, Chikradze - Gogitchaichvili, Nemsadze, R. Arveladze, Ketsbaia - Gogrichiani (55. Guchua), S. Arveladze - Trainer: Chivadze - Tor: Gogrichiani (15./0:1)

DER EUROPAPOKAL

Europapokal der Landesmeister
Meister Dinamo Tiflis startete im UEFA-Pokal-Wettbewerb

Europapokal der Pokalsieger
Qualifikation

Obilic FK Belgrad - Dinamo Batumi 0:1 (0:0)
10. 8. 1995 - 1.000 - Beck (Liechtenstein) - Tor: Machutadze

Dinamo Batumi - Obilic FK Belgrad 2:2 (0:2)
24. 8. 1995 - 25.000 - Sundell (Schweden) - Tore: Machutadze (65./1:2), Mudjiri, (82./Elfmeter/2:2)

1. Runde

Dinamo Batumi - Celtic Glasgow 2:3 (1:2)
14. 9. 1995 - 18.000 - Klein (Israel) - Baladze - Malanya (Ambidze), Shanidze, Mudjiri, Shekiladze, Torgashvili, D. Makharadze, Machutadze, Tugushi (Glonti), Ujdmadjuridze (Makharadze), Mindadze - Tore: Machutadze (11./1:0), Tugushi (68./2:2)

Celtic Glasgow - Dinamo Batumi 4:0 (1:0)
28. 9. 1995 - 31.969 - Orrason (Island) - Tagonidze - Mindadze, M. Makharadze, Skekiladze, Shandize, Putkaradze (Glonti), Torgashvili, Kantidze (D. Makharadze), Mudjiri, Tugushi, Ujdmadjuridze

UEFA-Pokal
Qualifikation

Vardar Skopje - FC Samtredia 1:0 (1:0)
8. 8. 1995 - 12.750 - Piller (Ungarn)

FC Samtredia - Vardar Skopje 0:2 (0:2)
22. 8. 1995 - 25.000 (in Batumi) - Rudy (Polen)

Botev Plovdiv - Dinamo Tiflis 1:0 (1:0)
8. 8. 1995 - 7.000 - Nikakis (Griechenland)

Dinamo Tiflis - Botev Plovdiv 0:1 (0:0)
22. 8. 1995 - 22.000 - Weber (Deutschland) - Rot: Didava

UI-Cup
Keine Teilnehmer gemeldet

Elliniki Podosfeiriki Omnospondia
Singrou Avenue 137
GR-17121 Athen
Telefon: ++30 (1) 933 88 50
Telefax: ++30 (1) 935 96 66
Telex: 215 328

FIFA-Weltrangliste
Juli 1995: 27. Platz, 46,34 Punkte
Juli 1996: 35. Platz, 45,03 Punkte
UEFA-Fünfjahreswertung
1996/97: 9. Platz, 27,0 Punkte

GRIECHENLAND 1995/96

Erfolg im Europacup - mißglückte EM-Teilnahme

von Simon Horafopoulos

Panathinaikos Athen kann eine glänzende Saisonbilanz aufweisen. Die Mannschaft repräsentierte nicht nur den hohen Stellenwert des Vereins, sondern des griechischen Fußballs schlechthin. Ohne Frage war das Bestreiten des Champions League-Halbfinals gegen das Weltklasseteam von Ajax Amsterdam ein großer Erfolg.

Das erste "Opfer" der Panathinaikos-Truppe war in der Vorrunde Hajduk Split: Ein Treffer des Argentiniers Juan Jose Borelli im Rückspiel auf neutralem Boden in Rijeka brachte den Klub durch das 1:0 in die nächste Runde, nach einem enttäuschenden 0:0-Remis in Athen. Die Athener schafften es in den Spielen der Gruppe A, eine erfahrene Mannschaft wie die des FC Porto auszuschalten, indem im "Estadio das Antas" mit 1:0 gewonnen wurde. Das Rückspiel endete torlos. Auch das fabelhafte 0:0 in "La Beaujoire" gegen den französischen Meister FC Nantes konnte sich sehen lassen. Nach der Suspendierung Dynamo Kiews durch die UEFA (Schiedsrichterbestechung) wurde die 0:1-Niederlage in der Ukraine annulliert. Die dänische Mannschaft Aalborg BK sprang in die Bresche, war aber für die "Grünen" zu schwach, obwohl den Skandinaviern immerhin ein knappes 2:1 im Heimspiel gelang.

Der eigentliche Erfolgsweg begann mit dem 3:1-Heimsieg gegen Nantes - unter maßgeblicher Beteiligung des zweifachen Torschützen Krzysztof Warzycha - und dem anschließenden Triumph in Porto. Mit nur drei Gegentoren - dem zweitbesten Ergebnis nach Ajax Amsterdam - und acht

Griechischer Meister 1996: Panathinaikos Athen

1. Liga	Gesamt							Heim					Auswärts				
	Sp	g	u	v	Tore	Diff.	Pkt.	g	u	v	Tore	Pkt.	g	u	v	Tore	Pkt.
1. Panathin. Athen (M, P)	34	26	5	3	72:22	+50	83	16	1	0	49:8	49	10	4	3	23:14	34
2. AEK Athen	34	25	6	3	87:22	+65	81	16	1	0	54:6	49	9	5	3	33:16	32
3. Olympiakos Piräus	34	19	8	7	66:34	+32	65	12	3	2	41:14	39	7	5	5	25:20	26
4. Iraklis Saloniki	34	17	7	10	51:39	+12	58	11	3	3	36:20	36	6	4	7	15:19	22
5. OFI Iraklion	34	17	6	11	57:52	+ 5	57	11	5	1	32:14	38	6	1	10	25:38	19
6. Skoda Xanthi	34	12	11	11	53:47	+ 6	47	9	4	4	33:16	31	3	7	7	20:31	16
7. Aris Saloniki	34	12	10	12	45:47	- 2	46	10	7	0	33:11	37	2	3	12	12:36	9
8. Ionikos Piräus	34	12	10	12	44:50	- 6	46	7	6	4	26:20	27	5	4	8	18:30	19
9. Edessaikos Edessa	34	12	8	14	50:59	- 9	44	8	4	5	35:30	28	4	4	9	15:29	16
10. Athinaikos Athen	34	12	8	14	33:47	-14	44	8	4	5	20:15	28	4	4	9	13:32	16
11. Apollon Athen	34	11	7	16	49:48	+ 1	40	9	2	6	32:21	29	2	5	10	17:27	11
12. Paniliakos Pirgos (N)	34	10	10	14	46:51	- 5	40	7	6	4	29:22	27	3	4	10	17:29	13
13. Kalamata (N)	34	9	12	13	41:46	- 5	39	8	7	2	27:12	31	1	5	11	14:34	8
14. PAOK Saloniki *	34	10	11	13	42:46	- 4	38	8	4	5	23:17	28	2	7	8	19:29	13
15. Panachaiki Patra (N)	34	10	6	18	27:47	-20	36	8	4	5	17:13	28	2	2	13	10:34	8
16. Larissa FC ↓	34	9	7	18	32:64	-32	34	7	4	6	19:20	25	2	3	12	13:44	9
17. Panionios Athen ↓	34	8	5	21	35:59	-24	29	7	3	7	20:21	24	1	2	14	15:38	5
18. Ethnikos Piräus ↓	34	5	3	26	40:90	-50	18	4	2	11	25:39	14	1	1	15	15:51	4

* PAOK wurden drei Punkte abgezogen

EC 1996/97: CL: Panathinaikos*, EC2: AEK Athen, UEFA: Olympiakos Piräus, Iraklis, UI: -. * Panathinaikos scheiterte in der Qualifikation zur Champions League an Rosenborg BK Trondheim und startete im UEFA-Cup.

Die Torschützen

Vassilis Tsartas (AEK Athen)	26
Krzysztof Warzycha (Panathinaikos Athen)	19
Vassilis Karapialis (Olympiakos Piräus)	19
Nikos Machlas (OFI Iraklion)	17
Demis Nikolaidis (Apollon Athen)	16
Giorgos Nassiopoulos (Edessaikos Edessa)	16
Temour Ketsbaia (AEK Athen)	14
Predrag Barnjak (Apollon Athen)	13
Nikos Mirtsekis (Iraklis Saloniki)	13
Paris Zouboulis (PAOK Saloniki)	13
Ilija Ivic (Olympiakos Saloniki)	13

selbst erzielten Treffern erreichte man als Tabellenerster das Viertelfinale gegen Legia Warschau. Als Spezialist für Unentschieden und gute Abwehrarbeit gab es im Hinspiel in Polen ein 0:0, im Rückspiel jedoch bewies der Double-Gewinner des Vorjahres, daß er auch Tore erzielen kann: 3:0 hieß es am Ende, und wieder war Warzycha zweimal erfolgreich (den anderen Treffer steuerte Borelli bei).

Im April stand dann das Semifinale gegen den hohen Favoriten Ajax Amsterdam an: Zunächst schafften die Athener durch "Mr. Goal" Warzycha einen sensationellen 1:0-Sieg in der Höhle des Löwen, so daß sogar vom Erreichen des Endspiels in Rom geträumt werden konnte. Im heimischen Stadion führten Angst vor der eigenen Courage und einige entscheidende Fehler zum Verlassen der Siegesstraße. Ein 0:3 ließ die Panathinaikos-Helden ihr Abenteuer beenden und in die Wirklichkeit zurückfinden.

Die anderen Repräsentanten Griechenlands versagten auf internationaler Ebene. Im Pokalsieger-Wettbewerb übersprang AEK Athen zwar die Schweizer Hürde FC Sion in der 1. Runde, im nächsten Spiel gegen Borussia Mönchengladbach stockte der Motor jedoch plötzlich, so daß zwei glatte Niederlagen (1:4/0:1) herauskamen. Im UEFA-Cup mußte Apollon Athen bereits in der Vorrunde gegen Olympija Ljubljana die Segel streichen. Besser erging es Olympiakos Piräus, das nach Erfolgen gegen Slavia Sofia und Maribor-Branik gegen den FC Sevilla anzutreten hatte: Nach einem 0:1 in Spanien stand es im Rückspiel nach 90 Minuten 1:0 für die Griechen. In der Verlängerung traf jede der beiden Mannschaften noch einmal ins Gehäuse des Gegners, so daß Sevilla dank der mehr erzielten Auswärtstore ins Achtelfinale einzog.

In den nationalen Wettbewerben bildete der Meisterschaftstitel und die damit verbundene Möglichkeit der Champions League-Teilnahme bis zum letzten Spieltag den Zankapfel zwischen Panathinaikos und AEK Athen. Der Kampf verlief hart und ausgeglichen. Nach zehn Spielen übernahm AEK durch einen 1:0-Auswärtssieg bei Panathinaikos die Tabellenführung. Mit jeweils einem Punkt Rückstand folgten Olympiakos Piräus und Panathinaikos. Ende November hatte sich

DER POKAL

1. Runde (Gruppensystem)

AEK Athen - Almopos 6:2
Olympiakos Volos - AEK Athen 0:2
AEK Athen - Panegialios 4:1
Panathinaikos Athen - AEK Athen 3:1
Olympiakos Volos - Panathinaikos Athen 0:1
Panathinaikos Athen - Panegialios 2:0
Almopos - Panathinaikos Athen 1:4
Panathinaikos Athen und AEK Athen in der 2. Runde

Kallithea - Panachaiki 0:2
Panachaiki - Anagenissis Karditsa 1:0
Chaidari - Panachaiki 0:0
Panachaiki - Pyrgos 3:1
Panachaiki in der 2. Runde

Panelefsiniakos - Apollon Athen 1:2
Apollon Athen - Kalamata 2:1
Kalamata - Ampelokipi 2:0
Atromitos - Kalamata 1:0
Ampelokipi - Apollon Athen 0:2
Apollon Athen - Atromitos 3:0
Kalamata - Panelefsiniakos 0:0
Apollon Athen in der 2. Runde

Anagenissis Yanitssa - Ethnikos Piräus 0:0
Ethnikos Piräus - Agios Nikolaos 1:2
Doxa Drama - Ethnikos Piräus 1:2
Ethnikos Piräus - Khalkis 2:0
Aris Saloniki - Charavgiakos 9:0
Lamia - Aris Saloniki 0:1
Aris Saloniki - EA Rethymniakos 2:1
Ialissos - Aris Saloniki 0:0
Aris Saloniki in der 2. Runde

Eordaikos - Iraklis Saloniki 0:1
Iraklis Saloniki - Doxa Vyronas 0:0
Eolikos - Iraklis Saloniki 2:3
Iraklis Saloniki - Ethnikos Piräus Asteras 2:0
Iraklis Saloniki in der 2. Runde

Chania - PAOK Saloniki 0:2
PAOK Saloniki - Pierikos 5:0
Korinthos - PAOK Saloniki 0:2
PAOK Saloniki - Kozani 2:1
PAOK Saloniki in der 2. Runde

Athinaikos Athen - Tirnavos 6:0
Trikala - Athinaikos Athen 2:1
Athinaikos Athen - PAS Ioannina 3:1
Proodeftiki - Athinaikos Athen 1:4
Athinaikos Athen in der 2. Runde

Apollon Athen Kria Vrissi - OFI Iraklion 2:2
OFI Iraklion - Fokikos 6:0
Kastoria - OFI Iraklion 1:1
OFI Iraklion in der 2. Runde

Enossis Rhodos-Diagoras - Paniliakos 1:2
Paniliakos - Apollon Athen FC Larissa 1:1
Pontii Veria - Paniliakos 4:1
Paniliakos in der 2. Runde

Orestis - FC Larissa 0:1
Kolindros - FC Larissa 0:1
FC Larissa - Kalamaria 0:1
FC Larissa in der 2. Runde

Olympiakos Piräus - GAS Veria 2:0
Pansereikos Serras - Olympiakos Piräus 0:2
Olympiakos Piräus - Panafpliakos 6:2
Olympiakos Piräus in der 2. Runde

Ionikos - Fostiras 4:0
Agrotikos Asteras - Ionikos 0:0
Ionikos - Marko 3:0
Ionikos in der 2. Runde

Edessaikos - AO Kavala 2:2
Edessaikos - Panargiakos 1:0
Varvassiakos - Edessaikos 3:0
Velissarios - Panionios 0:0
Nigrita - Panionios 0:0
Panionios - Panetolikos 1:2
Naoussa - Skoda Xanthi 1:1
Skoda Xanthi - Niki Volos 4:2
Skoda Xanthi - Levadiakos 5:0
Skoda Xanthi in der 2. Runde

2. Runde (Hin- und Rückspiel)

Niki Volos - OFI Iraklion 1:3, 0:0
Apollon Athen - Paniliakos 2:1, 3:3
Athinaikos Athen - Pontii GAS Veria 4:0, 3:1
Panachaiki - Panathinaikos Athen 2:2, 0:3
AEK Athen - Iraklis Saloniki 1:0, 2:0
Nigrita - Olympiakos Piräus 1:4, 1:3
Ionikos - Panelefsiniakos 4:0, 4:2
Agrotikos Asteras - Skoda Xanthi 1:1, 0:0
Fokikos - PAOK Saloniki 0:1, 0:5
Doxa Vyronas - FC Larissa 1:0, 2:1
Anagenissis Yanitssa - Aris Saloniki 1:0, 1:3
Ialissos - Agios Nikolaos 3:1, 2:3
Pyrgos - GAS Veria 0:0, 1:2
Chania - Trikala 2:0, 0:4 n. V.
Kalamaria - AO Kavala 3:0, 1:3
Panetolikos - Varvassiakos 3:0, 1:0

3. Runde (Hin- und Rückspiele)

Olympiakos - AEK Athen 1:3, 1:1
Doxa Vironas - Panathinaikos Athen 0:2, 1:3
Skoda Xanthi - Kalamaria 2:0, 3:0
Panetolikos - Apollon Athen 1:2, 2:2
PAOK Saloniki - Ionikos 4:1, 1:0
OFI Iraklion - Aris Saloniki 1:0, 0:2
Trikala - Ialissos 2:0, 2:0
Athinaikos Athen - Veria 5:2, 2:1

Viertelfinale (Hin- und Rückspiele)
AEK Athen - Panathinaikos Athen 3:1, 2:2
PAOK Saloniki - Trikala 3:0, 2:1
Aris Saloniki - Athinaikos Athen 2:1, 0:2
Apollon Athen - Skoda Xanthi 4:0, 1:2

Halbfinale (Hin- und Rückspiele)
Apollon Athen - PAOK Saloniki 1:1, 3:1
AEK Athen - Athinaikos Athen 5:0, 1:0

Finale
(15. Mai 1996, Athen, 35.000)
AEK Athen - Apollon Athen 7:1 (3:0)
AEK Athen : Atmatsidis - Manolas - Kostenoglou (67. Maladenis), Vlachos - Borbokis, Sabanadzovic, Savevski, Kassapis - Tsartas (84. Vaios Karayiannis), Ketsbaia (67. Kostis) - Batista.
Apollon Athen: Raptis - Mavridis (55. Lachanas) - Ioannou, Theodoropoulos (35. Alexis) - Apostolou (46. Kefalas), Erak, Tatsis, Kola, Velentzas - Barnjak, Nikolaidis
Sotiropoulos - Tore: 1:0 Batista (11.), 2:0 Tsartas (22.), 3:0 Batista (34.), 4:0 Tsartas (48., Elfmeter), 5:0 Ketsbaia (60.), 6:0 Tsartas (76.), 6:1 Barnjak (78.), 7:1 Kostis (89.).

die Situation geändert: Panathinaikos gewann 2:1 in Piräus und lag nun vier Punkte vor Olympiakos, während AEK die Tabelle weiterhin mit zwei Zählern Vorsprung anführte.

Nach der Auswärtsniederlage des AEK Athen in Larissa im Januar übernahm dann Panathinaikos die "Pole position" und wurde mit 44 Punkten Halbzeitmeister. Olympiakos, das seinen Trainer Stavros Diamantopoulos für den Rest der Saison durch den bisherigen Assistenten Takis Persias ersetzt hatte, verblieb mit 40 Zählern auf Platz 3 hinter AEK (43). Der Auftritt des Tabellenführers bei AO Xanthi, das mit dem Österreicher Kurt Jara einen neuen Coach verpflichtet hatte, war weniger erfolgreich: Man mußte sich mit einem 1:1 begnügen. AEK nutzte die Gelegenheit, die Spitze zu erklimmen, durch ein beeindruckendes 4:0 gegen Aris Syllogos Saloniki.

Das ewige Wechselspiel setzte sich weiter fort: In Runde 23 kam AEK über ein 2:2 in Kalamata nicht hinaus, während der Lokalrivale gegen Aris 3:1 gewann. Der Meister vergrößerte seinen Vorsprung Mitte März auf drei Zähler, als die Bajevic-Truppe AEK zwei Auswärtsniederlagen einstekken mußte. Olympiakos schickte sich an, das "Dreigestirn" zu verlassen. Zum neunten Mal in Folge verfehlte man den ersehnten Meistertitel. Zwar konnte der 3. Platz gehalten werden, doch weit weg von den beiden Top-Klubs hatten die treuen Fans wieder einmal eine große Enttäuschung zu verkraften.

Das Schlüsselspiel fand für die beiden Kontrahenten um Platz 1 am 10. April im Athener Olympiastadion statt: 1:0 setzte sich Panathinaikos

1. Liga	Panathin.	AEK	Olympiakos	Iraklis	OFI	Xanthi	Aris	Ionikos	Edessas	Athinaikos	Apollon	Paniliakos	Kalamata	PAOK	Patras	Larissa	Panionios	Ethnikos
Panathinaikos Athen	-	1:0	1:0	4:0	4:0	2:0	3:1	3:0	3:1	0:0	3:1	4:1	4:0	2:0	1:0	6:1	5:3	3:0
AEK Athen	1:0	-	1:1	3:1	4:0	2:1	4:0	6:0	3:0	6:0	1:0	3:0	5:1	4:0	5:1	1:0	2:0	3:1
Olympiakos Piräus	1:2	1:1	-	2:1	3:1	1:1	4:0	1:1	2:0	3:0	0:3	3:0	4:1	1:0	6:1	3:1	3:1	3:0
Iraklis Saloniki	1:1	1:3	2:1	-	5:1	2:0	3:2	3:1	2:0	1:2	1:1	2:0	2:1	2:2	0:1	2:1	3:2	4:1
OFI Iraklion	2:1	1:1	2:1	0:0	-	3:0	2:0	3:1	4:1	0:1	2:1	2:2	3:0	2:1	1:0	0:0	2:2	3:2
_koda Xanthi	1:1	1:1	1:2	0:1	0:2	-	4:0	1:0	1:1	3:0	1:0	1:3	1:0	2:2	3:1	3:1	4:0	6:1
Aris Saloniki	1:1	2:1	0:0	0:0	2:1	2:2	-	2:0	2:0	1:1	2:0	3:1	1:1	0:0	1:0	6:0	4:2	4:1
Ionikos Piräus	2:1	1:4	0:2	1:1	0:0	1:1	3:1	-	3:0	0:1	1:2	2:1	2:2	0:0	1:1	3:1	2:1	4:1
Edessaikos Edessa	1:3	2:5	2:5	2:0	3:2	1:1	1:1	0:1	-	5:2	0:0	1:3	1:0	3:3	2:0	3:1	2:1	6:2
Athinaikos Athen	1:2	0:1	0:1	0:1	3:2	2:1	0:0	1:2	2:1	-	1:1	0:0	1:1	2:1	2:0	1:0	2:1	2:0
Apollon Athen	2:3	0:3	3:4	2:1	0:1	3:1	4:1	4:1	1:1	0:0	-	2:1	2:1	0:1	2:0	4:0	0:1	3:1
Paniliakos Pirgos	0:1	0:2	0:0	1:2	4:2	2:2	2:1	0:0	2:3	4:1	2:1	-	1:0	1:1	1:1	4:2	3:1	2:2
Kalamata	0:1	2:2	3:0	1:0	2:3	1:1	1:1	0:0	1:1	1:0	3:0	1:1	-	1:1	1:0	5:0	1:0	3:1
PAOK Saloniki	0:1	1:3	0:0	1:2	3:0	3:3	1:0	1:1	0:1	1:0	2:1	1:0	1:1	-	2:1	2:3	2:0	2:0
Panachaiki Patra	0:1	1:1	1:1	1:0	0:1	1:2	0:1	1:2	1:0	2:0	2:1	0:0	1:0	3:2	-	1:1	1:0	1:0
Larissa FC	0:1	1:0	3:2	0:1	2:6	1:2	1:0	1:0	0:2	1:1	1:1	1:0	1:1	2:1	4:1	-	0:0	0:1
Panionios Athen	1:3	1:2	1:2	0:0	1:0	3:0	0:2	1:3	1:2	1:2	2:2	1:0	2:1	2:1	1:0	0:0	-	2:1
Ethnikos Piräus	0:0	0:3	0:3	1:4	2:3	1:2	3:1	2:5	1:1	3:2	3:2	2:4	2:3	2:3	1:2	0:1	2:0	-

2. Liga	Sp	g	u	v	Tore	Pkt.
1. AO Kavala	34	21	7	6	58:18	70
2. GAS Veria	34	18	9	7	56:35	63
3. AS Kastoria	34	16	7	11	44:38	55
4. Proodeftiki Piräus	34	15	9	10	50:34	54
5. Levadiakos Levadia	34	14	10	10	36:33	52
6. Doxa Drama	34	15	7	12	38:32	52
7. Doxa Vyrona	34	14	7	13	45:47	49
8. Apollon Kalamaria	34	13	8	13	42:38	47
9. AO Trikala	34	12	11	11	40:39	47
10. FC Naoussa	34	13	8	13	32:34	47
11. EA Rethymniakos	34	13	8	13	34:32	47
12. PAS Ioannina	34	12	10	12	41:39	46
13. Panelefsiniakos Elfesis	34	11	13	10	39:36	46
14. Panargiakos Argos	34	12	9	13	30:33	45
15. Ialissos	34	12	8	14	46:50	44
16. Anagenissis Kolindros	34	10	6	18	28:37	36
17. Anagenissis Karditsa	34	6	6	22	30:73	24
18. Pierikos	34	3	9	22	15:56	18

durch ein Tor von Borelli in der 79. Minute durch, und ab diesem Zeitpunkt ließ sich der Titelverteidiger nicht mehr von der Spitze verdrängen. Dennoch hatte AEK noch am letzten Spieltag im Falle eines Ausrutschers des Tabellenführers die Möglichkeit, ganz nach vorn vorzustoßen. Panathinaikos - trainiert vom Argentinier Rocha - beendete die Saison jedoch stilvoll mit einem ungefährdeten 3:1 gegen Edessaikos Edessa und versetzte seine Fans damit wieder einmal in Ekstase.

Iraklis Saloniki war die Überraschungsmannschaft der Spielzeit: Mit sieben Siegen in Folge und einem Unentschieden in den letzten Ligabegegnungen qualifizierte sich das Team zurecht für die Teilnahme am UEFA-Cup. Damit war Iraklis die beste Mannschaft Salonikis, die diesmal ihre Fähigkeiten voll unter Beweis stellen konnte.

Aris plazierte sich mit dem seit März auf der Bank sitzenden tschechischen Trainer Jozef Jarabinsky auf Rang 7. Der neue Coach - Nachfolger von Yannis Tzifopoulos, der wiederum Assistent des ersten Trainers Giorgos Firos gewesen war - brachte es fertig, Ordnung in den Klub zu bringen, und auf heimischem Terrain gegen die Top-Mannschaften von Panathinaikos und AEK ungeschlagen zu bleiben.

Der dritte Erstligist Salonikis, PAOK, war im ganzen Spieljahr abstiegsgefährdet, da dem Verein drei Punkte als Strafe dafür abgezogen worden waren, daß seine Fans im Spiel gegen AEK Athen Ausschreitungen angezettelt und den Linienrichter mit einem Wurfgegenstand am Kopf getroffen hatten. Der Abbruch erfolgte beim Stand von 1:3 in der 88. Minute! Der holländische Coach Arie Haan war übrigens zwischenzeitlich vom Schweden Gunther Bengtsson abgelöst worden. AO Skoda Xanthi spielte unter Kurt Jara attraktiven Fußball und belegte einen guten 6. Platz. OFI Kreta versuchte bis zur allerletzten Minute, in den UEFA-Cup zu kommen, aber man verfehlte das Ziel nach zahlreichen "Ups and downs" doch und mußte mit Rang 5 vorliebnehmen.

Das Überraschungsteam Edessaikos hatte für kurze Zeit sogar Chancen, in den europäischen Wettbewerb zu gelangen, endete letztlich aber - punktgleich mit Athinaikos Athen - auf dem 9. Tabellenplatz. Ionikos Athen unter dem früheren Weltstar Oleg Blochin ging hart zur Sache und erreichte damit Position 8, die beste Plazierung, die der Klub jemals erreicht hat.

Zwei Traditionsmannschaften des Zentrums, Panionios Athen und Ethnikos Piräus, mußten wieder einmal - diesmal zusammen mit dem Meister des Jahres 1988, FC Larissa - den Gang in die 2. Liga antreten. Der deutsche Trainer Timo Zahnleiter hatte in den letzten beiden Monaten das Zepter bei Ethnikos in Händen, und er wird auch im kommenden Spieljahr in Piräus bleiben.

Erstmals wurde in Griechenland ein Spiel, das abgebrochen worden war (wegen eines Flutlichtdefekts), einfach an einem anderen Tag beendet. Es handelt sich dabei um die Partie des abstiegsbedrohten Panionios gegen Athinaikos: In der 70. Minute kam der Abbruch, und zunächst wurde Panionios verantwortlich gemacht - man mußte gar eine Strafe seitens des Verbandes befürchten. Letztlich wurden dann doch einfach die fehlenden 20 Minuten gespielt, und es änderte sich am Ergebnis von 1:2!

Von den 18 Erstligisten Griechenlands wechselten insgesamt zehn Klubs den verantwortlichen Trainer aus, Panionios hatte gar vier verschiedene Coachs (unter den "Opfern" befand sich auch der Rumäne Emerich Jenei).

Im Pokalwettbewerb ereilte den Double-Gewinner des Vorjahres, Panathinaikos, im Viertelfinale gegen den schärfsten Widersacher AEK nach einer 1:3-Heimschlappe und dem achtbaren 2:2 im Rückspiel das Aus. Damit war der Weg für AEK frei! Schließlich wurde die Bajevic-Truppe verdient Cupsieger, hatte man doch in der dritten Runde auch Olympiakos eliminiert. Das Endspiel selbst geriet zu einem Spaziergang: Lokalrivale Apollon wurde eindrucksvoll mit 7:1 geschlagen!

In den letzten Qualifikationsspielen der Gruppe 8 zur Europameisterschaft gewannen die Griechen zwar gegen die Underdogs San Marino (auswärts 4:0) und Färöer Inseln (5:0), mußten sich aber in den entscheidenden Begegnungen in Schottland (0:1) und in Rußland (1:2) jeweils knapp geschlagen geben. Damit war England kein Thema mehr.

Der Start in die Weltmeisterschaftsqualifikation war zwar etwas schwerfällig, dennoch konnte ein 2:0 gegen Slowenien verbucht werden. Nationaltrainer Kostas Polichroniou, der sich um den Verbleib auf seinem Posten sorgen machen mußte, berief alle neuen Talente in die Auswahl. So bekamen junge Angreifer wie Demis Nikolaidis und Giorgos Nassiopoulos, die Mittelfeldakteure Andreas Niniadis und Nikos Limberopoulos sowie die Defensivkräfte Giorgos Anatolakis und Giorgos S. Georgiadis ihre Chance, in der Erwartung, der Mannschaft eine Blutauffrischung zukommen zu lassen.

Der Begriff Nationalmannschaft wird jetzt als Mischung aus Erfahrung und Jugend verstanden, und auf diese Weise soll der Weg zur WM nach Frankreich gefunden werden. Zum Einspielen benötigt der Nationalcoach natürlich jede Menge Freundschaftsspiele, weil die Erfolge zunächst verständlicherweise ausblieben. Dies zeigte sich in Frankreich beim 1:3 ebenso wie bei der 0:1-Niederlage in Portugal. Besser sah es da schon im Match gegen Georgien - 2:1 in Ioannina - aus.

Wie dem auch sei, die FIFA löste im Mai großen Wirbel im griechischen Fußballverband aus: Der Weltverband hatte dazu aufgefordert, die nationalen Statuten den vorgeschriebenen der FIFA anzugleichen. Das griechische Parlament hatte jedoch mit der Bestätigung der Änderungen lange gezögert, so daß die FIFA drohte, griechische Vereine, Nationalmannschaften und Spieler für mindestens sechs Monate von allen europäischen Wettbewerben zu suspendieren. ■

Nikolaidis Apolton (li) im Derby gegen AEK

DIE LÄNDERSPIELE

Schottland - Griechenland 1:0 (0:0) EMQ

16.8.1995 - Glasgow - 34.910 - Mikkelsen (Dänemark) - Atmatsidis - Kalitzakis, Karataidis, Dabizas - Zagorakis (79. G. H. Georgiadis), Apostolakis, Tsalouhidis, Tsartas, Kassapis - Batista (51. Alexandris), Vrizas (30. Machlas) - Trainer: Polichroniou.

San Marino - Griechenland 0:4 (0:2) EMQ

6.9.1995 - Serravalle - 886 - Mitrovic (Slowenien) - Atmatsidis - Ouzounidis - Dabizas, Karataidis - Zagorakis, Apostolakis, Tsalouhidis, G. H. Georgiadis (58. Georgatos) - Donis, Machlas (78. Batista), Nikolaidis (46. Alexandris) - Trainer: Polichroniou. Tore: Tsalouhidis (5.), G. H. Georgiadis (31.), Alexandris (61.), Donis (81.)

Griechenland - Jugoslawien 0:2 (0:0)

20.9.1995 - Thessaloniki - 30.000 - Ormandziev (Bulgarien) - Michopoulos (46. Atmatsidis) - Ouzounidis (46. Karataidis) - Kalitzakis (46. Dabizas) - Apostolakis, Zagorakis (65. Sakellaridis), Tsalouhidis (59. Konstantinidis), Koudas (20. Tsartas, 75. Niniadis), Kassapis - Alexandris (46. Donis), G. H. Georgiadis (46. Georgatos) - Batista (46. Machlas) - Trainer: Polichroniou

Rußland - Griechenland 2:1 (1:0) EMQ

11.10.1995 - Moskau - 40.000 - Grabher (Österreich) - Michopoulos - Ouzounidis - Apostolakis, Kalitzakis (46. Dabizas), Kassapis - Donis, Zagorakis, Tsalouhidis, Tsartas (46. Georgatos), Alexandris - Batista (71. Machlas) - Trainer: Polichroniou. Tor: Tsalouhidis (64./1:1)

Griechenland - Färöer Inseln 5:0 (0:0) EMQ

15.11.1995 - Iraklion - 12.000 - Mitrov (Bulgarien) - Atmatsidis - Ouzounidis - Dabizas - Zagorakis (70. Konstantinidis), Apostolakis, Tsalouhidis (46. Nikolaidis), Tsartas, Kassapis - Donis, Alexandris (75. Georgatos), Machlas - Trainer: Polichroniou. Tore: Alexandris (58.), Nikolaidis (62.), Machlas (66.), Donis (75.), Tsartas (80.)

Griechenland - Israel 2:1 (1:1)

24.1.1996 - Khalkis - 5.000 - Nikakis (Griechenland) - Atmatsidis - Ouzounidis - Apostolakis, Dabizas, Kostenoglou (25. Limperopoulos) - Zagorakis - Donis (46. Kostis), Tsartas (61. Konstantinidis), Alexandris (46. Vrizas), Kassapis (46. Sakellaridis) - Nikolaidis (46. Machlas) - Trainer: Polichroniou. Tore: Glam (26. Eigentor/1:0), Tsartas (44. Elfmeter/2:0)

Frankreich - Griechenland 3:1 (1:1)

21.2.1996 - Nimes - 23.438 - Philippi (Luxemburg) - Atmatsidis - Ouzounidis - Kalitzakis (70. Konstantinidis) - Dabizas - Apostolakis, Zagorakis (78. Limperopoulos), Alexandris, Kassapis - Donis, Machlas (70. Kostis), Vrizas (70. Nikolaidis) - Trainer: Polichroniou. Tor: Alexandris (4./0:1)

Portugal - Griechenland 1:0 (0:0)

27.3.1996 - Lissabon - 3.000 - Reed (England) - Atmatsidis - Karataidis - Kalitzakis - Zagorakis (55. Anatolakis), Apostolakis (52 . Frantzeskos), Konstantinidis, Alexandris, Kassapis - Kostis (46. Machlas), Vrizas - Batista (79. Nikolaidis) - Trainer: Polichroniou

Griechenland - Slowenien 2:0 (0:0) WMQ

24.4.1996 - Athen - 7.000 - Pedersen (Norwegen) - Atmatsidis - Ouzounidis - Apostolakis, Kalitzakis, Kassapis - Konstantinidis (46. Alexandris), Zagorakis - Tsartas (82. Frantzeskos) - Donis (61. Nikolaidis), Batista, Vrizas - Trainer: Polichroniou. Tore: Batista (55.), Nikolaidis (66.)

Griechenland - Georgien 2:1 (0:1)

8.5.1996 - Ioannina - 13.000 - Zylfo (Albanien) - Atmatsidis (46. Michopoulos) - Ouzounidis (46. Karataidis) - G. S. Georgiadis, Kalitzakis, Kassapis - Zagorakis, Apostolakis (46. Konstantinidis), Tsartas (46. Frantzeskos), Alexandris (46. Vrizas) - Donis (46. Batista, 54. Nassiopoulos), Nikolaidis - Trainer: Polichroniou. Tore: Nikolaidis (58./1:1, 87./2:1)

DER EUROPAPOKAL

Europapokal der Landesmeister

Qualifikation

Panathinaikos Athen - Hajduk Split 0:0

9.8.1995 - 45.000 - Meier (Schweiz) - Nikopolidis - Apostolakis, Ouzounidis, G. H. Georgiadis - G. S. Georgiadis, Borelli (75. Christodolu), Markos, Maragos - Donis (78. Alexoudis), Warzycha

Hajduk Split - Panathinaikos Athen 1:1 (0:1)

23.8.1995 - 11.000 (in Rijeka) - Craciunescu (Rumänien) - - Nikopolidis - Apostolakis, Ouzounidis, G. H. Georgiadis, Kallitzakis - G. S. Georgiadis, Borelli (68. Christodolu), Markos, Maragos (52. Alexoudis) - Donis, Warzycha (86. Lagonikakis) - Tor: Borelli (55./0:1) - Rot: Kallitzakis

Champions League (Gruppe A)

Panathinaikos Athen - FC Nantes 3:1 (2:0)

27.9.1995 - 65.000 - Zhuk (Weißrußland) - Wandzik - Borelli (79. Nioblias), Ouzounidis, G. H. Georgiadis - Kallitzakis, G. S. Georgiadis, Markos, Alexoudis (67. Kapouranis) - Warzycha, Maragos (85. Kolitsidakis), Donis - Tore: G. H. Georgiadis (17./1:0), Warzycha (30./2:0, 46./3:0)

FC Porto - Panathinaikos Athen 0:1 (0:1)

18.10.1995 - 25.000 - Trentalange (Italien) - Wandzik - Apostolakis, Ouzounidis, Kallitzakis, G. S. Georgiadis - Borelli (69. Kapouranis), G. H. Georgiadis (90. Lagonikakis), Markos, Donis (83. Kolitsidakis) - Warzycha, Alexoudis (35. Platzverweis) - Tor: Markos (41.)

ÅaB Åalborg - Panathinaikos Athen 2:1 (1:1)

25.10.1995 - 8.000 - Krug (Deutschland) - Wandzik - Apostolakis, Ouzounidis, G. H. Georgiadis, Kallitzakis (54. Platzverweis) - G. S. Georgiadis, Borelli (75. Maragos), Kapouranis - Warzycha, Markos, Donis - Tor: Boye (43. Eigentor/1:1)

Panathinaikos Athen - FC Porto 0:0

1.11.1995 - 60.000 - Goethals (Belgien) - Wandzik - Apostolakis, Ouzounidis, G. H. Georgiadis, Kolitsidakis - G. S. Georgiadis, Borelli (66. Kapouranis), Markos, Donis - Warzycha (89. Lagonikakis), Maragos

Panathinaikos Athen - ÅaB Åalborg 2:0 (2:0)

22.11.1995 - 33.000 - Krondl (Tschechien) - Wandzik - Apostolakis, G. S. Georgiadis, Ouzounidis - G. H. Georgiadis - Donis (90. Lagonikakis), Maragos, Borelli, Markos - Warzycha, Alexoudis (52. Kapouranis) - Tore: Alexoudis (1.), G. S. Georgiadis (38.)

FC Nantes - Panathinaikos Athen 0:0

6.12.1995 - 30.000 - Sundell (Schweden) - Wandzik - Apostolakis, Kallitzakis, Ouzounidis, Kapouranis - Markos, Hristodoulou, Borelli (90. Goumas), G. S. Georgiadis - Lagonikakis, Maragos

Viertelfinale

Legia Warszawa - Panathinaikos Athen 0:0
6.3.1996 - 15.000 - Diaz Vega (Spanien) - Wandzik - Apostolakis, Kolitsidakis, G. H. Georgiadis - Kallitzakis - Alexoudis, Borelli, Maragos (78. Kapouranis), Markos, G. S. Georgiadis - Warzycha

Panathinaikos Athen - Legia Warszawa 3:0 (1:0)
20.3.1996 - 72.000 - Khusainow (Rußland) - Wandzik - Ouzounidis - Apostolakis, Kolitsidakis, Kallitzakis - Maragos (80. Nioblias), Borelli, G. S. Georgiadis, Kapouranis - Donis, Warzycha - Tore: Warzycha (34.,58.), Borelli (72.)

Halbfinale

Ajax Amsterdam - Panathinaikos Athen 0:1 (0:0)
3.4.1996 - 42.000 - Vagner (Ungarn) - Wandzik - Apostolakis, Ouzounidis, Kapouranis - Kallitzakis, G. S. Georgiadis, Kolitsidakis - Maragos (63. G. H. Georgiadis), Borelli (82. Markos) - Donis, Warzycha (90. Nioblias) - Tor: Warzycha (87.)

Panathinaikos Athen - Ajax Amsterdam 0:3 (0:1)
17.4.1996 - 74.000 - Garcia-Aranda (Spanien) - Wandzik - Apostolakis, Markos (85. Lagonikakis), Kapouranis, Kallitzakis - G. H. Georgiadis, Kolitsidakis, Borelli, Maragos (74. Nioblias) - Donis, Warzycha.

Europapokal der Pokalsieger

1. Runde

AEK Athen - FC Sion 2:0 (1:0)
14.9.1995 - 25.000 - Van den Wijngaert (Belgien) - Atmatsidis - Manolas - Vlachos, Kostenoglou - Borbokis (86. Kopitsis), Maladenis, Kassapis, Kostis (65. Tsartas), Savevski - Ketsbaia, Batista (90. Dimitriadis) - Tore: Vlachos (45.), Borbokis (70.)

FC Sion - AEK Athen 2:2 (1:0)
28.9.1995 - 6.900 - Stafoggia (Italien) - Atmatsidis - Manolas - Vlachos, Kostenoglou - Borbokis (76. Kopitsis), Sabanadzovic (73. Savevski), Tsartas (55. Saravakos), Maladenis, Kassapis - Ketsbaia, Batista - Tore: Ketsbaia (84./1:1), Batista (87./2:2)

2. Runde

Bor. Mönchengladbach - AEK Athen 4:1 (0:0)
19.10.1995 - 21.200 - Monteiro Coroado (Portugal) - Atmatsidis - Koutoulas - Vlachos, Kostenoglou - Borbokis (61. Saravakos), Sabanadzovic, Ketsbaia (75. Kopitsis), Savevski, Maladenis, Kassapis - Batista (68. Tsartas) - Tor: Maladenis (78./3:1)

AEK Athen - Bor. Mönchengladbach 0:1 (0:0)
2.11.1995 - 23.000 - Mottram (Schottland) - Atmatsidis - Manolas - Vlachos - Borbokis, Kostis (53. Dimitriadis), Sabanadzovic, Maladenis, Savevski (53. Ketsbaia), Kassapis - Tsartas (70. Kopitsis), Saravakos

UEFA-Cup

Qualifikation

FK Slavia Sofia - Olympiakos Piräus 0:2 (0:0)
8.8.1995 - 4.000 - Durkin (England) - Rantos - Skartados - Dabizas, Amanatidis - Pachatouridis, Passalis (60. Kalantzis), Karataidis, Alexandris (65. Marinakis), Karapialis - Sapanis (82. Juskowiak), Ivic - Tore: Ivic (82.), Juskowiak (90.)

Olympiakos Piräus - FK Slavia Sofia 1:0 (0:0)
22.8.1995 - 20.000 - Muhmenthaler (Schweiz) - Rantos - Skartados - Dabizas, Amanatidis (70. Kalantzis) - Chantzidis, Passalis, Karataidis - Juskowiak (74. Sapanis), Ivic - Tor: Ivic (10.)

Apollon Athen - Olimpija Ljubljana 1:0 (1:0)
8.8.1995 - 5.000 - Dallas (Schottland) - Minou - Apostolou - Papadopoulos, Ioannou - Lachanas (89. Theodoropoulos), Erak, Tatsis, Kola, Velentzas (26. Alexis, 71. Kefalas) - Barnjak, Nikolaidis - Tor: Kola (41.)

Olimpija Ljubljana - Apollon Athen 3:1 (1:1)
22.8.1995 - 2.500 - Gracia Redondo (Spanien) - Minou - Apostolou - Papadopoulos, Ioannou (90. Labriakos) - Lachanas (84. Alexis), Tatsis, Velentzas, Erak, Kola - Barnjak, Nikolaidis (79. Damigos) - Tor: Kola (2./0:1)

1. Runde

Olympiakos Piräus - Branik Maribor 2:0 (0:0)
12.9.1995 - 25.000 - Guerguinov (Bulgarien) - Rantos - Skartados - Dabizas, Amanatidis - Chantzidis (78. Pachatouridis), Passalis (46. Kalantzis), Marinakis, Karataidis, Karapialis - Juskowiak, Ivic (80. Alexandris) - Tore: Juskowiak (51.), Skartados (72. Elfmeter)

Branik Maribor - Olympiakos Piräus 1:3 (0:1)
26.9.1995 - 7.500 - Bohunek (Tschechien) - Rantos - Skartados - Dabizas, Amanatidis (88. Ioannidis) - Chantzidis, Passalis, Marinakis, Kalantzis, Karapialis (87. Gonias) - Juskowiak (80. Sapanis), Ivic - Tore: Ivic (38./0:1), Skartados (63. Elfmeter/0:2), Chantzidis (83./1:3)

2. Runde

FC Sevilla - Olympiakos Piräus 1:0 (0:0)
17.10.1995 - 30.000 - Craciunescu (Rumänien) - Rantos - Dabizas - Amanatidis, Karataidis - Chantzidis (69. Gonias), Marinakis, Passalis, Karapialis, Kalantzis - Ivic, Juskowiak (68. Sapanis)
Olympiakos Piräus - FC Sevilla n. V. 2:1 (1:0, 0:0)
31.10.1995 - 34.200 - Puhl (Ungarn) - Rantos - Skartados - Passalis, Karataidis - Pachatouridis (55. Alexandris), Sapanis (105. Ioannidis), Marinakis, Kalantzis, Karapialis (98. Gonias) - Juskowiak, Ivic - Tore: Sapanis (72./1:0), Juskowiak (93./2:0)

UI-Cup

OFI Iraklion - Nea Salamis Famagusta	2:1
Bayer Leverkusen - OFI Iraklion	1:0
OFI Iraklion - Tervis Pärnu	2:0
Buducnost Podgorica - OFI Iraklion	3:4
Vorwärts Steyr - Iraklis Saloniki	3:0
Iraklis Saloniki - Spartak Plovdiv	0:0
Eintracht Frankfurt - Iraklis Saloniki	5:1
Iraklis Saloniki - Panerys Vilnius	3:1

Achtelfinale

Bursaspor - OFI Iraklion	2:0

Turbulenzen im Verband

Von Gerry Desmond

Football Association of Ireland
80 Merrion
Square-South
IRL-Dublin 2
Telefon: ++353 (1) 676 68 64
Telefax: ++353 (1) 661 09 31

FIFA-Weltrangliste

Juli 1995:	16. Platz,	51,68 Punkte
Juli 1996:	40. Platz,	43,47 Punkte

UEFA-Fünfjahreswertung

1996/97:	37. Platz,	3,331 Punkte

1995/96 war gewiß eine der turbulentesten Spielzeiten der irischen Fußballgeschichte. Höhepunkt der ereignisreichen Saison war der Rücktritt von Nationaltrainer Jack Charlton, mit dem die bislang erfolgreichste Ära Fußball-Irlands zu Ende ging.

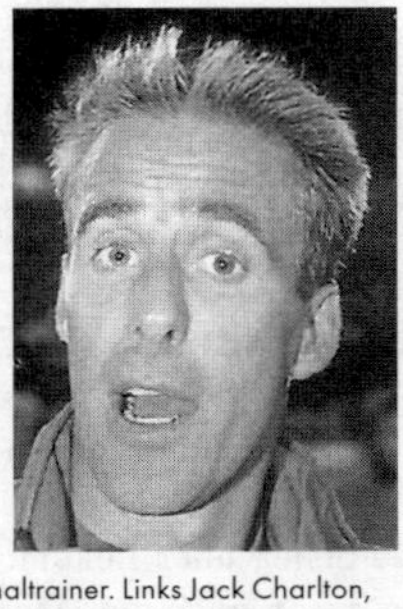

Der alte und der neue irische Nationaltrainer. Links Jack Charlton, rechts Mick McCarthy

Vor Charltons Ernennung zum Teamchef im Februar 1986 galt die Mannschaft von der grünen Insel als dritt-, allerhöchstens zweitklassig. Unter der „Giraffe" erreichte Irland die EM 1988 in Deutschland, die WM 1990 in Italien und die WM 1994 in den USA. Lediglich die 1992er EM-Endrunde in Schweden wurde verpaßte - obwohl die Charlton-Schützlinge sich seinerzeit in ihrer wohl besten Phase befanden.

Jüngstes Ziel der Iren war das Erreichen der EM-Endrunde in England. Ein Ziel, dessen Erreichen von der inzwischen erfolgsverwöhnten riesigen irischen Fangemeinde fast vorausgesetzt wurde. Erst recht, als das Team aus den ersten fünf Spielen 13 Punkte holte und damit einen regelrechten Traumstart hinlegte. Dann gab es ein peinliches Unentschieden in Liechtenstein und eine Heimniederlage gegen Österreich - und der Sturzflug der *Boys in Green* begann.

1995/96 nahm er rasante Formen an. Nach einem weiteren Mißerfolg - einer 1:3-Niederlage in Österreich - und einem mageren 2:1 gegen Lettland reiste Irland zum entscheidenden Spiel nach Lissabon. Dort setzte es eine 0:3-Schlappe gegen Gruppensieger Portugal, nach der selbst Platz 2 gefährdet war. Nur dem 5:3-Sieg Nordirlands gegen Österreich war es zu verdanken, das die irischen EM-Träume noch nicht platzten.

Als punktschlechtester Gruppenzweiter mußte Irland in ein Entscheidungsspiel gegen die Niederlande. Vor 40.000 Zuschauern an der Liverpooler Anfield Road nahm das irische Schicksal seinen Lauf. Die Charlton-Schützlinge waren chancenlos und kassierten durch zwei Kluivert-Treffer eine 0:2-Niederlage. Damit war die EM für Irland beendet, ehe sie begonnen hatte!

Es begann eine Diskussion um die Person des Nationaltrainers, die phasenweise unter die Gürtellinie ging. Charlton zog seine Konsequenzen und trat zurück. Das brachte den Fußballverband vollends in Aufruhr.

Plötzlich tauchten Behauptungen, Spekulationen und Vermutungen auf. Die Medien begannen von "Merriongate" zu sprechen (die Verbandsgeschäftsstelle befindet sich am Dubliner Merrion Square). Allmählich tauchten die Fakten auf: Verbandsschatzmeister Joe Delaney hatte kurz vor der WM in den USA einem Schwarzhändler, dem sogenannten „George the Greek", Eintrittskarten im Wert von rund 110.000 Pfund überlassen. Als der Schwarzhändler ohne zu zahlen untertauchte, beglich Delaney, der sich verantwortlich fühlte, die Summe aus seiner Tasche. Dummerweise informierte der Schatzmeister aber keinen seiner Vorstandskollegen, die ziemlich geschockt waren, als die *Sunday Independent* im Februar über den Vorgang berichtete. Zunächst

Premier Division	Gesamt							Heim					Auswärts				
	Sp	g	u	v	Tore	Diff.	Pkt.	g	u	v	Tore	Pkt.	g	u	v	Tore	Pkt.
1. St. Patrick's Athletic	33	19	10	4	53:34	+19	67	12	4	1	35:19	40	7	6	3	18:15	27
2. Bohemians Dublin	33	18	8	7	60:29	+31	62	10	5	2	28:10	35	8	3	5	32:19	27
3. Sligo Rovers	33	16	7	10	45:38	+ 7	55	8	5	3	27:17	29	8	2	7	18:21	26
4. Shelbourne FC	33	15	9	9	45:33	+12	54	8	5	3	19:10	29	7	4	6	26:23	25
5. Shamrock Rovers	33	14	8	11	32:32	+-0	50	9	3	4	18:12	30	5	5	7	14:20	20
6. Derry City (P)	33	11	13	9	50:38	+12	46	8	6	3	32:17	30	3	7	6	18:21	16
7. Dundalk FC (M)	33	11	9	13	38:39	- 1	42	6	4	6	19:18	22	5	5	7	19:21	20
8. UC Dublin (N)	33	12	6	15	38:40	- 2	42	9	2	6	26:18	29	3	4	9	12:22	13
9. Cork City*	33	12	8	13	37:41	- 4	41	9	3	4	20:13	30	3	5	9	17:28	14
10. Athlone Town ↓	33	8	7	18	38:59	-21	31	4	4	8	17:27	16	4	3	10	21:32	15
11. Drogheda United (N) ↓	33	7	9	17	39:51	-12	30	4	4	9	24:27	16	3	5	8	15:24	14
12. Galway United ↓	33	5	6	22	26:67	-41	21	2	5	10	15:33	11	3	1	12	11:34	10

* Cork City wurden drei Punkte abgezogen, weil der Klub beim Spiel bei UC Dublin zwei nicht spielberechtigte Aktive eingesetzt hatte

EC 1996/97: CL: -, EC2: Shelbourne FC, UEFA: St. Patrick's Athletic, Bohemians Dublin, UI: Sligo Rovers.

stritt Delaney alles ab, bestätigte aber wenig später die Richtigkeit des Zeitungsartikels. Joe Delaney wurde genauso wie Verbandspräsident Louis Kilcoyne das Vertrauen entzogen. Letzterer hatte schon 1987 für einen Riesenskandal gesorgt, als er das Stadion des berühmtesten irischen Klub Shamrock Rovers schließen ließ und den Klub dadurch beinahe zerstörte.

Der irische Fußball lag in Scherben, sowohl auf als auch außerhalb des Feldes.

Der Mann, der im sportlichen Bereich die Scherben aufsammeln sollte - während eine neue Verbandsspitze gesucht wurde -, war Mick McCarthy, der beim englischen Zweitligisten Millwall FC unter Vertrag stand. McCarthy spielte einst für Manchester City und Celtic Glasgow. Er bestritt 57 Länderspiele für Irland und war Kapitän der legendären WM-Elf von 1990.

Er erbte eine alternde und mutlose Mannschaft sowie einen Ehrfurcht einflößenden Freundschaftsspielplan, u.a. gegen fünf EM-Endrundenteilnehmer. Der neue Mann mußte mit dem Handicap des gewaltigen Schattens von Jack Charlton leben. Alles, was er tat, wurde mit Argusaugen beobachtet. McCarthy schlug sich wakker. Entgegen der Vermutung, er würde den Charlton-Stil weiterführen, krempelte er das Team sowohl personell als auch taktisch völlig um.

Nach einem schweren Start mit teilweise unerklärlichen Abwehrproblemen kam der Durchbruch ausgerechnet im Spiel gegen den EM-Geheimfavoriten Kroatien. McCarthy konnte zwar bis zum letzten Saisonspiel gegen Bolivien nicht einen einzigen Sieg feiern, aber das Fortschrittliche seiner Vorgehensweise und das schrittweise Einbinden neuer Talente machte Hoffnung für die anstehenden WM-Qualifikationsspiele.

Die Torschützen

Stephen Geoghegan (Shelbourne FC)	19
Padraig Moran (Sligo Rovers)	14
Michael O'Byrne (Univ. Col. Dublin)	14
Ricky O'Flaherty (St. Patrick's Athletic)	14
Tommy Gaynor (Athlone Town)	12
Ian Gilzean (Sligo Rovers)	12
Derek Swan (Bohemians Dublin)	12
John Caulfield (Cork City)	12
Warren Parkes (Athlone Town)	11

Im Europapokal setzte es erneut Enttäuschungen für die seit Jahren arg gebeutelten irischen Teams. Einzig Derry City sorgte mit einem 1:0-Heimsieg über Lokomotiv Sofia für etwas Freude, wenn auch die Männer aus dem eigentlich zu Nordirland gehörenden Derry (Londonderry) im Rückspiel ausschieden. Nur als peinlich bezeichnet werden kann das Auftreten von Shelbourne, das sich gegen den isländischen Meister ÍA Akranes zwei 0:3-Niederlagen leistete. Schlechter hatte sich noch nie ein irisches Team präsentiert!

Meister Dundalk FC, der aufgrund des miserablen Abschneidens irischer Klubs in den vergangenen Jahren nur im UEFA-Cup startberechtigt war, leistete zwar gegen Malmö FF energisch Gegenwehr, mußte sich aber dennoch zweimal mit 0:2 geschlagen geben.

Daß die Europapokalsaison Irlands damit bereits wieder beendet war, hinterließ bei den Verantwortlichen offensichtlich keinen Eindruck. Die irischen Klubs haben die europäischen Pokalwettbewerbe nie ernst genommen: Sie lassen sich nicht beunruhigen von jährlich wiederkehrenden Niederlagen und dem Schaden, der damit dem

Premier Division	St. Patricks	Bohemians	Sligo	Shelbourne	Shamrock	Derry	Dundalk	UC Dublin	Cork	Athlone	Drogheda	Galway
St. Patricks Athletic	• •	3:3	1:0	2:1 3:0	1:0 2:2	3:3 1:1	2:1	2:1 2:0	2:1	3:2	1:0 3:2	1:2 3:0
Bohemians Dublin	0:1 0:0	• •	2:0 1:2	1:0	1:1 1:0	1:0 1:1	3:2	0:0 3:1	1:1 1:0	3:1	6:0	3:0
Sligo Rovers	0:0 1:1	0:0	• •	0:1	0:1 3:1	1:1	3:3	2:0	3:1 4:1	4:2 2:1	1:0	3:2 0:2
Shelbourne FC	1:1	1:0 1:0	0:0 2:1	• •	3:0 1:2	1:2 1:0	3:1 0:1	1:1	1:1	1:0	0:0	2:0
Shamrock Rovers	0:1	1:0	0:2	0:1	• •	2:0 2:1	1:0	0:2 2:0	1:1 2:0	1:1 2:1	1:1 1:0	2:1
Derry City	5:1	1:1	1:2 4:0	1:2	1:1	• •	1:1 0:1	3:1 1:1	2:0 2:1	5:3 1:1	1:0 1:1	2:0
Dundalk FC	3:2 1:2	1:2 2:4	0:1 0:1	1:1	1:0 0:0	2:1	• •	2:0	0:0 0:1	2:1	2:2	2:0
University College Dublin	0:2	3:1	2:1 3:1	0:3 3:2	0:1	2:0	1:2 0:0	• •	0:1 2:1	3:0 1:2	0:0 4:1	2:0
Cork City	1:0 0:0	1:0	2:1	1:1 2:1	2:0	0:1	0:2	2:1	• •	2:0 0:2	1:2 2:1	1:1 3:0
Athlone Town	0:1 2:2	2:5 0:3	1:2	1:2 4:3	2:0	1:1	0:0 0:0	1:0	2:4	• •	0:2	0:2 1:0
Drogheda United	1:3	2:5 0:1	0:0 0:1	1:1 1:3	1:2	2:2	3:2 2:1	0:1	2:2	0:1 0:1	• •	3:0 6:1
Galway United	0:1	1:5 0:2	2:3	1:1 1:3	1:1 0:2	1:1 0:3	0:1 2:1	1:1 0:2	3:1	2:2	0:3	• •

Image der irischen Eliteklasse zugeführt wird, zumal hier sowieso schon genügend Probleme existieren. Die Gelackmeierten sind die Fans, für die kaum Hoffnung auf Besserung besteht.

Immerhin zeigte sich der irische Ligafußball von seiner besten Seite. Der Aufwärtstrend der letzten Jahre konnte fortgesetzt werden und mit Ausnahme von Cork verzeichneten alle Erstligisten ansteigende Zuschauerzahlen.

Herausragendes sportliches Ereignis war das Comeback von Altmeister St. Patrick's Athletic. 1990 waren die Männer aus dem Dubliner *Richmond Park* zum letzten Mal Meister geworden - seitdem war es steil bergab gegangen. Das Meisterteam wurde durch Transfers einiger Spieler zu den größeren Dubliner Vereinen auseinandergerissen, und die treue Anhängerschar der *Saints* mußte gar zeitweilig ins vornehmlich für Hunderennen genutzte *Harold's Cross Stadium* umziehen. Dadurch gingen die Zuschauerzahlen erheblich zurück und St. Patrick's befand sich am Rande des finanziellen Aus. Es wurde hart gearbeitet und nun konnte man erstmals ernten: Die *Saints* sind zu ihrer traditionellen und inzwischen renovierten Spielstätte *Richmond Park* zurückgekehrt, wo in berühmt-berüchtigen "Friday nights" Karnevals-Atmosphäre verbreitet wird. Stimmungsmäßig zählt St. Patrick's inzwischen zum Besten, was die irische Hauptstadt zu bieten hat!

Den erfolgreichen sportlichen Aufbau leitete mit Brian Kerr einer der dienstältesten Trainer der *Premier Division*. Nach einem mittelmäßigen Saisonstart mit dem Negativhöhepunkt einer 1:5-Niederlage in Derry kam Kerrs Team im Dezember 1995 allmählich auf Touren. Nach der hohen Niederlage verloren die Rot-Weißen kein einziges der verbliebenen 17 Spiele mehr und gingen mit einem komfortablen 5-Punkte-Vorsprung durchs Ziel. Vizemeister wurde der Dauerbrenner unter den Meisterfavoriten, der jedoch seit fast zwanzig Jahren nicht mehr auf dem Thron saß: Bohemians Dublin. Während sich die *Gypsies* damit für den UEFA-Pokal qualifizierten, feierten die Sligo Rovers den Sprung in den UI-Cup.

Für Cork City gab es dagegen kaum etwas zu feiern, und wenn, dann die Tatsache, das der Klub noch immer existiert. Der Meister von 1993 geriet nach der Pleite seines Besitzers *Decvale Ltd.* in arge finanzielle Schwierigkeiten und stand selbst vor dem Aus. In letzter Sekunde fand sich ein Konsortium, das unter Führung des ehemaligen Präsidenten Chris Herlihy Vereinsname und Spieler aus der Konkursmasse herauskaufte. Während der Verein damit vorerst gerettet war, gab es für das vier Jahre zuvor eröffnete Stadion *Bishopstown* keine sofortige Lösung. Es blieb in den Händen des Konkursverwalters und Cork City zog ins altehrwürdige *Turners Cross* Stadion.

Cork Citys Situation ist ein ebenso deutliches wie erschreckendes Beispiel für die Situation im irischen Vereinsfußball. Wie in Cork, so zittern auch die Klubs aus Limerick und Waterford beinahe wöchentlich um ihren Fortbestand.

In Irland ist Fußball - trotz der Erfolge der Nationalelf - nach *Gaelic Football* und *Hurling* (eine Art Hockey) nur Sportart Nummer 3. Während die Fans zu den großen Hurlingmatches in gewaltigen Massen strömen, müssen die Fußballvereine von der Hand in den Mund leben. Dazu kommt, daß die meisten Klubs noch immer Pächter ihrer Stadien sind und kaum über Sponsoren verfügen.

Im Sommer 1996 erreichte die Fans eine neue Hiobsbotschaft, als sich der Dubliner Traditionsklub St. James' Gate FC aus finanziellen Gründen zurückziehen mußte.

Typisch für ein Land der britischen Inseln sind heißumkämpfte Pokalwettbewerbe. In Irland gibt es den Ligapokal, der weniger wichtig ist und - natürlich - den *FAI-Cup*. Regelmäßig bildet das Endspiel um das "Blaue Band" den Saisonhöhepunkt. Neben den 22 Klubs der *Premier* und *First Division* qualifizieren sich zehn unterklassige Mannschaften für die erste Runde. Das Salz in der Pokalsuppe sind natürlich die Sensationen. Die Überraschungsteams waren diesmal Fanad United, das sich mit 4:0 gegen den Erstliga-Aufsteiger Bray Wanderers durchsetzte, sowie Wayside Celtics Coup über Waterford United, der dem Nobody den Einzug ins Viertelfinale bescherte. Dort aber dominierten wieder die "Top Four", von denen schließlich Shelbourne und Meister St. Patrick's Athletic das Finale erreichten.

Dabei hatte Shelbourne zweifelsohne den beschwerlicheren Weg zurücklegen müssen, denn die Mannschaft erwischte in jeder Runde ein Auswärtslos. St. Patrick's Athletic hatte es unterdessen mit drei unterklassigen Teams zu tun gehabt und war problemlos ins Halbfinale gelangt, wo der Lokalkampf gegen Bohemians angestanden hatte. Erst im zweiten Wiederholungsspiel gelang St. Patrick's dank zweier Treffer von Ricky O'Flaherty der Finaleinzug.

Das im Nationalstadion an der *Lansdowne Road* ausgetragene Finale war dann eine recht müde Angelegenheit. Der erinnerungswürdigste Moment neben dem frühen Platzverweis von Shelbournes Torhüter Alan Gough war Shelbournes Ausgleich, den Tony Sheridan per raffiniertem Lob erzielte. Zuvor hatte Abwehrspieler Dave Campbell die *Saints* in Führung gebracht. Mittelfeldspieler Brian Flood, der den vom Feld gewiesenen Gough vertreten mußte, weil Shelbournes Trainer Murphy keinen Ersatztorhüter auf der Bank hatte, war gefeierter Held des Tages.

Das Wiederholungsspiel im *Dalymount Park* brachte mit Alan Gough ausgerechnet jenen Mann als Helden hervor, der eine Woche zuvor durch seinen Platzverweis den Erfolg noch aufs Äußerste gefährdet hatte. Shelbournes Keeper hielt elf Minuten vor Schluß beim Stand von 1:1 einen Strafstoß und brachte sein Team damit auf die Siegesstraße. Matchwinner war Stephen Geoghegan, der zwei Minuten nach Goughs Rettungstat das 2:1 markierte und damit St. Patrick's das Double verdarb. ■

IM BLICKPUNKT

Shamrock Rovers

Mit seinen grün-weiß geringelten Trikots ist Shamrock Rovers das berühmteste und erfolgreichste Team der Republik Irland. Der zur Jahrhundertwende gegründete Verein wurde schon früh für sein geschicktes und attraktives Spiel bekannt, das er über viele Generationen erfolgreich pflegte.

Eine besonders innige Beziehung haben die Shamrock Rovers zum *FAI-Cup*. 24mal wanderte die Trophäe bereits in die Katakomben des *Milltown Stadium*, Heimspielstätte der *Hoop*. Von 1964 bis 1969 gewannen die Männer mit dem Kleeblatt auf der Brust sechsmal in Folge den Cup - ein kaum zu brechender Rekord. Mit 15 Meisterschaften ist das Team aus Dublin 4 zudem irischer Rekordmeister.

Natürlich war Shamrock auch beim irischen Europapokaldebüt im Jahre 1957 dabei. Siebzehnmal nahm der Verein bislang an einem der drei Europapokalwettbewerbe teil. Gewonnen hat er nichts, was allerdings nicht überraschend ist. Europapokalgeschichte haben die Rovers („Piraten“) dennoch geschrieben. 1969 beispielsweise, als sie den damals am Beginn ihrer großen Karriere stehenden Münchner Bayern ein 1:1 abtrotzten. Im Rückspiel an der Grünwalder Straße entriß ihnen dann ein gewisser Gerd Müller den Sieg - und wurde später mit seinem Klub Europapokalsieger. Für Shamrock hieß es drei Jahre später erneut, einen Flug nach Deutschland zu buchen. Diesmal war Schalke 04 der Gegner, der in

DER POKAL

1. Runde

Athlone Town - Monaghan United	2:1
Avondale United - CYM Terenure	3:1
Bohemians - Moyle Park College	2:0
Bray Wanderers - Fanad United	0:4
Cobh Ramblers - Sligo Rovers	1:2
Derry City - St James's Gate	0:0, 1:0
Dundalk FC - Drogheda United	1:1, 1:2
Finn Harps - Longford Town	5:2
St. Patrick's Athletic - Workmans Dunleary	3:1
Shamrock Rovers - Shelbourne FC	0:0, 0:1
TEK United - Cork City	0:1
Temple United - Home Farm Everton	2:3
University College Cork - Limerick FC	0:1
University College Dublin - Kilkenny City	1:2
Waterford United - Galway United	3:2
Wayside Celtic - Cherry Orchard	2:1

2. Runde

Bohemians - Kilkenny City	4:0
Derry City - Avondale United	2:0
Drogheda United - Shelbourne FC	0:2
Finn Harps - Athlone Town	1:1, 4:1
Home Farm Everton - Cork City	1:1, 0:1
Limerick FC - Sligo Rovers	1:3
St. Patrick's Athletic - Fanad United	3:0
Waterford United - Wayside Celtic	0:0, 1:1, 1:2

Viertelfinale

Cork City - Sligo Rovers	1:2
Derry City - Shelbourne FC	0:3
Finn Harps - Bohemians	0:0, 0:2
Wayside Celtic - St. Patrick's Athletic	0:3

Halbfinale

Bohemians - St. Patrick's Athletic	0:0, 0:0, 1:2
Sligo Rovers - Shelbourne FC	0:1

Finale (6. Mai 1996, Dublin)

Shelbourne FC - St. Patrick's Athletic n.V. 1:1 (0:0)
Tore: 1:0 D. Campbell (76.), 1:1 Sheridan (85.)

Finale - Wiederholung

(12. Mai 1996, Dublin, 11.000)
Shelborune FC - St. Patrick's Athletic FC 2:1 (0:0)

Shelbourne: Cough - Duffy, Neville, D. Geoghegan (31. Smith) - Sheridan, Kelly (63. Rutherford), Flood, O'Rourke - Tilson, S. Geoghegan
St. Patrick's: Byrne - Burke, McDonell (30. B. Campbell), D. Campbell, Carpenter - Morrisciro, Mernagh (83. Glynn), Gormley, Osam (46. Reilly) - O'Flaherty, Buckley
Schiedsrichter: Wallace, Tore: 0:1 D. Campell (63.), 1:1 Sheridan (71.), 2:1 Geoghegan (81.)

2. Liga (First Division)		Sp	g	u	v	Tore	Pkt.
1. Bray Wanderers	↑	27	16	7	4	53:21	55
2. Finn Harps	↑	27	14	7	6	50:25	49
3. Home Farm Everton		27	14	4	9	43:34	46
4. Cobh Ramblers		27	10	13	4	30:15	43
5. St. James's Gate		27	9	11	7	35:30	38
6. Limerick FC		27	10	6	11	36:34	36
7. Kilkenny City		27	9	8	10	33:38	35
8. Waterford United		27	9	7	11	37:40	34
9. Longford Town		27	5	6	16	26:46	21
10. Monaghan United		27	2	5	20	10:70	11

Relegationsspiele

Home Farm Everton - Athlone Town	2:0
Athlone Town - Home Farm Everton	n. E. 3:4, n. V. 2:0

Dublin eine vielumjubelte 1:2-Niederlage hinnehmen mußte. In Gelsenkirchen platzten aber Shamrocks Träume Weiterkommen.

62 Spieler von Shamrock Rovers haben bisher das Trikot der irischen Nationalmannschaft überstreifen dürfen. Daß es seit 1986 kein einziger mehr war, ist traurige Wahrheit. Den Shamrock Rovers geht es schlecht. Seit Jahren macht der in ganz Irland beliebte Klub mehr Schlagzeilen durch Ereignisse außerhalb des Feldes als durch sportliche Großtaten.

Das Drama begann 1987 mit der bislang letzten Meisterfeier der Dubliner. Aus heiterem Himmel wurde das vereinseigene *Milltown Stadium* in Glenmalure Park, das als die beste Spielstätte des Landes betrachtet wurde, verkauft, und eine heftige Fehde zwischen der im Klub herrschenden Kilcoyne-Familie und den Fans begann. Die zahlreichen Shamrock-Fans organisierten sich in einer Protestgruppe mit dem Namen *Keep Rovers At Milltown* (*KRAM*). Doch 1987/88 mußten sie ihrem Team in die Shelbourne-Heimat *Tolka Park* folgten. Der Protest wurde vehementer - und hatte Erfolg. Ein hartnäckiger Boykott durch die KRAM-Gruppe zwang den Verein beinahe in die Knie. Ein neuer Aufsichtsrat stellte die Besitzverhältnisse im Klub um, und die Rovers zogen zum traditionsreichen *Dalymount Park*. Das Stadion war früher Spielort der Nationalmannschaft gewesen und wurde auch, obwohl es sich in einem erbärmlichen Zustand befand, von Bohemians Dublin genutzt.

Shamrocks Vorsitzender John McNamara war damit nicht zufrieden. Er bändelte mit der *Royal Dublin Society* (RDS) an - und die Rovers zogen in einen sogenannten *Showground*, in dem normalerweise Dinge wie *Show-jumping* etc. durchgeführt wurden. Obwohl das 22.000 Plätze bietende Gelände jegliche Fußballatmosphäre vermissen läßt, bestritt der Traditionsklub dort zwischen 1990 und 1996 seine Heimspiele.

Unter all' den Querelen hatte die sportliche Leistung ziemlich gelitten. Vier Jahre nach der letzten Meisterschaft - eine ungewöhnlich lange sportliche Durststrecke für den Rekordmeister - erreichten die Rovers das Pokalfinale - und verloren gegen Galway United. Zwei Jahre später drohte gar der Abstieg für den Klub, der seit Gründung der höchsten irischen Spielklasse im Jahre 1922 ununterbrochen Erstligist ist.

Unter Führung des Ex-Nationalspielers Ray Treacy wurde der Abstiegsteufel vertrieben - und ein Jahr später überraschend die 15. Meisterschaft gefeiert.

Es war der erste Titel, den die *Hoops* außerhalb von *Milltown* errungen hatten!

Doch bis heute sind die Shamrock Rovers nicht mehr zur Ruhe gekommen: Trainer Treacy wurde im Januar 1996 entlassen, weil das Team erneut im Abstiegskampf steckte. Immerhin haben die Rovers im Sommer 1996 endlich den unsäglichen *Showground* verlassen können und sind in den *Tolka Park* zurückgekehrt. Der Klub wurde einmal mehr an eine andere Gruppe von Geschäftsleuten verkauft. Ein neues Stadion ist im aufstrebenden Vorort Tallaght geplant, so daß die berühmten "Old Hoops" hoffentlich endlich eine dauerhafte Bleibe finden werden.

DER TORJÄGER

Stephen Geoghegan (Shelbourne FC)

Die Geschichte des Torschützenkönigs der Saison 1995/96 hat etwas Märchenhaftes. Sie begann im Jahre 1989. Knapp 18jährig debütierte Stephen Geoghegan seinerzeit im Trikot von Drogheda United in der zweithöchsten irischen Spielklasse. Ein Jahr später hatte er mit seinem Klub den Aufstieg in die Erstklassigkeit geschaffte und ein weiteres Jahr später war er wieder abgestiegen. Zwölf Monate später waren Drogheda und Geoghegan wieder da - doch nach einem Disput mit dem Vereinsmanagement verließ der Torjäger kurz nach Saisonbeginn erbost den *United Park*.

Geoghegan, der als einer der treffsichersten Stürmer der irischen Eliteliga galt, schloß sich der Junioren-Mannschaft von Valley Park United an, und seine Karriere schien beendet zu sein. Erst als der neue Shamrock Rovers-Trainer Ray Treacy den jungen Stürmer mit Engelszungen zu einem Comeback bekniete, gab es wieder Geoghegan-Tore im irischen Oberhaus.

Obwohl Geoghegan keinen Stammplatz bei den *Hoops* bekam, avancierte er zum Joker und schoß für die im Abstiegskampf steckenden Rovers zwei entscheidende Tore, die den Abstieg verhinderten.

Zwölf Monate später war Geoghegan Stammspieler und gefeierter Torschütze. Dreiundzwanzigmal hatte er im Saisonverlauf getroffen und damit erheblich zur Meisterschaft seiner Mannschaft beigetragen. Seine herausragende Form wurde von Mitspielern und Presse anerkannt, so daß er die Auszeichnungen der Professional Footballers Association of Ireland (PFAI) und der Soccer Writers Association of Ireland (SWAI) erhielt.

Mitten in die Meisterfeier platzte die Nachricht, daß der Torjäger zum Erzrivalen Shelbourne wechseln würde. Mit den "Reds" erreichte Geoghegan auf Anhieb das Pokalfinale, mußte jedoch gegen Derry City als Verlierer vom Feld gehen.

1995/96 war er wieder da. 19 Treffer markierte er für seine Farben, die in der Liga abgeschlagen auf Rang 4 landeten. Immerhin klappte es endlich mit dem Pokalsieg, denn gegen St. Patrick's Athletic gab es einen 2:1-Sieg im Wiederholungsfinale. Torschütze des entscheidenden Treffers war, natürlich, Stephen Geoghegan.

DIE LÄNDERSPIELE

Österreich - Irland 3:1 (1:0) EMQ

6.9.1995 - Wien - 24.000 - Çakar (Türkei) - A. Kelly - G. Kelly, D. Irwin, A. Kernaghan, P. McGrath - R. Houghton (68. T. Cascarino), A. Townsend, R. Keane, J. Sheridan - M. Kennedy, N. Quinn - Trainer: J. Charlton. Tor: McGrath (74./2:1)

Irland - Lettland 2:1 (0:0) EMQ

11.10.1995 - Dublin - 33.060 - Fernandez Marin (Spanien) - A. Kelly - G. Kelly, T. Phelan, P. Babb, P. McGrath - J. McAteer, A. Townsend, J. Kenna, S. Staunton - N. Quinn, J. Aldridge - Trainer: J. Charlton. Tore: Aldridge (61. Elfmeter/1:0, 64./2:0)

Portugal - Irland 3:0 (0:0) EMQ

15.11.1995 - Lissabon - 85.000 - Ceccarini (Italien) - A. Kelly - G. Kelly, D. Irwin, P. Babb, P. McGrath - J. McAteer, M. Kennedy (73. T. Cascarino), J. Kenna, S. Staunton (79. A. Kernaghan) - N. Quinn, J. Aldridge - Trainer: J. Charlton

Niederlande - Irland 2:0 (1:0) EMQ (Play-off)

13.12.1995 - Liverpool - 40.000 - Zhuk (Weißrußland) - A. Kelly - G. Kelly, D. Irwin, P. Babb, P. McGrath - J. Kenna, A. Townsend (50. J. McAteer), J. Sheridan, T. Phelan - J. Aldridge (72. A. Kernaghan), T. Cascarino - Trainer: J. Charlton

Irland - Rußland 0:2 (0:1)

27.3.1996 - Dublin - 41.600 - Luyten (Niederlande) - S. Given - T. Phelan, S. Staunton, A. Kernaghan, P. McGrath - R. Keane, A. Townsend (46. J. Kenna), J. McAteer, N. Quinn (86. T. Coyne) - J. Aldridge (63. T. Cascarino), M. Kennedy - Trainer: M. McCarthy

Tschechien - Irland 2:0 (0:0)

24.4.1996 - Prag - 6.118 - Strampe (Deutschland) - S. Given - J. Kenna, D. Irwin (46. C. Fleming), K. Cunningham, P. Babb (64. L. Daish) - P. McGrath, R. Houghton, M. Kennedy, A. Townsend - A. Moore, N. Quinn - Trainer: M. McCarthy

Irland - Portugal 0:1 (0:0)

29.5.1996 - Dublin - 26.576 - Detruche (Schweiz) - S. Given - J. Kenna, C. Fleming, T. Phelan, A. Kernaghan (89. G. Breen) - K. Cunningham, A. Townsend, A. McLoughlin, D. Connolly (62. K. O'Neill) - T. Cascarino (74. N. Quinn), G. Farrelly (59. D. Savage) - Trainer: M. McCarthy

Irland - Kroatien 2:2 (1:2)

2.6.1996 - Dublin - 29.100 - Leduc (Frankreich) - S. Given - K. Cunningham (61. C. Fleming), T. Phelan (46. I. Harte), L. Daish, G. Breen (77. T. Cascarino) - J. Kenna (66. A. Kernaghan), L. O'Brien, A. McLoughlin (75. D. Savage), N. Quinn - K. O'Neill (46. A. Moore), M. Kennedy - Trainer: M. McCarthy. Tore: O'Neill (23./1:1), Quinn (89./2:2)

Niederlande - Irland 3:1 (1:1)

4.6.1996 - Rotterdam - 18.000 - Lambek (Dänemark) - S. Given - J. Kenna (78. C. Fleming), T. Phelan, A. Kernaghan, G. Breen - I. Harte, L. O'Brien (70. K. Cunningham), A. McLoughlin, D. Connolly (64. N. Quinn) - T. Cascarino (46. K. O'Neill), A. Moore (46. M. Kennedy) - Trainer: M. McCarthy. Tor: Breen (12./0:1)

USA - Irland 2:1 (0:0) US-Cup

9.6.1996 - Foxboro - 25.332 - Prendergast (Jamaika) - S. Given - G. Breen, A. Kernaghan, K. Cunningham, J. Kenna (39. C. Fleming) - L. O'Brien (88. D. Savage), G. Farrelly (61. M. Kennedy), A. McLoughlin, T. Phelan - N. Quinn (88. K. O'Neill), D. Connolly - Trainer: M. McCarthy. Tor: Connolly (57./0:1)

Mexiko - Irland 2:2 (1:1) US-Cup

12.6.1996 - New Jersey - 21.322 - Dominguez (USA) - P. Bonner - C. Fleming, G. Breen, L. Daish, I. Harte - M. Kennedy (72. T. Phelan), D. Savage, A. McLoughlin, A. Moore - K. O'Neill, D. Connolly - Trainer: M. McCarthy. Tore: Connolly (44./1:1), Davino (49. Eigentor/1:2)

Bolivien - Irland 0:3 (0:3) US-Cup

15.6.1996 - New Jersey - 14.624 - Bamarmast (USA) - S. Given (86. P. Bonner) - K. Cunningham, A. Kernaghan (35. G. Breen), I. Harte, C. Fleming - D. Savage, L. O'Brien (46. A. McLoughlin), G. Farrelly (65. M. Kennedy), T. Phelan - K. O'Neill, A. Moore - Trainer: M. McCarthy. Tore: O'Neill (12., 32.), Harte (44.)

DER EUROPAPOKAL

UEFA - Champions League

Meister Dundalk FC spielte im UEFA-Cup

Europapokal der Pokalsieger

Qualifikation

Derry City - FC Lokomotiv Sofia 1:0 (1:0)

10.8.1995 - 5.500 - Sandra (Belgien) - O'Dowd - Vaudequin, Curran, Gauld, McLoughlin - McCourt, Carlyle, Doolin, Mohan (Heaney) - Fraser, Coyle - Tor: McCourt (44.)

FC Lokomotiv Sofia - Derry City 2:0 (2:0)

24.8.1995 - 4.000 - Papaioannou (Zypern) - O'Dowd - Vaudequin, Curran, Gauld, McLoughlin - McCourt (Tohill), Carlyle, Doolin, Hutton - Mohan, Coyle

UEFA-Cup

Qualifikation

Shelbourne FC - ÍA Akranes 0:3 (0:1)

8.8.1995 - 2.500 - Zuppinger (Schweiz) - Gough - Flood, Duffy, Neville, Dunne - Byrne (Devereaux), Howlett, O'Rourke, D. Geoghegan (Smith) - Arkins, S. Geoghegan

ÍA Akranes - Shelbourne FC 3:0 (1:0)

23.8.1995 - 1.500 - Hollung (Norwegen) - Gough - Costello, Flood, Neville, Dunne - Devereaux, Howlett, Byrne, O'Rourke - Arkins, S. Geoghegan

Dundalk FC - Malmö FF 0:2 (0:2)

9.8.1995 - 3.400 - Pauchard (Frankreich) - Van Boxtel - Futcher, Whelan, Doohan, Coady - Britton, McNulty, Kelly, Byrne - Withnell, Hanrahan

Malmö FF - Dundalk FC 2:0 (1:0)

23.8.1995 - 4.112 - Hrinak (Slowakei) - Van Boxtel - Britton (M. Byrne), Coady, Doohan, Whelan - Futcher, Hanrahan (Long), McNulty, Kelly - B. Byrne, Withnell (Lopez)

UI-Cup

Bohemians Dublin - OB Odense	0:2
HJK Helsinki - Bohemians Dublin	3:2
Bohemians Dublin - Girondins Bordeaux	0:2
IFK Norrköping - Bohemians Dublin	5:0

Knattspyrnussamband Ísland
Laugardal
IS-104 Reykjavík
Telefon: ++354 / 581 44 44
Telefax: ++354 / 568 97 93

FIFA-Weltrangliste
Juli 1995: 40. Platz, 40,21 Punkte
Juli 1996: 52. Platz, 36,42 Punkte
UEFA-Fünfjahreswertung
1996/97: 30. Platz, 9,666 Punkte

Torschützenkönig schaffte 15 Tore in sieben Spielen

Von Vidir Sigurdsson

Für das Spieljahr 1995 kann man nicht von einem Kampf um die isländische Meisterschaft sprechen, weil es einfach keiner war. ÍA Akranes war eine Klasse für sich, gewann die ersten 12 Begegnungen und sicherte sich den Titel bereits drei Spielrunden vor dem Saisonende, an dem der Vorsprung satte 14 Punkte betrug! Zum vierten Mal in Folge ging der Titel somit nach Akranes. Eine Leistung, die man in den Archiven zuletzt von Valur Reykjavík findet - man muß allerdings ein halbes Jahrhundert zurückblättern.

Das Team aus Akranes, einem winzigen Fischernest mit lediglich 5.000 Einwohnern, war noch 1990 in die 2. Liga abgestiegen, jedoch postwendend zurückgekehrt und seitdem in der Meisterschaft nicht mehr zu bezwingen. Bemerkenswert, daß 13 Spieler des 16er Kaders Eigengewächse sind. Ein weiterer stammt aus einem Dorf in 100km Entfernung, darüber hinaus zählen zwei Jugoslawen zum Kader. Seit 1992 stellt ÍA regelmäßig den Torschützenkönig, verlor diesen jedoch anschließend jeweils per Transfer: 1992 ging Arnar Gunnlaugsson zu Feyenoord Rotterdam, ein Jahr später Thordur Gudjonsson zum VfL Bochum und 1994 schloß sich Mihajlo Bibercic dem Erzrivalen KR an. Gunnlaugsson kam im Sommer 1995 mit seinem Zwillingsbruder Bjarki zurück und sicherte sich sensationellerweise in den noch ausstehenden sieben Saisonspielen mit fünfzehn Treffern (!) erneut die Torjägerkrone - sicherlich ein Rekord. Arnar Gunnlaugsson, der als Islands talentiertester Angreifer angesehen wird, hat sich nun mit einem langfristigen Kontrakt dem französischen Zweitligisten FC Sochaux angeschlossen.

Dem KR Reykjavík war vor der Saison als einzigem die Rolle eines Akranes-Herausforderers zugetraut worden. Durch einen schwerfälligen Start verspielten die Hauptstädter allerdings frühzeitig ihre Chancen. Erst in der zweiten Saisonhälfte trumpfte KR auf und krönte seine gute Leistung mit einem 3:2-Sieg über Akranes, bei dem der frühere ÍA-Akteur Bibercic als dreifacher Torschütze gefeiert wurde. Es blieb die einzige

Isländischer Meister 1995: Íþróttabandalag Akranes (ÍA)

1. Liga	Gesamt							Heim					Auswärts				
	Sp	g	u	v	Tore	Diff.	Pkt.	g	u	v	Tore	Pkt.	g	u	v	Tore	Pkt.
1. IA Akranes (M)	18	16	1	1	50:15	+35	49	8	1	0	30:6	25	8	0	1	20:9	24
2. KR Reykjavík (P)	18	11	2	5	33:22	+11	35	7	1	1	20:11	22	4	1	4	13:11	13
3. IBV Vestmannaeyjar	18	10	1	7	41:29	+12	31	7	0	2	30:14	14	3	1	5	11:15	10
4. IBK Keflavík	18	6	8	4	28:29	-1	26	4	3	2	10:7	15	2	5	2	18:22	11
5. Leiftur Olafsfjördur (N)	18	7	3	8	32:34	-1	24	4	1	4	16:16	13	3	2	4	16:18	11
6. UBM Grindavík (N)	18	7	2	9	26:29	-3	23	5	1	3	18:14	16	2	1	6	8:15	7
7. Valur Reykjavìk	18	7	2	9	26:34	-8	23	3	1	5	11:16	10	4	1	4	15:18	13
8. UBK Breidablik	18	5	3	10	24:31	-7	18	2	2	5	8:12	8	3	1	5	16:19	10
9. FH Hafnafjördur	18	4	3	11	26:42	-16	15	2	3	4	17:20	9	2	0	7	9:22	6
10. Fram Reykjavík	18	3	3	12	18:39	-21	12	2	1	6	9:19	7	1	2	6	9:20	5
EC 1996/97: CL: -, EC2: KR Reykjavík, UEFA: ÍBV Vestmannaeyjar, UI: ÍBK Keflavík																	

Saisonniederlage des Titelverteidigers und designierten erneuten Meisters. Noch mehr Freude bereitete KR seinen Anhängern im Pokalfinale, das mit 2:1 gegen Fram Reykjavík gewonnen wurde, obwohl KR in der zweiten Spielhälfte mit zehn Spielern auskommen mußte. Gleichzeitig löste KR den Lokalrivalen Valur Reykjavík mit nunmehr neun Pokalsiegen als Rekordpokalsieger ab.

Das Überraschungsteam der Saison war der vom früheren Bundesliga-Profi (Dortmund, Düsseldorf und Uerdingen) Atli Edvaldsson trainierte ÍBV Vestmannaeyjar. In der zweiten Saisonhälfte hatte die Mannschaft einen großartigen Lauf und avancierte mit 41 Treffern zum nach ÍA torgefährlichsten Team. ÍBV zelebrierte offenen, unterhaltsamen Fußball und wurde dafür mit einem UEFA-Pokal-Platz belohnt. Die IBV-Spieler steigerten ihre Popularität noch dadurch, daß sie jedes geschossene Tor in einer anderen Art und Weise feierten. Ihr humoriger Stil hauchte Islands Fußball Spielfreude und Lebendigkeit ein. Der junge ÍBV-Stürmer Tryggvi Gudmundsson wurde zweitbester Ligaschütze, wobei ihm der Titel erst im letzten Spiel von Akranes Arnar Gunnlaugsson "geraubt" wurde, der ausgerechnet gegen Vestmannaeyjar einen Hattrick erzielte.

ÍBK Keflavík erreichte erneut den UI-Cup. Das Team verlor lediglich vier Spiele, - nur Akranes verlor seltener - verpaßte aber mit acht Unentschieden in 18 Saisonspielen einen besseren Tabellenplatz. Nach vier Spielen war Ingi Björn Albertsson trotz eines beruhigenden 3. Platzes entlassen worden, weil die Mannschaft keinen attraktiven Sport bot!

Neuling IF Leiftur aus der kleinen Provinzstadt Ólafsfjördur im Norden Islands wurde Fünfter und feierte damit seine beste Ligaplazierung aller Zeiten! Leiftur, das die meiste Zeit seines

Die Torschützen

Arnar Gunnlaugsson (ÍA Akranes)	15
Tryggvi Gudmundsson (ÍBV Vestm.)	14
Mihajlo Bibercic (KR Reykjavík)	13
Rastislav Lazoric (UBK Breidablik)	11
Olafur Thordarson (ÍA Akranes)	10
Hordur Magnusson (FH Hafnafjördur)	8
Tomas Ingi Tomasson (UBM Grindavík)	7
Thorbjorn Atli Sveinsson (Fram Reykjavík)	7
Jon Thor Andresson (Leitfur Ólafsfjördur)	6
Stewart Beards (Valur Reykjavík)	6
Robert Sigurdsson (ÍBK Keflavík)	6
Olafur Ingolfsson (UBM Grindavík)	6
Pall Gudmundsson (Leiftur Ólafsfjördur)	6

Bestehens in den unteren Ligen verbracht hatte, avancierte in den letzten Jahren zu Islands Emporkömmling und hat sich durch das Anwerben von Spielern größerer Vereine eine starke Mannschaft aufgebaut. 1988 war der Klub erstmals in die *1. deild* aufgestiegen, hatte aber sofort wieder absteigen müssen.

Der zweite Aufsteiger UMF Grindavík hielt sich mit einem 6. Rang ebenfalls ausgezeichnet. Für das Provinzteam war es die erste Saison in der Eliteklasse. Grindavík hat sich in wenigen Jahren aus den unteren Spielklassen hochgearbeitet und verdankt seinen Erfolg drei ehemaligen jugoslawischen Erstligaspielern: Trainer Lukas Kostic (inzwischen isländischer Staatsbürger) sowie Milan Jankovic und Zoran Ljubicic.

Traditionsklub Valur Reykjavík geriet dagegen arg in Bedrängnis und zierte nach dem elften Spieltag das Tabellenende. Mit einem Endspurt konnte zwar der Klassenerhalt gesichert werden, doch für Valur bedeutet Platz 7 die schlechteste Plazierung der Vereinsgeschichte. Valur hatte in den letzten Jahren erhebliche Finanzprobleme, die den Klub daran hinderten, den Platz unter den Besten zu behaupten.

1. Liga	Akranes	KR	Vestmannaeyjar	Keflavík	Leiftur	Grindavík	Valur	Breiðablik	Hafnafjörður	Fram
ÍA Akranes (M)	•	2:0	5:1	8:2	2:2	4:0	1:0	2:0	3:1	3:0
KR Reykjavík (P)	3:2	•	4:2	3:3	2:0	2:1	1:0	2:1	0:1	3:1
ÍBV Vestmannaeyjar	1:3	1:0	•	3:2	4:0	3:1	8:1	2:3	6:3	2:1
ÍBK Keflavík	0:1	0:1	1:0	•	3:2	1:0	1:1	1:1	2:0	1:1
Leiftur Ólafsfjördur (N)	0:2	1:2	2:1	2:2	•	3:1	1:4	3:1	1:2	3:1
UBM Grindavík (N)	1:2	1:0	1:0	1:2	3:2	•	1:2	6:3	2:1	2:2
Valur Reykjavík	1:4	2:1	1:3	0:0	1:2	0:3	•	0:3	3:0	3:0
UBK Breidablik	0:1	1:3	0:1	1:1	1:2	0:0	2:1	•	2:1	1:2
FH Hafnafjördur	2:3	2:2	1:3	2:2	2:2	2:0	2:3	2:4	•	2:1
Fram Reykjavík	1:2	1:4	0:0	2:4	0:4	0:2	1:3	1:0	3:0	•

UBK Breidablik aus der mit knapp 17.000 Einwohnern zweitgrößten isländischen Stadt Kópavogur wurde wie im Vorjahr von heftigen Abstiegssorgen geplagt. Immerhin gelang dem Team, das regelmäßig zwischen Platz 6 und 8 pendelte, erneut der Klassenerhalt. UBKs slowakische Mittelstürmer Ratislav Lazorik schoß fast die Hälfte der Tore und trug damit erheblich zum Klassenerhalt bei.

FH Hafnarfjördur, Vizemeister von 1993 und 1994, wurde erneut eine gute Rolle zugetraut, obwohl man einige herausragende Spieler hatte abgeben müssen. Zwei Siege zum Auftakt sorgten für einen exzellenten Start, doch in den darauffolgenden vierzehn Spielen gab es elf Niederlagen, wodurch die Schwarz-Weißen auf einen Abstiegsrang rutschten, den sie trotz zweier Siege zum Serienende nicht mehr verlassen konnten.

In der EM-Qualifikation mußte Island mit dem letzten Platz vorliebnehmen, wobei in insgesamt acht Begegnungen erfreulicherweise lediglich 12 Treffer hingenommen werden mußten. Das Manko des isländischen Fußballs ist weiterhin die zu geringe Torausbeute (nur 3 Treffer in der EM-Qualifikation!). Dafür gab es in den Freundschaftsspielen gegen Malta (4:1) und Estland (3:0) Erfolgserlebnisse. Gegen Estland sorgte Islands Nationaltrainer Logi Olafson für ein Novum, als er den 17jährigen Eidur Gudjohnsen in der 62. Minute für seinen Vater Arnor (35) eingewechselt.

Im Europapokal war ÍA Akranes von vornherein chancenlos auf einen Platz in der Champions League, denn der isländische Meister darf lediglich im UEFA-Cup starten. Immerhin sorgte ÍA durch zwei 3:0-Siege gegen den irischen Shelbourne FC für einen Achtungserfolg, schied jedoch in der 1. Runde gegen die schottischen Raith Rovers aus. Der im heimischen Abstiegskampf verwickelte FH Hafnarfjördur scheiterte bereits in der Qualifikation am nordirischen Glenavon FC, obwohl man in Belfast ein torloses Unentschieden holte. Im Europacup der Pokalsieger hatte KR Reykjavík zunächst Losglück und traf auf den luxemburgischen CS Grevenmacher, der sich den Nordländern beugen mußte. In der 1. Runde erwischten die Hauptstädter mit Everton jedoch einen zu großen Brocken. ■

DER MEISTER

ÍA Akranes

ÍA ist Islands erfolgreichster Klub der 90er Jahre. 1992, 1993, 1994 und 1995 konnte man in dem nördlich der Hauptstadt Reykjavík gelegenen Fischerdörfchen die Meisterschaft feiern, 1993 gelang der Gewinn des Doubles. Auch im Europapokal kann ÍA beachtliche Resultate vorweisen: Feyenoord Rotterdam, Raith Rovers, Shelbourne FC, Partizani Tirana und Bangor City mußten sich geschlagen geben. Darüber hinaus überstand ÍA in jedem Jahr die Qualifikationsrunde, eine außergewöhnliche und noch nie erreichte Leistung für einen isländischen Verein.

Die große Zeit der 1926 gegründeten *Íþróttabandalag Akranes* (Sportvereinigung Akranes) begann im Jahre 1951. In jenem Jahr durchbrach ÍA die Dominanz der Reykjavíker Vereine KR, Fram, Valur und Vikingur und gewann als erste Provinzmannschaft den isländischen Mei-

Die 2. Liga (2. delid karla)		Sp	g	u	v	Tore	Pkt.
1. Fylkir Reykjavík	⬆	18	14	2	2	49:21	44
2. Stjarnan Gardabær	⬆	18	11	4	3	41:21	37
3. KA Akureyri		18	7	6	5	26:25	27
4. Thór Akureyri		18	8	3	7	28:29	27
5. Skallagrímur		18	6	6	6	22:23	24
6. Thróttur Reykjavík		18	6	4	8	31:31	22
7. Víkingur Reykjavík		18	4	6	8	27:37	18
8. ÍR Reykjavík		18	5	3	10	23:35	18
9. HK	⬇	18	4	5	9	33:37	17
10. Vídir Gardur	⬇	18	4	3	11	14:35	15

DER POKAL (MJÓLKURBIKARIN - MILCH-POKAL)

3. Hauptrunde

KBS - Valur Reykjavík	1:3
Magni - UBM Grindavík	1:4
UBK Breidablik U23 - ÍBK Keflavík	0:5
Vidír Gardur - KR Reykjavík	0:5
Valur Reykjavík U23 - UBK Breidablik	4:0
Völsungur - FH Hafnarfjördur	0:2
GG - Thróttur Reykjavík	2:9
ÍBK Keflavík U23 - ÍA Akranes	1:8
KVA - ÍBV Vestmannaeyjar	1:6
ÍA Akranes U23 - Víkingur Reykjavík	2:1
ÍBV Keflavík U23 - Fram Reykjavík	1:5
Selfoss - Fylkir Reykjavík	1:9
KR Reykjavík U23 - Leiftur Ólafsfjördur	1:2
Sindri - Stjarnan Gardabær	0:5
Leiknir Reykjavík - Thór Akureyri	2:3 n.E., n.V. 1:1
Thór Akureyri U23 - HK	3:2

4. Hauptrunde

Fram Reykjavík - ÍA Akranes	1:0
ÍBK Keflavík - Valur Reykjavík U23	4:0
FH Hafnarfjördur - UBM Grindavík	0:2
Valur Reykjavík - Thróttur Reykjavík	3:2
Stjarnan Gardabær - KR Reykjavík	1:2
Leiftru Ólafsfjordur - Fylkir Reykjavík	3:6
ÍBV Vestmannaeyjar - Thór Akureyri	n.V. 2:3
ÍA Akranes U23 - Thór Akureyri U23	1:2

Viertelfinale

Valur Reykjavík - UFM Grindavík	n.V. 0:2
KR Reykjavík - Thór Akureyri	n.E. 3:1, n.V. 0:0
Fram Reykjavík - Thór Akureyri U 23	1:0
ÍBK Keflavík - Fylkir Reykjavík	2:1

Halbfinale

Fram Reykjavík - UFM Grindavík	n.E. 5:4, n.V. 0:0
ÍBK Kevlavík - KR Reykjavík	0:1

Finale
(27. August 1995, Reykjavík, 4.450)

KR Reykjavík - Fram Reykjavík 2:1 (1:0)

KR: Finnbogason, Adolfsson, Dervic, Egilsson, Jónsson, Porca, Björnsson, Daníelsson, Biberdzic, Gudónsson, Benediktsson (88. Gunnarsson)
Fram:Kristinsson, Marteinsson, Jónsson, Gíslason, Ólafsson, Laxdal (46. Hadlidsson), Víkingsson, Nökkvi Sveinsson (51. Helgason), Einarsson (52. Thorbjörn Atli Sveinsson), Gudgeirsson, Dadason
Schiedsrichter: Gudmundur Stefán Maríasson
Tore: 1:0 (39.) Björnsson, 1:1 (65.) Dadason, 2:1 (86.) Biberdzic
Rote Karte: Dervic (KR, 45.)

stertitels. Von nun an war ÍA eine treibende Kraft im Fußball des Inselstaates. 16 Meistertitel und sechs Pokalerfolge stehen bislang auf dem ÍA-Konto. Nicht immer hatte der Klub das Glück auf seiner Seite.

Den isländischen Pokal beispielsweise konnte man erst 1978 erstmals entgegennehmen, nachdem es zuvor acht (!) Endspielniederlagen gegeben hatte.

Akranes Erfolg beruht auf Tradition, einer großartigen Anhängerschar, die nicht nur auf die Heimatstadt beschränkt, sondern über das ganze Land verteilt ist sowie auf ungewöhnlichen Familienbanden. Seit Jahrzehnten ersetzen in der Mannschaft, die eigentlich fast immer aus zwei oder mehr Brüderpaaren besteht, Söhne ihre Väter und Cousins. Jeder einzelne Spieler hat eine tiefe Beziehung zum Verein.

Durch die erfolgreichen internationalen Auftritte der letzten drei Jahre hat der Klub die größten finanziellen Rücklagen in Islands Fußball gebildet und kann es sich somit leisten, einen neuen Standard vorzugeben, indem aufwendige Trainingsmöglichkeiten zur Verfügung gestellt werden und man ernsthaft bemüht ist, die meisten der talentierten Spieler im Lande zu halten. Nur ihre Topstars konnten die wackeren ÍA-Leute nicht aufhalten, denn wenn sich reiche europäische Klubs um Petur Petursson (Feyenoord, Anderlecht, Antwerpen), Teitur Thordarsson (Lens) oder Sigurdur Jónsson (Sheffield Wednesday, Arsenal) bemühen, muß Akranes Präsident Gunnar Sigurdsson trotz aller Rücklagen passen.

DER STAR

Ólafur Thordarsson (ÍA Akranes)

Seit vielen Jahren gilt Ólafur Thórðarsson als einer der vielseitigsten Spieler im isländischen Fußball. In seiner dreizehnten Erstligasaison und seiner zwölften als Nationalspieler lieferte er vielleicht sein bestes Spieljahr überhaupt ab.

Der dynamische und kräftige Mittelfeldspieler war Kapitän des erfolgreichen ÍA-Teams, das unter seiner Führung zum vierten Mal in Folge isländischer Meister wurde. Im Nationalteam trug er erstmals die Kapitänsbinde und wurde zum besten Spieler des Jahres 1995 gewählt.

Thórdarsson, der eine Weile in Norwegen als Profi verbracht hatte, gelangte darüber hinaus zum ersten Mal in seiner Karriere unter die besten Torschützen: Er erzielte zehn Ligatore, nachdem sein "Rekord" zuvor bei drei Treffern gestanden hatte. Dazu kamen zwei Tore im UEFA-Pokal und drei im Nationalteam, aus dem der 59fache Nationalspieler Ende 1995 überraschenderweise aussortiert worden war.

Da Island offensichtlich der Kampfgeist des erfahrenen Akteurs fehlte, holte der neue Coach Logi Olafsson ihn für die ersten Spiele im Jahre 1996 zurück. Thordarsson antwortete mit Treffern gegen Slowenien und Malta, und es sieht ganz danach aus, daß er den Länderspielrekord Islands mit 70 Berufungen - gehalten vom früheren Bundesligaprofi Atli Edvaldsson - übertreffen könnte.

DIE LÄNDERSPIELE

Island - Schweiz 0:2 (0:2) EMQ

16. 8. 1995 - Reykjavík - 9.034 - Wojcik (Polen) - B. Kristinsson - K. Jónsson (89. Dervic), Bergson, O. Adolfsson, R. Kristinsson, Orlygsson, S. Jónson, Thórdarson, B. Gunnlaugsson, A. Gunnlaugsson, E. Sverisson (67. Ingólfson), Trainer: Eliasson

Island - Türkei 0:0 EMQ

11.10.1995 - Reykjavík - 3.011 - Strampe (Deutschland) - B. Kristinsson - Bergson, Gislasson, Ingólfsson, O. Adolfsson, S. Jónsson, R. Kristinsson, Orlygsson, Gudjohnsen, E. Sverisson (80. B. Gunnlaugsson), A. Gunnlaugsson - Trainer: Eliasson

Ungarn - Island 1:0 (0:0)

11. 1. 1995 - Budapest- 2.300 -Bikas (Griechenland) - B. Kristinsson, K. Jónsson, Bergsson, O. Adolfsson, Orlygsson, Gretarsson (79. Stefansson), R. Kristinsson (83. Danielsson), E. Sverrisson, Gislason, Gudjohnsen, A. Gunnlaugsson - Trainer: Eliasson

Slowenien - Island 7:1 (1:1) Rothman-Cup

7. 2. 1996 - Valletta (Malta) - 2.000 - Lawrence (Malta) - B. Kristinsson, Sigurdsson, O. Adolfsson, T. Gudjonsson, Gislason (60. Gylfason), S. Jónsson, Ó. Thórdarson, R. Kristinsson (74. Gretarsson), T. Gudjonsson (55. A. Gudjohnsen), Sigurdsson (60. E. Sverrisson), Ingólfsson (74. Snorrason) -Trainer: Eliasson - Tor: Ó. Thórdarson

Rußland - Island 3:0 (1:0) Rothman-Cup

9. 2. 1996 - Valetta (Malta) - 430 - Alfred (Malta) - B. Kristinsson, Gylfason, O. Adolfsson, T. Gudjonsson, Gislason, Ó. Thórdarson (69. Kolvidsson), Gretarsson (77. Snorrason), S. Jónsson, E. Sverrisson, B. Gunnlaugsson (69. T. Gudjonsson), A. Gudjohnsen (82. G. Benediktsson) - Trainer: Eliasson

Malta - Island 1:4 (0:4) Rothman-Cup

11. 2. 1996 - Valletta - 3.000 - Kusainov (Russland) - B. Kristinsson (46. Finnbogason), A. Adolfsson , T. Gudjonsson (69. H. Sigurdsson), Gislason, Ó. Thórdarson (77. Kolvidsson), Gretarsson, S. Jónsson, E. Sverrisson, Gunnlaugsson (63. Ingólfsson), A. Gudjohnsen (81. Benediktsson) - Trainer: Eliasson - Tore: Ó Thórdarson (6./0:1), B. Gunnlaugsson (27./0:2), A. Gretarsson (43./0:3), A. Gudjohnsen (45./0:4)

Estland - Island 0:3 (0:3)

24. 4. 1996 - Tallinn - 500 - Lajuks (Lettland) - B. Kristinsson (69. Finnbogason), L. Sigudsson, O. Adolfsson, Bergsson (77. Gislason), R. Kristinsson, Ó. Thórdarson, E. Sverrisson, S. Jónsson (77. Stefansson), Gretarsson, B. Gunnlaugsson (46. T. Gudjohnsson), A. Gudjohnsen (62. E. Gudjohnsen) -Trainer: Eliasson - Tore: B. Gunnlaugsson (6./0:1, 20./0:2, 30./0:3)

Island - Mazedonien 1:1 (0:0) WMQ

1. 6. 1996 - Reykjavík - 3.649 - Luinge (Holland) - B. Kristinsson, L. Sigurdsson, Bergsson, O. Adolfsson, R. Kristinsson, T. Gudjonsson (80. Benediktsson), Ó. Tórdarson (67. Stefansson), S. Jónsson, Gretarsson, B. Gunnlaugsson (25. Gylfason), A. Gudjohsen -Trainer: Eliasson - Tor: A. Gudjohnsen (63./1:1)

Island - Zypern 2:1 (2:0)

5. 6. 1996 - Akranes - 505 - A. Lidarenda (Farör) - K. Finnbogason (86. T. Thórdarson), L. Sigurdsson, Bergsson, O. Adolfsson, Kristjansson, Ó. Thórdarson, Hognason (75. Hreidarsson), Stefanson (65. S. Sverrisson), A. Gretarsson (68. T. Johannsson), T. Gudjonsson, Benediktsson (77. Ingólfson) - Trainer: Eliasson - Tore: Hognason (38./1:0), Benediktsson (40./2:0)

DER EUROPAPOKAL

Europapokal der Landesmeister

Meister Akranes startete im UEFA-Pokal-Wettbewerb

Europapokal der Pokalsieger

Vorrunde

CS Grevenmacher - KR Reykjavík 3:2 (1:0)

9. 8. 1995 - 1.000 - Rubio Valdivieso (Spanien) - Tore: Bibercic (52./1:1), Egilsson (84./3:2)

KR Reykjavík - CS Grevenmacher 2:0 (1:0)

22.8.1995 - 1.000 - Ferry (Nordirland)

1. Hauptrunde

KR Reykjavík - Everton FC 2:3 (1:1)

14. 9. 1995 - 6.000 - Phillipe (Luxembourg) - Finnbogason - S. Jónsson, Dervic, Adolfsson, Egilsson, Björnsson, Porca, Guðjónsson, Danielsson, Bibercic, Benediktsson - Tore: Bibercic (36/Elfmeter1:1; 67/Elfmeter2:2)

Everton FC - KR Reykjvaík 3:1 (0:1)

28. 9. 1995- 18.422 - Gadosi (Slowakei) - Finnbogason - Adolfsson, S. Jónsson, Egilsson, Gunnarsson, Dervic, Björnsson, Guðjónsson, Daníelsson, Bibercic (81. Porca), Benediktsson (81. Haraldsson) - Tor: Danielsson (0:1/20.)

UEFA-Pokal

Vorrunde

Glenavon FC Lurgan - FH Hafnafjordur 0:0

10. 8. 1995 - 3.500 - Fröhlich (Deutschland) - S. Arnarson - Ragnarsson, Vidarsson, Sveinsson, Marzek, H. Kristjánsson, Helgason, Toth (Eríksson), Magnússon, H. Arnarson, S. Kristjánsson

FH Hafnafjörður - Glenavon FC Lurgan 0:1 (0:0)

23. 8. 1995 - 500 - Young (Schottland) - S. Arnarson, Ragnarsson, Viðarsson, Sveinsson, Marzek, Toth, Helgason, H. Kristjánsson, Magnússon, H. Arnarson, S. Kristjánsson (Halldórsson)

Shelbourne FC - ÍA Akranes 0:3 (0:1)

10. 8. 1995 - 2.500 - Zuppinger (Schweiz) - _. _órðarson, Haraldsson, Adolfsson, Miljkovic, Gíslason, S. Sórdarson (Pétursson), Ingólfsson, Jónsson, Högnason, A. Gunnlaugsson, B. Gunnlaugsson (Reynisson) - Tore: A. Gunnlaugsson (22./0:1, 83./0:2), Reynisson (87./0:3)

ÍA Akranes - Shelbourne FC 3:0 (1:0)

23. 8. 1995 - 1.500 - Hollung (Norwegen) - S. Sórðarson, Haraldsson, Adolfsson, Miljkovic, Gislason, S. Sórðarson (Pétursson), S. Jónsson, Högnasson, Ingólfsson (S. Sórðarson), A. Gunnlaugsson (Stojic), B. Gunnlaugsson - Tore: S. Jónsson (45/1:0), S. Sórdrson (53/2:0), Pétursson (89./3:0)

1. Hauptrunde

Raith Rovers FC - ÍA Akranes 3:1 (1:1)

12. 9. 1995 - 5.284 -Babarojic (Jugoslawien) - S. Sórdarson, Haraldsson, Högnasson, S. Jónsson, Adolfsson, Miljovic, B. Gunnlaugsson, Gislason, A. Gunnlaugsson, S. Sórdarson, Ingólfsson (79. S. _órðarson) - Tore: S. Sórdarson (44./1:1)

ÍA Akranes - Raith Rovers FC 1:0 (0:0)

26. 9. 1995 - 4.000 - Luinge (Niederlande) - _. _órðarson, Haraldsson, Högnasson, S. Jónsson, Adolfsson, Miljkovic, B. Gunnlaugsson, Gislason, A. Gunnlaugsson, S. Sórdarson, Ingólfsson (75. Stojic) - Tor: A. Gunnlaugson (51./1:0)

UI-Cup

ÍBK Keflavík - FC Metz	1:2
Partick Thistle FC Glasgow - ÍBK Keflavík	3:1
ÍBK Keflavík - NK Zagreb	0:0
Linzer ASK - ÍBK Keflavík	2:1

30.000 Fans feiern das Double

Hahitachdut Lekaduregel Beisrael

Ramat Gan Stadium
299 Aba Hilell Street,
Ramat Gan 52594
Telefon: ++972 (3) 5709059
Telefax: ++972 (3) 5702044

FIFA-Weltrangliste

Juli 1995:	47. Platz,	37,44 Punkte
Juli 1996:	48. Platz,	39,61 Punkte

UEFA-Fünfjahreswertung

1996/97:	23. Platz,	14,416 Punkte

Israels Fußball befindet sich im Umbruch. Nach jahrzehntelanger Odyssee scheint das auf dem asiatischen Kontinent liegende Sonnenparadies in Europa seine endgültige fußballerische Heimat gefunden zu haben. In den vergangenen Jahren hat man mächtig aufgeholt. Die ursprünglich starke Bindung zwischen Sportvereinen und politischen Parteien bzw. Gewerkschaften hat sich im Zeichen der zunehmenden Professionalisierung gelockert. *Histradut*, die den Sozialisten nahestehende Gewerkschaft, deren Klubs den Namen *Hapoel* („Arbeiter") tragen, hat inzwischen sogar einige Vereine an private Investoren verkauft, da das Profitum nicht mehr finanzierbar war.

Die lange Zeit nur müde belächelten israelischen Fußballer sind dadurch zu überall respektierten Kontrahenten geworden. Das Nationalteam spielte sogar lange Zeit ernsthaft um die EM-Qualifikation mit, und Maccabi Haifas 2:1-Freundschaftsspielsieg über Ajax Amsterdam im Januar 1996 sorgte für europaweites Aufsehen. Israels Erfolge sind das Resultat hervorragender Nachwuchsarbeit. Seit Jahren wachsen im ganzen Land hoffnungsvolle Talente heran, die allmählich auch für westeuropäische Spitzenklubs interessant werden. Torschützenkönig Haim Revivo wechselte im Sommer 1996 zum spanischen Erstligisten Celta Vigo.

Revivos Mannschaft Maccabi Haifa, vor drei Jahren noch als „bestes Team der israelischen Fußballgeschichte" bezeichnet, ging am Saisonende trotz seiner 26 Treffer leer aus. Dabei hatte der fünffache Landesmeister (zuletzt 1994) vor Saisonbeginn mit der sensationellen Verpflichtung des Uruguayers Edgardo Adinolfi für Furore gesorgt und war als Titelfavorit ins Rennen gegangen. Es begann auch großartig für den amtierenden Pokalsieger, der in den ersten zwölf Saisonspielen nur acht Punkte abgab. Dann setzte es eine 1:2-Niederlage beim Lokalrivalen Hapoel, und Beitar Jerusalem übernahm die Tabellenführung. Die Jerusalemer avancierten zum Überraschungsteam der Saison und führten die Tabelle auch noch an, als am 30. Dezember 1995 die Winterpause eingeläutet wurde.

Titelverteidiger Maccabi Tel Aviv lag zu diesem Termin mit einem Punkt Rückstand auf Platz 2 und konnte mit dem bisherigen Saisonverlauf durchaus zufrieden sein. Bereits vier Punkte Rückstand wies dagegen Hapoel Haifa auf, was bei dem ambitionierten Klub für Enttäuschung sorgte, denn nach der Verpflichtung des Tel Aviver Erfolgstrainers Avraham Grant, der Maccabi 1995 zur Meisterschaft geführt hatte, wollte Haifas millionenschwerer Vereinspräsident Robi Shapira den Titel.

In der Rückrunde wurde aus dem Vierkampf allmählich ein Zweikampf. Zunächst verabschiedete sich Hapoel Haifa aus dem Titelrennen, denn nach der 0:1-Niederlage bei Maccabi Tel Aviv hatte der selbsternannte Spitzenklub am 19. Spieltag bereits neun Punkte Rückstand auf den neuen Tabellenführer Maccabi Tel Aviv. Beitar Jerusalem leistete sich zahlreiche Unentschieden und schied nach zwei aufeinanderfolgenden Niederlagen (0:4 bei Hapoel Tel Aviv und 0:2 daheim gegen Maccabi Haifa) im März ebenfalls aus dem Kreis der Titelanwärter aus.

Die Vorentscheidung zwischen den verbliebenen Titelaspiranten aus Haifa und Tel Aviv fiel am 20. April, als die Hauptstädter mit 3:1 im Haifer Stadion *Kiriat Eliezer* gewannen und ihren Vorsprung damit auf sechs Punkte ausbauten. Drei Wochen später feierten 30.000 Fans nach einem 1:0-Sieg über Beitar Jerusalem endgültig den achtzehnten Titelgewinn ihrer Mannschaft, dem zur Krönung auch noch der neunzehnte Po-

1. Liga	Gesamt							Heim					Auswärts				
	Sp	g	u	v	Tore	Diff.	Pkt.	g	u	v	Tore	Pkt.	g	u	v	Tore	Pkt.
1. Maccabi Tel Aviv* (M)	30	23	5	2	59:16	+43	74	11	4	0	27:4	37	12	1	2	32:12	37
2. Maccabi Haifa (P)	30	19	9	2	73:30	+43	66	11	3	1	38:17	36	8	6	1	35:13	30
3. Beitar Jerusalem	30	19	7	4	65:31	+34	64	12	1	2	35:13	37	7	6	2	30:18	27
4. Hapoel Haifa	30	19	7	4	66:33	+33	64	12	3	0	37:14	39	7	4	4	29:19	25
5. Hapoel Tel Aviv	30	16	6	8	47:28	+19	54	9	3	3	26:14	30	7	3	5	21:14	24
6. Maccabi Petah Tikva	30	13	10	7	43:37	+6	49	6	5	4	19:19	23	7	5	3	24:18	26
7. Maccabi Herzliya	30	10	6	14	33:37	-4	36	7	4	4	22:17	25	3	2	10	11:20	11
8. Hapoel Petah Tikva	30	7	15	8	31:40	-9	36	4	8	3	21:19	20	3	7	5	10:21	16
9. Hapoel Ironi Rishon-L.	30	8	7	15	25:40	-15	31	4	4	7	13:19	16	4	3	8	12:21	15
10. Hapoel Beer Sheba	30	6	11	13	31:37	-6	29	3	6	6	14:13	15	3	5	7	17:24	14
11. Bnei Yehuda Tel Aviv	30	7	7	16	45:64	-19	28	4	6	5	25:30	18	3	1	11	20:34	10
12. Hapoel K. Sabah (N)	30	8	4	18	29:53	-24	28	6	0	9	16:21	18	2	4	9	13:32	10
13. Zafirim Holon	30	7	6	17	31:51	-20	27	3	4	8	18:28	13	4	2	9	13:23	14
14. Hapoel Beit Shean	30	5	11	14	28:47	-19	26	5	5	5	17:21	20	0	6	9	11:26	6
15. Beitar Tel Aviv ↓	30	6	6	18	30:63	-33	24	4	3	8	16:33	15	2	3	10	14:30	9
16. Maccabi Jaffa (N) ↓	30	6	5	19	24:53	-29	23	5	2	8	13:21	17	1	3	11	11:32	6

EC 1996/97: CL: Maccabi Tel Aviv*, C2: Hapoel-Ironi Rishin-Lezion, UEFA: Beitar Jerusalem, Maccabi Haifa, UI: Hapoel Haifa, Hapoel Tel Aviv

*Maccabi Tel Aviv scheiterte in der Qualifikation zur CL an Fenerbahçe Istanbul und startete im UEFA-Pokal

kalsieg der Vereinsgeschichte angeführt wurde. Zuvor hatten die Hauptstädter mit Hapoel Haifa, Beitar Jerusalem und Maccabi Haifa sämtliche Titelkonkurrenten aus dem Weg geräumt. Finalgegner Hapoel-Ironi Rishon-Lezion war vor 15.000 Zuschauern chancenlos und lag bereits nach dreißig Minuten mit 0:3 zurück.

Daß der israelische Fußball auch international auf dem Vormarsch ist, bewies Maccabi Tel Aviv in der Qualifikation zur Champions League, in der die Blau-Gelben nur unglücklich an Grasshoppers Zürich scheiterten. Einem 1:1 in Zürich war eine unglückliche 0:1-Heimniederlage gefolgt, die den Einzug in die Gruppenspiele verhinderte.

Pokalsieger Maccabi Haifa und der Vorjahresdritte Hapoel Beer-Sheva überstanden die Qualifikation und scheiterten in der 1. Runde an Sporting Lissabon und dem FC Barcelona, während Hapoel Tel Aviv bereits in der Qualifikation am moldawischen Meister Zimbru Chisinau scheiterte. Erstmals war Israel mit vier Teams ins Rennen gegangen.

Der seit April 1992 für das Nationalteam verantwortliche Shlomo Sharf konnte mit seiner Bilanz ebenfalls zufrieden sein, auch wenn es in der EM-Qualifikation nur zum vorletzten Platz reichte. Der beeindruckende 3:1-Freundschaftsspielsieg über Uruguay fand sogar Einzug in die Schlagzeilen der Weltpresse und läßt Sharf auf die WM-Qualifikation hoffen. In der mißt sich Israel mit Bulgarien, Luxemburg, Rußland und Zypern. ■

Torjäger

Haim Revivo (Maccabi Haifa)	26
Reuoven Atar (Hapoel Haifa)	21
Sahar Mizrahi (Bnei Yehuda Tel Aviv)	16

POKAL

Achtelfinale

Hapoel Haifa - Maccabi Tel Aviv	0:1
Maccabi Herzliya - Beitar Jerusalem	n.V. 1:2
Maccabi Haifa - Maccabi Acco	2:0
Hapoel Kiryat-Shmona - Maccabi Petach-Tikva	0:1
Hapoel-Ironi Rishion-L. - Hapoel Beit Shean	3:0
Hapoel Ramat-Gan - Bnei Yehuda Tel Aviv	1:2
Zafirim Holon - Beitar Tel Aviv	n.V. 4:5
Maccabi Shaarayim - Mac. I. Ashdod	n.E. 6:5, n.V. 1:1

Viertelfinale

Beitar Jerusalem - Maccabi Tel Aviv	0:1
Bnei Yehuda Tel Aviv - Maccabi Petah Tikva	3:0
Maccabi Shaarym - Maccabi Haifa	0:4
Beitar Tel Aviv - Hapoel Ironi Rishon-Lezion	1:3

Halbfinale

Hapoel-Ironi Rishon-Lezion - Bnei Yehuda Tel Aviv	4:1
Maccabi Tel Aviv - Maccabi Haifa	2:0

Finale (28. Mai 1996, Tel Aviv, 15.000)

Maccabi Tel Aviv - Hapoel Ironi Rishon-Lezion 4:1 (3:1)

Maccabi: Ubarov - Gadi Brumer, Shelach, Hilel, Shoam (Melika) - Alan Brumer (Dzialowsky), Klinger, Nimni - Ben-Luz, Hagag, Driks

Hapoel Ironi: Sabag - Malukov, Ben Dov, Albert - Tassa (Greshnayev), Kotcheluk, Dagai (Alexlesi), Azran - Marziano, Shikva, Kapata

Tore: 1:0 Nimni (14.), 2:0 Driks (24.), 3:0 A. Brumer (29.), 3:1 Kapata (33.), 4:1 Melika (61.)

Schiedsrichter: Ben Izhak

	Macc. T.A.	Macc. Haifa	Beitar Jerus.	Hapoel	Hapoel Tel	Macc. P. T.	Macc. Herzl	Hapoel P. T.	Hapoel-I. R.	Hapoel Beer	Bnei Yehuda	Hapoel Kfar	Zafirim	Hapoel B.S.	Beitar Tel. A.	Macc Jaffa
Maccabi Tel Aviv	•	2:2	1:0	1:0	0:0	0:0	1:0	3:0	1:0	5:0	4:1	3:1	1:0	0:0	2:0	3:0
Maccabi Haifa	1:3	•	2:2	2:0	4:3	1:1	2:0	4:1	2:0	3:0	2:0	3:1	2:1	1:1	6:3	3:1
Beitar Jerusalem	2:0	0:2	•	2:1	3:2	3:1	3:0	6:0	0:1	1:1	3:2	2:1	1:0	4:0	3:1	2:1
Hapoel Haifa	3:0	2:1	3:3	•	2:1	2:0	1:0	1:1	1:1	3:2	4:2	2:0	4:1	3:1	2:1	4:0
Hapoel Tel Aviv	0:2	1:3	4:0	1:4	•	0:0	1:0	0:0	2:1	3:2	3:0	5:0	1:0	0:0	1:0	4:2
Maccabi Petah Tikva	0:3	2:2	0:0	2:1	0:4	•	1:2	3:1	1:1	0:0	3:1	0:2	0:0	2:1	3:0	2:1
Maccabi Herzliya	1:1	1:1	2:3	2:2	0:2	1:4	•	2:0	1:0	1:1	1:0	1:0	0:1	3:0	3:0	3:2
Hapoel Petah Tikva	0:2	3:3	2:2	2:4	1:1	1:1	0:0	•	2:0	0:0	2:3	3:1	1:0	1:1	0:0	3:1
Hapoel Ironi Rishon-L.	1:2	0:3	0:2	0:2	0:1	0:2	2:1	0:0	•	1:1	2:0	2:2	1:2	1:1	2:0	1:0
Hapoel Beer Sheva	1:3	1:1	0:0	0:1	0:1	0:1	1:1	0:0	3:0	•	1:1	4:0	0:1	2:1	1:2	0:0
Bnei Yehuda Tel Aviv	2:3	0:3	1:4	3:3	1:2	1:4	3:2	1:1	1:1	1:0	•	4:1	3:2	1:1	2:2	1:1
Hapoel Kfar Sabah	1:2	0:1	1:2	0:3	1:0	0:3	1:0	0:1	1:2	1:0	0:1	•	3:0	2:1	1:4	4:1
Zafirim Holon	0:5	0:0	0:3	3:3	0:1	4:4	0:2	0:2	1:2	1:2	5:2	0:0	•	2:1	2:0	0:1
Hapoel Beit Shean	0:1	0:6	2:2	1:1	1:0	0:1	1:2	0:2	2:1	3:1	2:1	1:1	1:1	•	1:1	2:0
Beitar Tel Aviv	0:3	0:2	0:4	0:3	0:2	4:0	2:1	1:1	2:0	1:6	1:6	1:1	1:2	3:2	•	0:0
Maccabi Jaffa	0:2	1:5	0:3	0:1	1:1	1:2	1:0	0:0	1:2	0:1	1:0	1:2	4:2	1:0	1:0	•

IM BLICKPUNKT

Hapoel Taibe

Taibe ist ein 28.000 Einwohner-Städtchen nahe der israelischen Mittelmeerküste. Wie in vielen Orten des Landes sind nur wenige Straßen gepflastert, und man sucht vergeblich nach Einkaufszentren oder Kinos. Für Israelis jüdischer Abstammung ist Taibe ein Ort, an dem man sich besser nicht aufhält, denn fast die gesamte Bevölkerung ist arabisch. Das führt zu Vorurteilen. „Taibe litt früher an einer außergewöhnlich hohen Kriminalitätsrate, aber das gehört der Vergangenheit an", meint Bürgermeister Rafik Haj Yihye dazu. Die 1961 gegründete lokale Fußballmannschaft mit dem Namen *Hapoel* (Arbeiter) soll nun dazu beitragen, daß das Bild Taibes in der Öffentlichkeit relativiert wird. Hapoel Taibe ist nämlich aufgestiegen und spielt als erster Verein aus einem arabischen Bereich Israels in der höchsten Spielklasse des von Unruhen geschüttelten Landes. Doch der Aufstieg bereitet Probleme, von denen Taibes Fans beim Pokalspiel gegen Beitar Jerusalem schon einmal einen Vorgeschmack bekamen. Beitars Fans zählen zu den rechten Hardlinern und nutzten das Spiel, um ihren irrationalen Haß gegen alles Arabische zu äußern. „Mavet la'Aravim" (Tod den Arabern) schallte es durch das Bloomfieldstadion. Taibes Anhänger sind es gewohnt, Beleidigungen zu hören. „Das macht unsere Unterstützung nur noch vehementer", sagen sie, während Vereinspräsident Abdul Rahman versucht, die Brisanz herauszunehmen: „Wir sind ein ganz normaler Profiverein und sehen uns nicht als Repräsentant der gesamten arabischen Welt". Einen Rückschlag mußte Taibe schon vor dem Saisonstart hinnehmen, denn weil das eigene Stadion in einem derart erbärmlichen Zustand ist, muß Hapoel seine Heimspiele im benachbarten Netanya austragen. Erfolgstrainer Wojtek Lazarek und seine Mannschaft, in der auch vier jüdische Spieler stehen, hoffen nun auf den Klassenerhalt, damit Hapoel Taibe 1997 als Erstligist in sein bis dahin renoviertes Stadion heimkehren kann.

2. Liga		Sp	g	u	v	Tore	Pkt.
1. Hapoel Taibe	↑	30	18	4	8	40:31	58
2. Hapoel Jerusalem	↑	30	15	9	6	43:24	54
3. Hapoel Bat-Yam		30	10	13	7	38:31	43
4. Maccabi Kiryat-Gat		30	12	6	12	33:34	42
5. Maccabi Ironi Ashdod		30	10	10	10	43:34	40
6. Hapoel Ramat-Gan		30	10	10	10	34:32	40
7. Ha'koakh Ramat-Gan		30	11	7	12	36:36	40
8. Maccabi Acco		30	9	13	8	36:37	40
9. Maccabi Netanya		30	9	12	9	38:28	39
10. Maccabi Jaffna		30	9	12	9	26:28	39
11. Hapoel Hadera		30	10	8	12	30:38	38
12. Ness-Tsiona		30	10	8	12	35:44	38
13. Hapoel Ashdod		30	10	7	13	42:41	37
14. Hapoel Kiryat-Shmona		30	8	13	9	32:38	37
15. Shimshon Tel-Aviv	↓	30	9	9	12	39:44	36
16. Hapoel Kefar-Shalem	↓	30	4	9	17	19:43	21

DIE LÄNDERSPIELE

Ungarn - Israel 0:2 (0:1)
16. 8. 1995 - Siófok - 10.000 - Porumboiu (Rumänien) - R. Cohen, Halfon, Klinger, Shelach, Glam, Hazan (82. R. Levi), A. Harazi, Bercovich (85. Zano), Banin, Revivo (47. O. Mizrahi), Driks (64. Nimni) - Trainer: Sharf - Tore: Revivo (19./0:1), O. Mizrahi (59./0:2)

Slowakei - Israel (1:0 (0:0) EMQ
6. 9. 1995 - Kosice - 7.810 - Sandra (Belgien) - R. Cohen - A. Harazi, G. Brumer, Shelach, Glam, Hazan, Klinger (46. Rosenthal), Bercovich (66. Driks), Banin, Revivo, O. Mizrahi - Trainer: Sharf

Israel - Uruguay 3:1 (1:0)
20. 9. 1995 - Jerusalem - Klein (Israel) - Ginzburg (R. Conen) - Halfon, (A. Harazi), Klinger (A. Brumer), Benado, Amsalem, Hazan (Shelach), G. Brumer, Zohar (Driks), Banin, Ohana (Atar), O. Mizrahi - Trainer: Sharf - Tore: Ohana (38.), Atar (55.), Driks (80.)

Israel - Aserbaidschan 2:0 (1:0) EMQ
11. 10. 1995 - Tel Aviv - 8.000 - Detruche (Schweiz) - Ginzburg - Halfon, G. Brumer, Shelach, Amsalem, Hazan, Bercovich (71. Zohar), Banin, Rosenthal, Revivo (87. Klinger), R. Harazi (79. Atar) - Trainer: Sharf - Torschützen: R. Harazi (31./1:0, 50./2:0)

Frankreich - Israel 2:0 (0:0) EMQ
15. 11. 1995 - Caen - 21.500 - Grabher (Österreich) - R. Conen - Halfon, G. Brumer, Shelach, Glam (79. Zohar), Hazan, Klinger, Banin, Bercovich (70. Atar), Rosenthal, R. Harazi (85. O. Mizrahi) - Trainer: Sharf

Griechenland - Israel 2:1 (2:0)
24. 1. 1996 - Khalkis - Nikakis (Griechenland) - R. Cohen (46. Ginzburg) - Zano, Klinger (46. A. Harazi), Shelach, Glam (46. Benado), Hazan, Atar (55. Zohar), Banin, Bercovich, Revivo, R. Harazi - Trainer: Sharf - Tor: R. Harazi (89./2:1)

Israel - Litauen 4:2 (2:1)
21. 2. 1996 - Haifa - 2.000 - Koren (Israel) - Ginzburg (46. Levi II) - Halfon (46. Zano), G. Brumer, Shelach, Glam (65. A. Harazi), Hazan, Klinger (63. Ben Shimon), Banin, Becovich (46. Zohar), Revivo, Atar (63. Turjeman) - Trainer: Sharf - Tore: Atar (23./1:0), Banin (30./2:0), Zohar (75./3:1), Turjeman (85./4:1)

Kroatien - Israel 2:0 (0:0)
26. 3. 1996 - Varazdin - 15.000 - Toth (Ungarn) - Malul - Benado, G. Brumer, A. Harazi, Glam (46. Amsalem), Hazan, Atar (72. Halfon), Banin, Bercovich, Revivo, Zohar - Trainer: Sharf

Israel - Korea 4:5 (0:3)
30. 4. 1996 - Tel Aviv - Ciman (Türkei) - Ginzburg (46. R. Cohen), Halfon (46. Zano), G. Brumer, Shelach, Glam, Hazan (46. Benado), Klinger, Banin, Bercovich (60. Atar), Revivo, O. Mizrahi (46. Zohar) - Trainer: Sharf - Tore: Revivo (79., 87.), Banin (81./Elfmeter), Zohar (90.)

DER EUROPAPOKAL

Europapokal der Landesmeister

Qualifikation

Grasshoppers Zürich - Maccabi Tel Aviv 1:1 (0:0)
9. 8. 1995 - 11.100 - Ansuategui Roca (Spanien) - Uvarov - A. Brumer, G. Brumer, Shelah, Hilel - Klinger, Shoham, Nimni, V. Moroz (87. Nahman), Zohar - Kachentsev (73. Driks) - Tor: Kachentsev (55./1:1)

Maccabi Tel Aviv - Grasshoppers Zürich 0:1 (0:1)
23. 8. 1995 - 13.500 - Nicchi (Italien) - Uvarov - Levi, G. Brumer, Shelah, Hilel (17. Driks) - Shoham (67. Meilika), Klinger, A. Brumer - Zohar (55. V. Moroz), Nimni - Kachentsev

Europapokal der Pokalsieger

Qualifikation

Maccabi Haifa - KÍ Klaksvík 4:0 (2:0)
10. 8. 1995 - 8.000 - Toth (Ungarn) - n.b. - Tore: Mizrahi (8./1:0, 35./2:0, 82./4:0/Elfmeter), Shitrit (67./3:0)

KÍ Klaksvík - Maccabi Haifa 3:2 (0:1)
24. 8. 1995 - 295 (in Toftir) - O'Hanlon (Irland) - Cohen - Zano, Harazi, Pez, Glam - Hazan, Levi, Kandaurov, Revivo - Berkovitz (46. Shitrit), Mizrahi - Tore: Revivo (31./0:1), Shitrit (84./3:2)

1. Runde

Sporting Lissabon - Maccabi Haifa 4:0 (2:0)
14. 9. 1995 - 35.000 - Burge (Wales) - Cohen - Jana, Harazi, Pets, Kandaurov, Levy (50. Adinolfi) - Hazan, Berkovitch, Balbul - Revivo, Mizrahi (56. Shitrit)

Maccabi Haifa - Sporting Lissabon 0:0
28. 9. 1995 - 7.000 - Bezubiak (Rußland) - Cohen - Jano, Harazi (44. Balbul), Pets, Glam - Levy (67. Mizrahi), Kandaurov - Hazan (57. Adinolfi), Shitrit, Revivo - Berkovitch

UEFA-Pokal

Qualifkation

Zimbru Chrisinau - Hapoel Tel Aviv 2:0 (1:0)
8. 8. 1995 - 5.000 - Ihring (Slowakei)

Hapoel Tel Aviv - Zimbru Chisinau 0:0
22. 8. 1995 - 3.000 - Porumboiu (Rumänien)

SK Tiranë - Hapoel Beer Sheva 0:1 (0:1)
8. 8. 1995 - 3.000 - Georgiu (Zypern) - Tor: Zeiberlins (23./0:1)

Hapoel Beer Sheva - SK Tiranë 2:0 (2:0)
22. 8. 1995 - 5.000 - Tokat (Türkei) - Tore: Gussev (20./1:0), Avigdor (23./2:0)

1. Runde

Hapoel Beer Sheva - FC Barcelona 0:7 (0:2)
12. 9. 1995 - 15.000 - Kefalas (Griechenland)

FC Barcelona - Hapoel Beer Sheva 5:0 (2:0)
26. 9. 1995 - 27.000 - O'Hanlon (Irland)

UI - Cup

Beitar Jerusalem - RSC Charleroi	0:1
Bursaspor - Beitar Jerusalem	2:0
Beitar Jerusalem - 1. FC Kosice	3:5
Wimbledon FC - Beitar Jerusalem	0:0
Gençlerbirligi - Hapoel Petah Tikva	4:0
Hapoel Petah Tikva - Floriana FC	1:1
FC Tirol Innsbruck - Hapoel Petah Tikva	2:0
Hapoel Petah Tikva - Racing Straßburg	0:0

ITALIEN 1995/96

Schwere Zeiten für Nationaltrainer Sacchi

Von Marco Zunino

Federazione Italiana Giuoco Calcio

Via Gregorio Allegri 14,
C.P. 2450,
I-00198 Roma
Telefon: ++39 (6) 849 11 11
Telefax: ++39 (6) 84 91 22 39

FIFA-Weltrangliste:

Juli 1995:	6. Platz,	56,65 Punkte
Juli 1996:	5. Platz,	59,86 Punkte

UEFA-Fünfjahreswertung

1996/97:	1. Platz,	61,259 Punkte

Das gab es noch nie: Ausländische Vereine kauften den italienischen Spitzenklubs ihre Top-Spieler weg und bezahlten dafür Summen, von denen die wahrlich nicht knauserigen Juventus, Milans und Inters nur träumen konnten.

Europapokalsieger Juventus beispielsweise verlor Fabrizio Ravanelli an Middlesbrough, das vor vier Jahren noch in Englands zweiter Liga herumdümpelte und sich kaum ein Freundschaftsspiel gegen die Turiner hätte leisten können, für eine Ablösesumme von 18 Millionen DM! Gianluca Vialli (Juventus) fiel dagegen unter die Bosman-Regel und wechselte kostenfrei an die Londoner Stamford Bridge, wo er gemeinsam mit dem 13,5 Millionen DM teueren Ex-Römer Roberto di Matteo (Lazio) den von Ruud Gullit trainierten Chelsea FC zum englischen Meister machen will.

Der Ausverkauf zum Saisonende ließ die turbulenten Saisonereignisse für einen Moment in den Hintergrund treten. Italiens so leidenschaftliche Fans hatten in der Saison 1995/96 viel leiden müssen. Ihren Negativhöhepunkt erreichte die Saison am 14. Juni 1996, als die ruhmreiche Squadra Azzurra, immerhin amtierender Vizeweltmeister, im EM-Vorrundenspiel mit 1:2 gegen die Tschechische Republik unterlag. Fünf Tage später gab es nur ein torloses Unentschieden gegen Deutschland, und Italien war nach nur drei Spielen aus der EM ausgeschieden. Zuvor waren schon Inter Mailand und Lazio Rom auf eher peinliche Art und Weise und zudem ziemlich früh - in der 2. Runde nämlich - aus dem UEFA-Pokal ausge-

Mailänder Derby:
Paule Ince (Inter) setzt sich gegen Weah (Milan) durch.

Serie A	Gesamt							Heim					Auswärts				
	Sp	g	u	v	Tore	Diff.	Pkt.	g	u	v	Tore	Pkt.	g	u	v	Tore	Pkt.
1. Milan AC Milano	34	21	10	3	60:24	+36	73	13	3	1	41:11	42	8	7	2	19:13	31
2. Juventus Torino (M, P)	34	19	8	7	58:35	+23	65	12	3	2	32:14	39	7	5	5	26:21	26
3. SS Lazio Roma	34	17	8	9	66:38	+28	59	13	2	2	45:15	41	4	6	7	21:23	18
4. AC Fiorentina Firenze	34	17	8	9	53:41	+12	59	11	4	2	36:21	37	6	4	7	17:20	22
5. AC Parma	34	16	10	8	44:31	+13	58	13	3	1	29:9	42	3	7	7	15:22	16
6. AS Roma	34	16	10	8	51:34	+17	58	9	6	2	28:15	33	7	4	6	23:19	25
7. FInternazionale Milano	34	15	9	10	51:30	+21	54	10	4	3	35:11	34	5	5	7	16:19	20
8. Sampdoria Genova	34	14	10	10	59:47	+12	52	10	5	2	33:15	35	4	5	8	26:32	17
9. Vicenza Calcio (N)	34	13	10	11	36:37	- 1	49	10	4	3	22:12	34	3	6	8	14:25	15
10. Cagliari Calcio	34	11	8	15	34:47	-13	41	9	4	4	22:9	31	2	4	11	12:38	10
11. Udinese Calcio (N)	34	11	8	15	41:49	- 8	41	8	5	4	23:18	29	3	3	11	18:31	12
12. SSC Napoli	34	10	11	13	28:41	-13	41	8	5	4	14:10	29	2	6	9	14:31	12
13. Atalanta Bergamo (N)	34	11	6	17	38:50	-12	39	7	4	6	24:20	25	4	2	11	14:30	14
14. Piacenza FC (N)	34	9	10	15	31:48	-17	37	9	2	6	22:21	29	0	8	9	9:27	8
15. AS Bari	34	8	8	18	49:71	-22	32	6	7	4	29:25	25	2	1	14	20:46	7
16. Torino Calcio	34	6	11	17	28:46	-18	29	6	6	5	21:19	24	0	5	12	7:27	5
17. Cremonese US	34	5	12	17	37:57	-20	27	4	10	3	25:20	22	1	2	14	12:37	5
18. Padova Calcio ⬇	34	7	3	24	41:79	-38	24	6	3	8	27:32	21	1	0	16	14:47	3

EC 1996//97: CL: Milan AC Milano, Juventus FC Torino (TV), EC2: Fiorentina Firenze, UEFA: Lazio Roma, AC Parma, AS Roma, Internazionale Milano FC, UI: -

schieden. Im Viertelfinale verabschiedeten sich auch der AC Mailand und der AS Rom, und Italien hatte erstmals seit acht Jahren keinen Vertreter im Finale des UEFA-Cups! Einziger Hoffnungsträger war die alte Dame Juventus Turin, die sich im Landesmeisterfinale nach Elfmeterschießen gegen Ajax Amsterdam durchsetzte.

Für den AC Mailand hatte die Saison Höhen und Tiefen zu bieten.

Im Coppa Italia schieden die Capello-Schützlingen bereits im Viertelfinale gegen Zweitligaaufsteiger Bologna aus und verspielten im UEFA-Pokal gegen Girondins Bordeaux einen 2:0-Hinspielsieg.

Dafür hielt Milan sich in der italienischen Landesmeisterschaft schadlos und sicherte sich durch einen 3:1-Heimsieg gegen Florenz bereits zwei Spieltage vor Serienende den Titel.

Allerdings hatten die Milan-Fans bei jenem Spiel zunächst zittern müssen, denn in der 13. Minute hatte Rui Costa die Florentiner mit 1:0 in Führung gebracht!

Doch bereits im Gegenzug konnte Savicevic ausgleichen, und Sekunden vor dem Halbzeitpfiff sorgte Roberto Baggio per Elfmeter für die 2:1-Führung, die Marco Simone in der 76. Minute zum 3:1 ausbaute. 79.415 Fans im Stadio Guiseppe Meazza feierten den vierten Titelgewinn in nur fünf Jahren bis tief in die Nacht. Lediglich 1995 hatte Mailand Juventus Turin den Vortritt lassen müssen und war nur Vierter geworden.

Die Torschützen

Igor Protti (AS Bari)	24
Giuseppe Signori (Lazio Roma)	24
Enrico Chiesa (Sampdoria Genova)	22
Gabriel Batistuta (Fiorentina Firenze)	19
Marco Branca (AS Ro. 2/I. Milano 17)	19
Oliver Bierhoff (Udinese Calcio)	17
Luis Oliveira (Cagliari Calcio)	15
Nicola Amoruso (Padova Calcio)	14
Nicola Caccia (Piacenza FC)	14
Pierluigi Casiraghi (Lazio Roma)	14

Angesichts der hochkarätigen Zugänge George Weah (Paris Saint-Germain) und Roberto Baggio (Juventus) war Milans Titelgewinn keine Überraschung. Weah schoß zahlreiche ebenso wunderschöne wie wichtige Tore, und Baggio ergänzte sich prima mit dem jugoslawischen Fußballartisten Dejan Savicevic und dem französischen Motivationskünstler Marcel Desailly. Milans Prunkstück war die Abwehr mit Alessandro Costacurta, Christian Panucci, dem wiedererstarkten Paolo Maldini und dem unverwüstlichen Libero Franco Baresi. Lediglich 24 Treffer kassierte der fast zwei Meter große Milan-Keeper Sebastiano Rossi.

Nach einer schleppenden Anfangsphase hatten die von Fabrizio Capello großartig eingestellten Lombarden im Frühjahr allmählich ihre Top-Form gefunden. War es zur Jahreswende noch lediglich ein Punkt Vorsprung auf Verfolger Florenz gewesen, so trennten Milan am 30. Spieltag

Serie A	Atalanta	Bari	Cagliari	Cremona	Florenz	Inter	Juventus	Lazio	Milan	Napoli	Padova	Parma	Piacenza	Roma	Sampdoria	Torino	Udine	Vicenza
Atalanta Bergamo	•	1:2	3:0	1:1	1:3	1:1	0:1	1:3	0:1	1:3	3:0	1:1	2:0	2:1	3:2	1:0	0:0	3:1
AS Bari	1:3	•	3:0	2:1	1:1	4:1	2:2	3:3	1:0	1:1	2:1	1:1	0:0	1:2	1:3	2:2	4:2	0:2
Cagliari Calcio	2:0	4:2	•	1:0	0:0	0:0	0:0	0:1	1:2	2:0	0:1	2:0	0:0	0:2	3:0	1:0	4:1	2:0
US Cremonese	1:1	7:1	3:1	•	0:0	2:4	3:3	2:1	0:0	1:1	2:1	0:2	0:0	0:1	0:0	0:1	2:2	1:1
Fiorentina Firenze	1:0	3:2	3:1	3:2	•	1:1	0:1	2:0	2:2	3:0	6:4	1:0	2:1	1:4	2:2	2:0	3:0	1:1
Internazionale Milano	1:0	3:0	4:0	2:0	1:2	•	1:2	0:0	1:1	4:0	8:2	1:1	0:0	2:0	0:2	4:0	2:1	1:0
Juventus Torino	1:0	1:1	4:1	4:1	1:0	1:0	•	4:2	1:1	1:1	3:1	1:0	2:0	0:2	0:3	5:0	2:1	1:0
Lazio Roma	5:1	4:3	4:0	2:1	4:0	0:1	4:0	•	0:1	1:0	2:0	2:1	4:1	1:0	6:3	1:1	2:2	3:0
Milan AC Milano	3:0	3:2	3:2	7:1	3:1	0:1	2:1	0:0	•	0:0	1:0	3:0	3:0	3:1	3:0	1:1	2:1	4:0
SSC Napoli	2:1	1:0	0:0	0:0	0:2	2:1	0:1	1:0	0:1	•	2:0	1:1	0:0	0:2	1:0	1:0	2:1	1:1
Padova Calcio	3:2	3:0	2:1	1:2	0:1	2:1	0:5	1:3	1:2	4:2	•	1:3	1:1	1:2	1:1	1:1	2:3	3:2
AC Parma	2:0	3:1	4:0	2:0	3:0	2:1	1:1	2:1	0:0	1:0	2:1	•	3:2	1:1	1:0	1:0	1:0	0:1
Piacenza FC	2:2	3:2	1:1	2:1	0:1	1:0	0:4	2:1	0:2	0:1	4:0	2:1	•	1:0	3:2	1:0	0:2	0:1
AS Roma	0:1	2:1	1:1	3:0	2:2	1:0	2:2	0:0	1:2	4:1	2:0	1:1	2:1	•	3:1	1:0	2:1	1:1
Sampdoria Genova	2:3	2:0	1:2	2:0	2:1	0:0	2:0	3:3	3:0	2:2	3:1	3:0	3:0	1:1	•	1:0	1:0	2:2
Torino Calcio	0:1	3:1	1:1	1:0	0:3	0:1	1:2	0:2	1:1	0:0	2:0	2:2	4:2	2:2	1:1	•	2:0	1:0
Udinese Calcio	3:0	1:2	1:0	3:2	1:0	1:2	1:0	1:1	0:2	3:2	3:1	0:0	0:0	1:1	2:4	1:0	•	1:1
Vicenza Calcio	1:0	2:0	0:1	1:0	1:0	1:1	2:1	1:0	1:1	3:0	2:1	0:1	1:1	2:1	2:2	2:1	0:1	•

bereits neun Punkte vom Rest des Feldes. Am letzten Spieltag, an dem sich der neue Meister mit einem 7:1-Kantersieg über Cremonese bei seinen Fans bedankte, betrug der Vorsprung immerhin acht Zähler.Daß die Meisterfeier dennoch etwas wehmütig verlief, lag an Erfolgstrainer Fabio Capello. Der verließ Milan nämlich nach fünf überaus erfolgreichen Jahren und wechselte zu Real Madrid. Dabei wäre Capello liebend gern in Mailand geblieben - doch Milans Präsident Silvio Berlusconi hatte ihm einen Kontrakt angeboten, der ausschließlich beim Gewinn eines Titels gelten sollte. Das ließ Capello sich nicht bieten: Er unterschrieb nicht und nahm lieber in Kauf, in der Saison 1996/97 nicht am Europapokal teilnehmen zu können, denn genau den verpaßte Real.

Eine ähnlich miserable Saison wie die Königlichen in Spanien erlebte der AC Parma, der als großer Favorit in die Saison hineingegangen war und lediglich als Fünfter herauskam. Schon vor Saisonbeginn hatte es Ärger im einst als „glückliche Insel“ bezeichneten Klub gegeben, weil Klubeigentümer Calisto Tanzi, der auch Vorsitzender des Schinken-Giganten Parmalat ist, um jeden Preis die Meisterschaft in die Region Emilia-Romagna holen wollte. Während Trainer Nevio Scala, dessen Vertrag bis 1998 verlängert worden war, am liebsten Barcelonas Spielmacher Josep Guardiola und Lazios Giuseppe Signori verpflichtet hätte, nahm der mächtige Geldgeber den bulgarischen Weltstar Hristo Stoichkov unter Vertrag. Gleichzeitig wurden der schwedische Nationalspieler Tomas Brolin, den Scala eigentlich als Spielmacher vorgesehen hatte, an Leeds United und der Kolumbianer Faustino Asprilla als „überzählige Ausländer“ an Newcastle United verkauft.

Parmas Saison begann mit einem Paukenschlag, als es beim Zweitligisten Palermo eine 0:3-Niederlage setzte, und der Vorjahresfinalist damit bereits in der zweiten Runde des Coppa Italia rausflog. In der Liga lief es besser. Am achten Spieltag führte Parma mit den punktgleichen Mailändern die Tabelle an, und als im November aus den beiden Duellen gegen den AC Mailand und Juventus jeweils ein 1:1 heraussprang, schienen die Titelträume ihrer Verwirklichung näher zu kommen. Dann kam die Krise. Es hagelte Unentschieden, und Parma verlor allmählich den Kontakt zur Spitzengruppe. Der Monat der Wahrheit sollte der März werden. Drei Niederlagen in Folge - beim Aufsteiger Piacenza, im Europapokal-Rückspiel gegen Paris Saint-Germain und schließlich gegen den ersatzgeschwächten AC Mailand - machten ihn zum Monat der Enttäuschung. Und zum Monat der Entlassung: „Ich vermute, daß meine Zeit abgelaufen ist“, meinte Nevio Scala, dem vorgeworfen wurde, Hristo Stoichkov nicht vernünftig integriert zu haben, nach dem 0:3-Debakel in Mailand. Er behielt Recht, denn zum Saisonende wurde er vom Ex-Römer und Mailänder Carlo Ancelotti ersetzt, der zuvor mit Reggiana den direkten Wiederaufstieg geschafft hatte.

Titelverteidiger Juventus Turin hatte vor Saisonbeginn kaum einen Gedanken an die Serienspiele verschwendet. Das Ziel war die Champions-League, denn die alte Dame wollte unbedingt zum zweiten Mal den Europapokal ins Stadio Delle Alpi holen. Allerdings hatten die Turiner mit Roberto Baggio einen ihrer schillerndsten Stars verloren. Baggio, der nach einer langen Verletzungspause in der Vorsaison vom Newcomer Alessandro Del Piero mehr als ersetzt worden war, war den Turinern mit knapp 3 Millionen DM Jahresgehalt einfach zu teuer geworden. Für den Mann mit dem Zöpfchen - und Jürgen Kohler, der nach Deutschland zurückkehrte und sich Borussia Dortmund anschloß - kamen die drei Genueser Attilio Lombardo, Vladimir Jugovic und Pietro Vierchowod (alle Sampdoria) sowie Gianluca Pessotto vom Lokalrivalen AC.

Trainer Marcello Lippis Marschroute ging zunächst glänzend auf. In der Champions-League dominierten die Schwarz-Weißen fast nach Belieben und leisteten sich erst dann eine Niederlage, als der Viertelfinaleinzug längst gesichert war. Insbesondere beim 3:1-Auftaktsieg im Dortmunder Westfalenstadion beeindruckten Del Piero und Co. Im Viertelfinale kam es zum Traumduell gegen Real Madrid. Ausgerechnet in jenem Spiel zeigte Juve Schwächen und fuhr mit einer 0:1-Niederlage im Gepäck heim. Doch im Rückspiel drehte das Team den Spieß um und zog durch einen 2:0-Sieg ins Halbfinale ein, wo der FC Nantes aus dem Weg geräumt wurde (2:0/2:3). Im Endspiel stand dem Europapokalsieger von 1985 mit Ajax Amsterdam dann das meistbestaunteste Team Europas gegenüber. Fabrizio Ravanelli brachte seine Farben schon nach dreizehn Minuten in Führung, doch Amsterdams finnischer Star Jari Litmanen konnte vier Minuten vor dem Seitenwechsel den Ausgleich markieren. Anschließend fielen keine Tore mehr, so daß die Entscheidung im Elfmeterschießen fallen mußte. Davids und Silooy verschossen für Ajax, bei Juventus gab es keine Fehlschüsse - und die wichtigste Trophäe Europas wanderte für ein Jahr in die Katakomben des Stadio delle Alpi.

Das Überraschungsteam der Saison war der AC Fiorentina Florenz, der auf dem ausgezeichneten vierten Rang einlief. Die Viole sicherten

2. Liga (Serie B)		Sp	g	u	v	Tore	Pkt.
1. Bologna FC	↑	38	16	17	5	42:23	65
2. Verona Hellas FC	↑	38	17	12	9	50:33	63
3. Perugia AC	↑	38	16	13	9	52:42	61
4. AC Reggiana	↑	38	16	13	9	42:32	61
5. Salernitana Sport		38	15	13	10	46:32	58
6. AS Lucchese Libertas		38	13	15	10	45:43	54
7. Genoa 1893		38	14	10	14	56:52	52
8. US Città di Palermo		38	12	16	10	36:35	52
9. Pescara Calcio		38	13	11	14	47:50	50
10. AC Cesena		38	13	10	15	50:49	49
11. Foggia Calcio		38	13	9	16	31:50	48
12. Cosenza 1914		38	11	15	12	47:51	48
13. AC Venezia		38	11	15	12	34:39	48
14. Reggina Calcio		38	11	14	13	38:46	47
15. AC Chievo Verona		38	9	20	9	37:30	47
16. Brescia Calcio		38	12	10	16	48:49	46
17. AS Fidelis Andria		38	10	15	13	42:45	45
18. US Avellino		38	11	10	17	39:54	43
19. Ancona Calcio		38	11	9	18	42:51	42
20. Pistoiese AC		38	7	11	20	35:53	32

sich darüber hinaus durch einen 3:0-Gesamtsieg über Atlanta Bergamo den fünften Pokalsieg ihrer Vereinsgeschichte und feierten damit drei Jahre nach ihrem überraschenden Abstieg aus der Serie A ihr Europapokal-Comeback. Ihr argentinischer Torjäger Gabriel Batistuta lieferte mit 19 Saisontoren einen erheblichen Beitrag zur erfolgreichen Saison. Trainer Claudio Ranieri hatte mit Pasquale Padalino (aus Foggia), Lorenzo Amoruso (Bari) und Michele Serena (Sampdoria) eine komplette neue Verteidigung bekommen, die trotz 41 Gegentoren überzeugen konnte. Im Mittelfeld etablierten sich der schwedischen Nationalspieler Stefan Schwarz, der vor Saisonbeginn von Arsenal London gekommen war und früher in der Jugend von Bayer Leverkusen gespielt hatte, sowie der ehemalige Kapitän der U21-Nationalmannschaft Emiliano Bigica. Nach den gezeigten Leistungen in der Saison 1995/96 kann man im Stadion Artemio Franchi zuversichtlich in die Zukunft sehen.

Ebenfalls für Überraschungen sorgten die Neulinge Vicenza Calcio und Udinese Calcio, die sich problemlos den Klassenerhalt sicherten. Vicenza - die Mannschaft ohne Stars - bestach durch ihr schnelles Spiel und hatte in Libero Giovanni Lopez und dem uruguayischen Stürmer Marcelo Otero seine Leistungsträger. Udinese verdankte seinen ausgezeichneten elften Platz den Toren des vom Zweitliga-Absteiger Ascoli Calcio geholten Oliver Bierhoff. Phasenweise hegten die Schwarz-Weißen sogar Hoffnungen auf einen UEFA-Cup-Platz. Bierhoff stellte mit seinen 17 Saisontreffern einen neuen Rekord auf - noch kein deutscher Legionär hatte bislang so regelmäßig getroffen. Seine Treffsicherheit brachte dem Ex-Uerdinger einen Eintrag im Notizbuch des Bundestrainers, der ihn schließlich mit zur EM nach England nahm, wo der Publikumsliebling das alles entscheidende Golden Goal im Endspiel gegen Tschechien markierte.

Ex-Juventus Trainer Giovanni Trapattoni, der nach einem turbulenten Jahr beim FC Bayern München nach Italien zurückgekehrt war, um den Vorjahresneunten Cagliari Calcio in den UEFA-Pokal zu führen, überstand die Saison nicht. Die Sarden kamen aus dem unteren Tabellendrittel nicht heraus und feuerten Trapattoni, der anschließend dem Ruf einiger Bayernspieler folgte und in die bayerische Landeshauptstadt zurückkehrte.

In die zweitklassige Serie B zurückgekehrt ist nach zwei Jahren im Oberhaus die AS Bari. Dabei hatten die Süditaliener mit Igor Protti den Torjäger der Saison in ihren Reihen, doch seine 24 Tore waren schon die Hälfte aller Bari-Tore! Noch schlimmer erwischte es den Traditionsklub AC Turin. Ganze 28 Tore schossen die Toros (Stiere) in 34 Saisonspielen und stiegen damit ebenfalls ab. Begleitet wurden sie von Cremonese und Padova, die vorzeitig den Anschluß verloren hatten. Im Pokalwettbwerb setzten sich Fiorentina Florenz und Atalanta Bergamo bis ins Finale durch. Zuvor waren Juventus (gegen Bergamo), Parma (in Palermo) und der AC Mailand (gegen Bologna) überraschend ausgeschieden. Vor 25.000 Zuschauern im Bergamoer Stadion Atleti Azzurri d'Italia setzte sich die Fiorentina durch Tore von Lorenzo Amoruso und Gabriel Batistuta mit 2:0 durch. Bester Akteur auf dem Platz war Manuel Rui Costa, der zu beiden Treffern die Vorarbeit geleistet hatte. Italiens Squadra Azzurra, der amtierende Vizeweltmeister, beendete die EM-Qualifikationsspiele erfolgreich. Gegen Slowenien gab es ein vom Ergebnis her knappes 1:0. Im nächsten Spiel knöpften Ravanelli und Co. Tabellenführer Kroatien einen Punkt ab und sicherten sich anschließend durch einen 3:1-Sieg gegen die Ukraine endgültig das EM-Ticket. Der abschließende 4:0-Sieg über Litauen war nur noch von statisti-

Del Piero und Padovano bejubeln ein Juve-Tor

scher Bedeutung, brachte aber mit Gianfranco Zolas lupenreinem Hattrick einen Glanzpunkt hervor. Punktgleich mit Gruppensieger Kroatien qualifizierten sich die Sacchi-Schützlinge problemlos für England.Kaum hatte Nationaltrainer Sacchi sein EM-Aufgebot bekanntgegeben, ging ein Aufschrei durchs Land: Der ebenso erfolgreiche wie umstrittene Coach (nur 6 Niederlagen in 45 Spielen) hatte statt Roberto Baggio den Parma-Stürmer Gianfranco Zola aufgeboten; er vertraute auf Juves Rechtsverteidiger Moreno Torricelli und ließ dafür Milans Christian Panucci daheim. Vor allem aber verzichtete er auf drei der erfolgreichsten Angreifer der Meisterschaftsrunde: Gianluca Vialli, Giuseppe Signori und Igor Protti. Sacchis Konzept geriet kurz vor dem Turnierstart durcheinander, als sich Verteidiger Ciro Ferrara und Mittelfeldspieler Antonio Conte verletzten und ausfielen.Die zu den Mitfavoriten gezählten Azzurris hatten in England nicht viel zu lachen. Im Auftaktspiel gab es einen mühsamen 2:1-Sieg über Rußland, den Lazios Pierluigi Casiraghi mit zwei Treffern sicherstellte.

Drei Tage später war der Underdog Tschechien nächster Gegner - und Signore Sacchi beging seinen entscheidenden Fehler: Im guten Glauben, gegen die Tschechen ausprobieren zu können und um seine Stammformation für das Viertelfinale zu schonen, ließ er Di Livio, Di Matteo, Del Piero, Zola und sogar den zweifachen Torschützen Casiraghi draußen. Schon nach fünf Minuten schockte Nedved den Favoriten mit der 1:0-Führung für Tschechien, die Chiesa kurzzeitig ausgleichen konnte.

Zehn Minuten vor dem Halbzeitpfiff brachte Beijbl sein Team jedoch wieder in Front - und sorgte damit für die Entscheidung. Denn obwohl Sacchi im zweiten Spielabschnitt Casiraghi für Ravanelli brachte, hatten die zudem durch den Platzverweis von Apolloni geschwächten Italiener keine Chance mehr.

Sacchi geriet sofort in heftigste Kritik. Ihm blieb nur noch eine Chance: Deutschland zu schlagen, das verlustpunktfrei und mit einem Torverhältnis von 5:0 die Tabelle anführte - und auf eine Niederlage der Tschechen hoffen, denn im Fall der Punktgleichheit würden die direkten Duelle zählen. Obwohl am 19. Juni 1996 eine hochmotivierte und auch wirklich gute Mannschaft auf dem Rasen des Old Trafford Stadions stand, gab es nach Spielschluß Tränen. Andreas Köpke, der coole Wundermann zwischen den deutschen Pfosten, hatte für ein torloses Unentschieden gesorgt, das die Italiener nach Hause schickte, denn gleichzeitig hatte Tschechien gegen Rußland ebenfalls einen Punkt geholt.

Daß der italienische Fußball in einer leichten Krise steckt, war auch in den europäischen Vereinswettbewerben zu sehen. Lediglich Meister Juventus Turin zeigte gewohnte Leistungen und zog ins Finale ein, wo es gegen Ajax Amsterdam einen Sieg nach Elfmeterschießen gab.

Im Pokalsieger-Wettbewerb wäre der AC Parma um ein Haar bereits in der zweiten Runde gegen den schwedischen Kontrahenten aus Halmstad gescheitert. Nur dank einer ausgesprochenen Energieleistung bogen die Scala-Schützlinge ihre sensationelle 0:3-Hinspielniederlage noch um und gingen als glücklicher Gesamtsieger aus den Spielen hervor. Eine Runde später war dann gegen den späteren Sieger Paris-Saint Germain (1:0/1:3) Schluß.

Im UEFA-Cup, der seit 1993 regelmäßig von italienischen Teams gewonnen wurde, gab es Enttäuschungen. Im Viertelfinale war auch für die letzten beiden der vier Starter Schluß. ■

DER MEISTER

Milan AC Mailand

Eigentlich hatte Fabio Capello nur ein Problem: Wen sortiere ich aus meinem Starangebot aus, damit ich auf elf Superstars komme, die schließlich spielen? Baresi, Costacurta, Maldini, Albertini, Baggio, Boban, Desailly, Lentini, Savicevic, Dugarry, Simone, Weah und Fabio Capello, der in den vergangenen fünf Jahren mit Milan viermal Meister und einmal Europapokalsieger geworden war, hatte die Qual der Wahl. Kein Wunder, daß es im San Siro-Stadion ständig gärte. Mal mußte der jugoslawische Superstar Savicevic, den sie in Mailand „Das Genie“ nennen, auf der Tribüne Platz nehmen, mal erwischte es Roberto Baggio, mit knapp 5,8 Millionen DM Top-Verdiener der Lombarden.

Capellos harte Linie zahlt sich aus. Der Mann, der 1991 den heutigen Nationaltrainer Arrigo Sacchi abgelöst hatte, feierte erneut den Titel. Es war Capellos letzte Meisterschaft mit Milan, denn der Erfolgscoach wechselte im Sommer 1996 nach Madrid. Sein Abgang kam einer gewaltigen Seifenoper gleich. Milans Vizepräsident Adriano Galliano, der für Berlusconi die Milan-Geschäfte führt, hatte Capello nach der Niederlage im Champions League Finale 1995 gegen Ajax Amsterdam einen Kontrakt angeboten, der unter anderem die Bedingung enthielt, in der Saison 1995/96 entweder die Meisterschaft oder den UEFA-Cup gewinnen zu müssen. Capello war verständlicherweise enttäuscht und verweigerte die Unterschrift. Ende des Jahres einigte er sich mit Parma. Nun schritt Berlusconi höchstpersönlich ein und überredete Capello, der einst für das Berlusconi-Fernsehen als Fußballkommentator gearbeitet hat, die Parma-Offerte abzulehnen und auch bei keinem anderen italienischen Verein anzuheuern. So unterschrieb er dann bei Real Madrid.

Capello hatte Milan nach einer leichten Krise unter Trainer Sacchi im Jahre 1991 auf die Erfolgsspur zurückgeführt. Der ehemalige Milan-Spieler, der als Trainer lediglich mit Jugendmannschaften Erfahrungen gesammelt hatte, bewährte sich nicht nur als ausgezeichneter Taktiker, sondern auch als feinfühliger Psychologe.

Den niedergeschlagenen Superstar Marco van Basten richtete er binnen weniger Monate wieder derartig auf, das der Niederländer sogar noch einmal den Goldenen Ball gewann, ehe er wegen seiner Verletzung endgültig aufgeben mußte. Capello band die treuen Milan-Abwehrrecken Mauro Tassotti und Kapitän Franco Baresi - inzwischen 36 Jahre alt - an die Mannschaft. Er bezauberte mit dem als „harten Abwehrspieler“ bekannten Franzosen Marcel Desailly einen wertvollen Mittelfeldakteur hervor, der den von Sacchi weggeschickten Demetrio Albertini vergessen ließ. 1995 holte er den liberianischen Weltstar George Weah ins San Siro-Stadion und behob damit die chronische Milan-Abschlußschwäche. Dabei hatte Capello nach dem ersten Training mit Weah noch gemeint: “Die Art, wie Weah geht, erinnert mich an einen Kellner.”

Capello, der als knallhart gilt und keinen Widerspruch duldet, stand allerdings auch in der Kritik. „Milan spielt langweiligen Sicherheitsfußball, mit dem man wohl italienischer Meister

DER POKAL

1. Runde

US Avellino - AS Fidelis Andria	1:0
FC Varese - US Cremonese	0:1
AC Pistoiese - AC Perugia	0:1
AS Lucchese - Ancona Calcio	4:0
Trapani Calcio - AC Reggiana	n. E. 6:7, n. V. 1:1
Bologna FC - Verona Hellas FC	2:0
Forlì Calcio - Foggia Calcio	1:0
Como Calcio - Pescara Calcio	0:1
Reggina Calcio - AC Chievo	1:2
SS Gualdo - Genoa 1893	0:4
Cosenza Calcio - AC Venezia	n. E. 5:6, n. V. 0:0
US Fiorenzuola - Brescia Calcio	n. V. 2:1
Ascoli Calcio - Salernitana Sport	n. E. 3:1, n. V. 0:0
US Lecce - AC Cesena	2:1
Monza Calcio - Padova Calcio	0:2
AS Acireale - US Città di Palermo	0:2

Freilose für die Erstligisen bis Platz 16

2. Runde

US Avellino - Juventus Torino	1:4
Atal. Bergamo - US Cremonese	nese E. 6:4, n. V. 2:2
AC Perugia - Sampdoria Genova	0:1
AS Lucchese - Cagliari Calcio	n. V. 3:4
AC Reggiana - AS Bari	2:0
Bologna FC - AS Roma	1:0
Forlì Calcio - Piacenza FC	n. E. 5:4, n. V. 1:1
Pescara Calcio - Milan AC Milano	1:4
AC Chievo - Lazio Roma	n. E. 4:5, n. V. 1:1
Udinese Calcio - Genoa 1893	3:0
AC Venezia - Internazionale Milano	0:1
US Fiorenzuola - Torino Calcio	2:1
Ascoli Calcio - Fiorentina Firenze	1:2
US Lecce - SSC Napoli	1:0
Vicenza Calcio - Padova Calcio	4:2
US Città di Palermo - AC Parma	3:0

Die in ersten Runde mit Freilosen bedachten Erstligisten wurden gesetzt

Achtelfinale

Atalanta Bergamo - Juventus Torino	n. V. 1:0
Cagliari Calcio - Sampdoria Genova	2:1
US Fiorenzuola - Internazionale Milano	1:2
Forlì Calcio - Milan AC Milano	0:2
Udinese Calcio - Lazio Roma	0:1
US Lecce - Fiorentina Firenze	0:5
US Città di Palermo - Vicenza Calcio	1:0
Bologna FC - AC Reggiana	3:0

Viertelfinale (Hin- und Rückspiele)

Bologna FC - Milan AC Milano	1:1; n. E. 7:8, n.V. 1:1
Internazionale Milano - Lazio Roma	1:1, 1:0
Cagliari Calcio - Atalanta Bergamo	1:0, 2:4
Fiorentina Firenze - US Città di Palermo	1:0, 2:1

Halbfinale (Hin- und Rückspiele)

Fiorentina Firenze - Internazionale Milano	3:1, 1:0
Bologna FC - Atalanta Bergamo	1:1, 0:2

1. Finalspiel (1. Mai 1996, Florenz, 40.000)

Fiorentina Firenze - Atalanta Bergamo 1:0 (0:0)

Fiorentina: Toldo, Carnasciali, Sottil (85. Bigica), Piacentini, Amoruso, Padalino, Schwarz, M. Orlando (46. Banchelli), Batistuta, Rui Costa, Robbiati.

Atalanta: Ferron, A. Paganin, Pavone (79. Salvatori), Herrera, Valentini, Montero, Gallo (79. Sgrò), Fortunato, Tovalieri (84. Pisani), Bonacina, Morfeo.

SR: Boggi.- Tor: 1:0 Batistuta (52.)

2. Finalspiel (18. Mai 1996, Bergamo, 25.000)

Atalanta Bergamo - Fiorentina Firenze 0:2 (0:0)

Atalanta: Ferron, Herrera, Pavone (59. Temelin), Valentini, A. Paganin (49. Rotella), Montero, Gallo (67. Salvatori), Bonacina, Tovalieri, Fortunato, Morfeo.

Fiorentina: Toldo (89. Mareggini), Carnasciali, Cois, Malusci, Amoruso, Padalino, Piacentini, Bigica, Batistuta, Rui Costa, Flachi (63. Robbiati, 88. M. Orlando).

SR: Pairetto.- Tore: 0:1 Amoruso (48.), 0:2

werden kann, aber international nichts erreicht", meinten seine Kritiker. Auch die Fans waren offensichtlich nicht begeistert von dem Mann mit dem ernsten Gesicht: Der Dauerkartenverkauf war seit Capellos Ankunft von 70.000 auf 50.000 gefallen.

Milans Präsident, der exzentrische Medienmogul Silvio Berlusconi, der sich inzwischen auch stark in der Politik engagiert und mit seiner Mitte-Rechts-Koalition bei den Mai-Wahlen eine Niederlage hinnehmen mußte, reagierte auf Capellos Abgang mit einem ironischen Jobangebot für den italienischen Volleyball-Nationaltrainer Julio Velasco.

Der bekundete Interesse, doch den Zuschlag für den lukrativen Job bekam schließlich Oscar Washington Tabarez, der zuletzt in Cagliari gearbeitet hatte. Tabarez bekommt zahlreiche Einstandsgeschenke. Aus den Niederlanden verpflichtete Berlusconi die Ajax-Stars Michael Reiziger und Edgar Davids, die dank des Bosman-Urteils ablösefrei in die lombardische Metropole wechselten. Dazu kam der französische Nationalspieler Christophe Dugarry, über den der scheidende Trainer Capello einst sagte, er wäre „der ideale Ersatz, wenn Weah einmal ausfällt".

IM BLICKPUNKT

Juventus Turin

1995 war Juventus noch der Sieger aller Sieger gewesen. Meistertitel, Pokal, UEFA-Pokal-Finalist. Wie traurig liest sich da die 1996er Bilanz. Nur Vizemeister, im Pokal bereits im Viertelfinale rausgeflogen. Wenn da nicht noch der Europapokal der Landesmeister wäre! Ein 4:2-Sieg nach Elfmeterschießen über Ajax Amsterdam brachte die begehrteste aller begehrten Trophäen am 22. Mai 1996 ins Stadio delle Alpi.

Vor Saisonbeginn war es dort noch drunter und drüber gegangen. Einige bezeichneten den Verkauf von Roberto Baggio an - ausgerechnet - den AC Mailand als „Selbstmord" und bezweifelten, ob die Neuzugänge (u.a. Lombardo von Sampdoria und Padovano aus Reggiana) adäquater Ersatz sein könnten. Juventus zeigte es allen - allerdings nur in der Champions League. Auftaktgegner Borussia Dortmund bekam die ganze Stärke der Alten Dame zu spüren und mußte sich beeindruckt mit 1:3 beugen.

Steaua Bukarest, das zuvor gegen Glasgow gewonnen hatte - wurde mit 3:0 klarer vom Platz gefegt, als es das Ergebnis aussagt. In Europa war Juve top - in Italien war die Mannschaft ein Flop.

DER STAR

Gianluca Vialli (Juventus Turin)

Es war die Fortsetzung einer wahrlich unsäglichen Geschichte. Anfang September 1995 telefonierten Gianluca Vialli und Nationaltrainer Arrigo Sacchi miteinander, und es deutete alles auf ein Comeback der „weißen Feder" hin. Doch als Sacchi das EM-Aufgebot bekanntgab, fehlte der Turiner Stürmerstar. „Ich habe ihn nach Rücksprache mit den anderen Nationalspielern aus der Mannschaft geworfen", begründete Sacchi seine lange vorher gefallenen Entscheidung. Vialli ging die Decke hoch. „Ich bin kein Gegenstand einer Volksabstimmung", erklärte er erbost und beendete seine Laufbahn in der Squadra Azzurra.

Alles hatte 1990 begonnen, als Vialli beim WM-Spiel zwischen Italien und Argentinien 17 Minuten vor Schluß ausgewechselt wurde. Vier Jahre später wurde Vialli vom neuen Nationaltrainer Sacchi gar nicht erst berücksichtigt. Er übte öffentlich Kritik an Sacchi und dem Verbandspräsidenten Mattarese. Die verlangten eine Entschuldigung - und das Tischtuch war zerschnitten. Die EM 1996 wäre ein idealer Neubeginn gewesen, denn trotz allem wäre Gianluga Vialli für die italienische Nationalelf zweifelsohne ein Gewinn.

Gianluca Vialli hat eine imposante Titelsammlung: Mit Sampdoria gewann er dreimal den Pokal, eine Meisterschaft und als Höhepunkt 1990 den Europapokal der Pokalsieger (1990). Bei Juve lief es anfangs gar nicht gut. Zwar gewann er mit der alten Dame den UEFA-Cup, doch Vialli wurde von Verletzungen verfolgt. Erst 1994, als Marcello Lippi das Traineramt übernommen hatte, fand Vialli wieder zu erfolgreichen Zeiten zurück: '95 gewann er mit Juve das Double, ein Jahr später holte er sich endlich den noch fehlenden Landesmeisterpokal.

Ein Tag nach dem Gewinn des Landesmeisterpokals entschloß sich Gianluca Vialli Italien zu verlassen. Er hatte alles erreicht: Meister mit Juventus 1994 nun Europapokalsieger. Dank des "Bosman-Urteils" war er ablösefrei, und konnte seinem alten Freund Ruud Gullit zu Chelsea London folgen.

DER NEWCOMER

Alessandro Del Piero (Juventus Turin)

Er ist der Grund, warum Nationaltrainer Sacchi bei der EM auf den Weltstar Roberto Baggio verzichten konnte: Alessandro Del Piero. Bei Juventus hatte der 21jährige Newcomer den Superstar in der Vorsaison schon ausgeschaltet, nun war es auch im Nationalteam endgültig soweit. Doch die EM, eigentlich als Del Pieros Saisonhöhepunkt geplant, wurde ein Flop. Der Shootingstar wirkte ausgebrannt und konnte das frühe Ausscheiden der Squadra Azzurra nicht verhindert.

Alessandro Del Piero mußte dennoch nicht traurig sein. In seiner dritten Saison bei Juventus schaffte der Mittelfeldspieler endgültig den Durchbruch. Del Piero, der in der Region Veneto geboren ist und den sie dort in ihrem eigenen Dialekt noch immer Il Bocia - das Kind - nennen, ist längst erwachsen geworden. 1996 wurde er von den italienischen Sportjournalisten zum „besten U24-Spieler Italiens" gewählt, nahm an der EM teil (wofür er die Olympischen Spiele sausen ließ) und wurde mit Juventus Europapokalsieger.

Wie sein ehemaliges Vorbild Roberto Baggio kann Del Piero im Mittelfeld und im Sturm eingesetzt werden. Er ist dribbelstark und torgefährlich: Ein Mann mit dem Auge für die Situation. Besonders gefürchtet sind Del Pieros Freistöße von der linken Seite. „Die sind so gefährlich wie Elfmeter", meint Juventus-Keeper Angelo Peruzzi, „nur Spiderman kann die stoppen".

DIE TORJÄGER

Giuseppe Signori (Lazio Rom)

Im Sommer drehten Lazios Fans durch: 25 Millionen DM hatte der AC Parma für den Lazio-Kapitän Giuseppe Signori geboten, und die Klubführung der Römer schien tatsächlich bereit zu sein, die Galionsfigur zu verkaufen. Letztendlich machte Parmas Eigentümer Calisto Tanzi einen Rückzieher - er fürchtete um das Image des Familienunternehmens Parmalat.

Der Mann, um den es ging, hatte vier Jahre für Lazio gespielt und war dabei dreimal Torschützenkönig geworden. 1995/96 hatte er sich den Titel mit Igor Protti teilen müssen, der nach Saisonende von Absteiger Bari nach Rom wechselte. Gemeinsam wollen sie nun Lazio zum Erfolg schießen. Der nur 1,71 m große Linksfüßler, der wegen seines zierlichen Körperbaus einst bei Inter Mailand abgelehnt worden war, begann seine Erstligakarriere 1991 bei Foggia Calcio. Ein Jahr später wechselte er zu Lazio, wo er auf Anhieb Torschützenkönig wurde.

George Weah (Milan AC Mailand)

Auf die Frage, wo er den Unterschied zwischen Milan 94/95, das nur Vierter wurde, und Milan 95/96, das Meister wurde, sieht, sagte Fabio Capello schlicht: „Weah".

Im Sommer 1995 war der Liberianer nach sieben erfolgreichen Jahren in der französischen Division 1 (zunächst für Monaco, dann für Paris) nach Mailand gekommen. Im San Siro-Stadion hatte es der Stürmerstar anfangs sehr schwer. „Schon als ich in Mailand unterschrieb, meinten viele, ich hätte es mit meinem Stil in Italien sehr schwer. Andere sagten, ich wäre nur wegen des Geldes gewechselt, oder weil ich ein Abenteuer suchte". George Weah zeigte es allen. Er vertrat sein Heimatland Liberia beim Afrika-Cup, er wurde zum zweiten Mal nach 1989 zu "Afrikas Spieler des Jahres" gewählt, und erhielt als Höhepunkt der Saison von der französischen Fachzeitschrift France Football den Goldenen Ball des europäischen Fußballer des Jahres. Nie zuvor hatte ein Nichteuropäer diesen Preis gewonnen, und doch waren sich alle einig: Weah, und sonst keiner, hat ihn verdient.

Der kräftige (1,85 m, 82 kg), technisch versierte und schnelle Kopfballspezialist, der zudem beidfüßig schießen kann, wird als „perfekter Stürmer" bezeichnet. Dem ist nichts hinzuzufügen.

DIE LÄNDERSPIELE

Italien - Slowenien 1:0 (1:0) EMQ

6.9.1995 - Udine - 18.532 - Gadosi (Slowakei) - Peruzzi, Ferrara, Carboni, Di Matteo, Costacurta, Tacchinardi, Di Livio, Albertini, Del Piero (46. Signori), Zola (60. R. Baggio), Ravanelli (80. D. Baggio) - Trainer: Sacchi. Tor: Ravanelli (13.)

Kroatien - Italien 1:1 (0:1) EMQ

8.10.1995 - Split - 38.000 - Uilenberg (Niederlande) - Bucci, Ferrara (83. Benarrivo), Maldini, Di Matteo, Apolloni, Costacurta, Di Livio, Albertini, Del Piero (86. Crippa), Zola (10. Toldo), Ravanelli - Trainer: Sacchi. Tor: Albertini (29./0:1)

Italien - Ukraine 3:1 (1:1) EMQ

11.11.1995 - Bari - 43.999 - Muhmenthaler (Schweiz) - Peruzzi, Benarrivo, Maldini, Di Matteo, Ferrara, Costacurta, D. Baggio (46. Crippa), Albertini, Del Piero (87. Carboni), Zola (67. Simone), Ravanelli - Trainer: Sacchi. Tore: Ravanelli (21./1:1, 49./2:1), Maldini (54./3:1)

Italien - Litauen 4:0 (0:0) EMQ

15.11.1995 - Reggio Emilia - 22.272 - Diaz Vega (Spanien) - Peruzzi, Mussi, Maldini (72. Carboni), Di Matteo, Ferrara, Costacurta, Statuto (46. Zola), Albertini, Casiraghi (46. Ravanelli), Del Piero, Simone - Trainer: Sacchi. Tore: Suika (52. Eigentor), Zola (65., 82.), Vainoras (83. Eigentor)

Italien - Wales 3:0 (1:0)

24.1.1996 - Terni - 16.095 - Goethals (Belgien) - Peruzzi (46. Toldo), Ferrara (46. Torricelli), Carboni, Di Matteo (23. Conte), Apolloni, Costacurta, Di Livio (79. Crippa), Albertini, Del Piero (73. Casiraghi), Zola, Ravanelli - Trainer: Sacchi. Tore: Del Piero (1.), Ravanelli (50.), Casiraghi (77.)

asics
asics

Italien - Belgien 2:2 (1:2)
29.5.1996 - Cremona - 18.650 - Zuppinger (Schweiz) - Peruzzi, Mussi, Carboni, Di Matteo, Ferrara (46. Torricelli), Apolloni, Di Livio (46. Chiesa), Albertini, Del Piero (65. D. Baggio), Zola, Ravanelli (46. Casiraghi) - Trainer: Sacchi. Tore: Del Piero (25./1:1), Chiesa (55./2:2)

Ungarn - Italien 0:2 (0:1)
1.6.1996 - Budapest - 22.340 - Beusan (Kroatien) - Peruzzi (46. Toldo), Torricelli, Carboni (46. Fuser), Di Matteo, Maldini (46. Apolloni), Costacurta, Di Livio, Albertini (70. Rossitto), Casiraghi, Del Piero (61. Donadoni), Ravanelli - Trainer: Sacchi. Tore: Casiraghi (6.), Banfi (47. Eigentor)

Italien - Rußland 2:1 (1:1) EM-VR
11.6.1996 - Liverpool (England) - 35.000 - Mottram (Schottland) - Peruzzi, Mussi, Maldini, Di Matteo, Costacurta, Apolloni, Di Livio (61. Fuser), Albertini, Casiraghi (79. Ravanelli), Del Piero (46. Donadoni), Zola - Trainer: Sacchi. Tore: Casiraghi (4./1:0, 52./2:1)

Tschechien - Italien 2:1 (2:1) EM-VR
14.6.1996 - Liverpool (England) - 35.000 - Lopez Nieto (Spanien) - Peruzzi, Mussi, Maldini, Fuser, Costacurta, Apolloni, D. Baggio (38. Carboni), Albertini, Ravanelli (58. Casiraghi), Donadoni, Chiesa (77. Zola) - Trainer: Sacchi. Tor: Chiesa (18./1:1)

Deutschland - Italien 0:0 EM-VR
19.6.1996 - Manchester (England) - 50.000 - Goethals (Belgien) - Peruzzi, Mussi, Carboni (78. Torricelli), Albertini, Costacurta, Maldini, Fuser (81. Di Livio), Di Matteo (67. Chiesa), Casiraghi, Zola, Donadoni - Trainer: Sacchi

DER EUROPAPOKAL

Europapokal der Landesmeister

UEFA - Champions League (Gruppe C)

Borussia Dortmund - Juventus Turin 1:3 (1:2)
13.9.1995 - 35.000 - Röthlisberger (Schweiz) - Peruzzi, Ferrara, Pessotto, Torricelli, Porrini, Paulo Sousa, Di Livio, Conte (86. Marocchi), Padovano, Del Piero (89. Deschamps), Jugovic - Tore: Padovano (12./1:1), Del Piero (36./1:2), Conte (68./1:3)

Juventus Turin - Steaua Bukarest 3:0 (2:0)
27.9.1995 - 34.501 - Gallagher (England) - Peruzzi, Ferrara, Pessotto, Tacchinardi (82. Vierchowod), Torricelli, Paulo Sousa, Di Livio, Deschamps, Vialli, Del Piero (72' Padovano), Ravanelli (66' Conte) - Tore: Di Livio (34.), Del Piero (39.), Ravanelli (49.)

Juventus Turin - Glasgow Rangers 4:1 (3:0)
18.10.1995 - 49.625 - Zhuk (Weißrußland) - Peruzzi, Ferrara, Torricelli, Vierchowod, Porrini (77. Carrera), Paulo Sousa, Di Livio (65. Marocchi), Deschamps, Ravanelli, Del Piero, Conte (82. Tacchinardi) - Tore: Ravanelli (14./1:0, 74./4:0), Conte (23./2:0), Del Piero (30./3:0)

Glasgow Rangers - Juventus Turin 0:4 (0:1)
1.11.1995 - 42.523 - Cakar (Türkei) - Peruzzi, Torricelli, Pessotto, Carrera, Porrini (79. Ferrara), Paulo Sousa, Di Livio, Tacchinardi (73. Marocchi), Vialli (70. Ravanelli), Del Piero, Conte - Tore: Del Piero (11.), Torricelli (65.), Ravanelli (88.), Marocchi (90.)

Juventus Turin - Borussia Dortmund 1:2 (0:1)
22.11.1995 - 25.621 - Frisk (Schweden) - Peruzzi, Porrini, Pessotto, Carrera, Vierchowod, Tacchinardi (82. Fusi), Di Livio, Marocchi, Vialli (65. Del Piero), Jugovic (46. Sorin), Padovano - Tor: Del Piero (90./1:2)

Steaua Bukarest - Juventus Turin 0:0
6.12.1995 - 15.000 - Grabher (Österreich) - Rampulla, Ferrara, Pessotto, Torricelli, Porrini, Carrera, Deschamps, Conte, Marocchi (67. Lombardo), Jugovic, Ravanelli (46. Del Piero)

Viertelfinale

Real Madrid - Juventus Turin 1:0 (1:0)
6.3.1996 - 80.000 - Röthlisberger (Schweiz) - Peruzzi, Ferrara, Torricelli, Carrera (77. Pessotto), Vierchowod, Paulo Sousa (65. Jugovic), Lombardo (46. Padovano), Conte, Ravanelli, Del Piero, Deschamps

Juventus Turin - Real Madrid 2:0 (1:0)
20.3.1996 - 62.783 - van der Ende (Niederlande) - Peruzzi, Torricelli, Pessotto, Vierchowod, Porrini, Jugovic (46. Di Livio), Deschamps, Conte, Vialli, Del Piero (89. Marocchi), Padovano (73. Lombardo) - Tore: Del Piero (16.), Padovano (53.)

Halbfinale

Juventus Turin - FC Nantes 2:0 (0:0)
3.4.1996 - 50.425 - Gallagher (England) - Peruzzi, Ferrara, Pessotto, Vierchwod (62. Marocchi), Porrini, Paulo Sousa (82. Carrera), Di Livio (75. Lombardo) Jugovic, Vialli, Del Piero, Padovano - Tore: Vialli (49.), Jugovic (65.)

FC Nantes - Juventus Turin 3:2 (1:1)
17.4.1996 - 35.000 - Puhl (Ungarn) - Peruzzi, Ferrara, Pessotto, Conte, Vierchowod, Carrera, Di Livio, Deschamps, Vialli (79. Jugovic), Del Piero (46. Paulo Sousa), Ravanelli (46. Padovano) - Tore: Vialli (17./0:1), Paulo Sousa (50./1:2)

Finale

Ajax Amsterdam - Juventus Turinn.E. 2:4, n.V. 1:1 (1:1, 1:1)
22.5.1996 - 74.000 in Rom - Diaz Vega (Spanien) - Peruzzi, Ferrara, Pessotto, Torricelli, Vierchowod, Paulo Sousa (57. Di Livio), Deschamps, Conte (43. Jugovic), Vialli, Del Piero, Ravanelli (77. Padovano) - Tor: Ravanelli (12./0:1). - Tore im Elfmeterschießen: Ferrara, Pessotto, Padovano, Jugovic.

Europapokal der Pokalsieger

1. Runde

Teuta Durrës - AC Parma 0:2 (0:0)
14.9.1995 - 15.000 (in Tirana) - Momirov (Bulgarien) - Bucci, Cannavaro, Benarrivo, Sensini, Apolloni, Mussi (83. Di Chiara), Brolin, Stoichkov, Pin, Zola, Melli (88. Inzaghi) - Tore: Zola (82.,85.)

AC Parma - Teuta Durrës 2:0 (1:0)
28.9.1995 - 10.291 - Mitrovic (Slowenien) - Bucci, Benarrivo, Di Chiara, Sensini, Apolloni, Fernando Couto (42. Cannavaro), Melli (46. Zola), Brolin, Crippa (72. Catanese), Brambilla, Inzaghi - Tore: Melli (8.), Inzaghi (90.)

2. Runde

Halmstad BK - AC Parma 3:0 (2:0)
19.10.1995 - 15.000 (in Göteborg) - Heynemann (Deutschland) - Bucci, Benarrivo (76. Mussi), Di Chiara, Sensini, Cannavaro, Apolloni, Brolin (58. Inzaghi), D. Baggio, Stoichkov, Zola (46. Melli), Crippa

AC Parma - Halmstad BK 4:0 (2:0)
2.11.1995 - 13.053 - Lampek (Dänemark) - Bucci, Benarrivo, Di Chiara (70. Mussi), D. Baggio, Cannavaro, Fernando Couto, Sensini, Stoichkov, Inzaghi (74. Crippa), Zola (89. Brambilla), Pin - Tore: Inzaghi (1.), D. Baggio (28.), Stoichkov (53.), T. Andersson (59. Eigentor)

Viertelfinale

AC Parma - Paris Saint-Germain 1:0 (0:0)
7.3.1996 - 12.447 - Puhl (Ungarn) - Bucci, Benarrivo, Mussi, Sensini, Cannavaro, Apolloni, Pin (88. Minotti), Stoichkov, D. Baggio (75. Crippa), Zola (26. Inzaghi), Brambilla - Tor: Stoichkov (58.)

Paris Saint-Germain - AC Parma 3:1 (2:1)
21.3.1996 - 43.686 - Sundell (Schweden) - Bucci, Mussi (82. Di Chiara), Benarrivo, Sensini, Cannavaro, Apolloni, Melli, Stoichkov (64. Inzaghi), D. Baggio, Brambilla, Pin (76. Crippa) - Tor: Melli (26./1:1)

UEFA-Cup

1. Runde

Lazio Rom - Omonia Nikosia 5:0 (2:0)
12.9.1995 - 30.660 - Müller (Schweiz) - Marchegiani (89. Orsi), Romno, Favalli, Di Matteo, Negro, Bergodi, Rambaudi (66. Di Vaio), Fuser (46. Piovanelli), Casiraghi, Winter, Signori - Tore: Casiraghi (11., 16., 88.), Rambaudi (52.), Signori (55.)

Omonia Nikosia - Lazio Rom 1:2 (0:1)
26.9.1995 - 5.000 - Albrecht (Deutschland) - Marchegiani, Romno, Nesta, Di Matteo (65. Marcolin), Negro, Bergodi, Rambaudi (51. Winter), Fuser, Casiraghi, Piovanelli, Signori (31. Di Vaio) - Tore: Casiraghi (15./0:1), Di Vaio (75./1:2)

Neuchâtel Xamax - AS Rom 1:1 (1:1)
12.9.1995 - 9.060 - Elleray (England) - Cervone, Aldair, Lanna, Statuto, Petruzzi, Carboni, Moriero (73. Berretta), Cappioli, Balbo (84. Totti), Di Biagio, Fonseca, Branca - Tor: Moriero (19./1:1)

AS Rom - Neuchâtel Xamax 4:0 (3:0)
26.9.1995 - 18.953 - Sondra (Belgien) - Cervone, Aldair, Lanna, Statuto, Petruzzi, Carboni (46. Annoni), Moriero (63. Di Biagio), Cappioli, Balbo, Giannini, Fonseca (75. Totti) - Tore: Balbo (25., 35.), Fonseca (32.), Rueda (58. Eigentor)

Milan AC Mailand - Zaglebie Lubin 4:0 (1:0)
12.9.1995 - 7.429 - Fällström (Schweden) - Ielpo, Panucci, Maldini, Albertini (70. Ambrosini), F. Galli, Baresi, Donadoni, Boban, Weah (68. R. Baggio), Savicevic (75. Di Canio), Simone - Tore: Savicevic (11.), Machaj (47. Eigentor), Weah (67.), Boban (71.)

Zaglebie Lubin - Milan AC Mailand 1:4 (0:0)
26.9.1995 - 15.000 - Sorvan (Türkei) - Ielpo, Tassotti, Maldini, Eranio, Galli, Costacurta (60. Coco), Donadoni, Desailly, Weah (52. Di Canio), Boban, Simone (73. R. Baggio) - Tore: Eranio (53./0:1), Simone (63./0:2), Boban (86./1:3, 90./1:4)

FC Lugano - Inter Mailand 1:1 (0:0)
12.9.1995 - 13.000 - Jol (Niederlande) - Pagliuca - Bergomi, Fresi (46. Paganin), Festa - Orlandini, Zanetti, Manicone, Berti (85. Bianchi), Roberto Carlos - Del Vecchio (61. Ganz), Carbone - Tor: Roberto Carlos (12./0:1)

Inter Mailand - FC Lugano 0:1 (0:0)
26.9.1995 - 15.955 - Weber (Deutschland) - Pagliuca - Fresi - Paganin, Roberto Carlos - Zanetti, Seno (77. Manicone), festa, Centofani, Carbone (54. Orlandini) - Rambert (54. Fontolan), Ganz

2. Runde

Olympique Lyon - Lazio Rom 2:1 (1:1)
17.10.1995 - 35.000 - Merk (Deutschland) - Marchegiani, Nesta, Favalli, Di Matteo, Negro, Chamot, Esposito (46. Bergodi), Fuser, Boksic, Winter (64. Piovanelli), Casiraghi - Tor: Winter (23./1:1)

Lazio Rom - Olympique Lyon 0:2 (0:1)
31.10.1995 - 42.600 - Ansuategui Roca (Spanien) - Orsi, Gottardi (27. Boksic), Favalli, Di Matteo, Negro, Nesta, Rambaudi (80. Romno), Piovanelli, Casiraghi, Winter (68. Marcolin), Signori

AS Rom - Eendracht Aalst 4:0 (1:0)
17.10.1995 - 19.272 - Varga (Ungarn) - Cervone, Aldair, Lanna (76. Cherubini), Cappioli, Petruzzi, Statuto, Moriero, Scarchilli (46. Annoni), Balbo, Giannini, Branca (60. Totti) - Tore: Vanderhagen (6. Eigentor), Van der Hoom (51. Eigentor), Balbo (70.), Totti (77.)

Eendracht Aalst - AS Rom 0:0
31.10.1995 - 10.322 in Brüssel - K. Nilsson (Schweden) - Cervone, Annoni, Aldair, Statuto, Petruzzi, Lanna, Cappioli, Scarchilli (63. Moriero), Branca (33. Fonseca), Di Biagio (79. Cherubini), Totti

Racing Straßburg - Milan AC Mailand 0:1 (0:0)
17.10.1995 - 25.765 - McCluskey (Schottland) - Ielpo, Panucci, Maldini, Albertini, Costacurta, Baresi, Eranio, Desailly, Weah, Boban (83. Tassotti), Simone (81. Di Canio). Tor: Simone (80.)

Milan AC Mailand - Racing Straßburg 2:1 (2:0)
2.11.1995 - 13.652 - Nikakis (Griechenland) - Ielpo, Panucci, Maldini, Albertini, Costacurta, Baresi, Di Canio, Desailly, Boban (76. Lentini), R. Baggio (83. Ambrosini), Eranio (86. Tassotti) - Tore: R. Baggio (29./1:0, 45. Elfmeter/2:0)

Achtelfinale

Brøndby IF - AS Rom 2:1 (1:1)
22.11.1995 - 28.379 - Harrel (Frankreich) - Cervone, Annoni, Aldair, Lanna, Petruzzi, Carboni, Moriero, Cappioli, Balbo, Scarchilli (46. Cherubini), Fonseca - Tor: Fonseca (17./0:1)

AS Rom - Brøndby IF 3:1 (1:0)
5.12.1995 - 46.376 - Heynemann (Deutschland) - Cervone, Annoni, Lanna, Statuto, Aldair, Carboni, Moriero (89. Di Biagio), Cappioli, Balbo, Thern, Totti - Tore: Totti (23./1:0), Balbo (72./2:0), Carboni (89./3:1)

Milan AC Mailand - Sparta Prag 2:0 (1:0)
23.11.1995 - 12.758 - Van den Wijngaert (Belgien) - Ielpo, Panucci, Maldini, Albertini, Costacurta, Baresi, Donadoni (73. Di Canio), Desailly, Weah, Savicevic (62. Eranio), Simone - Tore: Weah (33., 77.)

Sparta Prag - Milan AC Mailand 0:0
7.12.1995 - 17.200 - Lopez Nieto (Spanien) - Ielpo, Panucci, Maldini, Ambrosini, Costacurta, Baresi, Di Canio (62. Donadoni), Desailly, Weah, Boban (80. Locatelli), Eranio.

Viertelfinale

Slavia Praha - AS Rom 2:0 (1:0)
5.3.1996 - 15.000 - Mottram (Schottland) - Cervone, Annoni, Lanna, Statuto, Petruzzi, Carboni, Cappioli (53. Totti), Di Biagio, Balbo, Thern, Fonseca

AS Rom - Slavia Praha 3:1 n. V. (2:0, 0:0)
19.3.1996 - 63.859 - Ouzunov (Bulgarien) - Cervone, Annoni, Lanna, Di Biagio (65. Statuto), Aldair, Carboni, Moriero, Totti, Balbo, Giannini, Fonseca (46. Cappioli) - Tore: Moriero (60./1:0, 99./3:0), Giannini (82./2:0)

Milan AC Mailand - Girondins Bordeaux 2:0 (1:0)
5.3.1996 - 22.740 - Zhuk (Weißrußland) - Ielpo, Panucci, Maldini, Vieira, Costacurta, Baresi, Eranio, Desailly, R. Baggio, Savicevic (88. Donadoni), Simone (73. Di Canio) - Tore: Eranio (29.), R. Baggio (74.)

Girondins Bordeaux - Milan AC Mailand 3:0 (1:0)
19.3.1996 - 30.000 - Cakar (Türkei) - Ielpo, Panucci, Maldini, Vieira (71. Locatelli), Costacurta, Baresi, Eranio (25. Albertini), Desailly, Weah, R. Baggio (46. Di Canio), Donadoni

Fudbalski Savez Jugoslavije

Terazije 35
YU-11000 Belgrad
Telefon: ++381(11)334253
Telefax: ++381(11)333433

FIFA-Weltrangliste

Juli 1995:	89. Platz,	22,36 Punkte
Juli 1996:	62. Platz,	35,05 Punkte

UEFA-Fünfjahreswertung

1996/97:	47. Platz,	1,0 Punkte

JUGOSLAWIEN 1995/96

Zurück nach Europa

Zbogom, auf Wiedersehen. Jugoslawiens Fußballfans können es nicht mehr hören. Über 250 Profifußballer verließen das Land seit 1992 in Richtung westeuropäische Fleischtöpfe. Für die in der Heimat gebliebenen Fans bleiden da nur noch die Nachwuchskünstler übrig - und selbst die verschwinden bei der erstbesten Gelegenheit. Titelverteidiger Partizan Belgrad beispielsweise verlor mit dem letztjährige Torschützenkönig Savo Milosevic (für 9 Millionen DM zu Aston Villa), Trainersohn Nenad Bjekovic (1,3 Mill, Olympique Marseille), Goran Pandurovic (100.000 Mark, Stade Rennes) und Sasa Curcic (3,8 Mill, Bolton Wanderers) erneut vier Stammspieler. Herausforderer Roter Stern mußte mit Marko Perovic (Cremonese) zunächst nur einen Stammspieler abgeben, doch auch der reichste Klub des Landes (geschätztes Barvermögen: 40 Millionen DM!) hatte noch des öfteren *Zbogom* zu sagen, denn im Dezember verließen Dejan Petkovic (Real Madrid), Darko Kovacevic und Dejan Stefanovic (beide Sheffield Wednesday) den ehemaligen Europapokalsieger.

Nach dem Ende des zweieinhalbjährigen UN-Embargos steht Jugoslawiens Fußball nun vor einem Neubeginn und es droht ein ähnliches Schicksal wie das Ungarns, dessen Fußball nach dem Nationalaufstand von 1956 nie wieder richtig auf die Beine kam. Die einst zu den besten Spielklassen Europas zählende jugoslawische Liga ist nur noch ein Schatten ihrer selbst. Statt hochkarätiger Duelle gegen Hajduk Split, FK Sarajevo oder Dinamo Zagreb geht es für Roter Stern und Partizan inzwischen gegen Uzice und Lucani, was weder für die Zuschauer noch für die Spieler eine Herausforderung ist. Der Zuschauerschnitt liegt bei ca. 4.500 Zahlenden, nationale Fußballhochburg mit acht der zwanzig Erstligisten ist Belgrad.

Doch der Titelkampf findet eigentlich lediglich zwischen zwei Vereinen statt: Partizan und Roter Stern Belgrad. 1993 und 1994 sicherte sich das ehemalige Armeeteam Partizan den Titel, 1992 und 1995 waren es die einst aus dem kom-

Das Spiel der Spiele findet alljährlich zwischen Roter Stern und Partizan Belgrad statt

1. Liga (Vorrunde A)		Partizan	Roter S.	Vojvodina	Becej	Radnicki	Proleter	Zemun	OFK	Napredak
Partizan Belgrad	•	1:1	1:0	2:1	1:1	2:0	5:0	6:0	4:0	3:0
Roter Stern Belgrad	0:1	•	2:1	0:1	4:0	5:1	2:1	4:1	3:0	5:1
Vojvodina Novi Sad	1:1	3:2	•	2:0	2:1	4:2	2:0	3:0	6:0	3:0
FK Becej	1:1	1:3	0:0	•	1:2	1:1	3:0	3:1	6:0	2:0
Radnicki Nis	1:3	0:2	0:0	0:0	•	2:0	2:1	3:0	4:0	2:0
Proleter Zrenjanin	0:3	0:3	1:0	0:1	0:0	•	1:0	3:2	3:1	1:0
FK Zemun	0:2	1:2	1:1	1:0	1:1	1:1	•	6:1	1:0	3:0
OFK Belgrad	1:8	2:6	0:1	0:4	1:1	3:1	1:1	•	2:2	1:1
Napredak Krusevac	1:3	0:1	2:3	2:2	2:3	0:3	1:0	1:1	•	1:0
Buducnost Podgorica	1:5	1:4	1:2	1:1	1:0	3:1	1:2	2:3	1:1	•

1. Liga (Vorrunde B)	Cukaricki	Rad	Mladost	Sloboda	Hajduk	Radnicki	Obilic	Mladost	Borac	Loznica
FK Cukaricki	•	0:0	4:0	6:0	3:0	3:1	3:0	3:0	0:0	4:2
Rad Belgrad	0:0	•	2:0	0:1	2:0	3:0	5:0	6:0	2:0	1:0
Mladost Lucani	0:0	2:1	•	0:1	2:0	5:0	2:1	3:1	2:0	2:1
Sloboda Uzice	0:1	0:0	0:3	•	0:0	3:2	2:1	2:0	3:1	2:0
Hajduk Kula	0:0	3:3	1:1	0:0	•	2:1	3:0	2:1	1:0	2:2
Radnicki Novi Belgrad	0:0	0:1	2:0	2:2	1:0	•	3:3	4:1	2:1	2:2
Obilic FK Belgrad	1:1	3:0	3:1	2:1	0:1	2:0	•	1:1	2:2	3:1
Mladost Backi Jarak	1:1	0:4	1:1	3:2	1:0	5:2	4:2	•	0:0	2:1
Borac Cacak	0:1	2:1	0:0	1:2	1:0	0:2	2:3	1:0	•	4:0
FK Loznica	1:4	1:1	2:2	1:0	1:1	1:5	2:1	2:2	4:0	•

munistischen Jugendverband entstandenen Roten Sterne. Die Duelle der beiden „ewigen Rivalen" sind die Highlights der ansonsten wenig aufregenden Saison Jugoslawiens.

Am sechsten Spieltag kam es zum ersten von vier Elefantentreffen. Es endete mit einer Riesensensation, denn vor 55.000 Zuschauern im „Maracana"-Stadion gewann Partizan durch ein Tesanjic-Tor aus der 49. Minute mit 1:0. 18 Jahre lang hatte Partizan nicht bei Roter Stern gewinnen können! Für den vorjährigen Doublesieger Roter Stern war es die Fortsetzung des katastrophalen Saisonverlaufes. Ihren ersten Nackenschlag hatten die Männer von Trainer Ljubomir Petrovic einstecken müssen, als die UEFA den ehemaligen Europapokalsieger nicht wie erhofft für die Champions League nominierte, sondern ihn lediglich im UEFA-Pokal starten ließ. Ausgerechnet der spätere Bestechungssünder Dinamo Kiew wurde den Belgradern vorgezogen.

Immerhin konnte Roter Stern aber nach vier europapokallosen Jahren endlich wieder auf internationalem Parkett antreten - und flog bereits in der Qualifikation gegen Xamax Neuchâtel raus! Eine Woche später gab es mit 2:3 bei Vojvodina die erste Saisonniederlage, der die Heimpleite gegen Partizan folgte. So richtig in Schwung kam die Mannschaft im gesamten Saisonverlauf nicht. Drei Spieltage vor Saisonen-

Vorrunde B	Sp	g	u	v	Tore	Diff.	Pkt.
1. FK Cukaricki	18	10	8	0	34:6	+28	38
2. Rad Belgrad	18	9	5	4	32:12	+20	32
3. Mladost Lucani	18	8	5	5	26:20	+6	29
4. Sloboda Uzice	18	8	4	6	21:23	-2	28
5. Hajduk Kula	18	5	7	6	16:19	-3	22
6. Radnicki Novi Belgrad	18	6	4	8	29:34	-5	22
7. Obilic FK Belgrad	18	6	4	8	28:34	-6	22
8. Mladost Backi Jarak	18	5	5	8	23:37	-14	20
9. Borac Cacak	18	4	4	10	15:25	-10	16
10. FK Loznica	18	3	6	9	24:38	-13	15

Vorrunde A	Gesamt							Heim					Auswärts				
	Sp	g	u	v	Tore	Diff.	Pkt.	g	u	v	Tore	Pkt.	g	u	v	Tore	Pkt.
1. FK Partizan Belgrad	18	14	4	0	52:9	+43	46	7	2	0	25:3	23	7	2	0	27:6	23
2. Roter St. Belgrad (M,P)	18	14	1	3	49:16	+33	43	7	0	2	25:7	21	7	1	1	24:9	22
3. Vojvodina Novi Sad	18	11	4	3	34:14	+20	37	8	1	0	26:6	25	3	3	3	8:8	12
4. FK Becej	18	7	6	5	28:16	+12	27	4	3	2	18:8	15	3	3	3	10:8	12
5. Radnicki Nis	18	7	6	5	23:19	+4	27	5	2	2	14:6	17	2	4	3	9:13	10
6. Proleter Zrenjanin (N)	18	6	3	9	19:31	-12	21	5	1	3	9:10	16	1	2	6	10:21	5
7. FK Zemun	18	5	4	9	20:26	-6	19	4	3	2	15:8	15	1	1	7	5:18	4
8. OFK Belgrad	18	2	5	11	20:56	-36	11	1	4	4	11:25	7	1	1	7	9:31	4
9. Napredak Krusevac	18	2	4	12	14:46	-32	10	2	2	5	10:16	8	0	2	7	4:30	2
10. Bud. Podgorica (N)	18	2	3	13	14:40	-26	9	2	2	5	12:19	8	0	1	8	2:21	1

Meisterrunde	Gesamt							Heim					Auswärts				
	Sp	g	u	v	Tore	Diff.	Pkt.	g	u	v	Tore	Pkt.	g	u	v	Tore	Pkt.
1. FK Partizan Belgrad	18	13	3	2	51:17	+34	60(18)	8	1	0	34:8	25	5	2	2	17:9	17
2. Roter Stern Belgrad	18	9	5	4	27:16	+11	48(16)	6	2	1	15:7	20	3	3	3	12:9	12
3. Vojvodina Novi S.	18	8	6	4	33:19	+14	43(13)	4	5	0	20:4	17	4	1	4	13:15	13
4. FK Becej	18	9	6	3	18:19	-1	41(8)	8	1	0	9:1	25	1	5	3	9:18	8
5. Mladost Lucani (Q)	18	8	2	8	25:27	-2	32(6)	7	0	2	22:9	21	1	2	6	3:18	5
6. FK Cukaricki (Q)	18	4	6	8	23:23	+-0	29(11)	3	3	3	13:8	12	1	3	5	10:15	6
7. FK Rad Belgrad (Q)	18	5	5	8	21:24	-3	28(8)	4	3	2	13:7	15	1	2	6	8:17	5
8. Proleter Zrenjanin	18	6	3	9	24:28	-4	27(6)	4	1	4	17:15	13	2	2	5	7:13	8
9. Radnicki Nis*	18	4	5	9	19:37	-18	26(9)	3	3	3	12:14	12	1	2	6	7:23	5
10. Slobod. Uzice (Q)*	18	2	3	13	10:41	-31	14(5)	2	3	4	8:15	9	0	0	9	2:26	0

Anmerkungen: Zahlen in Klammern = Bonuspunkte aus der Vorrunde. Q = Qualifikant aus der Vorrundengruppe B, *= 1996/97 in Gruppe B
EC 1996/97: CL: -, C2: Roter Stern Belgrad, UEFA: Partizan Belgrad, Vojvodina Novi Sad, FK Becej, UI: FK Cukaricki, FK Zemun

Die Torschützen

Vojislav Budimirovic (Cukaricki FK)	22
Nebojsa Krupnikovic (Roter Stern B.)	19
Vuletic (Mladost Lucani)	17
Damir Cakar (Partizan Belgrad)	16
Dragan Ciril (Partizan Belgrad)	15
Darko Kovacevic (Roter Stern Belgrad)	13

Anmerkung: Nach Abschluß der Vorrunde gelangten die führenden sechs Mannschaften der A-Staffel gemeinsam mit den vier besten Teams der B-Staffel in die Meisterrunde, während die verbliebenen vier-A-Ligisten mit den sechs restliche B-Ligisten in der „2. Liga" weiterspielten.

Meisterrunde	Partizan	Becej	Roter St.	Vojvodina	Mladost	Proleter	Rad	Cukaricki	Radnicki	Sloboda
Partizan Belgrad	•	4:1	0:0	6:3	5:0	4:1	2:1	4:2	4:0	5:0
FK Becej	0:0	•	1:0	1:0	1:0	1:0	1:0	1:0	2:1	1:0
Roter Stern Belgrad	2:3	1:1	•	1:0	2:0	3:1	3:1	1:0	1:1	1:0
Vojvodina Novi Sad	1:1	5:0	1:1	•	5:0	1:1	0:0	1:1	4:0	2:0
Mladost Lucani	1:0	2:0	3:2	1:2	•	0:1	4:1	2:1	4:1	5:1
Proleter Zrenjanin	0:1	2:2	3:1	0:2	0:2	•	4:3	5:3	0:1	3:0
Rad Belgrad	2:1	0:1	0:1	2:2	0:0	1:0	•	1:1	3:1	4:0
FK Cukaricki	1:2	1:1	0:0	0:1	1:1	0:1	3:1	•	4:1	3:0
Radnicki Nis	1:4	2:2	1:3	3:1	2:0	1:1	0:0	0:2	•	2:1
Sloboda Uzice	1:5	1:1	0:4	1:2	2:0	2:1	0:1	0:0	1:1	•

de kam es zum vierten und letzten Derby der großen Rivalen. Partizan hatte sich inzwischen einen 7-Punkte-Vorsprung erarbeitet, den die Schwarz-Weißen vor 30.000 Fans durch ein torloses Unentschieden auch verteidigten. Bereits eine Woche später fiel die endgültige Entscheidung, als Partizan mit 5:1 beim Tabellenletzten Sloboda Uzice gewann, während Roter Stern im eigenen Stadion nur 1:1 gegen Becej spielte.

Nach Saisonende ging der Spielerexodus weiter. Partizans Ausnahmeverteidiger Zoran Mirkovic und Bratislav Mijalkovic wechselten zu Atalanta Bergamo bzw. Stade Rennes, Roter Stern verlor seinen Torjäger Nebojsa Krupnikovic an Standard Lüttich. Noch wachsen die Talente zwar wie früher, doch wenn es nicht gelingt, sie auch im Land zu halten, wird Jugoslawien keine rosige Fußballzukunft haben. Vordringlichstes Ziel muß es daher sein, einige der zahlreichen jugoslawischen Weltklassetrainer ins Land zurückzuholen, und den Talenten damit das Daheimbleiben zu erleichtern.Zur großen Freude der begeisterungsfähigen Fußballfans in Serbien und Montenegro wurde das jugoslawische Nationalteam erstmals seit 1992 wieder zu einem internationalen Wettbewerb zugelassen und nimmt an der WM-Qualifikation teil. Dabei gelang mit einem 3:1 über die Färöer-Inseln und einem fulminanten 6:0 über Malta ein Traumstart. Trainer Santrac und seine Männer können nun davon träumen, im Sommer 1998 ihre unbestreitbaren Künste in Frankreich einem Weltpublikum vorführen zu dürfen. ■

2. Liga (Gr. B, Endrunde)	Sp	g	u	v	Tore	Pkt.
1. FK Zemun (R)*	18	10	3	5	29:14	40
2. Borac Cacak*	18	10	3	5	25:13	35
3. Hajduk Kula* [1]	18	8	4	6	20:20	34
4. Buducnost Podgorica (R)*	18	8	5	5	15:14	32
5. Obilic FK Belgrad	18	8	2	8	20:18	31
6. OFK Belgrad (R)	18	7	4	7	23:23	29
7. FK Loznica	18	7	4	7	23:22	27
8. Mladost Backi Jarak	18	7	2	9	18:25	27
9. Napredak Krusevac (R) ↓	18	6	3	9	22:27	24
10. Radnicki Novi Belgrad ↓	18	2	4	12	13:32	17

Anmerkung: R = Relegiert aus der Vorrundengruppe A
* = 1996/97 in Gruppe A, 1 = ab 1996 Hajduk Radic MB

IM BLICKPUNKT

Roter Stern Belgrad

Vier Saisonniederlagen, zwölf Punkte Rückstand auf Meister Partizan, frühes Europapokalaus - für Roter Stern Belgrad war es eine wenig befriedigende Saison. Einzig im Pokal konnte sich die Mannschaft schadlos halten und im Prestigeduell den Lokalrivalen Partizan ausschalten. *Crvena zvezda*, wie der Klub im serbokroatischen Original heißt, hat immens unter der Entwicklung in Ex-Jugoslawien gelitten. Das Team, das 1991 Europapokalsieger wurde, ist über ganz Europa verstreut.

Roter Stern ist in einer kuriosen Situation. Über 40 Millionen DM lagern in den Safes des berühmten Maracana-Stadions, doch bislang durften sie wegen des UNO-Embargos nicht angetastet werden. Nachdem die Gelder nun frei sind, will man an die glorreiche Vergangenheit anknüpfen. „Wir wollen Belodedici, Pancev, Najdoski und Binic zurückholen", verkündete Präsident Vladimir Cvetkovic, der gleichzeitig jugoslawischer Wirtschaftsminister ist. Schon heute gilt: Wer bei Roter Stern spielt, dem geht es gut. 10.000 DM gab es pro Mann und Nase für das Erreichen des Europacups via jugoslawischen Pokal, bei ansonsten 200 bis 300 Mark Monatslohn eine stolze Summe. Roter Stern muß seinen Stars allerdings auch einiges bieten, denn die UNO-Sanktionen haben Wirkung gezeigt. „Früher sind wir bequem mit dem Flugzeug nach Ljubljana oder Zagreb geflogen, heute müssen wir lange Busfahrten nach Nis oder Podgorica machen", klagte Trainer Vladimir Petrovic in einem Interview. Der zwanzigfache jugoslawische Landesmeister sieht trotz aller Probleme optimistisch in die Zukunft. Mit der Wiederzulassung zum Europapokal ist der erste Schritt getan, auch wenn die Aberkennung aller vom „alten" Jugoslawien gewonnenen Punkte für eine herbe Enttäuschung sorgte.

DER MEISTER

Partizan Belgrad

Früher galt Partizan als „Klub der Macht" und war deswegen beim Belgrader Publikum nicht sonderlich gut gelitten. Inzwischen hat der ehemalige Armeeklub aufgeholt. Zwar strömt das Publikum längst nicht so zahlreich wie zu den Spielen des Lokalrivalen Roter Stern, doch Partizan erfreut sich vor allem bei seinen Auftritten außerhalb Belgrads großer Beliebtheit. Sportlich waren die Schwarz-Weißen 1995/96 kaum aufzuhalten. Trotz der hochkarätigen Abgänge zu Saisonbeginn sicherte Partizan sich unbedrängt seinen vierzehnten Meistertitel und ließ den ewigen Rivalen Roter Stern zwölf Punkte hinter sich. Trainer Ljubisa Tumbakovic, der allgemein als „Architekt der Erfolge" bezeichnet wird, ist es glänzend gelungen, eine schlagkräftige Mischung aus routinierten Spielern und Nachwuchstalenten zu formen. Nachdem das UNO-Embargo geliftet wurde, sieht Partizan nun wieder positiver in die Zukunft. Mit dem Sportausrüster *Nike* wurde ein Zwejahresvertrag abgeschlossen, und die Transfermillionen will man in einem repräsentativen Hotelbau nahe des Partizan-Stadions anlegen. „Vielleicht hilft das, die Spieler in Jugoslawien zu halten", hofft Präsident Martinovic.

DER POKAL

Viertelfinale (Hin- und Rückspiele)

Roter Stern Belgrad - Loznica FK	6:1, 2:2
Napredak Krusevac - FK Novi Sad	2:1, 0:2
Cukaricki FK - FK Badnjevac	0:1, 1:1
Partizan Belgrad - Rad Belgrad	2:1, 0:0

Halbfinale (Hin- und Rückspiele)

Partizan Belgrad - FK Badnjevac	2:1, 1:1
Roter Stern Belgrad - FK Novi Sad	3:0, 4:0

1. Finale
(8.5.96, Belgrad, 25.000)
Roter Stern Belgrad - Partizan Belgrad 3:0 (2:0)
Roter Stern: Milijevic - Zivkovic (75. Ognjenovic), Djorovic, P. Stankovic, Marinovic - Radmanovic, Adzic (89. Puaca), D. Stankovic, Krupnikovic - Jovicic (80. Milivojev), Njegus
Partizan: Kralj - Mirkovic, Saveljic, Mihalkovic, Tesovic (66. Tomic) - Djuric (46. Tasevski), Vukicevic, Nadj, Circ - Trnevski (46. Hristov), Cakar
Schiedsrichter: Babarovic
Tore: 1:0 (8.) Jovicic, 2:0 (37.) Krupnikovic, 3:0 (51.) Zivkovic
Rote Karte: Nadj (78./Partizan)

2. Finale
(15.5.1996, Belgrad, 30.000)
Partizan Belgrad - Roter Stern Belgrad 1:3 (0:1)
Partizan: Kralj - Mirkovic, Saveljic (66. Vukicevic), Mihalkovic, Tesovic - Tasevski, Svetlicic, Tomic (62. Kristaljic) Circ - Hristov, Jovic (46. Besirovic)
Roter Stern: Milijevic - Zivkovic (45. Ognjenovic), Djorovic, P. Stankovic, Marinovic - Radmanovic (27. Milivojev), Adzic, D. Stankovic, Krupnikovic - Sakic, Njegus
Schiedsrichter: M. Vidic
Tore: 0:1 (45.) P. Stankovic, 1:1 (62.) Vukcevic, 1:2 (65.) Krupnikovic, 1:3 (79.) D. Stankovic

DIE LÄNDERSPIELE

Griechenland - Jugoslawien 0:2 (0:0)
20. 9. 1995 - Saloniki - 30.000 - Urbajev (Bulgarien) - Milojevic - Mirkovic, Djorovic, Djukic - D. Stevanovic - Jokanovic, Curcic (77. Bolic), Milo_evic, Mijatovic - Savicevic (65. Pantelic), Nadj (56. Saula) - Trainer: Santrac - Tore: Curcic (55./0:1), Milo_evic (85./0:2)

El Salvador - Jugoslawien 1:4 (1:3)
12. 11. 1995 - San Salvador - 25.000 - Rodriguez (El Salvador) - Milojevic (46. Kocic) - Mirkovic (68. Ognjenovic), Djorovic, Saula, Nadj - D. Stefanovic, Govedarica (63. Saveljic), D. Petkovic (60. Ciric), Mihajlovic - Savicevic (65. Kovacevic), Milo_evic - Trainer: Santrac - Tore: Mihailovic (14./0:1), Savicevic (23./Elfmeter/0:2, 39./1:3, 59./1:4)

Mexiko - Jugoslawien 1:4 (1:3)
16. 11. 1995 - Monterrey - 25.000 - Méndes (Kolumbien) - Kocic (46. Milojevic) - Djorovic, Saveljic, Saula, D. Stefanovic - Govedarica, Nadj, Mihajlovic (77. Ciric), Savicevic (77. D. Petkovic) - Milo_evic (85. Ognjenovic), Kovacevic (76. Pantelic) - Trainer: Santrac - Tore: Kovacevic (5./0:1, 16./0:2), Mihajlovic (39./1:3), Saveljic (48./1:4)

Jugoslawien - Rumänien 1:0 (0:0)
27. 3. 1996 - Belgrad - 25.000 - Momirov (Bulgarien) - Kocic (89. Milojevic) - B. Brnovic, Jokanovic, Djukic (80. Saula), Vujacic (65. Djorovic) - Mihajlovic, Jugovic, Mijatovic, Stojkovic (87. Kovacevic) - Curcic (74. D. Stefanovic). Milo_evic - Trainer: Santrac - Tor: Stojkovic (51./1:0)

Jugoslawien - Färöer 3:1 (3:0) WMQ
24. 4. 1996 - Belgrad - 25.000 - Beck (Liechtenstein) - Kocic - Curcic (75. Mirkovic), Djorovic, Jokanovic, B. Brnovic, Mihajlovic (40. Pantic), Jugovic, Savicevic, Mijatovic, Stojkovic, Milosevic (87. Nadj) - Trainer: Santrac - Tore: Savicevic (3./1:0, 30./2:0), Milo_evic (38./3:0)

Jugoslawien - Mexiko 0:0 Kirin-Pokal
23. 5. 1996 - Shimizu (Japan) - 8.604 - Okada (Japan) - Kocic - Mirkovic, Djorovic, Saula, Saveljic - D. Stojkovic, Zivkovic (46. Nadj), Curcic, Mihajlovic - Savicevic, Milo_evic (82. Kovacevic) - Trainer: Santrac

Japan - Jugoslawien 1:0 (0:0) Kirin-Pokal
26. 5. 1996 - Tokio - 50.632 - Kim Kwang-taek (Korea) - Kocic - Mirkovic, Djorovic, Saula (23. Kovacevic), Saveljic, Mihajlovic, Jugovic, Stojkovic, Nadj (82. D. Stefanovic), Savicevic, Milo_evic (72. Curcic) - Trainer: Santrac

Jugoslawien - Malta 6:0 (3:0) WMQ
2. 6. 1996 - Belgrad - 20.000 - Albrecht (Deutschland) - Kocic - Mirkovic, Djorovic (85. Saveljic), Jokanovic, Djukic - Mihajlovic, Jugovic (50. Nadj), Savicevic, Mijatovic - Stojkovic, Milo_evic (79. Kovacevic) - Trainer: Santrac. - Tore: Milo_evic (2./1:0, 68./4:0), Mijatovic (39./2:0), Stojkovic (45./3:0), Savicevic (71./5:0/Elfmeter, 73./6:0)

DER EUROPAPOKAL

Europapokal der Landesmeister

Meister Roter Stern Belgrad startete im UEFA-Pokal-Wettbewerb

Europapokal der Pokalsieger

Qualifkation

Obilic FK Belgrad - Dinamo Batumi 0:1 (0:0)
10. 8. 1995 - 1.000 - Beck (Liechtenstein)

Dinamo Batumi - FK Obilic 2:2 (0:2)
24. 8. 1995 - 25.000 - Sundell (Schweden) - Vilotovic (8./0:1), Popovic (32./0:2)

UEFA-Pokal

Qualifikation

Roter Stern Belgrad - Xamax Neuchâtel 0:1 (0:0)
8. 8. 1995 - 50.000 - Harrel (Frankreich) - Milojevic - Djorovic - Sakic, Stefanovic, Njegus, Podunavacs, Krupnikovic (62. Dragas), Petkovic, Adzic - Kovacevic, Zivkovic (73. Pankovic)

Xamax Neuchâtel - Roter Stern Belgrad 0:0
22. 8. 1995 - 6.500 - Heynemann (Deutschland) - Milojevic - Djorovic - Njegus (32. D. Stankovic), Stefanovic, P. Stankovic - Adzic, Krupnikovic (68. Masic), Petkovic, Podunavac - Kovacevic, Ognjenovic (68. Zivkovic)

UI-Cup

Tervis Pärnu - Buducnost Podgorica	1:3
Buducnost Podgorica - Nea Salamis F'gusta	1:1
Bayer Leverkusen - Buducnost Podgorica	3:0
Buducnost Podgorica - OFI Kreta	3:4
FK Becej - Farul Constanta	1:2
Dnepr Mogilev - FK Becej	2:1
FK Becej - Pogon Szczecin	2:1
AS Cannes - FK Becej	1:0

Supertechniker in fremden Trikots

Hrvatski Nogometni Savez

Ilica 31/II,
CRO-10000 Zagreb
Telefon: ++385 (1) 4554100
Telefax: ++385 (1) 2212316

FIFA-Weltrangliste:

Juli 1995:	53. Platz,	35,93 Punkte
Juli 1996:	22. Platz,	50,61 Punkte

UEFA-Fünfjahreswertung

1996/97:	25. Platz,	12,50 Punkte

Eigentlich ist der kroatische Nationaltrainer in einer beneidenswerten Situation. Er fliegt regelmäßig in ganz Europa umher, kann sich die Top-Begegnungen der stärksten Fußball-Ligen des Kontinents ansehen, und vom ästhetischen Standpunkt betrachtet zählen seine Kicker zur Elite Europas. „Ich bin in der glücklichen Lage, einige der besten Spieler der Welt berufen zu können", frohlockte Miroslav Blazevic, dessen Schützlinge in der EM-Qualifikation immerhin Vizeweltmeister Italien hinter sich ließen, zufrieden.

Doch Kroatiens Fußball hat noch ein zweites Gesicht: Seine nationale Spielklasse. „Die Qualität ist schlecht", sagt Blazevic über sie, was kaum verwunderlich ist, denn jeder halbwegs begabte kroatische Fußballer sucht seine Chance in einem lukrativen Auslandstransfer. Wegen des langen und kostspieligen Krieges sind die Lebenshaltungskosten in Kroatien unverhältnismäßig hoch, und da die Verdienstmöglichkeiten bei den heimischen Fußballklubs aufgrund der geringen Zuschauerzahlen in der Regel eher mäßig sind, sind selbst die österreichische zweite oder gar dritte Liga interessanter als Kroatiens 1. Division.

Das hat zur Folge, daß Kroatiens Spitzenteams auf europäischer Ebene schlechte Karten haben. Im Rennen um einen Platz in der Champions-League schied Hajduk Split - 1994 immerhin bis ins Viertelfinale gekommen - bereits in der Qualifikation gegen Panathinaikos Athen aus. Im UEFA-Pokal enttäuschte Osijek gegen den slowakischen Meister Slovan Bratislava und flog nach zwei deutlichen Niederlagen ebenfalls in der Qualifikation raus. Pokalsieger Croatia Zagreb durfte nach Ausschreitungen seiner Fans beim vorjährigen Erstrundenspiel in Auxerre gar nicht erst teilnehmen.

Jene Vorfälle waren zu Beginn der Saison 1995/96 noch immer Gesprächsthema. Sie hatten in der vorjährigen Saison Anlaß für Spekulationen gegeben, als der einsame Tabellenführer Croatia Zagreb auf wundersame Weise kurz vor Saisonende noch von Hajduk Split abgefangen worden war. Nicht wenige vermuteten, das sei „von oben angeordnet" worden, um Kroatien einen Platz in der Champions League zu garantieren. Überhaupt, Politik: Die Sonne über Dubrovnik mag noch politisch neutral sein - Kroatiens Fußball ist es längst nicht mehr. Staatspräsident Franjo Tudjman ist Fan von Croatia Zagreb und sorgte schon mehrfach für Bestechungsgerüchte. Der eigentliche starke Mann ist jedoch Miroslav Blazevic, der zeitweilig kroatischer Nationaltrainer sowie Besitzer, Präsident und Trainer des FC Croatia Zagreb war.

Blazevics Rolle bleibt unklar. Er ist ständig von Bestechungs- und Korruptionsgerüchten umgeben und mußte im Januar 1996 im Zusammenhang mit der Bernard-Tapie-Affäre in Frankreich sogar kurzzeitig ins Gefängnis.

Rein sportlich handelte es sich bei der Saison 1995/96 um einen Dreikampf zwischen Croatia Zagreb, Titelverteidiger Hajduk Split und Varteks Varazdin. Ehe die drei ihr spannendes Rennen aufnehmen konnten, fiel Kroatien jedoch noch einmal in längst überwunden geglaubte Zeiten zurück und griff zu militärischen Mitteln, um die Separationsbestrebungen in der Krajina (Ostkroatien) zu unterbinden. Der für den 6. August 1995 geplante Saisonstart wurde deswegen um eine Woche verschoben; die Mannschaft des sich in der Kriegszone befindlichen NK Osijek wurde aus Sicherheitsgründen nach Zagreb gebracht.

Ausgerechnet jene Osijeker drückten dem verspäteten Saisonbeginn dann ihren sportlichen Stempel auf und übernahmen im November sogar die Tabellenspitze. Dabei hatte Trainer Ivica Matkovic nach nur drei Spieltagen entnervt das

Handtuch geworfen und das Ruder an Ivo Susak übergeben, der Osijek an die Spitze führte. Im weiteren Saisonverlauf fiel das Team allerdings zurück und mußte die Tabellenführung an Croatia Zagreb abgeben, das nach Beendigung der Vorrunde fünf Punkte Vorsprung auf Titelverteidiger Hajduk Split aufwies.

In der Adriastadt hatten interne Turbulenzen eine bessere Plazierung verhindert. Hajduks Abgänge (Asanovic nach Valladolid, Mornar nach Frankfurt und Stimac zu Derby County) hatten Riesenlöcher gerissen, die von den Neuzugängen kaum gestopft werden konnten. Zwar war mit dem Liberianer Mass Saar ein Ballkünstler ins Poljud-Stadion gekommen, der das Publikum mit zahlreichen Kabinettstückchen begeisterte, doch trotz seiner zahlreichen Tore kam das Team von Trainer Ivan Katalinic über Mittelmaß nicht hinaus. Als es am zehnten Spieltag eine 3:5-Niederlage in Osijek gab, wies der Titelverteidiger bereits fünf

Vorrunde 1 A	Gesamt							Heim					Auswärts				
	Sp	g	u	v	Tore	Diff.	Pkt.	g	u	v	Tore	Pkt.	g	u	v	Tore	Pkt.
1. Croatia Zagreb	22	14	5	3	46:13	+33	47	10	1	0	31:4	31	4	4	3	15:9	16
2. Hajduk Split (M, P)	22	12	6	4	41:19	+22	42	9	2	0	25:5	29	3	4	4	16:14	13
3. NK Osijek	22	12	4	6	38:19	+19	40	7	2	2	24:11	23	5	2	4	14:8	17
4. Varteks Varazdin	22	11	6	5	29:19	+10	39	8	2	1	18:7	26	3	4	4	11:12	13
5. NK Zagreb	22	7	8	7	24:25	-1	29	4	4	3	12:11	16	3	4	4	12:14	13
6. Segesta Sisak	22	8	4	10	32:35	-3	28	5	3	3	21:13	18	3	1	7	11:22	10
7. NK Sibeník	22	7	6	9	25:28	-3	27	7	3	1	16:4	24	0	3	8	9:24	3
8. Inker Zapresic	22	7	6	9	28:38	-10	27	3	3	5	12:17	12	4	3	4	16:21	15
9. Cibalia Vinkovci	22	6	9	7	26:37	-11	27	5	4	2	15:14	19	1	5	5	11:23	8
10. Marsonia Slav. Brod	22	6	3	13	14:33	-19	22	3	1	7	9:16	10	3	2	6	5:17	11
11. NK Rijeka	22	4	5	13	25:42	-17	17	2	4	5	19:21	10	2	1	8	6:21	7
12. NK Istra Pula	22	3	8	11	16:36	-20	17	2	6	3	9:10	12	1	2	8	7:26	5

Vorrunde 1 A	Croatia	Hajduk	Osijek	Varteks	NK Zagreb	Sisak	Sibenik	Inker	Cibalia	Marsonia	Rijeka	Pula
Croatia Zagreb	•	1:0	2:0	2:0	2:0	4:0	2:1	5:1	2:2	5:0	2:0	4:0
Hajduk Split	2:1	•	2:0	0:0	2:1	3:1	0:0	3:1	4:1	3:0	1:0	5:0
NK Osijek	1:2	5:3	•	1:0	2:2	4:0	4:1	1:1	4:0	0:2	1:0	1:0
Varteks Varazdin	1:1	0:3	1:0	•	0:0	1:0	3:1	3:1	3:0	2:0	2:1	2:0
NK Zagreb	1:3	2:1	0:2	2:2	•	0:0	2:0	0:2	0:0	1:0	3:0	1:1
Segesta Sisak	1:0	1:1	0:4	1:2	2:2	•	2:2	0:1	3:1	2:0	6:0	3:0
NK Sibeník	0:0	0:0	1:1	1:0	1:0	2:0	•	3:1	0:1	4:0	2:1	2:0
Inker Zapresic	1:1	0:0	0:3	0:2	0:1	2:4	2:0	•	1:1	0:2	3:1	3:2
Cibalia Vinkovci	0:3	2:4	2:0	1:0	2:1	2:1	2:1	2:2	•	0:0	1:1	1:1
Marsonia Slav. Brod	0:3	0:0	0:2	1:2	1:2	3:1	2:0	0:1	2:1	•	0:1	0:x
NK Rijeka	1:1	0:3	0:2	2:2	1:2	0:1	3:1	4:4	4:4	0:1	•	4:0
Istra Pula	1:0	3:1	0:0	1:1	1:1	1:3	2:2	0:1	0:0	0:0	0:1	•

Das Spiel Marsonia - Istra Pula wurde abgebrochen und mit 3:0-Toren für Pula gewertet

Vorrunde 1 B	1.	2.	3.	4.	5.	6.	7.	8.	9.	10.	Sp	g	u	v	Tore	Diff.	Pkt.
1. HRV drag.Zagreb	•	0:3	1:0	3:1	2:0	1:0	1:0	3:1	3:0	3:0	18	13	2	3	30:11	+19	41
2. Ml. 127 Suhopolje	0:1	•	3:1	4:0	0:1	1:1	2:0	1:0	2:1	3:1	18	12	2	4	27:11	+16	38
3. NK Zadar	1:1	0:0	•	3:0	0:0	4:1	2:1	2:0	2:0	3:0	18	9	5	4	24:13	+11	32
4. Orijent Rijeka	0:1	2:0	1:0	•	3:1	2:1	0:1	4:0	4:1	2:0	18	9	2	7	29:24	+5	29
5. Neretva Metkovic	2:0	1:0	0:1	2:2	•	1:0	1:1	2:1	3:0	2:1	18	8	3	7	21:17	+4	27
6. Slavonija Pozega	0:3	1:2	1:1	4:1	3:2	•	1:0	3:3	4:0	2:0	18	6	4	8	26:26	0	22
7. HNK Dubrovnik	1:1	0:1	1:1	0:1	1:0	1:0	•	1:0	4:0	2:0	18	6	4	8	15:15	0	22
8. NK Belisce	1:2	0:2	3:1	2:1	1:0	0:0	1:1	•	2:0	4:1	18	5	4	9	20:26	-6	19
9. Primorac Stoberec	1:0	0:1	0:1	0:0	1:0	3:4	2:0	2:1	•	2:1	18	5	2	11	14:33	-19	17
10. Usok Klis	0:4	1:2	0:1	1:5	0:3	1:0	1:0	0:0	1:1	•	18	2	2	14	9:39	-30	8

Qualifikation zur Meisterrunde: Hrvatski dragovoljac Zagreb - Mladost 127 Suhopolje 1:0

Punkte Rückstand auf. Die Kritik an Trainer Katalinic wurde immer lauter und führte nach dem überraschenden Pokal-Aus gegen Marsonia Slavonski Brod zu seiner Ablösung. Der Ex-HSVer Ivan Buljan sowie Zoran Vulic übernahmen das Amt.

Unter ihrer Führung fand Hajduk zu alter Stärke zurück, doch für die Titelverteidigung reichte es nicht mehr. Immerhin stand Hajduk am Saisonende punktgleich mit Croatia Zagreb auf Platz 1, und wurde nur durch die schlechten Ergebnisse in den internen Duellen (1:4 in Zagreb, 3:2 in Split) auf Platz 2 verbannt.

Überraschender Dritter wurde Varteks Varazdin, das im gesamten Saisonverlauf auf Tuchfühlung zu den Top-Teams geblieben war. Präsident Andjelko Herjavez, der gleichzeitig Direktor der größten Textilfabrik Kroatiens (Varteks) ist, hatte vor Saisonbeginn einen tollen Coup gelandet, als er dem talentierten Nachwuchsstürmer Davor Vugrinec einen bis 2000 laufenden Vertrag verpaßte und anschließend verkündete, den Stürmer bei Interesse für 2,5 Millionen DM vorzeitig aus seinem Vertrag zu

Meisterrunde	Croatia	Hajduk	Varteks	Osijek	HRV drag.	NK Zagreb
Croatia Zagreb	•	4:1	3:4	2:1	6:0	5:1
Hajduk Split	3:2	•	1:0	2:0	5:1	2:1
Varteks Varazdin	2:0	1:0	•	2:1	1:1	2:0
NK Osijek	1:2	2:3	1:0	•	3:0	1:0
HRV dragovoljac Zagreb	0:1	2:2	0:1	2:1	•	1:2
NK Zagreb	1:3	1:6	0:2	0:2	1:1	•

Meisterrunde	Gesamt							Heim					Auswärts				
	Sp	g	u	v	Tore	Diff.	Pkt.	g	u	v	Tore	Pkt.	g	u	v	Tore	Pkt.
1. Croatia Zagreb	10	7	0	3	28:14	+14	26(5)	4	0	1	20:7	12	3	0	2	8:7	9
2. Hajduk Split	10	7	1	2	25:14	+11	26(4)	5	0	0	13:4	15	2	1	2	12:10	7
3. Varteks Varazdin	10	7	1	2	15:7	+8	24(2)	4	1	0	8:2	13	3	0	2	7:5	9
4. NK Osijek	10	4	0	6	13:13	0	15(3)	3	0	2	8:5	9	1	0	4	5:8	3
5. Hrv. Dragovoljac (N)	10	1	1	8	8:23	-15	7(1)	1	1	3	5:7	4	0	2	3	3:16	2
6. NK Zagreb	10	1	3	6	7:25	-18	5(1)	0	1	4	3:14	1	1	0	4	4:11	3

in Klammern Bonuspunkte aus der VorrundeBei Punktgleichstand entschieden die direkten Vergleiche über die Abschlußposition

EC 1996/97: CL: -, C2: Varteks Varazdin, UEFA: Croatia Zagreb, Hajduk Split, UI: Segesta Sisak

Relegation 1. Liga 1996/97*	1.	2.	3.	4.	5.	6.	7.	8.	Sp	g	u	v	Tore	Diff.	Pkt.
1. NK Sibeník	•	2:0	3:0	4:1	1:0	1:0	2:0	1:0	14	8	0	6	19:15	+4	28 (4)
2. Segesta Sisak	2:1	•	3:3	1:1	4:1	2:1	1:0	2:1	14	6	3	5	19:18	+1	28 (7)
3. NK Rijeka	2:0	2:0	•	2:0	4:1	2:0	2:0	2:1	14	7	3	4	21:14	+7	26 (2)
4. Mladost-127 Suhopolje	2:0	1:0	0:0	•	3:1	2:1	3:1	4:0	14	7	3	4	22:14	+8	25 (1)
5. Istra Pula	2:0	1:0	1:0	1:0	•	1:0	2:1	4:1	14	7	2	5	17:17	0	24 (1)
6. Cibalia Vinkovci	3:1	4:1	2:2	2:1	1:0	•	0:0	2:1	14	5	3	6	17:18	-1	24 (6)
7. Inker Zapresic	0:1	0:0	2:0	1:1	1:1	3:0	•	1:2	14	2	5	7	10:15	-5	16 (5)
8. Marsonia Slav. Brod	3:2	0:3	1:0	0:x	1:1	1:1	0:0	•	14	3	3	8	12:26	-14	15 (3)

in Klammern Bonuspunkte aus der Vorrunde
* Ursprünglich war diese Runde eine Relegationsrunde zur 2. Liga. Durch die Aufstockung der 1. Liga auf 16 Klubs kamen die beiden Erstplazierten in die 1. Liga 1996/97, die anderen sechs Klubs blieben zweitklassig!

Relegationsrunde zur 1. Liga 1996/97*		Sp	g	u	v	Tore	Diff.	Pkt.
1. NK Zadar	↑	28	16	5	7	44:25	+19	53 (30)
2. Orijent Rijeka	↑	28	15	4	9	45:34	+11	49 (26)
3. HNK Dubrovnik		28	14	3	11	39:29	+10	45 (21)
4. NK Belisce		28	11	8	9	40:37	+3	41 (19)
5. Slavonija Pozega		28	12	5	11	39:43	-4	41 (21)
6. Neretva Metkovic		28	10	7	11	36:30	+6	37 (18)
7. Primorac Stoberec		28	8	4	16	35:52	-17	28 (14)
8. Uskok Klis		28	6	4	18	21:49	-28	22 (8)

in Klammern Bonuspunkte aus der Vorrunde
* Ursprünglich war diese Runde eine Relegationsrunde zur 2. Liga. Durch die Aufstockung der 1. Liga auf 16 Klubs kamen die beiden Erstplazierten in die 1. Liga 1996/97, die anderen sechs Klubs blieben zweitklassig!

Die Torschützen

Igor Cvitanovic (Croatia Zagreb)	19
Nenad Pralija (Hajduk Split)	17
Igor Pamic (NK Osijek)	17
Devor Vugronec (Varteks Varazdin)	17

entlassen. Anderlecht, Bayern München und Nantes zeigten sich interessiert.

Im Sommer 1996 gab es in Kroatien natürlich nur ein Thema: Die Europameisterschaft. Gebannt saß die ganze Nation vor den Fernsehschirmen, als Suker und Co. im fernen England kämpften. „Wir sind ein kleines und junges Land ohne Tradition und großen Bekanntheitsgrad in der Welt. Wir Fußballer fühlen uns als Botschafter, wir müssen Kroatien in der Welt präsentieren", meinte der Ex-Karlsruher Slaven Bilic vor dem Turnierbeginn. Obwohl Kroatien erst seit vier Jahren der UEFA angehört, galt das Team in den charakteristischen Schachbretttrikots als Geheimfavorit. Immerhin verfügt es mit der Mittelfeldreihe Asanovic - Boban - Prosinecki sowie dem technisch starken Torjäger Davor Suker über Akteure mit Weltklasseniveau. Das Team erfüllte die hohen Erwartungen und setzte sich in der Vorrunde überlegen durch. Lediglich gegen Portugal gab es eine Niederlage - doch da probierte Trainer Blazevic auch die zweite Garnitur aus. Im Viertelfinale kam dann gegen Deutschland das Aus.

Anschließend ging es in der Verbandsgeschäftsstelle turbulent zu, denn Nationaltrainer Blazevic, der im August 1995 Tomislav Ivic abgelöst hatte, verkündete seinen Rücktritt und übergab das Amt an den Ex-Stuttgarter bzw. Salzburger Trainer Otto Baric. Nach einigen Tagen überlegte es sich Blazevic dann wieder anders und blieb doch im Amt.

Kroatiens Fußball hat in England eindrucksvoll bewiesen, daß er in der Lage ist, das jugoslawische Vakuum zu füllen. Offen bleibt freilich, was nach der Ära Suker, Asanovic und Co. passieren, und vor allem, wie es mit der nationalen Meisterschaft weitergehen wird. Denn ohne eine konkurrenzfähige höchste Spielklasse dürfte es schwer werden, auf lange Sicht unter den besten Nationen Europas zu bleiben. ■

DER MEISTER

Croatia Zagreb

Man kann den Kroaten wahrlich nicht vorwerfen, keinen Nationalstolz zu haben. Im Gegenteil, die Schachbrettflagge ist europaweit zu finden, wo immer kroatische Teams auftauchen. Doch ausgerechnet beim Thema Croatia Zagreb reagieren die Fans gereizt. In der Hauptstadt gibt es kaum einen, der den Klub beim richtigen Namen nennt. „Dinamo" heißt er dort noch immer, so, wie er seit seiner Gründung am 9. Juni 1945 hieß. Den Klub „Croatia" zu nennen war eine Idee von Staatspräsident Tudjman, der selbst Fan des vierfachen jugoslawischen Meisters ist. Er verspricht sich mit der englischen Version des Landesnamens (Hrvatska im kroatischen Original) Werbung für Kroatien. Vergeblich gingen die Fans auf die Barrikaden und forderten ihr „Dinamo" zurück.

Immerhin hatten sie 1995/96 wieder einigen Grund zum Feiern. Nach dem 3:1-Sieg über den Lokalrivalen NK Zagreb war der zweite Titelgewinn nach 1993 unter Dach und Fach, und 1996/97 darf Croatia auch wieder am Europapokal teilnehmen. „Champions League" heißt das Traumziel der blaugekleideten Zagreber, die in der nationalen Meisterschaft höchstens in Hajduk Split eine Herausforderung sehen.

DER STAR

Davor Suker
(FC Sevilla)

Er zählt zweifelsohne zu den besten europäischen Fußballern. Technisch überragend und immer torgefährlich ist der 28jährige ein Gewinn für jede Mannschaft. Während der EM traf Suker dreimal ins Schwarze - sein schönster Treffer war sicherlich das 3:0 gegen Dänemark, als er Peter Schmeichel mit einem traumhaften Heber versetzte. Suker streichelt den Ball wie kaum ein zweiter in Europa" schrieb das Fachblatt World Soccer über den Superstar, der in 23 Länderspielen rekordverdächtige 21 Tore markierte. Dreimal in Folge wählte ihn die Vecernji List zum kroatischen Fußballer des Jahres - und das bei der namhaften und hochkarätigen Konkurrenz!

Sukers Karriere begann 1987, als er bei der Jugendweltmeisterschaft in Chile für die damals noch gemeinsam auftretende jugoslawische Auswahl sechs Tore markierte. Seinen Durchbruch schaffte er 1988/89, als er im Trikot seines Heimatklubs NK Osijek zum Elfmeterkönig" wurde. Seinerzeit wurden unentschiedene Spiele per Elfmeterschießen entschieden - und suker sicherte seinem Klub bei fünf Gelegenheiten fünf Siege, indem er jeweils den entscheidenden Elfmeter verwandelte. Anschließend wechselte er zu Dinamo Zagreb und reiste mit der jugoslawischen

Nationalelf zur WM nach Italien, wo er allerdings nicht zum Einsatz kam. Dann kam der Krieg und Jugoslawien brach auseinander.

Im Juni 1991 wechselte Suker zum spanischen Erstligisten FC Sevilla, für den er in seiner Debütsaison sechsmal traf und allmählich zum Superstar aufstieg. Spätestens nach dem 2:1-Sieg Kroatiens in Italien, als Suker beide Tore markierte, standen die europäischen Top-Klubs Schlange. Bayern München bot 2,5 Millionen DM, doch Sevillas Präsident Cuervas Vilches winkte ab: Unverkäuflich". Kurz darauf stand Sevilla kurz vor der Strafversetzung in die 2. Liga - und Suker blieb nur, weil nach gesicherter Erstklassigkeit auch noch Europapokalspiele anstanden.

Im Sommer 1996 aber war der Superstar für die krisengeschüttelten Andalusier nicht mehr zu halten und wechselte für umgerechnet knapp 8 Millionen Mark zum Rekordmeister Real Madrid. Ich hätte liebend gerne für Bayern München gespielt. Zagreb, wo meine Familie noch immer lebt, ist nicht weit, und ich liebe Deutschland", meinte der Goalgetter,aber für Real zu spielen, ist immer eine Herausforderung". Suker hofft, sich mit Real endlich seinen Traum erfüllen zu können: Seit der Jugendweltmeisterschaft habe ich nichts mehr gewonnen. Erfolg ist sehr wichtig für mich, und ich kann meine Karriere nicht beenden und nach Kroatien zurückkehren, ohne etwas gewonnen zu haben".

DER NEWCOMER

Mass Saar (Hajduk Split)

Selten hat ein Spieler in Kroatien so schnell für so viel Furore gesorgt. Mass Saar, einst beim französischen Zweitligisten Alès aktiv und ein guter Freund des Weltklassefußballers George Weah, feierte einen Einstand nach Maß. Im ersten Spiel im blau-weißen Hajduk-Jersey traf der Liberianer zweimal gegen Cibalia Vinkovci, eine Woche später schoß er den Siegtreffer gegen Varteks Varazdin. Die Belohnung ließ nicht lange auf sich warten, denn im Januar 1996 reiste der Stürmerstar nach Südafrika und vertrat sein Land stolz beim Afrika-Cup. Das Vorrunden-Aus der Weah-Elf konnte er allerdings auch nicht verhindern. Immerhin schoß Saar beim 2:1-Sieg über Gabun einen Treffer.

Zvonimir Boban

DER POKAL

1. Hauptrunde (Hin- und Rückspiele)

Pomarac - Hajduk Split	1:1, 0:2
H. dragovoljac Zagreb - NK Zadar	0:3, 2:0
Napredak - NK Zagreb	0:9, 0:5
Miv Sracinec - Croatia Zagreb	1:10, 0:11
Varteks Varazdin - Jedinstvo Donji Miholjac	4:0, 5:0
Marsonia Slavonski Brod - Istra Pula	1:0, 3:0
Neretva - Bjelovar	0:2, 4:1
Sla. Bel. Kopriv. - Cro. Djakovo	1:0, n.V. 0:1, n.E. 5:4
NK Sibeník - Granicer	2:0, 6:1
Segesta Sisak - Karlovac	2:0, 7:0
Nehaj - NK Rijeka	1:3, 1:5
PIK Vrbovec - Inker Zapresic	0:7, 0:3
Rovinj - NK Belisce	0:7, 0:5
NK Rastane - NK Osijek	0:3, 1:7
Djakovo - HNK Dubrovnik	0:5, 2:3
Cakovec Union - Cibalia Vinkovci	2:0, 1:3

Achtelfinale (Hin- und Rückspiele)

Inker Zapresic - Neretva	3:2, 1:1
Hajduk Split - Marsonia Slavonski Brod	1:0, 2:4 n.E. n.V. 0:1
Croatia Zagreb - NK Belisce	6:1, 2:2
NK Zagreb - Segesta Sisak	4:1, 0:2
NK Osijek - Cibalia Vinkovci	4:0, 0:1
NK Zadar - HNK Dubrovnik	2:0, 2:1
Varteks Varazdin - NK Sibeník	4:0, 1:1
NK Rijeka - Slaven Belupo Koprivnica	1:0, 1:1

Viertelfinale (Hin- und Rückspiele)

Croatia Zagreb - Marsonia Slavonski Brod	5:0, 5:0
Inker Zapresic - NK Zadar	0:1, 0:0
NK Rijeka - NK Zagreb	0:2, 0.5
NK Osijek - Varteks Varazdin	0:0, 1:4

Halbfinale (Hin- und Rückspiele)

NK Zadar - Croatia Zagreb	1:2, 1:3
NK Zagreb - Varteks Varazdin	1:2, 0:3

Finale (1. 5. und 16. 5. 1996)

Varteks Varazdin - Croatia Zagreb 0:2 (0:0)

Varteks: Mrmic - Toplak, Balajic, Bancic (46. Mumlek), Madunovic (75. Paska) - Kovac, Tezacki (46. Durakovic), Besek, Vugrinec - Posavec, Brienic
Croatia: Ladic - Stefulj, Soldo, D. Simic, Mladinic - Krznar, Mamic, Mlinaric (76. Saric), Rukavina - I. Cvitanovic (89. Maric), Viduka (46. Sliskovic)
Schiedsrichter: M. Kulusic, Tore: 0:1 Viduka (8.), 0:2 I. Cvitanovic

Croatia Zagreb - Varteks Varazdin 1:0 (0:0)

Croatia: Ladic - Stefulj, Soldo, D. Simic, Gaspar - Krznar, Mamic (76. Petrovic), Rukavina, Mlinaric (27. Mujcin) - I. Cvitanovic Viduka (87. Sliskovic)
Varteks: Mrmic - Toplak, Balajic, Madunovic (76. Bancic), Dalic (82. Tezacki) - Kovac, Gregoric, Vugrinec, Mumlek (64. Ivankovic) - Posavec, Brienic
Schiedsrichter: M. Kulusic, Tor: I. Cvitanovic (60./ Elfmeter)

DIE LÄNDERSPIELE

Kroatien - Estland 7:1 (4:1) EMQ

3. 9. 1995 - Zagreb - 25.000 - Huzu (Rumänien) - Ladic (30. Mrmic) - Mladenovic, Stimac (83. Turkovic), Jerkan, Bilic (75. Pralija), Jarni - Stanic, Boban, Prosinecki - Suker, Boksic - Trainer: Blazevic - Tore: Mladenovic (3./1:0), Suker (19. Elfmeter/2:1, 58./5:1, 89./7:1), Boksic (29./3:1), Boban (42./4:1), Stimac (82./6:1)

Kroatien - Italien 1:1 (0:1) EMQ

8. 10. 1995 - Split - 40.000 - Uilenberg (Niederlande) - Ladic - Stimac, Jerkan, Pavlicic - Mladenovic, Boban, Asanovic, Stanic, Jurcevic (46. Kozniku) - Boksic, Suker - Trainer: Blazevic - Tor: Suker (48./1:1/Elfmeter)

Slowenien - Kroatien 1:2 (1:1) EMQ

15. 11. 1995 - Ljubljana - 15.000 - Goethals (Belgien) - Ladic - Jurcevic, Jarni, Soldo, Jerkan, Bilic - Pralija (63. Mladenovic), Prosinecki, Suker - Stanic, Mornar - Trainer: Blazevic - Tore: Suker (40./1:1/Elfmeter), Jurcevic (55./1:2)

Kroatien - Polen 2:1 (1:1)

28. 2. 1996 - Rijeka - Mitrovic (Slowenien) - 10.000 - Ladic (46. Gabric) - Stefulj, Brajkovic, Jerkan (46. Pavlicic), Jarni (59. Pralija) - Soldo, Asanovic (81. Rukavina), Prosinecki, Z. Boban - Jurcevic (46. Vlaovic), Stanic (61. Cvitanovic) - Trainer: Blazevic - Tore: Brajkovic (25./1:1), Cvitanovic (88./2:1)

Kroatien - Südkorea 3:0 (2:0)

13. 3. 1996 - Zagreb - 2.000 - Lazarevski (Mazedonien) - Ladic (87. Gabric) - Soldo, Jarni, Stimac (72. Simic), Jerkan (64. Pralija) - Bilic, Jurcevic (76. Mornar), Stanic (79. Cvitanovic), Asanovic - Suker, Vlaovic (83. Rapaic) - Trainer: Blazevic - Tore: Vlaovic (23./1:0, 43./2:0, 63./3:0)

Kroatien - Israel 2:0 (0:0)

26. 3. 1996 - Varazdin - 15.000 - Toth (Ungarn) - Gabric (46. Pavlovic) - Brajkovic (46. Balajic), Bilic, Stimac (78. Simic), Soldo - Prosinecki (65. Pralija), Asanovic, Rapaic (46. Pavlicic) - Jurcevic (74. Mornar), Vlaovic, Spehar (46. Cvitanovic) - Trainer: Blazevic - Tore: Stimac (74./1:0), Vlaovic (76./2:0)

Kroatien - Ungarn 4:1 (2:1)

10. 4. 1996 - Osijek - 18.000 - Verdenik (Slowakei) - Mrmic - Bilic (46. Bicanic), Brajkovic, Pavlicic - Balajic, Mornar, Cvitanovic (71. Vugrinec), Stanic, Jerkan - Pamic (77. Stefulj), Suker - Trainer: Blazevic - Tore: Brajkovic (6./1:0), Suker (23./2:0), Pamic (65./3:1), Stanic (75./4:1)

England - Kroatien 0:0

24. 4. 1996 - London - 33.650 - Przesmycki (Polen) - Mrmic - Pavlicic (75. Mladenovic), Jarni, Stimac (58. Soldo), Jerkan, Bilic, Asanovic, Prosinecki, Suker, Boban (46. Stanic), Boksic (71. Pamic) - Trainer: Blazevic

Irland - Kroatien 2:2 (2:1)

2. 6. 1996 - Dublin - 29.100 - Leduc (Frankreich) - Mrmic (46. Ladic) - Stanic (78. Soldo), Jarni, Stimac, Jerkan, Bilic, Asanovic, Vlaovic (71. Jurcevic), Suker, Boban, Boksic - Trainer: Blazevic - Tore: Suker (15./1:0), Boban (46.2:1)

Kroatien - Türkei 1:0 (0:0) EM-VR

11. 6. 1996 - Nottingham (England) - 22.406 - Muhmenthaler (Schweiz) - Ladic - Bilic, Stimac, Jerkan, Jarni - Stanic, Asanovic, Boban (57. Soldo), Prosinecki - Suker, Boksic (73. Vlaovic) - Trainer: Blazevic - Tor: Vlaovic (86./1:0)

Kroatien - Dänemark 3:0 (0:0) EM-VR

16. 6. 1996 - Sheffield (England) - 33.671 - Batta (Frankreich) - Ladic - Bilic, Jerkan, Stimac - Stanic, Asanovic, Boban (82. Soldo), Prosinecki (88. Mladenovic), Jarni - Vlaovic (81. Jurcevic), Suker - Trainer: Blazevic - Tore: Suker (53.Elfmeter/1:0, 89./3:0), Boban (81./2:0)

Kroatien - Portugal EM-VR

19. 6. 1996 - Nottingham (Portugal) - 22.848 - Heynemann (Deutschland) - Mrmic - Bilic, Pavlicic, Soldo - Simic, Jurcevic, Mladenovic (46. Boban), Prosinecki (46. Asanovic), Jarni - Vlaovic, Pamic (46. Suker) - Trainer: Blazevic

Kroatien - Deutschland 2:1 (1:0) EM-VF

23. 6. 1996 - Manchester (England) - 43.412 - Sundell (Schweden) - Ladic - Stimac, Jerkan, Bilic - Stanic, Jarni, Asanovic, Boban - Jurcevic (78. Mladenovic) - Vlaovic, Suker - Trainer: Blazevic - Tor: Suker (51./1:1)

DER EUROPAPOKAL

Europapokal der Landesmeister

Qualifikation

Panathinaikos Athen - Hajduk Split 0:0

9. 8. 1995 - 45.000 - Meier (Schweiz) - Gabric - Butorovic, Stimac, Horvath, Hibic - Jozinovic, Vulic, Pralija, Asanovic - Rapajic (79. Mestrovic), Mornar (74. Saar)

Hajduk Split - Panathinaikos Athen 1:1 (1:0)

23. 8. 1995 - 11.000 (in Rijeka) - Craciunescu (Rumänien) - Gabric - Butorovic, Jozinovic, Stimac, Hibic - Horvath, Vulic (14. Mestrovic), Pralija, Asanovic - Jurcec (68. Saar), Mornar - Tor: Stimac (4./1:0) - Rot: Stimac

Europapokal der Pokalsieger

Der Pokalfinalverlierer Croatia Zagreb war aufgrund von Ausschreitungen seiner Fans beim vorjährigen Spiel in Auxerre von der UEFA gesperrt worden

UEFA-Pokal

Qualifikation

Slovan Bratislava - NK Osijek 4:0 (3:0)

8. 8. 1995 - 9.000 - Fernandez Marin (Spanien)

NK Osijek - Slovan Bratislava *0:2 (0:0)*

22. 8. 1995 - 4.000 (in Zagreb) - Merk (Deutschland)

UI-Cup

Keine Teilnehmer gemeldet

Skonto blieb ohne Niederlage

Von Margus Luik

Latvijas Futbola Savienba

Aug_iela 1, LV-1009 Riga
Telefon: ++371 (2) 29 29 88
Telefax: ++371 / 78 28 331

FIFA-Weltrangliste
Juli 1995: 69. Platz, 31,40 Punkte
Juli 1996: 77. Platz, 30,68 Punkte

UEFA-Fünfjahreswertung
1996/97: 26. Platz, 11,166 Punkte

Die lettische Meisterschaft 1995 endete wie immer: Mit dem Titelgewinn des FC Skonto Riga. Neun Punkte Vorsprung wies das lettische Aushängeschild diesmal auf und stand bereits sechs Spieltage vor Saisonende zum sechsten Mal in Folge als Meister fest.

Seitdem Lettland im Jahre 1991 eine eigene Landesmeisterschaft einrichtete, sind die Hauptstädter unumstrittene Nummer 1. Ihre letzte Niederlage kassierte die Mannschaft von Trainer Alexander Starkov am 14. Oktober 1993, als sie mit 0:1 bei Auseklis Daugavpils verlor. 53 Ligaspiele ist das Team aus dem *Daugava*-Stadion nun ungeschlagen, und es hat den Anschein, als solle die Serie noch ein bißchen halten.

1995 gerieten allerdings zunächst andere Teams in die Schlagzeilen. Noch bevor das erste Spiel angepfiffen wurde, kam das Aus für Gemma Riga, das seine Mannschaft wegen finanzieller Schwierigkeiten zurückziehen mußte. Eilig wurde ein neuer Terminplan erstellt, der nach nur sechs Spieltagen ebenfalls hinfällig war, denn da kam aus demselben Grunde das Aus für Pardaugava Riga!

Sportlich war vor allem das Rennen um den Einzug in die Finalrunde spannend. Titelverteidiger Skonto Riga, RAF Jelgava und die Neulinge Starts Broceni sowie Vilan-D Daugavpils hatten sich längst für die Play-off-Spiele qualifiziert, zwischen Vaizroge Rezekne, Amstrig Riga, DAG Liepaja und Skonto/Metal Riga noch immer heftig um den letzten Play-off-Rundenplatz gerungen wurde. Sieger an einem spannenden Finaltag wurde Amstrig Riga.

Dann ging es in die Play-off-Runde, in der es eigentlich nur noch um die Frage nach dem Vizemeister ging, denn Skonto Riga hatte aus der Vorrunde einen 11-Punkte-Vorsprung mitnehmen können. Während der Titelverteidiger seinen Vorsprung kontinuierlich ausbaute und am Ende auf 78 von 81 möglichen Punkten kam, sicherte sich Neuling Vilan-D Daugavpils den Vizemeistertitel - und damit die Qualifikation für den UEFA-Pokal.

Im Europapokal erreichten mit RAF Jegava und dem vor der Saison von Riga nach Legava umgezogenen FC DAG zwar zwei der drei Starter die 1. Runde, doch die Qualifikationsgegner aus Tallinn und Afan Lido waren relativ leichte Hürden gewesen - noch dazu war DAGs Weiterkommen einem Fehler des Gegners aus Tallin zu verdanken. Auf welchem Niveau der lettische Fußball tatsächlich steht, dokumentiert wohl eher das Qualifikationsaus der Übermannschaft von Skonto Riga gegen das slowenische Durchschnittsteam von Branik Maribor.

Der sportliche Paukenschlag der Saison ging am 16. August 1995 vor 2.500 Zuschauern im Rigaer Daugava-Stadion vor sich, als die seit 1992

1. Liga - Gesamttabelle	Sp	g	u	v	Tore	Diff.	Pkt.
1. Skonto Riga	28	25	3	0	99:15	+84	78
2. Vilan-D Daugavpils [1]	28	16	3	9	45:30	+15	51
3. RAF Jelgava [2]	28	14	6	8	40:28	+12	48
4. Starts Broceni	28	11	5	12	31:43	-12	38
5. Amstrig Riga [3]	28	9	8	11	47:38	+ 9	35
6. Vairogs Rezekne	28	7	7	14	35:52	-17	28
7. Skonto/Metals Riga	24	8	4	12	37:51	-14	28
8. DAG Liepaja 4	24	7	7	10	26:34	- 8	28
9. Olimpija Riga *	24	5	5	14	29:57	-28	20
10. Kvadrats Riga	24	5	2	17	22:63	-41	17

Anmerkungen: * = Olimpija Riga ging in Konkurs, dafür rückte Zweitligavizemeister Lokomotiv Daugavpils nach, 1 = benannte sich 1996 in FC Dinaburg Daugavpils um, 2 = ab 1996 FC Universitäte Riga, 3 = ab 1996 Daugava Riga, 4 = fusionierte 1996 mit dem Zweitligisten FK Liepaja und spielt als FK Liepaja weiter

EC 1996/97: CL: -, EC2: FC Universitäte Riga (Ex-RAF Jelgava), UEFA: Skonto Riga, FC Dinaburg Daugavpils (Ex-Vilan-D), UI:-

von Janis Gilis betreute lettische Nationalelf ihr EM-Qualifikationsspiel gegen Österreich mit 3:2 gewann! Obwohl es auch im nächsten Spiel gegen Liechtenstein einen Sieg gab, landete das Team nur auf dem vorletzten Platz der Qualifikationsgruppe 6. ■

1. Liga - Vorrunde	Skonto	Jelgava	Broceni	Vilan-D.	Vairogs	Amstrig	Sk./Metals	Liepaja	Olimpija	Kvadrats
Skonto Riga	• •	1:0 5:0	0:0 3:0	4:1 3:0	3:0 1:0	3:0 3:2	4:0 2:1	4:0 2:2	1:0 7:1	6:1 7:0
RAF Jelgava	0:1 0:5	• •	4:0 3:0	3:1 2:1	2:0 0:1	1:1 2:1	2:0 1:1	2:1 0:0	2:0 1:0	3:0 5:0
Starts Broceni	0:0 0:3	0:4 0:3	• •	0:1 0 3	0:0 1:1	3:0 1:0	3:2 3:0	1:1 1:0	2:0 2:0	3:0 1:0
Vilan-D Daugavpils	1:4 0:3	1:3 1:2	1:0 3:0	• •	1:2 1:1	0:1 2:2	5:1 4:0	2:0 2:0	3:1 0:1	2:0 2:1
Vairogs Rezekne	0:3 0:1	0:2 1:0	0:0 1:1	2:1 1:1	• •	1:0 1:2	1:1 8:0	1:1 1:3	3:3 0:1	2:0 5:1
Amstrig Riga	0:3 2:3	1:1 1:2	0:3 0:1	1:0 2:2	0:1 2:1	• •	2:0 2:2	1:1 0:1	2:3 7:0	1:1 2:0
Skonto/Metals Riga	0:4 1:2	0:2 1:1	2:3 0:3	1:5 0:4	1:1 0:8	0:2 2:2	• •	3:1 1:0	4:3 1:1	2:0 6:0
DAG Liepaja	0:4 2:2	1:2 0:0	1:1 0:1	0:2 0:2	1:1 3:1	1:1 1:0	1:3 0:1	• •	2:2 2:0	1:3 3:2
Olimpija Riga	0:1 1:7	0:2 0:1	0:2 0:2	1:3 1:0	3:3 1:0	3:2 0:7	3:4 1:1	2:2 0:2	• •	3:0 4:1
Kvadrats Riga	1:6 0:7	0:3 0:5	0:3 0:1	0:2 1:2	0:2 1:5	1:1 0:2	0:2 0:6	3:1 2:3	0:3 1:4	• •

DER MEISTER

Skonto Riga

Skonto Riga ist das unangefochtene Aushängeschild des lettischen Fußballs. Sponsor der Mannschaft ist der Großkonzern Skonto, der auf vielen Gebieten tätig ist (Öl, Schiffahrt, Metalle), einige Restaurants besitzt und sogar über eine eigene Radiostation verfügt. Die derzeitige Mannschaft von Skonto ist mit lettischen Nationalspielern gespickt, darüber hinaus gehören russische Spieler zur Mannschaft. Der erfahrene Torhüter Raimonds Laizans beispielsweise bekam Konkurrenz vom U21-Nationalspieler Alexandr Kolinko, der 37jährige Nationalmannschaftskapitän Jurij Schewljakow ist immer noch Kopf der Abwehr, der auch die Nationalspieler Igor Troitski, Michail Zemlinski und Igor Stepanow angehören.

Die Mittelfeldspieler Vitalij Astafjev, Valerij Iwanow und Andris Stolvers haben ebenfalls Länderspielerfahrung und bilden eine starke, zuverlässige Achse. Dazu kommt der schnelle Stürmer Wladimir Babitschew, der mit dem Russen Vladlen Bauschew ein brandgefährliches Sturmduo bildet. Für die Zukunft hat Skonto mit dem 19jährigen Stürmertalent Marian Pakhar bereits einen neuen Star in der Hinterhand. Der Kampf um einen Stammplatz bei Skonto ist extrem hart - das macht das Team jedoch nur stärker.

In Skontos Reservemannschaft „Skonto-Metals“ stehen einige lettische Jugendnationalspieler, die auf den Sprung in die erste Mannschaft warten.

DER TORJÄGER

Vitalij Astafjev (Skonto Riga)

Der 25jährige offensive Mittelfeldspieler war nicht nur bester Torschütze der lettischen Meisterschaft sondern wurde auch zum „Spieler des Jahres“ 1995 gewählt. Astafjev, geboren am 3. April 1971, wurde bereits mit mehreren ausländischen Klubs in Verbindung gebracht, doch Skonto hat einem Verkauf seines besten Spielers nicht zugestimmt. Astafjev ist ein kompletter Mittelfeldspieler und genießt den freien Raum in seiner Rolle hinter den Stürmern. Seine Haupteigenschaften: technisch perfekt, aber manchmal zu eigensinnig, physisch stark, mit einem kräftigen rechten Fuß. Er mag jedoch keine Defensivarbeit und kann die Aufgabe als „Kopf“ einer Mannschaft nicht ausfüllen. Rein von seinem Naturell her ist er ruhig, neigt aber manchmal zu Kapriolen. Bis zum Sommer 1996 hatte er 34 Länderspiele bestritten und dabei sechs Tore erzielt.

1. Liga - Play-Off-Runde	1.	2.	3.	4.	5.	6.	Sp	g	u	v	Tore	Diff.	Pkt.
1. Skonto Riga	•	2:0	2:1	4:1	2:1	8:0							
	•	4:0	5:1	8:1	2:2	3:0	10	9	1	0	40:7	+33	28
2. Vilan-D Daugavpils	0:2	•	1:0	1:0	2:0	2:0							
	0:4	•	0:0	3:0	2:1	3:1	10	7	1	2	14:8	+ 6	22
3. RAF Jelgava	1:2	0:1	•	0:3	1:1	2:1							
	1:5	0:0	•	1:0	1:1	0:1	10	2	3	5	7:15	- 8	9
4. Starts Broceni	1:4	0:1	3:0	•	1:5	1:1							
	1:8	0:3	0:1	•	0:1	3:1	10	2	1	7	10:25	-15	7
5. Amstrig Riga	1:2	0:2	1:1	5:1	•	6:2							
	2:2	1:2	1:1	1:0	•	3:0	10	4	3	3	21:13	+ 8	15
6. Vairogs Rezekne	0:8	0:2	1:2	1:1	2:6	•							
	0:3	1:3	1:0	1:3	0:3	•	10	1	1	8	7:31	-24	4

Anm.: In der oberen Spalte sind die Hinrunden-, in der unteren die Rückrundenresultate angegeben!

1. Liga - Abstiegsrunde	1.	2.	3.	4.	Sp	g	u	v	Tore	Diff.	Pkt.
1. Skonto/Metals Riga	•	0:1	7:1	1:0							
	•	1:2	2:0	1:5	6	3	0	3	12: 9	+ 3	9
2. DAG Liepaja	1:0	•	3:1	0:1							
	2:1	•	1:1	0:2	6	3	1	2	7:6	+ 1	10
3. Olimpija Riga	1:7	1:3	•	2:2							
	0:2	1:1	•	1:2	6	0	2	4	6:17	-11	2
4. Kvadrats Riga	0:1	1:0	2:2	•							
	5:1	2:0	2:1	•	6	4	1	1	12:5	+ 7	13

2. Liga		Sp	g	u	v	Tore	Pkt.
1. Jurnieks Riga	↑	22	18	3	1	59:16	57
2. Lokomotiv Daugavpils	↑	22	14	5	3	57:22	47
3. Jauniba Daugavpils		22	14	1	7	56:30	43
4. Latgale Daugavpils		22	12	3	7	56:45	39
5. AVV-LSPA Riga		22	9	5	8	30:29	32
6. Venta Ventspils		22	8	4	10	25:29	28
7. FK Valmiera		22	8	3	11	40:65	27
8. ZS Beikas Riga		22	7	3	12	20:42	24
9. FK Liepaja [1]		22	7	3	12	33:45	24
10. Sardzes Pulks Riga		22	5	5	12	22:37	20
11. Jekabp.-Vide Jekabpils		22	5	3	14	33:53	18
12. Dialogs Jelgava		22	5	2	15	25:43	17

Anmerkungen: 1 = fusionierte im Sommer 1996 mit dem Erstligisten DAG Liepaja und spielt 1996 als FK Liepaja in der 1. Liga

Die Torschützen

Vitali Astafjev (Skonto Riga)	19
Oleg Dulub (Vairogs Rezekne)	16
Vladimir Babicev (Skonto Riga)	14
Marian Pakhar (SRiga/Skonto Riga)	12
Mikhail Mikholap (Amstrig Riga)	11
Aleksandr Jelisejev (Skonto Riga)	11
Renars Vucans (Skonto/Metals Riga)	10
Vladlen Baushev (Skonto Riga)	10
Valeri Ivanov (Skonto Riga)	10

LFV
Liechtensteiner Fußball-Verband
Am Schrägen Weg 17,
Postfach 165,
FL-9490 Vaduz
Telefon: ++41(75)233 24 28
Telefax: ++41(75)233 24 30

FIFA-Weltrangliste
Juli 1995: 152. Platz, 5,22 Punkte
Juli 1996: 160. Platz, 6,06 Punkte

UEFA-Fünfjahres-Wertung
1996/97: 42. Platz, 3,0 Punkte

LIECHTENSTEIN 1995/96

Zufriedenheit trotz 0:7-Schlappe

25 Kilometer lang, durchschnittlich sechs Kilometer breit und insgesamt 160 km2 groß - das ist das am westlichen Zipfel der Schweiz gelegene Fürstentum Liechtenstein. Vereinsfußball gespielt wird dort bereits seit den zwanziger Jahren, doch erst 1994 meldete der Fußball-Verband erstmals seine Teilnahme an einem internationalen Wettbewerb (EM-Qualifikation) an. Sie endete erwartungsgemäß mit dem letzten Platz, brachte jedoch ein vielbeachtetes torloses Unentschieden gegen Irland.

Liechtensteins sieben Fußballvereine nehmen am Schweizer Spielbetrieb teil. Ranghöchstes Team ist der FC Vaduz, der in der 3. Liga spielt, gefolgt vom FC Balzers und USV Eschen/Mauren, die das 30.000 Einwohner zählende Land in der vierten Schweizer Spielklasse vertreten. Seit 1946 wird alljährlich um den Liechtensteiner Pokal gespielt; Rekordhalter ist der FC Vaduz mit 26 Siegen.

International gehört Liechtensteins Fußball zu den europäischen Schlußlichtern. "Wir haben viele Jahre aufzuholen und müssen kontinuierlich lernen", meinte Nationaltrainer Dietrich Weise, einst in der Bundesliga für Frankfurt und Düsseldorf tätig, nach der 0:7-Niederlage im EM-Qualifkationsspiel gegen Portugal - und zeigte sich ganz und gar nicht unzufrieden mit seiner fast ausschließlich aus Amateuren bestehenden Mannschaft. Drei Wochen später hielt diese bis sieben Minuten vor Schluß ein torloses Unentschieden gegen Lettland, ehe Armands Zeberlins die Träume vom zweiten Punktgewinn zerstörte. Unbestrittener Saisonhöhepunkt war das Länderspiel gegen den späteren Europameister Deutschland, bei dem der gebürtige Spanier Marco Perez in der 69. Minute den Ehrentreffer zum 1:7 (Endstand 1:9) markierte. Dietrich Weise, dessen Vertrag bis 1998 verlängert wurde und der mit Ex-Bundesligaspieler Ralf Loose inzwischen einen hauptamtlichen Assistenten bekommen hat, hofft nun auf Erfolge in der WM-Qualifikation.

Lokal sorgte der turbulente Saisonverlauf des FC Vaduz in der Schweizer A-Klasse für Aufregung. Lange Zeit spielten die Hauptstädter hoffnungsvoll um den Aufstieg mit, ehe sie durch eine schwarze Serie plötzlich in Abstiegsgefahr gerieten und am Ende lediglich der zwölfte Platz heraussprang. Dafür hielt sich das Team von Trainer Fassler im Pokalwettbewerb schadlos. Einem lockeren 6:0-Sieg über den FC Triesenberg folgte ein schwer umkämpfter 3:2-Erfolg über den FC Balzers. Wie im Vorjahr stand den Vaduzern im Pokalfinale der USV Eschen/Mauren gegenüber, der sich im Halbfinale nach 0:2-Rückstand glücklich mit 3:2 gegen den FC Schaan durchgesetzt hatte. Für beide Mannschaften kam das Finale allerdings zu einem ungünstigen Zeitpunkt, denn sie befanden sich noch mitten in der entscheidenden Phase des Abstiegskampfes. "Statt eines Trainings können wir vor dem wichtigen Abstiegsspiel gegen Glarus nochmals einen Ernstkampf bestreiten", gewann Vaduz'-Präsident Keiher dem notgedrungen einen positiven Aspekt ab. Die klassenhöheren Vaduzer mußten auf ihren verletzten Mittelfeldspieler Jürg Ritter sowie die "überzähligen Ausländer" Pietrafesa und Kubli verzichten, während bei Eschen/Mauren unter anderem Jürgen Zech fehlte, der durch eine Hochzeit verhindert war. 650 Zuschauer lockte der Finalkampf ins Triesener Blumenau-Stadion. In einem mäßigen Spiel brachte Regisseur Marco Perez den FCV nach 25 Minuten per 20-Meter-Schuß mit 1:0 in Führung und sorgte damit bereits für die Entscheidung, denn das Team aus Eschen/Mauren fand kein Mittel, die von Vaduz'-Libero Harry Zech vorzüglich organisierte FCV-Abwehr zu überwinden. "Das Spiel war nicht berauschend, allerdings sind dies Cupfinals sehr selten", kommentierte Nationaltrainer Weise nach dem Schlußpfiff und befand den Sieg des FC Vaduz als "verdient". ■

DER STAR

Mario Frick
(FC St. Gallen)

Für lokale Verhältnisse ist Mario Frick ein Superstar. Einer wie Jürgen Klinsmann, Stéphane Chapuisat oder Toni Polster. Mario Frick spielt in der Schweizer Nationalliga und ist erster und bislang einziger Fußballprofi Liechtensteins. 1993 avancierte er zum Nationalhelden, als er beim 3:1-Sieg des FC Balzers über den albanischen Pokalsieger Albpetrol Patos zwei Treffer markierte, wodurch erstmals ein Liechtensteiner Klub die Europapokal-Qualifikation überstand. Ein Jahr später wechselte der heute 22jährige zum FC St. Gallen. "Mario ist unsere größte Stürmerhoffnung", meint Nationaltrainer Weise über den Publikumsliebling, der im Frühjahr 1996 ein Angebot vom Schweizer Meister Grasshoppers Zürich erhielt, sich jedoch für den FC Basel entschied. Mit den Blau-Roten will er nun die Play-Off-Runde zur Schweizer Meisterschaft erreichen.

DER POKAL

1. Runde (4. und 5. August 1995)

FC Triesenberg II - FC Schaan I	0:5
FC Vaduz II - FC Triesen I	1:0
FC Ruggell II - FC Triesen II	0:3*
USV Eschen/Mauren II - FC Balzers I	0:9
FC Balzers II - FC Triesenberg I	0:2
FC Schaan II - FC Ruggell I	n.V. 2:3*

Freilos: FC Vaduz, USV Eschen/Mauren

* = Nachträglich wurde festgestellt, daß der FC Ruggell in beiden Spielen einen nicht spielberechtigten Spieler eingesetzt hatte. Daraufhin wurden die Spiele jeweils für Ruggells Gegner gewertet.

Viertelfinale (24. und 26. Oktober 1995)

FC Schaan II - FC Balzers I	0:8
FC Vaduz II - FC Schaan I	1:4
FC Triesenberg I - FC Vaduz I	0:6
FC Triesen II - USV Eschen/Mauren I	0:4

Halbfinale (6. und 8. April 1996)

USV Eschen/Mauren I - FC Schaan I	3:2
FC Vaduz I - FC Balzers I	3:2

Finale (15. Mai 1996, 650 in Triesen)

FC Vaduz - USV Eschen/Mauren 1:0 (1:0)

Vaduz: Heeb - Zech - Erdogan, Hasler, Hefti (67. Hassler/ 92. Johannes Frick) - Heidegger, Hanselmann, Perez, Cimino - Milosavlevic, Polverino (82. Kindle)
Eschen/Mauren: Walser - Kamaryt - Marxer (70. Batlinger), Stocklasia, Blumenthal - Kaiser (58. Mattl), Klaunzer, Ferrati, Ospelt (79. Emder) - Jovic, Schädler
Schiedsrichter: Hans Stadler (Bazenheid)
Tor: 1:0 (25.) Marco Perez

DIE LÄNDERSPIELE

Liechtenstein - Portugal 0:7 (0:3) **EMQ**
15. 8. 1995 - Eschen/Mauren - 3.500 - Poljak (Kroatien) - Heeb - Stocker (46. Ch. Frick), J. Zech, Hasler, Hanselmann, Moser - Hilti, H. Zech, Klaunzer (46. P. Marxer), D. Telser (67. R. Oehri) - M. Frick - Trainer: Weise

Lettland - Liechtenstein 1:0 (0:0) **EMQ**
6. 9. 1995 - Riga - 3.800 - Ovrebo (Norwegen) - Heeb - Ch. Frick, R. Oehri (64. H. Bicker), Hasler, J. Zech - D. Telser, Stocker (88. Klaunzer), Hilti, M. Frick - F. Schädler, P. Marxer (74. D. Frick) - Trainer: Weise

Liechtenstein - Nordirland 0:4 (0:1) **EMQ**
11. 10. 1995 - Eschen/Mauren - 1.100 - Lubos Michel (Slowakei) - M. Oerhi - D. Telser, Hefti, Hasler, Ch. Frick (78. Hanselmann), Hilti (66. J. Ospelt) - Klaunzer, H. Stocker (45. Sele), H. Zech, R. Oehri - H. Schädler - Trainer: Weise

Mazedonien - Liechtenstein 3:0 (1:0) **EMQ**
24. 4. 1996 - Skopje - 12.000 - Loizou (Zypern) - Heeb - Hanselmann, Hasler, Stocker, J. Zech - Ch. Frick, D. Frick, M. Frick, Hilti, R. Oehri, Telser II (51. Sele) - Trainer: Weise

Deutschland - Liechtenstein 9:1 (4:0)
4. 6. 1996 - Mannheim - 25.000 - Müller (Schweiz) - Heeb - Hasler, Hilti, Zech, Klaunzer (59. J. Ospelt), D. Frick (61. M. Telser), H. Zech, Perez (82. P. Marxer), F. Schädler, M. Frick (76. Sele), H. Schädler - Trainer: Weise - Tor: Perez (69./7:1)

DER EUROPAPOKAL

Europapokal der Landesmeister

Liechtenstein spielt kein Landesmeisterschaft aus

Europapokal der Pokalsieger

Qualifikation

FC Vaduz - SK Hradec Králové 0:5 (0:2)
10. 8. 1995 - 1.300 - Beusan (Kroatien) - Heeb - Ritter, H. Hasler, D. Hasler, Moser - Kindle (62. J. Ospelt), Beeli, Zech, Perez, Nikolic (46. Hanselmann) - Polverino (75. Freymith)

SK Hradec Králové - FC Vaduz 9:1 (5:1)
24. 8. 1995 - 3.558 - Pjanich (Ukraine) - Gassner - Moser, D. Hasler, H. Hasler, Birchler - Ritter (85. Foser), Hanselmann (46. Hemmerle), Beeli, Zech, J. Ospelt (76. Frick) - Polverino - Tor: Ritter (27./3:1)

UEFA-Pokal

keine Teilnehmer

UI-Cup

keine Teilnehme

Lietuvos Kamuolio Zaidimu Sajunga

3/11 Rinktines Str.,
LIT-2051 Vilnius
Telefon: ++370 (2) 723 654
Telefax: ++370 (2) 723 651

FIFA-Weltrangliste
Juli 1995: 49. Platz, 36,78 Punkte
Juli 1996: 65. Platz, 34,29 Punkte

UEFA-Fünfjahres-Wertung
1996/97: 39. Platz, 4,0 Punkte

LITAUEN 1995/96

Ein Skandal nach dem anderen

Litauens Fußball steckt in der Krise. Im vierten Jahr der eigenständigen Liga der südlichsten der drei Baltenrepubliken waren Korruption, Gewalt und Vereinspleiten an der Tagesordnung. An der Spitze stand der von Vytautas Dirmeikis autoritär geführte Fußballverband, dessen Politik kräftig zu den chaotischen Verhältnissen beitrug. Die Highlights in Kurzform: Vor Saisonbeginn wurde die 1. Liga auf fünfzehn Teilnehmer aufgestockt, weil der Vorjahresvorletzte Sirijus Klaipeda unbedingt erstklassig bleiben sollte, denn das ist der Lieblingsklub von Verbandspräsident Dirmeikis! Im September 1995 kam es beim Spiel zwischen Romar Mazeikiai und Inkaras-Grifas Kaunas zu gewalttätigen Auseinandersetzungen, die erst durch den Einsatz von 200 Polizisten unterbunden werden konnten. Eine Woche später mußte sich Romar Mazeikiai aus dem Spielbetrieb zurückziehen, weil kein einziger *Litas* mehr in der Kasse war. Im Dezember 1995 drohte dem litauischen Aushängeschild Zalgiris das selbe Schicksal, doch der Konkurs konnte in letzter Minute noch abgewendet werden. Im Januar 1996 verunsicherte der Verband die Schiedsrichter, indem er Geldstrafen für gelbe und rote Karten einführte. Bei einem Freundschaftsspiel gegen den norwegischen Erstligisten Tromsø IL bewarf Zalgiris Vilnius' Torhüter Alvydas Koncevicius den Schiedsrichter mit einer Flasche und wurde für drei Jahre gesperrt. Und sein Torhüterkollege Vaclovas Lekevicius (Klaipeda) landete im April 1996 wegen seiner Verbindungen zur Mafia sogar im Knast.

Fußball gespielt wurde in Litauen übrigens auch, und da war es das Team von Kareda

1.Liga (Vorrunde)	Zalgiris	Inkaras-G.	Kareda	Atlantas	FKB Kaunas	Panerys	Ekranas	Zalgiris II	FK Klaipeda	Banga	Lokomotyvas	Tauras	Mastis	Ukmerge	Alsa	Romar	Tore	Pkt.
Zalgiris Vilnius	•	-	-	5:1	-	-	5:0	-	3:0	4:0	5:2	7:0	-	-	9:0	-	63:7	40
Inkaras-Grifas Kaunas	0:0	•	3:1	-	0:0	3:0	2:1	-	2:0	-	-	-	5:1	-	-	-	37:7	38
Kareda Siauliai	0:1	-	•	0:2	3:2	2:0	2:1	-	3:0	-	-	-	-	2:0	-	-	35:10	33
Atlantas Klaipeda	-	1:2	-	•	2:0	-	-	1:0	-	-	0:0	5:0	-	0:0	1:0	-	31:10	31
FBK Kaunas	1:2	-	-	-	•	2:1	3:1	-	1:2	3:0	3:0	-	-	-	2:0	-	33:15	28
Panerys Vilnius	2:3	-	-	0:2	-	•	2:1	1:3	-	3:0	-	6:0	2:0	-	-	-	28:16	24
Ekranas Panevezys	-	-	-	2:1	-	-	•	2:2	-	3:2	3:2	7:0	2:0	-	3:0	-	29:25	20
Zalgiris II Vilnius	0:1	0:2	0:3	-	1:6	-	-	•	2:0	-	-	2:0	2:2	-	-	-	22:21	18
FK Klaipeda	-	-	-	0:5	-	0:3	2:1	-	•	1:1	1:2	2:0	-	-	2:0	1:3	12:25	16
Banga Gargzdai	-	2:4	0:5	0:3	-	-	-	2:1	-	•	-	1:1	1:1	2:1	-	-	14:33	12
Lokomotyvas Vilnius	-	1:3	0:1	-	-	0:2	-	1:1	-	1:2	•	-	-	0:0	2:1	-	13:25	12
Tauras Taurage	-	0:4	0:6	-	2:4	-	-	-	-	-	2:0	•	0:1	2:0	1:0	1:0	8:45	10
Mastis Telsiai	1:14	-	0:4	1:3	1:4	-	-	-	0:1	-	1:2	-	•	0:0	-	-	15:40	9
FK Ukmerge	0:4	0:6	-	-	0:2	0:4	2:2	0:5	2:1	-	-	-	-	•	-	-	7:34	9
JR Alsa Vilnius	-	0:1	1:3	-	-	0:2	-	0:3	-	2:1	-	-	0:6	0:2	•	-	4:38	3
Romar Mazeikiai	-	1:1	-	-	-	-	-	-	-	-	-	-	-	-	3:0	•	(7:3)	(7)

Romar Mazeikiai meldete nach vier Spielen Konkurs an und zog sich zurück. Die Punkte wurden gelöscht, stattdessen wurde die Jugendnationalmannschaft Litauens unter dem Namen JR Alsa aufgenommen. Nach Beendigung der Vorrunde wurde die Mannschaft von Panerys Vilnius übernommen und trat anschließend als Alsa-Panerys Vilnius an. Außerdem trat die Mannschaft des FK Klaipeda im Saisonverlauf zu Atlantas Klaipeda über und spielte als JR Klaipeda weiter. Während der Saison fanden folgende Umbenennungen statt: Zalgiris-EBSW Vilnius = Zalgiris Vilnius, Kareda-Sakalas Siauliai = Kareda Siauliai und Aras Klaipeda = Atlantas Klaipeda

Play-Off	Gesamt							Heim					Auswärts				
	Sp	g	u	v	Tore	Diff.	Pkt.	g	u	v	Tore	Pkt.	g	u	v	Tore	Pkt.
1. Inkaras G. Kaunas	14	12	1	1	30:2	+28	56 (19)	6	1	0	16:0	19	6	0	1	14:2	18
2. Kareda Sauliai	14	11	2	1	32:7	+25	52 (17)	6	1	0	20:5	19	5	1	1	12:2	16
3. Zalgiris Vilnius	14	9	3	2	43:15	+28	50 (20)	6	0	1	28:6	18	3	3	1	15:9	12
4. FBK Kaunas	14	5	2	7	15:20	-5	31 (14)	3	1	3	5:4	10	2	1	4	10:16	7
5. Panerys Vilnius	14	5	2	7	12:31	-19	29 (12)	3	2	2	7:14	11	2	0	5	5:17	6
6. Atlantas Klaipeda	14	2	3	9	11:24	-13	25 (16)	1	1	5	8:13	4	1	2	4	3:11	5
7. Ekranas Panevezys	14	1	6	7	10:21	-11	19 (10)	1	3	3	5:8	6	0	3	4	5:13	3
8. Zalgiris II Vilnius	14	0	3	11	6:39	-33	12 (9)	0	2	5	4:16	2	0	1	6	2:23	1

In Klammern = aus der Vorrunde übernommene Punkte

EC 1996/97: CL: -, EC2: Kareda Siauliai, UEFA: Inkaras-Grifas Kaunas, Zalgiris Vilnius, UI: FBK Kaunas

Play-Off	Inkaras-G.	Kareda	Zalgiris	FBK Kaunas	Panerys	Atlantas	Ekranas	Zalgiris II
Inkaras-Grifas Kaunas	•	0:0	2:0	2:0	4:0	1:0	2:0	5:0
Kareda Siauliai	1:0	•	1:1	5:2	4:1	3:0	3:1	3:0
Zalgiris Vilnius	1:3	2:1	•	3:0	5:0	5:1	3:0	9:1
FBK Kaunas	0:1	0:1	0:1	•	1:0	1:0	1:1	2:0
Panerys Vilnius	0:3	0:7	2:2	2:1	•	1:1	1:0	1:0
Atlantas Klaipeda	0:2	0:1	3:4	1:3	1:2	•	1:1	2:0
Ekranas Panevezys	0:2	0:1	1:1	2:2	1:0	0:1	•	1:1
Zalgiris II Vilnius	0:3	0:1	0:6	1:2	1:2	0:0	2:2	•

Die Torschützen

Edgaras Jankauskas (Zalgiris Vilnius)	25
Remigiujus Pocius (Kareda Siauliai)	18
Tomas Razanauskas (Panerys/Zalgiris)	14
Eimantas Poderis (Inkaras-G. Kaunas)	14
Aidas Preiksaitis (Zalgiris Vilnius)	14
Darius Maciulevicius (Inkaras-Grifas)	13
Igoris Morinas (Panerys Vilnius)	13
Rolandas Bubliauskas (Atl. Klaipeda)	12
Vytautas Karvelis (Zalgiris Vilnius)	11
Audrius Slekys (Inkaras-Grifas)	11

Siauliai, das für positive Furore sorgte. 19:0 Tore schossen die Nordlitauer in ihren ersten sechs verlustpunktfreien Saisonspielen, ehe Inkaras-Grifas Kaunas die Siegesserie stoppte und selbst die Tabellenführung übernahm. Dort blieb die von Julius Kvedaras trainierte Mannschaft bis zum Ende der turbulenten Saison und verteidigte damit ihren im Vorjahr erstmals gewonnenen Titel.

Inkaras-Grifas verdankt seinen Erfolg der Finanzschwäche von Zalgiris Vilnius. 1994 hatte Kaunas' Präsident Raizys die beiden Zalgiris-Leistungsträger Darius Maciulevicius und Eimantas Poderis in die Industriemetropole gelockt und den ehemaligen sowjetischen Erstligisten damit entscheidend geschwächt.

Im Juni 1996 endete die turbulenteste Saison, die Litauens höchste Spielklasse seit ihrem Bestehen erlebte. Neben all' den Querelen sorgten die dürftigen Auftritte auf internationaler Ebene für Ernüchterung bei den Fans, die in der Vorsaison noch heimlich mit der EM-Qualifikation geliebäugelt hatten. Lediglich die Nachbarn Estland und Lettland konnten von der weiterhin von Zalgiris' Trainer-Präsident Zelkevicius betreuten Nationalelf bezwungen werden.

Pokalsieger Zalgiris Vilnius erreichte über den slowenischen Vertreter aus Murska Sobota die 1. Runde im Pokalsieger-Wettbewerb, wo gegen Trabzonspor das Aus kam. Inkaras-Grifas war zuvor gegen Brøndby chancenlos gewesen.

Dem litauischen Fußball kann man nur wünschen, daß er sich rasch stabilisiert, wozu allerdings nach Meinung einheimischer Experten ein Wechsel an der Verbandsspitze notwendig ist. Doch Vytautas Dirmeikis hat bislang noch keine Anzeichen von Amtsmüdigkeit gezeigt. ■

IM BLICKPUNKT

Romar Mazeikiai

BisAugust 1992 war der FK Mazeikiai ein kleiner und bescheidener Erstligist. Dann kam Romas Macinkevicius und krempelte das Aushängeschild der 40.000 Einwohner zählenden Stadt im Norden Litauens gehörig um. Er pumpte Milliarden von *Litas* in den Provinzklub, gab ihm dafür seinen Vornamen als Vereinsnamen, ließ Pläne für ein 25.000 Mann-Stadion entwerfen - und feierte 1993 tatsächlich den Gewinn der litauischen Landesmeisterschaft. Doch der „Bernard Tapie Litauens" verkalkulierte sich. Im Winter 1995 verabschiedeten sich die ersten Spieler aus dem 1993er Meisterkader, weil Macinkevicius nicht

Abstiegsrunde		Sp	g	u	v	Tore	Diff.	Pkt.
1. Banga Gargzdai		12	8	2	2	17:11	+6	32 (6)
2. Lokomotyvas Vilnius		12	8	0	4	24:11	+13	30 (6)
3. Tauras Taurage		12	5	6	1	9:3	+6	26 (5)
4. FK Ukmerge		12	5	2	5	19:13	+6	22 (5)
5. Mastis Telsiai		12	2	5	5	16:14	+2	16 (5)
6. Alsa-Panerys Vilnius		12	2	6	4	7:14	-7	14 (2)
7. JR Klaipeda	↓	12	0	3	9	3:29	-26	11 (8)

In Klammern = aus der Vorrunde übernommene Punkte

Relegationsspiele

Zalgiris II Vilnius - Bango Gargzdai	1:1;2:1
A. Panerys Vilnius - Nevezis-Fostra Kedainiai	4:3 n.E., 0:0 n.V.

2. Liga		Sp	g	u	v	Tore	Pkt.
1. Ranga-Polit. Kaunas	↑	24	17	4	3	62:19	55
2. Interas Visaginas	↑	24	16	5	3	36:6	53
3. Nevezis-F. Kedainiai		24	15	3	6	38:21	48
4. Laisve Silute		24	14	4	6	35:30	46
5. Daisotra Alytus		24	12	6	6	39:20	42
6. Klevas-Sakalas Siauliai		24	10	8	6	24:14	38
7. Volmeta-KKI Kaunas		24	10	8	6	38:16	38
8. Suduva Marijampole		24	9	4	11	35:37	31
9. Andas Vilnius		24	7	4	13	24:43	25
10. Lietava Jonava		24	8	1	15	21:41	25
11. Kauno Jegeriai		24	3	7	14	13:37	16
12. Savinge Kaisiadorys		24	4	3	17	18:48	15
13. Minija Kretinga		24	1	4	19	10:61	7
14. FK Klaipeda II.	zurückgezogen						
15. Ekranas Panevezys II.	zurückgezogen						
16. Cementininkas N. Akmene	zurückgezogen						

mehr zahlte. Zum Saisonbeginn 1995/96 stand der Klub vor einem Scherbenhaufen. Trainer Finkelis gab entnervt auf, der Wunschtrainer Ljubinskas erteilte eine Absage, und der Kader dünnte immer mehr aus. Saulius Vertelis übernahm schließlich das Traineramt - und mußte mit ansehen, wie Romar immer tiefer in den Schlamassel rutschte. Nach den Ausschreitungen beim Spiel gegen Inkaras-Grifas, als aufgebrachte Romar-Anhänger dem Schiedsrichter an den Kragen wollten, weil der ihrem Team zwei Elfmeter verweigert hatte, trat die Mannschaft zum nächsten Spiel bei Zalgiris Vilnius schon gar nicht mehr an. „Mir stehen nur zehn Spieler zur Verfügung", erläuterte Trainer Vertelis, doch tatsächlich war Präsident Macinkevicius am Morgen vor dem Spiel beim Verband gewesen und hatte den zahlungsunfähigen Verein vom Spielbetrieb abgemeldet. Romas Macinkevicius' Traum war aus. Opfer seiner Geltungssucht sind Mazeikiais Fußballfans, die fürs erste wohl auf Erstligafußball verzichten müssen.

Zalgiris Vilnius

Im Grunde genommen können die Fans des ehemaligen sowjetischen Oberligisten Zalgiris Vilnius froh sein, daß ihr Klub überhaupt die Saison überstanden hat. Im Dezember 1995 sah es nämlich zappenduster aus: Die seit zwei Monaten bezugslosen Spieler rebellierten, die Lietivos Telekomas klemmte dem Klub den Telefonanschluß ab und Benjamin Jelkevicius, Vereinspräsident, Zalgiris-Trainer und Nationaltrainer in Personalunion, mußte die seit Monaten kursierenden Gerüchte bestätigen: Zalgiris war pleite!

Dabei hatte es 1993 noch so gut ausgesehen. Jelkevicius war nach einem erfolglosen Intermez-

DER POKAL

Erste Runde

Andas Vilnius - FK Klaipeda	0:4
Volmeta-KKI Kaunas - Atlantas Klaipeda	0:3
Klevas-Sakalas Siauliai - Zalgiris Vilnius	0:6
Intermetas Vilkaviskis - Kareda Siauliai	0:11
JR Alsa Vilnius - Romar Mazeikiai	x:0
Daisotra Alytus - Panerys Vilnius	0:3
Zerutis Radviliskis - Inkaras-Grifas Kaunas	0:4
Grigiskes - Tauras Taurage	n.V. 1:2
FK Klaipeda II - Banga Gargzdai	0:2
Lietava Jonava - Interas Visaginas	0:2
Cementininkas Naujoji Akmene - Zalgiris II Vilnius	0:x
Anyksciu FK - Lokomotyvas Vilnius	0:4
Savinge Kaisiadorys - Mastis Telsiai	0:2
Ranga-Politechnika Kaunas - FBK Kaunas	0:4
Sandoris Vilnius - FK Ukmerge	n.V. 3:2
Inkaras-Grifas II Kaunas - Ekranas Panevezys	0:3

Achtelfinale (Hin- und Rückspiele)

Banga Gargzdai - Panerys Vilnius	4:2, 1:7
Mastis Telsiai - Zalgiris II Vilnius	0:4, 0:2
Sandoris Vilnius - Kareda Siauliai	0:6, 0:3
Interasas Visaginas - FBK Kaunas	1:2, 0:2
Tauras Taurage - Inkaras-Grifas Kaunas	0:3, 1:10
FK Klaipeda - Zalgiris Vilnius	1:1, 0:2
Atlantas Klaipeda - Ekranas Panevezys	1:1, 3:1
JR Alsa Vilnius - Lokomotyvas Vilnius	0:1, 0:1

Viertelfinale (Hin- und Rückspiele)

FBK Kaunas - Atlantas Klaipeda	2:3, 0:1
Kareda Siauliai - Panerys Vilnius	2:0, 2:1
Zalgiris II Vilnius - Zalgiris Vilnius	1:3, 1:1
Lokomotyvas Vilnius - Inkaras-G. Kaunas	1:3, 0:4

Halbfinale (Hin- und Rückspiele)

Kareda Siauliai - Zalgiris Vilnius	2:1, 2:1
Atlantas Klaipeda - Inkaras-Grifas Kaunas	2:4, 0:6

Finale (17. Juni 1996, Vilnius)

Kareda Sialuiai - Inkaras-Grifas Kaunas 2:0 (0:0)

Kareda: Zutautas - Ziukas, Dancenka, Korsakovas, Zudys - Baranauskas, Strumbrys, Mikalajunas, Stukalinas (83. Vaineikis), Zvingilas (61. Bicka), Pocius

Inkaras: Poskus - Mika, Kazlauskas, Matlasaitis, Vainoras (87. Zevzikovas) - Poderis, Maciulevicius, Vaskunas (46. Upstas), Zutautas - Rudzionis (72. Sanajevas), Slekys

Tore: 1:0 Dancenka (69.), 2:0 Pocius (90.)

Schiedsrichter: Dubinskas

zo bei Austria Wien zu seinem Heimatklub zurückgekehrt und hatte einen lukrativen Vertrag mit der East Baltic State West (EBSW) abgeschlossen. Über 2 Millionen Litas (knapp 1 Millionen Mark) investierte die Privatisierungsgesellschaft - und wollte dafür Titel sehen. Zweimal wurde Zalgiris Pokalsieger (1994 und 1995), doch mit dem geforderten Meistertitel wurde es nichts. Im Sommer geriet die EBSW selbst in Schwierigkeiten und drosselte ihre Geldzufuhr. Fatal für den Traditionsklub, dessen finanzielle und sportliche Situation sich von Tag zu Tag verschlechterte. Im Frühjahr trennten sich EBSW und Zalgiris. Anschließend gelang den Verantwortlichen zwar die Abwendung des Konkurses, doch vor dem Traditionsklub, der bislang erst einmal litauischer Meister war (1992), liegt nun eine schwierige Zukunft.

DIE LÄNDERSPIELE

Litauen - Weißrußland 1:1 (1:0)
29. 7. 1995 - Vilnius - 1.100 - Lajkus (Lettland) - Poskus (79. Ramuska) - R. Kancelskis, Vainoras, Tereskinas, Ziukas, Stonkus, Baltusnikas (60. Kirilovas), Maciulevicius (78. Vencevicius), Stukalinas (46. Stumbrys), Skarbalius, Zvingilas (71. Zuta) - Trainer: Zelkevicius - Tor: Skarbalius (10./1:0)

Estland - Litauen 0:1 (0:0) — **EMQ**
16. 8. 1995 - Tallinn - 1.500 - Nilsson (Schweden) - Stauce - Ziukas, Sukristovas, Tereskinas, Vainoras -Suika, Maciulevicius, Ivanauskas, Stonkus - Skarbalius (77. T. Kantcelskis), Slekys (67. Zuta) - Trainer: Zelkevicius - Tor: Maciulevicius (48./0:1)

Litauen - Ukraine 1:3 (1:0) — **EMQ**
6. 9. 1995 - Vilnius - 2.000 - Shorte (Irland) - Stauce -Suika, Vainoras, Ziukas, Tereskinas (70. Preiksaitis) - Stonkus, Sukristovas, Maciulevicius, Skarbalius (78. Zvingilas) - Ivanauskas, Slekys - Trainer: Zelkevicius - Tor: Maciulevicius (17./1:0)

Litauen - Estland 5:0 (4:0) — **EMQ**
11. 10. 1995 - Vilnius - 2.000 - Pauchard (Frankreich) - Stauce (46. Matinkenas) -Suika (72. Zvingilas), Vainoras, R. Kantcelskis - Stonkus, Rimkus, Maciulevicius, Baltusnikas - Vencevicius, Slekys (46. Jankauskas), Ivanauskas - Trainer: Zelkevicius - Tore: Maciulevicius (8./1:0), Suika (13./2:0, 19./3:0), Slekys (44./4:0), Ivanauskas (61./5:0)

Italien - Litauen 4:0 (0:0) — **EMQ**
15. 11. 1995 - Reggio Emilia - 30.000 - Diaz Vega (Spanien) - Stauce - Stonkus, Rimkus, Vainoras, Ziukus (78. Vencevicius), Tereskinas -Suika, Preiksaitis (46. Zvingilas), Skarbalius (59. Zutautas) - Maciulevicius, Ivanauskas - Trainer: Zelkevicius

Israel - Litauen 4:2 (2:1)
21. 2. 1996 - Haifa - 2.000 - Koren (Israel) - Spetyla - Novikovas, Vainoras, Stonkus, Tereskinas - Sukristovas, Priskasivicius (55. Zutautas), Rasanoskas, Rimkus - Jankauskas (76. Predikzas), Maciulevicius - Trainer: Zelkevicius - Tore: Maciulevicius (32./2:1), Rimkus (89./4:2)

Litauen - Lettland 2:1 (1:1) — **Baltic-Pokal**
8. 7. 1996 - Narva (Estland) - 250 - Martinekas - Ziukas, G. Zutautas, Zudys, Stonkus, Razanauskas (46. Gividys), Stumbrys (77. Miknevicius), Mikalajunas (87. Vencevicius), R. Zutautas, Zvingilas, Fomenka (46. Zdancius) - Trainer: Zelkevicius - Rot: Vencevicius (89.) - Tore: Razanauskas (4./1:0/Elfmeter), Zdancius (67./2:1/Elfmeter

Estland - Litauen 1:1 (1:1) — **Baltic-Pokal**
9. 7. 1996 - Narva - 350 - Martinekas - Ziukas, G. Zutautas, Zudys (55. Miknevicius), Stonkus, Gvildys (42. Razanauskas), Stumbrys, Mikalajaunas, R. Zutautas, Zvingilas (89. Fomenka), Zdancius (79. Morinas) - Trainer: Jelkevicius - Tor: Zvingilas (16./1:0)

DER EUROPAPOKAL

Europapokal der Landesmeister

Meister Inkaras-Grifas Kaunas startete im UEFA-Pokal-Wettbewerb

Europapokal der Pokalsieger

Qualifikation

Zalgiris Vilnius - NK Mura Murska Sobota 2:0 (0:0)
10. 8. 1995 - 2.000 - Kvaratskhelia (Georgien) - Koncevicius - Skirmantas (51. Zvirgzdauskas), Rimkus, Suliauskas, Stonkus, Vencevicius, Karvelis (44. Mikulenas), Tereskinas, Preiksaitis, Baltusnikas, Jankauskas - Tore: Baltusnikas (53./1:0), Tereskinas (67./2:0)

NK Mura Murska Sobota - Zalgiris Vilnius 2:1 (1:0)
24. 8. 1995 - 5.000 - Bikas (Griechenland) - Koncevicius - Tereskinas, Baltusnikas, Zvirgzdauskas, Suliauskas, Stonkus (85. Pukelevicius), Preiksaitis, Vencevicius, Rimkus, Mikulenas, Jankauskas -Tor: Vencevicius (72./1:1)

1. Runde

Zalgiris Vilnius - Trabzonspor 2:2 (1:1)
14. 9. 1995 - 3.000 - Lambek (Dänemark) - Spetyla - Suliauskas, Baltusnikas, Zvirgzdauskas (46. Mikulenas), Novikovas, Vencevicius, Tereskinas (71. Pukelevicius), Preiksaitis, Stonkus, Rimkus, Jankauskas - Tore: Tereskinas (7./1:0), Mikulenas (67./2:2)

Trabzonspor - Zalgiris Vilnius 1:0 (1:0)
28. 9. 1995 - 25.000 - Shmolik (Weißrußland) - Spetyla - Suliauskas, Baltusnikas, Zvirgzdauskas, Novikovas, Stonkus (78. Pukelevicius), Tereskinas (28. Mikulenas), Preiksaitis, Vencevicius, Rimkus, Jankauskas

UEFA-Pokal

Qualifikation

Brøndby IF - Inkaras Grifas Kaunas 3:0 (2:0)
8. 8. 1995 - 4.000 - Constantin (Rumänien) - Poskus - Matlasaitis (34. Rudzionis), Vainoras, Kazlauskas, Mika, Vaskunas, Upstas (83. Sanajevas), Markevicius, Skarbalius, Maciulevicius, Poderis (68.Slekys)

Inkaras Grifas Kaunas - Brøndby IF 0:3 (0:0)
22. 8. 1995 - 8.000 - Olsen (Norwegen) - Poskus - Mika, Vainoras, Kazlauskas (27.Slekys), Markevicius, Vaskunas, Upstas (72. Butkus), Rudzionis, Skarbalius, Maciulevicius, Poderis (58. Sanajevas)

UI-Cup

Panerys Vilnius - Vorwärts Steyr	*1:1*
Spartak Plovdiv - Panerys Vilnius	*3:0*
Panerys Vilnius - Eintracht Frankfurt	*0:4*
Iraklis Saloniki - Panerys Vilnius	*3:1*

Fédération Luxembourgeoise de Football

59, rue de Strasbourg
L-2560 Luxembourg
Telefon: ++352 / 48 86 65
Telefax: ++352 / 40 02 01

FIFA-Weltrangliste
Juli 1995 109. Platz, 17,25 Punkte
Juli 1996: 114. Platz, 19,23 Punkte

UEFA-Fünfjahreswertung
1996/97: 41. Platz, 3,333 Punkte

LUXEMBURG 1995/96

Titelverteidigung trotz 0:5-Schlappe

Von Arno Funck

1. Spieltag: Red-Boys - Mertzig 0:4

Neuling Mertzig, dessen Saisonziel mehr als nur der Klassenerhalt ist, hat sein Auftaktspiel souverän gewonnen. Deza, der während seiner Profikarriere in Metz, Mulhouse und Lorient spielte, erzielte bereits nach sieben Minuten das erste Tor der Saison. Als die Heimelf in der achtzehnten Minute ihre größte Chance des ganzen Spiels vergab, hatte Mertzig leichtes Spiel. Dem 2:0 in der 28. Minute folgten noch weitere zwei Treffer in der zweiten Hälfte. Zu was diese Mannschaft um Spielertrainer und Rekordnationalspieler Carlo Weis fähig ist, werden die kommenden Spiele zeigen. Die Red-Boys, deren Saisonziel der Klassenerhalt ist, werden es sehr schwer haben, da sie nach vielen Abgängen vor einem Neubeginn stehen.

2. Spieltag: Union - Dudelange 0:2

Das Team von Union Luxemburg, das in der Vorbereitungsphase viele Jugendspieler in die Mannschaft integrierte und einen Platz im oberen Mittelfeld als Saisonziel anstrebt, verlor in einer sehr interessanten Partie vor 1.400 Zuschauern gegen Dudelange, das am Ende unter den ersten Drei stehen will. In der 1. Halbzeit hatte Union mehr vom Spiel; die größte Chance war ein Pfostenschuß aus 25 Metern Entfernung. Das Blatt wendete sich jedoch in der 2. Halbzeit durch einen Doppelschlag der Gäste in der 57. Minute und 61. Minute Die cleverer spielende Elf hatte gewonnen.

3. Spieltag: Dudelange - Grevenmacher 0:3

Die Gastgeber boten eine sehr schwache Leistung. Der Trainer kritisierte das Zweikampfverhalten der Mannschaft sowie die Angreifer, die praktisch keine Torchance hatten. Grevenmacher, das in dieser Saison endlich den Titel will, war über das ganze Spiel die aggressivere Elf. Nach 20. Minute übernahm sie das Kommando und ging nach siebenundzwanzig Minu-

Luxemburgischer Meister 1995/96: Jeunesse Esch

Nationaldivision		Gesamt							Heim					Auswärts				
		Sp	g	u	v	Tore	Diff.	Pkt.	g	u	v	Tore	Pkt.	g	u	v	Tore	Pkt.
1. Jeunesse Esch (M)		22	15	3	4	59:19	+40	48	9	0	2	30:5	27	6	3	2	29:14	21
2. CS Grevenmacher (P)		22	14	5	3	44:19	+25	47	7	3	1	20:11	24	7	2	2	24:8	23
3. Union Luxembourg		22	12	6	4	43:18	+25	42	4	4	3	17:15	16	8	2	1	26:3	26
4. F91 Dudelange		22	11	5	6	43:23	+20	38	6	3	2	26:11	21	5	2	4	17:12	17
5. Sporting Mertzig (N)		22	11	4	7	32:29	+ 3	37	6	2	3	11:12	20	5	2	4	21:17	17
6. Avenir Beggen		22	9	4	9	38:33	+ 5	31	6	2	3	19:15	20	3	2	6	19:18	11
7. Spora Luxembourg		22	7	6	9	35:34	+ 1	27	3	3	5	16:19	12	4	3	4	19:15	15
8. F91 Rodange (N)		22	7	3	12	22:36	-14	24	4	3	4	12:16	15	3	0	8	10:20	9
9. FC Wiltz 71		22	7	3	12	25:41	-16	24	3	2	6	12:25	11	4	1	6	13:16	13
10. Aris Bonnevoie		22	5	6	11	32:52	-20	21	2	2	7	14:25	8	3	4	4	18:27	13
11. CS Pétange	↓	22	6	1	15	20:46	-26	19	5	0	6	10:22	15	1	1	9	10:24	4
12. Red Boys Differdange	↓	22	3	4	15	29:72	-43	13	2	1	8	16:43	7	1	3	7	13:29	6
EC 1996/97: CL: - , EC2: Union Sp. Luxemburg, UEFA: Jeunesse Esch, CS Grevenmacher, UI: -																		

Die Torjäger

Mikhail Zaritzki (Avenir Beggen)	18
Patrick Morocutti (Jeunesse Esch)	17
Manuel Cardoni (Jeunesse Esch)	13
Carème (Nion Luxembourg)	12
Marco Morgante (F91 Dudelange)	11
Lidio Alves Silva (CS Grevenmacher)	10

ten in Führung. Das 0:2 folgte in der 61. Minute, und in der 80. Minute stand es nach einem wunderschönen Flugkopfball 0:3. Bei Grevenmacher spielt mit Achim Wilbois ein früherer Profispieler des 1 FC Nürnberg und Blau-Weiß 90 Berlin.

4. Spieltag: Grevenmacher - Red-Boys 1:2

Mit der ersten Niederlage der Saison fiel Grevenmacher von der Tabellenspitze zurück. Man hatte den Gegner, der noch ohne Punkte und Tore war, nicht ernstgenommen. Das rächte sich. In einem von den Gastgebern ideenlos geführtem Spiel trafen die Red-Boys in der 10. Minute zum 0:1. In der 2. Halbzeit versuchte die Heimelf über die Offensive zum Erfolg zu kommen, spielte aber zu überhastet und ungenau, so daß der Tabellenletzte bei einem schnellen Konter in der 74. Minute das 0:2 erzielen konnte. Grevenmacher gelang zwar in der 80. Minute der Anschlußtreffer, es sollte aber bei diesem verdienten und überraschendem Sieg bleiben.

Avenir Beggen, immerhin ein erklärter Meisterschaftsfavorit, gelang gegen die Mannschaft von Dudelange, die sich in der Vorwoche von ihrem Trainer getrennt hatte, endlich der erste Sieg.

5. Spieltag: Dudelange - Jeunesse 5:0

Nach 4 Siegen in Folge verlor Meister Jeunesse, der den Titel verteidigen wollte, im Spitzenspiel unerwartet hoch sein erstes Spiel. Vor 2.900 Zuschauern schien die Abwehr des amtierenden Meisters sehr nervös. Das 1:0 fiel bereits nach sechzehn Minuten durch einen Foulelfmeter. Nach sechsundzwanzig Minuten stand es 2:0, und als in der 45. Minute der Escher Libero des Platzes verwiesen wurde, war das Spiel praktisch gelaufen. Nur eine Minute später - in der Nachspielzeit - schossen die Gastgeber auf Torwartfehler hin das 3:0. Jeunesse öffnete im 2. Durchgang das Spiel. Die daraufhin entstehenden Lücken nutzte Dudelange. So verwundert es nicht, daß jeweils auf Konter hin in der 67. Minute und in der 86. Minute die restlichen Tore fielen.

6. Spieltag: Aris Bonnevoie - Wiltz 71 2:4

Im Duell der beiden Mannschaften die in der Vorwoche arg unter die Räder gekommen waren, zeigte sich Wiltz, das vor der Saison elf neue Spieler einbauen mußte und einen Platz im Mittelfeld anstrebt, als kämpferisch bessere Elf. Plätscherte das Spiel dreißig Minuten lang langweilig dahin, waren es die Gäste, die immer besser aufkamen und in der 32. Minute durch ein Kopfballtor in Führung gingen. Nach der Pause wurden sie immer stärker und erhöhten in der 59. und in der 72. Minute auf 0:3. Jetzt erst wurde die Heimelf wach und kam mit einem Doppelschlag in der 78. und 81. Minute heran. Aris stürmte weiter, um doch noch den Ausgleich zu erzielen, aber auf einen schön eingefädelten Konter hin machten die Wiltzer den 2:4 Sieg in der 88. Minute klar.

7. Spieltag: Rodange - Avenir Beggen 2:0

Rodange, ein sehr starker Neuling, der sich vor der Saison gut verstärkt hatte, fügte Beggen eine weitere Niederlage zu. Mit guten Kombinationen bestimmten Rodange die 1. Halbzeit, die jedoch torlos blieb. Die Belohnung folgte jedoch in der 49. Minute, als man durch ein schönes Tor in Führung ging. Jetzt erst spielten die Gäste mit und besaßen mehrere Chancen zum Ausgleich. Das verdiente 2:0 folgte durch einen Konter in der Schlußminute.

Nationaldivision	Esch	Spora	Pétange	Beggen	Bonnevoie	Grevenm.	Wiltz	US Luxemb.	Dudelange	Rodange	Red Boys	Mertzig
Jeunesse Esch	•	5:0	3:0	3:0	7:1	0:1	2:0	0:1	1:0	3:2	3:0	3:0
Spora Luxembourg	1:6	•	1:0	1:1	6:1	0:2	1:3	0:1	2:2	0:1	1:1	3:1
CS Pétange	1:3	0:1	•	2:1	0:2	1:5	1:0	0:8	0:1	3:1	1:0	1:0
FC Avenir Beggen	2:6	3:2	2:0	•	1:1	1:0	3:1	0:1	3:2	3:0	1:1	0:1
FC Aris Bonnevoie	1:2	0:4	1:1	0:5	•	3:3	2:4	1:0	0:1	0:1	5:1	1:3
CS Grevenmacher	1:1	1:1	2:1	6:4	3:1	•	1:0	0:0	2:0	1:0	1:2	2:1
FC Wiltz	1:6	1:1	0:5	0:0	1:2	1:0	•	1:2	0:2	3:2	4:2	0:3
Union Sp. Luxembourg	1:1	0:0	1:0	2:1	3:3	1:2	1:2	•	0:2	1:0	5:2	2:2
F91 Dudelange	5:0	1:0	4:1	2:0	0:0	0:3	3:0	1:1	•	5:0	2:2	3:4
F91 Rodange	0:4	1:3	1:0	2:0	0:2	0:0	1:0	0:3	2:2	•	3:0	2:2
Red Boys Differdange	1:0	2:7	7:1	0:4	4:4	1:6	1:3	0:7	0:4	0:3	•	0:4
Sporting Mertzig	0:0	1:0	2:1	0:3	2:1	0:2	0:0	0:2	2:1	1:0	3:2	•

8. Spieltag: Pétange - Mertzig 1:0

In einem guten Spiel, ging das Team von Pétange, das ganz anders aufspielt als noch in der letzten Saison, aufgrund seines überlegenen Spiels als Sieger vom Platz. Nach einer ausgeglichenen ersten Hälfte gelang den Gastgebern in der 47. Minute nach einem Fehler eines Mertziger Verteidigers die Führung. Danach wurde das Spiel spannend, da es hüben wie drüben Chancen gab. Es sollte jedoch bei diesem knappen Sieg bleiben. Beggen, das sich in der Vorwoche von seinem Trainer getrennt hatte, verlor sein Heimspiel gegen Union.

9. Spieltag: Grevenmacher - Beggen 6:4

Im torreichsten Spiel der ganzen Saison setzte sich die Heimelf verdient gegen Beggen durch, das jetzt sogar auf einem Abstiegsplatz steht. Durch Tore in der 28. und 35. Minute und einem Gegentreffer in der 42. Minute stand es 2:1 zur Halbzeit. In der 47. Minute erhöhte Alves Silva, der 3 Treffer erzielte, auf 3:1. Danach ging es Schlag auf Schlag. 62. Minute: 3:2, 63. Minute: 4:2, 64. Minute: 5:2, 75. Minute: 5:3, 81. Minute: 6:3, und in der 90. Minute schließlich das 6:4. Wohl selten hatten es Stürmer so, leicht Tore zu erzielen, da die Abwehr ständig Fehler machte.

10. Spieltag: Jeunesse - Grevenmacher 0:1

Vor 2.500 Zuschauern gelang den Gästen bei Jeunesse der Sprung an die Tabellenspitze. Die Platzherren ließen in der 1. Halbzeit vier hochprozentige Chancen aus. Die Strafe dafür folgte auf dem Fuß: Grevenmacher ging in der 49. Minute mit einem wunderschönen Tor nach einer Ecke durch A. Wilbois in Führung.

Mit Glück und Geschick wurde diese bis zum Schlußpfiff gehalten.

Einen 8:0-Kantersieg landete Union bei Pétange, wobei Carème sich als vierfacher Torschütze auszeichnen konnte. Nach dem Spiel reichte der Petinger Coach seinen Rücktritt ein.

Grevenmacher ist Herbstmeister

Durch ein Sieg über Pétange wurde Grevenmacher verdient Herbstmeister. Jeunesse setzte sich mit 6:2 in Beggen durch.

12. Spieltag: FC Wiltz - Grevenmacher 1:0

Grevenmacher ging das Spiel forsch an, und Wiltz hatte erhebliche Probleme um mit dem schnellen und technisch cleveren Spiel fertigzuwerden. So setzten sie ihre Kampfkraft ein, und als die Gäste nach gut einer Stunde noch keinen Nutzen aus ihrer Überlegenheit gezogen hatten, begannen die Wiltzer ihrerseits, das Spiel nach vorn zu organisieren. Das wurde in der 79. Minute mit dem 1:0 belohnt. Dabei blieb es, auch wenn Grevenmacher noch einmal zum Angriff blies.

13. Spieltag: G'macher - Dudelange 2:0

Grevenmacher hat sich nach dem Ausrutscher in Wiltz gefangen und gewann hochverdient gegen Dudelange, das allerdings sehr schwach auftrat und zu keinem Zeitpunkt ins Spiel kam. Die Heimelf spielte sehr offensiv und ging bereits in der 22. Minute in Führung. Die Abwehr der Gäste war über das ganze Spiel unkonzentriert, so daß das 2:0 in der 59. Minute nur eine logische Folge war.

14. Spieltag: Aris Bonnevoie - Pétange 1:1

In einem typischen Abstiegsduell spielten die Gäste von Beginn an offensiv, vergaßen aber das Toreschießen. Nach 15. Minute hatten sie bereits drei Möglichkeiten in Führung zu gehen. Aris

2. Liga (Ehrenpromotion)		Sp	g	u	v	Tore	Pkt.
1. CS Hobscheid	↑	26	18	3	5	71:31	57
2. US Rumelange	↑	26	13	7	6	46:26	46
3. Etzella Ettelbruck		26	12	9	5	39:23	45
4. FC Monnerich		26	11	10	5	48:32	43
5. Victoria Rosport		26	9	12	5	35:31	39
6. FC Hamm 37		26	11	5	10	45:39	38
7. AS Differdange		26	11	4	11	52:49	37
8. Progrès Niedercorn		26	8	11	7	45:48	35
9. Young Boys Diekirch		26	10	3	13	29:39	33
10. Fola Esch		26	9	5	12	42:49	32
11. CS Hollerich		26	8	7	11	34:43	31
12. Köpp. Wormeldange		26	6	11	9	34:35	29
13. Swift Hesperange		26	5	6	15	29:48	21
14. Tricolore Gasperich		26	3	3	20	28:84	12

spielte nicht gerade begeistert mit, und durch viele unnötige Abspielfehler von beiden Mannschaften entwickelten sich kaum mehr Torchancen. Die letzten sieben Minuten sollten es jedoch in sich haben. In der 83. Minute ging die Lokalelf durch einen 16 m-Schuß in Führung. Nun warf Pétange alles nach vorn und wurde in der 89. Minute mit dem Ausgleich belohnt.

15. Spieltag: Pétange - FC Wiltz 71 1:0

Pétange setzte sich in einer spannenden, aber keineswegs auf hohem Niveau stehenden Partie gegen Wiltz durch. Nervös und unkonzentriert lief die 1. Halbzeit, so daß bis zur Pause kein Tor fiel. Allerdings hätten die Gäste in der 30. Minute in Führung gehen müssen, doch ein Abwehrspieler klärte auf der Torlinie. Nach dem Pausentee kam die Heimelf besser ins Spiel jedoch ohne zwingende Torchancen herauszuspielen. Erst in der Nachspielzeit fiel nach einem Eckball das erlösende Tor.

16. Spieltag: Union - FC Wiltz 71 1:2

Union schied nach der dritten Heimniederlage aus dem Titelrennen aus. Allerdings hätte es nicht zu dieser Niederlage kommen müssen, doch fand man gegen die massierte Abwehr kein Mittel. Nur einmal, in der 22. Minute, konnte die Lokalelf sich durchsetzen und erzielte durch ein Kopfballtor das 1:0. Wiltz, keineswegs geschockt, spielte weiter sein Spiel. In der 40. Minute kam es 1:1, als Union sich einen Abwehrfehler leistete und Gira erfolgreich dazwischenging. Die Gäste griffen im 2. Durchgang den ballführenden Mann früher an, und so kam es zu vielen Fehlpässen, die von Wiltz ausgenutzt wurden. In der 61. Minute fiel auf Konter hin das nicht unverdiente 1:2.

17. Spieltag: Red Boys - Jeunesse 1:0

Mit einer taktischen Meisterleistung gelang dem Tabellenletzten ein Sieg über den Tabellenführer. Die Gäste bestimmten zwar das Spiel, doch der Heimelf gelang es immer wieder, das Tempo aus dem Spiel zu nehmen und gekonnte Angriffe vorzutragen. Nach dem Wechsel forcierten die Escher noch einmal das Tempo, ohne sich jedoch zwingende Torchancen herauszuspielen, so daß sie immer nervöser wurden. In der 79. Minute erhielten die Gastgeber einen Freistoß an der Strafraumgrenze, den Berberi aus spitzen Winkel zum 1:0 einschießen konnte. Schwache Leistung des Schiedsrichters, der sechs gelbe und drei rote Karten zog und außerdem ein reguläres Tor von Jeunesse nicht anerkannte.

18. Spieltag: Pétange - Red Boys 1:0

Pétange gewann das Kellerduell gegen Red Boys Differdange hochverdient. Das Ergebnis hätte durchaus höher ausfallen können, denn nach nur 20. Minute hatten die Gastgeber bereits sechs gute Torchancen. Es sollte jedoch bis zur 37. Minute dauern, ehe sie durch einen direkt verwandelten Freistoß aus beinahe unmöglichem Winkel in Führung gingen. Die Gäste zeigten sich kein einziges Mal vor dem gegnerischen Strafraum. Nach der Pause verflachte das Spiel zusehends, so daß es beim hochverdienten Sieg der Heimelf blieb.

19. Spieltag: Red Boys - Aris Bonnevoie 4:4

Nach dem Spiel war jedem klar, daß beide Mannschaften zwei Punkte im Abstiegskampf verloren hatten. Doch was war es für ein Spiel! Sicher geglaubte Punkte wurden wieder verschenkt. Der Reihe nach: In der 1. Hälfte bestimmten die Gäste das Spiel und gingen auch in der 16. Minute in Führung. Sieben Minuten vor der Halbzeit gelang der Heimelf der überraschende Ausgleich. In der 51. Minute ging Aris erneut in Führung, doch in der 54. Minute gelang auf Elfmeter hin das 2:2. Dieser Treffer setzte bei den Red-Boys Spielern nochmals Kraft frei, und so kam es, daß sie in der 77. Minute und 83. Minute auf 4:2 erhöhten. Doch jetzt überschlugen sich die Ereignisse. In der 86. Minute gelang Aris der Anschlußtreffer, und in der 90. Minute sogar noch der nicht mehr für möglich gehaltene Ausgleich.

20. Spieltag: Jeunesse - Union 0:1, Avenir Beggen - Grevenmacher 1:0

Geht den beiden Spitzenreitern am Ende die Luft aus oder werden sie zusehends nervöser? Diese Frage kann man sich nach dem drittletzten Spieltag stellen, da beide Mannschaften verloren. Spielte Jeunesse gegen die Luxemburger, die bereits nach zwölf Minuten in Führung ging, noch gut mit (sie waren dem Ausgleich bei einigen Szenen sehr nahe, doch der Gästekeeper hatte einen phantastischen Tag erwischt), so überließ Grevenmacher den Beggenern über 90. Minuten das Geschehen auf dem Spielfeld, was auch in der 82. Minute durch den Heimerfolg belohnt wurde.

21. Spieltag: Grevenmacher - Jeunesse 1:1

Vor der Rekordkulisse von 4.000 Zuschauern ging ein Spitzenspiel über die Bühne, an das sich jeder noch lange erinnern wird. Die Heimelf legte los wie die Feuerwehr und setzte die Abwehr der Gäste enorm unter Druck. So verwundert es nicht, daß bereits nach sieben Minuten die Führung gelang. Die Escher erholten sich jedoch schnell und begannen das Spiel nach vorn zu entwickeln. So kamen beide Mannschaften zu erheblichen Chancen. Eine davon nutzten die Gäste in der 41. Minute per Elfmeter zum Ausgleich. Im zweiten Abschnitt wurde alles versucht, um zu gewinnen, doch sollte es beim gerechten Unentschieden bleiben.

22. Spieltag: Jeunesse - Avenir Beggen 3:0

Die Heimelf brauchte 29. Minuten um ihre Nervosität abzulegen, doch nach der Führung lief das Kombinationsspiel und die 3.500 Zuschauer waren begeistert. In der 40. Minute fiel die Vorentscheidung durch Morocutti. Während der zweiten Halbzeit feierten die Fans schon auf der Tribüne, und als in der 66. Minute das 3:0 fiel, war die Meisterschaft perfekt. Grevenmacher siegte zwar mit 5:1 in Pétange und schloß somit die Saison wie letztes Jahr als Vizemeister ab. Spora überrannte Red Boys mit 7:2, wobei Santos Pinto vier Tore schoß. Wiltz gewann gegen Rodange und Mertzig in Dudelange. Aris besiegte Union mit dem knappsten aller Resultate, doch war nach Spielschluß der Jubel groß, da Pétange verloren hatte und somit mit die Red Boys absteigen müssen. ■

DER TORSCHÜTZENKÖNIG

Mikhail Zaritski (Avenir Beggen)

Geboren am 3 Januar 1973 in der UdSSR. Spielte bei Zenith Leningrad und Borussia Mönchengladbach. Für Avenir Beggen erzielte er in 67 Meisterschaftsspielen 44 Tore. Er wurde 1995/1996 Torschützenkönig mit 18 Toren, wobei er von den ersten zehn Meisterschaftsspielen nur vier Spiele über neunzig Minuten bestritt und ganze drei Treffer erzielte, jedoch ließ er sehr viele hochkarätige Chancen aus. Doch dann legte er los und schoß in den nächsten zehn Spielen 15 Tore! Die beiden letzten Spieltage blieb er wiederum ohne Treffer, doch sollte es zum Torschützenkönig reichen. Er wechselt zur neuen Saison zu Sporting Mertzig.

DIE LÄNDERSPIELE

Luxemburg - Malta 1:0 (1:0) — **EMQ**
6.9.1995 - Luxemburg - 4.792 - Dubinskas (Litauen) - Koch - Vanek, Weis, Strasser, Deville, Birsens, Saibene, Hellers, Groff (68. Theis), Holtz (84. Cardoni), Langers - Trainer: Philipp. Tor: Holtz (47.)

Luxemburg - Weißrußland 0:0 — **EMQ**
11.10.1995 - Luxemburg - 4.272 - Durkin (England) - Koch - Vanek, Weis, Strasser, Deville, Birsens, Saibene, Hellers, Langers (81. Theis), Holtz (92. Lamborelle), Morocutti (72. Cardoni) - Trainer: Philipp

Tschechien - Luxemburg 3:0 (1:0) — **EMQ**
15.11.1995 - Prag - 20.239 - Wieser (Österreich) - Koch - Vanek, Ferron, Deville (59. Theis), Strasser, Holtz (76. Ganser), Hellers, Weis, Saibene (90. Cardoni), Langers, Groff - Trainer: Philipp

Marokko - Luxemburg 2:0 (1:0)
7.2.1996 - Rabat - El Arjoune (Marokko) - Koch - Vanek, Birsens, Strasser, Deville, Weis, Lamborelle, Cardoni, Holtz, Groff (Morocutti), Langers - Trainer: Philipp.

Luxemburg - Schweiz 1:1 (1:0)
13.3.1996 - Luxemburg - 1.937 - Ancion (Belgien) - Koch - Vanek, Weis, Strasser, Ganser (41. Theis), Lamborelle, Birsens, Cardoni, Saibene, Langers (87. Fanelli), Groff - Trainer: Philipp. Tor: Cardoni (8./1:0)

DER POKAL

1. Runde

Sporting Beckerich - Aris Bonnevoie	0:6
Jeunesse Canach - Union Luxembourg	0:6
AS Remich - CS Grevenmacher	0:1
CS Sanem - Red Boys Differdange	1:8
Red Boys Aspelt - FC Rodange 91	0:3
AS Schifflange 95 - F91 Dudelange	0:6
AS Hosange - FC Wiltz 71	0:4
SC Ell - CA Spora Luxembourg	0:10
Résidense Walferdange - Jeunesse Esch	0:9
Old Boys Consdorf - Sporting Mertzig	0:7
Les Ardoisiers Perlé - CS Pétange	1:4
FC 33 Kopstal - Jeunesse Hautcharage	0:8
RM 86 Luxembourg - Young Boys Diekirch	1:3
Una Strassen - Swift Hesperange	0:6
Daring Echternach - Progrès Niedercorn	n. V. 3:5
Yellow Boys Weiler - FC Monnerich	2:4
The Belval Belvaux - Etzella Ettelbruck	0:7
Jeunesse Schieren - Tri. Gasperich	n. E. 3:6, n. V. 2:2
FC Harlange/Tarchamps - CS Fola Esch	0:5
Rupensia Larochette - Koepp. Wormeldange	n. V. 2:6
FC Kehlen - CS Hollerich	1:6
FC Beyren-Udinesina - Victoria Rosport	1:8
Red Black Pfaffenthal - FC Hamm 37	1:4
US Rambrouch - Sporting Bartrange	3:1
Sporting Steinfort - Union Mertert/Wasserbillig	0:4
CS Obercorn - US Esch	2:0
Les Montagn. Weiswampach - Blo-Weiss Itzig	1:3
US Sandweiler - FC Brouch	4:2
US Moutfort-Medange - Olympique Eischen	0:2
Jeunesse Sportive Koerich - AS Differdange	1:6
Sportclub Redange - CS Hobscheid	0:2
Orania Vianden - Avenir Beggen	n. V. 0:5

Sechzehntelfinale

US Rambrouch - Union Mertert/Wasserbillig	0:3
AS Differdange - Red Boys Differdange	1:7
Swift Hesperange - CS Grevenmacher	n. V. 1:4
FC Monnerich - CA Spora Luxembourg	0:4
Tricolore Gasperich - FC Rodange 91	0:2
Jeunesse Hautcharage - Victoria Rosport	0:1
US Sandweiler - Etzella Ettelbruck	1:3
Progrès Niedercorn - CS Hollerich	2:0
Olympique Eischen - Avenir Beggen	0:5
CS Fola Esch - Union Luxembourg	0:4
CS Obercorn - Koeppchen Wormeldange	0:3
FC Hamm 37 - FC Wiltz 71	3:1
Aris Bonnevoie - CS Pétange	3:4
Blo-Weiss Itzig - Jeunesse Esch	0:4
CS Hobscheid - Young Boys Diekirch	1:0
Sporting Mertzig - F91 Dudelange	2:1

Achtelfinale

Union Mertert/W. - FC Hamm	n. E. 3:4, n. V. 0:0
CA Spora Luxembourg - CS Grevenmacher	0:3
FC Rodange 91 - Victoria Rosport	n. E. 5:4, n. V. 0:0
Koeppchen Wormeldange - CS Hobscheid	2:1
Etzella Ettelbruck - Progrès Niedercorn	1:2
Avenir Beggen - Union Luxembourg	0:1
CS Pétange - Red Boys Differdange	1:3
Jeunesse Esch - Sporting Mertzig	3:1

Viertelfinale

CS Grevenmacher - Union Luxembourg	0:1
FC Rodange 91 - Jeunesse Esch	2:4
Red Boys Differdange - Progrès Niedercorn	2:0
FC Hamm 37 - Koeppchen Wormeldange	0:2

Halbfinale

Koeppchen Wormeldange - Union Luxembourg	1:5
Red Boys Differdange - Jeunesse Esch	1:6

Finale
(25. Mai 1996, Luxembourg, 4.000)

Union Luxembourg - Jeunesse Esch 3:1 (1:1)

Union: Van Rijswijck - Birsens, Feyder, Schammel (61. Makoumbou, 90. Carème), Afrika, Feiereisen, Mangen, Deville, Kunen, Kharoubi, Lahéry.
Jeunesse: Felgen - Lamborelle, Schaack (38. Thill), Wagner, Ganser, Scuto, Theis, Cardoni, Meylender, Marchione (75. Amodio), Morocutti.
SR: Wiltgen - Tore: 1:0 Mangen (19.), 1:1 Theis (40. Foulelfmeter), 2:1 Makoumbou (72.), 3:1 Makoumbou (90.)

DER EUROPAPOKAL

Europapokal der Landesmeister

Meister Jeunesse Esch startete im UEFA-Pokal-Wettbewerb

Europapokal der Pokalsieger

Qualifikation

CS Grevenmacher - KR Reykjavík 3:2 (1:0)
9.8.1995 - 1.200 - Rubio Valdivieso (Spanien) - Koch, Giesser, Wolf, Petry, Lauer, Funck, Jungblut (80. Dias), Thomé, Schneider, Wilbois, Alves Silva - Tore: Jungblut (8./1:0, 52./2:1), Alves Silva (58./3:1)

KR Reykjavík - CS Grevenmacher 2:0 (1:0)
22.8.1995 - 1.000 - Ferry (Nordirland) - Koch, Klodt, Wolf, Giesser (46. Dias), Petry, Funck, Thomé, Wilbois, Alves Silva, Jungblut, Schneider

UEFA-Pokal

Qualifikation

Jeunesse Esch - FC Lugano 0:0
8.8.1995 - 2.000 - Waddell (Schottland) - Felgen, Nigra, Schaak, Lamborelle, Wagner, Ganser (52. Meyers), Scuto, Cardoni, Theis, Marchione, Morocutti

FC Lugano - Jeunesse Esch 4:0 (3:0)
23.8.1995 - 4.200 - Sammut (Malta) - Felgen, Wagner (74. Thill), Nigra, Lamborelle, Meylender, Scuto, Cardoni, Theis (79. Braun), Amodio, Morocutti (79. De Sousa), Marchione

Örebro SK - Avenir Beggen 0:0
8.8.1995 - 2.000 - Keltanen (Finnland) - Konsbrück, Delangre, Moreira, Posing, Deville, Wilhelm, Heiles (89. Peters), Piccard, Scholten, Holtz, Krahen

Avenir Beggen - Örebro SK 1:1 (1:0)
22.8.1995 - 1.029 - Veiga Trigo (Portugal) - Konsbrück, Delangre, Vanek, Posing, Wilhelm, Deville, Heiles, Scholten, Holtz, Krahen, Muratovic (86. Biver) - Tor: Holtz (21./1:0). - Die UEFA wertete dieses Spiel mit 3:0 für Beggen, da Örebro vier ausländische Spieler einsetzte!

1. Runde

Racing Club Lens - Avenir Beggen 6:0 (2:0)
14.9.1995 - 18.000 - Beusan (Kroatien) - Konsbrück, Delangre, De Pina (73. Heiles), Ferron, Vanek, Deville, Holtz, Posing, Peters (57. Wilhelm), Scholten, Muratovic

Avenir Beggen - Racing Club Lens 0:7 (0:3)
27.9.1995 - 800 - Hauge (Norwegen) - Konsbrück, Delangre, Ferron, Vanek, Deville, Posing, Heiles (77. Libar), Holtz (71. Gomes), Scholten, Muratovic(60. Biver), Krahen

Malta Football Association
280 St Paul Street,
M-Valetta, VLT 07
Telefon: ++356 222 697
Telefax: ++356 245 136

FIFA-Weltrangliste
Juli 1995: 90. Platz, 22,03 Punkte
Juli 1996: 107. Platz, 20,73 Punkte
UEFA-Fünfjahres-Wertung
1996/97: 37. Platz, 4,331 Punkte

MALTA 1995/96

Endlich ein zweites Stadion

Nach Malta fährt man gern. Meistens scheint dort die Sonne, die Menschen sind freundlich und das Leben gemütlich. Für Europas Fußballer sind die Mini-Inseln im Mittelmeer noch aus einem weiteren Grund lohnendes Ziel: Dort gibt es immer Punkte zu holen. Luxemburg beispielsweise gewann im Februar 1995 nach 23 sieglosen Jahren erstmals wieder ein Pflichtspiel - natürlich auf Malta.

Maltas Auswahlteam hat auch 1995/96 eine ernüchternde Bilanz aufzuweisen. In acht Spielen gab es ein kümmerliches torloses Unentschieden gegen Slowenien und lediglich ein einziges Tor, erzielt von Birkirkaras Antoine Zahra beim 1:4 daheim gegen Island. Da war der italienische Trainer Petro Ghedin schon nicht mehr im Amt. Er hatte die 0:2-Heimniederlage gegen Weißrußland, nach der seine Mannschaft von den eigenen Anhängern ausgelacht worden war, zum Anlaß genommen, seine Demission zu erklären. "Familiäre Gründe", war die offizielle Begründung, doch hinter vorgehaltener Hand hatte es zunehmend Kritik an Ghedins Auswahlpraxis gegeben. "Die Mannschaft ist überaltert und Ghedin setzt keine Nachwuchskräfte ein", hieß es. Interimstrainer wurde der frühere U21-Coach Robert Gatt, der das Team beim traditionellen Rothmans-Turnier betreute. Pünktlich zum ersten WM-Qualifikationsspiel präsentierte der Verband dann mit Milorad Kosanovic den neuen Mann. Der ehemalige Spieler von Vojvodina Novi Sad mußte sein Pflichtspieldebüt ausgerechnet gegen die Mannschaft seines Heimatlands bestreiten und kassierte eine heftige 0:6-Schlappe gegen die gerade erst auf die internationale Bühne zurückgekehrten Jugoslawen.

Die Landesmeisterschaft stand zunächst im Zeichen des 14fachen Meisters Valetta FC. Der Hauptstadtklub bezwang nacheinander die hocheingeschätzten Klubs aus Hamrun, Sliema und Floriana und führte die Tabelle nach sieben Spieltagen verlustpunktfrei an. Anschließend absolvierte Verteidiger Darren Debono ein Probetraining beim Karlsruher SC, und Präsident Curran verkündete gutgelaunt, er wolle seine Mannschaft mit Beginn der Saison 1996/97 zum ersten Profiteam Maltas zu machen. Dann kam die Krise. Binnen drei Wochen verspielte Valetta seinen Vorsprung durch Unentschieden gegen Naxxar und Titelverteidiger Hibernians Paola sowie eine 1:2-Niederlage gegen Hamrun. Hastig verpflichtete man den früheren libyschen Nationalspieler Bin Crema Abubaker vom Zweitligisten Marsa, doch auch der konnte den Absturz nicht verhindern. Fünf Spieltage vor Saisonende kam es zum Spitzenspiel gegen die Sliema Wanderers, die inzwischen die Tabellenführung übernommen hatten. Zunächst deutete alles auf ein Happy-End für Valetta hin, denn in der 22. Minute flog Sliemas Verteidiger Dimeck wegen Foulspiel vom Platz, und mit dem Halbzeitpfiff brachte Joe Zarb die Rotweißen mit 1:0 in Führung. Doch die zweiten fünfundvierzig Minuten waren ein Alptraum für Valettas Fans. Erst lenkte Darren Debone einen Flankenball per Kopf unglücklich ins eigene Tor, dann sorgte Sliemas Torjäger Aldrin Muscat für das 2:1 und verpaßte Valetta den endgültigen K.o. im Titelrennen. Es war Sliemas erster Sieg im Prestigederby gegen den Hauptstadtklub seit über fünf Jahren!

Sliema war nun nicht mehr aufzuhalten. Unter Führung des englischen Spielertrainers Mark Miller, Ex-Profi bei Newcastle United und Nachfolger von Andrew Weavill, der nach fünf Spieltagen freiwillig das Handtuch geworfen hatte, holte sich das Team aus den letzten fünf Spielen optimale fünfzehn Punkte und stand bereits am vorletzten Spieltag als neuer Meister fest. Der

Premier League	Gesamt							Heim					Auswärts				
	Sp	g	u	v	Tore	Diff.	Pkt.	g	u	v	Tore	Pkt.	g	u	v	Tore	Pkt.
1. Sliema Wanderers	18	15	1	2	55:16	+39	46	8	0	1	29:9	24	7	1	1	26:7	22
2. Valetta FC (P)	18	13	3	2	49:11	+38	42	7	1	1	31:4	22	6	2	1	18:7	20
3. Floriana FC	18	11	4	3	32:12	+20	37	6	3	0	16:4	21	5	1	3	16:8	16
4. Hibernians Paola (M)	18	9	6	3	35:18	+17	33	5	3	1	17:6	18	4	3	2	18:12	15
5. Hamrun Spartans	18	8	5	5	29:20	+9	29	5	2	2	15:10	17	3	3	3	14:10	12
6. Birkirkara-Luxol FC	18	6	3	9	23:26	-3	21	3	1	5	12:13	10	3	2	4	11:13	11
7. Naxxar Lions	18	6	3	9	22:33	-11	21	2	2	5	10:16	8	4	1	4	12:17	13
8. Rabat Ajax (N)	18	4	2	12	27:50	-23	14	1	2	6	13:26	5	3	0	6	14:24	9
9. St. Patrick FC (N) ⬇	18	3	0	15	15:52	-37	9	0	0	9	6:24	0	3	0	6	9:28	9
10. Zurrieq FC ⬇	18	1	1	16	13:62	-49	4	0	0	9	6:33	0	1	1	7	7:29	4

Anmerkungen: Im Prinzip ist eine Aufschlüsselung nach Heim- und Auswärtsspielen sinnlos, da alle Spiele im Nationalstadion Ta'Qali stattgefunden haben

Aufsteiger: Peta Hotspurs, Lija Athletic

EC 1996/97: CL: - , EC2: Valetta FC, UEFA: Sliema Wanderers, Floriana FC, UI: Hibernians Paola

abgestürzte Ex-Tabellenführer Valetta verdarb dem Meister immerhin noch das Double, denn im Pokalfinale gab es einen glücklichen 1:0-Sieg der Hauptstädter.

Im Abstiegskampf kam das vorzeitige Aus für den Zurrieq FC, der lediglich vier Punkte holte. Ohne ihren Torjäger Aldrin Muscat, der zu Saisonbeginn zu Sliema Wanderers gewechselt war, hatten die Südmalteser keine Chance.

Chancenlos waren auch die maltesischen Europapokalteilnehmer, für die einmal mehr bereits in der Qualifikation das Aus kam. Meister Hibernian gelang es immerhin, gegen den ukrainischen Vizemeister Tschernomorez Odessa drei Tore zu markieren. Besonders enttäuschend war das Ausscheiden von Sliema Wanderers gegen das zypriotische Durchschnittsteam von Omonia Nikosia.Maltas Fußball steht derzeit am Scheideweg. International hat man in den letzten Jahren viel an Boden verloren und ist in der UEFA-Fünfjahreswertung nicht umsonst weit hinter Länder wie Zypern, Island oder Mazedonien zurückgefallen. Nach Fertigstellung des neuen Stadions in Hamrun steht den Klubs nun immerhin ein zweiter Spielort zur Verfügung, denn bislang mußten sämtliche Erstligaspiele im Nationalstadion Ta'Qali ausgetragen werden. Mit Beginn der Saison 1996/97 wurde daraufhin das Meisterschaftssystem geändert. Fortan spielen die zehn Erstligisten dreimal pro Saison gegeneinander. Um den Nachwuchs heranzuführen, schlug der neue Nationaltrainer außerdem vor, die A- und die U21-Nationalmannschaften künftig gemeinsam trainieren zu lassen. Darüber hinaus wird in der Saison 1996/97 erstmals um eine Meisterschaft im Frauenfußball gespielt. ■

Die Torschützen	
Aldrin Muscat (Sliema Wanderers)	18
Danilo Doncic (Valetta FC)	17

DER MEISTER

Sliema Wanderers

Am fünften Spieltag sah es zappenduster in Sliema aus. Obwohl sein Team mit 2:1 gegen Naxxar gewonnen hatte und weiterhin ungeschlagen war, verkündete Trainer Andrew Weavill frustriert seinen Rücktritt. Trotz der hochkarätigen Neuzugänge Ernest Barry von Absteiger St. George's und des Neuseeländers Kim Wright, der zuletzt für Floriana gespielt hatte, war Weavill mit den Darbietungen seines Teams unzufrieden. Präsident Robert Arrigo blieb gelassen und bat Mittelfeldspieler Mark Miller, das Traineramt zu übernehmen. 1993 war der ehemalige Profispieler (Newcastle United) als Spielertrainer mit Floriana Meister und Pokalsieger geworden, und er brachte auch Sliema wieder auf Trab. Fünf Wochen später übernahmen die Wanderers erstmals die Tabellenspitze, die sie bis zum Saisonende nicht mehr abgaben. Nicht unwesentlichen Anteil an der 23. Meisterschaft des Klubs hatte Sliemas Sturm um Torschützenkönig Muscat und den während der Saison aus Hamrun verpflichteten Andrew Bonello, die mit 55 Saisontoren für eine wahre Torflut sorgten. "Miller hat der Mannschaft Disziplin beigebracht", frohlockte Präsident Arrigo anschließend und schaut zuversichtlich auf "zukünftige Aufgaben".

Premier League	Sliema	Valetta	Floriana	Hibernians	Hamrun	Birkirkara	Naxxar	Rabat	St. Patrick	Zurrieq
Sliema Wanderers	•	1:2	1:0	4:2	2:1	3:1	7:1	7:2	3:0	1:0
Valetta FC	1:2	•	2:1	3:0	1:0	4:0	1:1	4:0	8:0	7:0
Floriana FC	1:0	0:0	•	1:1	1:1	1:0	3:1	2:1	2:0	5:0
Hibernians Paola	0:2	1:1	2:1	•	0:0	1:1	1:0	4:1	2:0	6:0
Hamrun Spartans	1:1	2:1	0:3	1:1	•	1:0	3:0	3:0	1:2	3:2
Birkirkara-Luxol FC	1:4	0:1	0:0	1:3	2:1	•	1:2	0:x	5:0	2:0
Naxxar Lions	1:2	0:3	0:2	1:1	1:1	0:1	•	3:2	2:3	2:1
Rabat Ajax	1:5	1:3	1:2	1:4	1:4	2:2	0:2	•	4:2	2:2
St. Patrick's FC Zabbar	0:3	1:3	2:3	0:4	0:2	0:1	1:2	1:4	•	1:2
Zurrieq FC	1:7	1:4	0:4	0:2	2:4	1:5	0:3	0:2	1:2	•

Das Spiel Birkirkara-Luxol FC - Rabat Ajax (4:0) wurde mit 2:0 Toren und 3 Punkten für Rabat gewertet, da Birkirkara einen nicht spielberechtigten Akteur eingesetzt hatte

IM BLICKPUNKT

Paola Hibernians

Die größte Saisonenttäuschung lieferte Titelverteidiger Hibernians, der nur ein Schatten seiner selbst war. Die Krise der im vierten Jahr von Brian Talbot trainierten Mannschaft deutete sich bereits in den Vorbereitungsbegegnungen an, als es in vier Spielen drei Niederlagen gab. Dabei hatte Talbot, der früher für Arsenal und Ipswich in der englischen Profiliga spielte, mit Nationalspieler Silvio Vella (von Rabat Ajax) und dem talentierten Claude Mangion (von Absteiger Pieta Hotspurs) zwei vielversprechende Neuzugänge begrüßen können. In den Europapokalbegegnungen gegen Tschernomorets Odessa gab es die nächste Enttäuschung. Die "Hibs", wie sie von ihren Fans genannt werden, kamen mit der ebenso einfachen wie effizienten Spielweise der Ukrainer überhaupt nicht zurecht und waren chancenlos. Nachdem dann auch noch der Saisonstart mit einem enttäuschenden 1:1 gegen Naxxar in die Hose ging, war die Mannschaft endgültig aus dem Konzept und verpaßte am Ende sogar die UEFA-Pokal-Qualifikation.

DER STAR

Carmel Busuttil (Sliema Wanderers)

Carmel Busuttil war stocksauer. "Ich trage meine eigenen Fußballschuhe", wetterte der maltesische Kapitän und weigerte sich, die vom Verband vorgeschriebenen Schuhe anzuziehen. 77 Länderspiele hatte Busuttil für sein Land schon bestritten und damit Miachel Degiorgio als Rekordnationalspieler abgelöst. Nun drohte seine großartige

Karriere an zwei Fußballschuhen zu zerbrechen.1994 war er nach einigen Jahren beim belgischen Profiklub KRC Genk in seine Heimat zurückgekehrt und hatte sich den Sliema Wanderers angeschlossen. Im Dreß der Blau-Weißen blühte der 32jährige noch einmal so richtig auf und entwickelte sich zu einem wichtigen Eckpfeiler im Meisterteam. Busuttili stand auch der arg gebeutelten maltesischen Nationalelf gut zu Gesicht, und so wurden alle Hebel in Bewegung gesetzt, den Kapitän zur Rücknahme seines Rücktritts zu bewegen. Erfolgreich: Beim ersten WM-Qualifikationsspiel gegen Jugoslawien war er wieder dabei. In seinen eigenen Schuhen.

DER TORJÄGER

Aldrin Muscat (Sliema Wanderers)

Eigentlich war das Spiel längst gelaufen. Die Sliema Wanderers führten mit 2:1 gegen Birkirkara und standen damit endgültig als Meister fest. Aldrin Muscat aber rannte und kämpfte dennoch unverdrossen weiter. Ein Tor fehlte dem Newcomer noch, dann würde er in seiner ersten Saison bei Sliema auf Anhieb Torschützenkönig werden. Sekunden vor dem Schlußpfiff klappte es tatsächlich noch, und Muscat markierte den Treffer zum 3:1-Endstand. Es war sein achtzehntes Saisontor, und er hatte Valettas Danilo Doncic knapp hinter sich gelassen.

DER POKAL

Halbfinale

Sliema Wanderers - Floriana FC	n.V. 2:0
Valetta FC - Hibernians FC Paola	3:0

Finale (19. Mai 1996, Valetta)

Valetta FC - Sliema Wanderers	n.V. 0:0

Finale Wiederholung (26. Mai 1996, Valetta)

Valetta FC - Sliema Wanderers	1:0 (0:0)

DIE LÄNDERSPIELE

Luxemburg - Malta 1:0 (1:0) EMQ
6. 9. 1995 - Luxembourg - 4.700 - Dubinskas (Litauen) - Cluett - S. Vella (28. Agius, 89. Gregory), Buhagiar, Galea, Woods - Buttigieg, C. Busuttil, Saliba, Sant Fournir - Laferla, Carabott - Trainer: Ghedin - Rot: Buttigieg (42.)

Malta - Niederlande 0:4 (0:0) EMQ
11. 10. 1995 - Valetta - 8.000 - Nielsen (Dänemark) - Cluett - L. Attard (71. Galea), Buhagiar, Brincat, Woods - Zammit, C. Busuttil, Saliba, Laferla, Carabott - Agius (5. Sant Fournier) - Trainer: Ghedin

Malta - Weißrußland 0:2 (0:0) EMQ
12. 11. 1995 - Valetta - 2.500 - Tokat (Türkei) - Cluett - L. Attard, S. Vella, Woods, Saliba - Zammit, C. Busuttil, Buhagiar, Brincat (48. Sant Fournier) - Agius (73. Carabott), Laferla - Trainer: Ghedin

Malta - Rußland 0:2 (0:1) Rothman-Cup
7. 2. 1996 - Valetta - 2.000 - Mitrovic (Slowenien) - Cini - S. Vella, Buhagiar, Woods, Debono - Buttigieg, Agius (Suda), Saliba (Sant Fournier), Sultana - Brincat, Cetkuti (Carabott) - Trainer: Gatt

Malta - Slowenien 0:0 Rothman-Cup
9. 2. 1996 - Valetta - 2.000 - Mariasson (Island) - Cini - S. Vella, Buhagiar, Buttigieg, Agius (Sultana) - Woods (J. Camilleri), Zammit, Turner (Saliba), Suda - Cetkuti (Carabott) - Trainer: Gatt

Malta - Island 1:4 (0:4) Rothman-Cup
11. 2. 1996 - Valetta - 3.000 - Chusajnov (Rußland) - Cini (Sullivan) - S. Vella, Buhagiar, J. Camilleri (Carabott, Suda) - Debono, Buttigieg, Agius, Zammit, Turner - Brincat (Sant Fournier), Sultana (Zahra) - Trainer: Gatt - Tor: Zahra (69./1:4)

Mazedonien - Malta 1:0 (0:0)
27. 3. 1996 - Prilep - 3.000 - Aksyl (Türkei) - Cluett - L. Attard, Buhagiar, S. Vella, Debono - Zammit, Agius (46. Muscat), Brincat (65. Cetkuti), Carabott (46. Zahra) - Suda (59. Saliba), Turner (85. Sultana) - Trainer: Kosanovic

Jugoslawien - Malta 6:0 (3:0) WMQ
2. 6. 1996 - Beograd - 20.000 - Albrecht (Deutschland) - Cluett - L. Attard (46. Woods), Buhagiar, S. Vella, Debono, Zammit, Turner, Brincat, Cetkuti, C. Busuttil, Agius - Trainer: Kosanovic

DER EUROPAPOKAL

Europapokal der Landesmeister

Meister Hibernians Paola startete im UEFA-Pokal-Wettbewerb

Europapokal der Pokalsieger

Qualifikation

Valetta FC - Inter ASK Bratislava 0:0
10. 8. 1995 - 2.500 - Babarogic (Jugoslawien)

Inter ASK Bratislava - Valetta FC 5:2 (2:0)
24. 8. 1995 - 2.300 - Onufer (Ukraine) - Tore: Donic (81./3:1), Zarb (84./4:2)

UEFA-Pokal

Qualifikation

Omonia Nicosia - Sliema Wanderers 3:0 (1:0)
8. 8. 1995 - 9.000 - McDonald (Nordirland)

Sliema Wanderers - Omonia Nicosia 1:2 (1:0)
22. 8. 1995 - 1.500 (in Valetta) - Collina (Italien) - Tor: Suda (43./1:0)

Hibernians Paola - Chornomorets Odesa 2:5 (1:3)
8. 8. 1995 - 5.000 (in Valetta) - Vorjas (Griechenland) - Torschützen: Lawrence (28./1:2), Sultana (87./2:5)
Chornomorets Odesa - Hibernians FC Paola 2:0 (1:0)
22. 8. 1995 - 4.000 - Guerguinov (Bulgarien)

UI-Cup

Floriana FC - FC Tirol Innsbruck	0:4
Hapoel Petach Tikva - Floriana FC	1:1
Floriana FC - Racing Strasbourg	0:4
Gençlerbirligi - Floriana FC	3:0

Fudbalski Sojuz Makedonija
Osma Udarna Brigada 31a,
91000 Skopje
Telefon: ++389 (91)229042
Telefax: ++389 (91)235448

FIFA-Weltrangliste
Juli 1995: 96. Platz, 20,07 Punkte
Juli 1996: 84. Platz, 28,48 Punkte

UEFA-Fünfjahreswertung
1996/97: 35. Platz, 5,0 Punkte

MAZEDONIEN 1995/96

Vardars Absturz

Wachablösung auf dem Balkan. Erstmals seit Ausrufung der "Früheren jugoslawischen Republik Mazedonien" konnte Vardar Skopje seinen Titel nicht verteidigen und mußte sich mit Platz 3 zufriedengeben. Der neue Meister heißt Sileks Kratovo, stammt aus einer Kleinstadt nahe der mazedonisch-bulgarischen Grenze und wandelte in den Fußstapfen seines Vorgängers, der in den Vorjahren immer eine Klasse für sich gewesen war. Die vom ehemaligen jugoslawischen Nationalspieler Zoran Smileski betreuten Kratover blieben im Saisonverlauf ungeschlagen, waren mit 74 Toren am torhungrigsten, stellten die beste Abwehr (20 Gegentreffer) und mit Zoran Boskovski auch den mazedonischen Torschützenkönig. Der als "exzentrisch" geltende Sileks-Präsident Ljubislav Ivanov konnte zufrieden sein.

An Ivanov entzündete sich der Ärger der Vardar-Fans über den Saisonverlauf. "Dem ist jedes Mittel recht, um zum Erfolg zu kommen", murrten sie und bezichtigten ihn der Schiedsrichterbestechung. Doch der mazedonische Verband stellte sich taub und ging den Anschuldigungen nicht nach. Verbandsvorsitzender ist übrigens - Ljubislav Ivanov!

In jedem Fall ging es bei Vardars Absturz durchaus um Geld, allerdings nicht so, wie es die Vardar-Fans darstellten. Im Gegenteil: Im Mai 1995 hatten die Vardar-Spieler keinen anderen Ausweg mehr gewußt, als mit einem zweitägigen Streik darauf aufmerksam zu machen, daß sie seit Monaten ohne Bezüge waren. Kaum hatte sich die Situation wieder beruhigt, verkündete Torjäger Sasa Ciric seinen Abschied und wechselte zum Schweizer Erstligisten FC Aarau. Vardar kam nie zur Ruhe. Interne Querelen auf der Führungsetage wirkten sich auf die Mannschaft aus und ließen den bis dahin unbestrittenen Topklub des Landes binnen weniger Monate ins Mittelmaß abrutschen. Fünf Saisonniederlagen und sechs Unentschieden kassierte das Team von Trainer Tomovski, das in der vorherigen Saison noch ungeschlagen geblieben war. Die letzte Hoffnung auf einen Titel zerschlug sich am 23. Mai 1996, als auch noch das Pokalfinale gegen den aufstrebenden Lokalrivalen Sloga Jugomagnat verloren ging.

Während Sileks Kratovo also leichtes Spiel hatte und sich vorzeitig seinen ersten Meistertitel sicherte, verlief der Abstiegskampf um einiges spannender. Für Ljuboten Tetovo und Osogovo Kocani gingen zwar frühzeitig alle Lichter aus, doch der zunächst ebenfalls abgeschlagene FK Ohrid sorgte durch einen rasanten Endspurt - sieben Punkte aus den letzten drei Spielen - für Hochspannung. Am Ende fehlte den Südmazedoniern dennoch ein Punkt zum Klassenerhalt, denn wegen einer Teilnehmerbegradigung - im Sommer 1995 war Zweitligameister Pobeda Valandovo wegen "zahlreicher Unregelmäßigkeiten" in letzter Sekunde der Aufstieg verweigert worden, und es war zu der schiefen Teilnehmerzahl gekommen - mußten ausnahmsweise drei Teams absteigen.

Für die mazedonische Nationalmannschaft, die mit Punktgewinnen gegen Dänemark, Belgien und Armenien so großartig in die EM-Qualifikation gestartet war, endete die erste Teilnahme an einem internationalen Wettbewerb mit einem letztendlich enttäuschenden vierten Platz. Insbesondere die 1:2-Heimniederlage gegen Armenien schockte die begeisterungsfähigen mazedonischen Fans und sorgte für massive Kritik an Nationaltrainer Andon Doncevski, dem vorgeworfen wurde, stur an den älteren und fast ausschließlich im Ausland spielenden Akteuren festzuhalten. Allerdings hatte die Mannschaft

1. Liga	Gesamt							Heim					Auswärts				
	Sp	g	u	v	Tore	Diff.	Pkt.	g	u	v	Tore	Pkt.	g	u	v	Tore	Pkt.
1. Sileks Kratovo	28	21	7	0	74:20	+54	70	13	1	0	52:10	40	8	6	0	22:10	30
2. Sloga Jugom. Skopje	28	18	4	6	45:19	+26	58	11	3	0	27:5	36	7	1	6	18:14	22
3. Vardar Skopje (M, P)	28	17	6	5	60:22	+38	57	12	2	0	42:9	38	5	4	5	18:13	19
4. Pobeda V. Prilep	28	12	8	8	52:34	+18	44	8	4	2	28:10	28	4	4	6	24:24	16
5. Pelister Bitola	28	13	4	11	51:40	+11	43	11	1	2	41:9	34	2	3	9	10:31	9
6. Sasa Mak. Kamenica	28	10	7	11	36:38	-2	37	6	6	2	24:13	24	4	1	9	12:25	13
7. Makedonija S. (N)	28	10	7	11	35:37	-2	37	9	2	3	25:10	29	1	5	8	10:27	8
8. Balkan Stokom. Skopje	28	9	7	12	31:39	-8	34	6	4	4	20:16	22	3	3	8	11:23	12
9. Belasica Strumica	28	9	6	13	34:38	-4	33	8	3	3	24:12	27	1	3	10	10:26	6
10. Tikves Kavadarci	28	8	8	12	37:46	-9	32	7	5	2	23:6	26	1	3	10	14:40	6
11. FCU-55 Skopje	28	9	5	14	36:49	-13	32	8	3	3	26:14	27	1	2	11	10:35	5
12. Rudar Probistip	28	9	5	14	31:48	-17	32	8	3	3	23:22	27	1	2	11	8:26	5
13. FK Ohrid ↓	28	8	7	14	29:39	-10	31	8	4	2	21:10	28	0	3	11	8:29	3
14. Osogovo Kocani ↓	28	6	8	14	31:53	-22	26	6	4	4	22:13	22	0	4	10	9:40	4
15. Ljuboten Tetovo ↓	28	6	1	21	27:87	-60	19	6	0	8	21:31	18	0	1	13	6:56	1

Aufsteiger: Skendija Tetovo, Bregalnica Stipa
EC 1996/97: CL: - EC2: Sloga Jugomagnat Skopje, UEFA-Cup: Sileks Kratovo (M), Vardar Skopje, UI: -

ohne Unterstützung ihrer Fans spielen müssen, denn nachdem es im Dezember 1994 beim Länderspiel gegen Zypern zu Ausschreitungen gekommen war, hatte die FIFA die Austragung unter Ausschluß der Öffentlichkeit angeordnet. Zwei Monate später gingen die Gelb-Roten mit 0:3 in Spanien unter, und Doncevski wurde durch Doko Hadzievski ersetzt. Der ehemalige Vojvodina-Spieler setzte auf eine Mischung aus erfahrenen Auslandsprofis und hungrigen einheimischen Talenten und betrieb vor Beginn der WM-Qualifikation zunächst Seelenmassage. Erfolgreich, denn nach dem erwartungsgemäßen 3:0-Auftaktsieg über Liechtenstein gab es ein Unentschieden auf Island, das Mazedonien alle Chancen in der WM-Qualifikationsgruppe 8 läßt.

Im Europapokal schnitten Mazedoniens Teams durchaus ehrenvoll ab. Sileks Kratovo setzte sich in der Qualifikation souverän gegen den ungarischen Pokalsieger Vác̆i FC Samsung durch und bekam es in der 1. Runde mit der übermächtigen Mönchengladbacher Borussia zu tun. Nach der 0:3-Hinspielniederlage auf dem Bökelberg rangen die Blau-Roten dem Bundesligisten im Rückspiel ein vielbeachtetes 2:3 ab. Meister Vardar Skopje schaltete in der Qualifikation den georgischen Vertreter FC Samtredia aus und traf in der 1. Runde auf das Team von Girondins Bordeaux, gegen das es im Hinspiel eine unglückliche 0:2-Heimniederlage gab. In Bordeaux erreichte der krisengeschüttelte mazedonische Meister ein beachtliches 1:1-Unentschieden. Zur Saison 1996/97 darf erstmals

Die Torschützen

Zoran Boskovski (Sileks Kratovo)	24
Glavevski (Pelister)	16
Georgievski (Pobeda)	14

ein zweiter mazedonischer Klub am UEFA-Pokal teilnehmen.

Ein Festtag ganz anderer Art war der 13. September 1995, als Nachbar Griechenland nach langen Jahren des Streitens Mazedonien endlich offiziell anerkannte und gleichzeitig die drei Jahre zuvor verhängte Handelssperre aufhob. Der Namensstreit geht allerdings unvermindert weiter. Griechenland fürchtet wegen der Namensgleichheit mit der nordgriechischen Provinz Gebietsansprüche von Mazedonien und erhebt darüber hinaus alleinigen Anspruch auf den Stern von Vergina, den die mazedonische Flagge zeigt. ■

IM BLICKPUNKT

Vardar Skopje

Einst war Vardar Skopje der Stolz aller Mazedonier. Zwischen 1947 und 1992 vertrat der Klub Mazedonien mit kurzen Unterbrechungen in der höchsten jugoslawischen Spielklasse. 1961 gewann Vardar - benannt nach einem Fluß südlich der Hauptstadt Skopje - den jugoslawischen Pokal, 1987 die Landesmeisterschaft, die dem Klub später allerdings wieder aberkannt wurde. Seit der Unabhängig-

1. Liga	Silkes	Sloga-J.	Vardar	Pobeda	Pelister	Sasa-M	Maked.	Balkan-S.	Belasica	Tikves	FCU-55	Rudar	Ohrid	Osogovo	Ljuboten
Sileks Kratovo	•	2:0	2:2	2:1	3:0	5:1	2:0	4:2	3:0	1:0	3:1	3:2	7:1	5:0	10:0
Sloga-Jugom. Skopje	0:0	•	1:0	1:0	1:1	1:0	1:1	1:0	5:2	5:1	0:0	3:0	1:0	4:0	3:0
Vardar Skopje	2:2	1:0	•	1:0	7:0	4:1	1:1	3:0	3:1	5:1	2:1	3:1	2:1	6:0	2:0
Pobeda-Vit. Prilep	1:2	1:1	1:1	•	2:0	2:0	3:1	3:0	0:1	1:1	6:1	1:0	2:0	2:2	3:0
Pelister Bitola	0:1	3:0	2:1	2:3	•	2:0	3:0	3:1	2:1	5:1	6:0	4:0	1:0	1:1	7:0
Sasa Mak. Kamenica	0:2	1:2	1:1	1:1	1:0	•	3:1	3:1	1:0	2:2	1:1	0:0	2:1	1:1	7:0
Makedonija Skopje	0:0	1:0	1:2	2:1	4:0	3:0	•	0:1	2:0	2:3	3:1	2:1	2:0	1:1	2:0
Balkan-Stoko. Skopje	0:2	1:3	0:0	2:5	1:1	0:2	1:1	•	1:0	3:0	3:0	2:0	1:1	3:0	2:1
Belasica Strumica	0:1	0:1	2:1	1:3	0:0	4:3	3:0	2:2	•	0:0	2:0	2:0	2:0	4:1	2:0
Tikves Kvadarci	1:1	1:2	0:1	3:0	3:0	0:0	1:0	1:1	0:0	•	3:0	0:0	2:1	4:0	4:0
FCU-55 Skopje	2:2	1:2	1:2	1:1	1:3	1:0	3:1	1:0	4:2	2:0	•	1:0	1:1	3:0	4:0
Rudar Probistip	2:2	0:3	0:5	4:3	2:1	0:1	1:1	2:1	2:1	3:2	1:0	•	3:0	1:0	2:2
FC Ohrid	1:2	1:0	1:0	1:1	0:1	2:0	0:0	0:0	1:1	6:2	3:1	2:1	•	1:0	2:1
Osogovo Kocani	1:2	1:0	1:0	2:2	2:0	0:2	3:0	0:1	1:1	3:0	1:1	0:1	1:1	•	6:2
Ljuboten Tetovo	0:3	0:4	0:2	1:3	4:3	1:2	2:3	0:1	1:0	2:1	1:3	3:2	2:1	4:3	•

keitserklärung im Jahre 1991 dominierte Vardar Mazedoniens Fußball fast nach Belieben und wurde dreimal Landesmeister. Damit ist nun Schluß, denn trotz herausragender sportlicher Erfolge verschlechterte sich Vardars finanzielle Situation zusehend. Zwar konnte der drohende Verkauf des überragenden Nationalverteidigers Zoran Jovanovski in letzter Sekunde verhindert werden, den Verlust von Torjäger Sasa Ciric und die internen Querelen konnte das Team von Trainer Tomovski jedoch nie kompensieren. Dabei stehen mit Stankovski, Markovski, Jovanovski und Serafimovski immerhin noch vier Nationalspieler in Reihen der Schwarz-Roten! Doch während der Erzrivale und von den Vardar-Fans bitterlich gehaßte FC Sileks Kratovo an der Tabellenspitze einsam seine Kreise zog, mußte Vardar einen Schicksalsschlag nach dem anderen hinnehmen. Alles begann am vierten Spieltag, als Petrovski in Prilep Minuten vor Spielende einen Elfmeter verschoß und Vardar seine ersten Verlustpunkte hinnehmen mußte. Eine Woche später gab es nur ein 1:1 gegen Aufsteiger Makedonja, und nach der ersten Niederlage nach über zwölf Monaten (1:2 in Bitola) war der Meister endgültig aus dem Konzept. Am Ende sprang nur Platz 3 heraus - viel zu wenig für die verwöhnten Vardar-Fans, die längst nicht mehr in Scharen ins *Gradski*-Stadion strömen.

Sileks Kratovo

Ljubislav Ivanov, den alle nur "Zinga" nennen, hat Geld. Viel Geld. Er besitzt eine Knopf- und Reißverschlußfabrik, mehrere Minen und mit *Sileks Television* die wichtigste Privatfernsehstation Mazedoniens. 40.000 Beschäftigte zählt sein Imperium und ist damit größter Arbeitgeber des Landes. Zinga ist außerdem Fußballfan. Deshalb wurde Sileks Kratovo auch Meister. Denn das ist "Zingas" Lieblingsklub. Knapp 70.000 Mark kriegen die Spieler von Sileks pro Mann und Jahr - für mazedonische Verhältnisse eine traumhafte Summe. Das Provinzteam - zu jugoslawischen Zeiten nie besser als drittklassig - hat dank Zinga eine erstklassige Mannschaft beisammen. Torschützenkönig Zoran Boskovski und sein Stürmerkollege Vanco Micevski, Mittelfeldspieler Srdian Zacharievski und Ilco Borov laufen ebenso wie Torhüter Kire Trajcev regelmäßig in der

DER POKAL

Finale (23. Mai 1996)

Sloga Jugom. Skopje - Vardar Skopje n.E. 4:2, n.V. 0:0

mazedonischen Nationalmannschaft auf. Kein Wunder, wenn die Mannschaft in der heimischen Liga für ein Superlativ nach dem anderen sorgte. Allzu beliebt ist Sileks allerdings nicht. Auch das ist Zinga zu verdanken, denn der exzentrische Vereinspräsident gilt als arrogant, vulgär und ungebildet. Zudem wird behauptet, er würde sein Geld skrupellos einsetzen, um zum Erfolg zu kommen. Wie in Ljuboten, als Sileks fünf Minuten vor dem Spielende noch immer kein Tor geschossen hatte und der Schiedsrichter plötzlich aus heiterem Himmel einen Elfmeter gab. Sileks gewann noch mit 3:0 und konnte sich erneut drei Punkte gutschreiben lassen.

DIE LÄNDERSPIELE

Mazedonien - Armenien 1:2 (1:0) EMQ
6. 9. 1995 - Skopje - unter Ausschluß der Öffentlichkeit - Pereira (Portugal) - Celeski - Nikolovski, M. Stojkovski, Z. Jovanovski, Markovski - Babunski, Serafimovski (46. Karadov), Memed (66. Veselinovski), Savevski - Hristov, T. Micevski - Trainer: Doncevski - Tor: T. Micevski (10./1:0)

Zypern - Mazedonien 1:1 (1:0) EMQ
11. 10. 1995 - Limassol - 15.000 - Celeski - B. Jovanovski, Karadzov, Markovski, Nikolovski - Z. Jovanovski, Veselinovski (82. Hristov), Ciric - Serafimovski (78. Karanfilovski) - Memedi, Savevski - Trainer: Doncevski - Tor: B. Jovanovski (35./1:0)

Spanien - Mazedonien 3:0 (1:0) EMQ
15. 11. 1995 - Elche - 34.000 - Steinborn (Deutschland) - Celeski - B. Jovanovski, M. Stojkovski, Serafimovski (55. Veselinovski, 77. Hristov), Babunski - Z. Jovanovski (73. Nikolovski), Karadzov, Memedi, Boskovski - Ciric, T. Micevski - Trainer: Doncevski

Mazedonien - Malta 1:0 (0:0)
27. 3. 1996 - Prilep - 3.000 - Aksyl (Türkei) - Celeski - Sedloski, Gosev, Z. Jovanoski, Najdovski - Babunski (46. Naumoski), Milosavov (76. Petrevski), Savevski (76. Zacharievski), Boskovski - Ciric, Milosevski (80. Bekiri) - Trainer: Hadzievski - Tor: Ciric (73./1:0)

Mazedonien - Liechtenstein 3:0 (1:0) WMQ
24. 4. 1996 - Skopje - 12.000 - Loizou (Zypern) - Celeski - Babunski, Markovski (61. Nikolovski), Z. Jovanovski, M. Stojkovski - Milosevski, Milosavov, Gosev (75. Zacharievski), Boskovski - Ciric, Hristov (71. Naumovski) - Trainer: Hadzievski - Tore: Milosevski (5./1:0), Babunski (49./2:0), Zacharievski (80./3:0)

Bulgarien - Mazedonien 3:0 (1:0)
28. 5. 1996 - Sofija - 980 - Babarogi (Jugoslawien) - Celeski (75. Filevski) - Milosavov (58. B. Jovanovski), Sedloski, Markovski, Nikolovski, Memed, Gosev (58. Borov), Hristov (75. Naumovski), Boskovski (46. Zacharievski), Ciric, Milosevski (46. Sakiri) - Trainer: Hadzievski

Island - Mazedonien 1:1 (0:0) WMQ
1. 6. 1996 - Reykjavík - 5.000 - Luinge (Niederlande) - Celeski - Milosavov, Markovski, Nikolovski, M. Stojkovski - Sedloski, Gosev, Memed, Ciric (36. Sakiri) - Hristov (84. Borov), Milosevski - Trainer: Hadzievski - Tor: Memed (60./1:0)

DER EUROPAPOKAL

Europapokal der Landesmeister

Meister Vardar Skopje startete im UEFA-Pokal-Wettbewerb

Europapokal der Pokalsieger

Qualifikation

Váci FC Samsung - FC Sileks Kratovo 1:1 (0:0)
10. 8. 1995 - 6.000 - Ziober (Polen) Trajcev - Bisimovski - Nikolev, Andovski - Memed - Ljusev, Milosevic, Zacharievski, Karamfilovski - Borov, Micevski - Tor: Micevski (58./0:1)

FC Sileks Kratovo - Váci FC Samsung 3:1 (2:1)
24. 8. 1995 - 5.000 - Finzinger (Österreich) - Trajcev - Nikolovkovski, Milosevic, Andovski - Memed, Ljusev, Borov, Karamfilovski - Zacharievski, Micevski - Tor: Memedi (15./1:0, 67./3:1), Borov (35./2:1)

1. Runde

Bor. Mönchengladbach - Sileks Kratovo 3:0 (2:0)
14. 9. 1995 - 14.000 - Varga (Ungarn) - Trajcev - Bisimovski, Milosevic, Guselov, Nikolev, Karamfilovski, Borov, Memed, Zacharievski (78. Ljusev), Andovski (75. Nacev), Boskovski (54. Micevski) - Rot: Borov (67.)

Sileks Kratovo - Bor. Mönchengladbach 2:3 (0:1)
28. 9. 1995 - 11.000 (in Skopje) - Meese (Belgien) - Trajcev - Guselov, Milosevic, Nikolev, Karamfilovski, Ljusev, Memed, Zacharievski, Andovski (61. Necev), Micevski (64. Angelovic, 68. Nacevski), Boskovski - Tore: Memed (52./1:1), Boskovski (59./22)

UEFA-Pokal

Qualifikation

Vardar Skopje - FC Samtredia 1:0 (1:0)
8. 8. 1995 - 12.750 - Piller (Ungarn) - Tor: Nikolovski (6./1:0)

FC Samtredia - Vardar Skopje 0:2 (0:2)
22. 8. 1995 - 25.000 (in Batumi) - Rudy (Polen) - Tore: Serafimovski (20./0:1), Petrovski (39./0:2)

1. Runde

Vardar Skopje - Girondins Bordeaux 0:2 (0:1)
12. 9. 1995 - 20.000 - Ihring (Slowakei) - Zekir - Stankovski (78. Stojkovski), Nikolovski, Karadzov - Serafimovski, Markovski, Bojcevski (54. Vujovic), Jovanovski, Sainovski - Petreski, Sakiri (68. Trajkov)c

Girondins Bordeaux - Vardar Skopje 1:1 (0:0)
26. 9. 1995 - 3.000 - Irvine (Nordirland) - Zekir - Bojcevki, Markovski (46. Stojkovski), Nikolovski, Karadzov - Jovanovski, Vujovic, Dordjoski, Petreski - Serafimovski, Sakiri - Tor: Serafimovski (70./0:1)

UI-Cup

kein Teilnehmer gemeldet

Federatia Moldoveneasca de Fotbal

Bd. Stefan cel Mare 73,
27001 Chisinau
Telefon: ++373(2)224 498
Telefax: +373 (2) 222 244

FIFA-Weltrangliste
Juli 1995: 116. Platz, 14,07 Punkte
Juli 1996: 115. Platz, 19,20 Punkte

UEFA-Fünfjahreswertung
1996/97: 35. Platz, 5,0 Punkte

MOLDAWIEN 1995/96

Abstieg in geliehenen Trikots

Wer will diese Mannschaft stoppen? Zimbru Chisinaus fünfter Titelgewinn in fünf Jahren moldawischer Selbständigkeit ließ die Konkurrenz verzweifeln. Sieben Punkte Vorsprung wies der Hauptstadtklub am Ende auf, hatte mit 110 Saisontoren einen neuen Rekord aufgestellt und nur eine einzige Niederlage hinnehmen müssen. Die freilich war sensationell, denn sie fand auf eigenem Platz gegen das nur mittelmäßige Team von Olimpia Balti statt.

Moldawiens höchste Fußballspielklasse leidet seit ihrer Einrichtung im Jahre 1992 unter einem krassen Leistungsgefälle. Neben Abonnementsmeister Zimbru Chisinau erreicht nur Dauervizemeister Tiligul Tiraspol Erstliganiveau, während die restlichen vierzehn Klubs kaum mehr als Sparringspartner sind.

Im Schatten der beiden Spitzenklubs, die einen Kantersieg nach dem anderen feierten und unbeeindruckt ihre Kreise zogen, kämpfte der „Rest" ums Überleben. Moldawiens ökonomische Probleme spiegelten sich auch in der höchsten Fußballklasse wieder. Am deutlichsten wurde das bei Absteiger Bugeac Comrat, der 1992 immerhin noch Pokalsieger gewesen war. Das Team aus der Konfliktzone Gagausien im Süden des Landes mußte im Saisonverlauf sogar um Trikot- und Hosenspenden bitten, weil kein einziger *Lei* mehr in der Kasse war! Festtag der bedauernswerten Mannschaft war der vierte Spieltag, als mit einem 2:2-Unentschieden gegen Nistru Cioburciu der einzige Punktgewinn der Saison gelang.

Das jene Cioburciuer Bugeac Comrat am Saisonende in die Zweitklassigkeit begleiteten, ist kaum verwunderlich. Die Begleitumstände allerdings schon. Als Drittletzter erhielt die Mannschaft nämlich die Chance, sich über ein Relegationsspiel gegen den Zweitligavierten Attila Ungheni für ein weiteres Jahr die Erstklassigkeit zu sichern. Doch Nistru verzichtete und überließ dem Gegner aus der moldawisch-rumänischen Grenzstadt freiwillig den Platz im Oberhaus.

Es war nicht das einzige Spiel, das im Saisonverlauf kampflos entschieden wurde. Insgesamt konnten zehn Erstligabegegnungen wegen Reiseschwierigkeiten, politischer Instabilität oder fehlender Spielberechtigungen nicht ausgetragen werden und wurden am grünen Tisch entschieden. Die Vereine können nur mit Unterstützung finanzkräftiger Sponsoren überleben, doch angesichts der regelmäßig zusammenbrechenden Stromversorgung und einer Inflationsrate von über 1.000% haben die finanzkräftigen Mäzene andere Sorgen, als einen Fußballverein zu unterstützen. Die Zuschauerzahlen bewegen sich zwischen 1.000 und 2.000, denn auch bei den Fans sind die *Lei* rar und werden für die Lebenshaltung benötigt. Lediglich Zimbru Chisinau und Tiligul Tiraspol verfügen über Sponsoren - und feiern Erfolge.

Das Top-Ereignis der Saison ist demnach das Duell der beiden Ausnahmeteams, das durch die politischen Konflikte zwischen der Dnjestr-Region, deren Hauptstadt Tiraspol ist, und Moldawiens Machtzentrale Chisinau noch brisanter wird. Wie in den Vorjahren, so gingen die Begegnungen auch 1995/96 zugunsten der Hauptstädter aus, denn einem 2:2-Unentschieden in Chisinau folgte ein meisterschaftsentscheidender 2:0-Sieg Zimbrus in Tiraspol. Dafür revanchierten sich die Tiraspoler im Pokal, als sie den designierten Meister im Viertelfinale ausschalteten. Im Finale scheiterte Tiligul am überraschend starken Aufsteiger Constructorul Chisinau, der vor zwei Jahren noch drittklassig gespielt hatte und nun im Europapokal startet.

Divizia Nationala		Gesamt						Heim					Auswärts				
		Sp	g	u	v	Tore	Diff.	Pkt.	g	u	v	Tore	Pkt.	g	u	v	Tore	Pkt.
1. Zimbru Chisinau (M)		30	26	3	1	110:11	+99	81	12	2	1	63:8	38	14	1	0	47:4	43
2. Tiligul Tiraspol (P)		30	24	2	4	85:21	+64	74	13	0	2	50:10	39	11	2	2	35:11	35
3. Construct. Chisinau (N)		30	24	2	4	71:16	+55	74	12	1	2	47:8	37	12	1	2	30:8	37
4. FC Agro Chisinau		30	19	6	5	60:27	+33	63	8	4	3	30:16	28	11	2	2	30:11	35
5. Olimpia Balti		30	19	6	5	55:25	+30	63	11	1	3	35:14	34	8	5	2	20:11	29
6. Nistru Otaci		30	15	7	8	63:28	+35	52	9	3	3	35:11	30	6	4	5	28:17	22
7. Spumante Cricova (N)		30	13	8	9	56:31	+25	47	7	4	4	31:14	25	6	4	5	25:17	22
8. MHM-93 Chisinau		30	13	6	11	43:26	+17	45	7	3	5	22:14	24	6	3	6	21:12	21
9. Codru Calarasi		30	11	5	14	51:58	-7	38	6	2	7	32:29	20	5	3	7	19:29	18
10. Sportul Chisinau [1]		30	10	4	16	50:53	-3	34	6	3	6	36:21	21	4	1	10	14:32	13
11. Sp. Nisiporeni (N)		30	8	7	15	41:51	-10	31	4	4	7	20:20	16	4	3	8	21:31	15
12. Tighina Bender [2]		30	7	5	18	37:52	-15	26	4	3	8	27:20	15	3	2	10	10:32	11
13. Torentul Chisinau	↓	30	5	5	20	36:85	-49	20	2	3	10	15:38	9	3	2	10	21:47	11
14. Nistru Cioburciu	↓	30	3	7	20	24:84	-60	16	3	2	10	15:35	11	0	5	10	9:49	5
15. Progresul Briceni	↓	30	4	4	22	19:105	-86	16	3	3	9	8:25	12	1	1	13	11:80	4
16. Bugeac Comrat	↓	30	0	1	29	6:139	-133	1	0	1	14	6:63	1	0	0	15	0:76	0

Anmerkung: [1] = fusionierte im Sommer 1996 mit Bucuria Truseni (war im Frühjahr 1996 durch Fusion zwischen Bucuria Chisinau und Universul Truseni entstanden) zu Unisport Chisinau, [2] = ab Sommer 1996 Dinamo Bender

EC 1996/97: CL: -, EC2: Constructorul Chisinau, UEFA: Zimbru Chisinau, Tiligul Tiraspol, UI: -

Auf internationaler Ebene hat Moldawiens Fußball nach anfänglichen Erfolgen inzwischen bitteres Lehrgeld zahlen müssen. Gegen Deutschland kassierte das Nationalteam mit 1:6 die höchste Niederlage in der bisherigen Länderspielgeschichte. Dank des abschließenden 3:2-Sieges über Georgien sprang in der EM-Qualifikation aber immerhin noch der 4. Platz heraus. Nationaltrainer Ion Caras stellte sein Team nahezu ausschließlich aus Aktiven von Zimbru und Tiligul zusammen. Lediglich Serghei Nani und Serghei Clescenco, die als erste Moldawier in einer westeuropäischen Profiklasse spielen (Go Ahead Eagles Deventer), verdienen ihr Geld im Ausland.

Für große Freude sorgte der für moldawische Verhältnisse durchaus als „Siegeszug" zu bezeichnende Auftritt von Meister Zimbru Chisinau im UEFA-Pokal. Über Hapoel Tel Aviv und RAF Jelgava Riga erreichten die Hauptstädter die zweite Runde, wo der tschechische Meister Sparta Prag für das Aus sorgte. Im *Republican*-Stadion war man zu Recht stolz, denn so weit war noch nie ein moldawischer Klub gekommen. ■

DER MEISTER

Zimbru Chisinau

An der Dominanz von Zimbru Chisinau zweifelt in Moldawien schon lange niemand mehr. Der Klub, der Moldawien einst unter dem Namen „Burevestnik" bzw. „Moldova Kishinev" in der sowjetischen Oberliga vertrat, hat sämtliche Titel seit Moldawiens Unabhängigkeit gewonnen und gilt als nahezu unüberwindbar. Zimbrus Überlegenheit ist mit der Person von Nikolai Cerny verbunden. Cerny ist Leiter eines Ölkombinates, das fast alle Haushalte Chisinaus mit Energie versorgt. Daheim eine unbestrittene Macht, suchen die Chisinauer ihre Herausforderung auf europäischer Ebene. Dem erfreulichen Erreichen der 2. Runde im UEFA-Pokal soll bald mehr folgen, denn die „Bullen", wie sie in Moldawien genannt werden, wollen nun auch mal einen Favoriten ärgern.

Die Torschützen

Vadim Gavriliuc (Zimbru Chisinau)	34
Vladimir Kosse (Tiligul Tiraspol)	30
Serghei Rogaciov (Olimpia Balti)	25

IM BLICKPUNKT

Tiligul Tiraspol

Gregori Corzun ist ein ehrgeiziger Mann. Er will den Erfolg und ist bereit dafür zu arbeiten. Wie mit seinem Import- und Exporthandel von Trikotagen. Damit hat Corzun viel Geld verdient. Auch im Sport sucht der Vorsitzende von Tiligul Tiraspol den sofortigen Erfolg. Doch der Geschäftsmann hat keine Geduld. Viermal entließ er im Verlauf der Saison 1995/96 den Trainer und überforderte damit die Mannschaft, die wegen der ständigen Wechselei nie ihren Rhythmus fand. Selbst der Pokal, seit drei Jahren unbestrit-

Divizia Natinala	Zimbru	Tiligul	Construct.	Agro	Olimpia	N. Otaci	Spumante	MHM-93	Codru	Sportul	Speranta	Tighina	Torentul	N. Cioburciu	Progresul	Bugeac
Zimbru Chisinau	•	2:2	2:1	1:1	1:2	5:0	3:0	2:0	3:1	8:0	4:0	3:1	8:0	9:0	4:0	8:0
Tiligul Tiraspol	0:2	•	1:2	2:1	3:0	3:1	2:0	1:0	8:0	3:0	2:1	3:1	3:1	5:1	7:0	7:0
Constructorul Chisinau	0:2	0:2	•	2:0	1:1	2:1	2:0	x:0	6:0	2:1	2:0	1:0	3:1	5:0	10:0	5:0
Agro Chisinau	1:3	2:1	0:4	•	0:0	1:0	2:2	0:0	1:1	2:1	2:3	x:0	5:0	5:0	3:1	6:0
Olimpia Balti	0:3	0:4	1:0	0:1	•	1:0	3:3	1:0	3:0	2:1	6:1	4:0	7:1	4:0	3:0	x:0
Nistru Otaci	0:1	1:2	1:1	0:1	2:2	•	0:0	1:0	1:0	4:0	4:2	3:2	3:0	3:0	9:0	3:0
Spumante Cricova	1:1	2:1	1:2	0:4	1:1	0:2	•	0:1	1:1	1:0	0:0	7:0	6:0	x:0	2:1	9:0
MHM-93 Chisinau	0:3	1:5	0:1	0:1	0:0	0:1	1:0	•	0:0	3:0	2:1	1:0	5:1	1:1	1:0	7:0
Codru Calasari	0:8	0:3	0:1	1:1	1:2	1:3	3:2	2:0	•	2:1	2:2	0:1	1:3	3:1	10:1	6:0
Sportul Chisinau	1:7	1:1	1:2	1:2	0:2	1:1	1:4	1:2	2:0	•	0:0	5:0	1:0	4:0	13:0	4:0
Speranta Nisporeni	0:2	0:1	0:1	1:2	0:5	0:0	0:1	2:2	1:2	1:1	•	1:0	2:2	5:1	x:0	7:0
Tighina Bender	0:1	0:2	0:3	0:2	1:0	1:1	0:0	0:x	1:4	1:2	1:4	•	3:0	1:1	12:0	6:0
Torentul Chisinau	0:7	0:6	0:6	1:3	0:1	0:3	0:1	1:1	0:1	1:2	3:1	2:3	•	0:0	2:2	5:0
Nistru Cioburciu	0:1	2:5	0:2	2:3	1:3	0:4	0:6	0:4	0:1	1:2	1:0	2:2	0:0	•	3:2	3:0
Progresul Briceni	0:2	0:x	1:2	0:3	0:1	1:1	0:3	1:4	1:0	1:0	1:2	0:0	0:5	2:2	•	x:0
Bugeac Comrat	0:4	0:x	0:2	0:5	0:x	1:10	0:3	0:7	1:8	0:3	1:4	0:4	0:7	2:2	1:4	•

Folgende Spiele wurden am Grünen Tisch entschieden (jeweils mit 0:0 Toren und 3 Punkten): Tighina - MHM-93 (für MHM), Bugeac - Tiligul (für Tiligul), Constructorul - MHM-93 (für Constructorul), Agro - Tighina (für Agro), Olimpia - Bugeac (für Olimpia), Progresul - Tiligul (für Tiligul), Spumante - Nistru Cioburciu (für Spumante), Speranta - Progresul (für Speranta), Progresul - Bugeac (für Progresul), Bugeac - Olimpia (für Olimpia)

ten „Tiligul-Terrain", ging durch eine 1:2-Finalniederlage gegen Aufsteiger Constructorul Chisinau verloren. Corzun tobte. Und hofft nun auf die nächste Saison. Trainer, so ist zu vermuten, hat er noch genügend in der Hinterhand.

DER TORJÄGER

Vadim Gavriliuc (Zimbru Chisinau)

Vadim Gavriliuc war mal wieder allerbester Laune. Mit 34 Treffern hatte er seine im Vorjahr erstmals gewonnene Torjägerkanone erfolgreich verteidigt, hatte mit seinen Treffern gegen Tel Aviv und Riga erheblich zum Weiterkommen Zimbrus im UEFA-Pokal beigetragen und war am Saisonende zum zweiten Mal in Folge Landesmeister geworden. Seit drei Jahren spielt Gavriliuc in Moldawiens höchster Spielklasse und ist seitdem Schrecken der Verteidigerreihen. Zunächst schoß er für Nistru Otaci Tore, ehe Meister Zimbru Chisinau ihn während der Saison 1994/95 in die Hauptstadt lockte. Dort konnte Gavriliuc seine Fähigkeiten vollends entfalten. Nur im Nationaltrikot klappt es noch nicht. Gegen Wales gab er zwar sein Debüt, doch in nur sechs Minuten konnte er sich ebensowenig empfehlen wie gegen Deutschland, wo er gar nur drei Minuten spielte. Sein erstes Spiel über die volle Distanz absolvierte Gavriliuc gegen Georgien - und enttäuschte Nationaltrainer Caras so sehr, daß er bei den nächsten Spielen noch nicht einmal auf der Ersatzbank saß.

DER POKAL

Achtelfinale (Hin- und Rückspiele)

Tiligul Tiraspol - Sportul Chisinau	3:0, 4:0
Vierul Sângerei - Zimbru Chisinau	0:4, 0:16
Constructorul Chis. - Speranta Nisporeni	1:0, 2:1
Spumante Cricova - Lims V. Novie Anedi	2:0, 2:1
Flacara Nemirovka - Locomotiva Balti	1:4, 2:4
FC Tighina - Torentul Chisinau	1:1, 5:0
Ciuhur Ocnita - Loc. Basarabeasca	0:2, 0:3
FC Agro Chisinau - Nistru Otaci	1:1, 1:3

Viertelfinale (Hin- und Rückspiele)

Nistru Otaci - Constr. Chisinau	0:1, n.V. 1:0, n.E.3:4
Zimbru Chisinau - Tiligul Tiraspol	1:1, 0:1
Locomotiva Balti - Spumante Cricova	1:2, 0:6
Locom. Basarabeasca - Tighina Bender	0:0, 2:0

Halbfinale (Hin- und Rückspiele)

Spumante Cricova - Tiligul Tiraspol	0:2, 1:3
Constr. Chisinau - Locomotiva Basarabeasca	4:1, 1:2

Finale

(19. 6. 1996, Chisinau, 3.000)

Constructorul Chisinau - Tiligul Tiraspol 2:1 (1:0)

Tore: 1:0 Tverdohlebov (25.), 1:1 Cuciuc (66.), 2:1 Melnicov (87.)

2. Liga (Divizia A)		Sp	g	u	v	Tore	Pkt.
1. Loc. Basarabeasca	↑	42	27	8	7	81:39	89
2. Ciuhur Ocnita	↑	42	27	8	7	64:31	89
3. Attila Ungheni	↑	42	25	10	7	78:41	85
4. Victoria Cahul	↑	42	25	7	10	66:35	82
5. Chimentul Rezina		42	20	7	15	68:64	67
6. MiF Chisinau		42	19	9	14	70:52	66
7. Dumbrava Cojusna		42	15	19	8	53:43	64
8. Bucuria Truseni		42	18	9	15	62:53	63
9. Raut Orhei		42	16	13	13	36:39	61
10. Gloria-Kvarts Edinet		42	15	13	14	62:51	58
11. Spicul Sarata Galbena		42	17	7	18	56:58	58
12. Olimpia Balti II		42	16	9	17	62:57	57
13. Zimbru Chisinau II		42	14	14	14	43:42	56
14. Moldova Chisinau		42	16	8	18	54:54	56
15. Migdal Carahasani		42	16	8	18	65:71	56
16. Spicul Falesti		42	15	9	18	54:74	54
17. Vierul Sangerei		42	12	14	16	48:60	50
18. Tiras Soroca		42	13	10	19	49:57	49
19. Lims Chisinau		42	12	11	19	50:73	47
20. Izvoras Drasliceni	↓	42	9	5	28	43:81	32
21. Agro-Sind Causeni	↓	42	6	8	28	46:90	26
22. Prut Cantemir	↓	42	3	4	35	21:66	13

Aufstiegsspiele: Torentul Chisinau - Victoria Cahul 0:2
Nistru Cioburciu - Attila Ungheni 0:x
(Nistru trat nicht an)

DIE LÄNDERSPIELE

Wales - Moldawien 1:0 (0:0) EMQ
6. 9. 1995 - Cardiff - 5.000 - Orrason (Island) - Ivanov - Fistican, Testimitanu, Culibaba, Rebeja (84. Gavriluc) - S. Stroenco, Oprea, Belous, Nani (76. Sucharev) - Cibotaru, Clescenco - Trainer Caras - Rot: Fistican (88.)

Deutschland - Moldawien 6:1 (3:0) EMQ
8. 10. 1995 - Leverkusen - 18.300 - Ziober (Polen) - Ivanov - Culibaba, Secu, S. Stroenco, Testimitanu - Rebeja, Belous, Nani (59. Miterev), Oprea (87. Gavriliuc), Curtianu - Clescenco - Trainer: Caras - Tor: Rebeja (82./6:1)

Moldawien - Georgien 3:2 (2:0) EMQ
15. 11. 1995 - Chisinau - 9.000 - van der Ende (Niederlande) - Coselev - Secu, Belous, Culibaba, Testimitanu, Nani, Miterev, Oprea (60. Cirilov), Gavriliuc, Curtianu, Clescenco - Trainer: Caras - Tore: Testimitanu (5./1:0), Miterev (17./2:0, 72./3:0)

Moldawien - Ukraine 2:2 (0:0)
9. 4. 1996 - Chisinau - 7.000 - Zhuk (Weißrußland) - Romanenco - Secu, Testimitanu, Culibaba, Belous (46. Popovic), Ciscine (46. Parcomenco) - Rebeja, (46. Cuscuc), Gaidamasciuc, Miterev (62. Cirilov), Curtianu, Iepurianu (86. Spinu) - Trainer: Caras - Tore: Testimitanu (73./1:2), Popovic (83./2:2)

Rumänien - Moldawien 3:1 (3:0)
1. 6. 1996 - Bukarest - 3.000 - Melniczuk (Ukraine) - Romanenco - Secu, Parcomenco, Rus, Testimitanu, Nani, Culibaba (52. Jepurianu), Rebeja (46. Belous), Gaidamasciuc (46. Ciscine), Curtianu (52. Cirilov), Clescenco (46. Popovic) - Trainer: Caras - Tor: Testimitanu (78./3:1)

DER EUROPAPOKAL

Europapokal der Landesmeister

Meister Zimbru Chisinau startete im UEFA-Pokal

Europapokal der Pokalsieger

Qualifikation

Tiligul Tiraspol - FC Sion 0:0
10. 8. 1995 - 4.000 (in Chisinau) - Bogdanov (Bulgarien) -Ivanov - Sergej Stronco - Parcomenco, Seku, Pogorelov (46. Mincev) - Gaidamasciuc (76. Dovghej), Andrej Stronco, Belous, Oprea - Kosse, Lukiancikov (68. Cotleas)

FC Sion - Tiligul Tiraspol 3:2 (3:0)
24. 8. 1995 - Kefalas (Griechenland) - Ivanov - Sergej Stroenco - Minkev, Seku, Pogorelov - Gaidamasciuc (76. Tititsch), Andrej Stroenco (71. Popovic), Belous, Oprea - Lukyanchikov, Kosse - Tore: Oprea (79./3:1), Popovic (90./3:2)

UEFA-Pokal

Qualifikation

Zimbru Chisinau - Hapoel Tel Aviv 2:0 (1:0)
8. 8. 1995 - 5.000 - Ihring (Slowakei) - Gavriliuc (27./1:0), Rebeja (70./2:0)

Hapoel Tel Aviv - Zimbru Chisinau 0:0
22. 8. 1995 - 3.000 - Porumboiu (Rumänien)

1. Runde

Zimbru Chisinau - RAF Jelgava Riga 1:0 (1:0)
12. 9. 1995 - 7.500 - Suheil (Israel) - Tor: Testimitanu (40./1:0)

RAF Jelgava Riga - Zimbru Chisinau 1:2 (0:2)
26. 9. 1995 - 3.000 - Olsen (Norwegen) - Tor: Gavriliuc (5./0:1, 25./0:2)

2. Runde

Sparta Prag - Zimbru Chisinau 4:3 (2:0)
17. 10. 1995 - 8.147 - Reed (England) - Tore: Suharev (56.(2:1), Testimitanu (62./4:2; 90./ Elfmeter/4:3)

Zimbru Chisinau - Sparta Prag 0:2 (0:1)
31. 10. 1995 - 12.000 - Grabher (Österreich)

UI-Cup

Kein Teilnehmer gemeldet

Koninklijke Nederlandsche Voetbalbond

Woudenbergseweg 56,
P.O. Box 515,
NL-3700 Am Zeist
Telefon: ++31 / 343 49
Telefax: ++31 / 343 49

FIFA-Weltrangliste

Juli 1995:	17. Platz,	51,26 Punkte
Juli 1996:	6. Platz,	59,85 Punkte

UEFA-Fünfjahres-Wertung

1996/97:	5. Platz,	38,7 Punkte

Das Dream-Team zeigte Schwächen

Von Thomas Rosner

Wegen des schwachen Abschneidens in den Vorjahren war die Zahl der niederländischen UEFA-Cup-Teilnehmer von drei auf zwei geschrumpft. Der etwas überraschende Erfolg von Ajax Amsterdam im Europacup-Finale gegen den AC Mailand hatte dem niederländischen Vereinsfußball indes vor dem Start der Saison 1995/96 unübersehbar Auftrieb gegeben.
Selten zuvor war zum offiziellen Trainingsauftakt der Großvereine ein derartig großer Andrang registriert worden. Obwohl vor allem Feyenoord Rotterdam und der PSV Eindhoven personell kräftig aufgerüstet hatten, ging Ajax als unumstrittener Favorit in die Saison.
Im klassischen Dreikampf zwischen Meister Ajax, Pokalsieger Feyenoord und dem PSV schien der Europacup-Sieger die besten Trümpfe in der Hand zu haben.

Den Vorschußlorbeeren wurde Ajax zum Entsetzen der Konkurrenz bis zur Winterpause mehr als gerecht. Kein Spiel ging bis dahin verloren, lediglich gegen Verfolger PSV gaben die Amsterdamer einen Punkt ab. Pokalsieger Feyenoord Rotterdam trudelte unterdessen von einer Turbulenz in die nächste, trennte sich vorzeitig von Coach Willem van Hanegem und belegte zum Jahreswechsel hinter Lokalrivalen Sparta einen enttäuschenden 6. Rang.

Das Schicksal von van Hanegem sollten in dieser Saison noch einige seiner Kollegen teilen. Das in die Tiefen des Mittelfeld zurückgesackte Vitesse Arnheim trennte sich im November von Trainer Ronald Spelbos, Twente Enschede von seinem Coach Issy ten Donkelaar. Auch in den hinteren Regionen der Tabelle setzten die Vereine im Kampf gegen den Abstieg auf das klassische Mit-

Niederländischer Meister 1996: Ajax Amsterdam

Eredivisie	Gesamt							Heim					Auswärts				
	Sp	g	u	v	Tore	Diff.	Pkt.	g	u	v	Tore	Pkt.	g	u	v	Tore	Pkt.
1. Ajax Amsterdam (M)	34	26	5	3	97:24	+73	83	16	1	0	58:9	49	10	4	3	39:15	34
2. PSV Eindhoven	34	24	5	5	97:25	+72	77	14	2	1	56:7	44	10	3	4	41:18	33
3. Fey. Rotterdam (P)	34	18	9	7	66:36	+30	63	12	4	1	42:17	40	6	5	6	24:19	23
4. Roda JC Kerkrade	34	15	12	7	51:35	+16	57	8	8	1	30:12	32	7	4	6	21:23	25
5. Vitesse Arnhem	34	15	8	11	48:44	+ 4	53	8	5	4	26:20	29	7	3	7	22:24	24
6. Sparta Rotterdam	34	14	11	9	53:53	+0	53	11	5	1	38:18	38	3	6	8	15:35	15
7. SC Heerenveen	34	14	11	9	66:68	- 2	53	9	4	4	37:27	31	5	7	5	29:41	22
8. NAC Breda	34	14	10	10	58:44	+14	52	9	4	4	30:13	31	5	6	6	28:31	21
9. FC Groningen	34	12	13	9	48:45	+ 3	49	9	6	2	29:12	33	3	7	7	19:33	16
10. Twente FC Enschede	34	14	6	14	46:55	- 9	48	9	2	6	20:22	29	5	4	8	26:33	19
11. RKC Waalwijk	34	11	11	12	44:44	+0	44	7	5	5	27:21	26	4	6	7	17:23	18
12. Willem II Tilburg	34	9	12	13	53:59	- 6	39	6	4	7	34:31	22	3	8	6	19:28	17
13. Fortuna Sittard	34	6	13	15	27:54	-27	31	3	10	4	16:18	19	3	3	11	11:36	12
14. De Gr. Doetinchen	34	6	11	17	37:66	-29	29	5	6	6	27:26	21	1	5	11	10:40	8
15. FC Utrecht	34	6	10	18	27:59	-32	28	3	6	8	15:28	15	3	4	10	12:31	13
16. FC Volendam	34	6	9	19	29:65	-36	27	5	7	5	15:21	22	1	2	14	14:44	5
17. NEC Nijmegen	34	6	7	21	33:73	-40	25	3	3	11	15:41	12	3	4	10	18:32	13
18. Go A. Eagles Deventer ↓	34	5	7	22	40:71	-31	22	2	3	12	21:41	9	3	4	10	19:30	13

EC 1996/97: CL: Ajax Amsterdam, EC2: PSV Eindhoven, UEFA: Feyenoord Rotterdam, Roda JC Kerkrade, UI: SC Heerenveen, FC Groningen

Die Torschützen

Luc Nilis (PSV Eindhoven)	21
Mariano Bombarda (FC Groningen)	19
Dennis de Nooijer (Sparta Rotterdam)	16
Graham Arnold (NAC Breda)	16
Patrick Kluivert (Ajax Amsterdam)	15
Jari Litmanen (Ajax Amsterdam)	14
Jon Dahl Thomasson (SC Heerenveen)	14
Nwankwo Kanu (Ajax Amsterdam)	13
Ronaldo (PSV Eindhoven)	12
Arnold Bruggink (FC Twente Enschede)	12

tel des Trainer-Rauswurfs. Das Saisonende sollten auch Ab Fafié (Go Ahead Eagles Deventer), Frans Körver (De Graafschap Doetinchem), Cees van Kooten (NEC Nimwegen), Simon Kistenmaker (FC Utrecht) und Bert Jacobs (FC Volendam) nicht mehr als Cheftrainer ihrer Vereine erleben.

Besonders bitter war der Rauswurf für Theo de Jong, Trainer von Willem II Tilburg. Als sein Team im Januar 1996 dem hohen Favoriten Ajax die erste Niederlage der Saison verpaßte und auf den dritten Rang vorrückte, bot ihm das Präsidium eine vorzeitige Vertragsverlängerung an. Doch nachdem die zwei Mannschaftsstützen Jaap Stam und Jean-Paul van Gastel unmittelbar danach an den PSV Eindhoven und Feyenoord Rotterdam verkauft wurden, ging es mit Willem II bergab. Das Präsidium schob De Jong die Schuld für die sportliche Misere in die Schuhe und entließ den bei den Fans sehr populären Coach. Die Talfahrt des Vereins konnte die Entlassung nicht bremsen: Das Team endete schließlich auf dem 12. Rang. Nachdem sich der Kölner Herbert Neumann vor Saisonbeginn nach drei erfolgreichen Jahren als Trainer bei Vitesse Arnheim in Richtung Anderlecht verabschiedet hatte, machte im Januar erneut ein deutscher Trainer in der *Eredivisie* seine Aufwartung. Der ostdeutsche Coach Hans Maier, der zuvor Carl-Zeiss Jena, den Chemnitzer FC und Union Berlin betreut hatte, unterzeichnete im Januar beim FC Twente einen Vertrag bis zum Saisonende. Der Mann aus Jena kam bei Twente so gut an, daß sein Vertrag vorzeitig um zwei Jahre verlängert wurde.

Ajax, das vor der Winterpause die Liga so eindeutig dominiert hatte, geriet nach dem Jahreswechsel gehörig außer Tritt, verlor nicht nur gegen Willem II, sondern auch gegen Vitesse und Roda JC Kerkrade. Zudem mußten die Ajax-Stars ausgerechnet gegen den Zweitligisten Cambuur Leuuwarden alle Pokalhoffnungen begraben: Völlig verdient gewannen die Friesen gegen die Stars aus der Hauptstadt mit 2:0. Zwar konnte der PSV zeitweilig nach Pluspunkten mit Ajax gleichziehen, doch im Frühjahr hatte der Rekordmeister sein fast schon traditionelles Wintertief überwunden und sicherte sich - wenn auch nicht gar so überzeugend wie im Vorjahr - mit sechs Punkten Vorsprung seinen 26. Meistertitel. Es war die dritte Meisterschaft in Folge.

Galt der SC Heerenveen in der Hinrunde noch als einer der heißesten Anwärter auf einen der beiden UEFA-Cup-Plätze, so sackte die heimstarke Elf von Trainer Foppe de Haan in der Rückrunde

Eredivisie	Ajax	PSV	Feyenoord	Roda JC	Vitesse	Sparta	Heerenveen	Breda	Groningen	Twente	Waalwijk	Willem II	Sittard	Graafschap	Utrecht	Volendam	Nijmegen	Go Ahead
Ajax Amsterdam	•	1:1	2:0	6:1	3:0	4:0	6:2	2:0	4:1	6:1	1:0	5:1	4:0	1:0	4:0	4:0	3:1	2:1
PSV Eindhoven	1:1	•	3:0	3:0	1:0	1:2	5:1	4:1	7:1	3:0	4:0	2:0	3:0	8:0	0:0	7:0	1:0	3:1
Feyenoord Rotterdam	2:4	0:0	•	2:0	5:2	1:1	4:1	2:2	4:1	1:0	4:2	2:0	1:0	2:0	3:0	5:1	2:1	2:2
Roda JC Kerkrade	2:0	1:1	1:1	•	0:1	1:0	2:2	5:1	0:0	0:0	2:2	1:1	1:1	3:1	3:1	2:0	1:0	5:0
SBV Vitesse Arnhem	2:1	0:1	0:2	0:0	•	3:2	2:2	2:0	0:0	2:0	2:1	2:2	5:1	0:1	2:1	2:1	2:2	0:3
Sparta Rotterdam	3:3	2:1	3:2	2:2	3:0	•	5:2	3:1	1:1	4:2	1:0	1:1	0:1	4:1	0:0	1:0	3:1	2:0
SC Heerenveen	0:4	1:3	0:1	3:2	1:2	4:0	•	1:1	1:0	1:1	2:1	2:2	5:1	2:2	4:2	4:3	4:1	2:1
NAC Breda	0:1	3:0	0:3	0:0	2:2	0:0	5:1	•	1:1	4:1	0:1	0:1	2:0	2:1	3:0	4:0	2:1	2:0
FC Groningen	3:4	1:0	1:0	0:1	2:0	5:1	1:1	3:1	•	2:2	1:1	3:0	2:0	3:0	0:0	2:1	0:0	0:0
FC Twente Enschede	0:3	3:2	2:2	0:3	1:0	1:0	0:1	0:3	2:2	•	0:1	2:1	1:0	1:0	1:2	2:1	2:0	2:1
RKC Waalwijk	0:3	1:3	1:1	2:0	0:2	0:0	2:3	2:2	1:3	1:0	•	3:2	1:1	5:0	1:0	2:0	4:0	1:1
Willem II Tilburg	1:0	2:5	2:2	1:2	0:5	6:0	1:1	1:3	5:2	5:2	1:2	•	4:0	1:1	1:1	1:0	1:3	1:2
Fortuna Sittard	1:2	1:3	1:0	1:1	0:0	0:1	1:2	2:2	0:0	1:1	0:0	0:0	•	1:0	2:1	2:2	1:1	2:2
De Graafschap Doetinchem	0:0	1:2	1:1	0:2	2:3	5:2	2:2	1:1	3:1	0:3	1:1	1:2	1:1	•	3:0	1:0	2:3	3:2
FC Utrecht	0:3	1:4	1:0	0:1	2:0	0:0	1:1	0:4	0:1	0:3	0:0	3:3	2:3	1:1	•	2:2	1:2	1:0
FC Volendam	0:0	0:5	0:3	1:0	1:1	1:1	1:1	1:2	2:1	1:3	1:1	0:0	2:0	1:1	0:1	•	1:0	2:1
NEC Nijmegen	0:6	0:5	1:3	1:4	0:1	2:2	1:3	1:3	0:2	1:4	2:1	1:1	0:2	1:1	2:0	2:1	•	0:2
Go Ahead Eagles Deventer	0:4	0:5	0:3	1:2	1:3	1:3	2:3	1:1	2:2	1:3	1:3	0:2	2:0	4:0	2:3	1:2	2:2	•

wieder etwas zurück und landete nur auf dem 7. Platz. Zu spät auch der Endspurt von Vitesse - die bis zum Saisonende von Interimstrainer Frans Thijssen betreuten Schwarz-Gelben endeten auf Rang 5. Eine sehr starke Rückrunde verhalf dem Vizemeister der vorherigen Saison, Roda JC Kerkrade, doch noch zum begehrten UEFA-Cup-Ticket. Die Elf von Trainer Huub Stevens hatte zu Saisonbeginn mit Raymond Attaveld (Vitesse), Tomacs Iwan (Feyenoord) und Max Huiberts (Borussia Mönchengladbach) drei ihrer Leistungsträger ziehen lassen müssen. Doch im Lauf der Saison kamen die Limburger immer besser ins Spiel und belegten hinter Feyenoord zu Recht den 4. Rang. Die Überraschung der Saison war Sparta Rotterdam, das eigentlich als Abstiegskandidat gehandelt worden war. Der lang verletzt gewesene Torjäger Dennis De Noijer lief wieder zu alter Form auf, traf in der Liga 16mal ins Netz. Die junge Elf von Trainer Henk ten Cate spielte frischen Angriffsfußball, bezwang zu Hause Feyenoord und den PSV, trotzte Ajax in einem fulminanten Spiel ein 3:3 ab. In der Liga belegte Sparta schließlich den 6. Platz. Im Halbfinale des Pokalwettbewerbs krönten die Mannen in den rot-weißen Streifentrikots ihre gute Saisonleistung mit einem 1:0 Sieg in der Verlängerung gegen den Titelverteidiger Feyenoord. Im Finale ließ der favorisierte PSV Eindhoven den Außenseiter Sparta jedoch nicht ins Spiel kommen: Mit 5:2 sicherte sich der PSV in einem ansprechenden Spiel den siebten Pokalgewinn der Vereinsgeschichte.

Im Abstiegskampf konnte der FC Utrecht dank eines fulminanten Endspurts noch das rettende Ufer erreichen. Die traditionsreichen Go Ahead Eagles Deventer hatten nach jahrelanger Talfahrt den Transfer ihres Torjägers Harry Decheiver zum SC Freiburg mit dem direkten Abstieg zu bezahlen. Der FC Voldendam und NEC Nimwegen mußten zwar in die Relegation mit den Periode-Meistern der zweiten Liga, konnten sich dort aber den Klassenerhalt sichern. Einziger Aufsteiger ist damit AZ Alkmaar, der Meister von 1981, der mit sieben Punkten Vorsprung souverän der Meister der zweiten Liga wurde. Vor allem die Spannung im Kampf um den Abstieg und um die UEFA-Cup-Plätze ließen den Zuschauerschnitt der Ehrendivision erneut leicht in die Höhe steigen. Insgesamt passierten 3,156 Millionen Zuschauer die Stadionkassen, was einem Durchschnitt von 10.314 pro Spiel entspricht (Vorjahr: 10.258). Feyenoord verzeichnete wegen der Größe seines Stadions mit durchschnittlich 26.400 Zuschauern wieder einmal den größten Publikumszuspruch.

International schnitten die niederländischen Vereine relativ gut ab. Nur Roda JC Kerkrade, das in der zweiten Runde an Benfica Lissabon scheiterte, konnte im UEFA-Cup nicht überwintern. Der PSV drang im UEFA-Pokal bis ins Vier-

Relegationsrunde	1.	2.	3.	4.	Sp	g	u	v	Tore	Diff.	Pkt.
Gruppe A											
1. FC Volendam*	•	2:1	1:0	3:0	6	6	0	0	10:2	+8	18
2. Heracles Almelo	1:2	•	4:1	2:0	6	3	1	2	13:7	+6	10
3. VVV Venlo	0:1	0:3	•	2:0	6	1	1	4	3:9	-6	4
4. FC Den Bosch	0:1	2:2	0:0	•	6	0	2	4	2:10	-8	2
Gruppe B											
1. NEC Nijmegen*	•	3:0	3:1	2:0	6	5	0	1	12:3	+9	15
2. SC Veendam	1:0	•	1:0	3:0	6	3	1	2	8:7	+1	10
3. VV Emmen	1:3	2:1	•	4:0	6	3	0	3	9:8	+1	9
4. Cambuur Leeuwarden	0:1	2:2	0:1	•	6	0	1	5	2:13	-11	1

* = Volendam und Nijmegen verbleiben in der Eredivisie

2. Liga		Sp	g	u	v	Tore	Pkt.
1. AZ Alkmaar	↑	34	21	10	3	66:26	73
2. W Emmen		34	18	13	3	71:39	67
3. FC Den Bosch		34	15	13	6	51:36	58
4. SC Veendam		34	16	10	8	48:35	58
5. VVV Venlo		34	15	12	7	55:33	57
6. Camb. Leeuwarden		34	15	12	7	49:32	57
7. Dordrecht `90		34	14	12	8	62:45	54
8. Heracles Almelo		34	14	8	12	56:50	50
9. Telstar Ijmuiden		34	13	11	10	42:38	50
10. HFC 89 Haarlem		34	14	3	17	47:53	45
11. MVV Maastricht		34	10	12	12	41:46	42
12. TOP Oss		34	8	15	11	46:50	39
13. RBC Roosendaal		34	11	6	17	35:51	39
14. FC Zwolle		34	7	12	15	37:43	33
15. FC Den Haag		34	8	7	19	39:60	31
16. Excelsior Rotterdam		34	8	5	21	42:72	29
17. SC Eindhoven		34	5	11	18	41:75	26
18. Helmond Sport		34	6	4	24	35:77	22

telfinale vor, in dem er knapp dem FC Barcelona unterlag. Feyenoord Rotterdam erreichte im Europapokal der Pokalsieger gar das Halbfinale, mußte dann aber sang- und klanglos gegen Rapid Wien die Segel streichen. Ajax, das sich im November gegen Gremio den Weltpokal gesichert hatte, sah seinen Formverlust nach der Winterpause auch im Europapokal dokumentiert. Nach knapp zwei Jahren ohne Europacup-Niederlage kassierte Ajax ausgerechnet in seinem letzten Spiel im Amsterdamer Olympiastadion im Halbfinale gegen Panathinaikos Athen eine ebenso unerwartete wie schmerzhafte Niederlage. Die Schmach konnte Ajax im Rückspiel zwar wettmachen, doch im Finale mußte sich der Titelverteidiger jedoch im Elfmeterschießen Juventus Turin beugen.

Das Oranje-Team sicherte sich die EM-Fahrkarte erst im letzten Moment. Nach dem mühsamen 1:0-Sieg gegen Weißrußland im September gelang der Elf von Bondscoach Guus Hiddink im letzten Gruppenspiel ein spektakulärer 3:0-Sieg gegen Norwegen. Nachdem die Niederländer im Dezember auch das Entscheidungsspiel um den letzten EM-Platz gegen Irland mit 2:0 gewonnen hatten, galten sie plötzlich als einer der Mitfavoriten auf den EM-Sieg. Viele Gelegenheiten, seine Elf auf das Turnier vorzubereiten, hatte Hiddink allerdings nicht. Wegen der Unbespielbarkeit des Platzes fiel im Februar ein Freundschaftsspiel gegen Belgien buchstäblich ins Wasser. Bei den späteren Vorbereitungsspielen gegen Deutschland (0:1), China (2:0) und Irland (3:1) schien die Nationalelf ähnlich wie Ajax längst nicht mehr so stark wie vor der Winterpause: Ein Eindruck, der sich bei der EM bestätigen sollte. ■

DER MEISTER

Ajax Amsterdam

Die Leistung der Vorsaison sei nicht zu wiederholen, versuchte Trainer Louis van Gaal zum Saisonauftakt den hohen Erwartungsdruck von den Schultern seiner Zöglinge zu nehmen. Diese hatten schließlich nicht nur den Meistertitel, sondern auch den Europapokal der Landesmeister zu verteidigen. Immerhin hatte Ajax zum ersten Mal seit Jahren außer Clarence Seedorf, der zu Sampdoria Genua wechselte, keine spektakulären Abgänge zu verzeichnen. Das Erfolgsteam blieb im wesentlichen zusammen. Für Frank Rijkaard, der seine Karriere beendete, rückte Frank de Boer in die Innenverteidigung, für die freigewordene Position des linken Außenverteidigers wurde der brasilianischen Weltmeister Marcio Santos vom AC Florenz verplichtet.

Das Team legte einen beeindruckenden Saisonstart auf's Parkett, erst im November wurde beim 1:1 gegen den PSV die ersten Punkte abgegeben.

Nicht der Gegner, sondern der Drang, das eigene Spiel zu perfektionieren, schien zuweilen die größte Herausforderung von Ajax in der Liga zu sein. Zu einer wahren Demonstration geriet das Auswärtsspiel in der Champions League bei Real Madrid Ende November. Nachdem Ajax den spanischen Meister durch Tore von Litmanen und Kluivert mit 2:0 bezwungen hatte, bedachten selbst die Real-Fans die Niederländer mit stehenden Ovationen. Eine Woche später gewann Ajax den Weltpokal in Tokio im Elfmeterschießen gegen den Südamerikameister Gremio aus Brasilien mit 4:3, nachdem es nach Verlängerung noch 0:0 gestanden hatte: Die Elf um Libero Danny Blind hatte den Höhepunkt der Saison erreicht. „Wir sind die besten, die besten der Welt," jubelte nach der Heimkehr Trainer van Gaal bei der Huldigung auf dem Amsterdamer *Museumplein* launig ins Mikrophon.

Doch kurz vor der Winterpause sollten sich die ersten Probleme im Ajax-Lager einstellen. Linksaußen Marc Overmars, der bis dahin eine starke Saison gespielt hatte, zog sich kurz vor Weihnachten eine so starke Knieverletzung zu, daß er für den Rest der Saison ausfiel. Martin Reuser, den van Gaal als Ersatz für Overmars vorgesehen hatte, brach sich kurz darauf bei einem Zusammenprall das Schienbein und war damit für die laufende Saison auch nicht mehr einsetzbar. Wegen eines Achillessehnenrisses, den er sich bei einem Länderspiel zugezogen hatte, war auch der brasilianische Neueinkauf Santos (Ex-Fiorentina) schon im Herbst für mehrere Monate ausgefallen. Auch Litmanen war angeschlagen, Torjäger Kluivert hatte private Schwierigkeiten wegen eines von ihm verursachten Autounfalls, der dem Fahrer des anderen PKW das Leben kostete. Zudem mehrten sich nach dem Bosman-Urteil die Gerüchte über einen bevorstehenden Ausverkauf von Ajax: Einige Spieler schienen mehr mit ihrer beruflichen Zukunftsplanung als mit ihrem aktuellen Verein beschäftigt zu sein. Selbst Routiniers wie Kapitän Danny Blind leisteten sich plötzlich unerklärliche Schwächen. Die Stimmung sank, die Form schwand.

Ajax leistete sich in der Liga überraschende Punktverluste und einen peinlichen Pokal-K.o.: Im Achtelfinale hatte der Meister gegen den Zweitligisten Cambuur Leeuwarden das Nachsehen. Doch rechtzeitig vor dem Europapokal-Viertelfinale gegen Borussia Dortmund hatte sich der niederländische Rekordmeister wieder etwas berappelt und erreichte das Halbfinale ohne Probleme. In der Ehrendivision machte sich der zwischenzeitliche Ankauf von Linksaußen Peter Hoekstra vom PSV Eindhoven bezahlt: Der für den Europapokal gesperrte Hoekstra spielte so stark, daß er von Bondscoach Hiddink für die EM nominiert wurde. Den Angriff des PSV Eindhoven konnte Ajax auf der Zielgeraden doch noch relativ sicher abfangen. Die dritte Meisterschaft schätzte van Gaal „höher" ein als die vorhergehenden zwei: „Wir hatten eine Unmenge von Problemen zu überwinden." Nach der 0:1 Heimniederlage gegen Panathinaikos Athen ließ Ajax beim 3:0 im Rückspiel noch einmal seine Klasse auf-

DER POKAL

Vorrunde

Die Vorrunde wurde in 14 Vierergruppen ausgespielt, wovon die ersten beiden Teams für die 1. Runde qualifiziert waren. Ajax Amsterdam, Roda JC Kerkrade, PSV Eindhoven und Feyenoord Rotterdam waren gesetzt.

1.Runde

Go Ahead Eagles Deventer - Fortuna Sittard*	n. V. 1:1
Sparta Rotterdam - FC Den Bosch	3:1
TOP Oss - FC Zwolle	1:2
Roda JC Kerkrade - FC Groningen	n. V. 2:1
Cambuur Leeuwarden - SC Heerenveen	n. V. 1:0
FC Den Haag - Vitesse Arnheim	n. V. 1:0
Feyenoord Rotterdam - RBC Rosendaal	3:0
Helmond Sport* - Dordrecht '90	n. V. 3:3
NAC Breda - Telstar	4:1
NEC Nimwegen - AZ '67 Alkmaar*	n. V. 0:0
FC Twente Enschede - FC Haarlem	2:0
FC Utrecht - PSV Eindhoven	0:2
VVV Venlo - RKC Waalwijk	2:0
MVV Maastricht* - Willem II Tilburg	n. V. 0:0
Sparta Rotterdam II - De Graafschap Doetinchem	0:2
SC Heracles Almelo - Ajax Amsterdam	0:3

Anm.: Mit * gekennzeichnete Klubs gewannen das Elfmeterschießen

Achtelfinale

AZ '67 Alkmaar - Sparta Rotterdam	0:1
FC Den Haag - FC Twente Enschede	1:2
Feyenoord Rotterdam - NAC Breda	1:0
De Graafschap Doetinchem - PSV Eindhoven	1:3
Helmond Sport - MVV Maastricht	n. V. 1:2
Roda JC Kerkrade* - FC Zwolle	n. V. 1:1
VVV Venlo* - Fortuna Sittard	n. V. 0:0
Cambuur Leeuwarden - Ajax Amsterdam	2:0

Viertelfinale

MVV Maastricht - Feyenoord Rotterdam	1:2
VVV Venlo - Roda JC Kerkrade	0:2
FC Twente Enschede - PSV Eindhoven	1:3
Sparta Rotterdam - Cambuur Leeuwarden	1:0

Halbfinale

Sparta Rotterd. - Feyenoord Rotterdam	n. V. 1:0
PSV Eindhoven - Roda JC Kerkrade	3:1

Finale

(16.5.1996, Rotterdam, 48.000)

PSV Eindhoven - Sparta Rotterdam 5:2 (2:1)

PSV: Waterreus - Van der Weerden, Valckx, Stam, Numan - Vink, Wouters (90. Van der Doelen), Jonk (89. Zenden), Cocu - Nilis (75. Ronaldo), Eijkelkamp

Sparta: Metgod - Smith, Veldman, G. de Nooijer, Van de Meer - Van der Laan, Jalink (83. Noorlander), Groenendijk, Krijgsman - D. de Nooijer, Fortes (69. Renfurm)

SR: van der Ende - Tore: 1:0 Cocu (7.), 2:0 Vink (14.), 2:1 Van de Meer (45.), 3:1 Veldman (65., Eigentor) 3:2 Dennis de Nooijer (79.), 4:2 Jonk (87.), 5:2 Van der Doelen (90.).

blitzen. Daß das Ajax-Team schwächer war als im Vorjahr wurde spätestens im Finale gegen Juventus Turin deutlich: Die Niederländer konnten dem Gegner kaum ihr Spiel aufzwingen, verloren letztendlich zurecht das Elfmeterschießen.

IM BLICKPUNKT

PSV Eindhoven

Nach den Pleiten der vergangenen Jahre, als großspurigen Ankündigungen nur enttäuschende Taten gefolgt waren, gab man sich vor dem Saisonstart in Brabant etwas kleinlauter. „An der Spitze mitspielen", lautete die Vorgabe von Präsident Bill Maeyer für Trainer Dick Advocaat, der Anfang 1995 den Posten des Nationaltrainer gegen den des Trainers der Philips-Werksmannschaft eingetauscht hatte. Die Vorgabe erfüllte der Übungsleiter des PSV Eindhoven mit Bravour. Nach drei titellosen Jahren gewann der PSV nicht nur den Pokal, sondern entpuppte sich auch als der einzig ernstzunehmende Konkurrent von Ajax Amsterdam.

Der „kleine General" sorgte beim Europapokalsieger von 1988 für einen neuen Höhenflug. Advocaat, der mit seinem Vorgänger Aad de Mos einst gemeinsam in den Jugendmannschaften von ADO Den Haag gekickt hatte, gelang es, die zusammengewürfelte Truppe orientierungslos wirkender Stars zu einer homogenen Einheit zu schmieden. Den Unterschied zwischen Advocaat und dem in Eindhoven nie populär gewordenen De Mos sah der belgische Filigrantechniker Luc Nilis vor allem im menschlichen Bereich: „Kadaverdisziplin zahlt sich vielleicht bei einer Militärauswahl aus, nicht jedoch bei einer europäischen Spitzenmannschaft."

Nach dem sportlichen Niedergang der Vorjahre erwies sich der PSV als der einzig ernstzunehmende Rivale für die erfolgsverwöhnten Kombinationskünstler von Ajax. „Die Kluft zwischen dem PSV und Ajax ist kleiner geworden", kommentierte das Fachblatt *Voetbal International* bereits im Herbst den starken Auftritt des PSV Anfang November beim Gastspiel in Amsterdam: Die Brabanter fügten Seriensieger Ajax mit einem 1:1 den ersten Punktverlust zu.

Im Gegensatz zu seinem Vorgänger Aad de Mos setzte Advocaat von Anfang an auf einen ruhigeren Führungsstil. Mit der Verbesserung der unter dem strengen Regime von Aad de Mos vergifteten Atmosphäre, der Umstellung auf ein System mit zwei Spitzen und der Festlegung auf eine Stammformation brachte der „kleine General" den Erfolg nach Brabant zurück.

Verließ Eindhoven in Richtung Barcelona: Jungstar Ronaldo

Schaltstelle und Seele des PSV-Spiels war der 1994 vom RSC Anderlecht nach Eindhoven gewechselte Nilis. Zwar fiel der Torschützenkönig der Vorsaison, der Brasilianer Ronaldo, wegen ständiger Verletzungen und Wachstumsprobleme monatelang aus und brachte es deswegen nur auf eine Torausbeute von zwölf Treffern, doch bewies Advocaat mit seinen Neuverpflichtungen ein goldenes Händchen: Alle vier erwiesen sich als Volltreffer.

Auf der rechten Abwehrseite, zuvor noch eine chronische Schwachstelle, sorgte das von Vitesse Arnheim abgeworbene Nachwuchstalent Chris van der Weerden für Ordnung. Ebenfalls von Arnheim kam Philip Cocu, der im Mittelfeld hinter Nilis, Ronaldo oder Eijkelkamp eine Art hängende Spitze spielte: Wie Ronaldo erzielte er zwölf Treffer und schaffte damit noch den Sprung in den Nationalkader für die EM in England. Unauffällig aber wirkungsvoll zog im defensiven Mittelfeld der in der Nationalelf ausgemusterte Wim Jonk die Fäden, den der PSV von Inter Mailand in die Niederlande „heimgeholt" hatte. Für den verletzungsanfälligen Ronaldo wurde kurz nach Saisonbeginn der beim Club Brügge ausgemusterte Goalgetter Rene Eijkelkamp als Reservestürmer verpflichtet. Der kantige Kopfballspezialist fand als Edeljoker zu alter Torgefährlichkeit zurück, erzielte zehn Treffer und feierte im September gegen Weißrußland gar ein spätes Comeback in

Feyenoord hatte gegen Ajax keine Chance

der Nationalelf. Für positive Schlagzeilen sorgte auch der frühere Nationalspieler Marciano Vink, der im Jahr zuvor nach seiner Rückkehr von Genua 93 wegen zahlreicher Verletzungen kaum zum Einsatz kam: Der bereits zum Fehleinkauf abgestempelte Mittelfeldspieler erkämpfte sich in dieser Saison mit guten Leistungen einen Stammplatz.

Unwiderruflich zu Ende geneigt hat sich hingegen die Karriere des Fußballurgesteins Jan Wouters. Das 35jährige Rauhbein, das im Januar 1994 von Bayern München zur Philips-Werkstruppe gewechselt war, konnte in seiner Heimatstadt nie ganz die in ihn gesetzten Erwartungen erfüllen. Der Europameister von 1988 hatte oft mehr mit Verletzungen als mit seinen Gegnern zu kämpfen. Seine Frustration entlud sich zu Beginn der Saison im Spiel gegen NAC Breda in rassistischen Ausfällen gegen einen Gegenspieler marokkanischer Abstammung. Der Mann, der sich in Deutschland an der Aktion „Mein Freund ist Ausländer" beteiligt hatte, mußte sich eine offizielle Abmahnung vom Fußballbund gefallen lassen. Mit dem Pokalsieg verabschiedete sich der 70fache Nationalspieler von den PSV-Fans: Wouters wechselte als Assistenztrainer zum FC Utrecht, wo er seine Karriere als Spieler einst begann.

Nach der Winterpause gelang es dem PSV zwischenzeitlich das zu Saisonbeginn bereits enteilte Ajax wieder einzuholen. Lange hielt Eindhoven die Meisterschaft offen, bot im UEFA-Pokal gegen Leeds United und Barcelona Fußball der Extraklasse und erhielt mit dem vielumjubelten 5:2-Sieg im Pokalfinale gegen Sparta Rotterdam den gerechten Lohn einer sehr guten Saison. Der wiedergenesene Ronaldo fühlte sich von Advocaat allerdings „erniedrigt", da der ihn ausgerechnet beim Saisonabschluß zunächst auf der Auswechselbank schmoren ließ. Nach zwei PSV-Jahren verabschiedete sich Ronaldo danach im leichten Groll Richtung Barcelona. Eine Ablösesumme von 34 Millionen Gulden linderten beim PSV den Abschiedsschmerz. Für die Zukunft sieht Advocaat nicht nur wegen des Pokalsieges „gute Perspektiven": „Auf diese Mannschaft kann man in den nächsten vier Jahren aufbauen."

Feyenoord Rotterdam

Voller Erwartung und Selbstbewußtsein war der Pokalsieger in die neue Saison gestartet. Trainer Willem van Hanegem hatte seinen Kader scheinbar zielgerecht verstärkt. Barcelona-Heimkehrer Ronald Koeman sollte als neue Leitfigur nicht nur die zu den Wolverhampton Wanderers gewechselte Feyenoord-Galionsfigur John de Wolf auf dem Libero-Posten ersetzen, sondern der als Klopper-Truppe verrufenen Elf auch zu mehr Spielkultur verhelfen. Neben dem polnischen Nationalspieler Tomacs Iwan (zuvor Roda JC Kerkrade) konnte sich Feyenoord auch die Dienste des Australiers Aurelio Vidmar (Standard Lüttich) sichern, in Belgien frischgebackener Torschützenkönig. Den 14. Meistertitel erhofften sich die Fans von der Saison 95/96, doch sie sollten ein Jahr voller Turbulenzen und Enttäuschungen erleben.

Die Elf startete gut. Im Spiel um den Supercup mußten sich die Mannen um Kapitän Peter Bosz zum Saisonauftakt erst in der Verlängerung Meister Ajax mit 1:2 geschlagen geben, und in der Ehrendivision blieben sie die ersten drei Spiele ungeschlagen. Der ungewöhnlich verhalten spielende Koeman konnte die hohen Erwartungen zunächst zwar nicht erfüllen, doch dafür schien im Mittelfeld ein Mann den Durchbruch zu schaffen, den viele bereits als „ewiges Talent" abgeschrieben hatten: Sein guter Saisonstart verhalf Orlando Trustfull im September gar zu einem Kurzeinsatz in der Nationalelf. Erfreulich auch, daß endlich wieder einmal einem Talent der eigenen Nachwuchsabteilung der Sprung ins Profilager glückte: Der technisch beschlagene Giovanni van Bronckhorst sicherte sich im linken Mittelfeld auf Anhieb einen Stammplatz.

Die Freude über den gelungenen Beginn war indes nur von kurzer Dauer. Als Mitte September Feyenoord beim FC Utrecht mit 0:1 verlor, war es mit der ungewohnten Harmonie vorbei. Wie in der Vorsaison begannen die Schützlinge von van Hanegem in der Presse erneut harte Vorwürfe gegen ihren einsilbigen Trainer zu lancieren: Der „Krumme" verunsichere mit seinen Wechseln die Elf, habe kein deutliches Konzept, sei zu einer Kommunikation mit den Spielern nicht in der Lage. Der eigenwillige Coach reagierte gekränkt, und ab sich gegenüber Medien, Mannschaft und Präsidium verschlossener. In der Liga verlor Feyenoord immer mehr an Terrain. Als der Pokalsieger sich am 1. Oktober mit 0:3 beim PSV Eindhoven geschlagen geben mußte, sackte Feyenoord hinter Teams wie Willem II und Groningen auf den fünften Platz zurück. Vereinspräsident Jorien van den Herik sah sich gezwungen zu handeln. Am 2. Oktober entließ er das Vereinsdenkmal van Hanegem. In den drei Jahren seines Trainerwirkens hatte der umstrittene Trainer trotz der beschränkten spielerischen Mittel seiner Elf dem Verein zu einem Meistertitel und zwei Pokalsiegen verholfen.

Van der Herik schickte van Hanegem nicht nur sprichwörtlich in die Wüste: Der wortkarge Coach verdingte sich kurz darauf beim saudi-arabischen Spitzenklub Al Hilal. Skeptisch waren die

Roda Kerkrade zog dank starker Rückrunde in den UEFA-Pokal ein

meisten der Feyenoord-Fans, als van der Herik ausgerechnet den in den Niederlanden so unpopulären Arie Haan als Nachfolger van Hanegems präsentierte. Der von PAOK Saloniki abgeworbene Haan erfreute sich in Rotterdam von Anfang an keiner allzu großen Beliebtheit - auch wenn er die aus allen Fugen geratene Elf wieder in etwas ruhigeres Fahrwasser steuern sollte.

Bei seinem ersten Trainer-Engagement in den Niederlanden bemühte sich der mit der Ehrendivision kaum vertraute Haan, zuerst den aufgeblähten Kader gründlich durchzuforsten, alte Seilschaften zu brechen und der Elf zu mehr Disziplin zu verhelfen. Der bereits von van Hanegem als Unruhestifter ausgemachte Mittelfeldmotor Rob Witschge wurde aus der Elf verbannt: Bis zum Ende der Saison kam er nicht mehr zum Einsatz, wurde danach an den FC Utrecht abgegeben. Noch während der Saison wechselte der ebenfalls in Ungnade gefallene Linksaußen Regi Blinker zu Sheffield Wednesday, Nationalverteidiger Ullrich van Gobbel zu Galatsaray Istanbul. Neueinkauf Vidmar, der in Rotterdam sein Können nie unter Beweis zu stellen vermochte, wurde an das schweizerische Sion ausgeliehen. Von Willem II Tilburg holte Haan dafür den Mittelfeldspieler van Gastel, vom FC Sochaux Stürmer Henk Vos, den er noch von seinen Trainertagen bei Standard Lüttich kannte. Lange tüfftelte Haan an seiner Stammformation. Der Erfolg blieb anfangs aus, Feyenoord kam einfach nicht auf Touren. Tiefpunkt der Talfahrt war im November die 2:3-Niederlage bei Sparta Rotterdam: Der kleine Lokalrivale zog erstmals seit Jahren in der Tabelle an Feyenoord vorbei.

Erst nach der Winterpause konnte sich Haan in seinen unpopulären Eingriffen bestätigt sehen. Zwar überzeugte die Elf vor allem in der Offensive nach wie vor keineswegs, doch wirkte sie in sich gefestigter. Die Zahl der gelben und roten Karten, die Feyenoord dank grober Fouls, schneller Fäuste und unbeherrschter Kommentare bisher abonniert zu haben schien, sank unter Haans Ägide drastisch. Im Pokal schien die Elf wieder einer erfolgreichen Titelverteidigung entgegen zu steuern und am 21. März konnten sich die Fans gar über den ersten Einzug in ein Europacup-Halbfinale seit vier Jahren freuen: Nach dem 2:2 im Hinspiel in Düsseldorf hatten die Rotterdamer den deutschen Pokalsieger Borussia Mönchengladbach mit 1:0 bezwungen.

Doch ein versöhnliches Ende der insgesamt eher verkorksten Saison war den Feyenoord-Fans nicht vergönnt. Zwar wurstelte sich Feyenoord in der Liga hinter Ajax Amsterdam und dem PSV Eindhoven bis zum Saisonende noch auf den standesgemäßen dritten Rang, doch im Pokalhalbfinale schied der Titelverteidiger überraschend durch ein 0:1 nach Verlängerung gegen Sparta aus. Auch die Hoffnungen auf den ersten Europapokal-Erfolg seit 1970 zerschlugen sich, denn nachdem die Elf beim 1:1 im Hinspiel des Europacup-Halbfinale gegen Rapid Wien einige glasklare Chancen nicht zu nutzen verstand, erteilten ihr die vermeintlichen Außenseiter aus Österreich beim Rückspiel im Ernst-Happel-Stadion in Sachen Chancenverwertung eine bittere Lektion. 3:0 gewann Rapid gegen das erschreckend schwache Feyenoord. Erstmals seit 1990 beendete der Traditionsverein eine Saison ohne Titelgewinn.

DER TORJÄGER

Luc Nilis (PSV Eindhoven)

Unruhig rutschte der Ehrengast der Festgala auf seinem Stuhl hin und her, konnte seine Nervosität auch vor den Augen der Kameras nicht verbergen. Als von der Großleinwand Johan Cruyff aus dem fernen Barcelona endlich seinen Namen als den des Fußballer des Jahres verlas, brach seine Frau in Tränen aus, schien eine tonnenschwere Last von den schmalen Schultern des Luc Nilis zu fallen. Der Belgier im Dienst des PSV Eindhoven, dem in der Heimat eine ähnliche Anerkennung stets versagt blieb, hat sich in den Niederlanden mit dem Gewinn des Goldenen Schuhs in die Riege von Spielern wie Gullit, van Basten oder Koeman eingereiht. Nach dem Brasilianer Romario und dem Finnen Jari Litmanen ist Nilis der dritte Ausländer, der in den an außergewöhnlichen Offensivspielern keineswegs armen Niederlanden die Auszeichnung des Fußballers des Jahres erhielt: Nicht zuletzt der filigranen Ballbehandlung, den traumhaft sicheren Pässen und der Torgefährlichkeit des 28jährigen Stürmers hatte der PSV Eindhoven nach einer langen Durststrecke seine Rückkehr ins Rampenlicht des Erfolgs zu verdanken.

Acht Jahre lang hatte Nilis für den belgischen Rekordmeister RSC Anderlecht seine Schuhe geschnürt, zu dem er in jungen Jahren von Winterslag gewechselt war. Lange galt er neben Degryse, Scifo und Albert als einer der größten Hoffnungsträger des belgischen Fußballs. Tore schoß der leichtfüßige Stürmer in Anderlecht wie am Fließband. Doch nicht nur wegen seiner merkwürdig blassen Auftritte in der Nationalelf blieb ihm der echte Durchbruch in seiner Heimat stets versagt. Selbst als er 1993 in der Liga 25 Treffer erzielte, landete er bei der Wahl zum Fußballer des Jahres lediglich auf dem 6. Platz. Allmählich drohte Nilis zum „ewigen Talent" zu verkümmern, der die großen Erwartungen nie einzulösen vermochte. Der angesichts der ständigen Mäkeleien der Medien müde gewordene Nilis griff darum dankbar zu, als ihn 1994 sein früherer Anderlecht-Coach Aad de Mos nach Eindhoven lockte. Ohnehin lag der neue Arbeitsplatz des bodenständigen Nilis näher an seinem Wohnort Zonhoven als der alte in Brüssel.

Nilis kam in ein Team, das nach zahlreichen Umstellungen unter Aad De Mos völlig von der Rolle war. Erst als Dick Advocaat Anfang 1995 bei dem Philips-Werksklub das Trainerzepter übernahm, konnte auch Stilist Nilis seine Qualitäten voll ausspielen. Mit dem Brasilianer Ronaldo bildete er fortan ein kongeniales Stürmer-Duo der Extraklasse. War er bei Anderlecht meist nur der Vollstrecker, der die Vorlagen von Degryse zu verwerten hatte, wurde er beim PSV zum heimlichen Spielmacher der Elf, der nicht nur Tore erzielte, sondern auch exzellent vorzubereiten verstand.

PHILIP
PSV

In seiner ersten Saison beim PSV erzielte er zwölf Treffer, in der vergangenen Spielzeit wurde er mit 21 Toren vor dem Argentinier Bombarda (Groningen/19 Treffer) und Dennis de Nooijer (Sparta/16 Tore) der Torschützenkönig der Liga. Der Mann, der die Torschützenliste in den Niederlanden souverän anführt, ließ die PSV-Fans selbst die anhaltende Verletzungsmisere von Stürmer-Star Ronaldo vergessen.

Der bescheidene und stets mannschaftsdienlich spielende Nilis scheint seine Qualitäten in der offensiv ausgerichteten Fußballkultur der Niederlande wesentlich besser zur Geltung bringen zu können als in der belgischen Heimat, wo die fußballerischen Bemühungen im Vergleich zum Nachbarland eher dem Verhindern als dem Erzielen von Toren gelten. Die Position von Nilis in seinem Team umschreibt Coach Advocaat als „zweite Spitze mit einer freien Rolle": Er sei kein echter Stürmer, aber auch kein echter Mittelfeldspieler - das mache es für die Gegner so schwer, ihn auszurechnen. Die Auszeichnung für Nilis sei die Krönung eines fantastischen Jahres, meint Advocaat. Das Aufblühen seiner Mannschaft sei zu einem großen Teil Luc Nilis zu verdanken: „Er hat konstant auf sehr hohem Niveau gespielt. Seine Kontinuität beweist, daß er ein großer Fußballer ist. Es ist mir völlig unverständlich, daß sie das in Anderlecht nicht erkannt haben."

Nach zähen Verhandlungen hat der Europapokalsieger von 1988 den Vertrag mit dem „netten Belgier" um vier Jahre verlängert. Der fußballerische Kulturunterschied der Niederlande zu seinem Heimatland ist für Nilis das ausschlaggebende Argument gewesen, seinen Vertrag beim PSV zu verlängern: „Niederländer gehen von ihren Qualitäten aus, Belgier haben Angst, etwas nicht zu können. In den Niederlanden wird Leistung anerkannt, in Belgien nach Mängeln gesucht - und das manifestiert sich auch im Fußball.

Sorgte in Freiburg für Furore, während sein früherer Klub GA Eagles Deventer abstieg- Harry Decheiver

DIE LÄNDERSPIELE

Niederlande - Weißrußland 1:0 (0:0) EMQ
6.9.1995 - Rotterdam - 22.000 - Sedlacek (Österreich) - Van der Sar - Reiziger, Blind, De Kock, Frank de Boer - Ronald de Boer, Winter, Richard Witschge (86. Numan), Overmars - Bergkamp, Eijkelkamp (64. Mulder) - Trainer: Hiddink. Tor: Mulder (83.)

Niederlande - Norwegen 3:0 (0:0) EMQ
15.11.1995 - Rotterdam - 48.000 - Gallagher (England) - Van der Sar - Reiziger, Blind, F. de Boer - Numan, Seedorf, Bergkamp (79.Mulder), R. Witschge (56. Davids), Overmars - R. de Boer, Helder (86. De Kock) - Trainer: Hiddink. Tore: Seedorf (49.), Mulder (89.), Overmars (90.)

Niederlande - Irland 2:0 (1:0) EMQ (Play-off)
13.12.1995 - Liverpool - 40.000 - Zhuk (Weißrußland) - Van der Sar - Reiziger, Blind, Bogarde, Seedorf - Davids, Bergkamp (58. De Kock), Helder (79. Winter), Overmars - Kluivert, Ronald de Boer - Trainer: Hiddink. Tore: Kluivert (29., 89.)

Niederlande - Deutschland 0:1 (0:1)
24.4.1996 - Rotterdam - 40.000 - Collina (Italien) - Van der Sar - Veldman (78. Stam), Blind, Frank de Boer, Bogarde - Seedorf, Bergkamp, Richard Witschge (56. Cocu), Taument (56. Mulder) - Jordi Cruijff, Hoekstra - Trainer: Hiddink

Niederlande - China 2:0 (1:0)
29.5.1996 - Tilburg - 10.000 - Shorte (Irland) - De Goey - Reiziger, Blind (72. De Kock), Seedorf, Numan - Winter (57. Ronald de Boer), Bergkamp, Richard Witschge (57. Davids), Taument (46. Jordi Cruijff) - Mulder, Hoekstra (72. Cocu) - Trainer: Hiddink. Tore: Winter (41.), De Kock (90. Elfmeter)

Niederlande - Irland 3:1 (1:1)
4.6.1996 - Rotterdam - 15.000 - Lambek (Dänemark) - Van der Sar - Reiziger, Blind (46. De Kock), Davids, Bogarde - Ronald de Boer (46. Winter), Seedorf, Richard Witschge, Jordi Cruijff (75. Cocu) - Bergkamp, Hoekstra (27. Taument) - Trainer: Hiddink. Tore: Bergkamp (27./1:1), Seedorf (77./2:1), Cocu (88./3:1)

Niederlande - Schottland 0:0 EM-Vorrunde
10.6.1996 - Birmingham - 40.100 - Sundell (Schweden) - Van der Sar - Reiziger, De Kock, Bogarde - Davids, Ronald de Boer (68. Winter), Seedorf, Richard Witschge (77. Cocu) - Taument (63. Kluivert), Bergkamp, Jordi Cruijff - Trainer: Hiddink

Schweiz - Niederlande 0:2 (0:0) EM-Vorrunde
13.6.1996 - Birmingham - 40.100 - Ouzounov (Bulgarien) - Van der Sar - Reiziger, Blind, Bogarde - Winter, Seedorf (26. de Kock), Richard Witschge, Ronald de Boer (80. Davids) - Jordi Cruijff (84. Kluivert), Bergkamp, Hoekstra - Trainer: Hiddink. Tore: Cruijff (66.), Bergkamp (79.)

England - Niederlande 4:1 (1:0) EM-Vorrunde
18.6.1996 - London - 76.798 - Grabher (Österreich) - Van der Sar - Reiziger, Blind, Bogarde - Winter, Seedorf, Richard Witschge (46. de Kock), Ronald de Boer (72. Kluivert) - Jordi Cruijff, Bergkamp, Hoekstra (72. Cocu) - Trainer: Hiddink. Tor: Kluivert (78./4:1)

Frankreich - Niederlande n.E. 5:4, n. V. 0:0 EM-Vf
22.6.1996 - Liverpool - 37.456 - Lopez Nieto (Spanien) - Van der Sar - Reiziger, de Kock, Bogarde - Blind, Ronald de Boer, Bergkamp (60. Seedorf), Richard Witschge (80. Mulder) - Jordi Cruijff (69. Winter), Kluivert, Cocu - Trainer: Hiddink

DER EUROPAPOKAL

UEFA - Champions League (Gruppe D)

Ajax Amsterdam - Real Madrid 1:0 (1:0)
13.9.1995 - 40.000 - Ceccarini (Italien) - Van der Sar - Reiziger, Frank de Boer, Litmanen, Bogarde - Ronald de Boer (87. Tuhuteru), Reuser (46. Wooter), Davids, Finidi - Kanu (69. Musampa), Overmars - Tor: Overmars (14.)

Ferencvárosi TE Budapest - Ajax Amsterdam 1:5 (0:0)
27.9.1995 - 18.000 - Nikakis (Griechenland) - Van der Sar - Reiziger, Blind, Frank de Boer, Bogarde - Ronald de Boer, Litmanen, Davids, Finidi - Kanu (58. Kluivert), Overmars - Tore: Litmanen (57./0:1, 80. Elfmeter/1:3, 88./1:5), Kluivert (67./1:2), Frank de Boer (85./1:4)

Ajax Amsterdam - Grasshoppers Zürich 3:0 (1:0)
18.10.1995 - 43.000 - Porumboiu (Rumänien) - Van der Sar - Reiziger, Blind (73. Scholten), Frank de Boer, Bogarde - Ronald de Boer (62. Kanu), Litmanen, Davids, Finidi - Kluivert, Overmars - Tore: Kluivert (12., 68.), Finidi (87.)

Grasshoppers Zürich - Ajax Amsterdam 0:0
1.11.1995 - 20.000 - Levnikov (Rußland) - Van der Sar - Reiziger, Blind, Frank de Boer, Bogarde - Ronald de Boer, Litmanen (59. Kanu), Davids, Finidi - Kluivert, Overmars (74. Reuser)

Real Madrid - Ajax Amsterdam 0:2 (0:0)
22.11.1995 - 75.000 - Krug (Deutschland) - Van der Sar - Reiziger, Blind, Davids, Bogarde - Ronald de Boer, Litmanen, Musampa (89. Reuser), Finidi - Kluivert, Overmars - Tore: Litmanen (64.), Kluivert (76.)

Ajax Amsterdam - Ferencvárosi TE Budapest 4:0 (2:0)
6.12.1995 - 42.319 - Koho (Finnland) - Van der Sar - Reiziger, Scholten, Frank de Boer, Bogarde - Ronald de Boer, Litmanen (77. Reuser), Davids (46. Musampa), Finidi (77. Wooter) - Kluivert, Overmars - Tore: Overmars (17.), Ronald de Boer (22.), Litmanen (62., 66.)

Viertelfinale

Borussia Dortmund - Ajax Amsterdam 0:2 (0:1)
6.3.1996 - 35.800 - Gallagher (England) - Van der Sar - Reiziger (84. Scholten), Blind, Davids, Silooy - Finidi, Kluivert, Ronald de Boer, Wooter (46. Musampa) - Kanu, Bogarde - Tore: Davids (8.), Kluivert (83.)

Ajax Amsterdam - Borussia Dortmund 1:0 (0:0)
20.3.1996 - 43.000 - Krondl (Tschechien) - Van der Sar - Silooy, Frank de Boer, Davids, Bogarde - Scholten, Litmanen (88. Landzaat), Musampa, Wooter - Kanu, Ronald de Boer - Tor: Musampa (75.)

Halbfinale

Ajax Amsterdam - Panathinaikos Athen 0:1 (0:0)
3.4.1996 - 43.000 - Vagner (Ungarn) - Van der Sar - Reiziger, Blind, Frank de Boer, Bogarde - Litmanen (76. Musampa), Kluivert, Davids, Finidi - Kanu, Ronald de Boer

Panathinaikos Athen - Ajax Amsterdam 0:3 (0:1)
17.4.1996 - 77.433 - Garcia-Aranda (Spanien) - Van der Sar - Reiziger, Blind, Frank de Boer, Silooy (74. Wooter) - Ronald de Boer, Litmanen, Davids (86. Scholten), Finidi - Kanu, Bogarde - Tore: Litmanen (4., 77.), Wooter (86.)

Finale

Ajax Amsterdam - Juventus FC Turin n. V. 1:1 (1:1, 1:1), 2:4 nach Elfmeterschießen
22.5.1996 in Rom - 67.000 - Diaz Vega (Spanien) - Van der Sar - Silooy, Blind, Frank de Boer (69. Scholten), Bogarde - Ronald de Boer (90. Wooter), Litmanen, Davids, Finidi - Kanu, Musampa (46. Kluivert) - Tor: Litmanen (41./1:1)

Europapokal der Pokalsieger

1. Runde

DAG Liepaja - Feyenoord Rotterdam 0:7 (0:1)
14.9.1995 - 3.000 - Kjelbrott (Norwegen) - De Goey - Boateng, Koeman, Van Gobbel, Heus - Taument, Maas, Trustfull, Van Bronckhorst - Larsson (64. Vidmar), Blinker (64. Obiku) - Tore: Larsson (2.), Blinker (47., 58., 62.), Trustfull (61.), Koeman (78.), Obiku (88.)

Feyenoord Rotterdam - DAG Liepaja 6:0 (2:0)
28.9.1995 - 13.000 - Shorte (Irland) - De Goey - Refos, Maas (46. Obiku), Van Gobbel, Heus - Taument, Glaucio (72. Jones), Trustfull, Van Bronckhorst - Vidmar, Blinker - Tore: Heus (37. Elfmeter), Trustfull (43.), Obiku (57., 63., 65.), Glaucio (61.)

2. Runde

Everton FC - Feyenoord Rotterdam 0:0
19.10.1995 - 27.526 - Weber (Deutschland) - De Goey - Van Gobbel, Koeman, Boateng, Zwijnenberg (61. Heus) - Maas, Rob Witschge, Van Bronckhorst, Larsson (81. Iwan) - Obiku, Blinker (61. Trustfull)

Feyenoord Rotterdam - Everton FC 1:0 (1:0)
2.11.1995 - 43.000 - Nicchi (Italien) - De Goey - Van Gobbel, Koeman, Boateng, Heus - Iwan, Bosz, Trustfull (72. Zwijnenberg), Blinker (84. Rob Witschge) - Larsson (61. Taument), Obiku - Tor: Blinker (40.)

Viertelfinale

Bor. Mönchengladbach - Feyenoord Rotterd. 2:2 (2:2)
7.3.1996 in Düsseldorf - 54.000 - Vagner (Ungarn) - De Goey - Schuiteman, Koeman, Heus (20. Boateng), Bosz - Maas, Van Gastel, Van Bronckhorst, Taument (83. Iwan) - Larsson, Vos - Tore: Van Gastel (34./1:1), Koeman (45. Elfmeter/2:2)

Feyenoord Rotterd.- Bor. Mönchengladbach 1:0 (0:0)
21.3.1996 - 45.000 - Nielsen (Dänemark) - De Goey - Schuiteman, Koeman, Boateng, Bosz - Maas, Van Gastel, Van Bronckhorst, Taument (75. Trustfull) - Larsson (80. Obiku), Vos (76. Iwan) - Tor: Trustfull (85.)

Halbfinale

Feyenoord Rotterdam - Rapid Wien 1:1 (0:0)
4.4.1996 - 46.000 - Wojcik (Polen) - De Goey - Schuiteman, Koeman, Boateng, Bosz - Van Gastel, Larsson (79. Trustfull), Van Bronckhorst, Taument - Vos (76. Obiku), Iwan - Tor: Koeman (53. Elfmeter/1:0)

Rapid Wien - Feyenoord Rotterdam 3:0 (3:0)
18.4.1996 - 48.000 - Khusainov (Rußland) - De Goey - Schuiteman, Koeman, Boateng, Bosz - Van Gastel, Van Bronckhorst, Iwan (46. Obiku), Taument - Larsson, Vos

UEFA - Pokal

1. Runde

MyPa-47 Anjalankoski - PSV Eindhoven 1:1 (1:0)
12.9.1995 - 5.000 - Pyanikh (Ukraine) - Waterreus - Van der Weerden, Valckx, Faber, Numan - Pahlplatz (68. Linskens), Cocu, Jonk, Hoekstra (86. Van der Leegte) - Ronaldo, Nilis - Tor: Ronaldo (50./1:1)

PSV Eindhoven - MyPa-47 Anjalankoski 7:1 (2:1)
26.9.1995 - 10.800 - Reed (England) - Waterreus - Van der Weerden, Wouters, Faber, Numan (82. Prommayon) - Pahlplatz (46. Hoekstra), Linskens (77. Vink), Jonk, Cocu - Ronaldo, Nilis - Tore: Ronaldo (14./1:0, 45./2:1, 73./6:1, 83./7:1), Jonk (57./3:1, 71./5:1), Hoekstra (65./4:1)

Roda JC Kerkrade - Olimpija Ljubljana 5:0 (4:0)
12.9.1995 - 10.500 - Grabher (Österreich) - Ruud Hesp - Senden, De Kock, Trost, Van de Luèr - Doomernik, Vurens, Van Galen (57. Danny Hesp), Babangida (71. Kasperski) - Graef (80. Heeren), Roelofsen - Tore: Van Galen (2.), Roelofsen (23.), Babangida (34.), Graef (44.), De Kock (88. Elfmeter)

Olimpija Ljubljana - Roda JC Kerkrade 2:0 (1:0)
26.9.1995 - 2.500 - Bikas (Griechenland) - Ruud Hesp - Senden, De Kock, Trost (46. Danny Hesp), Doomernik (73. Plum) - Van de Luèr, Roelofsen, Van Galen, Babangida (61. Kasperski) - Graef, Vurens

2. Runde

Benfica Lissabon - Roda JC Kerkrade 1:0 (0:0)
17.10.1995 - 25.000 - Vassilakis (Griechenland) - Ruud Hesp - Senden, De Kock, Van Hoogdalem, Trost - Van de Luèr, Doomernik, Van Galen (58. Danny Hesp), Babangida (87. Kasperski) - Roelofsen, Vurens

Roda JC Kerkrade - Benfica Lissabon 2:2 (0:0)
31.10.1995 - 12.500 - Muhmenthaler (Schweiz) - Ruud Hesp - Ooijer, De Kock, Van Hoogdalem, Trost - Van de Luèr (25. Vurens), Doomernik, Danny Hesp, Babangida - Graef (85. Mores), Roelofsen - Tore: D. Hesp (61./1:0), Trost (74./2:0)

Leeds United - PSV Eindhoven 3:5 (1:3)
17.10.1995 - 24.846 - Lopez Nieto (Spanien) - Waterreus - Van der Weerden, Faber, Valckx, Numan - Vink (70. Pahlplatz), Linskens, Jonk, Cocu - Eijkelkamp, Nilis - Tore: Eijkelkamp (11./1:1), Vink (35./1:2), Jonk (38./1:3), Nilis (84./3:4, 88./3:5)

PSV Eindhoven - Leeds United 3:0 (2:0)
31.10.1995 - 25.750 - Batta (Frankreich) - Waterreus - Prommayon, Faber, Valckx, Numan - Vink (74. Pahlplatz), Linskens (69. Hoekstra), Jonk, Cocu (80. Van der Leegte) - Nilis, Ronaldo - Tore: Cocu (13., 74.), Pemberton (43. Eigentor)

Achtelfinale

PSV Eindhoven - SV Werder Bremen 2:1 (1:0)
21.11.1995 - 30.400 - Cakar (Türkei) - Waterreus - Van der Weerden, Valckx, Faber, Numan - Vink, Cocu, Jonk, Hoekstra (46. Linskens) - Ronaldo (72. Eijkelkamp), Nilis - Tore: Ronaldo (9. Elfmeter/1:0), Nilis (83./2:1)

SV Werder Bremen - PSV Eindhoven 0:0
5.12.1995 - 25.077 - Trentalange (Italien) - Waterreus (62. Menzo) - Van der Weerden, Valckx, Faber, Numan - Vink (67. Hoekstra), Wouters, Jonk, Cocu - Ronaldo, Nilis (89. Eijkelkamp)

Viertelfinale

FC Barcelona - PSV Eindhoven 2:2 (1:1)
5.3.1996 - 90.000 - Frisk (Schweden) - Waterreus - Van der Weerden, Valckx, Faber, Numan - Vink, Wouters (72. Zenden), Jonk, Cocu - Nilis (90. Gudjohnsen), Eijkelkamp - Tore: Nilis (5./0:1, 50./1:2)

PSV Eindhoven - FC Barcelona 2:3 (1:2)
19.3.1996 - 29.050 - Levnikov (Rußland) - Waterreus - Van der Weerden, Klomp, Cocu, Numan - Vink, Van der Doelen (46. Gudjohnsen), Jonk (84. Maas), Zenden - Eijkelkamp, Nilis - Tore: Zenden (44./1:2), Eijkelkamp (65./2:2)

UI-Cup

SC Heerenveen - Naestved IF	2:1
Ton Pentre AFC - SC Heerenveen	0:7
SC Heerenveen - Béléscsabai EFC	4:0
União Leiria - SC Heerenveen	1:0
FC Boby Brno - FC Groningen	1:2
FC Groningen - Etar Veliko Tirnovo	3:0
KSK Beveren - FC Groningen	2:2
FC Groningen - Ceahlaul Piatra Neamt	0:0

Achtelfinale

SC Heerenveen - Farul Constanta	4:0
Girondins Bordeaux - SC Heerenveen	2:0

Vierelfinale

Girondins Bordeaux - SC Heerenveen	2:0

Bangor erster Absteiger

Von Roy Kitson

Irish Football Association

20 Windsor Avenue,
GB-Belfast BT 9 6EE
Telefon: ++44 (1232) 77 77 32
Telefax: ++44 (1232) 66 76 20

FIFA-Weltrangliste
Juli 1995: 54. Platz, 35,6 Punkte
Juli 1996: 60. Platz, 35.54 Punkte

UEFA-Fünfjahreswertung
1996/97: 34. Platz, 5,3 Punkte

Es kam fast einer Revolution gleich, was 1995/96 in Nordirland passierte. Das Wort „Abstieg" machte die Runde und sorgte für Unruhe in Belfast, Bangor und Newtownards. „Abstieg" - das war wie ein Fremdwort für die nordirischen Erstligisten, denn viele Jahre lang war die *Irish League* eine geschlossene Gesellschaft gewesen. Zunächst 14, ab 1990 dann 16 Klubs gehörten ihr an, was gleichbedeutend mit der Zahl der Halbprofiklubs war. Auf- und Abstieg gab es nicht, die seltenen Neuzugänge wurden in die 1. Liga „gewählt".

Damit war nun Schluß, denn der nordirische Fußballverband hatte die sechzehn Klubs auf eine *Premier* und eine *First Division* verteilt. Allerdings blieb die geschlossene Gesellschaft damit erhalten, denn von der dritthöchsten Spielklasse in die zweithöchste *First Division* zu gelangen, ist weiterhin nur im Ausnahmefall möglich. Immerhin gibt es nun jeweils einen Auf- und Absteiger zwischen *Premier* und *First Division.*

Portadown FC, Drittplazierter der Saison 1994/95, gewann den ersten Meistertitel in der neu geschaffenen *Irish League Premiere Division.* Die Mannschaft von Trainer Ronnie McFall, der seit 1986 im Amt ist, sicherte sich den Titel am vorletzten Spieltag durch ein 2:1 im heimischen *Shamrock Park* gegen Glenavon. Der englische Stürmer Garry Haylock erzielte per Elf-

Nordirischer Meister 1996: Portadown FC

Smirnoff Irish League Premier Division 95/96	Gesamt							Heim					Auswärts				
	Sp	g	u	v	Tore	Diff.	Pkt.	g	u	v	Tore	Pkt.	g	u	v	Tore	Pkt.
1. Portadown FC	28	16	8	4	61:40	+21	56	10	3	1	38:21	33	6	5	3	23:19	23
2. Crusaders Belfast (M)	28	15	7	6	45:32	+13	52	9	2	3	26:15	29	6	5	3	19:17	23
3. Glentoran FC Belfast	28	13	7	8	56:38	+18	46	6	5	3	26:20	23	7	2	5	30:18	23
4. Glenavon FC Lurgan	28	13	5	10	47:32	+15	44	5	3	6	26:18	18	8	2	4	21:14	26
5. Linfield FC (P)	28	11	8	9	34:35	- 1	41	5	4	5	11:14	19	6	4	4	23:21	22
6. Cliftonville FC	28	6	11	11	27:48	-21	29	4	6	4	11:18	18	2	5	7	16:30	11
7. Ards FC Newtownards	28	6	7	15	29:43	-14	25	3	4	7	17:21	13	3	3	8	12:22	12
8. Bangor FC ↓	28	3	5	20	23:54	-31	14	2	2	10	12:28	8	1	3	10	11:26	6

EC 1996/97: CL: -, EC2: Glentoran, UEFA: Portadown, Crusaders, UI: Cliftonville

meter das spiel- und meisterschaftsentscheidende Tor - und wurde anschließend mit 20 Toren als Torschützenkönig gefeiert.

Eine wichtige Rolle im Team des neuen Meisters spielte Mittelfeldmotor Peter Kennedy. Der 22jährige gilt als Riesentalent und verhalf seinem Team durch gefährliche Ausflüge auf der linken Seite sowie exzellenten Freistöße zu zahlreichen Punkten. Darüber hinaus waren die Mittelfeldspieler Martin Russell (28) und der erfahrene und unermüdliche Schotte Gary Peebles Leistungsträger.

Obwohl Portadown mit 40 Gegentreffern nur über die fünftbeste Abwehr aller Erstligisten verfügte, gehörten die Defensivspieler Brian Strain (31) und Alfie Stewart (31) zu den verläßlichsten Akteuren im rot-weißen Jersey. Im Saisonverlauf verstärkte sich Portadown zudem mit einigen Leihspieler aus England und Schottland, darunter Jamie Woodford, der sonst für den englischen Drittligisten Luton Town stürmt.

Crusaders Belfast verfehlte die Titelverteidigung nur knapp. Die von Trainer Roy Walker trainierte Mannschaft war der schärfste Rivale von Portadown und wechselte sich im Saisonverlauf mehrfach mit dem späteren Meister in der Tabellenführung ab. Erst im April fiel sie ab, als zunächst im Pokalhalbfinale das Aus gegen Glentoran kam und es anschließend in der Meisterschaft eine überraschende 1:2-Niederlage gegen Cliftonville gab.

Der baumlange und torgefährliche Stürmer Stephen Baxter (30) trug mit seinen elf Toren maßgeblich dazu bei, daß die Crusaders überhaupt im Titelrennen hatten mitmischen können. Weitere Leistungsträger waren Mittelfeldspieler und Kapitän Sid Burrows und der Dubliner Martin Murray - einer von mehreren Crusaders-Akteuren, die aus der Republik Irland stammen. Crusaders schottischer Torhüter Kevin McKeown (28) wird als bester Keeper der *Irish League* angesehen und wurde im Saisonverlauf in Schottlands B-Nationalmannschaft berufen.

Der Torjäger

Gary Haylock (Portadown FC)	20
Stephen Baxter (Crusaders FC)	11
Andy Kennedy (Portadown FC)	10
Glen Ferguson (Glenavon FC)	9
Stephen McBride (Glenavon FC)	9

Seit im Juni 1994 der ehemalige nordirische Nationalspieler Tommy Cassidy das Traineramt übernommen hat, ging es mit **Glentoran Belfast** stetig aufwärts. Der vorjährigen *Premier League*-Qualifikation folgte nun ein überraschender dritter Platz sowie der Pokalsieg. Die beiden englischen Mittelfeldspieler Glen Little (20) und Pete Batey (26) wurden allgemein als die entscheidenden Akteure für die Erfolgssaison betrachtet. Glen Littles fantastischer 25-Meter-Schuß im Pokalfinale gegen Glenavon brachte den Belfastern erstmals seit 1991 wieder einen Europapokalplatz. Little und Batey verstanden sich nicht nur untereinander ausgezeichnet, sondern brillierten auch mit den Stürmern Trevor Smith, Justin McBride und dem erst im Dezember zu Glentoran gestoßenen Liam Coyle.

Das Hauptproblem der Männer vom Stadion *Oval* war erneut ihre Defensive, die unter großem Druck brüchig wird, obwohl mit Innenverteidiger John Devone (27) ein erfahrener Hase im Abwehrzentrum steht. Glentoran wird als *the sleeping giant* (der schlafende Riese) bezeichnet, denn nach Ansicht der Experten hat der neunzehnmalige Meister das Potential, Nordirlands Nummer 1 zu werden. Trainer Cassidy hofft nun auf mehr Beständigkeit.

Für den vorjährigen Vizemeister **Glenavon Lurgan** war es eine enttäuschende Saison. Trainer Nigel Best standen mit Glen Ferguson (9 Tore),

Smirnoff Irish League Premier Division 95/96	Ards	Bangor	Cliftonv.	Crusaders	Glenavon	Glentoran	Linfield	Portadown
Ards FC Newtownards	•	3:0	3:0	0:0	1:1	1:4	2:3	1:1
	•	2:1	2:2	0:1	1:2	0:2	1:2	0:2
Bangor FC	2:1	•	3:2	1:2	0:1	1:6	1:2	0:3
	0:1	•	2:3	0:2	1:2	1:1	0:2	0:0
Cliftonville FC	0:0	2:1	•	1:4	2:2	0:0	1:1	0:3
	1:0	1:1	•	2:1	0:1	1:0	0:0	0:4
Crusaders FC Belfast	1:2	2:0	1:0	•	1:2	2:1	3:0	3:1
	2:0	1:0	1:1	•	1:0	1:3	4:2	3:3
Glenavon FC Lurgan	3:0	1:0	1:2	4:0	•	2:3	0:3	0:1
	3:1	0:1	1:1	1:1	•	1:3	2:2	7:0
Glentoran FC Belfast	3:2	1:1	1:1	3:1	0:2	•	0:3	1:1
	3:1	3:0	2:1	2:2	1:2	•	3:0	3:3
Linfield FC	0:0	0:0	0:0	1:2	0:3	0:4	•	1:0
	0:0	2:1	3:1	0:1	2:1	2:0	•	0:1
Portadown FC	3:1	4:2	6:1	1:1	2:1	3:1	3:2	•
	1:3	4:3	4:1	1:1	2:1	3:2	1:1	•

Stephen McBride (9 Tore) und Raymond McCoy (7 Tore) zwar drei Top-Stürmer zur Verfügung, doch der Mannschaft gingen in entscheidenden Spielen immer wieder die Nerven durch. Höhepunkt der Saison waren die UEFA-Pokalspiele gegen Werder Bremen, die für Begeisterung im *Mourneview Park* sorgten. Doch das konnte über die Probleme im Ligaspielbetrieb nicht hinwegtäuschen. Zum Saisonende gab es mit der 0:1-Niederlage im Pokalfinale gegen Glentoran Belfast eine weitere herbe Enttäuschung.

Glenavons herausragende Akteure waren Torhüter Dermot O'Neil und die Mittelfeldakteure Tony Shepherd und Lee Doherty, die ein immenses Arbeitspensum ablieferten. Abwehrspieler Mark Glendinning war bei seinen Vorstößen stets gefährlich und schoß einige wichtige Tore. In einigen Situationen hatte es den Anschein, als fehle die Harmonie in der Mannschaft.

Noch viel enttäuschter waren die zahlreichen über ganz Nordirland verteilten Fans des Rekordmeisters **Linfield FC**. Der größte Fußballklub des Landes wurde lediglich Fünfter und konnte damit nur unzufrieden sein. Linfields verwöhnte Fans erwarten von ihrem Team förmlich den Titelgewinn und sind schon unzufrieden, wenn es „nur" den Pokal gibt, wie im Jahre 1994.

1995/96 konnte vom Titelgewinn nie die Rede sein. Der Klub hatte im Sommer mit Mittelfeldspieler Paul Millar (von Cardiff City) und Stürmer Darren Erskine (von Ards) teure Neuzugänge verpflichtet, die sich jedoch nie zu integrieren vermochten. Darüber hinaus blieben Schlüsselspieler wie Pat Fenlon und Ray Campbell weit unter ihren Möglichkeiten. Linfield, der Klub der nordirischen Protestanten, trat nie als Einheit auf. Er hatte immense Sturmprobleme, und im Mittelfeld fehlte es an Ideen und spielerischem Vermögen. Manchmal schien es auch so, als fehle den Spielern das Engagement.

Vor der Saison war **Cliftonville FC** als heißester Abstiegskandidat gehandelt worden. Doch die *Reds* schlugen sich ausgezeichnet und belegten dank wichtiger Siege in den wichtigen Spielen gegen die Mitkonkurrenten Ards und Bangor Platz 6. Cliftonvilles größter Nachteil ist, sämtliche „Heimspiele" gegen Linfield im Linfielder Stadion *Windsor Park* austragen zu müssen. Die entsprechende Anordnung stammt aus dem Jahre 1970, als es beim Pokalfinale zwischen den beiden Klubs zu gewalttätigen Auseinandersetzungen zwischen den Linfield zugetanen Protestanten und den für Cliftonville schwärmenden Katholiken kam. Seitdem darf das Spiel auf Anordnung der nordirischen Polizei (R.U.C.) nur noch im *Windsor Park* ausgetragen werden. Cliftonvilles Stadion *Solitude* liegt inmitten eines katholischen Wohngebietes Belfasts.

Immerhin war Cliftonville Zünglein an der Waage im Meisterrennen, denn als die *Reds* am 27. Spieltag mit 2:1 gegen Crusaders Belfast gewannen, hatten sie gleichzeitig Portadown zum Meister gemacht. Schütze beider Tore war der typisch britisch spielende Mittelstürmer Paul Stokes. Er war erst im Januar vom Zweitligisten Newry Town gekommen und hatte der Mannschaft von Trainer Martin Quinn ein anderes Gesicht gegeben. Der seit 1994 im *Solitude* tätige Quinn sorgte für einen fantastischen Teamgeist im chronisch finanzschwachen Klub.

Für **Ards Newtownards** war es eine schwierige Saison, die mit dem Klassenerhalt ein glückliches Ende fand. Auch in Newtownards waren die *Pounds* knapp und Trainer Roy Coyle mußte bei der Aufgabe, mit sehr wenig Geld eine Mannschaft aufzubauen, sein ganzes Können beweisen.

Im Saisonverlauf lieh Coyle einige Spieler von irischen, englischen und schottischen Klubs aus. Darunter war mit Richard Barker (Sheffield Wednesday) ein torgefährlicher Mann. Entscheidend für den Klassenerhalt waren drei Siege in den vier Spielen gegen den direkten Konkurrenten und Nachbarklub Bangor FC.

2. Liga		Sp	g	u	v	Tore	Pkt.
1. Coleraine FC	↑	28	21	4	3	82:28	67
2. Ballymena United FC		28	13	10	5	38:25	49
3. Omagh Town FC		28	12	7	9	50:43	43
4. Distillery FC Belfast		28	10	7	11	35:34	37
5. Ballyclare Comrades FC		28	10	3	15	29:48	33
6. Carrick Rangers FC		28	9	3	16	32:56	30
7. Larne FC		28	7	7	14	31:36	28
8. Newry Town FC		28	7	5	16	31:58	26

Bangor, das vor Jahresfrist fast eine komplette Mannschaft verloren hatte, gehörte mit Cliftonville zu den heißesten Abstiegskandidaten. Tatsächlich erwischte es das Team aus dem *Clandeboye Park* - und zwar nach Ansicht der Experten auch zu Recht. Paul Malone, der Rod Collins auf dem Trainerstuhl abgelöst hatte, gelang es nicht, in wenigen Monaten aus dem Nichts eine Mannschaft zu formen. Im Oktober gab es eine 1:6-Heimschlappe gegen Glentoran, und Malone stellte sein Amt entnervt zur Verfügung. Die neuen Männer in der Verantwortung waren Andy Dougan und der ehemalige nordirische Nationalkeeper George Dunlop. Unter ihnen war zwar eine leichte Besserung zu erkennen, doch auch sie konnten Bangor nicht mehr vom achten und damit letzten Tabellenplatz führen. Ganze drei Siege in 28 Spielen sind eine überaus magere Bilanz. Die Verein hatte kein Geld für neue Spieler von guter Qualität und half sich mit neun während der Saison aus England ausgeliehenen Spielern. Bangors Hoffnung sind die jungen Talente Alistair McCombe und John Bailie, die im Abstiegsjahr wertvolle Erfahrung in der ersten Mannschaft sammeln konnten. Bangor wird in Zukunft auf solche jungen Spieler bauen müssen.

Angesichts der eher düsteren Situation des Ligafußballs in Nordirland mag es überraschen, das die Nationalmannschaft eine ausgesprochen positive Bilanz aufzuweisen hat. Siege über Luxemburg und Österreich sowie Unentschieden gegen Portugal und den späteren Europameister Deutschland gaben zu Zufriedenheit Anlaß. Allerdings besteht die von Bryan Hamilton betreute Mannschaft ausschließlich aus in den englischen und schottischen Profiklassen spielenden Akteuren. Hamilton ist damit gar nicht glücklich: „Es gibt oft Probleme mit der Freigabe der Spieler und für längere Lehrgänge bleibt keine Zeit", meint der Ex-Profi von Everton. Eine Chance auf Änderung sieht er nicht. „Die nordirische Liga ist bekanntlich eine Halbprofi-Liga. Die besten Spieler werden schon früh von englischen Vereinen geködert. Dort lockt das große Geld. Klar, daß da keiner nein sagt."

In den Europapokalwettbewerben gelang es lediglich Glenavon, die Qualifikation zu überstehen. Pokalsieger Linfield bezog beim ukrainischen Vertreter Schachtjor Donezk eine deklassierende 1:4-Niederlage, Meister Crusaders scheiterte an Silkeborg. ■

DER POKAL

5. Runde

Ards FC Newtownards- Cookstown United	10:0
Armagh City - Dundela	2:1
Bangor FC - Portadown FC	0:4
Chimney-Corner - Ballymena United	0:1
Crumlin United - Linfield FC	0:8
Crusaders FC Belfast - Dungiven	4:0
Distillery FC Belfast - Larne Tech O. B.	4:2
Dungannon Swifts - Omagh Town FC	2:4
East Belfast - Malachians	4:1
Glenavon FC Lurgan - First Liverpool SC	12:0
Glentoran FC Belfast - Limavady United	4:1
Kilmore Rec. - Cliftonville FC	0:3
Larne FC - Banbridge Town	3:0
Newry Town FC - Coleraine FC	2:1
R. U. C. Belfast - Carrick Rangers FC	2:3
Tobermore United - Ballyclare Comrades FC	2:3

6. Runde

Ards FC Newtownards - Larne FC	1:0
Ballyclare Comraders - Crusaders FC Belfast	0:1
Ballymena United - Armagh City	4:0
Carrick Rangers - Newry Town	1:0
Glenavon FC Lurgan - Cliftonville FC	3:1
Glentoran FC Belfast - Distillery FC Belfast	2:0
Linfield FC - East Belfast	1:0
Portadown FC - Omagh Town	3:1

Viertelfinale

Crusaders FC Belfast - Linfield FC	2:0
Glenavon FC Lurgan - Carrick Rangers	3:1
Glentoran FC Belfast - Ballymena United	0:0, 4:2
Portadown FC - Ards FC Newtownards	2:1

Halbfinale

Crusaders FC Belfast - Glentoran FC Lurgan	2:2, 1:2
Glenavon FC Belfast - Portadown FC	1:1, 4:1

Finale

(4. Mai 1996, Belfast, 10.000)

Glentoran FC Belfast - Glenavon FC Lurgan 1:0 (0:0)

Glentoran: D. Devine - Nixon, Finlay, Walker, J. Devine, Parker, T. Smith, Little, Coyle, Batey, McBride.

Glenavon: Stranney - J. Smith, Glendinning, Murphy, Gould, G. Smyth, Johnston, Shepherd, Ferguson, McBride (78 McCoy), Shipp

Schiedsrichter: Snoddy (Carryduff) - Tor: 1:0 Little

DER TORJÄGER:

Garry Haylock
(Portadown FC)

Wer sonst hätte das entscheidende Tor zum Titelgewinn schießen können, als Garry Haylock? Insgesamt 20mal traf der lange Engländer für Portadown und war damit Garant für den dritten Titelgewinn der *Reds* aus dem *Shamrock Park*. Haylock wechselte 1994 nach Portadown, nachdem er zuvor mit Linfield einmal Meister und zweimal Pokalsieger geworden war. Er verfügt über einen scharfen Schuß und ist überaus kopfballstark.

DIE LÄNDERSPIELE

Portugal - Nordirland 1:1 (0:0) **EMQ**
3.9.1995 - Porto - 50.000 - Harrel (Frankreich) - Fettis, Morrow, Worthington, Hunter, Hill, Lomas, Gillespie, Magilton (79. Rowland), Lennon, Dowie (77. Gray), Hughes - Trainer: Hamilton. Tor: Hughes (66./1:1.)

Liechtenstein - Nordirland 0:4 (0:1) **EMQ**
11.10.1995 - Eschen/Mauren - 1.100 - Lubos (Slowakei) - Fettis (75. Woods), Lomas, Hill, Hunter, Worthington, McMahon (80. McGibbon), Lennon, O'Neill, Hughes (89. Rowland), J. Quinn, Gray - Trainer: Hamilton. Tore: O'Neill (36.), McMahon (49.), J. Quinn (55.), Gray (72.)

Nordirland - Österreich 5:3 (2:0) **EMQ**
15.11.1995 - Belfast - 8.400 - Sundell (Schweden) - Fettis, Lomas, Hunter, Hill, Worthington, Lennon, Gillespie, O'Neill, Hughes, Dowie (80. J. Quinn), Gray (78. McDonald) - Trainer: Hamilton. Tore: O'Neill (27./1:0, 78./5:2), Dowie (32. Elfmeter/2:0), Hunter (53./3:0), Gray (63./4:1)

Nordirland - Norwegen 0:2 (0:0)
27.3.1996 - Belfast - 5.343 - Ashman (Wales) - Fettis, Lomas, Worthington (56. Rowland), Hill, McDonald, Lennon, Gillespie, O'Neill (62. McMahon), Dowie (Platzverweis), Magilton (46. Patterson), Hughes - Trainer: Hamilton

Nordirland - Schweden 1:2 (0:1)
24.4.1996 - Belfast - 5.666 - Dallas (Schottland) - Davison, Patterson, Worthington (77. Quinn), Hill, Hunter, Morrow, McCarthy, Lomas, McMahon, O'Neill (65. O'Boyle), Rowland - Trainer: Hamilton. Tor: McMahon (84.)

Nordirland - Deutschland 1:1 (0:0)
29.5.1996 - Belfast - 11.770 - Young (Schottland) - Fettis, Griffin, Worthington (46. Rowland), Hill, Hunter, Gillespie (46. O'Boyle), Lomas, Magilton, McMahon, Hughes, Dowie - Trainer: Hamilton. Tor: O'Boyle (79./1:0).

DER EUROPAPOKAL

Europapokal der Landesmeister

Meister Crusaders FC Belfast startete im UEFA-Pokal-Wettbewerb

Europapokal der Pokalsieger

Qualifikation

Schachtjor Donetsk - Linfield FC **4:1 (3:0)**
10.8.1995 - 20.000 - Michel (Slowakei) - Lamont, Crothers, Easton, Ewing, McLean, Beatty, Campbell, McGee, Erskin, Spiers, Bailie - Tor: Ewing (48./3:1)

Linfield FC - Schachtjor Donetsk **0:1 (0:0)**
24.8.1995 - 3.000 - Hirviniemi (Finnland) - Lamont, Dornan, Easton, Ewing, Spiers, Beatty (McLaughlin), Campbell, Gorman, Erskin (McCoosh), Fenlon, Bailie.

UEFA-Pokal

Qualifikation

Crusaders Belfast - Silkeborg IF **1:2 (0:1)**
8.8.1995 - 1.800 - Van Dijk (Niederlande) - McKeown, McMullan, McCartney, Dunlop, Callaghan, K. Hunter (87. Morgan), Livingstone, Dunne, Baxter, G. Hunter, Burrows - Tor: G. Hunter (67./1:2)

Silkeborg IF - Crusaders Belfast **4:0 (1:0)**
22.8.1995 - 4.339 - Peltola (Finnland) - McKeown, McMullan, McCartney, Dunlop, Callaghan, K. Hunter (69. Dwyer), Livingstone, Dunne, Baxter (83. Morgan), Gardiner, Burrows.

Glenavon FC Lurgan - FH Hafnarfjördur **0:0**
8.8.1995 - 3.500 - Fröhlich (Deutschland) - O'Neill, Byrne, Glendinning, Doherty, Brown, G. Smyth, McCoy, Johnston (Collins), Ferguson, McBride, J. Smyth

FH Hafnarfjördur - Glenavon FC Lurgan **0:1 (0:0)**
23.8.1995 - 500 - Young (Schottland) - O'Neill, Byrne, Glendinning, Doherty, Brown, G. Smyth, McCoy, Johnston, Ferguson, McBride, J. Smyth - Tor: Johnston (67.)

1. Runde

Glenavon FC Lurgan - Werder Bremen **0:2 (0:0)**
13.9.1995 - 4.200 - Temmink (Niederlande) - O'Neill, Birney (75. Byrne), Glendinning, Doherty, Brown (79. McCoy), G. Smyth, A. Murphy, Johnston, Ferguson, McBride, J. Smyth (85. Collins)

Werder Bremen - Glenavon FC Lurgan **5:0 (4:0)**
27.9.1995 - 13.727 - SR: Hamer (Luxemburg) - O'Neill, Byrne, Glendinning, Kenny (73. McCoy), Brown (78. A. Murphy), G. Smyth, Collins, Johnston, Ferguson, McBride, D. Murphy

UI-Cup

Keine Teilnehmer gemeldet

Norges Fotballforbund

Ulleval Hågeby,
Boks 3823,
N-0805 Oslo
Telefon: ++47/220245 00
Telefax: ++47/22951010

FIFA-Weltrangliste

Juli 1995: 2. Platz, 60,32 Punkte
Juli 1996: 24. Platz, 50,21 Punkte

UEFA-Fünfjahreswertung

1996/97: 18. Platz, 15,83 Punkte

Knapp verpaßte EM-Teilnahme

Von Kåre M. Torgrimsen

Seit 1992 dominiert Rosenborg BK Trondheim Norwegens Fußball fast nach Belieben. Dreimal in Folge wurde das von Nils Arne Eggen trainierte Team Meister und galt auch vor Beginn der Saison 1995 wieder als heißester Titelanwärter. Daneben wurden allerhöchstens noch Lillestrøm SK, Viking Stavanger und Start Kristiansand Chancen eingeräumt.

Im Saisonverlauf stellte sich dann heraus, daß Rosenborg noch stärker war, als erwartet. In den ersten 15 Ligaspielen blieb die Mannschaft ungeschlagen und setzte sich frühzeitig von den restlichen Teams ab. Den Meistertitel schon fast gesichert, widmeten sich die Schwarz-Weißen der Unterhaltung ihrer Fans und kamen in jedem Pflichtspiel zu Torerfolgen. Zum Saisonende verfügten sie über 15 Punkte Vorsprung vor Vizemeister Molde und hatten damit einen neuen Rekord seit Einführung der 3-Punkte-Regel aufgestellt!

Mängel im norwegischen Superteam gab es höchstens bei den Europacupspielen der Trondheimer zu entdecken. Zwar klappte es gegen den türkischen Meister Besiktas Istanbul überraschend mit der Qualifikation zur Champions League, doch gegen Blackburn, Spartak Moskau und Legia Warschau zeigte Rosenborgs Abwehr - in 26 Ligaspielen nur neunundzwanzigmal

Norwegischer Meister 1995: Rosenborg BK Trondheim. Hinten von links: Ingebrigsten, Kvarme, Bragstad, Ødegård, Jamtfall, Hoftun, Halvorsen, Soltvedt., Mitte: Zeugwart Iversen, Fjårtoft, Sårli, Hjelde, Skammelsrud, Stensaas, Staurvik, Assistenz-Trainer Hansen, Vorn: Strand, Løken, Brattbakk, Trainer Eggen, Iversen, Heggem, Jakobsen.

Tippeligaen	Gesamt							Heim					Auswärts				
	Sp	g	u	v	Tore	Diff.	Pkt.	g	u	v	Tore	Pkt.	g	u	v	Tore	Pkt.
1. Rosenborg BK (M)	26	19	5	2	78:29	+49	62	12	1	0	48:13	37	7	4	2	30:16	25
2. Molde FK (P, N)	26	14	5	7	60:47	+13	47	8	1	4	32:28	25	6	4	3	28:19	22
3. FK Bodø/Glimt	26	12	7	7	65:43	+22	43	6	3	4	34:21	21	6	4	3	31:22	22
4. Lillestrøm SK	26	11	8	7	50:36	+14	41	6	3	4	32:22	21	5	5	3	18:14	20
5. Viking FK Stavanger	26	12	4	10	55:42	+13	40	8	3	2	31:12	27	4	1	8	24:30	13
6. Tromsø IL	26	11	5	10	53:42	+11	38	6	4	3	28:19	22	5	1	7	25:23	16
7. Vålerengen Fotball*[1]	26	11	6	9	47:44	+ 3	37	6	4	3	30:22	22	5	2	6	17:22	17
8. IK Start Kristiansand	26	11	1	14	51:52	- 1	34	5	0	8	24:29	15	6	1	6	27:23	19
9. Stabæk IF (N)	26	9	6	11	36:40	- 4	33	8	1	4	24:13	25	1	5	7	12:27	8
10. SK Brann Bergen	26	9	5	12	40:50	-10	32	7	3	3	25:23	24	2	2	9	15:27	8
11. Kongsvinger IL	26	7	8	11	37:54	-17	29	5	4	4	23:18	19	2	4	7	14:36	10
12. Hødd IL Ulsteinvik (N) ↓	26	8	4	14	38:57	-19	28	5	4	4	20:15	19	3	0	10	18:42	9
13. Hamark. Hamar ↓	26	8	3	15	33:66	-33	27	4	2	7	13:24	14	4	1	8	20:42	13
14. Strindheim IL (N) ↓	26	4	5	17	36:77	-41	17	3	3	7	20:36	12	1	2	10	16:41	5

Anmerkung: * = Vålerengen IF Fotball wurden zwei Punkte abgezogen. [1] = ab 1996 Vålerenga Fotbal

EC 1996/97: CL: Rosenborg BK Trondheim, EC2: SK Brann Bergen, UEFA: Molde FK, FK Bodø/Glimt, UI:Lillestrøm SK

geschlagen - Schwächen. Insbesondere bei Auswärtsspielen waren Brattbakk und Co. verwundbar und kassierten 14 Tore.

Da nutzte die gute Bilanz im heimischen *Lerkendal*-Stadion, wo es nur gegen Spartak Moskau eine Niederlage gab, auch nicht viel - Rosenborg schied als Gruppendritter nach der Vorrunde aus.

Molde FK hatte seinen „Betriebsunfall" Abstieg schon 1994 durch den Pokalsieg ein wenig repariert und sorgte nach nur einem Jahr in der 2. Liga als Neuling für Furore in der *Tippeligaen.* Das Team von Trainer Hareide wurde Vizemeister und qualifizierte sich für den UEFA-Pokal. Molde verfügt mit Stavrum, Solskjær und Sundgot („die drei S", in der norwegischen Sprache Synonym für drei Asse in Kartenspielen oder Bestnoten in der Schule) über Stürmer der Sonderklasse. Insgesamt 49 der 60 Molde-Treffer gingen auf ihr Konto. Um Rosenborg zu ärgern, fehlte Molde allerdings noch die Konstanz.

Auch FK Bodø/Glimt qualifizierte sich zur Überraschung der Experten für den UEFA-Cup. Das Team aus dem hohen Norden Norwegens (Bodø liegt im Polarkreis) hatte mit hohen Auswärtsniederlagen in Stavanger (0:6) und Stabæk (0:4) einen schlechten Start und kam erst in der Rückrunde richtig auf Touren.

Lillestrøm SK und Viking Stavanger überraschten in mehrfacher Hinsicht: Einerseits spielten sie gegen andere norwegische Top-Mannschaften auch Top-Fußball, andererseits betätigte sich vor allem Viking als "Weihnachtsmann", indem den schwächsten Teams Punkte "geschenkt" wurden.

Die Torschützen

Harald Martin Brattbakk (Rosenborg)	26
Petter Belsvik (Start Kristiansand)	22
Ole Gunnar Solskjær (Molde FK)	20
Stig Johansen (FK Bodø/Glimt)	19
Tore André Flo (Tromsø IL)	18
Arild Stavrum (Molde FK)	16
Ole Bjørn Sundgot (Molde FK)	13
Geir Televik (Hødd IL Ulsteinvik)	13
Vidar Riseth (Kongsvinger IL)	12
Ståle Solbakken (Lillestrøm SK)	12
Egil Østenstad (Viking Stavanger)	12

Für Brann Bergen war die Saison ein einziges Desaster: Nach wenigen Spielen wurde Coach Hallvar Thoresen nach Krach und Turbulenzen entlassen. Wegen dieser personellen Unruhen verließ Angreifer Soltvedt den Verein in Richtung Trondheim. Erst als Kjell Tenfjord das Traineramt übernahm, fand die Mannschaft ihr Selbstvertrauen zurück und schaffte noch den Klassenerhalt.

Absteigen mußte neben den Neulingen Hødd Ulsteinvik und IL Strindheim auch Hamarkameratene, das seit 1992 in der *Tippeligaen* vertreten war.

In Norwegen ist traditionell der Pokalwettbewerb wichtiger als die Ligameisterschaft. Bevor 1938 die höchste Spielklasse eingeführt wurde, hatte es nur den Pokalwettbewerb (1902 eingeführt) gegeben, dessen Sieger bis heute allgemein als „norwegischer Meister" angesehen wird.

In den letzten beiden Jahren hatte man die Halbfinalbegegnungen in Hin- und Rückspiel aus-

Tippeligaen	Rosenborg	Molde	Bodø/Glimt	Lillestrøm	Viking	Tromsø	VIF	Start K.	Stabæk	Brann	Kongsvinger	Hødd	Hamarkam.	Strindheim
Rosenborg BK Trondheim	•	2:0	3:3	2:1	1:0	2:0	3:2	4:1	5:2	3:1	6:0	6:1	9:1	2:1
Molde FK	2:2	•	0:3	1:2	5:4	0:7	0:1	2:1	1:0	4:2	3:1	7:2	3:2	4:1
FK Bodø/Glimt	1:2	3:2	•	3:3	6:2	1:2	2:2	1:2	0:1	3:1	2:2	4:0	5:0	3:2
Lillestrøm SK	1:3	0:1	1:1	•	4:1	5:4	1:3	3:1	2:2	1:3	3:1	6:0	2:2	3:0
Viking FK Stavanger	2:2	2:2	6:0	3:1	•	3:1	5:0	1:3	2:0	2:0	0:0	3:0	0:2	2:1
Tromsø IL	1:2	2:2	0:4	0:0	1:0	•	2:1	1:4	2:2	2:2	8:0	4:1	4:1	1:0
Vålerengen IF Fotball	2:1	2:2	0:4	0:0	1:1	2:1	•	4:1	2:2	3:1	1:3	3:2	1:2	9:2
IK Start Kristiansand	1:3	1:3	2:5	2:1	0:2	2:1	0:1	•	4:1	1:0	6:2	0:2	1:2	4:6
Stabæk IF	2:1	3:1	4:0	0:2	2:0	0:2	0:2	1:3	•	3:0	0:0	3:1	3:1	3:0
SK Brann Bergen	1:1	0:6	4:2	1:1	2:1	4:2	2:1	0:4	1:0	•	1:1	1:2	4:1	4:1
Kongsvinger IL	1:1	0:2	1:2	1:3	3:4	1:1	2:2	2:0	0:0	1:0	•	2:1	4:1	5:1
Hødd IL Ulsteinvik	1:4	2:2	0:0	0:1	0:1	2:3	3:0	2:1	1:1	1:0	3:0	•	4:1	1:1
Hamarkameratene Hamar	1:3	1:2	0:6	0:2	0:5	0:1	1:0	0:0	5:0	1:3	2:1	2:1	•	0:0
Strindheim IL	0:5	1:3	1:1	1:1	5:3	1:0	1:2	2:6	2:1	2:2	1:3	1:5	2:4	•

getragen, um den ungerechten Heimvorteil für einen der Kontrahenten bei Austragung eines einzigen Spieles zu beseitigen. Die neue Lösung hatte Vor- wie Nachteile: Einerseits war sie sicherlich gerechter, andererseits war es für die Underdogs nun noch schwieriger, einen Favoriten zu stürzen.

Traditioneller Pokalendspieltag ist der letzte Oktobersonntag eines jeden Jahres. Dann kommt sogar der König ins Osloer *Ullevaal*-Stadion, dessen 26.000 Plätze jedesmal ausverkauft sind. Hätte Norwegen ein größeres Stadion, würde man problemlos 60.000 bis 70.000 Karten absetzen könne, so groß ist das Interesse am Pokalfinale.

1995 war es das brisante Derby zwischen Brann Bergen und Rosenborg Trondheim, das die Fans in seinen Bann zog. Allerdings nur vor dem Anpfiff, denn die Leistungen beider Mannschaften im ersten Finalspiel ließen arg zu wünschen übrig. Am heftigsten diskutiert wurde die Leistung von Schiedsrichter Skjervold, der es mehr mit dem Regelbuch denn mit Fingerspitzengefühl hielt. Schon früh erhielt Bergens Eivind Karlsbakk die gelbe Karte gezeigt. Als der Brann-Stürmer später im Strafraum „stürzte", blieb dem Unparteiischen keine andere Wahl, als ihn vom Platz zu stellen - obwohl Karlsbakk versicherte, das Gleichgewicht verloren zu haben. Fast alle Anwesenden glaubten ihm, selbst die Rosenborg-Verantwortlichen. Am Ende einer hektischen Partie hieß es 1:1, und ein Wiederholungsspiel mußte her.

Es wurde von Rune Pedersen hervorragend geleitet. Rosenborg Trondheim, das direkt vom Champions League-Spiel aus Moskau kam, bezwang seinen Gegner souverän mit 3:1 und wurde zum siebten Mal norwegischer Pokalsieger.

Norwegens großes Ziel war das Erreichen der EM-Endrunde in England. Das gute Abschneiden bei der WM 1994 hatte den lange Zeit zu den absoluten Underdogs gezählten Nordländer Mut gemacht, und der Start in der Qualifikationsgruppe 5 war mit jeweils zwei Siegen über Weißrußland, Malta und Luxemburg auch überaus hoffnungsvoll ausgefallen. Vor dem drittletzten Spieltag lagen die Schützlinge von Egil Olsen mit acht Punkten Vorsprung auf Platz 1 - und waren quasi qualifiziert.

Im letzten Heimspiel gegen die Tschechische Republik begann die Krise. Vor 22.000 erwartungsfrohen Zuschauern im *Ullevaal*-Stadion brachte der für die Blackburn Rovers spielende Henning Berg sein Team in der 25. Minute mit 1:0 in Führung. Auf der Tribüne wurde schon die EM-Qualifikation gefeiert, da nahm das Unheil seinen Lauf. Die um ihre letzte theoretische Chance kämpfenden Tschechen warfen alles nach vorn. Eine Minute vor Schluß brachte Norwegens Trainer Olsen Abwehrspieler Geirmund Brendesæther für den völlig übermüdeten Jakobsen. Linksverteidiger Alf-Inge Haaland wechselte in die Mitte und der eingewechselte Brendesæther übersah die dadurch entstandene Lücke auf dem linken Flügel. Genau da stand Martin Frydek und schlug eine perfekte Flanke in den Strafraum, wo Jan Suchopárek problemlos zum 1:1 einköpfen konnte. Damit war die EM-Qualifikation, denn noch fehlte Norwegen ein Punkt. „Macht nichts", dachten die Fans, „den holen wir in Tschechien oder den Niederlanden".

Als die Mannschaft zum ersten Schicksalsspiel nach Prag reiste, hatte sie 13 Spiele in Folge nicht verloren. Doch in der schönen alten Metropole verließ die Olsen-Schützlinge abermals das Glück. Nach sechs Minuten gab der Schweizer Schiedsrichter Kurt Röthlisberger einen umstrittenen Strafstoß, den Tomas Skuhravy zum 1:0 verwandelte. Vergeblich protestierten die Norweger, denn der Linienrichter hatte eine Abseitsposition angezeigt. Anschließend setzten die Norweger alles auf eine Karte, doch der Ausgleich wollte nicht fallen. Drei Minuten vor Schluß brachte der frühere Oldenburger Radek Drulák Tschechien gar mit 2:0 in Front, und die Serie ohne Niederlage war gerissen. Darüber hinaus hatte Jostein Flo seine zweite gelbe Karte erhalten und mußte beim letzten Spiel in den Niederlanden zuschauen.

Jäh war Norwegen aus den schönsten Träumen gerissen worden. Die eigentlich schon abgehakte EM-Qualifikation war plötzlich höchst unsicher geworden, denn auch die Niederlande kämpften um ihre letzte Chance und brauchten unbedingt einen Sieg. Ausgerechnet vor jenem so wichtigen Spiel verletzte sich auch noch Torhüter Erik Thorstvedt, und sein Vertreter Frode Grodås mußte zwischen die Pfosten.

Die erste Halbzeit verlief vor 49.000 Zuschauern im Rotterdamer Stadion *De Kuip* ermutigend und lieferte mit 0:0 auch das Wunschresultat. Zwei Minuten nach Wiederanpfiff brachte ein Mißverständnis zwischen Frode Grodås und Erland Johnsen Clarence Seedorf ans Leder, der die Niederlande mit 1:0 in Führung brachte. Norwegen gab sich unbeeindruckt und stürmte weiter. Doch die Abwehr der Niederländer hatte einen hervorragenden Tag erwischt. Dennoch boten sich hochkarätige Möglichkeiten. Je mehr die Norweger auf den Ausgleich drängten, desto gefährlicher wurden die Konter der Niederländer. Vier Minuten vor dem Schlußpfiff erzielte Yuri Mulder das 2:0, Marc Overmars fügte Sekunden vor dem Abpfiff das 3:0 an.

Nach dieser Ernüchterung und der verpaßten EM-Qualifikation reiste eine norwegische Ligaauswahl (ohne die im Ausland spielenden Akteure sowie die Rosenborger Nationalspieler) in die Karibik und verschlechterte durch ein Unentschieden gegen Jamaika und eine Niederlage gegen Trinidad & Tobago die norwegische Position in der FIFA-Weltrangliste. Nach Platz 2 im Juli 1995 war man ein Jahr später auf Position 24 abgerutscht!

Das erste WM-Qualifikationsspiel führte Norwegen mit Aserbaidschan zusammen, gegen das es einen souveränen 5:0-Erfolg gab.

1. Divisjon Avdeling 1	Sp	g	u	v	Tore	Pkt.
1. Moss FK ↑	22	13	7	2	40:22	46
2. Sogndal IL	22	13	5	4	42:21	44
3. Drøbak/Frogn IL	22	13	4	5	60:35	43
4. FK Haugesund	22	12	2	8	41:33	38
5. Åsane IL Bergen	22	10	4	8	38:31	34
6. Aalesund FK	22	8	8	6	43:33	32
7. Bryne FK	22	7	9	6	28:31	30
8. Fana IL Bergen	22	8	4	10	31:42	28
9. Fyllingen Fotball Bergen[1]	22	4	8	10	33:45	20
10. Åndalsnes IF	22	4	6	12	22:38	17
11. Sarpsborg FK	22	3	8	11	17:38	17
12. SK Vard-Haugesund	22	4	1	17	17:43	13

[1] = vorher Fyllingen IL

1. Divisjon Avdeling 2	Sp	g	u	v	Tore	Pkt.
1. FK Skeid Oslo ↑	22	19	1	2	59:21	58
2. Strømsgodset IF Drammen	22	16	3	3	51:15	51
3. Eik IF Tønsberg	22	14	4	4	57:24	46
4. Odds BK Skien	22	12	2	8	54:25	38
5. Tromsdalen UIL Tromsø	22	10	5	7	37:25	35
6. Ski- og FK Lyn Oslo	22	11	1	10	31:29	34
7. Nardo FK Trondheim	22	7	1	14	31:45	22
8. IL Stålkameratene Mo	22	6	4	12	24:53	22
9. Jevnaker IF	22	6	3	13	30:44	21
10. Alta IF	22	6	3	13	30:53	21
11. Sandefjord BK	22	4	7	11	17:38	19
12. FK Mjølner-Narvik	22	3	2	17	20:69	11

Aufstiegsspiele: Strømsgodset - Sogndal IL 3:0, 0:0, Strøsgodset damit Aufsteiger

Im Europapokal sorgte Rosenborg Trondheim durch das Ausschalten von Besiktas Istanbul für eine Überraschung. In der Champions League war die Mannschaft freilich chancenlos, ließ aber immerhin den englischen Meister Blackburn Rovers hinter sich. Im Pokalsiegerwettbewerb setzte sich Molde FK zunächst gegen Dynamo-93 Minsk durch. In der 1. Runde kam dann gegen den späteren Cup-Sieger Paris Saint-Germain das erwartungsgemäße Aus. Lillestrøm SK und Viking Stavanger konnten im UEFA-Pokal keine Akzente setzen und schieden in der 1. Runde gegen Auxerre und Brøndby aus. ■

DER POKAL

1. Runde

Selbak TIF - Drøbak/Frogn	1:5
Langevåg IL - Aalesund FK	0:5
Østsiden IL Fredrikstad - Sarpsborg FK	0:3
Brattvåg IL - Molde FK	2:4
Rakkestad IF - Moss FK	0:2
Åndalsnes IF - Clausenengen FK Kristiansund	4:2
Råde IL - Ski-og FK Lyn Oslo	0:3
Sunndal IF Fotball - Melhus IL	2:1
Ski IL - Fredrikstad FK	n. E. 7:6, 1:1
Kolstad IL - IL Stjørdals/Blink	3:1
Sørumsand IF - Strømmen IF	1:2
Orkanger IF - Nardo FK Trondheim	n. E. 3:4, 2:2
Bjerke IL - Lillestrøm SK	0:6
Orkdal IL - Byåsen	2:4
Holter IF - Skjetten SK	0:1
Nationalkam. Trondheim - Rosenborg BK	0:8
Aurskog/Finstadbru SK - Kongsvinger IL	2:4
Tranabakkan FK - Strindheim IL Trondheim	0:5
Eidsvold Turn - Nybergsund IL	1:2
Namsos IL - Verdal IL	0:2
Frigg-Oslo FK - FK Skeid Oslo	0:4
Vuku IL - Steinkjer FK	1:2
SF Grei Oslo - Stabæk IF	0:1
Mo/Bossmo IL - IL Stålkameratene	n. E. 0:1, 3:3
Bærum SK Sandvika - FK Ørn-Horten	2:1
FK Fauske/Sprint - FK Gevir Bodø	1:2
Fossum IF Eidsmarka - IF Fram Larvik	1:2
Grovfjord IL - FK Mjølner/Narvik	1:3
Nordstrand IF Oslo - Vålerengen IF Fotball	0:9
FK Narvik/Nor - Harstad IL	0:4
Elverum IL - FL Fart Vang på Hedmark	3:0
Lofoten FK Svolvær - FK Bodø/Glimt	0:2
Skreia IL - Hamarkameratene Hamar	1:2
Ramfjord UIL - Tromsø IL	2:7
Faaberg Fotball - IF Liv/Fossekallen Hønefoss	1:2
Lyngen/Karnes IL Lyngseide - Skarp	2:4
Lillehammer FK - Jevnaker IF	2:3
Tromsdalen UIL - Skjervøy IK	n. E. 1:4, 3:3
Ullern IF Oslo - Mjøndalen IF	2:3
Bjørnevatn - Alta IF	1:7
Åssiden IF Drammen - Kjelsås IL Oslo	4:5
SK Falk Horten - SK Sprint/Jeløy Moss	2:3
IL Runar Sandefjord - Eik-Tønsberg	0:2
Larvik Turn & IF - Sandefjord BK	0:3
Skotfoss TIL - Odds BK	0:8
Snøgg Fotball Notodden - Strømsgodset IF	0:3
Langesund IF - IF Pors Porsgrunn	1:2
Øyestad IF - IK Start Kristiansand	1:2
Sola IL - FK Vigør Kristiansand	4:1
IL Eiger Egersund - Bryne FK	1:3
Randaberg IL - Hana IL Sandnes	n. E. 3:4, 2:2
Mosterøy IL - Viking FK Stavanger	0:6
Åkra IL - SK Vard Haugesund	3:2
SK Nord Karmsund - Vidar FK Stavanger	4:3
IL Bjørnar Ytre Arna - Åsane IL Bergen	0:3
IL Varegg Bergen - Os TF	0:2
Stord TIL - FK Haugesund	1:0
IL Løv-Ham Bergen - Fyllingen IL Bergen	1:3
Vadmyra IL Loddefjord - Sognda ILl	1:6
IL Nest-Sotra Fjell - SK Brann Bergen	2:4
Florø SK - Fana IL Bergen	1:2
Stryn - Hødd UL Ulsteinvik	1:3
Kristiansund FK - Skarbøvik IF	2:4
Flekkefjord FK - Ålgård FK	5:0

2. Runde

Sarpsborg FK - Sandefjord BK	n. E. 3:0, 3:3
Skjetten SK - Kongsvinger IL	0:1
Moss FK - Bærum SK Sandvika	2:0
Strømmen IF - Vålerengen IF Fotball	1:0
Kjelsås IL Oslo - FK Skeid Oslo	2:1
Ski IL - Stabæk IF	0:3
Ski-og FK Lyn Olso - Elverum IL	2:0
Nybergsund IL - Lillestrøm SK	1:2
Mjøndalen IF - Odds BK Skien	0:5
IF Liv/F. Hønefoss - Hamarkameratene Hamar	1:2
Eik/Tønsberg - SK Sprint/Jeløy Moss	4:1
IF Fram Larvik - Drøbak/Frogn IL	0:1
IF Pors Porsgrunn - Strømsgodset IF	1:4
IK Start Kristianstad - Sola IL	7:2
Hana IL Sadnes - Fyllingen IL	2:4
Viking FK Stavanger - Åkra IL	6:1
Bryne FK - SK Nord Karmsund	6:1
SK Brann Bergen - Stord TIL	7:1
Fana IL Bergen - Flekkefjord FK	2:0
Os TF - Åsane IL Bergen	n. E. 3:2, 2:2
Sogndal IL - Jevnaker IF	4:1
Aalesund FK - Åndalsnes IF	3:1
Hødd IL Ulsteinvik - Skarbøvik IF	1:0
Sunndal IF Fotball - Molde FK	0:2
Rosenborg BK Trondheim - Byåsen	5:0
Verdal IL - Nardo FK Trondheim	2:4
Steinkjer FK - Strindheim IL Trondheim	0:3
FK Bodø/Glimt - Kolstad IL	9:0
IL Stålkameratene Mo - FK Gevir Bodø	1:2
Harstad IL - FK Mjølner-Narvik	2:6
Skarp - Alta IF	1:5
Skjervøy IK - Tromsø IL	0:3

3. Runde

Lillestrøm SK - Strømmen IF	7:0
Sarpsborg FK - Eik-Tønsberg	n. E. 6:7, 0:0
Drøbak/Frogn IL - Ski-og FK Lyn Oslo	0:1
Stabæk IF - Fana IL Bergen	n. E. 4:2, 2:2
Kongsvinger IL - Kjelsås IL	4:2
Hamarkameratene Hamar - Sogndal IL	2:0
Strømsgodset IF Drammen - Moss FK	1:0
Odds BK - IK Start Kristiansand	n. E. 4:5, 2:2
Bryne FK - Viking FK Stavanger	2:0
Fyllingen IL - SK Brann Bergen	1:3
Molde FK - Aalesund FK	2:1
Strindheim IL Trondheim - Os TF	4:2
Nardo FK Trondheim - Hødd UL Ulsteinvik	2:4
FK Gevir Bodø - FK Bodø/Glimt	0:4
FK Mjølner-Narvik - Tromsø IL	0:3
Alta IF - Rosenborg BK Trondheim	2:6

Achtelfinale

Ski-og FK Lyn Oslo - Stabæk IF	1:1; 4:2 n. E., 2:2
Hødd IL Ulsteinvik - Molde FK	2:0
Hamarkameratene Hamar - Strømsgodset IF	3:2
Eik-Tønsberg - Rosenborg BK Trondheim	1:1, 1:4
IK Start Kristinasand - FK Bodø/Glimt	7:1
SK Brann Bergen - Bryne FK	3:1
Strindheim IL Trondheim - Lillestrøm SK	0:1
Tromsø IL - Kongsvinger IL	3:1

Viertelfinale

Lillestrøm SK - Tromsø IL	3:1
SK Brann Bergen - Ski-og FK Lyn Oslo	4:1
Hødd IL Ulsteinvik - Hamarkameratene Hamar	3:2
Rosenborg BK Trondheim - IK Start Kristiansand	2:0

Halbfinale

Hødd IL Ulsteinvik - Rosenborg BK Trondheim	0:5, 1:2
Lillestrøm SK - SK Brann Bergen	3:1, 1:4

Finale

(29. Oktober 1995, Oslo, 27.561)

Rosenborg - Brann Bergen n. V. 1:1 (1:1, 0:0)

Rosenborg: Ola By Rise - Karl-Petter Løken, Erik Hoftun, Bjørn Otto Bragstad, Ståle Stensaas - Roar Strand (110. Vegard Heggem), Bent Skammelsrud, Trond Egil Soltvedt (67. Tom Kåre Staurvik) - Steffen Iversen, Harald Brattbak, Jahn Ivar Jakobsen

Brann: Vidar Bahus - Geirmund Brendesæther (112. Erik Skjælaaen), Roger Helland, Inge Ludvigsen, Claus Lundekvam - Agust Gylfasson, Magnus Johansson, Per Ove Ludvigsen, Geir Hasund - Eivind Karlsbakk, Frank Strandli.

Jon Skjervold (Fet) - Tore: 1:0 Roar Strand (61.), 1:1 Frank Strandli (72.).

Wiederholungspiel

(5. November 1995, Oslo, 20.076)

Rosenborg BK - SK Brann Bergen 3:1 (2:1)

Rosenborg: Jørn Jamtfall - Karl-Petter Løken, Tom Kåre Staurvik, Erik Hoftun, Ståle Stensaas - Roar Strand (90. Arne Winsnes), Bent Skammelsrud, Vegard Heggem (90. Jon Olav Hjelde) - Steffen Iversen, Harald Brattbakk, Jahn Ivar Jakobsen (90. Espen Solheim).

Brann: Vidar Bahus - Geirmund Brendesæther, Roger Helland, Inge Ludvigsen, Claus Lundekvam - Agust Gylfasson, Lars Bakkerud, Per Ove Ludvigsen, Erik Skjelåen (67. Roger Norstrand) - Eivind Karlsbakk (57. Erik Johannessen), Frank Strandli.

Rune Pedersen (Sprint/Jeløy) - Tore: 0:1 Inge Ludvigsen (21.), 1:1 Tom Kåre Staurvik (23. Elfmeter), 2:1 Erik Hoftun (36.), 3:1 Steffen Iversen (49.).

Aus dem Spiel Tromsø gegen Stabaek

DER MEISTER

Rosenborg BK Trondheim

Es gibt viele Gründe für Rosenborgs Erfolg. Einer der wichtigsten ist die gewaltige Fußballbegeisterung in der *Trøndelag*-Region. Seitdem Rosenborg zum besten Klub der Gegend emporgestiegen ist, ist er konkurrenzlos geworden. Dadurch konnte die ohnehin schon gute finanzielle Situation noch verbessert werden. In seinen besten Jahren verfügte Rosenborg über einen Zuschauerschnitt von über 12.000. Darüber hinaus hat der Klub zahlreiche Sponsoren und eine Vereinsführung, die sorgfältig mit den Einnahmen umgeht.

Rosenborgs Erfolgsrezept ist seine Jugendarbeit: Talentierte Spiele werden frühzeitig ins *Lerkendal*-Stadion gelockt, wo sie unter den Trainer Nils Arne Eggen und Bjørn Hansen viele lernen können. Eggen ist der starke Mann. Seine Meinung wird häufig kontrovers diskutiert, doch seine Autorität wird nie in Frage gestellt. Er ist der „Franz Beckenbauer von Trondheim".

Seine Mitarbeiter sind handverlesen. Co-Trainer Hansen ist in gleicher Position für das norwegische Nationalteam tätig, und mit dem Ex-Bremer Rune Bratseth hat Rosenborg einen ausgezeichneten Manager.

„Ajax Amsterdam", antwortet Eggen auf die Frage nach seinem Vorbild. Eggens Spieler sind Allroundkünstler, die stürmen, wenn sie am Ball sind und verteidigen, wenn der Gegner den Ball besitzt. „Schnelle Ballabgabe, keine Rückpässe", ist Eggens Philosophie: Nach einer UEFA-Statistik war Rosenborg das Team mit der geringsten Zahl von Ballbesitzen unter den sechzehn Teams der Champions League.

Rosenborg ist zum Erfolg verdammt. In Norwegen hat die Mannschaft keine Konkurrenz mehr und verlegt sich darauf, ihren Fans unterhaltsamen Fußball zu bieten und möglichst viele Tore zu schießen. Die Zuschauer sind wichtig in Trondheim. „Ohne die Fans wären wir nicht so gut, wie wir sind", verriet Trainer Eggen.

Deshalb kann Rosenborgs Zukunft auch nur auf internationaler Ebene liegen. Um 1996 eine noch bessere Rolle in der Champions League zu spielen, verstärkte man die Mannschaft mit Fjørtoft und Staurvik und will vor allem die chronische Auswärtsschwäche beseitigen. Man wird noch von Rosenborg hören.

DER TORJÄGER

Harald Martin Brattbakk (Rosenborg)

Mit 26 Treffern holte sich Harald Martin Brattbakk in der Saison 1995 die Torjägerkanone. Auch in der Nationalmannschaft hat er schon achtmal gespielt und dabei drei Tore erzielt. Er ist groß gewachsen, schnell und gut in der Ballführung. Seine technischen Fertigkeiten sind gut, aber nicht herausragend. Der 1971 geborene Trondheimer spielte zuvor für Bodø/Glimt. Sein Schwachpunkt: Er benötigt zu viele Torchancen, so daß sogar Odd Iversen, der beste norwegische Torschütze aller Zeiten, in der Öffentlichkeit geäußert hat, daß Brattbakk in der Liga mehr Tore hätte erzielt haben müssen.

DER NEWCOMER

Petter Rudi (Molde FK)

Moldes Petter Rudi wurde zum "Spieler des Jahres 1995" gewählt, eine Auszeichnung, die von Norwegens größter Tageszeitung *Verdens Gang* verliehen wird. Der Mittelfeldspieler wurde am 17. 9. 1973 geboren, spielt sehr kreativ, traf jedoch in seinen 25 Ligaeinsätzen nur ein einziges Mal das Tor. Sechs Länderspiele hat der junge Mann bestritten (Debüt 1995 gegen Jamaika). Er ist außergewöhnlich gut am Ball, spielt sehr präzise Pässe und dabei vielfach den entscheidenden zum Torerfolg.

DER NEWCOMER

Ole Gunnar Solskjær (Molde FK)

Auch Ole Gunnar Solskjær stammt aus dem Jahrgang 1973 und war relativ unbekannt, als er mit Clausenengen FK in einer unteren Klasse spielte. Dann debütierte er für das Olympiateam Norwegens und erzielte für die U21 zwölf Tore. 1995 wechselte er zum großen Nachbarn nach Molde. Auch dort zeigte er seinen Torinstinkt und belegte auf Anhieb mit 20 Treffern hinter Brattbakk und Petter Belsvik (22 Tore) den dritten Rang der Torschützenliste. Nachdem die Olympiamannschaft ihre Saison beendet hatte, berief Nationalcoach Egil "Drillo" Olsen den Emporkömmling für das Spiel gegen Jamaika, in dem er den einzigen norwegischen Treffer zum 1:1 beisteuerte. Inzwischen hat es Solskjær in fünf Länderspielen auf vier Torerfolge gebracht. Im August 1996 wechselte er für die Rekordsumme von 15 Millionen norwegischer Kronen (ca. 14 Millionen DM) zum englischen Meister Manchester United, wo es auch den 1994 noch für Besiktas Istanbul spielenden Ronny Johnson hinzog.

DIE LÄNDERSPIELE

Norwegen - Frankreich 0:0

22.7.1995 - Oslo - 12.030 - Luyten (Niederlande) - Erik Thorstvedt - Gunnar Halle (46. Alf-Inge Håland), Henning Berg, Erland Johnsen, Roger Nilsen (63. Ronny Johnsen) - Jostein Flo, Ståle Solbakken, Kjetil Rekdal (87. Kåre Ingebrigtsen), Øyvind Leonhardsen, Mons Ivar Mjelde - Jan Åge Fjørtoft - Trainer: Egil Olsen.

Norwegen - Tschechien 1:1 (1:0) EMQ

16.8.1995 - Oslo - 22.054 - Khusainov (Rußland) - Erik Thorstvedt - Karl-Petter Løken, Ronny Johnsen, Henning Berg, Alf-Inge Håland - Jostein Flo, Lars Bohinen, Ståle Solbakken, Øyvind Leonhardsen, Jahn Ivar Jakobsen (70. Geirmund Brendesæther) - Jan Åge Fjørtoft (80. Harald Brattbakk) - Trainer: Egil Olsen. Tor: Berg (25.)

Tschechien - Norwegen 2:0 (1:0) EMQ

6.9.1995 - Prag - 19.522 - Röthlisberger (Schweiz) - Erik Thorstvedt - Karl-Petter Løken, Erland Johnsen, Ronny Johnsen, Henning Berg - Jostein Flo, Lars Bohinen (75. Kjetil Rekdal), Ståle Solbakken, Øyvind Leonhardsen, Jahn Ivar Jakobsen - Jan Åge Fjørtoft (71. Harald Brattbakk) - Trainer: Egil Olsen.

Norwegen - England 0:0

11.10.1995 - Oslo - 21.006 - Nilsson (Schweden) - Erik Thorstvedt - Karl-Petter Løken, Ronny Johnsen, Henning Berg, Stig Inge Bjørnebye - Tore Andre Flo, Lars Bohinen, Kjetil Rekdal, Øyvind Leonhardsen (63. Ståle Solbakken), Jahn Ivar Jakobsen - Jan Åge Fjørtoft (80. Harald Brattbakk) - Trainer: Egil Olsen.

Niederlande - Norwegen 3:0 (0:0) EMQ

15.11.1995 - Rotterdam - 49.000 - Gallagher (England) - Frode Grodås - Karl-Petter Løken (58. Øyvind Leonhardsen), Erland Johnsen, Henning Berg, Stig Inge Bjørnebye - Tore Andre Flo, Erik Mykland (62. Alf-Inge Håland), Kjetil Rekdal, Lars Bohinen (82. Ståle Solbakken), Jahn Ivar Jakobsen - Jan Åge Fjørtoft - Trainer: Egil Olsen.

Jamaica - Norwegen 1:1 (0:0)

26.11.1995 - Kingston - 20.000 - Ramdahn (Trinidad & Tobago) - Frode Grodås - Claus Lundekvam, Egil Ulfstein, Claus Eftevaag, Geirmund Brendesæther - Arild Stavrum (46. Gunnar Aase), Petter Rudi, Ståle Solbakken, Erik Mykland (28. Bjørn Arild Levernes), Ole Gunnar Solskjær - Tore André Flo - Trainer: Egil Olsen. Tor: Ole Gunnar Solskjær (0:1/80.)

Trinidad & Tobago - Norwegen 3:2 (2:2)

29.11.1995 - Port of Spain - 24.000 - Mark Forde (Barbados) - Frode Grodås (46. Frode Olsen) - Christer Basma, Egil Ulfstein (46. Claus Lundekvam), Claus Eftevaag, Geirmund Brendesæther - Arild Stavrum (76. Gunnar Aase), Ståle Solbakken, Erik Mykland (74. Ole Gunnar Solskjær), Petter Rudi, Bjørn Arild Levernes - Tore André Flo - Trainer: Egil Olsen. Tore: Flo (0:1/11.), Levernes (20./0:2)

Spanien - Norwegen 1:0 (1:0)

7.2.1996 - Las Palmas - 18.000 - Nicchi (Italien) - Frode Grodås - Alf-Inge Håland, Henning Berg, Roger Nilsen, Stig Inge Bjørnebye - Petter Rudi, Lars Bohinen (17. Ståle Solbakken), Kjetil Rekdal, Øyvind Leonhardsen - Jan Åge Fjørtoft, Tore André Flo (25. Jahn Ivar Jakobsen) - Trainer: Egil Olsen.

Nordirland - Norwegen 0:2 (0:0)

27.3.1996 - Belfast - 5.343 - Ashman (Wales) - Frode Grodås (46. Erik Thorstvedt) - Alf-Inge Håland, Henning Berg, Ronny Johnsen, Stig Inge Bjørnebye - Petter Rudi, Ståle Solbakken (86. Claus Lundekvam), Kjetil Rekdal, Øyvind Leonhardsen (24. Jahn Ivar Jakobsen) - Jan Åge Fjørtoft (74. Egil Østenstad), Ole Gunnar Solskjær - Trainer: Egil Olsen. Tore: Ole Gunnar Solskjær (51.), Egil Østenstad (78.)

Norwegen - Spanien 0:0

24.4.1996 - Oslo - 11.898 - Dardenne (Deutschland) - Frode Grodås - Alf-Inge Håland, Tore Pedersen (85. Claus Lundekvam), Henning Berg, Stig Inge Bjørnebye (77. Roger Nilsen) - Petter Rudi, Ståle Solbakken, Kjetil Rekdal, Jahn Ivar Jakobsen (46. Tommy Svindal Larsen) - Ole Gunnar Solskjær, Jan Åge Fjørtoft (77. Egil Østenstad) - Trainer: Egil Olsen.

Norwegen - Aserbaidschan 5:0 (2:0) WMQ

2.6.1996 - Oslo - 14.012 - Snoddy (Nordirland) - Frode Grodås - Alf-Inge Håland, Ronny Johnsen, Henning Berg, Stig Inge Bjørnebye - Petter Rudi, Ståle Solbakken (79. Tommy Svindal Larsen), Kjetil Rekdal, Øyvind Leonhardsen (46. Tore André Flo) - Frank Strandli, Ole Gunnar Solskjær - Trainer: Egil Olsen. Tore: Ståle Solbakken (9., 47.), Ole Gunnar Solskjær (37., 89.), Strandli (60.)

DER EUROPAPOKAL

Europapokal der Landesmeister

Qualifikation

Rosenborg BK - Besiktas Istanbul 3:0 (2:0)
9.8.1995 - 14.083 - Albrecht (Deutschland) - Jamtfall - Kvarme, Hoftun, Bragstad (81. Staurvik), Stensaas - Strand, Soltvedt, Skammelsrud - Løken, Brattbakk, Jakobsen - Tore: Hoftun (21.), Strand (26.), Brattbakk (75.).

Besiktas Istanbul - Rosenborg BK 3:1 (1:0)
23.8.1995 - 40.000 - Batta (Frankreich) - Jamtfall - Kvarme, Bragstad, Hoftun, Stensaas - Strand (90. Staurvik), Skammelsrud, Soltvedt (53. Iversen) - Løken, Jakobsen - Brattbakk - Tor: Brattbakk (68./1:1).

Champions League (Gruppe B)

Legia Warschau - Rosenborg BK 3:1 (0:0)
13.9.1995 - 13.000 - Porumboiu (Rumänien) - Jamtfall - Kvarme, Bragstad, Hoftun, Stensaas - Strand, Løken, Skammelsrud, Soltvedt (78. Heggem) - Jakobsen, Iversen (88. Staurvik) - Tor: Jakobsen (63. Foulelfmeter/0:1).

Rosenborg BK - Blackburn Rovers 2:1 (1:0)
27.9.1995 - 12.210 - Benkö (Österreich) - By Rise - Kvarme, Hoftun, Bragstad, Stensaas - Strand (82. Staurvik), Skammelsrud, Soltvedt - Løken (73. Iversen), Brattbakk (89. Heggem), Jakobsen - Tore: Løken (30./1:0), Stensaas (86./2:1)

Rosenborg BK - Spartak Moskau 2:4 (2:0)
18.10.1995 - 12.216 - Encinar (Spanien) - Jamtfall - Kvarme (46. Heggem), Hoftun, Bragstad, Stensaas - Strand (75. Staurvik), Skammelsrud, Soltvedt (67. Iversen) - Løken, Brattbakk, Jakobsen - Tore: Løken (2./1:0), Brattbakk (45./2:0)

Spartak Moskau - Rosenborg BK 4:1 (3:0)
1.11.1995 - 45.000 - Krondl (Tschechien) - By Rise - Løken, Hoftun, Bragstad, Stensaas - Strand (63. Heggem), Skammelsrud, Brattbakk, Jakobsen - Iversen - Staurvik - Tor: Løken (90./4:1)

Rosenborg BK - Legia Warschau 4:0 (2:0)
22.11.1995 - 11.480 - Weber (Deutschland) - By Rise - Kvarme, Staurvik, Hoftun, Stensaas - Strand (88. Heggem), Skammelsrud, Soltvedt - Iversen, Brattbakk, Jakobsen - Tore: Strand (17.), Brattbakk (44.), Jakobsen (65.), Heggem (89.).

Blackburn Rovers - Rosenborg BK 4:1 (4:1)
6.12.1995 - 20.677 - Pauchard (Frankreich) - By Rise - Kvarme, Hoftun, Bragstad (46. Staurvik), Stensaas - Strand (46. Heggem), Iversen, Skammelsrud, Soltvedt, Jakobsen - Brattbakk - Tor: S. Iversen (30./1:1)

Europapokal der Pokalsieger

Qualifikation

Dinamo-93 Minsk - Molde FK 1:1 (1:0)
10.8.1995 - 10.000 - Détruche (Schweiz) - Bakke - Trond Andersen, Flaco, Singsaas, Fostervold (6. Bjarte Skuseth) - Berg Hestad, Rudi, Nordstrand Jacobsen - A. Stavrum, Solskjær, O. B. Sundgot - Tor: Solskjær (85./1:1)

Molde FK - Dinamo-93 Minsk 2:1 (1:1)
24.8.1995 - 2.989 - Aust (Deutschland) - Bakke - Trond Andersen, S. Rekdal, Flaco, Fostervold - Berg Hestad, Rudi, Nordstrand Jacobsen (60. B. Skuseth) - A. Stavrum, Solskjær, O. B. Sundgot - Tore: Solskjær (4./1:0), A. Stavrum (67./2:1)
1. Runde

Molde FK - Paris Saint-Germain 2:3 (0:0)
14.9.1995 - 3.379 in Oslo - Rowbotham (Schottland) - Bakke - Lyngstad, Rekdal, O. E. Stavrum (82. Wenaas), Fostervold - Berg Hestad, Rudi, T. Andersen (54. Sætre) - A. Stavrum, Solskjær, O. B. Sundgot - Tore: Solskjær (55./1:0), A. Stavrum (81./2:2)

Paris Saint-Germain - Molde FK 3:0 (2:0)
28.9.1995 - 18.898 - Pillier (Ungarn) - Bakke - Lyngstad, Rekdal, O. E. Stavrum (46. Singsaas), Fostervold - Berg Hestad, Rudi, Wenaas (75. T. G. Johnsen, 86. Flaco) - A. Stavrum, Solskjær, O. B. Sundgot.

UEFA-Cup

Qualifikation

TPV Tampere - Viking FK Stavanger 0:4 (0:0)
8.8.1995 - 2.200 - Johansson (Schweden) - Myhre - Meinseth, Thomas Solberg, Ulfstein, Bøe (67. Sørloth) - Sander Solberg, Pedersen, Fuglestad - Aase (42. Medalen), Østenstad (86. Bergersen), Storvik - Tore: Gawara (48. Eigentor), Østenstad (58.), Medalen (73.), Sørloth (87.)

Viking FK Stavanger - TPV Tampere 3:1 (2:0)
22.8.1995 - 2.354 - Ovtchinnikov (Rußland) - Myhre - Bøe, Thomas Solberg, Ulfstein (46. Karlsen), Fuglestad - Pedersen, Sander Solberg, Bergersen (77. Medalen) - Aase, Østenstad (63. Sørloth), Storvik - Tore: Bergersen (4./1:0, 41./2:0), Sørloth (64./3:0)

Lillestrøm SK - Flora Tallinn 4:0 (1:0)
8.8.1995 - 1.294 - Gerner (Dänemark) - Grodås - Berntsen, Bergdølmo, Bjarmann, Sognnæs - Solbakken, Ingebrigtsen, Gulbrandsen - Sandstø (85. Frigård), Ingelstad, J. O. Pedersen - Tore: Ingelstad (43.), Ingebrigtsen (60.), Gulbrandsen (68.,87.)

Flora Tallinn - Lillestrøm SK 1:0 (0:0)
22.8.1995 - 500 - Smolik (Weißrußland) - Grodås - Bergdølmo, Berntsen, Bjarmann (76. Werni), Sognnæs (46. Schiller) - Ingelstad, Ingebrigtsen, Solbakken, Gulbrandsen, Pedersen - Sandstø (69. Frigård).

1. Runde

Viking FK Stavanger - AJ Auxerre 1:1 (0:1)
12.9.1995 - 4.097 - Durkin (England) - Myhre - Thomas Solberg, Karlsen (27. Meinseth), Ulfstein, Fuglestad - Pedersen, Lunde Aarsheim, Storvik - Aase (76. Medalen), Sørloth, Bergersen - Tor: Ulfstein (56./1:1)

AJ Auxerre - Viking FK Stavanger 1:0 (0:0)
26.9.1995 - 11.000 - Marcial (Portugal) - Myhre - Meinseth, Ulfstein, Thomas Solberg, Fuglestad - Pedersen (69. Østenstad), Sander Solberg (82. Medalen), Lunde Aarsheim - Aase (46. Bergersen), Sørloth, Storvik.

Brøndby IF - Lillestrøm SK 3:0 (1:0)
12.9.1995 - 7.686 - Ashman (Wales) - Grodås - Schiller, Berntsen, Bjarmann, Bergdølmo - Jan-Ove Pedersen, Ingebrigtsen, Solbakken, Sandstø, Hedman (56. Gulbrandsen) - Frigård.

Lillestrøm SK - Brøndby IF 0:0
26.9.1995 - 1.090 - Rudy (Polen) - Grodås - Schiller (43. Sognnæs), Berntsen, Bjarmann, Bergdølmo - J.-O. Pedersen (78. Hedman), Ingebrigtsen, Solbakken, Kristiansen - Ingelstad, Frigård.

UI-Cup

Tromsø IL - HB Tórshavn	10:0
FC Aarau - Tromsø IL	2:2
Universitatea Cluj - Tromsø IL	0:1
Tromsø IL - Germinal Ekeren	0:2

Österreichischer Fußball-Bund

Meiereistr., Sektor A/F,
A-1021 Wien
Telefon: ++43 (1) 72718
Telefax: ++43 (1) 72816 32

FIFA-Weltrangliste

Juli 1995:	42. Platz,	39,76 Punkte
Juli 1996:	42. Platz,	41.80 Punkte

UEFA-Fünfjahreswertung

1996/97:	13. Platz,	21,95 Punkte

Der Rekordmeister ist wieder da

Von Horst Hötsch

Was für eine Saison. Europacupfinale, 30.Meistertitel, der erste seit 1988. Da war sie wieder, die alte Rapid!

Den Grundstein für seine Erfolgssaison legte **Rapid Wien** im Herbstdurchgang. Der Start war mit dem 1:2 bei Aufsteiger Ried noch blamabel ausgefallen, danach vergatterte Trainer Ernst Dokupil seine Spieler zum Erfolg. Begonnen mit einem glücklichen 1:0-Derbysieg, den Neuerwerbung Christian Stumpf, der erst einen Tag vor Meisterschaftsbeginn beim österreichischen Rekordmeister landete, sicherstellte, blieben die Grün-Weißen in zehn Spielen ungeschlagen. In der fünften Runde übernahmen sie mit einem 2:0-Sieg bei Vorwärts Steyr die Tabellenführung, die sie nur noch zweimal kurzfristig abgaben.

In dieser Phase kam es im Heimspiel gegen Salzburg zur denkwürdigsten Begegnung der Meisterschaft. Trotz dreier Platzverweise führten die Gäste durch ein Tor von Adi Hütter mit 1:0, die Rapidler liefen gegen die aufopferungsvoll kämpfenden Salzburger an, doch Neuerwerbung Carsten Jancker, der auf Empfehlung Toni Polsters nach Wien gekommen war, vergab die besten Chancen. Das Spiel stand am Rande des Abbruchs, als die aufgebrachten Rapid-Fans das Salzburger Tor Otto Konrads mit Wurfgeschossen bombardierten. Fünf Minuten vor fiel Schluß

Österreichischer Meister 1995/96: Rapid Wien.
Stehend von links: Konsel, Ivanov, Schöttel, Hatz, Marasek, Stumpf. Vorn: Guggi, Heraf, Jancker, Stöger, Kühbauer

Bundesliga	Gesamt							Heim					Auswärts				
1. Division	Sp	g	u	v	Tore	Diff.	Pkt.	g	u	v	Tore	Pkt.	g	u	v	Tore	Pkt.
1. Rapid Wien (P)	36	22	7	7	68:38	+30	73	14	2	2	43:17	44	8	5	5	25:21	29
2. Sturm Graz	36	20	7	9	61:35	+26	67	11	3	4	26:13	36	9	4	5	35:22	31
3. FC Tirol Innsbruck	36	18	8	10	64:40	+24	62	11	5	2	36:16	38	7	3	8	28:24	24
4. Grazer AK (N)	36	14	15	7	46:36	+10	57	9	7	2	28:18	34	5	8	5	18:18	23
5. Austria Wien	36	14	9	13	42:35	+ 7	51	11	1	6	28:13	34	3	8	7	14:22	17
6. LASK Linz	36	13	9	14	36:35	+ 1	48	8	7	3	21:11	31	5	2	11	15:24	17
7. SV Ried (N)	36	11	14	11	47:53	- 6	47	6	9	3	23:25	27	5	5	8	24:28	20
8. Casino Salzburg (M)	36	10	14	12	53:51	+ 2	44	6	8	4	31:24	26	4	6	8	22:27	18
9. Admira/Wacker	36	7	13	16	35:61	-26	34	3	6	9	19:31	15	4	7	7	16:30	19
10. Vorwärts Steyr ↓	36	0	6	30	25:93	-68	6	0	3	15	12:42	3	0	3	15	13:51	3

EC 1996/97: CL: Rapid Wien, EC2: Sturm Graz, UEFA: FC Tirol, Grazer AK, UI: Austria Wien, LASK Linz, SV Ried

Die Torschützen

Ivica Vastic (Sturm Graz)	20
Christian Stumpf (Rapid Wien)	15
Gernot Krinner (Steyr/FC Tirol)	14
Heimo Pfeifenberger (Casino Salzburg)	14
Mario Haas (Sturm Graz)	12
Mons-Ivar Mjelde (Austria Wien)	11
Arnold Wetl (Sturm Graz)	10
Thomas Janeschitz (FC Tirol)	10
Jerzy Brzeczek (FC Tirol)	9
Herfried Sabitzer (Grazer AK)	9

endlich der Ausgleich durch Peter Stöger. Damit war der Bann gebrochen. Publikumsliebling und Trainerschreck Trifon Ivanov, der bei seinem Schweiz-Gastspiel bei Xamax Neuchatel mit Trainer Gilbert Gress seine liebe Not hatte, erzielte zwei Minuten vor Schluß den Führungstreffer, ehe wieder Stöger den Endstand von 3:1 herstellte.

Erst im nächsten Wiener Derby wurde die Erfolgsserie der Wiener gestoppt - mit dem 1:4 im Derby gegen Horst Hrubeschs Austria. Bis zu acht Punkte betrug der Vorsprung auf Verfolger Sturm Graz, doch dann forderten die Europacup-Strapazen ihren Tribut. Eine Rapid-Reserve war in der dritten Cuprunde dem Nachzügler Admira/Wacker nicht gewachsen und schied mit 1:4 aus. In der Meisterschaft schrumpfte der Punktepolster nach Niederlagen gegen Sturm Graz und den LASK auf zwei Punkte zusammen.

Im Winter trainierten die Rapidler hart wie nie zuvor, um die Doppelbelastung Europacup und Meisterschaft wegstecken zu können. Der Trainingsschweiß wurde mit dem Europacupfinale der Cupsieger (dem zweiten nach 1985) belohnt, das gegen Paris St. Germain mit 0:1 verlorenging.

In der Meisterschaft zeigten die Europacup-Partien wieder Wirkung. Sechs Runden vor Schluß stand der schon sicher scheinende Erfolg plötzlich wieder in Frage, als es in Salzburg nach 2:0-Führung noch eine 2:4-Niederlage setzte. So mußten die Rapid-Fans bis zur letzten Runde zittern, ehe der 30. Titelgewinn feststand.

Mit einem Drei-Punkte-Vorsprung ging Rapid in das Meisterschaftsfinish gegen Herausforderer Sturm Graz, der mit einem Sieg dank der besseren Tordifferenz den Titel davongetragen hätte. Eine Rekordkulisse von 43.000 Zuschauern war ins Happel-Stadion gekommen. Schon nach wenigen Minuten war die Entscheidung zugunsten der Rapidler gefallen. Der sonst eher unauffällige Roman Pivarnik schoß das 1:0, Christian Stumpf besorgte zwei Minuten vor Schluß mit seinem 15. Saisontreffer, der ihm den zweiten Platz in der Torschützenliste sicherte, das krönende 2:0.

Hinter **Sturm Graz** lag die erfolgreichste Halbsaison der Klubgeschichte. Alle 18 Frühjahrsrunden war die Mannschaft des letzten gesamtjugoslawischen Teamchefs, Ivica Osim, ungeschlagen geblieben. Von Platz sieben hatte sie sich auf den zweiten Rang vorgearbeitet, punktgleich mit Meister Salzburg, nur um die Tordifferenz geschlagen.

Sturm Graz begeisterte. Nicht nur in Graz. Der offensive Stil, der Umstand, daß da eine junge Mannschaft von hausgemachten Spielern wie Arnold Wetl, Markus Schopp, Herbert Grassler, Mario Haas und Gilbert Prilasnig die Liga auf den Kopf stellte, fand auch bei "andersfarbigen" Fußballkonsumenten ihre Anhänger. Nun, neubestückt mit Bundesligaheimkehrer Hannes Reinmayr (Uerdingen, Duisburg) und Mittelfeldmotor Roman Mählich (Tirol Innsbruck), traute man ihnen zu, Meister Salzburg zu stürzen.

Sie alle wurden gleich in der ersten Runde bestätigt. Mit 5:1 - darunter zwei Tore ihres späteren Torschützenkönigs Ivica Vastic - überfuhren die "Blackies" auswärts Admira/Wacker, ließen sich als erster Tabellenführer feiern und strotzten vor dem Zweitrundenspiel gegen Salzburg vor Selbstvertrauen. Doch gegen den Meister wollte kein Tor gelingen. Anstatt sich mit einem 0:0 zu begnügen, stürmten die Grazer, ganz im Sinne ihrer Fans, weiter. Mit dem Ergebnis, daß die abgebrühten Salzburger sie in den letzten fünf Minuten auskonterten und mit 2:0 schlugen. Die Serie von 19 Spielen ohne Niederlage war beendet. Was weiter niemand tragisch nahm. Sturm blieb auch in Folge in der Spitze dabei.

Als Tabellenführer empfingen sie im Schlager der achten Runde Verfolger Rapid, der in der Vorsaison gegen die Grazer keinen einzigen Punkt erreichte. Diesmal aber war das Glück auf Seiten der Wiener. Während Gilbert Prilasnig mit einem Elfer an Rapid-Keeper Michael Konsel scheiterte, ließ sich Didi Kühbauer Rapids Elferchance in der letzten Minute nicht nehmen. 0:1, Rapid hatte Sturm von der Tabellenspitze verdrängt. Und das gleich für die nächsten 20 Runden.

Bundesliga (1.Division)	Rapid	Sturm	Tirol	GAK	Austria	LASK	Ried	Salzburg	Adm./W.	Stey
Rapid Wien	• •	0:2 2:0	3:1 3:1	3:1 1:0	1:0 0:1	1:1 2:1	4:1 4:2	3:1 3:1	1:1 6:0	4:3 2:0
Sturm Graz	0:1 1:0	• •	2:0 0:1	1:1 0:2	2:0 3:0	3:1 2:1	1:0 3:1	0:2 2:1	0:0 2:0	4:2 0:0
FC Tirol Innsbruck	1:2 1:1	2:2 1:1	• •	1:1 2:0	3:1 2:0	2:1 2:1	2:0 0:x	1:1 3:1	3:0 2:0	5:1 3:0
Grazer AK	1:2 1:1	3:2 1:0	3:0 1:3	• •	0:0 2:2	1:0 1:0	4:2 1:1	0:0 2:1	1:1 2:0	1:1 3:2
Austria Wien	4:1 0:2	0:3 0:1	1:0 1:0	3:2 0:1	• •	0:1 3:0	0:0 2:0	3:0 2:0	3:1 0:1	4:0 2:0
LASK Linz	2:0 0:2	2:1 2:1	1:2 1:1	0:0 1:1	0:1 2:0	• •	1:1 0:0	0:0 3:0	2:0 0:0	1:0 3:1
SV Ried	2:1 1:1	2:4 2:2	2:1 0:6	0:0 2:2	0:0 1:0	1:0 1:0	• •	0:0 1:1	2:2 2:3	3:1 1:1
Casino Salzburg	0:3 4:2	1:1 1:2	3:1 0:2	2:1 0:0	2:2 1:1	1:1 x:0	1:1 0:3	• •	2:2 2:2	4:0 4:0
Admira/Wacker	1:1 0:0	1:5 0:2	0:0 1:4	0:2 1:1	1:1 0:3	0:1 0:1	3:2 1:3	1:2 2:2	• •	4:1 3:0
Vorwärts Steyr	0:2 2:3	1:3 1:3	2:2 0:3	1:2 0:1	0:0 2:2	0:x 1:2	0:2 1:2	0:6 1:3	0:1 0:2	• •

Anmerkungen: FC Tirol - SV Ried wurde beim Stand von 2:2 in der 86. Minute wegen Zuschauerausschreitungen abgebrochen und mit 0:3 gewertet. Beim Spiel Salzburg - LASK (3:1) wechselte LASK vier Spieler aus (drei Feldspieler + Torwart), Wertung 3:0 Vorwärts Steyr - LASK (0:2) wurde wegen Flutlichtausfalls in der 74. Minute abgebrochen, Wertung 0:3

Aber nicht Rapid kostete die Grazer den Titel - auch wenn die Wiener das direkte Duell in der letzten Runde für sich entschieden, verloren wurde er in der eigenen Stadt - gegen den Lokalrivalen GAK. "Aus den vier Derbys holen wir zwölf Punkte", zeigte Sturms wortgewaltiger Präsident Hannes Kartnig wenig Respekt vor dem Aufsteiger. Am Ende stand ein einziger Punkt auf der Habenseite. Sechs zuwenig für den Meistertitel.

Das erste Aufeinandertreffen ging 2:3 verloren, im zweiten holte Sturm zwar mit einem 1:1 den einzigen Derby-Punkt der Saison, mußte diesen aber mit einem Schienbeinbruch ihres Torhüters Roland Goriupp nach Foul des GAK-Stürmers Herbert Wieger bezahlen.

Mit einem neuen Torhüter, dem Norweger Thomas Gill vom dänischen Meister Ålborg BK gingen die Grazer in die Frühjahrssaison. Aber auch ihm war in den Derbys kein Erfolg beschieden - 0:1 und 0:2. Das Warten auf den ersten Meisterschaftssieg nach sieben Jahren im Stadtduell geht weiter. Und damit auch das Warten auf den ersten Meistertitel.

Wenn nicht den Meisterteller, dann eben den Pokal, hieß Sturms Losung nach dem verlorenen Showdown gegen Rapid. Denn vier Tage danach hatten die Grazer im Cupfinale, das sie nach Siegen über Marchtrenk, Tirol, Austria, Gerasdorf und (na, wenigstens da!) den GAK erreichten, die zweite Chance, die erste Trophäe in der 87jährigen Vereinsgeschichte sicherzustellen. Admira/Wacker wehrte sich zwar tapfer, diesmal aber ließen sich die "Blackies" von ihrem Ziel nicht mehr abbringen. Arnold Wetl war mit zwei Toren der Vater des 3:1-Sieges. Es war sein letztes Spiel für Sturm Graz und gleichzeitig der letzte Anstoß für den FC Porto, sich seiner Dienste zu versichern...

Im Herbst war die Mannschaft des **FC Tirol Innsbruck** müde vom UI-Cup, der sie nach heftig bejubelten Erfolgen über den 1. FC Köln und Leverkusen bis in die UEFA-Cup-Vorrunde brachte. Auswärts lief überhaupt nichts (erster und einziger Sieg in der 15. Runde beim LASK). Die Torhüter Oraze und De Vora patzten nach Noten, und Sammy Sane war nicht mehr der Sammy Sane, der eine Saison zuvor mit 20 Toren Torschützenkönig geworden war. Er verbrachte mehr Zeit auf der Ersatzbank als auf dem Spielfeld (Trai-

Bundesliga 2. Division		Sp	g	u	v	Tore	Pkt.
1. FC Linz	↑	30	21	5	4	62:27	68
2. SV Gerasdorf		30	15	11	4	54:25	56
3. Vienna Wien		30	13	9	8	48:39	48
4. VfB Mödling		30	13	7	10	45:33	46
5. Donawitzer SV Leoben		30	12	8	10	41:33	44
6. Favoritner AC		30	10	14	6	38:31	44
7. Austria Lustenau		30	9	13	8	34:24	40
8. SV Braunau		30	9	11	19	39:40	38
9. Swarovski Wattens		30	7	15	8	34:34	36
10. SV Flavia Solva		30	8	12	10	21:37	36
11. SV Spittal		30	9	8	13	35:42	35
12. FC Kufstein		30	9	8	13	33:42	35
13. VSE St. Pölten		30	8	10	12	36:51	34
14. SAK Klagenfurt	↓	30	8	8	14	30:50	32
15. SV Oberwart	↓	30	7	9	14	33:49	30
16. ASK Klingenbach	↓	30	4	8	18	28:54	20

ner Constantini: "Der hat eine Leistungszerrung").

Als im Winter neben Sane (Lausanne) auch noch Harald Cerny den Klub verließ, um in die Bundesliga (München 1860) zurückzukehren, gab man den Tirolern wenig Chancen, den 7. Herbstplatz wesentlich zu verbessern.

Wie er es geschafft hat, man weiß nicht genau. Es mag mit seiner Fähigkeit zu tun haben, Fußballer begeistern zu können, ihnen Vertrauen entgegenzubringen und sie damit auf seine Seite zu ziehen, so daß sie für ihn laufen und laufen und laufen. Wie das Haserl mit der guten Batterie in der Werbung. Egal, was Didi Constantini, einst Assistent (und interimistisch auch Teamchef) der österreichischen Nationalmannschaft unter Ernst Happel, leistete, über den Winter machte er alles richtig.

Natürlich kam es ist den Tirolern schon gelegen, daß es nicht die stärksten Teams waren, die ihnen zu Beginn der Frühjahrssaison vorgesetzt wurden. Aber auch die wollten erst einmal geschlagen sein. Der FC Tirol schlug sie. Und als dann die starken Gegner kamen, schlug er auch die. Nach einigen Siegen in Folge gab es keine schwachen oder starken Gegner mehr, nur solche, die geschlagen wurden. Siege machen stark, stärker wahrscheinlich als jedes Training.

So schoß der FC Tirol in den ersten acht Spielen der Frühjahrsmeisterschaft 22 Tore, kassierte nur zwei und fuhr 24 Punkte ein. Das waren zumindest sieben mehr, als jedes andere Team im gleichen Zeitraum einspielte. Von Platz sieben gestartet, zogen die Tiroler an ihren Konkurrenten vorbei wie Carl Lewis an einer Schar von Hobbyläufern. Daß auch der schnellste Springer irgendwann geschlagen wird, mußten die Tiroler erst in der neunten Runde gegen Rapid (1:3) zur Kenntnis nehmen.

Der Erfolg, so heißt es, hat viele Väter. So ist es auch in Tirol. Neben Papa Constantini noch zwischen elf und 15 (viel größer war der Kader nicht). Einer der wichtigeren war Stanislav Tschertschessov, der im Winter für einen Pappenstiel von Dresden verpflichtet wurde, bekam schon deshalb kaum Tore, weil er davon überzeugt war, kein Tor bekommen zu können. Kassierte er aber doch eins, dann war es eben unhaltbar.

Erst als die Chance reell wurde, sogar noch in den Titelkampf eingreifen zu können, patzten die Mannen um Jerzy Brzeczek, dem polnischen Internationalen, wieder. Zunächst verhinderte ein Gegentor in der 90. Minute im Heimspiel gegen Rapid den Sprung an die Tabellenspitze. Nach dem Spielabbruch gegen Ried, als Tiroler Fans beim Stand von 2:2 wegen einer ihrer Meinung nach ungerechten Elfer- und Ausschlußentscheidung das Spielfeld stürmten und das Spiel mit 0:3 gewertet wurde, waren auch die letzten Titelhoffnungen dahin. Die Tiroler mußten sich endgültig damit zufriedengeben, "nur" beste Frühjahrsmannschaft gewesen zu sein.

Aufsteiger haben's für gewöhnlich schwer. Nicht nur in Österreich. Das dachte man auch vom **Grazer Athletiker Klub** (GAK), der nach sechsjähriger Abwesenheit wieder in der höchsten Spielklasse auftauchte. Erst recht, als gleich im ersten Heimspiel (gegen Rapid) der stolze Heimrekord der Grazer fiel. 26 Heimspiele hatten die "Rotjacken" seit dem 2. Oktober 1993 nicht mehr verloren, 23 Siege und 3 Remis gefeiert, 66:9 Tore erzielt. In der ersten Liga, deutete das Resultat, weht ein anderer Wind. Aber es sollte die einzige Heimniederlage im Herbst bleiben.

Hans-Ulrich Thomale, der Trainer, der den Grazer Traditionsverein nach einem Fehlversuch aus der Versenkung der Zweiten Division führte, hatte vorgesorgt und die Mannschaft mit erfahrenen Bundesligaspielern wie Vukovic, dem torgefährlichen Libero, den er auch gleich zum Kapitän bestellte, Ex-Teamverteidiger Zisser, Ramusch und Sabitzer verstärkt.

Admira-Wackers Mittelstürmer László Klaus

Unbemerkt heftete sich der Aufsteiger an die Fersen der Großklubs, leistete sich keine Ausrutscher und punktete konstant. Die Höhepunkte der Saison setzten Thomales "Sportfreunde" (so die Lieblingsbezeichnung des Trainers, der 1987 Lok Leipzig ins Europacupfinale der Pokalsieger führte, für seine Spieler) aber in den Stadtderbys mit Sturm Graz. Dreimal gewann der Außenseiter, einmal begnügte er sich mit einem Remis, wobei Edi Glieder seinem Ruf als Sturm-Schreck gerecht wurde. Der kleine Stürmer traf das Tor in drei der vier Derbys (auch beim 1:3 im Cup-Semifinale gegen Sturm steuerte er das GAK-Tor bei) und baute seine eigenartige Bilanz aus: Fünf seiner elf Erstligatore erzielte er gegen Sturm Graz...

Das Frühjahr begann mit zwei Auftaktniederlagen gegen Rapid und Tirol. Erst der neue Publikumsliebling machte dem Fehlstart ein Ende. Marek Penksa, der von Eintracht Frankfurt losgeeist wurde, stellte sich den GAK-Fans im ersten Heimspiel mit dem Goldtor gegen den LASK und der dazugehörigen Penksa-Rolle, einem Handstandüberschlag, vor. Bis zum Saisonende kam der kleine Slowake auf sechs Treffer, was ihm einen Vertrag bei Meister Rapid einbrachte.

Mit seinem ersten Tor leitete er eine tolle Serie ein, die nur durch eine Heimniederlage gegen den FC Tirol unterbrochen wurde. In 16 Runden gewann der GAK achtmal, holte sieben Remis, stand am Ende auf Platz vier und sorgte damit für die beste Plazierung eines Aufsteigers seit 1980.

Als Sturm Graz drei Tage nach Meisterschaftsende den Cup gewann, bedeutete dies sogar die Europacupqualifikation für den Klassenneuling.

Nur Trainer Thomale, der mit Meisterschaftsende nach Uerdingen wechselte, hätte einen schöneren Abschied verdient: Ohne sein Wissen war sein Vertrag einseitig von Klub-Präsident Fischl, einem Politiker, einen Tag vor dem letzten Match gekündigt worden, um sich den darin festgeschriebenen Europacup-Bonus zu ersparen. Thomale, der den Blauen Brief erst Tage später erhielt, reichte die Klage ein...

Auch die Zuschauerresonanz - im Schnitt kamen nur etwa 3.500 Besucher zu den Heimspielen - war dem Erfolg nicht angemessen, weshalb der GAK in der neuen Saison sein Glück (und mehr Zuschauer) 60 Kilometer von Graz entfernt in Kapfenberg sucht, wo der GAK künftig seine „Heimspiele“ austrägt.

Die **Wiener Austria**, das wußte man schon vor der Saison, ist nicht mehr das, was sie einmal war. Vom Starensemble früherer Jahre war nicht mehr viel übrig geblieben. Ersetzt wurde es durch eine Schar von Nachwuchskickern und dem 36jährigen Alt-Star Peter Pacult, der aus München nach Wien zurückgekehrt war. Die wenigen namhaften Spieler wie Andi Ogris, Thomas Flögel und Rashid Rachimov waren nach einem turbulenten Jahr unter Egon Coordes derart verunsichert, daß das ehemalige Kopfballungeheuer Hrubesch ganz von vorne beginnen mußte.

Ein wenig bedröppelt sah der neue Trainer Horst Hrubesch dennoch aus, als er nach vier Runden mit nur einem Sieg und drei Niederlagen für den schlechtesten Start des Abonnementmeisters seit 1957 gesorgt hatte.

Mit dem 3:0 über Meister Casino Salzburg, das Trainer Otto Baric den Garaus machte, fingen sich die Veilchen allmählich. Trotz einiger Rückschläge - wie dem 0:0 in Steyr, dem ersten Punktgewinn des Tabellenletzten, und dem Cup-Aus gegen Zwielichts DSV Leoben - arbeiteten sie

DER POKAL

2. Runde

SV Mattersburg - Austria Wien	n. V. 0:1
ASK Baumgarten - Rapid Wien	1:6
SC Zwettl - Admira/Wacker	0:3
SV Marchtrenk - Sturm Graz	0:5
Wacker Innsbruck - Casino Salzburg	0:5
SV Feldkirchen - SV Ried	0:1
SV Traun - Vorwärts Steyr	1:3
SV Leibnitz - Linzer ASK	1:2
SV Lendorf - Grazer AK	n. V. 1:3
ATSV Trimmelkam - FC Tirol Innsbruck	1:8
SV Schwechat - SV Gerasdorf	0:2
SV Stockerau - Vienna Wien	0:3
TSV Hartberg - Flavia Solva	0:1
ASK Voitsberg - SAK Klagenfurt	3:0
Villacher SV - SV Spittal	n. V. 1:2
1. Wiener Neudorf SpVg. - SV Oberwart	1:4
SV Deutschkreutz - VfB Mödling	0:2
Donaufeld - ASK Klingenbach	n. E. 3:5, n. V. 0:0
SV Eibiswald - FC Linz	0:5
ESV Saalfelden - FC Kufstein	n. V. 0:2
FC Hard - SV Braunau	2:1
FC Puch - Austria Lustenau	1:2
Union Esternberg - Donawitzer SV Leoben	0:3
SC Kundl - SV Wörgl	2:0
Waidhofen/Ybbs - ASC Kottingbrunn	n. V. 2:0
SV Fügen - VfB Hohenems	2:5
Parndorf - Bruck/Leitha	1:0
SC Untersiebenbrunn - Landhaus	n. V. 3:1
ASK Köflach - Union Vöcklamarkt	n. V. 1:0
Schwarz-Weiß Bregenz - Henndorf	7:1
Austria Klagenfurt - Donau Linz	n. E. 4:3, n. V. 2:2
Gersthofer SC - SV Essling	1:0

3. Runde

Admira/Wacker - Rapid Wien	4:1
FC Tirol Innsbruck - Sturm Graz	2:5
SV Ried - Casino Salzburg	2:3
SV Oberwart - Linzer ASK	0:1
Schwarz-Weiß Bregenz - Grazer AK	2:7
Waidhofen/Ybbs - Austria Wien	2:6
SC Untersiebenbrunn - Vorwärts Steyr	0:1
Austria Lustenau - FC Linz	0:2
ASK Voitsberg - VfB Mödling	1:3
VfB Hohenems - Flavia Solva	2:5
SV Hard - SV Spittal	2:1
ASK Köflach - ASK Klingenbach	2:3
Gersthofer SC - Vienna Wien	0:6
Parndorf - SV Gerasdorf	0:3
Austria Klagenfurt - Donawitzer SV Leoben	1:3
SC Kundl - FC Kufstein	2:0

Achtelfinale

Vienna Wien - Admira/Wacker	0:3
SV Gerasdorf - ASK Klingenbach	1:0
Austria Wien - Sturm Graz	0:1
FC Linz - Vorwärts Steyr	1:2
SC Kundl - Donawitzer SV Leoben	4:3
Grazer AK - Casino Salzburg	2:0
Flavia Solva - Linzer ASK	1:0
FC Hard - VfB Mödling	1:0

Viertelfinale

SV Gerasdorf - Sturm Graz	1:2
Flavia Solva - Admira/Wacker	n. V. 0:3
FC Hard - Vorwärts Steyr	n. V. 0:1
SC Kundl - Grazer AK	0:1

Halbfinale

Sturm Graz - Grazer AK	3:1
Admira/Wacker - Vorwärts Steyr	2:0

Finale

(5. Juni 1996, Wien, 8.800)

Sturm Graz - Admira/Wacker 3:1 (1:0)

Sturm Graz: Gill - Neukirchner - Milanic (46. Prilasnig), Posch - Schopp, Hörtnagl (63. Haas, 89. Michael Gruber), Hörmann, Swierczewski, Reinmayr, Wetl - Vastic.

Admira/Wacker: Wolfgang Knaller - Uwe Müller (54. Igor Ogris) - Graf, Hans Kogler - Rosenegger, Michael Binder, Gager, Panis (71. Scharrer), Muros - Rodax, Mayrleb (63. Klausz).

Konrad - Tore: 1:0 Milanic (31.), 2:0, 3:0 Wetl (59., 67.), 3:1 I. Ogris (74.)

sich bis zum Ende der Herbstsaison Platz um Platz nach oben.

Auf Rang vier, die UEFA-Cup-Qualifikation im Auge, die Horst Hrubeschs Vertrag automatisch um ein Jahr verlängert hätte, startete die Austria in die Frühjahrsrunde. Ohne den verletzten Michael Wagner, der sich von den Talenten am meisten weiter entwickelt hatte und am Ende der Saison zum SC Freiburg wechselte, und ohne Regisseur Arminas Narbekovas, der sich mit dem Trainer überworfen hatte. Mit einem führungslosen Mittelfeld war trotz eines überragenden Franz Wohlfahrt im Tor nicht viel zu holen. Erst als der schon von den eigenen Fans verspottete norwegische Stürmer Mons-Ivar Mjelde zu seinen Torjägerqualitäten fand und mit elf Toren noch zum Besten der Austria-Stürmer aufstieg, begann die Chance auf einen internationalen Wettbewerb wieder aufzuleben. Nach drei aufeinanderfolgenden Niederlagen in der Schlußphase der Meisterschaft war sie schnell wieder dahin.

Trotz des fünften Platzes, der die schlechteste Plazierung der Violetten seit 1973 bedeutete und den erstmals seit 1975 verpaßten Europacup-Startplatz bestätigte man Horst Hrubesch allerort, mit seiner jungen Truppe, die immerhin zweimal Meister Rapid bezwang, gute Arbeit geleistet zu haben. Nur nicht im Klubvorstand. Der legte keinen Wert mehr auf eine Weiterverpflichtung und holte mit Walter Skocik im fünften Jahr den fünften neuen Trainer...

Nach neun Runden war die Welt des **Linzer Athletik Sportklub** (LASK) noch in Ordnung. Auf der VIP-Tribüne strahlte der amerikanische Lottomillionär und Schwarzenegger-Freund “Lucky Joe” Strauss, der kurz zuvor erst neu ins Präsidium aufgenommen worden war, als hätte erst sein glückliches Händchen, das im US-Lotto innerhalb weniger Jahre gleich zweimal die richtigen Zahlen angekreuzt hatte, den Linzer Traditionsverein auf den zweiten Platz gehievt. Er träumte davon, seine neuentdeckte Liebe mit Maradona oder Kostadinov zu beglücken - oder am besten mit beiden.

Es blieb bei der Traumphase, weshalb Trainer Günther Kronsteiner mit dem vorhandenen Spielermaterial nach sechs sieglosen Spielen in Folge, in denen seine Minimalisten lediglich zwei Tore schossen, bald auf den achten Platz abrutschte. Seit diesem Zeitpunkt verfolgte Manager Max Hagmayr, der in den frühen achtziger Jahre mit mäßigem Erfolg eine Saison beim Karlsruher SC verbrachte, nur noch mürrisch die Spiele seines Klubs und Aktionen seines Trainers: “Mit diesen Spielern”, so seine Überzeugung, “muß mehr drin sein.”

Die Frühjahrssaison war wenig erfreulich. Immer noch kassierte die Abwehr, die von Neu-Österreicher Goran Kartalija bestens gemanagt wurde, kaum Tore. Immerhin trug sein Spiel Kartalija eine Berufung in die Nationalmannschaft ein. Doch dem Ministurm (Durchschnittsgröße 1,70 m) mit den Weissenberger-Brüdern, von denen der ältere Thomas beim 1. FC Nürnberg Bundesliga-Erfahrung sammelte, und dem im Winter geholten Christoph Westerthaler, fehlte es eindeutig an Durchschlagskraft.

Als sich Trainer Kronsteiner dann beim 1:3 gegen Salzburg auch noch einen "Augenthaler-Fehler" leistete und in gutem Glauben vier Spieler auswechselte, waren seine Stunden in Linz gezählt, man wartete nur noch auf einen günstigen Augenblick. Als der nicht kam, teilte ihm Manager Hagmayr nach einem 3:1-Sieg über Vorwärts Steyr mit, daß seine Dienste nicht mehr gebraucht würden und setzte sich für die letzten drei Runden selbst auf die Trainerbank. Mit beachtlichem Erfolg sogar. Bei seinem Debüt schlugen die Athletiker die Wiener Austria 2:0, bei Vizemeister Sturm Graz unterlagen sie denkbar knapp 1:2 und im letzten Spiel trotzten sie dem FC Tirol ein 1:1 ab. Dennoch bestellten die Linzer einen neuen Trainer für die neue Saison - Friedel Rausch. Und "Lucky Joe" durfte endlich tief in die Tasche greifen...

Seit Wochen hatten die Leutchen aus der knapp 12.000 Einwohner zählenden Stadt Ried, unweit der deutschen Grenze, diesen 2. August herbeigesehnt. Als Zweite der Zweiten Division hatten sich ihre lokalen Helden vom **SV Ried**, die sich vor fünf Jahren noch in der Landesliga abmühten, in den beiden Relegationsspielen gegen den FC Linz durchgesetzt und erstmals für die Erste Division qualifiziert.

Die Zuschauer im überfüllten Stadion waren stolz darauf, wie ihre Mannschaft, die von allen Experten als Direktabsteiger gehandelt wurde, den vor prominenten Namen strotzenden Cupsieger Rapid in Schach hielt. Als Roland Kramer den Aufsteiger in der 60. Minute in Führung brachte und damit in die Vereinsannalen als erster Torschütze in der obersten Spielklasse einging, witterten sie die Sensation. Als der Tscheche Pavel Mraz acht Minuten später auf 2:0 stellte, herrschte endgültig Volksfeststimmung. Rapid konnte nur noch einmal zurückschlagen. Die junge Meisterschaft hatte ihre erste Sensation.

Mit einem 1:1 beim LASK übernahm der Aufsteiger, der sich vor allem auf Talente aus der Umgebung stützt, für 21 Stunden sogar die Tabellenführung, nach Abschluß der zweiten Runde stand er immerhin noch auf Platz zwei. "Diese Tabelle werde ich einrahmen und im Schlafzimmer aufhängen", freute sich Trainer Klaus Roitinger, der seit sieben Jahren Vater des Rieder Erfolges ist, "weil so weit oben werden wir wahrscheinlich nie wieder stehen." Gleichzeitig aber setzte er seinem Vorstand ein Ultimatum und kündigte seinen Rücktritt an, wenn der seit dem Aufstieg auf 15 Mann geschrumpfte Kader nicht um mindestens zwei Klassespieler aufgestockt würde. Die Rieder handelten schnell und verpflichteten für 3,2 Millionen Schilling (Vereinsrekordtransfer) den Polen Andrzej Lesiak, der vor seinen zwei Jahren bei Dynamo Dresden schon beim FC Tirol gute Figur gemacht hatte.

Natürlich gab es nach der Anfangseuphorie Rückschläge, aber der SV Ried sammelte fleißig "Punkte gegen die Relegation", wie Roitinger auch dann noch nicht müde wurde zu betonen, als von Abstieg längst keine Rede mehr sein durfte.

In Heimspielen hatte die Mannschaft keinen Gegner zu fürchten. Erst gegen Ende der Herbstsaison ging den Riedern die Luft aus. In sechs Spielen gelang kein einziger Sieg mehr, dennoch schloß man die Herbstsaison mit einem Polster von fünf Punkten auf die neuntplazierte Admira ab.

Zum Frühjahrsstart waren die Akkus der Spieler wieder voll - und wieder starteten sie mit einer Sensation. Im Salzburger Stadion deklassierten sie den Meister, der nach dem verpatzten Herbst noch einmal zum Angriff blasen wollte, mit 3:0 und besiegelten damit die Entlassung von Trainer Hermann Stessl. Eine Woche später biß sich die Wiener Austria in Ried die Zähne aus - 0:1. Die Erfolge machten die Rieder ein wenig übermütig. Gegen den FC Tirol wurden mit einem 0:6, der höchsten Heimniederlage, bestraft. In Abstiegsgefahr kamen sie trotzdem nicht mehr, die wichtigen Punkte ließen sie sich nicht entgehen. Der im Winter verpflichtete Dirk Hannemann hatte nur einen großen Auftritt. Er erzielte im Auswärtsspiel gegen den FC Tirol beide Tore zum 2:2, ehe das Spiel abgebrochen und mit 3:0 für Ried gewertet wurde.

Am Ende stand der Aufsteiger, dem keiner den Klassenerhalt zugetraut hatte, auf Platz 7.

Einen Punkt vor Ex-Meister Salzburg...

Casino Salzburg, hieß es landauf, landab, würde mit den Einnahmen aus den beiden erfolgreichen Europacup-Jahren (1993/94 UEFA-Cup-Finale, 1994/95 Champions League) auf Jahre hinaus den österreichischen Fußball dominieren. Wen man auch fragte, Trainer, Spieler, Journalisten, für alle stand schon vor Beginn der Saison fest, daß Salzburg zum dritten Mal in Folge Meister würde. Schließlich hatte man zu den Europacup-Helden wie Konrad, Pfeifenberger, Jurcevic und wie sie alle heißen, für die österreichische Rekordsumme von 8,5 Millionen Schilling mit Christian Prosenik auch noch den besten Spieler der abgelaufenen Saison und den slowakischen Torjäger Tibor Jancula verpflichtet.

Der Start war zäh, aber erfolgreich. In den ersten drei Runden sicherten jeweils späte Tore ein Remis gegen den LASK bzw. Siege über Sturm Graz und Admira/Wacker. Das reichte schon für Platz 1.

Doch dann kam Steaua Bukarest und das Aus in der Qualifikation für die Champions League. Drei Tage später war es eine "Arbeitsverweigerung" (Präsident Quehenberger) gegen die Wiener Austria. Willig ergaben sich die verwöhnten Stars in eine 0:3-Niederlage: Revolte gegen den unliebsam gewordenen Erfolgstrainer Otto Baric! Der verstand die Zeichen und verabschiedete sich nach vier Saisons und fünf Spielen, eine Bilanz hinterlassend, die ihm so schnell keiner nachmacht - 149 Spiele, 81 Siege, 42 Remis, 26 Niederlagen, 241:118 Tore, zwei Meistertitel, ein UEFA-Cup-Finale. Das war der Anfang vom Ende!

Neuer Übungsleiter in Salzburg wurde Hermann Stessl, ein Weltenbummler in Sachen Fußball (u. a. FC Porto, AEK Athen, FC Zürich) und dreifacher Meistermacher bei der Wiener Austria. Seine Visitenkarte hatte es Präsident Rudi Quehenberger angetan, "die große Liebe" aber, die er zu Otto Baric verspürt hatte, "müsse erst wachsen."

Sie hat die Wachstumsphase nie überstanden. Zwar bescherte ihm seine Mannschaft einen knappen 2:1-Sieg über den GAK, an früher gezeigte Leistungen schloß sie aber auch unter dem neuen Trainer nie an. Mit neun Punkten Rückstand auf Herbstmeister Rapid schleppte sich der Meister in die Winterpause.

Noch einmal wurde kräftig eingekauft. Die beiden Brasilianer Marquinho - er war mit Salzburg schon im UEFA-Cup-Finale gestanden, ehe sich Quehenberger aus finanziellen Gründen gegen eine Weiterverpflichtung entschied - und Bica ersetzten die abgewanderten Jurcevic (Freiburg) und Mladenovic (Gamba Osaka). Mit ihnen wollte Stessl doch noch den Meistertitel retten.

Aber schon nach dem ersten Spiel war das Unternehmen gescheitert. Der SV Ried führte die Salzburger in ihrem eigenen Stadion vor - 0:3, Stessl ade. "Er hatte kein Konzept, konnte keine Begeisterung wecken", begründete der Präsident den neuerlichen Trainerwechsel.

Diesmal entschied er sich für Heribert Weber, Kapitän und Libero der Salzburger Erfolgsmannschaft, der sich seine ersten Trainersporen beim Zweitligist FC Puch und danach als U21-Teamchef der Nationalmannschaft verdiente.

Mit ihm ging es noch weiter bergab. Sieben Spiele sollte es dauern, bis er seinen ersten Sieg landete (gegen Steyr). Zu diesem Zeitpunkt lag Salzburg bereits auf Platz acht, meilenweit entfernt vom Mindestziel UEFA-Cup-Platz und nur noch wenige Punkte vor dem wackeligen neunten Platz. Erst nach Siegen über Rapid und den LASK war der Noch-Meister alle Abstiegssorgen los, eine Rangverbesserung war aber nicht mehr drin.

Einen noch schlimmeren Absturz eines Meisters hatte Österreich in der 84jährigen Meisterschaftsgeschichte nur einmal erlebt, als die Wiener Austria 1970 als Titelverteidiger den zehnten Platz belegte.

Schnell wurde bei **Admira/Wacker** Kritik am neuen Trainer Walter Knaller laut, nachdem er in den ersten drei Runden ebenso viele Niederla-

Andreas Schiener von UEFA-Cup-Teilnehmer Tirol Innsbruck

gen hatte einstecken müssen. Alle Experimente, die Knaller nach dem 1:5 im Auftaktspiel gegen Sturm Graz auch unternahm, schlugen fehl. Damit wurde das Match gegen das ebenfalls noch punktlose Vorwärts Steyr schon in der vierten Runde zum Schicksalsspiel. Die Admiraner gewannen es mühevoll mit 1:0. Es war Knallers erster Sieg im 14. Spiel im Jahr 1995, nachdem er schon in der Saison davor beim FC Linz abgelöst worden war, weil er aus zehn Spielen nur magere zwei Unentschieden geholt hatte.

Danach lief es kurzfristig besser. Aufsteiger Ried wurde mit 3:2 bezwungen, gegen Rapid und Austria reichte es zu je einem Punkt. Der Rest der Herbstsaison war wieder zum Vergessen. Einzig Prügelknabe Steyr konnte noch einmal bezwungen werden, zur Meisterschaftshalbzeit rangierte die Admira einzementiert auf Rang 9.

In der Winterpause bestand Handlungsbedarf. Knaller überredete seinen Freund Gerhard Rodax, früherer Torschützenkönig und Legionär bei Atletico Madrid, nach zweieinhalbjähriger Fußballpause zu einem Comeback. Aber auch er konnten nichts mehr bewirken.

Das erste Frühjahrsspiel endete mit einer 1:4-Niederlage gegen den FC Tirol. Wieder krempelte der Trainer die Mannschaft um, eliminierte die früheren Leistungsträger und Teamspieler Herbert Gager und Johann Kogler. Nun war der Riß innerhalb der Mannschaft nicht mehr zu kitten. Die beiden opponierten öffentlich gegen den Trainer und wußten die Mehrheit ihrer Kollegen hinter sich. Selbst der Manager stellte sich gegen den Trainer und forderte eine Spielerabstimmung über dessen Verbleib. Doch die Führungsetage, die vom niederösterreichischen Landeshauptmann Dr. Erwin Pröll angeführt wird, scheute vor einem Trainerwechsel zurück, weil Knaller in Besitz eines Dreijahresvertrags war...

Die letzten paar Meisterschaftsrunden standen nur noch unter dem Motto, Kräfte für das Cupfinale (das die Admiraner durch ein 2:0 über Lieblingsgegner Steyr erreicht hatten) und die Relegationsspiele zu schonen - ein 0:6 gegen den angehenden Meister Rapid war die Folge. Im Cupfinale standen sie gegen Vizemeister Sturm Graz auf verlorenem Posten und unterlagen 1:3.

Also in die Relegation gegen den SV Gerasdorf, in dessen Reihen nicht weniger als sieben Ex-Admiraner beschäftigt waren, die in der Südstadt nicht mehr gebraucht wurden. Sie witterten die Chance, starteten furios und gewannen das Auswärtsspiel 4:3. Damit hatte für Knaller die letzte Stunde geschlagen. Interimstrainer Peter Burgstaller, hauptberuflich sportlicher Leiter der Admira, hatte die Aufgabe, die Mannschaft innerhalb weniger Tage noch einmal aufzurichten. Mit Erfolg. Von Knaller befreit, schoß die Admira ihre "Reserve" mit 6:0 vom Platz und rettete damit den Klassenerhalt.

Die Saison begann für den **SK Vorwärts Steyr** mit einem 0:4 bei der Wiener Austria und endete mit einem 0:4 bei SV Casino Salzburg. Dazwischen lagen: 1 Trainerwechsel, 1 kurioser Spielabbruch, 5 verschiedene Torhüter, 12 Legionäre, 35 eingesetzte Spieler, 36 Spiele ohne Sieg - und eine Eintragung im Guinness-Buch der Rekorde. Aber alles der Reihe nach.

Der 0:4-Auswärtsniederlage gegen die Wiener Austria hatte man noch nicht allzu viel Bedeutung beigemessen, wenngleich sie sofort jenen Platz ergab, den die Steyrer im Laufe der Saison nur ein einziges Mal (in der 2. Runde) abgeben sollten - den letzten.

Als die Tabelle 0-0-7 und ein Torverhältnis von 3:18 zeigte, bedeutete das die Lizenz zum Trainerabschuß: Milan Djuricic wurde nach dem 1:3 gegen seinen Ex-Klub Sturm Graz durch Marinko Koljanin, der bis dahin als Torwarttrainer und Baric-Intimus bei Meister Salzburg in Erscheinung getreten war, ersetzt.

Die Steyrer waren längst zur Lachnummer verkommen, als sie nach zehn Niederlagen mit dem 0:0 gegen die Wiener Austria den ersten Teilerfolg feierten. Diesmal war der Hrubesch-Truppe als jener Mannschaft, die gegen den Prügelknaben die ersten Punkte abgab, der Spott ganz Österreichs gewiß. Vorwärts aber nützte das Zwischenhoch zu zwei weiteren Remis (GAK 1:1, Tirol 2:2), bis es wieder in den negativen Schlagzeilen lieferte.

Es war im Spiel gegen den LASK, als in der 74. Minute beim Stand von 0:2 das Flutlicht im Steyrer Stadion ausfiel. Auf eine Neuaustragung hoffend, unternahm die Klubführung keine Anstrengung, die Beleuchtung wieder in Gang zu bringen und ließ die Mannschaften abtreten. Das Spiel wurde mit 0:3 gewertet. Daß es sich bei dem Lichtausfall um keinen Zufall handelte, wurde klar, als das Licht eine Woche später wieder aussetzte. Die Steyrer hatten einfach die Stromrechnung nicht mehr bezahlen können...

Mit drei Punkten aus 18 Spielen, 14 Punkten Rückstand auf den (vielleicht in den Relegationsspielen) rettenden neunten Platz, ging's in die Winterpause. Mit einer Hoffnung. Die Mannschaft hatte sich mit viel Losglück ins Semifinale des ÖFB-Cup vorgearbeitet, wo mit der neuntplazierten Admira ein vielleicht sogar schlagbarer Gegner wartete.

Durch das Bosman-Urteil ermutigt und begünstigt, verpflichteten die Oberösterreicher nicht weniger als acht neue Spieler, darunter fünf Legionäre wie die Deutschen Edmund Rottler (Reutlingen 05) und Derek Arndt (Mainz 05). Im Gegenzug wurden acht Spieler, darunter Niels Schlotterbeck, der für die Steyrer nur zwei Spiele bestritt, abgegeben.

Der Erfolg war gleich null, die Steyrer verabschiedeten sich aus der ersten Liga, ohne auch nur ein einziges Mal in den Genuß der neuen Drei-Punkteregel gekommen zu sein. Zusammen mit den letzten sechs Runden aus der Vorsaison blieben sie 42 Meisterschaftsspiele in Serie ohne Sieg. Dafür steht Vorwärts Steyr jetzt als einziger österreichischer Fußballklub anstelle des zairischen Vereins Totho, der vor Jahren 40 Ligaspiele ohne Sieg geblieben war, im Guinness-Buch der Rekorde... ■

DER MEISTER

SK Rapid Wien

Die Teilchen paßten genau zusammen. Die Saison 93/94 lag in den letzten Zügen. Rekordmeister Rapid auch. Sportlich wie finanziell. Schlagwörter wie "Ausgleich", "Auflösung" und "Halb-Profitum" dominierten die Artikel über die mit gut und gern 100 Millionen Schilling verschuldeten Grün-Weißen. In dieser Phase stellte die neue Rapid-Führung Ernst Dokupil als neuen Trainer vor. "Drei Jahre aus dem Geschäft", urteilten die Journalisten, "die Rapidler spielen nächstes Jahr gegen den Abstieg."

Den ruhigen Dokupil, der sich zuvor bei Simmering, Admira/Wacker, der Vienna und St. Pölten den Ruf eines Talenteförders verdient hatte, ließ das kalt. Er trennte sich von Spielern ohne Rapid-Geist und holte solche, die erstens billig und zweitens dennoch brauchbar schienen. Mit gewohnt sicherer Hand. Von Trainingsspielchen zu Trainingsspielchen befreite er seine jahrelang medial geprügelten Kicker vom selbstauferlegten, öffentlichen und sonstigen Druck. Er ließ sie spielen, spielen, spielen und Freude schöpfen.

Die Rapidler blühten auf, kreierten erfrischenden, auf den Endzweck ausgerichteten Fußball und hatten damit Erfolg. Mit dem Erfolg kam der Spaß. Für die Spieler, den Trainer, die Zuschauer, die in immer größeren Mengen kamen. Selbst die größte Bank des Landes fand plötzlich Freude an seinem einstigen Sorgenkind und stellte den Klub wieder auf wirtschaftlich gesunde Beine.

Im ersten Jahr wurde die Rapid-Gemeinde mit dem Cupsieg belohnt. Schon im zweiten Jahr war der Rekordmeister stärker als selten zuvor, mobilisierte wieder die Massen, wie es in Österreich nur Rapid imstande ist, erreichte zum zweiten Mal nach 1985 ein Europacupfinale und holte den ersten Meistertitel seit 1988.

IM BLICKPUNKT

Austria Wien

Früher, da sagte man über die Spieler der Wiener Austria, sie seien launisch wie das Wetter im April. Die technisch perfekten Kicker konnten alles, nur nicht konstant gut spielen. Wenn das alte Vorurteil heute auf die Austria noch zutrifft, dann auf die mit Titeln verwöhnte Vereinsführung, die in den letzten fünf Jahren fünf Trainer verbrauchte.

1992 schaffte der nunmehrige Teamchef Herbert Prohaska das Double. Er mußte sich verabschieden, weil er auf keinen seiner beiden Co-Trainer verzichten wollte.

1993 gewann Hermann Stessl mit der Austria den Meistertitel. Sein Vertrag wurde nicht verlängert, weil der "große Schweiger" in der Öffentlichkeit nicht ankam.

1994 errang Ex-Teamchef Pepi Hickersberger immerhin noch den Pokalsieg. Er spielte ein Jahr lang auf Austria-Spesen Golf, weil er nicht auch noch den Meistertitel einfuhr.

1995 glaubte die Vereinsführung, es mit dem Peitschenknaller Egon Coordes versuchen zu müssen. Nach einem bewegten Jahr und einem vierten Platz hatte auch er seinen Kredit verspielt.

1996 verpaßte Horst Hrubesch mit einem "Kindergarten" die UEFA-Cup-Qualifikation, die Austria entzog ihm die Erziehungsberechtigung.

Kontinuität ist der Austria ein Fremdwort geworden, nur bergab ging es kontinuierlich. Die fehlenden Erfolge hinterließen Löcher im Budget, wodurch jedes Jahr einige der besten Spieler abgegeben werden mußten. Ivanauskas, Stöger, Prosenik, Zsak und heuer auch noch Wohlfahrt, Wagner, Kogler und Narbekovas.

Der neue Trainer Walter Skocik steht vor einem Neubeginn. Man kann nur hoffen, daß er ähnlich gut glückt, wie beim Erzrivalen Rapid.

FC Tirol Innsbruck

Ein Dream-Team sollte es werden, finanziert von einem Banker, dem neuen starken Mann in der Vereinsführung. Er holte alles, was gut und teuer war. Hans Krankl als Trainer, Stöger, Sane, Schwabl, Cerny und noch ein paar prominente Namen als Leistungsträger. Mit ihnen sollte der in den letzten Jahren ein seit den Zeiten des Ernst Happel ein wenig verblaßte Ruhm des FC Tirol wieder aufpoliert werden.

Das ging ein paar Wochen gut. Bis sich herausstellte, daß das Geld des Bankers gar nicht sein eigenes war, sondern das der Bank, für die er arbeitete.

Das künstliche Gebilde stürzte in sich zusammen wie ein Kartenhäuschen. Das hochgejubelte Dream-Team wurde zum Alptraum. Statt des angestrebten Meistertitels blieb ein Desaster. Das war in der Saison 1994/95.

Abgespeckt, mit neuer, seriöser Vereinsspitze und neuem Trainer versehen, versuchten die Tiroler in der abgelaufenen Saison mitzumischen, so weit es die Mittel erlaubten. Mit Fleiß und harter Arbeit führte Didi Constantini seine Mannschaft auf Platz drei. Die Durststrecke ist noch nicht überwunden, aber der FC Tirol darf sich Hoffnungen machen, bald wieder zu den ersten Adressen im österreichischen Fußball zu zählen. Diesmal aber bodenständig.

SV Casino Salzburg

Jahrzehntelang war der SV Casino Salzburg nicht mehr als eine Fahrstuhlmannschaft zwischen der ersten und zweiten Liga, die, abgesehen von einem Vizemeistertitel (1971) und dem dreimaligen Erreichen des Cupfinales, in der österreichischen Fußballszene nicht viel Wind gemacht hat. Als sich die Salzburger im Aufstiegsjahr 1991 in der Mittelklasse etabliert hatten, tat Präsident Rudi Quehenberger einen entscheidenden Schritt. Er engagierte Otto Baric als Trainer. Zweimal mußte sich der erfolgreichste Trainer der österreichischen Bundesliga in der Meisterschaft knapp der Wiener Austria geschlagen geben, doch das dritte Jahr sollte alles verändern.

Das Erreichen des UEFA-Cup-Finales 1994 löste einen nie für möglich gehaltenen Boom aus. Die ganze Nation stand hinter den Salzburgern (erst recht als sie als erster Klub nicht nur einen sondern gleich zwei deutsche Vereine aus dem Europacup warfen). In der Euphorie war das Erringen des nationalen Meistertitels fast eine Selbstverständlichkeit. Als das "Wunder" auch noch ein weiteres Jahr anhielt, der SV Casino Salzburg abermals den Titel errang und als erste österreichische Mannschaft in die Champions League einzog, war man bemüßigt zu glauben, daß dies ewig so weitergehen würde.

Es ging nicht. Mit dem Scheitern in der Champions League Vorrunde zerplatzte alles wie eine Seifenblase. Otto Baric verließ den Verein, seine Nachfolger konnten die zum Teil erfolgsverwöhnten Stars nicht zu früher gezeigten Höchstleistungen antreiben. In der Meisterschaft folgte ein Absturz auf Rang acht, ein Umbau der Mannschaft wurde unvermeidlich.

In der neuen Saison werden die Salzburger beweisen müssen, daß der rasante Aufstieg nicht nur von einem Mann, nämlich Otto Baric, abhängig war.

DER STAR

Carsten Jancker (SK Rapid Wien)

Als die von seinem Kölner Kollegen Toni Polster vermittelte baumlange deutsche Neuerwerbung Carsten Jancker am 19. August 1995 gegen den FC Tirol sein Kurzdebüt gegeben hatte, glaubten die anwesenden Journalisten den Ursprung des Wortes verjan(c)kern gefunden zu haben. Verjankern, das bedeutet im österreichischen Deutsch so viel wie verlegen, verjubeln, aber auch leichtfertig vergeben. So ungelenk hatte das "Riesenbaby" gewirkt, so kläglich hatte er die besten Chancen vertan.

Am 2. November waren die letzten Kritiker verstummt, als Jancker beim sensationellen 4:0-Erfolg im Europacup über Sporting Lissabon in der Verlängerung das endgültig entscheidende vierte Tor erzielte. Beim 3:0-Heimsieg über Dynamo Moskau steuerte "Turbo-Turban", wie ihn anderntags die Schlagzeilen wegen des Kopfverbandes, den er nach einem Zusammenstoß mit einem Gegenspieler trug, feierten, zwei Tore bei. Im Semifinale erledigte der mittlerweile zum "Air Jancker" Geadelte Feyenoord Rotterdam mit drei Toren fast im Alleingang. Rapid hatte einen neuen Europacup-Helden. Einen, der Rapid für lächerliche 500.000 Schilling Leihgebühr Millionen eingebracht hat und noch mehr einbringen sollte.

Sein Stammverein, der 1. FC Köln, hätte ihn nun liebend gern zurückgeholt, doch Jancker dachte nicht daran, dorthin zurückzukehren, wo er zwei Jahre lang nicht zum Zug gekommen war: "Jetzt sollen sie sich in Köln in den A... beißen." Rapid löste die vereinbarte Option ein, zahlte knapp drei Millionen Schilling, um ihn fix zu verpflichten. Zu halten war der 22jährige nach seinen sechs Europacup-Toren jedoch nicht mehr. Der FC Bayern München rief und Rapid ließ ihn für mehr als zehn Millionen Schilling ziehen. Mit ihm eine Klubsekretärin, die jungvermählte Frau Jancker...der torjäger

Trifon Ivanov (SK Rapid Wien)

"Trrriiifon", läßt sich Rapids Platzsprecher den Namen durchs Mikrophon verstärkt auf der Zunge zergehen, weil's so schön martialisch klingt. "Ivanov", hallt es von den Rängen tausendfach zurück. Dann humpelt der Bärtige grimmig dreinblikkend auf's Spielfeld und winkt. "Wenn man ihn so sieht", sagt Rapids Vereinsarzt, "glaubt man, er braucht einen Rollstuhl."

Nicht erst einmal hat der bulgarische Internationale, der seit vergangenem Sommer Rapids Libero ist, den Verein gewechselt, weil es Schwierigkeiten mit dem jeweiligen Trainer gab. Rapids Trainer Ernst Dokupil nimmt ihn, wie er ist, wenn er auch manchmal stöhnt: "Wenn alle Spieler so wären, wär's nicht zum Aushalten."

Ob sie denn nie zusammenkrachen, wenn Ivanov wieder einmal zu spät zum Training kommt oder mal gar keine Lust hat, was auch vorkommen soll, wurde Dokupil gefragt. Und er hat geantwortet, daß er hie und da schon lauter werden müsse mit seinem Star. "Machst' das jetzt oder machst' es nicht?", frage er ihn dann drohend, "und der Trifon macht's - oder macht's nicht."

Aber wenn man ihn spielen sieht, ist alles vergessen. Das Publikum hat immer seinen Spaß mit ihm. Wenn er als letzter Mann waghalsige Haken schlägt, wenn er sich wieder einmal als Mittelstürmer versucht und zwei Angriffe braucht, bis er wieder dorthin zurückgetrabt ist, wo er eigentlich hingehört, wenn Didi Kühbauer, der Chef der Mannschaft, ihn nicht Freistoß schießen läßt und er beleidigt abdreht.

Warum man so einen Spieler trotzdem Woche für Woche aufstellt? Weil er ganz nebenbei der zweikampfstärkste Spieler der Liga ist, weil er ein Stellungsspiel bietet, über das man immer wieder nur staunen kann, weil seine sieben Tore in der vergangenen Saison Rapid sechs Punkte retteten...

Jerzy Brzczek (FC Tirol Innsbruck)

TV- und Radioreporter haben so seine liebe Not mit ihm. Oder zumindest mit seinem Namen.
Auch nach einem Jahr schwankten sie immer noch zwischen Bscheschek und Bschenschek, richtig ist angeblich Tschemschek, aber das ist nicht so wichtig.
Mehr Bedeutung könnte man da schon der grantigen Bemerkung des verstorbenen Trainer-Gurus Ernst Happel beimessen, dem der kleine Pole in einem Länderspiel gegen Österreich aufgefallen ist: "Verschont's mich mit dem Namen, aber der könnt' einmal a Großer werden."

Sein damaliger Assistent Didi Constantini mag die Worte seines Lehrmeisters noch in den Ohren gehabt haben, als er der 25jährigen polnischen Teamspieler zu Beginn der Saison zum FC Tirol holte. Er hatte für ihn keine schwerere Aufgabe, als den zu Rapid abgewanderten Mittelfeldregisseur Peter Stöger, der gemeinhin als der beste österreichische Mittelfeldspieler gilt, zu ersetzen. Ein Billig-Stöger für den finanzschwachen Verein quasi, der von der Presse schon bald als "der bessere Stöger" gefeiert wurde.

In der ersten Saisonhälfte hatte der Neuzugang noch so seine Probleme, als ihn eine lästige Verletzung behinderte. Im Frühjahr aber avancierte er zum effektivsten Regisseur - kaum eine Runde, in der er nicht in die Elf des Tages gewählt wurde - und war hauptverantwortlich dafür, daß die Tiroler das Feld von hinten aufrollten. Er verstand es nicht nur, seine Mitspieler zu bedienen, er erzielte selbst acht Tore (im Herbst war es nur eines).

DER TORJÄGER

Ivica Vastic* *(SK Sturm Graz)

Wenn die Geschichte stimmt, die man sich in Wien über Ivica Vastic erzählt, dann hat er seine Karriere einem puren Zufall zu verdanken. Es war im Herbst 1991, als er mit einem Freund das Training der damals noch erstklassigen Vienna beobachtete. "Glaubst du, daß du da mitspielen könntest?", fragte ihn sein Begleiter.

Der 21jährige Ivica nickte. Ein Trainingsspielchen später hatte er fünf Tore erzielt. Ein paar Tage später staunten selbst die eingefleischtesten Vienna-Insider, als der Platzsprecher im Spiel gegen Rapid die Einwechslung eines gewissen Vastic verlautbarte und ihn als Neuverpflichtung von Hajduk Split pries.

Auch wenn der Platzsprecher ein wenig übertrieb, Vastic nicht beim renommierten Hajduk, sondern nur beim Regionalligist NK Split gespielt hatte, er setzte sich durch. Die Vienna war nur der Anfang. In der nächsten Saison schoß er für St. Pölten 18 Tore, ehe ihn Didi Constantini zur Admira holte.

Genial, aber launisch. Das ist die Kurzformel, die man von jedem Bundesligatrainer zu hören bekommt, wenn man ihn nach Vastic fragt. Mag sein, daß er sich deshalb in der Deutschen Bundesliga beim MSV Duisburg nicht durchsetzen konnte.

Für Sturm Graz war's jedenfalls ein Glück. Ivica Osim holte ihn 1994 nach Österreich zurück und ließ ihm seine Freiheiten, auch wenn er manchmal über das Phlegma des "echten Dalmatiners" die Schultern zuckt. In der vergangenen Saison wurde der technisch geniale Fußballer mit Titeln überhäuft. Seine 20 Tore brachten ihm die Torschützenkrone ein, in einer Trainerumfrage der Austria-Presse-Agentur wurde der 26jährige zum "Fußballer des Jahres" 1995 gewählt und am Ende der Saison kürten ihn seine Kicker-Kollegen in der jährlich von der "Sportzeitung" und der Spielergewerkschaft durchgeführten Wahl zum "Fußballer der Saison 1995/96".

Klubs aus Spanien, Italien und Japan rannten ihm die Tür ein, und ein Vereinswechsel schien schon beschlossene Sache, doch als sich sein Mentor Ivica Osim entschied, in Graz zu bleiben, ließ sich auch Vastic, der seit Dezember 1995 die österreichische Staatsbürgerschaft besitzt und im März gegen die Schweiz sein Teamdebüt feierte, breitschlagen, drei weitere Jahre für Sturm zu unterschreiben.

Drei, die Geschichte machten. Stanislaw Tschertschessov (unten links), kam im Frühjahr nach Innsbruck. Christian Prosenik (Salzburg) ging als teuerster Transfer in die Annalen ein, und Andi Ogris (unten), letztes Aushängeschild der Wiener Austria

DIE LÄNDERSPIELE

Lettland - Österreich 3:2 (1:0) EMQ
16.8.1995 - Riga - 2.600 - Koho (Finnland) - Konrad - Schöttel - Walter Kogler, Pfeffer - Hans Kogler (46. Schopp), Prosenik (64. Stöger), Pfeifenberger, Feiersinger, Marasek - Andreas Ogris (64. Ramusch), Polster - Trainer: Prohaska. Tore: Polster (69./2:1), Ramusch (79./2:2)

Österreich - Irland 3:1 (1:0) EMQ
6.9.1995 - Wien - 24.000 - SR Çakar (Türkei) - Konsel - Schöttel - Fürstaller, Pfeffer - Schopp, Stöger, Kühbauer, Herzog, Pfeifenberger, Marasek - Polster (79. Cerny) - Trainer: Prohaska. Tore: Stöger (3./1:0, 64./2:0, 77./3:1)

Österreich - Portugal 1:1 (1:0) EMQ
11.10.1995 - Wien - 44.000 - Lewnikow (Rußland) - Konsel - Schöttel - Feiersinger, Pfeffer - Schopp, Kühbauer, Pfeifenberger, Marasek, Stöger, Herzog - Polster (83. Cerny) - Trainer: Prohaska. Tor: Stöger (21./1:0)

Nordirland - Österreich 5:3 (2:0) EMQ
15.11.1995 - Belfast - 5.000 - Sundell (Schweden) - Konsel - Feiersinger - Walter Kogler, Pfeffer - Schopp, Stöger, Pfeifenberger, Kühbauer (46. Wetl), Herzog (46. Stumpf), Marasek - Polster - Trainer: Prohaska. Tore: Schopp (56./3:1), Stumpf (70./4:2), Wetl (81./5:3)

Österreich - Schweiz 1:0 (0:0)
27.3.1996 - Wien - 23.800 - Messe (Belgien) - Konsel - Kartalija - Feiersinger, Pfeffer - Schopp, Pfeifenberger, Vastic, Wetl, Marasek - Stumpf (58. Andreas Ogris), Polster (58. Haas) - Trainer: Prohaska. Tor: Ogris (73.)

Ungarn - Österreich 0:2 (0:1)
24.4.1996 - Budapest - 5.000 - Lubos (Tschechien) - Konsel (46. Wohlfahrt) - Feiersinger - Hatz, Pfeffer - Schopp, Heraf (46. Artner), Stöger (46. Herzog), Wetl (69. Schöttel), Marasek - Vastic (46. Kitzbichler), Polster (75. Andi Ogris) - Trainer: Prohaska. Tore: Polster (12.), Marasek (68.)

Österreich - Tschechien 1:0 (0:0)
29.5.1996 - Salzburg - 5.100 - Reed (England) - Konsel (46. Knaller) - Kartalija - Schöttel, Pfeffer - Schopp (63. Ramusch), Stöger (46. Heraf), Artner (W. Kogler), Herzog, Marasek (46. Kirchler) - Vastic (46. Wetl), Polster (71. Cerny) - Trainer: Prohaska. Tor: Wetl (84.)

DER EUROPAPOKAL

UEFA - Champions League

Qualifikation

Casino Salzburg - Steaua Bukarest 0:0
9.8.1995 - 10.000 - Frisk (Schweden) - Konrad - Mladenovic - Fürstaller, Lainer - Winklhofer, Prosenik, Feiersinger, Pfeifenberger, Hütter - Jancula (66. Stadler), Hasenhüttl

Steaua Bukarest - Casino Salzburg 1:0 (1:0)
23.8.1995 - 25.000 - SR Monteiro Coroado (Portugal) - Konrad - Mladenovic - Fürstaller, Lainer (69. Stadler) - Winklhofer, Prosenik (58. Hiden), Feiersinger, Pfeifenberger, Hütter, F. Aigner - Hasenhüttl (58. Racunica)

Europapokal der Pokalsieger

1. Runde

SK Rapid Wien - Petrolul Ploiesti 3:1 (1:0)
14.9.1995 - 12.000 - Loizou (Zypern) - Konsel - Ivanov - Schöttel, Hatz - Pivarnik (77. Jovanovic), Stöger, Barisic, Guggi, Heraf, Marasek - Stumpf (70. Jancker) - Tore: Barisic (45./1:0, 90. Elfmeter/3:1), Ivanov (59./2:0)

Petrolul Ploiesti - SK Rapid Wien 0:0
28.9.1995 - 11.000 - Diaz Vega (Spanien) - Konsel - Ivanov - Schöttel, Hatz - Pivarnik, Stöger (88. Barisic), Kühbauer, Guggi (62. Jovanovic), Heraf, Marasek - Stumpf (90. Haller)

2. Runde

Sporting Lissabon - SK Rapid Wien 2:0 (2:0)
19.10.1995 - 40.000 - Hamer (Luxemburg) - Konsel - Ivanov - Pivarnik, Hatz - Heraf, Jovanovic, Stöger (74. Guggi), Kühbauer, Barisic, Marasek - Stumpf (52. Mandreko)

SK Rapid Wien - Sporting Lissabon n.V. 4:0 (2:0, 1:0)
2.11.1995 - 25.000 - Müller (Schweiz) - Konsel - Ivanov - Schöttel, Jovanovic (65. Haller) - Pivarnik, Stöger, Kühbauer, Guggi, Heraf (59. Barisic) - Stumpf, Jancker - Tore: Kühbauer (25.), Stumpf (90., 105.), Jancker (110.)

Viertelfinale

Dinamo Moskau - SK Rapid Wien 0:1 (0:1)
7.3.1996 - 3.500 - Heynemann (Deutschland) - Konsel - Ivanov - Schöttel, Hatz - Guggi, Jovanovic, Stöger, Heraf, Marasek - Stumpf, Jancker - Tor: Stumpf (34.)

SK Rapid Wien - Dinamo Moskau 3:0 (0:0)
21.3.1996 - 44.000 - Batta (Frankreich) - Konsel - Ivanov - Schöttel, Hatz - Guggi, Jovanovic, Stöger, Heraf, Marasek - Stumpf, Jancker - Tore: Jancker (48., 74.), Stöger (62. Elfmeter)

Halbfinale

Feyenoord Rotterdam - SK Rapid Wien 1:1 (0:0)
4.4.1996 - 48.000 - Wojcik (Polen) - Konsel - Ivanov - Schöttel, Hatz, Guggi - Pivarnik, Heraf, Stöger (79. Barisic), Marasek - Stumpf, Jancker (87. Haller) - Tor: Jancker (67./1:1)

SK Rapid Wien - Feyenoord Rotterdam 3:0 (3:0)
18.4.1996 - 47.000 - Kusainov (Rußland) - Konsel - Ivanov - Schöttel, Hatz, Guggi - Heraf, Stöger (86. Mandreko), Kühbauer (86. Haller), Marasek - Stumpf, Jancker - Tore: Jancker (2., 35.), Stumpf (32.)

Finale

Paris Saint-Germain - SK Rapid Wien 1:0 (1:0)
8.5.1996 in Brüssel - 36.000 - Pairetto (Italien) - Konsel - Ivanov - Schöttel, Hatz - Heraf, Stöger, Kühbauer, Guggi, Marasek - Stumpf (46. Barisic), Jancker

UEFA-Cup

Qualifikation

Kapaz FK Ganja - Austria Wien 0:4 (0:2)
8.8.1995 - 5.000 (in Sumgait) - Vad (Ungarn) - Wohlfahrt - Belajic - W. Kogler, Pfeffer - Schmid, Rachimov, Flögel, Leitner, Pacult - A. Ogris (70. Nastl), Mjelde (76. Glatzer) - Tore: Mjelde (30.), Belajic (38.), Flögel (49.), Pacult (86.)

Austria Wien - Kapaz FK Ganja 5:1 (4:1)
22.8.1995 - 1.700 - Souhel (Israel) - Wohlfahrt - Belajic - W. Kogler, Pfeffer - Leitner, Schmid (46. Zechner), Rachimov, Glatzer, Narbekovas (61. Schießwald), Wagner - A. Ogris (46. Nastl), Mjelde - Tore: Mjelde (10./1:0, 29./3:1), A. Ogris (18./2:0, 42./4:1), Glatzer (64./5:1)

Sturm Graz - Slavia Prag 0:1 (0:0)
8.8.1995 - 7.000 - Leduc (Frankreich) - Goriupp - Tschernischov - Milanic, Posch - Schopp, Grassler, Hörmann (69. Reinmayr), Wetl, Prilasnig - Haas, Vastic

Slavia Prag - Sturm Graz 1:1 (1:0)
22.8.1995 - 4.000 - Cincirpini (Italien) - Goriupp - Milanic (66. M. Gruber) - Neukirchner, Posch - Schopp, Grassler, Hörmann (46. Reinmayr), Wetl, Mählich - Haas (75. Prilasnig), Vastic - Tor: Haas (55./1:1)

FC Tirol Innsbruck - Racing Strasbourg 1:1 (0:1)
8.8.1995 - 8.300 - Reed (England) - Oraze - Sukiassian, Baur, Streiter, Silberberger - Kitzbichler, Schiener, Brzeczek, Kirchler - Cerny, Sane (53. Grüner) - Tor: Schiener (63./1:1)

Racing Strasbourg - FC Tirol Innsbruck 6:1 (1:0)
22.8.1995 - 18.000 - Van den Wijngaert (Belgien) - Oraze - Streiter - Grüner, Baur, Prudlo - Janeschitz (58. Grabovac), Kitzbichler, Schiener, Brzeczek, Kirchler (68. Silberberger), Cerny (80. A. Gruber) - Tor: Kirchler (51./1:1)

1. Runde

Austria Wien - Dinamo Minsk 1:2 (0:2)
12.9.1995 - 5.000 - Lodge (England) - Wohlfahrt - Glatzer (65. Pacult), W. Kogler, Pfeffer, Leitner - Flögel, Narbekovas, Rachimov, Wagner - A. Ogris, Mjelde - Tor: W. Kogler (84./1:2)

Dinamo Minsk - Austria Wien 1:0 (1:0)
26.9.1995 - 25.000 - Dallas (Schottland) - Wohlfahrt - Schmid, W. Kogler, Pfeffer, Leitner - Flögel (59. Nastl), Narbekovas, Rachimov, Pacult - A. Ogris, Mjelde (46. Wagner)

UI-Cup

Gruppenspiele

Linzer ASK - Partick Thistle Glasgow	2:2
NK Zagreb - Linzer ASK	0:0
Linzer ASK - ÍBK Keflavík	2:1
FC Metz - Linzer ASK	1:0
FC Floriana - FC Tirol Innsbruck	0:4
FC Tirol Innsbruck - Hapoel Petach Tikva	2:0
Racing Strasbourg - FC Tirol Innsbruck	4:0
FC Tirol Innsbruck - Gençlerbirligi Ankara	3:2
Vorwärts Steyr - Iraklis Saloniki	3:0
Panerys Vilnius - Vorwärts Steyr	1:1
Vorwärts Steyr - Spartak Plovdiv	2:0
Eintracht Frankfurt - Vorwärts Steyr	1:2

Achtelfinale

Racing Strasbourg - Vorwärts Steyr	4:0
1. FC Köln - FC Tirol Innsbruck	1:3

Viertelfinale

FC Tirol Innsbruck - Bayer Leverkusen	n. E. 5:3, n. V. 2:2

Publikumsliebling Hans Kogler

POLEN 1995/96

Widzew, Legia und der Rest

Von Marek Gonet

Polski Zwiazek Pilki Noznej

Al Ujazdowieskie 22,
PL-00478 Warschau
Telefon:
++48 (22) 621 91 75
Telefax:
++48 (22) 629 24 89

FIFA-Weltrangliste
Juli 1995: 32. Platz, 45,06 Punkte
Juli 1996: 50. Platz, 37,82 Punkte

UEFA-Fünfjahreswertung
1996/97: 22. Platz, 14,916 Punkte

„Es gibt polnischen Fußball, und es gibt Widzew Lodz und Legia Warschau", schrieb das Fachblatt *World Soccer* im Sommer 1996 und traf damit den Nagel auf den Kopf. Immerhin verfügten Widzew und Legia am Saisonende über 36 bzw. 33 Punkte Vorsprung auf den Rest des Feldes und hatten die Meisterschaft praktisch unter sich ausgespielt. Legia markierte 95 Saisontore und kam damit dem seit 1928 bestehenden Rekord (98 Treffer, aufgestellt von Wisla Krakau) bedrohlich nahe. Widzew blieb als erstes Team in der über sechzigjährigen Erstligageschichte Polens in sämtlichen 34 Saisonspielen ungeschlagen.

Trotz der alles in ihren Schatten stellenden Dominanz der beiden Spitzenteams konnten sich die Fans über fehlende Spannung nicht beklagen. Vor dem Rückspielduell zwischen Legia und Widzew am 22. Mai 1996 - dem viertletzten Spieltag - wiesen beide Teams je 78 Punkte auf. Dem Gipfeltreffen kam also vorentscheidende Bedeutung zu. Vor 18.000 erwartungsfrohen Fans, unter ihnen Polens Präsident Alexander Kwasniewski, verliefen die ersten fünfundvierzig Minuten im Warschauer Stadion *Wojska Polskiego* zwar tor-, aber keineswegs spannungslos. Beide Teams lieferten sich einen offenen Schlagabtausch, der im zweiten Spielabschnitt auch zu Toren führte. Acht Minuten nach Wiederbeginn servierte Legias Regisseur Pisz Torjäger Wieszczycki den Ball direkt vor die Füße, und der Hauptstadtklub lag 1:0 in Führung. Doch Widzew wußte sich zu wehren. Nur dreizehn Minuten später versenkte Koniarek eine Traumvorlage von Tomasz Lapinski zum Ausgleich im rech-

Polnischer Meister Widzew Lódz: Nockowski, Masseur Walda, Jaskulski, Bajor, Lapinski, Siadaczka, Bogusz, Koniarek, Präsident der Fußballabteilung Koussan. Mittlere Reihe: Gapinski, Kubiak, Gula, Muchinski, Szymkowiak, Wozniak, Michalczuk, Miaszkiewicz, Präsident Pawelec. Vorn: Szarpak, Citko, Trainer Smuda, Assistent Pyrdol, Czerwiec, Wyczkiewicz

Ekstraklasa	Gesamt							Heim					Auswärts				
	Sp	g	u	v	Tore	Diff.	Pkt.	g	u	v	Tore	Pkt.	g	u	v	Tore	Pkt.
1. RTS Widzew Lódz	34	27	7	0	84:22	+62	88	14	3	0	47:11	45	13	4	0	37:11	43
2. Legia Warschau (M, P)	34	27	4	3	95:22	+73	85	16	0	1	50:8	48	11	4	2	45:14	37
3. HKS Hutnik Kraków	34	15	7	12	48:43	+5	52	9	4	4	25:15	31	6	3	8	23:28	21
4. LKS Lódz	34	13	10	11	44:38	+6	49	9	7	1	28:11	34	4	3	10	16:27	15
5. Amica Wronki (N)	34	13	9	12	35:37	-2	48	8	4	5	20:17	28	5	5	7	15:20	20
6. MOKS Stomil Olsztyn	34	13	7	14	32:41	-9	46	9	4	4	19:14	31	4	3	10	13:27	15
7. PKP Lech Poznan	34	11	12	11	45:40	+5	45	8	5	4	24:11	29	3	7	7	21:29	16
8. Rakow Czestochowa	34	12	8	14	33:36	-3	44	8	5	4	20:11	29	4	3	10	13:25	15
9. Sokól Pniewy/Tychy [1]	34	11	11	12	36:40	-4	44	8	4	5	24:18	28	3	7	7	12:22	16
10. MKS Zaglebie Lubin	34	11	11	12	34:35	-1	44	8	5	4	21:15	29	3	6	8	13:20	15
11. GKS Katowice	34	11	10	13	36:37	-1	43	8	3	6	22:20	27	3	7	7	14:17	16
12. KS Górnik Zabrze	34	10	13	11	45:52	-7	43	6	8	3	29:27	26	4	5	8	16:25	17
13. GKS Belchatów (N)	34	12	6	16	40:54	-14	42	7	3	7	24:24	24	5	3	9	16:30	18
14. Slask Wroclaw (N)	34	9	15	10	39:41	-2	42	6	9	2	25:14	27	3	6	8	14:27	15
15. MKS Pogon Szczecin ↓	34	11	9	14	33:41	-8	42	8	5	4	22:15	29	3	4	10	11:26	13
16. Olimpia/Lechia [2] ↓	34	11	7	16	39:59	-20	40	7	4	6	22:27	25	4	3	10	17:32	15
17. FKS Stal Mielec ↓	34	8	4	22	33:67	-34	28	5	1	11	18:29	16	3	3	11	15:38	12
18. Siarka Tarnobrzeg (N) ↓	34	3	6	25	24:70	-46	15	2	4	11	15:33	10	1	2	14	9:37	5

Anmerkungen: Bei Punktgleichheit entschied der direkte Vergleich die Tabellenposition. [1] = TS Sokól Pniewy fusionierte im Sommer 1995 mit dem Drittligisten GKS Tychy zu Sokól Pniewy/Tychy, ab Sommer 1996 Sokól Tychy, [2] = Olimpia-Bolplast Poznan fusionierte im Sommer 1995 mit dem Zweitligisten Lechia Gdansk zu Olimpia/Lechia Poznan/Gdansk, ab Sommer 1996 Lechia/Olimpia Gdansk

EC 1996/97: CL: Widzew Lódz, EC2: Ruch Chorzów, UEFA: Legia Warschau, Hutnik Kraków, UI: Zaglebie Lubin, LKS Lódz

ten Toreck. Für die Entscheidung sorgte acht Minuten vor Schluß Piotr Szarpak, als er Widzew per Kopf mit 2:1 in Führung brachte, und damit nicht nur das Spiel, sondern auch die Meisterschaft entschied.

„Widzew ist Meister", war tags darauf folgerichtig in den Gazetten zu lesen, denn ernsthaft zweifelte nun niemand mehr am dritten Meistertitel der Textilstädter, die in der Vorsaison noch knapp an Legia gescheitert waren. Drei Wochen später war es auch rechnerisch soweit: Ein mühevoller 1:0-Sieg über Zaglebie Lubin sorgte für Jubelstürme in der zweitgrößten polnischen Stadt. Widzews Erfolgsgeheimnis heißt Frantisek Smuda. Im Mai 1995 hatte der ehemalige Weltenbummler, der schon in den USA, Deutschland und der Türkei tätig war, die Regie im Widzew-Stadion übernommen. Seine Begeisterung, gepaart mit den technischen Fähigkeiten der Mittelfeldreihe um die polnischen Nationalspieler Wyciszkiewicz, Siadaczka, Czerwiec sowie dem Ukrainer Michalczuk bildeten eine kaum zu bezwingende Kombination.

Schon gar nicht von Titelverteidiger Legia, der sich neben dem Spielfeld als völlig zerstrittener Haufen präsentierte. Während die Hauptstädter in der Champions League für sportliche Furore sorgten und als erster polnischer Klub ins Viertelfinale einzogen, lieferten sich die Funktionäre eine Schlammschlacht, die mit dem Rückzug zahlreicher Sponsoren endete. Darüber hinaus sorgten erneut sogenannte Legia-"Fans" für Schlagzeilen, als sie beim Spitzenspiel gegen Widzew randalierten, woraufhin der Verband Legia mit einer Platzsperre drohte. Aufgrund der Vorfälle beim vorjährigen Pokalfinale, als sich die gefürchteten Hooligans („keiner mag uns, doch das ist uns egal") eine regelrechte Schlacht mit der Polizei geliefert hatten, hatte Legia bereits sein erstes Saisonheimspiel unter Ausschluß der Öffentlichkeit austragen müssen.

Die Torschützen

Marek Koniarek (Widzew Lódz)	29
Jerzy Podbrozny (Legia Warschau)	19
Tomasz Wieszczycki (Legia Warsch.)	18
Robert Dymkowski (Pogon Szczecin)	17
Piotr Prabucki (Lech Poznan)	14
Boruslaw Cygan (Stal Mielec)	13
Cezary Kucharski (Legia Warschau)	13
Ryszard Czerwiec (Widzew Lódz)	12
Krzysztof Bukalski (Hutnik Kraków)	11
Marcin Mieciel (LKS Lódz/Legia W.)	11
Leszek Pisz (Legia Warschau)	11
Marek Saganowski (LKS Lódz)	11

Immerhin konnten sich Legias Starspieler während des langen polnischen Winters an einem Trainingslager im warmen Italien erfreuen, während sich die Spieler von Górnik Zabrze auf tiefgefrorenem Boden auf die Rückrunde vorbereiten mußten. Dem polnischen Rekordmeister ging es finanziell schlecht. Phasenweise stand er so-

Ekstraklasa		Widzew	Legia	Hutnik	LKS Lódz	Amica	Stomil	Lech	Zaglebie	Rakow	Sokól	Katowice	Górnik	Slask	Pogon	Belchatow	Olimpia/L.	Siarka
Widzew Lódz	•	1:1	2:0	3:1	2:0	2:2	3:3	1:0	4:1	5:0	1:0	4:1	4:0	3:0	5:0	1:0	4:1	2:1
Legia Warschau	1:2	•	6:1	2:0	2:0	3:0	5:1	1:0	4:2	2:0	1:0	1:0	3:1	5:0	2:0	4:0	5:1	3:0
Hutnik Kraków	1:4	0:3	•	2:1	0:0	2:0	3:0	3:2	0:0	2:0	0:0	0:0	1:2	2:0	0:1	3:1	3:0	3:1
LKS Lódz	1:1	2:1	0:0	•	0:0	4:0	1:1	1:1	2:1	2:0	1:1	1:0	4:0	3:1	1:0	2:3	1:1	2:0
Amica Wronki	0:2	1:6	2:1	1:0	•	1:2	0:1	2:0	3:1	1:1	0:0	2:0	2:0	1:1	1:2	2:0	0:0	1:0
Stomil Olsztyn	0:1	1:1	2:1	1:0	2:0	•	0:0	1:0	1:0	2:1	1:1	0:0	3:2	0:1	2:0	0:2	1:4	2:0
Lech Poznan	1:1	1:1	3:0	0:0	2:1	0:1	•	0:0	1:2	1:2	4:1	4:1	0:1	1:0	2:0	0:0	2:0	2:0
Zaglebie Lubin	0:0	0:3	1:1	1:0	0:1	0:0	2:2	•	1:0	0:0	1:0	2:1	2:1	0:2	0:1	3:0	5:1	3:2
Rakow Czestochowa	0:1	0:1	1:0	1:3	0:1	1:0	0:0	1:0	•	1:1	3:0	2:2	0:0	2:1	1:0	4:0	2:0	1:1
Sokól Pniewy/Tychy	0:1	1:3	4:3	0:2	0:0	3:1	3:2	2:0	0:1	•	0:0	1:2	1:1	0:0	2:0	1:0	2:1	4:1
GKS Katowice	1:4	0:5	1:2	1:2	2:1	2:0	1:1	1:0	1:0	0:1	•	2:0	0:0	1:1	3:1	3:0	0:1	3:1
Górnik Zabrze	1:1	3:2	2:2	3:2	2:1	3:2	2:2	1:2	1:2	0:0	0:4	•	2:2	1:1	3:3	2:0	3:1	0:0
Slask Wroclaw	1:2	0:0	2:0	3:0	2:2	1:1	0:1	1:1	0:0	1:1	2:2	2:1	•	1:0	1:1	1:1	4:1	3:0
Pogon Szczecin	0:1	1:2	0:3	1:1	1:1	1:0	3:1	1:1	2:1	3:1	1:0	0:0	2:0	•	1:1	0:2	2:0	3:0
GKS Belchatów	1:4	0:1	0:2	3:0	1:2	2:1	2:1	1:1	1:0	0:0	2:1	3:4	0:0	2:1	•	1:4	1:2	4:0
Olimpia/Lechia	1:7	1:3	1:3	4:2	2:0	1:2	0:x	0:0	4:1	0:0	0:x	1:1	2:1	1:0	2:0	•	1:1	1:0
Stal Mielec	1:2	0:5	1:2	0:1	0:2	1:0	3:2	1:2	0:0	2:0	0:1	0:1	1:3	3:1	3:4	2:1	•	0:2
Siarka Tarnobrzeg	1:3	2:7	0:2	1:1	2:3	0:1	1:0	2:3	0:1	0:4	0:0	0:2	0:0	0:1	1:2	3:3	2:0	•

Die Spiele Olimpia/Lechia gegen Lech Poznan und GKS Katowice fanden nicht statt und wurden mit 0:3 gegen Olimpia/Lechia gewertet

gar vor dem Konkurs und vermied am Ende nur knapp den Abstieg.

Im Kampf um den Klassenerhalt hatten sich die Spielplangestalter den Knüller bis zum Schluß aufgehoben. Siarka Tarnobrzeg, Stal Mielec und Olimpia/Lechia waren längst abgestiegen, als Neuling GKS Belchatów und Pogon Stettin noch immer um den vierten Absteiger rangen. Just jene beiden Teams trafen am 12. Juni 1996 - dem letzten Spieltag - in Belchatów aufeinander. Pogon fehlte noch ein Punkt zum Klassenerhalt - und vor 7.000 Fans lief es für die Pommern auch ausgezeichnet, denn vier Minuten vor Schluß stand es noch immer 1:1-Unentschieden. Dann verwandelte Jacek Berensztajn einen Freistoß zum Belchatówer Siegtreffer, und sicherte seinem Klub aufgrund der Regelung, bei Punktgleichstand die Ergebnisse der direkten Duelle zu werten, doch noch den Klassenerhalt.

Polens Saison ließ nach Meinung der Experten große Fußballkunst einmal mehr vermissen. Dafür gab es einige kuriose Geschichten, wie beispielsweise die des Absteigers Olimpia/Lechia. Im Sommer 1995 dachten die Verantwortlichen von Olimpia Posen laut über den Rückzug aus der *Ekstraklasa* nach und boten ihren Erstligaplatz meistbietend zum Verkauf an. Lechia Danzig, seit Jahren regelmäßig gescheiterter Aufstiegsaspirant und Publikumsmagnet, griff sofort zu. Doch der polnische Verband untersagte den Deal, woraufhin die beiden Klubs, deren Vereinssitze ca. 300 Kilometer (!) voneinander entfernt sind, kurzerhand fusionierten. Olimpia/Lechia Posen/Danzig entstand und übernahm den Erstligaplatz der Posener, während der Spielbetrieb ins Danziger Lechia-Stadion verlegt wurde. Alles schien bestens, und als der Mannschaft auch noch ein Traumstart gelang, begann man in Danzig bereits von der Meisterschaft zu träumen. Am fünften Spieltag platzte der wilde Plan, als der GKS Kattowitz nicht nach Danzig, sondern nach Posen reiste. „Dort ist Vereinssitz", begründeten die Kattowitzer ihren Schritt - und bekamen vom Verband die Punkte kampflos gutgeschrieben. Vier Wochen später tat „Lokalrivale" Lech Posen dasselbe, und erhielt ebenfalls drei kampflose Punkte. Die ganze Angelegenheit geriet immer mehr zu einer Privatfehde zwischen dem frischgewählten Verbandspräsidenten Dziurowicz und Olimpia/Lechias Präsident Krzyzostaniak, die sich seit langem um mehr Einfluß im polnischen Fußball streiten. Für das „Fusionsteam" endete die ganze Geschichte jedenfalls tragisch: Nach den beiden ausgefallenen Spielen verloren die Wahl-Danziger Spiel um Spiel und landeten bald auf einem Abstiegsplatz, den sie bis zum Saisonende nicht mehr verließen.

Schlauer stellte man sich im oberschlesischen Tychy an. Auch dort träumte man von der *Ekstraklasa* und griff sofort beherzt zu, als Sokól

Pniewy seinen Erstligaplatz zum „Verkauf" anbot. Der Kleinstadtklub, der einst von einem Millionär aufgekauft worden war, um „zu zeigen, daß man mit Geld einen Kreisligisten zum Erstligisten machen kann", war nach vollendeter Mission von seinem Besitzer fallengelassen worden und tat sich mit dem Drittligisten GKS Tychy zusammen. Nach den Vorgängen um Olimpia/Lechia vorsichtig geworden, riefen die Verantwortlichen jedoch vor jedem Ligaspiel ihren Gegner an und spielten je nach Wunsch entweder in Pniewy oder in Tychy.

Polens Nationalmannschaft, seit Jahren auf dem absteigenden Ast, leistete sich erneut zahlreiche peinliche Vorstellungen. In der EM-Qualifikation reichte es lediglich zu Platz 4 und Trainer Henryk Apostel wurde durch Wladyslaw Stachurski ersetzt. Der zuvor in Ägypten tätige gebürtige Warschauer gab schon drei Monate später ebenfalls auf, als es vor nur noch 5.000 maßlos enttäuschten Fans in Mielec zu einem trostlosen 1:1 gegen Weißrußland kam. Antoni Piechniczek, unter dem Polen 1982 WM-Dritter geworden war, übernahm die schwierige Aufgabe, die seit Juni 1995 sieglose Mannschaft aus der Krise zu führen, und mußte im ersten Spiel unter seiner Regie eine 0:2-Niederlage in Rußland hinnehmen.

2. Liga Gruppe 1		Sp	g	u	v	Tore	Pkt.
1. Odra Wodzislaw Slaski	↑	34	21	7	6	86:37	70
2. Ruch Chorzów	↑	34	20	8	6	65:24	68
3. Zawisza Bydgoszcz		34	17	8	9	47:35	59
4. Krisbut Myszków		34	14	14	6	45:31	56
5. Polonia Bytom		34	14	7	13	46:40	49
6. Szombierki Bytom		34	13	10	11	44:39	49
7. Górnik Konin		34	13	9	12	40:42	48
8. Varta Start Namyslow		34	11	14	9	38:29	47
9. Stilon Gorzów Wlpk.		34	11	10	13	46:41	43
10. Naprzód 23 Rydultowy		34	11	9	14	41:50	42
11. Miedz Legnica		34	10	12	12	38:42	42
12. Chobry Glogów		34	11	8	15	31:43	41
13. Chemik Police		34	9	13	12	36:50	40
14. Lechia Zielona Góra		34	11	7	6	38:65	40
15. Warta Poznan	↓	34	9	12	13	32:47	39
16. Sleza Baumit Wroclaw	↓	34	10	8	16	41:51	38
17. Polonia Gdansk	↓	34	8	8	18	40:63	32
18. Baltyk Gdynia	↓	34	7	8	19	39:64	29

2. Liga Gruppe 2		Sp	g	u	v	Tore	Pkt.
1. Polonia Warschau	↑	34	21	9	4	77:37	72
2. Wisla Kraków	↑	34	22	6	6	69:29	72
3. Petrochemia Plock		34	19	10	5	56:24	67
4. Jeziorak Ilawa		34	17	9	8	50:32	60
5. Unia Tarnów		34	13	11	10	49:37	50
6. Swit Nowy Dwór Maz.		34	14	7	13	37:37	49
7. Cracovia Kraków		34	13	10	11	43:36	49
8. Stal Stalowa Wola		34	11	14	9	58:37	47
9. Fameg Radomsko		34	13	7	14	49:51	46
10. Okocimski Brzesko		34	12	10	12	33:36	46
11. Avia Swidnik		34	12	9	13	31:35	45
12. Pomezania Malbork		34	13	4	17	38:53	43
13. KSZO Ostrowiec Sw.		34	12	7	15	37:52	43
14. Hetman Zamosc		34	11	8	15	35:45	41
15. Jagiellonia Bialystok	↓	34	12	4	18	35:54	40
16. Hutnik Warschau	↓	34	11	6	17	38:53	39
17. Lublinianka Lublin	↓	34	3	11	20	20:57	20
18. Motor Lublin	↓	34	2	8	24	26:76	14

Im Europapokal gab es Licht und Schatten, wobei das gute Auftreten von Legia Warschau in der Champions League sicherlich zu den Lichtblicken zählt. Obwohl es im abschließenden Gruppenspiel eine 0:1-Heimniederlage gegen Spartak Moskau gab, verhalf der 4:1-Sieg der gedemütigten Mannschaft aus Blackburn über Rosenborg dem polnischen Meister zum Einzug ins Viertelfinale, wo ausgerechnet Panathinaikos' polnischer Stürmerstar Juskowiak für das Aus sorgte. Enttäuschend war der Zuschauerzuspruch, denn lediglich gegen Blackburn war das Stadion *Wojska Polskiego* mit knapp 17.000 Fans einigermaßen gefüllt.

Leere Stadien sind nicht nur in Warschau ein Problem. Nur in Olsztyn konnte man sich über durchschnittlich 6.000 Fans freuen, ansonsten liegt der Schnitt bei 3.500 Zahlenden, wobei regelmäßig auch Spiele mit weniger als 1.000 Fans vorkommen. Allerdings sind die polnischen Stadien auch in einem verheerenden Zustand. Zehn der 18 Erstligaplätze verfügen noch nicht einmal über eine überdachte Tribüne. Die oft beklagte aggressive Atmosphäre auf den Tribünen trägt ein Übriges dazu bei, daß die Fans daheim bleiben, zumal ein Privatfernsehanbieter regelmäßig Spiele der deutschen Bundesliga live im Fernsehen überträgt.

Die Erben von Deyna und Lato sind um ihre Aufgabe nicht zu beneiden. ■

DER POKAL

4. Runde

Szombierki Bytom - Pogon Szczecin	1:0
Petrochemia Plock - GKS Belchatów	0:2
Bug Wyszkow - Rakow Czestochowa	0:7
Miedz Legnica - Sokol Pniewy/Tychy	2:3
Wisla Kraków - Widzew Lódz	1:3
Ruch Chorzów - Legia Warschau	2:1
Okocimski Brzesko - LKS Lódz	2:1
Siarka Tarnobrzeg - Hutnik Kraków	n.V. 3:2
Motor Lublin - Górnik Zabrze	1:3
Pogon Olesnica - Olimpia/Lechia	2:1
Polonia Warschau - Lech Poznan	2:6
Zawisza Bydgoszcz - Stal Stalowa Wola	0:1
Avia Swidnik - Stal Mielec	1:4
Amica Wronki - Stomil Olsztyn	4:0
Arka Gdynia - GKS Katowice	3:1
Warta Poznan - Zaglebie Lubin	2:1

5. Runde

Ruch Chorzów - Warta Poznan	5:2
Okocimski Brzesko - Szombierki Bytom	0:2
Arka Gdynia - Górnik Zabrze	n.V. 2:4
Pogon Olesnica - Lech Poznan	1:0
Rakow Czestochowa - Amica Wronki	1:0
Siarka Tarnobrzeg - GKS Belchatów	2:5
Stal Stalowa Wola - Widzew Lódz	0:1
Stal Mielec - Sokol Pn./Tychy	n.E. 3:4, n.V. 1:1

Viertelfinale

Ruch Chorzów - Rakow Czestochowa	2:1
Sokol Pniewy/Tychy - Widzew Lódz	n.V. 1:2
GKS Belchatów - Szombierki Bytom	n.V. 3:1
Pogon Olesnica - Górnik Zabrze	n.V. 1:0

Halbfinale

Ruch Chorzów - Pogon Olesnica	3:0
GKS Belchatów - Widzew Lódz	2:1

Finale

(16. Juni 1996, Warschau, 10.000)

Ruch Chorzów - GKS Belchatów 1:0 (0:0)

Ruch: Lech - Fornalak, Grzesik (86. Pieniazek), Baszczynski - Rowicki, Jaworski, Gesior, Wawrzyczek (71. Katolik), Mosór - Srutwa, Bak

GKS: Miller - Lamch, Rogowskoj, Szkudlarek - Cheda (88. Nowicki), Rogan, Berensztajn, Pruchenski, Rzezniczek - Górski (65. Trzebny), Kukulski

Schiedsrichter: Listkiewicz

Tor: 1:0 Gesior (86.)

DER MEISTER

Widzew Lódz

An Widzew Lódz bissen sich alle die Zähne aus. Erstmals in der polnischen Fußballgeschichte wurde eine Mannschaft ungeschlagen Meister und erreichte die Rekordzahl von 88 Punkten. Lediglich Lech Posen blieb gegen das Meisterteam ohne Niederlage. Im „polnischen Manchester", wie die 850.000-Einwohnerstadt in der Landesmitte auch genannt wird, war man endlich am Ziel. Eigentlich hatte man den Titel schon für 1995 anvisiert gehabt. Zumindest nach dem Willen des wohlhabenden Präsidenten Andrzej Pawelec, der zahlreiche Spitzenspieler eingekauft hatte und dafür die Meistertrophäe haben wollte. Was 1995 noch schiefging, klappte ein Jahr später vorzüglich. Frantisek Smuda, der im April 1995 Trainer Stachurski abgelöst hatte, kaufte vor Saisonbeginn mit Marek Citko (Pogon Stettin), Waldemar Jaskulski (Jagiellonia Bialystok) und Marek Koniarek (zurück aus Österreich) drei Volltreffer ein: Citko schuf im Sturmzentrum Räume, die Koniarek zu 29 Treffern nutzte, womit der ehemalige Wandervogel (Österreich, Deutschland) polnischer Torschützenkönig wurde. Jaskulski avancierte zum Newcomer der Saison und erhielt schon nach wenigen Spielen lukrative Auslandsangebote. „Wenn wir das Spielfeld betreten, wollen wir gewinnen. Die Gegner kommen damit nicht klar, und wir überrennen sie förmlich", verriet Smuda sein Erfolgsrezept.

Bei aller Freude gab es jedoch auch zwei Wermutstropfen. Im polnischen Pokal verhinderte der GKS Belchatów das Double und warf den ungeschlagenen Meister durch ein Tor in der allerletzten Spielsekunde bereits im Halbfinale raus. Noch größer war die Enttäuschung nach dem unglücklichen Erstrunden-Aus im UEFA-Pokal gegen die ukrainische Mannschaft von Tschernomoretz Odessa. Für 1996/97 stehen Widzews Sterne weniger günstig. Zwar erreichte man das große Ziel Champions League, doch die Abgänge von Torhüter Wozniak (FC Porto) und Newcomer Jaskulski (Standard Lüttich) rissen Löcher in das Team von Trainer Smuda.

IM BLICKPUNKT

Legia Warschau

1991 waren sie noch als die großen Heilsbringer gefeiert worden: Eine Gruppe zahlungskräftiger Sponsoren, die Legia Warschau vor dem Konkurs retteten. Mindestens fünf Jahre lang sollte das Joint-Venture-Unternehmen „*Foto-World*", hinter dem unter anderem die Weltfirma *Konica* steht, den Armeeverein unterstützen. Legia avancierte rasch zum reichsten Klub Polens - und feierte Erfolge. 1994 und 1995 heimsten die Armeekicker jeweils das Double ein und erreichten 1996 das Viertelfinales in der Champions-League, mithin der größte Erfolg polnischer Fußballer seit der olympischen Silbermedaille von 1992. Pawel Janas wurde von der Fachzeitschrift *Pilka Nozna* zum Trainer, Mittelfeldspieler Leszek Pisz zum Spieler des Jahres gewählt. Acht Nationalspieler tummelten sich im Legia-Team und die Warschauer standen vor einer großen Zukunft, als der Ärger begann. Die ausgebooteten Militärs sahen ihren Einfluß schwinden und schlugen zurück. Im Frühjahr 1996 eskalierte die Situation und die Sponsoren zogen sich verärgert zurück. Nicht aber, ohne knapp 4

Millionen Zloty (1,6 Millionen DM) zurückzufordern. Zum Saisonende begann Legias großer Ausverkauf: Szczesny und Michalski wechselten zu Meister Widzew Lódz, Józwiak zum französischen Erstligisten En Avant Guingamp, Pisz zu PAOK Saloniki, Wieszczycki nach Le Havre, Ratajczyk zu Rapid Wien, Mandziejewicz zu Vorwärts Steyr, Lewandowski zu SM Caen und Podbrozny zum spanischen Zweitligisten CP Merida. Auch Trainer Pawel Janas mußte gehen und wurde durch Ex-Nationaltrainer Stachurski ersetzt. Legia steht vor einer ungewissen Zukunft.

DER TORJÄGER

Marek Koniarek (Widzew Lódz)

Marek Koniarek ist das, was man gemeinhin einen „Wandervogel" nennt. Siemianowitz, Beuthen, Kattowitz, Essen, Sosnowitz, Wien, und St. Pölten lauteten seine Stationen, bei denen der 1962 geborene Stürmer mit Ausnahme des 1986er Pokalsieges mit Kattowitz nicht viel zu feiern hatte. Im Sommer 1995 wurde er von Frantisek Smuda aus dem österreichischen St. Pölten nach Polen zurückgeholt und nahm im Widzew-Sturm eine tragende Rolle ein. Nun klappte es endlich mit dem Erfolg für den inzwischen 33jährigen. Mit 29 Toren wurde Koniarek polnischer Torschützenkönig und Meister.

DER STAR

Leszek Pisz (Legia Warschau)

Das Fachblatt Pilka Nozna war begeistert. „Ausgezeichneter Techniker und gefürchteter Freistoßspezialist", bekam der 29jährige Leszek Pisz attestiert und wurde zum Fußballer des Jahres gewählt. Der Legia-Regisseur gilt seit Jahren als bester Mittelfeldspieler Polens - und wurde dennoch nicht für das Nationalteam berücksichtigt. „Der taugt nichts", befand Henryk Apostel harsch. Erst als Antoni Piechniczek das Amt des Nationaltrainers übernahm, bekam der kleine Dirigent wieder eine Chance. Beim 0:2 in Rußland trug Pisz erstmals seit 1992 wieder das rotweiße Dreß und hofft nun, bei der WM-Qualifikation dabei zu sein. Zumal er seit Sommer 1996 beim griechischen Erstligisten PAOK Saloniki internationale Erfahrung sammelt.

DIE LÄNDERSPIELE

Frankreich - Polen 1:1 (0:1) **EMQ**
16. 8. 1995 - Paris - 40.000 - Diaz Vega (Spanien) - Wozniak - Lapinski, Waldoch, Zielinski, Kozminski - Iwan, P. Swierczewski, Nowak (58. Czerwiec), Kosecki (73. Wojtala) - Juskowiak, Kowalczyk (62. Bukalski) - Trainer: Apostel - Rot: Lapinski (56.) - Tor: Juskowiak (35./0:1)

Polen - Rumänien 0:0 **EMQ**
6. 9. 1995 - Zabrze - 18.000 - Gallagher (England) - Wozniak - Jaskulski, Zielinski, Waldoch, Kozminski - Iwan (76. Czerwiek), P. Swierczewski, Wieszczycki (71. Podbrozny), Bednarz (64. Bukalski) - Kosecki, Juskowiak - Trainer: Apostel

Slowakei - Polen 4:1 (1:1) **EMQ**
11. 10. 1995 - Bratislava - 12.000 - Coroado (Portugal) - Wozniak - Lapinski, Zielinski, Waldoch, Kozminski (60. Bednarz) - Iwan, P. Swierczewski, Bukalski, Kosecki - Baluszynski (81. Czereszewski), Juskowiak - Trainer: Apostel - Rot: Kosecki (65.), P. Swierczewski (75.) - Tor: Juskowiak (20./0:1)

Aserbaidschan - Polen 0:0 **EMQ**
15. 11. 1995 - Trabzon (Türkei) - 500 - Mottram (Schottland) - Wozniak - Jaskulski, M. Swierczewski, Bukalski (72. Lenart), Waldoch - Czereszewski, Wojtala, Sokolowski, Czerwiec - Baluszynski (67. Kuzba), Majak (46. Siadaczka) - Trainer: Apostel

Polen - Japan 0:5 (0:3)
19. 2. 1996 - Hongkong (Hongkong) - 30.000 - Baharmast (USA) - Wozniak - Wegrzyn, Lapinski (46. Gesior), Wojtala, Jaskulski - Skrzypec (86. Lenard), Czerwiec, Czereszewski, Wyciszkiewicz - Citko, Kaliciak (61. Srutwa) - Trainer: Stachurski

Kroatien - Polen 2:1 (1:1)
28. 2. 1996 - Rijeka - 7.000 - Mitrovic (Slowenien) - Wozniak - Jaskulski, Waldoch (81. Lapinski), Wegrzyn, Wojtala, Wyciszkiewicz - Citko, Czerwiec, Nowak, Gesior - Baluszynski (64. Srutva) - Trainer: Stachurski - Tor: Baluszynski (18./0:1)

Polen - Slowenien 0:0
27. 3. 1996 - Lódz - 7.000 - Hrnák (Slowakei) - Wozniak - Józwiak, Zielinski, Wegrzyn - Michalski, Gesior, Citko (63. Wyciszkiewicz), Nowak, Bednarz - Juskowiak, Srutwa (77. Czereszeweski) - Trainer: Stachurski

Polen - Weißrußland 1:1 (1:0)
1. 5. 1996 - Mielec - 5.000 - Albrecht (Deutschland) - Szczesny - Jozwiak, Zielinski, Ratajczyk - Iwan, Gesior, Michalski (46. Staniek), Wieszczycki, Baluszynski (68. Bednarz) - Juskowiak (69. Saganowski), Kowalczyk - Trainer: Stachurski - Tor: Kowalczyk (8./1:0)

Rußland - Polen 2:0 (1:0)
2. 6. 1996 - Moskau - 8.000 - Tatulin (Ukraine) - Szczesny - Jozwiak, Zielinski, Ratajczyk - Michalski, Gesior, Pisz, Lewandowski, Iwan (46. Jaskulski) - Juskowiak (46. Bukalski), Kowalczyk (46. Saganowski) - Trainer: Piechniczek

DER EUROPAPOKAL

Europapokal der Landesmeister

Qualifikation

Legia Warschau - IFK Göteborg 1:0 (0:0)
9. 8. 1995 - 12.000 - Uilenberg (Niederlande) - Szczesny - Józwiak, Zielinski, Mandziejewicz, Lewandowski, Michalski, Pisz, Wieszczycki, Bednarz, Kucharski (78. Kubicz), Podbrozny (88. Staniek) - Tor: Podbrozny (49./1:0)

IFK Göteborg - Legia Warschau 1:2 (1:0)
23. 8. 1995 - 11.017 - Elleray (England) - Szczesny - Józwiak, Zielinski, Mandziejewicz, Bednarz, Ratajczyk, (38. Pisz) - Lewandowski (87. Fedoruk), Michalski, Wieszczycki, Podbrozny, Kucharski (56. Staniek) - Tore: Pisz (73./1:1), Bednarz (90./1:2)

Champions League (Gruppe B)

Legia Warschau - Rosenborg Trondheim 3:1 (0:0)
13. 9. 1995 - 12.000 - Porumboiu (Rumänien) - Szczesny - Józwiak, Zielinski, Mandziejewicz, Lewandowski, Michalski, Pisz, Wieszczycki, Bednarz, Kucharski (78. Kubica), Podbrozny (88. Staniek) - Tore: Pisz (64./1:1, 73./3:1), Staniek (69./2:1)

Spartak Moskau - Legia Warschau 2:1 (1:0)
27. 9. 1995 - 45.000 - Vagner (Ungarn) - Szczesny - Józwiak, Zielinski, Mandziejewicz, Lewandowski (34. Ratajczyk), Michalski (74. Fedoruk), Pisz, Wieszczycki, Bednarz, Kucharski, Staniek (83. Kubica) - Tor: Józwiak (82./2:1)

Legia Warschau - Blackburn Rovers 1:0 (1:0)
18. 10. 1995 18.000 - Frisk (Schweden) - Szczesny - Józwiak, Zielinski, Mandziejewicz, Lewandowski, Staniek, Pisz, Michalski, Bednarz, Podbrozny, Kucharski - Tor: Podbrozny (26./1:0)

Blackburn Rovers - Legia Warschau 0:0
1. 11. 1995 - 20.897 - Meier (Schweiz) - Szczesny - Józwiak, Mandziejewicz, Lewandowski, Michalski, Jalocha (65. Mosor), Pisz, Wieszczycki, Bednarz, Podbrozny (46. Kucharski), Staniek

Rosenborn Trondheim - Legia Warschau 4:0 (2:0)
22. 11. 1995 - 11.481 - Weber (Deutschland) - Szczesny - Jalocha, Józwiak, Zielinski, Mandziejewicz, Lewandowski, Pisz (18. Kucharski), Wieszczycki (64. Bednarz), Michalski, Staniek, Podbrozny

Legia Warschau - Spartak Moskau 0:1 (0:1)
6. 12. 1995 - 15.000 - Mottram (Schottland) - Szczesny - Józwiak, Zielinski, Mandziejewicz, Lewandowski, Michalski, Pisz, Staniek (82. Wieszczycki), Bednarz, Kucharski, Podbrozny

Viertelfinale

Legia Warschau - Panathinaikos Athen 0:0
6. 3. 1996 - 12.000 - Diaz Vega (Spanien) - Szczesny - Józwiak, Zielinski, Mandziejewicz - Lewandowski (77. Wieszczycki), Pisz, Michalski, Staniek, Bednarz - Kucharski (65. Sokolowski), Podbrozny

Panathinaikos Athen - Legia Warschau 3:0 (1:0)
20. 3. 1996 - 73.000 - Chusainov (Rußland) - Szczesny - Jalocha, Zielinski, Mandziejewicz, Lewandowski - Sokolowski, Pisz, Michalski, Wieszczycki - Bednarz, Podbrozny (75. Kucharski) - Rot: Jalocha (29.)

Europapokal der Pokalsieger

Qualifikation

GKS Katowice - Ararat Erevan 2:0 (2:0)
10. 8. 1995 - 3.000 - Pedersen (Norwegen) - Jojko - Ledwon, Swierczewski, Wegrzyn, Borowski, Widuch, Marzec, Wojciechowski, Kucz (63. Szala), Karwan (46. Pawluszek), Bilski (79. Walczak) - Tore: Bilski (27./1:0), Karwan (29./2:0)

Ararat Erevan - GKS Katowice 5:4 n.E., n.V. 2:0 (2:0)
24. 8. 1995 - 4.000 - Jakubowski (Weißrußland) - Jojko - Ledwon, Swierczewski, Wegrzyn, Borowski (46. Karwan), Widuch, Marzec (46. Szala), Wojciechowski, Kucz, Strojek, Bilski (115. Pawluszek)

UEFA-Pokal

Qualifikation

Zaglebie Lubin - Shirak Gyumri 0:0
8. 8. 1995 - 8.000 - Butenko (Rußland) - Dreszer - Lewandowski (46. Rogovskoi), Machaj, Kaluzny, Krzyzanowski, Nalepka, Górski, Czajkowski (57. Jasinski), Przerywacz, Szeliga (70. Szczypkowski), Majak

Shirak Gyumri - Zaglebie Lubin 0:1 (0:1)
22. 8. 1995 - 10.000 (in Erevan) - Tatulyan (Ukraine) - Dreszer - Bubnowicz, Rogovskoi, Kaluzny, Krzyzanowski, Machaj (76. Lewandowski), Nalepka, Górski, Przerywacz, Majak (79. Jasinski), Szczypkowski (85. Czajkowski) - Tor: Machaj (23./0:1)

Bangor City - Widzew Lódz 0:4 (0:2)
8. 8. 1995 - 2.600 - Ancion (Belgien) - Wozniak - Bajor (61. Bogus), Lapinski, Bogusz, Miazkiewicz, Szymkowiak, Wyciszkiewicz (64. Podolski), Czerwiec (58. Michalczuk), Szarpak, Siadaczka, Koniarek - Tore: Czerwiec (25./0:1, 42./0:2), Koniarek (51./0:3, 90./0:4)

Widzew Lódz - Bangor City 1:0 (0:0)
22. 8. 1995 - 5.000 - Wieser (Österreich) - Muchinski - Bajor, Lapinski (29. Bogus), Bogusz, Szymkowiak, Wyciszkiewicz, Czerwiec (70. Michalczuk), Miaszkiewicz, Szarpak (80. Pikuta), Koniarek, Siadaczka - Tor: Pikuta (83./1:0)

1. Runde

Milan AC Mailand - Zaglebie Lubin 4:0 (1:0)
12. 9. 1995 - 7.629 - Faellström (Schweden) - Dreszer - Machaj, Rogovskoj, Kaluzny, Przerywacz, Najewski (70. R. Jasinski), Nalepko, Górski, Krzyzanowski (83. Hebda), Szczypkowski (88. Szeliga), Majak

Zaglebie Lubin - Milan AC Mailand 1:4 (0:0)
26. 9. 1995 - 15.000 - Sarvan (Türkei) - Dreszer - Rogovskoj, Machaj, Kaluzny, Górski, Bubnowicz (66. Szeliga), Dziarmaga, Nalepka, Przerywacz (46. Krzyzanowski), Majak, Szczypkowski (60. Najewski) - Tor: Krzyzanowski (72./1:2)

Tschernomorets Odessa - Widzew Lódz 1:0 (0:0)
12. 9. 1995 - 16.000 - Peltola (Finnland) - Wozniak - Bajor, Lapinski, Bogusz, Michalczuk, Czerwiec, Wyciszkiewicz, Podolski, Szarpak, Koniarek (88. Pikuta), Siadaczka (89. Miaszkiewicz)

Widzew Lódz - Tsch. Odessa n.E. 5:6, n.V. 1:0 (0:0)
26. 9. 1995 - 8.769 - Vad (Ungarn) - Wozniak - Bajar, Lapinski, Bogusz (60. Podolski), Michalczuk, Wyciszkiewicz, Czerwiec, Miaszkiewicz (70. Pikuta), Szarpak (36. Bogus), Koniarek, Siadaczka

UI-Cup

Pogon Szczecin - AS Cannes	*1:2*
Farul Constanta - Pogon Szczecin	*2:1*
Pogon Szczecin - Dnipr Mogilev	*3:3*
FC Becej - Pogon Szczecin	*2:1*

Federação Portuguesa de Futebol

Praça da Alegria 25
C.P. 21100,
P-1128 Lisboa Cedex
Telefon: ++351(1)34759 32
Telefax: ++351(1)3467231

FIFA-Weltrangliste

Juli 1995:	10. Platz,	53,96 Punkte
Juli 1996:	11. Platz,	55,72 Punkte

UEFA-Fünfjahreswertung

1996/97:	6. Platz,	32,800 Punkte

PORTUGAL 1995/96

Spaziergang zum Titel

Von Georg Bucher

Die Saison 1995/96 bedeutete eine Zäsur im portugiesischen Fußball. Erstmals organisierte die Liga, gemäß einem staatlichen Dekret aus dem Jahr 1991, den professionellen Spielbetrieb. Damit verbunden war ein Machtverlust der sogenannten Regionalbarone, die in den Verbandsgremien die Fäden gezogen hatten. Die traditionell als Sündenböcke verschrieenen, der Korruption verdächtigten Schiedsrichter gerieten aus der Schußlinie der Kritik und begingen weniger Fehler. Dagegen spitzten sich die finanziellen Probleme etlicher Klubs, spiegelbildlich zur Entwicklung in anderen Branchen des Landes, zu. So wurden zum Teil über Monate Gehälter, Steuern und Sozialversicherungsabgaben nicht bezahlt. Als Krisenursache sind Fehler im Management, erheblich geringere Einnahmen aus der Fußballwette (Totobola), gesunkene Zuschauerzahlen sowie ungenügende Vermarktungsstrategien zu nennen.

Einem Aufschrei gleich kamen die Beschwörungen von Liga-Präsident Pinto da Costa, ohne staatliche (Finanz-) Hilfe seien die Vereine nicht überlebensfähig. Die Absicht der Regierung, durch einen indirekten Schuldenerlaß (via Totobola-Gelder) den Engpaß zu beheben, wurde von der

Portugals Meister 1996: FC Porto

I Divisão	Gesamt							Heim					Auswärts				
	Sp	g	u	v	Tore	Diff.	Pkt.	g	u	v	Tore	Pkt.	g	u	v	Tore	Pkt.
1. FC Porto (M)	34	26	6	2	84:20	+64	84	16	0	1	54:9	48	10	6	1	30:11	36
2. Benfica Lissabon	34	22	7	5	57:27	+30	73	12	4	1	31:7	40	10	3	4	26:20	33
3. Sporting Lissabon (P)	34	19	10	5	69:27	+42	67	11	3	3	44:14	36	8	7	2	25:13	31
4. Boavista FC Porto	34	19	8	7	59:28	+31	65	12	4	1	39:11	40	7	4	6	20:17	25
5. Vitória Guimarães	34	19	5	10	55:39	+16	62	11	2	4	34:15	35	8	3	6	21:24	27
6. CF Belenenses Lissabon	34	14	9	11	53:33	+20	51	9	4	4	33:16	31	5	5	7	20:17	20
7. União Desportiva Leiria	34	14	5	15	38:50	-12	47	10	2	5	27:18	32	4	3	10	11:32	15
8. Sporting Braga	34	12	9	13	44:47	- 3	45	9	5	3	29:16	32	3	4	10	15:31	13
9. CS Marítimo Funchal	34	12	7	15	39:53	-14	43	9	4	4	24:17	31	3	3	11	15:36	12
10. SC Farense	34	10	6	18	36:45	- 9	36	9	3	5	25:14	30	1	3	13	11:31	6
11. FC Gil Vicente	34	9	9	16	31:49	-18	36	7	5	5	18:13	26	2	4	11	13:36	10
12. SC Salgueiros Porto	34	7	15	12	39:49	-10	36	5	6	6	23:23	21	2	9	6	16:26	15
13. CF Estrêla Amadora	34	7	14	13	35:50	-15	35	5	9	3	23:19	24	2	5	10	12:31	11
14. Leça FC (N)	34	9	7	18	29:55	-26	34	6	4	7	17:22	22	3	3	11	12:33	12
15. GD Chaves	34	9	7	18	38:56	-18	34	7	4	6	22:19	25	2	3	12	16:37	9
16. FC Felgueiras (N) ↓	34	8	9	17	29:47	-18	33	6	5	6	23:20	23	2	4	11	6:27	10
17. Campomaiorense (N) ↓	34	10	3	21	32:69	-37	33	9	3	5	24:15	30	1	0	16	8:54	3
18. FC Tirsense ↓	34	7	10	17	30:53	-23	31	6	6	5	20:19	24	1	4	12	10:34	7

EC 1996/97: CL: FC Porto, EC2: Benfica Lissabon, UEFA: Sporting Lissabon, Boavista Porto, Vitória Guimarães, UI: -

Opposition im Lissabonner Parlament durchkreuzt.

Auf sportlicher Ebene hat sich das Leistungsgefälle zwischen National- und Vereinsmannschaften akzentuiert. Während die Verbandsauswahlen international beachtlich abschnitten, erreichte kein Klub das Viertelfinale eines UEFA-Wettbewerbs. Zuletzt war dies in der Saison 1988/89 der Fall. Die Abwanderung guter Spieler ins Ausland setzte sich fort, und die Hierarchie ist bestätigt worden. Überlegen verteidigte der FC Porto den Titel, Benfica und Sporting spielten in der Meisterschaft Nebenrollen, rehabilitierten sich aber mit Erfolgen im Pokal bzw. im Supercup.

Der Weg des **FC Porto** zum Titel war einem Spaziergang vergleichbar. Nur am 1. und am 5. Spieltag standen die Nordportugiesen nicht an der Spitze, 27 Begegnungen in Folge blieben sie ungeschlagen. Vier Runden vor Saisonende war die Meisterschaft schon entschieden. Porto mußte allerdings einige Rückschläge verkraften, beispielsweise die Krankheit des Trainers Bobby Robson, das Ausscheiden in der Champions League gegen vermeintlich schwächere Teams und die zweimonatige Sperre Vítor Baías, der ein Präsidiumsmitglied von Campomaiorense im Affekt geohrfeigt hatte. Ohne den Nationalkeeper mußten die "Drachen" ihre einzigen Niederlagen (bei Benfica und gegen Guimarães) hinnehmen. Dennoch distanzierten sie den Zweitplazierten Benfica um 11 Punkte. Interne Probleme der Lissabonner Rivalen haben die dem Wettbewerbsniveau

Die Torschützen

Domingos (FC Porto)	25
João Vieira Pinto (Benfica Lissabon)	18
Edinho (Vitória Guimarães)	15
Artur (Boavista Porto)	14
Edmilson (FC Porto)	13
Maurício (União Desportivo Leiria)	13
Constantino (Leça FC)	13
Paulo Alves (Sporting Lissabon)	10
Alex (Marítimo Funchal)	10
Renáto (Estrêla Amadora)	10

und dem Spannungsgehalt der Liga abträgliche Monotonie begünstigt.

Benfica Lissabon entließ bereits am dritten Spieltag seinen Coach Artur Jorge. Der charismatische Trainer, der zuvor in Porto und in Paris europäische Spitzenteams geformt hatte, wollte mit einem zur Hälfte neuen Kader den Titel erringen. Dem Erfolgsdruck war er, nach einer enttäuschend verlaufenen Saison ohnehin umstritten, nicht gewachsen und mußte als "Bauernopfer" herhalten. Jorges Nachfolger Mario Wilson ließ offensiver, „à Benfica", spielen, konnte aber keine Wunder bewirken. Die Verantwortung lag einseitig auf den Schultern der Leistungsträger João Pinto, Valdo und Preud`homme, andere Spieler genügten selten höheren Ansprüchen. Frühzeitig in der Meisterschaft zurückgefallen und - auf demütigende Weise - im Achtelfinal des UEFA-Cups gegen Bayern München ausgeschieden, verzeichnete Benfica erst nach dem Prestigeerfolg gegen Porto einen Auf-

I Divisão	Amadora	Belenenses	Benfica	Boavista	Braga	Campom.	Chaves	Farense	Felgueiras	G. Vicente	Leça	Leiria	Marítimo	FC Porto	Salgueiros	Sporting	Tirsense	Guimarães
CF Estrêla Amadora	•	2:2	0:1	0:0	4:2	2:0	2:3	1:1	2:1	3:1	1:0	2:4	1:1	1:1	1:1	1:1	0:0	0:0
Belenenses Lissabon	4:1	•	1:0	1:2	1:1	3:1	4:1	2:1	0:1	2:2	5:0	3:1	4:1	1:1	0:1	0:1	1:1	1:0
Benfica Lissabon	1:0	1:0	•	1:1	3:0	2:0	2:0	0:1	1:0	3:0	3:1	4:0	5:1	2:1	0:0	0:0	2:1	1:1
Boavista Porto	1:1	1:0	1:3	•	5:2	4:0	2:0	3:0	4:0	3:0	2:0	5:0	1:0	1:1	1:1	2:1	1:1	2:1
Sporting Braga	2:1	1:1	1:2	2:0	•	1:0	1:0	3:2	2:0	1:1	3:0	0:0	1:1	0:3	2:2	1:3	4:0	4:0
SC Campomaiorense	2:1	2:3	0:0	0:2	2:0	•	2:1	1:0	2:0	2:0	1:1	4:2	3:1	0:1	0:0	0:1	3:1	0:1
GD Chaves	0:0	1:0	1:2	2:3	1:0	4:1	•	2:1	1:0	1:0	2:2	0:1	0:2	2:3	1:1	1:1	2:0	1:2
SC Farense	1:0	1:3	1:3	2:0	1:0	3:1	0:0	•	0:0	5:0	2:0	1:1	2:0	0:2	4:1	0:1	2:1	0:1
FC Felgueiras	2:1	0:0	1:2	2:0	1:1	3:0	2:2	3:1	•	2:2	1:2	3:0	0:3	1:1	2:0	0:1	0:1	0:3
FC Gil Vicente	0:1	0:0	1:2	1:1	1:2	3:1	2:0	2:2	2:0	•	0:0	1:0	1:0	0:1	1:1	0:2	1:0	2:0
Leça FC	0:2	0:5	0:0	0:3	0:1	4:1	4:1	2:1	1:0	0:2	•	0:1	0:0	0:2	1:1	1:1	3:1	1:0
União Desportivo Leiria	2:1	1:0	0:2	1:0	1:0	4:0	4:1	1:0	0:0	2:0	1:3	•	0:4	0:0	3:2	1:2	5:1	1:2
CS Marítimo Funchal	1:1	1:2	2:2	2:0	2:1	3:0	0:2	0:0	0:2	1:0	2:0	1:0	•	1:1	3:1	0:5	1:0	4:0
FC Porto	6:0	1:0	3:0	1:0	6:3	5:0	2:0	2:0	6:2	2:0	2:0	1:0	6:0	•	2:0	2:1	5:0	2:3
SC Salgueiros Porto	0:0	1:3	4:2	0:2	0:0	0:2	2:2	1:0	0:0	2:3	3:0	4:0	2:0	0:4	•	2:2	1:1	1:2
Sporting Lissabon	6:2	3:1	2:0	0:0	0:1	7:1	4:1	5:0	4:0	4:1	2:0	0:0	2:0	0:2	2:2	•	1:0	2:3
FC Tirsense	0:0	0:0	0:1	1:3	2:0	2:0	2:1	2:1	0:0	1:1	1:3	0:1	2:1	2:4	2:0	1:1	•	2:2
Vitória Guimarães	3:0	1:0	2:4	1:3	1:1	4:0	2:1	1:0	2:0	2:0	2:0	3:0	6:0	0:2	1:2	1:1	2:1	•

schwung. Saisonhöhepunkt war das von einem Todesfall überschattete Pokalfinale gegen Sporting, in dem João Pinto und Valdo das Publikum verzauberten.

Sporting, der **Sporting Clube de Portugal Lisboa**, darbt zwischen Anspruch und Wirklichkeit. Seit 14 Jahren hofft das "treueste Publikum Portugals" vergeblich auf den Meistertitel. Hochgespannt waren die Erwartungen auch diesmal, wurden doch über 15 Millionen DM in Zugänge investiert.

Allerdings herrschten im *Estádio Alvalade* bereits Turbulenzen, ehe sich die Spieler zu einem Team finden konnten. Der unglücklichen Niederlage zum Auftakt in Porto folgte ein Remis gegen den Angstgegner Boavista, von innen und außen verstärkte sich der Druck. Vor allem auf Carlos Queiróz, der nach Ansicht vieler Kritiker besser zum Koordinator und Manager als zum Cheftrainer taugt. Nach einem Fernsehinterview, in dem er die Klubleitung massiv angegriffen hatte, mußte der frühere Nationaltrainer seine erste Erfahrung in einem Spitzenklub beenden. Vorübergehend sprang Fernando Mendes in die Bresche, ab dem 28. Spieltag assistierte er Octavio Machado. Die "Löwen" spielten nun variabler und effizienter, schossen auch ohne klassischen Mittelstürmer mehr Tore. Triumphe gegen Porto im Pokalhalbfinale und im Supercup bestätigten den Kurswechsel.

Klein, aber fein, am Rande eines großbürgerlichen Wohnviertels situiert: **Boavista Porto**, der ungleiche Rivale des populären FC Porto, ist ein schwieriger Klub. Manuel José hat dieses Umfeld, der Beleidigungen überdrüssig, nach fünf Dienstjahren verlassen. Trotz seiner erfolgreichen Arbeit vermochte der impulsive, bisweilen schroffe Trainer nicht die Gunst des Publikums zu gewinnen. Boavista qualifizierte sich - nach einem enttäuschenden 9. Rang in der letzten Saison - für den UEFA-Cup, erzielte mit konsequentem Angriffsspiel mehr Treffer als Benfica und verlor nur ein Heimspiel (gegen Benfica). Die von Benfica zurückgekehrten Nationalspieler Nelo und Tavares sowie die kampfstarken Sérgio Duarte und Hélder aus Faro erwiesen sich als ideale Ergänzungen zu den Artisten Sanchez, Timofte und Artur. Ein Wermutstropfen war die Sperre des Bolivianers Erwin "Platini" Sanchez wegen Dopingvergehens.

Mit Auswärtssiegen gegen Porto und Sporting setzte sich **Vitória Guimarães** als beste Mannschaft der Rückrunde in Szene. Den Aufschwung bewirkte Jaime Pacheco. Der Altinternationale übernahm am 19. Spieltag die Trainerregie von Manuel Machado, welcher Vítor Oliveira drei Runden zuvor abgelöst hatte. Nun steigerten sich vor allem die Nationalspieler Vitor Paneira und Capucho sowie der brasilianische Torjäger Edinho. Der renommierte Torhüter Neno mußte hingegen dem talentierten Nuno weichen. Als die Mann-

2. Liga (II Divisão de Honra)		Sp	g	u	v	Tore	Pkt.
1. Rio Ave FC Vila do Conde	↑	34	21	5	8	58:42	68
2. Vitória Setúbal	↑	34	18	8	8	55:22	62
3. Sporting Espinho	↑	34	19	5	10	49:27	62
4. CD Aves		34	17	7	10	53:41	58
5. FC Paços de Ferreira		34	16	9	9	44:38	57
6. FC Penafiel		34	15	7	12	57:44	52
7. CF União Funchal		34	14	9	11	43:37	51
8. CD Feirense		34	15	5	14	52:48	50
9. Académico Viseu		34	13	10	11	29:28	49
10. SC Beira-Mar		34	13	8	13	39:37	47
11. Moreirense FC		34	12	9	13	39:41	45
12. GD Estoril-Praia		34	12	8	14	52:42	44
13. FC Alverca		34	12	8	14	28:38	44
14. CF União Lamas		34	11	8	15	36:42	41
15. Académica Coimbra		34	11	8	15	38:48	41
16. CD Nacional Funchal	↓	34	11	6	17	39:43	39
17. FC Famalicão	↓	34	8	4	22	27:57	28
18. AD Ovarense	↓	34	3	6	25	25:88	15

schaft das (altportugiesische) System mit stark offensiver Ausrichtung begriffen und eine verblüffende Serie hingelegt hatte, zog Pacheco bereits den Vergleich zu Real Madrid. Auch Guimarães habe über ein großes Potential verfügt und verloren, sei dank besserer Organisation und gewachsenen Selbstvertrauens aber wieder aus dem Tief gekommen. Der mögliche dritte Schlußrang wurde durch Niederlagen gegen Boavista und Braga verspielt, die Teilnahme am UEFA-Cup war jedoch nicht mehr gefährdet.

Im Restelo, dem schönsten Stadion Portugals, steht den Leuten der Sinn nicht nach Romantik. Skandale erschütterten **CF Belenenses**, den Lissabonner Traditionsklub, und bedrohen seine Zukunft. Die Bingo-Halle, aus der die größten Einnahmen fließen, war vorübergehend wegen nicht beglichener Steuerschulden vom Finanzamt geschlossen worden. Der inzwischen durch Fernando Ferreira abgelöste Präsident José António Matias wurde des mehrfachen Scheckbetrugs überführt. Wegen Lohnrückständen kündigten die Teamstützen Mauro Aires und Mauro Soares ihre Verträge und wechselten während der Saison zu Benfica bzw. Sporting. Angesichts der prekären Lage muß das sportliche Abschneiden erstaunen. João Alves, in Personalunion Trainer und Manager, hatte nur sechs Spieler aus dem alten Kader übernommen, teils Reservisten der Spitzenklubs, teils "verschollene" Talente verpflichtet. Den anvisierten fünften Rang mit europäischer Perspektive hatte Belenenses allerdings nur am 10. und am 22. Spieltag inne.

Wegen der Nähe zum Pilgerort Fatima und zu den Glasmachern von Marinha Grande ist Leiria bekannt. Inzwischen spricht man in der Stadt am Lis-Fluß auch von den Fußballern der **União Desportiva Leiria**. Den sensationellen sechsten Tabellenplatz im Aufstiegsjahr hätten die Schützlinge von Vítor Manuel dank einer guten Rückrunde beinahe wieder erreicht. Anfangs schienen sich die Abgänge des Regisseurs Poejo und des Goalgetters Nélson Bertolazzi verheerend auszuwirken. Mit 0:4-Niederlagen gegen Marítimo und Salgueiros ging der Start gründlich daneben. Allmählich fing sich Leiria und schaffte sogar erstmals den Einzug ins Pokal-Halbfinale. Ganz besonders ragte der von Sporting ausgeliehene Porfirio heraus. Der schnelle, technisch brillante Flügelstürmer trat als Vorbereiter und achtfacher Torschütze in Erscheinung. Honoriert wurde seine Leistung durch die Nominierung zur EM und zu den Olympischen Spielen. In der vergangenen Saison war der Deutsche Michael Kimmel noch Stammspieler, diesmal kam er nur insgesamt 691 Spielminuten zum Zug. Der mit einer Portugiesin verheiratete defensive Mittelfeldspieler, der früher in Düsseldorf und Homburg spielte, hat Leiria nach vier Dienstjahren verlassen.

In der als portugiesisches Rom verklärten Erzbischofsstadt hat es ein Fußballklub schwer. Und der erfolgreichere Nachbar Guimarães tut ein übriges, daß sich **Sporting Braga** in der Region Minho als graue Fußballmaus fühlen darf. Die "Arsenalistas" scheinen ohne Perspektive im Mittelmaß versunken. Möglichst streßfrei und frühzeitig den Klassenerhalt sichern, hieß das Saisonziel; höhere Ambitionen wurden ausgeschlossen. Manuel Cajudas Team erfüllte die Vorgaben, ein elfter Rang am 15. Spieltag war die schlechteste Plazierung. Lediglich der Auswärtssieg gegen Sporting fiel aus dem Rahmen vorhersehbarer Resultate. Vom Durchschnitt hoben sich Rui Correia, Ersatzkeeper in der Auswahl, der Freistoßspezialist Barroso und der achtfache Torschütze Karoglan ein wenig ab.

Der zweimalige Vorstoß **Marítimo Funchals** in den UEFA-Cup und die Präsenz im Pokalfinale 1995 (0:2 gegen Sporting) setzten auf der Insel Madeira hohe Erwartungen frei. Raul Águas, der

Nachfolger des brasilianischen Erfolgstrainers Paulo Autuori, trat insofern ein schwieriges Erbe an. Dennoch hielt Marítimo bis zum 21. Spieltag Kurs auf den UEFA-Cup. Die folgende Negativserie führte zum Trainerwechsel, allerdings vermochte Rui Vieira auch keine neuen Impulse zu geben. Durch den Weggang von Vado und Paulo Alves waren die "Rotgrünen" im Angriff geschwächt, hinzu kam eine langwierige Verletzung des torgefährlichen Kanadiers Alex. Die Abwehr verlor zudem oft die Übersicht. Im *Estádio Barreiros*, das zuvor den Ruf einer uneinnehmbaren Festung hatte, bezog Marítimo fünf Niederlagen.

Der Tabellenrang kaschiert die nervenaufreibende Saison des einzigen erstklassigen Algarve-Klubs **Sporting Farense**. Bis zum Ende wurde in Faro um den Klassenerhalt gezittert. Die Weichen stellte man durch einen in letzter Minute geglückten Sieg bei Benfica. Obwohl der Kelch an den "kleinen Löwen" vorüber ging, bleibt ein bitterer Nachgeschmack zurück. In der letzten Spielzeit hatte Farense nämlich den fünften Rang belegt und sich erstmals überhaupt für einen europäischen Wettbewerb qualifiziert. Daraufhin wurden die besten Spieler verkauft; das Fehlen des marokkanischen Stürmers Hassan fiel besonders ins Gewicht. Und die finanzielle Lage hat sich trotz der Transfererlöse erheblich verschlechtert. Eine Streikdrohung der Spieler wegen ausstehender Gehälter veranlaßte den Präsidenten Rui Fernandes vor dem Match in Chaves zum Rücktritt, die vorübergehende Leitung übernahm ein fünfköpfiges Gremium. Für Kontinuität sorgt allein Paco Fortes. Der gebürtige Katalane und ehemalige Mittelstürmer von Farense trainiert die Mannschaft seit sieben Jahren.Mit vier Punkten aus sieben Begegnungen hatte **Gil Vicente** einen miserablen Start. Danach stand das Team aus Barcelos, der Stadt des legendären Hahnes, nie mehr auf einem Abstiegsrang. Der Klassenverbleib wurde allerdings erst am vorletzten Spieltag durch einen Heimsieg gegen Felgueiras sichergestellt. Mit dem niedrigsten Budget der Liga dotiert, konnte der Trainer Bernardino Pedroto, Sohn des verstorbenen, einst in Porto zu Ruhm gelangten Jose Maria Pedroto, nicht auf Stars setzen. Dennoch hoben sich einige Spieler vom Durchschnitt ab: die Torhüter Vital und Mihacic, der linke Verteidiger Pedrosa und der quirlige 18jährige Angreifer Carlitos, dem fünf Tore gelangen.

Salgueiros aus Paranhos, einem Stadtteil von Porto, leistete dem großen Nachbarn Schützenhilfe. Sie blieb gegen die Lissabonner Spitzenklubs unbesiegt, verbuchte gegen Benfica sogar einen Erfolg. Dies ist an sich schon erstaunlich, verwundert aber um so mehr, als die Heimspiele im am nördlichen Stadtrand von Porto gelegenen Maia ausgetragen wurden. Wie alle live übertragenen Partien, denn im eigenen Stadion *Vidal Pinheiro* fehlt eine Flutlichtanlage. Es mangelt generell an professionellen Bedingungen, weshalb der Bau eines neuen Stadions vordringlich ist. In zähen Verhandlungen mit den Stadtvätern brachte der Präsident José António Linhares, nachdem er auf die Benachteiligung gegenüber Porto und Boavista verwiesen hatte, sein Anliegen durch. Die Schützlinge von Mário Reis ließen unterdessen spektakulären Auftritten wie bei Sporting und Guimarães unerwartete Einbußen folgen, zum Beispiel gegen Gil Vicente und Campomaiorense. Sie gewannen nur vier Heimspiele und verzeichneten die meisten Unentschieden (15). Neben Basílio, Toni und Abílio, die mehr als die Hälfte der insgesamt 38 Tore erzielten, fiel vor allem Nandinho positiv auf. Der vom Viertligisten Castelo da Maia gekommene Außenstürmer ist inzwischen Junioren-Nationalspieler.

Wie Salgueiros auf Remis (14) spezialisiert und wie üblich in den Abstiegskampf verwickelt, zeigte **Estrêla Amadora** im Finish bemerkenswerte Resistenz. Die "Equipe tricolore" aus der Lissabonner Vorstadt feierte am 26. Spieltag (bei Gil Vicente) den ersten Auswärtssieg und gewann nach der folgenden Niederlage gegen Chaves auch in Leça. Mit Punktgewinnen gegen Porto und Boavista gelangte sie gerade noch ans rettende Ufer. Anfangs stand dem Trainer Fernando Santos, einem gelernten Ingenieur, nur Renato als Stürmer zur Verfügung. Nach der Genesung von Bambo und Birame sowie der Verpflichtung des Brasilianers Marquinhos endete die Torflaute. Einer Schwächeperiode folgte der nächste Aufschwung, als der Spielmacher Chainho seine Verletzung auskuriert hatte. Renato mit zehn und Marquinhos mit sieben Treffern trugen wesentlich zum Klassenerhalt des "Linha-Klubs" bei, dessen Reboleira-Stadion an der Bahnlinie von Lissabon nach Sintra liegt.

Es grenzt an ein Wunder, daß der **Leça FC** als Aufsteiger oben geblieben ist, spiegelt sich in dem bescheidenen Klub doch das wirtschaftliche Dilemma der Hafenstadt Matosinhos. Kredite mußten aufgenommen werden, um den Kader zu vervollständigen. Im ersten Spiel erlitt der vom FC Porto verpflichtete Kapitän Jaime Magalhäes einen Kreuzbandriß im Knie. Den Widrigkeiten zum Trotz verließ Leça ab dem 13. Spieltag für immer die Abstiegszone. Nach 26 Runden gab Trainer Fernando Festas dennoch frustriert auf. Er ertrage es nicht mehr, daß die Spieler nur Sandwiches zu essen bekämen, begründete er seinen Rücktritt nach vier Monaten ausstehender Saläre. Für den Nachfolger Antonio Pinto bedeutete der Transfer des Abwehrstrategen Matias nach Porto ein zusätzliches Handicap. Und auch von den Schiedsrichtern wurden die Newcomer oft benachteiligt, ließen sich aber nicht entmutigen. In Grenzsituationen konnte das kampfstarke Team stets auf seine Spielerpersönlichkeiten bauen. Der kroatische Keeper Vladan brachte die Gegner mit unglaublichen Reflexen reihenweise zur Verzweiflung, und Constantinos 15 Tore brachten allein 14 der insgesamt 34 Punkte. Mit einem Punkt weniger wären die Minimalisten abgestiegen.

Als einziger Klub aus dem (tiefen) Landesinnern bleibt **GD Chaves** dank eines Rui Albertos Treffer zwölf Minuten vor Ende der Meisterschaft erstklassig. Die in der Grenzregion zu Spanien beheimateten "Rotblauen" durchlebten ein Wechselbad der Gefühle und verschlissen die Trainer Vítor Urbano, Joaquim Teixeira und Frederico e Carvalho. Schließlich erntete Jose Romao, der am 28. Spieltag das Amt übernommen hatte, die Lorbeeren. Weil nach Edinhos Weggang ein torgefährlicher Stürmer fehlte, mußten spanische Mittelfeldspieler in die Bresche springen. Miner und Toniño waren Zerstörer, Aufbauer und (siebenfache) Torschützen in einem, ihr Landsmann Dani Diaz leistete ebenfalls wertvolle Arbeit. Ohne die Verstärkungen von jenseits der Grenze hätte Chaves den Ligaansprüchen kaum genügt, und die Ränge im städtischen Stadion wären spärlicher besetzt gewesen. Bei Heimspielen registrierte man mit Genugtuung eine "Invasion" aus dem Nachbarland.

Als Debütant in der höchsten Spielklasse ist der **FC Felgueiras** sogleich wieder abgestiegen. Danach sah es zunächst keineswegs aus. In der prosperierenden Kleinstadt nordöstlich von Porto herrschte euphorische Stimmung, die durch erfahrene Spieler ergänzte Meistermannschaft der 2. Division bereicherte die Liga, trotzte Porto das erste Remis ab und beendete die Vorrunde auf dem 10. Tabellenplatz. Niemand zweifelte mehr am Klassenerhalt, sogar vom UEFA-Cup war die Rede. Nach der vermeidbaren Heimniederlage gegen Benfica ging es dann aber kontinuierlich bergab. Der in die Kritik geratene Trainer Jorge Je-

DER POKAL

4. Runde

FC Porto - FC Amora	6:0
Académica Coimbra - Sporting Espinho	1:0
CD Feirense - GD Pescadores	4:0
FC Penafiel - FC Silves	4:0
SC Farense - Varzim SC	3:2
FC Tirsense - Benfica Lissabon	0:2
SC Olhanense Olhão - UD Oliveirense	2:1
GD Chaves - Sporting Lissabon	1:3
Belenenses Lissabon - Sporting Braga	2:1
União Funchal - SC Vila Real	0:1
SC Portimonense - Moreirense FC	2:1
FC Barreirense - CAD Elvas	2:3
Estrêla Amadora - Marítimo Funchal	2:3
AC Casa Pia Lissabon - FC Infesta	3:2
FC Alverca - FC Rio Ave Vila do Conde	0:2
Lourosa - FC Felgueiras	n. V. 1:1, 0:1
FC Lixa - AC Cucujães	4:1
CD Torres Novas - Lamas	1:3
SC Campomaiorense - CD Nacional Funchal	1:0
FC Gil Vicente - GD Estoril-Praia	0:2
AD Camacha - SC Beira-Mar	3:0
FC Marco - Caldas SC	n. V. 4:3
DC Louletano - Vitória Setúbal	0:2
União Leiria - SC Salgueiros	3:1
Leça FC - Ass. Naval 1.º de Maio	3:2
Anadia - Boavista Porto	2:8
SC Lamego - CD Alcains	n. V. 0:0, 1:0
FC Paços de Ferreira - Vit. Guimarães	1:4
Arrifanense - CD Aves	n. V. 0:2

5. Runde

Sporting Lissabon - Boavista Porto	2:1
Académica Coimbra - Marítimo Funchal	n. V. 2:2, 1:2
CAD Elvas - Vitória Guimarães	0:1
SC Farense - CD Feirense	n.V. 2:2/n.E. 4:3, n.V. 0:0
GD Estoril - União Leiria	n.V. 1:1/n.E. 3:4, n.V. 0:0
Vitória Setúbal - SC Olhanense Olhão	1:2
CD Aves - SC Vila Real	1:2
SC Lamego - AC Casa Pia Lissabon	2:1
FC Penafiel - FC Lixa	6:0
FC Rio Ave - SC Campomaiorense	n. V. 0:1
SC Portimonense - Leça FC	2:1
FC Porto - Lamas	n. V. 0:0 / 3:1
AD Camacha - FC Felgueiras	1:2
Belenenses Lissabon - FC Marco	2:0

Achtelfinale

SC Lamego - FC Porto	n. V. 1:1, 0:1
Sporting Lissabon - SC Campomaiorense	3:0
SC Portimonense - União Leiria	0:1
SC Farense - Benfica Lissabon	n. V. 1:1 / n. V. 0:3
Vitória Guimarães - Belenenses Lissabon	1:0
FC Felgueiras - FC Penafiel	1:2
Marítimo Funchal - SC Vila Real	2:0

Freilos: SC Olhanense Olhão

Viertelfinale

FC Porto - FC Penafiel	2:0
SC Olhanense Olhão - Sporting Lissabon	1:2
União Leiria - CS Marítimo Funchal	2:1
Benfica Lissabon - Vitória Guimarães	n. V. 1:0

Halbfinale

FC Porto - Sporting Lissabon	n. V. 1:1 / n. V. 0:1
Benfica Lissabon - União Leiria	n. V. 2:0

Finale
(18. Mai 1996, Lissabon, 50.000)

Benfica Lissabon - Sporting Lissabon	3:1 (2:0)

Benfica: Preud,homme - Calado, Hélder, Ricardo, Dimas - Bruno Caires (89. Marcelo) - Paulo Bento, Valdo, Kenedy (87. Iliev) - Mauro Airez (84. Paredao), João Pinto.
Sporting: Costinha - Luis Miguel, Naybet, Marco Aurélio, Nelson - Pedro Martins (68. Carlos Xavier), Peixe (34. Paulo Alves), Vidigal, Afonso Martins - Sá Pinto, Iordanov (46. Dominguez).
Schiedsrichter: Vítor Pereira (Lissabon) - Tore: 1:0 Mauro Airez (8.), 2:0, 3:0 João Pinto (40.,68.), 3:1 Carlos Xavier (82.).

sus änderte mehrmals die Taktik, die Talfahrt konnte er nicht aufhalten. Nach der 32. Runde rutschte Felgueiras erstmals auf einen Abstiegsplatz. Ihren Marktwert steigern konnten indes nur Sergio Conceicao und Lewis. Der vom FC Porto ausgeliehene Spielmacher schaffte den Sprung in die Juniorenauswahl, während der aus Trinidad und Tobago stammende Mittelstürmer 15 von insgesamt 29 Toren markierte.

Kurz war auch das Gastspiel des zweiten Neulings **Campomaiorense** in der Elite. Daß die Equipe aus der Kaffeestadt Campo Maior absteigen würde, zeichnete sich schon früh ab. Ausnahmslos belegten die "Grünweißen" einen Abstiegsplatz, 26 Mal die letzte Position. Hauptsächlich scheiterten sie an ihrer gravierenden Auswärtsschwäche. Nur am vorletzten Spieltag wurden - in Salgueiros - Punkte gesammelt. Die Ablösung des Trainers Manuel Fernandes durch Diamantino bewirkte indes einen leichten Aufschwung. Spielerisch verbessert und einsatzfreudiger, unterlag Campomaiorense vor eigenem Publikum bloß noch Porto - in einem Skandalspiel, dessen Protagonisten der Schiedsrichter Cunha Antunes, Vítor Baía und der Geschäftsführer Pedro Morcela waren. Morcela wurde ebenso wie Baia zwei Monate gesperrt. Im Team des Absteigers empfahlen sich der Bulgare Stoilov, der Serbe Stevanovic und vor allem Jimmy für höhere Aufgaben. Der in Surinam geborene Goalgetter holländischer Nationalität erhielt einen Vertrag bei Boavista.

Unter Regie von Eurico Gomes, früher ein herausragender Abwehrspieler des FC Porto, hatte der **FC Tirsense** die Saison 1994/95 auf dem achten Rang abgeschlossen. Der Trainer suchte daraufhin beim Zweitdivisionär Academica Coimbra eine neue Herausforderung, wurde aber entlassen und wenig später als Nachfolger von José Romão nach Santo Tirso zurückgerufen. Wunder konnte er nicht bewirken, denn die Mannschaft war ohne Paredão und Marcelo (zu Benfica) substantiell geschwächt. Zwar standen mit dem Torhüter Goran, dem emsigen Kapitän Caetano und dem marokkanischen Filigrantechniker Daoudi immer noch überdurchschnittliche Spieler in den Reihen der schwarzgekleideten "Jesuiten", den Angreifern mangelte es aber an Durchschlagskraft. Ristic, Rebelo und Baptista waren mit je vier Treffern die besten Schützen. Für Aufregung sorgte Samuel. Der während der Saison verpflichtete Abwehrspieler blieb nach nur acht Einsätzen in den Maschen des Dopings hängen. Es folgten ein Disziplinarverfahren und ein juristisches Nachspiel wegen der Kündigung. ■

DER TORJÄGER

José DOMINGOS Paciência de Oliveira (FC Porto)

José Domingos Paciência de Oliveira durchlief die Jugendabteilungen des FC Porto, 19jährig gab er sein Debüt in der ersten Mannschaft. Während einer Italientournee 1987 war Tomislav Ivic auf ihn aufmerksam geworden, Artur Jorge und Carlos Alberto Silva rückten den Filigrantechniker ins Rampenlicht, Bobby Robson machte ihn zum Kapitän. Inzwischen zählt der 30fache Nationalspieler zu den alten Hasen, sechs Meisterschaften, drei Pokale und zwei Supercups hat er gewonnen und seinen Vertrag trotz lukrativer Auslandsangebote bis zum Jahr 2000 verlängert.

Domingos entspricht nicht dem zeitgemäßen Typ des Mittelstürmers. Körperliche Nachteile gleicht der 27jährige Torjäger, der in 29 Einsätzen 25 Treffer erzielte, durch Beweglichkeit, Geschick im Zweikampf und Torinstinkt aus. Nur fünf Tore resultierten aus Standardsituationen, zwei davon aus Elfmetern. Ehe Domingos den Zenit erreichte und mit dem Prädikat bester Spieler der Saison ausgezeichnet wurde, mußte er einen Rückschlag verkraften. Nachdem Ivic von Robson abgelöst worden war, kam der schmächtige Spieler, der mit Kostadinov ein brillantes Team gebildet hatte, 15 Spiele in Folge nur als Joker zum Zug. Dennoch wurde er in der Saison 1994/1995 zweitbester Goalgetter der Liga. Vorübergehend in eine zurückhängende Position beordert, rückte er wieder in die Spitze, weil der neue Mittelstürmer Mielcarski einen Kreuzbandriß erlitt. Die Absenz des athletischen Polen spürte Domingos in der Champions League. Hart bewacht und meist auf sich allein gestellt, ging er leer aus, vergab darüber hinaus gegen Nantes einen entscheidenden Elfmeter. Auch die Europameisterschaft wird er in schlechter Erinnerung behalten. Der sechsfache Torschütze in der Qualifikation war nach einer Verletzungspause geschwächt, verlor seinen Stammplatz an Sá Pinto und wurde nur zweimal nach der Halbzeit eingesetzt. Immerhin traf er gegen Kroatien.

Benfica obenauf im Lissabonner Derby

DIE LÄNDERSPIELE

Liechtenstein - Portugal 0:7 (0:3) EMQ
15.8.1995 - Eschen - 3.500 - Poljak (Kroatien) - Alfredo (81. Rui Correia) - F. Couto, J. Costa, Dimas (54. Paulo Alves) - Secretario, Oceano (46. Sa Pinto), P. Santos - Rui Barros, Rui Costa, Folha - Domingos - Trainer: Oliveira. Tore: Domingos (24.), Paulinho Santos (32.), Rui Costa (39.,78. Elfmeter), Paulo Alves (66.,74., 89.).

Portugal - Nordirland 1:1 (1:0) EMQ
3.9.1995 - Porto - 50.000 - Harrel (Frankreich) - Vítor Baía - Secretario, F. Couto, J. Costa (73. Rui Barros), P. Santos - Oceano, Paulo Sousa, Rui Costa (82. Paulo Alves), Folha - Figo, Domingos - Trainer: Oliveira. Tor: Domingos (47./1:0)

Österreich - Portugal 1:1 (1:0) EMQ
11.10.1995 - Wien - 44.000 - Levnikov (Rußland) - Vítor Baía - Nelson, Hélder, J. Costa, P.Santos - Secretario (58. Sa Pinto), Oceano, Paulo Sousa, Rui Costa - Joao Pinto (46. Folha), Domingos (71. Dominguez) - Trainer: Oliveira. Tor: P. Santos (48.)

Portugal - Irland 3:0 (0:0) EMQ
15.11.1995 - Lissabon - 80.000 - Ceccarini (Italien) - Vítor Baía (85. Neno) - Secretario, F. Couto, Hélder, P. Santos - P. Sousa, Oceano, Rui Costa, Figo - Joao Pinto (65. Folha), Domingos (65. Cadete) - Trainer: Oliveira. Tore: Rui Costa (59.), Hélder (75.), Cadete (89.)

England - Portugal 1:1 (1:0)
12.12.1995 - London - 28.592 - Pedersen (Norwegen) - Neno - Secretario, F. Couto, J. Costa, Dimas - Figo (46. Dominguez), Hélder, Paulo Sousa (Paulo Alves,45), Folha (60. Pedro Barbosa) - Joao Pinto (60. Dani), Sa Pinto - Trainer: Oliveira. Tor: Paulo Alves (58./1:1)

Frankreich - Portugal 3:2 (1:2)
25.1.1996 - Paris - 25.000 - Gallagher (England) - Neno - Nelson (64. Dominguez), F. Couto, J. Costa, Dimas - Secretario, Hélder (78. Nuno Gomes), P. Santos, Rui Costa - Paulo Alves, Folha (75. Dani) - Trainer: Oliveira. Tore: F. Couto (22./0:1), Rui Costa (30./1:2)

Portugal - Deutschland 1:2 (0:1)
21.2.1996 - Porto - 20.000 - Boggi (Italien) - Vítor Baía - Secretario (85. Nelson), F. Couto, J. Costa, Dimas (75. F. Mendes) - Figo (46. Paneira), Oceano (85. Hélder), Paulo Sousa, Rui Costa (66. Capucho) - Sa Pinto, Folha (62. Paulo Alves) - Trainer: Oliveira. Tor: Folha (51./1:1)

Portugal - Griechenland 1:0 (0:0)
27.3.1996 - Lissabon - 3.000 - Reed (England) - Vítor Baía - Nelson (46. Neves), Paulo Madeira (59. Dimas), Hélder, F. Mendes - Paulo Bento (46. Oceano), Tavares, Folha (59. Paulo Alves) - Joao Pinto, Domingos (72. Tulipa), Sa Pinto (46. Capucho) - Trainer: Oliveira. Tor: Oceano (86. Elfmeter)

Irland - Portugal 0:1 (0:1)
29.5.1996 - Dublin - 26.576 - Detruche (Schweiz) - Vítor Baía - Nélson (46. Neves) - Hélder, Paulo Madeira (58. Dimas), F. Mendes - Tavares - Sá Pinto (46. Capucho), Paulo Bento (46. Oceano), Joao Pinto, Folha (58. Paulo Alves) - Domingos (72. Tulipa) - Trainer: Oliveira. Tor: Folha (39.)

Dänemark - Portugal 1:1 (1:0) EM-VR
9.6.1996 - Sheffield - 34.993 - van der Ende (Niederlande) - Vítor Baía - F. Couto, Hélder, P. Santos, Dimas - Oceano (36. Folha), Paulo Sousa (78. Tavares), Sá Pinto, Rui Costa, Figo (62. Domingos) - Joao Pinto - Trainer: Oliveira. Tor: Sá Pinto (52./1:1)

Portugal - Türkei 1:0 (0:0) EM-VR
14.6.1996 - Nottingham - 22.670 - Puhl (Ungarn) - Vítor Baía - F. Couto, Hélder, P. Santos, Dimas - Paulo Sousa, Sá Pinto (64. Cadete), Figo, Rui Costa, Folha (46. Tavares) - Joao Pinto (75. Porfirio) - Trainer: Oliveira. Tor: Couto (64.)

Kroatien - Portugal 0:3 (0:2) EM-VR
19.6.1996 - Nottingham - 20.484 - Heynemann (Deutschland) - Vítor Baía - F. Couto, Hélder, Secretário, Oceano - Dimas, Paulo Sousa (69. Tavares), Joao Pinto, Rui Costa (60. Barbosa), Figo (46. Sá Pinto) - Domingos - Trainer: Oliveira. Tore: Figo (3.), Joao Pinto (32.), Domingos (81.)

Tschechien - Portugal 1:0 (0:0) EM-VF
23.6.1996 - Birmingham - 26.832 - Krug (Deutschland) - Vítor Baía - F. Couto, Hélder, Secretário, Dimas - Oceano (64. Folha), Paulo Sousa, Rui Costa, Figo (81. Cadete) - Joao Pinto, Sá Pinto (46. Domingos) - Trainer: Oliveira.

DER EUROPAPOKAL

UEFA - Champions League

Gruppe A

FC Nantes - FC Porto 0:0
13.9.1995 - 25.000 - Weber (Deutschland) - Vítor Baía - João Pinto, José Carlos, Aloísio, Paulinho Santos - Emerson (89. Bino), Latapy, Secretário, Rui Barros - Mielcarski, Domingos (77. Folha)

FC Porto - ÅaB Ålborg 2:0 (1:0)
27.9.1995 - 25.000 - Mottram (Schottland) - Vítor Baía - João Pinto (72. Bino), Jorge Costa, José Carlos, Paulinho Santos - Latapy, Emerson, Secretário, Drulovic (79. Folha) - Domingos, Mielcarski (35. Rui Barros) - Tore: Rui Barros (41.,63.)

FC Porto - Panathinaikos Athen 0:1 (0:1)
18.10.1995 - 25.000 - Trentalange (Italien) - Vítor Baía - João Pinto (55. Folha), José Carlos, Aloísio, Paulinho Santos - Emerson, Latapy, Secretário (84. Bino), Rui Barros (76. Jorge Couto), Drulovic - Domingos

Panathinaikos Athen - FC Porto 0:0
1.11.1995 - 62.000 - Goethals (Belgien) - Vítor Baía - Secretário, Jorge Costa, Aloísio, Rui Jorge - Emerson, Paulinho Santos, Edmilson, Rui Barros (79. Bino), Drulovic (85. Folha) - Domingos

FC Porto - FC Nantes 2:2 (1:2)
22.11.1995 - 25.000 - Uilenberg (Niederlande) - Vítor Baía - José Carlos, Jorge Costa, Secretário, Paulinho Santos - Emerson (81. Bino), Lipcsei, Edmilson, Rui Barros (59. Jorge Couto), Drulovic (81. Folha) - Domingos - Tore: Drulovic (10./1:1), José Carlos (55./2:2)

ÅaB Ålborg - FC Porto 2:2 (1:0)
6.12.1995 - 4.000 - Craciunescu (Rumänien) - Vítor Baía - João Pinto (52. Rui Barros), José Carlos (74. Manuel Pinto), Aloísio, Rui Jorge (67. Folha) - Emerson, Paulinho Santos, Secretário, Edmilson, Drulovic - Domingos - Tore: Emerson (63./1:1, 75./ 2:2)

Europapokal der Pokalsieger

1. Runde:

Sporting Lissabon - Maccabi Haifa 4:0 (2:0)
14.9.1995 - 35.000 - Burge (Wales) - Costinha - Nélson, Naybet, Marco Aurélio, Nuno Valente - Oceano, Pedro Martins (85. Vidigal), Sá Pinto, Pedro Barbosa (75. Paulo Alves), Amunike - Ouattara (63. Dominguez) - Tore: Pedro Barbosa (7., 10., 47.), Sá Pinto (88.)

Maccabi Haifa - Sporting Lissabon 0:0
28.9.1995 - 7.000 - Bezoubiak (Ukraine) - Costinha - Nélson, Naybet, Marco Aurélio, Nuno Valente - Oceano, Pedro Martins (75. Vidigal), Sá Pinto, Pedro Barbosa (46. Dominguez), Amunike - Ouattara (62. Paulo Alves)

2. Runde

Sporting Lissabon - Rapid Wien 2:0 (2:0)
19.10.1995 - 50.000 - Hamer (Luxemburg) - Costinha - Nélson, Naybet, Marco Aurélio, Vujacic - Oceano, Pedro Martins, Sá Pinto (85. Afonso Martins), Assis (73. Dani), Dominguez - Paulo Alves (89. Pedro Barbosa) - Tore: Sá Pinto (14.), Paulo Alves (25.)

Rapid Wien - Sporting Lissabon n. V. 4:0 (2:0, 2:0)
2.11.1995 - 25.000 - Müller (Schweiz) - Costinha - Nélson, Naybet, Marco Aurélio, Vujacic - Oceano, Pedro Martins, Dominguez (75. Pedro Barbosa), Sá Pinto, Amunike (66. Dani) - Paulo Alves (87. Carlos Xavier)

UEFA - Pokal

1. Runde

Lierse SK - Benfica Lissabon 1:3 (1:1)
12.9.1995 - 9.300 - Frisk (Schweden) - Preud´homme - King (46. Calado), Hélder, Paulo Pereira, Dimas - Paulo Bento, Valdo, Panduru (85. Maniche), Kenedy - João Pinto, Marcelo (75. Edgar) - Tore: Valdo (25. Elfmeter/0:1), Marcelo (54./ 1:2), Paulo Bento (65./1:3)

Benfica Lissabon - Lierse SK 2:1 (1:1)
26.9.1995 - 40.000 - Leduc (Frankreich) - Preud´homme - Calado, Hélder, Ricardo, Dimas, Paulo Bento - Maniche (52. Bruno Caires), Panduru (89. Paulo Pereira), Edgar (52. Kenedy) - João Pinto, Marcelo - Tore: João Pinto (25./1:0), Kenedy (60./2:1)

Vitória Guimarães - Standard Liège 3:1 (1:1)
12.9.1995 - 15.000 - McCluskey (Schottland) - Neno - José Carlos, Arley, Tanta (62. Basílio), Quim Berto - Soeiro - Vítor Paneira, N´Dinga, Ricardo (41. Edinho), Capucho (59. Dane) - Gilmar - Tore: Gilmar (22./1:0, 89./3:1), Edinho (68./2:1)

Standard Liège - Vitória Guimarães 0:0
26.9.1995 - 12.000 - Sundell (Schweden) - Neno - José Carlos, Vitor Silva, Tanta, Basílio - Soeiro - Capucho, N´Dinga, Vítor Paneira (58. Dane), Quim Berto - Edinho (67. Gilmar)

SC Farense - Olympique Lyon 0:1 (0:1)
13.9.1995 - 10.000 - Meier (Schweiz) - Rufai - Paiva, Jorge Soares, Idalécio, Eugénio - Hajry - Tozé (56. Marco Nuno), Carlos Costa, Barrigana (13. Christian), Helcinho (74. Camilo) - Djukic

Olympique Lyon - SC Farense 1:0 (0:0)
26.9.1995 - 8.000 - Wieser (Österreich) - Rufai - Jorge Soares, Eugénio, Pedro Miguel (84. Romicha), Idalécio (66. Tozé) - Paiva, Carlos Costa, Hajry, Barrigana (49. Christian) - Punisic, Helcinho

2. Runde

Benfica Lissabon - Roda JC Kerkrade 1:0 (0:0)
17.10.1995 - 35.000 - Vasilakis (Griechenland) - Preud´homme - Hélder, Paredão, Marinho, Dimas - Paulo Bento, Kenedy (87. Bruno Caires), Panduru, João Pinto, Ailton - Marcelo (30. Edgar) - Tor: Panduru (78.)

Roda JC Kerkrade - Benfica Lissabon 2:2 (0:0)
31.10.1995 - 20.000 - Muhmenthaler (Schweiz) - Preud´homme - Paulo Pereira, Paredão, Ricardo, Dimas - Bruno Caires (77. Edgar), Calado (71. Marcelo), Hélder, Kenedy - João Pinto, Hassan - Tore: Hassan (86./2:1, 90./2:2)

FC Barcelona - Vitória Guimarães 3:0 (1:0)
17.10.1995 - 40.000 - Sars (Frankreich) - Neno - José Carlos, Vítor Silva, Tanta, Quim Berto - Soeiro, N´Dinga, Vítor Paneira (74. Dane), Capucho, Zahovic (69. Gilmar) - Edinho

Vitória Guimarães - FC Barcelona 0:4 (0:1)
31.10.1995 - 25.000 - Strampe (Deutschland) - Neno - José Carlos, Vítor Silva, Tanta, Quim Berto - Soeiro (46. Vítor Paneira), N´Dinga, Capucho, Dane (65. Marco Freitas) - Zahovic (65. Gilmar), Edinho

3. Runde

FC Bayern München - Benfica Lissabon 4:1 (3:1)
21.11.1995 - 30.000 - Gallagher (England) - Preud´homme - Marinho (56. Edgar), Hélder, Paulo Paneira, Dimas - Calado, Paulo Bento, Kenedy (75. Marcelo), Valdo - Hassan, João Pinto - Tor: Dimas (30./1:1)

Benfica Lissabon - FC Bayern München 1:3 (1:1)
5.12.1995 - 20.000 - Mikkelsen (Dänemark) - Preud´homme - Marinho, Hélder, Ricardo, Pedro Henriques - Calado, Paulo Bento, Valdo - Hassan, Marcelo, Edgar - Tor: Valdo (13./1:0)

UI - Cup

Békéscsabei EFC - União Leiria	2:2
União Leiria - Naestved IF	1:1
Ton Pentre AFC - União Leiria	0:3
União Leiria - SC Heerenveen	1:0

RUMÄNIEN 1995/96

Korruptionsvorwürfe in der Eliteliga

von Romeo Ionescu

Federatia România de Fotbal

Bd. Poligrafiei 3,
Sector 1
R-71556 Bukarest
Telefon: ++40 (1) 41 00 179
Telefax: ++40 (1) 222 63 24

FIFA-Weltrangliste

Juli 1995:	13. Platz,	53,40 Punkte
Juli 1996:	23. Platz,	50,54 Punkte

UEFA-Fünfjahreswertung

1996/97:	21. Platz,	15,15 Punkte

Vor Beginn der Saison 1995/96 standen die EM-Qualifikation und die europäischen Vereinswettbewerbe im Mittelpunkt des Interesses. Die rumänischen Fans hofften auf ein achtbares Abschneiden ihrer Teams auf europäischer Ebene, während sie an der heimischen Spielklasse kaum Interesse zeigten.

Der niedrige Lebensstandard in Rumänien und das geringe Niveau der *Divizia A* ließ die durchschnittliche Zuschauerzahl in den letzten Jahren auf unter 3.000 fallen - und das, obwohl mehr als die Hälfte der Zuschauer die Spiele auch noch umsonst verfolgen konnten.

Die finanzschwachen Klubs können nur dank zahlungskräftiger Sponsoren überleben. Rekordmeister Steaua Bukarest beispielsweise steht noch immer unter dem Einfluß des rumänischen Verteidigungsministeriums, und wird außerdem von der *Rumänischen Bank für Außenhandel* unterstützt. Dinamo Bukarest untersteht dem Innenministerium und Lokalrivale Rapid wird vom Elektronikkonzern *Samsung* gesponsert. Die anderen Mannschaften werden von lokalen Unternehmen unterstützt.

Für die meisten rumänischen Erstligisten heißt die erste Regel der europäischen „Fußballmarktwirtschaft“: Aufbau junger und billiger Talente, teurer Verkauf etablierter Spieler. Der Transfererlös garantiert den Vereinen ihr Weiterbestehen. Der bedeutendste Transfer des Sommers 1995 war der Wechsel des Mittelfeldspielers Basarab Panduru von Steaua zu Benfica Lissabon. Universitatea Craiova verlor mit Ovidiu Stînga (Salamanca) und Gheorghe Craioveanu (San Sebastian) zwei Leistungsträger, während Dinamo Bukarest Gheorghe Mihali und Viorel Moldovan an den französischen Erstligaaufsteiger En Avant Guingamp bzw. Neuchâtel Xamax abgeben mußte.

Die fünf verstärkten das rumänische Kontingent in den europäischen Spitzenligen, in denen Spieler wie Hagi, Lupescu, Popescu, Munteanu, Raducioiu seit Jahren vertreten sind. Was das für Rumäniens Fußball bedeutet, konnte man beim letzten EM-Qualifikationsspiel gegen die Slowakei erneut deutlich sehen: Von den 14 eingesetzten Spielern lebten lediglich vier noch im Lande und verdienten ihre *Lei* beim Aushängeschild Steaua Bukarest.

Vor dem Start der Spielrunde beschloß der Rumänische Fußballverband, die Teilnehmerzahl der *Divizia Nationala* von 18 auf 16 zu reduzieren. Die Initiative geschah im Einklang mit dem Nationalcoach Anghel Iordanescu, der wegen der guten Nationalmannschaftsergebnisse zum General befördert worden war! Iordanescu agierte als Spieler zwischen 1968 und 1982 im Armee-Team Steaua. Daß er auch ein guter Nationalspieler war, beweisen seine 26 Tore in 64 Länderspielen (damit ist er in Rumänien zweitbester Schütze aller Zeiten!). Seine Trainerkarriere brachte ihm als Co-Trainer unter Emerich Jenei den Gewinn des Europapokals 1986 - sowie allein verantwortlich ein Europacup-Finale (1989) und den Einzug ins Viertelfinale mit der Nationalmannschaft bei der WM in den USA.

Nach dem Reduktionsbeschluß sollten vier Vereine aus der Eliteklasse absteigen und durch lediglich zwei Aufsteiger ersetzt werden, was jedoch im März 1996 wieder rückgängig gemacht wurde, als sich 14 der Vereinsvorsitzenden für die Beibehaltung von 18 Mannschaften aussprachen. Daraufhin mußte der Verband den Plan zurückziehen. Auf- und Abstieg gingen wie in bisheriger Weise vonstatten.

Die Meisterschaftsrunde startete am 13. August, aber das Interesse der Bevölkerung war gering. Sportul Studentesc Bukarest - in den 80er

Divizia A	Gesamt							Heim					Auswärts				
	Sp	g	u	v	Tore	Diff.	Pkt.	g	u	v	Tore	Pkt.	g	u	v	Tore	Pkt.
1. Steaua Bukarest (M)	34	21	8	5	79:30	+49	71	15	2	0	58:12	47	6	6	5	21:18	24
2. FC National Bukarest	34	18	6	10	60:44	+16	60	12	2	3	43:22	38	6	4	7	17:22	22
3. Rapid Bukarest	34	18	5	11	59:33	+26	59	12	3	2	38:10	39	6	2	9	21:23	20
4. Universitatea Craiova	34	17	6	11	45:30	+15	57	15	2	0	35:6	47	2	4	11	10:24	10
5. Dinamo Bukarest	34	15	7	12	40:37	+ 3	52	12	3	2	28:12	39	3	4	10	12:25	13
6. FC Petrolul Ploiesti (P)	34	16	3	15	44:38	+ 6	51	15	2	0	34:7	47	1	1	15	10:31	4
7. Polit. Timisoara (N)	34	14	7	13	58:47	+11	49	13	2	2	47:16	41	1	5	11	11:31	8
8. FC Farul Constanta	34	15	4	15	56:49	+ 7	49	12	2	3	37:15	38	3	2	12	19:34	11
9. Universitatea Cluj	34	14	6	14	41:40	+ 1	48	12	4	1	35:12	40	2	2	13	6:28	8
10. FC Brasov	34	13	7	14	38:60	-22	46	12	5	0	24:10	41	1	2	14	14:50	5
11. Gloria Bistrita	34	14	3	17	41:38	+ 3	45	13	1	3	31:10	40	1	2	14	10:28	5
12. AS Bacau (N)	34	15	0	19	40:58	-18	45	14	0	3	33:11	42	1	0	16	7:47	3
13. Otelul Galati	34	14	3	17	42:46	- 4	45	14	0	3	32:11	42	0	3	14	10:35	3
14. Sportul Stud. Bukarest	34	12	7	15	33:35	- 2	43	9	4	4	22:12	31	3	3	11	11:23	12
15. Ceahlaul Piatra Neamt	34	13	4	17	34:46	-12	43	12	1	4	23:11	37	1	3	13	11:35	6
16. FC Arges Pitesti	34	12	6	16	39:52	-13	42	11	4	2	32:14	37	1	2	14	7:38	5
17. FC Inter Sibiu ⬇	34	10	7	17	29:48	-19	37	9	6	2	20:9	33	1	1	15	9:39	4
18. Politehnica Iasi (N) ⬇	34	9	3	22	27:74	-47	30	7	3	7	18:15	24	2	0	15	9:59	6

EC 1996/97: CL: Steaua Bukarest, EC2: Gloria Bistrita, UEFA: National Bukarest, Rapid Bukarest, UI: Universitatea Craiova, Dinamo Bukarest

Jahren mehrmaliger UEFA-Cup-Teilnehmer - mußte so weit gehen, seine Heimspiele in der Stadt Targo Jiu auszutragen, wo man sowohl einen Sponsor als auch größere Zuschauerzahlen vorfand. Allgemein blieben die Besucherzahlen so niedrig, daß sich beispielsweise Dinamo, Semifinalist im Europacup der Meister von 1984, in einigen Spielen entschloß, Freikarten unter die Leute zu bringen.

Erstmals konnten Transfers jederzeit getätigt werden. So konnte man einige Spieler im Laufe einer Saison in mehreren verschiedenen Vereinstrikots sehen, beispielsweise Salagean, der in der Hinrunde für Universitatea Cluj-Napoca, Ceahlaul Piatra Neamt und Rapid Bukarest auflief.

Der Titelkampf war eigentlich nur im Herbst interessant: Zwar startete Rapid mit drei Siegen in drei Spielen, aber nach dem 4. Spieltag übernahm Steaua die Tabellenführung mit dem Vorsatz, sie bis zum Schluß nicht mehr abzugeben. Die erste Niederlage mußte in Runde 11 ausgerechnet beim Tabellenletzten, FC Brasov, hingenommen werden (0:1). Dennoch blieb man mit drei Punkten Vorsprung vor dem Ortsrivalen Dinamo. Im weiteren Verlauf der Saison konnte der Vorsprung gar auf elf Zähler vergrößert werden!

Die Qualifikation für die Europameisterschaft veranlaßte den Fußballverband, vier Meisterschaftsrunden der Rückserie vor Weihnachten austragen zu lassen. Da die Liga Mitte

Die Torschützen

Ion Vladoiu (Steaua Bukarest)	25
Marin Duna (FC National Bukarest)	17
Marcel Baban (Politehnica Timisoara)	15
Ionel Danciulescu (Dinamo Bukarest)	14
Adrian Ilie (Steaua Bukarest)	13
Radu Niculescu (FC National Bukarest)	12
Dumitru Târtau (Rapid Bukarest)	12
Daniel Scânteie (AS Bacau)	12
Gheorghe Butoiu (Farul Constanta)	12
Viorel Ion (Otelul Galati)	11
Radu Sabo (Universitatea Cluj)	11

April fertig sein sollte, mußte besonders der Monat März mit Spielterminen überfrachtet werden. Der Winter war in Rumänien sehr lang und besonders kalt, und viele wichtige Begegnungen mußten auf Schneeboden durchgeführt werden. Beim Pokal-Halbfinalspiel zwischen National Bukarest und Gloria Bistrita beispielsweise wurde sozusagen auf einem unter Wasser stehenden Platz gespielt, woraufhin der Verlierer aus der Hauptstadt, der damit die Möglichkeit der Europapokal-Teilnahme verloren hatte, behauptete, daß der Provinzklub auf einem solchen Terrain spielen wollte, um sich einen Vorteil zu verschaffen.

Korruption ist im rumänischen Fußball genauso existent wie in anderen Lebensbereichen, etwa Parlament, Polizei, Geschäftswelt, einfach überall. Man spricht offen über "cooperativa", darüber, daß manche Teams anderen die benötigten Punkte praktisch auf dem Tablett servieren. Auch die

Divizia A	Steaua	National	Rapid	Craiova	Dinamo	Petrolul	Timisoara	FC Farul	Cluj	Brasov	Bistrita	Otelul	Bacau	Sportul	Ceahlaul	FC Arges	Sibiu	Iasi
Steaua Bukarest	•	5:1	3:0	1:0	4:2	2:1	5:1	2:2	4:0	5:0	3:1	5:0	1:0	1:1	6:2	4:0	3:1	4:0
FC National Bukarest	1:0	•	0:4	4:3	1:1	3:0	2:1	2:1	3:1	5:1	1:3	4:1	3:1	0:0	3:1	4:1	5:0	2:3
Rapid Bukarest	1:1	1:1	•	0:1	2:0	1:0	4:1	3:4	5:0	3:0	2:0	3:0	2:0	1:1	2:1	3:0	2:0	3:0
Universitatea Craiova	1:1	1:0	2:0	•	3:1	3:0	3:1	2:1	0:0	3:1	1:0	1:0	3:0	1:0	4:0	2:1	2:0	3:0
Dinamo Bukarest	1:1	0:3	1:1	2:1	•	1:0	3:0	2:1	1:0	3:1	2:1	3:0	2:0	0:1	0:0	3:1	2:1	2:0
FC Petrolul Ploiesti	2:2	0:0	2:1	1:0	1:0	•	2:0	2:0	2:0	4:2	2:0	3:0	2:0	1:0	3:2	1:0	1:0	5:0
Politehnica Timisoara	2:1	0:1	1:3	0:0	2:2	2:0	•	3:1	2:0	4:1	3:0	2:0	3:1	3:1	4:3	2:0	5:1	9:1
FC Farul Constanta	1:1	0:2	4:2	2:1	1:2	3:3	1:4	•	1:0	4:0	1:0	1:0	1:0	1:0	2:0	3:0	4:0	7:0
Universitatea Cluj	2:1	1:3	2:0	1:1	2:0	2:0	2:0	3:0	•	1:1	1:1	7:1	3:2	1:0	2:0	1:0	1:1	3:1
FC Brasov	1:0	0:0	1:0	1:1	2:1	1:0	1:1	3:1	1:0	•	1:0	2:1	1:0	4:3	0:0	1:1	2:1	2:0
Gloria Bistrita	0:2	3:1	1:2	3:0	2:0	1:0	0:0	0:2	1:0	3:2	•	2:0	2:0	3:1	1:0	4:0	2:0	3:0
AS Bacau	1:2	2:1	1:0	1:0	2:0	1:0	4:1	3:0	1:0	1:2	3:1	•	3:0	0:1	2:0	3:1	2:1	3:1
Otelul Galati	1:2	3:1	0:3	2:0	0:2	2:0	1:0	1:0	2:0	4:0	1:0	3:1	•	3:1	2:0	2:0	2:0	3:1
Sportul Studentesc Bukarest	0:2	0:0	0:0	0:0	0:1	2:1	1:0	2:1	2:3	2:0	2:1	3:0	1:1	•	1:0	3:0	0:1	3:1
Ceahlaul Piatra Neamt	2:1	1:2	0:1	0:2	2:0	1:2	1:0	0:0	2:0	2:1	1:0	3:1	3:1	1:0	•	1:0	2:0	1:0
FC Arges Dacia Pitesti	1:2	4:0	3:2	2:0	1:0	2:1	0:0	2:1	0:2	1:1	2:1	2:0	2:2	1:0	1:1	•	2:1	6:0
FC Inter Sibiu	0:0	1:0	2:1	2:0	0:0	2:1	1:1	3:2	1:0	3:0	0:0	0:2	1:1	2:0	2:0	0:0	•	0:1
Politehnica Iasi	1:2	0:1	0:1	2:0	0:0	2:1	0:0	1:2	0:0	2:1	2:1	3:0	2:1	0:1	0:1	1:2	2:1	•

Schiedsrichter gerieten in diesem Zusammenhang in die Diskussion. Die Debatte über die Mißstände und auch die Rücknahme der Ligenreduktion waren gerade in jenem Moment aktuell, als Nationalcoach Iordanescu zum vierten Mal Vater wurde, so daß er sich spontan entschloß, das Amt des Nationaltrainers niederzulegen. Nach drei Tagen ausgiebiger Erörterungen - u.a. gab es auch ein Gespräch zwischen Iordanescu und dem Staatspräsidenten Iliescu - sowie zahlreicher Sympathiebekundungen von Spielern und Fußballanhängern nahm der Coach seine Amtsniederlegung zurück und blieb damit Teamchef für die Europameisterschaftsendrunde. Die Verbandsoberen beschlossen zur Abwehr von Korruption eine lückenlose Erstellung von Videoaufzeichnungen der Erstligaspiele, die anschließend analysiert werden sollten.

Rapid Bukarest war seit 1994, als der südkoreanische Elektronikkonzern Samsung als Sponsor eingestiegen war, ein starkes Team geworden. Nach der Niederlage im Pokalfinale des Jahres 1995 wechselte man - natürlich - erst einmal den Trainer aus: Viorel Hizo, der die Truppe schon zu Beginn des Spieljahres 1994/95 betreut hatte, kehrte zurück. Aber nach ärmlichen Vorstellungen Ende September/Anfang Oktober wurde er wiederum abgelöst. Als neuen Coach verpflichtete man den früheren rumänischen Nationaltrainer (von 1991) Mircea Radulescu. Am Ende der Saison sprang Platz 3 heraus!

Dinamo Bukarest, die Mannschaft, die seit 1981 in jedem Jahr an den europäischen Wettbewerben teilgenommen hatte, schien diesmal den Platz im UEFA-Cup zu verpassen. Die Ortsrivalen FC National und Rapid hatten Anfang April die Verfolgerplätze von Steaua so gut wie sicher, und auch der mögliche Platz im Cup der Pokalsieger (Finalist Steaua stand ja schon als Meister fest!) ging verloren, als gegen Sportul Studentesc verloren wurde. Unter diesen Umständen kündigte der Präsident von Dinamo, der frühere Nationalspieler (1968-1981) und Manager (1992-1993) Cornel Dinu, seinen Rücktrittswunsch aus der rumänischen Eliteklasse an, genau vor dem Spiel National gegen Dinamo. Dies waren die Ereignisse, die in jenen Tagen am spannendsten waren, spannender jedenfalls als die Spiele selbst.

Die UEFA-Cup-Plätze sicherten sich National und Rapid kurioserweise, als sie im Stadion Giulesti von Rapid direkt aufeinander trafen und sich mit einem Unentschieden trennten. Am gleichen Spieltag kam Inter Sibiu, Gewinner des Balkan-Cup 1991, im Heimspiel gegen Arges Pitesti nur zu einem Remis. Damit war Inter als 17. zum Abstieg verurteilt. Neuling Politehnica Iasi hatte die "rote Laterne" bereits seit dem 28. Februar!

Nach der großen Überraschung des Vorjahres, als Petrolul Ploiesti dem FC Rapid Bukarest den Landespokal vor der Nase weggeschnappt hatte (durch Elfmeterschießen), war man gespannt, ob es wieder zu solch einer dramatischen

Situation kommen würde. In Runde 1 (im Dezember) eliminierte Drittdivisionär Danubiana Bukarest den Erstligisten Politehnica Timisoara mit einem unfaßbaren 5:1! Die weiteren Überraschungen waren das Weiterkommen des Drittligisten Armatura Zalau nach Elfmeterschießen gegen die "europäische Mannschaft" Universitatea Craiova sowie das bravouröse Abschneiden des Aufsteigers in die 2. Liga, Foresta Falticeni im Match gegen Rapid Bukarest. In der zweiten Runde gab es die erwarteten Resultate.

Im Viertelfinale waren acht Nationalligisten unter sich. Es wurde das Gerücht verbreitet, daß Meister Steaua Bukarest sein Spiel gegen Dinamo Bukarest „abgeben" würde, doch dem war nicht so. Gloria Bistrita gewann sein Match in den letzten beiden Minuten, als Lazar aus einem 0:1 noch ein 2:1 machte. National Bukarest und Inter Sibiu benötigten zum Erreichen der Vorschlußrunde das Elfmeterschießen. In besagtem Halbfinale hatte Steaua mit Inter keine Mühe, während das Weiterkommen von Bistrita als große Überraschung gewertet werden kann. Dies war das Spiel um den Einzug in den Europapokal der Pokalsieger, da Steaua in der Champions League starten würde. Gloria Bistrita als Organisator des Spieles wählte zur Austragung ein mit Wasser bedecktes Stadion in Brasov. Auf diese Weise markierte der Außenseiter zwei Treffer und erreichte das Finale (und die Europacup-Teilnahme!), National fühlte sich benachteiligt.

Das Endspiel wurde vom Meister Steaua Bukarest mit 3:1 gewonnen. Überraschend war Glorias Führung zur Pause durch ein Miszti-Tor in der 44. Spielminute. Der Favorit benötigte nach dem Wiederanpfiff 15 Minuten, um zum Ausgleich zu kommen. Anschließend war der Bann gebrochen, und man erzielte zwei weitere Treffer. Die Fehler von Torwart Bogdan Stelea hätten den Meister aber den Sieg kosten können. Übrigens beendeten beide Teams die Begegnung mit nur zehn Spielern, da Sabin Ilie und Marian Nastase im zweiten Durchgang des Feldes verwiesen wurden.

In der Europameisterschaftsqualifikation gingen die Rumänen mit einem beruhigenden Polster in die letzten Begegnungen. So war es nicht weiter tragisch, daß die Ergebnisse nicht den Erwartungen entsprachen. Nach einem 0:0 in Polen setzte es die einzige Heimniederlage, 1:3 gegen Frankreich (Lacatus erzielte den einzigen Treffer Rumäniens). Das abschließende 2:0 in der Slowakei durch Hagi und Munteanu stimmte wieder etwas versöhnlicher. Somit konnte der Gruppensieg in der Gruppe trotz der Schwächeperiode errungen werden. Bei der Endrunde in England sorgten die Mannen von Trainer Iordanescu für eine Enttäuschung, wurden doch sämtliche Partien der Gruppe B mit einem Tor Unterschied verloren. Raducioiu erzielte den einzigen Treffer in drei Spielen!

Auf europäischer Klubebene erreichte Steaua Bukarest gegen Austria Salzburg knapp die Champions League. In der Gruppe C erspielte die Truppe einen akzeptablen 3. Platz hinter Juventus Turin und Borussia Dortmund, aber noch vor Glasgow Rangers. Bei den Pokalsiegern blieb das überraschend qualifizierte Petrolul Ploieşti nach dem Erfolg gegen FC Wrexham an Rapid Wien hängen (1:3/0:0). ■

DER MEISTER

CSA Steaua Bukarest

Rumäniens nationaler Champion der letzten vier Jahre wurde 1946 als Mannschaft der Armee gegründet. 1996 gelang wie zuletzt 1989 das Double. Man qualifizierte sich für die Champions League und hatte in Ion Vladoiu den Top-Scorer der Liga in den eigenen Reihen.

Der Klub hatte den Goalgetter von Rapid zurückgeholt, mußte ihn aber nach Abschluß der Saison zum 1. FC Köln ziehen lassen. Auch Nationaltorwart Bogdan Stelea hatten die Verantwortlichen vom türkischen Erstligisten Samsunspor zurückgeholt. Beide waren Garanten für den Erfolg des Steaua-Teams.

Eine Hoffnung für die Zukunft wird durch Narcis Raducan, der als 19jähriger aus Bacau gekommen war, genährt. Auch heute noch ist Steaua der Verein geblieben, der die meisten Nationalspieler abstellt: Bei der EM in England wurden Stelea, Prodan, Galca, Adrian Ilie und Lacatus eingesetzt, außerdem gehörten Dobos und Filipescu zum Aufgebot.

Den Titel zu gewinnen war für Steaua kein Problem: Die ersten vier Spiele wurden alle gewonnen, zehn Runden lang blieb man ohne Niederlage, die Tabellenführung wurde seit dem 4. Spieltag bis zum Ende nicht mehr abgegeben, ei-

DER POKAL

1. Runde

Petrolistul Boldesti - Steaua Bukarest	0:3
Tractorul Brasov - FC Inter Sibiu	1:2
Danubiana Bukarest - Politehnica Timisoara	5:1
Dunarea Calarasi - FC National Bukarest	1:3
ASA Tîrgu Mures - Politehnica Iasi	2:0
CFR Timisoara - Sportul Studentesc Bucaresti	2:3
Gloria Iris Cornesti - Gloria Bistrita	0:1
Sportul Municipal Vaslui - FC Arges Pitesti	1:3
Petrolul Dragasani - Otelul Galati	1:3
CSM Resita - Dinamo Bukarest	0:1
FC Brasov - Farul Constanta	0:1
Petrolul Ploiesti - Universitatea Cluj	4:1
Gaz Metan Medias - Ceahlaul Piatra Neamt	n. V. 4:3
Armatura Zalau - Univ. Craiova	n. E. 5:3, n. V. 0:0
Foresta Falticeni - Rapid Bukarest	n. E. 5:3, n. V. 1:1
Petrolul Stoina - AS Bacau	n. E. 6:5, n. V. 1:1

2. Runde

Farul Constanta - Otelul Galati	1:0
Sportul Studentesc Bukarest - FC Inter Sibiu	0:2
FC Arges Pitesti - Danubiana Bukarest	1:0
Dinamo Bukarest - Gaz Metan Medias	1:0
Steaua Bukarest - Petrolul Stoina	3:0
FC National Bukarest - ASA Tîrgu Mures	2:0
Gloria Bistrita - Armatura Zalau	3:1
Petrolul Ploiesti - Foresta Falticeni	2:1

Viertelfinale

Dinamo Bukarest - Steaua Bukarest	0:1
Gloria Bistrita - Farul Constanta	2:1
National Buk. - Petrolul Ploiesti	n. E. 3:1, n. V. 1:1
FC Arges Pitesti - FC Inter Sibiu	n. E. 3:4, n. V. 1:1

Halbfinale

Steaua Bukarest - FC Inter Sibiu	4:1
FC National Bukarest - Gloria Bistrita	0:2

Finale

(28. April 1996, Bukarest, 16.000)

Steaua Bukarest - Gloria Bistrita 3:1 (0:1)

Steaua: Bogdan Stelea - Tiberiu Csik (52. Sabin Ilie), Daniel Claudiu Prodan, Anton Dobos, Ionel Antonel Pîrvu - Iulian Sebastian Filipescu, Constantin Gâlca, Narcis Raducan (70. Bogdan Bucur), Laurentiu Dumitru Rosu (56. Roland Nagy) - Marius Lacatus, Ion Vladoiu

Gloria: Costel Cîmpeanu - Ioan Miszti, Gabriel Cristea, Simion Mironas, Valer Sasarman (79. Dumitru Halosta) - Dancus, Eugen Voica (59. Marian Nastase), Dorel Purdea, Daniel Iftodi (81. Marius Raduta) - Ilie Lazar, Danut Matei

Schiedsrichter: Porumboiu (Vaslui) - Tore: 0:1 Miszti (44.), 1:1 S. Ilie (59.), 2:1 Bucur (77.), 3:1 Gâlca (89.) - Platzverweise: S. Ilie (67.), M. Nastase (75.).

Divizia A - Seria I		Sp	g	u	v	Tore	Pkt.
1. Otelul Târgoviste	↑	34	20	7	7	74:29	67
2. Dacia Unirea Braila		34	21	3	10	56:27	66
3. Metrom Brasov		34	17	5	12	43:35	56
4. Gloria Buzau		34	16	6	12	51:46	54
5. Tractorul Brasov		34	17	3	14	39:38	54
6. FC Onesti		34	15	5	14	51:43	50
7. Dacia Pitesti		34	15	5	14	49:47	50
8. Electroputere Craiova		34	14	5	15	45:46	47
9. Rocar Bukarest		34	14	5	15	38:50	47
10. Dunarea Calarasi		34	14	4	16	52:47	46
11. ARO Câmpulung Muscel		34	12	10	12	29:40	46
12. Steaua Mizil		34	14	4	16	43:56	46
13. Metalul Plopeni		34	11	10	13	31:39	43
14. Poiana Câmpina		34	13	4	17	42:51	43
15. Cetatea Târgu Neamt		34	12	6	16	43:43	42
16. Dunarea Galati		34	12	3	19	30:39	39
17. FC Caracal	↓	34	9	10	15	42:51	37
18. Portul Constanta	↓	34	10	5	19	40:71	35

Divizia A - Seria II		Sp	g	u	v	Tore	Pkt.
1. Jiul Petrosani		34	23	4	7	59:20	73
2. Foresta Falticeni		34	22	2	10	50:29	68
3. ASA Târgu Mures		34	17	4	13	58:37	55
4. Gaz Metan Medias		34	15	9	10	48:38	54
5. UTA Arad		34	15	8	11	59:36	53
6. Bucovina Suceava		34	17	2	15	51:51	53
7. Unirea Dej		34	16	4	14	56:42	52
8. CFR Timisoara*		34	17	4	13	50:44	52
9. Corvinul Hunedoara		34	13	8	13	52:43	47
10. CSM Resita		34	14	5	15	45:44	47
11. Minerul Motru		34	13	7	14	33:40	46
12. Olimpia Satu Mare		34	14	3	17	46:53	45
13. Maramures Baia Mare		34	13	6	15	48:55	45
14. Minaur Zlatna		34	13	5	16	48:42	44
15. Unirea Alba Iulia		34	13	4	17	49:58	43
16. Gloria Resita		34	12	5	17	30:58	41
17. FC Bihor Oradea	↓	34	9	4	21	33:74	31
18. FC Vâlcea	↓	34	5	6	23	26:78	21

*CFR Timisoara wurden drei Punkte abgezogen

gentlich hatte Konkurrent Rapid nur auf dem Papier eine Chance!

Da in diesem Sommer einige Akteure den Klub verlassen hatten, war vorausgesagt worden, daß es der Spitzenverein des Landes schwer haben würde, sich gegen Brügge für die Champions League zu qualifizieren.

Selbst für Steaua-Fans war es eine große Überraschung, wie gut sich das Team mit einem Auswärts-Remis sowie einem 3:0-Heimerfolg aus der Affäre zog. Adrian Ilie war der neue Star des Ensembles. Unglücklicherweise war er im Rückspiel vom Platz gestellt worden. Es ist für den Verein aus Bukarest jedoch nichts Neues, seine guten Spieler durch rote Karten zu verlieren.

Wenn man allerdings weiter in jedem Jahr seine guten Fußballer ins westliche Ausland verliert, sind die Qualifikation für die Champions League oder der Gewinn eines nationalen Titels die einzigen Träume, die man sich erfüllen kann.

IM BLICKPUNKT

FC Rapid Bukarest

Nachdem Rapid Bukarest im rumänischen Pokalwettbewerb ein Elfmeterschießen verloren und damit die erhoffte internationale Chance verpaßt hatte, wechselte man den Trainer und holte Viorel Hizo zurück. Nach gutem Start - drei Siege in drei Spielen - war allgemein erwartet worden, daß die Mannschaft um den Titel würde konkurrieren können. Nach einer Schwächeperiode - man fand sich zwischenzeitlich auf Platz 10 wieder - wurde der Trainer erneut "in die Wüste geschickt".

Für den früheren Nationalcoach Mircea Radulescu war es natürlich unmöglich, die Truppe noch nach ganz oben zu führen. Nach dem Unentschieden im März gegen Steaua schien Rapid mit dem eingenommenen 2. Platz zufrieden. Da jedoch das Heimspiel der 33. Runde gegen Universitatea Craiova verloren wurde, verlor man auch den Vize-Meistertitel und beschied sich mit einem 3. Rang, der zur UEFA-Cup-Teilnahme berechtigte. Der Verlust der starken Vladoiu und Lupu zu Beginn der Spielzeit konnte durch den Zugang von Savu und Tene, dem dritten Keeper der Nationalelf, einfach nicht ausgeglichen werden.

FC National Bukarest

Große Überraschung der Saison war der FC National Bukarest, der bis 1994 Progresul geheißen hatte. Nach einem mäßigen Start mit vier Punkten in sieben Spielen war man eigentlich nur darauf bedacht, aus der Abstiegszone zu entkommen. An einen 2. Platz nach Abschluß der Saison dachte keiner ernsthaft. Doch als Florin Halagian die Mannschaft übernahm, gab es überraschende Siege gegen Timisoara, Cluj, Constanta und Dinamo Bukarest. Nach 24 Spielen stand National plötzlich auf dem dritten Tabellenplatz. Von nun an glaubte das Team an seine Chance und holte drei Siege in den letzten drei Begegnungen. Damit reichte es sogar zum 2. Rang. National Bukarest hatte Duna von Steaua zurückerhalten sowie Radu Niculescu von Universitatea Craiova geholt, um ihn zum zweiten Torjäger des Teams zu machen.

DIE STARS

Gheorghe Hagi (FC Barcelona)

Der am 5. Februar 1965 in dem Ort Sacele nahe Constanta geborene Hagi gewann den europäischen Supercup 1987, drei nationale Meisterschaften sowie zwei Pokalsiege mit Steaua Bukarest. Viermal wurde er zum besten Spieler Rumäniens gewählt (1985, 1987, 1993 und 1994). Weniger erfolgreich spielte er von 1990 bis 1992 bei Real Madrid. Bei Brescia Calcio unter seinem Landsmann Lucescu ging es wieder aufwärts: Hagi war der Star des Teams, das er wieder in die oberste Spielklasse führte. Den vorläufigen Höhepunkt seiner Karriere erlebte der Spielmacher bei der Weltmeisterschaft 1994 in den USA, als er die Nationalelf Rumäniens als Kapitän bis ins Viertelfinale führte.

1995/96 verlebte Hagi eine weniger erfolgreiche Saison mit dem FC Barcelona, und bestätigte damit das Vorurteil, das es die rumänischen Nationalspieler schwer haben, in den führenden Ligen Europas Erfolge zu erringen. Immerhin war Hagi bei der EM in England bester Spieler seines Teams. Im Spiel gegen Spanien gelang ihm das seltene Jubiläum eines 100. Länderspiels. Die Fehler von Stelea und Belodedici, die äußerst fragwürdige Entscheidung des dänischen Schiedsrichters Mikkelsen, der der Truppe ein korrektes Tor aberkannte, dies alles führte zum 4. Platz in der Gruppe. Der Superstar verließ Barcelona und schloß sich Galatasaray Istanbul an, das für ihn maßgeschneidert zu sein scheint.

Gheorghe Popescu (FC Barcelona)

Gheorghe Popescu wurde am 9. Oktober 1967 in Calafat geboren. Er war fünfmal Spieler des Jahres in Rumänien (1989, 1990, 1991, 1992 und 1995). Dennoch wurde er nur ein einziges Mal rumänischer Meister mit Steaua Bukarest, mit dem er 1988 auch den Pokalsieg holte. Er war der Star bei Universitatea Craiova, das erst im Jahr nach seinem Weggang zum PSV Eindhoven (1990) mit dem Gewinn der Meisterschaft die Früchte der gemeinsamen Arbeit erntete. Bei den Holländern spielte er vier Jahre, gewann zwei Titel und erzielte als Mittelfeldspieler einen Torrekord für die niederländische Liga, indem er in 83 Spielen 18mal traf. Auch beim englischen Erstligisten Tottenham Hotspurs blieb Popescu der Star des Teams. In der letzten Spielzeit trat er erstmals für seinen neuen Klub FC Barcelona an, in der Hoffnung, alle möglichen Titel mit der Mannschaft zu ergattern - Meisterschaft, Pokal, UEFA-Cup. Er spielte sogar gut, fand seinen Platz im Mittelfeld, in dem er Ronald Koeman ersetzte, aber sein Klub mußte in allen Wettbewerben, an denen er teilnahm, mit undankbaren Plätzen vorliebnehmen: in der Meisterschaft wurde man 3., im Pokal Vizemeister, und im UEFA-Cup erreichte man das Halbfinale! Popescu hat für die rumänische Nationalmannschaft inzwischen 65 Spiele bestritten und dabei fünf Tore erzielt - sein Vereinsteam bleibt FC Barcelona.

Steauas und Rumäniens TorhüterBagdan Stelea

DIE LÄNDERSPIELE

Polen - Rumänien 0:0

6. 9. 1995 - Zabrze - 18.000 - Gallagher (England) - Stelea - Petrescu, Prodan, Mihali - Selymes, Popescu, Sabau, Lupescu, Munteanu (75. Gâlca) - Lacatus (84. Timofte), Vladoiu (64. Panduru) - Trainer: Iordanescu

Rumänien - Frankreich 1:3 (0:2)

11.10. 1995 - Bukarest - 30.000 - Pairetto (Italien) - Stelea - Petrescu, Prodan, Mihali (46. Lupu), Selymes, Popescu, Hagi (63. Panduru), Lupescu - Munteanu, Lacatus, Dumitrescu (46. Vladoiu) - Trainer: Iordanescu - Tor: Lacatus (52./1:2)

Slowakei - Rumänien 0:2 (0:0)

15. 11. 1995 - Kosice - 10.000 - G. Verwoort (Niederlande) - Stelea - Petrescu, Prodan, Dobos - Selymes, Lupescu, Popescu, Hagi (85. Panduru) - Munteanu, Lacatus (73. Dumitrescu), Moldovan (88. Timofte) -Trainer: Iordanescu - Tore: Hagi (68./1:0), (Munteanu 82./2:0)

Katar - Rumänien 2:3 (0:2)

4. 2. 1996 - Doha - Jahwar (Katar) - Stelea (71. Tene) - Contra (46. Stanciu), Prodan (83. Curt), Dobos, Gâlca, Filipescu, G. Popescu (71. Papura), O. Maier (46. Talvan), A. Ilie, Lacatus (46. Niculescu, 59. Serban), Vladoiu (59. Danciulescu) - Trainer: Iordanescu - Tore: Lacatus (21./0:1, 23./0:2), Danciulescu (65.)

Rumänien - Dänemark 2:2 (2:1) — **Carlsberg-Cup**

9. 2. 1996 - Bangkok (Thailand) - Stelea, Contra, Prodan, Dobos, Gâlca, Curt, Gabriel, Popescu (46. Serband), Filipescu, A. Ilie (65. Niculescu), Lacatus (73. Danciulescu), Vladoiu - Trainer: Iordanescu - Tore: Vladoiu (20./Elfmeter), Prodan (45.)

Thailand - Rumänien 0:3 (0:1) — **Carlsberg-Cup**

11. 2. 1996 - Bangkok- Flarajen (Malta) - Tene, Gâlca, Prodan, O. Maier (60. G. Popescu), Valvan, Papura, Stancu, A. Ilie, Serban, Danciulescu (60. Vladoiu), Niculescu (46. Filipescu) - Trainer: Iordanescu -Tore: A. Ilie (2./0:1, 61./0:2, 83./0:3)

Rumänien - Finnland 1:1 (1:1) — **Carlsberg-Cup**

13. 2. 1996 - Bangkok (Thailand) - Un-Prasert (Thailand) - Aufstellung nicht bekannt -Tor: Filipescu (36.)

Rumänien - Dänemark 2:1 (2:0) — **Carlsberg-Cup**

16. 2. 1996 - Bangkok (Thailand) - Jingamaj (Thailand) - Tene - Contra, Prodan, Dobos, Gâlca, Curt, G. Popescu, Filipescu, A. Ilie (63. Serban), Lacatus, Vladoiu (83. Niculescu) - Trainer: Iordanescu - Tore: G. Popescu (9./1:0, 45./2:0)

Jugoslawien - Rumänien 1:0 (0:0)

27. 3. 1996 - Belgrad - 50.000 - Dimitar Momirov (Bulgarien) - Prunea (76. Tene) - Petrescu (60. Mihali), Prodan, Dobos, Selymes - Lupescu (46. Gâlca), Sabau, Hagi (60. Ilie), Munteanu (82. Filipescu) - Lacatus (64. Craioveanu), Moldovan (76. Vladoiu)- Trainer: Iordanescu

Romänien - Georgien 5:0 (3:0)

24. 4. 1996 - Bukarest - 10.000 - Athanasios Zakhariadis (Giechenland) - Stelea (65. Prunea) - Filipescu, Belodedici (Mihali), Prodan (78. Dobos), Munteanu - Sabau (51. Selymes), Lupescu, Popescu (60. Gâlca), Hagi (65. Contra) - Lacatus (51. Craioveanu), Moldovan (60. Vladoiu) - Trainer: Iordanescu - Tore: V. Moldovan (25./1:0, 29./2:0, 37./3:0), Lacatus (50./4:0), Gâlca (88./5:0)

Rumänien - Moldavien 3:1 (3:0)

1. 6. 1996 - Bukarest - 5.000 - Melnichuk (Ukraine) - Stelea (53. Prunea, 73. Tene) - Petrscu (66. Filipescu), Belodedici (62. Dobos), Mihali, Selymes (62. Prodan) - Lupescu (53.

Gâlca), Popescu (66. Vladoiu), Hagi (62. Stanga), Munteanu (53. Ilie), Lacatus (53. Moldovan), Raduciou - Trainer: Iordanescu - Tore: Petrescu (28./1:0), G. Popescu (37./2:0, 40./3:0)

Rumänien - Frankreich 0:1 (0:1)
10. 6. 1996 - Newcastle (England) - 30.000 - Hellmut Krug (Deutschland) - Stelea - Petrescu (77. Filipescu), Mihali, Belodeici, Selymes - Lupescu, Popescu, Hagi, Munteanu - Lacatus (56. Ilie), Raducioiu (46. Moldovan) - Trainer: Iordanescu

Rumänien - Bulgarien 0:1 (0:1)
13. 6. 1996 - Newcastle (England) - 19.000 - Mikkelsen (Dänemark) - Stelea - Petrescu, Prodan, Belodedici, Selymes - Lupescu (46. Gâlca), Popescu (56. Ilie), Hagi, Munteanu, Lacatus (46. Moldovan), Raducioiu - Trainer: Iordanescu

Rumänien - Spanien 1:2 (1:1)
18. 6. 1996 - Leeds (England) - 33.000 - Ahmet Çakar (Türkei) - Prunea - Petrescu, Prodan (86. Lupescu), Dobos, Selymes - Stanga, Popescu, Gâlca, Hagi, Raducioiu (78. Vladoiu), Ilie (66. Munteanu) - Trainer: Iordanescu - Tor: Raducioiu (30./1:1)

DER EUROPAPOKAL

Europapokal der Landesmeister

Qualifikation

Casino Salzburg - Steaua Bukarest 0:0
9.8.1995 - 12.000 - Frisk (Schweden) - Stelea - Csik, Prodan, Dobos, Panait - Militaru, B.Bucur, Gâlca, Adrian Ilie (70. Filipescu) - Lacatus, Vladoiu (82. Rosu)

Steaua Bukarest - Casino Salzburg 1:0 (1:0)
23.8.1995 - 25.000 - Monteiro Coroado (Portugal) - Stelea - Panait, Prodan, Dobos, Pîrvu - Militaru (89. Csik), Gâlca, A. Ilie (62. Filipescu), B. Bucur - Lacatus (85. Rosu), Vladoiu - Tor: A. Ilie (32.)

Champions-League (Gruppe C)

Steaua Bukarest - Glasgow Rangers 1:0(0:0)
13.9.1995 - 25.000 - Sars (Frankreich) - Stelea - Csik, Prodan, Dobos, Pârvu - Militaru, Gâlca, Bucur (46. Filipescu), Raducan - A. Ilie (60. Rosu), Vladoiu (77. S. Ilie) - Tor: Prodan (85.) - Rot: Militaru (75.)

Juventus Turin - Steaua Bukarest 3:0 (2:0)
27.9.1995 - 40.000 - Gallagher (England) - Stelea; Dobos, Prodan, Csik, Pârvu - Raducan, Gâlca, A. Ilie (77. Panait), Filipescu (83. R. Nagy) - Vladoiu, Lacatus (54. Rosu)

Borussia Dortmund - Steaua Bukarest 1:0 (0:0)
18.10.1995 - 35.000 - Mikkelsen (Dänemark) - Stelea - Panait (85. Rosu), Csik, Prodan, Dobos, Pîrvu - Filipescu (71. R. Nagy), Gâlca, A. Ilie (63. Raducan) - Lacatus, Vladoiu

Steaua Bukarest - Borussia Dortmund 0:0
1.11.1995 - 10.000 - Piraux (Belgien) - Stelea - Csik, Prodan, Dobos, Pîrvu - Panait, Bucur, A. Ilie (79. R. Nagy), Filipescu (66. Raducan) - Lacatus (59. Rosu), Vladoiu

Glasgow Rangers - Steaua Bukarest 1:1 (1:0)
22.11.1995 - 35.000 - Levnikov (Rußland) - Stelea - Csik, Prodan, Dobos, Pârvu - Filipescu, Militaru (90. Rosu), Bucur, A. Ilie (75. R. Nagy) - Lacatus (87. Raducan), Vladoiu - Tor: A. Ilie (55./1:1)

Steaua Bukarest - Juventus Turin 0:0
6.12.1995 - 5.000 - Grabher (Österreich) - Stelea - Panait, Csik, Dobos, Prodan, Pîrvu (46. Rosu) - Militaru (83. S. Ilie), Gâlca, R. Nagy - Filipescu (63. Raducan), Vladoiu - Rot: Vladoiu (59.)

Europapokal der Pokalsieger

Qualifikation

Wrexham FC - Petrolul Ploiesti 0:0
10.8.1995 - 4.500 - Lambek (Dänemark) - Preda - Chirita, Balaceanu, Rachita, Leahu - Grigore, Pîrlog (81. Bastina), Abaluta, Zmoleanu - Toader (87. M. Mihai), Zafiris (70. Andreicut)

Petrolul Ploiesti - Wrexham FC 1:0 (0:0)
24.8.1995 - 14.000 - Sarvan (Türkei) - Preda - Chirita, Balaceanu, Rachita, Leahu - Grigore, Pîrlog, Abaluta, Zmoleanu (88. Bastina) - Zafiris (65. Toader, 86. Balaban), Andreicut - Tor: Pîrlog (59.)

1. Runde

Rapid Wien - Petrolul Ploiesti 3:1(1:0)
14.9.1995 - 12.000 - Loizou (Zypern) - Preda - D. Chirita, O. Grigore, Rachita, Pîrlog, Leahu - Bastina, Abaluta, Zmoleanu - Zafiris (62. Toader), Andreicut (81. Grama) - Tor: Toader (65./2:1)

Petrolul Ploiesti - Rapid Wien 0:0
28.9.1995 - 11.000 - Diaz Vega (Spanien) - Preda - Bastina, Balaceanu, Rachita, Leahu - Grama (66. M. Mihai), O. Grigore, Abaluta, Zmoleanu - Andreicut (46. Zafiris), Toader (75. Pîrlog)

UEFA-Cup

Qualifikation

Universitatea Craiova - Dinamo Minsk 0:0
8.8.1995 - 10.000 - Müller (Schweiz) - Arcanu - S. Cristescu (17. A. Popescu), Curt, Papura, Olaroiu, Mitrita - Calin (79. Trica), Gabriel Popescu, P. Badea - Ungur (61. Gane), Fl. Cârstea

Dinamo Minsk - Universitatea Craiovan.E. 3:1, n. V. 0:0
22.8.1995 - 8.000 - Goethals (Belgien) - Arcanu - S. Cristescu, Naicu, Papura, Curt, Mitrita - Stoican (46. A. Popescu, 117. Ungur), Gabriel Popescu, Olaroiu - P. Badea (84. Calin); Gane

Dinamo Bukarest - Levski Sofia 0:1 (0:1)
8.8.1995 - 6.000 - Luinge (Niederlande) - Tene - Kadar, Sburlea, Mironas, Varga - Cheregi (65. Fl. Petre), Fulga, Mateut, Lupu - M. Ivan, Danciulescu (31. Zotinca)

Levski Sofia - Dinamo Bukarest n.V. 1:1 (0:1, 0:0)
22.8.1995 - 10.000 - Stafoggia (Italien) - Tene - Grozavu, Kadar, Sburlea, Cheregi, Varga - Zotinca (75. Danciulescu), Fulga, Mateut, Lupu - Ivan (100. M. Savu) - Tor: Lupu (70./0:1)

UI-Cup

HB Tórshavn - Universitatea Cluj	0:0
Universitatea Cluj - Tromsø IL	0:1
Germinal Ekeren - Universitatea Cluj	4:1
Universitatea Cluj - FC Aarau	2:3
FC Farul Constanta - Pogon Szczecin	2:1
FK Becej - FC Farul Constanta	1:2
AS Cannes - FC Farul Constanta	0:0
FC Farul Constanta - Dnjepr Mogilev	2:0
KSK Beveren - Ceahlaul Piatra Neamt	0:2
Ceahlaul Piatra Neamt - Etar Veliko Tarnovo	2:0
Ceahlaul Piatra Neamt - FC Boby Brno	2:0
FC Groningen - Ceahlaul Piatra Neamt	0:0

Achtelfinale

Ceahlaul Piatra Neamt - FC Metz	0:2
SC Heerenveen - FC Farul Constanta	4:0

RUSSLAND 1995

Sensationssieger Wladikawkas

von Yury P. Lukisiak

Rossijskij Futbol'ijei Sojus

Luzhnetskaja
Naberezhnaja 8,
119270 Moskau
Telefon: ++7 (95) 20 19 834
Telefax: ++7 (95) 20 11 303

FIFA-Weltrangliste

Juli 1995:	9. Platz,	54,73 Punkte
Juli 1996:	9. Platz,	59,17 Punkte

UEFA-Fünfjahreswertung

1996/97:	10. Platz	25,20 Punkte

Vor dem Saisonstart gab es in Rußland nur einen Favoriten: Spartak Moskau. Das Lieblingsteam des russischen Präsidenten Boris Jelzin war dreimal in Folge Meister geworden, hatte auf internationaler Ebene mehrfach kräftig aufgetrumpft und schien eine schier unerschöpfliche Talentquelle zu sein. Daß Spartak 1995 zudem den gewohnten Exodus seiner Starspieler verhindern konnte und lediglich Verteidiger Raschid Rakhimow (Austria Wien) und Torhüter Wladislaw Ternawski (Tschernomoretz Odessa) verlor, verstärkte seine Favoritenrolle noch. Zumal mit dem 19jährigen Ruslan Nigmatullin auch noch das größte Torhütertalent des Landes ins Luzhniki-Stadion wechselte.

Insofern wurde vor dem ersten Spieltag im März 1995 lediglich diskutiert, mit wie vielen Punkten Vorsprung die von Oleg Romantsew trainierte Spartak-Elf diesmal Meister werden würde. Doch als am 28. Oktober 1995 die Saison abgepfiffen wurde, hatte die Abschlußtabelle Sensationelles zu bieten: Auf Platz 1 stand mit dem Namensvetter aus Wladikawkas das Überraschungsteam der Saison. Auf Platz 2 stand Lokomotiv Moskau, das im UEFA-Pokal eine 0:5-Heimdemontage gegen Bayern München erlitten hatte, und erst auf Rang 3 lief Titelverteidiger Spartak Moskau ein, der gleichzeitig in der Champions League für Furore gesorgt und alle sechs Gruppenspiele gewonnen hatte.

Wladikawkas´ Überraschungsmeisterschaft hatte Gründe. Die Mannschaft aus der Krisenregion Nord-Ossetien/Tschetschenien im Südwesten Rußlands verfügt über ausgezeichnete Voraussetzungen. Die Regionalverwaltung von Nord-Ossetien unterstützt den Klub sowohl finanziell als auch ideell, er kann sich auf ein ebenso treues wie begeisterungsfähiges Publikum verlassen und hat mit Waleri Gazzayew zudem einen erfahrenen Trainer. Der ehemalige Coach von Dinamo Moskau, der im September 1994 nach einer 0:6-Niederlage im UEFA-Pokal gegen Eintracht Frankfurt sein Amt niedergelegt hatte und nach Wladikawkas gewechselt war, hat binnen eines Jahres aus einem Durchschnittsteam eine europäische Spitzenmannschaft geformt.

Wladikawkas´ Trumpf war seine Heimstärke. Lediglich einmal mußten sich die Rot-Weißen in der eigenen Arena geschlagen geben - ausgerechnet gegen Vizemeister Lokomotiv Moskau. Die Atmosphäre im regelmäßig ausverkauften 38.000-Plätze-Stadion ist fantastisch und die Fans haben Spartak mehr als einmal geholfen, die Punkte in Wladikawkas zu behalten.

"Ich glaube, hier in Ossetien werden die Leute die ganze Nacht durchfeiern", meinte Trainer Gazzayew stolz, als ein 2:1-Sieg bei CSKA Moskau am 21. Oktober 1995 auch rechnerisch alles klar machte. Schon 13 Spieltage vor Schluß war Wladikawkas allgemein als designierter Meister bezeichnet worden. Rekordverdächtige vierzehn Siege in 17 Spielen und ein Vorsprung von elf Punkten auf Verfolger Spartak Moskau hatten dazu allen Anlaß gegeben.

Der neue Meister kam als erster in den Genuß des vom russischen Verband mit dem dänischen Kaugummihersteller *Stimoral* abgeschlossenen Sponsorenvertrages. 15 Millionen DM zahlten die Dänen und forderten dafür unter anderem die Übertragung von mindestens einem Ligaspiel pro Woche live im russischen Fernsehen. Von dem Deal sollen alle Klubs profitieren. Für den Meister gibt es knapp 120.000 DM, die anderen Klubs bekommen eine von der Anzahl ihrer live übertragenen Spiele abhängige Summe.

Obwohl Titelverteidiger Spartak Moskau mit seiner attraktiven Mannschaft die nach Wladikawkas größte Summe aus dem Topf er-

1. Liga	Gesamt							Heim					Auswärts				
	Sp	g	u	v	Tore	Diff.	Pkt.	g	u	v	Tore	Pkt.	g	u	v	Tore	Pkt.
1. Sp.-Alania Wladikawk.	30	22	5	3	63:21	+42	71	10	4	1	34:9	34	12	1	2	29:12	37
2. Lokomotiv Moskau	30	20	5	5	52:23	+29	65	9	4	2	25:11	31	11	1	3	27:12	34
3. Spartak Moskau (M, P)	30	19	6	5	76:26	+50	63	12	0	3	49:13	36	7	6	2	27:13	27
4. Dinamo Moskau	30	16	8	6	45:29	+16	56	9	3	3	22:11	30	7	5	3	23:18	26
5. Torpedo Moskau	30	16	7	7	40:30	+10	55	9	3	3	21:10	30	7	4	4	19:20	25
6. CSKA Moskau	30	16	5	9	56:34	+22	53	8	2	5	35:19	26	8	3	4	21:15	27
7. Rotor Wolgograd	30	11	7	12	62:49	+13	40	6	5	4	29:21	23	5	2	8	33:28	17
8. Uralmash Ekaterinburg	30	12	3	15	43:47	-4	39	8	3	4	28:10	27	4	0	11	15:37	12
9. KamAZ N. Tschelny	30	10	8	12	34:30	+4	38	10	3	2	27:9	33	0	5	10	7:21	5
10. Tekstilshik Kamyschin	30	9	7	14	37:41	-4	34	6	3	6	19:16	21	3	4	8	18:25	13
11. Tsch. Novorossisk (N)	30	10	2	18	32:62	-30	32	7	2	6	25:23	23	3	0	12	7:39	9
12. Lok Nischni-Nowgorod	30	6	11	13	28:42	-14	29	4	6	5	18:18	18	2	5	8	10:24	11
13. Zhemchuzhina Sotschi	30	8	4	18	36:69	-33	28	5	1	9	18:28	16	3	3	9	18:41	12
14. Rostselmash Rostow (N)	30	8	4	18	35:56	-21	28	5	3	7	19:25	18	3	1	11	16:31	10
15. Krylija Sovetov Samara	30	6	8	16	34:65	-31	26	4	3	8	21:38	15	2	5	8	13:27	11
16. Din. Gazovik Tjumen ↓	30	3	6	21	28:77	-49	15	3	3	9	15:35	12	0	3	12	13:42	3

Anmerkungen: [1] = Spartak Wladikawkas benannte sich im Saisonverlauf in Spartak-Alania um. Seit dem 1. April 1996 heißt der Klub Alania Wladikawkas

EC 1996/97: CL: Spartak-Alania Wladikawkas *, C2: Lokomotiv Moskau, UEFA: Spartak Moskau, Torpedo Moskau, Dinamo Moskau, CSKA Moskau (zusätzlicher "Fair Play"-Platz), UI: Rotor Wolgograd, Uralmash Ekaterinburg, KamAZ Naberezhnye Tschelny. * Spartak-Alania Wladikawkas scheiterte in der Qualifikation zur Champions League an Glasgow Rangers und startet im UEFA-Pokal

hielt, war die Enttäuschung im Luzhniki-Stadion groß. Man hatte alles versucht, um den Namensvetter aus Nord-Ossetien noch abzufangen. Im Saisonverlauf verstärkte sich der reichste Klub des Landes mit dem Ex-Dresdner Stanislaw Tschertschessow, den beiden zuletzt in Portugal spielenden Wasili Kulkow und Sergei Juran sowie dem Ex-Duisburger Schalimow. Dafür wurde mit Reservestürmer Nikolai Pisarew, der zum spanischen Klub CP Merida wechselte und inzwischen beim FC St. Pauli gelandet ist, lediglich ein Spieler abgegeben. Dennoch fanden die Schützlinge von Oleg Romantsew nie ihren Rhythmus. Die Doppelbelastung Ligaspielbetrieb und Champions League war offensichtlich zu hoch, denn das Spartak Moskau zu den europäischen Top-Teams zählt, bewies die Mannschaft gegen Rosenborg, Blackburn und Legia Warschau: Als einziges der sechzehn Champions League-Teams gab Spartak nicht einen Punkt ab!

Nur in der Landesmeisterschaft klappte es eben nicht. Im Mai 1996 erteilte Vizemeister Lokomotiv Moskau dem Ex-Meister einen weiteren Schock, indem er ihn im Pokalfinale mit 3:2 schlug. Damit blieb Spartak Moskau lediglich die Teilnahme am UEFA-Pokal.

Bei Lokomotiv Moskau war die Freude dagegen groß. Neben dem Pokal sicherte sich das Team den Titel des Vizemeisters. Allerdings hatten die Eisenbahner Wladikawkas zu keiner Zeit gefährlich werden können, denn lediglich 52 Saisontore kosteten zahlreiche Punkte. Immerhin konnte Lokomotiv dem Meister aus Wladikawkas die einzige Saison-Heimniederlage beibringen.

Die Torjäger

Oleg Veretenikov (Rotor Wolgograd)	25
Aleksandr Maslov (Rostsel. Rostow)	18
Valery Shmarov (Spartak Moskau)	16
Vladimir Nidergaus (Rotor Wolgog.	14
Oleg Garin (Lokomotiv Moskau)	13
Mikhail Kavelsahvili (Spartak-Al. Wl.)	12
Evgeny Kharlachjev (Lok Moskau)	11
Oleg Terjekhin (Dinamo Moskau)	11

International sah sich Rußlands Fußball erneut dem Problem der unterschiedlichen Spielrhythmen ausgesetzt. Als im März 1996 das Viertelfinale in der Champions League anstand, war Spartak seit Monaten ohne Ligaspielpraxis und von der Mannschaft, die in den Gruppenspielen so brilliert hatte, war nicht mehr viel übriggeblieben: Tschertschessow (Tirol Innsbruck), Onopko (Oviedo), Kulkow und Juran (beide Millwall) waren in der Zwischenzeit ins Ausland gewechselt; Trainer Romantsew hatte im Dezember 1995 sein Amt an seinen Freund Georgi Jartsew abgegeben, um Rußlands Nationalelf auf die EM vorzubereiten. Vor dem ersten Spiel gegen den FC Nantes fiel zudem Ilya Tsymbalar, die Entdeckung der Saison, wegen einer Meniskusoperation aus.

1. Liga	Sp.-Alania	Lokomotiv	Spartak	Dinamo	Torpedo	CSKA	Rotor	Uralmash	KamAZ	Tekstilshik	Novorossisk	Nischni-N	Sotschi	Rostow	Samara	Tjumen
Spartak-A. Wladikawkas	•	0:1	1:1	2:0	0:0	2:1	3:2	4:2	0:0	2:0	3:0	3:0	5:0	4:1	1:1	4:0
Lokomotiv Moskau	4:1	•	1:0	1:1	0:0	0:1	4:3	0:1	1:0	2:0	5:0	1:0	1:1	2:1	2:1	1:1
Spartak Moskau	1:2	1:2	•	2:0	5:0	3:1	1:2	5:1	2:0	4:2	5:0	3:1	6:0	2:0	5:1	4:1
Dinamo Moskau	1:2	2:1	0:2	•	0:0	0:1	1:0	3:0	1:0	0:0	2:0	2:0	4:3	1:1	4:1	1:0
Torpedo Moskau	1:4	1:0	1:2	0:0	•	1:2	3:0	3:0	2:1	0:0	1:0	2:0	3:0	1:0	0:0	2:1
CSKA Moskau	1:2	0:1	1:2	1:3	2:1	•	1:4	2:0	2:2	2:2	4:0	4:0	4:0	4:0	4:1	3:1
Rotor Wolgograd	1:1	2:1	1:1	0:2	1:2	2:2	•	1:2	2:0	3:1	5:1	1:1	7:0	4:1	0:0	5:4
Uralmash Ekaterinburg	0:1	1:2	0:0	0:2	1:2	1:0	5:0	•	0:0	2:0	6:0	1:0	4:3	2:0	0:0	5:0
K. Naberezhnye Tschelny	1:0	0:2	2:0	5:2	3:1	0:0	2:0	4:0	•	2:1	2:0	1:1	3:0	0:1	1:0	1:1
Tekstilshik Kamyschin	0:1	1:1	2:2	1:2	1:1	1:2	1:0	0:1	1:0	•	2:0	1:2	2:1	2:0	1:2	3:1
Tschernomorets Novorossisk	0:3	2:4	1:1	0:1	0:1	1:3	2:1	3:2	2:1	2:2	•	2:3	4:0	2:1	2:0	2:0
Lok Nischni-Novgorod	2:4	0:2	0:1	1:1	2:3	0:0	1:1	3:1	0:0	4:1	0:1	•	2:2	2:1	1:0	0:0
Zhemchuzhina Sotschi	0:2	0:1	1:2	0:1	3:1	0:3	2:1	4:1	4:2	0:2	2:1	0:0	•	1:3	1:2	2:0
Rostselmash Rostow	0:1	0:2	1:1	2:2	1:2	1:3	0:4	2:0	2:0	2:1	0:2	2:1	1:4	•	2:2	3:0
Krylija Sovetov Samara	0:1	0:4	1:6	1:4	0:2	1:2	3:3	3:2	2:1	0:3	1:0	1:1	0:0	2:6	•	6:3
Dinamo Gazovik Tjumen	0:4	2:3	0:6	2:2	1:3	2:0	1:6	0:2	0:0	0:3	1:2	0:0	1:2	2:0	3:2	•

Spartaks Erfolgself war gesprengt, und der "Rest" hatte gegen die Franzosen keine Chance.

Im Pokalsiegerpokal drang Dinamo Moskau zwar bis in die 3. Runde vor, hatte allerdings mit Ararat Erevan und dem tschechischen Vertreter SK Hradec Králové leichte Gegner gehabt. Gegen den späteren Finalisten Rapid Wien war der Ex-Polizeiklub chancenlos, zumal Terjekhin und Cheryshev im Rückspiel vom Platz flogen. Besser machten es Rotor Wolgograd und Spartak-Alania Wladikawkas im UEFA-Pokal. Die Wolgograder sorgten sogar für eine faustdicke Überraschung, als ihnen nach einem torlosen Hinspiel-Unentschieden ein 2:2 bei Manchester United gelang, und sie damit den designierten englischen Meister ausschalteten! Eine Runde später sorgte der spätere Finalist Girondins Bordeaux für das Aus. Spartak-Alania Wladikawkas war zwar bereits eine Runde zuvor ausgeschieden, doch die Nord-Osseten hatten sich gegen Liverpool ausgezeichnet geschlagen und an der *Anfield Road* sogar ein torloses Unentschieden ertrotzt. Für den einzigen Wermutstropfen sorgte Lokomotiv Moskau, das nach einem überraschenden Sieg im Münchner Olympiastadion im Rückspiel ein 0:5-Debakel erlebte.

"Unsere Mannschaft auf Rang sechs der Weltrangliste zu führen, ist falsch - wir gehören auf Rang drei" verkündete der russische Verbandspräsident Koloskow vor der EM in England vollmundig. Die Realität sah anders aus. Mit einem einzigen Pluspunkt fuhren Onopko und Co. nach nur drei Spielen ernüchtert wieder heim und rutschten in der Weltrangliste sogar auf Rang neun ab.

Die von Spartak Moskaus Trainer Oleg Romantsew zunächst in Personalunion betreute Nationalelf hatte die EM-Qualifikation ungeschlagen überstanden und sich als erstes der sechzehn Teilnehmerländer für die EM-Endrunde qualifiziert. Romantsew schwor auf "seine" Spartak-Spieler. In den Qualifikationsspielen hatten acht Moskauer den Stamm gebildet - Mittelfeld-As Sergei Juran war gar erst wieder in die Nationalelf aufgenommen worden, als er von seinem erfolglosen Portugal-Engagement zu Spartak zurückgekehrt war.

Rußlands Fußball geht es im Vergleich zu den anderen ehemaligen Sowjetrepubliken außerordentlich gut. Die Rubel rollen im wahrsten Sinne des Wortes und die Oberliga ist recht ausgeglichen besetzt. Mit *Parmalat* (Dinamo Moskau), *Samsung* (Lokomotiv Moskau) und *Gazprom* bzw. *Aeroflot* (Spartak Moskau) gibt es zahlungskräftige Sponsoren, und das sportliche Niveau der höchsten Spielklasse ist durchaus gut. Sorgen bereiten allerdings die geringen Zuschauerzahlen. Zum Spiel zwischen Lokomotiv Moskau und Rotor Wolgograd, immerhin zwei Europacupteilnehmer, zahlten nur wenige hundert Zuschauer ihren Obolus. Das ist die bedauerliche Regel.

Darüber hinaus machen die immer wieder aufkommenden Korruptionsgerüchte, Schiedsrichterbestechungen und

Disziplinlosigkeiten Sorgen. Vor der Saison waren alle Erstligaspieler vom Verband auf ihre Regelkenntnisse befragt worden, um die Protestflut einzudämmen.

Probleme bereitet auch die allgemein unsichere Situation in Rußland. "Ich gehe, weil ich meiner Familie in Rußland keine Sicherheit mehr garantieren kann", sagte Nationalspieler Viktor Onopko vor seinem Abschied nach Spanien. Dem Moskauer Starspieler war gerade erst sein Auto gestohlen worden und er fürchtete sich vor der russischen Mafia.

Mit ca. 5.000 Dollar monatlich für einen durchschnittlichen Erstligaspieler, knapp 30.000 Dollar für Nationalspieler und über 35.000 Dollar monatlich für Stars wie Onopko unterscheiden sich die Bezüge allerdings auch gewaltig von denen der "gewöhnlichen" Russen: Die verdienen ca. 100 Dollar im Monat. ■

2. Liga		Sp	g	u	v	Tore	Pkt.
1. Baltika Kaliningrad	↑	42	29	5	8	83:30	92
2. Lada Togliatti	↑	42	25	4	13	67:39	79
3. Zenit St. Petersburg	↑	42	24	5	13	65:42	77
4. Zvezda Irkutsk		42	23	4	15	61:50	73
5. Shinnik Jaroslavl		42	21	9	12	56:39	72
6. Luch Wladiwostok		42	20	6	16	51:48	66
7. Neftekhimik Nizhnekamsk		42	20	5	17	55:50	65
8. Lokomotiv Schita		42	20	5	17	66:67	65
9. Dinamo Stawropol		42	20	3	19	66:51	63
10. Sokol-PZhD Saratov		42	19	4	19	62:56	61
11. Chkalovets Nowosibirsk		42	19	4	19	58:65	61
12. Zarja Leninsk-Kuznetsky		42	17	7	18	69:53	58
13. Fakel Woronesch		42	17	6	19	54:48	57
14. Torpedo Arzamas		42	17	6	19	60:67	57
15. Uralan Elista		42	16	8	18	56:61	56
16. Torpedo Wolzhsky		42	16	7	19	75:74	55
17. Okean Nakhodka		42	15	5	22	43:56	50
18. Druzhba Majkop		42	14	8	20	51:65	50
19. Saturn 91 St. Petersburg		42	14	7	21	45:62	49
20. Irtysh Omsk	↓	42	13	6	23	47:82	45
21. Kolos Krasnodar	↓	42	13	6	23	44:66	45
22. Asmaral Moskau	↓	42	8	4	30	35:98	28

DER MEISTER

Spartak-Alania Wladikawkas

Wladikawkas liegt im südwestlichen Zipfel Rußlands und ist die Hauptstadt der Republik Nord-Ossetien. Knapp 30% der Einwohner sind russischer Abstammung, die meisten anderen sind Osseten.

Zu sowjetischen Zeiten hieß die Stadt Ordzonikidze und fiel vor allem durch ihre Unauffälligkeit auf. Fußballerisch machte sie erstmals im Jahre 1970 auf sich aufmerksam, als der lokale Klub Spartak ein einjähriges Intermezzo in der höchsten sowjetischen Spielklasse gab. Erst 21 Jahre später kehrte die Mannschaft in die Erstklassigkeit zurück und sicherte sich auf Anhieb einen Platz in der neugeschaffenen russischen Liga.

1992 wurde Spartak überraschend Vizemeister, 1993 Sechster, 1994 Fünfter.

Eine durchschnittliche Bilanz, die keineswegs dazu anregt, Spartak Wladikawkas als Herausforderer des russischen Ausnahmeteams Spartak Moskau zu bezeichnen. Dennoch stand Wladikawkas am 21. Oktober 1995 vorzeitig als Meister fest.

Zu dem Zeitpunkt hatte das Team längst einen neuen Namen, und dahinter ist auch das Erfolgsgeheimnis verborgen: Daß sich Spartak Wladikawkas im Saisonverlauf in Spartak-Alania und später in Alania Wladikawkas umbenannte, war nämlich keineswegs Zufall. "Alania" - das stammt aus dem lokalen Dialekt und steht für "Ossetien". Und Ossetien spielt eine wesentliche Rolle in der Erfolgsstory. Askharbek Galazov, der Präsident der Republik Nordossetien, ist nämlich glühender Fußballfan. Er betrachtet Alania alias Spartak als "sein" Team und läßt nichts unversucht, um zum Erfolg beizutragen. Mit dem Ex-Dortmunder und Uerdinger Sergej Gorlukowitsch wurde ein ganz renommierter Spieler nach Wladikawkas geholt, wo Gehälter bezahlt werden, von denen die großen Moskauer Mannschaften nur träumen können.

Nach dem Titelgewinn kündigte Galazov an, im Norden der Republikhauptstadt ein repräsentatives Stadion zu bauen. Dabei liegt Wladikawkas mitten zwischen den Kriegsregionen Tschetschenien und Südossetien! "Die Leute glauben, daß sich die Bewohner von Wladikawkas alle gegenseitig erschießen. Inzwischen aber haben hier viele andere Vereine gespielt und sehen können, daß wir ein ganz normales Leben führen", meinte Trainer Gazzajev.

Wladikawkas hat sich in der Tat einen ausgezeichneten Ruf im internationalen Fußball erworben. Seit 1994 gibt es alljährlich ein von Galazov initiiertes Fußballturnier, an dem bereits solch renommierte Mannschaften wie Boavista Porto, Real Oviedo, KV Mechelen und AJ Auxerre teilnahmen.

Trainer Gazzayev hat sich eine buntgemischte Mannschaft zusammengestellt, in der zahlreiche Nationalitäten vertreten sind. Und das im Saisonverlauf immer wieder von Korruption die Rede war, trägt man in Wladikawkas mit Gelassenheit. Immerhin erhielt Askharbek Galazov kürzlich vom russischen Verband eine Ehrenmedaille für seine Verdienste für den russischen Fußball.

IM BLICKPUNKT

Spartak Moskau

Nikolai Starostin war traurig. Der inzwischen 93jährige Mitgründer und heutige Ehrenvorsitzende von Spartak Moskau mußte erneut mit ansehen, wie sein Erfolgsteam auseinandergerissen wurde. Onopko, Tschertschessow, Juran, Kulkow verließen den Klub zum russischen Saisonende und sorgten für ein Fiasko im Viertelfinale der Champions-League. Es scheint Spartaks Schicksal zu sein. Bedingt durch die unterschiedlichen Saisonverläufe Rußlands und der meisten anderen europäischen Länder trumpft Spartak in den Herbstmonaten, wenn in Rußland die Meisterschaft in die entscheidende Phase tritt, auch auf internationaler Ebene regelmäßig auf, und versagt dafür im Frühjahr, wenn die besten Spieler verkauft sind und die Mannschaft durch die lange Winterpause außer Form ist.

Für Spartak ist der Europapokal überlebenswichtig. Der beliebteste Verein Rußlands - heute ist man stolz, daß Spartak zu sowjetischen Zeiten immer relativ "unabhängig" von irgendwelchen staatlichen Organisationen war - kann seine Spieler dadurch regelmäßig wie auf einem silbernen Tablett präsentieren und sich durch die Transfererlöse die eigene Existenz sichern. Der bis Dezember 1995 von Nationaltrainer Oleg Romantsew geführte Verein verfügt allerdings auch über lukrative Sponsorenverträge mit der sibirischen Gas-Gesellschaft *Gazprom* und der russischen Fluggesellschaft *Aeroflot*.

Spartaks Transferpolitik ist so einfach wie geschickt: "Teuer verkaufen und preiswert zurück erwerben". Die Moskauer verkaufen ihre jungen Talente für viel Geld an ausländische Spitzenklubs und holen sich dafür für wenig Geld altgediente russische Akteure zurück. Tschertschessow, Schmarow, Kulkow und Juran kamen im Saisonverlauf und verhalfen der Romantsew-Elf zur glänzenden Vorstellung in den Gruppenspielen der Champions League.

In der russischen Oberliga hat Spartak dieselben Probleme, wie jeder andere Klub. Das riesige *Luzhniki*-Stadion, das man sich mit CSKA Moskau teilt, ist selten gefüllt. Nur bei Spitzenspielen kommen mehr als 10.000 Fans. Korruption und Geldschiebereien bestimmen die Schlagzeilen. Die Fans bleiben zuhause - und kommen nur, wenn es gegen europäische Spitzenteams geht. Dann sind auch Spartaks Spieler motiviert, denn dann stehen sie im Blickpunkt und können sich für westliche Klubs empfehlen. Zwischen 35.000 und 55.000 Fans besuchten die Spiele der Champions League.

DER STAR

Viktor Onopko (Spartak Moskau, Real Oviedo)

Er galt als unverzichtbar für Spartak Moskau. „Ein hervorragender Spielmacher und ein scharfsinniger Taktiker", schrieb das Fachblatt *World Soccer* über den 26jährigen Viktor Onopko, den Rußlands Nationaltrainer als „extrem vielseitig und verläßlich" charakterisierte. Tatsächlich kann der Mann mit der hohen Stirn als Verteidiger, Manndecker, Libero und selbst als Mittelfeldregisseur eingesetzt werden. Der gebürtige Ukrainer, der die russische Auswahl der ukrainischen vorzog, war 1992 von Schachtjor Donezk zu Spartak Moskau gewechselt und avancierte dort auf Anhieb zum Leistungsträger. Im selben Jahr wurde er bereits zu Rußlands Fußballer des Jahres gewählt - und erhielt zahlreiche Auslandsangebote.

Onopko flirtete heftig mit einigen spanischen Klubs, blieb aber zunächst Spartak Moskau treu. Bald war der inzwischen zum Schlüsselspieler der russischen Nationalmannschaft aufgestiegene Onopko aber nicht mehr zu halten - zumal er durch

Asischen Oberliga: Junge Spieler und leere Ränge

die wachsende Kriminalität die Nase von Moskau ziemlich voll hatte. Er unterschrieb beim spanischen Erstligisten Real Oviedo, der ihm erlaubte, die laufende Saison noch mit Spartak Moskau zu beenden und erst im Winter 1995 nach Spanien zu kommen.

Kaum war der Vertrag unterschrieben, begann der Ärger. Onopkos Hauptgrund, zu den nur mittelmäßigen Spaniern zu wechseln, war deren serbischer Trainer Radomir Antic. Und als der plötzlich bei Atlético Madrid anheuerte, wollte auch Onopko nach Madrid. Oviedos neuer Trainer Ivica Bizic bestand aber auf Einhaltung des Vertrages, und die FIFA mußte schlichten. Sie entschied, daß der Vertrag mit Oviedo rechtmäßig ist. Zähneknirschend zog Onopko an die spanische Mittelmeerküste - und schoß in seinen 19 Ligaspielen der Saison 1995/96 sogar ein Tor.

DER NEWCOMER

Ilya Tsymbalar (Spartak Moskau)

„Russischer Fußballer des Jahres 1995: Ilya Tsymbalar". Der Mittelfeldspieler von Spartak Moskau war glücklich. Seit er Ende 1992 vom ukrainischen Erstligisten Tschernomorets Odessa ins Luzhniki-Stadion gewechselt war, war der 27jährige aus Spartaks Mannschaft nicht mehr wegzudenken. Am 20. April 1994 feierte der als „potentieller Weltklassefußballer" bezeichnete Mittelfeldspieler sein Debüt in der russischen Nationalelf und trug mit zwei großartigen Partien gegen Griechenland und Finnland erheblich zur EM-Qualifikation bei.

Im Frühjahr 1996 erwischte Tsymbalar das Verletzungspech. Nach einer langwierigen Meniskusoperation fiel er lange Zeit aus und verpaßte die Champions League-Viertelfinalspiele gegen Nantes. Traurig mußte er mit ansehen, wie seine Kameraden ausschieden.

DER POKAL

Viertelfinale (19. April 1995)

Uralmash Ekaterinburg - Spartak Moskau	0:5
Lok Moskau - Dinamo Moskau	4:5 n.E., 2:2 n.V.
Torpedo Arzamas - Spartak-Alania Wladikawkas	0:3
Rotor Wolgograd - Torpedo Moskau	4:3 n.E., 0:0 n.V.

Halbfinale (17. Mai 1995)

Dinamo Moskau - Spartak Moskau	1:0
Sp.-A. Wladikawkas - Rotor Wolgograd	2:4 n.E., 2:2 n.V.

Finale

(14. Juni 1995, Luzhniki-Stadion Moskau, 15.000)

Dinamo Moskau - Rotor Wolgograd 8:7 n.E., 0:0 n.V.

Dinamo: A. Smetanin - E. Jakhimovich, I. Nekrasov (82. R. Ishkinin), A. Tochilin, R. Sabitov (50. S. Shulgin), S. Nekrasov, O. Samatov, A. Kobelev (110. S. Bogomolov), V. Safronov, S. Podpaly, A. Kutsenko - Gelb/Rot: Podpaly (116.)

Rotor: A. Samorukov - S. Zhunenko, V. Burlachenko, I. Korniets, S. Nechaj, A. Tsarenko, A. Bondar, V. Nidergaus (105. I. Menshikov), O. Veretennikov, A. Berketov (67. A. Trojnin), O. Nechaev (46. A. Krivov)

Schiedsrichter: Igor Siner (Omsk)

DIE LÄNDERSPIELE

Finnland - Rußland 0:6 (0:3) EMQ
16. 8. 1995 - Helsinki - 14.210 - Puhl (Ungarn) - Kharin (82. Cherchesov) - Kovtun, Nikiforov, Tsymbalar, Khlestov, Onopko, Kulkov, Karpin (61. Kanchelskis), Mostovoj, Radchenko (68. Kirjakov), Kolyvanov - Trainer: Romantsev - Tore: Kulkov (32./ 0:1, 49./0:4), Karpin (39./0:2), Radchenko (42./0:3), Kolyvanov (67./0:5, 69/0:6)

Färöer Inseln - Rußland 2:5 (1:1) EMQ
6. 9. 1995 - Toftir - 3.000 - Snoddy (Nordirland) - Cherchesov - Kovtun, Nikiforov, Tsymbalar, Shalimov, Kanchelskis (57. Beschastnykh), Onopko, Kulkov (64. Mamedov), Mostovoj, Radchenko (46. Kirjakov), Kolyvanov - Trainer: Romantsev - Tore: Mostovoj (9./0:1/Elfmeter), Kirjakov (61./2:2), Kolyvanov (65./2:3), Tsymbalar (83./2:4), Shalimov (86./2:5)

Rußland - Griechenland 2:1 (1:0) EMQ
11. 10. 1995 - Moskau - 41.000 - Grabher (Österreich) - Kharin - Kovtun, Nikiforov, Tsymbalar (61. Radchenko), Khlestov, Karpin (76. Shalimov), Onopko, Kulkov, Mostovoj, Juran (46. Kirjakov), Kolyvanov - Trainer: Romantsev - Tore: Ouzounidis (38./1:0/Eigentor), Onopko (72./2:1)

Rußland - Finnland 3:1 (1:1) EMQ
15. 11. 1995 - Moskau - 5.000 - Merk (Deutschland) - Cherchesov - Mamedov (46. Dobrovolsky), Nikiforov, Tsymbalar, Khlestov, Karpin (75. Kanchelskis), Onopko, Kulkov, Mostovoj, Juran, Radchenko (63. Kirjakov) - Trainer: Romantsev - Tore: Radchenko (40./1:0), Kulkov (55./2:1), Kirjakov (71./ 3:1)

Malta - Rußland 0:2 (0:1) Rothman-Cup
7. 2. 1996 - Valetta - 2.000 - Mitrovic (Slowenien) - Cherchesov - Mamedov, Nikiforov, Kovtun, Karpin, Tichonov (46. Beschastnykh), Onopko, Shalimov, Mostovoj, Juran, Kirjakov - Trainer: Romantsev - Tor: Karpin (25./0:1), Kirjakov (63./0:2)

Rußland - Island 3:0 (1:0) Rothman-Cup
9. 2. 1996 - Valetta (Malta) - 430 - Micallef (Malta) - Kharin, Radimov, Nikoforov (75. Chugainov), Kovtun (8. Kanchelskis), Karpin, Tetradze, Dobrovolski (75. Alenichev), Onopko (46. Bushmanov), Mostovoj (46. Simutienkov), Beschastnykh, Radchenko - Trainer: Romantsev - Tore: Kanchelskis (12./1:0), Karpin (63./2:0, 66./3:0)

Rußland - Slowenien 3:1 (2:0) Rothman-Cup
11. 2. 1996 - Valetta (Malta) - 3.000 - Agius (Malta) - Cherchesov (46. Kharin), Radimov (71. Mamedov), Nikoforov, Tetradze, Bushmanov (78. Chugainov), Kanchelskis, Alenichev, Kechinov, Beschastnykh (78. Tichonov), Simutienkov, Radchenko - Trainer: Romantsev - Tore: Simutienkov (13./1:0, 77./3:0), Alenichev (18./ 2:0)

Irland - Rußland 0:2 (0:1)
27. 3. 1996 - Dublin - 41.600 - Luyten (Niederlande) - Cherchesov, Radimov (46. Radchenko), Nikoforov, Kovtun, Tsymbalar (46 Tetradze), Kanchelskis, Onopko, Karpin, Mostovoj, Kolyvanov (70. Shalimov), Kirjakov (66. Simutienkov) - Trainer: Romantsev - Tore: Mostovoj (34./1:0), Kolyvanov (54./20)

Belgien - Rußland 0:0
24. 4. 1996 - Brüssel - 14.459 - Cesari (Italien) - Cherchesov (46. Kharin), Radimov, Nikoforov, Kovtun, Kanchelskis, Onopko, Karpin, Mostovoj, Beschastnykh, Kolyvanov (76. Simutienkov), Kirjakov (68. Radchenko) - Trainer: Romantsev

Katar - Rußland 2:5 (0:3)
25. 5. 1996 - Doha - Al-Khouri (Katar) - Kharin (85. Ovchinnikov), Gorlukovich, Nikoforov, Tetradze, Tsymbalar (46. Dobrovolski), Karpin (59. Shalimov), Onopko (69. Bushmanov), Mostovoj, Kanchelskis, Kolyvanov (46. Juran), Kirjakov - Trainer: Romantsev - Tore: Kirjakov (2., 54.), Kanchelskis (5.), Kolyvanov (27.), Mostovoj (78.)

Rußland - Ver. Arabische Emirate 1:0 (0:0)
29. 5. 1996 - Moskau - Lajukus (Lettland) - Cherchesov, Tetradze, Onopko, Kovtun, Kanchelskis (46. Dobrovolski), Janovski, Karpin, Radimov, Tsymbalar (70. Simutienkov), Kolyvanov, Kirjakov - Trainer: Romantsev - Tore: Simutienkov (84./1:0)

Rußland - Polen 2:0 (1:0)
2. 6. 1996 - Moskau - 8.000 - Tatuljan (Ukraine) - Kharin, Tetradze, Onopko (46. Nikoforov), Kovtun, Kanchelskis, Janovski, Tsymbalar (58. Dobrovolski), Radimov (86. Shalimov), Karpin, Kolyvanov (46. Beschastnykh), Kirjakov (Simutienkov) - Trainer: Romantsev - Tore: Kovtun (21./1:0), Beschastnykh (72./ 2:0)

Rußland - Italien 1:2 (1:1) EM-VR
11. 6. 1996 - Liverpool (England) - 35.000 - Mottram (Schottland) - Cherchesov, Tetradze, Bushmanov (Janovski), Onopko, Kovtun, Kanchelskis, Radimov, Karpin (63. Kirjakov), Tsymbalar (Dobrovolski), Mostovoj, Kolyvanov - Trainer: Romantsev - Tor: Tsymbalar (21./1:1)

Rußland - Deutschland 0:3 (0:0) EM-VR
16. 6. 1996 - Manchester (England) - 50.760 - Nielsen (Dänemark) - Kharin, Tetradze, Onopko, Nikoforov, Kovtun, Tsymbalar, Kanchelskis, Mostovoj, Chochlov (65. Simutienkov), Radimov (46. Karpin), Kolyvanov - Trainer: Romantsev

Rußland - Tschechien 3:3 (0:2) EM-VR
19. 6. 1996 - Liverpool (England) - 21.128 - Frisk (Schweden) - Cherchesov, Tetradze, Nikoforov, Gorlukovich, Janovski, Karpin, Radimov, Chochlov, Tsymbalar (67. Shalimov), Simutienkov (46. Beschastnykh), Kolyvanov (46. Mostovoj) - Trainer: Romantsev - Tore: Mostovoj (49./1:2), Tetradze (54./2:2), Beschastnykh (86./3:2)

DER EUROPAPOKAL

Europapokal der Landesmeister

Champions League Gruppe B

Blackburn Rovers - Spartak Moskau 0:1 (0:1)
13. 9. 1995 - 20.390 - Piraux (Belgien) - Cherchesov, Khlestov, Nikiforov, Tsymbalar, Mamedov, Juran, Onopko, Kulkov, Shmarov (89. Kechinov), Pjatnitsky, Tikhonov, Tor: Juran (41./1:0)

Spartak Moskau - Legia Warschau 2:1 (1:0)
27. 9. 1995 - 55.000 - Vagner (Ungarn) - Cherchesov, Khlestov, Nikiforov, Tsymbalar, Mamedov, Juran, Onopko, Kulkov, Shmarov, Pjatnitsky, Tikhonov, Tore: Nikiforov (13. Elfmeter/1:0), Juran (52./2:1)

Rosenborg Trondheim - Spartak Moskau 2:4 (2:0)
18. 10. 1995 - 12.200 - Aranda (Spanien) - Cherchesov, Khlestov, Nikiforov, Tsymbalar, Mamedov, Juran, Onopko, Kulkov, Shmarov (58. Kechinov), Pjatnitsky (46. Alenichev), Tikhonov - Tore: Alenichev (46./2:1), Nikiforov (65. /2:2), Kechinov (75./ 2:3, 82./2:4)

Spartak Moskau - Rosenborg Trondheim 4:1 (3:0)
1. 11. 1995 - 40.000 - Krondl (Tschechien) - Cherchesov, Khlestov, Nikiforov, Tsymbalar (46. Kechinov), Ananko, Juran, Onopko, Kulkov, Shmarov, Alenichev (85. Titov), Tikhonov - Tore: Shmarov (2./1:0), Juran (9./2:0), Tsymbalar (19./3:0), Tikhonov (80./4:0)

Spartak Moskau - Blackburn Rovers 3:0 (1:0)
22. 11. 1995 - 35.000 - Pairetto (Italien) - Cherchesov, Khlestov, Nikiforov, Tsymbalar, Mamedov, Juran (74. Pjatnitsky), Onopko, Kulkov, Shmarov (67. Kechinov), Alenichev, Tikhonov (87. Mukhamadiev)

Legia Warschau - Spartak Moskau 0:1 (0:1)
6. 12. 1995 - 15.000 - Mottram (Schottland) - Cherchesov, Khlestov, Nikiforov, Tsymbalar, Mamedov, Kechinov, Onopko (82. Ananko), Kulkov, Shmarov, Alenichev, Tikhonov - Tor: Mamedov (41./0:1)

Europapokal der Pokalsieger

1. Runde

Dinamo Moskau - Ararat Erevan 3:1 (1:0)
14. 9. 1995 - 7.500 - R. Sedlacek (Österreich) - Smetanin, Jakhimovich, Shulgin, Kolotovkin, Sabitov (79. Tishkov), Kobelev (55. Grishin), Samatov, Cheryshev (62. Safronov), S. Nekrasov, Kuznetsov, Terjekhin - Tore: Terjekhin (45./1:0), Safranov (73./2:1), Terjekhin (90./3:1)

Ararat Erevan - Dinamo Moskau 0:1 (0:0)
28. 9. 1995 - 20.000 - J. Wegereef (Holland) - Klejmjenov, Grishin (85. Kobelev), Kovtun, Kolotovkin, Shulgin, Kuznetzov, Samatov, Cheryshev, S. Nekrasov (85. Safranov), Podpaly, Terjekhin, Torschütze: Terjekhin (65. /0:1)

2. Runde

Dinamo Moskau - SK Hradec Králové 1:0 (0:0)
19. 10 1995 - 4.000 - R. O'Hanlon (Irland) - Klejmjenov, Kuznetzov, Kovtun, Nekrasov, Shulgin, Kobelev (46. Grishin), Samatov, Cheryshev, Safranov, Podpaly, Tishkov (Kutsenko), Torschütze: Kuznetzov (59./1:0)

SK H. Králové - Di. Moskau 1:3 n.E., 1:0 n.V. (1:0, 0:0)
2. 11. 1995 - 11.540 - R. H. Olsen (Norwegen) - Smetanin, Kuznetzov, Kovtun, Kolotovkin, Jakhimovich, Grishin, Samatov, Cheryshev (120. Kobelev), Safranov (71. Tishkov), Podpaly, Terjekhin.

3. Runde

Dinamo Moskau - Rapid Wien 0:1 (0:1)
7. 3. 1996 - 3.500 - Heynemann (Deutschland) - Smetanin - Jakhimovich, Kovtun, Shulgin (63. Kutsenko), Nekrasov, Kobelev, Samatov, Cheryshev (40. Tishkov), Safranov (39. Grishin), Kuznetzov, Terjekhin

Rapid Wien - Dinamo Moskau 3:0 (0:0)
21. 3. 1996 - 44.000 - Batta (Frankreich) - Smetanin - Jakhimovich, Kovtun, Shulgin (59. Safranov), Nekrasov, Kobelev, Samatov (65. Lemshko), Cheryshev, Grishin (55. Tishkov), Podpaly, Terjekhin - Rot: Cheryshev (29.), Terjekhin (83.)

UEFA-Pokal

1. Runde

Bayern München - Lokomotive Moskau 0:1 (0:0)
12. 9. 95 - 16.000 - G. Goethals (Belgien) - Ovchinnikov, Arifullin, Drozdov, Kharlachov, Oganesyan, Chugainov, Kosolapov, Gurenko, Elyshev, Solomatin, Garin (82. Maminov) - Tor: Kharlachov (71./0:1)

Lokomotive Moskau - Bayern München 0:5 (0:4)
26.9.1995 - 20.000 - K. Milton-Nielsen (Dänemark) - Ovchinnikov, Arifullin, Drozdov, Kharlachov, Solomatin, Chugainov, Kosolapov, Gurenko (10. Pashinin, 46. Maminov), Elyshev, Kuznetzov, Garin.

Rotor Wolgograd - Manchester United 0:0
12. 9. 1995 - 40.000 - Mikkelsen (Dänemark) - Samorukov, Shmarko, Burlachenko, Geraschenko, Eshenko, Zhunenko, Korniets, Nidergaus (79. Krivov), Veretennikov, Yesipov, Zernov (80. Krivov)

Manchester United - Rotor Wolgograd 2:2 (0:2)
26. 9. 1995 - 29.724 - Heynemann (Deutschland) - Samorukov, Shmarko, Burlachenko, Berketov, Eshenko (70. Tsarenko), Zhunenko, Korniets, Nidergaus (79. Krivov), Veretennikov, Esipov, Zernov (74. Iljushin) - Tore: Nidergaus (18./0:1), Veretennikov (25./0:2)

Spartak-Alania Wladikawkas - Liverpool FC 1:2 (1:1)
12. 9. 1995 - 43.000 - Harrel (Frankreich) - Khapov, Pagayev (Timofeyev), Gorlukovich (81. Kornienko), Shelija, Dzhioyev, Tetradze, Tedeyev, Janovsky, Kasymov (46. Derkach), Kanishev, Kavelashvili - Tor: Kasymov (21./1:0),

Liverpool FC - Spartak-Alania Wladikawkas 0:0
17.10. 1995 - 35.042 - Ulrich (Tschechien) - Khapov, Pagajev, Kornienko (Derkach), Shelija, Dzhioyev, Tetradze, Tedeyev, Janovsky, Kasymov, Suleimanov, Kanishev (46. Timofeyev)

2. Runde

Girondins Bordeaux - Rotor Wolgograd 2:1 (0:1)
17.10. 1995 - 20.000 - Przesmycki (Polen) - Samorukov, Shmarko, Berketov, Geraschenko, Eshenko, Zhunenko, Korniets, Nidergaus (87. Iljushin), Veretennikov, Yesipov, Zernov (84. Krivov) - Tor: Nidergaus (40./ 0:1)

Rotor Wolgograd - Girondins Bordeaux 0:1 (0:0)
31.10. 1995 - 25.000 - Trentalange (Italien) - Samorukov, Shmarko, Burlachenko, Geraschenko, Eshenko, Berketov, Korniets, Nidergaus, Veretennikov, Yesipov, Zernov (67. Iljushin)

UI-Cup

Kein Teilnehmer gemeldet

Zweitligist wurde Meister

Von Marco Zunino

Federazione Sammarinese Giuoco Calcio

Viale Campo dei Giudei 14,
RSM-47031 San Marino
Telefon: ++378 / 99 05 15
Telefax: ++378 / 99 23 48

FIFA-Weltrangliste:
Juli 1995: 140. Platz, 8,85 Punkte
Juli 1996: 158. Platz, 6,24 Punkte

UEFA-Fünfjahreswertung
1996/97: nicht vertreten

Wenn man nicht aufpaßt, dann fährt man dran vorbei, ohne es bemerkt zu haben: San Marino, das mit knapp 60 km² kleinste Land der Welt und gleichzeitig die älteste bestehende Republik der Welt. Daß man San Marino gar nicht übersehen kann, dafür sorgt der *Monte Titano.* Exakt 743 Meter ragt er hoch in den italienischen Himmel und trägt stolz die Hauptstadt *San Marino Citta.* Rund 3 Millionen Touristen verstopfen die einzige in die Stadt führende Straße jährlich, und zehn Prozent des Staatshaushaltes werden durch Verkäufe von Briefmarken an Touristen bestritten.

Knapp die Hälfte der Sammarinesi arbeiten im italienischen Ausland, mit dem San Marino eine Wirtschafts- und Währungsunion unterhält. Einer von ihnen kehrte nun nach langen Jahren in sein Heimatland zurück: Massimo Bonini.

Bonini ist in San Marino ungefähr so populär wie Franz Beckenbauer in Deutschland. Vierzehn Jahre lang hat er für Juventus Turin in der italienischen *Serie A* gespielt und gewann an der Seite von Michel Platini (fast) alles, was ein Fußballer gewinnen kann: Meistertitel, Pokal, Europapokal und Weltpokal.

Seit Januar 1996 ist der Superstar Nationaltrainer von San Marino. Er löste Giorgio Leoni ab, der nach sechs Cheftrainerjahren wieder zur U21-Elf San Marinos zurückkehrte. Unter Leonis Regie hatte der Zwergstaat am 9. März 1993 mit 0:0 gegen die Türkei seinen bislang einzigen Pluspunkt in einem Pflichtspiel geholt. Das Debüt sei-

Libertas Borgo Maggiore - Meister von San Marino

Serie A1	Gesamt							Heim					Auswärts				
	Sp	g	u	v	Tore	Diff.	Pkt.	g	u	v	Tore	Pkt.	g	u	v	Tore	Pkt.
1. Cosmos Falciano	18	10	3	5	29:21	+8	33	6	2	1	17:10	20	4	1	4	12:11	13
2. SS Murata	18	8	7	3	29:15	+14	31	4	5	0	15:5	17	4	2	3	14:10	14
3. La Fiorita Montegiard.	18	8	5	5	24:17	+7	29	5	3	1	15:9	18	3	2	4	9:8	11
4. SS San Giovanni (N)	18	7	7	4	26:24	+2	28	5	1	3	13:13	16	2	6	1	13:11	12
5. Folgore Falciano (N)	18	7	6	5	22:18	+4	27	3	4	2	11:9	13	4	2	3	11:9	14
6. SP Domagnano	18	7	5	6	22:16	+6	26	5	2	2	14:7	17	2	3	4	8:9	9
7. Tre Fiore Fiorent. (M)*	18	8	2	8	23:25	-2	26	4	1	4	14:12	17	4	1	4	9:13	17
8. Virtus Gialdicciolo	18	5	6	7	22:26	-4	21	3	3	3	11:8	12	2	3	4	11:18	9
9. Cailungo B. Maggiore	18	3	6	9	20:32	-12	15	2	3	4	8:12	9	1	3	5	12:20	6
10. SC Faetano ↓	18	3	1	14	16:39	-23	10	2	0	7	12:18	6	1	1	7	4:21	4

EC 1996/97: San Marino stellt keinen EC-Teilnehmer!

Cosmos, Murata, La Fiorita und San Giovanni qualifizierten sich für die Play-offs.

DER POKAL

Gruppe A

Folgore Falciano - Tre Fiori Fiorentino 2:1
SS Murata - GS Dogana 4:1
GS Dogana - Folgore Falciano 1:3
Tre Fiori Fiorentino - SS Murata 1:2
GS Dogana - Tre Fiori Fiorentino 3:0
Folgore Falciano - SS Murata 2:2
Qualifiziert: Folgore Falciano, SS Murata

Gruppe B

Juvenes Serraville - Tre Penne San Marino Citta 0:1
SC Faetano - Pennarossa Chiesanuova 2:0
Pennarossa Chiesanuova - Juvenes Serraville 1:1
Tre Penne San Marino Citta - SC Faetano 2:1
Tre Penne San Marino Citta - P. Chiesanuova 1:0
SC Faetano - Juvenes Serraville 6:0
Qualifiziert: Tre Penne San Marino Citta, SC Faetano

Gruppe C

Cosmos Falciano - Montevito Fiorentino 4:1
SS San Giovanni - La Fiorita Montegiardino 0:2
La Fiorita Montegiardino - Cosmos Falciano 1:1
Montevito Fiorentino - SS San Giovanni 2:0
La Fiorita Montegiardino - Montevito Fiorentino 4:2
Cosmos Falciano - SS San Giovanni 1:1
Qualifiziert: La Fiorita Montegiardino, Cosmos Falciano

Gruppe D

SP Domagnano - Libertas Borgo Maggiore 2:2
Cailungo Borgo Maggiore - Virtus Cailungo 0:2
Libertas Borgo Maggiore - Cailungo B. Maggiore 1:2
Virtus Cailungo - SP Domagnano 1:1
Libertas Borgo Maggiore - Virtus Cailungo 0:6
Cailungo Borgo Maggiore - SP Domagnano 0:5
Qualifiziert: Virtus Cailungo, SP Domagnano

Viertelfinale

La Fiorita Montegiardino - SC Faetano 4:2
SS Murata - SP Domagnano 2:7
Virtus Cailungo - Cosmos Falciano 0:3
Tre Penne San Marino Citta - Folgore Falciano 1:3

Halbfinale

Cosmos Falciano - Folgore Falciano n. V. 1:0
SP Domagnano - La Fiorita Montegiardino 7:2

Finale

(25. Juni 1996, Serravalle, 500)
SP Domagnano - Cosmos Falciano 2:0 (1:0)
SP Domagnano: Benedettini, Giacobbi, Rossi, Capicchioni, Valentini, O. Pasolini, Pierini, M. Mularoni, Zonzini (77. A. Pasolini), L. Mularoni, Zucchi (74. Palmieri).
Cosmos: S. Muccioli, Ronci, Marani, P. Manzaroli, Podavini, Corbelli, Raschi, M. Manzaroli, W. Pasolini, Della Balda (63. Guidi), Bevitori (46. B. Muccioli).
Schiedsrichter: Marani. Tore: 1:0 Zucchi (12.), 2:0 M. Mularoni (85.)

DIE LÄNDERSPIELE

San Marino - Griechenland 0:4 (0:2) EMQ
6.9.1995 - Serravalle - 886 - Mitrovic (Slowenien) - S. Muccioli, Gobbi, Gennari, Mazza, Matteoni, Guerra, Manzaroli, Della Valle (89. Peverani), Bacciocchi, Mularoni (35. Montagna), Francini (75. Canti) - Trainer: Leoni.

San Marino - Färöer Inseln 1:3 (0:2) EMQ
11.10.1995 - Serravalle - 828 - Beck (Liechtenstein) - S. Muccioli, V. Valentini, Gennari, Matteoni (72. Peverani), M. Valentini, Guerra, Manzaroli, Mazza (58. Mularoni), Bacciocchi, Francini, Montagna - Trainer: Leoni. Tor: M. Valentini (53.)

Schottland - San Marino 5:0 (2:0) EMQ
15.11.1995 - Glasgow - 32.600 - Bohunek (Tschechien) - S. Muccioli, Moroni, Gennari, Mazza (81. Della Valle), M. Valentini, Guerra (70. Montagna), Manzaroli, Matteoni, Bacciocchi, Mularoni (52. Canti), Francini - Trainer: Leoni.

San Marino - Wales 0:5 (0:3) WMQ
2.6.1996 - Serravalle - 950 - Lubos (Slowakei) - S. Muccioli, L. Gasperoni, Gobbi, Pasolini (71. R. Muccioli), M.Valentini, Guerra, Casadei (74. Peverani), Manzaroli, Montagna, Mazza, Mularoni (46. V. Valentini) - Trainer: Bonini

DER EUROPAPOKAL

San Marino stellt keine Teilnehmer für den Europapokal

nes berühmten Nachfolgers endete wie die meisten Länderspiele San Marinos mit einer deutlichen Niederlage. 0:5 verlor man gegen Wales, und die Hoffnungen, angesichts der weiteren Gegner Belgien, Niederlande und Türkei einen Punktgewinn zu verbuchen, sind auf ein Minimum gesunken.

17 Fußballvereine existieren in San Marino. Seit 1985 gibt es eine Landesmeisterschaft, Rekordmeister ist mit vier Titeln der Klub Tre Fiori aus dem schönen Örtchen Fiorentino. San Marino verfügt über einen in Europa einzigartigen Wettspiel-Modus: Nach Abschluß der Serienspiele in den beiden existierenden Spielklassen (*Serie A1* und *Serie A2*) kommt es zu einem komplizierten Play-off-System, an dem auch der Sieger der zweitklassigen *Serie A2*, der gleichzeitig Aufsteiger in die *Serie A1* ist, teilnehmen darf.

Bislang war es noch nie einem Zweitligisten gelungen, den Titel zu holen. Vor Beginn der Play-off-Spiele wurden demzufolge auch Libertas Borgo Maggiore kaum Chancen eingeräumt. Doch der

Serie A1	Cailungo	Cosmos	Domagnano	Faetano	Folgore	Fiorita	Murata	Giovanni	Tre Fiori	Virtus
Cailungo Borgo Maggiore	•	1:0	2:2	1:2	0:1	1:1	1:3	0:2	1:0	1:1
Cosmos Falciano	1:1	•	1:0	4:1	0:3	3:2	2:1	1:1	x:0	2:1
SP Domagnano	3:1	1:0	•	2:0	1:2	1:0	1:1	2:2	x:0	0:1
SC Faetano	2:1	0:1	0:4	•	0:1	0:1	0:3	2:5	0:1	8:1
SP Folgore Falciano	4:2	1:3	0:0	1:0	•	1:1	1:1	0:0	0:1	3:1
La Fiorita Montegiardino	1:1	0:2	3:1	1:0	2:2	•	2:1	4:1	1:1	1:0
SS Murata	0:0	4:1	0:0	4:0	1:1	1:0	•	0:0	4:2	1:1
SS San Giovanni	2:1	1:4	0:1	2:0	1:0	1:0	3:2	•	1:3	2:2
Tre Fiori Fiorentino	0:x	2:0	1:0	5:0	2:1	0:2	0:1	2:2	•	0:x
Virtus Cailungo	5:2	1:1	2:0	1:1	2:0	0:2	0:1	0:0	0:1	•

Die Spiele Cosmos - Tre Fiori (1:1), Domagnano - Tre Fiori (0:2), Tre Fiori - Virtus (1:1) und Tre Fiori - Cailungo (4:1) wurden mit 0:3 für Tre Fioris Gegner gewertet.

Serie A2	Sp	g	u	v	Tore	Pkt.
1. Libertas Borgo Maggiore	15	9	4	2	35:12	31
2. Juvenes Serraville	15	7	5	3	30:18	26
3. Montevito Fiorentino	15	6	5	4	18:17	23
4. GS Dogana	15	1	10	4	10:20	13
5. Pennarossa Chiesanuova	15	1	9	5	14:28	12
6. Tre Penne San Marino Citta	15	2	5	8	10:22	11

Der Tabellenerste Libertas qualifizierte sich für die Play-offs um die Meisterschaft!

PLAY OFF 1996

Vorrunde

SS San Giovanni - Libertas Borgo Maggiore 0:1
SS Murata - La Fiorita Montegiardino 2:4
Libertas B. Magg.- La Fiorita n. E. 3:4, n. V. 2:2
SS San Giovanni - SS Murata 2:0
Freilos: Cosmos war als Sieger der Vorrunde direkt für das Halbfinale qualifiziert.

Halbfinale

Cosmos Falciano - La Fiorita Montegiardino 1:0
Libertas Borgo Maggiore- SS San Giovanni 3:0

Finale

Libertas Borgo Maggiore- Cosmos Falciano 4:1 (1:0)
Libertas: Foscoli, I. Toccaceli, Rossi (84. V. Toccaceli), Daniele Tocceceli (87. Sperindio), S. Agarici, Biordi (78. Marcucci), Davide Toccaceli, F. Agarici, Ghiotti, Bernardini, Betti.
Cosmos: Fucchi, Ronci (46. Sensoli), Marani, Leardini (74. Giannini), Pedini, Corbelli, Colonna, Macciò, Raschi (46. Podavini), Della Balda, Manzaroli.
Schiedsrichter: Tura - 400 Zuschauer - Tore: 1:0 F. Agarici (21.), 1:1 Marani (52.), 2:1 Sensoli (73. Eigentor), 3:1 Bernardini (76.), 4:1 Betti (84.)

Underdog drang sensationell bis ins Finale vor, wo ihm der Staffelmeister der *Serie A1*, Cosmos Falciano, gegenüberstand. Auch der mußte sich zur Überraschung der anwesenden 400 Zahlenden dem Zweitligameister beugen, der durch einen deutlichen 4:1-Sieg erstmals Meister von San Marino wurde!

Cosmos Falciano mußte noch einen weiteren Schicksalsschlag hinnehmen, als es im Finale um den *Coppa Titano* eine 0:2-Niederlage gegen Domagnano SP setzte. Damit stand das Team von Nationaltorhüter Stefano Muccoli mit leeren Händen da.

Katastrophal verlief die Saison für Titelverteidiger Tre Fiori Fiorentino. Wegen Einsatzes eines nicht spielberechtigten ausländischen Akteurs wurden dem Rekordmeister acht Punkte abgezogen, und er landete abgeschlagen auf Platz 7. Eine Plazierung, die noch nicht einmal zur Teilnahme an der Play-off-Runde berechtigte.

In ihren vier Länderspielen mußte die Nationalmannschaft San Marinos gewohnt hohe Niederlagen hinnehmen. 36 Gegentore und nur ein einziges selbst geschossenes sprechen eine deutliche Sprache: San Marino muß weiterhin als „Schlußlicht" in Europa bezeichnet werden!

Am Europapokalwettbewerb haben Sanmarinesische Vereine bislang noch nicht teilgenommen. Allerdings hofft Verbandspräsident Giorgio Crescentini, in den nächsten Jahren die Voraussetzungen dafür schaffen zu können.

Die Torschützen	
Alessandro Pancotti (SS San Giovanni)	11
Andrea Ugolini (SS San Giovanni)	10
Yazar Yazici (SS San Giovanni)	10
Glauco Bernardi (Virtus Cailungo)	9
Stefano De Luigi (SP Domagnano)	9
Diego Gasperoni (SS Murata)	9
Massimiliano Gianni (SS Murata)	9

Ein Problem des Zwergstaates ist sicherlich die Schaffung einer leistungsstarken lokalen Spielklasse. Zur Saison 1996/97 wurde die *Serie A2* aufgelöst und alle 16 Mannschaften in die nun zweigeteilte *Serie A1* eingereiht. Die drei jeweils besten Teams jeder Staffel werden nach Abschluß der Gruppenspiele im K.o.-System um den Meister spielen. Seit 1996 hat San Marino also keine 2. Liga mehr und stellt damit ein Novum im europäischen Fußball dar.

The Scottish Football Association
6 Park Gardens,
GB-Glasgow G3 7YF
Telefon: ++44(141)33263 72
Telefax: ++44(141)33275 59

FIFA-Weltrangliste

Juli 1995:	25. Platz,	47,33 Punkte
Juli 1996:	30. Platz,	45,75 Punkte

UEFA-Fünfjahreswertung

1996/97:	17. Platz,	16,55 Punkte

Wie immer: Rangers gewinnen alles

Von Ian Brown

Die Glasgow Rangers stellten ihre Vorherrschaft abermals unter Beweis und sicherten sich am 28. April 1996 durch einen 3:1-Heimsieg über Aberdeen ihren achten Meistertitel in Folge.

Anhand der Tatsache, daß es das vorletzte Saisonspiel war, wird deutlich, wie nahe Celtic den Rangers diesmal kam. Celtic kassierte seine einzige Saisonniederlage am 30. September 1995 gegen den Erzrivalen, als Tore von Alex Cleland und Paul Gascoigne das erste von vier „Old Firm"-Derbies zugunsten der *Blues* entschieden. Elf Tage zuvor hatten die Rangers bereits im Viertelfinale des Ligapokals mit 1:0 gewonnen.

Celtic konnte nicht eins der sechs direkten Duelle gewinnen - und gingen am Saisonende ohne Trophäe da.

Schottlands Fußball befindet sich in einer schwierigen Phase. Die Rangers sind übermächtig wie noch nie, wenn auch Celtic in den letzten Jahren ganz langsam wieder an den Lokalrivalen herangekommen ist. Die meisten anderen Klubs haben große finanzielle Sorgen und müssen sich zudem um ihre maroden Stadien kümmern, die, da zum Großteil in Vereinsbesitz, große Geldsummen verschlingen. Immerhin sind die allermeisten der *Premier League* Stadien inzwischen *All-seater* (Sitzplatzstadien), was allerdings auch nicht überall auf Gegenliebe stößt.

Rangers-Präsident David Murray und sein Celtic-Kollege Fergus McCann regten zu einer kritischen Diskussion über die Organisation des schottischen Fußballs an. Die Bosse der beiden Großen sehen ihre Chancen nur auf internationaler Ebene und wollen eine feste Stellung im europäischen Fußball.

Beide Klubs haben reichlich in neue Spieler investiert, wobei die 13 Millionen DM für Paul Gascoigne, der von Lazio Rom zu den Glasgow

Schottlands Double-Gewinner Glasgow Rangers

Premier League	Gesamt							Heim					Auswärts				
	Sp	g	u	v	Tore	Diff.	Pkt.	g	u	v	Tore	Pkt.	g	u	v	Tore	Pkt.
1. Glasgow Rangers (M)	36	27	6	3	85:25	+60	87	13	3	2	47:16	42	14	3	1	38: 9	45
2. Celtic Glasgow (P)	36	24	11	1	74:25	+49	83	12	5	1	40:12	41	12	6	0	34:13	42
3. Aberdeen FC	36	16	7	13	52:45	+ 7	55	11	1	6	31:17	34	5	6	7	21:28	21
4. Heart of Midlothian	36	16	7	13	55:53	+ 2	55	10	2	6	33:26	32	6	5	7	22:27	23
5. Hibernian Edinburgh	36	11	10	15	43:57	-14	43	7	5	6	25:26	26	4	5	9	18:31	17
6. Raith Rovers FC (N)	36	12	7	17	41:57	-16	43	7	5	6	23:21	26	5	2	11	18:36	17
7. Kilmarnock FC	36	11	8	17	39:54	-15	41	8	4	6	25:21	28	3	4	11	14:33	13
8. Motherwell FC	36	9	12	15	28:39	-11	39	6	6	6	15:16	24	3	6	9	13:23	15
9. Partick Thistle Glasgow ⬇	36	8	6	22	29:62	-33	30	3	5	10	12:28	14	5	1	12	17:34	16
10. Falkirk FC ⬇	36	6	6	24	31:60	-29	24	4	4	10	17:26	16	2	2	14	14:34	8

Relegation: Partick Thistle Glasgow - Dundee United 1:1, 1:2 n. V.

EC 1996/97: CL: Glasgow Rangers, EC2: Heart of Midlothian Edinburgh, UEFA: Celtic Glasgow, Aberdeen FC, UI: -

Rangers wechselte, wohl entscheidend für die erfolgreiche Titelverteidigung der Rangers waren.

Celtics Etat war durch die dringend nötigen Sanierungsarbeiten im Stadion *Celtic Park* etwas eingeschränkter. Mit Andreas Thom und dem im Saisonverlauf verpflichteten Lissabonner Jorge Cadete waren die Neuzugänge freilich auch durchaus hochkarätig.

Mit Celtic und Rangers - auch The Old Firm genannt - konnte kein anderer schottischer Klub mithalten - weder bei den Transferaktivitäten, noch auf dem Spielfeld. Der ehemalige Europacup-Sieger Aberdeen versuchte es immerhin. Die Nordschotten, die in der letzten Saison erst in der Relegation über Dunfermline den Klassenerhalt geschafft hatten, wurden am Ende Dritter und mit einem UEFA-Pokal-Platz belohnt. Allerdings waren die Dons im Saisonverlauf erneut in den Abstiegsstrudel geraten.

Das Aberdeener *Pittodrie Stadium* erwies sich als - selbst für Celtic und Rangers - kaum zu erstürmende Festung. 1995/96 verlor Aberdeen allerdings zum erstenmal seit Gründung der schottischen Premier League (1975) alle vier Spiele gegen Celtic.

Der Heart of Midlothian FC Edinburgh ist Schottlands drittgrößter Verein. Den *Hearts* gelang in dieser Saison das Kunststück, zweimal gegen die Rangers zu gewinnen (2:0 im Januar und 3:0 im April). Zudem zog die von Jim Jefferies trainierte Mannschaft ins Pokalfinale ein, wo es jedoch gegen die Rangers ein 1:5-Debakel gab. Vor 37.730 Zuschauern im traditionsreichen Glasgower Hampden Park war vor allem Glasgows dänischer Star Brian Laudrup in Hochform. Zwei Tore machte Laudrup selbst, bei den anderen drei war er direkt beteiligt und konnte sich anschließend als Matchwinner feiern lassen.

Die Torschützen

Pierre van Hooijdonk (Celtic Glasgow)	26
Gordon Durie (Glasgow Rangers)	17
Ally McCoist (Glasgow Rangers)	16
Paul Gascoigne (Glasgow Rangers)	14
Paul Wright (Kilmarnock FC)	13
John Robertson (Heart of Midlothian)	11
John Collins (Celtic Glasgow)	11
Scott Booth (Aberdeen FC)	9
Joe Miller (Aberdeen FC)	9
Alan Johnston (Heart of Midlothian)	9
Darren Jackson (Hibernian Edinburgh)	9
Keith Wright (Hibernian Edinburgh)	9
Colin Cameron (Raith Rovers)	9

Der Schuldenberg der Hearts beträgt mittlerweile einige Millionen Pfund. Das marode *Tynecastle Park*-Stadion fordert dringend Sanierungsmaßnahmen, und die sportliche Zukunft der Hearts sieht unter diesen Umständen nicht gut aus. Im Juli 1996 mußte man mit dem jungen Stürmer Alan Johnston (zu Stade Rennes) erneut einen herben Verlust hinnehmen.

Auf Platz 5 der Abschlußtabelle landete Hearts-Lokalrivale Hibernian Edinburgh. Die *Hibs* kassierten eine 0:7-Niederlage gegen die Rangers, nach der sie in der Tabelle allmählich abfielen. Auch bei Hibernians werden dringend Gelder zur Renovierung des Stadions *Easter Road* benötigt. Im Sommer 1996 machte der Klub Bekanntschaft mit der Bosman-Regel, denn Verteidiger Steven Tweed (Ionikos, Griechenland) und der wertvolle Verteidiger Garry Smith (Stade Rennes) verließen den Klub ablösefrei.

Das unglücklichste Team der Saison hieß Partick Thistle. Die „Disteln“ aus dem Glasgower Stadtteil Partick landeten auf dem vorletzten Platz und mußten in die Relegation gegen den Zweitliga-Vizemeister Dundee United. In jenem Spiel führten die vom Ex-Dortmunder Murdo McLeod trainierten Thistles lange Zeit mit 1:0. Erst in der Nachspielzeit fiel der 1:1-Ausgleich für Dundee, das aus dem Wiederholungsspiel als 2:1-Sieger hervorging und die Glasgower damit in die Zweitklassigkeit schickte. Dort steht dem Klub eine schwere Zeit bevor, denn allein in den vier Heimspielen gegen die Rangers und Celtic hatten sie über eine Millionen Pfund eingenommen, die nun fehlen werden.

Die Europacup-Erfahrungen der schottischen Klubs waren wie so oft kurz und überaus schmerzhaft. Meister Rangers quälte sich über Anorthosis Famagusta in die Champions League, wo es bei 6:14-Toren nur drei Remis zu holen gab. Pokalsieger Celtic überstand die 1. Runde gegen den georgischen Underdog Dinamo Batumi mit Bravour, scheiterte jedoch in der nächsten Runde am späteren Sieger Paris Saint-Germain. Am zufriedensten war man im Stark's Park der Raith Rovers. Der letztjährige Aufsteiger erreichte bei seinem Europapokal-Debüt ebenfalls Runde 2, wo er gegen Bayern München ehrenvoll ausschied.

Ehrenvoll ausgeschieden - so ähnlich kann auch das Schicksal der schottischen Nationalmannschaft bei der EM beschrieben werden. Am 18. Juni 1996 saß die ganze Nation zitternd vor den Fernsehschirmen und hoffte auf ein Tor. Als es fiel, war es genau das falsche. Es war von den Niederländern erzielt und brachte das Oranje-Team, das gerade dabei war, gegen England unterzugehen, dank der komplizierten EM-Regel vor Schottland ins Viertelfinale. Bis zur letzten Sekunde des gleichzeitig laufenden Spiels zwischen den Schotten und der Schweiz drängten die Schotten auf das 2:0, das sie ins Viertelfinale gebracht hätte. Es fiel nicht, und die „Tartan Army" mußte einmal mehr vorzeitig nach Hause. Zumindest hatte sie es nicht weit. ■

DER MEISTER

Glasgow Rangers

Der Schlüssel zum andauernden Erfolg der Rangers ist die Fähigkeit, noch immer hungrig und willensstark genug zu sein, wenn es darum geht, die großen Spiele zu gewinnen. Trainer Walter Smith, der nach fünf Jahren als Assistenztrainer unter Graeme Souness seit 1991 Cheftrainer im Ibrox-Park ist, hat der Mannschaft seinen eigenen Stempel aufgedrückt

Der inzwischen 34jährige Dauerbrenner Ally McCoist und Ian Durrant sind die einzigen Spieler, die von der 1986er Formation unter Souness übrig geblieben sind. Smith änderte nicht nur die Mannschaftsaufstellung, sondern führte auch ein neues Defensivsystem ein, bei dem drei zentrale- und zwei Außenverteidiger versuchen, das Tor sauberzuhalten. Das Bollwerk in der Abwehr ist der 34jährige Richard Gough. Der beste zentrale Verteidiger Schottlands konnte mittlerweile neun Meisterschaften feiern.

Die Rangers-Abwehr mußte eine Schwächung in Kauf nehmen, als der rechte Außenverteidiger Stephen Wright im Champions League-Spiel gegen Juventus Turin einen schweren Bänderschaden erlitt und lange Zeit ausfiel.

1995/96 waren Paul Gascoigne und Brian

Premier League	Rangers	Celtic	Aberdeen	Hearts	Hibernian	Raith	Kilmarnock	Motherwell	Partick	Falkirk
Glasgow Rangers	• •	3:3 1:1	1:1 3:1	4:1 0:3	0:1 7:0	4:0 4:0	1:0 3:0	2:1 3:2	1:0 5:0	2:0 3:2
Celtic Glasgow	0:2 0:0	• •	2:0 5:0	3:1 4:0	2:2 2:1	0:0 4:1	4:2 1:1	1:1 1:0	2:1 4:0	1:0 4:0
Aberdeen FC	0:1 0:1	2:3 1:2	• •	1:2 1:1	1:2 2:1	3:0 1:0	4:1 3:0	1:0 2:1	3:0 1:0	3:1 2:1
Heart of Midlothian	0:2 2:0	0:4 1:2	1:2 1:3	• •	2:1 1:1	4:2 2:0	2:1 1:0	1:1 4:0	3:0 2:5	4:1 2:1
Hibernian Edinburgh	1:4 0:2	0:4 1:2	1:1 1:2	2:2 2:1	• •	1:2 1:1	2:0 1:1	4:2 0:0	3:0 1:0	2:1 2:1
Raith Rovers	2:2 2:4	0:1 1:3	1:0 2:2	1:1 1:3	3:0 1:0	• •	2:0 1:1	0:0 2:0	3:1 0:2	0:1 1:0
Kilmarnock FC	0:2 0:3	0:0 0:0	1:2 1:1	3:1 0:2	0:3 3:2	5:1 2:0	• •	1:1 0:1	2:1 2:1	4:0 1:0
Motherwell FC	0:0 1:3	0:2 0:0	2:1 1:0	0:0 1:1	0:2 3:0	0:2 1:0	3:0 0:1	• •	1:1 0:2	1:1 1:0
Partick Thistle Glasgow	0:4 1:2	1:2 2:4	1:0 1:1	2:0 0:1	1:1 0:0	0:2 0:3	1:1 0:1	1:0 0:2	• •	1:1 0:3
Falkirk FC	0:2 0:4	0:1 0:0	2:3 1:1	2:0 0:2	2:0 1:1	2:1 2:3	0:2 4:2	0:0 0:1	0:1 1:2	• •

Laudrup Rangers-Leistungsträger. Die Stärke des Teams war ihr Konterfußball. Obwohl ihr Spiel dadurch nicht unbedingt attraktiv war, hat sich die Taktik als richtig herausgestellt. Zu den besonderen Saisonleistungen der Rangers gehörten sieben Spiele in Folge ohne Gegentreffer.

In Glasgow erfreuen sich die Rangers eines immensen Zuschauerzuspruches. Aus den 8.000, die noch vor wenigen Jahren durchschnittlich in den Ibrox Park gekommen waren, sind inzwischen allein 35.000 Dauerkartenbesitzer geworden. Die Verpflichtung internationaler Stars wie Brian Laudrup und Paul Gascoigne hat die Einnahmen des Klubs im Jahre 1995 auf spektakuläre 30 Millionen Pfund wachsen lassen. Dennoch dekken die Zuschauereinnahmen nach Aussage von Vereinspräsident David Murray nur 50% des Jahresetats.

Im Europapokal gab es für das Smith-Team erneut Enttäuschung pur. Schon in den Qualifikationsspielen zur Champions League gab es gegen den zypriotischen Underdog Anorthosis Famagusta wenig Erbauliches zu berichten. In den anschließenden Gruppenspielen konnten die Rangers nicht einen einzigen Sieg feiern und kassierten zudem eine deftige 0:4-Heimniederlage gegen Juventus Turin.

Die schottische Drei-Ausländer-Regelung hatte die Rangers in den letzten Jahren hart getroffen. Dadurch gab es quasi eine „Europacup-" und eine „Liga-Mannschaft". Das Rangers ausländische Stars braucht, ist nicht nur der Verbesserung der Spielkultur zuzuschreiben: Seit Jahren gilt die Nachwuchsarbeit als mangelhaft. Immerhin konnte sich mit dem U21-Nationalspieler Charlie Miller endlich einmal wieder ein Eigengewächs etablieren. Daß die Drei-Ausländer-Regelung als Reaktion auf das Bosman-Urteil mit Beginn der Saison 1996/97 weggefallen ist, erleichtert Smith' Arbeit immens. Mit einigen ihrer Neuzugänge hatten die *Blues* wenig Glück. Der Russe Oleg Salenko wurde nach nur vierzehn Spielen als völliger Fehleinkauf abgetan und im Tausch gegen den Niederländer Peter van Vossen zum türkischen Erstligaaufsteiger Istanbulspor abgeschoben. Van Vossen schoß zwar in drei Spielen vier Tore, war aber auch nicht die erhoffte Verstärkung. Ende Februar kam dann mit dem Dänen Erik-Bo Andersen von ÅaB Ålborg endlich die erhoffte Bereicherung. Der 25jährige schoß in fünf Spielen 6 Tore.

Glasgow Rangers hat die finanziellen Ressourcen, um mit den besten Mannschaften Europas mithalten zu können. Gianluca Vialli wurden 35.000 Pfund wöchentlich geboten, doch der Italiener zog das weniger lukrative Angebot von Ruud Gullits Chelsea London vor. Die Bemühungen um Karlheinz Riedle und Ulf Kirsten scheiterten ebenso wie der Einkauf des brasilianischen Stars Jardel, der aufgrund einer alten Verbandsregelung, nicht mehr als 10 außereuropäische Spieler in der Premier-League zuzulassen, verhindert wurde.

Ob die Rangers den Celtic-Rekord von neun Meisterschaften in Folge (1966-74) 1997 einstellen und 1998 womöglich brechen können, hängt von der Qualität ihrer Einkäufe ab. Zu denen zählen der Schwede Joachim Björklund (Ex-Verona) und der HSV-Leitwolf Jörg Albertz. Wenn sie einschlagen und dazu Laudrup und Gascoigne weiterhin Glanzleistungen zeigen, ist alles möglich.

IM BLICKPUNKT

Celtic FC Glasgow

„Die Saison endete drei Monate zu früh für uns", klagte Celtics Trainer Tommy Burns, und meinte damit, daß „die meisten unserer Spieler erst nach drei Monaten gemerkt haben, das wir Meister werden können"

Immerhin: Obwohl Celtic am Ende der Saison erneut nur Vizemeister wurde und sogar gänzlich ohne Trophäe dastand, gibt es genügend Indikatoren, die auf einen deutlichen Aufwärtstrend hinwiesen. An der Börse beispielsweise: Im August 1995 brachte die Celtic-Aktie gerade einmal 75 Pence - am Saisonende 1995/96 war sie auf 190 Pence geklettert!

Auch sportlich lief es. Celtic legte eine eindrucksvolle Serie von 32 Spielen ohne Niederlage hin und stellte damit einen neuen schottischen Erstligarekord auf. In 36 Ligaspielen kassierten die *Hoops* nur eine Niederlage und stellten damit ihren eigenen, 1916/17 und 1967/68 aufgestellten, Rekord ein. Die Niederlage gab es ausgerechnet im heimischen *Celtic Park* - und natürlich gegen die Rangers (0:2).

Die Grün-Weißen füllten ihr sich in der Renovierung befindliches Stadion mit ansehnlichen 35.154 Zuschauern im Schnitt. 29.000 davon waren Dauerkartenbesitzer!

Celtics Unfähigkeit, dem mächtigen Lokalrivalen Rangers in keinem einzigen der sechs Begegnungen (inklusive Pokal und Ligapokal) eine Niederlage beizufügen, verhinderte einen möglichen Erfolg. Daß die Mannschaft in den drei Begegnungen im Celtic Park Parkhead noch nicht einmal einen Treffer gegen den Old Firm-Rivalen erzielte, bewegte Celtics Manager Tommy Burns zu der Aussage, er wolle auf seinem Grabstein vermerkt haben, daß Rangers-Torhüter Andy Goram sein Herz gebrochen habe.

Celtics Leistungsträger waren der niederländische Stürmerstar Pierre van Hooijdonk, der sich die schottische Torjägerkanone sicherte, Neuzugang Jackie McNamara (Dunfermline) sowie Simon Donnelly, der nur ein Spiel verpaßte. Gemeinsam mit Peter Grant, John Collins, Paul McStay und dem Leverkusener Neuzugang Andreas Thom zählten sie zu den Stammspielern.

Celtics Ziel für die Saison 1996/97 ist klar: Die Rangers von ihrem Versuch abhalten, die Meisterschale zum neunten Mal in Folge zu gewinnen.

DER STAR

Paul Gascoigne (Glasgow Rangers)

Als er im Juli 1995 nach Glasgow kam, hatte er kurzgeschorene blondgefärbte Haare. Wenige Tage später stöhnten Glasgows Friseure über den Massenandrang, denn Paul Gascoignes Ankunft hatte eine unglaubliche Euphorie ausgelöst: Alle wollten aussehen wie Gazza.

Fußball spielen wie Gazza kann kaum ein zweiter. 1995/96 zeigte er es einmal mehr allen Kritikern, von denen er mehr als jeder andere britische Fußballer hat. Am Saisonende wurde der geniale Exzentriker mit Ehrungen nur so überhäuft. Mit den Rangers gewann er Meisterschaft und Pokal, von der Sportjournalistenvereinigung wurde er ebenso wie von der Vereinigung der Erstligaspieler zum Spieler des Jahres gewählt.

Seine Verpflichtung, die Rangers über 4,3 Millionen Pfund kostete, war von vielen skeptisch betrachtet worden. Gazzas fußballerische Fähigkeiten wurden nicht angezweifelt - seine Ausschweifungen und Launen boten Anlaß zur Diskussion. „Der ist dick geworden, hat seine Schnelligkeit verloren und seine mentale Verfassung ist ..." wurden die Rangers gewarnt. Der Klub schloß mit dem Engländer dennoch einen „earn-as-you-play" Vertrag ab, der Gascoigne pro Einsatz 30.000 DM bringt.

„Rangers ist ein großer Klub. Ich bin nicht nur nach Glasgow gekommen, um Erfolge zu feiern, sondern um meiner Karriere einen neuen Start zu ermöglichen", gab der deutlich dünner gewordene Ex-Römer einige Wochen später auf dem Glasgower Flughafen zu Protokoll. Und nachdem er seine anfänglichen Verletzungsprobleme überwunden hatte, zeigte Gascoigne, was in ihm steckte.

Am 28. April krönte er seine beeindruckende Saisonleistung mit einen Hattrick beim 3:1 gegen Aberdeen, das zugleich die 46. Meisterschaft für die Rangers bedeutete. Die ersten beiden Tore resultierten aus Slalom-Dribbel-Aktionen, die an seine legendären Galavorstellungen während der WM 90 erinnerten, als er teilweise 50 bis 60 Meter mit dem Ball am Fuß durch gegnerische Abwehrreihen spaziert war. Zudem imponierten Gazzas lange Pässe und sein außergewöhnliches Augenmaß - es war Gascoignes langer Querpaß auf den Kopf von Ally McCoist, der im Pokalhalbfinale das Ende aller Hoffnungen für Celtic markierte.

Bezeichnenderweise fehlte Gascoigne ausgerechnet bei der höchsten Saisonniederlage der Rangers (0:3 gegen Hearts of Midlothian).

Gascoignes berühmt-berüchtigte Clownerie wurde von den schottischen Schiedsrichtern nicht gerade geschätzt. Als er eine vom Schiedsrichter verlorene gelbe Karte aufhob und den Unparteiischen zum Scherz damit verwarnte, drehte der humorlose Referee den Spieß um und verwarnte Gascoigne seinerseits.

Im Ibrox Park war man mit seinem schillernden Neuzugang vollauf zufrieden. Und Gascoigne dürfte es auch gewesen sein, denn nach 27 Ligaspieleinsätzen war sein Kontostand um 810.000 DM gestiegen.

DER POKAL

3.Runde

Berwick Rangers - Dundee United	1:2
Dunfermline Athletic - St. Mirren FC	3:0
Greenock Morton - Montrose FC	1:1, 2:3
Clyde FC - Dundee FC	3:1
Clydebank FC - Stirling Albion	0:1
Dumbarton FC - Airdrieonians FC	1:3
Falkirk FC - Stenhousemuir FC	0:2
Hamilton Academical - St. Johnstone FC	0:1
Heart of Midlothian - Partick Thistle Glasgow	1:0
Motherwell FC - Aberdeen FC	0:2
Caledonian Thistle - East Fife 1:1/n. E. 3:1, n. V.	1:1
Hibernian Edinburgh - Kilmarnock FC	0:2
Raith Rovers - Queen´s Park Glasgow	3:0
Ross County - Forfar Athletic	0:3
Keith FC - Glasgow Rangers	1:10
Whitehill Welfare - Celtic Glasgow	0:3

4. Runde

Airdrieonians - Forfar Athletic 2:2/n. E. 4:2, n. V.	0:0
Celtic Glasgow - Raith Rovers	2:0
Clyde FC - Glasgow Rangers	1:4
Dundee United - Dunfermline Athletic	1:0
Kilmarnock FC - Heart of Midlothian	1:2
St. Johnstone FC - Montrose FC	3:0
Stenhousemuir FC - Caledonian Thistle	0:1
Stirling Albion - Aberdeen FC	0:2

Viertelfinale

St. Johnstone FC - Heart of Midlothian	1:2
Caledonian Thistle - Glasgow Rangers	0:3
Celtic Glasgow - Dundee United	2:1
Aberdeen FC - Airdrieonians FC	2:1

Halbfinale

Aberdeen FC - Heart of Midlothian	1:2
Celtic Glasgow - Glasgow Rangers	1:2

Finale

(18.5.1996, Glasgow, 37.730)

Glasgow Rangers - Heart of Midlothian 5:1 (1:0)

Rangers: Goram - Cleland, Robertson, Gough, McLaren - Brown, Durie, Gascoigne, Ferguson (87. Durrant) - McCall, Laudrup

Hearts: Rousset - Locke (7. Lawrence), Ritchie, McManus, McPherson - Bruno (58. Robertson), Johnstone, Mackay, Colquhoun - Fulton, Pointon

Schiedsrichter: Dallas (Motherwell) - Tore: 1:0 Laudrup (37.), 2:0 Laudrup (49.), 3:0 Durie (65.), 3:1 Colquhoun (76.), 4:1 Durie (80.), 5:1 Durie (86.)

First Division	Sp	g	u	v	Tore	Pkt.
1. Dunfermline Athletic	36	21	8	7	73:41	71
2. Dundee United	36	19	10	7	73:37	67
3. Greenock Morton	36	20	7	9	57:39	67
4. St. Johnstone FC	36	19	8	9	60:36	65
5. Dundee FC	36	15	12	9	53:40	57
6. St. Mirren FC	36	13	8	15	46:51	47
7. Clydebank FC	36	10	10	16	39:58	40
8. Airdrieonians FC	36	9	11	16	43:54	38
9. Hamilton Academical	36	10	6	20	40:57	36
10. Dumbarton FC	36	3	2	31	23:94	11

DER STAR

Andreas Thom (Celtic Glasgow)

Die Erwartungen waren immens. 4 Millionen Pfund legte Celtic Glasgow auf den Tisch von Bayer Leverkusen, um den ehemaligen DDR-Star Andreas Thom auf die Insel zu locken. Thom war damit teuerster Einkauf der Celtic-Geschichte - eine Bürde, die dem sympathischen Stürmer gar nicht behagte.

Doch Thom enttäuschte die in ihn gesetzten Hoffnungen nicht. Als Träger der begehrten Rükkennummer 10 schoß er 12 Saisontore und leistete 22 Torvorlagen. Thom fühlte sich pudelwohl in Glasgow. Die passionierte Fankulisse im Celtic Stadion Parkhead, die unglaublich große zu Auswärtsspielen reisende Fanschar der *Hoops* - das alles hatte der 51fache DDR-Nationalspieler (plus zehn im DFB-Dreß) in Leverkusen arg vermißt. „Ich hätte bei Bayer meine Karriere beenden können, doch ich wollte Trophäen gewinnen und Fußballatmosphäre erleben", meinte Thom bei seiner Ankunft.

Thom krönte sein Debüt beim Liga-Pokalspiel gegen Ayr mit einem Tor und leitete damit eine dramatische Pokalsaison für Celtic ein, die durch sämtliche Höhen und Tiefen führte.

Gegen Dundee United traf Thom auf spektakuläre Weise erst in der Nachspielzeit und sorgte für Celtics Weiterkommen. Erst im Halbfinale war - ausgerechnet - gegen die Rangers Schluß. Auch im Europapokal war der Deutsche treffsicher.

Mit seinen beiden Treffern gegen Dinamo Batumi wurde Thom erster Celtic-Akteur seit zwanzig Jahren, der im Europapokal mehr als einen Treffer erzielte. Obwohl er über Rückenprobleme klagte, absolvierte er 32 Saisonspiele, bei denen er sich als Arbeiter für die Mannschaft und glänzender Ballverteiler das Prädikat „Spielmacher" verdiente.

Thom hebt sein Pokaltor gegen Dundee als größten persönlichen Augenblick der Saison hervor. Sein überraschender Fernschuß, der den Torreigen beim 3:3-Unentschieden gegen die Rangers einleitete, war mindestens ebenso schön.

DER TORJÄGER

Pierre van Hooijdonk (Celtic Glasgow)

„Pierre hat eine Chance verdient. Ich glaube kaum, daß Holland einen anderen Stürmer hat, der ähnlich torgefährlich ist", meinte Celtics Trainer Tommy Burns im Januar 1996 und fragte sich, „ob die Niederländer ihn kürzlich beobachten ließen". Der Celtic-Stürmer, der unter Dick Advocaat zweimal im Oranje-Team zum Einsatz gekommen war, hoffte auf die EM. „Es ist ganz einfach: In der Zeit bis zum EM-Start muß ich für Celtic gut spielen, dann habe ich eine Chance".

Doch da war Van Hooijdonk wohl zu optimistisch. Als Guus Hiddink sein EM-Aufgebot bekanntgab, fehlte der Name Van Hooijdonk nämlich. In Glasgow kann man das nicht verstehen. 26 Tore markierte der 1994 für 1,2 Millionen Pfund vom NAC Breda in den Celtic Park gewechselte 27jährige in der Saison 1995/96 und sicherte sich damit die schottische Torjägerkanone.

Van Hooijdonks Stärke ist seine Größe. Damit verfügt er vor allem in Kopfballduellen immer wieder über entscheidende Vorteile, die er eiskalt ausnutzt. Sein schönster Saisontreffer war freilich ein Lupfer, mit dem er Aberdeens Keeper Michael Watt beim 5:0-Sieg der Rangers überwand.

Dave Mc Pherson

DIE LÄNDERSPIELE

Schottland - Griechenland 1:0 (0:0) EMQ
16.8.1995 - Glasgow - 34.910 - Mikkelsen (Dänemark) - Leighton - McKimmie, Boyd, McCall, Calderwood - T. McKinlay, Shearer (71. McCoist), Burley, Jackson (71. Robertson) - McAllister, Collins - Trainer: Brown. Tor: McCoist

Schottland - Finnland 1:0 (1:0) EMQ
6.9.1995 - Glasgow - 35.505 - Melnichuk (Ukraine) - Leighton - McKimmie (89. W. McKinlay), Boyd, Calderwood, Hendry - T. McKinlay, Spencer (74. McCoist), McLaren, Booth (80. Jackson) - McAllister, Collins - Trainer: Brown. Tor: Booth (10./1:0)

Schweden - Schottland 2:0 (2:0)
11.10.1995 - Stockholm - 19.121 - Diaz Vega - Leighton (73. Goram) - McKimmie, Burley (88. W. McKinlay), McLaren, Hendry - Calderwood, Collins, Boyd, McGinlay (46. Jess) - McAllister (60. Jackson), Robertson (73. Nevin) - Trainer: Brown

Schottland - San Marino 5:0 (2:0) EMQ
15.11.1995 - Glasgow - 30.306 - Bohunek (Tschechien) - Leighton - McLaren, Boyd, Calderwood, Hendry - Gemmill, Nevin, Jess, Booth (66. Jackson) - McAllister (48. McCoist), Collins (59. W. McKinlay) - Trainer: Brown. Tore: Jess (25./1:0), Booth (30./2:0), McCoist (49./3:0), Nevin (71./4:0), Francini (90./5:0/Eigentor)

Schottland - Australien 1:0 (0:0)
27.3.1996 - Glasgow - 20.608 - van Dijk (Niederlande) - Leighton - Burley, Boyd, McStay (46. Gallacher), Hendry - O´Neil (46. Booth), Collins, W. McKinlay (75. Jackson), McCoist (80. Nevin) - McAllister, Spencer - Trainer: Brown. Tor: McCoist (53./1:0)

Dänemark - Schottland 2:0 (2:0)
24.4.1996 - Kopenhagen - 23.031 - Wegereef (Niederlande) - Leighton (46. Goram) - McKimmie, Boyd, Burley, Hendry (75. W. McKinlay) - McCall (46. Gemmill), Collins, T. McKinlay, Spencer (72. McCoist) - McAllister, Gallacher (72. Jackson) - Trainer: Brown

USA - Schottland 2:1 (1:1)
26.5.1996 - Hartford - 8.526 - Brizio Carter (Mexiko) - Leighton (82. Walker) - Burley (60. McCall), Boyd, Calderwood, Hendry - Whyte, Jess, Gemmill (46. Collins), Durie (46. Spencer) - Jackson (46. McAllister), Booth - Trainer: Brown. Tor: Durie (9./0:1)

Kolumbien - Schottland 1:0 (0:0)
30.5.1996 - Miami - 5.000 - Dominguez (USA) - Goram - Burley, Boyd, Calderwood, Hendry (46. McKimmie) - McCall, Collins, T. McKinlay, McCoist (60. Gallacher) - McAllister, Spencer (69. Jess) - Trainer: Brown

Niederlande - Schottland 0:0 EM-VR
10.6.1996 - Birmingham - 40.100 - Sundell (Schweden) - Goram - McKimmie (85. Burley), Calderwood, Hendry, Boyd - Gallacher (55. W. McKinlay), McAllister, McCall, Collins - Durie, Booth (46. Spencer) - Trainer: Brown

Schottland - England 0:2 (0:0) EM-VR
15.6.1996 - London - 76.864 - Pairetto (Italien) - Goram - Calderwood, Hendry, Boyd - McKimmie, McCall, McAllister, Collins, T. McKinlay (82. Burley) - Durie (87. Jess), Spencer (67. McCoist) - Trainer: Brown

Schottland - Schweiz 1:0 (1:0) EM-VR
18.6.1996 - Birmingham - 34.926 - Krondl (Tschechien) - Goram - Calderwood, Hendry, Boyd - Burley, McCall, McAllister, Collins, T. McKinlay (60. Booth) - Durie, McCoist (84. Spencer) - Trainer: Brown. Tor: McCoist (36./1:0)

DER EUROPAPOKAL

Champions League

Qualifikation

Glasgow Rangers - Anorthosis Famagusta 1:0 (0:0)
9.8.1995 - 43.519 - Blareau (Belgien) - Goram - Wright, Gough, McLaren, Robertson - Reid (46. Durie), McCall, Gascoigne, Ferguson (67. Miller) - Hateley, Laudrup - Tor: Durie (68.)

Anorthosis Famagusta - Glasgow Rangers 0:0
23.8.1995 - 12.000 in Larnaca - Vagner (Ungarn) - Goram - Wright, Robertson, Gough, McLaren - Petric, McCall, Gascoigne (25. Durrant), Miller - Hateley, Laudrup

Champions League Gruppe C

Steaua Bukarest - Glasgow Rangers 1:0 (0:0)
13.9.1995 - 26.000 - Sars (Frankreich) - Goram - Wright, McLaren, Gough, Cleland - Petric, Miller (72. Durie), Gascoigne, McCoist - Durrant (82. Murray), Laudrup

Glasgow Rangers - Borussia Dortmund 2:2 (0:1)
27.9.1995 - 33.209 - Uilenberg (Niederlande) - Goram - Wright, Cleland, Gough, McCall - Petric, Miller, Gascoigne, McCoist - Durie (75. Durrant), Laudrup (46. Ferguson) - Tore: Gough (64./1:1), Ferguson (73./2:2)

Juventus Turin - Glasgow Rangers 4:1 (3:0)
18.10.1995 - 35.000 - Zhuk (Weißrußland) - Goram - Wright (46. Brown), Robertson, Gough, Moore - Petric, Durie, McCall (60. Murray), McCoist - Salenko, Cleland - Tor: Gough (65./3:1)

Glasgow Rangers - Juventus Turin 0:4 (0:1)
1.11.1995 - 42.523 - Cakar (Türkei) - Goram (46. Thomson) - Wright (25. Durrant), Bollan, Gough, Brown - Petric, Ferguson, Gascoigne, Miller (69. McCoist) - Salenko, McCall

Glasgow Rangers - Steaua Bukarest 1:1 (1:0)
22.11.1995 - 30.800 - Levnikov (Rußland) - Goram - Brown (75. Bollan), Gough, McLaren - Petric, Robertson, Durrant (46. Miller), Gascoigne, McCoist - McCall (86. Murray), Laudrup - Tor: Gascoigne (31./1:0)

Borussia Dortmund - Glasgow Rangers 2:2 (1:1)
6.12.1995 - 35.800 - Diaz Vega (Spanien) - Goram - McLaren, Gough, Bollan, Robertson - Cleland (78. Durrant), Miller (82. McCoist), Gascoigne, McCall - Laudrup, Durie - Tore: Laudrup (10./0:1), Durie (84./2:2)

Europapokal der Pokalsieger

1. Runde

Dinamo Batumi - Celtic Glasgow 2:3 (1:2)
14.9.1995 - 17.000 - Klein (Israel) - Marshall - Boyd, McKinlay, Vata, Hughes - Grant, O´Donnell, Donnelly (75. Falconer), Walker (89. McLaughlin) - Thom, Collins - Tore: Thom (24./1:1, 87./2:3), Donnelly (42./1:2)

Celtic Glasgow - Dinamo Batumi 4:0 (2:0)
28.9.1995 - 31.969 - Orrasson (Island) - Marshall - Boyd, McKinlay, Vata, Hughes - Grant, Donnelly (56. Hay), McStay, van Hooijdonk (62. Walker) - Thom (70. Gray), McLaughlin - Tore: Thom (18., 20.), Donnelly (46.), Walker (90.)

2. Runde

Paris Saint-Germain - Celtic Glasgow 1:0 (0:0)
19.10.1995 - 30.010 - Benkö (Österreich) - Marshall - Boyd, Vata, Hughes, McKinlay - Grant, McStay, Collins, O´Donnell (69. Donnelly) - Thom, van Hooijdonk

Celtic Glasgow - Paris Saint-Germain 0:3 (0:2)
2.11.1995 - 34.822 - Röthlisberger (Schweiz) - Marshall - Vata (46. Donnelly), Hughes, Boyd, McKinlay - Grant, McStay, Collins, Thom - Walker, van Hooijdonk (63. McLaughlin)

UEFA - Pokal

Qualifikation

Motherwell FC - MyPa-47 Anjalankoski 1:3 (1:2)
8.8.1995 - 8.280 - Temmink (Niederlande) - Woods - May, McKinnon, Van der Gaag, Martin - McCart, Lambert (Davies), Dolan, Coyne - Hendry (Essandoh), McSkimming - Tor: McSkimming

MyPa-47 Anjalankoski - FC Motherwell 0:2 (0:1)
22.8.1995 - 4.200 - Kjelbrott (Norwegen) - Howie - May, McKinnon, Roddie (McCulloch), Martin - McCart, Lambert, Dolan, Burns - Arnott, Davies - Tore: Burns (0:1), Arnott (0:2)

Raith Rovers - GÍ Gøtu 4:0 (1:0)
8.8.1995 - 5.082 - Bergmann (Island) - Thomson - McAnespie, Broddle, McInally, Dennis - Sinclair, Rougier (65. Graham), Cameron, Crawford (78. Lennon) - Taylor, Dair - Tore: Dair (1:0), Rougier (2:0), McAnespie (3:0), Cameron (4:0)

GÍ Gøtu - Raith Rovers 2:2 (0:1)
22.8.1995 - 350 - Howells (Wales) - Thomson - Kirkwood, Broddle, Lennon, Dennis (83. Ragside) - Sinclair, Rougier, Graham, Crawford - Taylor (75. Forrest), Cameron - Tore: Lennon (0:1), Crawford

1. Runde

Raith Rovers - ÍA Akranes 3:1 (1:1)
12.9.1995 - 5.284 - Babarogic (Jugoslawien) - Thomson - McAnespie, Broddle, Kirkwood, Dennis - Sinclair, Wilson (85. Coyne), Cameron, Crawford (59. Graham) - Lennon, Rougier (28. Dair) - Tore: Lennon (14./1:0, 66./2:1), Wilson (79./3:1)

ÍA Akranes - Raith Rovers 1:0 (0:0)
26.9.1995 - 4.000 - Luinge (Niederlande) - Thomson - McAnespie, Broddle, Coyle, Dennis - Sinclair, Kirkwood, Cameron, Crawford (75. Wilson) - Lennon, Dair (87. McInally)

2. Runde

Raith Rovers - FC Bayern München 0:2 (0:1)
17.10.1995 - 14.500 in Edinburgh - Harrel (Frankreich) - Thomson - Kirkwood, Broddle, Coyle, Dennis - Sinclair, McInally (75. Rougier), Cameron, Graham - Lennon, Dair (74. Crawford)

FC Bayern München - Raith Rovers 2:1 (0:1)
31.10.1995 - 27.000 - Melnichuk (Ukraine) - Thomson - Taylor, Broddle, Coyle (81. McInally), Sinclair - Kirkwood, Dair, Cameron, Rougier (60. Graham) - Lennon, Crawford - Tor: Herzog (42. Eigentor/0:1)

UI-Cup

Partick Thistle Glasgow - ÍBK Keflavík	*3:1*
Linzer ASK - Partick Thistle Glasgow	*2:2*
FC Metz - Partick Thistle Glasgow	*1:0*
Partick Thistle Glasgow - NK Zagreb	*1:2*

Svenska Fotbollförbundet

Telefon: ++48 (8) 735 09 00
Telefax: ++48 (8) 275 147

FIFA-Weltrangliste:

Juli 1995:	15. Platz,	51,72 Punkte
Juli 1996:	7. Platz,	59,79 Punkte

UEFA-Fünfjahreswertung

1996/97:	14. Platz,	18,75 Punkte

IFK Göteborg bleibt Maß aller Dinge

Von Fredrik Hallgren

1995 war ein Jahr der Rückschläge für den schwedischen Fußball, nachdem die Nationalmannschaft 1994 den dritten Platz bei der Weltmeisterschaft belegt hatte. Die Mannschaft von Nationaltrainer Tommy Svensson kam bei der Qualifikation für die Europameisterschaft 1996 mit lautem Knall wieder auf den Boden der Tatsachen zurück. Die schwedische Mannschaft gewann 1995 nicht ein einziges Qualifikationsspiel! Auf der Klubebene verpaßte IFK Göteborg die Qualifikation für die Champions League nach zwei Niederlagen gegen die polnische Mannschaft von Legia Warschau. Halmstad BK hatte die italienische Mannschaft von AC Parma in der zweiten Runde fast bezwungen, doch im Rückspiel wurde die schwedische Mannschaft doch noch aus dem Pokal geworfen.

Gab es gar nichts, über das sich der schwedische Fußball 1995 hätte freuen können? Die positivste Entwicklung war, daß die jungen Talente Reife erreichten. Starke, technisch versierte und unerschrockene Spieler entwickelten sich. Mit ihnen wird der Fußball 1996 interessant werden. Die Namen diese Spieler sind noch nicht sehr bekannt, doch daß schon so viele von ihnen Stars sind, hat viele Leute überrascht. Jörgen Pettersson wurde Profi. Die eigentliche Frage war bei ihm nicht ob, sondern wann er Schweden verlassen

Schwedischer Meister 1995: IFK Göteborg. Hinten von links: Martinsson, Lilienberg, Gustafsson, Björklund, Ravelli, Last, Erlingmark, Olsson, Landberg, Anegrund. Mitte: Davidsson, Wahlstedt, Bentsson, Magnus Johansson, Lundquist, Eriksson, Per Johansson, Oscar Andersson, Nordström. Vorn: Pettersson, Rehn, Svensson, Wernerson, Kåmark, Gustafsson, Thomas Andersson, Blomqvist

Allsvenskan	Gesamt							Heim					Auswärts				
	Sp	g	u	v	Tore	Diff.	Pkt.	g	u	v	Tore	Pkt.	g	u	v	Tore	Pkt.
1. IFK Göteborg (M)	26	12	10	4	43:20	+23	46	9	3	1	24:6	30	3	7	3	19:14	16
2. Helsingborgs IF	26	12	6	8	42:36	+ 6	42	6	2	5	21:20	20	6	4	3	21:16	22
3. Halmstads BK	26	11	8	7	41:32	+ 9	41	7	4	2	24:12	25	4	4	5	17:20	16
4. Malmö FF	26	9	12	5	32:28	+ 4	39	6	5	2	18:13	23	3	7	3	14:15	16
5. Örebro SK	26	10	8	8	35:29	+ 6	38	9	3	1	26:9	30	1	5	7	9:20	8
6. Djurgårdens IF (N)	26	10	8	8	33:33	+-0	38	5	3	5	18:18	18	5	5	3	15:15	20
7. Örgryte IS (N)	26	9	8	9	22:26	- 4	35	3	4	6	10:14	13	6	4	3	12:12	22
8. AIK Solna Stockholm	26	7	11	8	34:34	+-0	32	4	7	2	21:15	19	3	4	6	13:19	13
9. Degerfors IF	26	7	11	8	32:45	-13	32	5	5	3	16:19	20	2	6	5	16:26	12
10. Trelleborgs FF	26	7	10	9	32:30	+ 2	31	5	7	1	21:9	22	2	3	8	11:21	9
11. Östers IF Växjö	26	5	13	8	41:41	+-0	28	4	7	2	24:16	19	1	6	6	17:25	9
12. IFK Norrköping (P)	26	7	7	12	28:44	-16	28	3	5	5	13:21	14	4	2	7	15:23	14
13. Hammarby IF ↓	26	6	8	12	33:40	- 7	26	3	4	6	16:22	13	3	4	6	17:18	13
14. Västra Frölunda IF ↓	26	5	10	11	35:45	-10	25	3	6	4	19:18	15	2	4	7	16:27	10

EC 1996/97: CL: IFK Göteborg, EC2: AIK Solna, UEFA: Helsingborgs IF, Halmstads BK, Malmö FF, UI: Örebro SK, Djurgårdens IF.

Play-Offs:
GAIS Göteborg - IFK Norrköping 1:1, 0:1
Gefle IF - Östers IF Växjö 0:1, 0:3
IFK Norrköping und Östers IF Växjö bleiben damit erstklassig.

würde. Am Ende entschied er sich für Borussia Mönchengladbach, den "schwedischen Klub" der Bundesliga, wo sowohl Patrik Andersson als auch Martin Dahlin schon spielten.

Der 21jährige Andreas Andersson ist ein großes Talent, das bereits mit dem legendären Torbjörn Nilsson verglichen wird. Zur Saison 1996 wechselte er von Degerfors IF zum IFK Göteborg. Ein weiteres Talent ist Niclas Alexandersson (23), der von Halmstad BK zu Göteborg wechselte. Alexandersson ist ein moderner Mittelfeldspieler, der kämpferischen Einsatz mit technischen Fähigkeiten kombiniert. Es wird nicht lange dauern, bis er Profi wird und zu einem großen europäischen Klub wechselt.1995 war das Jahr, in dem Göteborg die Meisterschaft mit vier Punkten Vorsprung vor dem Zweitplazierten Helsingborgs IF gewann. Sensationell lag IFK Göteborg zur Sommerpause im Juni am Ende der Tabelle , doch eine fantastische Leistung im Herbst half dem amtierenden Meister, den Titel zu verteidigen.

Das positivste Merkmal der Saison 1995 war, daß die Mannschaft von Helsingborgs IF, ein Klub mit enormer Zuschauerunterstützung bei Heimspielen, während der ganzen Saison um den Titel kämpfte. Die Meisterschaft wurde erst am vorletzten Spieltag entschieden. Helsingborgs IF erreichte durch den zweiten Platz in der Meisterschaft die Teilnahme am UEFA-Pokal. Damit stellten sie sicher, daß auch in Zukunft das Fußballfieber in der fußballverrückten südschwedischen Stadt grassieren kann.

Die Torschützen

Niklas Skoog (Västra Frölunda IF)	17
Jörgen Pettersson (Malmö FF)	15
Andreas Andersson (Degerfors IF)	13
Patrik Karlsson (IFK Norrköping)	12
Miroslaw Kubisztal (Örebro SK)	12
Dan Sahlin (Hammarby IF)	12
Bo Andersson (Djurgårdens IF)	11
Robert Andersson (Halmstads BK)	11
Hans Eklund (Östers IF Växjö)	11
Niklas Gudmundsson (Halmstads BK)	11

Ein weiters positives Merkmal der Liga war Halmstad BK, ein Klub mit eingeschränkten Mitteln, aus denen Erfolg erwirtschaftet werden muß. Halmstad ist die Kinderstube, in der Jahr für Jahr die internationalen Talente des schwedischen Fußballs großgezogen werden. 1995 verkaufte man Gudmundsson an den englischen Klub Blackburn Rovers FC. Der bereits oben erwähnte Niclas Alexandersson verläßt den Klub auch; zusammen mit dem Trainer Mats Jingblad wechselte er zum Meister IFK Göteborg.

Positiv waren auch die ansteigenden Zuschauerzahlen. Allein drei Spiele - AIK - Hammarby IF, IFK Göteborg - Trelleborgs FF und AIK - Djurgårdens IF - lockten über 17.000 Zuschauer in die Stadien. Den höchsten Zuschauerschnitt hatte die neue Spitzenmannschaft Helsingborgs IF. Heimspiele im modernen Olympiastadion zogen im Durchschnitt etwa 10.942 Zuschauer an - eine Zahl, die beinahe westeuropäisches Niveau erreicht.

Allsvenskan	IFK	Helsingborg	Halmstad	Malmö	Örebro	Djurgarden	Örgryte	Solna	Degerfors	Trelleborg	Östers	Norrköping	Hammarby	Västra
IFK Göteborg	•	1:1	0:1	2:1	3:1	2:0	3:0	0:0	3:0	2:0	3:1	2:0	2:0	1:1
Helsingborgs IF	0:3	•	3:0	2:1	3:0	2:3	0:1	2:1	3:3	2:1	0:2	0:0	3:5	1:0
Halmstads BK	0:0	2:1	•	2:2	2:1	1:2	2:0	3:0	5:1	1:2	2:2	2:0	1:0	1:1
Malmö FF	1:1	0:1	2:1	•	0:0	0:0	1:1	2:2	3:1	2:1	2:1	1:3	1:0	3:1
Örebro SK	1:0	4:1	1:0	5:0	•	0:0	0:1	3:0	2:2	2:0	1:0	1:0	2:1	4:4
Djurgårdens IF	1:1	1:3	0:3	0:2	2:0	•	1:3	2:1	2:0	1:1	1:1	2:0	2:0	4:2
Örgryte IS	1:1	0:1	0:2	0:0	0:0	0:2	•	2:1	0:1	0:0	4:2	2:1	0:1	1:2
AIK Solna Stockholm	3:1	1:1	2:2	1:1	2:0	1:2	0:0	•	1:2	3:0	1:1	2:2	3:2	1:1
Degerfors IF	0:3	2:2	3:3	0:3	2:1	1:1	0:0	2:1	•	1:0	3:2	0:3	0:0	2:0
Trelleborgs FF	2:2	0:2	4:0	0:0	0:0	1:1	4:1	1:0	2:2	•	1:1	4:0	0:0	2:0
Östers IF Växjö	0:0	1:1	3:0	2:2	2:2	3:1	1:1	0:2	2:2	3:1	•	2:3	1:1	4:0
IFK Norrköping	0:5	0:3	1:1	0:1	1:0	2:0	0:2	1:1	1:1	2:2	4:1	•	1:1	0:3
Hammarby IF	2:2	2:1	0:3	1:1	2:2	0:1	0:1	1:2	2:1	1:3	2:2	0:2	•	3:1
Västra Frölunda IF	3:0	2:3	1:1	0:0	1:2	2:2	0:1	1:1	0:0	1:0	1:1	5:1	2:6	•

Eine schlechte Vorstellung bot in der letzten Saison der IFK Norrköping, eine von Schwedens herausragenden Mannschaften der letzten Jahre. Sie hatte eine katastrophale Saison. Am Ende der Saison fand Norrköping sich auf einem Relegationsplatz wieder und mußte gegen GAIS Göteborg spielen, um in der höchsten Spielklasse bleiben zu können. Dieses Ziel wurde gerade so erreicht. Eine ähnliche Geschichte gibt es von Östers IF aus Växjö zu berichten. Östers Växjö allerdings gewann seine Spiele ganz bequem gegen Gefle IF aus Gävle.

Der schwedische Pokal ist ein Wettkampf, der nicht die Bedeutung errungen hat, die der Schwedische Fußballverband ihn gern haben ließe. Der Verband investierte gemeinsam mit Sponsoren viel Zeit und Mühe, damit der Pokalwettbewerb endlich einen höheren Stellenwert erhält. Das Endspiel wurde vom Stockholmer *Råsundastadion* in Solna in das kleinere Stadion *Gamla Ullevi* in Göteborg verlegt, was aber auch kein großer Erfolg war. Der Pokalwettbewerb war 1995/96 nur zweitklassig. Im Halbfinale setzten sich die Erstligisten AIK Solna und Malmö FF standesgemäß gegen Zweitligisten durch: AIK bezwang Hammarby IF 1:0, Malmö übersprang die Auswärtshürde IF Brommapojkarna sicher mit 3:1. Im Finale, das lediglich 2.500 Besucher verfolgten, setzte sich der AIK dank Simpsons "Golden Goal" in der 102. Minute durch.

In der zweigeteilten zweiten Liga kam IK Oddevold in der Südgruppe sensationell auf den ersten Platz. Trainer des Klubs ist der legendäre Torbjörn Nilsson, der Anfang der 80er Jahre für den 1. FC Kaiserslautern stürmte. Im Norden setzte sich Umeå in einem aufregenden Endspurt durch. Die Frage ist nur, ob diese Klubs tatsächlich in der 1. Liga spielen sollten.

1995 war das Jahr, in dem für die Nationalmannschaft alles schiefging. Der dritte Platz hinter der Schweiz und der Türkei in der Qualifikationsgruppe zur Europameisterschaft ist einfach nicht gut genug. Trotzdem bleibt man optimistisch. Nationaltrainer Tommy Svensson setzt auf ein Gerüst etablierter Spieler wie Patrik Andersson, Joachim Björklund, Jonas Thern, Stefan Schwarz und Martin Dahlin. Zu diesem Gerüst kommen dann noch junge Talente wie Jörgen Pettersson, Niclas Alexandersson und Pär Zetterberg. Ziel der Mannschaft ist die Weltmeisterschaftsendrunde in Frankreich 1998. ■

DER MEISTER

IFK Göteborg

Eine Meistermannschaft ist immer in der Lage, ihre Klasse dann zu zeigen, wenn es am meisten darauf ankommt. Der schwedische Meister von 1995, IFK Göteborg, macht da keine Ausnahme. Fünf von sechs möglichen Meisterschaften in den 90er Jahren stehen in der Bilanz der Göteborger.

Im Herbst 1994 wurden sie Gruppenerster in der Champions League, wobei sie Mannschaften wie den FC Barcelona und Manchester United hinter sich ließen. Doch der Sieg bedeutete für die Göteborger, daß sie während der schwedischen Winterpause schwer trainieren mußten, um im Viertelfinale, das im März stattfinden sollte, gegen den FC Bayern München bestehen zu können. Das hatte zur Folge, daß die IFK-Spieler zu Beginn der schwedischen Saison müde und ausgelaugt waren und sich im Juni in der unteren Tabellenhälfte wiederfanden. Doch als die Saison vier Monate später endete, hatten sie den Titel wieder gewonnen. Was für ein Umschwung! Es war ein kompletter Wandel, der in der Mannschaft vorgegangen war. Während des Frühlings hatte das Team einfallslos gespielt - lange Pässe auf die Stürmer sollten zum Erfolg führen. Im Herbst jedoch folgte ein einziger Triumphzug, den die anspruchsvollen Göteborger Fans zu würdigen wußten. Was hatte diesen Wandel bewirken können? Es war die Formsteigerung von fünf Spielern, die es möglich machte, das Blatt zu wenden.

Thomas Ravelli, dessen Torwartleistung die beste der Liga war. Folgerichtig wurde er als Schwedens Torhüter des Jahres 1995 nominiert.

Stefan Pettersson, früher bei der niederländischen Spitzenmannschaft Ajax Amsterdam, hatte eine fantastische Saison als Stürmer. Seine Spielauffassung und -intelligenz beeindruckten jede andere Mannschaft.

Håkan Mild, ein echter "Mittelfeldrackerer", kehrte zu Göteborg zurück, nachdem er eine Zeitlang an den Schweizer Klub FC Servette ausgeliehen gewesen war. Er spielte sehr mannschaftsdienlich.

Stefan Lindquist und Jesper Blomquist, beide Mittelfeldspieler, fanden im Herbst zu ihrer Form zurück.

Das reichte aus, um den schwedischen Meistertitel zu gewinnen. In der Qualifikationsrunde zur Champions League 1995/96 wurde der polnische Meister Legia Warschau dem IFK zugelost. Worte wie "Traumlos" und "leichtes Weiterkommen" waren zu hören. Am Ende wurden aber die Spiele gegen die technisch versiert spielenden Polen zu echten Alpträumen. Warschau gewann das Hinspiel in Warschau mit 1:0, das Tor resultierte aus einem Elfmeter. Thomas Ravelli wurde in der Szene, die zum Elfmeter führte, verletzt und mußte durch den Reservetorhüter Dick Last ersetzt werden.

Das Rückspiel in Göteborg war eine ebenso große Katastrophe. Schon in der ersten Hälfte wurde Vorstopper Jonas Olsson vom englischen Schiedsrichter Elleray des Feldes verwiesen. Obwohl Göteborg mit 1:0 in Führung ging, konnten sie den Sieg nicht einfahren. Die IFK-Spieler wurden müde, und die Polen gewannen mit 2:1. Der Traum von der Qualifikation für die Champions League 1995/96 war ausgeträumt.

Am Ende der Saison verließ Trainer Roger Gustavsson die Mannschaft nach vielen erfolgreichen Jahren bei Göteborg. Inzwischen ist er Jugendtrainer. IFK Göteborg ist momentan der einzige herausragende Fußballverein in Schweden, und wenn sich nicht Grundlegendes ändert, wird das auch in den nächsten Jahren so bleiben.

IM BLICKPUNKT

Halmstad BK

1995 war ein gutes Jahr für die Mannschaft des Halmstad BK, die sowohl in der Meisterschaft als auch im Pokal konstant gut spielte. Sie schloß die Meisterschaft mit einem sehr guten 3. Platz ab, und gewann durch ein 3:1 gegen AIK den Pokal. Mit dem Finalsieg gegen AIK war Halmstad für den Europacup der Pokalsieger 1995/96 qualifiziert - und sorgte dort für Aufsehen.

Unter ihrem dynamischen Trainer Mats Jingblad entwickelte sich die Mannschaft von einem talentierten Mittelplatzteam zu einem Titelaspiranten. Halmstad BK kaufte für die Saison nicht viele neue Spieler ein, doch die, die neu kamen, erwiesen sich als Verstärkungen. Die absoluten Spitzenspieler bei Halmstad waren der Mittelfeldspieler Niclas Andersson und die Stürmer Niklas Gudmundsson und Robert Andersson. Diese drei wurden auch für die Nationalmannschaft nominiert, zusammen mit dem Halmstader Neueinkauf Jesper Mattsson. Niklas Gudmundsson wurde nach Ende der Saison an den englischen Premier League-Klub Blackburn Rovers verkauft. Gudmundsson war gemeinsam mit Andersson der Torschützenkönig bei Halmstad, wobei jeder der beiden elf Tore schoß.

In der ersten Runde im Pokal der Pokalsieger wurden Halmstad gegen den bulgarischen Klub FK Lokomotive Sofia gelost. Das Hinspiel, das in Sofia stattfand, wurde von den Bulgaren mit 3:1 gewonnen. Das Rückspiel war ein echter Thriller, den Halmstad unbedingt mit 2:0 gewinnen mußte. Und wie es sich gehörte, taten sie das auch. Die Tore schossen Robert Andersson und Verteidiger Tommy Andersson. Das Spiel war überhart, und zwei bulgarische Spieler wurden des Feldes verwiesen.

Halmstad hatte die zweite Runde erreicht und zog diesmal mit dem italienischen Spitzenklub AC

Parma das Traumlos. Unzureichende Beleuchtung und ein Streik in ihrem Heimstadion, *Örjans Vall*, führten dazu, daß das Spiel in Göteborg ausgetragen werden mußte. Das kleine Halmstad gewann dieses Spiel sensationell gegen die italienische Star-Truppe mit 3:0, wobei Niklas Gudmundsson zwei und Robert Andersson ein Tor markierten. Aber reichte der 3:0-Vorsprung für das Rückspiel in Italien aus? - Es reichte nicht. Die Italiener schlugen Halmstad BK und verdienen jedes Lob für ihre Erfolge im Pokalsieger Cup 1995/96.

Wie bereits erwähnt sind einige Spieler in der neuen Saison nicht mehr bei Halmstad. Niklas Gudmundsson ging nach England, und Niclas Andersson und Trainer Mats Jingblad wechselten zum amtierenden Meister IFK Göteborg. Damit waren es in dieser Saison drei bedeutende Verluste für den Klub, der im Lauf der Jahre so viele gute Spieler hervorgebracht hat.

2. Liga		Sp	g	u	v	Tore	Pkt.
Division 1 Süd							
1. IK Oddevold	↑	26	17	3	6	59:29	54
2. GAIS Göteborg		26	13	9	4	55:35	48
3. IF Elfsborg Borås		26	14	5	7	55:40	47
4. Kalmar FF		26	12	6	8	60:45	42
5. Ljunskile SK		26	10	9	7	42:35	39
6. Gunnilse IS		26	9	7	10	40:36	34
7. BK Häcken Göteborg		26	8	10	8	42:47	34
8. IFK Hässleholm		26	10	4	12	48:65	34
9. Falkenbergs FF		26	9	6	11	35:36	33
10. Stenungsunds IF		26	7	11	8	31:33	32
11. Norrby IF		26	9	4	13	38:41	31
12. Myresjö IF		26	8	6	12	37:50	30
13. Skövde AIK		26	6	5	15	43:58	23
14. Landskrona BoIS		26	7	1	18	31:66	22
Division 1 Nord							
1. Umeå FC	↑	26	13	9	4	41:22	48
2. Gefle IF		26	12	9	5	49:26	45
3. Vasalunds IF		26	11	11	4	46:28	44
4. Visby Gute IF		26	11	7	8	45:52	40
5. IK Brage Borlänge		26	11	6	9	50:44	39
6. IFK Luleå		26	9	9	8	45:38	36
7. GIF Sundsvall		26	8	10	8	31:23	34
8. IF Brommapojkarna		26	9	7	10	39:32	34
9. Västerås SK		26	9	7	10	35:36	34
10. BK Forward		26	8	10	8	28:34	34
11. IK Sirius Uppsala		26	7	8	11	29:41	29
12. Assyriska FF		26	6	7	13	24:41	25
13. Väsby IK		26	4	12	10	23:40	24
14. Lira Luleå BK		26	4	8	14	25:53	20

DER STAR

Patrik Andersson

"Patrik Andersson hat alles, was ein Verteidiger von internationalem Format braucht." Diese Aussage war schon oft von internationalen Fußballexperten zu hören. Der 25jährige Andersson schaffte seinen Durchbruch in der Endrunde der Weltmeisterschaft 1994 in den USA. 1995 erhielt er den renommiertesten Preis, den ein Fußballer in Schweden bekommen kann - den *Guldbollen* (den goldenen Fußball). Sein Talent hat Patrik wahrscheinlich von seinem Vater Roy geerbt, der 1977 mit dem *Guldbollen* ausgezeichnet wurde. Roy Andersson war ein erfolgreicher Mittelfeldspieler bei Malmö FF.

Patrik begann seine Karriere in der 4. Division bei dem kleinen Verein Bjärreds IF. 1988 nahm Malmö FF Notiz von dem dynamischen Spieler, und schon 1989 spielte er erstmals für die Malmöer in der Meisterschaft. Er bestritt 15 Spiele und schoß ein Tor. In Malmö blieb Andersson vier Jahre.

Patrik Andersson ist ein Paradebeispiel der schwedischen Fußballschule. Sein Land vertrat er bei Spielen von Schülermannschaften bis hin zur A-Nationalmannschaft. Sein Debüt in der A-Nationalmannschaft gab er 1992 gegen Australien bei einem Testspiel vor der Europameisterschaft, die in jenem Jahr in Schweden stattfand. Nationaltrainer Tommy Svensson war so erfreut über das, was er sah, daß Andersson sofort einen Stammplatz für die Europameisterschaft 1992 erhielt und seitdem der Fels in der schwedischen Abwehr ist. Direkt nach der EM ließ ihn der legendäre Kenny Dalglish bei Blackburn Rovers FC unterschreiben. In der Saison 1993/94 fiel Andersson dem Bundesligisten Borussia Mönchengladbach auf. Ein Vertrag wurde abgeschlossen, und seitdem ist Patrik Andersson einer der besten Verteidiger in der Bundesliga.

Mit seinen Landsmännern Martin Dahlin und Jörgen Petterson ist Patrik Andersson erfolgreich bei Borussia Mönchengladbach, das sich in der Bundesliga als Top-Team etablieren konnte und auf dem Weg zu neuer Größe ist. Am Ende der Saison 1994/95 veröffentlichte der *kicker* seine Rangliste aller Spieler der Bundesliga. Patrik Andersson belegte unter 270 Spielern den zehnten Platz. Im der Mannschaft des Jahres erhielt er den Platz des Vorstoppers. Die schwedische Nationalmannschaft kann darauf zählen, daß Andersson noch viele Jahre das Herz ihrer Abwehr sein wird. Seine Ziel sind ebenso die Endrunde der Weltmeisterschaft 1998 in Frankreich wie auch die Meisterschaft mit dem VfL Borussia Mönchengladbach.

DER NEWCOMER

Andreas Andersson

Schreibt man über Andreas Andersson, so ist das beinahe, als erzählte man ein Märchen. 1993 spielte er beim Fünftligisten Hova. Er wechselte zum Zweitligisten Tidaholms GoIF und spielte dort bis 1994. Im Sommer fragte Erstligist Degerfors IF wegen eines Wechsels an. Ohne zu zögern unterschrieb er bei Degerfors IF und hatte schnell einen Stammplatz im Sturm. Im Herbst bestritt er 14 Spiele und schoß drei Tore. Es war hauptsächlich auf ihn zurückzuführen, daß Degerfors sich in der zweiten Saisonhälfte so gut schlug.

Das Frühjahr 1995 entwickelte sich nur langsam für Andreas Andersson, doch im Herbst rappelte er sich wieder auf und schoß acht Tore. Mit insgesamt 13 Toren belegte er Rang 3 der Torjägerliste und rettete sein Team vor dem Abstiegsplatz. 1995 debütierte Andreas Andersson in der U21 und der B-Nationalmannschaft. In den vier Spielen, die er für diese beiden Mannschaften absolvierte, schoß er vier Tore! Ein toller Erfolg für diesen kometenhaft aufgestiegenen Spieler. Inzwischen waren alle schwedischen Spitzenklubs hinter ihm her. Die Jagd wurde vom reichen Meister IFK Göteborg gewonnen, der von diesem jungen Stürmer, dessen Hauptmerkmale seine läuferischen Fähigkeiten und seine Abschlußstärke sind, profitieren wird.

Halmstads BK

Continentale

DER POKAL 1995/96

Halbfinale

AIK Solna - Hammarby IF	1:0
IF Brommapojkarna - Malmö FF	1:3

Finale
(23. Mai 1996, Göteborg, 2.500)
AIK Solna - Malmö FF n. V. 1:0 (0:0, 0:0)

AIK Solna: Hedman - Millqvist, Englund, Mjällby, Sundgren - Nordin, O. Andersson, Lagerlöf (80. Johansson), Ciardi - Simpson, Lidman (84. Fredholm).

Malmö FF: Fedel - J. Ohlsson, Karlsson, Wirmola - Nylén, D. Andersson, A. Andersson, Persson, Fjellström - Kindvall (73. P. Olsson), Andrijevski (73. Osmanovski).

Tor: 1:0 Simpson (102. - Golden Goal)

DIE LÄNDERSPIELE

Schweden - USA 1:0 (0:0)

16.8.1995 - Norrköping - 14.249 - Olsen (Norwegen) - Bengt Andersson - Roland Nilsson (78. Mikael Nilsson), Joachim Björklund, Patrik Andersson, Pontus Kåmark - Tomas Brolin, Jonas Thern, Stefan Schwarz, Stefan Landberg (74. Niklas Gudmundsson) - Kenneth Andersson (59. Jörgen Pettersson), Martin Dahlin - Trainer: Tommy Svensson. Tor: Brolin (85. Elfmeter)

Schweden - Schweiz 0:0 EMQ

6.9.1995 - Göteborg - 40.505 - Ceccarini (Italien) - Bengt Andersson - Pontus Kåmark, Joachim Björklund, Patrik Andersson, Mikael Nilsson - Niclas Alexandersson, Stefan Schwarz (88. Magnus Erlingmark), Jonas Thern, Tomas Brolin (78. Henrik Larsson) - Martin Dahlin, Kenneth Andersson - Trainer: Tommy Svensson

Schweden - Schottland 2:0 (2:0)

11.10.1995 - Solna - 19.121 - Diaz Vega (Spanien) - Bengt Andersson - Teddy Lucic (89. Pontus Kåmark), Patrik Andersson, Joachim Björklund - Niclas Alexandersson, Tomas Brolin, Stefan Schwarz, Niklas Gudmundsson (65. Martin Pringle), Mikael Nilsson - Kenneth Andersson (80. Magnus Erlingmark), Jörgen Pettersson - Trainer: Tommy Svensson. Tore: Pettersson (31.), Schwarz (35.)

Schweden - Türkei 2:2 (1:0) EMQ

15.11.1995 - Solna - 16.350 - Wojcik (Polen) - Thomas Ravelli - Teddy Lucic, Patrik Andersson, Joachim Björklund - Niclas Alexandersson, Håkan Mild, Tomas Brolin (72. Pär Zetterberg), Stefan Schwarz, Christer Fürsth - Jörgen Pettersson (81. Dan Sahlin), Martin Dahlin - Trainer: Tommy Svensson. Tore: Alexandersson (25./1:0), Pettersson (64./ 2:1)

Hongkong - Schweden 0:1 (0:0) Carlsberg-Cup

19.2.1996 - Hongkong - 27.456 - Mikkelsen (Dänemark) - Bengt Andersson - Teddy Lucic, Patrik Andersson, Christian Karlsson - Roland Nilsson, Niclas Alexandersson, Anders Andersson, Håkan Mild (64. Jesper Blomqvist), Stefan Landberg (64. Peter Wibrån) - Andreas Andersson (75. Dan Sahlin), Martin Dahlin - Trainer: Tommy Svensson. Tor: Alexandersson (66.)

Schweden - Japan n. E. 6:5, n. V. 1:1 (1:1, 0:0) C.-berg-Cup

22.2.1996 - Hongkong - 32.000 - Mikkelsen (Dänemark) - Thomas Ravelli - Roland Nilsson, Teddy Lucic, Christian Karlsson, Mikael Nilsson - Niclas Alexandersson, Håkan Mild, Magnus Erlingmark, Magnus Svensson - Dan Sahlin (46. Martin Pringle, 104. Stefan Landberg), Mattias Jonsson (80. Sebastian Henriksson) - Trainer: Tommy Svensson. Tor: Pringle (51./1:0).

Australien - Schweden 0:2 (0:0)

25.2.1996 - Brisbane - 10.081 - Brazzale (Australien) - Bengt Andersson - Roland Nilsson, Teddy Lucic, Christian Karlsson, Mikael Nilsson - Niclas Alexandersson, Håkan Mild, Sebastian Henriksson (56. Peter Wibrån), Magnus Svensson (68. Stefan Landberg) - Magnus Erlingmark, Andreas Andersson - Trainer: Tommy Svensson. Tore: Andreas Andersson (86.,88.)

Australien - Schweden 0:0

28.2.1996 - Sydney - 13.905 - Lenny (Australien) - Thomas Ravelli - Roland Nilsson, Teddy Lucic, Andreas Jacobsson, Mikael Nilsson - Niclas Alexandersson, Håkan Mild (59. Anders Andersson), Peter Wibrån, Stefan Landberg - Andreas Andersson (68. Mattias Jonsson), Magnus Erlingmark - Trainer: Tommy Svensson.

Nordirland - Schweden 1:2 (0:1)

24.4.1996 - Belfast - 5.666 - Dallas (Schottland) - Bengt Andersson - Roland Nilsson, Patrik Andersson, Joachim Björklund, Gary Sundgren - Peter Wibrån (45. Pär Zetterberg), Klas Ingesson, Jonas Thern, Stefan Schwarz - Martin Dahlin (80. Henrik Larsson), Kennet Andersson (59. Jörgen Pettersson) - Trainer: Tommy Svensson - Tore: Dahlin (22./0:1), Ingesson (58./0:2)

Schweden - Slowakei 2:1 (0:0)

9.5.1996 - Helsingborg - 10.798 - Elleray (England) - Bengt Andersson - Roland Nilsson, Patrik Andersson, Joachim Björklund, Gary Sundgren - Peter Wibrån (56. Niclas Alexandersson), Jonas Thern (45. Pär Zetterberg), Klas Ingesson, Anders Limpar (72. Henrik Larsson) - Martin Dahlin, Kennet Andersson - Trainer: Tommy Svensson. Tore: Dahlin (51./1:0), Zeman (85. Eigentor/2:1)

Südkorea - Schweden 0:2 (0:1)
16.5.1996 - Seoul - 85.000 - Unprasert (Thailand) - Bengt Andersson (45. Jonnie Fedel) - Roland Nilsson, Patrik Andersson, Joachim Björklund, Gary Sundgren - Håkan Mild (63. Niclas Alexandersson), Pär Zetterberg, Jonas Thern, Anders Limpar - Kennet Andersson (76. Teddy Lucic), Martin Dahlin - Trainer: Tommy Svensson. Tore: Dahlin (13.), Limpar (59.)

Schweden - Weißrußland 5:1 (2:0) **WMQ**
1.6.1996 - Solna - 30.014 - Harrel (Frankreich) - Bengt Andersson - Roland Nilsson, Patrik Andersson, Joachim Björklund, Gary Sundgren - Klas Ingesson (85. Håkan Mild), Jonas Thern, Pär Zetterberg, Anders Limpar - Martin Dahlin (77. Henrik Larsson), Kennet Andersson - Trainer: Tommy Svensson. Tore: K. Andersson (20. Elfmeter/1:0, 62./3:0), Dahlin (30./2:0), P. Andersson (77./4:1), Larsson (87./5:1)

DER EUROPAPOKAL

Europapokal der Landesmeister

Qualifikation

Legia Warschau - IFK Göteborg 1:0 (0:0)
9.8.1995 - 15.000 - Uilenberg (Niederlande) - Thomas Ravelli (43. Dick Last) - Pontus Kåmark, Magnus Johansson, Jonas Olsson, Mikael Nilsson - Mikael Martinsson, Stefan Landberg, Magnus Erlingmark, Jesper Blomqvist (57. Peter Eriksson) - Mats Lilienberg (81. Erik Wahlstedt), Stefan Pettersson

IFK Göteborg - Legia Warschau 1:2 (1:0)
23.8.1995 - 11.017 - Elleray (England) - Dick Last - Pontus Kåmark, Magnus Johansson, Jonas Olsson, Mikael Nilsson - Stefan Landberg (69. Peter Eriksson), Magnus Erlingmark, Stefan Lindqvist, Jesper Blomqvist - Mats Lilienberg (50. Erik Wahlstedt), Stefan Pettersson - Tor: Blomqvist (25./1:0) - Rot: Jonas Olsson, Erlinmark

Europapokal der Pokalsieger

1. Runde

FK Lokomotiv Sofia - Halmstads BK 3:1 (2:1)
14.9.1995 - 4.000 - Zuppinger (Schweiz) - Håkan Svensson - Joel Borgstrand, Jesper Mattsson, Tommy Andersson, Fredrik Andersson - Niclas Alexandersson (43. Fredrik Ljungberg), Anders Johansson-Smith, Torbjörn Arvidsson (63. Peter Vougt) - Magnus Svensson, Robert Andersson - Tor: M. Svensson (33./0:1)

Halmstads BK - FK Lokomotiv Sofia 2:0 (1:0)
28.9.1995 - 3.145 - Melnichuk (Ukraine) - Håkan Svensson - Joel Borgstrand, Jesper Mattsson, Tommy Andersson, Fredrik Andersson - Niclas Alexandersson (63. Fredrik Ljungberg), Anders Johansson-Smith, Torbjörn Arvidsson, Magnus Svensson - Robert Andersson (70. Peter Vougt), Niklas Gudmundsson - Tore: Robert Andersson (22.), Tommy Andersson (75.)

2. Runde

Halmstads BK - AC Parma 3:0 (2:0)
19.10.1995 - 9.306 (in Göteborg) - Heynemann (Deutschland) - Håkan Svensson - Joel Borgstrand, Jesper Mattsson, Tommy Andersson, Torbjörn Arvidsson - Niclas Alexandersson, Anders Johansson-Smith, Fredrik Ljungberg, Magnus Svensson - Robert Andersson, Niklas Gudmundsson - Tore: Gudmundsson (7., 31.), Robert Andersson (75.)

AC Parma - Halmstads BK 4:0 (2:0)
2.11.1995 - 13.053 - Lambek (Dänemark) - Håkan Svensson - Joel Borgstrand, Jesper Mattsson, Tommy Andersson, Fredrik Andersson - Fredrik Ljungberg, Anders Johansson-Smith, Niclas Alexandersson, Magnus Svensson - Robert Andersson, Peter Vougt (41. Tomas Stierna)

UEFA-Cup

Qualifikation

Örebro SK - FC Avenir Beggen 0:0
8.8.1995 - 1.871 - Keltanen (Finnland) - Anders Karlsson - Mahnus Sköldmark, Magnus Karlsson, Thomas Andersson, Tommy Ståhl - Mikael Andersson (Peter Karlsson), Hlynur Stefansson, Miroslaw Kubisztal, Niklas Rasck (Hlynur Birgisson) - Mattias Jonsson, Samuel Wowoah (Jonas Pelgander)

FC Avenir Beggen - Örebro SK 1:1 (0:0)
22.8.1995 - 1.200 - Veiga Trigo (Portugal) - Anders Karlsson - Magnus Karlsson, Thomas Andersson, Tommy Ståhl - Arnor Gudjohnsen, Jonas Pelgander (Matthias Wahlqvist), Hlynur Stefansson, Lars Zetterlund, Niklas Rasck (Henrik Andersson) - Mattias Jonsson, Miroslaw Kubisztal (Hlynur Birgisson) - Tor: Birgisson (88./1:1)

Anmerkung: Örebro wurde von der UEFA aus dem Wettbewerb ausgeschlossen, da der Klub zuviele Ausländer einsetzte.

Dundalk FC - Malmö FF 0:2 (0:2)
9.8.1995 - 3.500 - Pauchard (Frankreich) - Jonnie Fedel - Niclas Nyhlen, Jörgen Olsson, Jonas Wirmola, Torbjörn Persson - Joakim Persson (Henrik Nilsson), Robert Prytz, Daniel Andersson, Jens Fjällström - Anders Andersson, Jörgen Pettersson (Patrik Olsson) - Tore: Pettersson (1.), Anders Andersson (11.)

Malmö FF - Dundalk FC 2:0 (1:0)
23.8.1995 - 4.112 - Hrinak (Slowakei) - Jonnie Fedel - Niclas Nyhlen, Jörgen Olsson, Jonas Wirmola, Torbjörn Persson - Joakim Persson, Robert Prytz, Mattias Thylander (Daniel Andersson), Jens Fjällström - Anders Andersson, Jörgen Pettersson - Tore: Anders Andersson (22.), Fjällström (50.)

1. Runde

Malmö FF - Nottingham Forest FC 2:1 (0:1)
12.9.1995 - 12.486 - Krug (Deutschland) - Jonnie Fedel - Niclas Nyhlen, Jörgen Olsson, Jonas Wirmola, Torbjörn Persson - Joakim Persson, Robert Prytz, Daniel Andersson, Jens Fjällström (Mattias Thylander) - Anders Andersson, Jörgen Pettersson - Tore: Joakim Persson (59./1:1), Anders Andersson (72./2:1)

Nottingham Forest FC - Malmö FF 1:0 (0:0)
26.9.1995 - 23.817 - Batta (Frankreich) - Jonnie Fedel - Niclas Nyhlen, Jörgen Olsson, Jonas Wirmola, Torbjörn Persson - Daniel Andersson (75. Fredrik Dahlström), Joakim Persson, Robert Prytz, Jens Fjällström (61. Patrik Olsson) - Anders Andersson, Jörgen Pettersson.

UI-Cup

Östers IF Växjö - 1. FC Köln	0:0
FC Luzern - Östers IF Växjö	3:2
Östers IF Växjö - Rudar Velenje	3:1
Tottenham Hotspur - Östers IF Växjö	1:2
IFK Norrköping - HJK Helsinki	1:1
Girondins Bordeaux - IFK Norrköping	6:2
IFK Norrköping - Bohemians Dublin	5:0
OB Odense - IFK Norrköping	3:2

SCHWEIZ 1995/96

Gross-Schützlinge ganz groß

Schweizerischer Fußballverband

Haus des Fußballs, Postfach,
CH-3000 Bern 15
Telefon: ++41 (31) 950 81 11
Telefax: ++41 (31) 950 81 81

FIFA-Weltrangliste

Juli 1995: 14. Platz, 52,14 Punkte
Juli 1996: 26. Platz, 49,68 Punkte

UEFA-Fünfjahreswertung

1996/97: 15. Platz, 18,250 Punkte

Also doch wieder die Grasshoppers! Obwohl vor der Saison mutige Worte aus Sion und Genf gekommen waren, verteidigten die Männer vom Zürcher Hardturm ihren Titel erfolgreich und gingen sogar mit einem 5-Punkte-Vorsprung durchs Ziel.

„GC“, wie der Klub in der Schweiz kurz genannt wird, profitiert, allerdings auch von der Schwäche seiner Herausforderer: Sion leistete sich einige überraschende Auswärtsniederlagen, die den Pokalsieger immer wieder zurückwarfen; Servette Genf enttäuschte seine Fans sogar mit dem siebten Rang in der Finalrunde und hatte nie reelle Chancen auf den Meistertitel.

Die vierundzwanzigste Meisterschaft der Grasshoppers war somit ungefährdet. Selbst als aus den ersten beiden Saisonspielen gegen die Herausforderer Servette Genf (1:1) und FC Sion (1:2 durch ein Vercruysse-Tor in der letzten Minute) nur ein Punkt heraussprang, blieb die im zweiten Jahr von Christian Gross trainierte Mannschaft unbeeindruckt und stellte sogar einen Rekord auf, indem sie in den vierzehn Endrundenspielen ungeschlagen blieb.

Wie in jedem Jahr stand auch 1995/96 zunächst wieder die Frage nach den acht Finalrunden-Qualifikanten und den vier in die Abstiegsrunde degradierten Klubs im Mittelpunkt. Am letzten Vorrundenspieltag standen mit Titelverteidiger Grasshoppers, dem FC Sion, Xamax Neuchâtel und dem FC Luzern erst vier Teams als Finalrundenteilnehmer fest, während in Basel, Lausanne, St. Gallen, Aarau und Genf noch gezittert werden mußte.

Neunzig spannende Minuten später hatte es mit Lausanne-Sports ein Team erwischt, daß an 17 von 22 Spieltagen oberhalb des verhaßten „Striches“ gelegen hatte, der den Tabellenachten vom -neunten trennt. Ein winziges Tor fehlte den mit einigen Vorschußlorbeeren in die Saison gegangenen Bregy-Schützlingen am Ende auf St. Gallen. Vor allem die miserable Auswärtsbilanz - lediglich in Basel gelang ein Sieg (1:0) - kostete den Waadtländern entscheidende Punkte. Vor Beginn der Promotionsrunde verstärkten sich die Blau-Weißen mit dem Ex-Wattenscheider Souleymane Sané, dessen neun Tore erheblich zum vorzeitigen Klassenerhalt beitrugen.

Überhaupt besetzten in der Promotionsrunde wie schon in den vorangegangenen Jahren erneut die Klubs der Nationalliga A (NLA) die vier Sonnenplätze, die zur nächsten Saison Erstklassigkeit garantieren. Die zwölf Erstligisten der Saison 1995/96 waren also dieselben wie 1994/95 und werden auch 1996/97 wieder dieselben sein. Nicht nur deshalb geriet das Spielsystem mit Final- und Promotionsrunde erneut in die Kritik.

Finalrunde Nationalliga A	Gesamt							Heim					Auswärts				
	Sp	g	u	v	Tore	Diff.	Pkt.	g	u	v	Tore	Pkt.	g	u	v	Tore	Pkt.
1. Grasshopper Cl. Zürich	14	8	6	0	26:7	+19	52(22)	5	2	0	16:4	17	3	4	0	10:3	13
2. FC Sion	14	8	2	4	20:14	+6	47(21)	5	2	0	12:4	17	3	0	4	8:10	9
3. Neuchâtel Xamax FC	14	5	7	2	21:16	+5	43(21)	3	4	0	11:4	13	2	3	2	10:12	9
4. FC Aarau	14	7	4	3	23:18	+5	39(14)	5	2	0	14:4	17	2	2	3	9:14	8
5. FC Luzern	14	4	3	7	23:19	+4	35(20)	3	1	3	15:8	10	1	2	4	8:11	5
6. FC Basel	14	3	4	7	11:20	-9	28(15)	3	1	3	8:8	10	0	3	4	3:12	3
7. Servette FC Genf	14	2	5	7	18:25	-7	25(14)	2	3	2	14:12	9	0	2	5	4:13	2
8. FC St. Gallen	14	2	3	9	11:34	-23	23(14)	2	2	3	7:12	8	0	1	6	4:22	1

Anmerkungen: In Klammern die aus der Qualifikationsrunde übernommenen Bonuspunkte

EC 1996/97: CL: Grasshopper Club Zürich, EC2: FC Sion, UEFA: Neuchâtel Xamax FC, FC Aarau, UI: FC Luzern, FC Basel

Schon vor der Saison hatte es Überlegungen gegeben, das Spielsystem komplett umzuwerfen und statt des in Europa üblichen Herbst-Frühjahr-Systems eine von März bis Oktober laufende Saison einzuführen. Damit würden auch die Wetterprobleme, die regelmäßig zu Beginn der entscheidenden Saisonphase auftreten, umgangen. Als problematisch wurde allerdings angesehen, daß die Teilnahme an Welt- und Europameisterschaften sowie den europäischen Vereinswettbewerben damit gefährdet wäre, und die Pläne wurden vorerst wieder auf Eis gelegt.

Die Finalrunde stand ganz im Zeichen von Titelverteidiger Grasshoppers. Obwohl GC heftige Verletzungssorgen plagten, sicherten sich die Blau-Weißen bereits am 5. Mai 1996, dem vorletzten Spieltag, ihren zweiten Meistertitel in Folge. Rekordverdächtige 30 Spieler setzte Trainer Christian Gross in den 36 Spielen ein. Daß darunter elf aktuelle oder ehemalige Nationalspieler waren, weshalb die >Hardturm-Elf ihren Titel erfolgreich verteidigte. Ein anderes war die Verpflichtung des Schweizer Nationalspielers Kubilay Türkyilmaz. Der Schweiz-Türke war bei Galatasaray Istanbul unzufrieden und wollte in die Schweiz zurückkehren. Für knapp 800.000 Franken griff GC-Manager Erich Vogel sofort zu, und konnte sich dafür selbst auf die Schulter klopfen. Nach anfänglichen Startschwierigkeiten avancierte Türkyilmaz zum Leistungsträger der Gross-Elf und wurde mit acht Treffern in zwölf Spielen sogar noch vereinsinterner Torschützenkönig!

Die Zürcher trumpften auch auf internationaler Ebene auf. Über Maccabi Tel Aviv schafften sie als erstes Schweizer Team den Einzug in die Champions League, wo Real Madrid, Ajax Amsterdam und Ferencváros Budapest für volle Kassen sorgten. Sportlich fiel die EC-Bilanz allerdings nicht allzu gut aus. Nach einer enttäuschenden 0:3-Auftaktniederlage gegen Ferencváros und einem anschließenden 0:2 in Madrid war die Luft raus, und es reichte lediglich noch zu zwei Unentschieden, nämlich gegen Ferencváros und, überraschenderweise, gegen die ansonsten verlustpunktlosen Amsterdamer.

Die Torschützen

	Q	F	Total
Petar Aleksandrov (FC Luzern)	10	9	19
Viorel Moldovan (Neuchâtel Xamax)	13	6	19
Adrian Kunz (Neuchâtel Xamax)	10	6	16
Olivier Neuville (Servette FC Genf)	12	3	15
Tomislav Erceg (Lugano/Grasshopper)	9	3	12
Alexandre Rey (FC Basel)	9	1	10
Agent Sawu (FC Luzern)	4	6	10
Patrick Isabella (Neuchâtel Xamax)	4	6	10
Adrian Allenspach (FC Aarau)	6	3	9
Everson Ratinho (FC Aarau)	7	2	9
Martin Fink (FC Luzern)	7	2	9

Q = Qualifikationsrunde, F = Finalrunde

Sorgen bereitete den Verantwortlichen am Hardturm der geringe Zuschauerzuspruch. In der Zuschauerhitliste landete die Nummer 1 der mit 350.000 Einwohnern größten Stadt der Schweiz nur auf Rang 6. Exakt 6.190 Fans hatten durchschnittlich ihren Obolus entrichtet, für einen Meister eine beschämende Zahl. „Es gibt eine Menge Eifersucht und Neid“, begründete Manager Erich Vogel dies, „und entweder liebt man uns, oder man haßt uns“.

Vizemeister Sion hat es da schon besser. Mit knapp 10.000 Zuschauern im Schnitt verfügen die Walliser über einen für Schweizer Verhältnisse durchaus großen Rückhalt und landeten bei der vom Fachblatt *Sport* durchgeführten Wahl zum „Publikum des Jahres“ hinter Luzern und Basel sogar auf Rang 3. Dennoch klappte es für die ehrgeizigen Rot-Weißen wieder nicht mit dem Titel.

Dabei hatte Präsident Christian Constantin vor der Saison alle Kräfte in Bewegung gesetzt, endlich den zweiten Meistertitel nach 1992 ins Stadion *Tourbillon* zu holen. Acht Spieler verließen den Verein. Unter ihnen war auch das erfolgreiche Angriffsduo Roberto Assis und Ahmed Ouatra, das für knapp 5,5 Millionen DM zu Sporting Lissabon wechselte. Das Geld wurde für zwölf Neuzugänge angelegt, darunter die Franzosen Philippe Vercruysse (FC Metz) und Antoine Kombouaré (Paris Saint-Germain).

Schon am ersten Spieltag wurde die Euphorie im Wallis getrübt, als es eine 1:2-Niederlage in Basel gab. Doch drei Tage später sorgten die Decastel-Schützlinge für den ersten Paukenschlag der Saison, als sie Titelverteidiger GC durch ein Vercrysse-Tor in der allerletzten Spielminute mit 2:1 bezwangen. Nach acht Spielen stand Sion mit fünf Punkten Vorsprung auf GC, der allerdings zwei Spiele im Rückstand war, an der Tabellenspitze. Dann kam die Krise. Gegen Luzern setzte es eine 1:3-Heimschlappe, und im Revanchespiel bei Grasshopper mußten sich die Sioner mit 0:2 schon zum vierten Mal in der Saison geschlagen geben. Niederlage Nummer 5 folgte auf dem Fuß - und fiel mit 0:3 beim Promotionsrundenkandidaten St. Gallen überaus harsch aus. Zum Ende der Qualifikationsrunde leisteten sich die Walliser mit einer 0:1-Heimniederlage gegen Young Boys Bern und einer 2:3-Schlappe in Luzern zwei weitere Pleiten, die den hochgehandelten Klub auf Rang 4 abrutschen ließen.

Zur Finalrunde verstärkte Präsident Constantin seine Mannschaft mit dem australischen Nationalspieler Aurelio Vidmar (Ex-Feyenoord Rotterdam), der bei seinem Debüt prima einschlug und das Tor des Tages zum 1:0-Auftaktsieg über Luzern erzielte.

Sions Achterbahnfahrt ging auch in der Finalrunde weiter. Am vierten Spieltag gab es eine 0:3-Niederlage am Zürcher Hardturm, eine Woche später verloren die Walliser mit 0:2 in Neuchâtel und konnten ihre Titelambitionen fast schon begraben. Erst nach der 0:1-Niederlage in Aarau am siebten Spieltag kam das Team in Schwung und leistete sich bis zum Saisonende keine Niederlage mehr: Platz 2 war der Lohn.

Daß es nicht zu mehr reichte, lag vor allem an den Wallisern selbst. Der allgewaltige Präsident Constantin - Herrscher über ein 10 Millionen-Franken-Budget - sitzt Trainer Michel Decastel ständig im Nacken und kauft mitunter spontan irgendwelche Spieler ein. „Ich muß ständig mit den Leuten arbeiten, die in den Trainings dabei sind. Die Auswahl treffe ich nicht selbst“, gibt Trainer Decastel unumwunden seine Rolle im zweiten Glied zu. Sions buntgemischte Truppe, in der mit Lehmann, Quentin, Colombo, Sylvestre, Bonvin, Fournier und Newcomer Wicky immerhin sieben der besten Schweizer Profis standen, hielt sich im Pokalwettbewerb für die entgangene Meisterwürde schadlos. Aus seinem achten Endspiel seit 1965 ging der FC Sion zum ach-

Finalrunde Nationalliga A	Grassh.	Sion	Xamax	Aarau	Luzern	Basel	Servette	St. Gallen
Grasshoppers Zürich	•	3:0	3:3	0:0	2:1	3:0	2:0	3:0
FC Sion	0:0	•	1:1	2:0	1:0	2:0	3:2	3:1
Neuchâtel Xamax FC	0:0	2:0	•	3:1	1:1	1:1	1:1	3:0
FC Aarau	0:0	1:0	3:2	•	2:2	1:0	3:0	4:0
FC Luzern	1:2	2:3	0:1	4:0	•	1:1	2:1	5:0
FC Basel	0:2	2:0	1:2	1:3	1:0	•	2:0	1:1
Servette FC Genf	2:2	0:1	4:1	1:1	3:4	1:1	•	3:2
FC St. Gallen	0:4	0:4	0:0	3:4	1:0	3:0	0:0	•

ten Mal als Sieger hervor, obwohl es gegen Servette Genf zunächst gar nicht danach aussah. Ohne den gesperrten Kombouaré gerieten die Sioner im ausverkauftem Berner Wankdorfstadion mit 0:2 in Rückstand und schienen bereits geschlagen, als Bonvin, Wicky und Vidmar binnen zehn Minuten den Spieß noch umdrehten und die mitgereisten 17.000 Fans in einen Freudentaumel versetzten.

Für Trainer Decastel war das die Rettung, denn bei einer Finalniederlage wäre er seinen Posten wohl losgeworden.

Entlassungssorgen hatte sein Neuenburger Kollege Gilbert Gress nicht. Im Gegenteil: Der ehemalige Stuttgarter, der Xamax Neuchâtel 1987 und 1988 zur Meisterschaft geführt und anschließend bei Servette Genf und Racing Straßburg mit nur mäßigen Erfolg gewirkt hatte, brachte den Erfolg zurück ins *Maladière*-Stadion.

Dabei waren die Voraussetzungen alles andere als günstig, denn Xamax' schlechte Finanzlage hatte vor der Saison für zahlreiche Verkäufe gesorgt. Torjäger Petar Aleksandrov ging nach Luzern, Guerino Gottardo zu Lazio Rom, Stéphane Henchoz zum Hamburger SV. Dafür kamen mit Luzerns Libero Martin Rueda, Stürmer Adrian Kunz (Sion) und dem Franzosen Thierry Bonalair (OSC Lille) zwar drei Routiniers, das Interesse der Neuenburger galt aber lediglich dem ominösen Strich, den sie hinter sich lassen wollten. Gilbert Gress, der als einziger NLA-Trainer konstant auf ein 4-3-3-System setzte, gelang es, aus dem Durchschnittsteam eine Spitzenmannschaft zu machen, die lange Zeit sogar berechtigte Titelchancen hegte.

Nach Ansicht von Fachleuten spielte Xamax den gepflegtesten Fußball aller zwölf Erstligisten und hatte seine Leistungsträger in dem 34jährigen Mittelfeldspieler Phillipe Perret sowie dem rumänischen Neuzugang Viorel Moldovan, der sich mit 19 Treffern auch die Schweizer Torkanone sicherte.

Xamax' Saisonauftakt hätte mit einem 1:0-Sieg bei Roter Stern Belgrad kaum besser sein können. Damit gelangten die Neuenburger in die 1. Runde des UEFA-Pokals, wo sie gegen den AS Rom nach einem tollen Hinspiel im Rückspiel ausschieden. In der Meisterschaft kamen die Schwarz-Roten nicht ganz so gut aus den Startlöchern. Nach fünf Spieltagen standen bereits drei Niederlagen auf ihrem Konto, doch dann ging die Post ab. Nur am Zürcher Hardturm und - überraschend - daheim gegen den FC Zürich mußten sich die Gress-Schützlinge in der Qualifikationsrunde noch geschlagen geben. Xamax ging als Zweiter in die Finalrunde. Dort trumpfte die Mannschaft richtig auf. Erst am 6. Spieltag gab es in Aarau eine Niederlage, der eine Woche später in Genf die nächste folgte. Damit waren die entscheidenden Punkte abgegeben, zumal Xamax von den letzten sieben Spielen sechs nur unentschieden gestalten konnte.

Die fünf restlichen Teams der Finalrunde konnten zu keiner Zeit ins Titelrennen eingreifen, was aber keineswegs überraschend war. Hinter den „großen Drei" ging es nur noch um den letzten UEFA-Pokal-Platz, den sich schließlich der FC Aarau sicherte. Das war freilich eine Sensation, denn die Schwyzerdeutschen hatten in der Qualifikationsrunde nur knapp den Sprung in die Finalrunde geschafft und waren mit einem Rückstand von sechs Punkten auf den Viertplazierten FC Luzern gestartet. Aaraus Heimstärke und der ausgeglichene, ehrgeizige und vom erfolgsorientierten Trainer Martin Trümpler hervorragend geführte Kader um Libero Beat Studer waren Garanten für den Überraschungserfolg des 1993er Meisters. In der Finalrunde waren die Aarauer kaum zu bremsen. Selbst Meister GC kam nur zu zwei torlosen Unentschieden gegen die Ratinho-Elf. Dennoch geriet die UEFA-Pokal-Teilnahme noch einmal in Gefahr, als es am drittletzten Spieltag eine 0:4-Schlappe beim Mitkonkurrenten FC Luzern gab. Doch die Aarauer holten aus den letzten beiden Spielen vier Punkte und profitierten zudem von Luzerns Heimniederlage gegen Sion.

Für die beiden Zuschauermagneten Basel (Schnitt von 12.030) und Luzern (10.940) ging es nach Erreichen der Finalrunde vornehmlich um die Qualifikation zum UEFA-Pokal. Daß es in beiden Fällen nur zum UI-Cup reichte, wurde mit Enttäuschung aufgenommen. Noch enttäuschter war man in Genf, wo aus den Meisterträumen Abstiegsängste geworden waren. Nachdem Trainer Challandes im Oktober 1995 durch Umberto Barberis ersetzt worden war, klappte es zumindest mit der Finalrunde, in der die Genfer allerdings keine Akzente mehr setzen konnten und mit ganzen zwei Siegen Vorletzter wurden.

Ebenfalls nur zwei Siege in der Finalrunde und dazu das mit Abstand schlechteste Torverhältnis wies der FC St. Gallen auf. Mit Uwe

Rapolder, Interimscoach Werner Zünd (ab 10. April) und Roger Hegi (ab 25. April) verbrauchten die Ostschweizer drei Trainer. Schon in der Qualifikationsrunde war es lediglich das knapp bessere Torverhältnis gewesen, das die Grün-Weißen gerettet hatte.

In der Promotionsrunde wurde das seit Jahren übliche Spiel gespielt: Zwischen den vier NLA- und den vier NLB-Ligisten klaffte eine Lücke von vier Punkten, die in Wirklichkeit noch viel größer war. Im Klartext: Yverdon, Delémont, Kriens und Etoile Carouge hatten nie eine Aufstiegschance und bestätigten die Befürchtung, daß die Nationalliga A zunehmend zu einer „geschlossenen Gesellschaft“ wird, zu der es für Zweitligisten keinen Zugang gibt.Auf europäischer Ebene gab es für die Schweizer Teams Licht und Schatten. Das Erreichen der Champions League-Gruppenspiele durch die Grasshoppers wurde als Erfolg gefeiert - das Abschneiden der Gross-Elf gegen Ferencváros, Real Madrid und Ajax Amsterdam dagegen als Enttäuschung. Im Pokalsiegerwettbewerb setzte sich der FC Sion mühsam gegen die Moldawier aus Tiraspol durch, um in der 1. Runde an AEK Athen zu scheitern. Für den größten Farbtupfer sorgte im UEFA-Pokal der zeitweilig vom einstigen Weltklassefußballer Igor Schalimow verstärkte FC Lugano, der sensationell im Mailänder San Siro-Stadion gewann und das ruhmreiche Team von Inter Mailand herauswarf. Die Tessiner bezahlten ihren Coup mit dem Beinaheabstieg aus der NLA und flogen in der 2. Runde des UEFA-Pokals gegen Slavia Prag raus.

Im Juni 1996 stand die EM im Mittelpunkt des Interesses. Erstmals war die Schweiz dabei, doch schon bei der Auslosung hatte es den ersten Schock gegeben: Gastgeber England, Schottland und die Niederlande waren die Gegner. „Wir werden trotzdem eine gute EM spielen“, behauptete Nationaltrainer Artur Jorge. Der Portugiese hat-

Qualifikationsrunde Nationalliga A	Grassh.	Sion	Xamax	Luzern	Basel	Servette	St. Gallen	Lausanne	Aarau	Lugano	FC Zürich	Young Boys
Grasshopper Club Zürich	•	2:0	2:1	4:0	1:3	1:1	3:1	1:1	2:1	1:0	2:0	3:0
FC Sion	2:1	•	1:1	1:3	4:1	3:1	1:0	1:0	2:1	5:2	2:2	1:0
Neuchâtel Xamax FC	2:1	3:0	•	1:1	1:0	1:0	3:0	4:2	3:2	4:0	0:2	0:1
FC Luzern	2:0	3:2	3:2	•	3:1	2:1	1:1	1:1	3:0	1:1	1:0	3:1
FC Basel	1:3	2:1	0:2	2:0	•	2:2	0:0	0:1	2:1	0:2	0:3	1:0
Servette FC Genf	2:0	0:1	3:0	1:0	1:2	•	2:2	1:1	2:1	2:3	0:0	0:0
FC St. Gallen	1:2	3:0	1:1	1:1	0:1	4:0	•	2:1	0:0	3:0	1:0	0:0
Lausanne-Sports	1:2	1:1	1:1	3:1	1:0	0:0	0:0	•	0:2	3:0	3:0	2:0
FC Aarau	1:1	0:1	2:2	1:1	2:0	2:4	5:1	3:0	•	5:0	2:0	0:0
FC Lugano	1:1	1:3	0:3	1:1	0:1	0:2	1:1	1:1	2:0	•	1:1	2:0
FC Zürich	1:4	0:1	1:3	0:1	0:0	2:1	0:4	3:1	1:0	1:2	•	0:0
BSC Young Boys Bern	0:1	1:4	1:2	0:4	1:4	1:2	2:0	1:1	0:4	3:1	2:0	•

Qualifikationsrunde	Gesamt							Heim					Auswärts				
Nationalliga A	Sp	g	u	v	Tore	Diff.	Pkt.	g	u	v	Tore	Pkt.	g	u	v	Tore	Pkt.
1. Grassh. Cl. Zürich (M)	22	13	4	5	38:22	+16	43	8	2	1	22:8	26	5	2	4	16:14	17
2. FC Sion (P)	22	13	3	6	37:28	+9	42	8	2	1	23:12	26	5	1	5	14:16	16
3. Neuchâtel Xamax FC	22	12	5	5	40:24	+16	41	8	1	2	22:9	25	4	4	3	18:15	16
4. FC Luzern	22	11	7	4	36:25	+11	40	8	3	0	23:10	27	3	4	4	13:15	13
5. FC Basel	22	9	3	10	23:29	-6	30	4	2	5	10:15	14	5	1	5	13:14	16
6. Servette FC Genf	22	7	7	8	28:28	0	28	4	4	3	14:10	16	3	3	5	14:18	12
7. FC Aarau	22	7	6	9	36:27	+9	27	5	4	2	23:10	19	2	2	7	13:17	8
8. FC St. Gallen	22	6	9	7	26:24	+2	27	5	4	2	16:6	19	1	5	5	10:18	8
9. Lausanne-Sports	22	6	9	7	25:25	0	27	5	4	2	15:7	19	1	5	5	10:18	8
10. FC Lugano	22	5	6	11	21:42	-21	21	2	5	4	10:14	11	3	1	7	11:28	10
11. FC Zürich	22	4	6	12	17:32	-15	18	2	3	6	9:18	11	2	3	6	8:14	9
12. BSC Young Boys Bern	22	4	5	13	14:35	-21	17	3	1	7	12:23	10	1	4	6	2:12	7

Anmerkungen: Der ersten acht Teams spielten in der Finalrunde um die Meisterschaft (wobei sie die Hälfte der in der Qualifikationsrunde erzielten Punkte mitnehmen). Die letzten vier spielen mit den ersten vier der Nationalliga B in der Promotionsrunde um vier Plätze in der Nationalliga A der Saison 1996/97. Sie nahmen keinen Punktebonus mit.

Promotionsrunde Nationalliga A / B	Sp	g	u	v	Tore	Diff.	Pkt.
1. BSC Young Boys Bern	14	10	3	1	28:13	+15	33
2. FC Zürich	14	8	4	2	21:12	+9	28
3. Lausanne-Sports	14	7	6	1	24:10	+14	27
4. FC Lugano	14	4	5	5	13:17	-4	17
5. FC Yverdon Sports	14	3	4	7	16:22	-6	13
6. SR Delemont	14	3	4	7	17:26	-9	13
7. SC Kriens	14	2	5	7	14:22	-8	11
8. Étoile Carouge	14	1	5	8	9:20	-11	8

Anmerkungen: Young Boys Bern, FC Zürich, Lausanne und Lugano verblieben in der Nationalliga A

te im Januar 1996 den zu Inter Mailand wechselnden englischen Erfolgstrainer Roy Hodgson abgelöst, der die Schweiz 1994 erstmals nach 28 Jahren wieder zu einer WM geführt hatte. Liebend gern wäre Hodgson gleichzeitig Nationaltrainer geblieben und hätte sein Team auch in England betreut, doch die Verbandsfunktionäre wollten einen full-time-Trainer und entschieden sich für den ehemaligen portugiesischen Nationalcoach - der gleichzeitig den FC Porto in Vertretung des erkrankten Trainers Robson betreute. Verbandspolitik!

Jorges Einstand ging mit einem 1:1 in Luxemburg und einer 0:1-Niederlage in Österreich mächtig in die Hose. „Ich dachte, man läßt mir etwas Zeit", meinte der zurückhaltende Portugiese anschließend und machte sich an die Arbeit, seinen EM-Kader zusammenzustellen.

In England wurde den Eidgenossen dann grausam aufgezeigt, daß zwischen ihnen und den europäischen Spitzenteams noch immer eine große Lücke klaffte. Nur im Eröffnungsspiel gegen Gastgeber England überzeugten die Jorge-Schützlinge und sicherten sich beim 1:1 auch ihren einzigen Punkt. „Die Schweiz hat den Sprung von der Drittklassigkeit in die Zweitklassigkeit geschafft. Mehr nicht", befand die heimische Sportpresse harsch und hob lobend Torhüter Marco Pascolo, Verteidiger Ramon Vega und den Newcomer Johann Vogel heraus. Pascolo und Vega wechselten anschließend zum italienischen Erstligisten Cagliari Calcio, während Vogel, dem ebenfalls zahlreiche Angebote renommierter Klubs vorlagen, sich als noch nicht reif genug betrachtete, um ins Ausland zu gehen. Das Zürcher Talent ist erst 19.

Aber auch Vogel wird die Schweiz eines nicht allzufernen Tages wohl verlassen. Sein Stürmerkollege David Sesa (Servette Genf) bringt das Problem auf den Punkt: „Ich verstehe jeden Schweizer Profi, der sich nichts sehnlicher wünscht, als einmal in Deutschland, Italien oder Spanien spielen zu dürfen. In diesen Ländern ist der Stellenwert des Fußballs viel größer als bei uns." ■

DER MEISTER

Grasshopper Club Zürich

„In den letzten Jahren mußten wir mit Alain Sutter, Giovane Elber, Ciriaco Sforza und Thomas Bickel immer wieder Schlüsselspieler abgeben. Aber die jungen Nachfolger machten ihre Sache ausgezeichnet. Sie haben meine Vorstellung vom Zonenspiel glänzend umgesetzt. Was wir brauchen, ist eine Verbesserung der Technik des Einzelnen". Soweit Christian Gross, seit 1993 Trainer am Zürcher Hardturm, der Heimat des Grasshopper-Club.

GC verfügt tatsächlich über einen ausgezeichneten Nachwuchs. Aus der 1996er Meistermannschaft ragten neben dem altgedienten Routinier Marcel Koller, den langjährigen Leistungsträgern Massimo Lombardo und Alexandre Comisetti die Riesentalente Bernt Haas und Johann Vogel sowie Kubilay Türkyilmaz heraus. Türkyilmaz war ein echter Glücksgriff für GC. In der Winterpause verpflichtete Grasshopper-Manager Erich Vogel den 29jährigen Mittelstürmer für ganze 800.000 Franken von Galatasaray Istanbul. Türkyilmaz schoß in zwölf Spielen acht Tore und war an sechs weiteren GC-Treffern entscheidend beteiligt.

„Es war ein Erfolg des Kollektivs", schwächt Trainer Gross ab. Egal, woran es nun lag: Seit zwei Jahren ist GC kaum noch zu bremsen. Die Finalrunde ungeschlagen zu überstehen - das war noch nie einem Team gelungen: GC schaffte es 1996. In die Gruppenspiele der Champions League einzuziehen, das war noch nie einem Schweizer Klub gelungen: GC schaffte auch das.

Nur die 1:2-Niederlage im Pokal-Achtelfinale in St. Gallen trübte die glänzende GC-Saisonbilanz.

Zürichs Erfolgsgeheimnis heißt Christian Gross. Der spielte lange für Lausanne, Neuchâtel,

DER POKAL

3. Hauptrunde

FC Colombier - BSC Young Boys Bern	0:4
FC Serrières Neuchâtel - SV Lyss	3:2
FC Rapperswil-Jona - FC Schaffhausen	0:2
Pully-Football - FC Renens	1:7
FC Fribourg - FC Bulle	0:1
FC Subingen - FC Basel	1:6
FC Gossau - FC Chiasso	3:1
FC Vevey - FC Naters	0:1
FC Kölliken - FC Concordia Basel	n.V. 2:4
SC Worb - SC Bümpliz 78 Bern	1:3
FC Riddes - FC Raron	1:2
FC Schötz - SC Buochs	3:2
CS Chênois - Servette FC Genf	0:2
FC Yverdon-Sports - Lausanne-Sports	n.V. 1:2
FC Frauenfeld - FC St. Gallen	0:5
SV Muttenz - SR Delèmont	1:3
FC Mayrin - Etoile Carouge FC	3:1
FC Blue Stars Zürich - FC Seefeld Zürich	0:3
FC Red Star Zürich - FC Zürich	1:4
FC Winterthur - FC Locarno	0:3
FC Klus-Balsthal - FC Luzern	0:3
AC Bellinzona - FC Wil 1900	n.E. 3:4, n.V. 0:0
FC Olympic Fahy - FC Baden	1:6
FC Gunzwil - FC Muri	1:0
FC Rüti - FC Tuggen	1:2
FC Biel-Bienne - FC Solothurn	2:1
FC Ascona - SV Schaffhausen	6:1
Zug 94 - FC Aarau	0:3

Freilos: Grasshopper Club Zürich, FC Sion, Neuchâtel Xamax FC und FC Lugano

4. Hauptrunde

FC Aarau - FC Lugano	1:0
Lausanne-Sports - Neuchâtel Xamax FC	2:5
FC Baden - Grasshoppers Zürich	3:5 n.E., n.V. 1:1
FC Meyrin - FC Young Boys Bern	n.V. 1:2
FC Renens - Servette FC Genf	0:1
FC Tuggen - FC Zürich	0:2
FC Gossau - FC Basel	0:2
FC Concordia Basel - FC Luzern	0:2
FC Sion - FC Bulle	3:0
FC Ascona - FC St. Gallen	1:4
FC Locarno - FC Wil 1900	0:1
FC Serrières Neuchâtel - SR Delèmont	0:2
SC Bümpliz 78 Bern - FC Naters	n.E. 9:8, n.V. 1:1
FC Gunzwil - FC Schaffhausen	0:2
FC Raron - FC Biel	1:2
FC Schötz - FC Seefeld Zürich	2:0

Achtelfinale

FC Aarau - FC Zürich	2:0
FC St. Gallen - Grasshopper Club Zürich	2:1
Servette FC Genf - BSC Young Boys Bern	3:1
FC Biel - FC Basel	1:4
Neuchâtel Xamax FC - SC Bümpliz 78 Bern	2:0
SR Delémont - FC Sion	1:2
FC Wil 1900 - FC Luzern	n.V. 1:2
FC Schötz - FC Schaffhausen	n.V. 2:0

Viertelfinale

FC Sion - FC Luzern	2:0
FC Schötz - FC St. Gallen	n.E. 1:4, n.V. 0:0
FC Aarau - Servette FC Genf	1:4
Neuchâtel Xamax FC - FC Basel	n.V. 2:1

Halbfinale

Neuchâtel Xamax FC - Servette FC Genf	n.V. 0:1
FC Sion - FC St. Gallen	2:1

Finale

(19. Mai 1996, Bern, Wankdorfstadion, 27.500)

FC Sion - Servette FC Genf 3:2 (0:1)

Sion: Lehmann - Quentin, Wicky, Herr (59. Moser), Gaspoz - Colombo (46. Mirandinha), Lonfat, Sylvestre (90. Zambaz) - Fournier, Bonvin, Vidmar
Servette: Pascolo - Karlen, Aeby, Barea - Barberis, Pizzinat (85. Fernandez), Nemecek, Ippoliti (82. Baumann) - Neuville, Sogbie, Sesa (70. Weiler)
Schiedsrichter: Urs Meier (Würenlos) - Tore: 0:1 Karlen (31.), 0:2 Neuville (61.), 1:2 Bonvin (63.), 2:2 Wicky (66.), 3:2 Vidmar (73.)

Die 2. Liga

Qualifikationsrunde Nationalliga B		Sp	g	u	v	Tore	Pkt.
1. SC Kriens		22	14	2	6	43:23	44
2. FC Yverdon-Sports		22	11	5	6	41:23	38
3. SR Delèmont		22	11	5	6	40:33	38
4. Etoile-Carouge FC		22	9	8	5	26:24	35
5. FC Winterthur		22	9	5	8	26:21	32
6. FC Baden		22	9	5	8	31:27	32
7. FC Schaffhausen		22	7	7	8	33:31	28
8. FC Wil 1900		22	7	7	8	34:36	28
9. FC Chiasso		22	6	7	9	19:25	25
10. FC Solothurn		22	6	5	11	26:37	23
11. FC Locarno	↓	22	5	6	11	20:33	21
12. FC Naters	↓	22	4	6	12	16:42	18

St. Gallen, Lugano und den deutschen Bundesligisten VfL Bochum, ehe er sich als Trainer beim Zweitligisten FC Wil erste Erfolgssporen verdiente. Seit 1993 ist er am Zürcher Hardturm tätig und beendete damit die Serie der bekannten Trainernamen (Beenhakker, Hitzfeld, Jara) bei den Grasshoppers.

Gross krempelte GC komplett um. Training, Taktik, Kader - alles wurde geändert. Und Gross ist flexibel. 1994/95 war das Spiel erfolgreich auf den Frankoargentinier Nestor Subiat zugeschnitten, der am Ende zweitbester Torschütze und Spieler des Jahres wurde. Doch den mit einem Schweizer Paß ausgestatteten Subiat erwischte zum Saisonende eine schwere Achillessehnen-Verletzung, und er fiel für Monate aus. Für Gross kein Problem - er stellte um. Türkyilmaz, der in der Finalrunde kam, übernahm die Sturmführung, und der schwedische Verteidiger Mats Gren, Torhüter Zuberbühler sowie Harald Gämperle, Ramon Vega und Pascal Thüler sorgten dafür, daß im eigenen Strafraum nichts anbrrannte.

Gross' Arbeit bei den Grasshoppers ist nicht hoch genug einzuschätzen. Der verschuldete Klub (ca. 3 Millionen Mark) muß Jahr für Jahr seine Leistungsträger abgeben und wird dennoch immer stärker. Im Sommer 1996 verließen mit Ramon Vega (Cagliari) und Marcel Koller, der fortan als Assistenztrainer von Gross wirken wird, nur zwei den Hardturm. Dafür kamen mit Antonio Esposito (Lugano) und Torjäger Viorel Moldovan (Xamax Neuchâtel) hochkarätige Neuzugänge. Zweifler am dritten Titel der Grasshoppers in Folge gibt es in der Schweiz keine.

IM BLICKPUNKT

FC Sion

Wann immer die Walliser ein Cup-Finale erreichten, gewannen sie es auch. Achtmal trat der FC Sion zwischen 1965 und 1996 zu einem Pokalendspiel an - und sachtmal nahm er den Cup anschließend mit nach Hause. Diesmal war es eine besondere Leistung. Aussichtslos mit 0:2 lagen die Schützlinge von Michel Decastel gegen Servette Genf in Rückstand, als Sions Joker Heinz Moser binnen zehn Minuten für die Wende sorgte. Mit unbändigem Kampfeswillen drehten die Walliser das Spiel noch um und ließen sich am Ende von ihren mitgereisten 17.000 Fans gebührend feiern.

Eigentlich war der Cupsieg für das Team um Regisseur Sébastian Fournier aber zu wenig. Meister wollten sie werden, zum zweiten Mal nach 1992. So lautete die Vorgabe des ehrgeizigen Präsidenten Christian Constantin. Acht Neuzugänge spendierte Constantin seinem Team und sorgte damit für Unruhe. „Sion möchte endlich die Nummer 1 im Schweizer Fußball werden. Um dieses Ziel zu erreichen, ist den Vereinsverantwortlichen jedes Mittel recht. Da werden kreuz und quer Spieler eingekauft und, ob nun Vertrag oder nicht, niemand weiß so richtig Bescheid, ob er noch erwünscht ist oder nicht", meinte Abwehrchef Dominique Herr, der mit einem Wechsel zum FC Basel liebäugelte, schließlich aber doch in Sion blieb.

„Angsthasenfußball" attestierten Fachleute den Wallisern, deren Heimstärke und Auswärtsschwäche im krassen Gegensatz zueinander standen. Weil es 1996 nicht mit dem Titel geklappt hat, investierte Constantin weiter. Otto Vincze kam von Ferencváros Budapest, Darko Pancev aus Düsseldorf, Ilija Najdovski von CSKA Sofia und der Jugoslawe Vladen Lukic aus Marbella. Alles in allem ergibt das ein buntgemischtes Team, und weil ab der Saison 1996/97 erstmals fünf Ausländer in der NLA eingesetzt werden können, hat Trainer Decastel auch keine Aufstellungsprobleme. Höchstens Verständigungsprobleme.

FC Basel

„Die Fans" sagt Basels unverwüstlicher Kapitän Massimo Ceccaroni, „sind für jeden Sportler eine Erfüllung. Wenn man einmal vor 35.000 Zuschauern gespielt hat, sehnt man sich stets wieder danach. Und möglich ist das in der Schweiz nur an wenigen Orten und vor allem in Basel."

Der FC Basel ist ein Phänomen. Seit 16 Jahren warten die Grenzstädter auf ihren neunten Meistertitel, haben seitdem mehr Jahre in der 2. Liga denn im Oberhaus verbracht - und sind dennoch Zuschauermagnet Nummer 1 der Schweiz.

12.030 Fans strömten 1995/96 durchschnittlich ins St. Jakob-Stadion und mußten erneut biederes Mittelmaß hinnehmen. Immerhin gelang nach einem Trainerwechsel - für Claude Andrey kam nach der 0:3-Heimschlappe gegen den Tabellenletzten FC Zürich Karl Engel - noch der Sprung in die Finalrunde. Dort erzielten die Rot-Blauen in ihren ersten sieben Spielen nur zwei Zähler und mußten sich damit vorzeitig ihre UEFA-Pokal-Ambitionen abschminken.

Selbst die treuen Fans verlieren langsam die Geduld mit ihrem Team. In der Finalrunde kamen fast 3.000 Zuschauer weniger als im Vorjahr.

DER STAR

Kubilay Türkyilmaz (Grasshopper Club Zürich)

„Kubi! Kubi!" rufen die Fans, wenn der gebürtige Türke Kubilay Türkyilmaz den Platz betritt. Der Linksfüßler ist eben beliebt. Und gut: Obwohl er nur in zwölf Finalrundenspielen eingesetzt wurde, wählten ihn Trainer und Spieler nach Saisonende mit großem Vorsprung zum Spieler des Jahres.

Türkyilmaz gilt als launischer, kauziger und schwieriger Typ. „Er ist einer von den Spielern, die ein Trainer nur schwer trainieren kann: unheimlich geschickt, aber auch gewaltig faul" schrieb eine englische Fachzeitung vor der EM über den körpergewandten und antrittsschnellen Stürmer.

Türkyilmaz ist, obwohl erst 29 Jahre alt, schon viel herumgekommen. Seine Karriere begann beim AC Bellinzona in der italienischen Schweiz. Zwischen 1987 und 1989 schoß er 45 Tore für den kleinen Klub, der dadurch ernsthaft um die Schweizer Meisterschaft mitspielen konnte. 1989

salami
Beretta

wechselte er in die französische Schweiz, um mit Servette Genf seinen Titeltraum wahrzumachen. Daß daraus nichts wurde, lag garantiert nicht an Türkyilmaz, denn der traf für die Genfer ebenso regelmäßig wie zuvor für Bellinzona. Der damalige Schweizer Nationaltrainer Uli Stielike beschrieb ihn als „den aufregendsten Schweizer Spieler der letzten Jahre“. Türkyilmaz wurde zum Nationalhelden, als er am 1. Mai 1991 in der 90. Minute das Schweizer Siegtor zum 3:2 in Bulgarien schoß und den Eidgenossen damit die EM-Chancen bewahrte.

Der Ecken- und Freistoßspezialist wechselte im Oktober 1990 für die Rekordsumme von 4,5 Millionen DM zum italienischen Erstligisten Bologna, mit dem er - trotz 9 Toren in 22 Spielen - aus der *Serie A* abstieg. Drei Jahre blieb der Sohn türkischer Eltern in der norditalienischen Metropole, ehe er zu Galatasaray Istanbul wechselte. Doch am Bosporus wurde Türkyilmaz nicht so recht heimisch und sehnte sich, nachdem ihn der neue Galatasaray-Trainer Souness mehrfach auf die Bank verbannt hatte, in die Schweiz zurück.

Pünktlich zur Finalrunde wechselte er ins blauweiße Hoppers-Trikot. Ein echter Glücksgriff, denn der Mann, von dem eine englische Zeitung einst schrieb „er geht durch die gegnerischen Verteidigungsreihen wie ein Messer durch Butter“, verhalf seinem neuen Klub mit acht Toren in zwölf Spielen zur Titelverteidigung und feierte endlich seine erste Meisterschaft.

DER TORJÄGER

Viorel Dinu Moldovan (Neuchâtel Xamax)

Er war Newcomer und Torjäger in einer Person. Viorel Dinu Moldovan, von den Trainern und Spielern der NLA mit großem Vorsprung zum „ausländischen Spieler der Saison“ gewählt und neuer Torschützenkönig der Schweizer NLA, feierte einen großartigen Einstand.

Im August 1995 war er von Dinamo Bukarest an den Neuenburger See gekommen, wo er den nach Luzern gewechselten bulgarischen Torjäger Petar Alexandrov ersetzen sollte. Selbst die größten Optimisten hätten nicht vermutet, daß Moldovan seine Aufgabe derart komplett erfüllen und dem Bulgaren - der wie Moldovan 19 Tore schoß - sogar als Schweizer Top-Torjäger nachfolgen würde.

Ein Wunsch blieb Moldovan noch verwehrt: Meister zu werden. Weder mit seinen beiden früheren rumänischen Klubs Gloria Bistrita und Dinamo Bukarest noch mit Xamax Neuchâtel gelang ihm dies. Für die Zukunft stehen seine Chancen gut, denn im Sommer 1996 wechselte der treffsichere Rumäne, der bei der EM zweimal zum Einsatz kam, an den Zürcher Hardturm.

DIE NEWCOMER

Raphaël Wicky (FC Sion)

Daß er bei der EM nur ganze 45 Minuten zum Einsatz kam, war für Raphaël Wicky schon eine Enttäuschung. Zwar hatte sich das Reservistendasein des 19jährigen bereits in der Vorbereitungsphase angedeutet, doch immerhin hatte Wicky bei der Wahl zum „Aufsteiger des Jahres“ den ersten Platz belegt. Trotz der EM-Enttäuschung war die Saison 1995/96 eine erfolgreiche für den Sioner. Seinen größten Tag hatte er im Pokalfinale, als Wicky in der 67. Minute den immens wichtigen Ausgleichstreffer erzielte und seine Mannschaft damit wieder ins Spiel brachte. Am Ende stand ein 3:2-Sieg, und Wicky hatte seinen ersten Titel gewonnen.

Johann Vogel (Grasshopper-Club Zürich)

Er gilt als das „größte Talent im Schweizer Fußball seit ganz langer Zeit“ und erregt vor allem durch die Frage, wie lang die Zürcher ihn noch halten können, Aufsehen. Bei der EM in England schaffte der 19jährige Mittelfeldspieler endgültig seinen Durchbruch. „Vogel spielt einen reifen, bestimmenden und unglaublich geschickten Fußball“, beschreibt das Fachblatt *World Soccer* den Newcomer, der zwar schon seit 1992 im Nationalliga-Kader des Grasshopper-Club steht, jedoch erst seit 1994/95

zur Stammformation zählt.

Vogel imponierte von Beginn an. Im Alter von 15 Jahren und 4 Monaten gab er sein Erstligadebüt gegen Xamax Neuchâtel, mit 16 trainierte er regelmäßig mit der 1. Mannschaft und mit 18 gab er beim 1:1 in Griechenland (8. März 1995) sein Länderspieldebüt.

Der gebürtige Genfer ist einer der wenigen Franco-Schweizer, der sich beim schwyzerdeutschen Aushängeschild GC durchbeißen konnte. „Ich bin mit 14 zu Grasshopper gegangen, weil der Klub für seine gute Jugendarbeit bekannt ist", erklärt Vogel, um dann schmunzelnd hinzuzufügen. „Und weil mein Vater und mein Opa GC-Fans sind. Die waren glücklich, daß ich für ihren Klub spielen konnte".

Sein Trainer Christian Gross bezeichnet Vogel als „frühreifes Talent" - und meint dies durchaus im positiven Sinne: „Daß er in seiner Karriere schon so viel erreicht hat, liegt daran, das er eine außergewöhnliche Technik besitzt und zudem erstaunlich erwachsen ist. Vogel ist ein Teenager mit dem Verhalten eines 30jährigen."

IM BLICKPUNKT

Alain Sutter (Bayern München, SC Freiburg)

„Für mich war es keine politische Demonstration, sondern einfach ein Ausdruck grundsätzlicher Menschenrechte. Wir sind gegen die Verseuchung der Erde. Das hat nichts mit Politik zu tun." Alain Sutters mit einigen Mannschaftskameraden vor dem EM-Qualifikationsspiel in Schweden gezeigtes Transparent („Stop it Chirac") gegen die französischen Atomtests im Südpazifik sorgten für Ärger im Schweizer Team. Während Sutter seiner Sorge, daß „unser Schicksal mit der Natur verbunden ist, und wenn die erst einmal zerstört ist, auch die Menschheit aussterben wird" Ausdruck verleihen wollte, gab es für den Schweizer Mannschaftskapitän Alain Geiger „keine Berechtigung für einen derartigen Protest. Frankreich hat das Recht, auf seinem Territorium zu tun, was es tun will. Das hat nichts mit uns Fußballern zu tun", meinte der Zürcher, der einst in der französischen Liga für Saint Etienne spielte.

Der Schweizer Verbandspräsident Marcel Mathier zeigte durchaus Verständnis für Sutters Aktion. „Ich würde niemals einem Spieler das Recht auf eine politische Meinung verweigern,

allerdings sollten die Spieler nicht das Nationaltrikot benutzen, um politische Forderungen zu stellen."

Andere meinten schlicht, Sutter wollte mit der Aktion von seinen Problemen bei Bayern München ablenken. Unter dem neuen Trainer Otto Rehh,agel war der frühere Berner, Zürcher und Nürnberger nämlich kaum zum Einsatz gekommen. Das lag zum einen an dem Überangebot ausländischer Akteure beim FC Bayern, durch das nicht nur Sutter, sondern auch Weltklassespieler wie Papin oder Kostadinov zu Bankdrückern geworden waren. Zum anderen fühlte sich der Schweizer beim deutschen Renommierklub aber schlicht unwohl. Aus diesem Grund griff er auch sofort zu, als der abstiegsbedrohte SC Freiburg ein Angebot machte. Eine Entscheidung, die alle Beteiligten befriedigte: Bayernmanager Hoeneß war froh, ein Problem los zu sein („Das beste wäre, er fände einen neuen Klub") - und Sutter avancierte auf Anhieb zur bestimmenden Figur im Freiburger Mittelfeld und führte den Finke-Klub aus dem Tabellenkeller heraus.

DIE LÄNDERSPIELE

Island - Schweiz 0:2 (0:2) EMQ
16. 8. 1995 - Reykjavík - 10.000 - Wójcik (Polen) - Pascolo, Hottiger, Geiger, Henchoz, Quentin, Ohrel, Sforza, Fournier, A. Sutter (78. Bickel), Knup, Türkyilmaz (83. Bonvin) - Tore: Knup (4./0:1), Türkyilmaz (24./0:2)

Schweden - Schweiz 0:0 EMQ
6. 9. 1995 - Göteborg - 18.500 - Ceccarini (Italien) - Pascalo, Hottiger, Geiger, Henchoz, Quentin, Ohrel, Sforza, Fournier, A. Sutter (46. Herr), Knup, Türkyilmaz (90. Grassi)

Schweiz - Ungarn 3:0 (1:0) EMQ
11.10. 1995 - Zürich - 21.000 - Agius (Malta) - Pascolo, Hottiger, Geiger, Henchoz, Quentin, Ohrel, Sforza, Fournier (81. Bickel), Yakin, Knup (90. Bonvin), Türkyilmaz (85. Sutter) - Tore: Türkyilmaz (22./ 1:0), Sforza (56./2:0), Ohrel (89./ 3:0)

England - Schweiz 3:1 (1:1)
15. 11. 1995 - London - 29.784 - Puhl (Ungarn) - Pascolo, Hottiger, Geiger, Henchoz, Quentin (82. Vega), Ohrel, Sforza, Fournier (69. Wolf), A. Sutter (80. Grassi), Knup, Türkyilmaz - Tor: Knup (41./0:1)

Luxemburg - Schweiz 1:1 (1:0)
13. 3. 1996 - Luxemburg - 2.000 - Ancion (Belgien) - Pascolo, Hottiger, Henchoz, Herr (60. Vega), Quentin, Colombo (46. Grassi), Ohrel (70. Koller), Sforza, A. Sutter (60. Fournier), Knup, Chapuisat (60. Comisetti) - Tor: Vega (75./1:1)

Österreich - Schweiz 1:0 (0:0)
27. 3. 1996 - Wien - 23.800 - Meese (Belgien) - Pascalo, Hottiger, Henchoz, Jeanneret, Quentin, Colombo, Ohrel (61. Sesa), Koller (61. Vogel), Grassi, Comisetti, Knup

Schweiz - Wales 2:0 (2:0)
24. 4. 1996 - Lugano - 8.500 - Stafoggia (Italien) - Pascolo (84. Lehmann), Vogel (Hottiger), Henchoz, Vega, Quentin, Ohrel (64. Lombardo), Sforza, Wicky (85. Koller), Grassi (76. Knup), Türkyilmaz (85. Comisetti), Chapuisat (64. A. Sutter) - Tore: Coleman (32./Eigentor/1:0), Türkyilmaz (42./2:0)

Schweiz - Tschechien 1:2 (1:1)
1. 6. 1996 - Basel - 15.000 - Dardenne (Deutschland) - Pascolo, Vega, Geiger, Wicky (78. Koller), Ohrel (46. Comisetti), Vogel, Sforza, Fournier (46. Hottiger), Quentin, Grassi (78. Chapuisat), Türkyilmaz - Tor: Grassi (34. /1:1)

England - Schweiz 1:1 (1:0) EM-VR
8. 6. 1996 - London (England) - 76.567 - Diaz Vega (Spanien) - Pascolo, Jeanneret, Geiger (69. Koller), Henchoz, Vega, Quentin, Vogel, Sforza, Bonvin (67. Chapuisat), Grassi, Türkyilmaz - Tor: Grassi (83./1:1/Elfmeter)

Schweiz - Niederlande 0:2 (0:0) EM-VR
13. 6. 1996 - Birmingham (England) - 36.800 - Ouzunov (Bulgarien) - Pascolo, Hottiger, Henchoz, Vega, Quentin, Jeanneret (69. Comisetti), Vogel, Sforza, Chapuisat, Grassi, Türkyilmaz

Schweiz - Schottland 0:1 (0:1) EM-VR
18. 6 1996 - Birmingham (England) - 34.926 - Krondl (Tschechien) - Pascolo, Hottiger, Henchoz, Vega, Quentin (81. Comisetti), Vogel, Sforza, Koller (46. Wicky), Bonvin, Türkyilmaz, Chapuisat (46. Fournier),

DER EUROPAPOKAL

Europapokal der Landesmeister

Qualifikation

Grasshoppers Zürich - Maccabi Tel Aviv 1:1 (0:0)
9. 8. 1995 - 11.100 - Ansuategui Roca (Spanien) - Zuberbühler - Gämperle, Vega, Gren, Vogel - Lombardo, Yakin, Geiger - Comisetti (72. Sermeter), Ali Ibrahim (61. Magnin), Viscaal - Tor: Ali Ibrahim (50./1:0)

Maccabi Tel Aviv - Grasshoppers Zürich 0:1 (0:1)
23. 8. 1995 - 13.500 - Nicchi (Italien) - Zuberbühler - Gämperle, Gren, Vega, Thüler - Lombardo, Yakin, Geiger, Comisetti (64. Vogel) - Magnin (73. De Napoli), Viscaal - Tor: Comisetti (4./0:1)

Champions League (Gruppe D)

Grasshoppers Zürich - Ferencváros Budapest 0:3 (0:0)
13. 9. 1995 - 15.350 - Pedersen (Norwegen) - Zuberbühler - Vogel, Vega, Gren, Thüler (67. De Napoli), - Lombardo, Koller, Geiger, Yakin - Comisetti (57. Ali Ibrahim), Magnin (67. Viscaal)

Real Madrid - Grasshoppers Zürich 2:0 (0:0)
27. 9. 1995 - 70.000 - Przesmycki (Polen) - Zuberbühler - Nemtsoudis, Vega, Geiger, Thüler - Koller, Yakin, Vogel (76. Viscaal) - Lombardo, Comisetti (66. Magnin), Udi (58. De Napoli)

Ajax Amsterdam - Grasshoppers Zürich 3:0 (1:0)
18. 10. 1995 - 43.000 - Porumboiu (Rumänien) - Zuberbühler - Gämperle, Vega, Gren, Vogel - Lombardo, Geiger, Koller - Magnin, Viscaal, Rzasa (73. Sermeter)

Grasshopper,s Zürich - Ajax Amsterdam 0:0
1. 11. 1995 - 21.000 - Levnikov (Rußland) - Foletti - Haas, Vega, Gren, Thüler - Lombardo, Koller, Geiger, Comisetti (81. Sermeter) - Ali Ibrahim (87. Viscaal), Magnin (68. De Napoli)

Ferencváros Budapest - Grasshoppers Zürich 3:3 (2:1)
22. 11. 1995 - 15.000 - Nielsen (Dänemark) - Foletti - Haas, Vega, Gren, Gämperle - Koller, Geiger, Comisetti - Lombardo, Subiat, Ali Ibrahim (87. Magnin) - Tore: Subiat (21./1:1), Comisetti (48./2:2), Ali Ibrahim (64./2:3)

Grasshoppers Zürich - Real Madrid 2:0 (0:0)
6. 12. 1995 - 20.000 - McCluskey (Schottland) - Foletti - Haas, Vega, Gren, Gämperle - Lombardo, Geiger, Koller, Comisetti (76. Sermeter) - Subiat (66. Magnin), Ali Ibrahim (82. De Napoli)

Europapokal der Pokalsieger

Qualifikation

Tiligul Tiraspol - FC Sion 0:0
10. 8. 1995 - 4.000 (in Chisinau) - Bogdanov (Bulgarien) - Lehmann - Sylvestre, Herr, Kombouaré, Quentin - Wicky, Vercruysse, Fournier, Bonvin (80. Moser) - La Placa (61. Mirandinha), Chassot

FC Sion - Tiligul Tiraspol 3:2 (3:0)
23. 8. 1995 - 6.500 - Kefalas (Griechenland) - Lehmann - Sylvestre, Herr, Kombouaré, Quentin (72. Bühlmann) - Moser, Wicky, Vercruysse, Fournier (63. Giallanza) - Chassot (67. Mirandinha), Bonvin

1. Runde

AS AEK Athen - FC Sion 2:0 (1:0)
14. 9. 1995 - 25.000 - Van den Wijngaert (Belgien) - Lehmann - Wicky - Sylvestre, Herr, Kombouaré, Quentin - Moser, Vercruysse, Fournier, La Placa (77. Bonvin) - Mirandinha (83. Giallanza)

FC Sion - AS AEK Athen 2:2 (1:0)
28. 9. 1995 - 6.900 - Stafoggia (Italien) - Lehmann - Sylvestre, Herr, Kombouaré, Quentin - La Placa (63. Moser), Wicky, Fournier, Bühlmann (78. Giallanza) - Chassot (83. Yenay), Bonvin - Tore: Bonvin (20./1:0), Giallanza (85./2:1)

UEFA-Pokal

Qualifikation

Roter Stern Belgrad - Neuchâtel Xamax FC 0:1 (0:0)
8. 8. 1995 - 50.000 - Harrel (Frankreich) - Corminbœuf - Rueda, Jeanneret, Martin, Bonalair - Wittl, Rothenbühler, Detari, Gigon (75. Moret), Isabella (86. Dal Santo), Kunz (82. Tropiano) - Tor: Wittl (86./0:1)

Neuchâtel Xamax FC - Roter Stern Belgrad 0:0
22. 8. 1995 - 6.500 - Heynemann (Deutschland) - Corminbœuf - Jeanneret (86. Moret), Rueda, Martin, Bonalair - Gigon, Perret, Rothenbühler - Isabella, Moldovan (77. Tropiano), Wittl

Jeunesse Esch - FC Lugano 0:0
8. 8. 1995 - 1.700 - Waddell (Schottland) - Walker - Morf, Penzavalli, Fiechter, Fornera - Flindt (46. Gentizon), Esposito, Colombo, Shalimov (72. Manfreda), Carrasco - Ferreira Sinval

FC Lugano - Jeunesse Esch 4:0 (2:0)
23. 8. 1995 - 4.200 - Sammut (Malta) - Walker - Morf, Penzavalli, Fiechter, Fornera - Gentizon (72. Belloni), Shalimov (84. Bugnard), Colombo, Esposito - Erceg (57. Carrasco), Sinval - Tore: Erceg (18./1:0, 46./3:0, 54./4:0), Esposito (35./2:0)

1. Runde

Neuchâtel Xamax FC - AS Rom 1:1 (1:1)
12. 9. 1995 - 9.600 - Elleray (England) - Corminbœuf - Jeanneret (91. Vernier), Rueda, Martin, Rothenbühler - Perret, Pana (62. Kunz), Bonalair - Isabella (84. Kägi), Moldovan, Wittl - Tor: Jeanneret (14./1:0)

AS Rom - Neuchâtel Xamax FC 4:0 (3:0)
26. 9. 1995 - 18.953 - Sandra (Belgien) - Corminbœuf - Jeanneret, Rueda, Martin, Bonalair - Rothenbühler, Perret (46. Vernier), Pana (76. Gigon) - Isabella, Moldovan, Kunz (46. Wittl)

FC Lugano - Internazionale Mailand 1:1 (0:1)
12. 9. 1995 - 12.300 - Jol (Niederlande) - Walker - Morf, Penzavalli, Galvao, Fornera - Shalimov, Esposito (72. Manfreda), Colombo, Carrasco - Gentizon (77. Belloni), Erceg (90. Bugnard) - Tor: Carrasco (67./1:1)

Internazionale Mailand - FC Lugano 0:1 (0:0)
26. 9. 1995 - 16.000 - Weber (Deutschland) - Walker - Morf, Galvao, Penzavalli, Fornera - Gentizon (81. Belloni), Colombo, Shalimov, Esposito (9. Manfreda/71. Bugnard), Carrasco - Erceg - Tor: Carrasco (86./0:1)

2. Runde

FC Lugano - Slavia Prag 1:2 (0:2)
17. 10. 1995 - 4.000 - Pereira (Portugal) - Walker - Belloni (46. Bugnard), Morf, Penzavalli - Fornera, Gentizon (74, Fiechter), Shalimov, Colombo, Carrasco - Erceg, Sinval - Tor: Shalimov (84./1:2)

Slavia Prag - FC Lugano 1:0 (0:0)
31. 10. 1995 - 8.800 - Loizou (Zypern) - Walker - Morf, Penzavalli, Fiechter, Bugnard - Sinval, Colombo, Shalimov, Carrasco - Manfreda, Erceg

UI-Cup

FC Basel - Sheffield Wednesday	1:0
Górnik Zabrze - FC Basel	1:2
FC Basel - Karlsruher SC	2:3
ÅGF Åarhus - FC Basel	2:1
Tottenham Hotspurs - FC Luzern	0:2
FC Luzern - Östers IF Växjö	3:2
1. FC Köln - FC Luzern	2:2
FC Luzern - Rudar Velenje	1:1
FC Aarau - Tromsø IL	2:2
Germinal Ekeren - FC Aarau	3:3
FC Aarau - HB Tórshavn	6:1
Universitatea Cluj - FC Aarau	2:3

Slovensky futbalovy Zväz

Junácka 6,
SK-832 80 Bratislava
Telefon: ++42 (7)2790150
Telefax: ++42 (7)2790554

FIFA-Weltrangliste

Juli 1995:	43. Platz,	39,23 Punkte
Juli 1996:	37. Platz,	44.38 Punkte

UEFA-Fünfjahreswertung

1996/97:	27. Platz,	10,999 Punkte

SLOWAKEI 1995/96

Geldprobleme allerorten

Seitdem die Slowakische Republik 1993 ihre eigene Fußballmeisterschaft eingerichtet hat, gibt es nur ein Team im Lande: Slovan Bratislava. Der ehemalige Europapokalsieger ist seinen Konkurrenten um Längen voraus und sicherte sich auch 1996 wieder den Titel. Aber im Gegensatz zu den Vorjahren war es diesmal alles andere als ein Kinderspiel für den Hauptstadtklub.

Noch vor Saisonbeginn eskalierten nämlich Slovans seit langem schwelende Finanzprobleme, und der Meisterklub mußte zahlreiche Stammspieler verkaufen, um dem drohenden Konkurs zu entgehen. Slovan steckt in der Zwickmühle, denn sein Problem ist seine sportliche Überlegenheit. 1995 beispielsweise war die Mannschaft mit 22 Punkten Vorsprung ins Ziel gegangen und hatte trotzdem nur wenige tausend Fans angelockt, denn wer zahlt schon sauer verdiente *Korunas*, um einseitige und langweilige Spiele, noch dazu gegen unattraktive Provinzmannschaften, zu sehen? Wehmütig erinnern sich die Verantwortlichen an längst vergangene Zeiten, als die großen Prager Klubs das marode *Tehelne pole*-Stadion regelmäßig füllten.

Etwas Positives hatte die akute Finanzkrise allerdings schon, denn dadurch kehrte die Spannung zurück, und Slovan ging erstmals nicht schon vor der Saison als designierter Meister ins Rennen. Slovans selbsternannter Herausforderer kam aus Kosice, der mit knapp 250.000 Einwohnern zweitgrößten Stadt des Landes. Der dortige 1. FC wird massiv von dem Schwerindustriegiganten VSZ gesponsort, dessen Direktor Jan Smerek gleichzeitig Vereinspräsident ist. Im Vorjahr konnten die Ostslowaken bereits die Vizemeisterschaft feiern, der nun der Titel folgen sollte. Darüber hinaus meldete Spartak Trnava Meisterschaftsansprüche an. Das Team aus der westslowakischen Brauereistadt wird von Karol Pecze trainiert, der den einstigen Abstiegskandidaten mit einer Mischung aus altbewährten Akteuren und hungrigen Talenten im Vorjahr um ein Haar in den UEFA-Pokal geführt hätte. Mit durchschnittlich 10.000 Besuchern ist Spartak zudem Publikumsmagnet der Slowakei.

Die Saison begann mit zahlreichen Paukenschlägen. Am Auftaktwochenende fegte der 1. FC Kosice Spartak Trnava mit 3:0 vom Platz, während Slovan Bratislava nur 0:0 in Bardejov spielte. Eine Woche darauf schlug Slovan Kosice mit 3:1 und stand sieben Tage später nach einem 1:1-Unentschieden in Trnava bereits wieder an der Tabellenspitze. Lokomotiva Kosice war es vorbehalten, dem Favoriten am vierten Spieltag die erste Saisonniederlage beizubringen. Damit war Trnavas Stunde gekommen. Bis zum dreizehnten Spieltag gaben die Schwarz-Weißen nur noch in Bardejov zwei Punkte ab (0:0), revanchierten sich unter anderem mit 5:1 am 1. FC Kosice und schwangen sich zum alleinigen Tabellenführer auf. Optimistisch reisten die Pecze-Schützlinge am 18. November 1995 ins Bratislavaer *Tehelne pole*-Stadion - und erlebten die schwärzesten neunzig Minuten der Saison. 3:0 hieß es am Ende für den Titelverteidiger. Eine Niederlage, die Trnava völlig aus dem Rhythmus brachte. Punkt für Punkt verlor die Mannschaft in den darauffolgenden Wochen. Beim enttäuschenden 0:0 gegen Chemlon Humenné erreichte die Krise ihren Höhepunkt. Spartaks Kapitän Jan Gabriel und der U21-Nationalspieler Jaroslav Hrabal lieferten sich eine heftige Auseinandersetzung mit Chemlon-Betreuern, was ihnen Sperren von sechs (Gabriel) bzw. drei Monaten (Hrabal) einbrachte; darüber hinaus wurde das 0:0 in eine 0:3-Niederlage umgewandelt.

Inzwischen hatte sich Slovan Bratislava wieder gefangen und war an die Tabellenspitze zurückgekehrt. Unter Dusan Galis, der den glücklosen Anton Dragun auf dem Trainerstuhl abgelöst hatte, waren die gewohnten Slovan-Tugenden „Stil und Wille“ wieder erkennbar. Der Rest war ein Spaziergang, denn die Mannschaft um Nationalverteidiger Dusan Tittel leistete sich keine Schwäche mehr und ging - in der Meisterrunde ungeschlagen - abermals vorzeitig als Meister durchs Ziel.

Vizemeister wurde der 1. FC Kosice, der im Saisonverlauf kaum ernsthaft ins Meisterrennen hatte eingreifen können. Als Dritter lief Spartak Trnava ein, dessen turbulente Saison am 29. Mai 1996 mit einer weiteren Katastrophe endete, als auch das Pokalfinale verloren ging. Finalgegner war ausgerechnet Chemlon Humenné, gegen das der Absturz in der Liga begonnen hatte. Damit blieb dem einstigen Titelaspiranten nur noch die Teilnahme am UI-Cup. Trotzdem widerstand Trainer Pecze den Angeboten von Slovan Bratislava und vom 1. FC Kaiserslautern und verlängerte bis 1998 in Trnava.

Turbulenzen und Trainerentlassungen gab es im Abstiegskampf. Am vierten Spieltag eröffnete der Provinzklub MFK Prievidza den Reigen der Trainerentlassungen und setzte Jan Rosinsky vor die Tür. Rosinsky war erst zu Saisonbeginn gekommen, um den zu Slovan Bratislava wechselnden Anton Dragun abzulösen. Ihm wurde neben den schlechten Resultaten ein getrübtes Verhältnis zu Mannschaftskapitän Roman Slany vorgeworfen. Sein Nachfolger wurde der Serbe Petar Jovic. Kurze Zeit später erwischte es Jozef Adamec von Inter Bratislava. Adamec hatte im Sommer 1995 die Verbandsofferte, slowakischer Nationaltrainer zu werden, abgelehnt, weil er seinen Vertrag bei Inter erfüllen wollte. Nach dem Europapokal-Aus gegen Real Saragossa war er arbeitslos. Sein Nachfolger Jozef Valovic konnte den Niedergang des ehemaligen tschechoslowakischen Meisters freilich auch nicht stoppen. Das nächste Opfer war Ivan Horn, der den Traditionsklub FC Nitra in die 1. Liga zurückgeführt hatte und im Oktober resigniert seinen Hut nahm, weil er die Vereinsführung nicht mehr hinter sich glaubte. Zum Abschied erfreute Horn die treuen Fans mit zwölf Flaschen Champagner, die er auf der Tribüne ausschenkte.

Die wichtigste Entscheidung der Saison fiel im Dezember 1995, als der Verband beschloß, das umstrittene Ligasystem mit Vor- und Hauptrunde zum Saisonende aufzugeben und stattdessen eine „gewöhnliche“ Liga mit 16 Teilnehmern einzurichten. Damit war freilich die Abstiegsrunde zur Farce geworden, denn es gab keinen Direktabsteiger mehr. Selbst der schon zur Vorrunde weit abgeschlagene und finanziell arg gebeutelte MFK Prievidza schaffte über zwei Relegationsspiele gegen den Zweitligafünften Levice den Klassenerhalt. Der nach seinem Scheitern in Bratislava nach Prievidza zurückgekehrte Anton Dragun hatte die Abstiegsrunde mit einem besseren Juniorenteam durchführen müssen, weil zur Winterpause fünfzehn Spieler gekündigt hatten.

International hatte die Slowakei wenig Aufregendes zu bieten. Für die Nationalmannschaft war die EM-Qualifikation nach der 0:2-Heimniederlage gegen Rumänien praktisch gelaufen, obwohl es zuvor Siege über Aserbaidschan, Israel und Polen gegeben hatte. Am Ende langte es nur zum enttäuschenden vorletzten Platz. Der neue Nationaltrainer Jozef Jankech, der im Juli 1995 den in den sonnigen Oman wechselnden Jozef Venglos abgelöst hatte, steht vor einer schwierigen Aufgabe. „Meine Spieler brauchen dringend internationale Erfahrung“, meinte er nach dem torlosen

1. Liga	Gesamt							Heim					Auswärts				
Vorrunde	Sp	g	u	v	Tore	Diff.	Pkt.	g	u	v	Tore	Pkt.	g	u	v	Tore	Pkt.
1. Slovan Bratislava (M)	22	15	6	1	62:16	+46	51	10	1	0	42:7	31	5	5	1	20:9	20
2. 1. FC Kosice	22	15	1	6	47:25	+22	46	9	0	2	28:9	27	6	1	4	19:16	19
3. FC Spartak Trnava	22	14	4	4	40:22	+18	46	9	1	1	29:10	28	5	3	3	11:12	18
4. Dukla Banská Bystrica	22	11	5	6	32:24	+ 8	38	9	2	0	21:2	29	2	3	6	11:22	9
5. BSC Jas Bardejov	22	12	1	9	34:25	+ 9	37	8	1	2	22:6	25	4	0	7	12:19	12
6. FC Tatran Presov	22	10	5	7	28:24	+4	35	7	3	1	16:3	24	3	2	6	12:21	11
7. FC Chemlon Humenné	22	8	4	10	38:33	+ 5	28	5	3	3	26:11	18	3	1	7	12:22	11
8. FC Lokomotiva Kosice	22	9	1	12	26:33	- 7	28	6	0	5	15:12	18	3	1	7	11:21	10
9. Inter ASK Bratislava (P)	22	6	5	11	27:37	- 10	23	4	3	4	18:19	15	2	2	7	9:18	8
10. DAC Dunajská Streda	22	6	3	13	29:56	- 27	21	5	3	3	21:13	18	1	0	10	8:43	3
11. FC Nitra (N)	22	3	4	15	20:47	- 27	13	3	3	5	16:20	12	0	1	10	4:27	1
12. MFK Prievidza	22	2	3	17	13:54	- 41	9	2	1	8	9:21	7	0	2	9	4:33	2

Unentschieden gegen Bulgarien. Die hat jedoch mit Ausnahme der beiden Legionäre Moravcik (St. Etienne) und Dubovsky (Oviedo) kaum jemand zu bieten. Die Europapokalbilanz sieht auf den ersten Blick ernüchternd aus, denn keines der drei Teams überstand die 1. Runde. Doch mit Real Saragossa und dem 1. FC Kaiserslautern waren es zwei durchaus renommierte Mannschaften, an denen Inter und Slovan Bratislava in der 1. Runde scheiterten, während das Ausscheiden des 1. FC Kosice gegen Ungarns Vizemeister Újpestí Budapest tatsächlich enttäuschend war.

Der slowakische Fußball steht vor einer ungewissen Zukunft. Den Klubs fehlt an allen Ecken

1. Liga Vorrunde	Slovan	Trnava	Kosice	Dukla	Bardejov	Tatran	Kok K.	Humenné	Inter	DAC	FC Nitra	Prievidza
Slovan Bratislava	•	3:0	3:1	5:2	2:0	4:0	3:0	3:1	1:1	7:1	6:1	5:0
Spartak Trnava	1:1	•	5:1	2:0	1:0	5:2	3:1	0:x	1:0	5:1	3:0	3:1
1. FC Kosice	2:5	3:0	•	1:0	1:0	1:2	2:1	2:0	5:1	4:0	2:0	5:0
Dukla Banská Bystrica	0:0	1:0	3:1	•	3:0	0:0	4:0	1:0	3:0	2:1	2:0	2:0
Jas Bardejov	1:2	0:0	1:2	3:1	•	1:0	3:0	4:0	2:1	4:0	1:0	2:0
Tatran Presov	0:0	1:1	2:0	0:1	2:0	•	2:1	0:0	1:0	3:0	1:0	4:0
Lokomotiva Kosice	1:0	1:2	0:3	1:0	0:1	0:1	•	3:2	0:2	3:1	4:0	2:0
Chemlon Humenné	1:1	1:2	0:1	1:1	3:1	4:1	2:0	•	1:2	6:0	2:2	5:0
Inter Bratislava	1:3	1:2	1:1	2:2	2:0	3:2	0:3	2:3	•	3:1	1:0	2:2
DAC Dunajská Streda	2:4	0:0	0:2	4:0	2:3	1:1	1:1	4:0	3:2	•	2:0	2:0
FC Nitra	0:4	0:2	1:3	2:2	3:4	2:1	1:2	2:1	0:0	4:0	•	1:1
MFK Prievidza	0:0	1:2	0:4	1:2	0:3	0:2	0:2	1:2	1:0	2:3	3:1	•

Das Spiel Spartak Trnava gegen Chemlon Humenné (0:0) wurde mit 0:3 gewertet

Play-Off	1.	2.	3.	4.	5.	6.	Sp	g	u	v	Tore	Diff.	Pkt.
Meisterrunde													
1. Slovan Bratislava	•	1:0	5:2	0:0	3:1	3:0	10	7	3	0	17:4	+13	24
2. 1. FC Kosice	0:2	•	1:0	3:1	2:1	3:1	10	6	1	3	15:8	+7	19
3. Spartak Trnava	0:1	0:0	•	2:0	1:0	3:0	10	5	2	3	14:10	+4	17
4. Dukla Banská Bystrica	0:0	1:3	2:2	•	1:0	1:1	10	1	6	3	7:12	-5	9
5. Tatran Presov	0:0	1:0	1:3	1:1	•	1:0	10	2	2	6	6:12	-6	8
6. BSC JAS Bardejov	1:2	0:3	0:1	0:0	1:0	•	10	1	2	7	4:17	3	
Abstiegsrunde													
1. FC Chemlon Humenné	•	2:0	1:0	0:1	1:0	4:2	10	5	1	4	12:11	+1	16
2. Lokomotiva Kosice	0:3	•	1:0	5:1	3:0	0:3	10	4	1	5	11:16	-6	13
3. Inter ASK Bratislava	0:0	3:0	•	3:2	1:0	2:1	10	5	2	3	15:8	+7	17
4. DAC Dunajska Streda	3:1	0:1	0:4	•	1:2	3:1	10	4	0	6	12:20	-8	12
5. FC Nitra	2:0	4:1	1:1	0:1	•	1:0	10	4	1	5	10:12	-2	13
6. MFK Priviedza	3:0	0:0	2:1	3:0	3:0	•	10	5	1	4	18:11	+7	16

Gesamttabelle	Sp	g	u	v	Tore	Diff.	Pkt.
1. Slovan SK Bratislava	32	22	9	1	79:20	+59	75
2. 1. FC Kosice	32	21	2	9	62:33	+29	65
3. FC Spartak Trnava	32	19	6	7	54:32	+22	63
4. Dukla Banská Bystrica	32	12	11	9	39:36	+3	47
5. FC Tatran Presov	32	12	7	13	34:36	-2	43
6. BSC Jas Bardejov	32	13	3	16	38:42	-4	42
7. FC Chemlon Humenné	32	13	5	14	50:44	+6	44
8. FC Lokomotiva Kosice	32	13	2	17	37:49	-12	41
9. Inter ASK Bratislava	32	11	7	14	42:45	-3	40
10. DAC Dunajska Streda	32	10	3	19	41:76	-35	33
11. FC Nitra	32	7	5	20	30:59	-29	26
12. MFK Prievidza	32	7	4	21	31:65	-34	25

Spartak Trnava wurden drei Punkte abgezogen

EC 1996/97: CL: - , C2: Chemlon Humenné, UEFA: Slovan Bratislava, 1. FC Kosice, UI: Spartak Trnava

Aufsteiger: Artmedia Petrzalka, MSZ Zilina, Spartak ZTS Dubnica nad Váhom, Slovan Rimavská Sobota. Relegationsspiele: MFK Prievidza - Slovan SES Levice 2:1, 5:0

Die Torschützen

Robert Semenik (1. FC Kosice) 29

Szilard Nemeth (Slovan Bratislava) 12

Der Pokal

Halbfinale

Dukla Banska Bystrica - Spartak Trnava 1:5

Chemlon Humenné - Rimavska Sobota 4:0

Finale (29. Mai 1996, Bratislava)

Chemlon Humenné - Spartak Trnava 2:1 (1:0)

und Enden Geld, wodurch es für die Spieler finanziell inzwischen attraktiver ist, in die dritte oder gar vierte Spielklasse des Nachbarlandes Österreich zu wechseln. Dadurch blutet die heimische Liga zunehmend aus. Darüber hinaus machen zahlreiche Disziplinlosigkeiten Sorgen. Darum rief der Verband unter dem Motto *„Futbal Spaja“* (Fußball verbindet) auch einen Fair-Play-Wettbewerb ins Leben.

Keine Geldsorgen hat freilich der 1. FC Kosice, dessen Vorsitzender Smerek nach Saisonende für einen Paukenschlag sorgte, als er den vor dem finanziellen Kollaps stehenden tschechischen Traditionsklub Sparta Prag für knapp 900 Millionen Korunas (ca. 45 Millionen DM) kurzerhand aufkaufte! Nach Smereks Vorstellungen sollen Sparta und der 1. FC Kosice eng zusammenarbeiten und auch Spieler austauschen. Man darf gespannt sein. ■

DER MEISTER

Slovan Bratislava

Die Abwehr ist zweifellos Slovans Paradestück. Mit Ladislav Molnar, Dusan Tittel, Marian Zeman und Vladimir Kinder stehen dort vier Nationalspieler, die sich in 32 Spielen lediglich zwanzigmal überwinden ließen. Aber auch in der Offensive hat Slovan einiges zu bieten. 79 Treffer markierte die Sturmreihe um den Brasilianer Gomez und Jungtalent Szilard Nemeth. Dennoch war Trainer Dragun mit der Chancenauswertung nicht zufrieden. Slovans erneute Titelverteidigung ließ wegen des in letzter Sekunde abgewendeten Konkurses zu Saisonbeginn nur verhaltene Freude aufkommen - zumal der Erfolg vor allem der Schwäche der Konkurrenz aus Trnava und Kosice zu verdanken war.

IM BLICKPUNKT

1. FC Kosice

Ob man Erfolg kaufen kann? Jan Smerek versucht es nun schon seit drei Jahren, bislang jedoch vergeblich. 1994 verstärkte der im Stahlgeschäft tätige Geschäftsmann durch Hipp, Gostic, Weiss und Dina seinen 1. FC Kosice mit vier Top-Leuten und konnte Slovan Bratislava dennoch nicht gefährden. 1995 wurde Kosice sogar auf den dritten Rang verdrängt und schied im UEFA-Pokal bereits in der Qualifikation aus. Dabei hatte Smerek mit dem vorjährigen Torschützenkönig Robert Semenik erneut einen Topmann verpflichtet, der die Erwartungen auch erfüllte und seine Torjägerkanone verteidigte. Kosices Problem ist Smereks Erfolgshunger. Sechs Trainer verbrauchte der Klub in drei Jahren. Kontinuierliche Arbeit im Kosicer *Vseportovy areal* scheint unmöglich zu sein, und nach Smereks Sparta Prag-Coup wird der Erfolgsdruck nicht geringer geworden sein.

DER STAR

Fabio Nigro (Slovan Bratislava)

Drei Jahre lang war Nigro die Attraktion der slowakischen Liga. 1993 war er als erster Südamerikaner in den früheren Ostblock gewechselt und hatte sofort die Herzen der Slowaken erobert. Nach 76 Ligaspielen im Dreß von Slovan Bratislava und 22 Treffern für den Abonnementsmeister war nun Schluß, denn Trainer Dragun degradierte den großartigen Techniker zum Joker. Beim letzten Saisonheimspiel Slovans verabschiedete Nigro sich von den Slovan-Fans, die ihn mit langanhaltenden Ovationen frenetisch feierten. „Ich liebe die Slowakei, ich liebe Slovan und ich glaube, ich habe alles für meine Mannschaft gegeben, doch nur noch fünfzehn oder zwanzig Minuten pro Spiel eingesetzt zu werden, interessiert mich nicht“, verriet Nigro anschließend - ,und kehrte nach Argentinien zurück.

DER NEWCOMER

Szilard Nemeth (Slovan Bratislava)

„Nemeth ist mindestens so talentiert wie Dubovsky“, heißt es über den knapp 18jährigen Stürmer von Meister Slovan, der in seiner zweiten Saison im Dreß der Himmelblauen so richtig aufblühte und mit zwölf Treffern bester Schütze des Meisters wurde. Die Belohnung kam am 27. März 1996, als der Jungstar sein Debüt im slowakischen Nationaldreß gab. Zwar gelang ihm beim 4:0 über Weißrußland keine Treffer, doch die wird Nemeth in Zukunft sicherlich folgen lassen.

DIE LÄNDERSPIELE

Aserbaidschan - Slowakei 0:1 (0:0) EMQ

16. 8. 1995 - Trabzon - 50 - Hamer (Luxemburg) - L. Molnar - Pecko, Tittel, Balis (89. Prazenica), Zeman, Kinder - Thomaschek, J. Simon, Moravcik (75. Faktor) - Rusnak (58. Jancula), Dubovsky - Trainer: Jankech - Rot: Tomaschek (82.) - Tor: Jancula (60./0:1)

Slowakei - Israel 1:0 (0:0) EMQ

6. 9. 1995 - Kosice - 7.810 - Sandra (Belgien) - L. Molnar - Pecko, Tittel, Kashan, Kinder - Balis (90. Kostka), Juriga, J. Simon (82. Faktor), Moravcik - Jancula (66. S. Rusnak), Dubovsky - Trainer: Jankech - Tor: Jancula (54./1:0)

Slowakei - Polen 4:1 (1:1) EMQ

11. 10. 1995 - Bratislava - 12.000 - Coroado (Portugal) - L. Molnar - Karhan, Tittel, M. Zeman, Kinder - Balis, Juriga (71. Ujlaky), J. Simon, Moravcik - Jancula (87. Bochnovic), Dubovsky - Trainer: Jankech - Tore: Dubovsky (31./1:1/ Elfmeter), Jancula (68./2:1), Ujlaky (77./3:1), Simon (82./ 4:1)

Slowakei - Rumänien 0:2 (0:0) EMQ

15. 11. 1995 - Kosice - 8.000 - Uilenberg (Niederlande) - L. Molnar - Pecko (46. Juriga), Tittel, Karhan, Kinder - Simon (77. Semenik), Balis, Tomaschek, Moravcik - Jancula (69. Ujlaki), Dubovsky - Trainer: Jankech

Slowakei - Weißrußland 4:0 (2:0)

27. 3. 1996 - Nitra - 3.058 - Kowalczyk (Polen) - L. Molnar (72. Seman) - Tittel (46. Kozak), Glonek, Karan - Balis, Simon (72. Juriga), Tomaschek, Moravik, D. Toth - Timko (46. Ujlaky), Semenik (64. Nemeth) - Trainer: Jankech - Tore: Simon (24./1:0), Timko (32./2:0), Ujlaky (61./3:0), Juriga (83./4:0)

Slowakei - Bulgarien 0:0

24. 4. 1996 - Trnava - 11.000 - Vad (Ungarn) - L. Molnar - Tittel, Zeman, Karhan, Balis (62. Kozak), Tomaschek, Simon, Dubovsky, Moravcik, Ujlaky (67. Kinder), Timko - Trainer: Jankech

Schweden - Slowakei 2:1 (0:0)

9. 5. 1996 - Helsingborg - 10.798 - Elleray (England) - L. Molnar - M. Zeman, Karhan, Tittel, Kinder - Balis (81. Kozak), J. Simon (66. Ujlaky), Tomaschek, Moravcik - Dubovsky (75. Semenik), Timko (75. Zvara) - Trainer: Jankech - Tor: Zeman (65./1:1)

Slowakei - Mexiko 2:5 (1:3)

18. 5. 1996 - Chicago (USA) - 35 - Grady (USA) - L. Molnar - Kozak, Tittel, Karhan, Kinder - Balis (79. Pecko), J. Simon, Tomaschek, Zvara (46. Juriga), Semenik (44. Ondruska) - Maixner (84. Jancula) - Trainer: Jankech - Tore: Maixner (34./1:1), Juriga (65./2:3)

DER EUROPAPOKAL

Europapokal der Landesmeister

Meister Slovan Bratislava startete im UEFA-Pokal-Wettbewerb

Europapokal der Pokalsieger

Qualifikation

Valetta FC - Inter ASK Bratislava 0:0

10. 8. 1995 - 2.500 - Babarogic (Jugoslawien)

Inter ASK Bratislava - Valetta FC 5:2 (3:0)

24. 8. 1995 - 2.300 - Onufer (Ukraine) - Tore: Rupec (10./ 1:0), Tomko (15./2:0; 39./3:0), Saliba (79/4:1/Eigentor), Landerl (85./5:2)

1. Runde

Inter ASK Bratislava - Real Saragossa 0:2 (0:1)

14. 9. 1995 - 3.000 - Vassilakis (Griechenland)

Real Saragossa - Inter ASK Bratislava 3:1 (1:0)

28. 9. 1995 - 14.000 - Veissiere (Frankreich) - Tor: Martin (76./3:1/Elfmeter)

UEFA-Pokal

Qualifikation

Slovan SK Bratislava - NK Osijek 4:0 (3:0)

8. 8. 1995 - 9.000 - Fernandez Marin (Spanien) - Tore: Tittel (8./1:0), Rusnak (15./2:0; 41./3:0), Faktor (90./4:0)

NK Osijek - Slovan SK Bratislava 0:2 (0:0)

22. 8. 1995 - 4.000 (Zagreb) - Merk (Deutschland) - Tore: Rusnak (54./0:1), Fabio Luis Gomez (86./0:2)

1. FC Kosice - Újpestí TE Budapest 0:1 (0:1)

8. 8. 1995 - 6.500 - Schüttengruber (Österreich)

Újpestí TE Budapest - 1. FC Kosice 2:1 (0:0)

22. 8. 1995 - 6.000 - Faellström (Schweden) - Tor: Weise (85./2:1)

1. Runde

Slovan Bratislava - 1. FC Kaiserslautern 2:1 (1:0)

12. 9. 1995 - 17.000 - Nilsson (Schweden) - Molnar - Tittel, Sobona (77. Nigro), Juriga, Pecko, Slovak, Tomaschek, Demo, Kinder, Faktor (57. Nemeth), Rusnak (73. Muzlay) - Tore: Tittel (28./1:0), Sobona (74./2:1)

1. FC Kaiserslautern - Slovan SK Bratislava 3:0 (2:0)

26. 9. 1995 - 13.500 - Çakar (Türkei) - Molnar - Tittel, Sobona, Tomaschek, Juriga, Slovak, Pecko, Kinder, Demo (53. Faktor), Nemeth (7. Gomez), Rusnak (70. Muzlay)

UI-Cup

1. FC Kosice - Wimbledon FC	1:1
Beitar Jerusalem - 1. FC Kosice	3:5
1. FC Kosice - RSC Charleroi	3:2
Bursaspsor - 1. FC Kosice	1:1

Nogometna Zveza Slovenije

Dunajska 47/V,
SLO-61000 Ljubljana
Telefon: ++386(61)133 4063
Telefax: ++386(61)302337

FIFA-Weltrangliste

Juli 1995:	78. Platz,	26,45 Punkte
Juli 1996:	55. Platz,	36,03 Punkte

UEFA-Fünfjahres-Wertung

1996/96:	28. Platz,	10,332 Punkte

SLOWENIEN 1995/96

Trumpfkarte HIT Gorica

Von Andrej Stare

Eingeklemmt zwischen den Fußballhochburgen Italien und Kroatien liegt Slowenien. Trotz der hochkarätigen Nachbarschaft reagieren die meisten der knapp 2 Millionen Slowenen eher gelangweilt beim Thema Fußball - und gehen lieber Skilaufen. Die nationalen Erstligisten müssen in der Regel mit 3.000 bis 5.000 Zuschauern auskommen, nur zu Spitzenspielen zahlen auch mal 10.000 Fans ihren Obolus. Selbst Europacupspiele lokken kaum mehr als 15.000 Zuschauer in die durchaus komfortablen Stadien. Dabei geht es Slowenien im Vergleich zu seinen kriegsgebeutelten Nachbarn Kroatien vergleichsweise gut, denn das Land verbucht ein stetiges Wirtschaftswachstum. Einige fußballspielende Slowenen verdienen ihre Brötchen bei Erstligaklubs in Österreich, der Türkei, Portugal, und, mit Matjaz Florjanic, sogar der italienischen Serie A (Cremonese). Exportschlager wie ihre ehemaligen Landsleute aus Kroatien und Bosnien-Herzegowina sind sie allerdings nicht.

Verzweifelt bemüht sich Sloweniens Verband, die Attraktivität des Fußballs zu erhöhen. 1995/96 versuchte man es mal wieder mit einer Spielklassenreform, der fünften seit Einrichtung der eigenständigen Spielklasse im Jahre 1991. Zehn Teams durften dem Oberhaus diesmal angehören, und damit die Saison auch schön spannend wird, ließ man sie jeweils viermal gegeneinander antreten. Nun, spannend war es.

Das lag allerdings weniger an der kräfteraubenden Mammutsaison sondern vielmehr an der ungewohnten Schwäche des bislang unangefochtenen Ausnahmeteams Olimpija Ljubljana. Der vierfache Landesmeister fand nie seine Form, wechselte viermal den Trainer und erreichte am Ende nur mit allerletzter Kraft den UEFA-Pokal.

Olimpijas Schwäche wurde gnadenlos von der zuvor nahezu unbekannten Mannschaft mit dem wunderschönen Namen "HIT" ausgenutzt. Hinter HIT verbirgt sich geballte Finanzkraft, denn das Team aus der italienisch-slowenischen Grenzstadt

Slowenischer Meister 1995/96: HIT Nova Gorica

Slovenska Nogometna Liga	Gesamt							Heim					Auswärts				
	Sp	g	u	v	Tore	Diff.	Pkt.	g	u	v	Tore	Pkt.	g	u	v	Tore	Pkt.
1. HIT Nova Gorica	36	18	13	5	49:22	+27	67	12	6	0	29:10	42	6	7	5	20:12	25
2. Olimpija Ljubljana (M)	36	19	7	10	79:39	+40	64	11	3	4	42:14	36	8	4	6	37:25	28
3. M. M. Sobota (P)	36	15	13	8	43:29	+14	58	10	8	0	28:8	38	5	5	8	15:21	20
4. NK Maribor Braník	36	14	11	11	47:32	+15	53	11	3	4	33:15	36	3	8	7	14:17	17
5. Publikum Celje	36	13	12	11	62:47	+15	51	9	6	3	46:21	33	4	6	8	16:26	18
6. NK Beltinci	36	13	11	12	41:40	+1	50	9	4	5	26:17	31	4	7	7	15:23	19
7. Rudar Velenje	36	13	10	13	46:37	+9	49	7	6	5	27:16	27	6	4	8	19:21	22
8. Primorje Ajdovscina	36	13	9	14	56:46	+10	48	9	3	6	34:21	30	4	6	8	22:27	18
9. MAG Korotan	36	11	9	16	44:46	-2	42	6	6	6	26:15	24	5	3	10	18:31	18
10. NK Izola ↓	36	1	5	30	13:140	-127	8	1	5	12	8:44	8	0	0	18	5:96	0

Relegationsspiel Nafta Lendava - MAG Korotan 0:1, 1:2

EC 1996/97: CL: - , EC2: Olimpija Ljubljana, UEFA: HIT Nova Gorica, Mura Murska Sobota, UI: Maribor Branik

Die Torschützen

Ermin Siljak (Olimpija Ljubljana)	28
Kamberovic (Publikum Celje)	24
Dinko Vrabac (Primorje Ajdovscina)	18
Sandi Valentincic (HIT Nova Gorica)	16
Kliton Bozgo (Olimpija Ljubljana)	14
Ismet Ekmecic (Rudar Velenje)	14
Voncina (Primorje Ajdovscina)	14
Novica Nikcevic (Olymp./MAG Kor.)	13
Hlebalin (Mura Murska Sobota)	13
Matjaz Cvikl (Rudar Velenje)	10
Plesec (MAG Korotan)	10
Stefan Skaper (NK Beltinci)	10

Nova Gorica wird seit 1993 massiv von der gleichnamigen Hotelkette gesponsert. Vor Saisonbeginn spendierte Präsident Danilo Likar seinem Trainer Milan Miklavic (Ex-Rapid Wien) mit den Ljubljaner Meisterspielern Jermanis, Protega, Valentincic und Ubavic vier Top-Verstärkungen. Während der laufenden Saison wurden mit Blagoje Curcic von OFK Belgrad und, für die slowenische Rekordsumme von knapp 100.000 DM, Andrej Poljsak von Mura Murska Sobota zwei weitere Spitzenspieler verpflichtet.

Derart verstärkt ließen die Nova Goricer von Beginn an keinen Zweifel an ihren Titelansprüchen aufkommen. Einem 4:1-Auftaktsieg in Ajdovscina folgte ein vielumjubelter 2:1-Sieg über Olimpija Ljubljana, dem ersten der Vereinsgeschichte. Zweifacher war Torschütze Sandi Valentincic. Während Olimpija anschließend von einer Pleite in die nächste stürzte und am 20. August 1995 mit 1:5 bei Branik Maribor sogar seine höchste Niederlage seit Bestehen der slowenischen Meisterschaft kassierte, sammelte HIT Nova Gorica fleißig Punkte.

Überzeugen konnte der künftige Meister allerdings selten. Zwar wies er am letzten Hinrundenspieltag fünf Punkte Vorsprung auf Mura Murska Sobota und sogar elf auf Rudar Velenje auf, doch es standen auch schon drei Niederlagen und vier Unentschieden auf seinem Konto.

Zumindest in den Schlagerspielen hatten die Westslowenen jedoch überzeugt. Wie am 16. Oktober 1995, als es einen in der Höhe sensationellen 3:0-Sieg in Ljubljana gab, bei dem der dreifache Torschütze Sandi Valentincic endgültig zum Schreckgespenst für die Olimpija-Verteidigung wurde.

Zuschauermagnet war allerdings nur das slowenische Traditionsderby zwischen Olimpija Ljubljana und Branik Maribor, bei dem am 29. Oktober 1995 mit 15.000 Zahlenden auch die Rekordkulisse der Saison gemeldet wurde. Wenige Tage zuvor hatten die krisengeschüttelten Ljubljaner zum dritten Mal in der noch jungen Saison den Trainer gewechselt. Petar Nadoveza, ehemaliger Torjäger von Hajduk Split, wird sich seinen Einstand anders vorgestellt haben, denn während die Olimpija-Stürmer dutzendweise 100%ige Torchancen versiebten, nutzte Maribor seine einzige Chance im gesamten Spiel zum Siegtreffer!

Kurz darauf begann die dreimonatige Winterpause, die der Titelverteidiger nutzte, um sich zu konsolidieren. Tabellenführer HIT Nova Gorica konnten die Hauptstädter allerdings nicht mehr gefährden. Bereits am zweiten Rückrundenspieltag mußten sie einen erneuten Rückschlag einstecken, als es im Spitzenspiel gegen Nova Gorica nur zu einem torlosen Unentschieden reichte. Drei Wochen später setzte es eine sensationelle 0:1-Heimniederlage gegen die abstiegsbedroh-

DER POKAL

1. Runde

Nafta Lendava - Branik Maribor	2:6
MAG Korotan - Primorje Ajdovscina	n.E. 3:4 n.V. 0:0
NK Cankova - NK Sencur	0:8
NK Pobrezje - NK Koper	0:3
Caissa Aluminij - NK Drava Ptuj	3:1
NK Dravinja - Zeleznicar Ljubljana	0:2
NK Bakovci - NK Jadran Dekani	n.V. 3:0
Crnuce NK Ljubljana - NK Zagorje	3:1
Vevce - Olimpija Ljubljana	1:3
NK Izola - Mura Murska Sobota	n.E. 3:5, n.V. 0:0
Rudar Velenje - NK Beltinci	1:0
Transport - Zeleznicar Maribor	2:1
Adria Miren - HIT Nova Gorica	0:3
Gaj Kocevje - Publikum Celje	n.V. 0:3
NK Visoko Sencur - Zivila Naklo	1:2
Centiba Wreng - NK Sava Kranj	3:1

Achtelfinale

Caissa Aluminij - Primorje Ajdovscina	0:5
NK Koper - HIT Nova Gorica	0:1
NK Bakovci - Olimpija Ljubljana	0:2
Transport - Mura Murska Sobota	1:3
Zeleznicar Ljubljana - Crnuce NK Ljubljana	4:2
Centiba Wreng - Publikum Celje	1:17
Zivila Naklo - NK Sencur	n.E. 3:2, n.V. 0:0
Rudar Velenje - Branik Maribor	n.E. 4:2, n.V. 0:0

Viertelfinale (Hin- und Rückspiele)

Olimpija Ljubljana - HIT Nova Gorica	3:1, 2:0
Publikum Celje - Mura Murska Sobota	2:0, 1:2
Zeleznicar Ljubljana - Rudar Velenje	0:1, 1:2
Primorje Ajdovscina - Zivila Naklo	2:0, 3:2

Halbfinale (Hin- und Rückspiele)

Olimpija Ljubljana - Rudar Velenje	3:1, 0:0
Primorje Ajdovscina - Publikum Celje	0:1, 2:0

Finale (16. 5. und 5. 6. 1996)

Primorje Ajdovscina - Olimpija Ljubljana	0:1 (0:1)
Olimpija Ljubljana - Primorje Ajdovscina	1:1 (0:1)

ten Primorjer, und das Titelrennen war für die "Grünen Drachen" quasi beendet.

Die allerletzte Chance, HIT Nova Gorica noch zu verdrängen, vergab der Titelverteidiger am 1. Mai 1996, als er den Newcomer auch im vierten direkten Duell nicht bezwingen konnte. Dabei hatte Olimpijas albanischer Nationalspieler Kliton Bozgo seine Farben per Alleingang sogar mit 1:0 in Führung gebracht. Am Ende mußten die Ljubljaner jedoch froh sein, dank eines acht Minuten vor Schluß erzielten Siljak-Treffers zum 2:2-Endstand überhaupt einen Punkt gewonnen zu haben. HIT fehlte jedenfalls nur noch ein Punkt zum ersten Meistertitel der Vereinsgeschichte, den sich die Blau-Weißen eine Woche später durch ein 1:1 in Velenje sicherten.

Olimpija Ljubljana mußte noch eine weitere Demütigung hinnehmen, als der Erzrivale Branik Maribor am 12. Mai 1996 mit 2:1 in Ljubljana gewann. Einige Olimpija-Hooligans ließen ihren Frust anschließend an den mitgereisten Mariborer Fans aus. Versöhnlicher Schlußpunkt unter eine katastrophale Saison für Olimpija war der Gewinn des slowenischen Pokals. Erst zum zweiten Mal nach 1993 wanderte die Trophäe ins *Bezigrad*-Stadion. Gefeierter Held war Torjäger Ermin Siljak, der den Treffer zum 1:0-Hinspielerfolg er-

Die 2. Liga		Sp	g	u	v	Tore	Pkt.
1. Zeleznicar Ljubljana		29	20	7	2	62:20	67
2. Nafta Landava		29	18	5	6	51:19	59
3. Crnuce NK Ljubljana		29	15	6	8	60:41	51
4. NK Sencur		29	13	5	11	45:36	44
5. Zeleznicar Maribor		29	13	5	11	51:47	44
6. NK Koper	↑	29	11	8	10	33:30	41
7. Family Shop		29	12	5	12	35:34	41
8. Napredak Domzale		29	10	9	10	32:34	39
9. ERA Smartno		29	10	7	12	35:34	37
10. NK Zagorje		29	11	3	15	30:54	36
11. Vevce Donit Filtri		29	9	6	14	43:40	33
12. Rudar Trbovolje		29	9	6	14	34:39	33
13. Zivila Naklo		29	7	10	12	33:38	31
14. NK Drava Ptuj		29	8	7	14	32:53	31
15. Filc Menges	↓	29	7	9	13	24:42	30
16. Radece Papir	↓	15	2	2	11	12:41	8

Radece Papir wurde nach der ersten Saisonhälfte ausgeschlossen

Slovenska Nogometna Liga	HIT	Olimpija	Mura	Maribor	Publikum	Beltinci	Velenje	Primorje	Korotan	Izola
HIT Nova Gorica	•	2:1	2:1	0:0	2:1	0:0	3:1	3:1	2:0	3:0
	•	2:2	1:0	0:0	1:1	2:1	1:0	1:1	1:0	3:0
Olimpija Ljubljana	0:3	•	1:2	0:1	3:0	5:0	1:1	1:1	2:1	10:0
	0:0	•	2:0	1:0	3:0	5:3	2:0	0:1	2:1	4:0
Mura Murska Sobota	1:0	1:1	•	1:0	1:0	1:1	1:1	1:1	2:2	4:0
	1:1	0:0	•	1:0	0:0	1:0	1:0	2:1	2:2	7:0
Branik Maribor	1:0	5:1	1:2	•	0:0	1:2	2:0	2:0	1:2	5:1
	1:0	2:1	1:1	•	2:2	3:0	0:2	2:0	1:0	3:1
Publikum Celje	2:1	1:1	1:1	3:3	•	2:0	4:6	3:1	2:3	5:1
	1:0	3:1	1:0	1:1	•	0:1	0:0	1:1	5:0	11:0
NK Beltinci	1:1	2:1	0:0	0:0	1:2	•	0:2	0:3	2:1	5:1
	0:0	1:2	2:0	2:0	2:1	•	1:0	0:2	4:1	3:0
Rudar Velenje	1:1	2:1	0:1	2:0	0:1	1:1	•	2:0	2:3	5:1
	1:1	1:3	1:0	1:1	0:0	0:0	•	3:1	0:1	5:0
Primorje Ajdovscina	1:4	0:3	5:1	1:0	3:1	1:0	1:1	•	1:1	6:0
	0:2	1:4	1:0	0:1	4:1	0:0	2:1	•	0:1	7:0
MAG Korotan	1:2	1:2	1:1	0:0	3:2	1:1	2:0	0:0	•	2:0
	0:0	1:2	0:1	2:0	0:1	0:0	0:1	4:2	•	8:0
NK Izola	0:2	0:6	1:1	2:2	0:2	0:2	0:1	1:1	1:0	•
	0:2	0:5	0:3	0:5	1:1	0:3	0:2	1:5	1:1	•

Anmerkung: erste Reihe = Ergebnisse der ersten Saisonhälfte, zweite Reihe = zweite Saisonhälfte

zielte. Der gebürtige Ljubljaner wurde mit 28 Treffern Torschützenkönig und wechselte anschließend zum französischen Erstligisten SC Bastia.

Nach dem letzten Spieltag gab es Ärger um den Aufstieg, denn dem sportlich qualifizierten Team von Zeleznicar Ljubljana wurde der Erstligastatus verweigert, weil der Verein die Rahmenbedingungen nicht erfüllte. Neben der Forderung nach einem modernen Stadion, ausreichendem Trainingsgelände und medizinischen Grundlagen kassiert der slowenische Verband von jedem Erstligabewerber 50.000 DM und verlangt gleichzeitig eine schuldenfreie Bilanz. Einen Nachrücker zu finden, war nicht allzu einfach, denn Vizemeister Nafta Lendava hatte seine Chance in zwei Relegationsspielen gegen MAG Korotan bereits vergeben, und von den nachfolgenden Zweitligisten erfüllte erst der sechstplazierte (!) NK Koper die harten Verbandsbedingungen. Der Vorjahresabsteiger ist damit der einzige Neuling in der Saison 1996/97.

International konnten Sloweniens Teams einige Achtungserfolge verbuchen. Das im dritten Jahr von Zdenko Verdenik betreute Nationalteam beendete die EM-Qualifikation mit zufriedenstellenden drei Siegen auf dem vorletzten Platz der Gruppe 4 und sorgte durch den 3:2-Sieg über die Ukraine sogar für eine kleine Überraschung. Enttäuschend war allerdings die Zuschauerresonanz, denn mit Ausnahme des Derbies gegen Kroatien kamen niemals mehr als 4.000 Zuschauer zu den slowenischen Heimspielen. Darüber hinaus gab es zunehmend Kritik an Trainer Verdenik, der ein Anhänger des wenig attraktiven Konterfußballs ist. “Hätten wir frecher gespielt, hätten wir hier gewonnen”, hieß es beispielsweise nach dem torlosen Unentschieden in Polen aus Mannschaftskreisen.

Im Europapokal erreichten Olimpija Ljubljana und Branik Maribor die 1. Hauptrunde, wo ihnen mit Roda Kerkrade und Olimpiakos Piräus zu große Hürden gegenüberstanden. ■

DER MEISTER

HIT Nova Gorica

Nova Gorica ist eine quirlige Grenzstadt, die nicht unbedingt zu den schönsten Orten Europas zählt. 1918 wurde sie aus dem Boden gestampft, als die Region nach dem Zerfall von Österreich-Ungarn neu aufgeteilt wurde. Die sehenswerte Altstadt kam als Gorizia zu Italien, während das damalige Jugoslawien das Hinterland kassierte und Nova Gorica entstand. Fußballerisch war die Stadt bis vor wenigen Jahren ein ziemlich unbeschriebenes Blatt. Das änderte sich 1993, als das Tochterunternehmen Perla der bekannten Hotelkette HIT in Nova Gorica eine Spielbank errichtete, die seitdem scharenweise Italiener und deren Lira über die Grenze lockt. Ein Teil des Gewinnes steckte Perla-Boss Danilo Likar in den 1947 als NK Vozila gegründeten lokalen Fußballverein, der zu den Gründungsmitglieder der höchsten slowenischen Spielklasse zählt. 1993 bekam der Klub den Namen “HIT” verpaßt, ein Jahr später übernahm Likar das Präsidentenamt und blies zum Angriff auf Abonnementsmeister Olimpija Ljubljana. Das Konzept, den Hauptstädtern Leistungsträger wegzukaufen und damit nicht nur das eigene Team zu stärken, sondern gleichzeitig den ärgsten Konkurrenten zu schwächen, ging 1996 glänzend auf. Im Schatten der Olimpija-Krise mauserte sich HIT zur Mannschaft der Saison und gab sich nur fünfmal geschlagen. Sorgen bereitet den Verantwortlichen allerdings die chronische Abschlußschwäche, denn lediglich 49 Treffer in 36 Saisonspielen sind eine magere Ausbeute für einen Meister. Daß an der slowenisch-italienischen Grenze durchaus Begeisterung herrscht, bewiesen die Goricer am letzten Spieltag, als sie mit blaugefärbten Haaren aufliefen und totz einer 0:1-Niederlage in Celje enthusiatisch den Titelgewinn feierten.

DIE LÄNDERSPIELE

Italien - Slowenien 1:0 (1:0) EMQ
6. 9. 1995 - Udine - 30.000 - Gadosi (Slowakei) - Zupan - Galic, Milanic, Poljsak, Jermanis, Ceh, Kokol (46. Binkovski), Cvikl (78. Valentincic), Zahovic (58. Becaj), Udovic, Gliha - Trainer: Verdenik

Slowenien - Ukraine 3:2 (0:2) EMQ
11. 10. 1995 - Ljubljana - 4.000 - Fernández Marin (Spanien) - Zupan - Galic, Milanic, Englaro, Rudonja, Ceh, Novak, Udovic, Zahovic Florjancic (72. Cvikl), Gliha - Trainer: Verdenik - Tore: Udovic (50./1:2, 90./3:2), Zahovic (73./2:2)

Slowenien - Kroatien 1:2 (1:1) EMQ
15. 11. 1995 - Ljubljana - 15.000 - Goethals (Belgien) - Zupan - Galic, Krizan, Englaro, Jermanis, Zulic (62. Cvikl), Novak, Udovic, Ceh, Florjancic (62. Rudonja), Gliha - Trainer: Verdenik - Tor: Gliha (36./1:0)

Mexiko - Slowenien 1:2 (1:2)
6. 12. 1995 - Hermosillo - n.b. - Salas Castillo (Mexiko) - Boskovic - Galic, Krizan, Blatnik, Jermanis, Ceh, Novak, Zidan, Gajser, Siljak (Voncina), Valentincic - Trainer: Verdenik - Tore: Ceh (6.), Siljak (18.)

Slowenien - Island 7:1 (1:1) Rothman-Cup
7. 2. 1996 - Valetta (Malta) - 2.000 - Sammut (Malta) - Boskovic - Milanic (Galic), Englaro, Poljsak (Cifer), Novak, Ceh (Zidan), Rudonja (Binkovski), Udovic, Zahovic, Florjancic, Siljak (Gajser) - Trainer: Verdenik - Tore: Udovic (42., 48., 57., 69., 74.), Florjancic (79.), Siljak (84.)

Malta - Slowenien 0:0 Rothman-Cup
9. 2. 1996 - Valetta - 2.000 - Mariasson (Island) - Zupan - Milanic, Englaro, Cifer, Novak, Ceh, Rudonja (Valentincic), Zidan (Kokol), Galic (Binkovski), Siljak, Gliha - Trainer: Verdenik

Slowenien - Rußland 1:3 (0:2) Rothman-Cup
11. 2. 1996 - Valetta (Malta) - 3.000 - Agius (Malta) - Boskovic - Milanic (Galic), Englaro, Cifer, Binkovski, Ceh (Kokol), Novak, Zidan, Gajser, Siljak (Valentincic), Gliha - Trainer: Verdenik - Tor: Gliha (87./Elfmeter)

Polen - Slowenien 0:0
27. 3. 1996 - Lódz - 7.000 - Hrinák (Slowakei) - Boskovic - Galic, Milanic, Englaro, Binkovski, Ceh, Udovic, Zahovic (46, Gajser), Florjancic (75, Kokol), Gliha (54, Siljak) - Trainer: Verdenik

Griechenland - Slowenien 2:0 (0:0) WMQ
24. 4. 1996 - Athen - 7.000 - Pedersen (Norwegen) - Boskovic, Galic, Milanic, Englaro, Jermanis, Ceh, Novak, Zidan (36. Gajser), Udovic (70, Gliha), Zahovic, Florjancic - Trainer: Verdenik

Slowenien - Vgt. Arabische Emirate 2:2 (0:0)
21. 5. 1996 - Ljubljana - Beusan (Kroatien) - Boskovic, Galic, Kriizan, Srbrnic (Cifer), Jermanis, Becaj (Karic), Rudonja, Benedejcic, Zahovic (Kokol), Florjancic, Siljak (Valentincic) - Trainer: Verdenik - Tore: Siljak (58.), Karic (59.)

DER EUROPAPOKAL

Europapokal der Landesmeister

Meister Olimpija Ljubljana startete im UEFA-Pokal-Wettbewerb

Europapokal der Pokalsieger

Qualifikation

Zalgiris Vilnius - Mura Murska Sobota 2:0 (0:0)
10. 8. 1995 - 2.000 - Kvaratskhelia (Georgien) - Cernjavic - Kokol, Baranja, Breznik, Stampfer, Alihodzic, Karods, Gajser, Belec (Rous), Bakula, Hlebalin (Kmetec)

Mura Murska Sobota - Zalgiris Vilnius 2:1 (1:0)
24. 8. 1995 - 5.000 - Bikas (Griechenland) - Cernjavic - Baranja, Kokol, Cifer, Poljsak, Alihodzic, Brezic (Kmetec), Gajser, Breznik, Bakula, Stampfer (Bloudek) - Tore: Kokol (10./1:0), Alihodzic (90./2:1)

UEFA-Pokal

1. Runde

Apollon Athen - Olimpija Ljubljana 1:0 (1:0)
8. 8. 1995 - 5.000 - Dallas (Schottland) - Simeunovic - Englaro, Krzisnik, Kosic (Hadzic), Hadjialagic, Knavs, Novak, Kojicic, Benedejcic (Rudonja), Bozgo, Siljak

Olimpija Ljubljana - Apollon Athen 3:1 (1:1)
22. 8. 1995 - 2.500 - Gracia Redondo (Spanien) - Simeunovic - Englaro, Krzisnik, Benedejcic (Bozic), Hadjialagic, Knavs, Novak, Kojicic (Zulic), Siljak (Nikcevic), Bozgo, Cimerotic - Tore: Bozgo (11./1:1), Bozgo (67./2:1), Dulic (81./3:1)

Skonto Riga - Maribor Branik 1:0 (1:0)
8. 8. 1995 - 8.000 - Kowalczyk (Polen) - Dabanovic - Lukic, Galic, Milinovic, Kek, Karic, Binkovski (Makragic), Zirojevic, Simundza (Sterbal), Fricelj, Pejovic (Zidan)

Maribor Branik - Skonto Riga 2:0 (2:0)
22. 8. 1995 - 1.500 - Pregia (Albanien) - Lalic - Galic (Binkovski), Sterbal, Milinovic, Makragic (Poznic), Krizan, Zirojevic, Zidan, Simundza (Fridl), Fricelj, Karic - Tore: Sterbal (17./1:0), Fricelj (21./2:0)

1. Runde

Roda JC Kerkrade - Olympija Ljubljana 5:0 (4:0)
12. 9. 1995 - 10.500 - Grabher (Österreich) - Simeunovic - Krzisnik, Bozoc (20. Rudonja), Zulic, Hadjialagic, Knavs (76. Hadzic), Novak (45. Pavlin), Kojicic, Nikcevic, Benedejcic, N'Toko

Olimpija Ljubljana - Roda JC Kerkrade 2:0 (1:0)
26. 9. 1995 - 2.500 - Bikas (Griechenland) - Simeunovic - Hadjialagic, Englaro, Knavs, Krzisnik, Rudonja, Zulic, N'Toko, Benedejcic (46. Kosic), Siljak (85. Djuranovic), Bozgo (46. Cimerotic) - Tore: Bozgo (37./1:0/Elfmeter), Zulic (74./2:0/Elfmeter)

Olympiakos Piräus - Maribor Branik 2:0 (0:0)
12. 9. 1995 - 22.000 - Guerguinov (Bulgarien) - Lalic - Galic, Karic, Milinovic, Kek, Krizan, Zirojevic, Zidan, Simundza (Binkovski), Fricelj, Pejovic

Maribor Branik - Olympiakos Piräus 1:3 (0:1)
26. 9. 1995 - 6.000 - Bohunek (Tschechien) - Lalic - Sterbal, Karic, Milinovic, Kek, Krizan, Galic, Zidan, Simundza Fricelj (Poznic), Pejovic - Tor: Karic (70./1:2)

UI-Cup

kein Teilnehmer gemeldet

Atlético Madrid holt erstes Double der Vereinsgeschichte

Von David Salinas

Real Federación Español
de Fútbol

Alberto Bosch 13
Apartado postal 347
E-28014 Madrid
Telefon: ++34 (1) 420 13 62
Telefax: ++34 (1) 420 30 76

FIFA-Weltrangliste

Juli 1995:	3. Platz,	58,53 Punkte
Juli 1996:	8. Platz,	59,47 Punkte

UEFA-Fünfjahreswertung

1996/97:	3. Platz,	49,32 Punkte

Atlético Madrids Präsident Jesús Gil könnte jetzt eigentlich in Ruhe sterben: Sein Traum ist endlich wahr geworden. Atlético Madrid wurde Meister der Saison 1995/96, der längsten Spielzeit, die es jemals in der spanischen Fußballgeschichte gegeben hat. 22 Mannschaften nahmen am Spielbetrieb teil, und erstmals wurden drei Punkte für ein gewonnenes Spiel vergeben.

19 Jahre hatten vergehen müssen, bis die Truppe vom Stadion *Vicente Calderón* wieder den Titel des Champions einheimste. Doch die *Roj i Blancos* (Rot-Weißen) waren mit der Meisterschaft noch nicht zufrieden: Am 10. April 1996 sicherten sie sich durch einen 1:0-Verlängerungssieg über FC Barcelona auch noch den *Copa del Rey*!

Den besten Saisonstart hatte allerdings der von José Antonio Camacho trainierte Vorjahrsaufsteiger Espanyol Barcelona gehabt. Die Katalanen, die während der Saison ihren Vereinsnamen von der spanischen Version *Español* in die katalanische Form *Espanyol* änderten, gewannen ihre fünf Auftaktspiele und avancierten zum ersten Tabellenführer.

Titelverteidiger Real Madrid dagegen leistete sich einen klassischen Fehlstart und stand schon mit dem Rücken zur Wand, als am vierten Spiel-

Spanischer Meister 1995/96: Atlético Madrid. Hinter von links: Molina, Vizcaíno, Caminero, Kiko, Geli, Penev. Vorn: Simeone, Santi, Solozábal, Toni, Pantic

Primera División	Gesamt							Heim					Auswärts				
	Sp	g	u	v	Tore	Diff.	Pkt.	g	u	v	Tore	Pkt.	g	u	v	Tore	Pkt.
1. Atlético Madrid	42	26	9	7	75:32	+43	87	13	4	4	40:19	43	13	5	3	35:13	44
2. Valencia CF	42	26	5	11	77:51	+26	83	16	3	2	43:16	51	10	2	9	34:35	32
3. FC Barcelona	42	22	14	6	72:39	+33	80	15	5	1	42:17	50	7	9	5	30:22	30
4. Espanyol Barcelona	42	20	14	8	63:36	+27	74	11	8	2	34:13	41	9	6	6	29:23	33
5. CD Tenerife	42	20	12	10	69:54	+15	72	11	6	4	38:25	39	9	6	6	31:29	33
6. Real Madrid CF (M)	42	20	10	12	75:51	+24	70	12	3	6	42:22	39	8	7	6	33:29	31
7. Real Sociedad S. Seb.	42	17	12	13	62:53	+ 9	63	12	5	4	38:19	41	5	7	9	24:34	22
8. Real Betis Bal. Sevilla	42	16	14	12	61:54	+ 7	62	9	6	6	39:30	33	7	8	6	22:24	29
9. Dep. La Coruña (P)	42	16	13	13	63:44	+19	61	11	6	4	37:22	39	5	7	9	26:22	22
10. SD Compostela	42	17	8	17	47:54	- 7	59	12	4	5	34:25	40	5	4	12	13:29	19
11. RC Celta Vigo	42	12	16	14	49:51	- 2	52	9	10	2	30:17	37	3	6	12	19:34	15
12. FC Sevilla	42	11	15	16	43:55	-12	48	7	8	6	19:16	29	4	7	10	24:39	19
13. Real Zaragoza	42	11	15	16	51:59	- 8	48	7	5	9	27:27	26	4	10	7	24:32	22
14. Athletic Bilbao	42	11	15	16	44:55	-11	48	9	7	5	25:18	34	2	8	11	19:37	14
15. Real Oviedo CF	42	12	12	18	48:67	-19	48	5	7	9	23:31	22	7	5	9	25:36	26
16. Real Valladolid	42	11	14	17	57:62	- 5	47	7	10	4	30:24	31	4	4	13	27:38	16
17. Racing Santander	42	11	14	17	47:69	-22	47	6	10	5	25:27	28	5	4	12	22:42	19
18. Real Sporting Gijón	42	13	7	22	51:60	- 9	46	10	3	8	39:32	33	3	4	14	12:28	13
19. Rayo Vallecano (N)	42	12	8	22	47:75	-28	44	7	3	11	29:43	24	5	5	11	18:32	20
20. Albacete Balompié ↓	42	10	12	20	55:81	-26	42	7	7	7	31:28	28	3	5	13	24:53	14
21. CP Mérida (N) ↓	42	10	12	20	37:62	-25	42	8	6	7	22:20	30	2	6	13	15:42	12
22. UD Salamanca (N) ↓	42	8	9	25	53:82	-29	33	7	4	10	34:34	25	1	5	15	19:48	8

Relegationsspiele:
RCD Mallorca - Rayo Vallecano 1:0, 0:2
CF Extremadura - Albacete Balompié 1:0, 1:0

EC 1996/97: CL: Atlético Madrid, EC2: FC Barcelona, UEFA: Valencia CF, Espanyol Barcelona, CD Tenerife, UI: -

tag das Heimspiel gegen den FC Barcelona anstand. Ein enttäuschendes 1:1 im Prestigeduell gegen das gut eingestellte Barça und eine anschließende 0:3-Niederlage in Teneriffa ließen die Alarmglocken im *Bernabéu*-Stadion läuten, denn damit waren die "Königlichen" auf den fünfzehnten Platz abgerutscht! Einen neuen Rekord stellte am selben Wochenende der für La Coruña spielende Brasilianer Bebeto auf, als er beim 5:0-Sieg seiner Mannschaft über Albacete alle fünf Treffer erzielte, darunter allein vier in den letzten sieben Minuten!

Am 7. Spieltag kam es zum Gipfeltreffen zwischen dem Tabellenzweiten Atlético Madrid und Tabellenführer Espanyol Barcelona. Vor 55.000 Zuschauern brachte Quico die Heimelf schon nach fünf Minuten in Führung, doch Lardin konnte praktisch mit dem Halbzeitpfiff den Ausgleichstreffer erzielen. Im zweiten Spielabschnitt sorgte Pantic für das 2:1 und schoß Atlético damit an die Tabellenspitze.

Der ruhmreiche FC Barcelona, der mit Hristo Stoitchkov und Ronald Koeman zwei seiner schillerndsten Stars verloren hatte und dafür mit Popescu, Figo, Kodro und Prosinecki hoffnungsvolle Neuzugänge vermeldete, hatte ebenfalls ei-

Die Torschützen

Juan Antonio Pizzi (CD Tenerife)	31
Predrag Mijatovic (Valencia CF)	28
Bebeto (Deportivo La Coruña)	25
Alen Peternac (Real Valladolid)	23
Raúl González (Real Madrid)	19
Julio Salinas (Sporting Gijón)	18
Jordi Lardín (RCD Espanyol)	17
Luboslav Penev (Atlético Madrid)	16
Davor Suker (Sevilla FC)	16

nen guten Start hingelegt. Erst am zehnten Spieltag kassierten die Blau-Roten mit 1:2 in Compostela ihre erste Saisonniederlage.

Am 19. November 1995 kam es zum heißersehnten Madrider Lokalderby zwischen Real und Atlético. Real hatte bereits zwölf Zähler Rückstand auf Atlético und ging als Außenseiter ins Spiel. Vor ausverkauftem Haus brachte Raúl die Königlichen nach neun Minuten in Führung. Dabei blieb es bis zum Schluß - und die Männer um den serbischen Trainer Radomir Antic, der von Atléticos exzentrischem Präsidenten Jesús Gil ins Stadion *Vicente Calderon* gelockt worden war, hatten ihre erste Saisonniederlage hinnehmen müssen. Trotz des Erfolges kochte im *Bernabéu*-Stadion die Luft, und der 68jährige Vereinspräsident Ramón

Mendoza trat nach elfjähriger Amtszeit zurück. Die Realmitglieder hatten ihm wegen der katastrophalen finanziellen Situation des Traditionsklubs die Entlastung versagt; Vizepräsident Sanz übernahm daraufhin die Führung.

Das nächste Spitzenspiel stand am 16. Spieltag an. Atlético, das sich allmählich zum ernstzunehmenden Titelaspiranten gemausert hatte und die Tabelle anführte, empfing Verfolger FC Barcelona. 60.000 erwartungsfrohe Fans füllten das *Vicente Calderon* und freuten sich über eine grandiose Vorstellung der Heimelf. Zweimal Penev und einmal Caminero bei einem Gegentreffer von Toni sorgten für den vielumjubelten 3:1-Sieg Atléticos.

Im zweiten Spitzenspiel des Tages bezwang Espanyol Barcelona Real Madrid mit 3:1 und sorgte damit für den "Ausgleich" im Madrid-Barcelona-Duell.

Am 20. Spieltag vergrößerte Atlético nach einem 3:1 gegen Teneriffa den Vorsprung auf sieben Zähler, während der FC Barcelona nach einer 0:1-Niederlage bei Celta Vigo auf Rang 4 zurückfiel und bereits zehn Punkte Rückstand aufwies. Derweil war der Ärger bei Titelverteidiger Real Madrid zu einem handfesten Chaos geworden. Nach der 1:2-Heimschlappe gegen Rayo Vallecano bekam Meistertrainer Jorge Valdano seine Papiere. Für ihn kam der bereits in den Ruhestand getretene Arsenio Iglesias. Prompt gewannen die Königlichen mit 5:0 bei Athletic Bilbao, dem von Dragoslav Stepanovic trainierten Klub.

Runde 27 sah ein stark auftrumpfendes Atlético, das Espanyol die erste Heimniederlage seit Oktober 1994 beibrachte (2:0 durch Kiko und Penev jeweils nach Pantic-Vorarbeit). Auffällig immer wieder, wie viele Tore das Top-Team aus Standardsituationen erzielte! Die zehnte Trainersuspendierung der Saison traf den erst 30jährigen Coach des Tabellenletzten UD Salamanca, Juan Manuel Lillo. Zuvor hatte der Fußballehrer den Klub im Durchmarsch aus der dritten Liga ins Oberhaus geführt. Ruhm ist eben vergänglich.

Am 30. Spieltag fertigte im Duell der UEFA-Cup-Aspiranten der von Jupp Heynckes trainierte CD Teneriffa Titelverteidiger Real Madrid mit 3:0 ab, wobei Torjäger Pizzi allein schon zwei Treffer erzielte. Die Madrilenen waren allerdings durch die Platzverweise von Alkorta und Hierro geschwächt! Damit betrug der Rückstand der Kanaren-Elf auf Compostela nur noch fünf Zähler.

De la Pena bejubelt ein Tor

In Sachen Trainerentlassungen erwischte es Athletic Bilbaos Trainer Stepanovic nach einer 0:1-Heimpleite gegen Valencia, womit eine Rekordmarke an Trainerrausschmissen (12) erreicht wurde. In einem Interview nahm "Stepi" zur Situation des Tabellenfünfzehnten Stellung: "Ich mache mir keine Vorwürfe. Die Mannschaft ist austrainiert und taktisch auf einem guten Stand."

Auf fünf Punkte reduzierte sich der Vorsprung Atléticos zum FC Barcelona in Runde 34 nach der Heimniederlage gegen den Nachbarn Real, die nicht zuletzt wegen der roten Karte für den Argentinier Simeone zustande gekommen war. Anschließend verkürzte "Barça" weiter auf nunmehr drei Zähler, so daß Coach Johan Cruyff vor dem wegen der Terminnot auf einen Wochentag terminierten Pokalendspiel gegen die Antic-Truppe zum Ausgang der Begegnung sagte: "Wer heute verliert, wird so angeschlagen sein, daß es sich auf die Meisterschaft auswirken wird!"

Er sollte recht behalten, denn im vorentscheidenden Spitzenspiel im "Nou Camp"-Stadion setzte es für Barcelona eine 1:3-Niederlage. Vor 110.000 Zuschauern hatte Jordi Cruyff zwar die von Roberto erzielte Atlético-Führung ausgleichen können, doch gegen eine beeindruckend aufspielende Atlético-Elf hatte Barça keine Chance und ging nach Toren von Vizcaino und Biagini als 1:3-Verlierer vom Platz.

Ernüchterung kehrte schon im nächsten Match nach Madrid zurück, als das siebte (!) Heimspiel in Folge nicht gewonnen werden konnte und ein 2:3 gegen den wiederaufgekommenen CF Valencia - der für Jugoslawien spielende Montenegriner

Primera División	Albacete	Bilbao	Atlético	Barcelona	Real Betis	Celta Vigo	Compostela	La Coruña	Espanyol	Mérida	Oviedo	Santander	Vallecano	Real M.	Real Soc.	Salamanca	Sevilla FC	Gijón	Tenerife	Valencia	Valladolid	Zaragoza
Albacete Balompié	•	2:0	1:1	0:1	0:0	4:0	2:1	1:0	0:0	2:0	0:1	2:2	1:2	1:1	3:5	3:3	3:2	1:3	0:0	1:3	4:2	0:1
Athletic Bilbao	2:2	•	0:2	0:0	0:1	3:0	0:0	1:0	0:0	1:1	0:1	4:0	3:1	0:5	0:0	3:1	1:1	2:1	2:0	0:1	2:1	1:0
Atlético Madrid	2:0	4:1	•	3:1	1:1	3:2	3:0	1:0	2:1	1:1	3:0	2:0	0:0	1:2	4:1	2:1	0:1	2:1	3:1	2:3	0:2	1:1
FC Barcelona	3:0	4:1	1:3	•	1:0	3:2	1:0	1:1	2:1	2:2	4:1	1:1	2:0	3:0	1:0	4:1	1:1	1:0	2:2	1:0	1:0	3:1
Real Betis Balompié Sevilla	2:3	0:0	2:1	1:5	•	0:3	5:0	1:0	2:3	0:1	2:1	2:2	0:0	0:0	3:1	4:0	1:1	2:5	3:3	3:0	3:0	3:1
RC Celta Vigo	2:2	3:1	0:3	1:0	2:0	•	0:1	0:0	4:2	2:0	1:0	0:0	2:0	1:1	1:1	2:1	4:0	0:0	2:2	1:1	1:1	1:1
SD Compostela	3:1	2:1	1:3	2:1	1:2	1:1	•	4:0	2:1	1:0	4:1	2:0	1:0	3:3	2:0	0:0	0:0	1:0	0:2	0:4	1:3	3:2
RC Deportivo La Coruña	5:0	0:0	2:2	2:2	0:0	2:1	2:0	•	0:1	2:1	0:4	2:3	1:0	3:0	1:1	2:0	3:2	1:0	1:1	3:0	3:1	2:3
RCD Espanyol Barcelona	1:0	3:0	0:2	1:1	1:1	2:2	0:0	0:0	•	3:0	5:0	1:0	4:2	3:1	0:0	3:1	0:1	0:0	2:1	2:0	2:0	1:1
CP Mérida	1:1	1:0	0:1	0:0	1:1	2:0	0:2	0:2	0:1	•	3:1	3:1	0:1	2:2	1:2	0:0	3:2	1:0	2:0	0:2	1:0	1:1
Real Oviedo CF	1:0	0:0	1:1	1:2	0:1	1:1	3:1	0:2	1:2	0:0	•	2:1	2:2	1:2	0:0	2:2	2:3	1:0	1:3	0:1	3:8	1:1
Racing Santander	5:5	1:1	0:4	1:1	0:0	2:1	1:0	2:3	1:1	2:0	0:0	•	1:2	2:0	2:3	2:1	1:1	1:1	1:2	0:3	0:0	0:0
Rayo Vallecano	2:0	2:2	0:3	1:1	1:2	1:3	0:1	0:6	1:0	4:1	1:2	1:2	•	1:5	2:0	1:4	0:0	2:0	2:4	3:2	0:2	4:3
Real Madrid CF	2:0	1:2	1:0	1:1	4:2	1:0	2:1	1:0	1:2	4:0	2:3	1:2	1:2	•	3:2	5:0	4:1	0:1	2:0	0:0	4:1	2:2
Real Sociedad San Seb.	8:1	2:2	1:0	1:1	1:1	3:1	0:1	2:1	0:1	1:2	1:1	2:1	2:1	1:1	•	1:0	1:0	2:0	0:1	5:2	1:0	3:1
UD Salamanca	2:4	2:1	1:3	1:3	2:1	0:1	1:0	0:5	2:2	2:2	0:1	5:0	1:2	0:2	3:3	•	4:1	3:0	1:2	4:0	0:0	0:1
FC Sevilla	1:1	1:1	0:0	1:0	1:0	0:0	0:1	0:0	0:3	3:0	1:1	0:1	1:0	0:1	2:1	3:1	•	2:0	0:1	1:2	1:1	1:1
Real Sporting Gijón	3:0	1:2	1:2	0:3	2:3	1:0	2:1	1:1	2:3	3:1	0:1	4:2	3:1	0:0	1:1	3:2	3:1	•	0:2	1:3	4:2	4:1
CD Tenerife	1:3	3:2	1:1	1:1	1:2	1:0	1:1	1:1	4:1	1:0	3:3	2:0	2:2	3:0	1:0	4:0	4:2	3:0	•	2:1	1:0	1:2
Valencia CF	1:0	3:1	0:1	4:1	1:1	3:0	5:2	2:1	1:0	4:1	3:1	2:1	3:0	4:3	0:1	2:0	1:0	1:0	2:2	•	1:0	0:0
Real Valladolid	3:0	1:1	0:1	0:2	3:1	1:1	0:0	2:2	0:0	1:1	2:2	3:1	1:1	0:3	3:0	1:0	3:3	1:0	3:0	2:5	•	0:0
Real Zaragoza	3:1	1:1	0:1	0:3	1:2	0:0	1:0	2:3	1:1	3:1	1:0	1:2	1:1	0:1	1:2	1:1	0:1	1:1	0:2	4:1	5:3	

Mijatovic war an allen drei Toren beteiligt - hingenommen werden mußte. Das Resultat ließ die Meisterschaftsfrage noch einmal zu einer heißen Angelegenheit werden: Atlético 77 Punkte, Barcelona 74 und Valencia 73 - so lautete der Punktstand vier Spieltage vor Saisonende! Da die Mannen von Johan Cruyff jedoch im nächsten Heimspiel gegen den FC Sevilla nur 1:1 spielten und auch im anschließenden Lokalderby gegen Espanyol zum gleichen Ergebnis kamen, reichte der Vorsprung für Atlético zum Meisterschaftstriumph. Für den Niederländer bedeutete das erneute Scheitern die sofortige Beurlaubung, so daß er nach achtjähriger Tätigkeit bei den Katalanen nicht einmal beim abschließenden Heimspiel auf der Bank sitzen durfte. Eine immens hohe Abfindung sollte ihn das Negativerlebnis schnell vergessen lassen. Ein Kuriosum gab es bei der Begegnung zwischen Real Oviedo und Real Valladolid, als Schiedsrichter Sevilla beim 3:8 sechs Strafstöße (!) verhängte, die allesamt verwandelt wurden. Vier seiner fünf in diesem Spiel erzielten Tore markierte der Kroate Alen Peternac auf diese Weise!

Endgültig entschieden wurde der Titelkampf erst am 42. und damit allerletzten Spieltag, als Atlético mit einem 2:0 gegen Albacete alles klar machte. Eigentlich ein normales Ergebnis, man sollte aber nicht vergessen, daß es in den Spielzeiten 1991/92, 92/93 und 93/94 jeweils am letzten Spieltag eine große Überraschung gab, als der zurückliegende FC Barcelona noch mit fremder Hilfe - eigentlich aussichtslos liegend - die Meisterschaft gewonnen hatte.

Der von Luis Aragonés trainierte CF Valencia mußte mit dem Titel des Vizemeisters vorliebnehmen und weiter auf die erste Meisterschaft seit 1971 warten. Neben den beiden Klubs aus Barcelona konnte sich auch CD Teneriffa - mit dem Torschützenkönig Pizzi (31 Treffer), der allerdings den Verein in Richtung "Barça" verlassen wollte - nach einem 2:0 in Gijon für den UEFA-Cup qualifizieren, während Real Madrid leer ausging! Damit fehlte man erstmals seit 1977/78 im europäischen Wettbewerb. Die Madrilenen investierten daraufhin trotz gigantischer Schulden in Trainer Capello sowie Spieler wie Mijatovic, Suker oder Seedorf.

Für Teneriffa, das in Spielern wie Torhüter Ojeda (Argentinier), Chano, Conte, Pinilla, Juanele und Robayna sowie dem Tschechen Hapal und dem Jugoslawen Jokanovic weitere Stützen hatte, ist es nach 1993/94 - damals unter Valdano - die zweite UEFA-Cup-Teilnahme der Vereinsgeschichte. In seinem ersten Jahr in Spanien war Trainer Heynckes in Bilbao erfolgreich und schaffte dort das gleiche Kunststück - der Coach gilt in Spanien als Synonym für Erfolg!

Der FC Barcelona angelte sich die "Perle" Ronaldo für angeblich 32 Millionen DM! Weitere

herausragende Transfers sind die Rückkehr Stoitchkovs zum FC Barcelona sowie Romarios neuerlicher Wechsel nach Spanien zum FC Valencia (von Flamengo Rio de Janeiro, das stattdessen Landsmann Bebeto nach Brasilien zurückholte). Insgesamt wurden etwa 250 Millionen DM in neue Spieler investiert, oftmals namhafte ausländische Spieler gekauft.

Finanziert werden die teuren Stars neben eigenen Transfers u.a. durch den in Spanien ausgebrochenen Zuschauerboom und durch Gelder von Fernsehanstalten. Da die TV-Rechte bei den Iberern nicht wie in Deutschland zentral vergeben werden, haben viele Vereine bereits jetzt - der alte Fernsehvertrag läuft erst 1998 aus - lukrative Abmachungen mit regionalen Anstalten bzw. Privatsendern getroffen. 15 Klubs haben bereits Fünfjahresverträge abgeschlossen, darunter FC Barcelona und Real Madrid für 35 Millionen DM pro Jahr!

Auch am Ende der Tabelle hatte es sehr viele Emotionen gegeben. Zwei traditionsreiche Vereine, FC Sevilla und Athletic Bilbao hatten arge Ängste auszustehen, bevor feststand, daß sie nicht in ursprünglich vorgesehene Relegationsspiele mußten. Die Neulinge CP Mérida und UD Salamanca mußten schließlich direkt absteigen, während es Albacete in der Relegation gegen den 5. (!) der 2. Liga, Extremadura Almendralejo, erwischte (Real Madrid B war als Viertplazierter nicht startberechtigt). In der anderen Relegationsbegegnung sicherte sich Rayo Vallecano mit 0:1 und 2:0 gegen den Zweitliga-Dritten RCD Mallorca den Verbleib im Oberhaus. Hercules CF Alicante und CD Logroñés schafften den Aufstieg direkt.

Nach langwierigen Verhandlungen zwischen dem Verband und Ligavertretern einigte man sich darauf, daß ab sofort Legionäre aus anderen EU-Ländern uneingeschränkt zum Einsatz kommen dürften, während die Zahl der Nicht-EU-Ausländer begrenzt wurde: maximal sechs können unter Vertrag genommen werden, davon jedoch nur vier gleichzeitig eingesetzt werden. Zu den unerfreulichen Ereignissen des abgelaufenen Spieljahres gehört zweifellos die Entgleisung des Atlético-Präsidenten Jesús Gil: Nach nicht nur verbalen Auseinandersetzungen bei der Ligatagung zwischen Gil und dem Compostela-Manager forderte Spaniens Chefankläger für den Wiederholungstäter Gil 14 Monate Funktionärsverbot. Gegen das Urteil von zehn Monaten wollte der Präsident, der noch Sohn und Tochter in leitender Funktion im Verein hat, zivilrechtlich vorgehen.

Im Pokalwettbewerb lag Atlético Madrid im Hinspiel des Semifinales in Valencia nach einem von Penev verschossenen Foulelfmeter schon 0:2 zurück, konnte jedoch anschließend 5:2 in Führung gehen und mußte letztlich nur noch einen Gegentreffer hinnehmen. So verhinderte die 1:2-Rückspielniederlage den Einzug ins Finale nicht mehr. Der andere Endspielteilnehmer war der FC Barcelona nach zwei Erfolgen gegen Lokalrivale Espanyol (1:0/3:2). In Saragossa endete die Partie zwischen "Barça" und Atlético zunächst torlos, bevor letztere durch den Treffer des Jugoslawen Pantic (103. Minute) das Double perfekt machten. Pech für die Katalanen, daß man nach einer Verletzung von Guardiola in der 86. Minute mit zehn Spielern weitermachen mußte, da das Auswechselkontingent bereits erschöpft war.

Die spanische Nationalelf konnte ihre Europameisterschaftsteilnahme mit zwei sicheren Siegen gegen Zypern (6:0) und Mazedonien (3:0) bei einem 1:1-Remis in Dänemark unangefochten sicherstellen (Sieg in Gruppe 2). In England dann schieden die Iberer ungeschlagen (!) im Viertelfinale aus: In den Gruppenspielen der Gruppe B schaffte man das Weiterkommen nach zwei 1:1-Unentschieden gegen Bulgarien und Frankreich mit einem 2:1-Sieg gegen Rumänien (Amor markierte das Siegtor in der 84. Minute). Gegen den Gastgeber kam nach ideenreichem Spiel und umstrittenen Schiedsrichterentscheidungen nach torlosem Remis das Aus im Viertelfinale: Im Elfmeterschießen scheiterten Hierro und Nadal, so daß die Engländer glücklich in die Vorschlußrunde einzogen. Nebenbei bemerkt holte sich Spanien den erstmals ausgespielten Titel eines Halleneuropameisters (5:3 gegen Rußland).

In den europäischen Klubwettbewerben konnte diesmal kein Titel errungen werden. Real Madrid hatte bereits in den Gruppenspielen der Gruppe D gegen Ajax Amsterdam zwei Niederlagen (0:1/0:2) hinnehmen müssen, so daß das Scheitern gegen den späteren Sieger Juventus Turin (1:0/0:2) nicht überraschend kam. Im Europapokal der Pokalsieger trafen im Viertelfinale unglücklicherweise beide spanischen Vertreter aufeinander: Titelverteidiger Real CD Saragossa scheiterte hauchdünn an RC Deportivo La Coruña (0:1/1:1), das dann im Semifinale zweimal 0:1 gegen Paris Saint-Germain verlor. Auch im Achtelfinale des UEFA-Cups kam es zu einem rein spanischen Duell zwischen dem FC Barcelona und Kaiserslautern-Bezwinger FC Sevilla (1:1/3:1), während Betis Sevilla gegen den späteren Finalisten Girondins Bordeaux ausschied (0:2/2:1). Der FC Barcelona setzte sich im Viertelfinale zwar knapp gegen Werder-Bezwinger PSV Eindhoven (2:2/3:2) durch, mußte jedoch in der nächsten Runde gegen Bayern München mit 2:2 und 1:2 die Segel streichen. ■

Segunda División		Sp	g	u	v	Tore	Pkt.
1. Hércules CF Alicante	↑	38	21	10	7	61:30	73
2. Club Deportivo Logroñés	↑	38	20	9	9	69:49	69
3. RCD Mallorca		38	20	9	9	59:35	69
4. Real Madrid CF B		38	18	10	10	50:41	64
5. CF Extremadura	↑	38	17	11	10	48:33	62
6. Club Deportivo Badajoz		38	18	8	12	48:31	62
7. Deportivo Alavés		38	17	10	11	52:42	61
8. Club Deportivo Leganés		38	17	10	11	42:40	61
9. CD Toledo		38	16	11	11	38:30	59
10. Club Atlético Osasuna		38	15	7	16	49:43	52
11. Unió Esportiva Lleida		38	12	12	14	40:49	48
12. Sociedad Deportiva Eibar		38	10	16	12	24:31	46
13. Écija Balompié		38	12	9	17	34:60	45
14. FC Barcelona B		38	13	5	20	55:63	44
15. Villarreal CF		38	11	11	16	32:39	44
16. Almería CF		38	10	14	14	42:47	44
17. Sestao		38	10	12	16	36:45	42
18. Athletic Bilbao B		38	10	10	18	49:63	40
19. Getafe CF		38	7	11	20	30:52	32
20. Marbella		38	4	9	25	28:63	21

IM BLICKPUNKT

FC Barcelona

Der FC Barcelona, von seinen Fans liebevoll *Barça* genannt, wurde von Hans Gamper im November 1899 gegründet. Der Klub war - besonders nach dem Bürgerkrieg in den 30er Jahren - mehr als nur ein Sportverein. Die Katalanen schrieben sich Barça an die Flagge, und seitdem betrachtete man den Verein als Repräsentanten der katalanischen Nationalität.

Der erste Erfolg auf nationaler Ebene war der Pokalsieg im Jahre 1910. Zwischenzeitlich (1936 bis 1974) gab es eine Umbenennung in CF Barcelona. Gespielt wurde von 1922 bis 1957 im Stadion "Les Corts", bevor das "Nou Camp"-Stadion errichtet wurde. Die erste Hoch-Zeit hatte Barça in den 50er Jahren: Namen wie Kubala oder Suárez verschafften dem Klub Weltruhm.

Eine neue Blütezeit begann für den Verein, als Johan Cruyff auf dem Spielfeld (1973-78) und besonders als Trainer (1988-96) die Akzente setzte: Der Niederländer errang einige Lorbeeren, besonders mit dem viermaligen Meisterschaftsgewinn in Folge (1991-94) sowie der erstmaligen Erringung des Europapokals der Meister (1992).

In der abgelaufenen Saison 1995/96 kamen fünf Neue ins Team: Prosinecki (Oviedo), Kodro (Real Sociedad), Cuéllar (Betis), Popescu (PSV Eindhoven) und Figo (Sporting Lissabon). Auch einige junge Spieler aus der vereinseigenen Nachwuchsmannschaft schafften den Sprung in den Kader, so Roger García (Oscars Bruder), Iván de la Peña, Toni Velamazán, Albert Celades, Juan Carlos Moreno sowie Quique Álvarez, der Sohn des 70er Jahre Akteurs Quique Costas.

Eine "Bombe" explodierte bei Barça am Ende der Meisterschaftsrunde: Cruyff und Präsident Núñez gerieten immer mehr aneinander, im zweiten Jahr hintereinander war kein Titel errungen worden. So war die Uhr für den Holländer bei Barça abgelaufen. Sein Assistent Carlos Rexach übernahm das Coachen in den letzten beiden Ligaspielen.

Der neue Mann war sehr experimentierfreudig und brachte im Auswärtsspiel in La Coruña fünf Nachwuchsleute: Rufete, García, Roca, Juanjo und Setvalls.

Real CF Madrid

Real CF Madrid ist sicherlich der berühmteste Verein des Landes. Der im Jahre 1902 als Madrid FC gegründete Klub holte zwar schon früh seine ersten Pokaltitel und in den 30er Jahren nach der Umbenennung in Real FC seine beiden ersten Meistertitel, das "goldene Zeitalter" von Real CF (Zwangsumbenennung 1938) erlebte man aber erst in den 50er und 60er Jahren unter Präsident Santiago Bernabéu mit Spielern wie Di Stéfano, Gento, Puskas und Santamaría. Man sagte damals, Real spiele einen Fußball vom anderen Stern ... Von 1956 bis 1960 gewannen die Madrilenen den begehrtesten Europapokal, nämlich jenen der Meister, fünfmal in Folge, ein sagenhafter Rekord im europäischen Fußball!

Auch in der spanischen Meisterschaft hält Rekordmeister Real einen besonderen Rekord: Von 1986 bis 1990 holte man fünfmal nacheinander den Titel des Champions - es war die Zeit von Hugo Sánchez und dem berühmten "Quinta del Buitre": Butragueño, Michel, Sanchis und Martín Vázquez.

Nach dem letzten Ligaerfolg im Jahre 1995 ging es mit Real bergab: Coach Valdano durfte die Saison nicht beenden, und der neue Mann, Arsenio Iglesias, konnte dem Traditionsklub der Landeshauptstadt auch nicht weiterhelfen. Die Krise war vollkommen, als die Madrilenen sich zum zweiten Mal in der Vereinsgeschichte nicht für einen europäischen Wettbewerb qualifizieren konnten. Sechs Heimniederlagen waren das Hauptproblem für Real. Nur drei Neuzugänge hatten sich in die Mannschaft gespielt: Esnaider (Saragossa), Soler (Sevilla) und Rincón (Palmeiras).

DER MEISTER

Club Atlético Madrid

Atlético sei der am "tiefsten schlafende Gigant im spanischen Fußball", schrieb der *World Soccer* einst über die Nummer 2 der spanischen Hauptstadt. Kein Wunder, waren doch die wegen ihrer rot-weiß gestreiften Trikots *Colchoneros* („Matratzen", die in Spanien früher fast ausschließlich ebenfalls rot-weiß gestreift waren) genannten Madrilenen seit Jahren nur noch in unteren Tabellenhälften zu finden gewesen und hatten 1995 sogar nur knapp den Klassenerhalt geschafft. Einziger Wirbel, der regelmäßig um Atlético gemacht wurde, war der um den exzentrischen Präsidenten Jesús Gil, der vor so ziemlich gar nichts zurückschreckt.

1995/96 war alles anders. Sensationell legten die *Colchoneros* sämtliche Gegner auf die Matte und sicherten sich Pokal und Meisterschaft. Fast noch überraschender war die Tatsache, daß Jesús Gil - mit einer Ausnahme, als er Compostelas Präsidenten Jose Maria Caneda einen gezielten Boxhieb verpaßte - ruhig geworden war.

Das Geheimnis des Erfolges trägt den Namen Radomir Antic. Der frühere Luton Town-Spieler war von Präsident Gil von Real Oviedo losgeeist worden und hatte im Stadion *Vicente Calderon* alles geändert. Antic, der 1991 bei Real Madrid überraschend entlassen worden war, räumte zunächst den Kader auf. Mit Penev (Valencia), Pantic (Panionios), Correa (River Plate), Biagini (Newell,s Old Boys), Roberto (Espanyol), Santi (Albacete) und Torhüter Molina (Albacete) kamen zahlreiche Neuzugänge und belebten den lethargisch gewordenen Verein. Anschließend kehrte Ruhe ein bei dem Klub, der seit Jahren für seine ständigen Querelen bekannt ist.

Atléticos größte Stärke war seine Kampfkraft. Die Spieler verloren nie den Glauben an die eigenen Möglichkeiten. Caminero beispielsweise, - normalerweise Weltklasse in einem Match und Kreisklasse in den fünf folgenden - bestach durch konstante Leistungen. Oder Pantic, der großartig auftrumpfte und vor allem im Duett mit Lubo Penev kaum zu stoppen war. Quico, der lange Zeit im Verdacht stand, mehr Zeit in Nachtklubs als auf dem Trainingsgelände zu verbringen, überzeugte durch konstante Leistungen.

Für Trainer Antic war der Erfolg dem Team zuzuschreiben. Und damit wollen die "Matratzen" nun auch in der Champions League auftrumpfen.

IM BLICKPUNKT

CF Valencia

Keiner glaubte eigentlich an das Vorhaben von Luis Aragonés, lediglich er selbst und seine Spieler. In der ersten Meisterschaftsphase fiel Valencia nicht besonders auf, aber als sich Real Madrid und der FC

Barcelona aus dem Titelrennen verabschiedeten, war die Aragonés-Truppe plötzlich da, um Atlético mit den herausragenden Kräften Predrag Mijatovic und Paulo Sergio da Rosa alias Viola den Titel streitig zu machen. So konnte Valencia in der Tat noch im letzten Spiel den Titel erringen - wenn auch nicht aus eigener Kraft. Am Ende reichte es dann doch nicht ganz und die Mannschaft von "Mestalla" beendete die Spielzeit an zweiter Stelle und sicherte sich damit die UEFA-Cup-Teilnahme.

Viola war vor der Saison der einzige wichtige Akteur, der zur Verstärkung (von Corinthians) geholt worden war. Die ersten Monate im neuen Land waren für den brasilianischen Angreifer schwierig. Als aber Valencias Angreifer Gálvez verletzt war, schenkte der Coach Viola das Vertrauen: Der WM-Sieger 1994 spielte auf einmal "wie ein Engel" und erzielte auch Tore. Die Fans wurden vor Begeisterung fast verrückt, wenn der Brasilianer traf: Er führte einen rituellen Tanz auf, bei dem er seine Hand vor sein Gesicht hielt und sich dabei um seine eigene Achse drehte.

Letztendlich gewann CF Valencia jedoch keinen Titel - jeweils scheiterte man am Hauptgegner Atlético: in der Meisterschaft und im Halbfinale des Pokals (3:5 im eigenen Stadion!). Immerhin blieb die Genugtuung, mit 77 Treffern die meisten Tore erzielt zu haben.

Iván de la Peña (FC Barcelona)

Der am 6. Mai 1976 in Santander geborene Iván de la Peña hat das Zeug dazu, in Zukunft beim FC Barcelona eine Führungsposition einzunehmen. Der kahl geschorene, technisch starke Spieler gab sein Debüt in der 1. "Barça"-Mannschaft am 3. September 1995 beim 2:0 im "Nuevo Zorrilla" von Valladolid. Gleich bei seiner Premiere konnte er sich als Torschütze des zweiten Treffers feiern lassen, obwohl er erst in der 56. Minute für Bakero ins Team gekommen war. Insgesamt traf er in seiner ersten Erstligasaison in 31 Spielen siebenmal und gab zu sechs Torerfolgen die entscheidende Vorlage. Auch im UEFA-Cup absolvierte er seine ersten Einsätze (7 Spiele, 2 Tore). In der Landesvertretung Spaniens wurde er bisher lediglich in der Olympia- und U21-Nationalmannschaft berücksichtigt.

Raúl González (Real Madrid)

Raúl wurde am 26. Juni 1977 in Madrid geboren. Von den Real-Fans wird der als neuer Butragueño angesehene Youngster für seinen guten Ruf als Goalgetter geschätzt. Er hat gerade seine zweite Saison mit Real Madrid beendet und sein Name gilt als Synonym für Torgefährlichkeit. Tatsächlich war er mit 19 Treffern der erste spanische Top-Scorer unter den Besten - wenn man einmal vom naturalisierten Argentinier Juan Antonio Pizzi (31 Tore) absieht. In der abgelaufenen Spielzeit kam er auf stattliche 40 Ligaeinsätze mit zusätzlichen 17 Assists! Die Zukunft liegt sicher in seiner Hand. Auch er hat bereits Olympia- und U21-Länderspiele absolviert.

Milinko Pantic (Atlético Madrid)

Der Spieler, der zu Beginn der Saison vom griechischen Erstligisten Panionios Athen zu Atlético Madrid gekommen war, Milinko Pantic, war ein in Spanien und auch anderswo relativ unbekannter Akteur. Aber sein Freund Radomir Antic, neuer Trainer bei den Spaniern, setzte sein vollstes Vertrauen in den Mittelfeldmann. Dieses sollte sich auszahlen! Der zu günstigen Konditionen geholte Pantic spielte äußerst effektiv. Der am 5. Juni 1966 in Belgrad geborene Serbe hat ein gutes Auge für die jeweilige Situation und ist einer der besten Eckball- und Freistoßschützen.

In der Tat hat er auf diese Weise einige Treffer erzielt. Kein Wunder, daß er auch zum Liebling der Atlético-Fans avancierte. Besonders sein

DER POKAL

2. Runde (Hin- und Rückspiele)

CA Osasuna - Real Oviedo CF	3:3, 1:4
Córdoba CF - CP Mérida	1:3, 0:2
SD Eibar - SD Compostela	1:0, 0:2
CD Logroñés - Racing Santander	1:2, 1:3
CD Numancia* - Real Sociedad	2:0, 0:2
Endesa Andorra - Levante UD	1:1, 1:4
Deportivo Alavés - Athletic Bilbao	0:1, 1:4
UD Las Palmas - CD Leganés	1:1, 0:0
Vélez CF - CD Tenerife	1:2, 0:8
CF Extremadura - Espanyol Barcelona	1:1, 1:3
Marbella - Rayo Vallecano	0:0, 1:3
FC Andorra - Getafe CF	3:0, 1:2
RCD Mallorca - Valencia CF*	0:0, 0:0
UE Lleida - Écija Balompie	0:2, 1:0
Durango - UD Salamanca	0:2, 0:4
Endesa As Pontes - RC Celta Vigo	0:0, 1:2
Leonesa - Real Valladolid	1:1, 1:3
Novelda - Hércules CF Alicante	0:0, 0:2
Racing Club Ferrol - Real Sporting Gijón	1:1, 0:4
Almería CF - Atlético Madrid	1:4, 1:2

* Sieger nach Elfmeterschießen

3. Runde (Hin- und Rückspiele)

Atlético Madrid - CP Mérida	4:1, 4:4
Hércules CF Alicante - Rayo Vallecano	1:1, 1:0
UD Salamanca - Athletic Bilbao	0:0, 1:3
SD Compostela - Real Valladolid	1:0, 1:1
CD Leganés - RCD Espanyol Barcelona	0:1, 1:5
Ecija Balompie - Sporting Gijón	2:0, 0:5
FC Andorra - RC Celta Vigo	0:5, 0:2
CD Numancia - Racing Santander	0:0, 1:0
Levante UD - CD Tenerife	1:0, 1:6
Real Oviedo CF - Valencia CF	1:1, 0:1

Achtelfinale (Hin- und Rückspiele)

Atlético Madrid - Real Betis Balompié Sevilla	1:1, 2:1
Hércules CF Alicante - FC Barcelona	0:0, 1:4
RC Deportivo La Coruña - CD Tenerife	1:1, 1:2
Sevilla FC - SD Compostela	2:1, 1:0
RC Celta Vigo - Valencia CF	1:1, 0:3
Athletic Bilbao - Real Zaragoza	2:3, 1:0
CD Numancia - Sporting Gijón	2:1, 0:0
RCD Espanyol Barcelona - Real Madrid CF	4:1, 1:2

Viertelfinale (Hin- und Rückspiele)

CD Numancia - FC Barcelona	2:2, 1:3
CD Tenerife - Atlético Madrid	0:0, 0:3
Sevilla FC - Valencia CF	1:1, 0:2
RCD Espanyol Barcelona - Real Zaragoza	0:0, 1:1

Halbfinale (Hin- und Rückspiele)

FC Barcelona - RCD Espanyol Barcelona	1:0, 3:2
Valencia CF - Atlético Madrid	3:5, 2:1

Finale

(10. April 1996, Zaragoza, 33.000)

Atlético Madrid - FC Barcelona n. V. 1:0 (0:0, 0:0)

Atlético: Molina - Geli, Toni, Solozábal, Santi - Vizcaíno (83. Biagini), Simeone, Caminero, Pantic - Penev (61. López), Kiko (84. Roberto)

FC Barcelona: Busquets - Celades (17. Ferrer), Nadal, Sergi, Popescu - Guardiola, Amor, Bakero (61. Roger), Hagi - Jordi, Figo (75. Prosinecki)

Schiedsrichter: Diaz Vega - Tore: 1:0 Pantic (103.)

entscheidendes Tor im Pokalfinale gegen den FC Barcelona mehrte den Ruhm von Spieler und Verein. Ohne Übertreibung kann man sagen, daß sein erstes Jahr in Spanien einem gelebten Traum gleichkam: In seinen 41 bestrittenen Spielen machte er zehn Tore und gab elf Mal die Vorlage zu einem Treffer. International agierte er für Jugoslawien.

Predrag Mijatovic (Valencia FC)

Der im montenegrinischen Podgorica am 19. Januar 1969 geborene Predrag Mijatovic spielte seit 1993 in Valencia. Als er von Partizan Belgrad kommend in Spanien eintraf, war er ein völlig unbekannter Spieler, aber schon schnell machte er sich in seiner neuen Heimat einen Namen. Clever, stark, mit einem ausgezeichneten Torriecher ausgestattet, erzielte er eine Menge Tore für Valencia, in der abgelaufenen Saison 28! "Pedja" gab in seinen 40 Ligaeinsätzen zusätzlich 17 entscheidende Torvorlagen, so daß es nicht verwunderlich war, daß er in einigen Spielen zum Held der Fans avancierte.

DIE LÄNDERSPIELE

Spanien - Zypern 6:0 (1:0) **EMQ**
6.9.1995 - Granada - 16.000 - SR: Jol (Niederlande) - Zubizarreta - Belsué, Aranzábal, Alkorta, Nadal - Hierro, Luis Enrique, Guerrero (78. Manjarín), Alfonso (62. Pizzi) - Caminero, Amavisca (52. Fran) - Trainer: Clemente - Tore: Guerrero (45.), Alfonso (51.), Pizzi (75., 79.), Hierro (78.), Caminero (83.)

Spanien - Argentinien 2:1 (1:0)
20.9.1995 - Madrid - 55.000 - SR: Sotirios (Griechenland) - Zubizarreta - Ferrer, Abelardo, Alkorta, Sergi - Nadal, Donato (76. Luis Enrique), Caminero (46. Hierro), Fran (55. Guerrero) - Manjarín, Pizzi (46. Alfonso) - Trainer: Clemente - Tore: Pizzi (35./1:0), Guerrero (68.)

Dänemark - Spanien 1:1 (0:1) **EMQ**
11.10.1995 - Kopenhagen - 40.000 - Krondl (Tschechien) - Zubizarreta - Belsué, Abelardo, Alkorta, Sergi - Manjarín (62. Donato), Nadal, Hierro, Luis Enrique - Caminero (29. Fran), Pizzi (46. Alfonso) - Trainer: Clemente - Tor: Hierro (17. Elfmeter/0:1)

Spanien - Mazedonien 3:0 (1:0) **EMQ**
15.11.1995 - Elche - 34.000 - Steinborn (Deutschland) - Zubizarreta - Belsué, Alkorta, Sergi, Nadal - Donato, Caminero, Manjarín, Kiko (74. Goicoechea) - Amavisca (46. Alfonso), Pizzi (46. Ferrer) - Trainer: Clemente - Tore: Kiko (8.), Manjarín (72.), Caminero (76.)

Spanien - Norwegen 1:0 (1:0)
7.2.1996 - Las Palmas - 18.000 - Nicchi (Italien) - Cañizares - Ferrer (46. Nadal), Abelardo, Alkorta (80. Goicoechea), Sergi - Hierro (46. Caminero), Donato, Luis Enrique, Manjarín (46. Fran) - Guerrero (26. Kiko), Pizzi - Trainer: Clemente - Tor: Kiko (44.)

Norwegen - Spanien 0:0
24.4.1996 - Oslo - 12.000 - Dardenne (Deutschland) - Zubizarreta - Belsué, Nadal, Abelardo, Ferrer - Hierro (52. López, 76. Molina), Amor (52. Donato), Luis Enrique (52. Alfonso), Manjarín - Guerrero (52. Kiko), Pizzi - Trainer: Clemente

Spanien - Bulgarien 1:1 (0:0) **EM-Vorrunde**
9.6.1996 - Leeds - 22.000 - Ceccarini (Italien) - Zubizarreta - Belsué, Alkorta, Abelardo, Sergi - Caminero (82. Donato), Hierro, Guerrero (52. Amavisca), Amor (73. Alfonso), Luis Enrique - Pizzi - Trainer: Clemente - Tor: Sergi (74./1:1) - Rote Karte: Pizzi (75.)

Frankreich - Spanien 1:1 (0:0) **EM-Vorrunde**
15.6.1996 - Leeds - 35.000 - Zhuk (Weißrußland) - Zubizarreta - Otero (59. Kiko), Lopez, Abelardo, Sergi - Luis Enrique (55. Manjarín), Caminero, Alkorta, Hierro, Amavisca - Alfonso (82. Salinas) - Trainer: Clemente - Tor: Caminero (85./1:1)

Rumänien - Spanien 1:2 (1:1) **EM-Vorrunde**
18.6.1996 in Leeds - 15.000 - Cakar (Türkei) - Zubizarreta - Sergi, Abelardo (64. Amor), Alkorta, Lopez - Amavisca (72. Guerrero), Hierro, Nadal, Kiko, Manjarín - Pizzi (57. Alfonso) - Trainer: Clemente - Tore: Manjarín (11./0:1), Amor (84./1:2)

Spanien - England n. E. 2:4, n. V. 0:0 **EM-Viertelfinale**
22.6.1996 in London - 75.440 - Batta (Frankreich) - Zubizarreta - Nadal - Alkorta (73. Lopez), Abelardo - Belsué, Manjarín (46. Caminero), Hierro, Amor, Sergi - Salinas (46. Alfonso), Kiko - Trainer: Clemente

DER EUROPAPOKAL

UEFA - Champions League

Gruppe D

Ajax Amsterdam - Real Madrid 1:0 (1:0)
13.9.1995 - 42.000 - Ceccarini (Italien) - Buyo - Chendo, Lasa, Hierro, Sanchis - Redondo, Raúl, Luis Enrique, Zamorano - Sandro (53. Rincón), Amavisca (68. Michel)

Real Madrid - Grasshoppers Zürich 2:0 (0:0)
27.9.1995 - 35.000 - Przesmycki (Polen) - Buyo - Quique, Sanchis, Hierro, Lasa - Rincón (46. Michel), Milla, M. Laudrup (73. Luis Enrique), Amavisca (58. Soler) - Raúl, Zamorano - Tore: Zamorano (68., 88.)

Real Madrid - Ferencváros Budapest 6:1 (3:0)
18.10.1995 - 40.000 - Ouzounov (Bulgarien) - Buyo - Quique, Soler, Hierro (63. Nando), Sanchis - Milla, Raúl, Michel, Zamorano - M. Laudrup (60. Esnaider), Amavisca (60. Luis Enrique) - Tore: Raúl (23./1:0, 25./2:0, 83./6:1), Zamorano (33./3:0, 46./4:0), Hierro (53./5:0)

Ferencváros Budapest - Real Madrid 1:1 (1:0)
1.11.1995 - 18.000 - Durkin (England) - Buyo - Quique, Alkorta, Sanchis, Soler - Redondo, Michel (60. Luis Enrique), M. Laudrup, Amavisca - Raúl, Esnaider - Tor: Raúl (73./1:1)

Real Madrid - Ajax Amsterdam 0:2 (0:0)
22.11.1995 - 85.000 - Krug (Deutschland) - Buyo - Chendo (71. Michel), Alkorta, Sanchis, Quique - Redondo, Luis Enrique, Amavisca, M. Laudrup (71. Milla) - Raúl, Zamorano

Grasshoppers Zürich - Real Madrid 0:2 (0:0)
6.12.1995 - 27.000 - McCluskey (Schottland) - Buyo - Quique, Lasa, Sanchis, Hierro (59. Michel) - Milla, Amavisca (59. Alkorta), Luis Enrique, M. Laudrup (70. Rincón) - Raúl, Esnaider - Tore: Raúl (55.), Michel (67.)
Viertelfinale

Real Madrid - Juventus FC Torino 1:0 (1:0)
6.3.1996 - 75.000 - Röthlisberger (Schweiz) - Buyo - Chendo, García Calvo, Alkorta, Luis Enrique - Soler (26. Quique), Hierro, Redondo, M. Laudrup (65. Michel) - Raúl, Zamorano - Tor: Raúl (20.)

Juventus FC Torino - Real Madrid 2:0 (1:0)
20.3.1996 - 65.000 - van der Ende (Niederlande) - Cañizares - Quique (55. Rincón), Chendo, Alkorta, García Calvo - Lasa, Milla, Michel (63. Esnaider), Luis Enrique - M. Laudrup, Raúl

Europapokal der Pokalsieger

1. Runde

Apoel FC Nikosia - Deportivo La Coruña 0:0
14.9.1995 - 7.000 in Limassol - Nicchi (Italien) - Canales - Cascallar, Voro, Djukic, Paco - Nando, Aldana, Mauro Silva, Beguiristain (77. David) - Manjarín (85. Pedro Riesco), Radchenko (46. Viqueira)

Deportivo La Coruña - Apoel FC Nikosia 8:0 (5:0)
28.9.1995 - 18.000 - Micallef (Malta) - Canales - Voro, Nando, Djukic (64. Viqueira), Paco - Donato, Radchenko, Fran, Manjarín (57. Aldana) - Bebeto (46. Alfredo), Beguiristain - Tore: Bebeto (16., 21., 45.), Radchenko (28., 66.), Beguiristain (42.), Donato (60.), Aldana (78.)

Inter Bratislava - Real Saragossa 0:2 (0:1)
14.9.1995 - 1.500 - Vasilakis (Griechenland) - Juanmi - Belsué, Aguado, Cáceres, Paqui - Nayim (63. Gay), Oscar, Berti (68. Pardeza), Poyet - Dani, Morientes (74. Garcia Sanjuán) - Tore: Morientes (42.), Oscar (62.)

Real Saragossa - Inter Bratislava 3:1 (1:0)
28.9.1995 - 10.000 - Veissiere (Frankreich) - Juanmi - Belsué (73. Solana), Cáceres, Aguado, Paqui - Oscar, Nayim, Berti (46. Aragón), Higuera - Poyet (59. Dani), Pardeza - Tore: Poyet (12./1:0), Higuera (64./2:0), Dani (72./3:0)

2. Runde

Trabzonspor - Deportivo La Coruña 0:1 (0:0)
19.10.1995 - 27.000 - Van den Wijngaert (Niederlande) - Liaño - Voro, Djukic, Ribera, Villarroya (89. Viqueira) - Alfredo, Donato, Aldana (85. Manjarín), Nando - Fran (73. Beguiristain), Radchenko - Tor: Donato (60.)

Deportivo La Coruña - Trabzonspor 3:0 (2:0)
2.11.1995 - 15.000 - Constantin (Rumänien) - Liaño - Voro, Paco, Djukic, Villarroya (69. Nando) - Manjarín, Donato (80. Aldana), Alfredo (46. López Rekarte), Fran - Bebeto, Beguiristain - Tore: Donato (21.), Bebeto (38., 80.)

Real Saragossa - FC Brügge 2:1 (2:0)
19.10.1995 - 26.000 - Lodge (England) - Juanmi - Belsué, Cáceres, Solana, Cuartero - Poyet, Aragón, Nayim, Dani - Higuera (60. Berti), Morientes (46. Pardeza, 87. Oscar) - Tore: Aragón (28. Elfmeter/1:0), Dani (33./2:0)

FC Brügge - Real Saragossa 0:1 (0:0)
2.11.1995 - 17.000 - Momirov (Bulgarien) - Juanmi - Belsué, Cáceres, Aguado, Solana (46. Paqui) - Poyet, Oscar, Aragón, Berti (73. García Sanjuán) - Morientes, Higuera (57. Dani) - Tor: Dani (90.)

Viertelfinale

Deportivo La Coruña - Real Saragossa 1:0 (0:0)
7.3.1996 - 17.000 - Grabher (Österreich) - La Coruña: Liaño - Voro, Paco, Djukic, Villarroya - Donato, Viqueira, Beguiristain (65. Aldana), Fran - Manjarín (58. David), Radchenko (72. Milovanovic) - Saragossa: Belman - Belsué, Aguado, Cáceres, García Sanjuán - Aragón, Nayim (76. López), Poyet, Dani (81. Pardeza) - Higuera (52. Gay), Morientes - Tor: 1:0 David (69.)

Real Saragossa - Deportivo La Coruña 1:1 (1:0)
21.3.1996 - 32.000 - Goethals (Belgien) - Saragossa: Belman - García Sanjuán, Solana, Cuartero, Belsué - Nayim (67. Pardeza), Poyet, Aragón, Dani (65. Oscar) - Higuera, Morientes - La Coruña: Liaño - Voro, Djukic, Paco, López Rekarte - Villarroya, Mauro Silva (5. Donato), Aldana, Fran - Manjarín (76. Alfredo), Bebeto - Tore: 1:0 Morientes 37., 1:1 Bebeto (63.)

Halbfinale

Deportivo La Coruña - Paris St.-Germain 0:1 (0:0)
4.4.1996 - 28.000 - Merk (Deutschland) - Liaño - Voro, Djukic, Paco (61. David), López Rekarte - Alfredo, Donato, Manjarín (80. Beguiristain), Aldana (69. Viqueira 69) - Fran, Bebeto

Paris St.-Germain - Deportivo La Coruña 1:0 (0:0)
18.4.1996 - 49.000 - Trentalange (Italien) - Liaño - Paco, Voro, Ribera, Villarroya - Alfredo (51. Aldana), Donato, Viqueira (60. Beguiristain), Manjarín - Radchenko (64. Martín Vázquez), Bebeto

UEFA-Cup

1. Runde

Hapoel Beer Sheva - FC Barcelona 0:7 (0:2)
12.9.1995 - 12.000 - Kefalas (Griechenland) - Busquets - Celades, Nadal, Carreras, Popescu - Bakero (54. Oscar), Figo, De la Peña (69. Ferrer), Kodro - Roger, Jordi Cruijff (54. Moreno) - Tore: De la Peña (4.), Roger (45., 68., 77.), Oscar (63.), Figo (65., 83.)

FC Barcelona - Hapoel Beer Sheva 5:0 (2:0)
26.9.1995 - 35.000 - O´Hanlon (Irland) - Angoy - Celades, Abelardo, Guardiola (72. Figo), Quique Alvarez - Bakero (46. De la Peña), Moreno, Amor (72. Jordi Cruijff), Toni - Carreras, Hagi - Tore: Guardiola (12.), Hagi (27.), Toni (51.), Carreras (52.), Amor (65.)

Sevilla FC - Botev Plovdiv 2:0 (2:0)
12.9.1995 - 45.000 - Merk (Deutschland) - Unzué - Diego, Jiménez, Prieto, Marcos - Moacir, Rafa Paz, Moya (81. Carlos) - Suker, Peixe (55. Martagón), Quique Estebaranz (76. Monchu) - Tore: Suker (30., 35.)

Botev Plovdiv - Sevilla FC 1:1 (0:0)
26.9.1995 - 12.000 - Collina (Italien) - Unzué - Prieto, Diego, Martagón, Rafa Paz - Jiménez, Moacir, Peixe, Marcos (81. Ferreras) - Carlos (46. Monchu), Suker (83. Moya) - Tor: Monchu (57./0:1)

Fenerbahçe Istanbul - Real Betis Sevilla 1:2 (0:1)
12.9.1995 - 15.000 - Khusainow (Rußland) - Jaro - Jaime, Ureña, Vidakovic, Josete - Cañas, Merino, Alexis, Stosic (65. Sabas) - Jarni (88. Menéndez), Pier - Tore: Pier (27./0:1), Sabas (79./1:2)

Real Betis Sevilla - Fenerbahçe Istanbul 2:0 (2:0)
26.9.1995 - 20.000 - Wojcik (Polen) - Jaro - Jaime, Merino, Olías, Josete - Cañas, Alexis, José Mari (83. Márquez), Jarni (27. Menéndez) - Alfonso (73. Arpón), Sabas - Tore: Alexis (20. Elfmeter), Cañas (37.)

2. Runde

FC Barcelona - Vitória Guimaraes 3:0 (1:0)
17.10.1995 - 80.000 - Sars (Frankreich) - Busquets - Ferrer, Sergi, Guardiola (46. Nadal), Popescu (68. Abelardo) - Bakero, Figo, Celades, Kodro - Roger, De la Peña (60. Carreras) - Tore: Kodro (44., 66.), Celades (76.)

Vitória Guimaraes - FC Barcelona 0:4 (0:1)
31.10.1995 - 15.000 - Strampe (Deutschland) - Busquets - Ferrer, Nadal, Guardiola, Popescu (75. Bakero) - Celades, Figo, Amor, Kodro (79. Oscar) - Roger (39. Abelardo),Sergi - Tore: Kodro (18.), Oscar (61.), Celades (66.), Sergi (76.)

Sevilla FC - Olympiakos Piräus 1:0 (0:0)
17.10.1995 - 30.000 - Craciunescu (Rumänien) - Unzué - Martagón, Diego, Prieto, Ferreras - Pedro, Moacir, Peixe (34. Juanito), Moya (70. Marcos) - Suker, Carlos (61. Monchu) - Tor: Juanito (90.)

Olympiakos Piräus - Sevilla FC n. V. 2:1 (1:0, 0:0)
31.10.1995 - 28.000 - Puhl (Ungarn) - Unzué - Martagón, Diego, Jiménez, Juanito - Marcos, Moacir (91. Moya), Rafa Paz, Pepelu - Tevenet (64. Carlos), Suker - Tor: Suker (110./ 2:1)

1. FC Kaiserslautern - Real Betis Sevilla 1:3 (0:1)
18.10.1995 - 18.000 - Agius (Malta) - Jaro - Jaime, Merino, Olías, Josete - Cañas, Stosic (85. Quico), Alexis, Jarni (79. Menéndez) - Pier, Alfonso (81. Sánchez Jara) - Tore: Alfonso (45./0:1, 72./1:3), Alexis (53./1:2)

Real Betis Sevilla - 1. FC Kaiserslautern 1:0 (0:0)
1.11.1995 - 42.000 - Pairetto (Italien) - Jaro - Jaime, Merino, Vidakovic, Josete - Alexis, Cañas, Stosic, Jarni (84. Menéndez) - Pier (70. Arpón), Alfonso (88. Sabas) - Tor: Jarni (55.)

3. Runde

Sevilla FC - FC Barcelona 1:1 (1:0)
21.11.1995 - 45.000 - Muhmenthaler (Schweiz) - Sevilla FC: Unzué - Pedro, Jiménez, Prieto, Diego - Juanito, Rafa Paz, Moya - Suker, Marcos, Carlos (77. Tevenet) - FC Barcelona: Busquets - Ferrer, Nadal, Carreras, Sergi - Bakero, Figo, Celades, Kodro (80. Toni) - Roger (80. Guardiola), Hagi (88. De la Peña) - Tore: 1:0 Suker (45.), 1:1 Hagi (60.)

FC Barcelona - Sevilla FC 3:1 (0:0)
5.12.1995 - 70.000 - Ceccarini (Italien) - Barcelona: Lopetegui - Ferrer, Nadal, Guardiola, Popescu - Bakero, Figo (85. Toni), Roger, Oscar (65. Celades) - Hagi, Sergi - Sevilla FC: Unzué - Martagón, Jiménez, Prieto, Diego - Juanito (87. Tevenet), Pepelu, Moya - Suker, Marcos, Carlos (71. Quique Estebaranz) - Tore: 1:0 Bakero (61.), 2:0 Popescu (79.), 2:1 Moya (80.), 3:1 Roger (82.)

Girondins Bordeaux - Real Betis Sevilla 2:0 (1:0)
21.11.1995 - 17.000 - Ouzounov (Bulgarien) - Jaro - Jaime, Vidakovic, Olías, Josete - Cañas, Alexis, Sánchez Jara (73. Menéndez), Stosic - Arpón (67. Sabas), Pier

Real Betis Sevilla - Girondins Bordeaux 2:1 (2:1)
6.12.1995 - 37.000 - Pedersen (Norwegen) - Jaro - Josete (85. Menéndez), Vidakovic, Merino, Jaime (50. Arpón) - Alexis, Stosic, Jarni, Cañas (85. Márquez) - Pier, Sabas - Tore: Alexis (29./1:1), Stosic (45./2:1)

Viertelfinale

FC Barcelona - PSV Eindhoven 2:2 (1:1)
5.3.1996 - 70.000 - Frisk (Schweden) - Busquets - Sergi, Abelardo, Guardiola, Popescu - Bakero (78. De la Peña), Figo, Amor, Kodro - Cuéllar (64. Oscar), Roger (84. Moreno) - Tore: Bakero (20./1:1), Abelardo (70./2:2)

PSV Eindhoven - FC Barcelona 2:3 (1:2)
19.3.1996 - 30.000 - Levnikov (Rußland) - Busquets - Ferrer, Abelardo, Nadal, Sergi - Popescu, Guardiola, Amor, Bakero (51. Roger) - Hagi (84. Cuéllar), Figo (71. Celades) - Tore: Bakero (3./0:1), Figo (22./0:2), Sergi (79./2:3)

Halbfinale

FC Bayern München - FC Barcelona 2:2 (0:1)
2.4.1996 - 63.000 - Piraux (Belgien) - Busquets - Ferrer, Celades, Guardiola, Popescu - Bakero (75. De la Peña 75), Figo, Amor, Oscar (52. Jordi Cruijff) - Hagi (78. Carreras), Roger - Tore: Oscar (15./0:1), Hagi (77./2:2)

FC Barcelona - FC Bayern München 1:2 (0:1)
16.4.1996 - 110.000 - Ouzounov (Bulgarien) - Busquets - Ferrer (82. Abelardo), Nadal, Sergi, Popescu - Bakero, Figo, Amor, Kodro (64. Cuéllar) - Roger (74. De la Peña), Jordi Cruijff - Tor: De la Peña (89./1:2)

UI-Cup

kein Teilnehmer gemeldet

Ceskomoravsky
Fotbalovy Svavz

Diskarsa 100,
CR-16000 Prag 6 - Strahov
Telefon: ++42(2)20 51 35 75
Telefax: ++42(2)35 27 84

FIFA-Weltrangliste

Juli 1995:	30. Platz,	45,81 Punkte
Juli 1996:	4. Platz,	60,06 Punkte

UEFA-Fünfjahres-Wertung:

1996/97:	16. Platz,	17,00 Punkte

TSCHECHISCHE REPUBLIK 1995/96

Viel Ehr und wenig Geld

Auf den ersten Blick sieht die Saisonbilanz Tschechiens ziemlich gut aus: Sparta und Slavia Prag sorgten im UEFA-Pokal für Furore, die Nationalmannschaft wurde sensationell Vize-Europameister, und in der FIFA-Weltrangliste sprang das 10 Millionen-Einwohner-Land binnen eines Jahres um 26 Positionen bis auf Platz 4 hinter Brasilien, Deutschland und Frankreich!

Doch schaut man genauer hin, präsentieren sich zahlreiche Wermutstropfen. Das begann schon vor der Saison, als Gerüchte laut wurden, in der Saison 1994/95 seien Spiele „verschoben" worden. Bestraft wurden allerdings lediglich vier Schiedsrichter und der Absteiger FK Benesov, der anschließend im freien Fall in der dritten Liga landete. Im Winter 1995 sorgte dann Traditionsklub Sparta Prag, dem seine Finanzprobleme allmählich über den Kopf wuchsen, für Schlagzeilen. Über 30 Millionen Mark Schulden habe der von *General Motors* gesponserte Klub, hieß es, woraufhin die tschechische Telefongesellschaft das Telefon im Stadion *Letna* abklemmte. Zum Saisonende verließen dann mit Suchopárek (Straßburg), Smicer (Lens), Poborsky (Manchester), Nedved (Lazio Rom), Bejbl (Madrid) und Kouba (La Coruña) erneut sechs Starspieler das Land in Richtung „goldener Westen". „Uns geht es nun ebenso wie den Russen, Rumänen und Bulgaren, die schon seit Jahren regelmäßig darum kämpfen müssen, ihre im Ausland spielenden Nationalspieler zu Länderspielen freigestellt zu bekommen", stellte Nationaltrainer Dusan Uhrin anschließend besorgt fest.

Seine Sorgen gelten der nationalen I. Liga. Fast jeder der sechzehn Erstligaklubs klagt über Finanzprobleme und leere Stadien. Lediglich im

Die Nationalmannschaft der Tschechischen Republik

I. Liga	Gesamt							Heim					Auswärts				
	Sp	g	u	v	Tore	Diff.	Pkt.	g	u	v	Tore	Pkt.	g	u	v	Tore	Pkt.
1. SK Slavia Prag	30	23	1	6	68:28	+40	70	13	0	2	41:10	39	10	1	4	27:18	31
2. Sigma Olomouc MZ	30	19	4	7	54:33	+21	61	14	1	0	35:7	43	5	3	7	19:26	18
3. FK Jablonec	30	16	5	9	45:26	+19	53	13	1	1	33:8	40	3	4	8	12:18	13
4. AC Sparta Prag (M)	30	14	7	9	56:35	+21	49	11	3	1	35:8	36	3	4	8	21:27	13
5. FC Petra Drnovice	30	14	6	10	53:40	+13	48	9	4	2	37:16	31	5	2	8	16:24	17
6. FC Kaucuk Opava (N)	30	13	7	10	40:34	+6	46	9	3	3	25:12	30	4	4	7	15:22	16
7. FC Slovan Liberec	30	12	8	10	34:30	+4	44	11	1	3	28:11	34	1	7	7	6:19	10
8. FC Boby Brno	30	12	7	11	39:42	- 3	43	8	4	3	26:18	28	4	3	8	13:24	15
9. FC Viktoria Plzen	30	11	6	13	33:34	- 1	39	9	3	3	20:9	30	2	3	10	13:25	9
10. FK Viktoria Zizkov	30	9	10	11	38:43	-5	37	8	4	3	28:16	28	1	6	8	10:27	9
11. SK Ceské Budejovice	30	10	7	13	35:47	- 12	37	7	6	2	23:15	27	3	1	11	12:32	10
12. FC Baník Ostrava	30	10	5	15	40:46	- 6	35	9	2	4	31:19	29	1	3	11	9:27	6
13. FC Union Cheb * ↓	30	8	9	13	35:47	- 12	33	5	6	4	24:19	21	3	3	9	11:28	12
14. SK Hradec Králové	30	8	5	17	28:46	- 18	29	5	3	7	12:17	18	3	2	10	16:29	11
15. FC Svit Zlín ↓	30	6	9	15	17:38	- 21	27	4	6	5	7:8	18	2	3	10	10:30	9
16. Joko U. Hradiste (N) ↓	30	3	8	19	19:65	- 46	17	3	5	7	12:24	14	0	3	12	7:41	3

Anmerkungen: *=Union Cheb zog sich am Saisonende zurück

EC 1996/97: CL: Slavia Prag*, C2: Sparta Prag, UEFA: Sigma Olomouc, UI: Kaucuk Opava

* Slavia Prag scheiterte in der Qualifikation zur CL an Grasshoppers Zürich und startete im UEFA-Cup

südmährischen Brno fließen die Korunas reichlich. Der nach seinem Präsidenten Lubomir „Boby" Hrstka benannte Klub konnte sich über einen Zuschauerschnitt von knapp 18.000 Fans freuen. In Prag dagegen lockt lediglich das Traditionsderby zwischen Sparta und Slavia die Fans an, und selbst zu dem kamen selten über 10.000 Zuschauer. Der Zuschauerschnitt der beiden Rivalen liegt bei rund 3.000, zuwenig zum Leben, zuviel zum Sterben. Die verwöhnten Prager wollen eben lukrative Europapokalspiele sehen und bleiben bei Mannschaften wie Uherske Hradiste oder Kaucuk Opava zu Hause.

Dabei sind es längst nicht mehr ausschließlich Slavia und Sparta, die auf dem Spielfeld das Sagen haben. Insbesondere der ambitionierte und auch finanzkräftige FK Petra aus der zehn Kilometer östlich von Brno gelegenen Kleinstadt Drnovice überraschte. Erst am siebten Spieltag kassierte das Team um Radek Drulák, der einst für den VfB Oldenburg und den Chemnitzer FC stürmte, mit 1:2 in Ceské Budejovice die erste Saisonniederlage. Zweites Überraschungsteam war Slovan Liberec, das lange Zeit prächtig in der Spitzengruppe mitmischte. Erst nach der 1:2-Niederlage bei Slavia Prag verloren die Nordböhmen den Anschluß.

So stand die Saison schließlich doch im Zeichen der beiden Prager Traditionsteams Slavia und Sparta, die allerdings für höchst unterschiedliche Schlagzeilen sorgten. Titelverteidiger Sparta fiel vor allem mit außersportlichen Vorgängen auf. Zunächst setzte der 21fache Meister allerdings seine in der Vorsaison begonnene Siegesserie (19 Siege in Folge!) fort, und bezwang Ceské Budejovice mit 3:0. Anschließend gab es jedoch nur Unentschieden gegen Uherske Hradiste, Ostrava und Drnovice, ehe Sparta am 8. Spieltag mit 1:3 in Olomouc sogar die erste Niederlage seit fast einem Jahr kassierte! Allerdings hatte Trainer Jozef Jarabinsky, der Jürgen Sundermann im Frühjahr 1995 abgelöst hatte, bei jenem Spiel auf die Stammspieler Kouba, Nedved, Frydek und Lokvenc verzichtet, um sie für das UEFA-Pokalspiel gegen Silkeborg zu schonen.

Kurz darauf rückten Spartas Finanzprobleme in den Mittelpunkt, und der ebenso ehrgeizige wie autoritäre Präsident Petr Mach geriet zunehmend in die Kritik. Die Mannschaft verlor ihre Form, im Januar wurde Trainer Jarabinsky durch Vlastimil Petrzela ersetzt, doch mit Ausnahme der guten Europapokal-Auftritte konnten die Rot-Weißen keine Akzente mehr setzen.

Die Torschützen

Radek Drulák (Petra Drnovice)	22
Pavel Nedved (Sparta Prag)	14
Miroslav Baranek (Sigma Olomouc)	13
Karel Vácha (SK Ceské Budejovice)	11
Jirí Bartl (Kaucuk Opava)	11
Jan Saidl (SK Ceské Budejovice)	11
Robert Vágner (Slavia Prag)	11

Damit war die Bahn frei für Lokalrivale Slavia, der seit Jahrzehnten ein Mauerblümchendasein fristete und seinen letzten Meistertitel 1947 hatte feiern können. Nach einer überraschenden 1:2-Auftaktniederlage in Olomouc war die Mannschaft von Trainer Frantisek Cipro immer besser in Schwung gekommen und hatte nach einem 2:1-Sieg über Liberec am fünfzehnten Spieltag erstmals die Tabellenführung übernommen. Dabei waren die Sorgenfalten im *Dr. Vacka-Stadion*, von den Fans nur *Stadión Eden* genannt, vor Saisonbeginn immens gewesen, denn mit Patrik Berger (Dortmund) und Ivo Knoflicek (zum Drittligisten Prusanky) hatte der Vorjahreszweite erneut zwei Stammspieler verloren. Doch unter Führung des überragenden Karel Poborsky verzauberte der neunmalige Meister seine Fans und konnte bereits am viertletzten Spieltag den Titel feiern. Zwar unterlag Slavia an jenem Tag mit 0:3 in Drnovice, doch die gleichzeitige 1:2-Schlappe von Verfolger Olomouc beim längst feststehenden Absteiger Uherske Hradiste sorgte für die Entscheidung. Darüber hinaus sorgte die Mannschaft im UEFA-Pokal für Furore, als sie nacheinander Sturm Graz, den SC Freiburg, FC Lugano, RC Lens und AS Rom ausschaltete und erst im Halbfinale unglücklich an Girondins Bordeaux scheiterte.

Durch Slavias Siegesserie wurde deutlich, wo der Schlüssel zum langfristigen Erfolg des tschechischen Fußballs liegt: Auf internationaler Ebene. Das Erreichen der Champions League wäre nicht nur für den tschechischen Meister ein immenser Erfolg, sondern könnte dazu beitragen, die tschechischen Fußballstars künftig im Lande zu halten. Und nur wenn das gelingt, kann das kleine Land seine Spitzenposition in der FIFA-Weltrangliste auch verteidigen.

Daß Tschechien überhaupt in derart lichte Höhen klettern konnte, hat das kleine Land seiner Nationalmannschaft zu verdanken, die bei der EM in England großartig auftrumpfte. Dabei hatten sich die Uhrin-Schützlinge erst in der buchstäblich letzten Minute überhaupt qualifiziert und konnten sich darüber hinaus bei den Norwegern bedanken, die ihr EM-Ticket eigentlich schon in der Tasche hatten und plötzlich ein Spiel nach dem anderen verloren. Das Erreichen der EM-Endrunde war in Tschechien jedenfalls begeistert gefeiert worden; die Experten sprachen von einer Überraschung. Sie sahen sich bestätigt, als die Legionärsmannschaft - sieben der Stammformation verdienen ihr Geld im Ausland - im ersten Gruppenspiel gegen Deutschland eine 0:2-Niederlage kassierte. Selbst als es gegen Italien einen sensationellen 2:1-Sieg gab, sprach man mehr von Saccis Fehlern denn von Poborsky und Co. Erst der 1:0-Viertelfinalsieg über Portugal rüttelte an der Außenseiterrolle der Uhrin-Schützlinge, die anschließend auch noch Frankreich ausschalteten und plötzlich im Finale standen. Dort trafen sie auf Auftaktgegner Deutschland, der inzwischen gehörigen Respekt vor dem einstigen Nobody hatte. Patrik Berger brachte seine Farben im zweiten Spielabschnitt sogar in Führung, doch der eingewechselte Oliver Bierhoff zerstörte die kühnen Träume der Tschechen mit zwei Treffern.

Trotz der Niederlage wurde in der Nacht des 30. Juni auf dem berühmten Prager Wenzelsplatz bis in den Morgen gefeiert. ■

DER MEISTER

Slavia Prag

Auf dem Parkplatz vor dem altehrwürdigen Stadion Eden („Dr. Vacka") war die Hölle los. Hunderte von Slavia-Fans feierten ausgelassen ihre Mannschaft, obwohl diese mit 0:3 verloren hatte. Slavia war dennoch Meister geworden, denn auch der Verfolger aus Olomouc hatte verloren und damit den Weg zum ersten Titelgewinn nach 49 Jahren freigemacht.

Unter dem kommunistischen Regime hatte der gemeinsam mit Sparta traditionsreichste Klub der goldenen Stadt nicht viel zu lachen gehabt. Zahlreiche Umbenennungen und sogenannte „Delegierungen" talentierter Spieler zu den Lokalrivalen Sparta und Dukla hatten das Team aus dem Westen Prags immer wieder zurückgeworfen. Erst als die Kommunisten weg waren, brachen für die Männer in den rot-weißen Jerseys wieder bessere Zeiten an. 1992/93 wurde Slavia Vizemeister der damals noch bestehenden Tschechoslowakei und qualifizierte sich erst zum vierten Mal für den UEFA-Pokal.

Nach drei weiteren aufeinanderfolgenden Vizemeisterschaften klappte es nun endlich mit dem Titelgewinn. Trainer Frantisek Cipro, der vor Saisonbeginn Miroslav Beranek abgelöst hatte, konnte zufrieden sein. Sein größter Coup war die Verpflichtung des talentierten Mittelfeldspielers Karel Poborsky, den er nach dem ersten Saisonspiel vom Lokalrivalen Viktoria Zizkov loseiste. Gemeinsam mit Radek Bejbl, Jan Suchopárek und Vladimir Smicer bildete Poborsky eine kaum zu überwindende Achse gebildet und führte Slavia zum Titel. Vor allem auswärts trumpfte das Team auf und legte mit 31 Punkten den Grundstein zum Titel. Darüber hinaus sorgte Slavia im UEFA-Pokal für Furore. Spätestens nach dem sensationellen 2:0-Hinspielsieg gegen den AS Rom betrachtete man die Prager mit gehörigem Respekt. Im Rückspiel hatte Slavia allerdings Dusel, denn das entscheidende Auswärtstor fiel erst fünf Minuten vor Ende der Verlängerung.

IM BLICKPUNKT

Sparta Prag

Im Frühjahr 1996 war der Tiefpunkt erreicht. 500 Millionen Kronen Schulden (ca. 50 Millionen DM), ein völlig entnervter Präsident Petr Mach, der den Klub höchstpersönlich in die Krise gestürzt hatte und nun das sinkende Schiff panikartig verlassen wollte, auf dem Spielfeld eine Niederlage nach der anderen - der Niedergang eines der traditionsreichsten europäischen Fußballklubs nahm bedrohliche Ausmaße an. Die Meisterschaft war längst verspielt, im Europapokal hatte der AC

I. Liga	Slavia	Sigma	Jablonec	Sparta	Petra	Kaucuk	Slovan	Boby	Vik. Plzen	Vik. Zizkov	Ceske Bud.	Baník	Union	Hradec Kra.	Zlín	Uherske H.
Slavia Prag	•	4:0	2:1	0:2	1:2	3:0	2:1	2:1	2:1	5:0	3:0	2:0	2:0	2:1	2:0	9:1
Sigma Olomouc	2:1	•	2:1	3:1	2:0	3:2	3:0	2:0	3:0	1:1	4:0	1:0	3:1	1:0	3:0	2:0
FK Jablonec	2:1	4:2	•	1:0	0:1	2:1	1:0	3:0	1:0	5:0	2:1	3:0	0:0	4:2	1:0	4:0
Sparta Prag	3:1	0:2	1:1	•	2:1	1:1	3:1	4:0	1:0	1:0	3:0	1:1	3:0	5:0	3:0	4:0
Petra Drnovice	3:0	1:2	2:0	4:4	•	3:1	0:0	2:3	4:1	2:2	2:0	3:1	3:0	3:0	3:0	2:2
Kaucuk Opava	1:1	1:1	0:1	2:0	1:2	•	0:0	0:2	2:0	1:0	3:1	3:0	4:1	2:1	3:2	2:0
Slovan Liberec	2:3	2:0	1:0	1:0	4:0	1:0	•	1:0	1:0	0:0	2:1	3:0	2:3	3:2	1:2	4:0
Boby Brno	0:2	2:3	1:0	1:0	2:2	1:1	1:1	•	0:3	3:1	5:2	3:2	2:0	2:0	1:1	2:0
Viktoria Plzen	0:1	2:0	0:1	2:1	1:1	2:1	2:0	1:1	•	1:0	2:0	1:0	1:0	1:2	3:0	1:1
Viktoria Zizkov	1:3	1:2	1:0	1:4	1:0	1:1	1:1	4:0	2:0	•	4:0	2:1	2:0	2:2	3:0	2:2
SK Ceské Budejovice	2:3	2:1	3:0	2:0	2:1	1:1	0:0	0:0	2:2	1:1	•	1:0	3:3	0:3	2:0	2:0
Baník Ostrava	1:2	3:1	1:1	4:1	5:3	1:2	1:0	0:2	3:2	2:2	0:1	•	3:0	2:0	3:1	2:1
Union Cheb	1:3	1:1	2:0	3:3	1:2	3:1	4:0	3:1	1:2	2:2	0:0	1:1	•	0:2	1:1	2:0
SK Hradec Králové	0:3	1:3	2:2	0:2	1:0	0:1	0:0	1:0	0:0	2:0	1:2	2:1	0:1	•	0:2	2:0
Svit Zlín	0:1	0:0	0:0	1:1	1:0	0:1	0:1	0:0	1:0	0:1	1:0	0:0	0:2	1:1	•	2:0
Joko Uherske Hradiste	0:2	2:1	0:4	2:2	0:1	0:1	1:1	1:3	2:2	1:0	0:4	1:2	0:0	1:0	1:1	•

Mailand für das Aus gesorgt und den zahlreichen Sparta-Fans blieb nur noch der Pokal, über den sich das Team mit einem 4:0-Finalsieg über Petra Drnovice auch tatsächlich noch für Europa qualifizierte. Die Zukunft des Traditionsklubs sieht dennoch trübe aus. Kouba, Nedved, Budka, Koller und Vonásek verließen Sparta zum Saisonende, und Trainer Vlastimil Petrzela steht vor einer schwierigen Aufgabe.

Dabei hat das Team aus Prag-Holesovice großartige Voraussetzungen. Das frisch renovierte Letna-Stadion bietet für tschechische Verhältnisse großartigen Komfort, mit General Motors verfügen die Spartaner über einen potenten Sponsor und Petr Mach ist man auch losgeworden. Doch der Preis war hoch, denn Sparta kam vom Regen in die Traufe. Seit Sommer 1996 steht der Klub in Besitz des Schwerindustriegiganten VSZ, dessen Direktor Jan Smerek aus der Slowakei kommt. Ausgerechnet jener Slowakei, die von Tschechien 1992 liebend gerne in die Unabhängigkeit entlassen wurde, und die von den Pragern gemeinhin als „rückständig“ betrachtet wird.

2. Liga		Sp	g	u	v	Tore	Pkt.
1. FC Karviná Vítkovice	↑	30	17	6	7	36:18	57
2. FK Teplice	↑	30	16	8	6	41:23	56
3. FC Tatran Postorna*		30	15	6	9	50:44	51
4. Bohemians Prag	↑	30	13	9	8	48:32	48
5. TZ Trinec		30	12	12	8	46:33	48
6. FC Príbram		30	12	7	11	42:32	43
7. FC Alfa Slusovice		30	11	9	10	44:38	42
8. SK LeRK Brno		30	9	15	6	34:26	42
9. SK Chrudim		30	11	7	12	40:38	40
10. VP Frydek-Mistek		30	10	8	12	34:36	38
11. FK Chmel Blsany		30	8	13	9	28:31	37
12. FK Baník Havírov		30	7	14	9	40:45	35
13. FK GSSW Arma Ústí		30	7	12	11	39:43	33
14. SK Pardubice		30	8	6	16	29:43	30
15. SK Turnov	↓	30	5	10	15	23:45	25
16. FK Benesov	↓	30	5	6	19	25:62	21

* = Tatran Postormo verzichtete auf den Aufstieg

DER POKAL

Viertelfinale

Kaucuk Opava - FK Jablonec	4:3 n.E., 0:0 n.V.
FK Teplice - FK Jihlava	5:4 n.E., 0:0 n.V.
Petra Drnovice - FK Príbram	3:0
Sparta Prag - Slavia Prag	2:0

Halbfinale (Hin- und Rückspiele)

Petra Drnovice - FK Jablonec	2:1
FK Teplice - Sparta Prag	1:4

Finale (22. Mai 1996, Strahov, Prag, 7.814)

Sparta Prag - Petra Drnovice 4:0 (2:0)

Sparta: Kouba - Novotny - Hornák, Repka, Vonásek (81. Tyce), Mistr, Svoboda, Budka, Nedved - Frydek, Lokvenc (85. Obajdin)

Petra: Bernady - Nesicky (61. Postulka) - Slachta, Silhavy - Vesely, Baránek, Kafka, Weber, Lasota - Timko (65. Rusnák), Drulák

Schiedsrichter: Bohunek

Tore: 1:0 Nedved (26.), 2:0 Svoboda (45.), 3:0 Nedved (55.), 4:0 Kouba (71./Elfmeter)

DER NEWCOMER

Karel Poborsky

Am 23. Juni 1996 wurde er zur Legende. In der 53. Minute des Viertelfinalspiels zwischen Tschechien und Portugal nahm sich Karel Poborsky die Lederkugel, marschierte auf der linken Seite auf und davon und überwand Vítor Baía im portugiesischen Tor mit einem traumhaften Lupfer. Tschechien stand im Halbfinale und Karel Poborsky in den Schlagzeilen. Für den 1972 im südtschechischen Kurörtchen Trebon geborenen offensiven Mittelfeldspieler war das Tor das I-Tüpfelchen auf eine Traumsaison, die mit dem Meistertitel und den glänzenden Europacupauftritten fast alles gebracht hatte.

Zehn Jahre zuvor war der damals 14jährige Poborsky in eine Akademie für außergewöhnliche junge Sportler aufgenommen worden und hatte sich Ceské Budejovice angeschlossen. 1993 wechselte er zum Prager Stadtteilklub Viktoria Zizkov und gab am 23. Februar 1994 sein Debüt in der tschechischen Nationalelf. Im August 1995 wechselte Poborsky überraschend zu Slavia Prag und mußte seinen Schritt nicht bereuen.

Seine zehn Saisontore und vor allem das 1:0-Führungstor im UEFA-Cup-Spiel gegen den AS Rom verhalfen dem Klub zur besten Saison der Vereinsgeschichte und rückten Poborsky in den Mittelpunkt. Dennoch war der 24jährige einer der wenigen tschechischen Akteure, der vor dem EM-Turnier noch keinen Vertrag im Ausland unterzeichnet hatte.

Seine grandiosen Auftritte in England ließen die Bewerber rasch Schlange stehen und Poborsky entschied sich für Manchester United. Daheim fragen sich seine Freunde nun, wie der introvertierte Techniker in der englischen Großstadt zurechtkommt. „Der ist doch von Prag aus schon dauernd in seinen Heimatort Trebon gefahren, weil es ihm zu hektisch war“.

DIE LÄNDERSPIELE

Norwegen - Tschechien 1:1 (0:1) EMQ
16. 8. 1995 - Oslo - 22.054 - Chusainov (Rußland) - Kouba - Hápal, Suchopárek, Kadlec, Repka - Látal (78. Samec), Frydek, P. Berger (46. Nedved), Nemec - Drulák (78. Poborsky), Kuka - Trainer: Uhrin - Tor: Suchopárek (85./1:1)

Tschechien - Norwegen 2:0 (1:0) EMQ
6. 9. 1995 - Prag - 19.500 - Röthlisberger (Schweiz) - Kouba - Látal, Kadlec, Suchopárek, Repka - Nemecek, Frydek (71. Poborsky), Nemec, Nedved - Kuka (19. Drulák), Skuhravy (81. Lokvenc) - Trainer: Uhrin - Tore: Skuhravy (6./1:0/Elfmeter), Drulák (87./2:0)

Weißrußland - Tschechien 0:2 (0:1) EMQ
7. 10. 1995 - Minsk - 9.500 - Frisk (Schweden) - Kouba - Kadlec, Repka, Nedved (73. P. Berger) - Hápal, Látal, Nemecek (15. Hornak), Frydek (87. Poborsky), Nemec - Drulák, Kuka - Trainer: Uhrin - Tore: Frydek (25./0:1), Berger (84./0:2)

Tschechien - Luxemburg 3:0 (1:0) EMQ
15. 11. 1995 - Prag - 20.239 - Wieser (Österreich) - Kouba - Hápal, Kadlec, Suchopárek - Látal, Nemecek (70. Poborsky), Frydek, Berger (83. Smicer), Nedved - Kuka (86. Lokvenc), Drulák - Trainer: Uhrin - Tore: Drulák (37./1:0, 46./2:0), Berger (56./3:0)

Kuwait - Tschechien 1:2 (0:2)
13. 12. 1995 - Kuwait City - 2.000 - Al-Basti (Kuwait) - Maier - Rada, Kozel, Gabriel - Bejbl, Navrátil, Necas (66. Galásek), Lasota, Baránek (55. Vágner) - Drulák, Obajdin (80. Hromádko) - Trainer: Uhrin - Tore: Gabriel (5./0:1), Drulák (30./0:2)

Tschechien - Türkei 3:0 (1:0)
26. 3. 1996 - Ostrava - 10.828 - Ihring (Slowakei) - Kouba - Hornák (70. Kozel), Kadlec, Suchopárek - Látal, Poborsky (67. Navrátil), Nemecek (46. Bejbl), Nedved, Hápal - Kuka, Drulák (82. Postulka) - Trainer: Uhrin - Tore: Suchopárek (14./1:0), Kuka (59./2:0, 90./3:0/Elfmeter)

Tschechien - Irland 2:0 (0:0)
24. 4. 1996 - Prag - 6.118 - Strampe (Deutschland) - Kouba - Kadlec (46. Kubik), Hornák (73. Rada), Repka, Látal (59. Nedved), Nemecek (46. Bejbl), Berger, Frydek, Hápal, Drulák, Kuka (78. Kerbr) - Tore: Frydek (61./1:0), Kuka (68./2:0)

Österreich - Tschechien 1:0 (0:0)
29. 5. 1996 - Salzburg - 5.100 - Reed (England) - Srnicek - Kadlec (46. Kubik), Nemecek (60. Hornák), Suchopárek, Látal, Bejbl, Nemec (46. Berger), Frydek, Nedved, Poborsky (77. Kerbr), Kuka (63. Smicer) - Trainer: Uhrin

Schweiz - Tschechien 1:2 (1:1)
1. 6. 1996 - Basel - 15.000 - Dardenne (Deutschland) - Kouba - Hornák, Kadlec, Suchopárek - Látal, Bejbl, Frydek (58. Berger), Nemec, Nedved - Kuka, Drulák (46. Poborsky) - Trainer: Uhrin - Tore: Kuka (23./1:0, 84./2:1)

Tschechien - Deutschland 0:2 (0:2) EM-VR
9. 6. 1996 - Manchester (England) - 42.000 - Elleray (England) - Kouba - Kadlec - Hornák, Suchopárek - Bejbl, Látal, Frydek (46. Berger), Nemec, Nedved - Poborsky (46. Drulák), Kuka - Trainer: Uhrin

Tschechien - Italien 2:1 (2:1) EM-VR
14. 6. 1996 - Liverpool (England) - 37.350 - López Nieto (Spanien) - Kouba - Kadlec - Hornák, Suchopárek - Poborsky, Látal (88. Nemecek), Bejbl, Nedved, Berger (64. Smicer), Nemec - Kuka - Trainer: Uhrin - Tore: Nedvéd (5./1:0), Bejbl (36./2:1)

Tschechien - Rußland 3:3 (2:0) EM-VR
19. 6. 1996 - Liverpool (England) - 15.000 - Frisk (Schweden) - Kouba - Kubik - Hornák, Suchopárek - Látal, Bejbl, Nedved, Nemec - Poborsky, Berger - Kuka (69. Smicer) - Trainer: Uhrin - Tore: Suchopárek (7./1:0), Kuka (18./2:0), Smicer (88./3:3)

Tschechien - Portugal 1:0 (0:0) EM-VF
23. 6. 1996 - Birmingham (England) - 25.000 - Krug (Deutschland) - Kouba - Kadlec - Suchopárek, Hornák - Látal, Bejbl, Nemecek (90. Berger), Nemec - Poborsky, Smicer (85. Kubik) - Kuka - Trainer: Uhrin - Tor: Poborsky (53./1:0)

Tschechien - Frankreich 6:5 n.E., 0:0 n.V. EM-HF
26. 6. 1996 - Manchester (England) - 43.877 - Mottram (Schottland) - Kouba - Kadlec - Hornák, Rada - Nedved, Nemecek, Nemec (84. Kubik), Novotny - Poborsky, Smicer (46. Berger) - Drulák (70. Kotulek) - Trainer: Uhrin

Tschechien - Deutschland 1:2 n.V. (0:0; 1:1) EM-F
30. 6. 1996 - London (England) - 76.000 - Pairetto (Italien) - Kouba - Kadlec - Suchopárek, Rada, Hornák - Nedved, Bejbl, Nemec - Poborsky (88. Smicer), Berger - Kuka - Trainer: Uhrin - Tor: Berger (59./1:0/Elfmeter)

DER EUROPAPOKAL

Europapokal der Landesmeister

Meister Sparta Prag startete im UEFA-Pokal-Wettbewerb

Europapokal der Pokalsieger

Qualifikation

FC Vaduz - SK Hradec Králové 0:5 (0:3)
10. 8. 1995 - 1.300 - Beusan (Kroatien) - Vahala - Urban, Vrábel, Urbánek - Ulich, Hynek (65. Drozd), Cerny, Smarda, Ptácek - Kincl (58. Holub), Samec (75. Masek) - Tore: Cerny (15./0:1), Samec (30./0:2, 49./0:4, 59./0:5), Ptácek (32./0:3)

SK Hradec Králové - FC Vaduz 9:1 (5:1)
24. 8. 1995 - 3.558 - Pyanikh (Ukraine) - Postulka - Urban - Rehák, Vrábel (65. Pilny) - Ulich, Dzubara, Cerny, Ptácek, Smarda (58. Drozd), Samec (71. Masek), Holub - Tore: Samec (14./1:0, 19./3:0, 30./4:1, 53./7:1), Urban (15./2:0, 82./9:1/Elfmeter), Vrábel (37./5:1, 50./6:1), Smarda (64./8:1)

1. Runde

SK Hradec Králové - FC Kopenhagen 5:0 (2:0)
14. 9. 1995 - 4.532 - Koho (Finnland) - Tore: Samec (32./1:0, 76./4:0), Hynek (39./2:0), Cerny (53./3:0), Ptácek (90./5:0)

FC Kopenhagen - SK Hradec Králové 2:2 (1:2)
28. 9. 1995 - 4.432 - Ferry (Nordirland) - Tore: Urban (8./0:1), Rehák (12./0:2)

2. Runde

Dinamo Moskau - SK Hradec Králové 1:0 (0:0)
19. 19. 1995 - 4.000 - O'Henlon (Irland)

Hradec Králové - Dinamo Moskau 1:3 n.E., 1:0 n.V. (1:0)
2. 11. 1995 - 11.540 - Olsen (Norwegen) - Tor: Kaplan (15./1:0)

UEFA-Pokal

Qualifikation

Sturm Graz - Slavia Prag 0:1 (0:0)
8. 8. 1995 - 5.000 - Leduc (Frankreich) - Tor: Bejbl (83./0:1)

Slavia Prag - Sturm Graz 1:1 (1:0)
22. 8. 1995 - 5.430 - Cinciripini (Italien) - Tor: Hysky (45./1:0)

Sparta Prag - Galatasaray Istanbul 3:1 (2:0)
8. 8. 1995 - 18.000 - Pinto Correia (Portugal) - Tore: Nedved (18./1:0, 73./3:1), Lokvenc (23./2:1)

Galatasaray Istanbul - Sparta Prag 1:1 (1:1)
22. 8. 1995 - 28.000 - Beschin (Italien) - Tor: Nedved (22./1:1)

1. Runde

SC Freiburg - Slavia Prag 1:2 (0:1)
12. 9. 1995 - 18.000 - Fisker (Dänemark) - Stejskal - Suchopárek, Penicka, Hysky, Vávra (88. Hogen), Lerch, Bejbl, Kristofík (29. Smejkal), Novotny, Poborsky, Vágner (61. Hunal) - Tore: Novotny (22./0:1), Penicka (75./0:2) - Gelb/Rot: Hysky (59.)

Slavia Prag - SC Freiburg 0:0
26. 9. 1995 - 9.300 - Rubio Valdivieso (Spanien) - Stejskal - Suchopárek, Jirásek, Penicka, Vávra, Lerch (62. Pixa), Kristofík, Bejbl, Novotny, Vágner (86. Hogen), Smicer (83. Jarolím)

Sparta Prag - Silkeborg IF 0:1 (0:1)
12. 9. 1995 - 10.875 - Craciunescu (Rumänien)

Silkeborg IF - Sparta Prag 1:2 (0:1)
26. 9. 1995 - 5.200 - Dardenne (Deutschland) - Tore: Lokvenc (21./0:1), Nemec (51./0:2)

2. Runde

FC Lugano - Slavia Prag 1:2 (0:2)
17. 10. 1995 - 4.000 - Melo Pereira (Portugal) - Stejskal - Kozel - Hysky, Novotny, Penicka, Poborsky (89. Jirásek), Krisofik (55. Lerch), Bejbl, Smejkal - Vágner, Smicer (83. Jarolim) - Tore: Vágner (19./0:1), Penicka (25./0:2)

Slavia Prag - FC Lugano 1:0 (0:0)
31. 10. 1995 - 8.821 - Loizou (Zypern) - Stejskal - Kozel - Suchopárek, Hunal (85. Jirasek) - Kristofik, Hysky, Penicka, Poborsky, Smejkal (76. Vávra), Smicer, Vágner (89. Jarolim) - Smicer (62./1:0)

Sparta Prag - Zimbru Chisinau 4:3 (2:0)
17. 10. 1995 - 8.147 - Reed (England) - Tore: Frydek (20./1:0), Nedved (45./2:0/Elfmeter, 57./3:1), Budka (58./4:1)

Zimbru Chisinau - Sparta Prag 0:2 (0:1)
31. 10. 1995 - 12.000 - Grabher (Österreich) - Koller (45./0:1), Vonásek (64./0:2)

Achtelfinale

Slavia Prag - RC Lens 0:0
21. 11. 1995 - 8.032 - Benkö (Österreich) - Stejskal - Penicka, Kozel, Hysky - Bejbl, Poborsky, Kristofík, Smejkal, Novotny - Smicer, Vágner (60. Vávra)

RC Lens - Slavia Prag 0:1 n.V. (0:0)
7. 12. 1995 - 27.680 - Wojcik (Polen) - Stejskal - Hysky (46. Hunal), Kozel, Suchopárek - Penicka (114. Vávra), Kristofík (95. Vágner), Bejbl, Smejkal, Novotny - Poborsky, Smicer - Tor: Poborsky (96./0:1)

Milan AC Mailand - Sparta Prag 2:0 (1:0)
23. 11. 1995 - 12.758 - van den Wijngaert (Belgien) - Kouba - Repka, Novotny, Hornák - Mistr, Budka, Tyce, Frydek, Nedved - Lokvenc, Koller (63. Svoboda)

Sparta Prag - Milan AC Mailand 0:0
7. 12. 1995 - 17.000 - Lopez Nieto (Spanien) - Kouba - Hornák, Repka, Pozár - Mistr, Svoboda, Budka, Vonásek, Nedved - Frydek (76. Koller), Lokvenc

Viertelfinale

Slavia Prag - AS Rom 2:0 (1:0)
5. 3. 1996 - 14.372 - Mottram (Schottland) - Stejskal - Penicka, Kozel, Suchopárek - Lerch, Bejbl, Kristofík (66. Hysky), Poborsky, Novotny - Smicer (89. Hunal), Vágner (73. Vávra) - Tore: Poborsky (11./1:0), Vágner (51./2:0)

AS Rom - Slavia Prag 3:1 n.V. (0:0, 2:0)
19. 3. 1996 - 70.000 - Uzunov (Bulgarien) - Stejskal - Hysky, Kozel, Suchopárek - Lerch (91. Stajner), Penicka, Bejbl, Kristofík (69. Vávra), Novotny - Smicer (86. Vágner), Poborsky - Tor: Vávra (115./3:1)

Halbfinale

Slavia Prag - Girondins Bordeaux 0:1 (0:1)
2. 4. 1996 - 17.523 - van der Ende (Niederlande) - Stejskal - Lerch, Hysky (29. Hunal), Kozel, Novotny - Poborsky, Bejbl, Kristofík (46. Vávra), Smejkal (77. Stajner) - Smicer, Vágner

Girondins Bordeaux - Slavia Prag 1:0 (0:0)
16. 4. 1996 - 31.500 - Nikakis (Griechenland) - Stejskal - Lerch, Suchopárek, Penicka, Kozel, Hunal (73. Hysky) - Bejbl, Kristofík (72. Stajner), Poborsky - Smicer, Vávra

UI-Cup

Boby Brno - FC Groningen	1:2
Etar Veliko Tarnovo - Boby Brno	3:2
Boby Brno - KSK Beveren	3:2
Ceahlaul Piatra Neamr - Boby Brno	2:0

Dramatik zum Saisonende

Von Zeki Domaç

Türkiye Futbol Federasyonu

Konaklar Mah. Ihlamurlu
Sok. 9, 4 Levent,
TR-80620 Istanbul
Telefon: ++90 (212) 282 70 20
Telefax: ++90 (212) 282 70 15

FIFA-Weltrangliste

Juli 1995:	31. Platz,	45,59 Punkte
Juli 1996:	31. Platz,	45,70 Punkte

UEFA-Fünfjahreswertung

1996/97:	11. Platz,	22,916 Punkte

Fußball in der Türkei - das ist Enthusiasmus, Begeisterung, mitunter Fanatismus. In keinem anderen europäischen Land erreicht die Atmosphäre derartige Ausmaße, wie in dem europäisch-asiatischen Schwellenland. Als sich die türkische Nationalmannschaft am 15. November 1995 durch ein 2:2 in Schweden endgültig für die Europameisterschaft qualifiziert hatte, tanzten Hunderttausende freudetrunkener Fans auf den Straßen Istanbuls und sorgten für ein fröhliches Verkehrschaos. Sie feierten nicht nur den Einzug in die EM-Endrunde - sie feierten vor allem den langersehnten Einzug des türkischen Fußballs in die europäische Spitze.

Ganz allmählich näherte sich das Land am Bosporus der Elite an. 1994 schaltete Galatasaray auf dem Weg in die Champions League Manchester United aus. Ein Jahr später bezwang derselbe Klub den FC Barcelona im Champions League-Gruppenspiel. Und im Sommer 1995 wechselte mit Sükür Hakan erstmals seit Jahrzehnten wieder ein türkischer Spitzenspieler zu einem italienischen Erstligisten (AC Turin). Auch wenn Hakan nach nur fünf Spielen als „unbrauchbar“ zurückgeschickt wurde - für die türkischen Fans blieb er ein Nationalheld.

Die Erfolge des türkischen Fußballs auf internationaler Ebene wirkten sich auch auf die 1. Liga

Türkischer Meister 1996: Fenerbahçe SK Istanbul

Türkiye Profesyonel Ligi	Gesamt						Heim					Auswärts				
	Sp	g	u	v	Tore	Pkt.	g	u	v	Tore	Pkt.	g	u	v	Tore	Pkt.
1. Fenerbahçe Istanbul SK	34	26	6	2	68:19	84	14	3	0	41:7	45	12	3	2	27:12	39
2. Trabzonspor (P)	34	26	4	4	79:24	82	13	2	2	39:10	41	13	2	2	40:14	41
3. Besiktas JK Istanbul(M)	34	22	3	9	74:46	69	12	1	4	48:26	37	10	2	5	26:20	32
4. Galatasaray Istanbul	34	21	5	8	67:38	68	12	1	4	36:14	37	9	4	4	31:24	31
5. Kocaelispor Izmir	34	16	11	7	61:43	59	10	5	2	33:16	35	6	6	5	28:27	24
6. Gaziantepspor	34	14	7	13	42:43	49	11	4	2	31:17	37	3	3	11	11:26	12
7. Antalyaspor	34	13	6	15	45:55	45	9	3	5	25:19	30	4	3	10	20:36	15
8. Samsunspor	34	12	7	15	46:46	43	9	4	4	32:20	31	3	3	11	14:26	12
9. Bursaspor	34	10	11	13	56:48	41	7	5	5	37:21	26	3	6	8	19:27	15
10. Gençlerbirligi Ankara	34	10	11	13	41:48	41	7	5	5	28:22	26	3	6	8	13:26	15
11. Ankaragücü	34	10	7	17	36:56	37	8	5	4	24:15	29	2	2	13	12:41	8
12. Altay SK Izmir	34	9	9	16	35:56	36	6	4	7	21:25	22	3	5	9	14:31	14
13. Istanbulspor (N)	34	8	11	15	46:57	35	3	6	8	21:30	15	5	5	7	25:27	20
14. Vanspor	34	8	11	15	32:50	35	7	6	4	22:17	27	1	5	11	10:33	8
15. Denizilspor	34	8	10	16	38:50	34	4	5	8	16:22	17	4	5	8	22:28	17
16. Kayserispor ↓	34	7	11	16	41:61	32	5	6	6	24:20	21	2	5	10	17:41	11
17. Eskisehirspor (N) ↓	34	10	2	22	40:68	32	6	1	10	23:26	19	4	1	12	17:42	13
18. Karsiyaka Külübü (N) ↓	34	7	6	21	26:65	27	5	3	9	16:29	18	2	3	12	10:36	9

EC 1996/97: CL: Fenerbahçe, EC2: Galatasaray, UEFA: Trabzonspor, Besiktas, UI: Kocaelispor, Gaziantep, Antalyaspor

des Landes aus. Sie brachten Geld in die Klubkassen, und die Vereine waren nur allzu bereit, es für hochkarätige Namen auszugeben. Fenerbahçe verpflichtete den brasilianischen Weltmeistertrainer Carlos Alberto Parreira. Galatasaray nahm den Schotten Graeme Souness unter Vertrag, und Aufsteiger Istanbulspor übergab das Traineramt an den Niederländer Leo Beenhakker.

Auf dem Spielermarkt passierten Dinge, von denen man in den achtziger Jahren nur hätte träumen können. Für 5 Millionen DM verpflichtete der Christoph Daum-Klub Besiktas Istanbul Stefan Kuntz vom 1. FC Kaiserslautern. Noch tiefer griff Galatasaray in die Tasche, das für den Waliser Dean Saunders 8 Millionen DM auf den Tisch legte.

Der Saisonverlauf entwickelte sich zu einem „Vier-Länder-Kampf". Es standen sich gegenüber: Der Brasilianer Carlos Alberto Parreira (Fenerbahçe), der Schotte Graeme Souness (Galatasaray), der Deutsche Christoph Daum (Besiktas) und der Türke Senol Günes (Trabzonspor).

Sieger des Kampfes wurde Carlos Alberto Parreira, der seinen türkischen Kollegen Günes knapp hinter sich ließ.

Parreira führte Fenerbahçe nach sieben Jahren ohne Meistertitel auf Anhieb zum Erfolg zurück. Gleichzeitig war Fenerbahçe eines der wenigen türkischen Teams, in denen ausländische Spieler kaum eine Rolle spielten. Der Engländer Dalian Atkinson kam nur in wenigen Spielen zum Einsatz und verließ den Klub zum Saisonende. Er nahm einen nagelneuen Mercedes mit, dem ihm Fenerbahçes Präsident Sen für seinen Hattrick im Spiel gegen Galatasaray geschenkt hatte.

Torjäger

Shota Arveladze (Trabzonspor)	25
Elvir Bolic (Fenerbahçe)	22
Saffet Sancakli (Kocaelispor)	21
Ertugrul Saglam (Besiktas JK)	18

Fenerbahçes Glanzstück war die Abwehr. 19 Gegentore in 34 Spielen - das ist die mit Abstand beste Bilanz aller 18 Erstligisten.

Zu verdanken war sie Torhüter Reçber Rüstü, der nach einem Beinbruch des Stammkeepers Ipekoglu ins Fenerbahçe-Tor mußte und seine Sache so gut machte, daß er von Ipekoglu auch nach dessen Genesung nicht mehr vertrieben wurde und selbst in der Nationalelf Stammkeeper wurde.

Das Mittelfeld - Parreira ließ ein 3-5-2 spielen - verfügte mit Uygun Bülent, Çetin Oguz und dem während der Saison 94/95 von den Stuttgarter Kickers gekommenen Asik Emre über drei Topleute. Im Sturm sorgte der Bosnier Elvir Bolic gemeinsam mit Kocaman Aykut für Unruhe. Bolic wurde am Saisonende türkischer Vize-Torjäger.

Türkiye Profesyonel Ligi	Fenerbahçe	Trabzon	Besiktas	Galatasaray	Kocaeli	Gaziantep	Antalya	Samsun	Bursa	Gençlerb.	Ankaragücü	Altay	Istanbulsp.	Vanspor	Denizli	Kayseri	Eskisehir	Karsiyaka
Fenerbahçe SK Istanbul	•	3:1	2:0	3:1	4:0	1:0	3:1	1:0	1:1	0:0	2:0	2:2	2:0	3:0	2:0	2:1	6:0	4:0
Trabzonspor SK	1:2	•	3:1	4:1	2:0	0:0	2:0	1:0	0:0	3:1	3:1	2:0	2:1	0:1	3:0	3:1	7:1	3:0
Besiktas JK Istanbul	1:2	2:0	•	1:2	3:5	5:3	3:0	4:2	4:1	2:2	2:1	3:0	5:2	3:1	0:4	4:1	2:0	4:0
Galatasaray SK Istanbul	2:0	0:0	1:3	•	0:4	2:0	1:2	1:0	3:1	0:1	5:0	3:1	4:2	2:0	1:0	5:0	3:0	3:0
Kocaeli SK Izmir	0:1	1:3	1:0	1:1	•	2:2	2:2	3:1	4:2	2:0	2:0	1:1	0:0	1:0	4:2	5:0	2:1	2:0
Gaziantepspor	2:2	0:0	1:1	1:1	2:4	•	2:0	3:0	3:0	2:0	1:0	2:1	1:6	1:0	3:2	1:0	3:0	3:0
Antalyaspor	0:1	0:2	0:3	0:2	1:1	0:1	•	2:1	4:2	1:0	2:1	2:1	0:0	4:1	1:0	3:3	1:0	4:0
Samsunspor	0:3	0:1	0:1	3:2	0:0	1:0	2:2	•	1:0	3:0	2:1	4:0	4:4	4:1	1:3	0:0	3:1	4:1
Bursaspor	0:0	1:2	1:2	2:0	2:2	3:0	2:1	2:4	•	1:1	8:0	0:1	2:1	5:0	2:2	1:2	2:2	3:1
Gençlerbirligi SK Ankara	3:1	1:3	1:2	1:2	1:1	1:0	6:3	0:0	2:1	•	1:2	1:2	2:0	1:1	1:1	1:1	3:2	2:0
Ankaragücü	0:3	1:3	0:1	2:2	4:0	0:0	2:1	1:0	1:0	2:0	•	4:0	3:1	0:0	1:1	1:1	1:2	1:0
Altay SK Izmir	0:1	2:5	3:0	2:5	3:2	2:1	1:2	0:0	1:3	1:3	1:0	•	0:0	1:1	1:2	2:0	1:0	0:0
Istanbulspor	1:2	1:4	2:3	1:1	1:2	2:0	1:0	0:2	1:1	1:1	0:0	1:1	•	1:1	2:3	5:2	1:3	0:4
Vanspor	0:3	0:x	2:0	0:1	2:2	2:0	1:1	0:0	1:1	0:1	4:1	2:0	0:0	•	3:1	1:0	3:0	1:1
Denizlispor	0:0	0:3	0:3	1:3	0:0	0:1	3:1	1:2	0:0	3:0	2:3	1:0	1:2	0:0	•	2:2	1:2	1:0
Kayserispor	1:3	1:2	1:1	1:2	1:0	1:2	4:0	3:2	0:0	2:2	4:1	1:1	0:1	3:1	0:0	•	0:1	1:1
Eskisehirspor	1:2	0:2	2:3	1:2	0:3	2:0	0:2	3:0	1:3	2:0	2:1	1:2	1:2	2:1	1:1	4:0	•	0:2
Karsiyaka Külübü	0:1	1:4	0:2	0:3	1:2	2:1	1:2	1:0	0:3	1:1	0:0	1:1	0:3	2:1	2:0	1:3	3:2	•

Anmerkung: Das Spiel Vanspor - Trabzonspor (1:5) wurde mit 0:5 gewertet, weil Trabzonspors Torhüter Nihat mit Steinen beworfen worden war

Titelverteidiger Besiktas Istanbul hatte weitaus weniger zu lachen. Die Schützlinge von Christoph Daum versetzten ihren zahlreichen Fans schon zu Saisonbeginn einen Schock, als sie in der Qualifikation zur Champions League am norwegischen Meister Rosenborg Trondheim scheiterten. Anschließend geriet Torhüter Raimond Aumann in die Kritik. Dem Ex-Münchener wurde die Schuld an allen sechs Gegentoren gegeben. Aumann stritt dies ab und verspielte sich damit sämtliche Sympathien. Nach einigen Wochen der Querelen verließ er Istanbul und heuerte beim FC Bayern München als Fan-Betreuer an.

Der mit Stefan Kuntz und dem Norweger Johnsen verstärkte Titelverteidiger kam anschließend kaum mehr aus den Negativschlagzeilen heraus. Als Besiktas am 1. Oktober 1995 mit 0:2 bei Fenerbahçe verlor und damit auf Rang 4 in der Tabelle abrutschte, setzten wütende Fans auf der Tribüne Sitzschalen in Brand. Es gab Querelen über Querelen. Am Ende landete das Team abgeschlagen auf Platz 3, wobei Christoph Daum das Saisonende nicht mehr miterlebte, denn er wurde nach der 0:4-Heimniederlage gegen Denizlispor am drittletzten Spieltag gefeuert.

Dem Lokalrivalen Galatasaray erging es kaum besser. Graeme Souness gelang es nicht, sich an die einzigartigen türkischen Verhältnisse zu gewöhnen, und in der Meisterschaft verpaßte *Cimbom* („Knallbum", Galatasarays Spitzname) sogar einen UEFA-Pokal-Platz. Dafür hielten sich die Souness-Schützlinge im Pokalfinale gegen Fenerbahçe schadlos. Nach einem 1:0-Hinspielsieg in Galatasarays *Ali Sami Yen*-Stadion gewann Fenerbahçe das Rückspiel vor eigenem Publikum ebenfalls mit 1:0 und die Partie ging in die Verlängerung. Vier Minute vor deren Ende schlug Dean Saunders zu - und verhinderte Fenerbahçes Double. Anschließend sorgte Trainer Souness für einen Skandal, als er eine Galatasaray-Fahne mitten auf das Spielfeld pflanzte. Souness mußte anschließend von Soldaten vor den empörten Fenerbahçe-Fans geschützt werden, die meinten, Souness habe den Boden entweiht und forderten, er „solle den Platz umgraben und den Sand ersetzen". In der Meisterschaft war es der Zweikampf zwischen Fenerbahçe und Trabzonspor, der die Fans in Atem hielt. Die Mannschaft aus der 160.000-Einwohner Stadt Trabzon am Schwarzen Meer war im Vorjahr Vizemeister und Pokalsieger geworden und wollte nun erstmals seit 1984 wieder den Titel holen. Trainer Senol Günes verfügte mit dem georgischen Stürmer Shota Arveladze über den türkischen Top-Torjäger, und hatte mit Torhüter Tümkaya Nihat sowie den Verteidigern Temizkanoglu Ogün und Özköylü Osman auch im Abwehrbereich hochkarätige Spieler zu bieten.

Fünf Spieltage vor dem Saisonende schien alles entschieden zu sein. Trabzonspor wies vier Punkte Vorsprung auf Fenerbahçe auf und begann schon mal, sein Stadion für die erwarteten Champions League-Spiele herauszuputzen. Für die Männer vom Schwarzen Meer stand ein Heimspiel gegen den extrem auswärtsschwachen Abstiegskandidaten Vanspor an, und sie wollten dem Meistertitel einen gewaltigen Schritt näher kommen.

Vor erwartungsfrohem Publikum im heimischen *Avni Aker*-Stadion stürmten die Weinroten neunzig Minuten lang nahezu ununterbrochen. Vanspor kam nur zu drei Chancen - und ging als sensationeller 1:0-Sieger vom Platz. Es war - und blieb - Vanspors einziger Auswärtssieg der Saison. Trabzonspors Vorsprung war damit auf einen Punkt geschrumpft, denn Fenerbahçe hatte sein Spiel bei Antalyaspor mit 1:0 gewonnen.

In Trabzon verfiel man nicht in Hektik. Die anschließende Pokalfinal-Pause von zwei Wochen wurde genutzt, um die ersten Vorbereitungen zur Meisterfeier zu treffen, denn noch hatten die Günes-Schützlinge alles in der Hand: Sie hatten einen Punkt Vorsprung, das bessere Torverhältnis und empfingen im nächsten Heimspiel den Verfolger Fenerbahçe.

Am 5. Mai 1996 herrschte Volksfeststimmung in Trabzon. Hupende Autokorsos kündeten schon lange vor dem Spielbeginn von der sichergeglaubten Meisterschaft der Heimelf, und als die Partie begann, herrschte eine ausgezeichnete Stimmung im Stadion. Nach 19 Spielminuten wurde sie noch besser, denn da brachte Ercan Abdullah Trabzonspor mit 1:0 in Führung. Im zweiten Spielabschnitt schlug Fenerbahçe, das in den ersten 45 Minuten kaum etwas vom Spiel gehabt hatte, erbarmungslos zu. In der 55. Minute markierte Çetin Oguz den Ausgleich, sieben Minuten vor Spielende sorgte Kocaman Aykut für den 2:1-Siegtreffer der Istanbuler. Für die Trabzon-Fans brach eine Welt zusammen: Zwei Spieltage vor Saisonende hatte ihr Team die Tabellenführung verloren und wies zwei Punkte Rückstand auf!

Einer konnte die Niederlage nicht verkraften. Der 17jährige Mehmet Dalman beging am Tag nach der Niederlage Selbstmord.

Der Rest der Saison war ein leichtes Spiel für Fenerbahçe. Lokalrivale Istanbulspor wurde mit 2:0 geschlagen und am letzten Spieltag machte ein 3:0-Sieg bei Vanspor endgültig alles klar.

Einziger Trost für Trabzonspor war die Torjägerkanone für Shota Arveladze. Der Georgier traf am letzten Spieltag beim 7:1 über Eskisehirspor fünfmal ins Schwarze und verdrängte damit Fenerbahçes Elvir Bolic, der zur gleichen Zeit nur zweimal traf, noch von der ersten Position.

Das Rennen um die beiden UEFA-Pokal-Plätze war frühzeitig entschieden, denn zwischen den großen Vier - Meister Fenerbahçe, Vizemeister Trabzonspor sowie Besiktas und Galatasaray - klaffte seit langem ein Riesenloch zum Fünftplazierten. Glück hatte Galatasaray, das nur durch den Pokalsieg an der für den Renommierverein peinlichen UI-Cup-Teilnahme vorbeischlitterte.

Im Abstiegskampf kam das Aus für Kayserispor und die beiden Aufsteiger Eskisehirspor und Karsiyaka, während der dritte Aufsteiger Istanbulspor die Klasse halten konnte. Allerdings hatte der ambitionierte Klub gehörig schwitzen müssen, denn unter Startrainer Leo Beenhakker war die Mannschaft nicht aus der

Relegationsspiele

Viertelfinale

Diyarbakirspor - Caykur Rizespor n.E. 6:4
Demir-Celik Karabükspor - Balikesirspor 2:1
Elazigspor - Yeni Salihlispor 2:1
Zeytinburnu - Kemerspor 3:2

Halbfinale

Diyarbakirspor - Karabükspor n.E. 5:4 n.V. 1:1
Elezigspor - Zeytinburnu n.E. 5:6, n.V. 2:2

Finale

Zeytinburnu - Diyarbakirspor 1:0
Zeytinburnu = Aufsteiger

2. Liga Endrunde		Sp	g	u	v	Tore	Pkt.
1. Ç. Dardenelspor	↑	18	10	4	4	23:13	34
2. Sariyer Seref	↑	18	8	9	1	29:17	33
3. Demir-Celik Karabükspor		18	9	5	4	28:15	32
4. Balikesirspor		18	8	4	6	26:23	28
5. Diyarbakirspor		18	7	5	6	24:26	26
6. Sakaryaspor		18	6	5	7	22:21	23
7. Göztepe Izmir		18	7	1	10	20:26	22
8. Mersin Idmunyurdu		18	5	3	10	15:22	18
9. Siirt Köyhizmetleri		18	3	7	8	15:22	16
10. Konyaspor		18	4	3	11	14:31	15

Anmerkungen: qualifiziert waren die jeweiligen Gruppenersten und -zweiten der fünf Staffeln. Die beiden ersten der Endrunde stiegen direkt auf, die auf den Positionen 3, 4 und 5 plazierten Mannschaften spielten mit den Tabellendritten der fünf 2. Ligen in einer Play-Off-Runde um den dritten Aufsteiger.

Abstiegszone herausgekommen. Insbesondere daheim war die Mannschaft schwach und gewann lediglich drei Spiele. Erst als Beenhakker im Winter durch den deutschen Herbert Neumann ersetzt wurde, entfernte sich das Team allmählich aus der Abstiegszone.

Istanbul wird 1996/97 sogar mit sechs Mannschaften in der *Profesyonel Ligi* vertreten sein, denn mit Zeytinburnu und Sariyer schafften zwei weitere Teams der 7-Millionen-Einwohner-Stadt am Bosporus den Sprung ins Oberhaus. Dazu kam der Provinzklub Çanakkale Dardanel. Çanakkale liegt in der Nähe der historischen Stadt Troja und spielte noch nie in der höchsten türkischen Spielklasse.

Nach Saisonende begann bei vielen Vereinen das große Aufräumen. Meister Fenerbahçe mußte Trainer Carlos Alberto Parreira gehen lassen, weil dessen Frau schwer erkrankte und nach Brasilien zurück wollte. Nachfolger wurde sein Landsmann Sebastiao Lazaroni. Fenerbahçes Präsident Ali Sen trennte sich darüber hinaus überraschenderweise von Çetin Oguz, Kocaman Aykut und Asik Emre, denen er „einen schlechten Einfluß auf die jungen Spieler" vorwarf. Sen bezeichnete die drei als „Sakarya Jungen" - was in Istanbul synonym für „wenig kultiviert" steht.

Bei Galatasaray mußten Trainer Graeme Souness und Dean Saunders die Koffer packen. Nachfolger auf dem Trainerstuhl wurde Nationaltrainer Fatih Terim.

Auf europäischer Ebene war die Saison 1995/96 eine Riesenenttäuschung für die türkischen Klubs. Dem frühen Ausscheiden von Besiktas in der Qualifikation zur Champions League folgte Trabzonspors Zweitrunden-Aus im Pokalsiegerwettbewerb gegen Deportivo La Coruña. Schlimmer noch erwischte es Galatasaray, das im UEFA-Pokal bereits in der Qualifikationsrunde an Sparta Prag scheiterte. Fenerbahçe setzte sich über Partizani Tirana zwar in die 1. Runde durch, dort kam allerdings gegen Real Betis Sevilla ebenfalls das Aus.Auch das türkische Nationalteam bereitete seinen zahlreichen Fans bei der EM in England eine Enttäuschung. Die Mannschaft von Fatih Terim war 1995 ungeschlagen geblieben und ging als Geheimfavorit in die EM-Endrunde. Doch in den drei Vorrundenspielen gelang kein einziges Tor, und für die Türken war ihre erste Teilnahme an einer EM-Endrunde bereits nach der Vorrunde vorbei.

Trotz des enttäuschenden Abschneidens muß in der Zukunft mit dem türkischen Fußball gerechnet werden. In den letzten Jahren sind immense Verbesserungen vorgenommen worden. „Früher war es für einen Spieler wichtig, bei welchem Klub er spielt, heute ist nur noch wichtig, welche Leistung er bringt", beschreibt Ex-Nationaltrainer Terim die wesentlichste Veränderung. Darüber hinaus hat man begonnen, den enormen Talentfluß zu fördern, und hat dabei viel von den zahlreichen ausländischen Trainern, die in den letzten Jahren in der Türkei gearbeitet haben, gelernt. Fenerbahçes fast ohne ausländische Mithilfe errungene Meisterschaft ist Beweis genug für das Potential der einheimischen Spieler.

Problematisch ist allerdings das oft überschäumende Temperament der Spieler und vor allem der Fans. Im Saisonverlauf kam es zu zahlreichen Verletzten bei Siegesfeiern, und die mächtige türkische Sportpresse ist auch nicht zu unterschätzen. Fragen Sie mal Raimond Aumann. ■

Stefan Kuntz konnte sich bei Besiktas nicht richtig durchsetzen

DER MEISTER

Fenerbahçe SK Istanbul

Mit der Fähre kommt man für umgerechnet knapp 50 Pfennige hin: Nach Kadiköy, wo sich das Stadion von Fenerbahçe befindet, der als einziger der drei großen Istanbuler Teams im asiatischen Teil der Stadt beheimatet ist. Fenerbahçe, oder kurz "Fener", wurde 1907 gegründet und ist damit einer der ältesten Vereine der Türkei, in der erst seit 1908 offiziell Fußball gespielt werden darf: Vorher war es durch die Verfassung verboten!

Fenerbahçe ist mit nunmehr 13 Meistertiteln Rekordmeister der Türkei.

Allerdings hatten die zahlreichen Fans der Blau-Gelben sieben Jahre lang auf die erneute Meisterschaft warten müssen und hatten in der Zwischenzeit neidisch auf die Lokalrivalen Besiktas und Galatasaray geblickt, die sich die Titel teilten.

Der Klub gilt als Verein der Arbeiterklasse und steht damit im krassen Gegensatz zum Lokalrivalen Galatasaray, der als Verein der Reichen betrachtet wird. Arm ist „Fener" deshalb allerdings noch lange nicht. Im Gegenteil: Um in der Champions League für Furore zu sorgen, legte „Feners" Präsident Ali Sen im Sommer 1996 einiges auf den Tisch: Aus Frankfurt kam der nigerianische Ballzauberer Jay Jay Okocha, aus München (bzw. Porto) der bulgarische Superstar Emil Kostadinov. Dazu holte man einige hoffnungsvolle Talente, wie Fevzi vom Zweitligisten Karabükspor, den Nationalmannschaftsaspiranten Akgün Tuncay (zuvor Bursaspor) und die aus Deutschland stammenden Türken Mustafa Dogan (Uerdingen) und Ozcan (Leverkusen).

Ob Fenerbahçe damit in der Champions League besser abschneidet als Besiktas, das im Vorjahr bereits in der Qualifikation rausflog, bleibt abzuwarten.

IM BLICKPUNKT

Besiktas JK Istanbul

In unmittelbarer Nähe des pompösen *Dolmabahçe* Palastes hat der *Besiktas Jimnastik Külübü* seine Heimat. Das an einem Steilhang gelegene Stadion *Inönu* gilt als das Stadion "mit der schönsten Aussicht" - und hatte 1995/96 ganz schön zu leiden. Besiktas war schlecht. Mit dem deutschen Trio Daum - Kuntz - Aumann war der Titelverteidiger als erklärter Favorit in die Saison gegangen - und wäre fast mit leeren Händen herausgekommen. Gerade einmal ein UEFA-Pokal-Platz sprang am Ende für den neunfachen Meister heraus, der fünfzehn Punkte Abstand auf Meister Fenerbahçe aufwies.

Dabei hatte Besiktas-Boss Süleyman Seba alles getan, um eine erfolgreiche Saison zu garantieren. Dem deutschen Trainer Daum verpaßte er einen Traumvertrag, der Daum 2 Millionen DM jährlich einbrachte. Mit Stefan Kuntz (4,8 Millionen) und dem Trabzonspor-Stürmer Orhan Kaynak (4,5 Millionen) holte er erstklassige Verstärkungen ins Inönu-Stadion. Doch kaum hatte die Saison begonnen, begannen die Querelen. Torhüter Aumann geriet in die Kritik und verließ frustriert die Stadt. Sein Nachfolger, der junge Fevzi, verletzte sich und Kurtulus Sener mußte ran. Kurz darauf verließ der norwegische Neuzugang Johnsen die "Schwarzen Habichte". In der Endphase ging den Daum-Schützlingen endgültig der Atem aus, und Besiktas verlor Spiel um Spiel. Zuviel für Trainer Daum, der drei Runden vor Saisonende gehen mußte. Für ihn kam Nationaltrainer Terims Assistent Rasim Kara. Er ist der erste türkische Trainer im Inönu-Stadion seit mehr als 15 Jahren.

Galatasaray SK Istanbul

Nach nur vier Monaten hatte Graeme Souness schon alles erfahren: Die Freude, sich auf dem Transfermarkt frei bedienen zu können, das frühe Europapokal-Aus und vor allem den Kontakt zur mächtigen türkischen Sportpresse. Das machte selbst den einst als "harten Hund" verschrieenen Souness weich. Der als impulsiv bekannte Schotte, der sich 1992 einer Herzoperation unterziehen mußte, ist ruhig und bedächtig geworden.

Seit Ende der Saison 1994/95 wirkte Souness als Nachfolger von Reinhard Saftig im nach einem der Vereinsgründer benannten *Ali Sami Yen*-Stadion von Galatasaray Istanbul. Zu feiern hatte er seitdem - mit Ausnahme des Pokals - nicht allzuviel. 1995/96 hatte der vor neunzig Jahren als Schülerverein gegründete Klub schon vor dem ersten Spiel einige Rückschläge verkraften müssen. Zunächst verließ Starstürmer Sükür Hakan den Verein in Richtung Italien, dann beendete Mittelfeldroutinier Erdal Keser (Ex-Dortmund) seine Karriere und schließlich wurde Spielmacher Hamza Hamzaoglu nach einem Streit mit der Vereinsführung zum Aufsteiger Istanbulspor abgeschoben.

Keine leichte Aufgabe für Souness, der zudem mit dem enormen Erwartungsdruck der Galatasaray-Fans fertig werden mußte. Die Gelb-Roten sind zwar mit vier Titeln gemeinsam mit Besiktas der erfolgreichste Klub der Dekade, doch der letzte Titelgewinn liegt bereits zwei Jahre zurück.

Souness holte mit Verteidiger Barry Venison (Newcastle), Mittelfeldspieler Mike Marsh (Coventry City) und dem walisischen Nationalspieler Dean Saunders (Aston Villa) vor allem Verstärkungen aus seinem Heimatland. “Ich glaube, daß die drei die nützlichsten Ausländer sein werden, die jemals im türkischen Fußball gespielt haben”, gab Souness seinen Neueinkäufen schweres Gepäck mit auf den Weg. Schon bei einem Vorbereitungsturnier deutete sich an, daß die kritischen Galatasaray-Fans nicht allzu zimperlich mit den Neuzugängen sein würden. Sie verziehen den dreien kaum einen Fehler, zumal sich inzwischen ein neuen Problem offenbart hatte: Durch die Neuzugänge waren die drei Ausländerplätze besetzt worden, so daß der litauische Stammtorhüter Gintaras Stauce an Izmir ausgeliehen wurde.

Kurz darauf verletzte sich die neue Nummer 1, Ex-Nationalspieler Hayrettin, und der unerfahrene U21-Nationaltorhüter Mehmet mußte zwischen die Pfosten. Schon nach einem Spiel wurde klar, das Mehmet nicht der richtige Mann war und Souness setzte seinen dritten Mann, Baloglu Nezhi, ein. Nezhi sorgte mit seinen Fehler im UEFA-Pokalspiel bei Sparta Prag für das vorzeitige Aus - und wurde durch den hastig vom dänischen Erstligisten Brøndby IF verpflichteten Brad Friedel ersetzt, der ebenfalls nicht zu überzeugen wußte.

Doch nicht nur im Tor hatte Galatasaray Probleme. Nach dem Auswärtsspiel in Van sorgten die drei Briten im Kader für einen handfesten Skandal, als sie im Hotel eine lautstarke Partie feierten. Bald war klar: Die Engländer haben keine Chance im *Ali Sami Yen*-Stadion. Mike Marsh war der erste, der zurück auf die Insel ging. Ihm folgte bald darauf Barry Venison, der öffentlich bekannte, in “einige Fettnäpfchen getreten zu sein”, aber “nicht gewußt zu haben, wie die Türken wirklich leben”. Saunders blieb der einzige, der durchhielt - und sich mit zahlreichen Toren allmählich sogar in die Herzen der Fans schoß.

Dennoch gingen die britischen Zeiten bei Galatasaray am Saisonende nach nur einem Jahr wieder zu Ende. Graeme Souness wurde durch den Ex-Nationalcoach Fatih Terim ersetzt, und Dean Saunders zog es zu Nottingham Forest zurück in die kalte und regnerische Heimat.

Den größten Coup landete Galatasarays Präsident Yalman kurz vor Beginn der Saison 1996/97, als er den rumänischen Weltklassespieler Gheorghe Hagi unter Vertrag nahm. Dazu kam der Schweizer Torjäger Adrian Knup (Ex-Karlsruher SC). Mit Galatasaray ist wieder zu rechnen.

DER TORJÄGER

Elvir Bolic (Fenerbahçe Istanbul)

Vor drei Jahren hatte der damalige Galatasaray-Trainer Karl-Heinz Feldkamp den Bosnier noch mangels Verwendung weggeschickt. Mitten in der Saison 1992/93 wechselte Elvir Bolic nach Gaziantep - und sicherte dem kleinen Klub aus der südtürkischen Großstadt mit seinem Torriecher anschließend dreimal den Klassenerhalt. 1994/95 traf Bolic in 33 Spielen 26mal ins Schwarze und wurde für die türkischen Spitzenklubs wieder interessant. Zumal er inzwischen die türkische Staatsbürgerschaft angenommen hatte und damit noch nicht einmal einen der Ausländerplätze blockieren würde. Fenerbahçe, Besiktas, Trabsonspor und Galatasaray bewarben sich um den einst für den FK Sarajevo spielenden Bolic, der eine Benefizpartie in der Türkei genutzt hatte, um sich abzusetzen.

Für knapp 3,5 Millionen Mark machte Fenerbahçe schließlich das Rennen - und mußte es nicht bereuen. 25 Treffer erzielte der versierte Torjäger, der selbst aus kleinen Chancen große

Tore machen kann, für seinen neuen Klub. Nun will er in der Champions League zeigen, was in ihm steckt.

DER STAR

Sükür Hakan (Galatasaray Istanbul)

Die Fans nennen ihn den "Bullen vom Bosporus". Sükür Hakan, der torgefährliche und blitzschnelle Mann im Sturmzentrum von Galatasaray Istanbul und der türkischen Nationalmannschaft. Im Sommer 1995 wechselte der 1,90 m große Hakan mit großen Hoffnungen zum italienischen Erstligisten AC Turin - und wurde nach nur sechs Wochen als "größter Fehleinkauf der jüngsten Vereinsgeschichte" zurückgeschickt.

Wieder im gelb-roten Galatasaray-Trikot zeigte Hakan, daß er sehr wohl "brauchbar" ist: In den ersten acht Spielen traf er fünfmal für seinen alten und neuen Klub. "Man hat mich ausgetrickst in Turin und ich wollte nur noch heim", verriet der 24jährige anschließend.

In der Türkei ist Sükür Hakan ein Superstar. Seine Hochzeit wurde live im Fernsehen übertragen, mit Galatasaray gewann er den Pokal, stürmte für die türkische Nationalmannschaft bei der EM in England.

Hakan, der aus dem Fohlenstall von Sakaryaspor stammt und bis 1992 für Bursaspor seine Tore schoß, hatte am 25. März 1992 beim 3:2-Sieg über Luxemburg sein Debüt im türkischen Nationaldreß gegeben und war sofort zum Stammspieler geworden. Im April 1995 schoß er beim 2:1-Sieg in der Schweiz das türkische Führungstor, das die Tür zur EM ganz weit aufstieß. An jenem Abend entstanden auch die ersten Kontakte zu Turin, die im späteren Wechsel mündeten.

Sein Auftritt bei der EM in England war allerdings enttäuschend. "Der Bulle vom Bosporus war eher ein Schaf", schrieb das Fachblatt *World Soccer* nach dem frühzeitigen Aus des "Geheimfavoriten" Türkei.

Dennoch: Von Sükür Hakan wird man noch hören. Und zwar vor allen Dingen im Zusammenhang mit Toren.

POKAL

Viertelfinale

Galatasaray SK - Besiktas JK	0:0, 2:1
Samsunspor - Trabzonspor	0:1, 2:1
Gaziantepspor - Ankaragücü	1:0, 1:2
Gençlerbirligi - Fenerbahçe SK	1:1, 1:2

Halbfinale

Gaziantepspor - Fenerbahçe SK	1:2, 2:2
Galatasaray SK - Samsunspor	3:1, 0:1

Finale

(Hinspiel, 11. 4. 1996, Istanbul, 24.000)

Galatasaray SK - Fenerbahçe SK 1:0 (1:0)

Galatasaray: Friedel - van Gobbel, Feti, Bülent - Arif, Ufuk (60. Hakan Ünsal), Tugay, Evren, Ergün (79. Ilyas) - Hakan Sükür, Saunders (70. Mert)

Fenerbahçe: Rüstü - Ilker, Uche Okechukwu, Högh, Erol (68. Halili Ibrahim) - Bülent, Kemalettin (Aygün), Oguz, Tayfun - Bolic, Atkinson

Schiedsrichter: Cakar

Tor: 1:0 Saunders

Finale

(Rückspiel, 24. 4. 1996, Istanbul, 26.000)

Fenerbahçe SK - Galatasaray SK n. V. 1:1 (1:0, 1:0)

Fenerbahçe: Rüstü - Ilker, Uche Okechukwu, Högh, Erol - Bülent, Oguz (113. Tarik), Kemalettin (38. Saffet), Tayfun - Bolic, Aykut (75. Atkinson)

Galatasaray: Friedel - van Gobbel, Feti, Bülent - Arif (63. Okan), Suat (114. Ufuk), Tugay, Hakan Ünsal, Ergün (85. Ilyas) - Saunders, Hakan Sükür

Schiedsrichter: Yücebilgic

Tore: 1:0 Aykut (35.), 1:1 Saunders (116.)

adidas

DIE LÄNDERSPIELE

Türkei -Ungarn 2:0 (2:0) EMQ
6. 9. 1995 - Istanbul - Krondl (Tschechien) - Rüstü, Recep, Ogün, Ö. Osman, Alpay, Tugay, Oguz, Hami (85. U. Bülent), Abdullah, Sergen (46. Tolunay), Hakan (K. Bülent) - Trainer: Terim - Tore: Hakan (9./1:0, 31./2:0)

Finnland - Türkei 0:0
4. 10. 1995 - Helsinki - Hollung (Norwegen) - Rüstü, Recep, K. Bülent, Ö. Osman, Alpay, Tugay, Oguz (59. Sergen), Tolunay, Abdullah, Hami, Ertugrul - Trainer: Terim

Israel - Türkei 0:0 EMQ
11. 10. 1995 - Reykjavik - Strampe (Deutschland) - Rüstü, Recep, Ogün, Ö. Osman, Alpay, Tugay, Oguz, Abdullah, Sergen (75. Tolunay), Hami, Ertugrul - Trainer: Terim

Schweden - Türkei 2:2 (1:0) EMQ
15. 11 1995 - Stockholm - Wójcik (Polen) - Rüstü, Alpay, Ogün, Ö. Osman, Tayfun, Oguz (68. Ertugrul), Tolunay, Halil Ibrahim (46. Kemalettin), Oktay (46. Arif), Hakan - Trainer: Terim - Tore: Hakan (62./2:1), Ertugrul (72./2:2)

Türkei - Weißrußland 3:2 (2:1)
14. 2. 1996 - Izmir - Kocev (Mazedonien) - Rüstü, Recep, Ogün, Alpay, Arif, Tugay, Oguz (U. Bülent), Tolunay (46. Kemalettin), Abdullah, Hakan (46. S. Saffet), Ertugrul (78. K. Bülent) - Trainer: Terim - Tore: Ertugrul (26./1:1, Elfmeter, 34./2:1), Kemalettin (76./3:2)

Tschechien - Türkei 3:0 (1:0)
26. 3. 1996 - Ostrawa - Ihring (Slowakei) - I. Engin, Alpay, Ogün, K. Bülent, Recep (46. Kemalettin), Tugay (76. U. Bülent), Oguz (46. Ertugrul), Tolunay, Abdullah, Arif (65. Hami), Hakan (65. S. Saffet) - Trainer: Terim

Aserbaidschan - Türkei 0:1 (0:0)
9.4. 1996 - Baku - Kwaraczchelija (Georgien) - Sanver (46. Adnan), Cuneyt (46. Ilhan), Erkan, Vedat, Rahim, Umit, Selahattin, S. Engin (85. Ali N.), Halil Ibrahim (46. O. Osman), Faruk (83. Erbil), S. Saffet - Trainer: Terim - Tore: Rahim (48./ 0:1)

Türkei - Ukraine 3:2 (3:2)
1. 5. 1996 Samsun - Guntadze (Georgien) - Sanver, Recep (46. Sinan), Alpay, Vedat (85. K. Bülent), Rahim, Tugay, Erkan, S. Engin (46. Ertugrul), Faruk (69. Umit), Hakan (46. S. Saffet), Sergen (88. A. Saffet) - Trainer: Terim - Tore: Hakan (3./1:0), Faruk (13./2:1), Tugay (32. /3:1)

Estland - Türkei 0:0
29. 5. 1996 - Tallin Keltanen (Finnland) - Rüstü, Recep, Ogün (86. Arif), Alpay, Rahim, K. Bülent (46. Tayfun), Erkan (46. C. Orhan), Oguz (46. Faruk), Tolunay (69. U. Bülent), S. Saffet (70. Hami), Hakan (46. Ertugrul) - Trainer: Terim

Finnland - Türkei 1:2 (1:1)
2. 6. 1996 - Helsinki - Larsen (Dänemark) - Rüstü, Recep (46. Oguz), Ogün, Alpay, K. Bülent, Tugay, Tolunay, Sergen (46. Saffet), Abdullah, Arif (46. Tayfun), Hakan - Trainer: Terim - Tore: Tugay (35./1:1), Saffet (55./1:2)

Türkei - Kroatien 0:1 (0:0) EM-VR
11. 6. 1996 - Nottingham - Muhmenthaler (Schweiz) - Rüstü, Alpay, Ogün, Vedat, Rahim, Tolunay (89. S. Saffet), Tugay, Sergen, Abdullah, Arif (82. Hami), Hakan - Trainer: Terim

Portugal - Türkei 1:0 (0:0) EM-VR
14. 6. 1996 - Nottingham - Puhl (Ungarn) - Rüstü, Alpay, Ogün (46. Rahim), Vedat, Recep, Tugay, Oguz (69. Arif), Sergen, Abdullah, S. Saffet (63. Tolunay), Hakan - Trainer: Terim

Türkei - Dänemark 0:3 (0:0) EM-VR
19. 6. 1996 - Sheffield - Lewnikow (Russland) - Rüstü, Alpay, Ogün, Vedat, Recep (68. K. Bülent), Tugay, Tayfun, C. Orhan (68. S. Saffet), Abdullah, Hami, Hakan (46. Arif) - Trainer: Terim

EUROPAPOKAL

Europapokal der Landesmeister

Qualifikation

Rosenborg Trondheim - Besiktas JK 3:0 (2:0)
9. 8. 1995 - 14.352 - Albrecht (Deutschland) - Aumann - Alpay, Johnsen, Mutlu - Ali, Riza, Serdar (57. Mehmet), Sergen (77. Oktay) - Ertugrul, Kuntz, Orhan

Besiktas JK - Rosenborg Trondheim 3:1 (1:0)
23. 8. 1995 - 35.000 - Batta (Frankreich) - Aumann - Recep, Alpay, Johnsen, Mutlu - Sergen, Riza, Mehmet - Sertan (60. Oktay), Kuntz, Orhan

Europapokal der Pokalsieger

1. Runde

Zalgiris Vilnius - Trabzonspor 2:2 (1:1)
14. 9. 1995 - 3.000 - Lambek (Dänemark) - Tore: Arveladze (25./1:1), Abdullah (54./1:2)

Trabzonspor - Zalgiris Vilnius 1:0 (1:0)
28. 9. 1995 - 25.000 - Shmolik (Weißrußland) - Tor: Hami (37./1:0)

Achtelfinale

Trabzonspor - Deportivo La Coruña 0:1 (0:0)
19. 10. 1995 - - Van den Wijngaert (Belgien)

Deportivo La Coruña - Trabzonspor 3:0 (1:0)
2. 11. 1995 - - Constantin (Rumänien)

UEFA-Pokal

Qualifikation

Sparta Prag - Galatasaray Istanbul 3:1 (2:0)
8. 8. 1995 - 18.000 - Pinto Correia (Portugal) - Tor: Saunders (56./2:1)

Galatasaray Istanbul - Sparta Prag 1:1 (1:1)
22. 8. 1995 - 28.000 - Beschin (Italien) - Tor: Saunders (4./1:0)

Fenerbahçe Istanbul - Partizani Tiranë 2:0 (0:0)
8. 8. 1995 - 20.000 (in Izmir) - Ormandjiev (Bulgarien) - Bolic (71./1:0), Uygen (87./2:0)

Partizani Tiranë - Fenerbahçe Istanbul 0:4 (0:2)
22. 8. 1995 - 8.000 - De Pandis (Frankreich) - Uygen (21./ 0:1), Kemalettin (26./0:2), Bolic (60./0:3), Aykut Kocaman (86./0:4)

1. Runde

Fenerbahçe Istanbul - Real Betis Sevilla 1:2 (0:1)
12. 9. 1995 - 15.000 - Khusainov (Rußland) - Aykut Kocaman (75./1:1)

Real Betis Sevilla - Fenerbahçe Istanbul 2:0 (2:0)
26. 9. 1995 - 39.000 - Wojcik (Polen)

Ein Jahr im Chaos

Federatsija Futbola Ukraïny
vul. Ulianovyih 1,
UKR-252150 Kiew
Telefon:
++380 (44) 264 72 98
Telefax:
++380 (44) 264 75 64

FIFA-Weltrangliste
Juli 1995: 77. Platz, 27,05 Punkte
Juli 1996: 83. Platz, 25.59 Punkte

UEFA-Fünfjahreswertung
1996/97: 19. Platz, 15,665 Punkt

Wenn es gegen Dinamo Kiew geht, schwant den ukrainischen Erstligisten regelmäßig Übles. Zwar bringt der Meisterklub dringend benötigte *Karbovanets* in die zumeist leeren Vereinskassen, doch im Gegenzug gibt es dafür regelmäßig saftige Niederlagen.

1995/96 war das nicht anders. Lediglich dreimal mußte sich das ukrainische Aushängeschild im Saisonverlauf geschlagen geben und wurde problemlos zum vierten Mal in Folge Landesmeister.

Die höchste Spielklasse des Riesenreiches am Schwarzen Meer ist eine krasse Zwei-Klassen-Gesellschaft. Am Saisonende wiesen lediglich sieben der 18 Erstligisten ein positives Torkonto auf, und mit Ausnahme von Tschernomorets Odessa und Dnjepr Dnjepropetrowsk hatte eigentlich niemand mit den übermächtigen Kiewern konkurrieren können. Für die hingegen ist die nationale Liga nur lästiges Beiwerk. Im riesigen *Respublikanskij*-Stadion zählt nur der Europapokal - und der endete 1995/96 mit einer Katastrophe. Zunächst stritt man sich mit der UEFA, die den erstmals wieder zugelassenen jugoslawischen Meister Roter Stern Belgrad für den Meistercup nominiert und Dinamo Kiew lediglich für den UEFA-Pokal vorgesehen hatte. Dabei waren die Ukrainer 1995 um ein Haar ins Viertelfinale der Champions-League eingezogen! Es erhob sich ein Sturm der Entrüstung, und dank tatkräftiger Verbandsunterstützung gelang es den Kiewern tatsächlich, die UEFA noch umzustimmen.

Kaum hatte die UEFA grünes Licht gegeben, befreite der ukrainische Verband seinen Meisterklub auch schon von dessen Ligaspielverpflichtungen, um die Vorbereitungen auf die Qualifikationsspiele gegen den dänischen Meister ÅaB Åalborg nicht zu stören. Erfolgreich, denn Dinamo setzte sich souverän durch und erreichte die heißersehnte Champions League. Die Gruppenspiele begannen mit einem vielversprechenden 1:0-Sieg über Panathinaikos Athen. Doch der Erfolg war Makulatur, denn vor dem Spiel hatten Dinamos Funktionäre ziemlich ungeniert versucht, den spanischen Schiedsrichter Lopez Nieto zu bestechen. „Die hatten das gar nicht nötig, so stark wie die waren", meinte der Unparteiische nach dem Spiel, das er aus Sorge um seine persönliche Sicherheit trotz der Vorgänge angepfiffen hatte, verwundert. Kaum wieder daheim, erteilte er der UEFA Bericht. Dinamo wurde sofort aus der Champions League ausgeschlossen und außerdem für zwei Jahre international gesperrt. Nun war das Wehklagen in der 2,5 Millionenstadt am Dnjepr groß.

Lustlos spulte Dinamo seine Ligapflichten ab und registrierte beiläufig den erneut gewonnenen Landesmeistertitel. Für den Hauptstadtklub, eigentlich sogar für die gesamte Ukraine, war eine Welt zusammengebrochen. Dinamos Interesse galt ausschließlich den Verhandlungen mit der UEFA, um zumindest die Sperre wieder aus der Welt zu schaffen. Selbst der ukrainische Staatspräsident Leonid Kuchma schaltete sich ein. „Vergeßt die Vergangenheit", ermahnte er die schmollenden Dinamo-Bosse und appellierte gleichzeitig an die UEFA, „Gnade walten zu lassen". Am 19. April 1996 war es soweit: Die Verbannung wurde aufgehoben, und Dinamo Kiew konnte sich doch noch über seinen Meistertitel freuen, denn der berechtigte zum erneuten Start im Landesmeisterwettbewerb.

Die Turbulenzen um den Meister ließen die anderen Ereignisse in der ukrainischen Liga ein wenig in den Hintergrund treten, obwohl einige darunter waren, die anderswo wochenlang die Schlagzeilen gefüllt hätten. Kurz vor Saisonschluß beispielsweise kamen Konkursmeldungen aus

1. Liga	Gesamt							Heim					Auswärts				
	Sp	g	u	v	Tore	Diff.	Pkt.	g	u	v	Tore	Pkt.	g	u	v	Tore	Pkt.
1. FK Dinamo Kiew (M)	34	24	7	3	65:17	+ 48	79	15	2	0	41:4	47	9	5	3	24:13	32
2. Tschernomorets Odessa	34	22	7	5	56:25	+ 31	73	15	2	0	38:12	47	7	5	5	18:13	26
3. Dnepr Dnjepropetrowsk	34	18	7	9	62:34	+ 28	63	12	3	2	36:12	39	6	4	7	26:22	22
4. Borisfen B. Kiew (N)	34	15	11	8	47:27	+ 20	56	10	4	3	27:9	34	5	7	5	20:18	22
5. Met./Viktor Saporschje	34	16	4	14	49:42	+ 7	52	12	3	2	30:10	39	4	1	12	19:32	13
6. Zirba.-N. Kirovog. (N)	34	14	8	12	37:33	+ 5	50	12	2	3	25:9	38	2	6	9	12:24	12
7. FK Karpaty Lwow	34	12	12	10	39:34	+ 5	48	11	5	1	30:12	38	1	7	9	9:22	10
8. Torpedo Saporoschje	34	15	3	16	40:46	- 6	48	11	3	3	28:14	36	4	0	3	12:32	12
9. Kremin Krementschuk	34	14	4	16	46:56	- 10	46	11	2	4	32:19	35	3	2	11	14:37	11
10. Prykarpaty Frankovsk	34	12	8	14	49:49	0	44	12	4	1	42:17	40	0	4	13	7:32	25
11. FK Tavria Simferopol	34	12	8	14	46:46	0	44	7	6	4	25:18	27	5	2	10	21:28	17
12. Schachtjor Donezk (P)	34	12	7	15	42:43	- 1	43	8	3	6	27:18	27	4	4	9	15:25	16
13. FK Niva Ternopil	34	13	3	18	37:42	- 5	42	11	2	4	25:12	35	2	1	14	12:30	7
14. FK Krivbas Krivoj Rog	34	11	9	14	43:52	- 9	42	11	4	2	32:18	37	0	5	12	11:34	5
15. FK Niva Vinnitsza	34	11	7	16	28:36	- 8	40	7	5	5	20:14	26	4	2	11	8:22	14
16. SK Nikolajew ↓	34	10	8	16	37:53	- 16	38	8	3	6	20:16	27	2	5	10	17:37	11
17. FK Volin Luzk ↓	34	9	7	18	34:58	- 24	34	7	5	5	19:21	26	2	2	13	15:37	8
18. Zorya-Mals Lugansk ↓	34	4	4	26	16:80	- 64	16	4	4	9	11:30	16	0	0	17	5:50	0

Aufsteiger: Vorskla Poltava

EC 1996/97: CL: Dinamo Kiew, EC2: Niva Vinnitsa, UEFA: Tschernomorez Odessa, UI: Shakhtar Donezk

Die Torschützen

Timerlan Guseinow (Tsch. Odessa)	20
Andrij Shevchenko (Dinamo Kiew)	16
Alexander Palyanytsya (Dnjeprop.)	13
Oleh Matveyev (Donetzk, Kremin)	13
Andriy Pokladok (Karpaty Lwow)	13
Oleh Mozolyuk (Volyn Luzk)	12
Ivan Korponai (Kremin Krementschuk)	11
Volodymyr Sharan (Dnjepropterovsk)	11

Lugansk, Kriwoj Rog und vom Zweitligisten aus Charkow. Am schlimmsten erwischte es den ehemaligen sowjetischen Erstligisten Metallist Charkow, der nach seinem Abstieg aus der ukrainischen Oberliga (1994) fast sämtliche Spieler verloren hatte und dessen Präsident Dmitry Droznik wegen seiner Verbindungen zu kriminellen Gruppen ins Gefängnis mußte, woraufhin in der zweitgrößten Stadt der Ukraine Unruhen ausgebrochen waren. Zorya-Mals Lugansk und Kriwbas Kriwoj Rog war die Unterstützung durch ihre Sponsoren entzogen worden, die angesichts der miserablen wirtschaftlichen Situation im Lande lieber ihre eigene Haut retten wollten.

Auch der Donetzker Nationalspieler Gennadij Orbu geriet in die Schlagzeilen, weil er beim Spiel in Saporoschje Schiedsrichter Bezugly nach einer Fehlentscheidung lautstark kritisierte und dafür die rote Karte sah. Orbu trat daraufhin den Schiedsrichter in den Allerwertesten und durfte noch ein wenig länger aussetzen.

Der unrühmliche „Saisonhöhepunkt" wurde am 15. Oktober 1995 erreicht, als beim Spiel zwischen Schachtjor Donezk und Tavria Simferopol eine Plastikbombe auf der Ehrentribüne explodierte und sechs Menschen, darunter Schachtjors Präsidenten Akhat Braghine, tötete. „Alik der Grieche", dem Verbindungen zur Mafia nachgesagt wurden, war nicht zum ersten Mal Ziel eines Anschlages gewesen. Im März 1994 war er auf offener Straße beschossen worden und hatte seitdem in einem bunkerähnlichen Wohnhaus gelebt. Braghine war Besitzer des Industriekonzerns „Lux" und wurde als klassisches Modell der „neuen Reichen" betrachtet. 1994 hatte er das Präsidentenamt übernommen und die Mannschaft anschließend zu einem ernsthaften Herausforderer Dinamo Kiews geformt. Damit war nun Schluß, denn nach dem Anschlag rutschten die „Bergarbeiter" (Schachtjor) in die untere Tabellenhälfte ab.

Fußball gespielt wurde natürlich auch, und da geriet zunächst Tschernomorets Odessa in die Schlagzeilen. Und zwar positiv! Am 8. Spieltag brachte das von Leonid Buriak trainierte Team Dinamo Kiew die erste Saisonniederlage bei (1:0) und übernahm die Tabellenführung. Gerade als sich die ukrainischen Fans an den Gedanken gewöhnt hatten, daß Odessa ernsthaft um den Titel mitspielen könnte, kam der Einbruch. Zwei auf-

1. Liga	Din. Kiew	T. Odessa	Dnjepr. D.	Borisfen	Met./Viktor	Zirba-Nibas	Karpaty	Torpedo	Kremin	Prykarpaty	Tavria	Sakhtar	Niva T.	Krivbas	Niva Vinn.	Nikolav	Volin Luzk	Zorya-Mals
Dinamo Kiew	•	3:0	5:1	0:0	2:0	5:1	2:0	2:0	2:0	1:1	2:0	3:1	2:0	3:0	1:0	3:0	4:0	1:0
Tschernomorez Odessa	1:0	•	2:1	1:0	4:3	1:1	1:0	3:1	6:1	0:0	4:3	2:1	2:0	2:0	2:0	1:0	4:1	2:0
Dnjepr Dnjepropetrowsk	0:0	0:2	•	2:0	5:0	3:1	0:0	2:0	2:0	1:0	2:0	2:2	2:1	4:2	1:2	5:0	2:1	3:1
Borisfen Bosispil Kiew	1:2	1:0	0:0	•	0:2	0:1	2:1	2:0	1:1	3:0	2:0	4:0	1:1	2:0	1:0	0:0	3:1	4:0
Met./Viktor Saporoschje	0:2	0:0	2:1	0:1	•	1:1	1:1	2:0	1:0	2:1	3:0	2:0	1:0	2:1	3:0	3:2	2:0	5:0
Zirba-Nibas Kirovograd	2:1	0:2	1:1	0:0	4:1	•	2:1	1:0	3:0	3:0	2:1	0:1	1:0	2:0	1:0	0:1	1:0	2:0
FK Karpaty Lwow	1:1	3:2	2:1	1:1	1:0	2:0	•	1:2	2:0	0:0	1:1	1:0	3:0	2:2	3:0	3:0	2:1	2:1
Torpedo Saporoschje	1:1	2:1	1:3	0:1	1:0	1:0	1:1	•	3:1	2:0	2:3	3:0	1:0	3:1	1:0	2:1	1:1	3:0
FK Kremin' Krementschuk	0:1	0:1	0:3	1:1	1:0	2:1	6:1	3:2	•	4:2	1:0	3:2	3:0	1:1	0:1	3:2	3:1	1:0
Prykarpaty Frankovsk	2:3	1:1	1:1	3:2	4:1	0:0	1:0	4:0	5:2	•	4:3	2:0	3:1	1:0	2:1	2:2	3:0	4:0
FK Tavria Simferopol	0:2	0:0	3:3	2:2	1:1	0:0	2:0	2:0	1:2	3:0	•	1:3	0:2	1:1	1:0	5:2	0:0	3:0
FK Schachtjor Donezk	2:3	2:0	1:0	2:3	1:2	1:0	0:0	2:1	4:1	1:0	0:0	•	2:4	4:0	1:2	0:1	1:1	3:1
FK Niva Ternopil	1:0	0:1	0:1	1:0	2:1	0:0	1:0	2:0	0:0	3:1	1:0	1:3	•	3:1	2:0	4:1	1:2	3:0
FK Krivbas Krivoi Rog	2:2	0:0	1:0	2:0	2:1	5:4	1:3	2:3	2:1	2:1	2:0	1:0	1:0	•	1:1	1:1	5:1	2:0
FK Niva Vinnitsia	0:2	0:0	2:0	1:1	0:1	0:1	0:0	2:0	0:2	1:0	1:3	0:0	3:2	1:1	•	2:1	2:0	5:0
SK Nikolajew	0:2	1:2	0:2	0:2	1:0	0:0	0:0	2:1	2:0	3:0	1:2	0:0	2:0	2:1	2:0	•	0:3	4:1
FK Volin Luzk	0:3	0:3	1:5	1:1	2:1	1:0	1:0	0:1	2:0	2:0	0:3	0:0	3:1	0:0	0:0	3:3	•	3:1
FK Zorya-Mals Lugansk	0:0	0:3	0:3	1:5	1:5	2:1	1:1	0:1	1:3	1:1	0:2	0:2	x:0	1:0	0:1	0:0	3:2	•

Zorya-Mals Lugansk - Niva Ternopil wurde für Zorya-Mals gewertet, da Ternopil nicht antrat

einanderfolgende Auswärtsniederlagen in Lwow und Saporoschje warfen die Männer aus der ostukrainischen Millionenstadt entscheidend zurück, zumal in der Rückserie eine unerklärliche Abschlußschwäche dazukam. Im April blieben die Männer vom Schwarzen Meer in vier aufeinanderfolgenden Spielen sogar völlig ohne Torerfolg.

Neben Odessa konnten lediglich noch Dnjepr Dnjepropetrowsk und der aufstrebende Neuling CSKA Borisfen Kiew mit Dinamo Kiew mithalten. Die chronisch finanzschwachen Dnjepropetrowsker hatten allerdings vor Saisonbeginn ihre Nationalspieler Bezhenar, Maximow, Pokhlebayew und Konovalow an den Rivalen aus Kiew verloren und mit den Kiewer Ersatzspielern Sergij Kovalets, Dmytro Topchiew und Wolodimir Sharan nur mäßigen Ersatz erhalten. Bernd Stange, der den ebenfalls zu Dinamo Kiew gewechselten Wladimir Onyschenko als Trainer abgelöst hatte, löste seine schwierige Aufgabe bravourös. Erst am fünften Spieltag kassierte sein Team in Lwow die erste Niederlage, nachdem es zuvor sogar zu einem Punktgewinn gegen Dinamo Kiew gereicht hatte. Ernsthaft um den Titel konnten die Männer aus der Millionenstadt am Dnjepr, bei dem zwischenzeitlich auch der in Deutschland gescheiterte Andreas Sassen gelandet war, allerdings nicht mitspielen. Kurz vor Saisonende gab Stange resigniert auf, packte seine besten Spieler ein und wechselte zum Kiewer Newcomer CSKA Borisfen, dessen ebenso ambitionierter wie allmächtiger Präsident Dimitri Zlobenko davon träumt, eines Tages dem Lokalrivalen Dinamo den Rang abzulaufen. Der Aufsteiger hatte mit Mikhail Formenko und Wladimir Bessonew bereits zwei Trainer verbraucht. Stange führte ihn noch auf den vierten Platz, der allerdings nicht zur UEFA-Pokal-Qualifikation reichte.

Dafür freute sich der in der Liga nur knapp dem Abstieg entronnene FK Niva Vinnitza, der trotz seiner Niederlage im Pokalfinale am lukrativen Europapokal teilnehmen kann, denn Finalgegner Dinamo Kiew wird im Meistercup starten. Ganz ohne Skandal ging allerdings auch der Pokalwettbewerb nicht über die Bühne. Im Halbfinale war Schachtjor Donezk nur unter Protest zum Spiel in Vinnitza angetreten, denn sechs seiner Spieler hatten sich beim Frühstück eine Lebensmittelvergiftung zugezogen. Schachtjors Antrag, das Spiel um eine Woche zu verlegen, war vom Verband nicht stattgegeben worden. Mit arg dezimierter Mannschaft verlor der Pokalverteidiger im Elfmeterschießen.

Die ukrainische Nationalmannschaft weist eine ernüchternde Bilanz auf. Lediglich im Auftaktspiel gegen Litauen gab es einen Sieg, anschließend wurde sogar in Slowenien verloren, obwohl Skripnik und Guseinow eine 2:0-Halbzeitführung herausgeschossen hatten. Anschließend erklärte Nationaltrainer Anatolij Konkow seinen Rücktritt und wurde von seinem Vorgänger Jozsef Szabo ersetzt, der im Januar 1995 zurückgetreten war. Das Szabo gleichzeitig bei Dinamo Kiew in Verantwortung steht, ist nach Ansicht der Verbandsführung kein Problem: „Praktisch die gesamte Nationalmannschaft wird von Dinamo-Spielern gebildet, da macht es Sinn, auch den Trainer zu nehmen“, hieß es.

Der Fußball des 52 Millionen-Einwohner-Landes, das seit Jahrzehnten eine schier unerschöpfliche Talentquelle ist, hat seine bislang schwierigste Saison seit der Unabhängigkeitserklärung überstanden. Wohin sein Weg führen wird, ist derzeit allerdings noch nicht abzusehen. Dinamos lokale Überlegenheit und die zahlreichen undurchsichtigen Vorgänge in der höchsten Spielklasse des Landes vergrätzen die Fans zunehmend. Der Zuschauerschnitt liegt bei weit unter 5.000 pro Spiel - Tendenz fallend. Hoffnung bereitet nur der Europapokal, doch wenn es da weiterhin zu derartigen Vorfällen wie beim Spiel Dinamo Kiew gegen Panathinaikos Athen kommt, sieht die Fußballzukunft der Ukraine düster aus.

DER MEISTER

Dinamo Kiew

Dreizehn Mal sowjetischer Landesmeister, zweifacher Europapokalsieger und in den siebziger Jahren das Team mit der wohl höchsten Spielkultur in ganz Europa - Dinamo Kiew ist ein Verein mit klangvollem Namen. In der Ukraine ist die Mannschaft seit Jahrzehnten das beliebteste Team. Und das reichste, denn Dinamos glänzende Schule beschert dem Klub volle Kassen. Regelmäßig wirbt der Klub seinen Landeskonkurrenten hoffnungsvolle Talente für wenig Geld ab, läßt sie zwei-, drei Jahre in seinen eigenen Reihen spielen, um sie dann mit großem (Westgeld-) Gewinn an die europäischen Spitzenklubs zu verkaufen. Das macht Dinamo lokal zum unbestrittenen Top-Klub, der sich auch international sehen lassen kann. 1994/95 verpaßte Dinamo nur knapp den Einzug ins Viertelfinale der Champions League und betrieb damit positive Imagewerbung. Auch 1995/96 wurde den Blau-Weißen wieder eine gute Rolle in der Champions League zugetraut, doch der Bestechungsversuch sorgte für das unrühmliche Aus, dem eine lange Lethargie folgte. Mit Wladimir Onyschenko, Nikolai Pawlow und Jozef Szabo verbrauchte der Klub drei Trainer, und wurde dennoch mit sechs Punkten Vorsprung Meister. Dinamos Kader hat klangvolle Namen zu bieten: Zwölf aktuelle ukrainische Nationalspieler, darunter mit Sergij Skachenko und Viktor Leonenko die unbestrittenen Superstar der Ukraine.

IM BLICKPUNKT

Tschernomoretz Odessa

Die Blau-Weißen aus der eine Million Einwohner zählenden Stadt am Schwarzen Meer („Tschernomorets“) gelten als die Überraschung der Saison. „Burjaks Bande“, wie man die Mannschaft von Trainer Leonid Burjak, ein enger Freund des legendären Oleg Blokhin, nennt, ist

DER POKAL

1. Runde

CSKA-Borisphen Kiew - Sakhtar Donezk	0:1
Metalurg Novomoskovsk - Dinamo Kiew	0:3
Podillia Khmel'nitsky - Dnjepr Dnjepropetrovsk	2:5
Zirba-Nibas Kirovograd - Tschernomorez Odessa	1:0
Metalurg Nikopol - Prikarpatya Ivano-Frank.	2:0
Nyva Mironovka - Karpaty Lwow	3:4
Stal Alchevsk - Kremin Krementschuk	1:3
Naftokhimik Krementschuk - Tavriya Simferopol	1:2
Khutrovyk Tismenitsa - Nyva Ternopol	0:1
Garay Zhovka - Volyn Luzk	0:1
Galichina Drogobych - K. Kri. Roy	n.E. 6:5, n.V. 0:0
Gaz. Komarnov - Nyva Vinnitza	n.E. 6:7, n.V. 0:0
Yavor Krasnopolye - Zorya-MALS Lugansk	2:0
Sakhtar-2 Donezk - Metalur Saporoschje	0:1
Chayka Sevastopol - Torpedo Saporoschje	0:1
Dinamo-2 Kiew - SK Nikolajew	n.E. 5:4, n.V. 2:2

2. Runde

Dinamo Kiew - Zirba-Nibas Kirovograd	2:0
Dnpr Dnjepropetrvovsk - Karpaty Lwow	4:1
Metalur Saporschje - Torpedo Saporschje	n.V. 2:0
Sakhtar Donetsk - Dinamo-2 Kiew	n.V. 2:0
Tavirya Simferopol - Yavor Krasnopolye	2:0
Nyva Vinnitsa - Galichina Drogobych	2:0
Nyva Ternopol - Volyn Luzk	3:1
Kremin Krementschuk - Metalurg Nikopol	1:0

Viertelfinale

Sakhtar Donezk - Dnjepr Dnjep.	n.E. 4:2, n.V. 2:2
Niva Vinnitza - Nirva Ternopol	1:0
Tavriya Simferopol - Dinamo Kiew	0:1
Kremin Krementschuk - Torpedo Saporschje	2:1

Halbfinale

Dinamo Kiew - Kremin Krementschuk	2:0
Niva Vinnitza - Sakhtar Donezk	n.E. 3:0, n.V. 0:0

Finale

(26. Mai 1996, Kiew, 47.000)

Dinamo Kiew - Niva Vinnitza 2:0 (1:0)

Dinamo: *Shovkovskyi - Luzhnyi, Bezhenar, Golovko, Shmatovalenko - Mykhailenko, Rebrov (88. Shkapenko), Maximov (73. Kalitvintsev) - Kosovskyi, Leonenko (62. Pokhlebayev), Shevchenko*

Niva: *Tsytkin (68. Nemodruk) - Gaidarzhi, Sosenko, Zaporojtchenko, Solovienko - Lelyuk (36. Balatski), Ryabtsev, Romantchuk, Shervonz (46. Laktionov) - Matveichenko, Lubinski*

Schiedsrichter: *M. Avdych*

Tore: *1:0 Rebrov (29.), 2:0 Maximov (59.)*

ein Team ohne Stars. Nur der nach langer Europa-Odyssee zu seinem Heimklub zurückgekehrte Igor Belanow verfügt über einen renommierten Namen, der Rest des Teams ist vor allem jung und hungrig. Timerlan Guseinow beispielsweise wurde ukrainischer Torschützenkönig und sorgte auch in der Nationalmannschaft für Furore, denn vier der acht Saisontreffer wurden von ihm erzielt. Neben Guseinow ragen Torhüter Oleg Suslow und Wladislaw Ternavskyi, der 1994 für Rußland bei der WM dabei war, aus dem Team heraus. In der Ukraine ist man sich sicher: Wenn es der Mannschaft gelingt, ihre Abschlußschwäche zu beseitigen, ist sie ein ernsthafter Konkurrent für Dinamo Kiew.

DIE STARS

Andrej Kantschelskis (Everton FC)

Er ist das Symbol für den ukrainischen Traum. Andrej Kantschelskis lebt im westlichen Ausland (Liverpool) und verdient dort mit knapp 120.000 im Jahr ungefähr soviel, wie ein durchschnittlicher Ukrainer in seinem ganzen Leben nicht verdienen kann. 1992 wechselte der Ausnahmefußballer von seinem Heimatklub Schachtjor Donezk zum englischen Erstligisten Manchester United und entschied sich gleichzeitig, die russische Fußball-"Staatsangehörigkeit" anzunehmen. Am 14. April 1993 debütierte er für Rußland, zur WM nach Amerika wurde der torgefährliche Mittelfeldspieler allerdings nicht mitgenommen. Im Sommer 1995 wechselte Kantschelskis nach Everton, wo er sofort zum unbestrittenen Liebling der Fans wurde. Mit 16 Treffern wurde er Schützenkönig im *Goodison Park* und am Saisonende zum „Spieler des Jahres“ gewählt.

Meister Dinamo Kiew

Viktor Leonenko (Dinamo Kiew)

Zum dritten Mal in Folge ukrainischer Spieler des Jahres - Viktor Leonenko ist der Oleg Blokhin der 90er Jahre. Wo immer er auftaucht, zittern die Torhüter. „Er ist gut genug für jede europäische Spitzenmannschaft. Ein Siegertyp, der jeden mitreißen kann. Für mich ist er der perfekte Stürmer“, lobt Nationaltrainer Szabo den 26jährigen. Leonenko kam auf Umwegen in die ukrainische Metropole Kiew. Geboren im sibirischen Tjumen kickte er lange Zeit für den Zweitligisten Geolog Tjumen und träumte davon, eines Tages das Trikot seines Lieblingsklubs Dinamo Kiew tragen zu können. Doch in der Sowjetunion war alles auf Moskau konzentriert, und so wurde der talentierte Leonenko 1991 zu Dinamo Moskau transferiert. „Ich wollte gar nicht nach Moskau, sondern nach Kiew“, meinte er später. 16 Spiele bestritt Leonenko für Dinamo Moskau, schoß neun Tore - und legte sich mehrfach mit Trainer Waleri Gazzaew an. Nach dem Auseinanderbrechen der Sowjetunion wollte Leonenko erneut nach Kiew. „Ich werde nie wieder in Moskau spielen, selbst wenn die mir die halbe Stadt geben“, erklärte er, doch erst nach Intervention der UEFA und der FIFA konnte Leonenko in seine Traumstadt wechseln. Am Dnjepr kam er jedoch vom Regen in die Traufe. In Kiew trainierte seinerzeit Mikhail Fomenko, ein Anhänger des Defensivfußballs. Der Vollblutstürmer Leonenko bekam keine Chance. Verzweifelt saß er auf der Bank. Erst als Formenko nach einem Streit entlassen wurde und Jozsef Szabo die Mannschaft übernahm, wurde Leonenko richtig glücklich. Im Sommer 1996 lehnte er sogar ein Top-Angebot des russischen Meisters Wladikawkas ab und unterschrieb für ein weiteres Jahr in Kiew. Nun muß es nur noch mit der Champions League klappen.

DIE LÄNDERSPIELE

Litauen - Ukraine 1:3 (1:0) EMQ

6. 9. 1995 - Vilnius - 5.000 - Shorte (Irland) - Suslov - Luzhnyi, Golovko, Skripnyk, Bezhenar - Shkapenko (68. Pokhlebayev), Gorily, Kalitvintsev, Orbu - Gusin, Guseinov (87. Yevtushok) - Trainer: Konkov - Tore: Guseinov (67./1:1, 71./1:2), Gusin (84./1:3)

Slowenien - Ukraine 3:2 (0:2) EMQ

11. 10. 1995 - Ljubljana - 4.000 - Fernández Marin (Spanien) - Suslov - Luzhnyi, Shmatovalenko (88. Polunin), Golovko, Shkapenko - Skripnik, Orbu, Kalitvintsev, Bezhenar - Guseinov, Gusin (51. Nagornyak) - Trainer Konkov - Tore: Skripnik (24./0:1), Guseinov (44./0:2)

Italien -Ukraine 3:1 (1:1) EMQ

11. 11. 1995 - Bari - 50.000 - Muhmenthaler (Schweiz) - Suslov - Luzhnyi, Skripnik, Bezhenar, Gorily (14. Yevtushok) - Polunin, Orbu, Kalitvintsev, Nagornyak (71. Pokhlebayev) - Sharan (50. Popov), Guseinov - Trainer: Konkov - Tor: Polunin (18./0:1)

Moldawien - Ukraine 2:2 (0:0)

9. 4. 1996 - Chisinau - 7.000 - Zhuk (Weißrußland) - Suslov - Luzhnyi (68. Bezhenar), Parfenov, Golovko (68. Vashuk), Shmatovalenko (68. Mikailenko) - Shkapenko, Orbu, Kardash (68. Pokhlebayev), Guseinov - Kriventsov, Antyukhli (68. Shevchenko) - Trainer: Szabo - Tore: Guseinov (47./0:1, 67./0:2)

Türkei - Ukraine 3:2 (3:2)

1. 5. 1996 - Samsun - 15.000 - Guntadze (Georgien) - Suslov - Luzhnyi, Kardash (70. Rebrov), Golovko, Shmatovalenko - Parfenov, Orbu (46. Skripnik), Shapenko (55. Pokhlebayev), Zotov (35. Mikhailenko) - Shevchenko, Guseinov - Trainer: Szabo - Tore: Shevchenko (10./1:1), Guseinov (35./3:2)

DER EUROPAPOKAL

Europapokal der Landesmeister

Qualifikation

Dinamo Kiew - Åalborg BK 1:0 (0:0)

9. 8. 1995 - 61.000 - Ulrich (Tschechien) - Shovkovskyi - Khomyn, Bezhenar, Golovko, Maximov - Dmitrulin, Pokhlebayev, Kalitvintsev (85. Shkapenko), Kosovskyi - Skachenko (46. Rebrov), Shevchenko - Tor: Pokhlebayev (82./1:0/Elfmeter)

Åalborg BK - Dinamo Kiew 1:3 (0:1)

23. 8. 1995 - 10.100 - Ouzounov (Bulgarien) - Shovkovskyi - Luzhnyi (81. Khomyn), Golovko, Dmitrulin, Bezhenar - Pokhlebayev, Maximov (77. Mykhailenko), Kalitvintsev, Kosovskyi - Shevchenko, Skapendo (71. Rebrov) - Tore: Kalitvinstev (36./0:1), Shevchenko (49./0:2, 76./0:3)

Champions League (Gruppe A)

Dinamo Kiew - Panathinaikos Athen 1:0 (0:0)

13. 9. 1995 - 89.000 - Lopez Nieto (Spanien) - Shovkovskyi - Luzhnyi (71. Shmatovalenko), Bezhenar, Golovko, Maximov (84. Mizin), Dmitrulin, Pokhlebayev,Kalitvintsev, Kosovskyi, Rebrov (74. Skachenko), Shevchenko - Tor: Kosovskyi (61./1:0)

Anmerkung: Dinamo Kiew wurde wegen eines Bestechungsversuches aus der Champions League ausgeschlossen.

Europapokal der Pokalsieger

Qualifikation

Sakhtar Donezk - Linfield FC 4:1 (3:0)

10. 8. 1995 - 20.000 - Michel (Slowakei) - Shutkov - Pyatenko, Koval, Chikhradze, Kochvar, Spivak, Orbu, Atelkin (Fedkov, Voskoboinik), Petrov, Kriventsov, Matveyev (Onopko) - Tore: Atelkin (10./1:0), Matveyev (20./2:0), Orbu (31./3:0, 90./4:1)

Linfield FC - Sakhtar Donezk 0:1 (0:0)

24. 8. 1995 - 3.000 - Hirviniemi (Finnland) - Nikitin - Pyatenko, Koval, Chikhradze, Popov, Kochvar, Orbu, Voskoboinik, Petrov (Shutkov), Kriventsov (Lenov), Matveyev (Fedkov) - Tor: Voskoboinik

1. Hauptrunde

Club Brugge KV - Sakhtar Donezk 1:0 (0:0)

14. 9. 1995 - 10.000 - Melo Pereira (Portugal)

Sakhtar Donezk - Club Brugge KV 1:1 (0:0)

28. 9. 1995 - 30.000 - Constantin (Rumänien) - Tor: Voskoboinik (63./1:1)

UEFA-Pokal

Qualifikation

Hibernians Paola - Tschernomorez Odessa 2:5 (1:3)

8. 8. 1995 - 5.000 (in Valetta) - Vprjas (Griechenland) - Tore: Guseinov (14./0:1), Asjkin (23./0:2), Darfenow (39./1:3), Korniyets (49./1:4), Mochulyak (53./15)

Tschernomorez Odessa - Hibernians Paola 2:0 (1:0)

22. 8. 1995 - 4.000 - Guerguinov (Bulgarien) - Tore: Kozakevich (32./1:0), Musolitin (78./2:0)

1. Runde

Tschernomorez Odessa - Widzew Lódz 1:0 (0:0)

12. 9. 1995 - 16.000 - Peltola (Finnland) - Suslov - Parfenov, Sak, Bukel, Ternavskyi, Gashkin, Gorshkov (46. Seleznev), Zotov, Musolitin (70. Kozakevich), Kardash (70. Vasilkov), Guseinov - Tor: Kozakevich (1:0/87.)

Widzew Lódz - Tschern. Odessa5:6 n.E., 1:0 n.V. (0:0)

26. 9. 1995 - 8.769 - Vad (Ungarn) - Suslov - Parfenov, Sak, Bukel, Ternavskyi, Musolitin, Gorshkov (46. Kolchin), Zotov, Kolesnychenko (23. Vasilkov), Kardash (70. Vasitov), Kardash, Guseinov (53. Kozakevich)

2. Runde

Tschernomorez Odessa - RC Lens 0:0

17. 10. 1995 - 15.000 - Kefalas (Griechenland) - Suslov - Kolchin (46. Kolesnychenko, 79. Mochulyak), Bukel, Ternavskyi, Vasilkov - Parfenov, Gashkin, Zotov, Gorshkov (54. Kosakevich) - Guseinov, Seleznev

RC Lens - Tschernomorez Odessa 4:0 (3:0)

1. 11. 1995 - 31.000 - Irvine (Nordirland) - Suslov - Vasilkov, Ternavskyi, Bukel, Musolitin - Parfenov (59. Kolchin), Gashkin, Guseinov, Kardash (68. Kolesnychenko) - Zotov, Seleznev (52. Kasakevich)

Ein Schiedsrichter als Aushängeschild

Von Matthias Weinrich

Magyar Labdarúgók Szövetsége

Népstadion Toronyepület,
Istvanmezei Ut 3-5,
H-1146 Budapest
Telefon: ++36 (1) 252 92 96
Telefax: ++36 (1) 252 99 86

FIFA-Weltrangliste
Juli 1995: 55. Platz, 35,18 Punkte
Juli 1996: 87. Platz, 26,44 Punkte

UEFA-Fünfjahreswertung
1996/97: 20. Platz, 15,249 Punkte

10 Jahre ist es her, daß ein ungarisches Nationalteam die Endrunde einer Welt- oder Europameisterschaft erreichte. Die Bilanz der acht Länderspiele der Saison 1995/96 ist erschreckend schwach: ein Sieg im abschließenden EM-Qualifikationsspiel gegen Island durch einen Treffer von Bela Illés vor ganzen 3.000 Fans in Budapest, ansonsten sieben Niederlagen! Das Torverhältnis von 2:18 bei acht Partien zeigt, wo die Magyaren der Schuh drückt: überall! Keine Durchschlagskraft im Angriff, Löcher in der Verteidigung.

Dem neuen Verbandstrainer Janos Csank, der Ende März die Nachfolge des erfahrenen, aber erfolglosen Kalman Mészöly antrat, bleibt ein schweres Erbe. Nach jahrelangen Tiefschlägen und dem immer tieferen Abrutschen in die europäische Bedeutungslosigkeit wird der Anschluß an die Erfolge der 50er und 60er Jahre nicht von heute auf morgen erreichbar sein. Csank machte 1994 auf sich aufmerksam, als er den Provinzklub Váci FC-Samsung sensationell zum Titelgewinn führte. Die nächste Gelegenheit für Ungarn, daß angeschlagene Renommee wieder aufzupolieren, besteht in der Qualifikation für die WM-Endrunde 1998 in Frankreich. In der Europagruppe 3 treffen die Csank-Schützlinge auf Norwegen, die Schweiz, Finnland und Aserbaidschan. Unlösbar erscheinen diese Aufgaben nicht.

Zumindest der Nachwuchs bereitete Freude im vergangenen Jahr. Die U21 erreichte immerhin das Viertelfinale der Europameisterschaft. Dort gab es zunächst einen 2:1-Heimerfolg über Schottland, eine 1:3-Auswärtsniederlage bescherte dann aber das "Aus". Verbunden mit dem Erreichen der Runde der letzten Acht war die Qualifikation für das Olympische Fußballturnier in Atlanta. Dort

Ugarischer Meister 1996 : Ferencvárosi TC Budapest

Nemezti Bajnokság I	Gesamt							Heim					Auswärts				
	Sp	g	u	v	Tore	Diff.	Pkt.	g	u	v	Tore	Pkt.	g	u	v	Tore	Pkt.
1. Ferencvárosi TC (M, P)	30	21	3	6	56:25	+31	66	11	2	2	28:11	35	10	1	4	28:14	31
2. BVSC-Dreher Budap.	30	18	7	5	50:29	+21	61	10	2	3	22:12	32	8	5	2	28:17	29
3. Újpesti TE-Novabau	30	12	12	6	43:31	+12	48	9	6	0	29:10	33	3	6	6	14:21	15
4. Debreceni Vasutas SC	30	14	6	10	49:40	+ 9	48	11	3	1	33:12	36	3	3	9	16:28	12
5. MTK Budapest (N)	30	13	7	10	58:43	+15	46	9	3	3	39:18	30	4	4	7	19:25	16
6. Kispest-Honvéd FC	30	12	10	8	49:35	+14	46	8	7	0	28:10	31	4	3	8	21:25	15
7. Vasas-Casino Vigadó	30	12	10	8	44:40	+ 4	46	5	7	3	20:18	22	7	3	5	24:22	24
8. Csepel SC-Kordax	30	11	9	10	46:45	+ 1	42	7	4	4	26:18	25	4	5	6	20:27	17
9. Stadler FC Akasztó	30	8	12	10	35:41	- 6	36	8	4	3	21:14	28	0	8	7	14:27	8
10. Zalaegerszegi TE	30	8	10	12	42:48	- 6	34	7	3	5	24:19	24	1	7	7	18:29	10
11. Vác FC-Samsung	30	7	12	11	39:46	- 7	33	4	8	3	20:19	20	3	4	8	19:27	13
12. Hal. Szombath. (N)	30	8	8	14	30:48	-18	32	6	3	6	19:25	21	2	5	8	11:23	11
13. Fehérvár 96 FC*	30	8	7	15	38:54	-16	31	5	4	6	22:21	19	3	3	9	16:33	12
14. Békéscsabai EFC	30	6	11	13	33:46	-13	29	5	5	5	24:22	20	1	6	8	9:24	9
15. Györi FC	30	6	9	15	34:54	-20	27	5	5	5	24:24	20	1	4	10	10:30	7
16. Pécsi MSC-Fordan	30	7	5	18	32:53	-21	23	5	3	7	20:26	18	2	2	11	12:27	8

Anmerkungen: Pécsi MSC wurden drei Punkte abgezogen.

* Parmalat FC Székesfehérvár benannte sich im März 1996 in Fehérvár 96 FC um.

Relegationsspiele

Fehérvár 96 FC - Diósgyőri FC	2:1, 2:2 n. V.
Győri FC - Matáv SC Sopron	2:0, 1:2 n. V.
Rákóczi-Kap. FC - Békéscsabai EFC	0:0, 0:5
Tiszakécskei FC - Pécsi MSC-Fordan	0:0, 0:0 n. V. (3:5 n. E)

EC 1996/97: CL: Ferenvárosi TC*, EC2: Kispest-Honvéd FC, UEFA: BVSC-Dreher, UI: Vasas-Casino Vigadó,

erwiesen sich allerdings Brasilien, der spätere Olympiasieger Nigeria und Japan als übermächtig und ließen Ungarn keinen Punktgewinn. Die Nachwuchsspieler um den beim VfB Stuttgart mit einem Vorvertrag ausgestattenen Krisztián Lisztes gelten aber als Hoffnungsträger beim Aufbau einer schlagkräftigeren Nationalelf.

Einen Wechsel gab es an der Spitze des Verbandes: Ende Februar 1996 setzte sich Mihaly Laczko mit 105:65 Stimmen in einer Kampfabstimmung gegen Amtsinhaber László Benkö durch - und übernahm damit den Posten, den er von 1989 bis 1994 schon einmal innehatte. Eine der ersten Amtshandlungen Laczkos war im März der Austausch des Nationaltrainers (Csank für Mészöly) sowie des Generalsekretärs (Lajos Czekus für Sándor Berzi). Neue Besen sollen bekanntlich gut kehren - auch in Ungarn?

Zu einer Budapester Stadtmeisterschaft wurde die Saison 1995/96. In der Abschlußtabelle rangierten sieben Hauptstadtklubs in der ersten Tabellenhälfte, lediglich der Debreceni VSC konnte als Vierter in diese Phalanx einbrechen - und damit den hervorragenden dritten Vorjahresplatz bestätigen. Der 44jährige Trainer Lajos Garamvölgyi, von 1979 bis 1982 selbst für den Klub aktiv, übernahm die Mannschaft nach dem Wiederaufstieg 1993. Seitdem erreichte er mit den Plätzen 7, 3 und nun 4 beachtliche Erfolge mit einem Team, das sich zur Hälfte aus Spielern zusammensetzt, die dem eigenen Nachwuchs entstammen. Den Mittelfeldakteuren Tamás Sándor und Csaba Madar sowie Angreifer Tibor Dombi gelang bereits der Sprung ins Nationalteam. Zu den Leistungsträgern gehören zudem drei Rumänen (Liviu Gojan, Dan Mircea Stupar und Nicolae Cornea Ilea) und der ukrainische Stürmer Medvid.

Der Torjäger
Igor Nichenko (Stadtler, Ferenc. TC) 18

Den besten Saisonstart erwischte Csepeli SC, das 1959 als Neuling seinen letzten Meistertitel (von insgesamt vier) feierte und seitdem fünfmal ab- und wieder aufgestiegen ist. Csepel blieb vom Start weg achtmal ungeschlagen (18 Punkte), hatte nach dem 6. und 7. Spieltag die Tabellenführung inne, ehe Titelverteidiger Ferencváros die Elf von Coach István Varga im eigenen Stadion mit 2:1 stoppte. Dieser Ausrutscher ging Csepel stark an die Substanz - die Folge waren vier aufeinanderfolgende Niederlagen mit einem Tor Differenz! Neben Zalaegerszegi TE war Csepel der einzige Klub, der in seinem Kader keine ausländischen Spieler auswies! Bei der allgemeinen Tendenz in Ungarn, dem Exodus der besten einheimischen Fußballer

Nemzeti Bajnokság I	Ferencváros	BVSC-Dreher	Újpest	Debrecen	MTK	Kisp.-H.	Vasas	Csepel	Stadler FC	Zalaegerszeg	Vác FC	Haladás	Fehérvár	Békéscsaba	Györ	Pécs
Ferencvárosi TC	•	1:3	2:0	1:0	3:1	3:1	0:2	2:1	3:0	1:1	2:0	0:0	2:1	3:0	2:0	3:1
BVSC-Dreher Budapest	0:1	•	1:0	2:0	0:2	2:0	2:0	0:2	2:2	3:2	1:0	2:1	2:1	1:1	2:0	2:0
Újpestì TE-Novabau	1:1	0:0	•	4:0	0:0	2:1	1:1	5:1	1:1	3:2	2:2	2:1	4:0	2:0	1:0	1:0
Debreceni Vasutas SC	2:1	1:1	2:0	•	0:0	2:1	2:3	5:0	4:1	2:2	2:1	3:0	2:1	1:0	4:1	1:0
MTK Budapest	2:1	2:2	1:2	3:1	•	0:1	0:0	1:2	3:3	3:0	5:0	3:1	5:2	1:0	8:2	2:1
Kispest-Honvéd FC	1:0	1:1	1:1	0:0	2:1	•	3:2	1:1	2:1	3:0	2:0	4:0	5:0	1:1	0:0	2:2
Vasas-Casino Vigadó Bud.	0:1	1:0	2:2	1:0	1:3	2:4	•	1:1	2:2	2:0	2:2	1:1	2:0	1:1	0:0	2:1
Csepel SC-Kordax	1:2	2:3	1:1	1:2	5:0	2:1	4:1	•	1:0	0:0	1:0	0:3	2:2	1:1	3:2	2:0
Stadler FC Akasztó	0:3	3:1	0:0	3:2	0:1	1:1	1:0	0:0	•	1:1	1:2	2:1	2:0	3:1	1:0	3:1
Zalaegerszegi TE	1:3	1:3	1:0	2:3	3:3	0:0	1:2	2:1	2:0	•	2:1	0:0	0:2	3:0	3:0	3:1
Vác FC-Samsung	1:2	2:3	1:0	1:1	2:1	3:3	3:2	0:0	1:1	2:1	•	0:0	2:2	1:2	0:0	1:1
Haladás VSE Szombathely	0:3	1:5	1:1	2:1	2:2	1:0	1:1	1:2	1:0	2:1	2:5	•	1:2	3:1	1:0	0:1
Fehérvár 96 FC	1:2	1:2	2:2	4:1	3:1	3:2	0:1	1:3	0:0	1:2	2:1	1:1	•	0:0	0:2	3:1
Békéscsabai Elõre FC	1:3	0:1	2:3	2:2	3:1	1:0	2:3	2:2	0:0	1:1	1:1	2:1	3:1	•	3:1	1:2
Györi FC	2:5	1:1	4:0	1:3	1:0	1:2	1:3	3:2	2:2	2:2	2:4	3:0	0:0	0:0	•	1:0
Pécsi Munkas SC-Fordan	1:0	0:2	0:2	1:0	0:3	2:4	1:3	3:2	3:1	3:3	0:0	0:1	1:2	3:1	2:2	•

ins zahlungskräftige Ausland mit "Billigimporten" vor allem aus Rumänien, der Ukraine oder Jugoslawien zu begegnen, eine erwähnenswerte Ausnahme.

Hervorragend aus den Startlöchern kam auch der Eisenbahnerklub BVSC Budapest, der seit 1992 unter der Sponsorschaft der Brauerei *Dreher* steht. Zehn Neuzugänge, darunter Torwartdenkmal Péter Disztl (Parmalat FC), István Borgulya (Vasas), György Tóth (Debrecen) und Ádám Vezér (Kispest-Honvéd) sollten den ersten Meistertitel einfahren helfen. Nach der 0:2-Heimniederlage gegen MTK am 2. Spieltag setzte BVSC-Dreher zum Höhenflug an. Zwischen der 4. und 11. Runde gab es acht Siege in Serie, erweitert bis zum 22. Spieltag blieben die Eisenbahner in 20 (!) Spielen ohne Niederlage. Mit der 0:1-Derbyniederlage bei Vasas durch den Elfmetertreffer Pál Fischers begann das große Nervenflattern, der zeitweise vorhandene Acht-Punkte-Vorsprung auf Ferencváros schmolz wie der Schnee in der Frühlingssonne. An 16 Spieltagen hatte BVSC die Rangliste angeführt, ehe am 25. Spieltag "Fradi" vorbeizog. Letztlich belegte BVSC-Dreher mit fünf Punkten Rückstand "nur" den 2. Rang, durfte aber immerhin den größten Erfolg der Klubgeschichte feiern.

Mit großen Ambitionen startete auch MTK Budapest in die Saison. Der 19fache ungarische Landesmeister, dessen große Zeiten vor dem 2. Weltkrieg lagen, hatte den Betriebsunfall Abstieg aus dem Sommer 1994 umgehend mit der sofortigen Rückkehr in die 1. Liga wettgemacht. Aufstiegscoach Bertalan Bicskei verstärkte den Kader (u. a. kamen die Nationalspieler Hamar und Illés von Kispest-Honvéd), der Vorstand legte die Zielvorgabe mit dem Gewinn der Meisterschaft allerdings zu hoch. Der Start mit vier souveränen Siegen schien die Ambitionen zu untermauern, doch mit den ersten Rückschlägen machte sich schnell Unmut breit. Nach dem 0:0 im Derby gegen Vasas am 10. Spieltag wurde Trainer Bicskei entlassen. Sein Nachfolger, der vorherige Generalmanager István Kisteleki, konnte den Absturz des Klubs nicht aufhalten - und wurde bald von Ex-Nationalspieler Imre Garaba beerbt. Nach dem Traumstart blieb MTK siebenmal sieglos, erlangte darüberhinaus zwischen der 5. und 17. Runde nur einen Sieg (bei sechs Remis und sechs Niederlagen). Die hohen Erwartungen mußten zunächst begraben werden, zur neuen Saison wurde mit der Verpflichtung des 57jährigen József Garami als Trainer sowie der zurückgekehrten "Legionäre" Imre Katzenbach (Volos) und Gábor Halmai (Germinal Ekeren) und des Nationalstürmers Ferenc Orosz (bisher BVSC-Dreher) jedoch erneut kräftig investiert.

Titelverteidiger Ferencváros konzentrierte sich zu Saisonbeginn in erster Linie auf die Qualifikation für die lukrative "Champions League". Das Startspiel in Debrecen ging denn auch vier Tage vor dem ersten Ausscheidungsspiel gegen den RSC Anderlecht mit 1:2 verloren. In Belgien siegten die Schützlinge von Coach Dezsö Novák durch ein

Tor des von Parmalat FC verpflichteten Serben Zoran Kuntics überraschend mit 1:0, ein 1:1 im Rückspiel reichte schließlich aus. Der Auftakt in der "Liga der Meister" war mit einem 3:0 bei Grasshoppers Zürich verheißungsvoll, der Absturz folgte jedoch schnell mit deftigen "Klatschen" durch Ajax Amsterdam und Real Madrid (1:5 und 1:6). Finanziell durfte "Fradi", wie der Klub im Volksmund genannt wird, jedoch zufrieden sein - im Herbst konnte sich der Rekordmeister den Stadler-Torjäger Igor Nicsenko als wesentliche Verstärkung für die Offensive leisten.

Den Preis für die Anstrengungen in der "Champions League" zahlte "Fradi" in der heimischen Meisterschaft, wo zur Saisonhälfte acht Punkte Rückstand auf Spitzenreiter BVSC zu verzeichnen waren (bei einem ausstehenden Nachholspiel). Allerdings gelten die Hauptstädter schon seit Jahren als Mannschaft der Rückrunde und durften optimistisch sein, was die Titelverteidigung angeht. Am 6. April gab es beim diesmal nur mittelmäßigen alten Rivalen Kispest-Honvéd noch einmal eine 0:1-Niederlage, dann bog "Fradi" auf die Überholspur. In den folgenden zehn Spielen standen acht Siege und zwei Unentschieden zu Buche. Der Ukrainer Nicsenko erwies sich mit zahlreichen wichtigen Treffern als lohnende Investition. Ausgerechnet der 3:0-Sieg bei seinem Ex-Klub Stadler-FC brachte Ferencvaros in der 25. Runde erstmals auf Position 1. Die Entscheidung fiel am 28. Spieltag im Duell BVSC - Ferencvaros. Beim großen Kontrahenten brachte "Fradi" mit 1:0 (Kuntics in der 43. Minute) den 26. Titelgewinn unter Dach und Fach.

Kispest-Honvéd FC, dem führenden Klub der 80er Jahre, blieb als Trostpflaster nach einer mäßigen Meisterschaft der Gewinn des ungarischen Pokals. Auf dem Weg zum fünften Cupsieg wurden im Halb- und Viertelfinale die Vorjahresfinalisten Váci FC-Samsung und Ferencvárosi TE aus dem Rennen geworfen, im Finale schließlich der leichte Favorit BVSC-Dreher bezwungen.

Durch die Aufstockung der 1. Liga von 16 auf 18 Klubs mußte kein Klub direkt in die 2. Liga absteigen. Die vier Letztplazierten gingen in Relegationsspiele

DER POKAL

Achtelfinale (Hin- und Rückspiele)

Salgótarjáni BTC - Ferencvárosi TC	0:2, 1:3
Csepeli SC - Váci FC-Samsung	0:1, 2:2
BVSC-Dreher Budapest - Vasas Budapest	4:1, 3:3
Debreceni VSC - Stadler FC	3:1, 1:0
Kispest-Honvéd FC - Békéscsabai EFC	1:0, 1:1
Kabai Cukor FC - Paks	0:3,
Kazincbarcikai SC - Újpesti TE	0:3, 0:0

Viertelfinale (Hin- und Rückspiele)

BVSC-Dreher Budapest - Debreceni VSC	0:0, 2:2
Váci FC-Samsung - Zalaegerszegi TE	2:1, 1:1
Kispest-Honvéd FC - Ferencvárosi TC	2:2, 4:1
Újpesti TE - Paks	2:2, 2:1

Halbfinale (Hin- und Rückspiele)

BVSC-Dreher Budapest - Újpesti TE	1:0, 2:0
Váci FC-Samsung - Kispest-Honvéd FC	0:3, 0:2

Finale (8. und 20.6.1996, beide Budapest)

BVSC-Dreher Budapest - Kispest-Honvéd FC	1:0, 0:2

2. Liga (West) (Nemzeti Bajnokság II)	Sp	g	u	v	Tore	Pkt.
1. Siófoki Bányász SE ⬆	30	19	8	3	63:25	65
2. Matáv SC Sopron	30	17	8	5	46:25	59
3. Rákóczi-Kaposcukor FC	30	17	7	6	44:19	58
4. Nagykaniszai OSE	30	15	9	6	56:40	54
5. Dunaferr SE	30	13	12	5	52:36	51
6. BKV Elöre SC	30	13	9	8	60:42	48
7. Paks	30	14	6	10	47:33	48
8. EMDSZ-Soproni LC	30	13	9	8	44:33	48
9. Százhalombattai FC	30	10	9	11	42:44	39
10. Balatonfüredi SC	30	9	7	14	35:47	34
11. Érdi Városi SE	30	9	6	15	35:43	33
12. Budafoki LC	30	9	5	16	43:54	32
13. Veszprém FC	30	7	7	16	32:59	28
14. Tatabányai SC	30	4	10	16	26:55	22
15. Mohácsi FC	30	4	8	18	28:68	20
16. Keszthelyi Hal. HSE*	30	5	4	21	32:62	16

2. Liga (Ost) (Nemzeti Bajnokság II)	Sp	g	u	v	Tore	Pkt.
1. III. Kerületi TVE Budapest ⬆	30	20	6	4	66:21	63
2. Tiszakécskei FC	30	18	6	6	53:28	60
3. Diósgyöri FC	30	16	10	4	60:25	58
4. Kabai Cukor FC-Hajd.	30	17	6	7	56:33	57
5. Kecskeméti TE	30	17	5	8	44:35	56
6. Tiszavasvári Alkal. SE	30	14	8	8	44:31	50
7. Salgótarjáni BTC	30	12	10	8	41:27	46
8. Nyíregyházi FC	30	13	4	13	47:42	43
9. Hajdúnánási FC	30	11	9	10	36:29	42
10. FC Hatvan	30	9	7	14	34:43	34
11. FC Eger	30	7	11	12	38:41	32
12. Sényö FC	30	7	8	15	33:61	29
13. Kazincbarcikai SC	30	6	10	14	33:39	28
14. Kecskeméti SC-RSC	30	7	6	17	30:43	27
15. Gödöllö-Verzál LC	30	6	8	16	24:52	26
16. Hódmezövásárhely*	30	2	2	26	13:102	5

* Keszthely, III. Kerületi TVE und Hódmezövásárhely wurden jeweils drei Punkte abgezogen.

gegen die Zweiten und Dritten der beiden 2. Ligen - und setzten sich ausnahmslos durch. Während Békéscsabai recht eindeutig die Klasse erhielt, mußten Fehérvár 96, Györi FC und Pécs kräftig zittern, bis der Ligaverbleib gesichert war. Der ungarische Fußball befindet sich Mitte der 90er Jahre weiter in einer tiefen Depression. Führungskrisen in der Verbandsspitze, eine Nationalelf, die selbst gegen "Fußballzwerge" nicht mehr als Favorit zu bezeichnen ist, und Vereine, die ihre guten Namen den Erfolgen der Vergangenheit zu verdanken haben. Doch auch der ungarische Fußball hat seinen Star: Sein Name ist Sándor Puhl. Der 41jährige Direktor eines großen Möbelhauses aus Eger gilt seit Jahren als einer der besten europäischen Unparteiischen, der seine Autorität auf dem Platz nicht durch übertriebene "Kartenspiele" nachweisen muß. Puhl leitete während der Europameisterschaft in England die Vorrundenpartie Portugal - Türkei ebenso souverän wie das im Vorfeld künstlich angeheizte Halbfinale zwischen England und Deutschland. Im Europacup-Wettbewerb 1995/96 gehörten das Landesmeister-Halbfinale FC Nantes - Juventus Turin und das Viertelfinalspiel der Pokalsieger zwischen AC Parma und Paris Saint-Germain zu den Höhepunkten in Puhls Terminkalender.

Gelänge dem Nationalteam oder einem der Klubs mal wieder der Vorstoß in die Sphären, in denen Sándor Puhl seit Jahren zuhause ist, würden die fußballbegeisterten Magyaren schnell ihre verschüttete Liebe zum *Labdarugas* (Fußball) wiederfinden. ■

DER MEISTER

Ferencvárosi TE Budapest

Die große Fangemeinde von "Fradi" wurde in den achtziger Jahren auf eine harte Geduldsprobe gestellt. 1981 gelang dem Klub, der seinen Namen Ferencváros dem gleichnamigen Budapester Stadtbezirk verdankt, der 23. Meistertitel. Es folgten zehn magere Jahre ohne Meisterschaft oder Pokalsieg, ehe mit einem 1:0-Erfolg über MTE Izzó Vác im Cupfinale 1991 der Bann gebrochen war. Die Treue der Anhänger des 1899 gegründeten Klubs, der im Laufe seiner Geschichte auch als Ferencvárosi FC, ÉDOSZ und Kinizsi SE firmierte, wurde seitdem im Überfluß belohnt: 1992 Meister, 93 und 94 Pokalsieger, 95 Double und 1996 erneut Meister!

Im Spätsommer 1995 ließ Ferencváros durch die Qualifikation für die Champions League aufhorchen, in der die sportlichen Erfolge zwar ausblieben, sich der Verein aber finanziell eine gute Grundlage für die Zukunft verschaffte. Die Klubführung wollte die lukrativen Heimspiele in das 80.000 Zuschauer fassende Nepstadion verlegen, gab sich letztlich aber dem Wunsch der Spieler geschlagen, die sich im vereinseigenen Üllöi-Stadion bessere Chancen ausrechneten.

Trainer Dezsö Novák, der 1994 den Ex-Internationalen Tibor Nyilasi ablöste, muß Jahr für Jahr mit dem Verlust hochkarätiger Spieler fertig werden, kann andererseits aber immer wieder veranlagte Talente nachziehen. Dem Verkauf des Spielmachers Lipcsei im Sommer 1995 folgten ein Jahr später die Abgänge der Stürmer Kuntics und Kopunovics zu AEK Larnaca, der Mittelfeldspieler Albert (zu Maccabi Petah Tikva) und Kecskes (zum 1. FC Saarbrücken) und des Verteidigers Jozsef Keller (zu Red Star Paris). Und im kommenden Frühjahr wird wohl auch Krisztián Lisztes ersetzt werden müssen...

IM BLICKPUNKT

BVSC-Dreher Budapest

Das fünfte Jahr nach dem Aufstieg in die ungarische Eliteliga sollte für den 1911 gegründeten Eisenbahnerverein den ganz großen Fischzug bringen. Der mächtige und zahlungskräftige Sponsor, die Budapester Brauerei Dreher, die seit 1992 auch im Klubname verewigt ist, verpflichtete zehn zum größten Teil namhafte Neuzugänge. Die Stadtrivalen Ferencváros, Újpestí, MTK, Vasas, Kispest-Honvéd und Csepeli sollten erstmals hinter sich gelassen werden, der Meistertitel war die Vorgabe für Trainer Sándor Egervári. Nach einer 0:2-Niederlage gegen Wiederaufsteiger MTK am 2. Spieltag wurde der BVSC-Dreher in einer Serie von 20 ungeschlagenen Spielen den Vorschußlorbeeren vollauf gerecht. Im Endspurt allerdings erwies sich Ferencváros als weitaus routinierter und zog am "Emporkömmling" locker vorbei. Für BVSC bedeutete die Vizemeisterschaft jedoch den Höhepunkt der bisherigen Klubgeschichte, in der der Verein vor dem

Wiederaufstieg 1991 lediglich zwischen 1958 und 1960 erstklassig war.
Unter dem neuen Trainer László Dajka, der zuletzt den Zweitligisten Kecskeméti TE trainierte, wird der Klub in der Saison 1996/97 wohl kleinere Brötchen backen müssen, da die bisherigen Leistungsträger Imre Aranyos, József Csábi, Zoltán Kovács, Ferenc Orosz und János Marozsán den Verein verließen und fast ausschließlich durch junge Talente ersetzt wurden. Einziger bekannter Neuzugang ist der vierfache Nationalspieler Gábor Egressy von Újpest TE, der Jugoslawe Sasa Djurasovic (ehemals Velez Mostar) und der Rumäne Constantin Stanici (zuletzt Sportul Studentesc Bukarest) müssen ihre Qualitäten erst nachweisen, sind aber erfahrene Kräfte.

DER NEWCOMER

Krisztián Lisztes (Ferencvárosi TC)

Am 2. Juli 1996 feierte Krisztián Lisztes gerade mal seinen 20. Geburtstag. Während in der deutschen Bundesliga gleichaltrige Talente froh sein dürfen, alle paar Wochen mal einen Kurzeinsatz als Einwechselspieler zu absolvieren, darf sich der offensive Mittelfeldspieler von Ferencváros bereits als zweifacher ungarischer Landesmeister und einmaliger Pokalsieger bezeichnen.
Bis zum Ende der Saison 95/96 standen bereits 72 Erstligaspiele (19 Tore) auf dem Konto des 1,78m großen Spielmachers.
Die Saison 1996/97 wird voraussichtlich die letzte im Trikot "Fradis" sein, denn auch Lisztes' Weg wird im kommenden Sommer Richtung "goldener Westen" gehen. Der VfB Stuttgart hatte den Ausnahmespieler bereits 1993, als er noch in der A-Jugend spielte, bei einem Jugendturnier im Schwabenland entdeckt - und ihm perspektivisch einen Vorvertrag unterbreitet, der im kommenden Sommer eingelöst werden soll.
Allerdings hatten die Stuttgarter diese Option bereits wiederholt verstreichen lassen, da sie fürchteten, das Lisztés im Schatten des überragenden Balakov schlechte Entwicklungsaussichten habe.
Sein Debüt im Nationaldreß der Magyaren gab Lisztes interessanterweise am 12. Oktober 1994 beim achtbaren 0:0 gegen Deutschland in Budapest. Mittlerweile stehen auf dem Konto des Linksfußes vier Länderspiele und acht Einsätze in der Champions League (zwei Tore). Zu den Höhepunkten der noch jungen Karriere gehört nicht zuletzt die Qualifikation der ungarischen U21 für das Olympische Fußballturnier in Atlanta, zu dem Lisztés als Kopf der Elf entscheidend beitrug.

DER STAR

Péter Lipcsei (FC Porto)

Péter Lipcseis Wechsel vom Zweitligisten Kazincbarcikai SC zu Ferencváros im Sommer 1990 läutete für "Fradi" eine höchst erfolgreiche Zeit ein. 1991 gelang erstmals seit dreizehn Jahren wieder der Gewinn des ungarischen Pokals, auf den der Klub in den folgenden Spielzeiten ein Abonnement hatte. 1993, 1994 und 1995 fand der Cup erneut seinen Platz in der Klubvitrine, wobei der 95er Triumph über Váci FC ganz eng mit dem Namen Lipcsei verbunden ist. Der Mittelfeldakteur, der 1992 gerade 20jährig zu Ungarns Fußballer des Jahres gewählt wurde, drehte einen 2:3-Rückstand mit einem Hattrick in eine 5:3-Führung um (Endstand 6:3). Nach dem zweiten Gewinn des ungarischen Meistertitels im selben Jahr folgte Lipcsei, der von verschiedenen Bundesliga-Klubs unworben wurde, dem Lockruf des portugiesischen Meisters FC Porto. Die Südeuropäer hatten ihn nach einer überzeugenden Vorstellung im Europacup-Aufeinandertreffen Ende 1994 in ihrem Notizblock. Nach fünf Jahren in Ungarns erster Liga, in denen Lipcsei 130 Spiele (37 Tore) absolvierte, verlief die erste Serie in Portugal weitaus weniger triumphal für den mittlerweile 24jährigen, der 23 Meisterschaftsspiele bestritt und dabei sechs Tore erzielte. Im magyarischen Nationaltrikot wurde er bisher 33mal eingesetzt, trat dabei aber noch nie als Torschütze in Erscheinung!

DIE LÄNDERSPIELE

Ungarn - Israel 0:2 (0:1)

16.8.95 - Siófok - 10.000 - SR: Porumbolu (Rumänien) - Petry (46. Vegh) - Mónos, Marton, Kozma - Keresztúri, Illés (55. Bánfi), Lipcsei, Halmai (55. Farkasházy), I. Sallói (75. Bükszegi) - Kiprich, K. Kovács (46. Hamar) - Trainer: K. Mészöly

Türkei - Ungarn 2:0 (2:0) EMQ

6.9.95 - Istanbul - 35.000 - SR: Krondl, ab 61. Ulrich (Tschechien) -Petry - Lipcsei, Telek, G. Mészöly - I. Kozma, Farkasházy, Arany, Illés (46. Klausz), Halmai, N. Nagy (46. I. Sallói) - Kiprich - Trainer: K. Mészöly

Schweiz - Ungarn 3:0 (1:0) EMQ

11.10.95 - Zürich - 21.000 - SR: Agius (Malta) - Hajdu - Halmai, Telek, Lipcsei, F. Urbán - Mracskó, T. Simon (21. Jagodics), Nyilas (62. Mónos), Illés (62. Arany) - Jován, I. Vincze - Trainer: K. Mészöly

Ungarn - Island 1:0 (0:0) EMQ

11.11.95 - Budapest - 3.000 - SR: Bikas (Griechenland) - Hajdu - T. Mónos, Bánfi, Csábi, Szlezák - Nyilas, Illés (89. Z. Zombori), Duró - Bükszegi, Orosz (75. Farkasházy), I. Vincze (88. T. Nagy) - Trainer: K. Mészöly - Tor: Illès (55./1:0)

Kroatien - Ungarn 4:1 (3:1)

10.4.96 - Osijek - 18.000 - SR: Verdenik (Slowakei) - Hajdu - Telek, Sebők, Jagodics - Lendvai (46. Madar), A. Horváth (80. Szekeres), Illés, Arany (46. Lisztes), N. Nagy - Orosz, Egressy - Trainer: Csank - Tor: N. Nagy (39./2:1)

Ungarn - Österreich 0:2 (0:1)

24.4.96 - Budapest - 4.000 - SR: Michel (Slowakei) - Petry - Bánfi (80. Baranyi), Telek (46. Váczi), Halmai (75. Sebők), Plokai, A. Horváth (46. Madar), T. Balog (67. Albert), Illés (46. Egressy), N. Nagy, Vincze, F. Horváth - Trainer: Csank

England - Ungarn 3:0 (1:0)

18.5.96 - London - 34.184 - SR: Merk (Deutschland) - Petry - Sebők, Bánfi, Plokai - Mracskó (81. Arany), Urbán, Hahn, T. Balog (61. Illés), N. Nagy (81. Telek) - F. Horváth (81. Lisztes), Vincze (79. Egressy) - Trainer: Csank

Ungarn - Italien 0:2 (0:1)

1.6.96 - Budapest - 25.000 - SR: Beusan (Kroatien) - Hajdu - Bánfi, Plokai, Sebők (81. Hahn), Mracskó, Lisztes (75. Illés), T. Balog, Urbán (86. Telek), N. Nagy (39. Arany), Torma, I. Vincze (69. Egressy) - Trainer: Csank

DER EUROPAPOKAL

Champions League

Qualifikation

RSC Anderlecht - Ferencvárosi TC 0:1 (0:0)

9.8.1995 - 15.000 - SR: Krug (Deutschland) - Hajdu - Telek - Kuznyecov - Páling, Nyilas, Simon, Lisztes, Kecskés - Albert (82. Vincze) - Kopunovics (90. Zavadszky), Kuntics (78. Nagy) - Tor: Kuntics (58.)

Ferencvárosi TC - RSC Anderlecht 1:1 (0:0)

23.8.1995 - 18.000 - SR: Mottram (Schottland) - Hajdu - Telek - Simon, Kuznyecov - Páling, Vincze (73. Zavadszky), Nyilas, Lisztes, Kecskés - Kopunovics (59. Nagy), Kuntics - Tor: Kopunovics (50./1:0)

Champions League (Gruppe D)

Grasshoppers Zürich - Ferencvárosi TC 0:3 (0:0)

3.9.1995 - 16.000 - SR: Pedersen (Norwegen) - Hajdu - Telek - Szücs - Nyilas, Lisztes, Milovanovics, Simon, Vincze - Kopunovics - Zavadszky (77. Nagy), Fatusi - Tore: Lisztes (61.), Vincze (82.,90.)

Ferencvárosi TC - Ajax Amsterdam 1:5 (0:0)

27.9.1995 - 18.000 - SR: Nikakis (Griechenland) - Hajdu - Telek - Simon, Kuznyecov (80. Keller), Kecskés - Nyilas, Lisztes, Kuntics, Vincze - Zavadszky, Kopunovics - Tor: Nyilas (59. Elfmeter/1:1)

Real Madrid - Ferencvárosi TC 6:1 (3:0)

18.10.1995 - 35.000 - SR: Ouzunov (Bulgarien) - Hajdu - Telek - Milovanovics (56. Hrutka), Keller - Nyilas - Szücs, Vincze (56. Albert), Lisztes, Kecskés - Kuntics (68. Nagy), Kopunovics - Tor: Kopunovics (63./5:1)

Ferencvárosi TC - Real Madrid 1:1 (1:0)

1.11.1995 - 17.200 - SR: Durkin (England) - Hajdu - Telek - Kuznyecov, Hrutka - Páling, Nyilas, Albert (61. Nagy), Lisztes, Keller - Kuntics (89. Vincze), Kopunovics (80. Zavadszky) - Tor: Albert (36./1:0)

Ferencvárosi TC - Grasshoppers Zürich 3:3 (2:1)

22.11.1995 - 16.000 - SR: Nielsen (Dänemark) - Hajdu - Hrutka - Szücs, Keller - Nyilas, Albert (66. Nagy), Kuznyecov, Lisztes, Kecskés (66. Vincze) - Kuntics, Kopunovics (82. Zavadszky) - Tore: Albert (20./1:0), Lisztes (24./2:1), Nyilas (85. Elfmeter, 3:3)

Ajax Amsterdam - Ferencvárosi TC 4:0 (2:0)

6.12.1995 - 43.000 - SR: Koho (Finnland) - Hajdu - Hrutka - Páling (90. Nagy), Kuznyecov, Keller - Nyilas, Albert, Szücs, Lisztes, Vincze - Kuntics (67. Kopunovics)

Europapokal der Pokalsieger

Qualifikation

Vác FC-Samsung - FK Sileks Kratovo 1:1 (0:0)

10.8.1995 - 6.000 - SR: Ziober (Polen) - Hámori - Nagy - Kasza, Puglits - Nyikos (34. Austin), Vojtekovszi, Vig (74. Sándor), Schwarcz, Romanek - Andrássy, Borgulya (62. Hanyecz) - Tor: Romanek (90./1:1)

FK Sileks Kratovo - Vác FC-Samsung 3:1 (2:1)

24.8.1995 - 5.000 - SR: Wiesinger (Österreich) - Hámori - Nagy - Puglits (49. Slago), Kasza - Vojtekovszi, Schwarcz, Vig, Romanek (70. Sándor), Nyikos - Borgulya (24. Platzverweis), Austin (49. Andrássy) - Tor: Borgulya (21./1:1)

UEFA-Pokal

Qualifikation

1. FC Kosice - Újpestí TE Budapest 0:1 (0:1)

8.8.1995 - 5.000 - SR: Schüttergruber (Österreich) - Szücs - Füzesi - Tomka, N´Doumbe (11. Sebők) - Jenei, Bérczy, Turi, Szanyó, Szlezák - Tiefenbach (83. Belvon), Egressy (90. Wukovics) - Tor: Tiefenbach (40.)

Újpestí TE Budapest - 1. FC Kosice 2:1 (0:0)

22.8.1995 - 8.000 - SR: Fällström (Schweden) - Szücs - Füzesi - Tomka, Sebők - Jenei, Bérczy, Turi, Szanyó, Szlezák - Tiefenbach (73. Belvon), Egressy (85. Wukovics, 88. Szili) - Tore: Bérczy (56./1:0), Szanyó (81. Elfmeter/2:0)

1. Runde

Racing Strasbourg - Újpestí TE Budapest 3:0 (1:0)

12.9.1995 - 22.579 - SR: Mendes (Portugal) - Szücs - Füzesi - Braun, Sebők, N´Doumbe - Jenei, Bérczy, Szanyó, Szlezák - Belvon (85. Wukovics), Tiefenbach (63. P. G. Toth)

Újpestí TE Budapest - Racing Strasbourg 0:2 (0:1)

28.9.1995 - 4.000 - SR: Strampe (Deutschland) - Szücs - Füzesi - Tomka, G. Tóth, N´Doumbe - P. G. Tóth (73. Braun), Szanyó, Szlezák, Somogyi (82. Szili) - Wukovics (82. Kun), Egressy

UI-Cup

Békéscsabai EFC - União Leiria	*2:2*
Næstved IF - Békéscsabai EFC	*3:3*
Békéscsabai EFC - Ton Pentre FC	*4:0*
SC Heerenveen - Békéscsabai EFC	*4:0*

Cymdeithas pêl-Droed Cymru

Plymouth Chambers,
3 Westgate Street,
GB-Cardiff CF1 1DD
Telefon: ++44(1222)372325
Telefax: ++44(1222)343661

FIFA-Weltrangliste

Juli 1995:	57. Platz,	34,75 Punkte
Juli 1996:	70. Platz,	33,01 Punkte

UEFA-Fünfjahreswertung

1996/97:	44. Platz,	2,66 Punkte

WALES 1995/96

Profiklub wird Meister

Von Mel ap Ior Thomas

Die Saison 1995/96 begann mit der alten Geschichte der in England spielenden walisischen Klubs, die zwei neue Wendungen nahm. Zum einen schritten UEFA und FIFA in den Kampf mit den Klubs ein, indem sie sie aufforderten, am Ende der Saison 1996/97 in die walisische Liga zurückzukehren. Einer der beiden der Klubs, nämlich Caernarfon Town, entschloß sich, sofort in die walisische Liga zurückzukehren, so daß deren Terminplan neu erstellt werden mußte. Dennoch brachten diese Ereignisse erstmals seit Einführung der *National League* etwas Ruhe in die Liga

Die Saison selbst war über weite Strecken extrem spannend. Allerdings nur bis zu dem Zeitpunkt, an dem Barry Town zu großer Form auflief. Eine erstaunliche Serie von 34 ungeschlagenen Spielen in der Liga und 42 Spielen in allen Wettbewerben brachte ihnen fünf Spieltage vor Saisonabschluß den Titel.

Am Ende lagen sie 17 Punkte vor dem Zweitplazierten Newtown AFC. Das Rennen um Platz zwei ging bis zum letzten Spieltag, wobei Newtown aus Mittelwales Conwy United den UEFA-Cup-Platz vor der Nase wegschnappte. Conwy nahm daraufhin am UI-Cup teil.

Im diesjährigen europäischen Wettbewerb wird ein besseres Abschneiden als im Vorjahr von den walisischen Vertretern erwartet. Am Anfang der Saison 1995/96 verlor Ton Pentre alle vier Spiele in der UI-Cup, und sowohl Bangor City als auch Afan Lido schieden sofort aus. Wrexham nahm den Platz im Pokalsieger-Cup ein und scheiterte an der ersten Hürde, dem rumänischen Klub Petrolul Ploiesti.

Walisischer Meister 1995/96: Barry Town

Football League of Wales	Gesamt							Heim					Auswärts				
	Sp	g	u	v	Tore	Diff.	Pkt.	g	u	v	Tore	Pkt.	g	u	v	Tore	Pkt.
1. Barry Town	40	30	7	3	92:23	+69	97	17	2	1	50:10	53	13	5	2	42:13	44
2. Newtown AFC	40	23	11	6	69:25	+44	80	12	5	3	32:7	41	11	6	3	37:18	39
3. Conwy United	40	21	13	6	101:58	+43	76	11	7	2	53:23	40	10	6	4	48:35	36
4. Bangor City (M)	40	21	6	13	72:65	+7	69	12	5	3	40:27	41	9	1	10	32:38	28
5. Fflint Town United	40	19	9	12	76:57	+19	66	9	6	5	35:28	33	10	3	7	41:29	33
6. Caernarfon Town (N)	40	16	13	11	77:59	+18	61	9	7	4	38:23	34	7	6	7	39:36	27
7. Cwmbran Town	40	14	15	11	58:49	+9	57	8	6	6	30:24	30	6	9	5	28:25	27
8. Inter Cardiff	40	14	12	14	62:62	+-0	54	11	6	3	41:27	39	3	6	11	21:35	15
9. Caersws FC	40	15	9	16	81:97	-16	54	10	3	7	46:46	33	5	6	9	35:51	21
10. Connah's Q. Nomads	40	13	14	13	68:63	+5	53	9	6	5	46:32	33	4	8	8	22:31	20
11. Ebbw Vale AFC	40	14	11	15	59:56	+3	53	7	5	8	35:28	26	7	6	7	24:28	27
12. Llansantffraid FC	40	14	10	16	66:57	+9	52	9	3	8	36:29	30	5	7	8	30:28	22
13. CPD Porthmadog	40	13	11	16	56:62	-6	50	7	7	6	34:28	28	6	4	10	22:34	22
14. Aberystwyth Town	40	13	9	18	60:68	-8	48	7	7	6	32:30	28	6	2	12	28:38	20
15. Cemaes Bay FC (N)	40	13	7	20	63:80	-17	46	11	5	4	45:28	38	2	2	16	18:52	8
16. Holywell Town	40	12	7	21	53:74	-21	43	8	3	9	32:34	27	4	4	12	21:40	16
17. Briton F. Athletic (N)	40	11	9	20	64:91	-27	42	8	5	7	38:35	29	3	4	13	26:56	13
18. Rhyl FC	40	11	9	20	47:83	-36	42	6	5	9	23:31	23	5	4	11	24:52	19
19. Ton Pentre AFC	40	8	16	16	46:65	-19	40	4	8	8	25:29	20	4	8	8	21:36	20
20. Afan Lido FC ↓	40	9	9	22	33:71	-38	36	7	2	11	21:33	23	2	7	11	12:38	13
21. Llanelli AFC ↓	40	8	9	23	50:88	-38	33	5	5	10	31:38	20	3	4	13	19:50	13

EC 1996/97: CL: -, EC2: Llansantffraid FC, UEFA: Barry Town, Newtown AFC, UI: Conwy United

Zwei der Teilnehmer an internationalen Wettbewerben waren über weite Strecken der Meisterschaft in den Abstiegskampf verwickelt: Afan Lido verlor den Kampf nach einer katastrophalen Saison, in der die mangelhafte Torausbeute (nur 33 Treffer in 40 Ligaspielen) das entscheidende Manko war. Mitabsteiger war der Llanelli AFC, der in der Saison zuvor nur knapp dem Fall in die Zweitklassigkeit entkommen war. Ton Pentre entging diesem Schicksal gerade noch am letzten Spieltag der Saison. In der neuen Spielzeit wird es noch wesentlich enger werden, denn es steigen drei Klubs ab - um die Liga auf 20 Klubs zu „begradigen". Am Ende der Saison 1997/98 werden vermutlich vier Klubs absteigen, so daß sich die Liga bei den von der UEFA empfohlenen 18 Klubs einpendelt.

Die Plätze der Absteiger nahmen Carmarthen Town aus dem Süden des Landes und Welshpool AFC aus dem Norden ein. Letzterer ist zwar ein Klub aus Mittelwales, wurde aber der Nordgruppe der zweiten Division zugeordnet. Carmarthen war während der gesamten Saison Gruppenerster, während es für Welshpool, das hinter Oswestry Town auf Platz zwei abschloß, der Höhepunkt von drei Spielzeiten war, in denen sie um die Spitzenposition gekämpft hatten. Oswestry durfte wegen unzulänglicher Rahmenbedingungen nicht aufsteigen.

Die Torschützen

Ken McKenna (Conwy United)	38
Eifion Williams (Caernarfon Town)	29
Frank Mottram (Bangor City)	25
Stuart Aubury (Caersws FC)	22
Steve Jones (Fflint Town United)	21
Chris Camden (Conwy United)	19
Darren Emmitt (Fflint Town United)	18
Paul Hunter (Barry Town)	18
Paul Burrows (Briton Ferry Athletic)	18
Antony Smolka (Llanelli AFC)	18

Der Ligacup wurde über die ganze Saison hinweg wegen seines Modus' kritisiert. Das langatmige Gruppensystem bedeutete, daß manche Klubs unter der Woche sinnlose Begegnungen austrugen, obwohl sich andere Klubs bereits für die nächste Runde qualifiziert hatten. Eine geringe Zuschauerresonanz besonders in den kalten Wintermonaten gab den Ausschlag, daß der Modus in der Saison 1996/97 wieder auf ein K.o.-System mit Hin- und Rückspiel umgestellt wird. Das Finale in Caersws war jedoch ein Ereignis. Beide Finalisten, Connah's Quay Nomads und Ebbw Vale AFC, wurden ihrem Ruf als physisch starke Mannschaften gerecht. Es war ein hartes Spiel, und nach acht gelben und einer roten Karten siegten die Nomads mit 1:0.

Dem Endspiel um den Welsh Cup blieb es vorbehalten, das zweifellos beste Spiel der Saison zu sein. Das Endergebnis war ein Schock für viele, doch der Weg des Wettbewerbes 1995/96 wurde von einer ganzen Reihe unerwarteter Resultate gesäumt. So schieden in der ersten Runde gleich reihenweise Erstligisten aus. In der dritten Runde öffneten dann unterklassige Klubs die Falltür für Llanelli AFC (2:8 beim Drittdivisionär Goytre United!), Afan Lido, Holywell Town (0:2 daheim gegen Drittdivisionär Grange Harlequins), Connah's Quay Nomads und Fflint Town United.

In früheren Jahren griffen die in der *English Endsleigh League* spielenden Profiklubs ab der vierten Runde in das Geschehen ein. Aufgrund einer UEFA-Vorschrift dürfen diese Klubs nun nicht mehr am Pokalwettbewerb teilnehmen - der europäische Dachverband erklärte, daß vom Pokalsieger-Cup der Saison 1996/97 an die aus Wales qualifizierten Klubs auch am walisischen Spielbetrieb teilnehmen müßten. Das bedeutete, daß sich die Profiklubs nicht qualifizieren konnten und damit ihre langjährige Favoritenstellung auf den Gewinn des Cups beendet war. Die Medien empfanden diese Neuerung als lächerlich und zweifelten den Wert des ganzen Wettbewerbs an. Das Finale sollte ihnen das Gegenteil beweisen...

Nach zwei dramatischen Halbfinalrückspielen schafften der Meister Barry Town, der aufgrund der mehr geschossenen Auswärtstore Cwmbran Town besiegte, und Llansantffraid FC, das Inter Cardiff in einem klassischen Halbfinale schlug, den Sprung ins Endspiel. Barry galt als deutlicher Favorit: der reichste Klub der Liga, eine Profimannschaft, und natürlich der amtierende Ligachampion. Llansantffraid stellte den klassischen Außenseiter dar - aus einer mittelwalisischen Kleinstadt (937 Einwohner) mit Feierabendfußballern, darunter sechs Studenten.

Das Gebotene wurde von allen als das beste Finale um den Welsh Cup seit Jahrzehnten und als das unterhaltsamste aller 96er Cupfinals in Großbritannien betrachtet. Beide Seiten lieferten sich einen offenen Schlagabtausch mit einem Paßspiel, das man im ganzen Land nur selten gesehen hat. Nach 90 Minuten hieß es 2:2, nach Verlängerung schließlich 3:3. Das Elfmeterschießen endete mit einem 4:3-Erfolg von Llansantffraid - es war der erste Cupsieg einer mittelwalisischen Mannschaft seit 1900. Sechs Tage lang dauerten die Feiern in dem Dorf, und in Gedanken war man schon beim in Erfüllung gegangenen Traum, der Teilnahme am Europapokal der Pokalsieger.

Die älteste in Europa existierende Fußballtrophäe (es gibt sie seit 1878) befindet sich nun in stolzem Besitz eines Klubs, der Beweis ist für die Ideologie, die hinter dem neuen walisischen Ligasystem steckt. Jeder Verein, egal, wie jung (Llansantffraid wurde 1957 gegründet) und egal wie klein der Ort ist, aus dem er kommt, hat die Chance, sich von ganz unten bis an die Spitze zu kämpfen.

Die Zukunft für den walisischen Fußball in der Heimat ist rosig, wenn der Geist und das Können jenes Finales als Standard betrachtet wird, den jeder erreichen kann. ■

DER MEISTER

Barry Town FC

Die Ligameisterschaft war der Höhepunkt eines Traums, den Klubpräsident Neil O'Halloran in die Realität umsetzte. Leider erlebte er die endgültige Realisierung nicht mehr, da er während der Saison nach langer Krankheit verstarb. Es war O'Halloran, der es möglich machte, daß Barry Town als erster walisischer Klub professionell arbeiten konnte. Er glaubte daran, daß Barry Town zu den „Glasgow Rangers" von Wales werden und mit mehreren Meistertiteln in Folge auch den europäischen Spitzenfußball in den *Jenner Park* bringen könnte.

Seiner Frau Paula blieb es schließlich vorbehalten, das von ihrem verstorbenen Gatten begonnene Werk fortzusetzen, und mit Hilfe ihre Sohnes Neil Jr. wurde die erste Meisterschaft errungen. Barry Town tat dies in eindrucksvoller Manier und sicherte sich den Titel deutlich vor Ende der Saison. Das Trainergespann Paul und David Giles übernahm die Mannschaft Mitte der Spielzeit und begann sofort, hart zu arbeiten. Nur ein Tor vom Gewinn des Double (Meisterschaft und Pokal) entfernt, machte das Halbfinal-Aus im Ligacup selbst das „Triple" zu einem nicht weit verfehlten Ziel. Die Giles-Brüder wurden mit der Auszeichnung „Manager of the Year" belohnt.

Doch nur wenige Tage nach dem Endspiel um den *Welsh Cup* kündigten die Brüder die Zusammenarbeit mit dem Klub auf und wechselten zum ehrgeizigen Ebbw Vale. Was genau passierte, ist nicht bekannt, doch war der Weggang der Giles die Fortsetzung einer Serie von umstrittenen Trainerwechseln im Klub. Mittelfeldspieler Gary

Football League of Wales	Aberystwyth	Afan Lido	Bangor	Barry	Briton Ferry	Caernarfon	Caersws	Cemaes Bay	Connah's	Conwy	Cwmbran	Ebbw Vale	Fflint	Holywell	Inter	Llanelli	Llansantf.	Newtown	Porthmadog	Rhyl	Ton Pentre
Aberystwyth Town	•	1:1	2:1	0:1	3:1	3:3	1:1	1:3	1:0	2:0	1:1	1:1	2:4	1:2	1:0	2:2	2:2	1:4	4:1	1:2	2:0
Afan Lido FC	1:4	•	2:3	0:3	0:4	3:1	3:2	0:1	2:0	0:3	0:0	0:1	0:3	2:0	2:0	3:2	0:1	0:0	1:0	2:3	0:2
Bangor City	0:3	2:0	•	0:3	4:1	1:1	1:2	3:2	2:1	4:4	1:0	2:2	3:2	2:1	2:1	4:0	2:1	1:1	1:1	3:1	2:0
Barry Town	2:1	6:0	0:1	•	4:0	1:0	1:1	2:0	2:0	3:1	2:2	1:0	3:1	4:0	2:1	3:0	2:1	2:0	4:1	4:0	2:0
Briton Ferry Athletic	3:1	1:1	4:1	1:6	•	3:1	2:3	1:1	1:1	2:5	0:5	3:1	0:2	2:0	1:1	5:0	2:1	0:1	5:1	1:1	1:2
Caernarfon Town	2:1	1:0	1:2	0:2	1:1	•	2:0	1:0	1:4	2:2	3:1	0:0	1:1	1:1	3:1	4:0	3:3	0:1	2:2	8:1	2:0
Caersws FC	1:3	0:0	3:1	0:4	3:0	3:2	•	4:3	3:2	1:3	2:1	3:4	2:4	5:3	2:2	4:0	0:7	0:2	4:1	4:2	2:2
Cemaes Bay FC	2:2	2:2	3:2	2:1	5:1	0:4	2:2	•	7:1	0:2	1:1	2:1	3:0	4:1	1:2	2:0	0:0	2:4	2:1	2:1	3:0
Connah's Quay Nom.	1:0	4:0	1:2	0:0	8:3	4:1	6:3	3:3	•	2:4	5:1	1:1	0:3	1:4	3:1	3:1	0:0	0:2	1:1	2:1	1:1
Conwy United	5:2	5:0	4:0	0:2	1:1	1:1	7:3	3:0	2:2	•	2:3	4:0	2:1	1:1	1:0	2:0	2:2	1:1	1:0	7:2	2:2
Cwmbran Town	1:0	0:0	0:0	0:0	2:1	1:2	2:1	3:1	1:1	2:2	•	1:3	4:2	1:0	3:0	2:3	3:1	1:2	0:1	1:2	2:2
Ebbw Vale AFC	1:2	2:2	1:2	0:1	4:1	3:2	3:3	3:0	1:1	3:3	0:1	•	1:0	4:1	1:1	0:1	0:1	1:3	1:2	3:1	3:0
Fflint Town United	4:0	0:3	3:2	5:1	4:0	3:2	1:1	2:1	0:0	2:2	1:3	1:1	•	1:2	1:1	2:1	0:5	2:1	2:0	0:1	1:1
Holywell Town	2:1	2:0	0:1	0:2	2:2	1:2	3:4	2:1	1:3	1:1	2:0	3:1	3:5	•	2:3	4:2	2:1	0:3	1:0	0:1	1:1
Inter Cardiff	2:0	2:0	4:2	0:0	2:1	2:2	3:1	5:2	2:1	2:1	0:2	0:0	0:5	0:3	•	3:3	1:1	2:2	3:0	4:1	4:0
Llanelli AFC	4:2	4:0	1:3	0:5	2:3	2:2	3:1	2:0	2:0	2:4	1:1	0:2	0:1	1:1	0:1	•	0:1	3:3	1:4	2:2	1:2
Llansantffraid FC	3:1	1:2	0:2	1:1	3:1	1:3	4:1	5:0	1:2	2:5	1:1	0:1	1:0	3:0	3:2	0:2	•	1:0	0:3	5:1	1:1
Newtown AFC	1:1	1:0	2:1	0:0	3:0	0:0	4:0	3:0	0:0	3:0	0:0	1:2	0:2	2:0	2:0	2:0	3:0	•	0:1	2:0	3:0
CPD Porthmadog	1:0	3:1	4:1	2:3	1:2	1:2	1:1	4:0	1:1	1:2	0:2	3:1	1:1	2:0	1:1	4:1	1:1	0:5	•	0:0	3:3
Rhyl FC	1:2	1:0	0:3	1:5	2:1	1:5	1:2	3:0	1:1	0:1	2:2	1:0	1:1	1:1	3:2	1:1	3:0	0:1	0:1	•	0:2
Ton Pentre AFC	1:2	0:0	3:2	1:2	2:2	2:3	1:3	2:0	0:1	1:3	1:1	1:2	2:3	2:0	1:1	0:0	2:1	1:1	1:1	1:1	•

Barnett wurde für die folgende Saison zum Spielertrainer ernannt.

Die Vergangenheit des Klubs spielte sich überwiegend im englischen Spielsystem ab. Der Verein wurde 1923 gegründet und schloß sich sofort der English Southern League an, die damals „Nachschub" für die Profiliga lieferte. Sechzig Jahre in diesem System brachten nur wenig Erfolg, und 1982 kehrte der Klub in die walisische Liga zurück. Er dominierte die südliche Gruppe des „Vorläufers" der *National League*, spielte dann aber wieder in England. Barry Town weigerte sich zunächst, in der neu gegründeten National League zu spielen und begab sich für eine Saison ins Exil, ehe der Klub in der zweiten walisischen Divison wieder begann.

Die erste Saison nach der Rückkehr brachte ihnen jede Trophäe, um die sie spielten, inklusive des Welsh Cup. Sie stiegen in die *League of Wales* auf und beendeten die erste Saison auf einem sicheren Mittelfeldplatz.

Gegenwärtig steht der Klub auf der höchsten Stufe der Leiter. Da sich die Dinge innerhalb der Liga schnell entwickeln, wird nur die Zeit zeigen, ob sich die beabsichtige Dominanz erreichen läßt.

IM BLICKPUNKT

Newtown AFC

Der walisische UEFA-Cup-Vertreter ist - zusammen mit Meister Barry Town - einer der fortschrittlichsten Klubs im walisischen System. Newtown AFC hat in diesem Jahr endlich die Ernte seiner exzellenten Aufbauarbeit im Jugendbereich eingefahren. Erstaunlicherweise gehörten neun Spieler der erfolgreichen ersten Mannschaft, die in diesem Jahr auf europäischer Ebene spielt, derjenigen Elf an, die vier Spielzeiten zuvor gerade noch einmal den Abstieg vermeiden konnte. Das Durchschnittsalter der Mannschaft beträgt 24 Jahre, was die Leistung von Trainer Brian Coyne und Assistent Jake King nur noch eindrucksvoller macht.

Newtown gehört zu den ältesten Klubs in Wales und sogar in Europa. Gegründet 1875 als Newtown White Star, gewann der Klub den Welsh Cup in den Spielzeiten 1878/79 sowie 1894/95 und war in jener Zeit noch viermal Finalist. Seit den frühen Glanztagen haben sich die Erfolge auf einen Sieg im Welsh Amateur Cup der Saison 1954/55 beschränkt; der Klub absolvierte seine Ligaspiele fast ausschließlich in der *Central Wales League*, und eine Serie von Meistertiteln in den

80er Jahren ging einem Abstecher ins englische System voran. Newtown wurde für die *HFS Loan League* zugelassen, die siebte Division des englischen Fußballs, und blieb dort vier Spielzeiten. Zunächst widerwillig schloß sich der Verein der neu formierten walisischen Liga an, doch da die ganze Gemeinde ihn unterstützt, ist man inzwischen froh, sich für die *League of Wales* entschlossen zu haben.

Der Ausbau des Stadions *Latham Park* war gleichbedeutend mit der Möglichkeit, die UEFA-Cup-Heimspiele im eigenen Stadion austragen zu können und nicht in ein größeres ausweichen zu müssen. Für internationale Begegnungen auf Nachwuchsebene bereits freigegeben, wird der Platz bald zu denen gehören, um die die jeweiligen Klubs beneidet werden.

Die Nachwuchsarbeit machte sich für Newtown bezahlt. Zahlreiche Spieler, regelmäßig von Spähern englischer Profiklubs beobachtet, ziehen die Aufmerksamkeit größerer Klubs auf sich. Zwei Spieler wurden unlängst zu diesen Vereinen transferiert: Andy Cooke wechselte für die Liga-Rekordablösesumme von 30.000 Pfund nach Burnley, und Defensivspieler Gareth Hanmer unterschrieb für 20.000 Pfund einen Vertrag bei West Bromwich Albion. Solche Finanzspritzen geben Newtown die materielle Sicherheit, die benötigt wird, um die Herausforderung in der Liga zu bewältigen.

Nachdem der Sprung in einen europäischen Wettbewerb der Saison 1995/96 nicht ganz glückte, ermöglichte der zweite Platz der abgelaufenen Saison den Spielern, ihre unbestrittenen und vielfach bewunderten Fähigkeiten nun auf der größeren Ebene des europäischen Fußballs zu präsentieren.

DIE TORJÄGER

Ken McKenna (Conwy United)

Der 35jährige von der Merseyside wurde im Laufe der Saison 1995/96 zum Schrecken aller Abwehrspieler und schoß in Ligaspielen 38 Tore. Darin enthalten waren fünf Hattricks bei insgesamt 35 Einsätzen. Damit war McKenna Europas erfolgreichster Ligatorschütze, was als gerechter Lohn für einen Spieler betrachtet werden darf, der für sein Engagement und seine Treue zum Verein bekannt ist. Während der letzten Saison war er Assistent von Trainer John Hulse und unterschrieb einen Zweijahresvertrag bei United. McKenna ist jedoch nur ein Feierabendfußballer und geht einem „Fulltime-Job" in der Vauxhall/Opel-Fabrik in Ellesmere Port nach. Durch seine selbstbewußte, offene Art hat er im walisischen Fußball viele Freunde auf dem Spielfeld und auch außerhalb gewonnen, seit er vor drei Jahren vom englischen Klub Runcorn FC nach Conwy wechselte. Er spielte mit seinem Klub in Wembley um den Ligapokal und hatte zuvor in England Ligaerfahrung bei den Tranmere Rovers gesammelt.

McKenna freut sich auf den Auftritt mit Conway auf der europäischen Bühne und auf die Chance, gegen Defensivspieler vom Kontinent zu agieren. Seine emsige, aber gekonnte Art des Fußballspielens könnte den Gegenspielern Probleme bereiten. Obwohl ihm der Ruf eines Torjägers vorauseilt, haben die Abwehrspieler ihre Schwierigkeiten im Umgang mit ihm - man wird sehen, ob er in dieser Spielzeit gebändigt werden kann.

Ryan Giggs (Manchester United)

Er ist nicht nur einer der Stars des walisischen, sondern des europäischen Fußballs. Der 22jährige hinterließ in der englischen Liga während der Saison 1991/92 einen hervorragenden Eindruck und erhielt am Ende einer sensationellen Spielzeit den *Young Player of the Year Award.*

Ausgestattet mit exzellentem Ballgefühl, halten ihn viele für den besten walisischen Spieler aller Zeiten. Momentan mag man ihm noch einige Schwächen vorwerfen, doch im Lauf seiner Karriere wird er sicher in der Lage sein, diese abzulegen. Nationaltrainer Bobby Gould bemerkte: „Er ist schon jetzt ein Volksheld in Wales, doch ihn mit Größen wie Cliff Jones und John Charles zu vergleichen, ist schwierig. Anders als seine Vorgänger ist Giggs nämlich nicht auf eine einzige Position beschränkt."

Seine bisherige Karriere ist mit der von George Best, dem Star der 70er Jahre, verglichen worden. Was das Fußballfeld angeht, mag es stimmen, doch außerhalb des Stadions sind die bei-

2. Liga Süd	Sp	g	u	v	Tore	Pkt.
1. Carmarthen Town	34	25	7	2	101:37	82
2. Haverfordwest County	34	23	7	4	116:34	76
3. Maesteg Park AFC	34	20	8	6	73:47	68
4. Cardiff Civil Service FC	34	19	6	9	82:47	63
5. Treowen Stars	34	18	6	10	67:46	60
6. Llanwern AFC	34	15	7	12	57:56	52
7. Penrhiwceiber Rangers	34	14	9	11	69:58	51
8. Taffs Well AFC	34	14	9	11	66:63	51
9. Caldicot Town	34	14	4	16	60:68	46
10. AFC Porth	34	11	10	13	57:67	43
11. Risca United	34	12	6	16	50:67	42
12. Cardiff Corinthians	34	11	7	16	46:56	40
13. Aberaman Athletic	34	11	7	16	64:79	40
14. Abergavenny Thursdays	34	10	8	16	50:62	38
15. Pontypridd Town[1]	34	12	7	15	58:73	36
16. Brecon Corinthians	34	8	3	23	48:90	27
17. Ammanford AFC	34	6	5	23	43:105	23
18. Caerleon AFC	34	2	6	26	30:82	12

[1] Pontypridd Town wurden sieben Punkte abgezogen

2. Liga Nord	Sp	g	u	v	Tore	Pkt.
1. Oswestry Town	36	25	3	8	84:41	78
2. Welshpool AFC	36	23	7	6	83:40	76
3. Brymbo FC	36	23	4	9	81:57	73
4. Llandudno FC	36	21	9	6	94:42	72
5. Rhydymwyn FC	36	21	8	7	73:40	71
6. Rhayader Town	36	20	5	11	66:44	65
7. Penrhyncoch FC*	35	18	10	7	74:45	64
8. Cefn Druids AFC	36	19	4	13	82:57	61
9. Lex XI FC Wrexham	36	18	4	14	67:49	58
10. Penycae FC	36	13	8	15	58:71	47
11. Llandrindod Wells FC	36	11	11	14	50:58	44
12. Mostyn FC	36	13	4	19	78:78	43
13. Knighton Town	36	11	2	23	52:83	35
14. Mold Alexandra[1]	36	10	6	20	61:90	33
15. Ruthin Town	36	9	6	21	42:71	33
16. Rhos Aelwyd FC[1]	35	10	5	20	47:74	32
17. Llanidloes Town	36	8	5	23	34:70	29
18. Buckley Town	36	7	6	23	38:107	27
19. Carno FC	36	6	3	27	42:89	21

* Das Spiel Penrhyncoch FC - Rhos Aelwyd FC wurde nicht mehr ausgetragen

[1] Mold Alexandra und Rhos Aelwyd FC wurden drei Punkte abgezogen

den völlig verschieden. Aufgrund der Ratschläge und des Einflusses von Trainer Alex Ferguson ist Giggs' Privatleben fast unbekannt. Allen Versuchen der Medien zum Trotz, die sich immer wieder bemühten, Sensationsberichte über ihn zu bringen, ist Ryan Giggs auf dem Boden der Tatsachen geblieben und lebt sehr zurückgezogen - bemerkenswert für jemanden seiner Altersgruppe.

Noch ist sein Marktwert nicht geschätzt worden, doch gibt es einige nicht ernstzunehmende Angebote von verschiedenen südeuropäischen Vereinen über ungefähr 30 Millionen Pfund (ca. 72 Millionen DM), die bisher aber von Manchester United ignoriert wurden. Sollte Giggs durch ein seriöses Angebot jemals von seiner geliebten United weggelockt werden können, müßte nicht nur Manchester zufriedengestellt werden, sondern auch die finanzielle Zukunft des Spielers abgesichert sein.

Seine internationale Karriere wird von Meinungsverschiedenheiten zwischen seinem Verein und dem walisischen Verband überlagert. Letzterer beschuldigt Manchester immer wieder, Atteste mit erfundenen Krankheiten vorgelegt zu haben, damit Giggs nicht für sein Land spielen kann. Gould hat dieses Problem inzwischen beseitigt, und Giggs wird seinen 16 Länderspielen und vier Toren für Wales bald weitere hinzufügen können. Nach dem EM-Qualifikationsspiel resümierte der deutsche Bundestrainer Berti Vogts: „Das einzige, was an ihm nicht stimmt, ist, daß er keinen deutschen Paß besitzt!"

Newtown AFC

DIE LÄNDERSPIELE

Wales - Moldawien 1:0 (0:0) EMQ
6.9.1995 - Cardiff - 6.721 - Orrason (Island) - Southall, Bowen, Coleman, A. Williams, Symons, Pembridge, Horne, Nogan (46. Phillips), Rush (67. Hartson), Hughes, Speed - Trainer: Gould. Tor: Speed (55.)

Wales - Deutschland 1:2 (0:0) EMQ
11.10.1995 - Cardiff - 27.000 - Craciunescu (Rumänien) - Southall, Jenkins (70. Mardon), Bowen, Symons, Melville, Pembridge (81. Hodges), Horne, Saunders, Blake (81. G. Williams), Speed, Giggs - Trainer: Gould. Tor: Helmer (78. Eigentor/1:1)

Albanien - Wales 1:1 (1:1) EMQ
15.11.1995 - Tirana - 7.000 - Suheil (Israel) - Southall, Jenkins, Bowen (21. Savage), Phillips, Young, Melville, Taylor (85. Robinson), C. Hughes, Saunders, Pembridge, Giggs - Trainer: Gould. Tor: Pembridge (43./1:1)

Italien - Wales 3:0 (1:0)
24.1.1996 - Terni - 20.000 - Goethals (Belgien) - Southall, Jenkins, Coleman, Phillips, A. Williams, Symons, Horne, Hodges (57. Browning), Rush (63. Taylor), Hughes, Speed (77. Blake) - Trainer: Gould.

Schweiz - Wales 2:0 (2:0)
24.4.1996 - Lugano - 10.000 - Stafoggia (Italien) - Coyne (46. Marriott), Robinson, Bowen, Jones (74. Savage), Symons, Coleman (87. Edwards), Horne (74. Goss), Pembridge, Hartson, Taylor (45. Davies), Legg (33. Speed) - Trainer: Gould.

San Marino - Wales 0:5 (0:3) WMQ
3.6.1996 - Serravalle - 950 - Lubos (Slowakei) - Southall, Jenkins, Coleman, Phillips, A. Williams, Symons, Horne, Hodges (57. Browning), Rush (63. Taylor), Hughes, Speed (77. Blake) - Trainer: Gould. Tore: Melville (20.), Hughes (32., 43.), Giggs (50.), Pembridge (85.).

DER EUROPAPOKAL

Europapokal der Landesmeister

Meister Bangor City startete im UEFA-Pokal-Wettbewerb

Europapokal der Pokalsieger

Qualifikation

Wrexham AFC - Petrolul Ploiesti 0:0
10.8.1995 - 4.308 - Lambek (Dänemark) - Marriott, Brace, Hardy, Hunter, B. Jones, Phillips, Owen, Durkin, Connolly, Watkin, Futcher

Petrolul Ploiesti - Wrexham AFC 1:0 (0:0)
24.8.1995 - 10.000 - Sarvan (Türkei) - Marriott, Hardy, Hunter, Jones, Phillips, Owen, Cross, Connolly, Watkin, Thomas, Futcher (Barnes).

UEFA-Cup

Qualifikation

Bangor City - Widzew Lódz 0:4 (0:2)
8.8.1995 - 1.623 - Ancion (Belgien) - Deegan, K. Jones, Carberry (A. Jones), Langley, Rutter, Humphreys (D. Parry), Wiggins, J. Parry (Barry), Mottram, Colville, Evans.

Widzew Lódz - Bangor City 1:0 (0:0)
22.8.1995 - 4.371 - SR: Wieser (Österreich) - Innes, K. Jones, A. Jones, Langley, Rutter, D. Parry, Wiggins, Barnett, Mottram, J. Parry (Evans), Noble.

Afan Lido FC - RAF Jelgava Riga 1:2 (1:1)
8.8.1995 - 2.117 - SR: Fisker (Dänemark) - Thomas, Duggan (D. Jones), Preece, Moore, Cook, Rickard, Patton (N. Jones), Glover, Bartley, Radford, D. Evans. Tor: Moore (30./1:1)

RAF Jelgava Riga - Afan Lido FC 0:0
22.8.1995 - 1.100 - SR: Guntadze (Georgien) - Thomas, Duggan, D. Evans (Preece), Moore, Webber (D. Jones), Rickard, Patton, Glover, Bartley, Radford, N. Jones (P. Evans).

UI-Cup

Ton Pentre - SC Heerenveen	0:7
Bekescsábái EFC - Ton Pentre	4:0
Ton Pentre - União Desortivo Leiria	0:3
Naestved IF - Ton Pentre	2:0

DER POKAL

2. Runde

Ebbw Vale AFC - B. P. Llandarcy	3:1
Aberaman Athletic - Llandrindod Wells FC	1:1, 1:4
AFC Porth - Grange Harlequins	3:3, 2:3
Ammanford AFC - Cardiff Corinthians	1:4
Briton Ferry Athletic - Pontardawe Athletic	3:1
Brymbo FC - Conwy United	1:3
Connah's Quay Nomads - Welshpool AFC	5:1
Goytre United - Penrhiwceiber Rangers	4:2
Llandudno FC - Mostyn FC	3:2
Llandyrnog United - Buckley Town	2:1
Llanrwst United - Cemaes Bay FC	2:6
Maesteg Park AFC - Morriston Town	2:1
Nantlle Vale FC Penygroes - Caersws FC	1:3
Newport YMCA FC - Pontypridd Town	2:4
Oswestry Town - Chirk A. A. A.	1:0
CPD Porthmadog - Mold Alexandra	2:1
Porth Tywyn Suburbs - Taffs Well AFC	0:0, 1:3
Port Talbot Athletic - Aberystwyth Town	2:7
Rhayader Town - Abergavenny Thursdays	1:2
Ruthin Town - Lex XI FC Wrexham	0:3
Penparcau FC - Rhyl FC	0:2
Treowen Stars - Llanelli AFC	1:3

3. Runde

Ebbw Vale AFC - Briton Ferry Athletic	1:0
Abergavenny Thursdays - Caersws FC	3:2
Aberystwyth Town - Newtown AFC	1:1, n. V. 1:0
Bangor City - Cwmbran Town	2:3
Cemaes Bay FC - Maesteg Park AFC	3:0
Connah's Quay Nomads - Llandudno FC	1:3
Conwy United - Barry Town	0:2
Goytre United - Llanelli AFC	8:2
Llandrindod Wells AFC - Afan Lido FC	1:0
Holywell Town - Grange Harlequins	0:2
Lex XI FC Wrexham - Ton Pentre AFC	0:0, 2:3
Llansantffraid FC - Llandyrnog United	2:1
Oswestry Town - Fflint Town United	2:1
CPD Porthmadog - Cardiff Corinthians	1:0
Rhyl FC - Inter Cardiff	1:0
(Rhyl wurde wegen Einsatzes eines nicht berechtigten Spielers disqualifiziert)	
Taffs Well AFC - Pontypridd Town	0:1

4. Runde

Grange Harlequins - Ebbw Vale AFC	1:2
Cwmbran Town - Goytre United	3:0
Llansantffraid FC - Abergavenny Thursdays	4:0
Aberystwyth Town - Oswestry Town	0:0, 1:2
CPD Porthmadog - Llandrindod Wells FC	2:1
Inter Cardiff - Llandudno FC	2:0
Ton Pentre AFC - Barry Town	0:1
Pontypridd Town - Cemaes Bay FC	1:0

Viertelfinale

Ebbw Vale AFC - Inter Cardiff	0:1
Cwmbran Town - CPD Porthmadog	2:0
Oswestry Town - Barry Town	0:2
Pontypridd Town - Llansantffraid FC	1:2

Halbfinale
(Hin- und Rückspiele)

Barry Town - Cwmbran Town	1:0, 2:3
Inter Cardiff - Llansantffraid FC	0:1, 1:3

Finale
(19. Mai 1996, Cardiff, 2.666)

Llansantffraid FC - Barry Town n. E. 3:2, n. V. 3:3
Llansantffraid: Mulliner - J. Whelan, Curtiss, Brown, Ar. Jones, O'Brien (112. Watt), I. Evans (112. Nunnerly), G. Evans, Morgan, C. Whelan, Abercrombie.
Barry: Ovendale - Evans, Lloyd, Mayer, Batchelor, Barnett (105. Griffith), Giles (96. Withers), Bird, Hunter (58. Pike), Jones, O'Gorman.
Schiedsrichter: R. Gifford (Llanbradach) - Tore: 1:0 Morgan (29.), 1:1 Lloyd (35.), 2:1 G. Evans (54.), 2:2 Mulliner (61. Eigentor), 3:2 C. Whelan (95.), 3:3 Bird (118.).

Emporkömmling Mosyr

Federaija Futbola Belaruss
ul. Kirov 8/2,
220600 Minsk
Telefon:
++7 (0172) 27 23 25
Telefax:
++7 (0172) 27 29 20

FIFA-Weltrangliste
Juli 1995: 107. Platz, 17,67 Punkte
Juli 1996: 92. Platz, 25,41 Punkte

UEFA-Fünfjahreswertung
1996/97: 33. Platz 8,500 Punkte

Es gab einen Hoffnungsschimmer am alles bestimmenden Dinamo-Minsk-Himmel Weißrußlands: MPKC, kometengleich emporgestiegener Klub aus der Kleinstadt Mosyr am Flüßchen Pripjet im Süden Weißrußlands (knapp 100 Kilometer nördlich von Tschernobyl), fügte dem fünffachen weißrussischen Meister eine 2:1-Niederlage bei und beendete damit dessen Serie von 32 ungeschlagenen Spielen. Noch größer war die Freude, als Mosyr den übermächtigen Konkurrenten im Pokalfinale mit 4:1 bezwang und damit das Double verhinderte - es wäre das dritte seit der weißrussischen Unabhängigkeitserklärung von 1991 gewesen.

Am Meisterthron konnten die Mosyrer freilich nicht rütteln, auch wenn Dinamo Minsk am Ende lediglich einen Zwei-Punkte-Vorsprung aufwies. Dinamos abermaliger Triumph wurde komplettiert durch den dritten Rang der als "Dinamo-93" antretenden zweiten Mannschaft des Hauptstadtklubs.

Die weißrussische Saison stand im Zeichen des Wandels. Die 1992 durchgeführte Umstellung des Spielsystems auf den in Europa üblichen Herbst-Frühling-Rhythmus hatte sich nicht bewährt und wurde zurückgenommen. Der Winter ist in Weißrußland mit knapp fünf Monaten einfach zu lang und hart, um einen regelmäßigen Spielbetrieb über die Jahre zu garantieren und dann auch noch die Zuschauer in die Stadien zu locken.

Es wurde beschlossen, mit Beginn des Jahres 1996 wieder zum früher üblichen Ganzjahressystem zurückzukehren und 1995 lediglich eine einfache Meisterschaft auszutragen, die allerdings als "reguläre" gewertet wurde.

Als im Dezember 1995 abgerechnet wurde, hatte Dinamo Minsk aus seinen 15 Spielen 38 Punkte geholt und war mit durchschnittlich fast drei Treffern pro Spiel das zweittorgefährlichste Team gewesen. Doch das weißrussische Überteam hatte Schwächen gezeigt! Nicht nur bei der überraschenden Niederlage gegen Neuling Mosyr, sondern auch beim sensationellen Heimunentschieden gegen den Abstiegskandidaten Shaktyor Soligorsk sowie beim Derby gegen Ataka-Aura, gegen das es nur ein torloses Unentschieden gab.

Die Sensation der Saison war natürlich MPKC Mosyr. 1993 war das von Anatoly Yurevich trainierte Team unter dem Namen "Polesye" noch ein biederer Zweitligist ohne größere Ambitionen gewesen. 1995 trumpfte das Team gehörig auf und wurde auf Anhieb Vizemeister. Mosyrs Stolz ist sein Sturm. Mit 16 Treffern wurde Sergej Yaromko weißrussischer Torschützenkönig, und 44 Saisontore übertreffen sogar Meister Dinamo Minsk, der nur 42mal traf. Höhepunkt der Saison war freilich der fulminante 4:1-Sieg über den Rivalen aus Minsk im Pokalendspiel.

Ein Doppelschlag von Romaschenko und Yaromko Sekunden vor dem Halbzeitpfiff legte den Grundstein für den ersten Erfolg in der Geschichte des erst 1987 gegründeten Vereins. Für Aufsehen sorgte Dinamo Minsks Präsident Leonid Garai, der mit knapp 5.000 DM monatlich ungefähr dreißigmal so viel verdient, wie ein durchschnittlicher Weißrusse. Im Dezember 1995 wechselte der 59jährige nach Streitigkeiten mit Dinamos jungem und ehrgeizigem Manager Yevgenyi Khvastovich zum Aufsteiger nach Mosyr, wo er kaum weniger verdienen wird.

Weißrußlands internationale Bilanz ist schlecht. Obwohl das Nationalteam im letzten Spiel der Saison 1994/95 mit einem 1:0-Sieg über die Niederlande seine Stärke deutlich unter Beweis gestellt hatte, gelang es der von Sergei Borovskyi betreuten Mannschaft nicht, an ihre guten Leistungen anzuknüpfen. Nur gegen Malta konnte gewonnen werden, und der Auftakt der

1. Liga	Gesamt							Heim					Auswärts				
	Sp	g	u	v	Tore	Diff.	Pkt.	g	u	v	Tore	Pkt.	g	u	v	Tore	Pkt.
1. Dinamo Minsk (M)	15	12	2	1	42:13	+29	38	6	1	0	28:8	19	6	1	1	14:5	19
2. MPKZ Mosyr (N)	15	11	3	1	44:9	+35	36	6	1	0	22:4	19	5	2	1	22:5	17
3. Dinamo-93 Minsk (P)	15	10	2	3	28:15	+13	32	6	1	1	18:6	19	4	1	2	10:9	13
4. Ataka-Aura Minsk (N)	15	8	5	2	26:7	+19	29	5	3	0	15:2	18	3	2	2	11:5	11
5. FC Molodechno	15	8	1	6	33:19	+14	25	6	0	2	18:8	18	2	1	4	15:11	7
6. KIM Vitebsk [1]	15	6	5	4	13:11	+2	23	3	2	2	6:5	11	3	3	2	7:6	12
7. Dnepr Mogilev	15	6	2	7	24:20	+4	20	4	1	4	17:13	13	2	1	3	7:7	7
8. Torpedo Minsk	15	5	3	7	12:27	-15	18	3	1	4	4:14	10	2	2	3	8:13	8
9. Dinamo Brest	15	5	2	8	27:31	-4	17	3	2	2	13:11	11	2	0	6	14:20	6
10. Torpedo Mogilev	15	4	5	6	17:21	-4	17	2	3	2	11:10	9	2	2	4	6:11	8
11. Neman Grodno	15	5	2	8	16:34	-18	17	4	1	3	11:10	13	1	1	5	5:24	4
12. Obuvschik Lida	15	4	4	7	15:23	-8	16	3	3	3	8:9	12	1	1	4	7:14	4
13. Shaktyor Soligorsk	15	4	4	7	11:20	-9	16	3	1	3	8:10	10	1	3	4	3:10	6
14. Vedrich Rechitsa	15	4	3	8	22:20	+2	15	4	1	2	18:6	13	0	2	6	4:14	2
15. Shinnik Bobruisk [2]	15	4	3	8	17:29	-12	15	2	1	4	8:11	7	2	2	4	9:18	8
16. FC Bobruisk ↓	15	0	2	13	6:54	-48	2	0	2	4	1:20	2	0	0	9	5:34	0

Anmerkungen: [1] = fusionierte im Frühjahr 1996 zu mit Lokomotiv Vitebsk zu Dvina Vitebsk, [2] = benannte sich um in Belshina Bobruisk

Aufsteiger: Naftan-Jevon NDVD

EC 1996/97: CL: -, C2: MPKZ Mosyr, UEFA: Dinamo Minsk, Dinamo-93 Minsk, UI: Ataka-Aura Minsk

WM-Qualifikation ging mit einer 1:5-Pleite in Schweden kräftig in die Hose.

Auch auf Vereinsebene hatten die weißrussischen Fans 1995/96 nicht allzuviel zu lachen. Pokalsieger Dinamo-93 Minsk scheiterte bereits in der Qualifikation am norwegischen Kontrahenten Molde FK. Meister Dinamo Minsk machte es etwas besser, und zog über Universitatea Craiova (im Elfmeterschießen!) und Austria Wien in die zweite Runde des UEFA-Cups ein. Insbesondere der 2:1-Sieg in Wien war eine positive Überraschung. Gegen Werder Bremen war die Mannschaft dann allerdings chancenlos und war nach dem 0:5 im Hinspiel bereits ausgeschieden. Der 2:1-Rückspielsieg darf daher nicht überbewertet werden.

Ärger hatte es um die Teilnahme am UI-Cup gegeben. Der sportlich dafür qualifizierte FC Molodechno verzichtete auf die Teilnahme, nachdem die UEFA auf die Austragung der Heimspiele in Minsk bestand. Schließlich nahm mit Dnepr Mogilev ein nur mittelmäßiger Erstligist teil. Mit Alexander Fedorovich und Alexander Chaika stehen zwei hoffnungsvolle Talente in Reihen der Männer aus dem Osten Weißrußlands, die in Gruppe 8 überraschend gut abschnitten und immerhin den FK Becej und Pogon Stettin hinter sich ließen.

Weißrußlands Fußballzukunft ist ungewiß. Das Land, von dem Beobachter sagen, es sei "das sowjetischste der alten Sowjetunion" leidet wie alle Ex-Sowjetrepubliken unter einer schlechten Wirtschaftslage. Eine hohe Inflationsrate und drohende Arbeitslosigkeit läßt Fußball für die meisten der gut 10 Millionen Weißrussen in den Hintergrund treten, zumal die höchste Spielklasse nicht sonderlich attraktiv ist.

Die Torjäger

Sergei Yaromko (MPKZ Mosyr)	16
Petr Kachuro (Dinamo Minsk)	15

Der anhaltende Exodus verschlimmert die Situation nur noch. Die weißrussischen Starspieler Aleinikov, Gorlukowitsch und Zygmantowitsch haben das Land schon vor vielen Jahren verlassen und jedes Jahr folgen ihnen eine Menge Talente, wobei es nicht nur immer in den "goldenen Westen" geht. Mit den Minskern Shtanyuk, Shukanov (zu Dinamo Moskau) und Vasilyi Baranov (Vedrich Rechitsa, zu Baltika Kaliningrad), war die russische Oberliga erneut das Ziel einiger herausragender weißrussischer Fußballer. Dinamo Minsk verlor zudem seinen Torjäger Petr Kachuro an Sheffield Wednesday, während Mosyrs Jugendnationalspieler Kiril Savostikov zum russischen Drittligisten (!) Kristal Smolensk wechselte. ■

1. Liga	Dinamo	MPKC	Dinamo-93	Ataka-Aura	FC Molod.	KIM	Dnepr. Mog.	Torpedo	Brest	Torp. Mog.	Neman	Lida	Shaktyor	Vedrich	Shinnik	Bobrruisk
Dinamo Minsk	•	-	-	-	2:0	3:1	-	5:1	5:2	-	-	6:2	1:1	-	-	6:1
MPKC Mosyr	2:1	•	2:2	-	-	-	1:0	-	-	3:1	7:0	-	-	3:0	4:0	-
Dinamo-93 Minsk	0:2	-	•	1:1	4:1	-	-	3:1	1:0	-	-	2:1	1:0	-	-	6:0
Ataka-Aura Minsk	0:0	1:1	-	•	-	-	-	-	3:1	0:0	-	-	4:0	1:0	3:0	3:0
FC Molodechno	-	2:1	-	1:0	•	0:1	2:1	-	-	4:0	1:3	-	-	2:1	6:1	-
KIM Vitebsk	-	1:1	0:1	0:2	-	•	-	-	-	1:0	2:0	-	-	1:0	1:1	-
Dnepr Mogilev	0:1	-	1:3	0:0	-	1:2	•	3:2	4:3	-	-	3:0	0:1	-	-	5:1
Torpedo Minsk	-	0:5	-	2:1	0:4	0:0	-	•	-	0:3	1:0	-	-	1:0	0:1	-
Dinamo Brest	-	0:3	-	-	3:2	1:1	-	1:2	•	3:0	-	1:1	-	-	4:2	-
Torpedo Mogilev	0:2	-	1:3	-	-	-	2:1	-	-	•	1:1	-	0:0	2:2	-	5:1
Neman Grodno	2:3	-	2:0	0:4	-	-	0:0	-	2:3	-	•	1:0	1:0	-	-	3:0
Obuvschik Lida	-	0:3	-	1:3	1:0	0:2	-	1:1	-	0:0	-	•	-	3:0	0:0	2:0
Shaktyor Soligorsk	-	1:3	-	-	1:1	1:0	-	0:1	2:1	-	-	1:3	•	-	-	2:1
Vedrich Rechitsa	1:2	-	3:0	-	-	-	1:3	-	2:0	-	9:0	-	0:0	•	-	2:1
Shinnik Bobruisk	0:3	-	0:1	-	-	-	1:2	-	-	0:2	3:1	-	3:1	1:1	•	-
FC Bobruisk	-	0:5	-	-	0:7	0:0	-	0:0	1:4	-	-	-	-	-	0:4	•

DER MEISTER

Dinamo Minsk

Zu sowjetischen Zeiten gab es in Weißrußland nur ein Team: Dinamo Minsk. Bis zum Auseinanderbrechen der UdSSR vertrat das zeitweise unter den Namen "Belarus" bzw. "Spartak" antretende Team Weißrußland im sowjetischen Oberhaus. Dinamo konnte allerdings nie mit den großen Namensgenossen aus Moskau, Tiflis und Kiew mithalten. Mittelfeldplätze waren die Regel. Erst als Eduard Malofeyev, von 1984 bis 1986 sowjetischer Nationaltrainer, das Team übernahm, klappte es besser. 1982 wurde Dinamo zum ersten und einzigen Mal sowjetischer Meister. Spieler wie Aleinikov, Gotzmanov, Georgi Kondratiev, Mustygin und Savoshnikov waren seinerzeit in aller Munde. 1991 erklärte Weißrußland seine Unabhängigkeit und Underdog Dinamo Minsk war plötzlich der Hai unter den Fischen. Gewohnt, auf Teams wie Spartak Moskau oder Dinamo Kiew zu treffen, sorgten die neuen Gegner aus Bobruisk, Vitebsk usw. für Unzufriedenheit. Zwar gewann Dinamo sämtliche Meisterschaften seit Einrichtung der höchsten Spielklasse im Jahre 1992 und wurde außerdem 1992 und 1994 weißrussischer Pokalsieger, doch glücklich machte das in Minsk niemanden. Die Zuschauerzahlen im riesigen Dinamo-Stadion belaufen sich auf 4.000 bis 5.000, Tendenz fallend.

"Europapokal" ist, wie in allen alten Sowjetrepubliken, das Zauberwort. Ein Zauberwort, das für Dinamo Minsk regelmäßig zum Alptraum wird. Wegen der schlechten Position in der UEFA-Fünfjahreswertung hat der Serienmeister keine Chance, an die lukrativen Champions League-Fleischtöpfe heranzukommen und muß regelmäßig mit dem UEFA-Pokal vorliebnehmen. Dort gibt es regelmäßig Enttäuschungen. 1995 konnte Dinamo immerhin Austria Wien ausschalten, mußte aber anschließend eine deklassierende 0:5-Niederlage bei Werder Bremen hinnehmen. Dabei hatte der weißrussische Verband sogar den Spielplan umgeworfen, um den Minsker Akteuren eine möglichst ungestörte Vorbereitung zu ermöglichen. Trainer Ivan Shchekin hat nun ein Jahr Zeit, sein Team auf den nächsten Ernstfall vorzubereiten. Denn das Dinamo auch 1996 wieder Meister werden wird, daran zweifelt in Weißrußland niemand.

DER STAR

Alexander Metlitskyi (Linzer ASK)

Er ist einer der wenigen Weißrussen, die in einer westeuropäischen Spielklasse für Furore sorgen. Obwohl, eigentlich sorgt Alexander Metlitskyi gar nicht für Furore. Dafür ist der 32jährige Mittelfeldspieler viel zu ruhig. Verläßlich und unauffällig absolvierte er 32 von 36 Ligaspielen der Linzer und traf dabei fünfmal ins Schwarze. Metlitskyi, der 1994 nach drei Jahren bei Rapid Wien zum Linzer ASK gewechselt war, fungiert als verantwortungsvolles Bindeglied zwischen Abwehr und Mittelfeld. Mit den Linzern wurde er Sechster in der österreichischen Bundesliga, in Weißrußlands Nationalteam kam der siebenfache Nationalspieler lediglich beim 2:0-Sieg in Malta zum Einsatz.

DER POKAL

Viertelfinale

Dinamo Minsk - Fomalgaut Borisov	3:1
FC Molodechno - Dinamo 93 Minsk	0:1
Shaktyor Soligorsk - MPKZ Mosyr	2:3
Zlin Gomel - Ataka-Aura Minsk	0:4

Halbfinale

MPKZ Mosyr - Ataka-Aura Minsk	X:0
Dinamo 93 Minsk - Dinamo Minsk	0:x

Trotz intensiver Bemühungen konnten die Ergebnisse nicht eruiert werden

Finale

(17. 5. 1996, Dinamo-Stadion Minsk, 7.600)

MPKZ Mosyr - Dinamo Minsk 4:1 (2:0)

MPKC: Svirkov - Sednev, Levtchuk, Golmak, Skorobogatiko (73. Denissuk), Khripatch (34. Syssoiev), Kulchi, Romaschenko (48. Konovalov), Gomonov, Gorovoi, Yaromko

Dinamo: Varivonchik (46. Evnevich) - Iaskovich, Ostrovskyi, Lavrik, Khatskevich, Lukhvich, Chernyavskyi, M. Makovski (87. Mayorov),

Alexander Metlitskyi: Er spielt für den Linzer ASK

DIE LÄNDERSPIELE

Niederlande - Weißrußland 1:0 (0:0) EMQ
6. 9. 1995 - Rotterdam - 17.000 - Sedlacek (Österreich) Satsunkhevich - Gurenko, Zygmantovich, Dovnar, Rodnenok - Gerasimets, Taikov, Zhuravel (89. Vekhtev), Romashchenko (85. Vergeichik) - Yusipets (69. Kashentsev), Kachuro - Trainer Borovskyi

Weißrußland - Tschechien 0:2 (0:1) EMQ
7. 10. 1995 - Minsk - 9.500 - Frisk (Schweden) - Shantalosov - Taikov, Gurenko, Dovnar, Rodnenok - Zhuravel, Gerasimets, Yusipets (74. Baranov), Belkevich - Kachuro, Kashentsev - Trainer: Borovskyi

Luxemburg - Weißrußland 0:0 EMQ
11. 10. 1995 - Luxemburg - 4.500 - Durkin (England) - Shantalosov - Gurenko, Dovnar, Rodnenok, Taikov - Yusipets, Zhuravel, Baranov, Belkevich - Kashentsev (90. Vergeichik), Kachuro - Trainer: Borovskyi

Malta - Weißrußland 0:2 (0:0) EMQ
12. 11. 1995 - Valetta - 2.500 - Tokat (Türkei) - Shantalosov - Gurenko, Zygmantovich (Yusipets), Taikov, Dovnar - Khmelnitskyi (Belkevich), Baranov, Maleyev (Makovski), Metlitskyi - Gerasimets, Kachuro - Trainer: Borovskyi - Tore: Gerasimets (79./0:1, 83./0:2)

Türkei - Weißrußland 3:2 (2:1)
14. 2. 1996 - Izmir - 6.732 - Kocev (Mazedonien) - Satsunkhevich - Gurenko, Khatskevich, Kulchi (89. Avgul), Stanuk, Dovnar (46. Ostrovski), Maleyev, Belkevich, Rodnenok, Gerasimets, Kachuro (46. Velicho) - Trainer: Borovskyi - Tore: Belkevich (8./0:1), Stanuk (46./2:2)

Slowakei - Weißrußland 4:0 (2:0)
27. 3. 1996 - Nitra - 3.058 - Kowalczyk (Polen) - Shantalosov - Yakimovitch, Gurenko, Rodnionok, Stanuk, Dovnar (46. Maleyev) - Tohakja, Belkevich, Romashchenko (76. Kulchi) - Baranov, Kachuro - Trainer: Borovskyi

Polen - Weißrußland 1:1 (1:0)
1. 5. 1996 - Mielec - 4.000 - Heynemann (Deutschland) - Shantalosov (46. Satsunkhevich) - Orieknikov, Khatskevich, Rodnenok - Dovnar (46. Kachuro), Chaika (55. Kulchy), Maleyev (86. Klimovich), Romashchenko, Sinitchine (Khribach) - Belkevich, Kashentsev - Trainer: Borovskyi - Tor: Kachuro (61./1:1)

Weißrußland - Aserbaidschan 2:2 (0:0)
27. 5. 1996 - Molodechno - 9.000 - Sliva (Litauen) - Satsunkhevich (59. Shantalosov) - Gurenko, Shtanyuk, Taikov (46. Yakimovich) - Khatskevich, Vergeichik (56. Kashentsev), Maleyev (46. Kulchy), Baranov, Belkevich, Romashchenko (78. Chaika) - V. Makovski (46. Kachuro) - Trainer: Borovskyi - Tore: Kachuro (49. Elfmeter/1:0), Kulchy (59./2:1)

Schweden - Weißrußland 5:1 (2:0) WMQ
1. 6. 1996 - Stockholm - 30.014 - Harrel (Frankreich) - Satsunkhevich - Gurenko, Khaskevitch, Shtanyuk - Kashentsev (63. Kulchy), Vergeichik, Belkevich, Maleyev, Romashchenko (57. Kachuro) - Makovski, Baranov - Trainer: Borovskyi - Tor: Belkevich (75./3:1)

DER EUROPAPOKAL

Europapokal der Landesmeister

Meister Dinamo Minsk startete im UEFA-Pokal-Wettbewerb

Europapokal der Pokalsieger

Qualifikation

Dinamo-93 Minsk - Molde FK 1:1 (1:0)
10. 8. 1995 - Detruche (Schweiz) - 10.000 - Tor: Lobanov (37./1:0)

Molde FK - Dinamo-93 Minsk 2:1 (1:1)
24. 8. 1995 - Aust (Deutschland) - 2.989 - Tor: Skripchenko (19./1:1)

UEFA-Pokal

Qualifikation

Universitatea Craiova - Dinamo Minsk 0:0
8. 8. 1995 - 10.000 - Müller (Schweiz) - Varivonchik - Mayorov, Shirokyi, Ostrovskyi, Taikov, Shtanyuk - Shukanov, Khatskevich (86. Ostrikov), Volodenkov (72. Makarenko) - Kachuro, Shukanov

Dinamo Minsk - Universitatea Craiova 3:1 n.E, 0:0 n.V.
22. 8. 1995 - 8.000 - Goethals (Belgien) - Varivonchik - Shirokyi, Ostrovskyi, Taikov, Shtanyuk - Shukanov (73. Volodenkov), Khatskevich, Zhuravel, Mayorov - Kachuro, Boreli (45. Putilo)

1. Runde

Austria Wien - Dinamo Minsk 1:2 (0:2)
12. 9. 1995 - 4.000 - Lodge (England) - Tore: Zhuravel (25./0:1), Shukanov (40./0:2)

Dinamo Minsk - Austria Wien 1:0 (0:0)
26. 9. 1995 12.000 - Dallas (Schottland) - Tor: Belkevich (90./1:0)

2. Runde

Werder Bremen - Dinamo Minsk 5:0 (0:0)
17. 10. 1995 - 16.500 - Leduc (Frankreich) - Varivonchik - Shtanyuk, Yaskovich (65. Ostrikov), Ostrovskyi, Shirokyi, Chernyavskyi, Juravel, Lukhvich, Belkevich, Shukanov, Kachuro (72. Mayorov)

Dinamo Minsk - Werder Bremen 2:1 (0:1)
31. 10. 1995 - 8.000 - Faellström (Schweden) - Varivonchik - Khatskevich, Shtanyuk, Mayorov (50. Chernyavskyi), Lukhvich, Yuravel, Belkevich, Volodenkov, Shirokyi, Shukanov, Kachuro - Tore: Khatskevich (76./1:1), Shukanov (90./2:1)

UI-Cup

Dnepr Mogilev - FC Becej	2:1
Pogon Szczecin - Dnepr Mogilev	3:3
Dnepr Mogilev - AS Cannes	2:2
Farul Constanta - Dnepr Mogilev	2:0

APOEL Nikosia einziges ungeschlagenes Erstliga-Team

Von Simon Horafopolous

Kypriaki Omnospondia Podosfairon

Stasinos Street 1, Engomi
152, P.O. Box 5071,
CY-Nikosia
Telefon: ++357 (2) 35 23 41
Telefax: ++357 (2) 59 05 44

FIFA-Weltrangliste

Juli 1995:	73. Platz,	29,79 Punkte
Juli 1996:	81. Platz,	29,42 Punkte

UEFA-Fünfjahreswertung

1996/97:	24. Platz,	12,665 Punkte

1995/96 war eine Saison, die von APOEL Nikosia sicher nie mehr übertroffen werden kann. Die absoluten "Könige von Zypern" eroberten die zypriotische Meisterschaft in Rekordmanier: Hristo Bonevs glänzendes Team gewann seine beiden Trophäen, ohne in der Liga auch nur ein einziges Spiel verloren zu haben!

Die Leistung von APOEL ist umso bemerkenswerter, wenn man bedenkt, daß die Mannschaft einige ihrer Heimspiele auf neutralem Platz austragen mußte, da das *Makarion*-Stadion für vier Spieltage gesperrt war. Am Ende hatte man vor dem Zweiten, Titelverteidiger Anorthosis Famagusta bzw. Larnaca (ursprünglich stammt der griechische Verein aus Famagusta, mußte aber wegen der türkischen Einnahme Nordzyperns im Jahre 1974 nach Larnaca umziehen - wie übrigens auch Nea Salamis Famagusta), einen sicheren Vorsprung in der von 12 auf 14 Vereine aufgestockten Spielklasse.

Anorthosis lieferte sich ein spannendes Rennen mit Omonia Nikosia und AEK Larnaca um den zur Teilnahme am UEFA-Pokal berechtigenden 2. Platz. Das Anorthosis-Team setzte sich letztlich gegen die beiden Mitbewerber mit zwei Punkten Vorsprung durch. Zwei Mannschaften, denen man mit ihren europäischen Ambitionen einiges zutrauen mußte, Omonia Nikosia und Apollon Limassol, verpaßten den "Zug nach Europa" und müssen deshalb im Lande bleiben. Das Versagen der international erfahrenen Mannschaften war eklatant.

Bezeichnend war die Vorstellung von AEK Larnaca: Der erst 1994 gegründete Klub eroberte bravourös den 4. Tabellenplatz und spielte gegen Meister APOEL gar im Pokalfinale. Trotz der

Zypriotischer Meister 1995/96: APOEL Nikosia

1. Liga	Gesamt Sp	g	u	v	Tore	Diff.	Pkt.	Heim g	u	v	Tore	Pkt.	Auswärts g	u	v	Tore	Pkt.
1. APOEL Nikosia (P)	26	19	7	0	65:21	+44	64	11	2	0	34:10	35	8	5	0	31:11	29
2. Anorthosis Larnaca (M)	26	16	7	3	50:23	+27	55	10	3	0	34:12	33	6	4	3	16:11	22
3. Omonia Nikosia	26	16	5	5	66:30	+36	53	7	4	2	37:18	25	9	1	3	29:12	28
4. AEK Larnaca	26	16	5	5	44:21	+23	53	10	3	0	27:7	33	6	2	5	17:14	20
5. Apollon Limassol	26	10	10	6	42:29	+13	40	6	5	2	24:12	23	4	5	4	18:17	17
6. Ethnikos Achnas	26	9	10	7	36:33	+ 3	37	5	6	2	17:13	21	4	4	5	19:20	16
7. Athl. Union Paralimni	26	8	9	9	37:40	- 3	33	7	2	4	25:17	23	1	7	5	12:23	10
8. Nea Salamina Famag.	26	10	3	13	37:48	-11	33	6	1	6	21:21	19	4	2	7	16:27	14
9. Aris Limassol	26	7	10	9	34:36	- 2	31	3	6	4	16:16	15	4	4	5	18:20	16
10. Alki Larnaca (N)	26	8	7	11	42:46	- 4	31	5	3	5	23:20	18	3	4	6	19:26	13
11. Olympiakos Nikosia	26	8	6	12	24:32	- 8	30	5	4	4	12:11	19	3	2	8	12:21	11
12. AEL Limassol ↓	26	6	6	14	37:49	-12	24	3	4	6	19:21	13	3	2	8	18:28	11
13. Evagoras Paphos (N) ↓	26	2	7	17	21:59	-38	13	1	4	8	12:23	7	1	3	9	9:36	6
14. Omonia Aradippou ↓	26	0	2	24	18:86	-68	2	0	0	13	10:41	0	0	2	11	8:45	2

EC 1996/97: CL: -, EC2: AEK Larnaca, UEFA: APOEL Nikosia, Anorthosis Larnaca, UI: Apollon Limassol.

2. Liga	Sp	g	u	v	Tore	Pkt.
1. APOP Paphos ↑	26	16	7	3	56:26	55
2. APEP Pitsilia ↑	26	17	1	8	44:28	52
3. Anagenissis Derinia ↑	26	13	10	3	49:20	49
4. Digenis Akritas M.	26	14	3	9	49:24	45
5. Chalkanoras Daliou	26	12	5	9	47:38	41
6. Onissilos Sotiras	26	12	5	9	40:38	41
7. PAEEK Kerinia	26	10	7	9	35:33	37
8. Akritas Chloraka	26	10	6	10	41:42	36
9. Ethnikos Assia	26	10	5	11	50:55	35
10. AEZ Zakakiou	26	9	7	10	34:37	34
11. Doxa Katokopia	26	8	9	9	34:35	33
12. Ethnikos Latsion	26	6	5	15	36:56	23
13. Othellos Athnienou	26	6	4	16	29:67	22
14. Agia Napa	26	1	2	23	26:71	5

Die Torschützen	
Jozsef Kiprich (APOEL Nikosia)	25
Boban Kitanov (AEL Limassol)	16
Slobodan Krcmarevic (Apollon Limassol)	15
Dragoslav Music (Ethnikos Achnas)	15
Kostas Malekos (Omonia Nikosia)	15
Willy Nwakama (Athl. Union Paralimni)	13
Andreas Avlonitis (Alki Larnaca)	12
Srboljub Nikolic (Aris Limassol)	12
Panikos Xiourouppas (Omonia Nikosia)	12
Pambos Andreou (Nea Salamina F'gusta)	12

0:2-Niederlage erreichte AEK dank APOELS Double den Pokalsieger-Wettbewerb.

Omonia Nikosia, das vom früheren Aachener Torhüter Gerd Prokop trainiert wurde, hatte sich das Erreichen eines europäischen Wettbewerbes zum Ziel gesetzt. Als dies nicht klappte, wurde Prokop durch den Österreicher Walter Skocik ersetzt, der den 17fachen Meister aber auch nicht nach oben führen konnte: Platz 3.

Die größte Überraschung der Saison war der Abstieg des Traditionsklubs AEL Limassol. Seit Gründung der höchsten zypriotischen Spielklasse hatte der Verein mit Ausnahme von zwei Jahren (1958/59 und 1968/69) der 1. Liga angehört und mußte nun den bitteren Gang in die Zweitklassigkeit antreten. Dabei war man nach einer besonderen Vorbereitungsphase durchaus mit positiven Erwartungen in die Spielzeit gestartet, doch im Saisonverlauf enttäuschte das Team zusehends und verspielte sämtliche Chancen auf den Klassenerhalt. Selbst ein Trainerwechsel - für Andreas Kissonergis kam der Ex-Essener Diethelm Ferner, der kurze Zeit später den Trainerstab an Farkas abgab.

Mehr Glück hatte dagegen Olympiakos Nikosia, das erneut seinen Ruf als „unabsteigbar" bestätigte. Bis zu den letzten Spieltagen ließ man die Anhänger in Abstiegssorgen, zog sich aber schließlich doch noch aus dem Sumpf und hatte am Ende immerhin sechs Zähler Abstand auf AEL Limassol.

Mit dem Gewinn des Pokalwettbewerbs machte APOEL Nikosia das Double perfekt: In der Verlängerung wurde AEK Larnaca mit 2:0 besiegt, wobei Torschützenkönig Jozsef Kiprich sowie Alexis Alexandrou die Treffer markierten. Zuvor hatte Hristo Bonevs Truppe Omonia Nikosia eliminiert, obwohl diese den späteren Cupsieger im Hinspiel sensationell mit 2:1 bezwungen hatte. Es war die einzige Saisonniederlage, denn im

1. Liga	APOEL	Anorthosis	Omonia	AEK	Apollon	Ethnikos	Paralimni	Salamina	Aris	Alki	Olympiak.	AEL	Evagoras	Aradippou
APOEL Nikosia	•	3:0	1:1	1:0	1:0	3:2	3:2	4:1	2:2	2:1	1:0	3:0	5:1	5:0
Anorthosis Larnaca	3:3	•	1:0	2:1	1:0	2:0	5:0	3:2	4:2	2:2	1:0	2:2	2:0	6:0
Omonia Nikosia	2:4	2:0	•	3:1	1:1	1:2	3:1	3:0	1:1	1:1	3:3	6:2	8:1	3:1
AEK Larnaca	0:0	2:2	3:0	•	3:0	2:1	3:0	4:1	2:1	3:1	1:0	1:1	2:0	1:0
Apollon Limassol	0:2	0:0	1:2	3:1	•	2:0	1:1	3:3	2:1	3:0	0:0	3:1	1:1	5:0
Ethnikos Achna	1:4	0:0	0:2	1:1	3:0	•	0:0	1:0	1:1	1:1	4:1	2:1	1:1	2:1
Athletic Union Paralimni	1:1	0:3	0:1	1:0	0:2	2:3	•	1:1	3:1	2:1	2:1	4:1	5:1	4:1
Nea Salamina Famagusta	1:4	0:1	2:5	0:1	1:2	1:4	2:1	•	2:0	1:0	4:0	2:1	1:1	4:1
Aris Limassol	1:1	2:0	1:4	1:1	1:1	1:1	0:0	1:2	•	2:3	1:2	1:0	3:0	1:1
Alki Larnaca	1:2	0:3	2:0	1:3	2:2	3:3	0:0	5:0	0:2	•	1:0	2:4	1:0	5:1
Olympiakos Nikosia	0:2	1:2	0:1	0:2	2:2	2:0	1:1	1:0	0:0	2:0	•	1:0	1:0	1:1
AEL Limassol	0:3	1:1	1:2	0:3	1:1	0:0	2:2	0:1	1:2	2:3	3:1	•	5:1	3:1
Evagoras Paphos	1:1	0:2	0:2	0:1	0:5	0:0	2:2	1:2	1:2	2:2	0:2	0:2	•	5:0
Omonia Aradippou	0:4	0:2	0:9	1:2	1:2	1:3	1:2	0:3	1:3	3:4	0:2	1:3	1:2	•

Rückspiel revanchierte sich APOEL und gewann mit 2:0.

Das Nationalteam Zyperns kam über einige lichte Momente nicht hinaus. In Spanien mußte eine 0:6-Packung hingenommen werden, gegen Mazedonien und - überraschend! - Belgien gab es jeweils ein 1:1. Trainer Andreas Michailidis brachte mit Giorgos Theodotou, Alexis Alexandrou und dem überaus eindrucksvollen Newcomer Marios Agathokleous neue Leute ins Team.

Europapokal ist seit Jahrzehnten ein schwieriges Kapitel für den zypriotischen Fußball. Das Sahnehäubchen der Saison liefer Titelverteidiger Anorthosis Larnaca, der gegen den schottischen Rekordmeister Glasgow Rangers nur äußerst unglücklich ausschied und damit die Gruppenspiele der Champions League verpaßte!

Pokalsieger APOEL und UEFA-Cup-Starter Omonia Nikosia kamen nach leichten Auftaktspielen in ihren Erstrundenbegegnungen gegen Deportivo La Coruña (APOEL) und Lazio Rom mächtig unter die Räder. ■

DER POKAL

1. Runde

Achironas - AEL Limassol	0:3
Alki Larnaca - Digenis Akritas M.	4:0
Anorthosis Famagusta - Ethnikos Assia	4:0
APE Pelendriou - Athletic Union Paralimni	0:4
APE Pitssilias - APOEL Nikosia	0:1
Apollon Limassol - Onissillos Sotiras	1:0
ASIL - Aris Limassol	1:2
Ermis - Evagoras Paphos	2:3
Kakopetria - AEK Larnaca	0:8
Kiniras - Ethnikos Achnas	0:2
Latssia - Omonia Aradippou	0:1
Olympiakos Nikosia - Photiakos	4:1
Nea Salamina Famagusta - APOP Paphos	1:0
Tsangaris - Omonia Nikosia	0:1
AEZ Zakakiou - PAEEK Kyrenia	1:2
Zerinia - Agia Napa	0:2

2. Runde (Hin- und Rückspiele)

Agia Napa - Omonia Nikosia	0:4, 2:2
PAEEK Kyrenia - Nea Salamina Famagusta	0:3, 0:1
Athletic Union Paralimni - Apollon Limassol	0:1, 2:3
Ethnikos Achnas - Anorthosis Famagusta	3:1, 0:4
AEK Larnaca - Alki Larnaca	1:0, 1:1
Omonia Aradippou - Aris Limassol	2:1, 2:1
Olympiakos Nikosia - Evagoras Paphos	2:1, 1:0
APOEL Nikosia - AEL Limassol	4:1, 4:3

Viertelfinale (Hin- und Rückspiele)

AEK Larnaca - Omonia Aradippou	7:0, 0:1
Olympiakos Nikosia - Omonia Nikosia	1:2, 2:2
Nea Salamina Famagusta - APOEL Nikosia	1:1, 1:2
Apollon Limassol - Anorthossis Famagusta	1:0, 1:0

Halbfinale (Hin- und Rückspiele)

Apollon Limassol - AEK Larnaca	2:2, 1:1
APOEL Nikosia - Omonia Nikosia	1:2, 2:0

Finale
(29. Mai 1996, Limassol, 15.000)

APOEL Nikosia - AEK Larnaca n. V. 2:0 (0:0, 0:0)

APOEL: Petridis - Costa, Christodoulou, Sapouric, Aristotelous - Kozma, Fassouliotis (104. Chatziloukas), Aristokleous (91. Timotheou) - Kiprich, Kovac (100. Alexandrou), Ioannou.

AEK: Mavris - Theodotou (85. Panatriou), G. Konstantinou, Stefani (108. Kizella), Missos, Larkou - Bakaris, Kovacevic, Alexandrou - Patsio, Markou (108. Stilianidis).

Schiedsrichter: M. Ioannou - Tore: 1:0 Kiprich (92.), 2:0 Alexandrou (117.)

DIE LÄNDERSPIELE

Spanien - Zypern 6:0 (1:0) EMQ

6.9.1995 - Granada - 16.000 - Jol (Niederlande) - Panayotou - S. Andreou, Pittas, G. Christodoulou, Panayi - Assiotis, N. Charalambous, A. Antoniou (83. P. Andreou), Chatziloukas (67. G. Ioannou) - Gogic, Malekos (57. Sotiriou) - Trainer: Michailidis

Zypern - Mazedonien 1:1 (0:1) EMQ

11.10.1995 - Limassol - 12.000 - Irvine (Nordirland) - Petridis - G. Savidis, Costa, M. Charalambous, G. Christodoulou, Pittas - G. Egomitis (46. Papavassiliou), Kalotheou (64. Agathokleous), Malekos - Sotiriou (80. Larkou), Gogic - Trainer: Michailidis. Tor: Agathokleous (90./1:1)

Zypern - Belgien 1:1 (1:0) EMQ
15.11.1995 - Limassol - 8.000 - Cesari (Italien) - Panayotou - G. Christodoulou, Costa, M. Charalambous - S. Andreou, G. Egomitis, Papavassiliou, Agathokleous (75. Ziebassis), Pittas - Malekos (50. Larkou), Gogic (86. G. Elia) - Trainer: Michailidis. T.: Agathokleous (18./1:0)

Libanon - Zypern 1:0 (0:0)
16.1.1996 - Beirut - 7.000 - Ayat (Libanon) - Panayotou (77. M. Christophi) - Pefkos (58. Passialis), K. Konstantinou, G. Christodoulou, Larkou - Ziebassis, S. Andreou (58. Papakiriakou), Malekos, Papavassiliou - Gogic (77. Agathokleous), G. Ioannou (75. G. Elia) - Trainer: Michailidis

Zypern - Estland 1:0 (1:0)
20.2.1996 - Limassol - 500 - Kapitanis (Zypern) - N. Panayotou (62. Mavris) - Theodotou, K. Konstantinou (46. D. Ioannou), G. Christodoulou, Larkou - Ziebassis, M. Christodoulou, Assiotis (62. Egomitis), Papavassiliou (62. Passialis) - Malekos, Agathokleous (46. A. Alexandrou) - Tr.: Michailidis. T.: K .Konstantinou (21.)

Zypern - Lettland 1:0 (0:0)
12.3.1996 - Larnaca - 1.500 - A. Georgiou (Zypern) - N. Panayotou (46. Mavris) - Theodotou, D. Ioannou (60. Passialis), G. Christodoulou (46. K. Konstantinou), Pittas - Ziebassis, Larkou, Ch. Nikolaou (46. Agathokleous), Papavassiliou (60. Assiotis) - Malekos, G. Elia - Trainer: Michailidis. Tor: Agathokleous (46.)

Zypern - Georgien 0:2 (0:0)
27.3.1996 - Limassol - 2.000 - A. Georgiou (Zypern) - M. Christophi (46. Mavris) - Theodotou, K. Konstantinou (61. Ch. Nikolaou), G. Christodoulou (70. Passialis), Pittas - Ziebassis, Larkou, M. Christodoulou (54. D. Ioannou), Papavassiliou - Malekos (70. Assiotis), Agathokleous - Trainer: Michailidis

Island - Zypern 2:1 (2:0)
5.6.1996 - Akranes - 400 - Niklas (Färöer Inseln) - Petridis (46. Mavris) - Costa (76. P. Andreou), K. Konstantinou, G. Christodoulou, Pittas (46. Larkou) - Iosifidis, S. Andreou (46. Papavassiliou), Timotheou, M. Christodoulou - A. Alexandrou (76. G. Elia), Kl. Alexandrou - Trainer: Michailidis. Tor: Kl. Alexandrou (61./2:1)

DER EUROPAPOKAL

Europapokal der Landesmeister

Qualifikation
Glasgow Rangers FC - Anorthosis Larnaca 1:0 (0:0)
9.8.1995 - 43.519 - Blareau (Belgien) - N. Panayiotou - Stavrou, Panayi, Kastanas - Andreou, A. Panayiotou (Melanargitis), Assiotis, Kiriakov, Todorov - Ignatov (Christoforou), Gogic

Anorthosis Larnaca - Glasgow Rangers FC 0:0
23.8.1995 - 9.500 - Vagner (Ungarn) - N. Panayiotou - A. Panayiotou, Panayi, Kastanas - Assiotis (Pounnas), Costas, Kiriakov, Todorov, Andreou - Ignatov (Thoma), Gogic.

Europapokal der Pokalsieger

Qualifikation
APOEL Nikosia - Neftci Baki 3:0 (2:0)
10.8.1995 - 14.000 - Richards (Wales) - Petridis - Aristokleous, Charalambous, Christodoulou, Sapouric - Kozma, Antoniou, Kovacs (66. Alexandrou), Sotiriou - Ioannou (81. Pounas), Chatziloukas (88. Aristotelous) - Tore: Andoniou (18.), Ioannou (44.,66.)

Neftci Baki - APOEL Nikosia 0:0
24.8.1995 - 5.000 - Craciunescu (Rumänien) - Petridis - Aristokleous (70. Timotheou), Chralambous, Christodoulou, Sapouric - Kozma, Antoniou (62. Pounas), Kovacs, Sotiriou (78. Alexandrou) - Ioannou, Chatziloukas

1. Runde
APOEL Nikosia - Deportivo La Coruña 0:0
14.9.1995 - 20.000 - Nicchi (Italien) - Petridis - Pounas, Timotheou, Christodoulou, Kozma - Alexandrou (62. Fasouliotis), Antoniou, Ioannou (82. Papadopoulos), Chatziloukas - Kovacs, Sotiriou

Deportivo La Coruña - APOEL Nikosia 8:0 (5:0)
28.9.1995 - 21.000 - Micallef (Malta) - Petridis - Aristokleous, Timotheou (61. Fasouliotis), Pounas, Christodoulou (24. Charalambous) - Kozma, Ioannou, Chatziloukas, Kovacs (65. Alexandrou) - Kiprich, Sotiriou

UEFA-Cup

Qualifikation
Omonia Nikosia - Sliema Wanderers 3:0 (1:0)
8.8.1995 - 9.000 - McDonald (Nordirland) - Charitou - Ioakim, Sakis, Christodoulou, Evagoras - Stefan, Kandilos (46. Xiouroupas), Savidis, Djuganovic - Tutic (74. Kaiafas), Malekos - Tore: Stefan (40. Elfmeter), Malekos (52.,75.)

Sliema Wanderers - Omonia Nikosia 1:2 (1:0)
22.8.1995 - 1.500 in Valletta - Collina (Italien) - Charitou - G. Kalotheou, Ioakim, Stefan, Christofi - Sakis, Kandilos (44. Xiouroupas), Savidis (82. K. Kalotheou), Malekos (76. Kaiafas) - Tore: Valentin (70./1:1), Panayiotou (88./1:2)

1. Runde
Lazio Rom - Omonia Nikosia 5:0 (2:0)
12.9.1995 - 20.000 - Müller (Schweiz) - Charitou - G. Kalotheou, Christodoulou, Stefan, K. Kalotheou - Sakis, Kandilos (69. K. Andreou), Savidis, Malekos (72. Konstadinidis) - Tutic, Xiouroupas

Omonia Nikosia - Lazio Rom 1:2 (0:1)
26.9.1995 - 5.000 - Albrecht (Deutschland) - Charitou - G. Kalotheou, Chrisanthou (46. Kaiafas), Stefan (81. Kandilos), Ioakim - Sakis (88. Christodoulou), Panagiotou, Savidis, Malekos - Tutic, Xiouroupas - Tor: Xiouroupas (68./1:1)

Die wichtigsten Transfers des Sommers 1996

Belgien

Name	Alter Verein	Neuer Verein
Dany D'Hondt	KSV Waregem	Eendracht Aalst
Dirk Daelemans	VV St. Truiden	Eendracht Aalst
Dimitri Delière	RAA La Louvière	Eendracht Aalst
Christophe Lauwers	Cercle Brügge	Eendracht Aalst
Kris Porte	RFC Antwerpen	Eendracht Aalst
Samuel Johnson	Kalamata/Giechenl.	RSC Anderlecht
Suad Katana	KAA Gent	RSC Anderlecht
Chidi Nwanu	VV St. Truiden	RSC Anderlecht
Tibor Selymes	Cercle Brügge	RSC Anderlecht
Alin Stoica	Steaua Bukarest	RSC Anderlecht
Oleg Yashchuk	Niva Ternopol	RSC Anderlecht
Gouran Makaev	KFC Lommelse SK	RFC Antwerpen
Igor Nikolovski	Vardar Skopje	RFC Antwerpen
Pascal Plovie	Club Brügge KV	RFC Antwerpen
Gerry Poppe	KV Oostende	RFC Antwerpen
Anthony Annicaert	KRC Genk	Cercle Brügge
Frode Fermann	Tromsø IL	Cercle Brügge
Michael Gernsø	FC Kopenhagen	Cercle Brügge
Christophe Lycke	KV Oostende	Cercle Brügge
D. Vanmaele	KSK Beveren	Cercle Brügge
Eric Deflandre	Germinal Ekeren	Club Brügge KV
Ander Nielsen	VV St. Truiden	Club Brügge KV
Mustapha Douai	Chapelle	RSC Charleroi
Zsolt Petry	Gençlerbirligi	RSC Charleroi
Olivier Suray	RSC Anderlecht	RSC Charleroi
Stanley Aboraa	FC Kapellen	Germinal Ekeren
A. Czerniatynski	KV Mechelen	Germinal Ekeren
Nick Descamps	KSV Waregem	Germinal Ekeren
Cvijan Milosevic	RFC Antwerpen	Germinal Ekeren
Eddy Snelders	Lierse SK	Germinal Ekeren
Florian Urban	KV Mechelen	Germinal Ekeren
Edwin van Ankeren	Eendracht Aalst	Germinal Ekeren
Ivica Dragutinovic	Borac Cacak	KAA Gent
Ronald Foguenne	Standard Lüttich	KAA Gent
Nordin Jbari	RSC Anderlecht	KAA Gent
Thomas Vasov	Borac Cacak	KAA Gent
Istvan Brockhauser	Györi FC	KRC Genk
Didier Gaens	KSK Tongeren	KRC Genk
Bart Goor	Verbroedering Geel	KRC Genk
Stijn Haeldermans	MVV Maastricht	KRC Genk
Souleymane Oulare	KSV Waregem	KRC Genk
Serge Swinnen	Overpelt VV	KRC Genk
Bart Vanmarsenille	VV St. Truiden	KRC Genk
Sretko Vuksanovic	KAA Gent	KRC Genk
Olivier Baudry	FC Mulhouse	KRC Harelbeke
Danny Devuyst	KV Oostende	KRC Harelbeke
Ronald Gaspercic	KRC Genk	KRC Harelbeke
Martinus Laamers	Vitesse Arnheim	KRC Harelbeke
Daniel Maes	KV Oostende	KRC Harelbeke
Mike Origi	KV Oostende	KRC Harelbeke
Piet Vankeirsblick	Oostrozebeke	KRC Harelbeke
Piet Verschelde	Ex. Moeskroen	KRC Harelbeke
Roberto Bisconti	RFC Seraing	Standard Lüttich
B. Debusschere	RFC Seraing	Standard Lüttich
Edmilson	RFC Seraing	Standard Lüttich
Waldemar Jaskulski	Widzew Lódz	Standard Lüttich
Zouir El Khajjaj	Wac Casablanca	Standard Lüttich
Nebojsa Krupnikovic	RS Belgrad	Standard Lüttich
Andrzej Kubica	KSV Waregem	Standard Lüttich
Axel Lawaree	RFC Seraing	Standard Lüttich
Peter Maes	KSK Beveren	Standard Lüttich
Raphael Miceli	RFC Seraing	Standard Lüttich
Ch. Vandenbergh	RFC Seraing	Standard Lüttich
W. Sousa Campos	RFC Seraing	Standard Lüttich
Philip Haagdoren	KSK Beveren	Lierse SK
Stanley Menzo	PSV Eindhoven	Lierse SK
Eric van Meir	RSC Charleroi	Lierse SK
Vaclav Budka	Sparta Prag	KSC Lokeren
Cedomir Janevski	Club Brügge KV	KSC Lokeren
Christiaan Janssens	KSK St. Niklase Ex.	KSC Lokeren
Jan Koller	Sparta Prag	KSC Lokeren
Edward Linskens	NAC Breda	KSC Lokeren
Jurgen Sierens	FC Roeselare	KSC Lokeren
Hervé van Overtvelt	KSK Beveren	KSC Lokeren
Romn Vonásek	Sparta Prag	KSC Lokeren
René Klomp	PSV Eindhoven	Lommelse SK
Benny Luneburg	Overpelt VV	Lommelse SK
Michel Noben	Patro Eisden	Lommelse SK
Rezo Arveladze	FC Homburg/Saar	KV Mechelen
João Elias	Hache	KV Mechelen
Ralph Hasenhüttl	Casino Salzburg	KV Mechelen
Zoran Jevtic	Olympic Charleroi	KV Mechelen
Vincas Jonaitis	RAA La Louvière	Ex. Moeskroen
Danny Lenie	Kapellen FC	Ex. Moeskroen
Gilbert Massock	US Dunkerque	Ex. Moeskroen
Mbo M'Penza	KV Kortrijk	Ex. Moeskroen
Lokonda M'Penza	KV Kortrijk	Ex. Moeskroen
Dirk Lehmann	Lierse SK	RWD Molenbeek
A. Veselinovic	Radnicki Nis	RWD Molenbeek
Joseph Obenwa	Jasper United/NIG	RWD Molenbeek
Johan Driesen	TH Diest	VV St. Truiden
Patrick Goots	KSK Beveren	VV St. Truiden
Philippe Lenglois	KSV Waregem	VV St. Truiden
Mircea Rednic	Standard Lüttich	VV St. Truiden
Patrick Teppers	RFC Seraing	VV St. Truiden
Marc Wuyts	RWD Molenbeek	VV St. Truiden

Bulgarien

Name	Alter Verein	Neuer Verein
Rosen Petrov	Neftochimik Burgas	Chern. Burgas
Dimitar Trendafilov	Spartak Varna	Neftoch. Burgas
Dian Petkov	Lok Sofia	Neftoch. Burgas
Radko Dimitrov	Hebar Pazardzik	Levski Kjustendil
Yuri Nikolov	Septemvri Sofia	Levski Kjustendil
Traian Radulov	Septemvri Sofia	Levski Kjustendil
Obriam Dail	Etar Veliko Tarnovo	FK Montana
Plamen Hadzhiiski	Etar Veliko Tarnovo	FK Montana
Plamen Prodanov	Dunav Ruse	FK Montana
Valentin Georgiev	FK Lovetch	Spartak Pleven
Aleksandar Markov	Levski Sofia	Spartak Pleven
Viktor Michailov	Lok Sofia	Spartak Pleven
Milen Petkov	Dobrudzha Dobric	Spartak Pleven
Atanas Baldzhiiski	Spartak Plovdiv	Botev Plovdiv
Georgi Chakarov	CSKA Sofia	Botev Plovdiv
Georgi Deianov	Chirpan	Botev Plovdiv
Veselin Gionduzov	Chirpan	Botev Plovdiv

Name	Alter Verein	Neuer Verein
Dimitar Hadzhiev	Chirpan	Botev Plovdiv
Dimitar Mladenov	FK Hashkovo	Botev Plovdiv
Boian Niklenov	Hebar Pazardzik	Botev Plovdiv
Vasil Ushev	Lok Plovdiv	Botev Plovdiv
Rumen Dimitrov	Botev Plovdiv	Lok Plovdiv
Atanas Georgiev	Marica Plovdiv	Lok Plovdiv
Aleksandar Radev	Dynamo Dresden	Lok Plovdiv
Georgi Georgiev	CSKA Sofia	Marica Plovdiv
Martin Kushev	Çardafon Gabrovo	Marica Plovdiv
Petko Georgiev	Storgozia	CSKA Sofia
Dimitar Ivanov	Chirpan	CSKA Sofia
Jair	Olhãnense Olhão	CSKA Sofia
Nikola Nikolov	Spartak Plovdiv	CSKA Sofia
Zdravko Radev	Chirpan	CSKA Sofia
Ivo Slavchev	Lok Sofia	CSKA Sofia
Kostadin Vidolov	Botev Plovdiv	CSKA Sofia
Ilia Voinov	Estrêla Amadora	CSKA Sofia
Kancho Yordanov	Karsiyaka	CSKA Sofia
Rumen Ivanov	Botev Plovdiv	Levski Sofia
Yovko Nedelchev	Spartak Plovdiv	Levski Sofia
Viktorio Pavlov	FK Sumen	Levski Sofia
Georgi Petrov	Botev Plovdiv	Levski Sofia
Georgi Popivanov	Rakovski Ruse	Levski Sofia
Vladimir Stoikov	Levski Kjustendil	Levski Sofia
Nikolai Todorov	Anorthosis F'gusta	Levski Sofia
Antoli Tonov	FK Montana	Levski Sofia
Georgi Markov	Botev Plovdiv	Lok Sofia
Miroslav Miroslavov	FK Sumen	Lok Sofia
Slavcho Pavlov	Kayseriyspor	Lok Sofia
Igor Selist	Etar Veliko Tarnovo	Lok Sofia
Anton Velkov	USA	Lok Sofia
Valeri Yochev	Salamis Famagusta	Lok Sofia
Dian Bozhilov	Dobruzha Dobric	Slavia Sofia
Filip Ilkov	Dunav Ruse	Slavia Sofia
Rumen Panayotov	FK Montana	Slavia Sofia
Todor Pramatarov	FK Montana	Slavia Sofia
Vanio Shishkov	Rakovski Ruse	Slavia Sofia
Aleksandar Minovski	Lok Sofia	Spartak Varna
Georgi Sheitanov	FK Montana	Slavia Sofia
Kamen Sherbetov	Chirpan	Spartak Varna
Ivan Atanasov	Spartak Varna	Etar V. Tarnovo
Ivo Bankin	CSKA Sofia	Etar V. Tarnovo
Georgi Liubenov	Dunav Ruse	Etar V. Tarnovo
Tsenko Serafimov	Lok Ruse	Etar V. Tarnovo
Ivan Tonchev	Arda	Etar V. Tarnovo

Dänemark

Steffen Höjer	Viborg FF	Åarhus GF
Kern Lyhne	Ikast IF	Åarhus GF
John Sivebæk	Vejle BK	Åarhus GF
Johnny Vilstrup	Luton Town	Åarhus GF
John Jensen	Arsenal FC	Brøndby IF
Lars Olsen	FC Basel	Brøndby IF
Bjarne Goldbaek	1. FC Köln	FC Kopenhagen
Henrik Larsen	Lyngby BK	FC Kopenhagen
Mate Sestan	M. Murska Sobota	FC Kopenhagen
Jacob Svinggaard	Fortuna Köln	FC Kopenhagen
Michael Hansen	Silkeborg IF	Odense BK
Johnny Hansen	Odense BK	Silkeborg IF
Jan Sönksen	Ikast IF	Silkeborg IF

Deutschland

Rob Maas	Feyenoord Rotterd.	Arm. Bielefeld
Stefan Kuntz	Besiktas Istanbul	Arm. Bielefeld
Rainer Rauffmann	Eintracht Frankfurt	Arm. Bielefeld
Sonny Silooy	Ajax Amsterdam	Arm. Bielefeld
Andreas Herzog	Bayern München	Werder Bremen
Heimo Pfeifenberger	Casino Salzburg	Werder Bremen
Jens Todt	SC Freiburg	Werder Bremen
Georgi Donkov	CSKA Sofia	VfL Bochum

Name	Alter Verein	Neuer Verein
Engibar Engibarov	CSKA Sofia	VfL Bochum
Zoran Mamic	Croatia Zagreb	VfL Bochum
Wolfg. Feiersinger	Casino Salzburg	Bor. Dortmund
Jovan Kirovski	Manch. United	Bor. Dortmund
René Schneider	Hansa Rostock	Bor. Dortmund
P. Sousa Carvalho	Juventus Turin	Bor. Dortmund
Holger Fach	Bayer Leverkusen	Fort. Düsseldorf
Robert Kocis	Tatran Presov	Fort. Düsseldorf
David Nielsen	Lyngby BK	Fort. Düsseldorf
Vladimir Pasic	FC Rad Belgrad	Fort. Düsseldorf
Sergei Yourvan	Millwall FC	Fort. Düsseldorf
Miroslav Bicanic	NK Osijek	MSV Duisburg
Tomislav Erceg	FC Lugano	MSV Duisburg
Thomas Gill	Sturm Graz	MSV Duisburg
Marino Sabbadini	RWD Molenbeek	MSV Duisburg
Horst Steffen	KFC Uerdingen	MSV Duisburg
Dieter Frey	Bayern München	SC Freiburg
Stefan Marasek	Rapid Wien	SC Freiburg
Michael Wagner	Austria Wien	SC Freiburg
Jakob Friis-Hansen	Girondins Bordeaux	Hamburger SV
Markus Schopp	Sturm Graz	Hamburger SV
Thomas Hengen	1. FC K'lautern	Karlsruher SC
Marc Keller	Racing Straßburg	Karlsruher SC
Uwe Scherr	Schalke 04	1. FC Köln
Bodo Schmidt	Bor. Dortmund	1. FC Köln
Ion Vladoiu	Steaua Bukarest	1. FC Köln
Manuel Cardoni	Jeunesse Esch	Bayer Leverk.
Jan Heintze	KFC Uerdingen	Bayer Leverk.
Erik Meijer	KFC Uerdingen	Bayer Leverk.
Moedim Zé Elias	Corint. Sao Paulo	Bayer Leverk.
Jens Nowotny	Karlsruher SC	Bayer Leverk.
René Rydlewicz	TSV München 60	Bayer Leverk.
Mario Basler	Werder Bremen	Bayern München
Carsten Jancker	Rapid Wien	Bayern München
Markus Münch	Bayer Leverkusen	Bayern München
Ruggiero Rizzitelli	Turin Calcio	Bayern München
Abedi Pelé	Turin Calcio	TSV München 60
Manfred Bender	Karlsruher SC	TSV München 60
Marco Walker	FC Basel	TSV München 60
Hubert Fournier	En Avant Guingamp	Bor. M'gladbach
Andrzej Juskowiak	Olympiakos Piräus	Bor. M'gladbach
Ioan Lupescu	Bayer Leverkusen	Bor. M'gladbach
Stefan Paßlack	KFC Uerdingen	Bor. M'gladbach
J. Achmed Radwan	Beladeis Mehalla	Hansa Rostock
Johan de Kock	Roda Kerkrade	Schalke 04
Marc Wilmots	Standard Lüttich	Schalke 04
L. Firmino Emerson	Dnpr Dnpropetrovsk	FC St. Pauli
Nikolai Pissarew	Spartak Moskau	FC St. Pauli
Sebastian Fournier	FC Sion	VfB Stuttgart
Matthias Hagner	Eintracht Frankfurt	VfB Stuttgart
Zvonimir Soldo	Croatia Zagreb	VfB Stuttgart
Franz Wohlfahrt	Austria Wien	VfB Stuttgart

England

Remi Garde	Racing Straßburg	Arsenal FC
Valur Gislason	Fram Reykjavík	Arsenal FC
John Lukic	Leeds United	Arsenal FC
Patrick Vieira	Milan AC	Arsenal FC
Sasa Curcic	Bolton Wanderers	Aston Villa
Fernando Nelson	Sporting Lissab.	Aston Villa
Georgios Donis	Panathinaikos	Blackburn Rov.
Roberto Di Matteo	Lazio Rom	Chelsea FC
Frank Lebœuf	Racing Straßburg	Chelsea FC
Gianluca Vialli	Juventus Turin	Chelsea FC
Régis Genaux	Standard Lüttich	Coventry City
Gary McAllister	Leeds United	Coventry City
Aljosa Asanovic	Real Valladolid	Derby County
Christian Dailly	Dundee United	Derby County
Paul McGrath	Aston Villa	Derby County
Jacob Laursen	Silkeborg IF	Derby County
Paul Gerrard	Oldham Athletic	Everton FC

Name	Alter Verein	Neuer Verein
Gary Speed	Leeds United	Everton FC
Lee Bowyer	Charlton Athletic	Leeds United
Nigel Martyn	Crystal Palace	Leeds United
Ian Rush	Liverpool FC	Leeds United
Lee Sharpe	Manchester United	Leeds United
Muzzy Izzet	Chelsea FC	Leicester City
Kasey Keller	Millwall FC	Leicester City
Ian Marshall	Ipswich Town	Leicester City
Spencor Prior	Norwich City	Leicester City
Patrik Berger	Borussia Dortmund	Liverpool FC
Paul Dalglish	Celtic Glasgow	Liverpool FC
Jordi Crujff	FC Barcelona	Manch. United
Ronny Johnsen	Besiktas Istanbul	Manch. United
Karel Poborsky	Slavia Prag	Manch. United
Ole Gunnar Solskjær	Molde BK	Manch. United
R. Van der Gouw	Vitesse Arnheim	Manch. United
Mikkel Beck	Fortuna Köln	Middlesbrough
Fabrizio Ravanelli	Juventus Turin	Middlesbrough
Alan Shearer	Blackburn Rovers	Newcastle U.
Chris Allen	Oxford United	Nottingham F.
Nikola Jerkan	Real Oviedo	Nottingham F.
Dean Saunders	Galatasaray	Nottingham F.
Andy Booth	Huddersfield Town	Sheff. Wednesd.
Matt J. Clarke	Rotherham United	Sheff. Wednesd.
Wayne Collins	Crewe Alexandra	Sheff. Wednesd.
Scott Oakes	Luton Town	Sheff. Wednesd.
Orlando Trustfull	Feyenoord Rotterd.	Sheff. Wednesd.
Eyal Berkowitz	Maccabi Haifa	Southampton FC
Richard Dryden	Bristol City	Southampton FC
Claus Lundekvam	SK Brann Bergen	Southampton FC
Egil Oestenstadt	Viking Stavanger	Southampton FC
Graham Potter	Stoke City	Southampton FC
Robby Slater	West Ham United	Southampton FC
Russel Watkinson	Woking FC	Southampton FC
Tony Coton	Manchester United	Sunderland FC
Lionel Perez	Stade Laval	Sunderland FC
Alex Rae	Millwall FC	Sunderland FC
Niall Quinn	Manchester City	Sunderland FC
Paul Stewart	Liverpool FC	Sunderland FC
Espen Baardsen	San Fransisco	Tottenh. Hotspur
Allan Nielsen	Brøndby IF	Tottenh. Hotspur
Paulo Futre	Milan AC	West Ham
Richard Hall	Southampton FC	West Ham
Steve Jones	Bournemouth AFC	West Ham
Florin Raducioiu	Espanyol Barcelona	West Ham
Duncan Jupp	Fulham FC	Wimbledon FC
Ben Thatcher	Millwall FC	Wimbledon FC

Frankreich

Name	Alter Verein	Neuer Verein
Thomas Deniaud	SCO Angers	AJ Auxerre
Steve Marlet	Red Star 93 Paris	AJ Auxerre
Antoine Sibierski	OSC Lille	AJ Auxerre
Nedijeljko Zelic	Eintracht Frankfurt	AJ Auxerre
Jamie Fullarton	FC St. Mirren	SC Bastia
Wilfried Gohel	Racing Straßburg	SC Bastia
Lubomir Moravcik	AS Saint-Étienne	SC Bastia
Patrick Moreau	AS Saint-Étienne	SC Bastia
Sébastian Perez	AS Saint-Étienne	SC Bastia
Fabien Piveteau	AS Monaco	SC Bastia
Ermin Siljak	Olimpija Ljubljana	SC Bastia
Patrick Valéry	Toulouse FC	SC Bastia
Laurent Weber	Racing Straßburg	SC Bastia
Ibrahim Ba	AC Le Havre	Giron. Bordeaux
Claudio Biaggio	San Lorenzo/ARG	Giron. Bordeaux
Gilbert Bodart	Standard Lüttich	Giron. Bordeaux
Patrick Colleter	Paris SG	Giron. Bordeaux
Cyril Domoraud	Red Star 93 Paris	Giron. Bordeaux
Paolo Sergio Gralak	Curitiba/Brasilien	Giron. Bordeaux
Bernard Lambourde	AS Cannes	Giron. Bordeaux
Miklos Lendvai	Újpestí TE Budapest	Giron. Bordeaux
Johan Micoud	AS Cannes	Giron. Bordeaux
Jean-Pierre Papin	Bayern München	Giron. Bordeaux
Michel Pavon	Montpellier Hérault	Giron. Bordeaux
Marc Zanotti	Toulon SC	Giron. Bordeaux
Stéphane Ziani	Stade Rennes	Giron. Bordeaux
Anen Bajkusa	Hongkong	SM Caen
Anthony Bancarel	Girondins Bordeaux	SM Caen
J.-Yves De Blasiis	Girondins Bordeaux	SM Caen
Marc Delaroche	AS Monaco	SM Caen
Joachim Fernandez	Girondins Bordeaux	SM Caen
G. Lewandowski	Legia Warschau	SM Caen
Etienne Mendy	FC Sochaux	SM Caen
Stéphane Moreau	FC Nantes	SM Caen
Stéphane Roche	Olympique Lyon	SM Caen
Samassi Abou	Olympique Lyon	AS Cannes
Cédric Daury	AC Le Havre	AS Cannes
Yannick Fischer	Girondins Bordeaux	AS Cannes
Victor Konwlo	AS Nancy	AS Cannes
Éric Assadourian	Olympique Lyon	EA Guingamp
Yannick Baret	AS Monaco	EA Guingamp
Christophe Horlaville	AS Cannes	EA Guingamp
Marek Józwiak	Legia Warschau	EA Guingamp
Jean-Marc Moulin	Olympique Lyon	EA Guingamp
Jean-Luc Vannuchi	OGC Nizza	EA Guingamp
Christopher Wreh	AS Monaco	EA Guingamp
Roger Boli	RC Lens	AC Le Havre
Ardian Kozniku	AS Cannes	AC Le Havre
David Mazzoncini	FC Martigues	AC Le Havre
Djoni Novak	Olimpija Ljubljana	AC Le Havre
T. Wieszczycki	Legia Warschau	AC Le Havre
Philippe Brunel	FC Gueugnon	RC Lens
David Régis	Racing Straßburg	RC Lens
Sébastien Dallet	EA Guingamp	RC Lens
Jean-Claude Nadon	OSC Lille	RC Lens
Alexandr Rychkov	Standard Lüttich	RC Lens
Vladimir Smicer	Slavia Prag	RC Lens
Pegguy Arphexad	RC Lens	OSC Lille
Bojan Banjac	FC Zemun	OSC Lille
David Garcion	FC Nantes	OSC Lille
G. Hampartzoumian	AS Cannes	OSC Lille
Alain Caveglia	AC Le Havre	Olympique Lyon
Christophe Cocard	AJ Auxerre	Olympique Lyon
Ivan Franceschini	AC Parma	Olymp. Marseille
Xavier Gravelaine	EA Guingamp	Olymp. Marseille
Andreas Köpke	Eintracht Frankfurt	Olymp. Marseille
Yordan Letchkov	Hamburger SV	Olymp. Marseille
Chris Makin	Oldham Athletic	Olymp. Marseille
Alberto Malusci	Fiorentina Firenze	Olymp. Marseille
Reynald Pedros	FC Nantes	Olymp. Marseille
Éric Roy	Olympique Lyon	Olymp. Marseille
Mehdi Ben Slimane	AS Marsa/Tunesien	Olymp. Marseille
André Biancarelli	SC Bastia	FC Metz
Mariano Bombarda	FC Groningen	FC Metz
Amara Traoré	FC Gueugnon	FC Metz
John Collins	Celtic Glasgow	AS Monaco
Martin Djetou	Racing Straßburg	AS Monaco
Marco Grassi	Stade Rennes	AS Monaco
Philippe Léonard	Standard Lüttich	AS Monaco
Fabrice Divert	EA Guingamp	Montpellier
Kader Ferhaoui	AS Cannes	Montpellier
Pascal Fugier	Stade Rennes	Montpellier
Romn Kosecki	FC Nantes	Montpellier
Frédéric Martin	OGC Nizza	Montpellier
William Prunier	FC Kopenhagen	Montpellier
Franck Sauzée	Racing Straßburg	Montpellier
Wagneau Eloi	RC Lens	AS Nancy
David Fanzel	FC Gueugnon	AS Nancy
Phil Gray	Sunderland FC	AS Nancy
Wilson Oruma	RC Lens	AS Nancy
J.-Philippe Sechet	AS Saint-Étienne	AS Nancy
Nenad Bjekovic	Olympique Marseille	FC Nantes
Erwan Guyot	FC Lorient	FC Nantes

Name	Alter Verein	Neuer Verein
Christophe Le Roux	FC Lorient	FC Nantes
Adel Sellimi	C. Africain/Tunesien	FC Nantes
Zoran Milinkovic	KSV Waregem	OGC Nizza
Roberto Onorati	Genoa 1893	OGC Nizza
Montero Rubenilson	Antwerpen FC	OGC Nizza
Frédéric Tatarian	Olymique Marseille	OGC Nizza
Arjan Vermeulen	Vitesse Arnheim	OGC Nizza
Benoît Cauet	FC Nantes	Paris SG
Daniel Kenedy	Benfica Lissab.	Paris SG
Patrick Mboma	FC Metz	Paris SG
Nascim. de Araujo	Kashima Antlers	Paris SG
Fabien Debec	Olympique Lyon	Stade Rennes
Stéphane Guivarc'h	AJ Auxerre	Stade Rennes
Alan Johnston	Hearts of. Midl. E'b.	Stade Rennes
Stéphane Mahé	Paris SG	Stade Rennes
Corneliu Papura	Uni Craiova	Stade Rennes
Kjetil Rekdal	Lierse SK	Stade Rennes
Gary Smith	Aberdeen FC	Stade Rennes
Stéphane Collet	OGC Nizza	Rac. Straßburg
Jean-Luc Dogon	Girondins Bordeaux	Rac. Straßburg
Francis Llacer	Paris SG	Rac. Straßburg
Karim M'Ghoghi	Germinal Ekeren	Rac. Straßburg
Pascal Nouma	Paris SG	Rac. Straßburg
Godwin Okpara	Eendracht Aalst	Rac. Straßburg
Vincent Petit	Montpellier Herault	Rac. Straßburg
Bruno Rodriguez	SC Bastia	Rac. Straßburg
Jan Suchopárek	Slavia Prag	Rac. Straßburg
Griechenland		
Anton Dobos	Steaua Bukarest	AEK Athen
Themistklis Nikolaidis	Apollon Athen	AEK Athen
Triantafilos Maheridis	skoda Xanthi	AEK Athen
S. MavRomtis	Paniliakos Pirgos	Athinaikos
Kostas Mouratidis	Larissa	Edessaikos
Craig Brewster	Dundee United	Ionikos Nikea
Steven Tweed	Hibernian Edinb.	Ionikos Nikea
Ademar	Pirgos	Kalamata
Mihalis Alvertis	Athinaikos	Kalamata
Nikes	Panathinaikos	Kalamata
Ilias Savvidis	Ionikos Piräus	Panahaiki Patra
Yannis Anastassiou	Ethinkos Piräus	OFI Kreta
Limberopoulos	Kalamata	Panathinaikos
Marcin Mieciel	Legia Warschau	Panathinaikos
Yorgos Nassiopoulos	Edassaikos	Panathinaikos
Refik Sabanadzovic	AEK Athen	Panathinaikos
Bernard Barnjak	Apollon Athen	Paniliakos
Andrej Chernyshov	Sturm Graz	PAOK Saloniki
Leszek Pisz	Legia Warschau	PAOK Saloniki
Zissis Vrizas	skoda Xanthi	PAOK Saloniki
Djordjevic	Paniliakos Pirgos	Olympiakos
Ginnakopoulos	Paniliakos Pirgos	Olympiakos
Andreas Niniadis	Ethnikos Piräus	Olympiakos
Oleg Protassov	Gamba Osaka	GAS Veria
Stefan Stoica	Larissa	GAS Veria
Israel		
Rafi Cohen	Maccabi Haifa	Hapoel Haifa
Arik Benado	Beitra Jerusalem	Maccabi Haifa
Bonnie Ginzburg	Bnei Yehuda	Maccabi Haifa
Ofir Kopel	Hapoel Petah Tikva	Maccabi Haifa
Hezi Shirazi	Zafirim Holon	Maccabi Haifa
Yitzak Zohar	Maccabi Tel Aviv	Beitar Jerusalem
Amir Avigdor	Hapoel Beer Sheba	Bnei Yehudah
Jacobv Refufah	Hapoel Kfar Sabah	Bnei Yehudah
V. Soukristovas	Hapoel Haifa	Bnei Yehudah
Hran Strauber	Ironi Ashdod	Bnei Yehudah
Shavit Elimeleh	Hapoel Ironi Rishon	Hapoel Tel Aviv
Felix Halfon	Hapoel Haifa	Hapoel Tel Aviv
Ofer Mizrahi	Maccabi Herzliya	Maccabi Tel Aviv
Nir Sevilia	Bnei Yehuda	Maccabi Tel Aviv

Name	Alter Verein	Neuer Verein
Italien		
Massimo Carrera	Juventus Turin	Atalanta Berg.
Paolo Foglio	Fiorentina Firenze	Atalanta Berg.
Filippo Inzaghi	AC Parma	Atalanta Berg.
F. Magallanes	Peñarol/Uruguay	Atalanta Berg.
Davide Micillo	Cesena Calcio	Atalanta Berg.
Zoran Mirkovic	Partizan Belgrad	Atalanta Berg.
Joachim Persson	Malmö FF	Atalanta Berg.
Stefano Rossini	Piacenca Calcio	Atalanta Berg.
Fabio Rustico	Solbiatese	Atalanta Berg.
Andrea Sottil	Fiorentina Firenze	Atalanta Berg.
Emanuele Tresoldi	Pistoiese Pistoia	Atalanta Berg.
Kennet Andersson	AS Bari	FC Bologna
Giuseppe Anaclerio	SPAL Ferrara	FC Bologna
Pierpaolo Bresciani	Foggia Calcio	FC Bologna
Alex Brunner	Foggia Calcio	FC Bologna
Giuseppe Cardone	Milan AC	FC Bologna
Davide Fontolan	Inter Mailand	FC Bologna
Igor Kolivanov	Foggia Calcio	FC Bologna
Oscar Magoni	Genoa 1893	FC Bologna
Giancarlo Marocchi	Juventus Turin	FC Bologna
Christiano Pavone	Atalanta Bergamo	FC Bologna
Igor Shalimov	Udinese Calcio	FC Bologna
Giacomo Banchelli	Fiorentina Firenze	Cagliari Calcio
Stefano Bettarini	US Lucchese Lucca	Cagliari Calcio
Alan Carlet	Cordignano	Cagliari Calcio
Francesco Cozza	US Lucchese Lucca	Cagliari Calcio
G. Grassadonia	Salernitana Salerno	Cagliari Calcio
Christian Lonstrup	FC Kopenhagen	Cagliari Calcio
Paolo Marin	Belluno	Cagliari Calcio
Marco Pascolo	Servette Genf	Cagliari Calcio
Giovan B. Scucugia	Cesena Calcio	Cagliari Calcio
Eric Tinkler	Vitória Setúbal	Cagliari Calcio
Ramon Vega	Grasshopper Zürich	Cagliari Calcio
Giulio Falcone	Turin Calcio	AC Florenz
Aldo Firicano	Cagliari Calcio	AC Florenz
Luis Oliveira	Cagliari Calcio	AC Florenz
Vittorio Pusceddu	Cagliari Calcio	AC Florenz
Danilo Stefani	Maceratese	AC Florenz
Oumar Dieng	Paris SG	Sampd. Genoa
Fabrizio Ferron	Atalanta Bergamo	Sampd. Genoa
Pierre Laigle	RC Lens	Sampd. Genoa
Vincenzo Montella	Genoa 1893	Sampd. Genoa
Paulo Pereira	Benfica Lissab.	Sampd. Genoa
Simone Vergassola	Carrarese	Sampd. Genoa
Juan Veron	Boca Juniors/ARG	Sampd. Genoa
Nicola Zanini	Hellas Verona	Sampd. Genoa
Edgar Davids	Ajax Amsterdam	Milan AC
Christophe Dugarry	Girondins Bordeaux	Milan AC
Angelo Pagotto	Sampdoria Genoa	Milan AC
Michael Reiziger	Ajax Amsterdam	Milan AC
Jocelyn Angloma	Turin Calcio	Inter Mailand
Youri Djorkaeff	Paris SG	Inter Mailand
Gianmarco Frezza	Salernitana Salerno	Inter Mailand
Fabio Galante	Genoa 1893	Inter Mailand
Nwankwo Kanu	Ajax Amsterdam	Inter Mailand
Gianluca Mazzantini	AC Venezia	Inter Mailand
Pantanelli	AC Reggiana	Inter Mailand
Ciriaco Sforza	Bayern München	Inter Mailand
Salvatore Tarantino	SSC Neapel	Inter Mailand
Aron Winter	Lazio Rom	Inter Mailand
Ivan Zamorano	Real Madrid	Inter Mailand
Alfredo Aglietti	AC Reggiana	SSC Neapel
Francesco Baldini	Lucchese Lucca	SSC Neapel
Joubert Beto	Botofago/Brasilien	SSC Neapel
Nicola Caccia	Piacenze Calcio	SSC Neapel
Ribeiro Caio	Inter Mailand	SSC Neapel
Bertrand Crasson	RSC Anderlecht	SSC Neapel
M. Esposito	Lazio Rom	SSC Neapel
Mauro Milanese	Turin Calcio	SSC Neapel

Name	Alter Verein	Neuer Verein
Luigi Panarelli	Taranto	SSC Neapel
Antonio Pietropaolo	Puteolano	SSC Neapel
Gennaro Sardone	Altamura	SSC Neapel
Francesco Turrini	Piacenza Calcio	SSC Neapel
Alexandre Amaral	Palmeiras/BRA	AC Parma
Daniel Bravo	Paris SG	AC Parma
Enrico Chiesa	Sampdoria Genoa	AC Parma
Hernan Crespo	River Plate/ARG	AC Parma
Petro Strada	AC Reggiana	AC Parma
Lilian Thuram	AS Monaco	AC Parma
Ze Maria	Palmeiras/BRA	AC Parma
Edoardo Artistico	Ancona Calcio	AC Perugia
Marcello Castellini	AC Parma	AC Perugia
Alberto Di Chiara	AC Parma	AC Perugia
Carmine Gautieri	AS Bari	AC Perugia
Aleksander Kocic	Vojvodina Novi Sad	AC Perugia
Michael Kreek	Padova Calcio	AC Perugia
Antonio Manicone	Inter Mailand	AC Perugia
Salvatore Matrecano	AC Parma	AC Perugia
Milan Rapaic	Hajduk Split	AC Perugia
G. Spagnulo	Genoa 1893	AC Perugia
Martino Traversa	Pescara Calcio	AC Perugia
Pietro Vierchowod	Juventus Turin	AC Perugia
Pasquale Luiso	US Avellino	Piacenza Calcio
Fausto Pari	SSC Neapel	Piacenza Calcio
Gabriele Pin	AC Parma	Piacenza Calcio
Giuseppe Scienza	AC Venezia	Piacenza Calcio
Andrea Tentoni	Cremonese	Piacenza Calcio
Paolo Tramezzani	Cesena Calcio	Piacenza Calcio
Aladino Valoti	Hellas Verona	Piacenza Calcio
Fabian Valtolina	FC Bologna	Piacenza Calcio
Dietmar Beiersdorfer	1. FC Köln	AC Reggiana
Angelo Carbone	Piacenza Calcio	AC Reggiana
Gianluca Cherubini	AS Rom	AC Reggiana
Georges Grun	RSC Anderlecht	AC Reggiana
Michael Hatz	Rapid Wien	AC Reggiana
Antonio Pacheco	Benfica Lissab.	AC Reggiana
Francesco Pedone	AS Bari	AC Reggiana
Ioan Ovidiu Sabau	Brescia Calcio	AC Reggiana
Nicolo Sciacca	Foggia Calcio	AC Reggiana
Gianluca Sordo	Milan AC	AC Reggiana
Michael Thomas	Liverpool FC	AC Reggiana
Sandro Tovalieri	Atalanta Bergamo	AC Reggiana
Adolfo Valencia	Independ./Kol	AC Reggiana
Antonio Bernardini	Turin Calcio	AS Rom
Marco Del Vecchio	Inter Mailand	AS Rom
Gabriele Grossi	Vicenza Calcio	AS Rom
Damiano Tommasi	Hellas Verona	AS Rom
Roberto Trotta	Velez Sarsfeld	AS Rom
Roberto Baronio	Brescia Calcio	Lazio Rom
Renato Buso	SSC Neapel	Lazio Rom
Mark Fish	Orlando Pirates	Lazio Rom
Pavel Nedved	Sparta Prag	Lazio Rom
Paul Okon	Club Brügge KV	Lazio Rom
Igor Protti	AS Bari	Lazio Rom
Giorgio Venturin	Cagliari Calcio	Lazio Rom
Raffaele Ametrano	Udinese Calcio	Juventus Turin
Nicola Amoruso	Padova Calcio	Juventus Turin
Alen Boksic	Lazio Rom	Juventus Turin
Davide Falcioni	Olbia	Juventus Turin
Mark Juliano	Salernitana Salerna	Juventus Turin
Paulo Montero	Atalanta Bergamo	Juventus Turin
Christian Vieri	Atalanta Bergamo	Juventus Turin
Zinedine Zidane	Girondins Bordeaux	Juventus Turin
Marcio Amorouso	Guarani/BRA	Udinese Calcio
M. Caniato	Turin Calcio	Udinese Calcio
Claudio Clementi	Fiorentina Firenze	Udinese Calcio
Luca Compagnon	Savoia	Udinese Calcio
Hazem Eman	Zamalek, Ägypten	Udinese Calcio
Mohamed Gargo	Turin Calcio	Udinese Calcio
Pierluigi Nicoli	Foggia Calcio	Udinese Calcio
Alessandro Orlando	Fiorentina Firenze	Udinese Calcio
Alessandro Pierni	Fidelis Andria	Udinese Calcio
Davide Stefani	US Avellino	Udinese Calcio
Roberto Bacci	Turin Calcio	Hellas Verona
Jonathan Binotto	Juventus Turin	Hellas Verona
Fabrizio Cammarata	Juventus Turin	Hellas Verona
Leonardo Colucci	AC Reggiana	Hellas Verona
Eugenio Corini	Piacenza Calcio	Hellas Verona
Andrea Da Rold	Fiorentina Firenze	Hellas Verona
Stefano Ghirardello	La Spezia	Hellas Verona
Salvatore Giunta	Padova Calcio	Hellas Verona
Attilio Gregori	Udinese Calcio	Hellas Verona
Vincenzo Italiano	Trapani	Hellas Verona
Pierluigi Orlandini	Inter Mailand	Hellas Verona
Antonio Paganin	Atalanta Bergamo	Hellas Verona
Santos Reinaldo	Palmeiras/Brasilien	Hellas Verona
Sebastino Siviglia	Nocerina	Hellas Verona
Massimo Beghetto	AC Perugia	Vicenza Calcio
Coppola	Nola	Vicenza Calcio
G. Cornacchini	FC Bologna	Vicenza Calcio
A. Dal Canto	Turin Calcio	Vicenza Calcio
Fabio Firmani	Lodigiani	Vicenza Calcio
F. Gasparini	Fidelis Andria	Vicenza Calcio
Alessandro Iannuzzi	Lazio Rom	Vicenza Calcio
Mariano Sotgia	Ravenna	Vicenza Calcio
Pierre Wome	Canon Yaounde	Vicenza Calcio

Niederlande

Name	Alter Verein	Neuer Verein
Ruud Heus	Feyenoord Rotterd.	AZ Alkmaar
Oscar Moens	Go Ah. Ea. Deventer	AZ Alkmaar
Barry Obdam	FC Volendam	AZ Alkmaar
Tijani Babangida	Roda Kerkrade	Ajax Amsterdam
Dani	Sporting Portugal	Ajax Amsterdam
Mariano Juan	River Plate/ARG	Ajax Amsterdam
John Veldman	Sparta Rotterdam	Ajax Amsterdam
Richard Witschge	Girondins Bordeaux	Ajax Amsterdam
Josip Bacak	Melbourne Croatia	Vitesse Arnheim
Steven Goossen	Lierse SK	Vitesse Arnheim
Y. Levtchenko	CSKA Moskau	Vitesse Arnheim
Nikos Mahlas	OFI Kreta	Vitesse Arnheim
Richard Nass	NEC Nijmegen	Vitesse Arnheim
John van den Brom	Istanbulspor	Vitesse Arnheim
Ferdy Vierklau	FC Utrecht	Vitesse Arnheim
Sander Westerveld	Twente Enschede	Vitesse Arnheim
Pascal Beeken	RFC Seraing	NAC Breda
Edwin Gorter	Vitesse Arnheim	NAC Breda
Nico Jalink	Sparta Rotterdam	NAC Breda
Stanley McDonald	TOP Oss	NAC Breda
Marc Minnaert	Hoek	NAC Breda
J.-Claude Mukanya	KFC Lommelse SK	NAC Breda
Ernest Stewart	Willem II Tilburg	NAC Breda
Jeffrey Van As	MVV Maastricht	NAC Breda
Barry van Galen	Roda Kerkrade	NAC Breda
Ali Ibrahim	Grasshopper Zürich	De Graafschap
Martyn Besseling	MVV Maastricht	De Graafschap
Hans van der Haar	Haarlem	De Graafschap
Michel Nok	Telstar Ijmuiden	De Graafschap
Wasiu Taiwo	Shooting Stars/NIG	De Graafschap
Marc Degryse	Sheff. Wednesday	PSV Eindhoven
Silvia R. Marcelo	Cruzeiro/Brasilien	PSV Eindhoven
Zeljko Petrovic	RKC Waalwijk	PSV Eindhoven
Jan Willem Van Ede	FC Utrecht	PSV Eindhoven
Vampeta	Fluminense/BRA	PSV Eindhoven
Johnny Bosman	RSC Anderlecht	FC Twente
Rab McKinnon	Motherwell FC	FC Twente
Aldo Swager	SC Heerenveen	FC Twente
Marco Boogers	West Ham United	FC Groningen
Jeffrey Kooistra	NEC Nijmegen	FC Groningen
Peter Sörensen	Silkeborg IF	FC Groningen
Lucas Ten Brinke	Be Quick Groningen	FC Groningen
Hans Vonk	RKC Waalwijk	SC Heerenveen

Name	Alter Verein	Neuer Verein
Simon Karkov	Esbjerg Forende BK	SC Heerenveen
Ali El Kattabi	Sparta Rotterdam	SC Heerenveen
Börre Meinseth	Viking Stavanger	SC Heerenveen
Brian Tevreden	Telstar Ijmuijden	SC Heerenveen
Ole Tobiasen	FC Kopenhagen	SC Heerenveen
Martin Schops	KFC Lommelse SK	Roda Kerkrade
Jan-Pieter Martens	KV Mechelen	Roda Kerkrade
S. van der Heyden	Club Brügge KV	Roda Kerkrade
Peter van Houdt	VV St. Truiden	Roda Kerkrade
Ramon Von Haaren	RKC Waalwijk	Roda Kerkrade
Regilio Vrede	RKC Waalwijk	Roda Kerkrade
Maurice Graef	Roda Kerkrade	NEC Nijmegen
Benito Kemble	Haarlem	NEC Nijmegen
Bob Pellen	Vitesse Arnheim	NEC Nijmegen
Bas Roorda	FC Groningen	NEC Nijmegen
Jörg Sobiech	Wattenscheid 09	NEC Nijmegen
Geoffrey Clays	Cercle Brügge	Feyenoord
Jerzy Dudek	Sokól Tychy	Feyenoord
Haysan Farouk	Excelsior Rotterdam	Feyenoord
Patricio Graff	Rosario Cen./ARG	Feyenoord
Pablo Sanchez	Rosario Centr./ARG	Feyenoord
Marek Saganowski	LKS Lódz	Feyenoord
Kees van Wonderen	NAC Breda	Feyenoord
Rob Alflen	Vitesse Arnheim	Sparta R.
Barry Dubbeldeman	Feyenoord Rotterd.	Sparta R.
R. Santana Maruilia	Nacional (Brasilien)	Sparta R.
Patrick Paauwe	De Graafschap D.	Fortuna Sittard
R.-Jan Zoetmulder	Telstar Ijmujden	Fortuna Sittard
Tomás Galasek	Baník Ostrava	Willem II Tilburg
Michael Mols	Twente Enschede	FC Utrecht
René Ponk	VVV Venlo	FC Utrecht
René Stam	FC La Haye	FC Utrecht
Dick van Burik	NAC Breda	FC Utrecht
René van den Brink	De Graafschap D.	FC Utrecht
Rob Witschge	Feyenoord Rotterd.	FC Utrecht
Huub Loeffen	Vitesse Arnheim	FC Volendam
Dennis Klein	AFC 34 Alkmaar	FC Volendam
Ben Santos Adilson	Excelsior Rotterd.	RKC Waalwijk
Adri Bogers	Willem II Tilburg	RKC Waalwijk
Defano Hill	FC Den Bosch	RKC Waalwijk
John Lammers	Willem II Tilburg	RKC Waalwijk
Patrick van Diemen	NEC Nijmegen	RKC Waalwijk
Rob van Dijk	Feyenoord Rotterd.	RKC Waalwijk
Patrick Vervoort	Toronto Leaside	RKC Waalwijk

Österreich

Name	Alter Verein	Neuer Verein
Ilayo Ilarionov	Levski Kjustendil	Admira Wacker
Peter Mraz	Inter Bratislava	Admira Wacker
A. Narbekovas	Austria Wien	Admira Wacker
Michael Anicic	Eintracht Frankfurt	Grazer AK
Erwin Dampfhofer	SV Ried	Grazer AK
Boban Dmitrovic	Rad Belgrad	Grazer AK
B. Friesenbichler	Sturm Graz	Grazer AK
Alex. Manninger	Casino Salzburg	Grazer AK
T. Silberberger	Tirol Innsbruck	Grazer AK
Manfred Zsak	Austria Wien	Grazer AK
Guiseppe Giannini	AS Rom	Sturm Graz
Martin Hiden	Casino Salzburg	Sturm Graz
Marcus Pürk	San Sebastian	Sturm Graz
Marek Swierczewski	GKS Katowice	Sturm Graz
Christian Flindt	FC Lugano	Tirol Innsbruck
Gernot Krinner	Vorwärts Steyr	Tirol Innsbruck
Christian Mayrleb	Admira Wacker	Tirol Innsbruck
Maciej Sliwowski	Rapid Wien	Tirol Innsbruck
S. Tschertschessow	Spartak Moskau	Tirol Innsbruck
Dietmar Berchthold	Vorwärts Steyr	Linzer ASK
Johann Kogler	Admira Wacker	Linzer ASK
Markus Scharrer	Admira Wacker	Linzer ASK
C. Westerthaler	Vorwärts Steyr	Linzer ASK
Alain Bettagno	Standard Lüttich	FC Linz
Branko Karacic	Club Brügge KV	FC Linz
Daniel Madlener	Vorwärts Steyr	FC Linz
Didier Frenay	Club Brügge KV	FC Linz
Josko Popovic	FC Zagreb	FC Linz
Marcel Orlemans	Vienna Wien	SV Ried
Walter Waldhör	FC Linz	SV Ried
Rainer Schütterle	MSV Duisburg	SV Ried
Martin Amerhauser	Grazer AK	Casino Salzburg
Eduard Glieder	Grazer AK	Casino Salzburg
Walter Kogler	Austria Wien	Casino Salzburg
Heiko Laessig	KFC Uerdingen	Casino Salzburg
Romn Szewczyk	FC Sochaux	Casino Salzburg
Ronald Brunmayr	FC Linz	Austria Wien
Herbert Gager	Admira Wacker	Austria Wien
Wolfgang Hacker	Admira Wacker	Austria Wien
Attila Horvath	Zalaegerszegi TE	Austria Wien
Marek Penska	Grazer AK	Rapid Wien
Krzysztof Ratajczyk	Legia Warschau	Rapid Wien
Thomas Zingler	Admira Wacker	Rapid Wien

Polen

Name	Alter Verein	Neuer Verein
S. Konkiewicz	Warta Poznan	GKS Belchatów
Mariusz Kukielka	Siarka Tarnobrzeg	GKS Belchatów
Slawomir Suchomski	Lechia/Olimpia	GKS Belchatów
Arkadiusz Bak	Amica Wronki	Ruch Chorzów
Krzystof Benedyk	Wisloka Debica	Ruch Chorzów
A. Kostempski	Olimpia Piekary	Ruch Chorzów
Artur Kowalski	RKS Radom	R. Czestochowa
Jacek Krzynówek	RKS Radom	R. Czestochowa
Artur Adamus	Siarka Tarnobrzeg	GKS Katowice
Boguslaw Cygan	Stal Mielec	Hutnik Kraków
Krzysztof Duda	Cracovia Kraków	Hutnik Kraków
Krzysztof Hajduk	Cracovia Kraków	Hutnik Kraków
Lukasz Hermaniuk	KFC Eeklo	Hutnik Kraków
Grzegorz Motyka	Lechia/Olimpia	Hutnik Kraków
Moussa Yahaya	Sokól Tychy	Hutnik Kraków
Marcin Danielewicz	Jagiellonia Bialystok	LKS Lódz
Tomasz Kos	Sokól Tychy	LKS Lódz
A. Krzysztalowicz	RKS Radom	LKS Lódz
Rafal Pawlak	Slask Wroclaw	LKS Lódz
Krzysztof Przala	Zawisza Bydgoszcz	LKS Lódz
R. Sobolewski	Jagiellonia Bialystok	LKS Lódz
Maciej Szczesny	Legia Warschau	LKS Lódz
Marcin Bogus	Zaglebie Lubin	Widzew Lódz
Jacek Dembinski	Lech Poznan	Widzew Lódz
Andrzej Jaskot	Hutnik Kraków	Widzew Lódz
Slawomir Majak	Hannover 96	Widzew Lódz
Radoslaw Michalski	Legia Warsawa	Widzew Lódz
Pawel Wojtala	Lech Poznan	Widzew Lódz
Guy A. Feutchine	US Doaula/Kam.	Wisla Kraków
Z. Grzybowski	Zaw. Bydgoszcz	Zaglebie Lubin
Radoslaw Jasinski	Siarka Tarnobrzeg	Zaglebie Lubin
Boguslaw Lizak	Zawisza Bydgoszcz	Zaglebie Lubin
Dariusz Jaskulski	Sokól Tychy	Stomil Olsztyn
Sebastian Nowak	Polonia Warschau	Stomil Olsztyn
Alkhali Soumah	Haf. Konakry/Gui.	Stomil Olsztyn
Z. Wachowicz	Polonia Warschau	Stomil Olsztyn
R. Mioduszewski	Zawisza Bydgoszcz	Lech Poznan
Elastio Lungu	T. Harare FC/Zimb.	Lech Poznan
George Mbwando	T. Harare FC/Zimb.	Lech Poznan
Arkadiusz Onyszko	Warta Poznan	Lech Poznan
Artur Wichniarek	Górnik Konin	Lech Poznan
Marcin Cilinski	Lechia/Olimpia	Sokól Tychy
Adam Grad	Lechia/Olimpia	Sokól Tychy
Rafal Oprzondek	Stal Mielec	Sokól Tychy
W. Przysiuda	Warta Poznan	Sokól Tychy
Krystian Szuster	Górnik Ledziny	Sokól Tychy
Grzegorz Wagner	Stomil Olsztyn	Sokól Tychy
Dariusz Czykier	Jagiellonia Bialystok	Legia Warschau
Igor Koziol	Lechia/Olimpia	Legia Warschau
Artur Kupiec	Pol. Warschau	Legia Warschau
Krzysztof Nowak	Sokól Tychy	Legia Warschau

Name	Alter Verein	Neuer Verein
Piotr Mosór	Lechia/Olimpia	Legia Warschau
Dariusz Solnica	Polonia Warschau	Legia Warschau
Piotr Burlikowski	VfL Herzlake	Polonia Warsch.
Jacek Dabrowski	Lechia/Olimpia	Polonia Warsch.
Janusz Galuszka	Zawisza Bydgoszcz	Polonia Warsch.
Mariusz Pawlak	Lechia/Olimpia	Polonia Warsch.
Artur Pilat	Lechia/Olimpia	Polonia Warsch.
Rafal Ruta	Lechia/Olimpia	Polonia Warsch.
K. Sadzawicki	Lechia/Olimpia	Polonia Warsch.
Emmanuel Tetteh	Lechia/Olimpia	Polonia Warsch.
Tomasz Unton	Lechia/Olimpia	Polonia Warsch.
G. Wedzynski	LKS Lódz	Polonia Warsch.
Piotr Wojdyga	Lechia/Olimpia	Polonia Warsch.
Piotr Jegor	Stal Mielec	O. Wodzislaw/S.
Krzysztof Zagórski	Siarka Tarnobrzeg	O. Wodzislaw/S.
D. Wojciechowski	Lech Poznan	Slask Wroclaw
Daouda Camara	Haf. Konakry/Gui.	Amica Wronki
Dariusz Jackiewicz	Jeziorak Ilawa	Amica Wronki
Bartosz Jurkowski	Jeziorak Ilawa	Amica Wronki
Miroslaw Kalita	Wisloka Debica	Amica Wronki
C. Michiniewicz	Polonia Gdansk	Amica Wronki
M. Pawalak	Siarka Tarnobrzeg	Amica Wronki
Tomasz Sokolowski	Igloopol Debica	Amica Wronki
Jacek Ziober	Osasuna Pamplona	Amica Wronki
Grzegorz Lekki	Ruch Radzionków	Górnik Zabrze
Okey G. Meazue	Iasper United/NIG	Górnik Zabrze
Marek Piotrowicz	Sokól Tychy	Górnik Zabrze
Daniel Tumas	Energetyk Rybnik	Górnik Zabrze
C. C. Udebuluzor	Iasper United/NIG	Górnik Zabrze

Portugal

Name	Alter Verein	Neuer Verein
Andersson	Östers Växjö	Estrêla Amadora
Leal	Felgueiras	Estrêla Amadora
Mario Jorge	Marítimo F.	Estrêla Amadora
Caetano	Boavista Porto	Belenenses
Emerson	Vitória Setúbal	Belenenses
Filgueira	Marítimo F.	Belenenses
Fonseca	Leça FC	Belenenses
Jonilson	Atlético Mineiro	Belenenses
Junior	Recife/Brasilien	Belenenses
Pedro Miguel	Sporting Braga	Belenenses
Soeiro	Vitória Setúbal	Belenenses
Tonanha	GD Chaves	Belenenses
Washington	Recife/Brasilien	Belenenses
Zito	Vitória Setúbal	Belenenses
Leonel	GD Chaves	Sporting Braga
Idalecio	SC Farense	Sporting Braga
Joao Oliveira Pinto	Gil Vicente	Sporting Braga
N'Tsunda	Acad. Coimbra	GD Chaves
Raul	Sporting Gijón	GD Chaves
Sabou	Sporting Gijón	GD Chaves
Toninho Cruz	FC Tirsense	GD Chaves
Caetano	FC Tirsense	SC Espinho
Dagoberto	CD Feirense	SC Espinho
Gilsinei	America Rio d. Jan.	SC Espinho
Marcao	Penafiel/Brasilien	SC Espinho
Norberto	Lamego	SC Espinho
Besirevic	NK Osijek	Marítimo F.
Dauri	Botafogo/Brasilien	Marítimo F.
Edilson	Americano/Brasilien	Marítimo F.
Edmilson	Botafogo/Brasilien	Marítimo F.
Luis Claudio	Matsubara	Marítimo F.
Marvilla	Botafogo/Brasilien	Marítimo F.
Steve Morrow	Arsenal FC	Marítimo F.
Peric	NK Osijek	Marítimo F.
Perivaldo	Botafogo/Brasilien	Marítimo F.
Régis	Corint. Sao Paulo	Marítimo F.
Carlos Coelho	Sporting Braga	Gil Vicente
Margarido	Marítimo F.	Gil Vicente
Possi	Fluminense/BRA	Gil Vicente
Basilio	Salgueiros Porto	Vit. Guimarães
Riva	GD Chaves	Vit. Guimarães
Tonino	GD Chaves	Vit. Guimarães
Valter	Vitória Guimarães	Leça FC
Poejo	Estrêla Amadora	União Leiria
Vava	Vitória Bahia	União Leiria
Jorge Bermudez	Am. Cali/Kolumbien	Benfica Lissab.
Donizete	Verdy Kawasaki	Benfica Lissab.
Tahar El-Khalej	UD Leiria	Benfica Lissab.
Gustavo	Marítimo F.	Benfica Lissab.
Jamir	Botafogo/Brasilien	Benfica Lissab.
Panduru	Xamax Neuchâtel	Benfica Lissab.
Jorge Soares	SC Farense	Benfica Lissab.
Andrade	Estrêla Amadora	Sporting Lissab.
Balajic	Varteks Varadzin	Sporting Lissab.
Beto	Campomaiorense	Sporting Lissab.
Dani	West Ham United	Sporting Lissab.
Filip De Wilde	RSC Anderlecht	Sporting Lissab.
Hadji	AS Nancy	Sporting Lissab.
Arthur Jorge	Beja	Sporting Lissab.
Missé-Misé	RSC Charleroi	Sporting Lissab.
Porfirio	UD Leiria	Sporting Lissab.
Toni	Vitória Setúbal	Sporting Lissab.
Alex	Goias	Boavista Porto
Emmanuel	FC Penafiel	Boavista Porto
Isaias	Leça FC	Boavista Porto
Jimmy	Campomaironse	Boavista Porto
Jorge Couto	FC Porto	Boavista Porto
Ricardo	FC Leça	Boavista Porto
Russel Latapy	FC Porto	Boavista Porto
Simic	União Funchal	Boavista Porto
Arthur	Boavista Porto	FC Porto
Barroso	Sporting Braga	FC Porto
Sergio Conceiçao	Felgueiras	FC Porto
Costa	Felgueiras	FC Porto
Alejandro Diaz	Liv. Montevideo	FC Porto
Lula	Belenenses	FC Porto
Fernando Mendes	Belenenses	FC Porto
Rui Oscar	FC Leça	FC Porto
Neves	Belenenses	FC Porto
Tulipa	Belenenses	FC Porto
Arnold Wetl	Sturm Graz	FC Porto
Andrzej Wozniak	Widzew Lódz	FC Porto
Marco Aurelio	Santa Cruz/Brasilien	FC Rio Ave
Valdomir	Fortaleza/Brasilien	FC Rio Ave
Tura	Araçatuba	Salgueiros
Ayew	UD Leiria	Vitória Setúbal
Chipenda	Belenenses	Vitória Setúbal
Chiquinho Conde	Belenenses	Vitória Setúbal
Mathias	FC Porto	Vitória Setúbal
Pataca	FC Porto	Vitória Setúbal
Fernando Pires	Marítimo F.	Vitória Setúbal
Sylvain Sansone	Racing Straßburg	Vitória Setúbal

Slowakei

Name	Alter Verein	Neuer Verein
Norbert Juracka	Baník Ostrava	1. FC Kosice
Jozef Kozlej	Petra Drnovice	1. FC Kosice
Albert Rusnák	Petra Drnovice	1. FC Kosice

Schottland

Name	Alter Verein	Neuer Verein
Iljan Kiriakov	Anorth. Famagusta	Aberdeen FC
Zanko Zvetanov	Waldhof-Mannheim	Aberdeen FC
Gerry Britton	Dundee FC	Dunfermline
Lance Key	Sheff. Wednesday	Dundee United
Jeremy Goss	Norwich City	Hearts of Midlot.
Neal McCaan	Dundee FC	Hearts of Midlot.
David Weir	Falkirk FC	Hearts of Midlot.
Ray Wilkins	QPR London	Hiberninan
Paolo Di Canio	Milan AC	Celtic Glasgow
Alan Stubbs	Bolton Wanderers	Celtic Glasgow
Joakim Björklund	AC Vicenza	Rangers

Name	Alter Verein	Neuer Verein
Jörg Albertz	Hamburger SV	Rangers
Theo Snelders	Aberdeen FC	Rangers
Gary Tallon	Blackburn Rovers	Kilmarnock FC
Paul Browne	Aston Villa FC	Raith Rovers
Paul Harvey	Airdrie FC	Raith Rovers
Kevin Twaddle	St. Johnstone FC	Raith Rovers

Schweiz

Name	Alter Verein	Neuer Verein
Ivo Georgijev	Spartak Varna	FC Aarau
Mariano Armentano	Racing Buenos A.	FC Basel
Mario Frick	FC St. Gallen	FC Basel
Gaetano Giallanza	FC Sion	FC Basel
Jean-P. La Placa	FC Sion	FC Basel
Erol Bekirivski	BSC Sendling	Young Boys Bern
Rogar Küffer	Lausanne-Sports	Young Boys Bern
Anderson	Sao Paulo/Brasilien	Servette Genf
Olivier Biaggi	Lausanne-Sports	Servette Genf
Mario Cantaluppi	FC Basel	Servette Genf
Stefano Nava	Milan AC	Servette Genf
Cyrille Pouget	FC Metz	Servette Genf
Antonio Esposito	FC Lugano	Grasshoppers
Viorel Moldovan	Xamax Neuchâtel	Grasshoppers
Luigi Gualco	US Cremonese	Lausanne-Sports
Christope Ohrel	AS St. Étienne	Lausanne-Sports
Saas Udovic	KSK Beveren	Lausanne-Sports
Mauro Giannini	FC St. Gallen	FC Lugano
Christopher Kanu	Inter Mailand	FC Lugano
Veldin Karic	Turin Calcio	FC Lugano
Augustin Simo	Turin Calcio	FC Lugano
Heinz Moser	FC Sion	FC Luzern
Gürkan Sermeter	Grasshoppers	FC Luzern
Daniel Wyss	FC Aarau	FC Luzern
Liazid Sandjak	AS St. Étienne	Xamax Neuch.
Marek Lesniak	KFC Uerdingen	Xamax Neuch.
Frédéric Chassot	Lausanne-Sports	FC Sion
Vladen Lukic	RS Belgr./Marbella	FC Sion
Luiz Milton	FC St. Gallen	FC Sion
Ilja Najdovski	CSKA Sofia	FC Sion
Darko Pancev	Fortuna Düsseldorf	FC Sion
Alexandre Rey	FC Basel	FC Sion
Otto Vincze	Ferencvárosi TC	FC Sion
Adrian Allenspach	FC Aarau	FC St. Gallen
Mauro Galvao	FC Lugano	FC St. Gallen
Phil Masinga	Leeds United	FC St. Gallen
Sizwe Motoung	SundowsSüdafrika	FC St. Gallen
David Nyathi	Iwisha/Südafrika	FC St. Gallen
Jörg Stiel	FC Zürich	FC St. Gallen
Ivan Dal Santo	Xamax Neuchâtel	FC St. Gallen
Tomas Brolin	Leeds United	FC Zürich
Giuseppe Mazzarelli	Manchester City	FC Zürich
Julio Tejeda	FC St. Gallen	FC Zürich
René Weiler	Servette Genf	FC Zürich

Spanien

Name	Alter Verein	Neuer Verein
Gabriel Amato	River Plate/Argent.	Her. Alicante
Peter Artner	Casino Salzburg	Her. Alicante
Victor J. Ferreras	FC Sevilla	Her. Alicante
Gaétan Huard	Girondins Bordeuax	Her. Alicante
Damiano Longhi	Padova Calcio	Her. Alicante
Flavio Maestri	Sp. Cristal/Peru	Her. Alicante
Andrej Moj	Toledo	Her. Alicante
Pablo Morant	Gim. y Esgrima/ARG	Her. Alicante
Veza Paqui	Real Saragossa	Her. Alicante
Adolfo Aldana	Dep. La Coruña	Esp. Barcelona
Nicolas Ouedec	FC Nantes	Esp. Barcelona
Nenad Pralija	Hajduk Split	Esp. Barcelona
Vitor Martins Baia	FC Porto	FC Barcelona
Laurent Blanc	AJ Auxerre	FC Barcelona
Fernando Couto	AC Parma	FC Barcelona
Luis Enrique	Real Madrid	FC Barcelona
Giovanni Silva d. O.	FC Santos/BRA	FC Barcelona
Juan Antonio Pizzi	CD Teneriffa	FC Barcelona
Bresil Ronaldo	PSV Eindhoven	FC Barcelona
Hristo Stoichkov	AC Parma	FC Barcelona
Sergio Corino	UP Merida	Athletic Bilbao
Bixente Lizarazu	Girondins Bordeaux	Athletic Bilbao
Ismael Urzaiz	Esp. Barcelona	Athletic Bilbao
William Andrade	SC Bastia	SD Compostela
Saïd Chiba	Al Ittihad/Marokko	SD Compostela
José M. Galdames	Athletic Bilbao	SD Compostela
Dimitri Popov	Racing Santander	SD Compostela
Juan José Viedma	NEC Nijmegen	SD Compostela
Manuel	Estr. Almendralejo	SD Compostela
Carlos Sastre	Estr. Almendralejo	SD Compostela
Goran Saula	Vojvodina Novi Sad	SD Compostela
Ronaldo Gómez	Alaj./Costa Rica	Sporting Gijon
Francisco Liaño	Dep. La Coruña	Sporting Gijon
Yuri Nikiforov	Spartak Moskau	Sporting Gijon
Francisco Oliete	Villareal CF	Sporting Gijon
Javier P. Villarroya	Dep. La Coruña	Sporting Gijon
Armando	Real Oviedo	Dep. La Coruña
Jerôme Bonnissel	Montpellier Herault	Dep. La Coruña
Petr Kouba	Sparta Prag	Dep. La Coruña
Mickaël Madar	AS Monaco	Dep. La Coruña
Corentin Martins	AJ Auxerre	Dep. La Coruña
Nourredine Naybet	Sporting Lissab.	Dep. La Coruña
Rivaldo	Palmeiras/Brasilien	Dep. La Coruña
Jacques Songo'o	FC Metz	Dep. La Coruña
Virgilio Ferreira	Betis Sevilla	Extremadura
Francisco J. Pineda	FC Sevilla	Extremadura
Carlos Torres	Badajoz/Paraguay	Extremadura
Carlos A. Dure	Ferr. Oeste/ARG	Extremadura
Ivan Perez Munoz	Betis Sevilla	Extremadura
Quique Estebaranz	FC Sevilla	Extremadura
García Pimienta	FC Barcelona B	Extremadura
Igor Gluscevic	Vojvodina Novi Sad	Extremadura
Juan Juanito	FC Sevilla	Extremadura
Anton Soler	Atlético Madrid	Extremadura
Danilo Baltierra	Penarol/Uruguay	CD Logroñes
Ivan Adzic	RS Belgrad	CD Logroñes
Jorge Aizkorreta	Athletic Bilbao	CD Logroñes
Ricardo Canals	Huracán Buleo/URU	CD Logroñes
F. José Castano	Sporting Gijon	CD Logroñes
Andoni Cedrún	Real Saragossa	CD Logroñes
Jesus Dulce	SD Compostela	CD Logroñes
Jochen Kientz	CD Mallorca	CD Logroñes
José Luis Morales	CD Mallorca	CD Logroñes
Rubén Sosa	Borussia Dortmund	CD Logroñes
Marcelo Tejera	Def. Sporting/URU	CD Logroñes
Nobuyuki Zaizen	Verdy Kawasaki	CD Logroñes
Carlos Aguilera	CD Tenerife	Atlético Madrid
Radek Bejbl	Slavia Prag	Atlético Madrid
Juan E. Esnaider	Real Madrid	Atlético Madrid
Pablo Alfaro	Rac. Santander	Atlético Madrid
Cesar de Loma	UD Levante	Atlético Madrid
Veljiko Paunovic	Marbella	Atlético Madrid
Alfonso	Betis Sevilla	Real Madrid
Roberto Carlos	Inter Mailand	Real Madrid
Bodo Illgner	1. FC Köln	Real Madrid
Predrag Mijatovic	Valencia CF	Real Madrid
Dejan Petkovic	FC Sevilla	Real Madrid
Carlos Secretario	FC Porto	Real Madrid
Clarence Seedorf	Sampdoria Genoa	Real Madrid
Davor Suker	FC Sevilla	Real Madrid
Paulo Bento	Benfica Lissab.	Real Oviedo
Fernando Gamboa	Boca Juniors/ARG	Real Oviedo
José Antonia Gay	Real Saragossa	Real Oviedo
Iván Iglesias	FC Barcelona	Real Oviedo
Maqueda	CD Mallorca	Real Oviedo
Toni	FC Barcelona	Real Oviedo
Oscar Arpón	Betis Sevilla	Rac. Santander

Name	Alter Verein	Neuer Verein
V. Bestchastnykh	Werder Bremen	Rac. Santander
Fernando Correa	Atlético Madrid	Rac. Santander
Jaime	Real Madrid B	Rac. Santander
Diego López	River Plate/ARG	Rac. Santander
Javi López	CD Logroñes	Rac. Santander
Fernando Marcos	Albacete	Rac. Santander
Sánchez Jara	Betis Sevilla	Rac. Santander
Pinillos	CD Logroñes	Rac. Santander
Paco Sanz	Real Oviedo	Rac. Santander
Gabriel F. Schürrer	Lanus	Rac. Santander
José Luis Zalazar	Albacete	Rac. Santander
Serguei Shustikov	Torpedo Moskau	Rac. Santander
Darko Kovacevic	Sheffield Wednesd.	San Sebastian
Juan Gómez	River Plate/ARG	San Sebastian
Hakan Mild	IFK Göteborg	San Sebastian
Perez Alfonso	Real Madrid	Betis Sevilla
Nenad Bjelica	Albacete	Betis Sevilla
Luis Fernández	Rac. Santander	Betis Sevilla
Virgilio Ferreira	Cerro Porteño/PAR	Betis Sevilla
George Finidi	Ajax Amsterdam	Betis Sevilla
Albert Nadj	Hajduk Split	Betis Sevilla
Antonio Prats	Celta Vigo	Betis Sevilla
Zigor Aranalde	Marbella	FC Sevilla
C. D. Colusso	Rosario Centr./ARG	FC Sevilla
Antonio Gómez	Real Madrid B	FC Sevilla
Mirsad Hibic	Hajduk Split	FC Sevilla
Petros Marinakis	Olympiakos Piräus	FC Sevilla
Zronko Milojevic	RS Belgrad	FC Sevilla
Ivica Mornar	Eintracht Frankfurt	FC Sevilla
Luis Miguel Ramis	CD Teneriffa	FC Sevilla
Onésimo	Rayo Vallecano	FC Sevilla
Salva	Ecija	FC Sevilla
Vassili Tsartas	AEK Athen	FC Sevilla
Bengt Andersson	Örgryte IS	CD Teneriffa
Daniel G. S. Dani	CD Mallorca	CD Teneriffa
Medro Kodro	FC Barcelona	CD Teneriffa
Oliver Neuville	Servette Genf	CD Teneriffa
Pablo Paz	Panfield/ARG	CD Teneriffa
Francisco Rojas	Colo Colo/Chile	CD Teneriffa
Aurello Vidmar	FC Sion	CD Teneriffa
Iván Campo	Real Valladolid	Valencia CF
Valeri Karpin	San Sebastian	Valencia CF
Claudio López	R. Avellaneda/ARG	Valencia CF
Gabriel Moya	FC Sevilla	Valencia CF
Romrio	Flamengo/Brasilien	Valencia CF
Goran Vlaovic	Padova Calcio	Valencia CF
Julio Cesar	America Mexico	Real Valladolid
José Christiano	Condor/Brasilien	Real Valladolid
E. dos Santos Edu	Atletico Parana	Real Valladolid
Augustin Elduayen	Dep. La Coruña	Real Valladolid
Pablo Gomez	CD Alaves	Real Valladolid
Harold Lozano	America Cali/KOL	Real Valladolid
Victor	Toledo	Real Valladolid
Horacio Ameli	Colon (Argentinien)	Rayo Vallecano
Pedro Contreras	Real Madrid	Rayo Vallecano
José Maria	UD Merida	Rayo Vallecano
J. R. Lopez Muñiz	Sporting Gijon	Rayo Vallecano
Victor Sanz	Ontinyent	Rayo Vallecano
Adriano	Sport Recife/BRA	Celta Vigo
Belenguer	Leganés	Celta Vigo
José Del Solar	UD Salamanca	Celta Vigo
José Luis Diezma	Betis Sevilla	Celta Vigo
Richard Dutruel	Paris SG	Celta Vigo
Daniel Dutuel	Girondins Bordeaux	Celta Vigo
Javo Gonzáles	Sestao	Celta Vigo
José M. L. Josema	UD Salamanca	Celta Vigo
Mazinho	Valencia CF	Celta Vigo
Alexandre Mostovoi	Racing Straßburg	Celta Vigo
Juan M. Prieto	UD Mérida	Celta Vigo
Haïm Revivo	Maccabi Haifa	Celta Vigo
Caceres	Boca Juniors/ARG	Real Saragossa
Ander Garitano	Athletic Bilbao	Real Saragossa
S. Flores Quique	Real Madrid	Real Saragossa
Kili Gonzales	Boca Juniors/ARG	Real Saragossa
Vladislav Radimov	CSKA Moskau	Real Saragossa

Tschechien

Name	Alter Verein	Neuer Verein
Vladimír Chaloupka	Uhersk. Hradiste	Boby Brno
Michal Kolomazník	Uhersk. Hradiste	Boby Brno
Petr Hruska	Petra Drnovice	Ceské Budej.
Ales Nesicky	Petra Drnovice	Ceské Budej.
JiríStajner	Slavia Prag	Ceské Budej.
PavolSvantner	Vítkovice	Ceské Budej.
Bronislav Cervenka	Uhersk. Hradiste	Petra Drnovice
Miroslav Holenák	Svit Zlín	Petra Drnovice
Miroslav Kufa	Uhersk. Hradiste	Petra Drnovice
Jozef Majoros	Viktoria Zizkov	Petra Drnovice
Petr Malér	Boby Brno	Petra Drnovice
Thomas Medved	1. FC Kosice	Petra Drnovice
Martin Müller	Union Cheb	Petra Drnovice
Ivan Valachovic	Dyn. Ceské Bud.	Petra Drnovice
Romn Gibala	Union Cheb	Hradec Králové
LadislavSimco	Lok Kosice	Hradec Králové
Petr Strnadel	Dyn. Ceské Bud.	Hradec Králové
Radim Holub	SK Hradec Králové	FK Jablonec
Tomás Pozár	Sparta Prag	FK Jablonec
Miroslav Sebesta	Union Cheb	FK Jablonec
Marek Trval	Viktoria Zizkov	FK Jablonec
Michal Hrbek	Union Cheb	Slovan Jablonec
Vítezlav Tuma	Baník Ostrava	FC Karviná
Martin Barbaric	Atlantik L. Bohdanec	Slovan Liberec
Marek Kincl	Hradec Králové	Slovan Liberec
Marek Mojzís	Sparta Prag	Slovan Liberec
Miroslav Sebesta	Union Cheb	Slovan Liberec
Romn Tyce	Sparta Prag	Slovan Liberec
Romn Hanus	Kazma/Kuwait	Sigma Olomouc
Michal Smarda	SK Hradec Králové	Sigma Olomouc
Jan Baránek	Petra Drnovice	Sigma Olomouc
Ales Hellebrand	Baník Ostrava	Kaucuk Opava
Petr Samec	Hradec Králové	Baník Ostrava
Ivo Schmucker	1. FC Kosice	Baník Ostrava
Dusan Vrt'o	Dundee FC	Baník Ostrava
Martin Hrídel	Slovan Liberec	Viktoria Plzen
Jirí Studeník	Hradec Králové	Viktoria Plzen
Jirí Vosyka	Uhersk. Hradiste	Viktoria Plzen
Josef Nesvacil	Slovan Liberec	Bohemians Prag
Jan Vojnar	Union Cheb	Bohemians Prag
Jaroslav Vrábel	Hradec Králové	Bohemians Prag
Prokop Vyravsky	FK Jablonec	Bohemians Prag
Sladjan Asanin	Inker Zapresic	Slavia Prag
Kennedy Chihuri	Tatran Presov	Slavia Prag
Pavel Horváth	FK Jablonec	Slavia Prag
Jaromir Jindrácek	Union Cheb	Slavia Prag
Lubos Kubík	Petra Drnovice	Slavia Prag
Edvard Lasota	Petra Drnovice	Slavia Prag
Ivo Ulich	SK Hradec Králové	Slavia Prag
Karel Vácha	SK Ceské Bud.	Slavia Prag
Michal Caloun	Viktoria Plzen	Sparta Prag
Ondrej Danko	1. FC Kosice	Sparta Prag
Petr Gabriel	Viktoria Zizkov	Sparta Prag
Peter Gunda	Dukla Banská Bystr.	Sparta Prag
Ivan Ondruska	1. FC Kosice	Sparta Prag
Horst Siegl	1. FC K'lautern	Sparta Prag
Milan Sedivy	Union Cheb	Sparta Prag
V. Svoboda	FK Jablonec	Sparta Prag
Michal Petrous	Union Cheb	Viktoria Zizkov

Türkei

Name	Alter Verein	Neuer Verein
Filip Filipov	CSKA Sofia	Antalyaspor
Bontcho Guentchev	Denizlispor	Antalyaspor
André Kona Ngolé	Gençlerbirligi	Antalyaspor

Name	Alter Verein	Neuer Verein
Donald Khuse	Gençlerbirligi	Antalyaspor
Daniel Amokachi	Everton FC	Besiktas
Marjan Mrmic	Varteks Varadzin	Besiktas
Zlatko Yankov	KFC Uerdingen	Besiktas
Engin Ipekoglu	Fenerbahçe	Dardanelspor
Tuncay Akgün	Bursaspor	Fenerbahçe
Mustafa Dogan	KFC Uerdingen	Fenerbahçe
Emil Kostadinov	Bayern München	Fenerbahçe
Augustine Okocha	Eintracht Frankfurt	Fenerbahçe
Gheorge Hagi	FC Barcelona	Galatasaray
Adrian Knup	Karlsruher SC	Galatasaray
Roger Lukaku	Germinal Ekeren	Gençlerbirligi
Oguz Çetin	Fenerbahçe	Istanbulspor
Gerson	AS Bari	Istanbulspor
Aykut Kocaman	Fenerbahçe	Istanbulspor
Ilie Stingaciu	Vanspor	Koçaelispor
Michael Ngonge	Galatasaray	Samsunspor
Valentin Dartilov	Levski Sofia	Sariyer
Donev	Levski Sofia	Sariyer
Guintaras Stauce	Karsiyaka	Sariyer
V. Litchkine	Neftci Baku	Trabzonspor
Slobodan Dubajic	VfB Stuttgart	Zeytinburnu

TRAINER:

Name	Alter Verein	Neuer Verein
Carlo Ancelotti	AC Reggiana	AC Parma
Carlos Bianchi	Velez Sarsfield	AS Rom
Ivan Brzic	Real Oviedo	Her. Alicante
Luigi Cagni	Piacenza Calcio	Verona
José A. Camacho	Esp. Barcelona	FC Sevilla
Fabio Capello	Milan AC	Real Madrid
Roland Courbis	Toulouse FC	Girond. Bordeaux
Johan Cruyff	FC Barcelona	ohne Verein
Jos Daerden	KFC Lommel	Standard Lüttich
Christoph Daum	(Besiktas Istanbul)	Bayer Leverk.
Guy David	AC Le Havre	SM Caen
René Exbrayat	FC Martigues	AC Le Havre
Luis Fernandez	Paris SG	Athletic Bilbao
Benito Floro	Albacete	Sporting Gijon
Trevor Francis	vereinslos	Birmingham City
Sebastiao Lazaroni	vereinslos	Fenerbahçe
Juan Manuel Lillo	UD Salamaca	Real Oviedo
Miguel Angel Lotina	Nurmancia	UD Logroñes
Mircea Lucescu	Brescia Calcio	AC Reggiana
Carlo Mazzone	AS Rom	ohne Verein
Walter Meeuws	KFC Tielen	KFC Lommel SK
Slavo Muslin	(Gir. Bordeaux)	RC Lens
Bortolo Mutti	Cosenza	Piacenza Calcio
Carlos A. Parreira	Fenerbahçe	ohne Verein
Ljubo Petrovic	RS Belgrad	Grazer AK
Sepp Piontek	Åalborg BK	ohne Verein
Otto Rehhagel	(Bayern München)	1. FC K'lautern
Erich Ribbeck	Bayer Leverkusen	Ruhestand
Bobby Robson	FC Porto	FC Barcelona
Gernot Rohr	Girondins Bordeaux	Nachwuchs bereich
Luigi Simoni	US Cremonese	SSC Neapel
Graeme Souness	Galatasaray	Southampton FC
Oscar W. Tabarez	vereinslos	Milan AC
Giovanni Trappatoni	(Cagliari Calcio)	Bayern München
Robert Waseige	Standard Lüttich	Sporting Lissab.
Arséne Wenger	Nagoya Grampus	Arsenal FC

Nationalmannschaften

Name	Alter Verein	Neuer Verein
Neptun Bajko	Albanien	-
Hristo Bonev		Bulgarien
Boris Ignatyev	Assistent Rußland	Rußland
Artur Jorge	Schweiz	Portugal
Antonio Oliveira	Portugal	-
Dimitar Penev	Bulgarien	-
Antoni Piechniczek	vertragslos	Polen
Oleg Romntsev	Rußland	-
W. Stachurski	Polen	-

Außereuropäisches Ausland

Name	Alter Verein	Neuer Verein
Arilson	1. FC K'lautern	Porto Alegre
Boban Babunski	UD Llerida	Osaka Gamba
Bebeto	Dep. La Coruña	Flamengo
Bruce Grobbelaar	Southampton FC	Zimbabwe (Trainer)
Michael Laudrup	Real Madrid	Kobe (Japan)
Michel	Real Madrid	Atl. Celaya (Mex)
Joe-Max Moore	1. FC Nürnberg	N. E. Revolution
Brian Steen Nielsen	Odense BK	Urawa Red D.
Rodrigo	Bayer Leverkusen	Sao Paulo
Ramon	Bayer Leverkusen	Atlético Mineiros
Robert Warzycha	Kispest-Honvéd	Columbus Crew
Chris Woods	Sheff. Wednesd.	Colorado Rapids

DIE EUROPÄISCHEN TORJÄGER

Name (Verein/Land)	Tore	Spiele
Ken McKenna (Conwy United/Wales)	38	40
Vadim Gavriliuc (Zimbru Chisinau/Moldawien)	34	30
Robert Semenik (1. FC Kosice/Slowakei)	29	32
Marek Koniarek (Wodzew Lódz/Polen)	29	34
Araik Adamyan (Shirak Gyumri/Armenien)	28	22
Ermin Siljak (Olimpija Ljubljana/Slowenien)	28	36
Harald Martin Brattbakk (Rosenborg BK/Norwegen)	26	26
Haim Revivo (Maccabi Haifa/Israel)	26	30
Pierre van Hooijdonk (Celtic Glasgow/Schottland)	26	36
Shota Arveladze (Trabzonsor/Türkei)	25	34
Domingos (FC Porto/Portugal)	25	34
Edgaras Jankauskas (Zalgrisi Vilnius/Litauen)	25	42
Jozsef Kiprich (APOEL Nikosia/Zypern)	25	26
Oleg Vertennikov (Rotor Wolgograd/Rußland)	25	30
Ion Vladoiu (Steaua Bukarest/Rumänien)	25	34
Súni Fridi Johannesen (B68 Toftir/Färöer)	24	18
Zoran Boskovski (Sileks Kratovo/Mazedonien)	24	28
Sonny Anderson (AS Monaco/Frankreich)	22	38
Vojislav Bidimirovic (FK Cukaricki/Jugoslawien)	22	36
Zviad Engeladze (Margveti Zestafoni/Georgien)	22	30
Radek Drulák (Petra Drnovice/Tschechien)	22	30
Altin Çuci (KS Laçi/Albanien)	21	34
Ivo Georgiev (Spartak Varna/Bulgarien)	21	30
Luc Nilis (PSV Eindhoven/Niederlande)	21	34
Valery Popovits (Haka Valkeakoski/Finnland)	21	26
Gary Haylock (Portadown FC/Nordirland)	20	28
Timerlan Guseinov (Tschernom. Odessa/Ukraine)	20	34
Mario Stanic (Club Brugge KV/Belgien)	20	34
Thomas Torninger (ÅGF Århus)	20	33
Ivica Vastic (Sturm Graz)	20	36
Vitali Astafjev (Skonto Riga/Lettland)	19	28
Igor Cvitanovic (Croatia Zagreb/Kroatien)	19	32
Stephan Geoghegan (Shelbourne FC/Irland)	19	33
Aldrin Muscat (Sliema Wanderers/Malta)	18	18
Mikhail Zaritski (Avenir Beggen/Luxemburg)	18	22
Fredi Bobic (VfB Stuttgart/Deutschland)	17	34
Niklas Skoog (Västra Frölunda/Schweden)	17	26
Lembit Rajala (Flora Tallinn/Estland)	16	24
Sergei Yaromko (MPKZ Mosyr/Weißrußland)	16	14
Arnar Gunnlaugsson (ÍA Akranes/Island)	15	18
Rovszan Ahmedeov (Kapeaz Ganja/Aserbaidschan)	14	20
Alessandro Pancotti (SS San Giovanni/San Marino)	11	18

FUSSBALLER DES JAHRES EUROPAS 1995

(durchgeführt von der Zeitschrift *France Football*)

Name (Vereine/Land)	Stimmen
George Weah (Milan AC Mailand/Liberia)	144
Jürgen Klinsmann (Bayern München/Deutschland)	108
Jari Litmanen (Ajax Amsterdam/Finnland)	67
Alessandro Del Pietro (Juventus Turin/Italien)	57
Patrick Kluivert (Ajax Amsterdam/Niederlande)	47
Gianfranco Zola (AC Parma/Italien)	41
Paolo Maldini (Milan AC Mailand/Italien)	36
Marc Overmars (Ajax Amsterdam/Niederlande)	33
Matthias Sammer (Borussia Dortmund/Deutschland)	18
Michael Laudrup (Real Madrid/Dänemark)	17
Marcel Desailly (Milan AC Mailand/Frankreich)	16
Frank Rijkaard (Ajax Amsterdam/Niederlande)	15
Fabrizio Ravanelli (Juventus Turin/Italien)	15
Hristo Stoichkov (AC Parma/Bulgarien)	14
Paulo Sousa (Juventus Turin/Portugal)	14
Dejan Savicevic (Milan AC/Jugoslawien)	12
Davor Suker (Sevilla FC/Kroatien)	10
Fernando Hierro (Real Madrid/Spanien)	9
Gianluca Vialli (Juventus Turin/Italien)	8
Gabriel Omar Batistuta (Fiorentina Firenze/Argentinien)	7
George Fini (Ajax Amsterdam/Nigeria)	6
Franco Baresi (Milan AC Mailand/Italien)	6
Anthony Yeboah (Leeds United/Ghana)	5
Roberto Baggio (Juventus Turin/Italien)	5
Zvonimir Boban (Milan AC Mailand/Kroatien)	5
Luiz de Lima Ronaldo (PSV Eindhoven/Brasilien)	4
Juan Eduardo Esnaider (Real Madrid/Argentinien)	3
Ivan Zamorano (Real Madrid/Chile)	3
Andreas Möller (Borussia Dortmund/Deutschland)	3
Roberto de Oliveira Bebeto (Dep. La Coruña/Brasilien)	2
Vítor Baía (FC Porto/Portugal)	2
Luis Figo (FC Barcelona/Portugal)	1
Alan Shearer (Blackburn Rovers/England)	1
Ian Wright (Arsenal FC/England)	1

MANNSCHAFT DES JAHRES 1995

1. Vítor Baía (FC Porto)

5. Baresi (Milan AC)

4. Desailly (Milan AC) — 3. Maldini (Milan AC)

2. Paulo Sousa (Juventus Turin) — 6. Rijkaard (Ajax Amsterdam) — 8. Sammer (Borussia Dortmund)

10. Litmanen (Ajax Amsterdam)

7. Klinsmann (Bayern München) — 9. Weah (Milan AC) — 11. Kluivert (Ajax Amsterdam)

Ersatzbank:

Hierro (Real Madrid), Del Piero (Juventus Turin), Zola (AC Parma), Laudrup (Real Madrid), Overmars (Ajax Amsterdam)

EUROPAPOKALTEILNEHMER 1996/97

Land	Indizie	Champions League	EC 2	UEFA-Pokal	UI-Cup
Albanien	3,6	-	Flamurtari Vlorë	**SK Tiranë**, Teuta Durrës	Partizani Tiranë
Armenien	2,5	-	*Kotaik Abovyan*	**Piunik Erevan**, Shirak Giumri	-
Aserbaidschan	0,5	-	*Garabag Agdam*	**Neftci Baku**, Khazri Buzovna	-
Belgien	27,8	Club Brugge KV	*Cercle Brügge*	RSC Anderlecht, Germinal Ekeren, RWD Molenbeek	KSV Lierse, Standard Lüttich, RSC Charleroi
Bosnien-Herzegowina	-	-	-	-	
Bulgarien	9,2	-	*Levski Sofia*	**Slavia Sofia**, Lok. Sofia	CSKA Sofia, Spartak Varna
Dänemark	21,7	Brøndby IF	Åarhus ÅGF	Odense BK, LyngbyFC	ÅaB Åalborg, Silkeborg IF FC Kopenhagen
Deutschland	40,4	Borussia Dortmund	1. FC Kaiserslautern	Bayern München, Schalke 04 B. M'gladbach, Hamburger SV	Karlsruher SC (Q), München 60, Werder Bremen, VfB Stuttgart
England	30,1	Manchester United	Liverpool FC	Aston Villa, Arsenal FC Newcastle United	-
Estland	2,0	-	Tallinna Sadam	**Lantana Tallin**,Flora Tallin	Trans Narva
Färöer-Inseln	3,0	-	HB Tórshavn	**GÍ Gøtu**, B68 Toftir	B71 Sandur
Finnland	9,8	-	MyPa Anjalankoski	**Valkeakoski**, HJK Hels., Jazz Pori	Jaro Jakobstad
Frankreich	45,9	AJ Auxerre	Olympique Nîmes Paris SG (TV)	AS Monaco, FC Metz, RC Lens, Montpellier HSC	FC Nantes, Stade Rennes, EA Guingamp (Q), Racing Strasbourg
Georgien	1,0	-	*Dinamo Batumi*	**Dinamo Tiflis**, Mrgveti Zestafoni	-
Griechenland	27,0	Panathinaikos Athen	AEK Athen	Olympiakos Athen, OFI Kreta	-
Irland	4,3	-	Shelbourne FC	**St. Patrick's Athletic** Bohemians Dublin	Sligo Rovers
Island	9,6	-	KR Reykjavík	**ÍA Akranes**, ÍBV Vestmannaeyar	ÍBK Keflavík
Israel	14,4	Maccabi Tel Aviv	H.-*Rishon Le Zion*	Beitar Jerusalem, Maccabi Haifa	Hapoel Haifa Hapoel Tel Aviv
Italien	61,0	Milan AC Mailand Juventus Turin (TV)	AC Florenz	Lazio Roma, AS Roma, AC Parma, Inter Mailand	-
Jugoslawien	10,0	-	RS Belgrad	Partizan Belgrad, Vojvodina Novi Sad, FK Becej	FK Cukaricki FK Zemun
Kroatien	12,5	-	Varteks Varadzin	Croatia Zagreb, Hajduk Split	Segesta Sisak
Lettland	11,1	-	Universitäte Riga	**Skonto Riga**, Dinaburg Daugavpils	-
Liechtenstein	3,0	-	FC Vaduz	-	-
Litauen	4,0	-	Kardea Siauliai	**Inkaras-Grifas**, Zalgiris Vilnius	FBK Kaunas
Luxemburg	3,3	-	Union Luxemburg	**Jeunesse Esch**, CS Grevenmacher	-
Malta	4,3	-	Valetta FC	**Sliema Wanderers**, Floriana FC	Hibernina Paola
Mazedonien	5,0	-	Sloga J. Skopje	**Sileks Kratovo**, Vardar Skopje	-
Moldawien	5,0	-	Constructorul C.	**Zimbru Chisinau,** Tiligul Tiraspol	-
Niederlande	38,4	Ajax Amsterdam	PSV Eindhoven	Feyenoord Rotterdam Roda JC Kerkrade	SC Heerenveen, FC Groningen
Nordirland	5,3	-	Glentoran	**Portadown FC**, Crusaders	Cliftonville FC
Norwegen	15,8	Rosenborg Trondheim	**Brann Bergen**	Molde FK, FK Bødo-Glimt	Lillestrøm SK
Österreich	21,1	Rapid Wien	Sturm Graz	Grazer AK, Tirol Innsbruck	Linzer ASK, Austria Wien SV Ried
Polen	14,9	Widzew Lódz	Ruch Chorzów	Legia Warschau, Hutnik Kraków	Zaglebie Lubin, LKS Lódz
Portugal	32,8	FC Porto	Benfica Lissabon	Sporting Lissabon, Boavista Porto, Vitória Guimarães	-
Rußland	25,2	Sp.-A. Wladikawkaz	Lokomotive Moskau	Spartak M., Torpedo Moskau, Dinamo Moskau, CSKA Moskau	Rotor Wolgograd, Uralm. Ekat., KamAZ Nab. Tsch.
Rumänien	15,1	Steaua Bukarest	*Gloria Bistrita*	Nacional Bukar., Rapid Bukarest	Uni Craiova, Dinamo Bukarest
San Marino	-	-	-	-	-
Schottland	16,5	Glasgow Rangers	Hearts of Midlothian	Celtic Glasgow, Aberdeen FC	-
Schweden	18,7	IFK Göteborg	AIK Stockholm	Helsingborg IF, Halmstad BK	Orebrö SK, Djurgården IF,
Schweiz	18,2	Grasshopper Zürich	FC Sion	FC Aarau, Neuchâtel Xamax	FC Luzern, FC Basel
Slowakei	10,9	-	Chemlon Humenné	**Slovan Bratislava**, 1. FC Kosice	Spartak Trnava
Slowenien	10,3	-	Olimpija Ljubljana	**HIT Nova Gorica**, Mur. M.-Sobota	Branik Maribot
Spanien	43,9	Atlético Madrid	FC Barcelona	Valencia FC, Espanyol Barcelona, CD Teneriffa	-
Tschechien	17,0	Slavia Prag	Sparta Prag	Sigma Olomouc	Kaucuk Opava
Türkei	22,9	Fenerbahçe Istanbul	Galatasaray Istanbul	Trabzonspor, Besiktas Istanbul	Kocaelispor, Gaziantep Antalyaspor
Ukraine	15,6	Dinamo Kiew	*Niva Winnitsa*	Tschernomoretz Odessa	Schachtjor Donezk
Ungarn	15,2	Ferencvárosi TC	Kispest-Honvéd FC	BVSC Budapest	Vasas SC Budapest
Wales	2,6	-	Llanssanffraid FC	**Barry Town**, Newtown AFC	Conwy United
Weißrußland	8,5	-	MZPK Mosyr	**Dinamo Minsk**, Dinamo 93-Minsk	Ataka Aura Minsk
Zypern	12,6	-	*AEK Larnaca*	**APOEL Nikosia**, Anorthosis	Apollon Limassol

Anmerkungen: kursiv geschriebene Pokalsieger = Finalverlierer gegen den Landesmeister, fettgeschriebene UEFA-Pokal-Teilnehmer = Landesmeister

ABKÜRZUNGEN:

CL	Champions League
EC2	Europapokal der Pokalsieger
EMQ	Europameisterschafts-Qualifikationsspiel
F	Finale
HF	Halbfinale
(M)	amtierender Meister
(N)	Neuling
n. E.	nach Elfmeterschießen
n. V.	nach Verlängerung
(P)	amtierender Pokalsieger
(TV)	Titelverteidiger
UEFA	UEFA-Pokal
UI	UI-Cup
VR	Vorrunde
VF	Viertelfinale
WMQ	Weltmeisterschafts-Qualifikationsspiel
↓	**Absteiger**
↑	**Aufsteiger**

ERLÄUTERUNGEN:

Länderspiele: Datum - Ort - Zuschauerzahl - Schiedsrichter - Heimaufstellung
Europapokal: Datum - Zuschauerzahl - Schiedsrichter -
Redaktionsschluß: 12. November 1996

QUELLEN

Zeitschriften, Periodika
Football Europe (früher Club Europe)
France Football
Kicker Sportmagazin
Onze Mondial
UEFA flash
World Soccer

AUSWAHLLITERATUR

Grüne, Hardy: Enzyklopädie der Europäischen Fußballvereine. Die Erstligamannschaften Europas seit 1885. Kassel: AGON Sportverlag, 1994

Harenberg Länderlexikon '95/96. Dortmund: Harenberg Lexikon-Verlag, 1995

Rocznik '96/97, Pierwszy Oficjalny Polski. Katowice: wydawnictwo GIA, 1996,

Saccomano, Eugène: Memo Foot 96/97, Le Véritable Guide universel. Edition °1, 1996

SONSTIGES

UEFA - Competitions de L'UEFA 1995/96 - Résultats

Zur Erfassung einiger Kasten- und Abschlußtabellen wurde das Ligaverwaltungsprogramm SPORTTABELLE von Stefan Peters (Braunschweig) verwendet.

DER HERAUSGEBER

Hardy Grüne, 33,

lebt in Göttingen und arbeitet als freier Autor und Journalist. Er hat zahlreiche Bücher zum deutschen und europäischen Fußball veröffentlicht und schreibt unregelmäßig für die *taz*. Er ist Herausgeber für DAS EUROPÄISCHE FUSSBALLJAHRBUCH und ist Autor aller nicht namentlich gekennzeichneten Beiträge.

DIE AUTOREN

Ian Brown

arbeitet für *The New Paper* in Glasgow.
Für DAS EUROPÄISCHE FUSSBALLJAHRBUCH schreibt er über die Saison 1995/96 in Schottland.

the new paper

Georg Bucher, 40,

lebt seit 1985 auf der Iberischen Halbinsel und ist Korrespondent der *Neuen Zürcher Zeitung* für spanischen, portugiesischen und südamerikanischen Fußball.
Für DAS EUROPÄISCHE FUSSBALLJAHRBUCH schreibt er über die Saison 1995/96 in Portugal.

Jean-Michel Cazal, 50,

lebt in Caluire und war früher Präsident der *Association Française des Statisticiens de Football*. Er ist Co-Autor der Bücher *L'Equipe de France de Football* und *La Coupe de France de Football*. Für DAS EUROPÄISCHE FUSSBALLJAHRBUCH schreibt er über die Saison 1995/96 in Frankreich.

Gerry Desmond,

ist Herausgeber des *Irish Football Handbook*, der anerkanntesten Fußballveröffentlichung Irlands. Er ist Gründer der *Association of Soccer Statisticians in Ireland* und schreibt für DAS EUROPÄISCHE FUSSBALLJAHRBUCH über die Saison 1995/96 in Irland.

IRISH FOOTBALL HANDBOOK

Zeki Domaç, 54,

lebt als freier Journalist in Frankfurt und schreibt für verschiedene türkische Tagessportzeitungen (*u. a. Fanatik*). Für DAS EUROPÄISCHE FUSSBALLJAHRBUCH schreibt er über die Saison 1995/96 in der Türkei.

Arno Funck, 38,

lebt in Petingen und erstellt für das *Luxemburger Wort* regelmäßig redaktionelle Beiträge. Für DAS EUROPÄISCHE FUSSBALLJAHRBUCH schreibt er über die Saison 1995/96 in Luxemburg.

Luxemburger Wort

NOWA TRYBUNA OPOLSKA

Marek Gonet

arbeite bei der *Nowa Trybuna Opolska* und schreibt für DAS EUROPÄISCHE FUSSBALLJAHRBUCH über die Saison 1995/96 in Polen. Sein Beitrag wurde von Till Scholtz-Knobloch aus dem Polnischen übersetzt.

Carsten Grønning

lebt in Silkeborg und schreibt für DAS EUROPÄISCHE FUSSBALLJAHRBUCH über die Saison 1995/96 in Dänemark.

Fredrik Hallgren,

lebt in Boràs und ist Gründer von *Footstat*, die seit Februar 1990 Korrespondent für zahlreiche europäische Zeitungen über den schwedischen Fußball ist. Für DAS EUROPÄISCHE FUSSBALLJAHRBUCH schreibt er über die Saison 1995 in Schweden.

Kari Hallio

lebst zur Zeit in Bonn und schreibt für DAS EUROPÄISCHE FUSSBALLJAHRBUCH über die Saison 1995 in Finnland.

Serge van Hoof

ist Herausgeber des Belgischen Fußballjahrbuches und schreibt für DAS EUROPÄISCHE FUSSBALLJAHRBUCH über die Saison 1995/96 in Belgien.

Simon Horafopoulos, 37,

arbeitet als Sportredakteur beim Fernsehsender *Antenna TV* und schreibt für DAS EUROPÄISCHE FUSSBALLJAHRBUCH über die Saison 1995/96 in Griechenland und Zypern.

SPORTZEITUNG

Horst Hötsch, 31,

ist Chefredakteur der führenden österreichischen Sport-Wochenzeitung *Sportzeitung* (früher *Sport und Toto*) und schreibt für DAS EUROPÄISCHE FUSSBALLJAHRBUCH über die Saison 1995/96 in Österreich.

Romeo Ionescu

wohnt in Ploiesti und schreibt für DAS EUROPÄISCHE FUSSBALLJAHRBUCH über die Saison 1995/96 in Rumänien.

Dimtcho Dimitrov Ivanov

lebt in Varna und schreibt für DAS EUROPÄISCHE FUSSBALLJAHRBUCH über die Saison 1995/96 in Bulgarien.

Roy Kitson

arbeitet als freier Journalist und schreibt für DAS EUROPÄISCHE FUSSBALLJAHRBUCH über die Saison 1995/96 in Nordirland.

Margus Luik, 29,

lebt in der estnischen Hauptstadt Tallinn und ist Korrespondent für zahlreiche Sportzeitungen (u.a. France Football, A Bola und Guerin Sportivo). Für DAS EUROPÄISCHE FUSSBALLJAHRBUCH schreibt er über die Saison 1995/96 in Estland und Lettland.

Yury Pawlovich Lukosiak

lebt in St. Petersburg und ist Herausgeber des „The Football Archives Magazine". Für DAS EUROPÄISCHE FUSSBALLJAHRBUCH schreibt er über die Saison 1995 in Rußland.

Rolf G. Meyer, 42,

lebt in Hude bei Delmenhorst ist freier Mitarbeiter bei einigen Lokalzeitungen. Für DAS EUOPÄISCHE FUSSBALLJAHRBUCH hat er zahlreiche Texte ausländischer Autoren ins Deutsche übersetzt und war darüber hinaus redaktionell tätig.

The Liverpool Daily Post and Echo Limited

Andy Morris,

arbeitet für die *Daily Post* in Liverpool und schreibt für DAS EUROPÄISCHE FUSSBALLJAHRBUCH über die Saison 1995/96 in England. Er war früher als Rundfunkreporter tätig und hat zwei Wembley-Finals übertragen.

Frankfurter Rundschau

Thomas Rosner

lebt in Utrecht und arbeitet als Beneluxkorrespondent für die *Frankfurter Rundschau.* Für DAS EUROPÄISCHE FUSSBALLJAHRBUCH schreibt er über die Saison 1995/96 in den Niederlanden.

sportmagazin kicker

Thomas Roth, 38,

arbeitet für das *Kicker Sportmagazin* und schreibt für DAS EUROPÄISCHE FUSSBALLJAHRBUCH über die Saison 1995/96 in Deutschland.

SPORT

David Salinas

arbeitet für die Zeitschrift *Sport* in Barcelona und hat zahlreiche Bücher über den spanischen Fußball veröffentlicht. Für DAS EUROPÄISCHE FUSSBALLJAHRBUCH schreibt er über die Saison 1995/96 in Spanien.

Joachim Schweer,

lebt als freier Journalist in Iserlohn und ist Herausgeber des jährlich im AGON-Sportverlag erscheinenden Buches „Der Deutsche Meister". Für DAS EUROPÄISCHE FUSSBALLJAHRBUCH hat er zahlreiche Texte ausländischer Autoren ins Deutsche übersetzt.

Vidir Sigurdsson, 36,

arbeite bei der isländischen Tageszeitung *DZ* und ist Herausgeber des isländischen Jahrbuches. Für DAS EUROPÄISCHE FUSSBALLJAHRBUCH schreibt er über die Saison 1995 in Island.

Andrej Stare, 41,

war bis 1994 Pressesprecher des *Nogometna zveza Slovenje* (Slowenischer Fußball-Verband) und arbeitet seit 1979 als Fernsehreporter. Für DAS EUROPÄISCHE FUSSBALLJAHRBUCH schreibt er über die Saison 1995/96 in Slowenien.

Mel ap Ior Thomas

lebt in Blaneau Ffestiniog und ist Korrespondent für zahlreiche Sportzeitungen (u.a. *Kicker Sportmagazin, World Soccer, Football monthly*). Für DAS EUROPÄISCHE FUSSBALLJAHRBUCH schreibt er über die Saison 1995/96 in Wales.

Kåre M. Torgrimsen, 55,

arbeitet als freier Journalist für das *Stavanger Aftenblad* und ist Korrespondent für zahlreiche internationale Sportzeitungen (u.a. *Kicker Sportmagazin, A Bola, Pilka Nozna* und *Gól*). Für DAS EUROPÄISCHE FUSSBALLJAHRBUCH schreibt er über die Saison 1995 in Norwegen.

Matthias Weinrich, 29,

lebt in Kassel und hat bei der Redaktion zahlreicher Fußballbücher mitgearbeitet (u.a. *Ligazeit, Bundesliga-Facts*). Für DAS EUROPÄISCHE FUSSBALLJAHRBUCH schreibt er über die Saison 1995/96 in Ungarn sowie über den Europapokal der Saison 1995/96.

Marco Zunino, 30,

ist freier Autor und schreibt unter anderem für *Guerin Sportivo*. Er ist Korrespondent für zahlreiche Sportzeitungen und Mitarbeiter der Jahrbücher *Almanacco illustrato del calcio* und *Annuario del calcio mondiale*. Für DAS EUROPÄISCHE FUSSBALLJAHRBUCH schreibt er über die Saison 1995/96 in Italien und San Marino.